PISANO

LA BIBLIA DEL CORTE

EL MAS REVOLUCIONARIO SISTEMA ANATOMICO ITALIANO PARA LA
HAUTE COUTURE

SISTEMA
PISANO

EL MAS REVOLUCIONARIO SISTEMA ANATOMICO PARA LA ALTA COSTURA

LOS ANGELES   -   BUENOS AIRES

2

LA MODA,
A TRAVES
DEL TIEMPO.

EGIPTO
3000 a 525
antes de J.C.

siglo xxviii
antes de J.C.

año 2350
antes de J.C.

EGIPTO
3000 a 525
antes de J.C.

siglo xv
antes de J.C.

siglo xviii
antes de J.C.

año 3000 a 525
antes de J.C.

GRECIA
1500 al S. 1
antes de J. C.

GRECIA
1500 al S. 1
antes de J.C.

siglo vii
antes de J.C

ROMA 1 s.
antes de J.C.

SIGLO 13

SIGLO 14 – 15

SIGLO 16

siglo 13

siglo 15

siglo 16

siglo 17

siglo 18

siglo 18

siglo 18

1811

1900

1912

1914

1919

1920

PISANO LA BIBLIA DEL CORTE

Dedico esta obra a mi querido nieto Matteo Gregorio deseándole que

Dios

lo colme de Sabiduría

Saverio Pisano

PRINTED IN U.S.A.

Usted,

Está por entrar

en el mundo de la moda Pisano.

El Sistema más revolucionario, que barre con
todos los métodos viejos o nuevos, conocidos hasta el presente.

A) LISTA DE MEDIDAS.

1) ELASTICO DE 1/2 CM. DE ANCHO PARA DEFINIR LA LINEA DE CINTURA.

2) CINTA METRICA PARA TOMAR LAS MEDIDAS.

3) ESCUADRA PISANO (SI NO LA POSEE, NECESITA UNA DE UNOS 60 X 18 CM. Y UNA REGLA CURVA.

4) TIJERAS (CHICA, MEDIANA, GRANDE Y DE PICOS (PARA TELA QUE SE DESHILACHA).

5) LAPICES Y LAPICERAS DE VARIOS COLORES.

6) ALFILERES, Y ALFILERES DE GANCHO (EN CASO DE HACER ALGUN ARREGLO).

7) ESPEJO (PARA QUE LA CLIENTE PUEDA OBSERVAR LA PRENDA.

8) MESA PARA CORTAR.

9) MANIQUI (PARA PODER OBSERVAR EL MODELO).

10) MÁQUINA DE COSER.

11) PLANCHA.

12) HILOS PARA COSER Y DE HILVANAR (VARIOS COLORES).

13) AGUJAS (VARIOS TAMAÑOS).

14) DEDAL DE SASTRE.

15 MESA PARA PLANCHAR (AUNQUE PUEDE USAR LA MESA DE CORTAR).

16) BURRITO (TIENE MULTIPLES USOS, ESPECIALMENTE PARA PLANCHAR).

17 RULETA (PARA PASAR MARCAS DEL LADO OPUESTO).

18) PUNCH HOLE.

19 MARCADOR (POR SI EN ALGUN MOMENTO TUVIERE NECESIDAD DE MARCAR RUEDOS.

20) PESAS.

21) PINZAS (PARA SUJETAR TELAS).

TIZAS DE VARIOS COLORES, GANCHITOS DE PRESION, BROCHES, CIERRES, PAÑO GRUESO PARA PLANCHAR, CINTA SCOTCH (EN MUCHOS CASOS REEMPLAZAN LAS ALFILERES), GOMA DE BORRAR, PAPEL DE MOLDE SUAVE, PAPEL GRUESO, ETC..

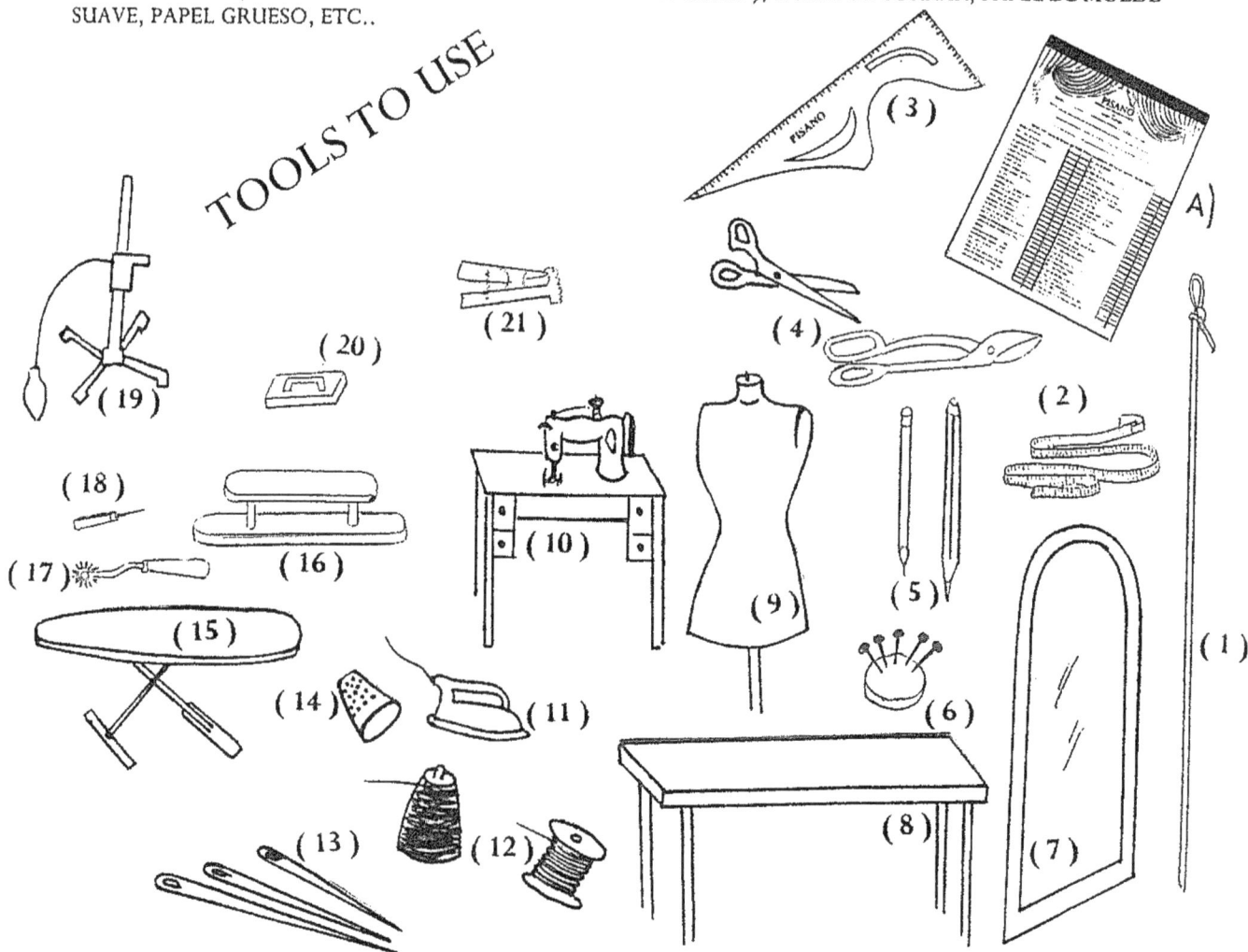

UN POCO DE HISTORIA…..

En Buenos Aires, corría el año 1959, cuando Donato Delego (persona vivísima para los negocios)se independizó del Centro de la Moda Francesa, para poner su propia academia que intituló Centro Ítalo Francés de Alta Costura. El me propuso a mi, si Yo quería enseñar en su nueva institución (Yo era muy jovencito), acepté, pero como un pasatiempo y pensé que eso me haría conocer gente y que también adquiriría más experiencia. Mi Deseo, era llegar a ser el mejor Diseñador. (Yo para esa época tenia muchísima experiencia a pesar de mi corta edad).Ya a los 17 años vendía mis creaciones y otros les ponían la firma. Quiero señalar que comencé el aprendizaje de este oficio a los cinco años y medio. Como decía comencé a enseñar, utilizando solamente cuatro horas diarias. A los pocos meses Delego se asoció con el conocido diseñador Ángel Lagarrigue y la Academia creció en tal forma que llegó a ser la más Famosa de la República Argentina. Lagarrigue me pidió si Yo quería ser su socio y que dirigiera su atelier cosa que acepté. Yo preparaba las prendas que luego El las presentaba en televisión. Preparé también una gran Colección, luego como no veía ningún dinero decidí disolver la sociedad. Entonces Delego me propuso que enseñara en su lugar. La alumnas estaban felices y me amaban, así como Yo a Ellas, pero no todo eran rosas, tenía que hacer prolongadas pruebas y más pruebas para que las prendas salieran bien (Cabe señalar que eso era, y es una cosa muy normal y lo pude comprobar en la casa más importante de New Yor). Si alguna alumna se quejaba, porqué teníamos que hacer muchas pruebas, Delego aducía que nosotros hacemos vestidos y no cuerpos.

Como Yo nací, y soy perfeccionista, comencé a estudiar anatomía y ver cómo podía lograr que se eliminaran los grandes problemas que tenía delante de mí, luego de un tiempo comencé a ver mis frutos. Otras profesoras venían a Mi para que Yo les diera soluciones. Quiero hacer resaltar algo que a la postre me resultó de gran ayuda: Un buen día, se apareció una profesora de las escuelas del gobierno para perfeccionarse, a lo que Delego me presentó a mi como su futuro profesor, a lo que Ella (Patrón de apellido) pegó el grito en el cielo diciendo: Yo con éste chico no vengo, a lo que el Director la tranquilizó diciéndole que era el mejor profesor de la institución. Ella aceptó de no muy buena gana, pero a las pocas clases recibidas se hizo fanática mía (quiero hacer notar que fue **Ella** la que me envió docenas de alumnas cuando me independicé). Mientras tanto Yo seguía con mis estudios, y una vez finalizados se los ofrecí a Delego, diciéndole que se los daba **gratis** y que no tenía que pagarme nada (luego con el pasar del tiempo me copiaría). Yo seguía pensando en ser un Gran Diseñador (docenas de veces me despertaba en plena noche para dibujar modelos y hacer anotaciones) y la idea de seguir enseñando no me seducía y los motivos no me faltaban. Decidí viajar a Europa en Italia (Milán, donde pasé parte de mi vida) y Paris, allí rechacé trabajar con un Gran Diseñador. Al año y medio regresé a Buenos Aires y Delego volvió a ofrecerme si quería seguir enseñando, pero ésta vez acepté pero solamente por cuatro horas diarias. Los problemas de las pruebas y más pruebas seguían y seguían.

Un día conversando con una diseñadora de lencería (con Ella, no tenía problemas para las pruebas, puesto que poseía un físico privilegiado y que a la postre llegaría a ser mi Señora) le comente de mis estudios a lo que Ella me propuso porque no me independizaba. Fue Ella la que se encargó de organizar todo. Ella nació para los negocios; Yo en cambio nací para ser un Artista. Dios a mí no me dotó con la ideas del business,. Así comenzamos, Yo tratando de mejorar lo que no se podía mejorar, a pesar de todo nunca deje de hacer estudios y ver cómo podía mejorar lo que no se podía mejorar. Aquí le quiero comentar tres anécdotas (de las miles que podría decir). Un día le dije a una alumna de nombre Margarita Cibrián. Señorita: Usted podría dejar de concurrir a las clases, puesto que sabe muchísimo, a lo que Ella me contestó: Pisano, Yo lo seguí a Usted durante siete años, para ver si en algún momento se equivocaría, pero no lo pude lograr. La Sra. Laura Abecasis un día me dijo: Señor le probé un pantalón a mi hija en casa y la verdad que de atrás le queda pintado, pero de adelante tiene un pequeño defecto, Yo le contesté deje que lo revise y luego veremos, al verlo se veía el defecto que Ella me dijo, así que me detuve a observarlo, luego le dije: Señora Usted quiere que le quede bien, a lo que me contestó:por supuesto, entonces le dije que se pusiera la parte delantera de adelante. Con Ésta Sra. Yo colaboré con más de 100 creaciones exclusivas en un desfile que Ella organizó para recaudar fondos para agrandar su escuela. Un día la Sra. Costa Mendez (Sra. Del Canciller y varias veces nombrada la más elegante de País los periodistas, le preguntaron quien le hacia las prendas a lo que Ella contestó que las realizaba ella misma. Nunca, ninguna academia logró algo así) me dijo: Pisano: sus prendas tienen un problema, Yo por poco me desmayo, y, con lo que me quedaba de ánimo le dije: Cual es el problema? A lo que me contestó: duran demasiado nuevas durante mucho tiempo. El éxito de nuestra Escuela, no fue producto de publicidad, sino que fue a voces, es decir que una alumna recomendaba a otra. Quiero señalar que fui colaborador por muchísimos años en la Editorial Atlántida con la revista Para Ti, y cuando salían mis moldes dicha revista llegaba hasta triplicar las ventas y las revistas desaparecían de los kioscos en unos dos días. También tuve muchos shows en televisión.

Cada año, presentábamos dos colecciones de **Haute Couture**.

¿Cómo fue que llegué a los Estados Unidos? Vinimos porqué tenía miedo que mi único Hijo fuere a la guerra, porqué al gobierno de la Argentina se le ocurrió hacer la guerra contra Inglaterra por las islas Malvinas y porqué El era guardia marina de reserva. Aquí en U.S.A. en 1994, tuvimos una de las diez mujeres más elegantes del País, y también ese mismo año la miss top model internacional vistió nuestras prendas; Luego con la recesión muchísimas casas de modas, a quienes nosotros les vendíamos nuestras creaciones, dejarnos de pagarnos (porqué desaparecieron) así que me quedé con una mano adelante y una detrás y perdí todo.

No tuve otra alternativa que emplearme como Pattern Maker y tuve un gran suceso. Preparé varias grandes colecciones para ser presentadas en la semana de la moda de New York y también en Los Ángeles, pero eso no quiere decir que me dormí en los laureles, sino que seguí trabajando muy duro y   tratando de mejorar lo que no se puede mejorar y aquí le presento la:
OBRA QUE BARRE CON TODOS LOS SISTEMAS VIEJOS O NUEVOS CONOCIDOS HASTA EL PRESENTE.

INTRODUCCION

Todos los años, nace una nueva moda, distinta, diferente, con detalles que destacan la verdadera personalidad de cada creador.

Cada temporada, la mujer en su femenino afán de lucir elegante requiere nuevas sugestiones e ideas.

La Moda, es un delicado proceso donde cada modelo es adaptado a la tela, o viceversa.

¿ Como se hace para interpretar la moda ? Es necesario como en cualquier arte, poseer la técnica necesaria.

Algunos diseñadores, utilizan el maniquí para realizar las creaciones (aunque a veces comienzan sin tener una idea exacta sobre el modelo que van a realizar) pero, luego de a poco a poco se le alumbra la lamparita.

Algunos diseñadores (Los que ya tienen en mente los modelos) utilizan solamente papel y lápiz y luego son los patterns makers que utilizando maniquí o moldes planos se encargan de realizar las OBRAS DE ARTE del diseñador.

Quiero hacer resaltar que en muchos casos resulta más fácil hacer un modelo sobre el maniquí pero hacer uno solo (**exclusivo**), porqué al tratar de trasladar el modelo sobre el papel (si éste es, muy trabajado) pude comprobar que resulta muy engorroso y complicado, y, sobre todo si se quiere hacer un modelo a medida. No se puede tener una persona parada durante varias horas, a menos que ésta tenga un maniquí personalizado, pero esto también es relativo. Sin embargo reconozco que es necesario conocer los dos sistemas, aunque saber trabajar con los moldes " planos "en un gran porcentaje resulta mucho **más efectivo** que los realizados sobre el maniquí. **Y es que desconocen la verdadera técnica y no le queda otro remedio.**

Ahora quiero resaltar que interpretar los modelos en forma " plana" le resultará más beneficioso, primero porque le ahorrará tiempo y luego le evitará muchos inconvenientes (llámese pruebas).

El mío, es el fruto de muchísimos años de experiencia y de estudio, y lo pude comprobar tanto en Italia como en Paris, y, eso que por aquel entonces, carecía de la experiencia de hoy día.

Una anécdota; un día vino de visita a Los Ángeles donde YO trabajaba, un importante industrial de New York y presenció una prueba de un tailleur y preguntó si ésa era la tercera prueba, a lo que el dueño le respondió que no, que era la primera.

Otra anécdota;(de las miles que podría comentar) fue cuando en una muy importante empresa en las afueras de Los Ángeles en la ciudad de Industry, la directora una persona muy exigente me dijo: Yo nunca vi en mi vida un pantalón tan perfecto de entrada.

Quiero señalar que existen sistemas " buenos " pero aquí nos es cuestión de hacer un molde que sea aproximado al cuerpo y luego adaptarlo arreglo tras arreglo, para eso, hemos creado un sistema que se adaptara a todo tipo de cuerpo y al considerarlo el **LIBRO** (LA BIBLIA DEL CORTE),se ha dividido en tres tomos.

Tomo I, moldes, transformaciones y consejos.

Tomo II, moldes para cuerpos difíciles, futuras mamás, niños, prendas para hombre y transformaciones.

Tomo III, modo de coser toda clase de prendas con sus respectivos secretos y detalles que distinguen la VERDADERA ALTA COSTURA.

Finalmente lo que hemos querido hacer, es **despertar** la **inteligencia** y dar vuelo a cada imaginación.

Deseamos compartir nuestra sabiduría, con todas aquellas personas que realmente desean llegar a destacarse en este maravilloso arte.

SAVERIO PISANO

PARA TENER MUY EN CUENTA

En los moldes tales como sacos y abrigos, encontrará que se dan ciertas amplitudes, eso debido a que la persona puede llevar debajo prendas gruesas para abrigarse, sobre todo en climas fríos.

POR EJEMPLO: Pueden llevar traje y sweater debajo del tapado, o prendas gruesas debajo del saco , por lo tanto éstos (moldes), necesitan ampliarse.

Estos son los motivos porque se agrandan. Ahora bien, es muy posible que **algunas personas llegaren a desear usar la prenda con menos** amplitud, es decir **más ajustadas al cuerpo,** o también debido a la moda imperante. En ésos casos los moldes, se deberán ampliar menos, ésos son los motivos porqué decimos, **o a gusto.**

NOTA: A mi personalmente me toco hacer para una cliente un traje y un abrigo más angostos que la medida de su Contorno de Busto.

IMPORTANTE: Sobre gustos...........................

Así que antes de hacer una prenda, Usted deberá preguntarle a su clienta como desea que le quede la misma y Usted anotará en la lista de medidas todo lo necesario en: NOTAS.

· Recuerde: **ELEGANCIA, NO ES COMODIDAD.**

MEDIDAS REQUERIDAS

EXPLICACIÓN DETALLADA SOBRE EL MODO DE TOMAR LAS MEDIDAS. ÉSTAS, DEBERÁN SER TOMADAS EN COMBINACIÓN (FONDO). IMPORTANTE: LA PERSONA, DEBERÁ QUEDARSE EN POSICIÓN NATURAL.

Al tomar las medidas, es necesario aplicar una cinta, o bien una cinta elástica en la cintura. Dicha cinta, indicará a " grosso modo" la línea de cintura, puesto que ésta, en general no está en línea recta. Ejemplo: La parte de adelante, es más baja que la línea del costado, así como también el centro de atrás.

Los contornos y anchos, se deben tomar siempre aplicando la mitad de los mismos, es decir: Contorno de Busto, Cintura, Vientre, Cadera, Muslo, Ancho Espalda, Ancho Pecho, Ancho de Entre Hombros de Adelante, Ancho de Entre Hombros de Atrás, Cuello, Alrededor del Escote, Contorno de Sobre Busto, Contorno de Bajo Busto, 1ra y 2da. Separación de Busto, Separación de Entre Busto, etc..No así los Contornos de Rodilla, Pantorrilla, Ancho Pierna, Ancho Brazo, Puño, Codo. Las medidas del Escote y Entre Brazo, se toman exactos.

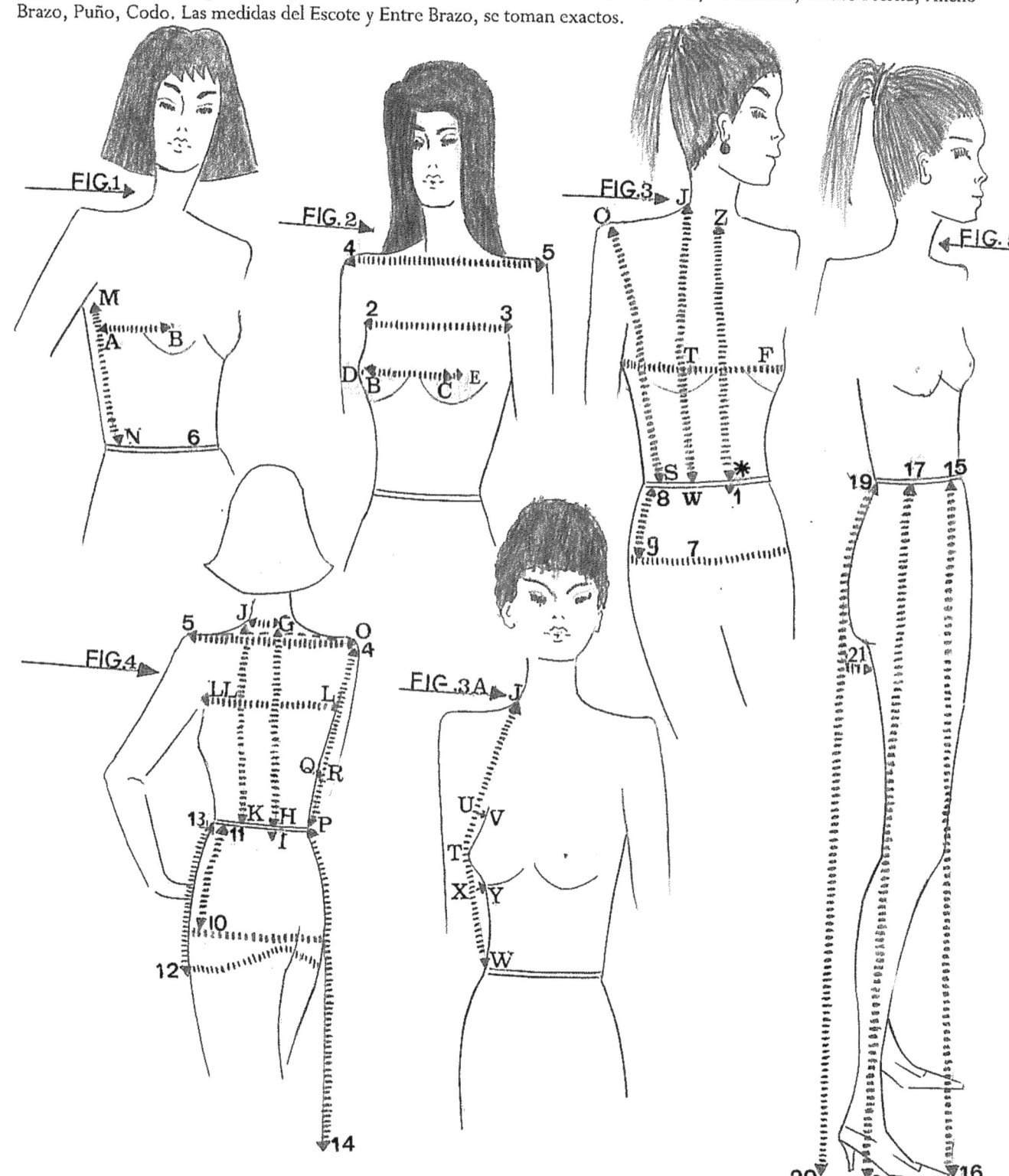

IMPORTANTE : Las medidas, se deberán tomar en combinación. Antes de comenzar a tomar las medidas, es necesario colocar una cinta elástica. Dicha cinta indicará a " grosso" modo la línea de Cintura, puesto que Ésta en general, no está en línea recta, ejemplo:la parte de adelante, está ubicada más baja que la línea del costado, como así también el sitio de la parte de atrás. NOTA: Si al tomar las hendiduras del busto, y la de la espalda, encuentra que la cinta métrica se mueve, causándole inconvenientes; pase la cinta métrica por debajo del elástico, que sujeta la cintura .

MEDIDA DE COSTADO (fig. 1): En forma horizontal, ésta medida, se debe tomar desde el costado (línea de costura) debajo del brazo, hasta la separación de busto (pezón) = A-B .

1ra. SEPARACIÓN DE BUSTO (Fig. 2): En forma horizontal entre un pezón y el otro = B – C . Si la persona tuviere el busto redondeado, se tomará la **2da. SEPARACIÓN DE BUSTO**, desde la parte más pronunciada a la otra = D-E .

CONTORNO DE BUSTO (Fig. 3): En forma horizontal, pasando la cinta métrica por la parte más sobresaliente del mismo, por debajo de los brazos y , cuidando que la cinta so se caiga en la parte de atrás (agregue 1 cm.) = F .

ALTURA ESCOTE ESPALDA (Fig. 4): En forma vertical desde el centro del cuello hasta la línea de cintura = G-H.

ALTURA ESCOTE ESPALDA PASANDO (Fig.4): Continuando con la medida anterior, hasta el sitio donde la persona sintiese su cintura = G-H-I . Muchísimas personas, no poseen dicha medida .

LARGO TALLE ESPALDA (Fig 4): En vertical, desde el centro del hombro junto al cuello (visto de perfil) hasta la línea de cintura =J-K. Si la persona, tuviera omóplato, deberá pasar la cinta métrica por encima del mismo.

ANCHO ESPALDA (Fig. 4): En forma horizontal desde el nacimiento de un brazo al otro = L-LL .

ALTURA DE AXILA (Fig. 1): En forma vertical, desde unos 3 cm. debajo del brazo (con el brazo ligeramente levantado) hasta la cintura M-N.

ALTURA HOMBRO ESPALDA (Fig. 4): Desde el centro del hombro visto de perfil, hasta la cintura = O-P .

HENDIDURA EN LA ESPALDA (fig. 4): En la parte donde está el hundido = Q-R . A LOS: Ésta medida indica a cuantos cm. del hombro, está ubicada = O-R.

ALTURA HOMBRO DELANTERO (Fig. 3): En forma vertical desde el centro del hombro (huesito) visto de perfil hasta la línea cintura = O-S .

ESCOTE (Fig. 4): Desde el centro del cuello (parte trasera), hasta el centro del hombro (visto de perfil) = G-J

ALTURA DE BUSTO (Fig. 3): Casi en vertical (de acuerdo a la separación de busto) desde el centro del cuello, centro del hombro (visto de perfil) hasta el pezón = J -T .

HENDIDURA DEL SOBRE BUSTO (Fig.3A): En la parte dónde se ve más vacío = U-V. A LOS: Ésta medida indica a cuantos cm. del hombro está la hendidura = J-U .

LARGO TALLE DE ADELANTE (Fig. 3 y 3A): Continuando con la medida anterior, hasta la cintura = J-T-W.

HENDIDURA DEL BAJO BUSTO (Fig. 3A): Al tomar el largo talle de adelante, tome la parte más hundida entre la cinta y el cuerpo = X –Y. A LOS : Dicha medida indica a cuantos cm. de distancia está la hendidura = J-U-TJ-X.

ALTURA ESCOTE DE ADELANTE (Fig. 3): En vertical, desde el centro del cuello, hasta la cintura = Z – * .

ALTURA ESCOTE DE ADELANTE PASANDO (Fig. 3): Siguiendo con la medida anterior, hasta el verdadero sitio de la cintura = Z – *-1. Muchísimas personas, carecen de dicha medida.

ANCHO DE PECHO (Fig. 2):En forma horizontal, desde el nacimiento de un brazo al otro = 2-3.

ANCHO DE ENTRE HOMBROS DE ADELANTE (Fig. 2): Desde la iniciación de un brazo al otro = 4-5.

ANCHO DE ENTRE HOMBROS DE ATRÁS (Fig. 4): En forma horizontal desde la iniciación de un brazo al otro = O-5. Si la persona, tuviere la espalda encorvada , se colocará la cinta métrica, por encima de esa parte.

CONTORNO DE CINTURA (Fig. 1): Alrededor de la misma . (cuide que la persona no esconda su estómago) = 6.

CONTORNO DE VIENTRE (Fig.3): En horizontal desde el costado de la persona en la parte más sobresaliente del mismo = 7.

ALTURA DE VIENTRE (Fig. 3): Manteniendo la cinta en el vientre, se debe tomar desde la cintura hasta la cinta = 8-9.

CONTORNO DE CADERA (Fig. 4): En horizontal desde el costado de la persona (perfil) en la parte más sobresaliente de la cadera (ligeramente floja) = 10. Para pantalón y de acuerdo a épocas, puede tomarse en forma normal

ALTURA DE CADERA (Fig. 4): En forma vertical, manteniendo la cinta métrica en la cadera, desde la cintura hasta la cinta = 11-10.

CONTORNO DE MUSLO (Fig. 4): En forma despareja, se tomará alrededor del mismo, levantando la cinta métrica en el centro de atrás (sobre los glúteos) = 12 .

ALTURA DE MUSLO (Fig. 4): Manteniendo la cinta en el contorno de muslo, en vertical desde la cintura hasta la cinta = 13 -12.

LARGO FALDA (Fig. 4): Desde la cintura en forma vertical, hasta el largo deseado = 14.

LARGO DE ADELANTE HASTA EL SUELO (Fig. 5): Desde el centro de adelante (cintura) hasta el suelo = 15-16. NOTA: Dicha medida, se toma para quienes poseen mucho vientre ; y para controlar que las prendas no cuelguen .

LARGO DE COSTADO HASTA AL SUELO (Fig. 5): Desde la cintura (costado de la persona) hasta el suelo = 17-18.

LARGO DE ATRÁS HASTA EL SUELO (FIG. 5): Desde el centro de atrás (cintura) hasta el suelo = 19-20. Esta medida se toma para saber si las prendas cuelgan atrás.

ALTURA DE BAJO COLA (FIG.5):Desde el centro de atrás (cintura) hasta donde comienza la nalga = 19-21.

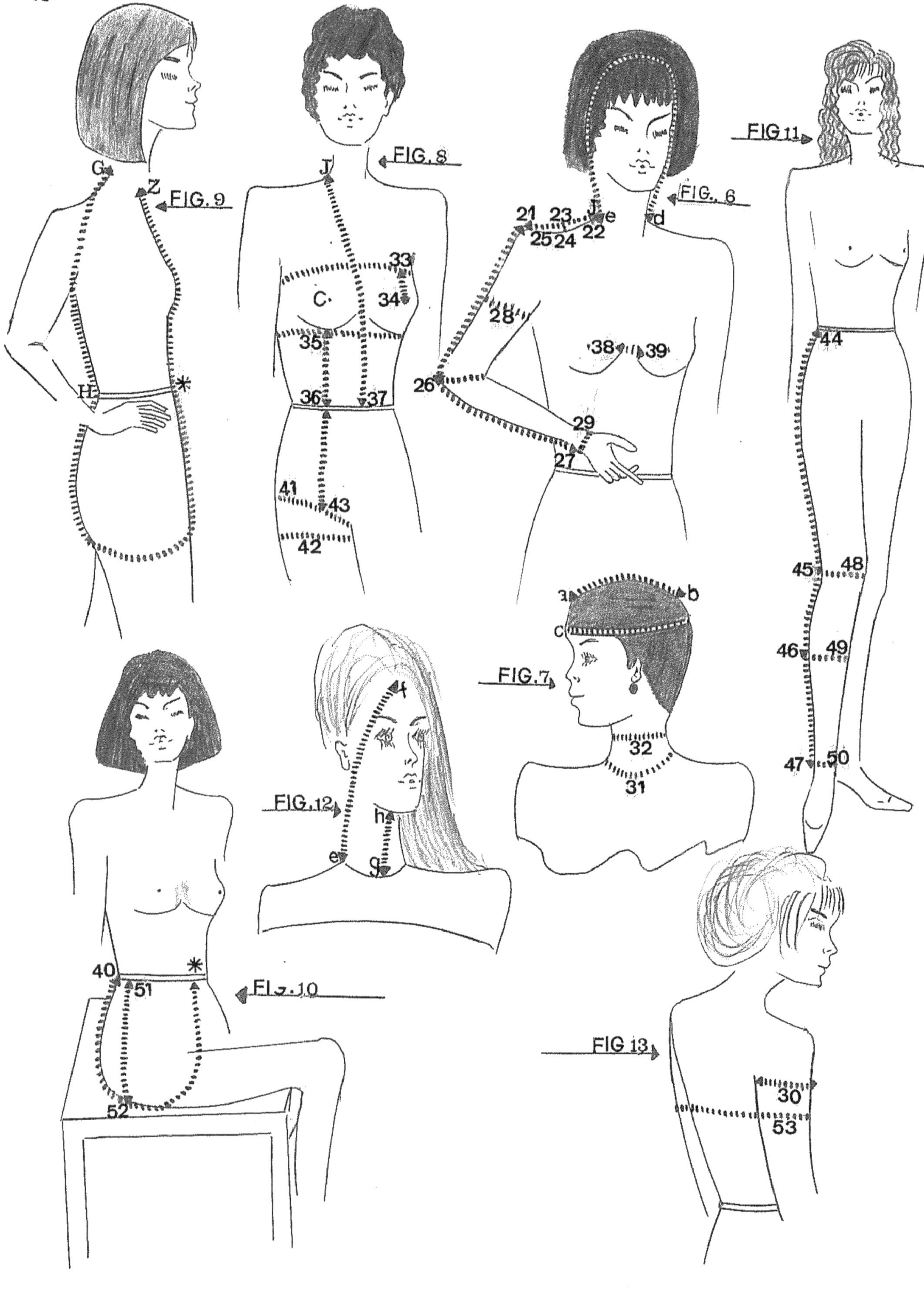

G
Z → FIG. 9
FIG. 8 ←
FIG 11 →
FIG., 6 ←
H ✱

J
33
C.
34
35
36 37
41
43
42

21 23 J e d
25 24 22
28
38 39
26
29
27

44

a b
c
FIG. 7 →
32
31

45 48

46 49

47 50

FIG.12 →
h
e g

FIG. 10 ←
40
51
52

FIG 13 →
30
53

ANCHO DE HOMBRO (Fig. 6): Desde el centro del hombro junto al cuello, hasta la iniciación del brazo = J-21.

MEDIDA DESDE (Fig. 6): Indica desde donde comienza a hundirse el hombro = J-22. NOTA: Muchísimas personas, no poseen ésta medida.

MEDIDA A LOS (Fig. 6): Manteniendo la cinta métrica en el hombro, tome a que distancia está el hundido = J-23.

ALTURA DE ENTRE HOMBRO (Fig 6):Tomar ésta medida en la parte más hundida del hombro = 23-24.IMPORTANTE: No debe tener en cuenta si el hundido del hombro, es formado por el bretel del soutiens (bra), porqué el busto es muy pesado.

MEDIDA HASTA (Fig. 6): Manteniendo la cinta en el hombro, ésta medida indica donde termina el hundido del hombro = J-25. NOTA: Cuando el hombro es recto, no existen las medidas: **ALTURA DE ENTRE HOMBRO, MEDIDA DESDE, MEDIDA A LOS,MEDIDA HASTA. POR LO TANTO NO SE TOMAN.**

ALTURA DE CODO (Fig. 6): Tómese ésta medida en diagonal con el brazo doblado hacia adelante, formando un ángulo recto desde la terminación del hombro, hasta el codo = 21-26.

LARGO DE MANGA (Fig. 6): Siguiendo con la medida anterior, tómese hasta la muñeca = 21-26-27.

ANCHO DE BRAZO (Fig.6): En forma horizontal con el brazo apoyado al cuerpo en la parte más ancha =28.

ANCHO DE CODO (Fig. 6): En forma horizontal alrededor del mismo = 26.

ANCHO DE PUÑO (Fig. 6): En forma horizontal en la parte de la muñeca y su ancho, es a gusto = 29.

ANCHO DE ENTRE BRAZO (Fig.13):Se toma en forma horizontal, desde donde comienza el brazo en la parte delantera, hasta el comienzo del brazo en la trasera = 30.

ALREDEDOR DEL ESCOTE (Fig. 7): Debe tomarse alrededor del mismo (cuidando que la cinta, no esté tirante) =31.

CONTORNODE CUELLO (Fig.7): Se debe tomar alrededor del mismo = 32.

CONTORNO DE SOBRE BUSTO (Fig. 8): Se debe tomar desde la iniciación del busto y por debajo de los bazos =33.

ALTURA DE SOBRE BUSTO (Fig. 8): Manteniendo la cinta métrica en la medida anterior, desde la cinta, hasta el pezón = 33-34.

CONTORNO DE BAJO BUSTO (Fig. 8): Tómese en la parte baja del busto (terminación del busto) = 35.

ALTURA DE BAJO BUSTO (Fig. 8): Manteniendo la cinta métrica en la medida anterior, desde dicha cinta hasta la cintura = 35-36.

LARGO DE ADELANTE (Fig. 8): En línea"diagonal," desde el centro del hombro junto al cuello, (visto de perfil) pasando la cinta por entre los senos, hasta la cintura = J-37.

SEPARACION DE ENTRE BUSTO (Fig.6): En forma horizontal = 38-39. IMPORTANTE: Esta medida, no la poseen todas las personas.

LARGO TIRO PARA ENTERIZOS (Fig.9): Tómese desde la iniciación del escote delantero, pasando la cinta por la línea de cintura, luego por entre las piernas, a continuación por la otra línea de cintura, hasta el escote de atrás = Z-*-H-G.

LARGO TIRO PARA BREECH (Fig. 10): Sentada sobre la mesa, desde la línea de cintura delantera, pasando la cinta por entre las piernas, hasta la línea de cintura de atrás = *-40.

LARGO TIRO PARA PANTALON (Fig. 9): Se debe tomar en forma vertical y curva, desde la línea de cintura de adelante, pasando la cinta métrica por entre las piernas, hasta la línea de cintura de atrás = *-H.

ANCHO PIERNA PARA MALLA (Fig. 8): Tómese en forma inclinada alrededor de la misma =41.

ANCHO PIERNA PARA PANTALON (Fig. 8): Se debe tomar en forma horizontal alrededor de la misma = 42.

ALTURA MITAD PIERNA DE ADELANTE (Fig. 8): En vertical, desde la cintura, hasta la línea de la ingle = 36-43.

ALTURA DE RODILLA (Fig. 11): En forma vertical desde la cintura (costado de la persona) hasta la rodilla = 44-45.

ALTURA DE PANTORRILLA (Fig. 11): Siguiendo con la medida anterior, hasta la pantorrilla = 44-45-46.

LARGO DE PANTALON (Fig.11): Continuando con la anterior medida, hasta el largo deseado = 44-45-46-47.

CONTORNO DE RODILLA (Fig. 11) En forma horizontal, alrededor de la misma = 45-48.

CONTORNO DE PANTORRILLA (Fig. 11): Tómese en forma horizontal alrededor de la misma = 46-49.

ANCHO DE BOTA (FIG. 11): En forma horizontal, y su ancho, es a gusto = 47-50.

ALTURA DE ENTREPIERNAS (Fig. 10): La persona, debe estar sentada sobre una mesa, o banqueta y se debe tomar desde la línea de cintura (costado de la persona), hasta el asiento = 51-52. NOTA: Tómela del otro lado, para ver si está bien sentada, luego divida la diferencia.

CONTORNO DE SOBRE BRAZOS (Fig. 13): Se debe tomar por sobre los brazos a la altura del busto = 53.

LARGO DE CABEZA (Fig. 7): Ligeramente, inclinada, se toma desde la frente, hasta la nuca = a-b.

CONTORNODE CABEZA (FIG. 7): Alrededor de la misma = c.

ALTURA DE CABEZA (Fig. 6): En forma arqueada, tómese dicha medida desde el escote junto al hombro, pasando la cinta por encima de la cabeza, hasta el lado opuesto = d-e.

ALTURA DE LA FRENTE (Fig. 12): Se debe tomar en diagonal desde el escote junto al hombro, hasta la frente = e-f.

ALTURA DE CUELLO (Fig. 12): En forma vertical, desde el escote centro delantero, hasta la iniciación del cuello = g-h.

CONSEJOS ÚTILES

Antes que nada, MODA, significa CREATIVIDAD, y nada está atado a reglas fijas, eso si; una prenda debe tener antes que nada GRACIA .

IMPORTANTE: Si al tomar las medidas, nota que la persona carece de la Altura Escote Espalda Pasando, o de la Altura Escote de Adelante Pasando, así como también de las medidas Desde , A Los , Hasta , y la Altura de Entre Hombro, al hacer los moldes, las líneas de cinturas, serán en forma horizontales; así como las líneas de los hombros, serán en líneas rectas . NOTA: Podría ser que la persona tuviere solamente alguna de éstas medidas; en ese caso, se aplicará en el (los) molde (s) la medida que tuviere .

Si después de haber tomado las medidas, tuviere alguna duda acerca de alguna medida, prepare la prenda en percalina, liencillo, o bien en una tela desechable.

Al decir o a gusto, se quiere expresar cambio, es decir que puede agrandar, o achicar esa parte.

Al realizar un modelo, es muy importante que use la tela acorde con el mismo. **Yo pude comprobar** en la más importante casa de **New York** que se usaban hasta cuatro pares de moldes para un mismo modelo. **Eso** debido a las diferentes **caídas** de las telas. Recuerde que los moldes, no poseen ensanches. Cada persona, los aplicará a su gusto, o necesidad.

Si la medida largo talle espalda es corta, notará que la prenda se levanta en el centro de atrás.

Elegancia, no significa comodidad. Para ser elegante, lo primero es: saber llevar la prenda, luego vienen los accesorios tales como zapatos, peinado, perfume etc ..

Si Usted realiza un vestido, y la tela que va a usar es elástica, deberá reducir los moldes de acuerdo al porcentaje que se estira la misma, tanto en el ancho, como en el largo. IMPORTANTE: También podrá mantener la pinza del busto (costado) cerrada de ese modo quedará eliminada. NOTA: El forro, es conveniente que sea también en tela elástica , caso contrario, no se achica.

Para evitar problemas, al probar la prenda, deberá hacerlo siempre con el mismo soutiens con que fueron tomadas las medidas.

Para poder planchar mejor las pinzas, es necesario poner debajo de las mismas una tira al bies. Dicha tira, deberá ser ligeramente más ancha que la pinza, luego podrá plancharlas llevando las partes para cada lado.

IMPORTANTE: Los vestidos sedosos, deberán armarse con percalina u organza, además del forro.

Las prendas a rayas horizontales, o al bies hacen ver a la persona más delgada .

Los largos de las prendas, dependen de la belleza de las piernas, no importando la edad.

Los sacos y los tapados, deberán armarse con percalina, organiza etc. (éstas deberán mojarse previamente y plancharse húmedas) demás está decir que además deberán llevar entretela y forro.

En las prendas a cuadros, los ruedos deben terminar con el cuadro completo, nunca el cuadro por la mitad.

Cuando una prenda tiene recortes en forma horizontales y verticales, primero se deben coser las partes horizontales y luego las verticales, de ese modo, se podrán agrandar o achicar con más facilidad.

La amplitud que se le da a los moldes, depende de la época. En algunas temporadas pueden usarse angostos, y en otras no.

Un molde, NO es apto para todo tipo de tela. eso porque las telas NO tienen la misma caída.

Antes de realizar un molde, primero léalo muy atentamente, para comprobar si realmente lo entiende.

CONSEJOS ÚTILES

Cuando se cosan telas finas (que se mueven) o sea que no tienen cuerpo, o van al bies es conveniente coser tela y molde juntos; eso impedirá que la prenda no se deforme, luego de hecha la costura, deberá quitar el papel . En telas normales, deberá usar tear away en escotes, sisas, o partes que vayan al bies .

Si su cutis es oscuro, lo más conveniente, es usar colores claros, de ese modo, se forma un lindo contraste.

Para no sentirse deprimida, es importante (siempre y cuando se pueda) cambiarse de prenda dos veces al día .

En los bordes delanteros, escotes, solapas, hombro delantero, sisas, deberá colocar cinta de extrafort .

El cierre invisible, debe plancharse abriendo la cremallera antes de coserlo. Esa operación permitirá poder colocarlo sin mayores inconvenientes. Demás está decir que se necesita un pie especial para la máquina.

Los cierres comunes, se deben cambrar (estirar) los laterales, a los efectos de evitar ondas (jorobas) en las prendas .

Si posee un busto separado, puede lucir toda clase de escotes.

Algunas personas (en general mayores), no les gusta que se le noten las formas, para eso, es necesario agrandar un poquito los moldes .

Saber planchar, es un arte; Así como puede solucionar un gran problema, no saber planchar, puede acarrearle un sin fin de inconvenientes.

Muchas telas deben decatizarse, a los efectos de evitar que encojan y , también para evitar que se manchen con gotas de agua.

Cuando realice un vestido drapeado, utilizando un molde plano, es decir no drapeándolo sobre un maniquí antes de abrir los recortes, tome la tela y forme un pliegue para calcular la profundidad de los mismos.

A las personas de cuerpo defectuoso, se le deben tomar las medidas de los dos lados y, al hacer los moldes deberá hacer dos traseras y dos delanteras. Si el defecto es solamente de un hombro más bajo que el otro, tal vez, lo pueda solucionar con una hombrera un poco más grande que la otra.

Hay muchas formas de eliminar la pinza en el hombro (trasero) una de ella, es colocando una hombrera que tenga el mismo alto que la pinza ; también la puede eliminar haciendo le " scapole", es decir dar forma a la espalda con la plancha.

Para colocar la manga a una prenda, deberá unir costura con costura. Son raros los casos, en que hay que correrla.

Los orígenes de los botones en las mangas: Los soldados de Napoleón solían limpiarse la nariz, con la parte posterior de la manga. Para evitar ése desagradable aspecto, mandó que se colocasen botones en esos sitios.

En algunos casos, el hombro (trasero) podría llevar flojedad, siempre y cuando la tela no tenga rayas ni cuadros .

En telas de terciopelo, pana, cotelé, y telas de pelo parecido, el pelo va hacia arriba, de ese modo, las prendas tendrán vida, caso contrario, se verán opacas, y, se deben de hilvanar con hilo de seda, para evitar que quede la marca.

Cuando Usted realice un molde, NUNCA, compare las medidas que Usted está usando con las del LIBRO, estas, son solo un ejemplo.

Muy importante: en las prendas cuya solapa empieza aproximadamente desde la altura de la cintura, sera necesario hacer la pinza adicional de entre busto, puntos V-Q-W, pagina 24.

Para hablar de moda, hay que saber de MODA.

CORPIÑO BASE # 1
PARTE TRASERA

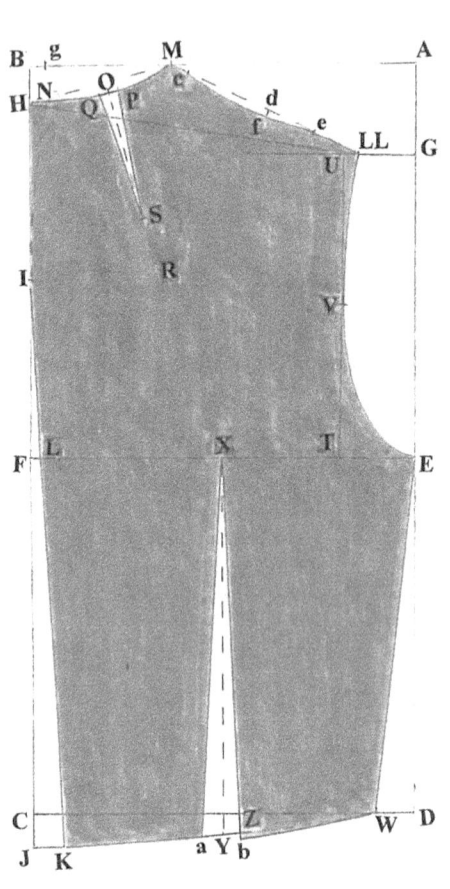

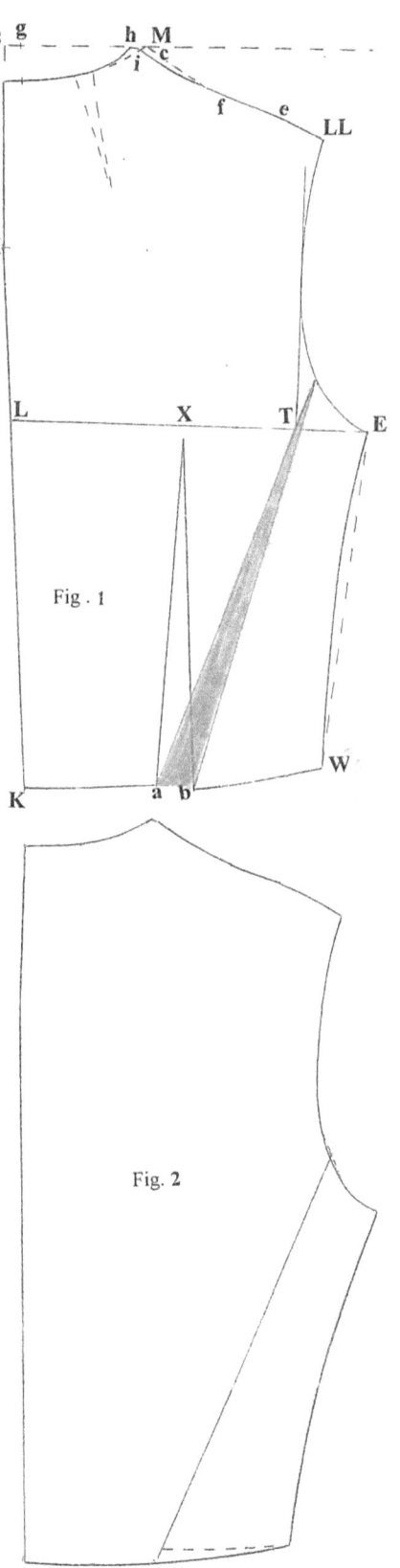

Fig . 1

Fig. 2

MEDIDAS NECESARIAS

CONTORNO DE BUSTO	46	CM.
MEDIDA DE COSTADO	15	"
1RA. SEPARACION DE BUSTO	9	"
LARGO TALLE ESPALDA	42	"
ALTURA DE AXILA	20	"
ALTURA HOMBRO ESPALDA	37	"
ALTURA ESCOTE ESPALDA	40	"
ALTURA ESCOTE ESPALDA PASANDO	42	"
CONTORNO DE CINTURA	34	"
ANCHO DE ENTRE HOMBROS DE ATRÁS	19	"
ANCHO DE HOMBRO	12	"
ESCOTE	7 ½	"
ANCHO ESPALDA	17	"
MEDIDA DESDE	1	"
MEDIDA A LOS	6	"
MEDIDA HASTA	9	"
ALTURA DE ENTRE HOMBRO	½	"

PASO A PASO CON LA REALIZACION DEL TRAZADO
PARTE TRASERA

Trazar un rectángulo con la medida Contorno de Busto, menos la Medida de Costado y la 1ra. Separación de Busto, ejemplo: 46 − [15 + 9] = 22 cm. por el Largo Talle Espalda, ejemplo: 42 cm. = **A-B-C-D**.

Desde **D** y **C**, aplicar hacia arriba la Altura de Axila, ejemplo: 20 cm. = **E** y **F**. Unir dichos puntos.

Desde **D**, ubicar hacia arriba la Altura Hombro Espalda, ejemplo: 37 cm.= **G**. Medir la distancia entre **G-A**, ejemplo: 5 cm.. NOTA: Cuando la distancia entre **G-A**, es hasta 5 cm., desde **G**, escuadrar hacia dentro unos 10 cm., si en cambio fuere superior de 5 cm., deberá proceder como el trazado de las páginas **20-21**.

Desde **C**, colocar hacia arriba la Altura Escote Espalda, ejemplo: 40 cm. = **H**.

Marcar el centro de **H-F = I**.

Desde **C**, prolongar la línea hacia abajo, aplicando la diferencia entre la Altura Escote Espalda y la Altura Escote Espalda Pasando, ejemplo: 2 cm. = **J**. NOTA: Si la persona careciere de la Altura Escote Espalda Pasando, entonces la línea de cintura, será en forma horizontal.

Diferencia entre Busto y Cintura, ejemplo: 12 cm.; La mitad de los 12 cm. (o sea 6 cm.) se utilizarán para entallar la trasera, la otra mitad para entallar la delantera.

Desde **J**, escuadrar hacia dentro, aplicando 1/4 parte de los 6 cm., ejemplo: 1 ½ cm. = **K**. Unir **K-I**. El punto **L**, se forma al cruzarse las líneas. Suavizar la línea en el punto **I**. Ahora quedan 4 ½ cm. para entalles.

Desde **H**, ubicar en diagonal sobre la raya **G**, el Ancho de Entre Hombros de Atrás, ejemplo: 19 cm.= **LL**.

Desde **LL**, colocar en diagonal hasta la horizontal **A-B**, el Ancho de Hombro, ejemplo: 12 cm. = **M**. Unir **M-H**, con línea discontinua.

Desde **M**, aplicar hacia **H**, la medida del Escote, ejemplo: 7 ½ cm. = **N**. NOTA: El punto **N**, puede coincidir con **H**, nunca pasarlo. El espacio **N-H**, se utilizará para hacer una pinza en el medio del Escote. Si **N-H** coincidieren, no se hará ninguna pinza. Formar el escote, uniendo **H-M**, como lo indica el trazado.

Marcar el centro de **H-M = O**. Desde **O**, aplicar hacia ambos lados la mitad de **N-H** = **P** y **Q**.

Desde **O**, escuadrar, colocando la distancia **H-I** =**R**.IMPORTANTE: Si la distancia entre **P-Q**, es inferior a 1 ½ cm., es conveniente acortar la pinza en unos 2 ½ cm.= **S**. Unir **S-P** y **S-Q**, con ligera forma.

Desde **L**, aplicar hacia dentro la medida Ancho Espalda, ejemplo: 17 cm. = **T**.

Desde **T**, escuadrar hacia arriba, hasta la horizontal del punto **G = U**.

Marcar el centro de **T-U = V**.

Formar la sisa, uniendo **E-V-LL**, como lo indica el trazado.

Desde **D**, ubicar hacia dentro la mitad de los 4 ½ cm. que quedaron para los entalles, ejemplo: 2 ¼ cm. = **W**.

Unir **W-E** y **W-K** con ligera forma. Quedan 2 ¼ cm. para pinzas.

Marcar el centro de **E-F = X**. Desde **X**, escuadrar hacia abajo, hasta la línea **W-K = Y**.

Desde **Y**, aplicar hacia ambos lados la mitad de los 2 ¼ cm. que quedaron = **Z** y **a**. Unir **Z-X** y **a-X**.

Desde **X**, aplicar pasando **Z**, la distancia **X-a = b**. Unir **b-W**.

Formación de la Hendidura del Hombro: **M-c** = Medida Desde, ejemplo: 1 cm.. **M-d** = Medida A Los, ejemplo: 6 cm.. **M-e** = Medida Hasta, ejemplo: 9 cm.. **d-f** = Altura de Entre Hombro, ejemplo ½ cm.. Unir **c-f-e**, según la forma del hombro.

B-g = N-H.

IMPORTANTE: Si desea eliminar la pinza del Escote, deberá unir **N-I**, como lo indica la línea discontinua. Otra manera de eliminar la pinza del Escote, es la siguiente: Fig.1 (pero siempre y cuando la tela no tenga rayas o cuadros) Desde **M**, aplicar hacia **B** el espacio de la pinza puntos **P-Q = h**. Unir **h-H**, formando el nuevo Escote.

Formar el nuevo Hombro, ejemplo: **h-i = M-c**. Nótese que el Hombro se agrando, ésa diferencia, se utilizará para ser embebida y dar forma al hombro. Unir **i-f**.

NOTA: Las líneas rectas en los costados, se usan cuando los trazados son usados para transformaciones.

Si desea eliminar la pinza vertical, traslade la misma hasta la sisa (pinza sombreada), luego ciérrela y después suavice las líneas de la Cintura y la sisa. Fig. 2.

CORPIÑO BASE # 1

PARTE DELANTERA CON UNA Y DOS PINZAS

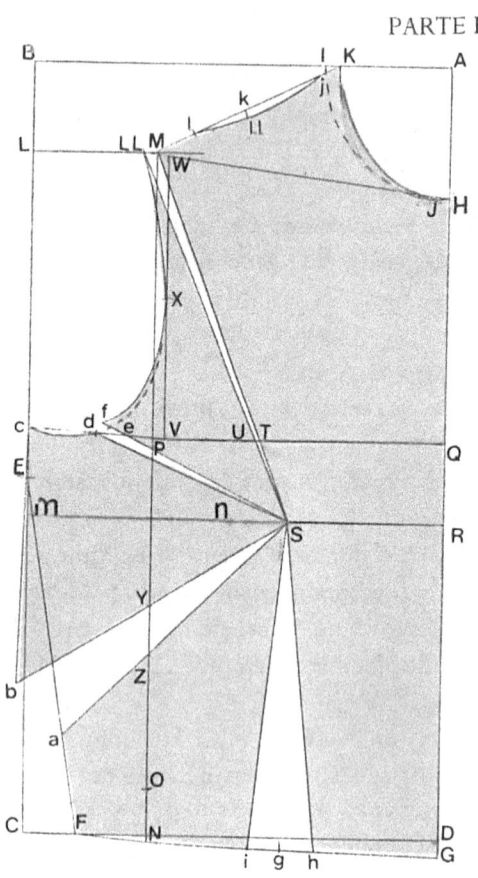

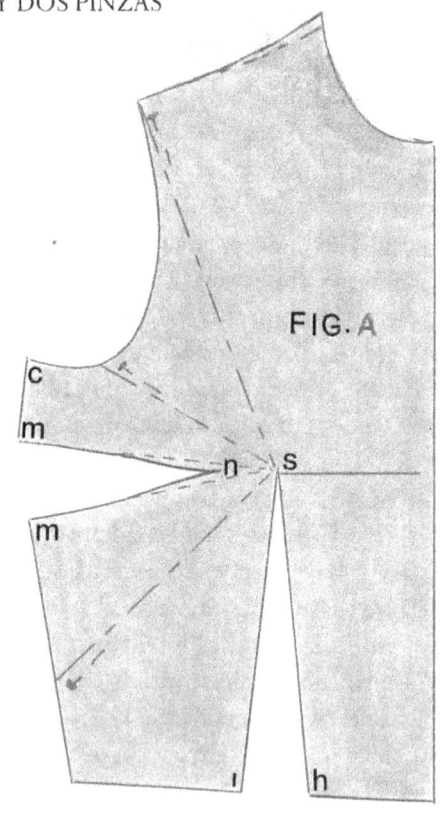

FIG. A

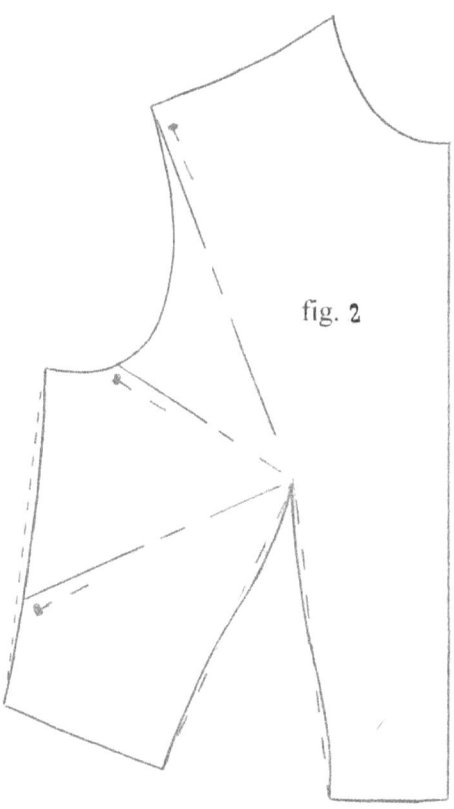

fig. 2

MEDIDAS REQUERIDAS

CONTORNO DE BUSTO	46	CM.
MEDIDA DE COSTADO	15	"
1RA. SEPARACION DE BUSTO	9	"
LARGO TALLE DE ADELANTE	44	"
ALTURA DE AXILA	20	"
MEDIDA D-W DE LA PARTE TRASERA	2 ¼	"
MITAD DIFERENCIA ENTRE BUSTO Y CINTURA	6	"
MEDIDA A-G DE LA PARTE TRASERA	5	"
MEDIDA g-M DE LA PARTE TRASERA	7 ¼	"
ALTURA ESCOTE DE ADELANTE	36 ½	"
ALREDEDOR DEL ESCOTE	18 ¼	"
ESCOTE	7 ½	"
ANCHO DE ENTRE HOMBROS DE ADELANTE	18	"
ANCHO DE HOMBRO	12	"
ALTURA ESCOTE DE ADELANTE PASANDO	37 ½	"
ALTURA DE BUSTO	26	"
ALTURA HOMBRO DE ADELANTE	36	"
ANCHO DE PECHO	16	"
CONTORNO DE SOBRE BUSTO	42	"
MEDIDA DESDE	1	"
MEDIDA A LOS	6	"
MEDIDA HASTA	9	"
ALTURA DE ENTRE HOMBRO	½	"
2DA. SEPARACION DE BUSTO	11	"

PASO A PASO CON LA REALIZACION DELTRAZADO #1
PARTE DELANTERA

Trazar un rectángulo con la suma de la medida de Costado y, la 1ra. Separación de Busto ejemplo: 15 + 9 = 24 cm. por el Largo Talle de Adelante, ejemplo: 44 cm. = **A-B-C-D**.

Desde **C**, aplicar hacia arriba la medida Altura de Axila, ejemplo: 20 cm. = **E**.

Desde **C**, colocar hacia dentro la medida de los puntos **D-W** de la parte trasera, ejemplo: 2 ¼ cm. = **F**. Unir **F-E**, del mismo modo que **V-E** de la parte trasera. NOTA: Había 6 cm. (o sea la mitad de la diferencia entre el Busto y la Cintura) para entalles, menos 2 ¼ cm., ahora quedan 3 ¾ cm. para entalles.

Desde **D**, prolongar la línea, aplicando la diferencia entre la Altura Escote de Adelante y la Altura Escote de Adelante Pasando, ejemplo: 1 cm. = **G**. Unir **G-F**, con ligera forma. NOTA: Si la persona a la que Usted le está haciendo el molde, no tuviere la Altura Escote de Adelante Pasando, entonces, la línea de cintura, será en forma horizontal.

Desde **D**, aplicar hacia arriba la Altura Escote de Adelante, ejemplo: 36 ½ cm. = **H**.

Desde **A**, colocar hacia dentro, la medida **g-M** de la parte trasera, ejemplo: 7 ¼ cm. = **I**. Unir **I-H**, con línea discontinua y, en forma circular.

Desde **I**, poner hacia **H** la medida que falta para completar Alrededor del Escote, ejemplo: 18 ¼ -7 ½ =10 ¾ cm = **J**. NOTA: Si la distancia entre **J-H**, es superior a 1 cm., quiere decir que el Largo Talle de Adelante está tomado largo. Esa diferencia, se quitará desde **K** hacia abajo, y se formará el nuevo hombro, como lo indica la línea discontinua Fig. A. IMPORTANTE: **J** y **H**, podrían coincidir.

I-K = **J-H**. Unir **K-H**, formando el escote.

Desde **B**, ubicar hacia abajo, la medida **A-G** de la parte trasera, ejemplo: 5 cm. = **L**.

Desde **L**, escuadrar hacia dentro unos 12 cm..

Desde **H**, aplicar sobre la línea **L**, la medida Ancho de Entre Hombros de Adelante, ejemplo: 18 cm. = **LL**.

Desde **K**, colocar en diagonal sobre la línea **L**, la medida Ancho de Hombro, ejemplo: 12 cm.= **M**. NOTA: El punto **M**, podría coincidir con **LL**, nunca pasarlo.

Desde **C**, aplicar hacia dentro, la distancia **L-M** = **N**. Unir **N-M**.

Desde **M**, aplicar hacia abajo la medida Altura Hombro de Adelante, ejemplo: 36 cm. = **O**.

Desde **O**, ubicar hacia arriba la Altura de Axila, ejemplo: 20 cm. = **P**.

Desde **P**, escuadrar hasta la vertical de adelante = **Q**.

Desde **A**, colocar hacia abajo, la Altura de Busto, ejemplo: 26 cm. = **R**.

Desde **R**, escuadrar hacia dentro, colocando la 1ra Separación de Busto, ejemplo: 9 cm. = **S**. Unir **S-M** y **S-LL** . **T** y **U**, se forman al cruzarse las líneas.

Desde **Q**, aplicar hacia dentro el Ancho de Pecho, más el espacio **T-U**, ejemplo: 16 ¼ cm. = **V**.

Desde **V**, escuadrar hacia arriba, hasta la línea del punto **L** = **W**. Marcar el centro de **V-W** = **X**.

Desde **P**, aplicar hacia abajo 5 cm. más la diferencia **Q-R** = **Y**. **Y-Z** = **O-N**.

Unir **S-Z**, luego prolongar la línea hasta el costado = **a**.

Desde **S**, aplicar pasando por **Y**, la medida **S-a** = **b**.

Desde **b**, aplicar en diagonal (hacia arriba) sobre la línea **B-C**, la medida, o distancia entre los puntos **a-E** = **c**. Unir **c-V**, luego, marcar el centro de dichos puntos = **d**. Unir **d-S**.

Formar la sisa, uniendo **c-d-X-LL**, como lo indica el trazado .

Pinza Adicional: **d-e** = 1/3 parte entre el Busto y el Sobre Busto, ejemplo: ligeramente superior a 1 ¼ cm. .Esta pinza, se puede realizar en todos los trazados.

Desde **S**, aplicar pasando por **e**, la distancia **S-d** = **f**. Unir **f**, con la sisa, como lo indica el trazado.

Desde **G**, aplicar hacia dentro la medida **R-S** = **g**.

Desde **g**, aplicar hacia ambos lados la mitad de los 3 ¾ cm. que quedaron para entalles = **h** y **i** . Unir **i-S** y **h-S**.

Formación de la hendidura del hombro: **K-j** = Medida Desde, ejemplo: 1 cm. . **K-k** = Medida A Los, ejemplo: 6 cm. **K-l** = Medida Hasta, ejemplo: 9 cm. . **K-ll** = Altura de Entre Hombro, ejemplo: ½ cm. .

Unir **j-ll-l**, según la forma del hombro.

Desde **S**, prolongar la línea hasta el costado = **m**.

Desde **R**, aplicar pasando por **S**, la 2da. Separación de busto, ejemplo: 11 cm. = **n**.

Cortar desde **m**, hasta **S**, luego cerrar las pinzas. Unir **m-n** y **m-n**, según la forma del busto. Fig. A.

La Fig. 2 demuestra la nueva línea de costado, y una sola pinza. (las demás, están cerradas).

CORPIÑO BASE # 2 CON PINZA EN EL HOMBRO
PARTE TRASERA

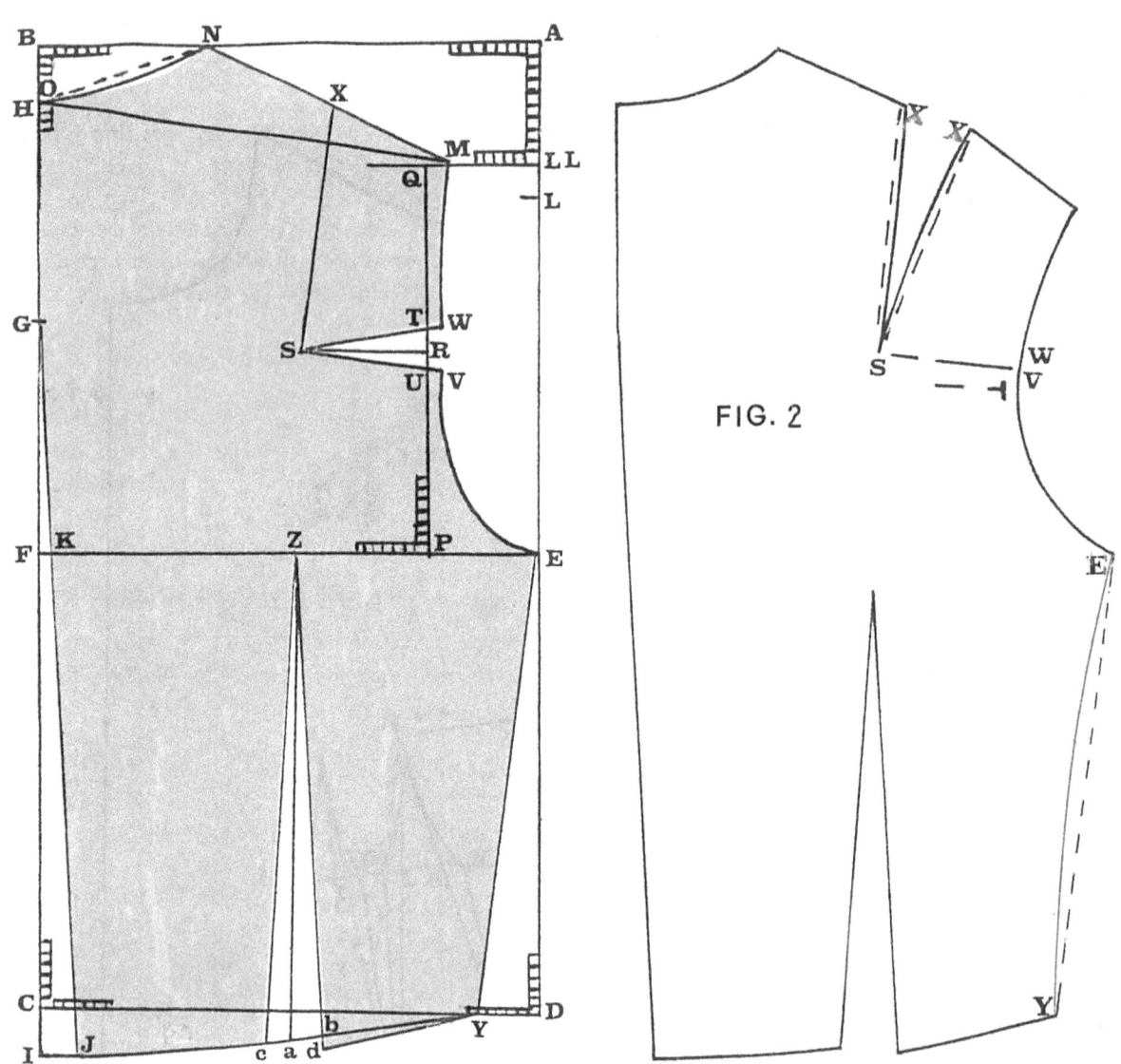

FIG. 2

MEDIDAS NECESARIAS

CONTORNO DE BUSTO............................46 CM.

MEDIDA DE COSTADO...........................15 "

1RA. SEPARACIÓN DE BUSTO..................9 "

LARGO TALLE ESPALDA...................... 42 "

ALTURA DE AXILA............................. 20 "

ALTURA ESCOTE ESPALDA..................... 40 "

ALTURA ESCOTE ESPALDA PASANDO........ 42 "

CONTORNO DE CINTURA..................... 34 "

ALTURA HOMBRO ESPALDA.................35 ½ "

ANCHO DE ENTRE HOMBROS DE ATRÁS.....18 ½ "

ANCHO DE HOMBRO........................... 12 "

ESCOTE...7 ½ "

ANCHO ESPALDA.............................. 17 "

MEDIDA DESDE................................0 "

MEDIDA A LOS................................... 0 "

MEDIDA HASTA................................. 0 "

ALTURA DE ENTRE HOMBRO................ 0 "

PASO A PASO CON LA REALIZACION DEL TRAZADO
PARTE TRASERA

IMPORTANTE: En éste molde, no se aplicarán las medidas Desde, A Los, Hasta, Altura de Entre Hombro por tratarse de un hombro recto. Pero si la persona a la que Usted le realiza el molde las posee, entonces deberá de aplicarlas en el trazado.

Formar un rectángulo con la medida Contorno de Busto, menos la Medida de Costado y la 1ra.Separación de Busto, ejemplo:46 – [15 + 9] = 22 cm., por el Largo Talle Espalda, ejemplo 42 cm. = **A-B-C-D**.

D-E y **C-F** = Altura de Axila, ejemplo: 20 cm. .Unir **E-F**.

Marcar el centro de **B-F** = **G**.

B-H = diferencia entre el Largo Talle Espalda y la Altura Escote Espalda, ejemplo: 2 cm..

C-I = diferencia entre la Altura Escote Espalda y la Altura Escote Espalda Pasando, ejemplo: 2 cm..

Diferencia entre Busto y Cintura, ejemplo: 12 cm.. La mitad de los 12 cm. (o sea 6 cm.) se utilizarán para entallar la trasera, y la otra mitad 6 cm. para entallar la delantera.

Desde **I**, escuadrar hacia dentro, aplicando 1/4 parte los 6 cm. ejemplo: 1 ½ cm.= **J**. Unir **J-G**. Suavizar la línea en el punto **G**. **K**, se forma al cruzarse las líneas. **Ahora quedan 4 ½ cm. para entalles.**

Desde **D**, ubicar hacia arriba la Altura Hombro Espalda, ejemplo:35 ½ cm.= **L**. Medir la distancia entre **L-A** ejemplo: 6 ½ cm.. IMPORTANTE: Cuando la distancia entre **L-A**, es hasta 6 ½ cm., desde **A**, aplicar hacia abajo 5 cm.=**LL**, y desde dicho punto, escuadrar hacia dentro unos 10 cm. ;Si en cambio fuere superior a los 6 ½ cm., entonces desde **L**, aplicar hacia arriba = 1 ½ cm.=**LL**, y desde **LL**, escuadrar unos 10 cm..

Desde **H**, colocar en diagonal sobre la horizontal **LL**, el Ancho de Entre Hombros de Atrás, ejemplo:18 ½ cm. =**M**.

Desde **M**, aplicar en diagonal sobre la horizontal **A-B**, el Ancho de Hombro, ejemplo: 12 cm.= **N**. Unir **N-H** con línea discontinua. Unir **N-H**, formando el escote, como lo indica el grabado.

Desde **N**, ubicar hacia **H**, la medida del Escote, ejemplo: 7 ½ cm = **O**. **O**, coincide con **H** .IMPORTANTE: El punto **O**, puede coincidir con **H**, nunca pasarlo. Si hubiere espacio entre **O-H**, ése espacio, se utilizaría para hacer una pinza en el medio del Escote, o bien se podría eliminar uniendo **O-G**.

Desde **K**, colocar hacia dentro la medida Ancho Espalda, ejemplo: 17 cm. = **P**.

Desde **P**, escuadrar hacia arriba hasta la horizontal del punto **LL** = **Q**.

Marcar el centro de **P-Q** = **R**.

Desde **R**, escuadrar hacia dentro, aplicando la mitad del hombro, ejemplo: 6 cm.= **S**.

R-T y **R-U** = mitad de **L-LL**, ejemplo: ¾ de cm.. Unir **T-S** y **U-S**.

Desde **T** y **U**, prolongar las líneas, aplicando la misma medida **R-T** = **V** y **W**.

Formar la sisa, uniendo **E-V** y **W-M**.

X = mitad de **M-N**. Unir **X-S**, luego cortar por dicha línea, y después cerrar la pinza **V-W-S**.

Desde **D**, aplicar hacia dentro la mitad de los 4 ½ cm. que quedaron para entalles, ejemplo: 2 ¼ cm.=**Y**.

Unir **Y-E**. Unir **Y-J**, con ligera forma. **Quedan 2 ¼ cm. para pinza-s.**

Marcar el centro de **E-F** = **Z**.

I-a = **F-Z**. Unir **a-Z**.

a-b y **a-c** = mitad de los 2 ¼ cm. que quedaron para entalles. Unir **b-Z** y **c-Z**.

Desde **Z**, aplicar pasando por **b** la distancia **Z-c** = **d**. Unir **d-Y**, con ligera forma.

Formar la pinza del hombro, uniendo **S-X** y **S-X**, con forma. Fig.2.

Unir **Y-E**, con ligera forma, según la forma del cuerpo.

NOTA: Si fuere necesario, suavice la línea de la sisa.

CORPIÑO BASE # 2 CON BUSTO BAJO
PARTE DELANTERA

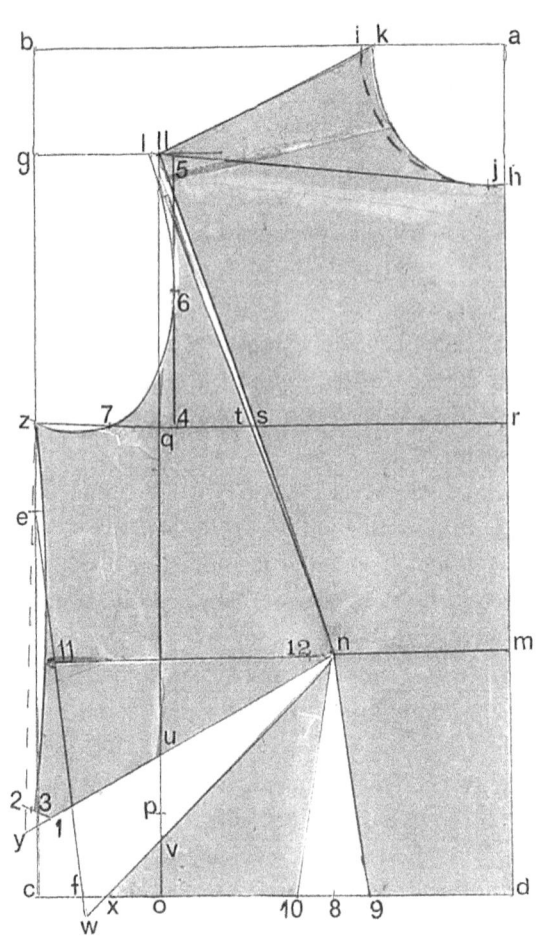

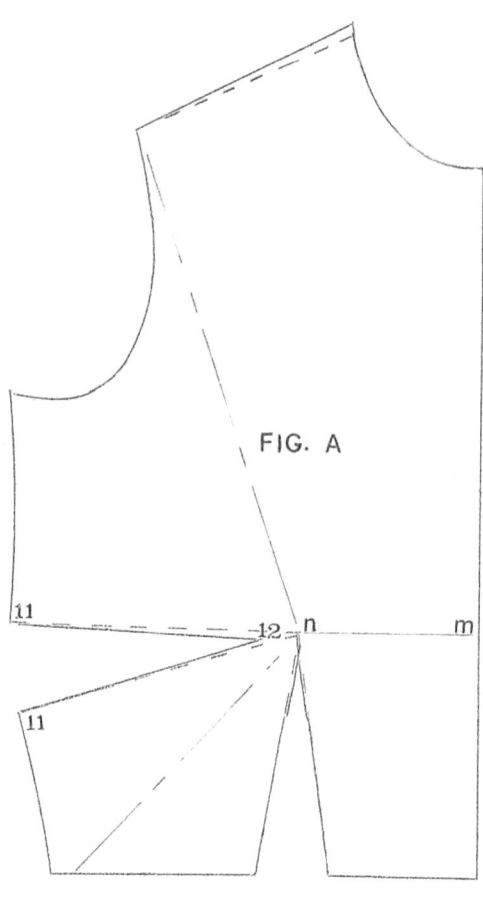

FIG. A

MEDIDAS REQUERIDAS

MEDIDA DE COSTADO	15 CM.	
1RA.SEPARACION DE BUSTO	9	"
LARGO TALLE DE ADELANTE	44	"
ALTURA DE AXILA	20	"
MEDIDA D-Y DE LA PARTE TRASERA	2 ¼	"
MEDIDA A-LL DE LA PARTE TRASERA	5	"
ALTURA ESCOTE DE ADELANTE	35	"
MEDIDA B-N DE LA PARTE TRASERA	7 ¼	"
ALREDEDOR DEL ESCOTE	18 ¼	"
ANCHO DE ENTRE HOMBROS DE ADELANTE	18	"
ANCHO DE HOMBRO	12	"
ALTURA DE BUSTO	30	"
ALTURA HOMBRO DE ADELANTE	32 ½	"
ANCHO DE PECHO	16 ½	"
2DA. SEPARACION DE BUSTO	11	"
MEDIDA DESDE	0	"
MEDIDA A LOS	0	"
MEDIDA HASTA	0	"
ALTURA DE ENTRE HOMBRO	0	"

PASO A PASO CON LA REALIZACION DEL MOLDE
PARTE DELANTERA

IMPORTANTE: En éste molde, no se aplicarán las medidas: Desde ; A Los ; Hasta ; Altura de Entre Hombro, por tratarse de un hombro recto, pero si la persona a la que Usted le está haciendo el molde las tuviere, entonces deberá aplicarlas en el trazado.

Trazar un rectángulo con la suma de la Medida de Costado, y la 1ra. Separación de Busto, ejemplo: 24 cm., por el Largo Talle de Adelante, ejemplo: 44 cm. = **a-b-c-d**.

Desde **c**, aplicar hacia arriba la Altura de Axila, ejemplo: 20 cm. = **e**.

Desde **c**, colocar hacia dentro la medida de los puntos **D-Y** de la parte trasera, ejemplo: 2 ¼ cm. = **f**. Unir **f-e**.

NOTA: había 6 cm. para entalles (o sea la mitad de la diferencia entre Busto y Cintura), menos 2 ¼ cm. . Ahora quedan 3 ¾ cm. para entalles.

Desde **b**, ubicar hacia abajo la distancia de los puntos **A-LL** de la parte trasera, ejemplo: 5 cm. = **g**.

Desde **g**, escuadrar hacia dentro unos 12 cm..

Desde **d**, colocar hacia arriba la medida Altura Escote de Adelante, ejemplo: 35 cm .= **h**.

a-i = **B-N** de la parte trasera, ejemplo: 7 ¼. Unir **i-h**, en forma circular con línea discontinua.

Desde **i**, aplicar hacia **h**, la medida que falta para completar Alrededor del Escote, ejemplo: 18 ¼ – 7 ½ (escote) = 10 ¾ cm. = **j**. Medir la distancia **j- h**. IMPORTANTE: Si la distancia entre **j-h**, supera 1 cm., es porqué EL Largo Talle de Adelante, está tomado largo. Esa diferencia, se quitará desde **k** hacia abajo y se formara" el nuevo hombro" como lo indica la línea discontinua Fig. **A**.   NOTA: **j**, podría coincidir con **h**, nunca sobrepasarlo.

Desde **i**, aplicar hacia **a**, la distancia **j-h** = **k**. Formar el escote, uniendo **k-h**.

Desde **h**, colocar en diagonal sobre la línea **g**, la medida Ancho de Entre Hombros de Adelante, ejemplo:18 cm.= **l**.

Desde **k**, ubicar en diagonal sobre la línea **g** la medida Ancho de Hombro, ejemplo: 12 cm. = **ll**.

Desde **a**, poner hacia abajo, la medida Altura de Busto, ejemplo: 30 cm. = **m**.

Desde **m**, escuadrar hacia dentro, aplicando la 1ra. Separación de Busto, ejemplo: 9 cm. = **n**. Unir **n-l** y **n-ll**.

Desde **c**, ubicar hacia dentro, la distancia **g-ll** = **o**. Unir **o-ll**.

Desde **ll**, colocar hacia abajo la Altura Hombro de Adelante, ejemplo: 32 ½ cm. = **p**.

Desde **p**, poner hacia arriba, la Altura de Axila, ejemplo: 20 cm. = **q**.

Desde **q**, escuadrar hasta la línea central = **r**. Los puntos **s-t**, se forman al cruzarse las líneas.

Desde **q**, ubicar hacia abajo, 5 cm. más la diferencia entre **r-m** = **u**.

Desde **u**, aplicar hacia abajo la medida **p-o** = **v**.

Unir **n-v**, luego prolongar la línea hasta la cintura = **x**.

Desde **x** y **f**, prolongar las líneas hacia abajo. Al juntarse, se forma el punto **w**.

Desde **n**, colocar pasando por **u**, la distancia **n-w** = **y**.

Desde **y**, aplicar sobre la vertical **b-c** la distancia **w-e** = **z** .

Desde **n**, colocar hacia **y** la medida **n-x** = **1**.

Desde **y**, aplicar hacia arriba la distancia **w-f** = **2** . Unir **2-1**.

Desde **1**, colocar hacia **2**, la medida **x-f** = **3**. Unir **3-z**, con ligera forma. .

Desde **r**, ubicar hacia dentro el Ancho Pecho, más la diferencia **s-t**, ejemplo: 16 ¾ cm. aproximadamente = **4**.

Desde **4**, escuadrar hacia arriba, hasta la línea del punto **g** = **5**. Marcar el centro de **4-5** = **6**.

Unir **z-4**, luego marcar la mitad de los mismos = **7**.

Formar la sisa, uniendo: **z-7-6-l**, como lo indica el trazado.

Desde **d**, colocar hacia dentro la medida **m-n** = **8**.

Desde **8**, aplicar hacia ambos lados la mitad de los 3 ¾ cm. que quedaron para entalles = **9** y **10**. Unir **9-n** y **10-n** .

NOTA: Si el espacio para la pinza fuere exagerado, entonces se harán dos pinzas, una mayor, y una menor. La pinza mayor se haría con las 2/3 partes, y la menor con 1/3 parte, y se ubicaría en el centro de **10-x**, y el alto, sería de 2 a 3 cm. más corta que la distancia **8-n**.

Desde **n**, prolongar la línea hasta el costado = **11**.

Desde **m**, aplicar pasando por **n**, la 2da. Separación de Busto, ejemplo: 11 cm. = **12**.

Cortar desde **11**, hasta **n**, luego cerrar las pinzas del hombro y la lateral .

Formar la nueva pinza, uniendo **11-12** y **11-12**, según la forma del busto . Fig. **A**.

IMPORTANTE: En caso de ser necesario, puede hacer la pinza adicional en la sisa.

CORPIÑO ADHERIDO

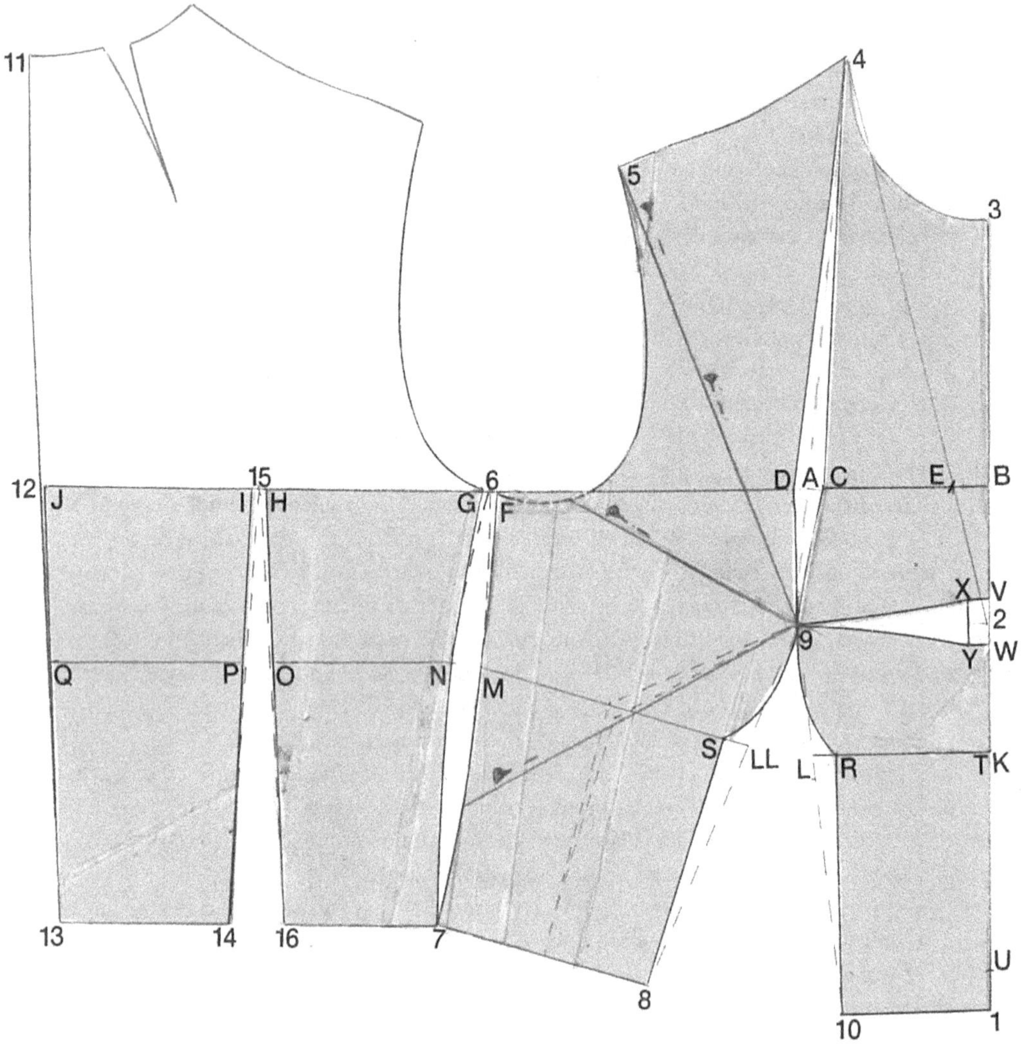

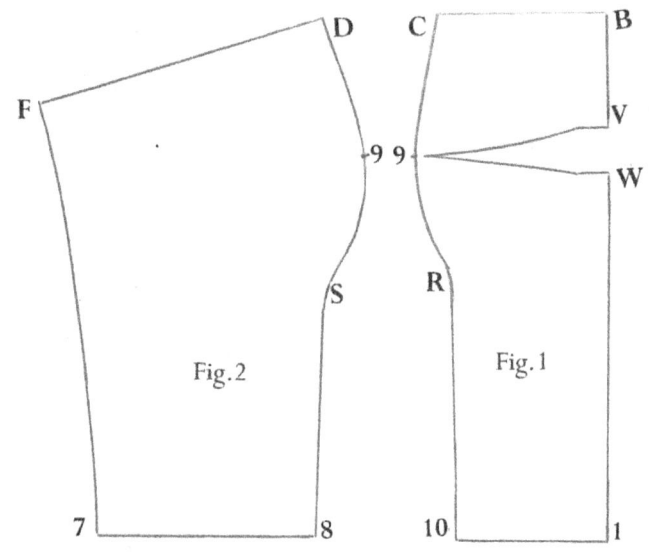

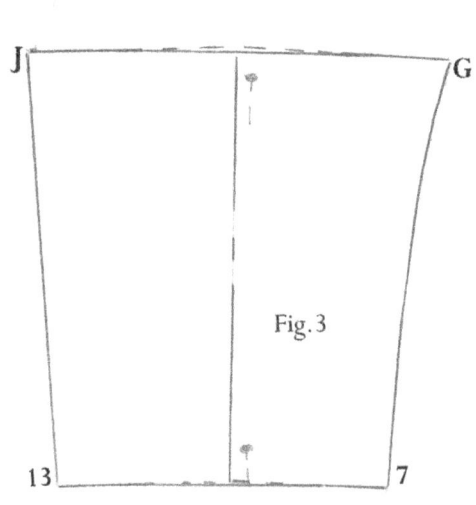

Fig. 3

Fig. 2

Fig. 1

PASO A PASO CON LA REALIZACION DE LOS TRAZADOS
UTILIZAR LOS MOLDES SIMPLES DE UN CORPIÑO UNIDOS EN EL COSTADO

MEDIDAS NECESARIAS
ALTURA DE LA HENDIDURA DEL SOBRE BUSTO.....20 CM.
HENDIDURA DEL SOBRE BUSTO.......................1   "
CONTORNO DEL SOBRE BUSTO.......................42   "
ALTURA DEL BAJO BUSTO...............................12   "
HENDIDURA DEL BAJO BUSTO........................1 ½ "
CONTORNO DEL BAJO BUSTO.........................37   "
LARGO DE ADELANTE.....................................43   " .
SEPARACION DE ENTRE BUSTO.......................1   "

CORPIÑO DELANTERO
Los puntos 1-2-3 indican el Centro de Adelante, 2 = Altura de Busto, 3-4 = Escote, 5-6 =Sisa, 6-7 = costados, 7-8-10-1 = Cintura, 8-9-10 = pinza (las demás están cerradas).
CORPIÑO TRASERO
11-12-13 = Centro parte Trasera, 13-14-16-7 = Cintura, 14-15-16 = pinza.
CORPIÑO DELANTERO
Unir 4-9.
Desde 4, aplicar hacia 9, la Altura de la Hendidura del Sobre Busto, ejemplo: 20 cm.= A.
2-B = 9-A. Unir B-A-6.
Desde A, colocar hacia ambos lados la Hendidura del Sobre Busto, ejemplo: 1cm. =C y D.
Unir 9-C-4 y 9-D-4, de acuerdo al cuerpo, o al modelo a interpretar (dichas líneas pueden ser rectas o con forma, según el busto).
Desde 12 (Centro Espalda) ubicar hacia B la medida contorno del Sobre Busto, pero sin contar el espacio entre C-D, ejemplo: 42 cm.= E. Medir la distancia E-B, ejemplo: 1 ½ cm.. NOTA: Si el espacio E-B, fuere superior a los 4 cm., entonces de lo que sobrepasare de los 4 cm. deberá quitar 1/3 parte en la pinza C-D.
Desde 6, ubicar hacia ambos lados 1/4 parte de la distancia E-B =F y G. Unir F-7 y G-7, como lo indica el trazado.
Desde 15, colocar hacia ambos lados la medida 6-F = H-I. Unir H-16 y I-14.
Desde 12, poner hacia dentro la distancia 6-F = J. Unir J-13.
Desde la línea de Cintura, aplicar hacia arriba la medida Altura del Bajo Busto, ejemplo: 12 cm. = K-L-LL-M-N-O-P-Q. Unir dichos puntos.
Desde L y LL, aplicar la Hendidura del Bajo Busto, ejemplo: 1 ½ cm.= R y S.
Unir 10-R-9 y 8-S-9, según la forma del Busto.
Desde Q, ubicar hacia K, sin contar los espacios de las pinzas y los costados, la medida Contorno del Bajo Busto, ejemplo: 37 cm.= T, que coincide con K. IMPORTANTE: Si hubiere espacio entre T y K, se haría una pinza en el centro de los puntos M-S (indicada con líneas discontinuas).
Unir 4-2.
Desde 4, aplicar pasando por 2, hacia 1, la medida Largo de Adelante, ejemplo: 43 cm. = U.
Desde 2, ubicar hacia ambos lados la mitad de U-1= V y W.
Desde V y W, colocar (escuadrando) la Separación de Entre Busto, ejemplo: 1 cm. = X y Y.
Unir X-9 y Y-9 con forma.
IMPORTANTE: Podría ser que la persona a la cual le está haciendo el molde, carezca de la medida Hendidura del Sobre Busto; En ése caso la pinza C-A-D, se hará igualmente , pero la diferencia consistiría en aplicar 1/4 ó 1/3 parte (según la forma del Busto) entre la diferencia del Busto y el Sobre busto, el resto del molde, seguiría con la misma técnica. Éstos moldes, los podrá usar en la realización de Soutiens, Bikinis, Malla de Baño, así como también para toda clase de vestidos adheridos.
NOTA: Si la persona a la que Usted le está por hacerle el molde, careciere de la medida Separación de Entre Busto, entonces la distancia V-X y W-Y, quedará sin efecto.
Separar los moldes por la línea del Sobre Busto, a continuación cerrar la pinza de la Trasera, luego suavice las líneas en caso de ser necesario. Fig. 1, Fig. 2 y Fig. 3.

TRANSFORMACIONES DE PINZAS

TRANSFORMAR UNA PINZA, SIGNIFICA TRASLADARLA DE UN LADO A OTRO, POR EJEMPLO: UNA PINZA, SE PUEDE CONVERTIR EN UNA COSTURA, EN FRUNCE, O EN VARIAS PINZAS.

. AQUÍ LE PRESENTAMOS VARIAS MANERAS DE CAMBIAR LAS MISMAS.

IMPORTANTE: TODO CAMBIO DE PINZA, DEBE FINALIZAR EN DIRECCION AL BUSTO, PERO LA, O LAS PINZAS QUE SALEN DE LOS COSTADOS, DEBERAN ACORTARSE, SI LA PERSONA TUVIERE EL BUSTO REDONDEADO, NO ASI PARA AQUELLAS PERSONAS QUE TUVIEREN EL BUSTO PUNTIAGUDO.

IMPORTANTE: LO QUE USTED VE EN UN DIBUJO, LO DEBE TRASLADAR AL MOLDE, PERO COMO LOS CUERPOS NO SON IGUALES, DEBERA MANTENER LAS PROPORCIONES.

UN EJEMPLO: UN DIA UNA ALUMNA ME DIJO QUE QUERIA HACERSE UN VESTIDO CON CORTE TIPO IMPERIO, PERO COMO TENIA EL BUSTO MUY BAJO (PARA NO OFENDERLA) LE DIJE QUE NO ERA CONVENIENTE PARA ELLA, DE LO CONTRARIO, LE TENIA QUE DECIR QUE LO UNICO QUE PODIA HACER ERA UN CORTE EN LA CINTURA, O UN CANESU.

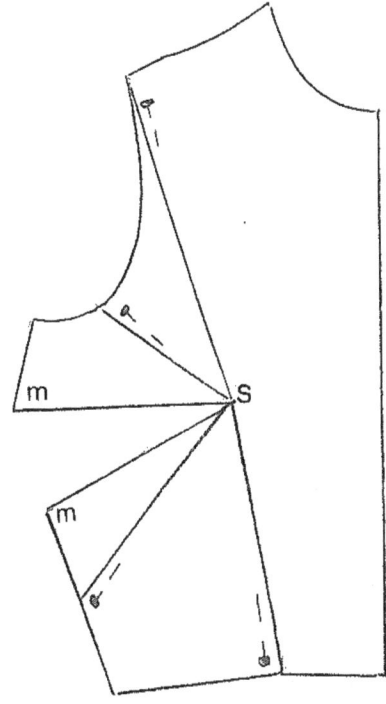

CORPIÑO CON
PINZA QUE SALE DESDE EL COSTADO

UTILIZAR EL TRAZADO DE LA PÁGINA 18

Usar el corpiño con la pinza **m-S** abierta en la línea del costado usando solamente la 1ra. Separación de Busto. Las demás pinzas están cerradas. Cabe señalar que el Busto es puntiagudo, **caso contrario la pinza deberá hacerse con forma**.

CORPIÑO CON PINZA EN M DESDE LA CINTURA
UTILIZAR LOS MOLDES DE LOS CORPIÑOS FIG. A y FIG.2 PÁGINA 18

Fig. **A**. Los puntos **A-B-C** y **F-D-E**, indican ambas pinzas. Unir **C-E**, luego cortar por dicha línea . Cerrar la pinza lateral, luego marcar el centro de **A-C = G**. Unir **G-E** y **G-B**. Fig. B .

OTRA MANERA DE FORMAR LA PINZA EN M

Fig. 2. **A-B-C =** pinza.

B-D y **B-E =** 2 cm. o según la forma del busto.

F = mitad de **A-C**. Unir **F-D-A** y **F-E-C**.

NOTA: Las pinzas están en forma recta, con el solo propósito para ser usadas para transformaciones, pero si Usted las deseare utilizar en forma definitiva, entonces deberá hacerlas con forma, según el busto.

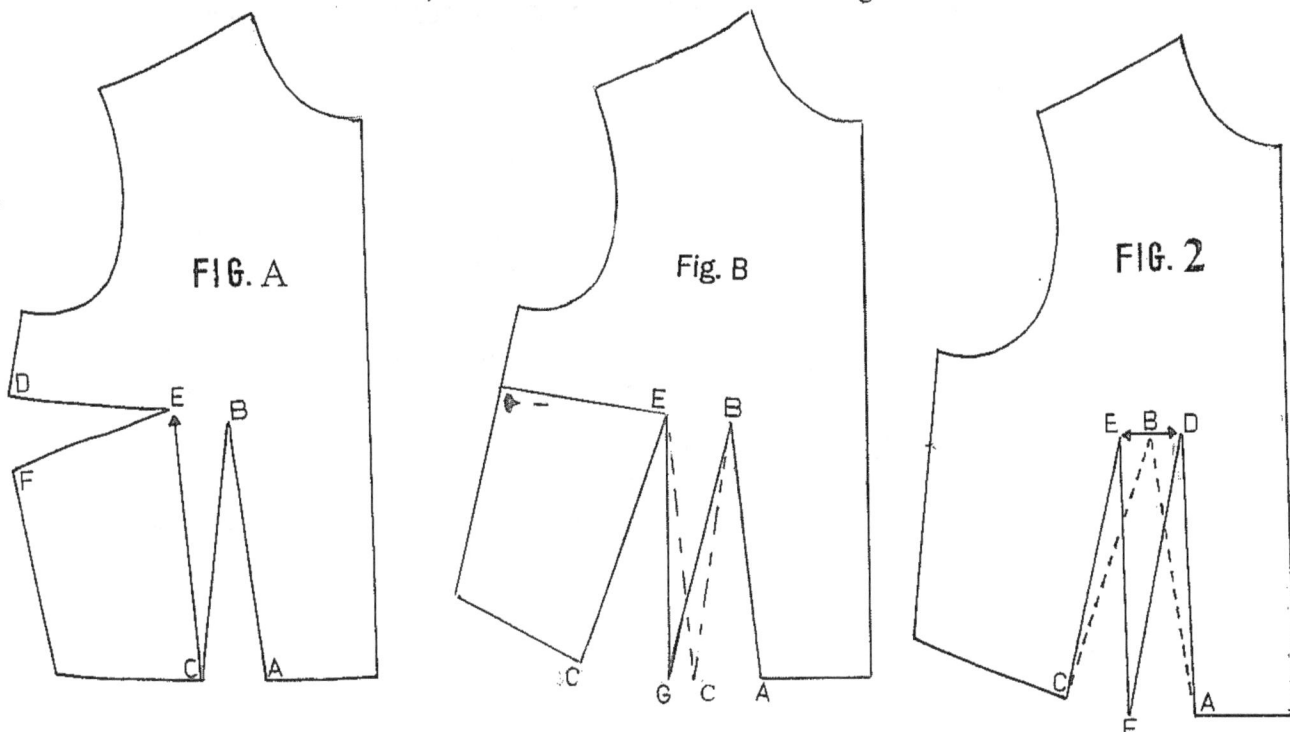

CORPIÑO CON COSTURA DESDE EL HOMBRO
UTILIZAR UN CORPIÑO DELANTERO SIMPLE POR TRATARSE DE UN MODELO SIMÉTRICO

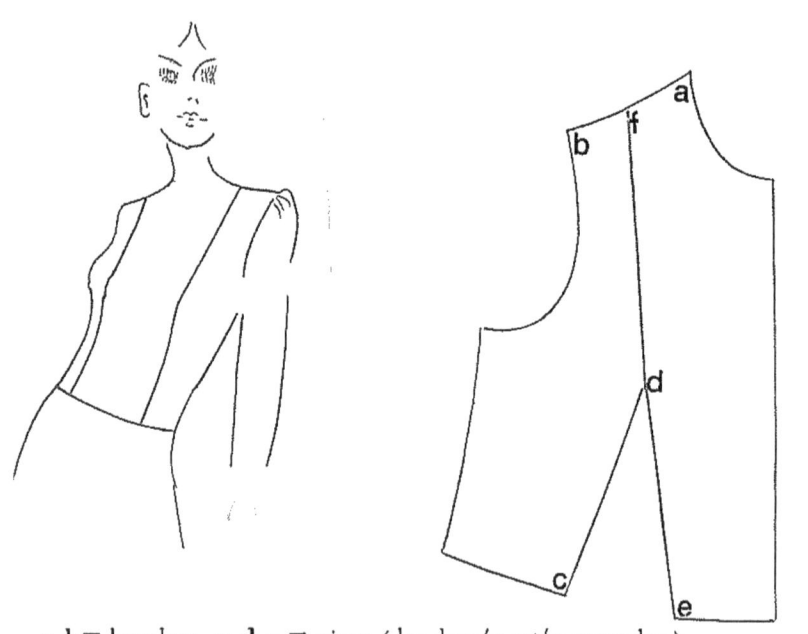

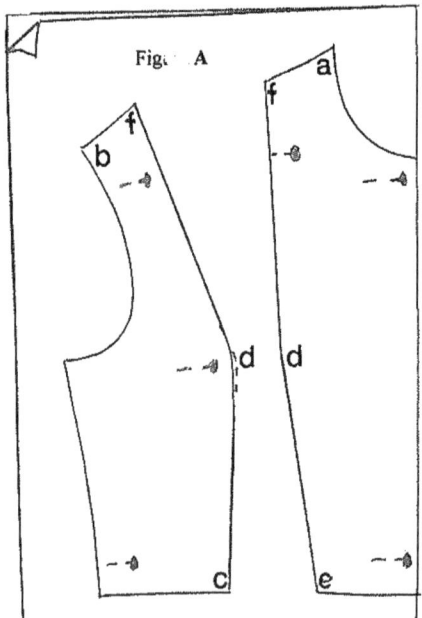

Fig. A

a-b= hombro, c-d-e = pinza (las demás están cerradas).

f = mitad de a-b. Unir f-d, luego cortar por dicha línea. Vaciar la pinza.

Suavizar la línea del busto en el lateral. Fig .A.

CORPIÑO CON PINZAS EN M DESDE EL COSTADO
USAR UN CORPIÑO DELANTÉRO SIMPLE CON PINZA DESDE EL COSTADO

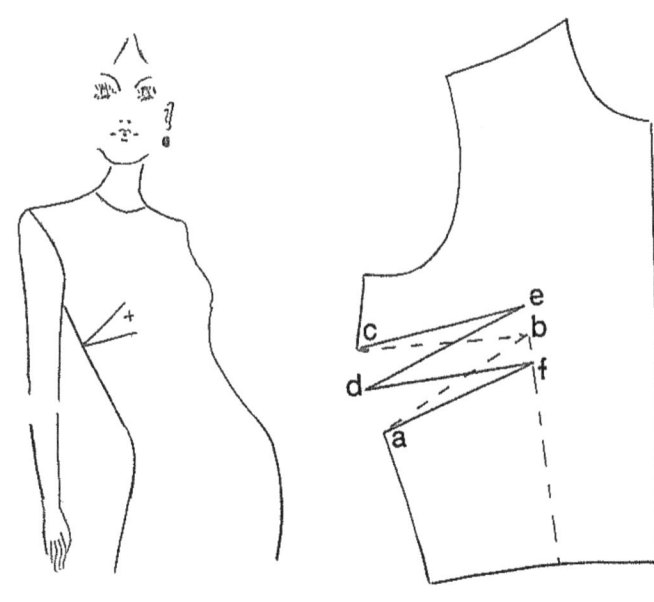

a-b -c = pinza.

d= centro de a-c.

b-e y b-f = 2 cm., o lo que el busto requiera.

Unir c-e-d-f-a.

NOTA: No se acortaron las pinzas colocando la diferencia entre la 1ra. y la 2da. Separación de Busto para hacer resaltar este detalle, pero si el molde que Usted está por realizar perteneciere a una persona que tuviere el Busto redondeado (no puntiagudo) entonces deberá acortar las pinzas colocando la Segunda Separación de Busto.

CORPIÑO CON RECORTE DESDE LA SISA
UTILIZAR UN CORPIÑO DELANTERO SIMPLE CON PINZA DESDE LA CINTURA

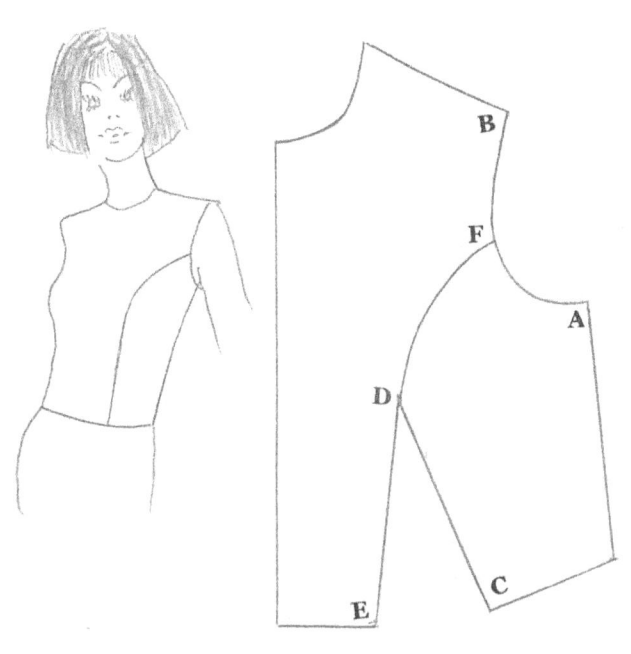

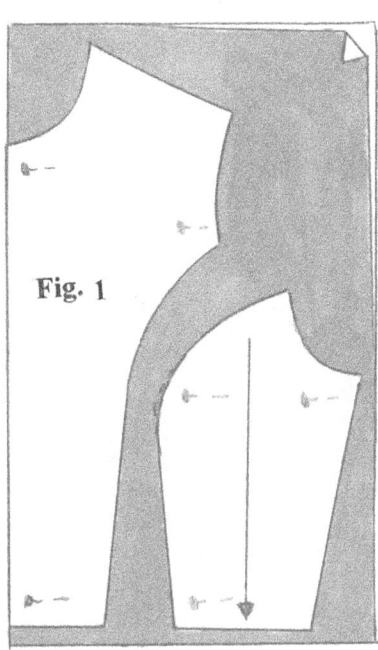

Fig. 1

A-B = sisa, **C-D-E** = pinza.

F, ligeramente más abajo de la mitad de la altura de sisa. Unir **F-D** con forma.

Cortar desde **F**, hasta **E**, pasando por **D**, separando.

Suavizar la línea del Busto en el punto **D** del lateral. Fig. **1**

CORPIÑO CON COSTURAS ARQUEADAS
USAR UN CORPIÑO DELANTERO SIMPLE CON LA, O LAS PINZAS CERRADAS

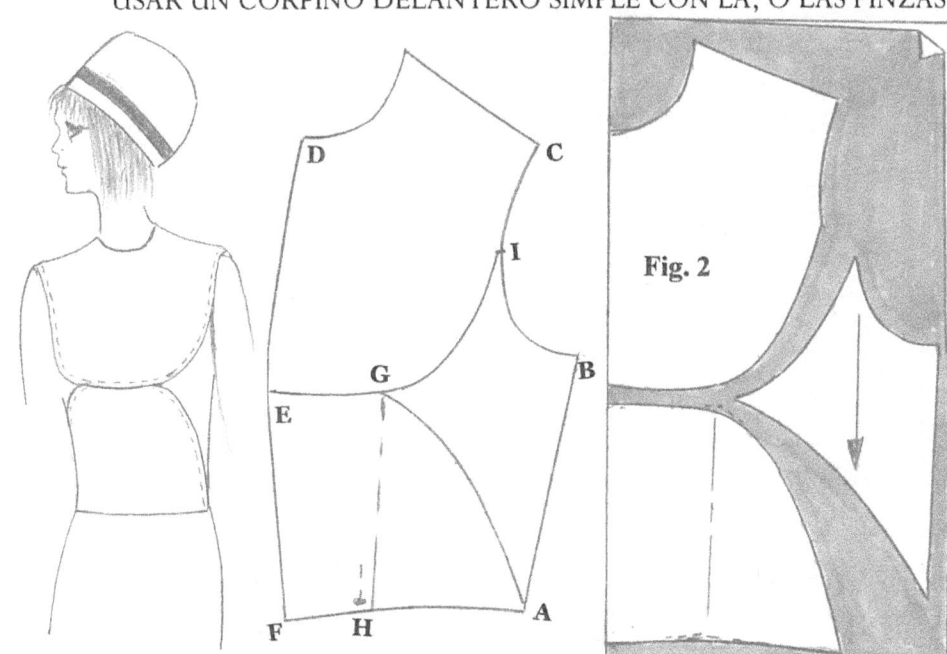

Fig. 2

A-B = costado, **B-C** = sisa, **D-E-F** = centro de adelante, **E** = altura de busto, **G-H** = pinza cerrada.

I = mitad altura de sisa. Unir **I-G-E** y **A-G**, con forma. Cortar desde **I** hasta **E**, pasando por **G.** Cortar desde **A**, hasta **G.** Suavizar la línea en el punto **G.** Suavizar la línea de cintura. Fig.**2**.

CORPIÑO CON PINZA EN EL CENTRO DE ADELANTE
UTILIZAR UN CORPIÑO DELANTERO SIMPLE

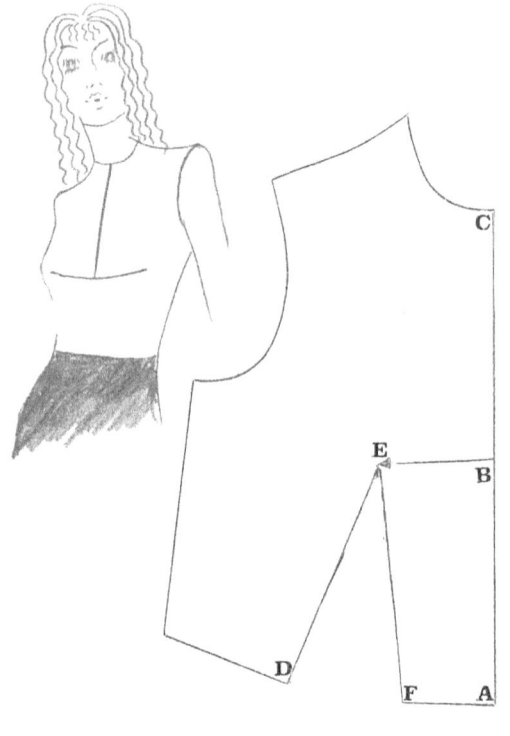

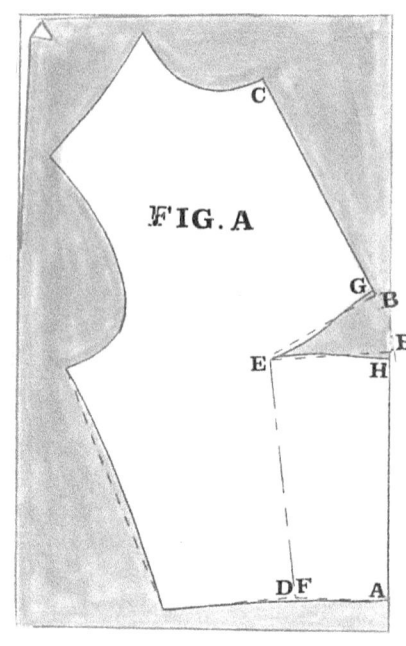

A-B-C = centro delantero.
D-E-F = pinza.
B-E = altura de busto. Cortar desde **B** hasta **E**.
Cerrar la pinza.
Desde **B** y **B**, aplicar hacia ambos lados la mitad de la diferencia entre el Largo Talle de Adelante y el Largo de adelante= **G** y **H**. Unir **G-E** y **H-E**, según la forma del busto. Fig.**A**.

CORPIÑO CON PINZA DESDE EL COSTADO DE LA CINTURA
USAR UN CORPIÑO DELANTERO SIMPLE

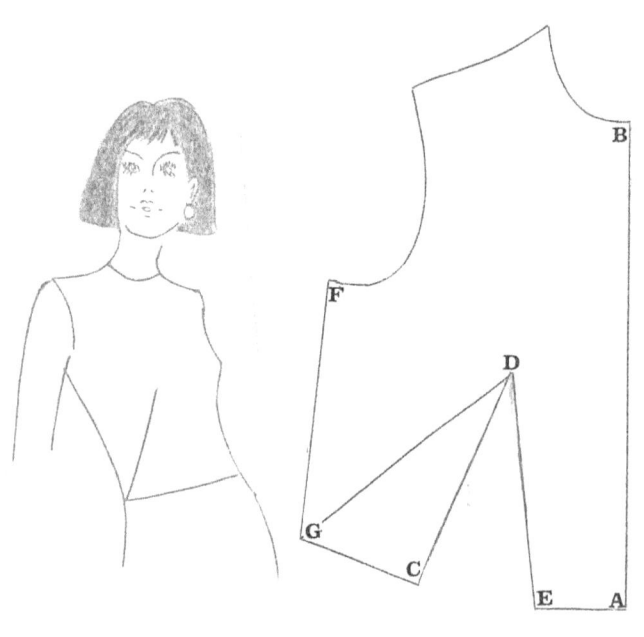

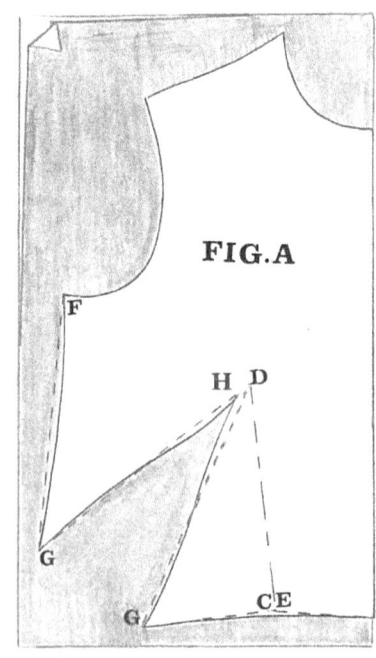

A-B = centro delantero,
C-D-E = pinza,
F-G = costado.
Unir **G-D**, luego cortar por dicha línea después cerrar la pinza vertical.
D-H= diferencia entre la 1ra y la 2da. Separación

de Busto, ejemplo: 2 cm. Unir **H-G** y **H-G**, según la forma del Busto. Fig .**A**.
Suavizar la línea de cintura.

CORPIÑO CON PINZA DESDE EL HOMBRO
USAR UN CORPIÑO DELANTERO SIMPLE

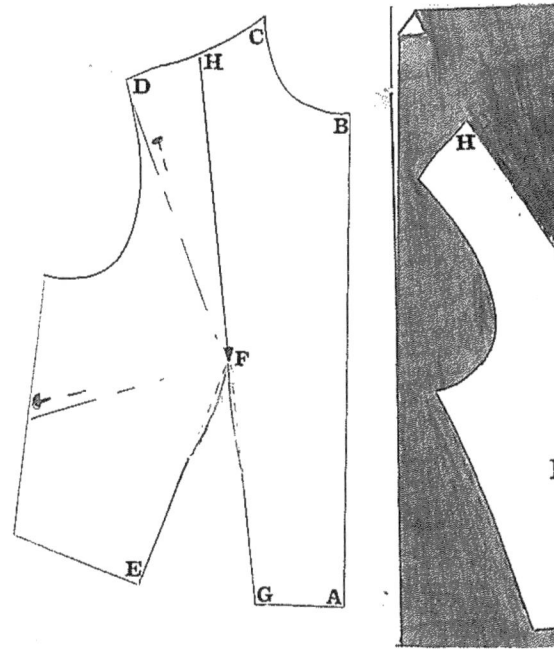

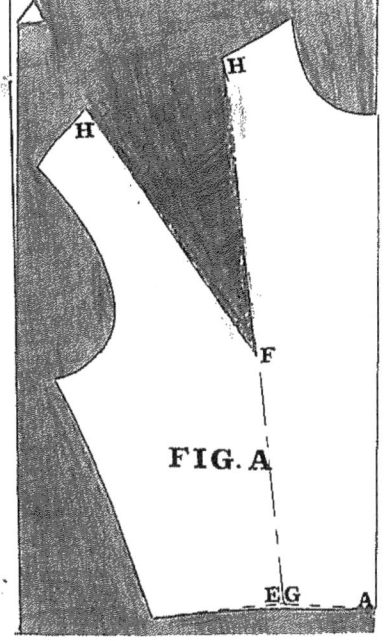

A-B=centro de adelante, **C-D** = hombro,
E-F-G = pinza.

H = mitad de **C-D**. Unir **H-F**.

Cortar desde **H** hasta **F**, después cerrar la
pinza en forma recta.

Si la persona tuviere mucho busto y en
forma redondeada, deberá de acortarla de
acuerdo al mismo. Fig. **A**.

Suavizar la línea de la cintura.

FIG. A

CORPIÑO CON PINZA SALIENDO DESDE LA INICIACION DE LA SISA
UTILIZAR UN CORPIÑO DELANTERO SIMPLE

A-B-C= pinza, **D-E** = costado.

Unir **D-B**, luego cortar por dicha línea, después cerrar la pinza en forma recta.

B-F = diferencia entre la 1ra. y la 2da. Separación de Busto, ejemplo: 2 cm. Unir **F-D** y **F-D**, según la forma
del Busto. Fig. **A**. Suavizar la línea de cintura.

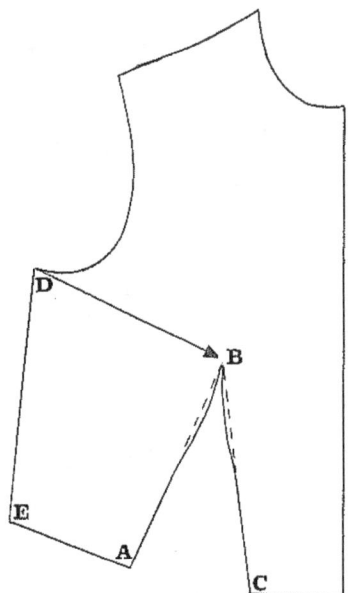

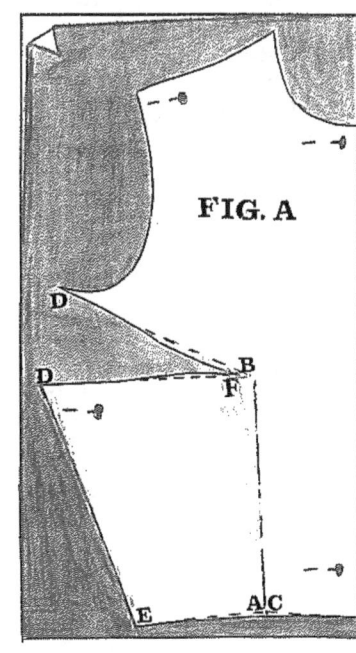

FIG. A

CORPIÑO CON RECORTE LATERAL
UTILIZAR UN CORPIÑO DELANTERO SIMPLE

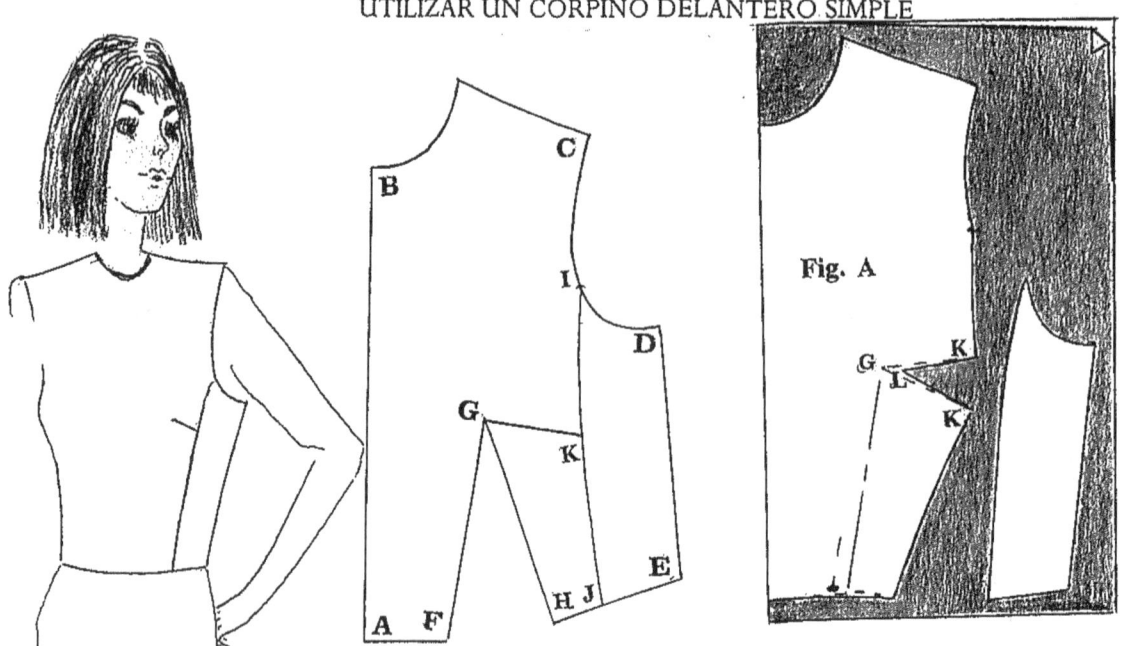

Fig. A

A-B = centro, C-D = sisa, D-E = costado, F-G-H = pinza abierta, no es necesario cerrarla.

Desde C, aplicar hacia abajo 2/3 partes de la altura de sisa = I. Desde I, trazar una línea paralela al costado hasta la cintura = J.

Desde G, trazar una línea ligeramente inclinada hasta la raya I-J = K.

Cortar desde I hasta J, separando. Cortar desde K hasta G, luego cerrar la pinza.

G-L = diferencia entre la 1ra y 2da. Separación de Busto. Unir L-K y L-K, según la forma del busto. Fig. A. NOTA: Si el busto fuere puntiagudo, no se aplicará la 2da. Separación de Busto.

CORPIÑO CON RECORTES EN V

EMPLEAR UN CORPIÑO DELANTERO SIMPLE CON LA PINZA CERRADA. NOTA: CUANDO LA ACCIÓN PASA POR SOBRE LA O LAS PINZAS, ESTAS DEBERAN CERRARSE

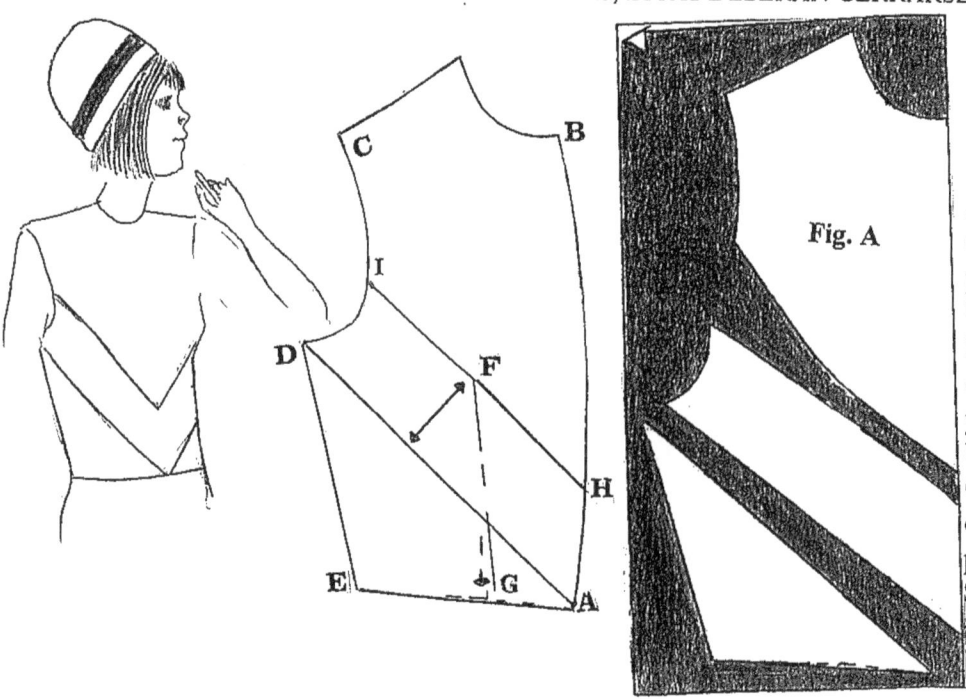

Fig. A

A-B = centro, C-D = sisa, D-E costado, F-G = pinza cerrada.

Unir D-A.

Desde A y D, aplicar la distancia existente entre F y la línea D-A = H-I.

Unir H-F-I.

Cortar desde A hasta D y desde H hasta I, pasando por F.

Suavizar las líneas en la altura del busto. Fig. A.

CORPIÑO CON RECORTE ROMBOIDAL
EMPLEAR UN CORPIÑO DELANTERO SIMPLE

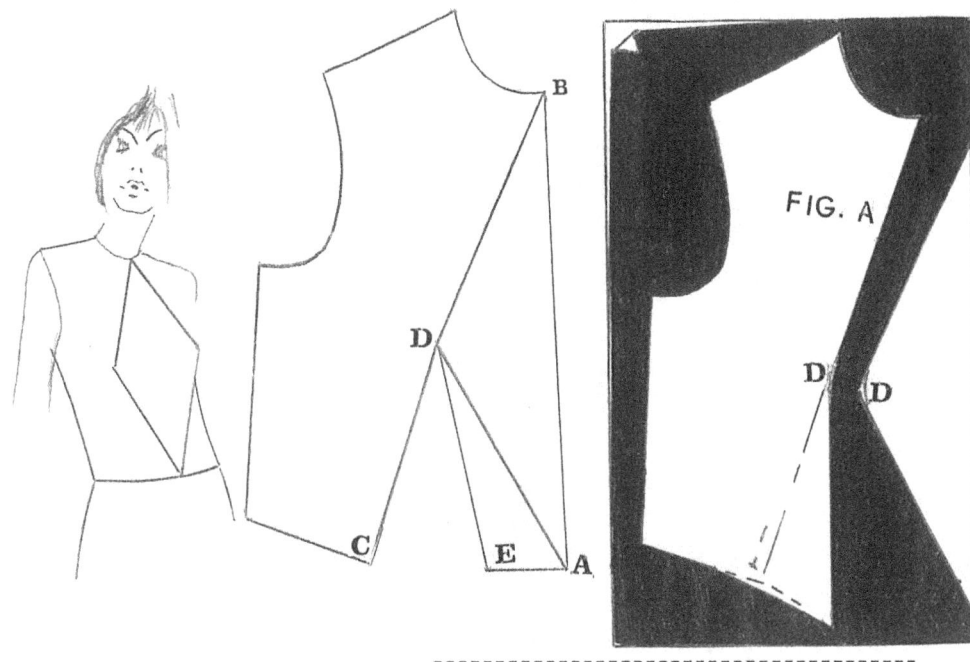

FIG. A

A-B = centro, C-D-E = pinza.
Unir B-D y D-A.
Cortar desde B hasta A, pasando por D, luego cerrar la pinza. Fig. A.
Suavizar las formas en la altura del busto (puntos D).
Suavizar la línea de cintura.

CORPIÑO CON RECORTE EN V Y PLIEGUES
UTILIZAR UN CORPIÑO DELANTERO SIMPLE CON PINZAS EN M CERRADAS

1-2 = costado, 2-3 = sisa, 3-4 = hombro, 4-5 = escote, 5-6 = centro, 7-8 y 7-9 = pinzas cerradas.
4-A = 2/3 partes del hombro. 5-B =1 cm. o a gusto. Unir B-A, con forma. Quitar la parte sombreada.
2-C = 2 ½ cm. (ésta distancia puede cambiar según el ancho del molde).Unir C-6, con ligera forma. D, se forma al cruzarse las rayas. Unir D-8 y D-9.
Cortar desde C hasta 6. Cortar desde D hasta 8 y de D hasta 9.
Al cortar colocar tela doble en la línea B-6. Fig. 2.
La trasera, deberá escotarla en el hombro igual a la delantera.

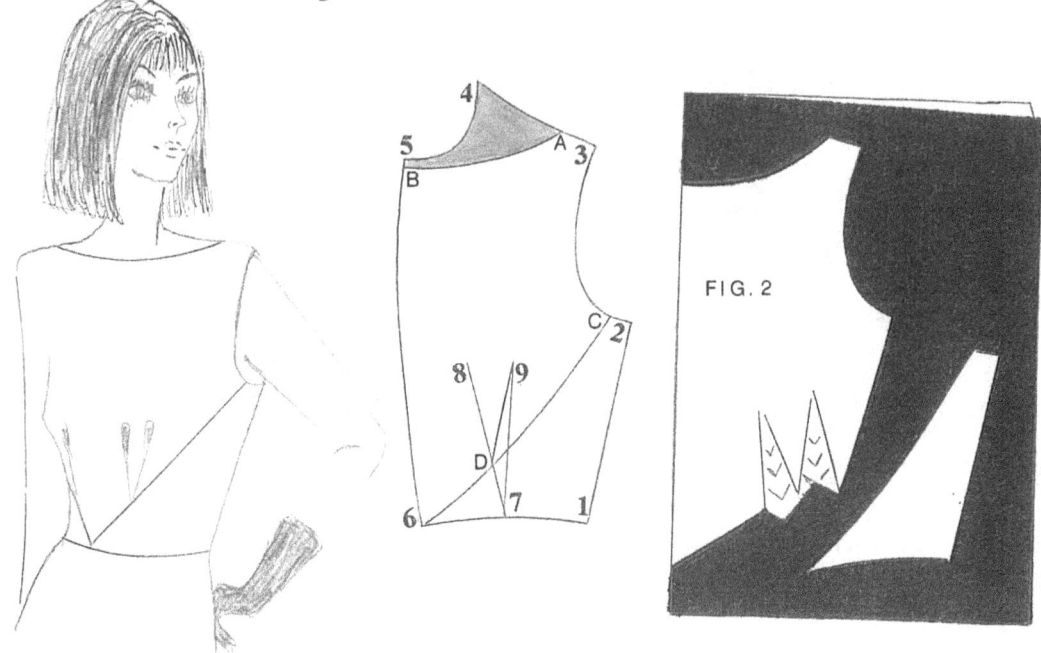

FIG. 2

CORPIÑO CON COSTURA DESDE LA INICIACION DE LA SISA HASTA EL CENTRO DE ADELANTE
UTILIZAR UN CORPIÑO DELANTERO SIMPLE

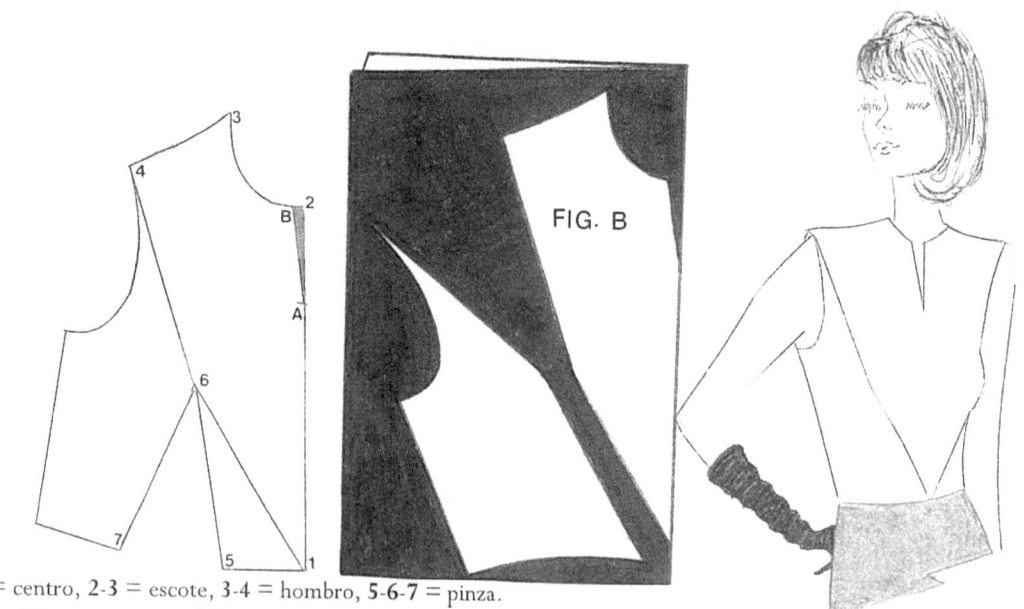

FIG. B

1-2 = centro, 2-3 = escote, 3-4 = hombro, 5-6-7 = pinza.

2-A = 10 cm. o a gusto. 2-B = 1 cm.. Unir B-A. Separar la parte sombreada.

Unir 1-6-4. Cortar por dicha línea, después cerrar la pinza 5-6-7. Suavizar las líneas en el punto 6. Fig. B .

CORPIÑO CON PINZAS EN DIAGONALES
UTILIZAR UN CORPIÑO DELANTERO DOBLE

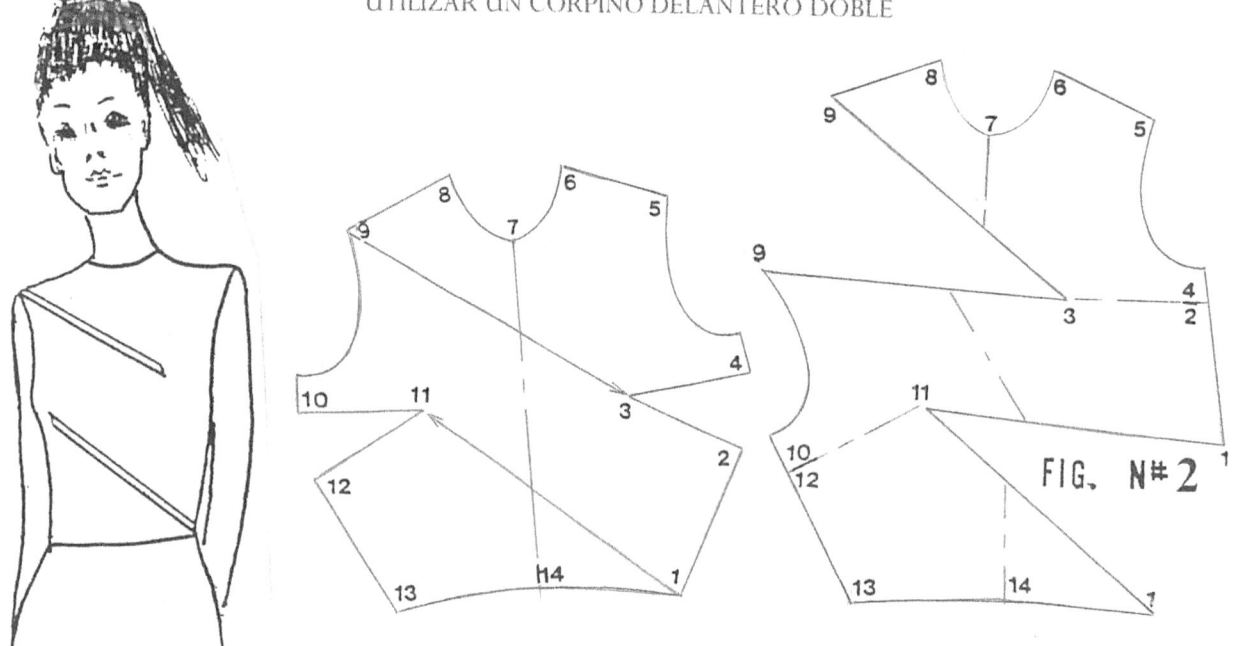

FIG. N# 2

NOTA: En éste caso las pinzas están ubicadas en los costados, y, no es necesario cerrarlas.

1-2 y 12-13 = partes de los costados, 2-3-4 y 10-11-12 = pinzas, 5-6 y 8-9 = hombros, 6-7-8 = escotes, 7-14 = centro.

Unir 9-3 y 1-11. Cortar por dichas líneas, luego cerrar las pinzas laterales. La Fig. 2, indica la realización del molde.

CORPIÑO CON RECORTE EN U

UTILIZAR UN CORPIÑO DELANTERO SIMPLE CON PINZAS LATERALES EN M(PÁGINA 28) CERRADAS
Y UN CORPIÑO TRASERO SIMPLE UNIDOS EN EL COSTADO

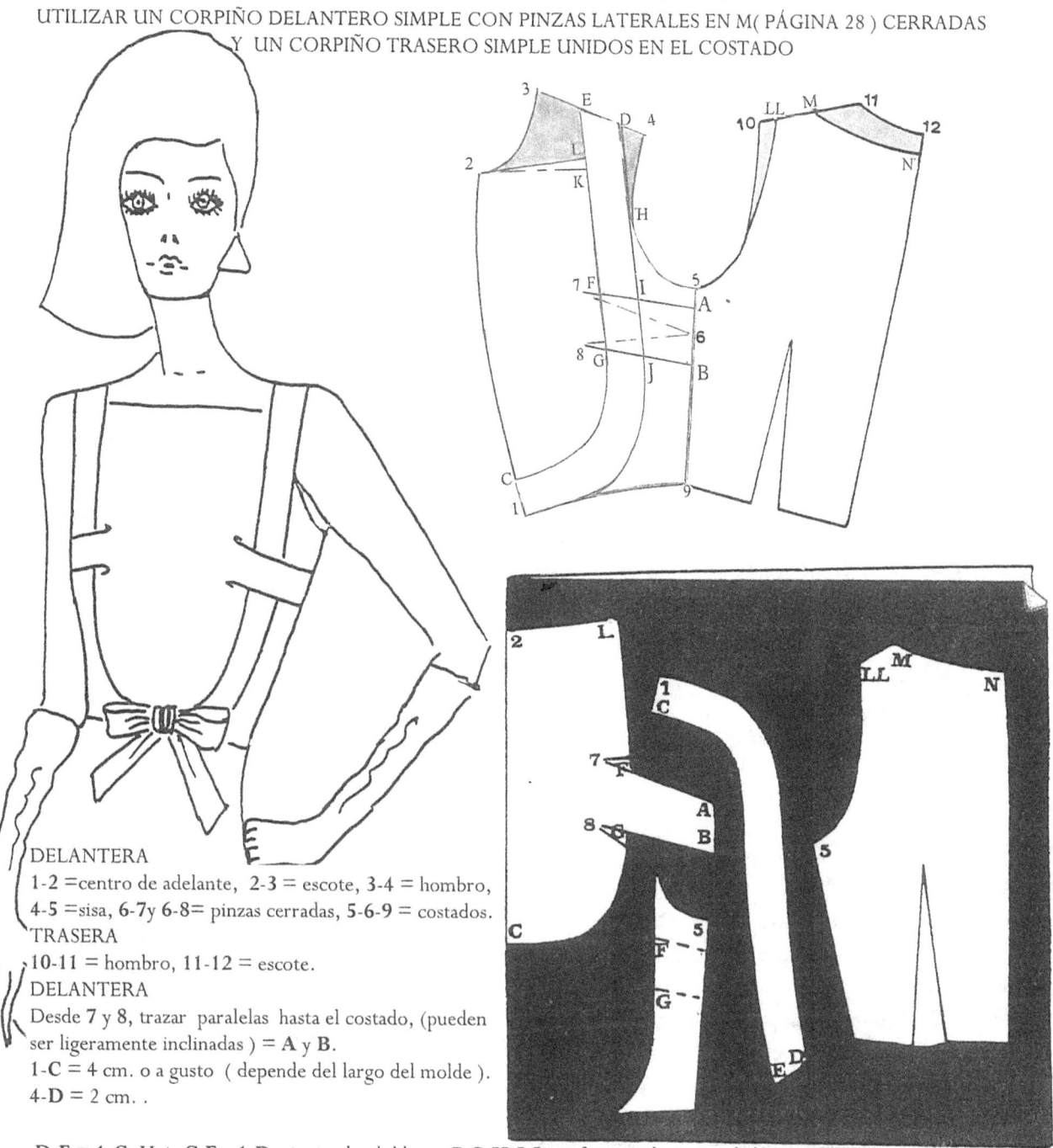

DELANTERA

1-2 =centro de adelante, 2-3 = escote, 3-4 = hombro,
4-5 =sisa, 6-7y 6-8= pinzas cerradas, 5-6-9 = costados.

TRASERA

10-11 = hombro, 11-12 = escote.

DELANTERA

Desde **7 y 8**, trazar paralelas hasta el costado, (pueden
ser ligeramente inclinadas) = **A y B**.

1-**C** = 4 cm. o a gusto (depende del largo del molde).

4-**D** = 2 cm. .

D-E = 1-C. Unir **C-E** y **1-D**, siguiendo el dibujo. **F-G-H-I-J**, se forman al cruzarse la líneas .

Desde **2**, escuadrar hasta el lado opuesto =**K**. NOTA: Si deseare el escote ligeramente en forma, desde **K**, subir 1 ½
cm. o a gusto =**L**. Unir **L-2**.

Calcar la tira indicada con:**1-J-I-D-E-F-G-C-1**. Calcar el costadillo (o lateral).

Cortar desde **C** hasta **2**, pasando por:**G-B-A-F-L-2**.

TRASERA

10-LL = 4-D. LL-M = D-E.

12-N = mitad de **11-M**. Unir **N-M** y **LL** con la sisa. Quitar las partes sombreadas.

El grabado demuestra la manera de colocar las piezas sobre la tela.

Cortar una tira de 50 x 8 cm. para el moño y un rectángulo de 6 x 8 cm. para el knot.

CORPIÑO CON RECORTES TIPO " VOLADITOS" CON FORMA
UTILIZAR UN CORPIÑO DELANTERO

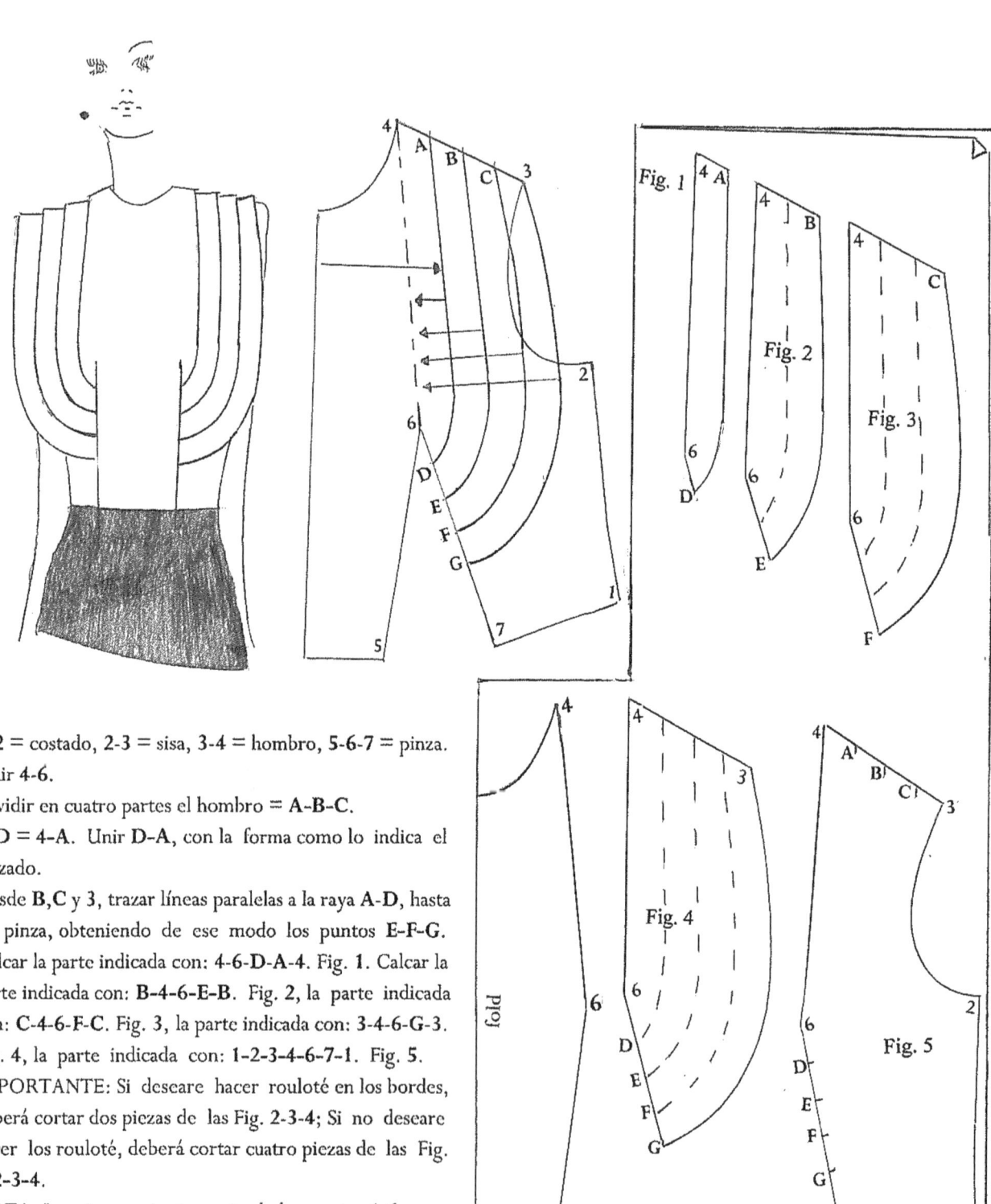

1-2 = costado, 2-3 = sisa, 3-4 = hombro, 5-6-7 = pinza.
Unir 4-6.

Dividir en cuatro partes el hombro = A-B-C.

6-D = 4-A. Unir D-A, con la forma como lo indica el trazado.

Desde B,C y 3, trazar líneas paralelas a la raya A-D, hasta la pinza, obteniendo de ese modo los puntos E-F-G. Calcar la parte indicada con: 4-6-D-A-4. Fig. 1. Calcar la parte indicada con: B-4-6-E-B. Fig. 2, la parte indicada con: C-4-6-F-C. Fig. 3, la parte indicada con: 3-4-6-G-3. Fig. 4, la parte indicada con: 1-2-3-4-6-7-1. Fig. 5.

IMPORTANTE: Si deseare hacer rouloté en los bordes, deberá cortar dos piezas de las Fig. 2-3-4; Si no deseare hacer los rouloté, deberá cortar cuatro piezas de las Fig. 1-2-3-4.

NOTA: Las piezas se juntan uniendo los puntos 4-6.

VARIANTE SOBRE LA PINZA EN M
EMPLEAR ELCORPIÑO DELANTERO CON PINZA EN M EN FORMA VERTICAL PÁGINA 27

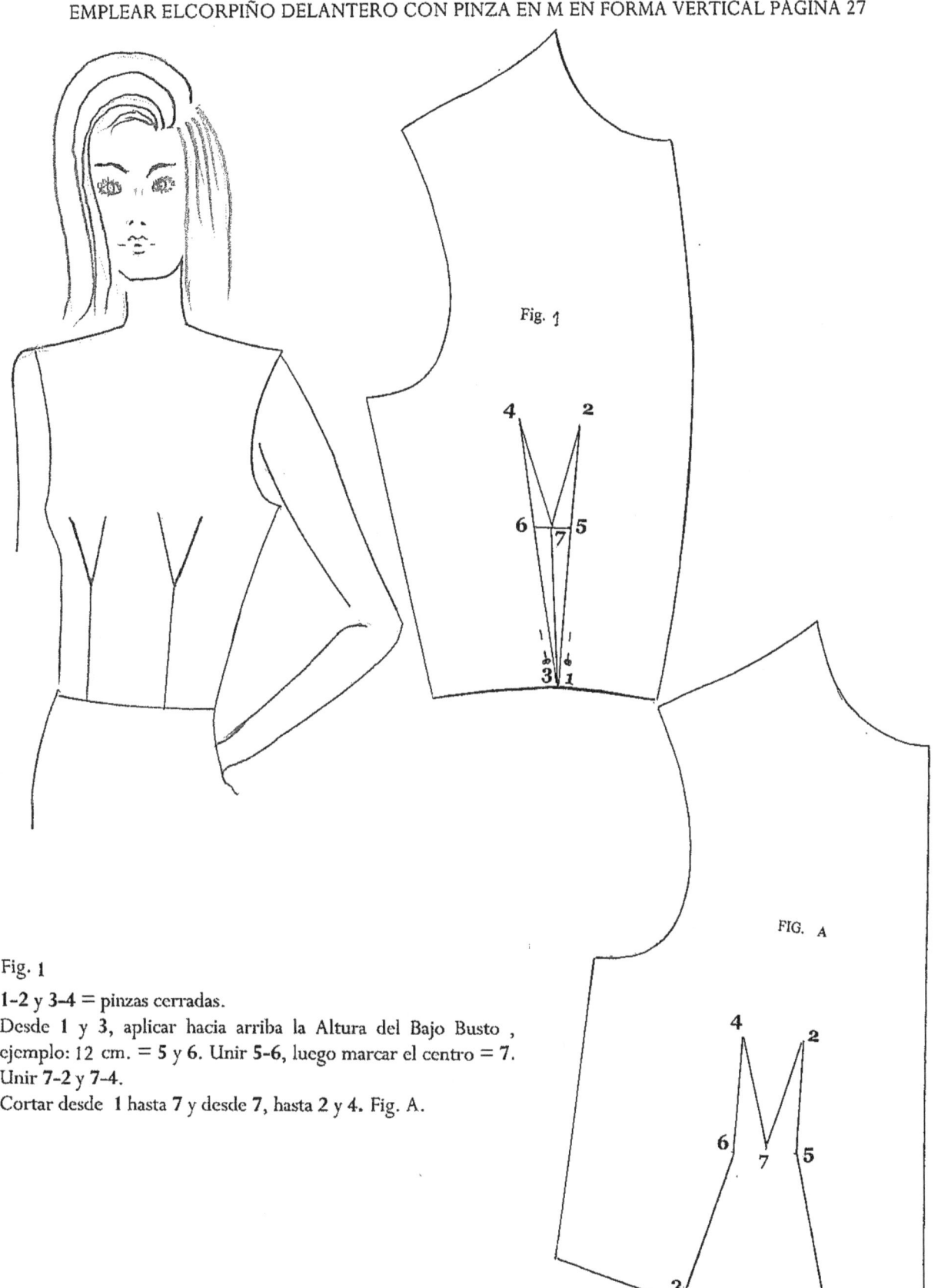

Fig. 1

FIG. A

Fig. 1

1-2 y 3-4 = pinzas cerradas.

Desde **1** y **3**, aplicar hacia arriba la Altura del Bajo Busto , ejemplo: 12 cm. = **5** y **6**. Unir **5-6**, luego marcar el centro = **7**.
Unir **7-2** y **7-4**.
Cortar desde **1** hasta **7** y desde **7**, hasta **2** y **4. Fig. A.**

CORPIÑO CON FRUNCES QUE SALEN DESDE LA PINZA
UTILIZAR UN CORPIÑO DELANTERO SIMPLE CON PINZA ABIERTA

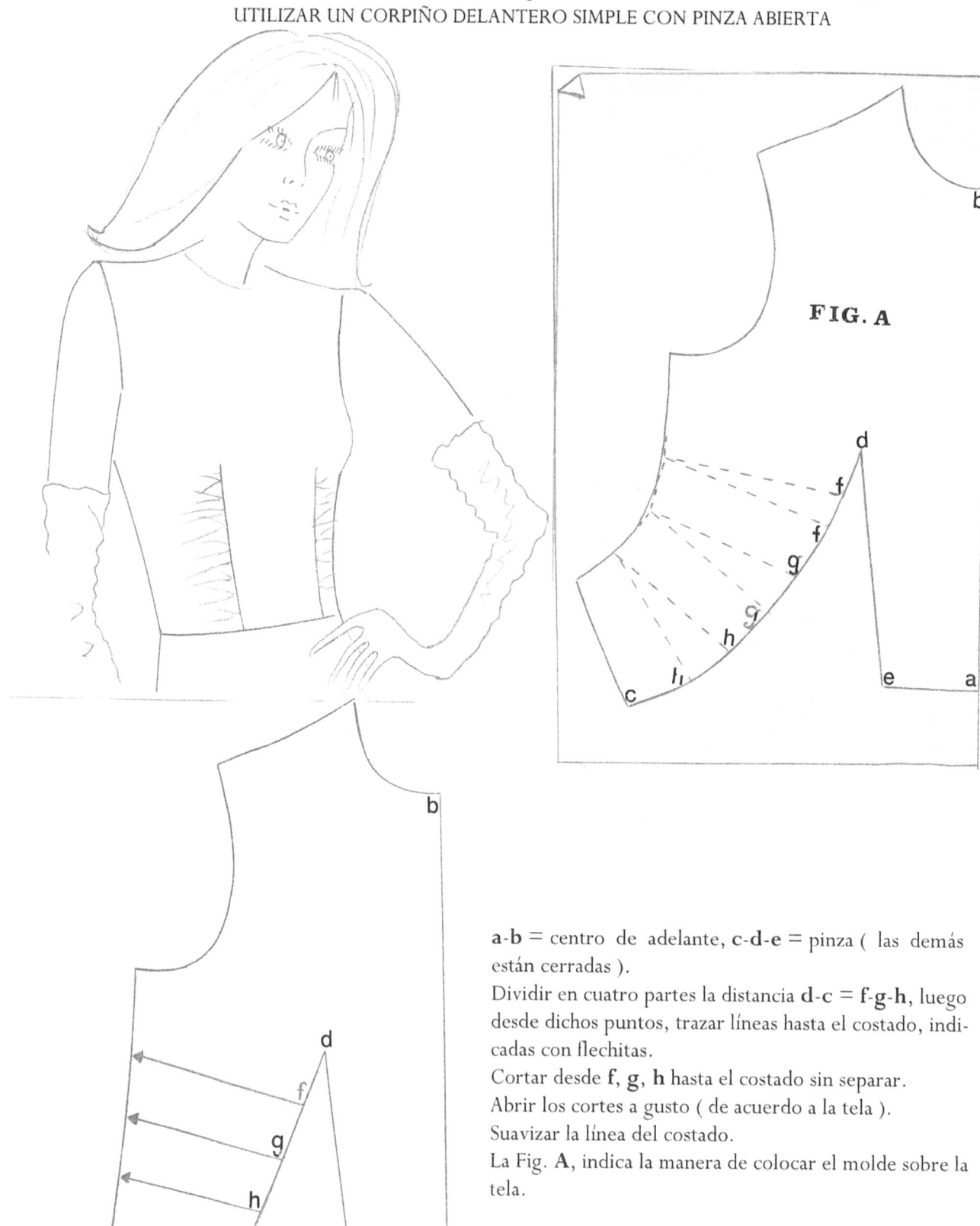

FIG. A

a-b = centro de adelante, **c-d-e** = pinza (las demás están cerradas).

Dividir en cuatro partes la distancia **d-c** = **f-g-h**, luego desde dichos puntos, trazar líneas hasta el costado, indicadas con flechitas.

Cortar desde **f**, **g**, **h** hasta el costado sin separar.

Abrir los cortes a gusto (de acuerdo a la tela).

Suavizar la línea del costado.

La Fig. **A**, indica la manera de colocar el molde sobre la tela.

NECK LESS

UTILIZAR LOS MOLDES DEL CORPIÑO ADHERIDO PÁG. 24, HASTA PASANDO LIGERAMENTE LA ALTURA DEL SOBRE BUSTO

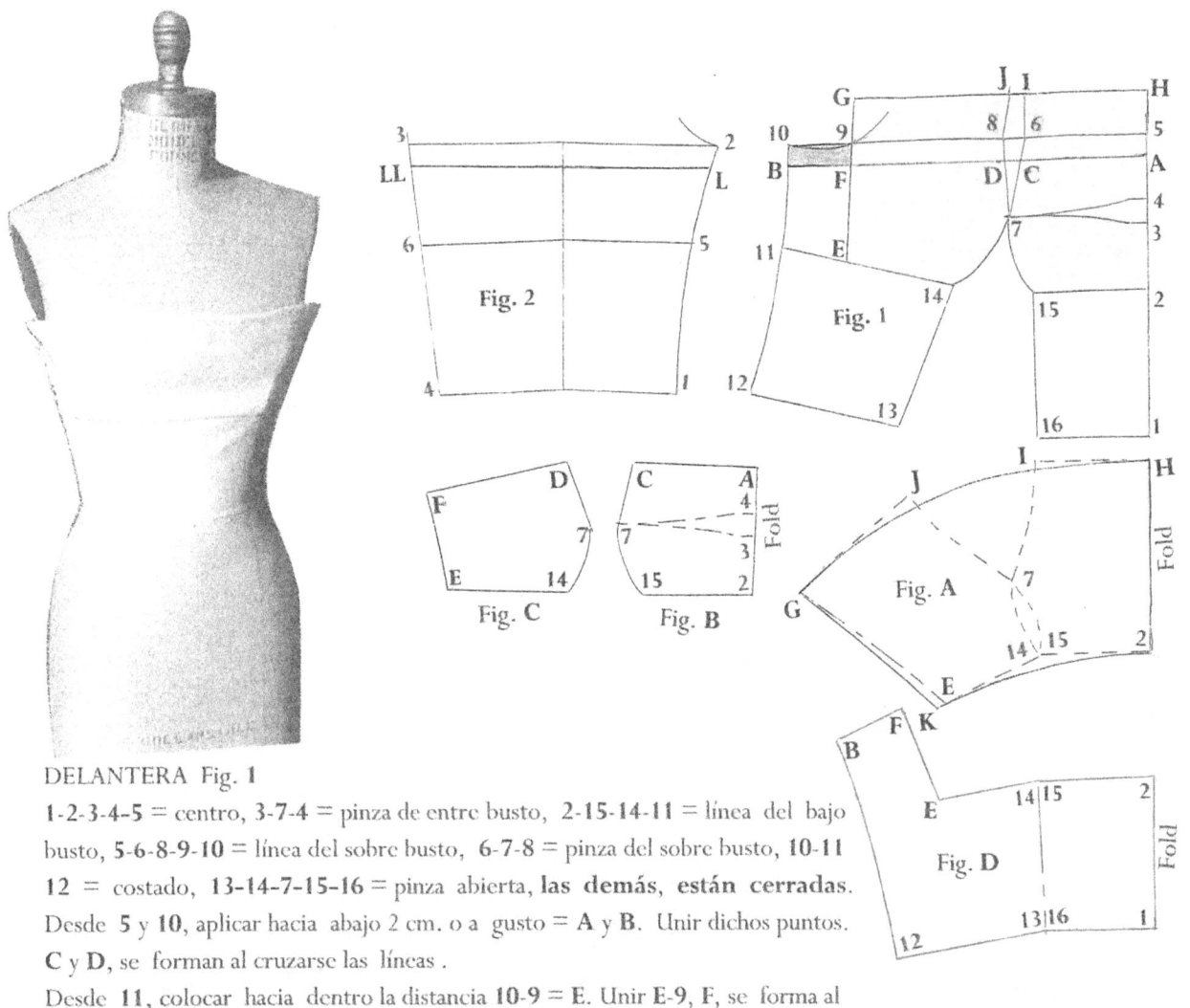

DELANTERA Fig. 1

1-2-3-4-5 = centro, **3-7-4** = pinza de entre busto, **2-15-14-11** = línea del bajo busto, **5-6-8-9-10** = línea del sobre busto, **6-7-8** = pinza del sobre busto, **10-11 12** = costado, **13-14-7-15-16** = pinza abierta, **las demás, están cerradas.**

Desde **5** y **10**, aplicar hacia abajo 2 cm. o a gusto = **A** y **B**. Unir dichos puntos. **C** y **D**, se forman al cruzarse las líneas .

Desde **11**, colocar hacia dentro la distancia **10-9** = **E**. Unir E-9, **F**, se forma al cruzarse las rayas.

Desde **9** y **5**, prolongar las líneas hacia arriba 4 cm. o a gusto = **G** y **H**. Unir dichos puntos. **I** y **J**, se forman al cruzarse las líneas.

Calcar la parte sombreada, luego cortar desde **I**, hasta **7**, después juntar **14-15** (**no importando que las líneas se sobrepongan**). Fig. **A**, a continuación, suavizar las líneas **2-15/14-E** y **H-G**, como lo indica el grabado.

Continuamos con la Fig. **A**: Desde **2**, aplicar pasando E, la distancia **2-15-14-E** = **K**. Unir **K-G**.

Seguimos con la Fig. **1**: Cortar desde **2**, hasta **A**, pasando por: **15-14-E-F-D-C-A**, luego vaciar la pinza. Fig. **B** y **C**.

IMPORTANTE: Si lo desea, puede usar la pinza **3-7-4**, o caso contrario la puede cerrar y proceder como en DETALLES DE COSTURA de la página 407. Cerrar la pinza **13-14-15-16**. Fig. **D**. Quitar la parte sombreada en oscuro.

TRASERA con la pinza cerrada Fig.2

1-2 = costado, **2-3** = de la línea del sobre busto, **3-4** = centro, **5-6** = continuación de la línea del bajo busto.

Desde **2** y **3**, aplicar hacia abajo la distancia **10-B** de la delantera = **L-LL**. Unir **L-LL**, luego quitar la parte sombreada.

IMPORTANTE: Este tipo de escote, lo puede usar para cualquier vestido de noche, y, entre las tantas combinaciones que puede realizar, por ejemplo lo podría usar con las faldas tanto sea de la página 157 ó 158 etc..

CORPIÑO CON RECORTES EN DIAGONALES Y ESCOTE EN V

UTILIZAR UN CORPIÑO DELANTERO DOBLE CON PINZAS ABIERTAS EN LOS COSTADOS, NO ES
NECESARIO CERRARLAS Y UN CORPIÑO TRASERO SIMPLE

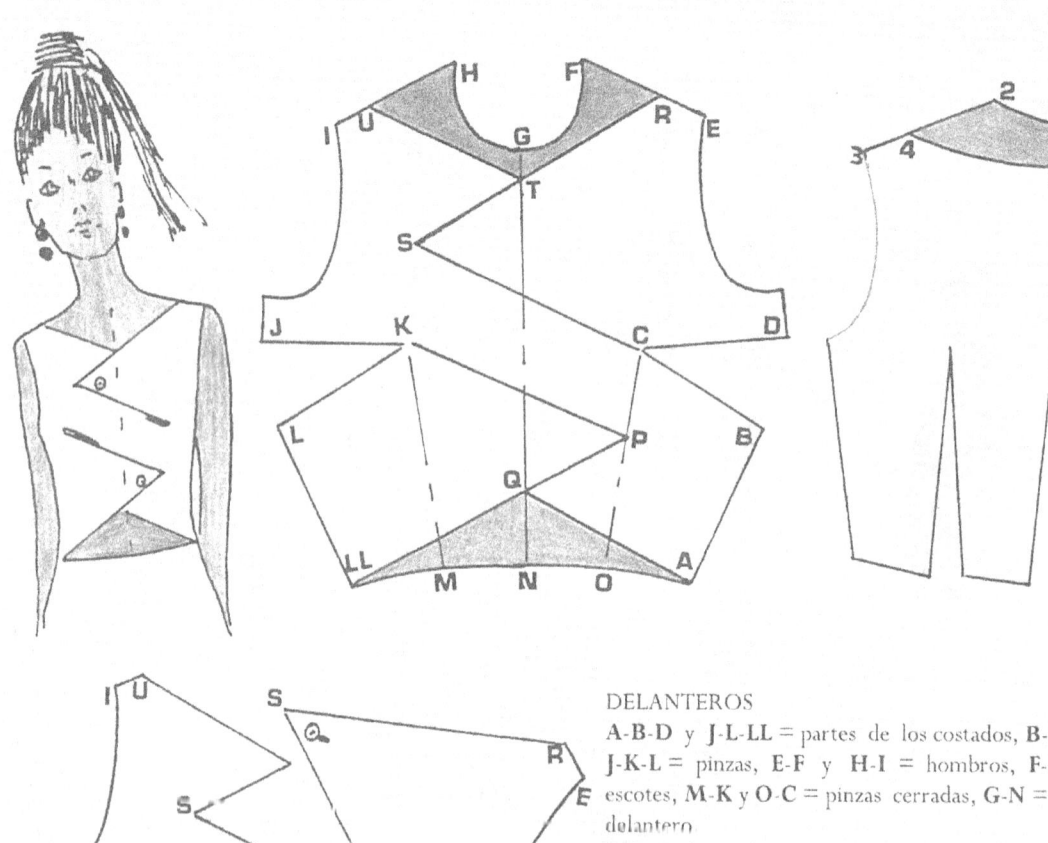

FIG. Nª 2

DELANTEROS

A-B-D y **J-L-LL** = partes de los costados, **B-C-D** y
J-K-L = pinzas, **E-F** y **H-I** = hombros, **F-G-H** =
escotes, **M-K** y **O-C** = pinzas cerradas, **G-N** = centro
delantero

O-P = Altura de Bajo Busto, ejemplo: 12 cm..

Unir **P-K** y **P-LL**. **Q**, se forma al cruzarse las líneas.
Unir **Q-A**.

E-R = 1/3 parte del hombro.

Desde **C**, trazar una paralela a la línea **P-K**, usando el
mismo largo = **S**. Unir **S-R**. **T**, se forma al cruzarse las
líneas.

I-U = **E-R**. Unir **U-T**.

Cortar desde **LL** hasta **K**, pasando por **P**. Cortar desde
Q hasta **A**. Cortar desde **R** hasta **C**, pasando por **S**.
Cortar desde **U** hasta **T**. Separar las partes sombreadas.
Cerrar las pinzas de los costados. Ver Fig. **2**.

TRASERO

1-2 = escote, 2-3 = hombro.

3-4 = **E-R**.

1-5 = mitad de 2-4. Unir 4-5.

Quitar la parte sombreada .

CORPIÑO CON COSTURAS EN L INVERTIDAS
USAR UN CORPIÑO DELANTERO DOBLE EN ESTE CASO CON PINZAS DESDE LOS COSTADOS

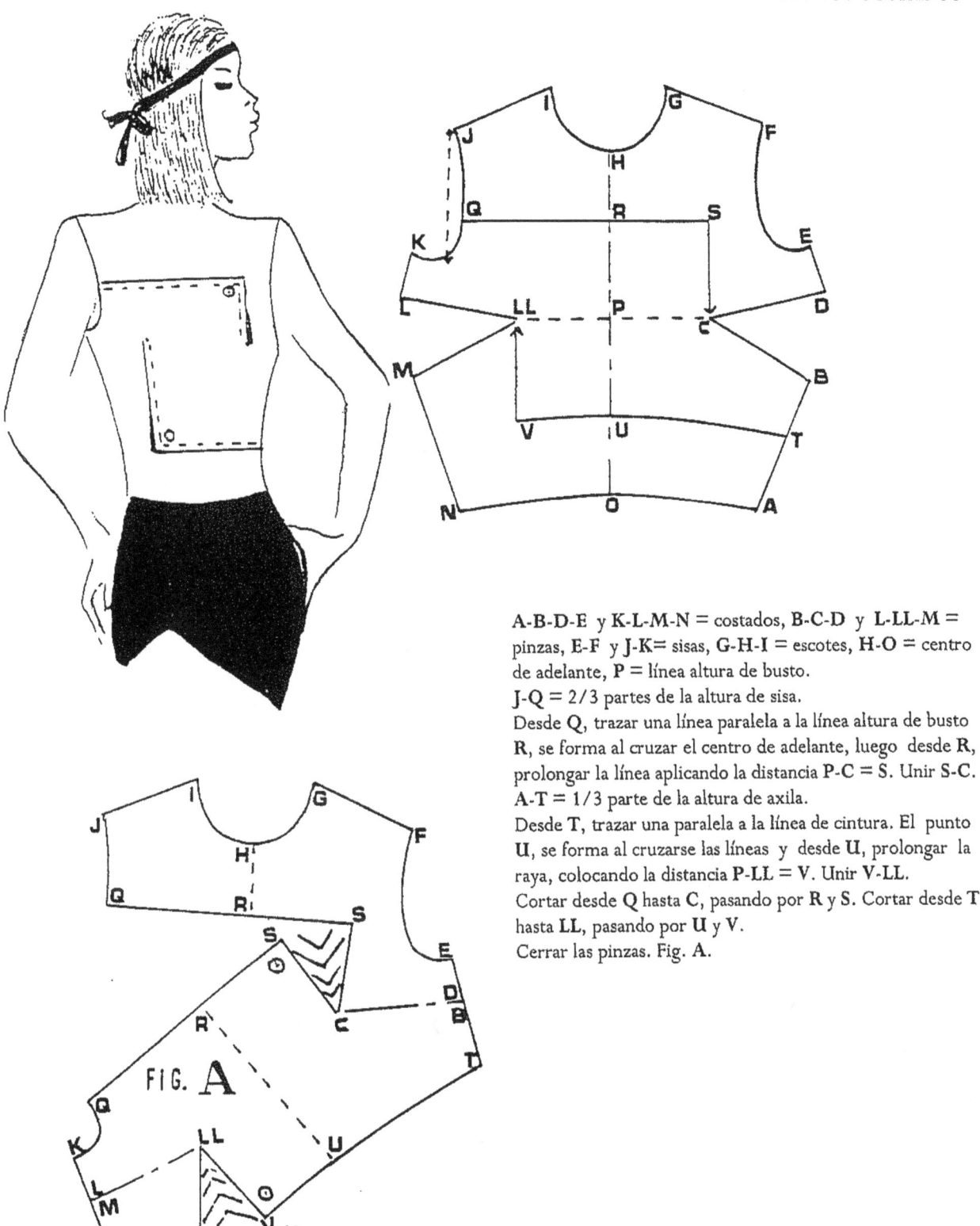

A-B-D-E y K-L-M-N = costados, B-C-D y L-LL-M = pinzas, E-F y J-K= sisas, G-H-I = escotes, H-O = centro de adelante, P = línea altura de busto.

J-Q = 2/3 partes de la altura de sisa.

Desde Q, trazar una línea paralela a la línea altura de busto R, se forma al cruzar el centro de adelante, luego desde R, prolongar la línea aplicando la distancia P-C = S. Unir S-C.

A-T = 1/3 parte de la altura de axila.

Desde T, trazar una paralela a la línea de cintura. El punto U, se forma al cruzarse las líneas y desde U, prolongar la raya, colocando la distancia P-LL = V. Unir V-LL.

Cortar desde Q hasta C, pasando por R y S. Cortar desde T hasta LL, pasando por U y V.

Cerrar las pinzas. Fig. A.

CORPIÑO CON ESCOTE EN V CON PLIEGUES Y SISADO
UTILIZAR LOS CORPIÑOS SIMPLES, DELANTERO CON PINZA LATERAL EN M, Y UN TRASERO

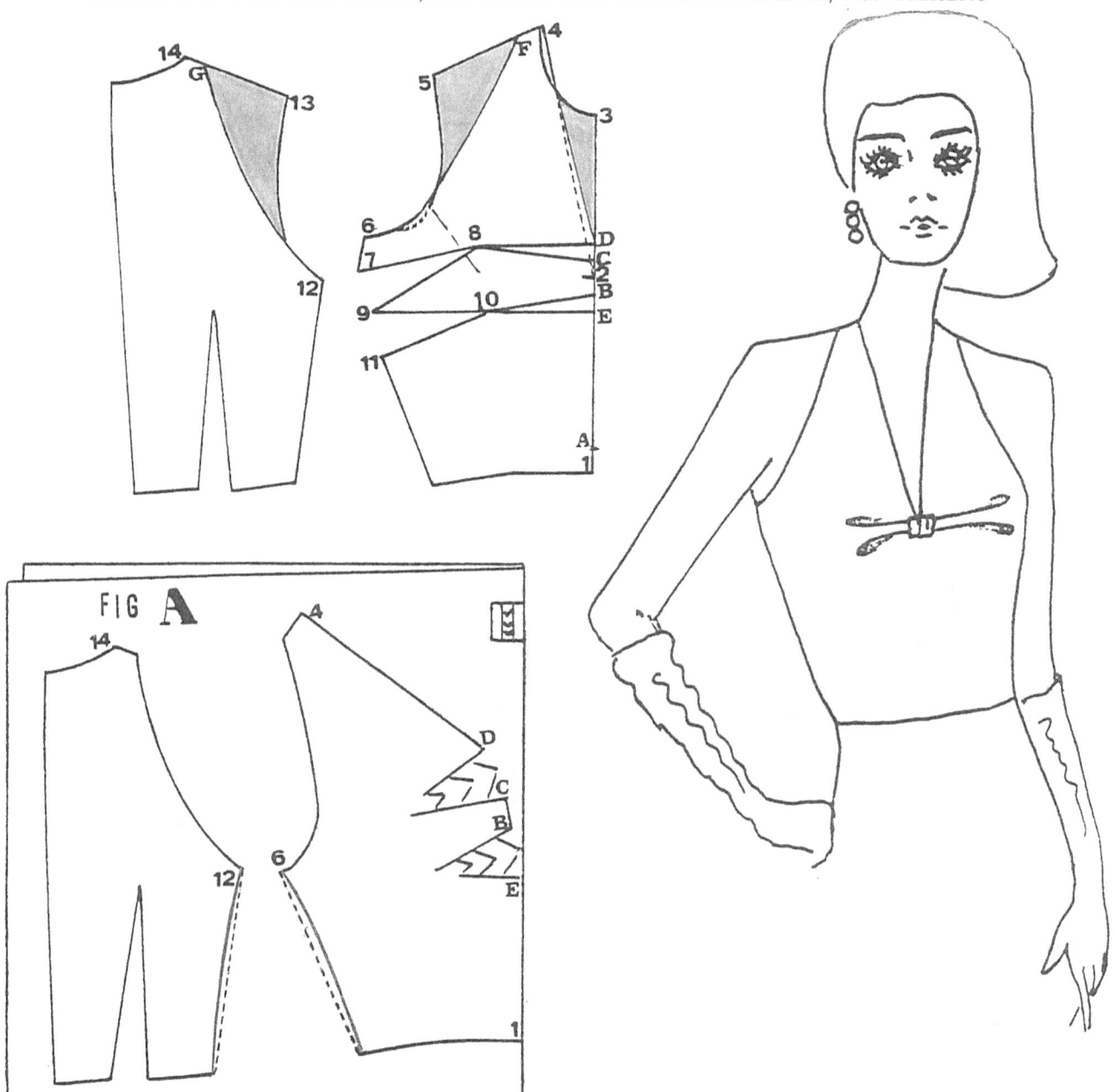

FIG A

CORPIÑO DELANTERO: **1-2-3** = centro de adelante, **2** = altura de busto, **3-4** = escote, **4-5** = hombro, **5-6** = sisa, **7-8-9** y **9-10-11** = pinzas. La línea discontinua en la sisa, indica la pinza adicional cerrada.

CORPIÑO TRASERO:**12-13** = sisa, **13-14** = hombro.

DELANTERO: Unir **4-2**, con línea de puntitos.

Desde **4**, aplicar hacia **1**, pasando por **2** el Largo de Adelante, ejemplo: 42 cm.= **A**.

2-B y **2-C** = 1 ½ cm..

C-D y **B-E** = mitad de **1-A**. Unir **C-8-D** y **B-10-E**. Unir **D-4**.

4-F = 3 cm. o a gusto. Unir **F-6**, como lo indica el trazado. Separar las partes sombreadas.

Cortar por **C-8-D** y **B-10-E**, luego cerrar las pinzas laterales.

TRASERO: **14-G** = **4-F**. Unir **G-12**, como lo indica el trazado. Separar la parte sombreada.

La Fig. **A**, demuestra el modo de colocar los moldes sobre la tela. Formar las líneas de los costados.

La trabita es un rectángulo de 3 x 4 cm. terminada.

CORPIÑO CON GRANDES PLIEGUES SALIENDO DESDE LOS HOMBROS
UTILIZAR UN CORPIÑO DELANTERO SIMPLE CON PINZA CERRADA

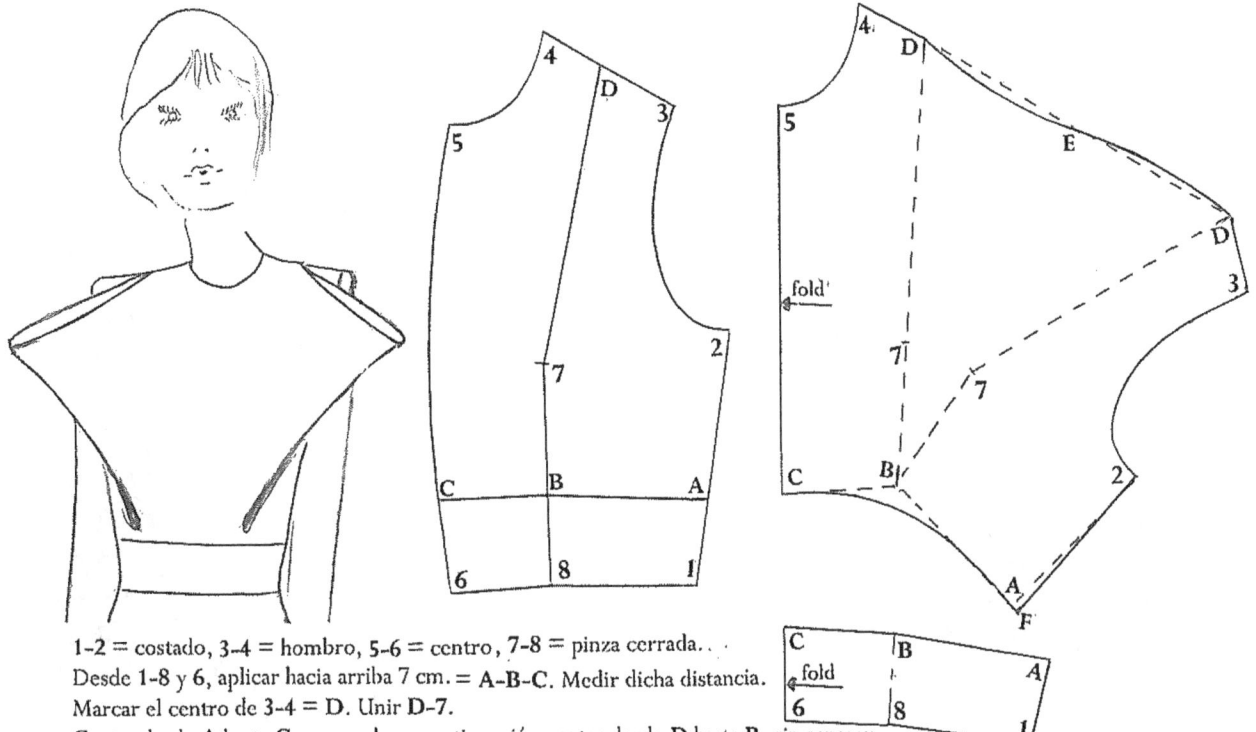

1-2 = costado, 3-4 = hombro, 5-6 = centro, 7-8 = pinza cerrada...

Desde 1-8 y 6, aplicar hacia arriba 7 cm. = A-B-C. Medir dicha distancia.

Marcar el centro de 3-4 = D. Unir D-7.

Cortar desde A hasta C separando, a continuación cortar desde D hasta B, sin separar.

Separar el punto 7, 5 cm.. NOTA: Cuanto más separa el punto 7, más amplitud adquiere el pliegue.

Unir los puntos D, luego marcar el centro = E. Unir E-D y E-D, con la forma como lo indica el trazado.

Suavizar la línea en el punto B.

Desde C, colocar pasando A, la medida C-B-A de la cintura = F. Unir F-2.

Al coser la prenda, junte los puntos 7 con algunas puntadas invisibles.

CORPIÑO CON RECORTE OVALADO
UTILIZAR UN CORPIÑO DELANTERO SIMPLE CON PINZA CERRADA

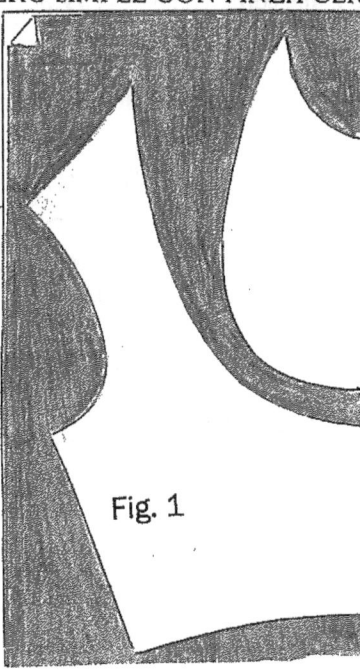

Fig. 1

A-B-C = centro, B-E = altura de busto, C-D = escote, F-E = pinza cerrada. Desde B, aplicar hacia abajo 4 cm. =G. Unir G-E-D, con forma, luego cortar por dicha línea. La Fig.1, indica el modo de colocar las piezas sobre la tela.

CORPIÑO CON ESCOTE EN V RECORTES EN M TIPO PLIEGUES Y FRUNCES

UTILIZAR UN CORPIÑO DELANTERO SIMPLE

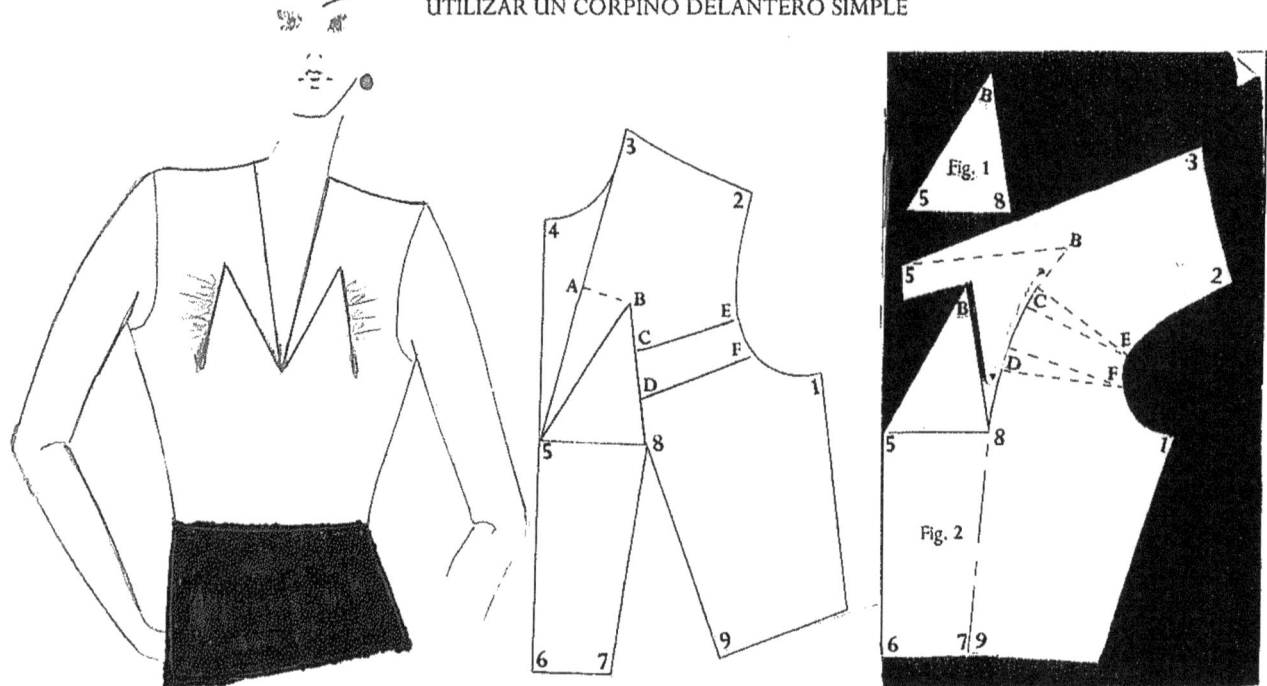

Los puntos **1-2**, indican la sisa, **3-4** = escote, **4-5-6** = centro de adelante, **5-8** = altura de busto, **7-8-9** = pinza.
Unir **5-3**, luego marcar la mitad = **A**.

Desde **A**, escuadrar colocando 1 /3 parte de la distancia entre el punto **A** y la sisa = **B**. Unir **B-5** y **B-8**.

Dividir en tres partes la distancia **B-8** = **C** y **D**.

Desde **C** y **D**, trazar líneas hasta la sisa = **E** y **F**.

Cortar desde **5** hasta **3** separando. Cortar desde **5** hasta **8**, pasando por **B**. Cortar desde **C** hasta **E**. Cortar **D** hasta **F** sin separar.

Calcar la parte indicada con los puntos: **B-5-8-B**. Fig. **1**.

Cerrar la pinza. Abrir los cortes a gusto según la tela, y cuidando que haya suficiente espacio entre **B** y la línea **3-5**.
La Fig.2, indica la forma como cortar el molde en la tela. Al coser, deberá reducir la distancia **B-C-D-8**, a la medida anterior, es decir **B-8**.

DETALLES DE COSTURA
COMO SE EMBEBE

Embeber significa reducir (por ejemplo: Se pueden evitar pinzas, evitar cierta flojedad, etc.).
Como lograrlo: Vaya trabajando la tela con los dedos y haciendo que no quede ningún tipo de flojedad o arruga.

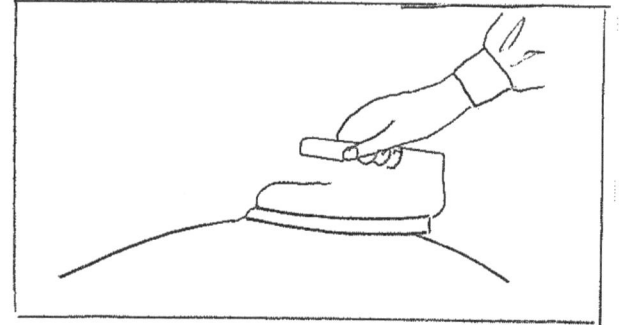

CORPIÑO CON DETALLES DE DOBLECES

UTILIZAR UN CORPIÑO DELANTERO SIMPLE

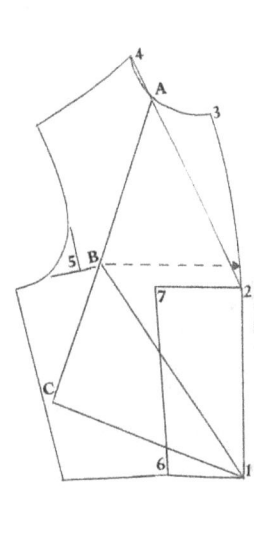
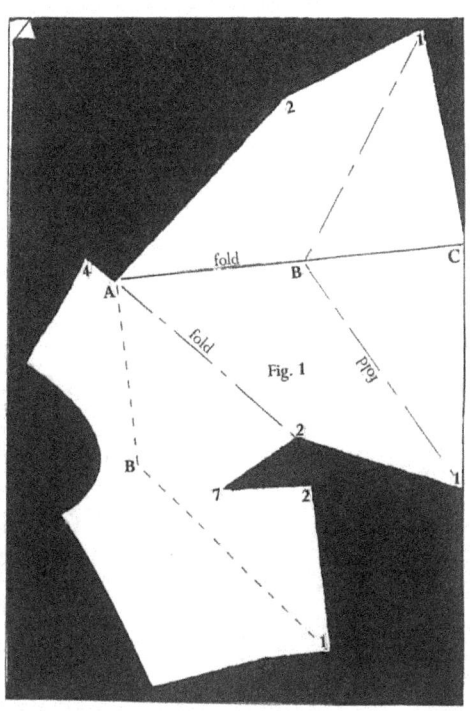

Fig. 1

1-2-3 = centro de adelante, 3-4 = escote, 5 = ancho de pecho, 6-7 = pinza cerrada, 2-7 = separación de busto.

Unir 2-4. A, se forma al cruzarse las rayas.

Desde 5, aplicar hacia dentro 1/5 parte de la distancia entre 5 y la línea central = B. Unir B-1 (línea de doblez).

Unir A-B, luego desde B, prolongar la vía (en forma recta), colocando la distancia entre B y la línea central = C. Unir C-1.

Doblar el papel por la línea 2-A y calcar la parte indicada con A-B-C-1, a continuación doblar el papel por A-B-C y calcar la parte indicada con: C-1-2-A y B-1.

Desdoblar el papel. Cortar desde 2 hasta 7. Fig. 1.(que también indica la manera de colocar el molde sobre la tela).

Al realizar la prenda, deberá juntar 1 con 1, 2 con 2 y 2-7.

DETALLES DE COSTURA

PUNTO YERBA

Tiene múltiples usos (se puede usar como pespunte, sostener fruncidos,etc.). Se comienza de izquierda a derecha y se avanza ½ cm. o a gusto. Se mete la aguja para sacarla en la mitad de la puntada anterior. Se vuelve a avanzar manteniendo la misma distancia de la puntada inicial, luego seguir de ese modo, hasta terminar.

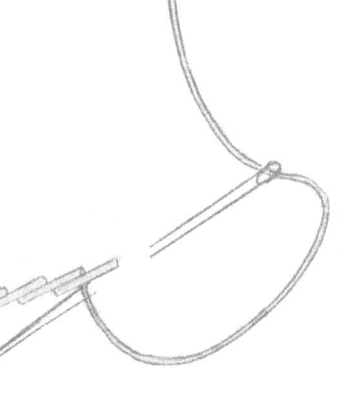

CORPIÑO CON TIRAS CRUZADAS

UTILIZAR UN CORPIÑO DELANTERO DOBLE Y UNO TRASERO SIMPLE
UNIDOS EN EL COSTADO LADO DERECHO

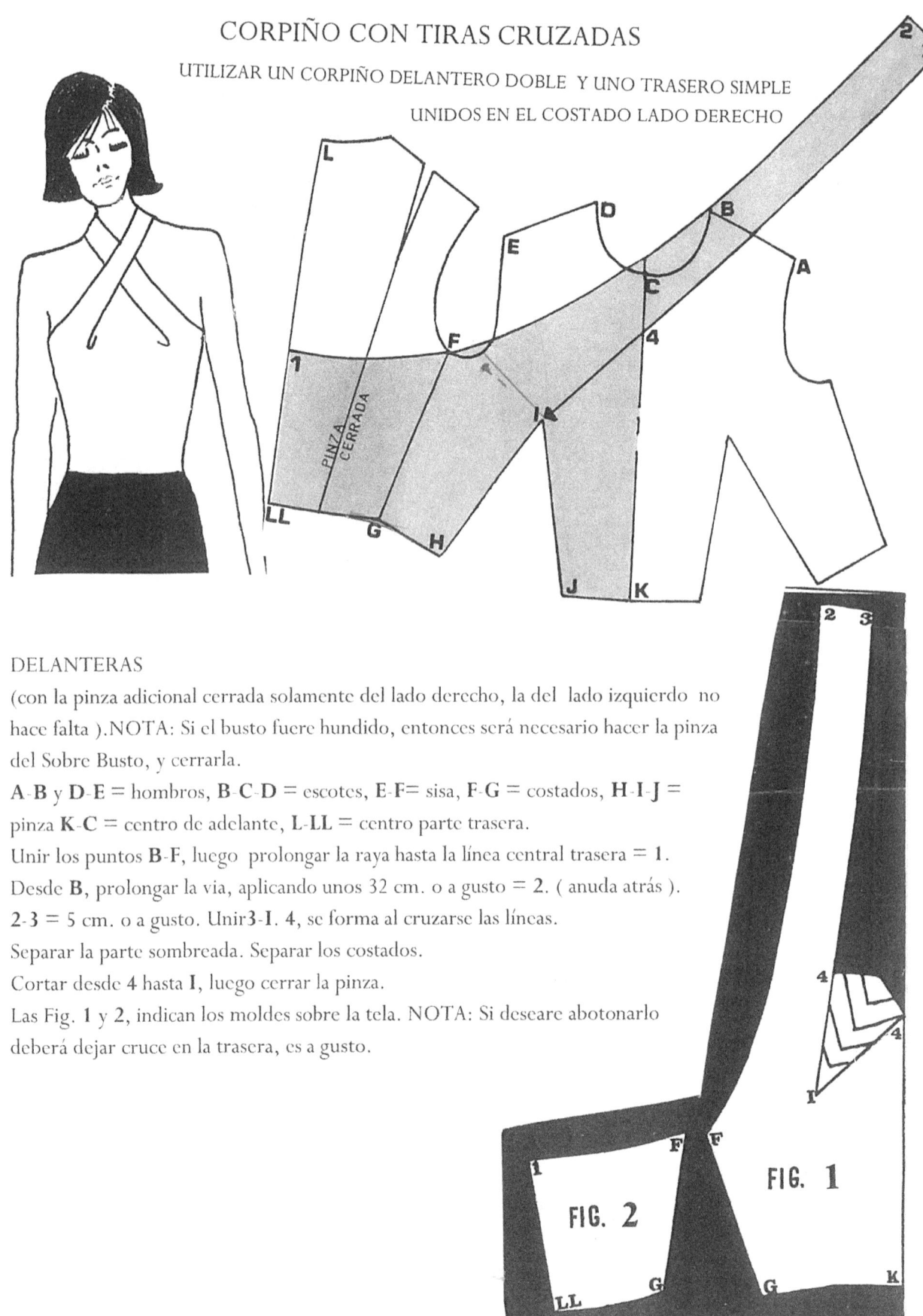

DELANTERAS

(con la pinza adicional cerrada solamente del lado derecho, la del lado izquierdo no hace falta).NOTA: Si el busto fuere hundido, entonces será necesario hacer la pinza del Sobre Busto, y cerrarla.

A-B y **D-E** = hombros, **B-C-D** = escotes, **E-F**= sisa, **F-G** = costados, **H-I-J** = pinza **K-C** = centro de adelante, **L-LL** = centro parte trasera.

Unir los puntos **B-F**, luego prolongar la raya hasta la línea central trasera = **1**.

Desde **B**, prolongar la via, aplicando unos 32 cm. o a gusto = **2**. (anuda atrás).

2-3 = 5 cm. o a gusto. Unir**3-I**. **4**, se forma al cruzarse las líneas.

Separar la parte sombreada. Separar los costados.

Cortar desde **4** hasta **I**, luego cerrar la pinza.

Las Fig. **1** y **2**, indican los moldes sobre la tela. NOTA: Si deseare abotonarlo deberá dejar cruce en la trasera, es a gusto.

CORPIÑO CON TIRAS QUE SE ANUDAN ATRÁS

UTILIZAR LOS MOLDES SIMPLES DE LOS CORPIÑOS UNIDOS EN EL COSTADO. EN ESTE CASO SE UTILIZA SOLAMENTE LA PINZA ADICIONAL, PERO SI LA PERSONA TUVIERE EL BUSTO HUNDIDO, ENTONCES SE UTILIZARA LA PINZA DEL SOBRE BUSTO

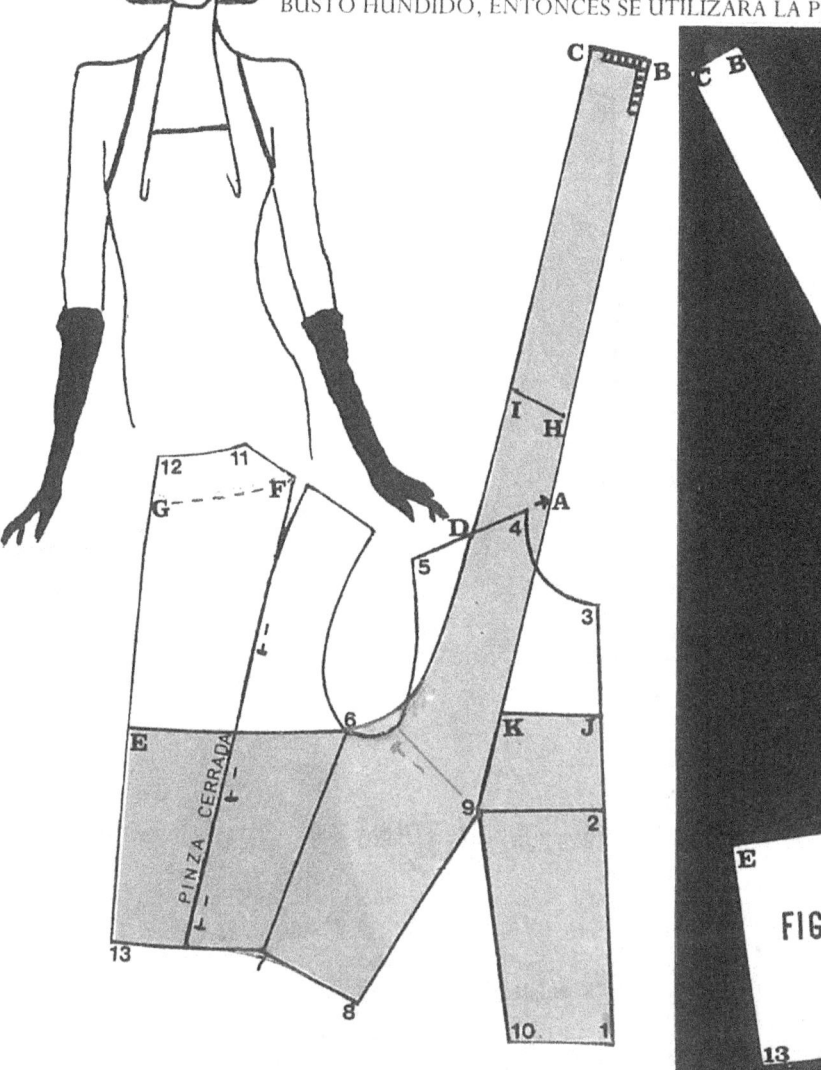
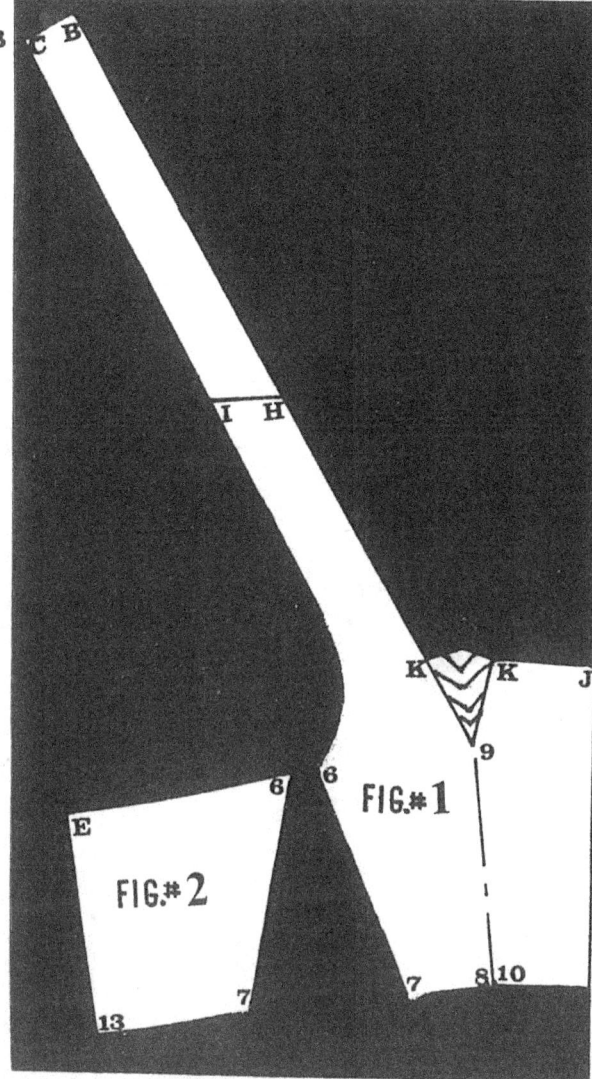

DELANTERA

1-2-3 = centro delantero, 2 = altura de busto, 3-4 = escote, 4-5 = hombro, 5-6 =sisa, 6-7 = costados, 8-9-10 = pinza.

TRASERA

11-12 = escote, 12-13 = centro parte trasera. Suavizar la línea de cintura.

DELANTERA

4-A = 2 cm. o a gusto. Unir A-9.

Desde A, prolongar la línea hacia arriba a gusto, ejemplo: 40 cm. (si es que lo desea anudar atrás)= B.

B-C = 5 cm. o a gusto. Desde C, trazar una paralela hasta el hombro = D, luego seguir la línea a gusto, prolongándola hasta la raya central trasera = E.

11-F y 12-G = B-C.

Unir F-G, con puntitos, después tomar dicha distancia y aplíquela desde A y D = H-I. Se realiza dicha operación, si es que no deseare anudarlo atrás.

2-J= 8 cm. o a gusto.

Desde J, escuadrar hasta la línea A-9 = K.

Separar las partes sombreadas.

Cortar desde K hasta 9, luego cerrar la pinza.

Las Fig.1 y 2, indican el modo de colocar las partes sobre la tela.

CORPIÑO CON CORTE EN V Y HOMBROS CAIDOS, O MANGUITAS
UTILIZAR LOS MOLDES SIMPLES DE UN CORPIÑO ESPALDA Y DELANTERA

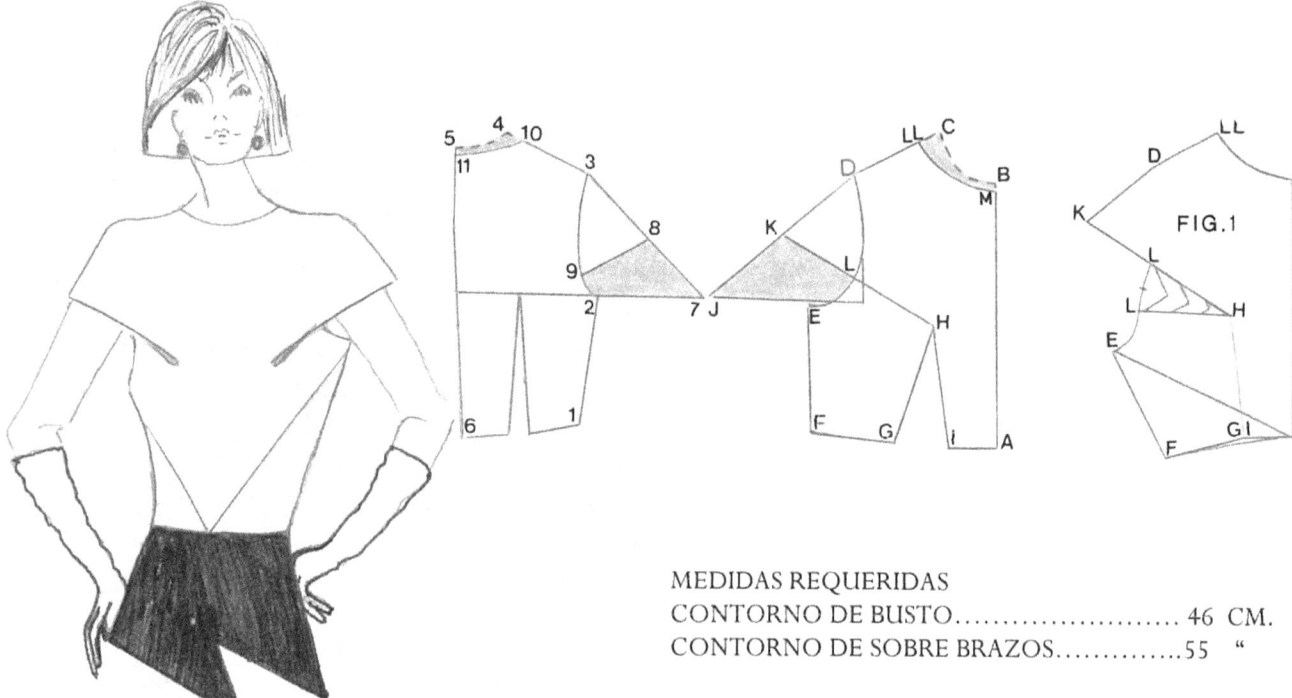

MEDIDAS REQUERIDAS

CONTORNO DE BUSTO........................ 46 CM.

CONTORNO DE SOBRE BRAZOS.............55   "

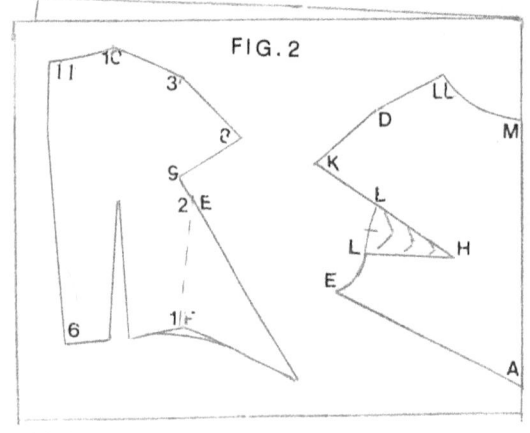

DELANTERA

A-B = centro delantero, **B-C** = escote, **C-D** = hombro, **D-E** = sisa, **E-F** = costado, **G-H-I** = pinza.

Desde **E**, trazar una horizontal, aplicando la mitad de la diferencia entre el Contorno de Busto y el Contorno de Sobre Brazos, más 8 cm. o a gusto, ejemplo: 4 ½ + 8= 12 ½ cm. = **J**. Unir **J-D**.

Desde **D**, colocar hacia **J**, 12 cm. o a gusto = **K**.

Unir **K-H**. **L**, se forma al cruzarse las líneas.

Desde **C**, aplicar hacia **D**, 3 cm. o a gusto = **LL**.

B-M = ¾ de cm.. Unir **M-LL**. Separar las partes sombreadas.

Cortar desde **K** hasta **H**, después cerrar la pinza. Fig.1.

Unir **A-E**, luego cortar por dicha línea separando.

TRASERA

1-2 = costado, **2-3** = sisa, **3-4** = hombro, **4-5** = escote, **5-6** = centro parte trasera.

Desde **2**, prolongar la línea de axila, aplicando la distancia **E-J** de la delantera = **7**. Unir **7-3**.

3-8 = **D-K**.

Desde **2**, aplicar hacia **3**, 4 cm.(o según la forma de la sisa)= **9**. Unir **9-8**.

4-10 = **C-LL**.

5-11 = mitad de **4-10**. Unir **11-10**, como lo indica el trazado. Separar las partes sombreadas.

Juntar los costados, uniendo **E** con **2** y **F** con **1**. Fig.2 que al mismo tiempo indica la colocación de los moldes sobre la tela. Suavizar la línea de cintura.

CORPIÑO CON TIRA QUE ANUDA
UTILIZAR UN CORPIÑO DELANTERO DOBLE CON PINZAS CERRADAS

1-2 y 8-9 = costados, 2-3 y 7-8 = sisas, 3-4 y 6-7 = hombros, 4-5-6 = escotes, 10-11 y 12-13 = pinzas cerradas, 5-14 = centro delantero.

Unir 11-12. **A**, se forma al cruzarse las líneas.

A-B = 3 cm. o a gusto.

Unir **6-B**, luego prolongar la línea hasta el costado = **C**.

Quitar la parte sombreada.

D = mitad de **1-C**. Unir **D-11**.

Cortar desde **D** hasta **11**.

Ubicación del molde sobre la tela. Fig. 2.

Desde los puntos **C** y **1** prolongar las líneas en lo posible en forma paralela, aplicando la medida de cintura real, más 40 cm. o a gusto = **E-F**.

Si la tela lo permite, puede colocar el molde con tela atravesada. En la trasera, puede eliminar la pinza.

MUY IMPORTANTE: Si la abertura de la pinza fuere muy grande, entonces será necesario achicar el ancho de la tira, indicado con línea discontinua.

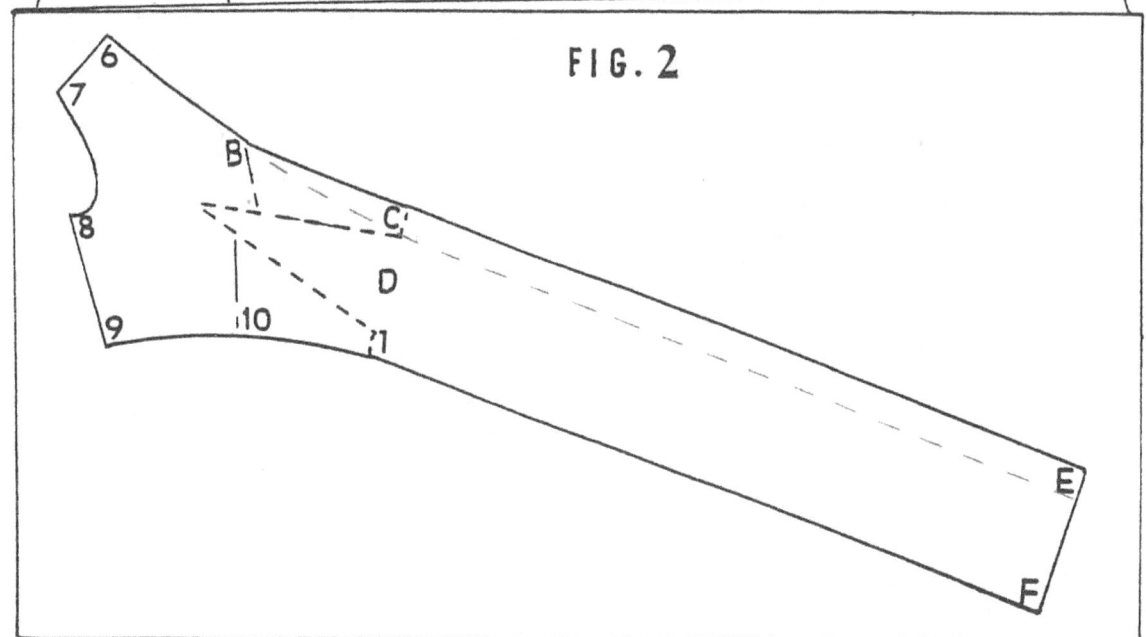

FIG. 2

CORPIÑO CON TIRA BORDEANDO EL ESCOTE Y FRUNCE
UTILIZAR LOS MOLDES SIMPLES DE UN CORPIÑO ESPALDA Y DELANTERA UNIDOS EN EL COSTADO

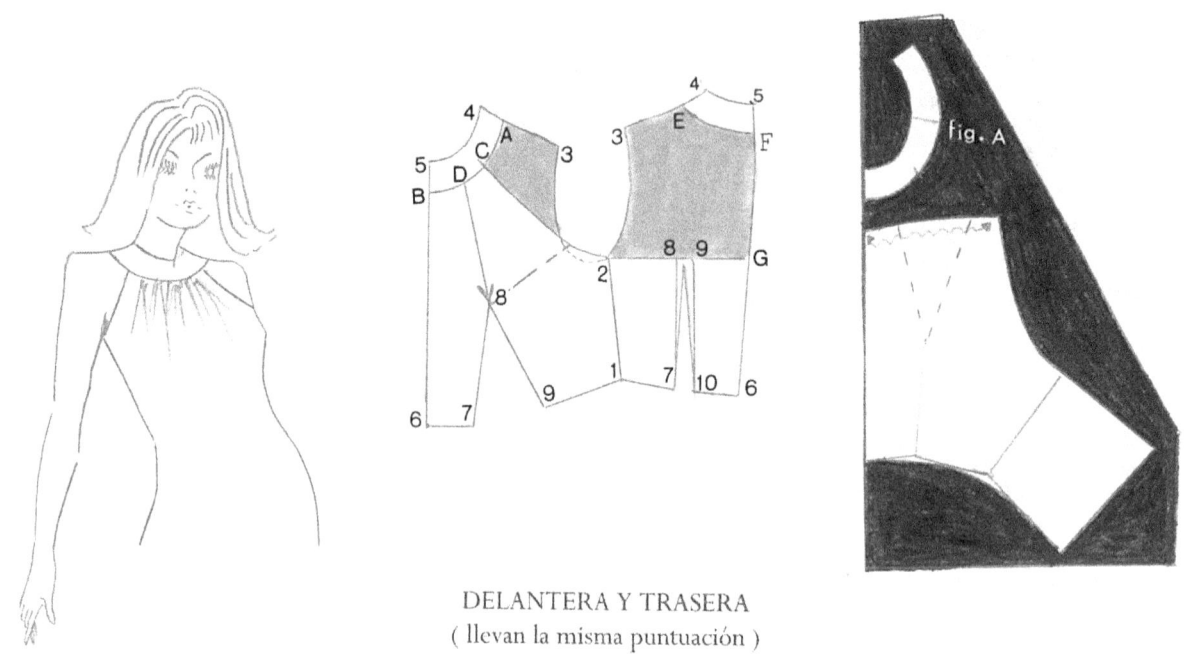

DELANTERA Y TRASERA
(llevan la misma puntuación)

1-2 = costados, 2-3 = sisas, 4-5 = escotes, 5-6 = centros, la línea discontinua indica la pinza cerrada, 7-8-9 y 7-8-9-10 = pinzas (la trasera con la pinza del corpiño adherido página 24.

DELANTERA

4-A y 5-B = 1/3 parte de 4-3. Unir B-A, en forma paralela al escote.

A-C = a gusto, ejemplo: 7 cm. . Unir C-2, como lo indica el trazado.

D = mitad C-B. Unir D-8.

TRASERA

4-E = 4-A. Desde E, trazar una paralela al escote = F.

Separar las tiras de los escotes, luego unirlos en los hombros. Fig. A.

Separar las partes sombreadas.

Cortar desde D, hasta 8.

Cerrar las pinzas, después suavizar la línea de cintura. Para lograr el efecto deseado, deberá reducir la parte superior de la delantera a la medida B-C de la tira.

DETALLES DE COSTURA

PRESILLA AL RAS

El tamaño de la puntada, debe ser de acuerdo al ganchito. Se hacen varias pasadas sobre el mismo sitio, luego enróllelo alrededor, después asegure la puntada.

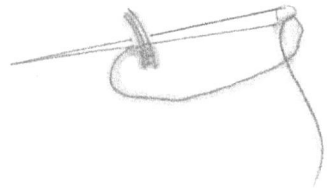

CORPIÑO CON PEQUEÑAS PINCITAS

UTILIZAR LOS MOLDES SIMPLES DE UN CORPIÑO ADHERIDO HASTA LA ALTURA DEL SOBRE BUSTO
PÁGINA 24

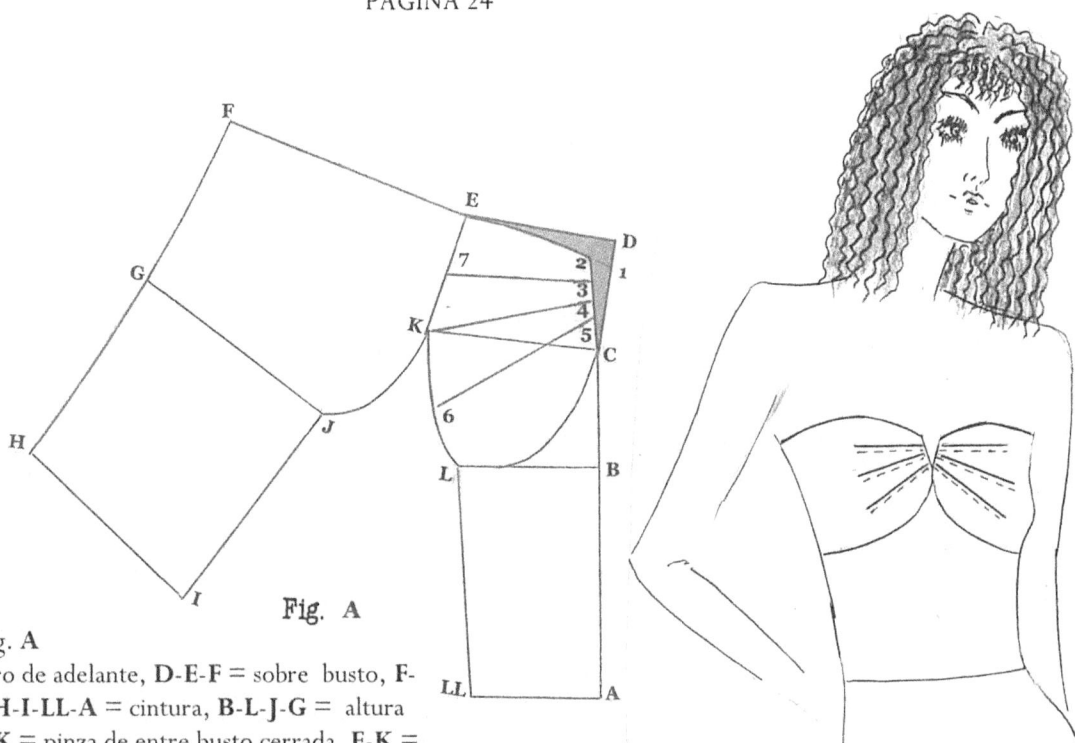

Fig. A

DELANTERO Fig. A

A-B-C-D = centro de adelante, D-E-F = sobre busto, F-G-H = costado, H-I-LL-A = cintura, B-L-J-G = altura de bajo busto, C-K = pinza de entre busto cerrada, E-K = pinza del sobre busto cerrada, I-J-K-L-LL = pinza abierta.

D-1 = 3 cm. o a gusto. Unir 1-E, con ligera forma.

1-2 = 2 cm. o a gusto, o según la forma del busto de la persona. Unir 2-C. Quitar la parte sombreada.

Dividir en cuatro partes la distancia 2-C = 3-4-5.

Dividir en dos partes las distancias L-K y K-E = 6 y 7.

Unir C-L con forma. Unir 5-6, 4-K, 3-7.

Cortar desde C hasta L, y de J hasta G, separando.

Unir L-J y LL-I = Fig. B.

Cortar desde 5 hasta 6, de 4 hasta K, y de 3 hasta 7.

Cerrar la pinza J-K-L ,automáticamente se abren las líneas 5-6 y 4-K, no así la línea 3-7; Para que ésta se abra, de un tajo desde 7 hasta E, luego abra dicha línea unos 2 cm.. El espacio que separa dichas líneas , se quita desde 3 hacia dentro. Suavizar la línea en el punto J/L. Fig. C.

IMPORTANTE: Es necesario poner refuerzos debajo de cada pincita, para que los pespuntes puedan sobresalir. Hacer un túnel en la línea 2-C-2, para poder introducir un wire (en forma de V), así se sostendrá la abertura.

NOTA: Demás está decir que todas las partes deberán armarse previamente.

Fig. D = parte trasera (con pinza cerrada).

NOTA: Aplicar varillas en el centro de atrás, en los costados, y en caso de ser necesario en la línea E-K-L-LL.

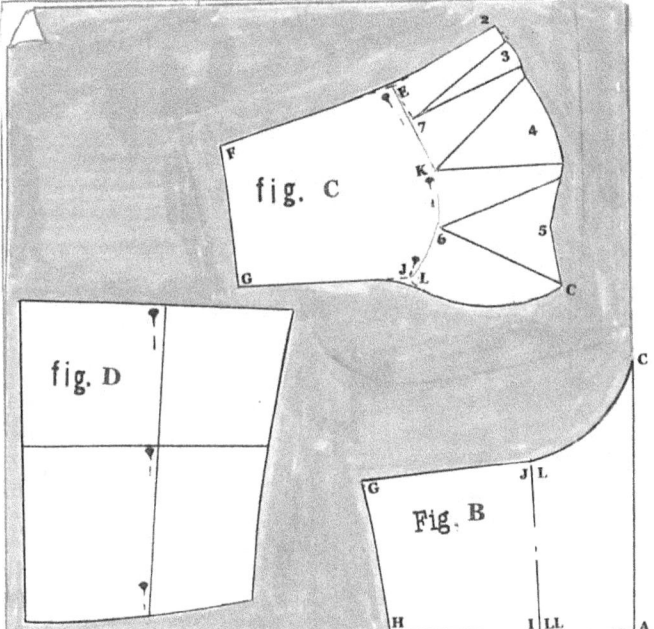

CORPIÑO ASIMETRICO CON PLIEGUES

UTILIZAR UN MOLDE DOBLE DEL CORPIÑO DELANTERO ADHERIDO (SOLAMENTE EN LA PARTE DEL
SOBRE BUSTO) Y UNO TRASERO SIMPLE (ESTE CON LA PINZA CERRADA) PÁGINA 24.

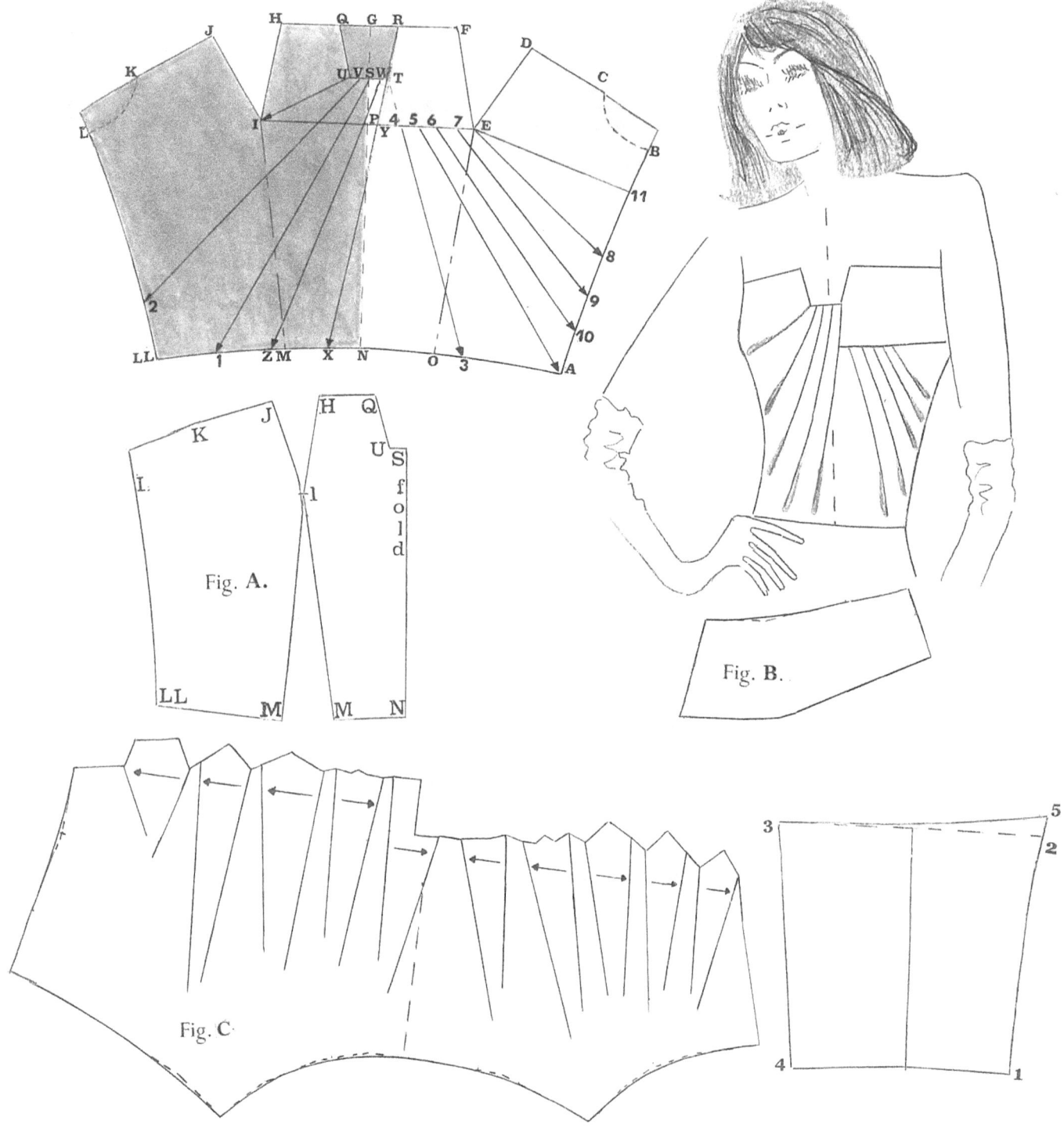

Fig. A.

Fig. B.

Fig. C

PASO A PASO CON LA REALIZACION DEL MODELO

DELANTERA

A-B y L- LL = costados, B-C y K-L = partes de las sisas, C-D-F-G-H-J-K = línea del sobre busto, D-E-F y H-I-J =pinzas abiertas, M-I y O-E = pinzas cerradas, G-P-N = centro de adelante, E-P-I= altura de busto.

Desde G, colocar hacia ambos lados 1/3 parte de la distancia G-H = Q y R.

Marcar el centro de G-P = S.

Desde S, escuadrar hacia ambos lados, aplicando 2/3 partes de la distancia G-Q = T y U. Unir T-R—U-Q y U-I.

Marcar el centro de S-U y S-T = V y W.

Desde N, colocar hacia LL 1/6 parte de dicha distancia = X. Unir X-T. Y, se forma al cruzarse las líneas.

Desde X, poner hacia LL 1/3 parte de dicha distancia= Z. Unir Z-W.

Marcar el centro de los puntos Z-LL = 1. Unir 1 con S.

Desde LL, aplicar hacia arriba 1/5 parte de L-LL= 2. Unir 2-V.

Marcar el centro de N-A = 3. Unir 3-T. 4, se forma al cruzarse las líneas.

Dividir en cuatro partes la distancia 4-E = 5-6-7.

Marcar el centro de A-B = 8. Unir 8-E.

Desde 8, emplear hacia A 1/3 parte de dicha distancia = 9. Unir 9-7.

Marcar el centro de A-9 = 10. Unir 10-6.

Desde B, colocar hacia abajo 1/5 parte de la distancia B-A = 11. Unir 11-E.

Desde los puntos B y L y C y K, prolongar las líneas (para eliminar las formas de las sisas).

Calcar la parte sombreada en rojo (abriendo la pinza M-I). Fig. A.

Separar la parte sombreada en amarillo , después cerrar la pinza. Suavizar las líneas en los puntos D/F y E. Fig. B.

Separar la parte sombreada en violeta.

Cortar desde U hasta I, desde V hasta 2, desde S hasta 1, desde W hasta Z y desde T hasta X, sin separar.

Cortar desde 4 hasta 3, desde 5 hasta A, de 6 a 10, de 7 a 9, y de E a 8 sin separar.

Abrir los cortes de acuerdo a la tela. Fig. C.

Suavizar las líneas. Los picos que se notan en cada terminación de pliegue se forman al cerrar los mismos.

TRASERA (con pinza cerrada)

1-2 = costado, 2-3 = altura de axila, 3-4 = centro parte trasera.

Desde 1, aplicar pasando por 2, la altura de axila de la delantera = 5. Unir 5-3, con ligera forma.

DETALLES DE COSTURA

PUNTO CRUZADO

Se comienza de izquierda a derecha y sirve para sujetar dos partes. Se comienza desde arriba tomando ½ cm., luego y en forma diagonal hacia abajo tomando apenas un   hilito (Si es que se hace esto en ruedos) caso contrario puede tomar también ½ cm.. La puntada debe ser normal sin tironear, después vuelva a tomar la parte de arriba (siempre en diagonal) el ½ cm. para luego volver hacia abajo y así , etc..

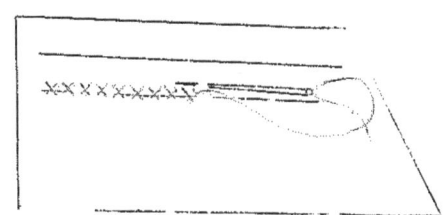

CORPIÑO CON PLIEGUES DESDE EL ESCOTE
UTILIZAR UN CORPIÑO DELANTERO DOBLE Y UNA TRASERA SIMPLE UNIDOS EN EL COSTADO
ES DE HACER NOTAR QUE DEBE USAR UNA TELA IDONEA PARA ESTE MODELO

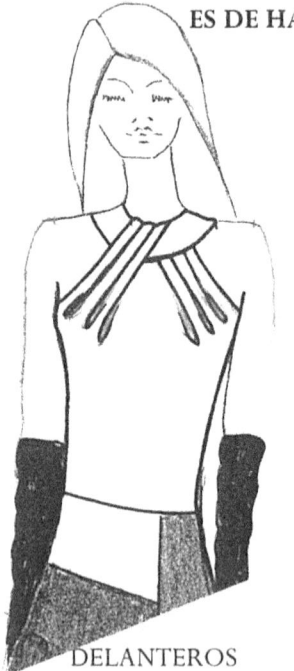

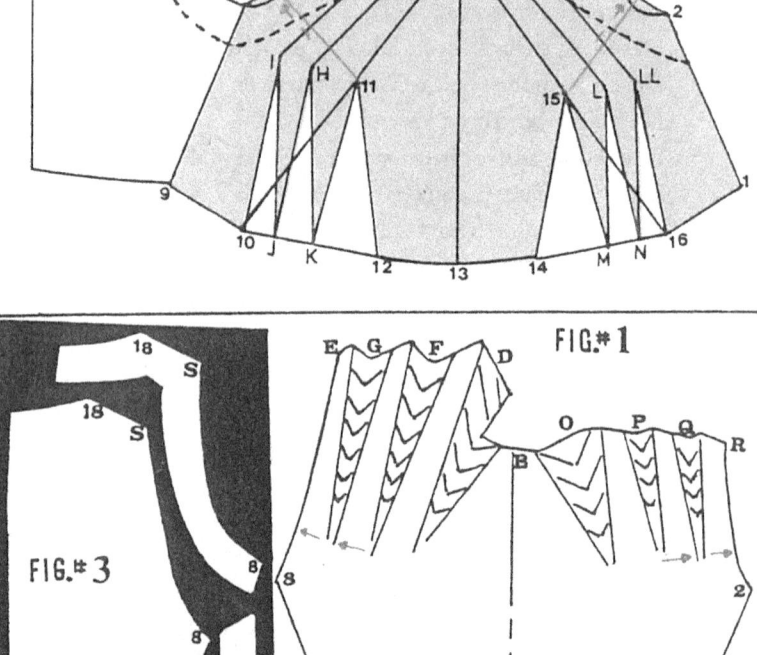

DELANTEROS

1-2 y 8-9 = costados, 2-3 y 7-8 = sisas, 3-4 y 6-7 = hombros, 4-5-6 = escotes, 10-11-12 y 14-15-16 = pinzas abiertas, 13-5 = centro de adelante. Las pinzas adicionales están cerradas.

TRASERA

8-17 = sisa, 17-18 = hombro.

DELANTEROS

4-A, 5-B, 6-C = mitad del hombro, o a gusto. Unir A-B-C, con línea paralela al escote.

5-D = 1/3 parte de 5-4. Unir D-11. El * se forma al cruzarse las líneas. 5-E = 5-D. Dividir en tres la distancia D-E = F-G. Unir E-8, como lo indica el trazado.

Trazar las líneas de los pliegues, su largo ? Igual a la altura del busto = H-I.

10-J y J-K = 1/4 parte de 10-12 Unir 10-I-J, J-H-K-11.

Doblar el papel de molde por la línea central y calcar el lado opuesto = L-LL-M-N-O-P-Q-R.

Calcar la tira del escote , ejemplo: Fig.2.

Separar la parte sombreada, luego cortar desde Q hasta LL, desde P hasta L, desde D hasta 15, Desde G hasta I, de F a H y de * hasta 11, luego cerrar las pinzas. IMPORTANTE: Si los pliegues G-I, F-H y P-L, Q-LL, no son lo suficiente profundos, de unos cortes como lo indican las flechitas, luego el espacio que dejan los cortes, se quitará al formar los pliegues.

TRASERA

18-S = 6-C. Unir S-8, como lo indica el trazado. Separar la parte sombreada.

Las Fig. 1- 2- 3, indican la manera de colocar los moldes sobre la tela.

IMPORTANTE: Las líneas de puntitos, indican las vistas, su ancho es a gusto, ejemplo: 4 cm., y para cortarlas deberá colocarle fuse antes de cortarlas.

CORPIÑO ESCOTADO Y CON VOLADO
EMPLEAR LOS MOLDES SIMPLES DE UN CORPIÑO UNIDOS EN EL COSTADO Y CON LAS PINZAS CERRADAS

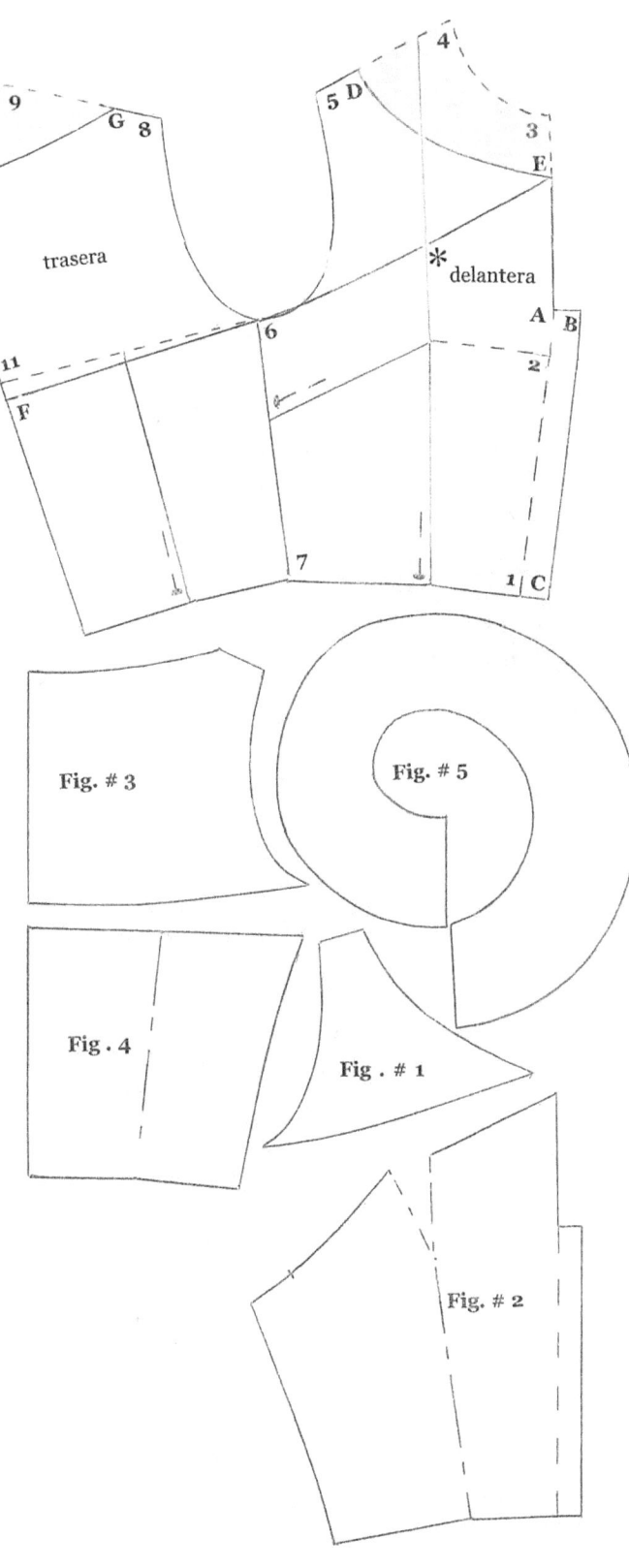

1-2-3 = centro de adelante, 2 = altura de busto, 3-4 = escote, 4-5 = hombro, 5-6-8 = sisas, 6-7 = costados, 8 9 = hombro, 9-10 = escote, 10-11 = parte del centro trasera.

DELANTERA

2-A = 4 cm. o a gusto.

Desde A y 1, aplicar el cruce, ejemplo: 2 cm., o a gusto = B y C. Unir B-C.

4-D = 2/3 partes del hombro.

3-E = 4 cm. o a gusto. Unir D-E-6, luego prolongar la raya hasta la línea central trasera = F. El *, se forma al cruzarse las líneas. Separar la parte sombreada.

TRASERA

8-G = 5-D.

10-H = mitad de 9-G. Unir G-H. Separar la parte sombreada.

Tomar la distancia entre H-G-D-E-*-6-F.

Cortar Desde E hasta F.

Cortar desde *, hasta el vértice de la pinza.

Fig. #1, #2, #3 y #4

Utilizar un jabot con el doble de la medida H-G/D-E-*-6-F, por unos 18 cm.= Fig.#5.

Como realizar el jabot ?, ver página 295.

CORPIÑO ASIMETRICO CON "DRAPEADO"
USAR UN MOLDE DELANTERO DOBLE.

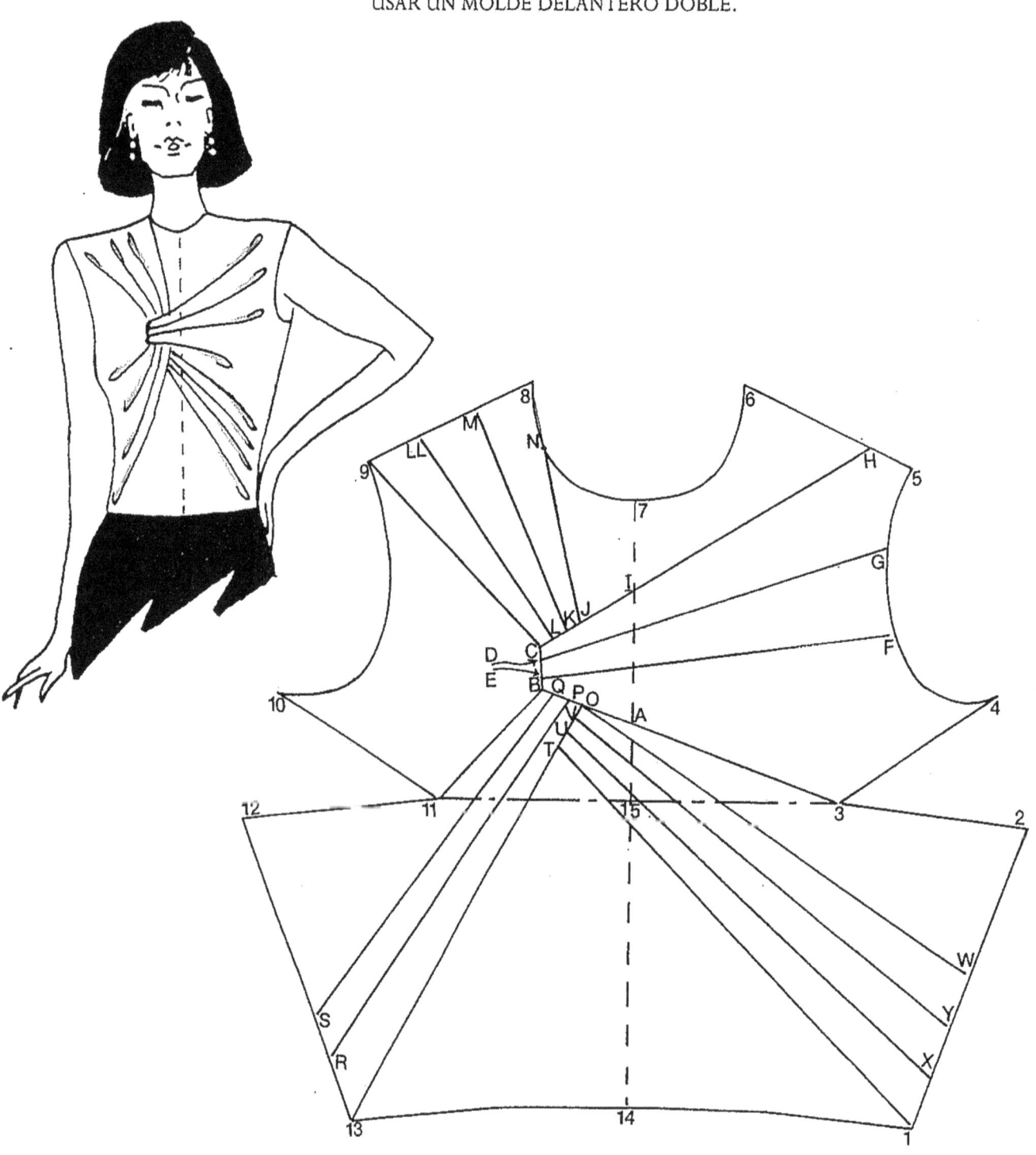

NOTA: Las pinzas fueron movidas, usando la 2da. Separación de Busto, para que se pueda apreciar mejor el desarrollo de los pliegues. IMPORTANTE: Si la diferencia fuere demasiado, entonces se podría usar la mitad de la diferencia entre la 1ra y 2da Separación de Busto.

PASO A PASO CON LA REALIZACION DEL MODELO

1-2 y **12-13** = costados, **2-3-4** y **10-11-12** = pinzas abiertas trasladadas en las sisas para una mejor visión, **4-5** y **9-10** = sisas, **5-6** y **8-9** = hombros, **6-7-8** = escotes, **14-15-7** = centro delantero.

15-A = 1/4 parte de **15-7**.

Unir **3-A**, luego prolongar la línea, aplicando la mitad de **15-11**= **B**. NOTA: De desearlo, puede acortar la distancia **A-B**.

Desde **B**, trazar una vertical hacia arriba, colocando aproximadamente 1/5 parte de **A-7** = **C**.

Dividir en tres partes la distancia **C-B** = **D-E**.

F = 1/3 parte de la altura de la sisa. Unir **F-E**.

G = mitad de **F-5**. Unir **G-D**.

5-H = 1/4 parte de **5-6**. Unir **H-C**. **I**, se forma al cruzarse las líneas.

C-J = **B-C**.

Dividir en tres partes la distancia **C-J** = **K-L**.

9-LL= 1/3 parte de **9-8**.

M = centro de **LL-8**.

Unir **J-8**. **N**, se forma al cruzarse las líneas.

Unir **K-M** y **L-LL**.

B-O = **B-C**. Dividir en tres partes **B-O** = **P-Q**.

13-R = 1/5 parte de **13-12** . Unir **13-O** y **R-P**.

Desde **Q**, trazar una raya casi paralela a la línea anterior = **S**.

O-T = **B-C**. Dividir en tres partes **T-O** = **U-V**. Unir **T-1**.

W = centro de **1-2**. Unir **W-O**.

1-X = 1/3 parte de **1-W**. Unir **X-U**.

Y = centro de **X-W**. Unir **Y-V**.

Cortar desde **8** hasta **J**, de **J** hasta **H**, de **J** hasta **C**, de **C** hasta **B**, de **B** hasta **3**, de **O** hasta **13**, de **T** hasta **1**, de **U** a **X**, de **V** a **Y**, de **O** a **W**, de **P** a **R**, de **Q** hasta **S**, de **B** a **11**, de **E** a **F**, de **D** a **G**, de **K** a **M**, de **L** hasta **LL** y de **C** hasta **9**. Cerrar las pinzas, luego abrir los cortes según la tela.

NOTA: El margen de los ensanches en los pliegues (solamente se aplicó como detalle, los demás ensanches tales como: hombros, escotes, sisas, costados los marcará Usted a su gusto.

La parte Trasera, no tiene variantes.

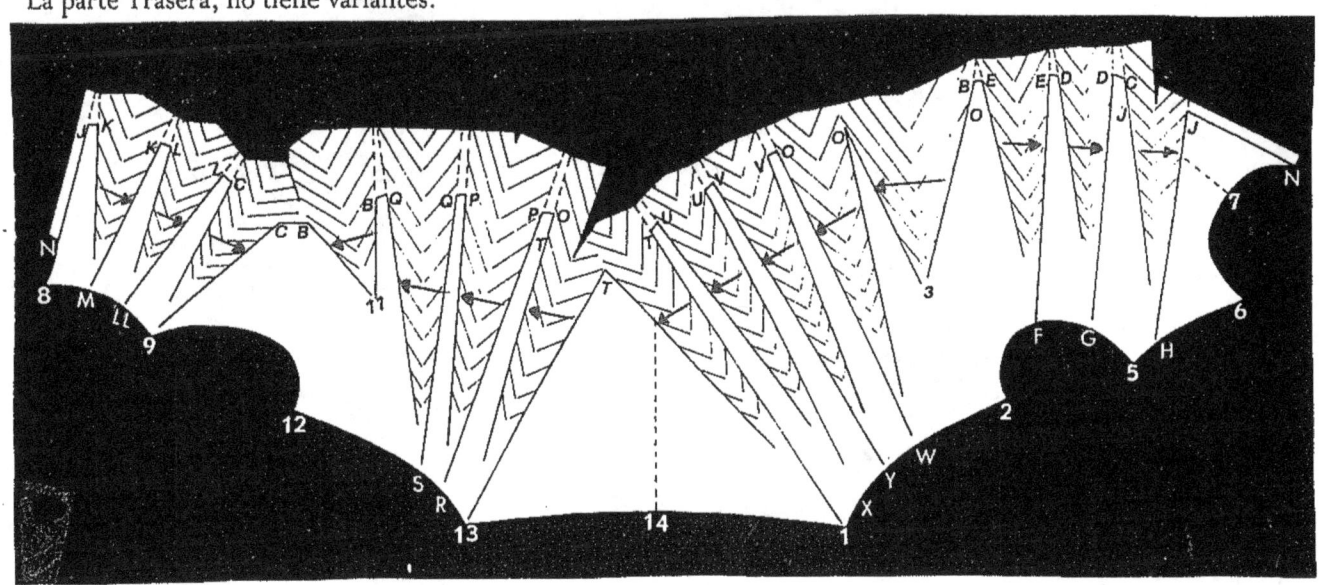

CORPIÑO CON PLIEGUES, DRAPEADO Y BRETELES RETORCIDOS
USAR LOS MOLDES SIMPLES DE UN CORPIÑO ADHERIDO PÁGINA 24. UNIDOS EN EL COSTADO

fig. A

fig. B

fig. C

fig. G

fig. F

fig. D

fig. E

PASO A PASO CON LA REALIZACION DEL MODELO

Los puntos **a-b-c**, indican el centro de adelante, **c-d** = escote, **d-e** = hombro, **f-g** = costados, **g-h-j-a** = línea de cintura, **h-i-j** = pinza abierta (las demás están cerradas), **i-k-d** = pinza del sobre busto cerrada, **b-i** = pinza de entre busto cerrada , **l-ll** =hombro espalda, **m-n** = parte del centro espalda (altura de axila), **n-o-g** = línea de cintura, **o-p** = pinza cerrada, **q-r-s-t-u** = altura del bajo busto.

Marcar el ancho del bretel, en el centro del hombro, ejemplo: 3 ½ cm. **A** y **B**.

Desde **k**, aplicar hacia la sisa unos 2 cm.(depende también del ancho del molde) = **C**.

Unir **A-C**, luego prolongar la raya hasta la línea del bajo busto = **D**.

Desde **B**, trazar una línea paralela a la raya **A-C**, hasta la altura del punto C (aproximadamente) = **E**.

Desde **f**, aplicar hacia abajo 1 cm. o a gusto = **F**.

Unir **E-F**, luego llevar la línea en forma paralela a la altura de axila (o a gusto) hasta la línea central = **G**.

Desde **q**, prolongar la línea hacia fuera, colocando unos 3 cm.= **H**. Unir **H-C**, como lo indica el trazado.

Dividir en cuatro partes la distancia **r-q** = **I-J-K**, después desde dichos puntos llevar líneas como lo indican las flechitas.

C-L = 1 ½ cm..

t-M = 1 ½ cm. (o a gusto). Unir **M-L**.

Dividir en cuatro partes la distancia **M-s** = **N-O-P**.

Dividir en cuatro partes la distancia **L-s** = **Q-R-S**.

Unir **Q-N**, **R-O**, **S-P**.

TRASERA

l-T y **T-U** = **e-B** y **B-A** de la delantera.

Desde **T** y **U**, trazar dos perpendiculares hasta la línea **F-G** = **V-W**.

Separar la parte sombreada en anaranjado.

Calcar la parte de arriba del corpiño delantero (Fig. **A**) y del corpiño trasero (Fig. **C**), luego agregarle el bretel de la trasera a la delantera, pero en forma recta y la distancia entre **C-A** y **U-W**, deberá ser tres veces más larga, por el efecto del enrollado.(cabe señalar que dicha parte puede añadirse).

DELANTERA

Cortar desde **C** hasta **D**, sin separar. Cortar desde **L** hasta **M**, desde **Q** hasta **N**, de **R** a **O**, de **S** a **P**, y desde **q-K-J-I**, como lo indican las flechitas.

Abrir los cortes de acuerdo a la tela. NOTA: No olvidar que la distancia **C-A** y **U-W**, deberá ser tres veces más larga. Los "picos" y los espacios que se notan entre los pliegues, se forman al cerrar los mismos. Fig. **B**.

Colocar tela doble en la línea **G-U**, de la parte alta de la trasera.

PARTE BAJA Fig. **D**

Juntar **r-s** y **h-j**, luego colocar tela doble en la línea **a-q**, así como también en la línea **u-n**. Fig. **D** y Fig. **E**.

PARTE BAJA DELANTERA Fig. **F**.

A-D = tres veces la medida **a-q**.

A-B = **q-t**.

D-C = **a-g**.

PARTE BAJA TRASERA Fig. **G**.

E-H= tres veces la distancia **u-n**.

E-F =**u-t**.

H-G = **n-g**.

IMPORTANTE: Drapear o fruncir las Fig. **F** y **G**, reduciéndolas a las medidas de las Fig. **D** y **E**.

NOTA: Si le agrega una falda, será un vestido muy bonito.

CORPIÑO SIMÉTRICO CON RECORTES QUE RESALTAN AL BUSTO

USAR LOS MOLDES SIMPLES DE UN CORPIÑO ADHERIDO PÁGINA 24, CON SU RESPECTIVA MANGA

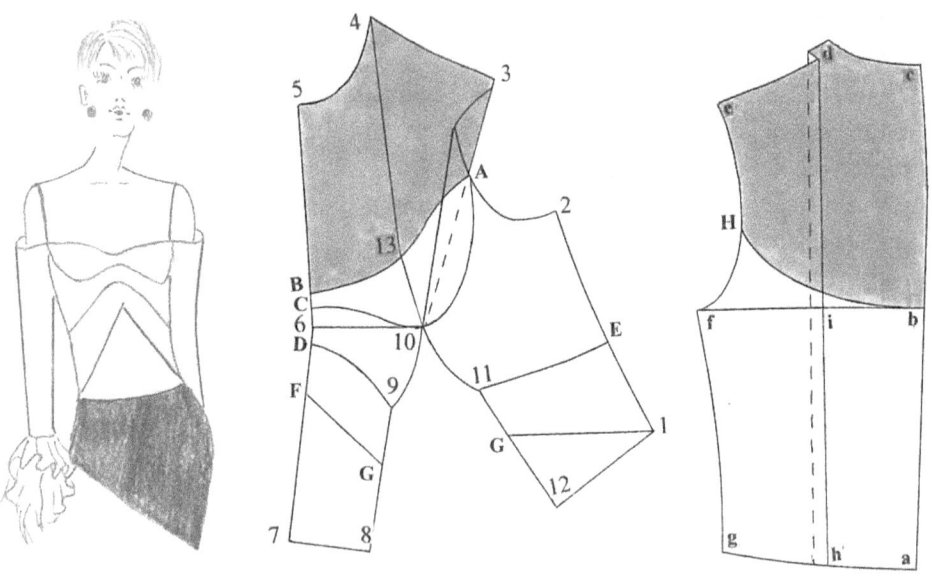

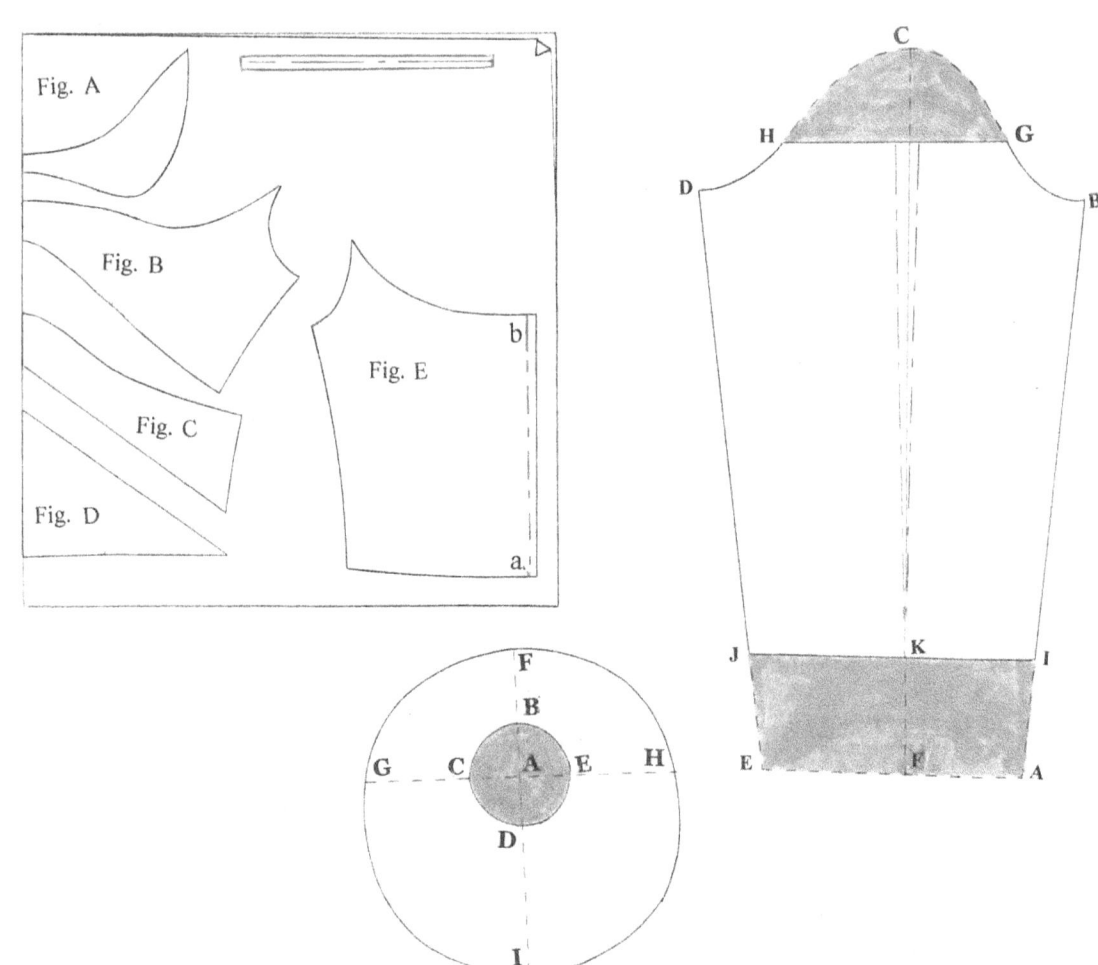

Fig. A

Fig. B

Fig. C

Fig. D

Fig. E

PASO A PASO CON LA REALIZACION DEL MODELO

DELANTERO

1-2 = costado, 2-3 =sisa, 3-4 = hombro, 4-5 = escote, 5-6-7 = centro parte delantera, 8-9-10-11-12 = pinza, 4-13-10 = pinza del sobre busto cerrada, 6-10 = pinza de entre busto cerrada.

IMPORTANTE: La ubicación del punto A, es a gusto, pero debe estar ubicado en proporción más alto del punto 13.

6-B = mitad de la distancia 10-13. Unir B-13-A, como lo indica el trazado.

Marcar el centro de 6-B = C. Unir C-10-A, con la forma, como lo indica el trazado.

6-D = 6-C.

Cerrar la pinza (para poder formar las líneas) uniendo 9-11 y 8-12, luego unir D-9/11, y después prolongar la línea hasta el costado = E.

D-F = D-B. Unir F-1 (manteniendo siempre la pinza cerrada).G, se forma al cruzarse la línea con la pinza. Quitar la parte sombreada, luego medir la distancia entre A-3 (medida del bretel).

Cortar desde C hasta A (pasando por 10).Cortar desde D hasta E (manteniendo la pinza cerrada). Cortar de F hasta 1.

Cerrar la pinza 9-10-11 en forma recta (**aunque se sobreponga, eso no tiene importancia**). Suavizar la línea en el punto 10, en caso de ser necesario = Fig. A, Fig. B, Fig. C, Fig. D.

TRASERO

a-b-c = centro parte trasera, d-e = hombro, e-f = sisa, f-g = costado, h-i = pinza cerrada.

H = a gusto. Unir H-b, como lo indica el trazado. Medir la distancia entre H-e (medida del bretel).

Quitar la parte sombreada. Al quitar la parte sombreada se forma la Fig. E.

Desde a y b, aplicar 1 ½ cm. para cruce.

BRETEL

Suma de las distancias H-e y A-3 x 1 cm.(que luego al doblarse quedará en ½ cm.)y será necesario colocar un elástico por dentro a los efectos de sostener el bretel.

MANGA

A-B y D-E = laterales, (A-B = parte delantera de la manga),B-C-D = copa, C-F = línea central.

B-G y D-H = 2-A y f-H. Unir G-H.

A-I y E-J = 6 cm.. Unir I-J. K, se forma al cruzarse las líneas. Separar las partes sombreadas. Medir la distancia entre I-J.

VOLADO

Formar una cruz. A= unión de las líneas. Desde A, formar un círculo con la medida de los puntos I-K-J, más unos 2 cm.= B-C-D-E.

B-F = A-I de la manga. C-G y E-H = una vez y media la distancia B-F.

D-I = al doble de B-F. Unir I-H-F-G-I.

NOTA: El volado se sujeta a la manga, uniendo B con K.

IMPORTANTE: Si deseare que la manga no se separe del brazo, haga una pinza, como lo indican las líneas discontinuas, luego demás está decirlo, deberá cerrar dicha pinza. NOTA: Que ancho debe tener la pinza? Colocando la diferencia entre la medida Ancho de Entre Brazo y la distancia G-H.

IMPORTANTE: La parte de arriba, podría realizarse en encaje, las otras piezas en cuero.

CORPIÑO CON MULTIPLES RECORTES
UTILIZAR EL MOLDE DOBLE DE UN CORPIÑO DELANTERO CON LAS PINZAS CERRADAS

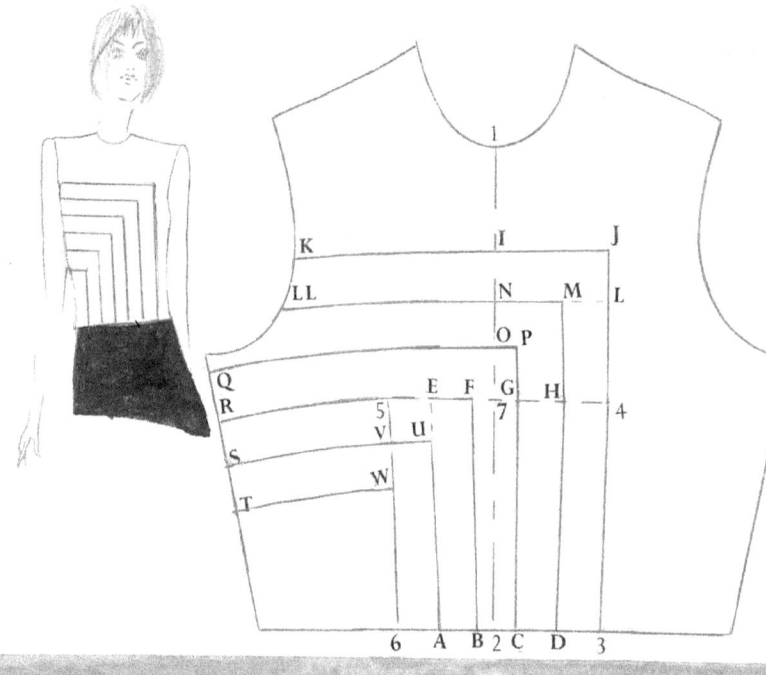

1-2 = centro delantero, **3-4** y **5-6** = pinzas cerradas, **4-7-5** = altura de busto.

Dividir en cuatro partes la distancia **6-3** y **5-4** = **A-B-C-D** y **E-F-G-H.**.

Unir **H-D**, **G-C**, **F-B**, **E-A**.

Desde **7**, aplicar hacia arriba la distancia **F-4** = **I**.

Desde **I**, escuadrar hacia su derecha, colocando la distancia **7-4** = **J**. Unir **J-4**.

Desde **I**, prolongar la línea hasta la sisa = **K**.

Desde **J** y **K**, poner hacia abajo la distancia **H-4** = **L** y **LL**. Unir **L-LL**. **M** y **N**, se forman al cruzarse las líneas . Unir **M-H**.

N-O = **N-I**.

O-P= **7-G**. Unir **P-G**.

Desde **O**, trazar una paralela a la via **N-LL** hasta el costado = **Q**.

Q-R = **P-G**. Unir **R-E-F**.

R-S = **Q-R**.

S-T = **R-S**.

E-U = **R-S**. Unir **U-S**. **V**, se forma al cruzarse las líneas.

V-W = **S-T**. Unir **W-T**.

Cortar desde **3** hasta **K**, pasando por: **4-L-J-I**. Fig. **A**.

Cortar desde **D**, hasta **LL**, pasando por: **H-M-N**. Fig. **B**.

Cortar desde **C** hasta **Q**, pasando por: **G-P-O**. Fig. **C**.

Cortar desde **B** hasta **R**, pasando por: **F** y **E**. Fig. **D**.

Cortar desde **A**, hasta **S**, pasando por: **U** y **V**. Fig. **E**.

Cortar desde **6** hasta **T**, pasando por **W**. Fig. **F**.

IMPORTANTE: Los recortes, podrian ser en diferentes colores.

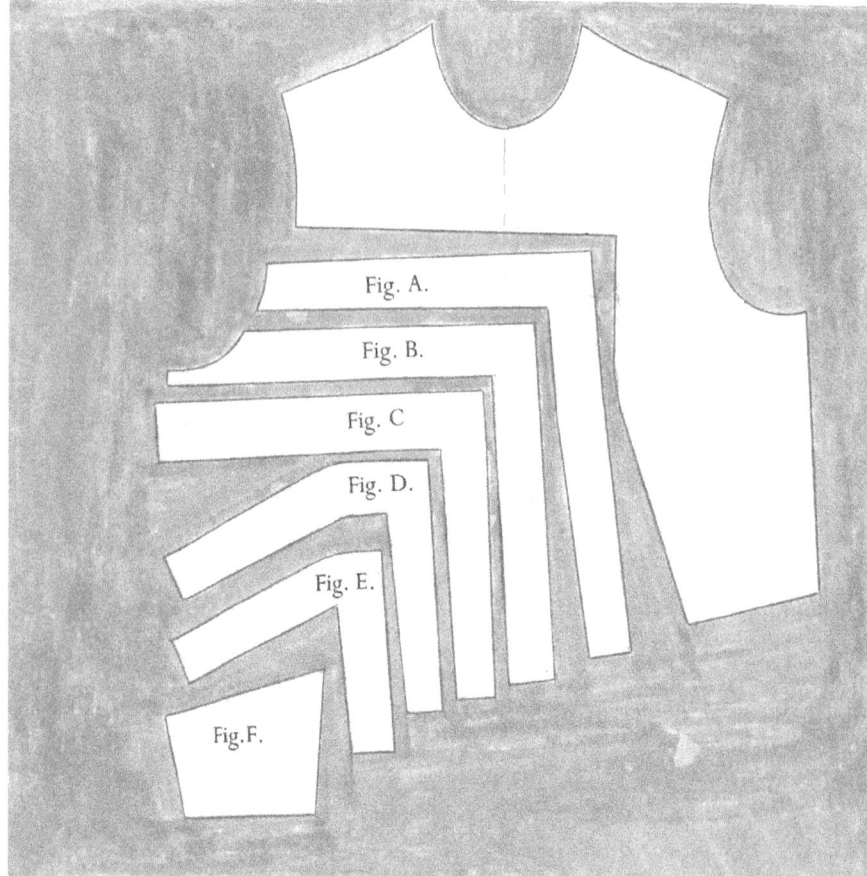

TOP

PARA ESTE TIPO DE MODELO, NO ES NECESARIO USAR NINGUN TIPO DE MOLDE, ES MUCHO MAS FACIL UTILIZAR EL MANIQUÍ

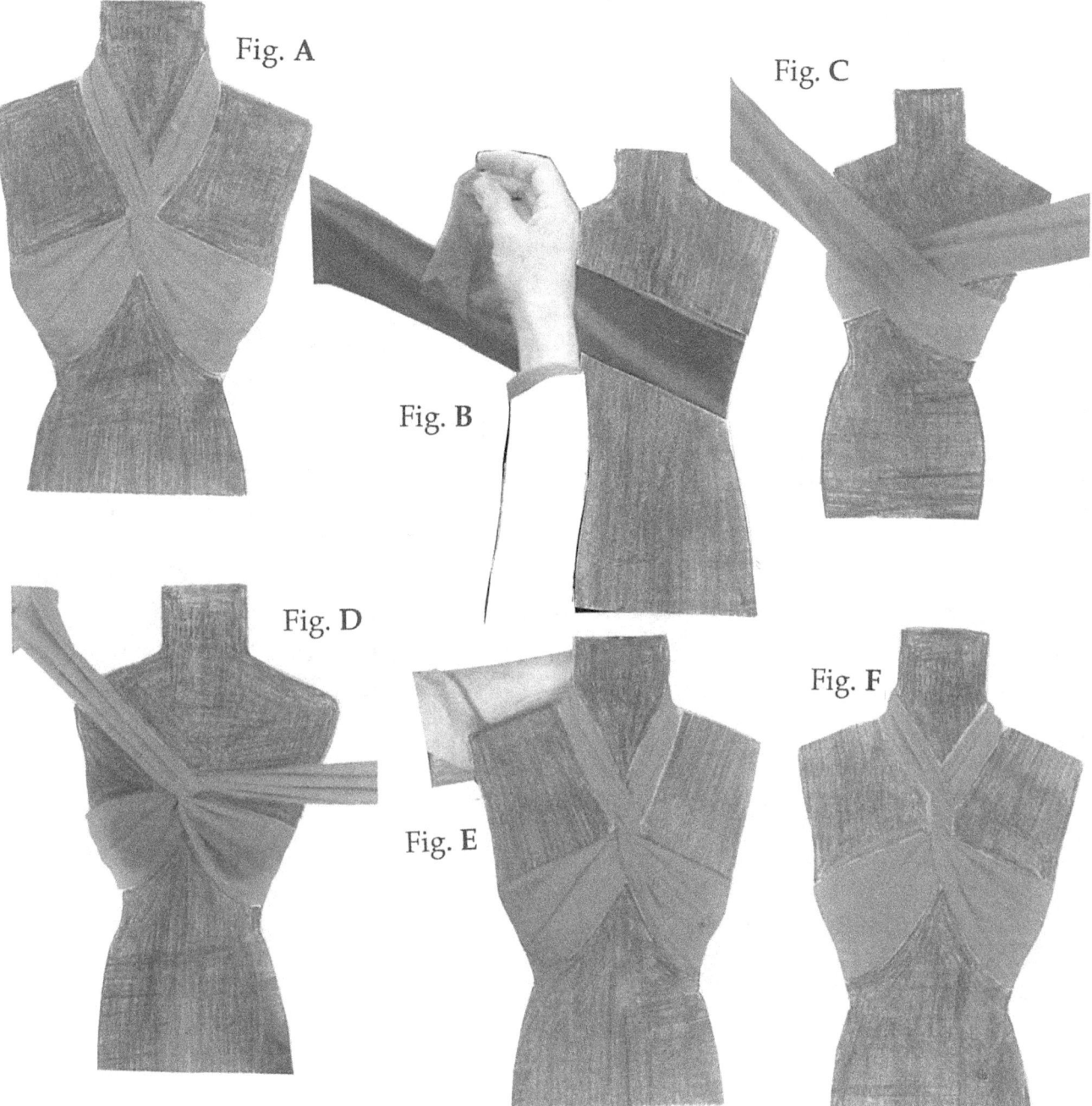

La Fig. **A**, indica el modelo realizado. A continuación detallamos los pasos a seguir: Utilizar una tira doble al bies (o bien una tela elástica) como ancho la distancia entre la altura del sobre y bajo busto, ejemplo: 13 cm. (total 26 cm.) por el largo indefinido,(aproximadamente dos contornos de busto, más dos largos de talle de adelante y el doble del escote) ejemplo:149 cm..
Coloque la mitad de la tira en el centro de atrás, luego tironee la tira de ambos lados Fig. **B**, luego cruce las tiras Fig. **C**, a continuación gírelos llevando la tira derecha hacia la derecha, y la tira izquierda hacia la izquierda Fig. **D**, después júntelos en el centro de atrás Fig. **E**. Puede anudarlas si hay espacio, caso contrario para su terminación use ganchitos.
NOTA: Si lo desea, puede girarlas más de una vez. Fig. **F**.
IMPORTANTE: Puede reducir las tiras en el centro de atrás haciendo plieguecitos que lleguen hasta la mitad entre el hombro y la altura de busto. Le quedará muy bonito.
Si le agrega una falda larga con un gran tajo, le quedará para un vestido de noche.

PEQUEÑA CAPITA CON FRUNCES EN LA COPA
UTILIZAR LOS MOLDES SIMPLES DE UN CORPIÑO, SACO ETC.

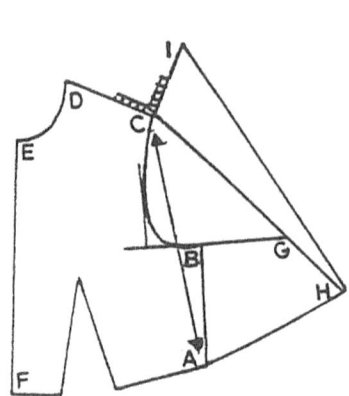

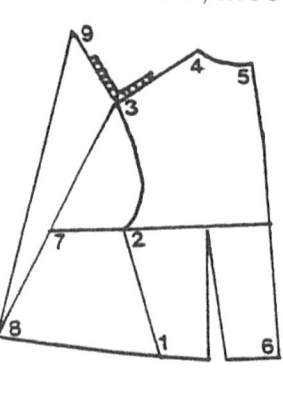

fig.#1

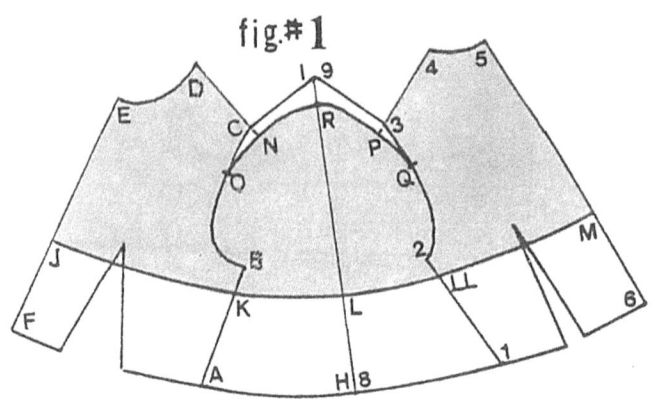

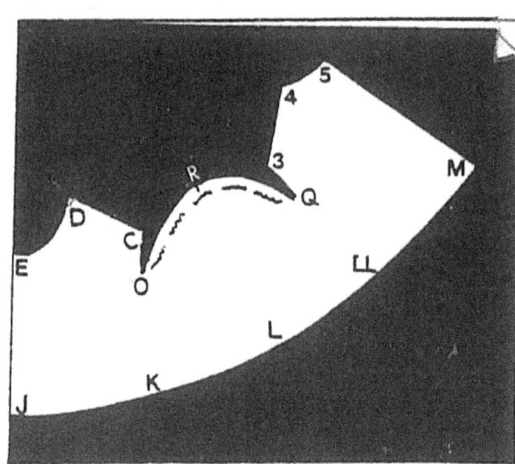

MEDIDAS REQUERIDAS
CONTORNO DE BUSTO........................46 CM.
CONTORNO DE SOBRE BRAZOS.............55   "

DELANTERA: **A-B** = costado, **B-C** = sisa, **C-D** = hombro, **D-E** = escote, **E-F** = centro de adelante.
TRASERA: **1-2** = costado, **2-3** = sisa, **3-4** = hombro, **4-5** = escote, **5-6** = centro parte trasera.
Desde **B** y **2**, trazar horizontales, aplicando la mitad de la diferencia entre el Busto y el Sobre Brazos, más 6 cm. o a gusto, ejemplo: 10 ½ cm. = **G** y **7**. Unir **G-C** y **7-3**.
Medir la distancia **A-C** (indicado con flechitas).
Desde **C** y **3**, aplicar pasando por **G** y **7**, la distancia **C-A** = **H** y **8**. Unir **H-A** y **8-1**.
Desde **C** y **3**, escuadrar hacia arriba, colocando 8 cm. o a gusto = **I** y **9**. Unir **I-H** y **9-8**.
Juntar los moldes, uniendo **I-9** y **H-8**. Fig.#1.
Desde **F-A-H/8-1-6**, aplicar hacia arriba unos 12 cm. o a gusto =**J-K-L-LL-M**. Unir dichos puntos, luego cortar por dicha línea.
C-N y **3-P** = 1 cm..
C-O y **3-Q** = 8 cm.. o a gusto.
I/9-R = 3 cm..
Unir **O-N-R-P-Q**, con forma.
IMPORTANTE: Antes de coser deberá reducir la línea **O-R-Q**, a la medida **O-C-3-Q**, y deberá colocar refuerzos entre los puntos **C-N-O** y **3-P-Q**.

COWL (BUCHE DE PAVO)
USAR LOS MOLDES DE LOS CORPIÑOS ADHERIDOS PÁGINA 24

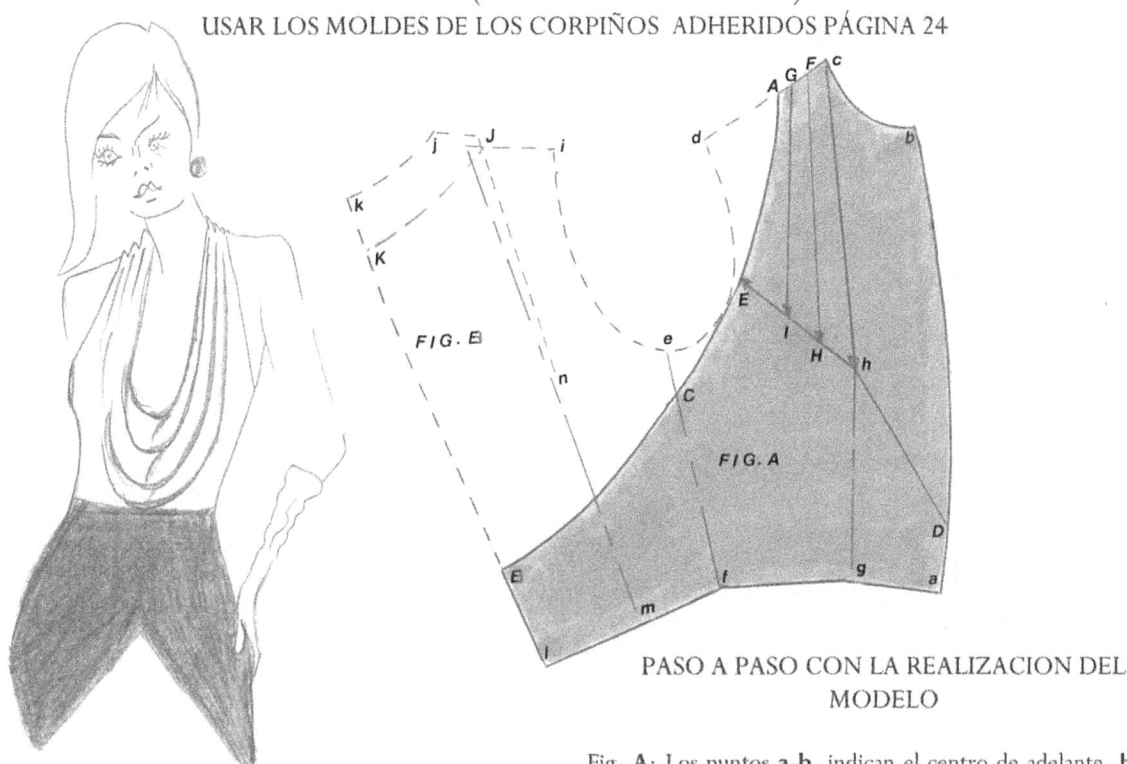

FIG. B

FIG. A

PASO A PASO CON LA REALIZACION DEL MODELO

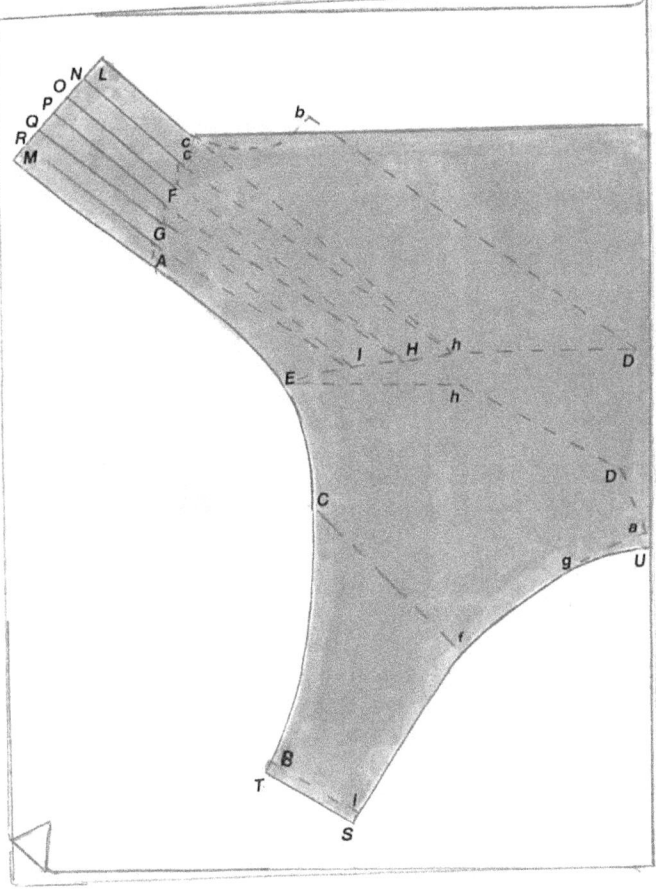

Fig. **A**: Los puntos **a-b**, indican el centro de adelante, **b-c** = escote, **c-d** = hombro, **d-e** = sisa, **e-f** = costados, **g-h** = pinza cerrada, (las otras fueron trasladadas en ésta ultima).

Fig. **B**. **e-i** = sisa, **i-j** = hombro, **j-k** = escote, **k-l** = centro parte trasera, **m-n** = pinza cerrada.

Unir **c-h** (parte delantera).

c-A = a gusto, ejemplo: 4 cm.. **l-B** (trasera) ejemplo: 8 cm. .

Unir **B-A. C**, se forma al cruzarse las líneas.

a-D = unos 6 cm.. Unir **D-h**, luego prolongar la raya hasta la línea **A-C = E**.

Dividir en tres partes la distancia **c-A = F-G**.

Desde **F** y **G**, trazar líneas hasta la raya **h-E = H-I**, luego separar la parte sombreada.

Desde **j** (trasera) aplicar la medida **c-A = J**.

k-K = j-J. Unir **K-J**. Medir dicha distancia.

Cortar desde **D** (delantera) hasta **E** sin separar.

Cortar desde **c-F-G** hasta **h-H-I**.

MODO DE COLOCAR LAS PIEZAS SOBRE LA TELA

Juntar el punto **a** con el dobles de la tela al bies, después separar el punto **c**, del dobles de la tela a gusto, ejemplo: 25 cm. y desde **c**, trazar una horizontal hasta el borde de adelante.

Separar los puntos **c-F-G** (según la tela), ejemplo: 4 cm. . Medir la distancia **c-A**.

Desde **c**, prolongar la línea aplicando la medida **j-k = L**.

Desde **A**, prolongar la raya en forma paralela a **c-L**, aplicando la distancia **J-K**, del escote trasero = **M**. Unir **M-L**.

Desde los puntos **c-F-G**, prolongar las líneas para así poder formar los pliegues del escote = **N-O; P-Q** y **R**.

Desde **I** y **B**, aplicar el cruce, ejemplo: 1 ½ cm. = **S-T**. Unir **S-T**. Suavizar " el ángulo "del punto **a**, agregándole unos 2 cm. = **U**. Unir **U-g**.

ESCOTE DESBOCADO BATEAU

EMPLEAR LOS MOLDES SIMPLES DE UN CORPIÑO, O VESTIDO, O SACO ETC..

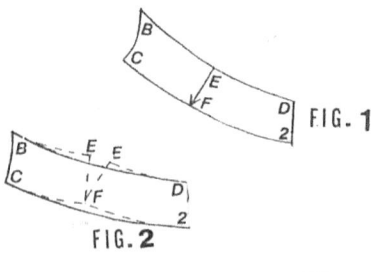

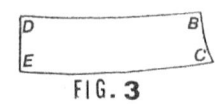

PASO A PASO CON LA REALIZACION DEL MODELO

DELANTERO:

1-2-3 = centro de adelante, 3-4 = línea horizontal, 2-4 = escote, 4-5 = hombro.

4-A = 5 cm. o a gusto.

Desde A, trazar una vertical hacia arriba, aplicando 3 cm. o a gusto= B.

A-C =1cm.. Unir C-B y C-2 con forma.

Desde B, trazar una paralela a la línea C-2 hasta la vertical central = D.

Marcar el centro de D-B = E.

Desde E, escuadrar hasta la raya C-2 = F.

Calcar la parte sombreada = Fig. 1.

Cortar desde E hasta F, sin separar, luego separar el punto E 1 ¼ cm..Fig.2.

Suavizar las líneas, como lo indica el trazado. Fig.2 = vista.

Al cortar colocar tela doble en la línea 2-D.

IMPORTANTE: Es necesario cambiar la línea D-E-B (prenda) 1 ¼ cm. de ese modo se obtendrá una caída perfecta, y evitará que se forme alguna "ARRUGA" no deseada. Fig. A.

TRASERA:

1-2 = hombro, 2-3 = escote, 2-4 = línea horizontal.

2-A = 4-A de la delantera.

Desde A, trazar una vertical hacia arriba, colocando 3 cm. (igual A-B de la delantera)= B.

A-C = 1 cm.. Unir C-B, con forma.

Desde B, trazar una línea ligeramente inclinada hacia abajo = D (que de casualidad coincide con 4). (NOTA: La inclinación, deberá tener 1 cm.).

Desde C, trazar una línea paralela a B-D = E.

Calcar la parte sombreada . Fig.3 = vista.

IMPORTANTE: Si el molde tuviere la pinza en el escote, ésta deberá cerrarse previamente, y luego se seguirá con el trazado.

CUELLO ALTO U HOMBROS SUBIDOS

UTILIZAR CUALQUIER TIPO DE TRAZADO CORPIÑO, VESTIDO ETC. DELANTERA Y TRASERA

Fig. #2

Fig. #3

Fig.# 1

MEDIDA REQUERIDA

CONTORNO DE CUELLO....................17 CM.

PARTE TRASERA   **A–B** = hombro, **B–C–E–F** = escote, **C–D–E** = pinza, **B–G** = línea horizontal.

Desde **B**, escuadrar (apoyando la escuadra sobre los puntos **B–G**), aplicando 3 cm. o a gusto = **H**.

H–I = de ½ a 1 cm. (depende si lo desea más abierto, o cerrado).

F–J = **B–H**, más 1 cm. o a gusto. Unir **J–I**.

B–K = 1 cm.. Unir **K–I**, con forma. Unir **K–C**.

Enderezar la pinza, luego llevarla hasta la línea **I–J** = **L**.

Calcar la parte indicada por: **K–I–L–J–F–E–C–K**, luego cerrar la pinza. Fig. #1 = vista.

PARTE DELANTERA

1–2 = centro parte delantera, **2–3** = escote, **3–4** = hombro, **3–5** = línea horizontal.

Desde **3**, escuadrar (apoyando la escuadra sobre los puntos **3–5**), aplicando igual medida de **B–H** = **6**. **6–7** = **H–I**.

3–8 = **B–K**. Unir **8–7**, con forma.

5–9 = 1 cm. o a gusto. Unir **9–7**. Medir la distancia **7–9** y **I–L–J**.

9–10 = diferencia que falta para completar el contorno de cuello, ejemplo: 2 cm.. Unir **10–2** y **2–8**.

Calcar la parte indicada por: **2–10–9–7–8–2** = Fig.# 2. Marcar el centro de **7–10** = **11**.

Desde **11**, trazar una línea, hasta el lado opuesto = **12**.

Cortar desde **11**, hasta **12** sin separar.

Separar el punto **11**, 2 cm. (o sea la distancia **9–10**), luego suavizar las líneas. Fig. # 3 = vista.

Al cortar, deberá colocar tela doble en la línea **10–2**, y, antes de coser la prenda, deberá cambiar la parte **7–9**, 2 cm.,
o sea hasta igualar la distancia **7–10** de la Fig.# 3.

CUELLO CORBATA

UTILIZAR CUALQUIER TIPO DE TRAZADO (CORPIÑO, VESTIDO, SACO, ETC.) ESPALDA Y DELANTERA

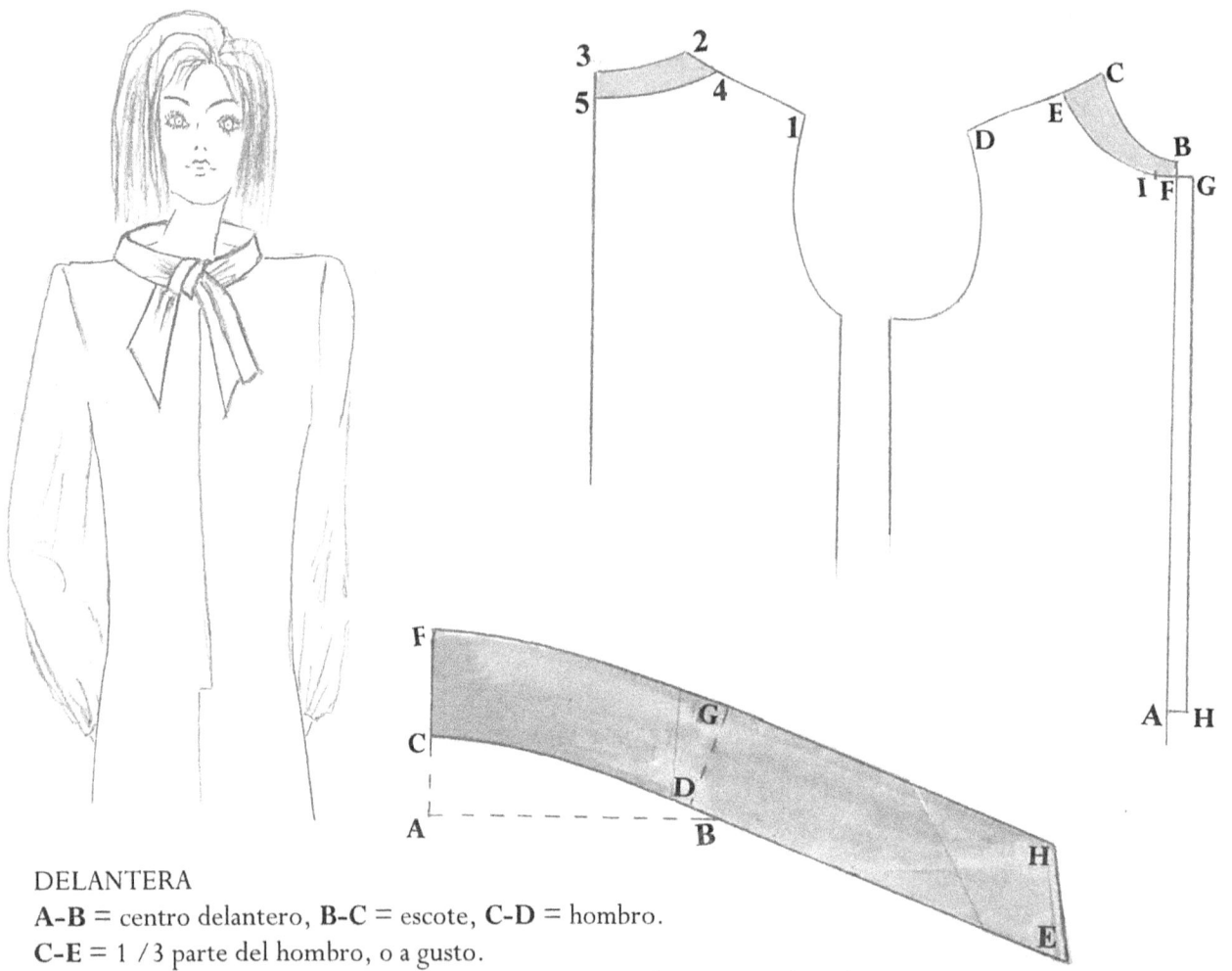

DELANTERA

A-B = centro delantero, B-C = escote, C-D = hombro.

C-E = 1 /3 parte del hombro, o a gusto.

B-F = 1 ½ cm. o a gusto. Unir F- E con forma. Quitar la parte sombreada.

F-G y A-H = cruce, ejemplo 1 ½ cm.. Unir G-H.

F-I = 2 cm. o a gusto.

Medir la distancia E-I.

TRASERA

1-2 = hombro, 2-3 = escote.

2-4 = C-E .

3-5 = mitad de 2-4. Unir 5-4 con forma. Medir la distancia 4-5. Quitar la parte sombreada.

CUELLO

Trazar un ángulo recto. A-B = suma de los escotes.

A-C = mitad de la medida 4-5 (trasera). Unir C-B.

C-D = A-B, luego prolongar a gusto, ejemplo: 35 cm. = E .

C-F y D-G = ancho cuello deseado, ejemplo: 9 cm.. Unir G-F.

Desde G, prolongar en forma paralela a la línea C-D-E, aplicando, la distancia C-E, menos 3 cm. = H.

Unir H-E.

Al cortar, es necesario colocar tela doble en la línea C-F.

IMPORTATE: También se puede realizar este tipo de cuello, con una tira al bies .

CUELLO MARINERO # 1

UTILIZAR CUALQUIER TIPO DE TRAZADO (CORPIÑO, VESTIDO, SACO) ESPALDA Y DELANTERA

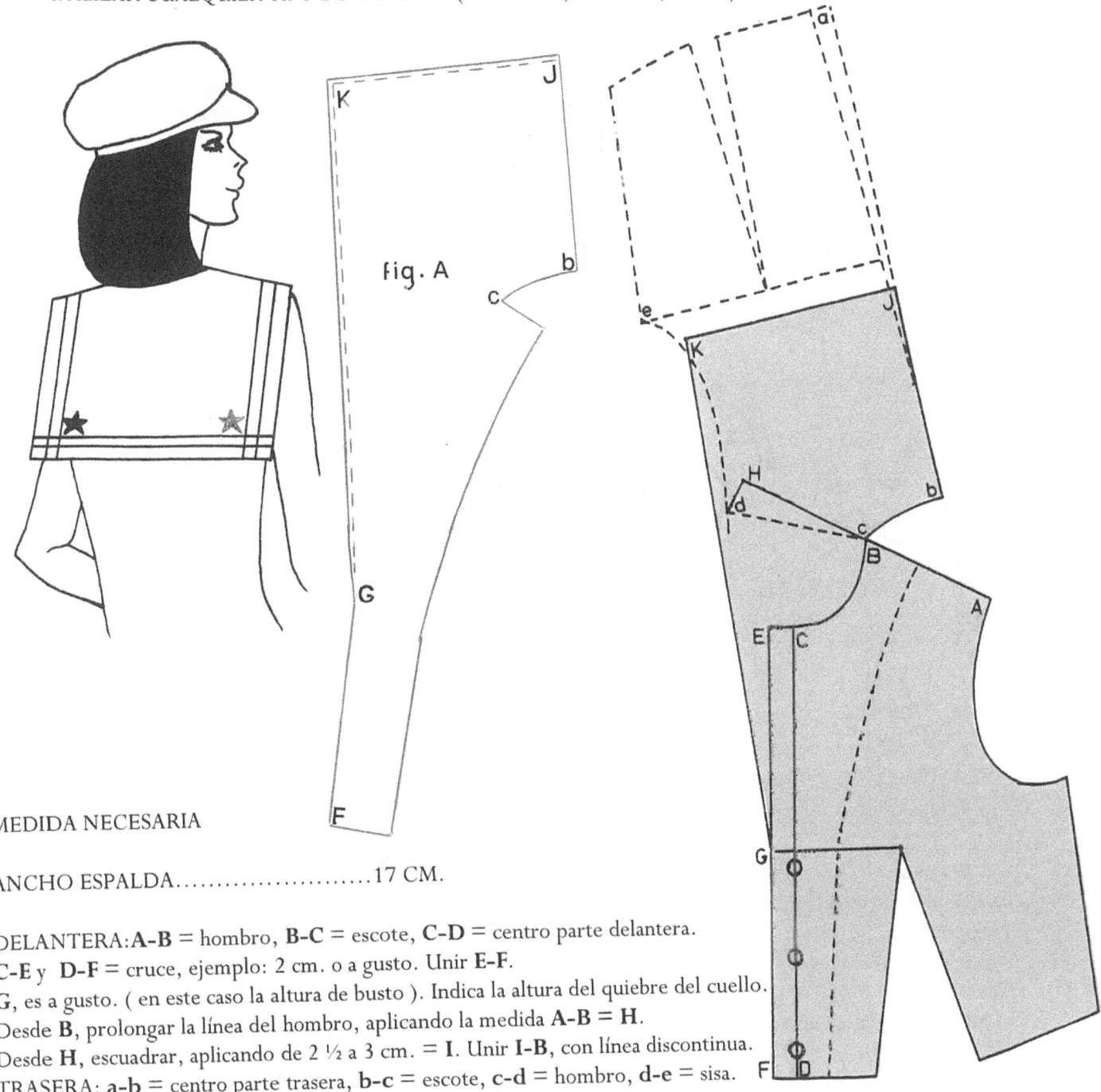

fig. A

MEDIDA NECESARIA

ANCHO ESPALDA.......................17 CM.

DELANTERA: **A-B** = hombro, **B-C** = escote, **C-D** = centro parte delantera.
C-E y **D-F** = cruce, ejemplo: 2 cm. o a gusto. Unir **E-F**.
G, es a gusto. (en este caso la altura de busto). Indica la altura del quiebre del cuello.
Desde **B**, prolongar la línea del hombro, aplicando la medida **A-B = H**.
Desde **H**, escuadrar, aplicando de 2 ½ a 3 cm. = **I**. Unir **I-B**, con línea discontinua.
TRASERA: **a-b** = centro parte trasera, **b-c** = escote, **c-d** = hombro, **d-e** = sisa.
Juntar **B-c**, luego apoyar el hombro trasero, sobre la línea **I-B**.
Desde **b** (trasera), aplicar la altura del cuello deseado, ejemplo: 18 cm. = **J**.
Desde **J**, escuadrar colocando la medida Ancho Espalda más 1 cm. o a gusto = **K**. Unir **K-G**.
NOTA: El ojal, comienza desde 1 ó 1 ½ cm. más debajo de la línea del punto **G**.
COMO CORTAR LA TAPA: Desde **B** y **F**, aplicar unos 5 cm. = línea de puntitos, luego calcar la parte
indicada por: línea de puntitos, **F-G-K-J-b-c/B** – parte del hombro. Fig. **A.**
Agrandar la línea **J-K-G** unos 2 m l, o según la tela.
Al cortar, deberá colocar tela doble en la línea **b-J**. (vista. Fig. **A**) .

CUELLO MARINERO # 2

UTILIZAR CUALQUIER TRAZADO (SACO, ABRIGO, ETC., DEBEN SER RECTOS) CORPIÑO
ESPALDA Y DELANTERA

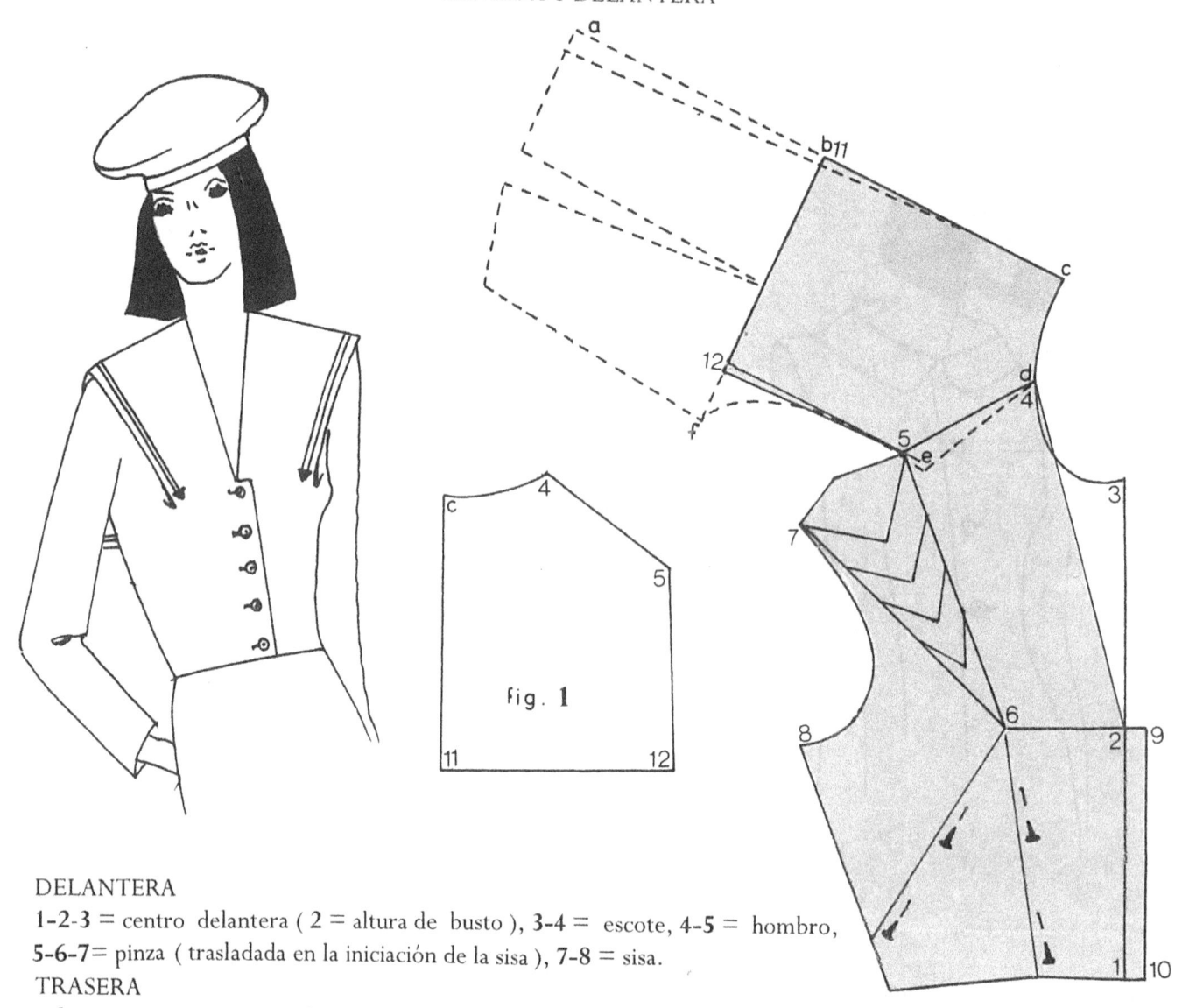

fig. 1

DELANTERA

1-2-3 = centro delantera (2 = altura de busto), 3-4 = escote, 4-5 = hombro,
5-6-7 = pinza (trasladada en la iniciación de la sisa), 7-8 = sisa.

TRASERA

a-b-c = centro trasera, c-d = escote, d-e = hombro, e-f = sisa, b-f = altura de axila.

DELANTERA

El punto 2, indica la altura del escote, es a gusto.

2-9 y 1-10 = cruce, ejemplo: 2 cm. .Unir 9-10.

Juntar los puntos 4-d, luego sobreponga el hombro en el punto 5, 3 cm. .

c-11 = altura de cuello deseado, que en este caso, coincide con la altura de axila.

11-12 = ancho cuello deseado (ligeramente más grande que la medida ancho espalda, ejemplo: 18 ½ cm..
Unir 12-5.

Calcar la parte indicada con los puntos: 5-d-c-11-12-5, obteniendo el bajo cuello, Fig. 1.

La pinza quedará en pliegue, y el " pico" que se ve arriba, se forma al cerrar el pliegue.

IMPORTANTE: Si la tela lo permite, coloque tela doble en la línea c-11 al cortar la prenda.

CUELLO SOLAPA ENTERIZO
UTILIZAR QUALQUIER TRAZADO SIMPLE ESPALDA Y DELANTERA

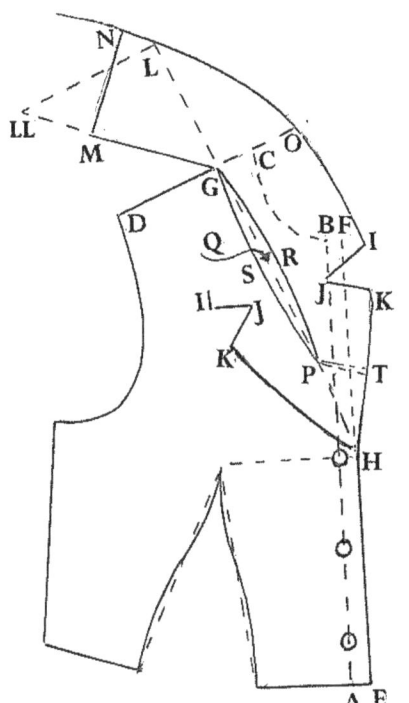

TRASERA: **1-2** = hombro, **2-3** = escote.

2-4 = 1/4 parte de **1-2** (o a gusto).

3-5 = mitad de **2-4**. Unir **5-4** con ligera forma. Quitar la parte sombreada.

DELANTERA: **A-B** = centro de adelante, **B-C** = escote, **C-D** = hombro.

A-E y **B-F** = cruce, ejemplo: 1 ½ cm. o a gusto. Unir **E-F**.

C-G = **2-4** de la parte trasera.

H, indica la altura del quiebre de la solapa, y su sitio, es a gusto. Unir **H-G**.

Dibujar sobre el trazado la solapa y parte del cuello = **I-J-K**.

Desde **G**, prolongar la raya, aplicando la distancia **4-5** de la trasera = **L**.

Desde **L**, escuadrar colocando la medida **G-L** = **LL**. Unir **LL-G**.

G-M = **G-L**.

Desde **M**, escuadrar poniendo el ancho del cuello deseado, ejemplo: 8 cm.= **N**.

Doblar el papel de molde por la raya **H-G**, y calcar la solapa y la parte del cuello
ligeramente más grande.

Desde **G**, aplicar pasando **C**, la medida **M-N**, menos ½ cm. o a gusto = **O**.
Unir **I-O-N**.

H-P = 1/3 parte de **H-G**.

Marcar el centro de **P-G** = **Q**. **Q-R** y **Q-S** = 0,75 cm. En algunos casos depende la tela, podría llegar hasta 1 cm.. Unir **P-R-G** y **P-S-G**, con ligera forma.

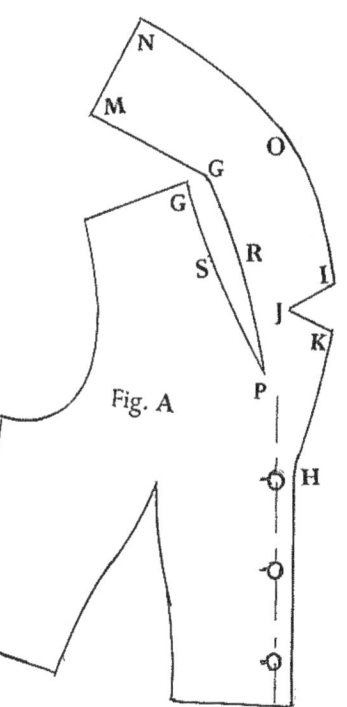

Fig. A

Doblar el papel de molde por la línea **M-N** y calcar parte del cuello, se hace eso para comprobar si las líneas son ideales
caso contrario suavícelos .

NOTA: Tome un pequeño pellizco en la terminación de la pinza, indicado con **T** a los efectos de dejar espacio para
costura en el punto **G** =Fig. A.

CUELLO BABY PLANO
UTILIZAR CUALQUIER TRAZADO SIMPLE ESPALDA Y DELANTERA

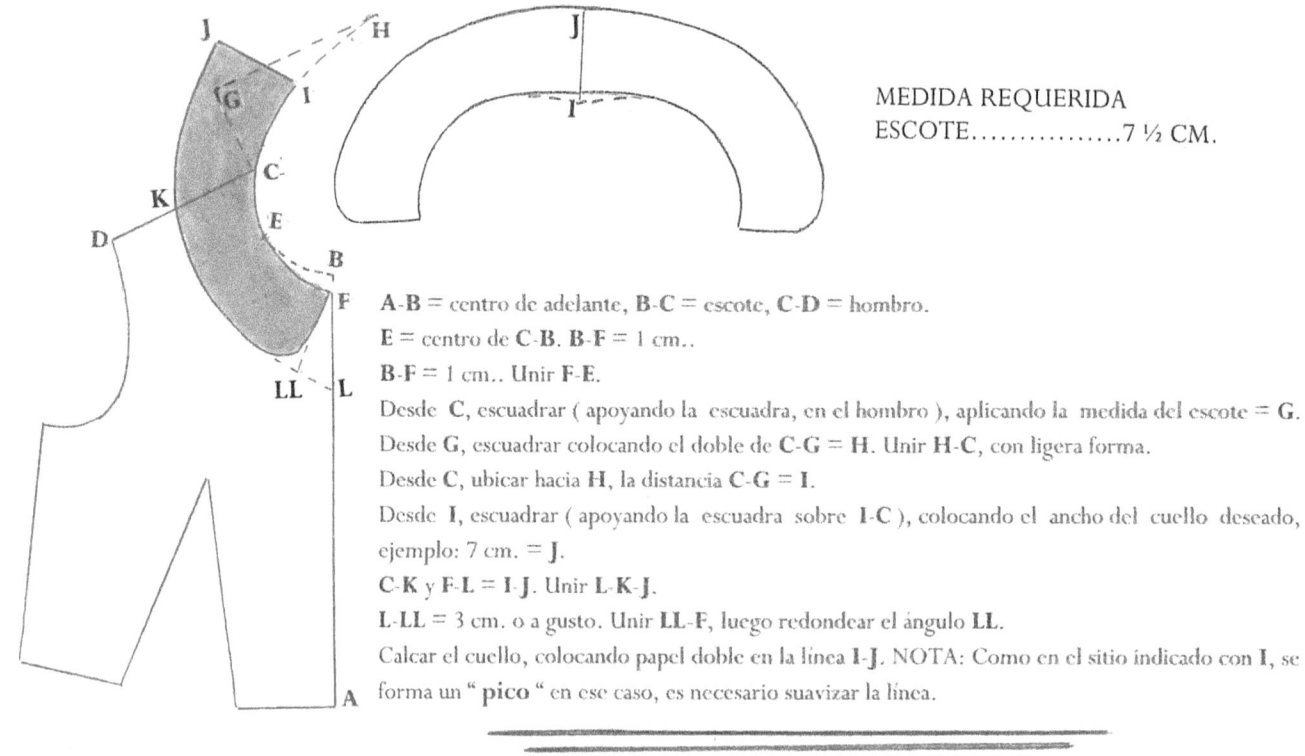

MEDIDA REQUERIDA
ESCOTE................7 ½ CM.

A-B = centro de adelante, B-C = escote, C-D = hombro.

E = centro de C-B. B-F = 1 cm..

B-F = 1 cm.. Unir F-E.

Desde C, escuadrar (apoyando la escuadra, en el hombro), aplicando la medida del escote = G.

Desde G, escuadrar colocando el doble de C-G = H. Unir H-C, con ligera forma.

Desde C, ubicar hacia H, la distancia C-G = I.

Desde I, escuadrar (apoyando la escuadra sobre I-C), colocando el ancho del cuello deseado, ejemplo: 7 cm. = J.

C-K y F-L = I-J. Unir L-K-J.

L-LL = 3 cm. o a gusto. Unir LL-F, luego redondear el ángulo LL.

Calcar el cuello, colocando papel doble en la línea I-J. NOTA: Como en el sitio indicado con I, se forma un " pico " en ese caso, es necesario suavizar la línea.

CUELLO PARA GUARDAPOLVO DE COLEGIO

MEDIDAS NECESARIAS

ALREDEDOR DEL ESCOTE.......18 ½ CM.

ESCOTE ....7 ½ "

CUELLO............................17 "

ALTURA DEL STAND..............2 ½ "

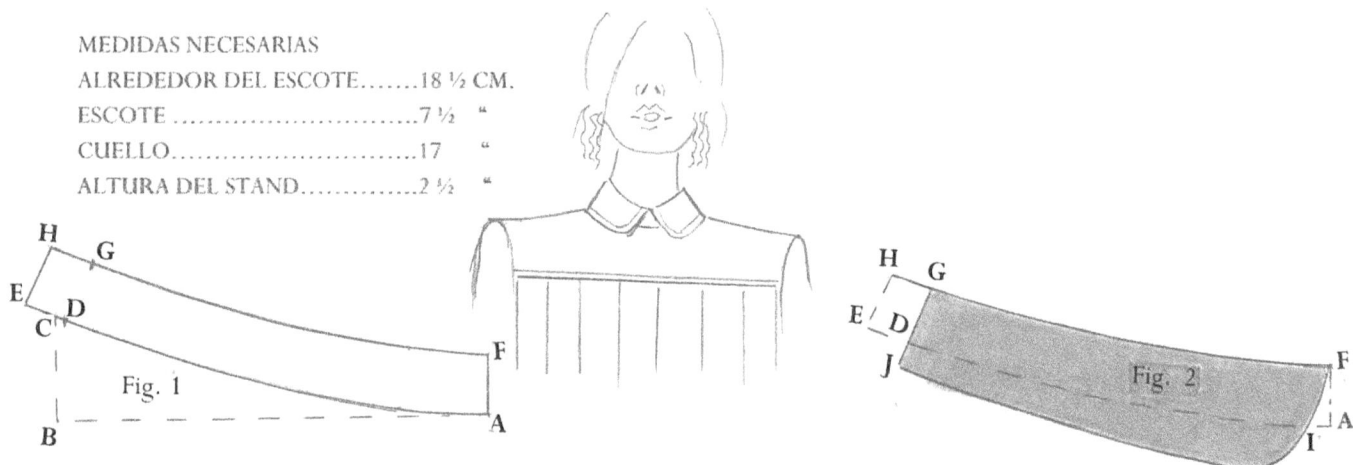

STAND Fig. 1. Formar una horizontal, con la medida Alrededor del Escote, ejemplo: 18 ½ cm. = A y B.

Desde B, escuadrar hacia arriba colocando la mitad del Escote, ejemplo: 3 ¾ cm. = C. Unir C-A, con forma.

Desde A, aplicar hacia C, la medida Alrededor del Escote, = D, luego desde D, agregar el cruce, ejemplo: 2 cm. = E.

Desde A, escuadrar hacia arriba, colocando la altura del Stand, ejemplo: 2 ½ cm. = F.

Desde F, trazar una paralela a A-D-E, poniendo la medida del Cuello, más el cruce, total 19 cm. = G y H. Unir H-E.

Al cortar colocar tela doble en la línea A-F.

CUELLO: Utilizar el stand. Fig. 2

A-I, a gusto, ejemplo: 1 cm.. D-J = 1 cm. o a gusto. Unir F-I-J, a gusto.

Al realizar la tapa del cuello, ésta, deberá cortarse ligeramente más grande, que la parte que se usa como bajo cuello.

CUELLO BABY
EMPLEAR CUALQUIER TRAZADO SIMPLE TRASERA Y DELANTERA

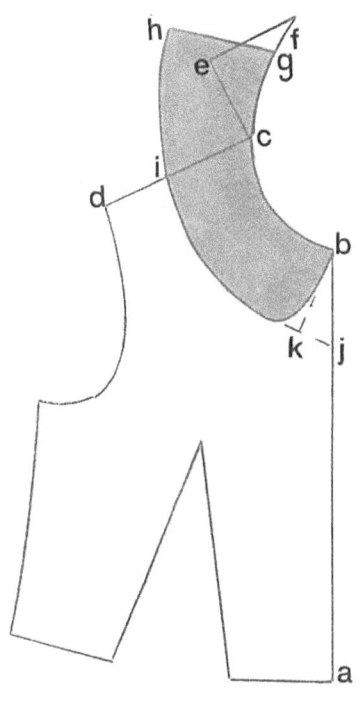

MEDIDA REQUERIDA
ESCOTE..........................7 ½ CM.

a-b = centro delantero, b-c = escote, c-d = hombro.

Desde c, escuadrar (apoyando la escuadra sobre la línea del hombro), aplicando la medida del Escote = e.

Desde e, escuadrar colocando la distancia c-e = f. Unir f-c, con ligera forma.

c-g = c-e.

Desde g, escuadrar (apoyando la escuadra sobre g-c, colocando el ancho del cuello deseado, más 1 ½ cm. o a gusto (para doblez), ejemplo: 8 ½ cm. = h.

c-i y b-j = ancho de cuello, ejemplo: 7 cm.

Unir j-i-h.

j-k = 3 cm. o a gusto. Unir k-b.

Redondear a gusto el ángulo k.

Calcar el cuello, colocando papel doble en la línea g-h.

NOTA: si es necesario, suavice las lineas en los puntos g-h.

CORPIÑO SIMETRICO CON SOLAPA-CUELLO
UTILIZAR EL MOLDE DOBLE DE UN CORPIÑO DELANTERO Y UNO SIMPLE TRASERO

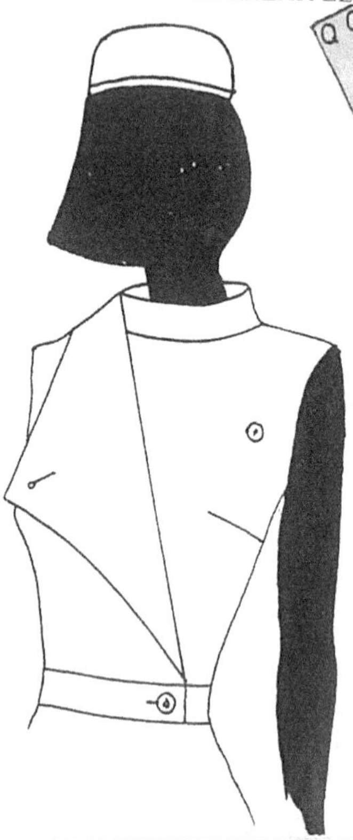

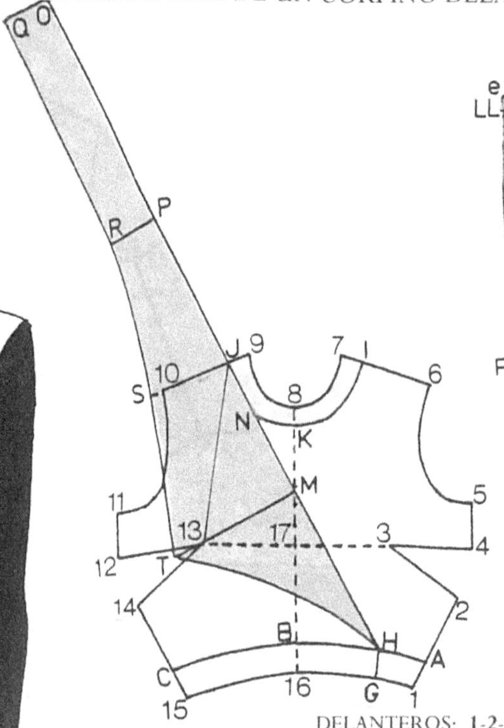

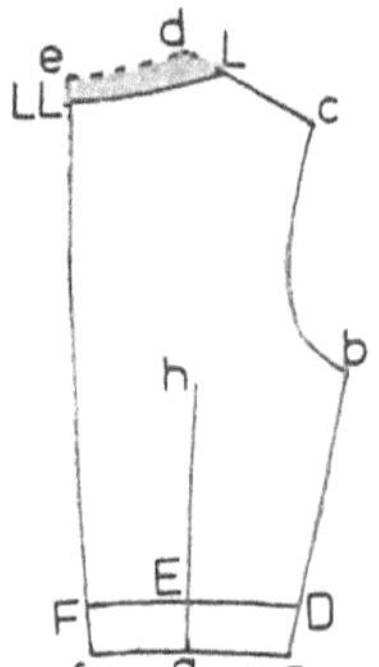

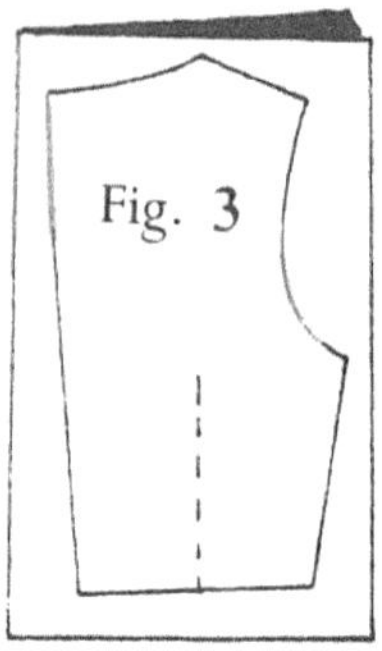

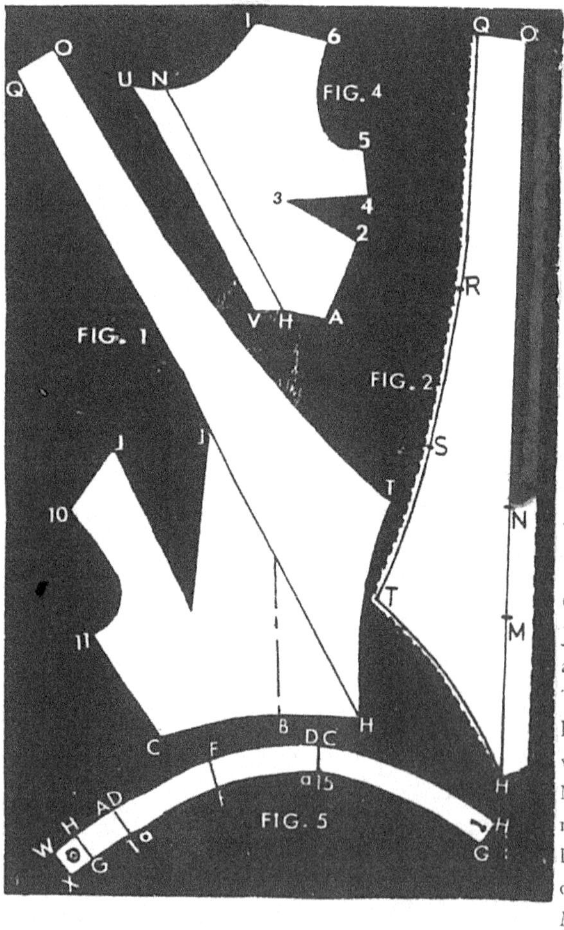

Fig. 3

DELANTEROS: 1-2-4-5 y 11-12-14-15 = costados, 2-3-4 y 12-13-14 = pinzas, 5-6 y 10-11 = sisas, 6-7 y 9-10 = hombros, 7-8-9 = escotes, 16-17-8 = centro delantero.

TRASERO: a-b = costado, b-c = sisa, c-d = hombro, d-e = escote e-f = centro parte trasera, g-h = pinza cerrada.

DELANTEROS y TRASERO: Desde 1-16-15 y a-g-f, aplicar hacia arriba Unos 4 cm. = A-B-C y D-E-F. Unir A-B-C y D-E-F.

DELANTEROS: 16-G y B-H = 3-17 o a gusto. Unir H-G.

7-I y 9-J = 1/4 parte de 7-6.

8-K = 7-I menos 1 cm. . Unir I-K-J. Quitar la parte sombreada.

TRASERO: d-L = 7-I de la delantera. e-LL = mitad de d-L. Unir L-LL. Medir dicha distancia. Quitar la parte sombreada.

DELANTEROS: Unir H-J. M y N, se forman al juntarse las líneas. Desde J, prolongar la línea aplicando la medida N-K-I, más el doble de L-LL (trasera) más 3 cm. para cruce = O.

O-P = al doble del escote de la trasera más 3 cm..

Desde O y P, escuadrar aplicando el ancho de cuello deseado ,ejemplo: 8cm. = Q y R.

J-S = 9-10, o a gusto. Unir S-R-Q.

M-T = ancho solapa, ejemplo: 18 cm..

Unir H-T-S. Unir J-13.Calcar la parte sombreada (solapa-cuello). Cortar desde A hasta C y de D hasta F (trasera), separando. Cortar desde J, hasta H y de J hasta 13. Cerrar la pinza 12-13-14. Juntar la solapa-cuello al corpiño, uniendo J con J, N con N, M con M, H con H, ejemplo: Fig. 1. También es necesario cortar otra solapa-cuello para vista. Fig. 2, agrandandola 2 ml, como lo indican los puntitos, y también habrá que dejar 4 cm. para vista desde los puntos H-N. Fig. 2.

NOTA: Al cortar la trasera, mantenga la pinza cerrada, pero estirando al máximo el molde. Fig. 3.

Desde N y H (Fig. 4), dejar 3 cm. para cruce = U-V. Unir U-V y para dar la forma en la cintura, deberá juntar de nuevo los moldes por la línea H-M-N; También es necesario agregar cruce en la cintura desde H y G, ejemplo: 3 cm. = W-X. Fig. 5.

CORPIÑO SIMÉTRICO CON CUELLOS Y SOLAPAS CRUZADAS

UTILIZAR EL MOLDE DOBLE DE UN CORPIÑO DELANTERO CON PINZAS EN M, PÁGINA 27 Y UN CORPIÑO TRASERO SIMPLE

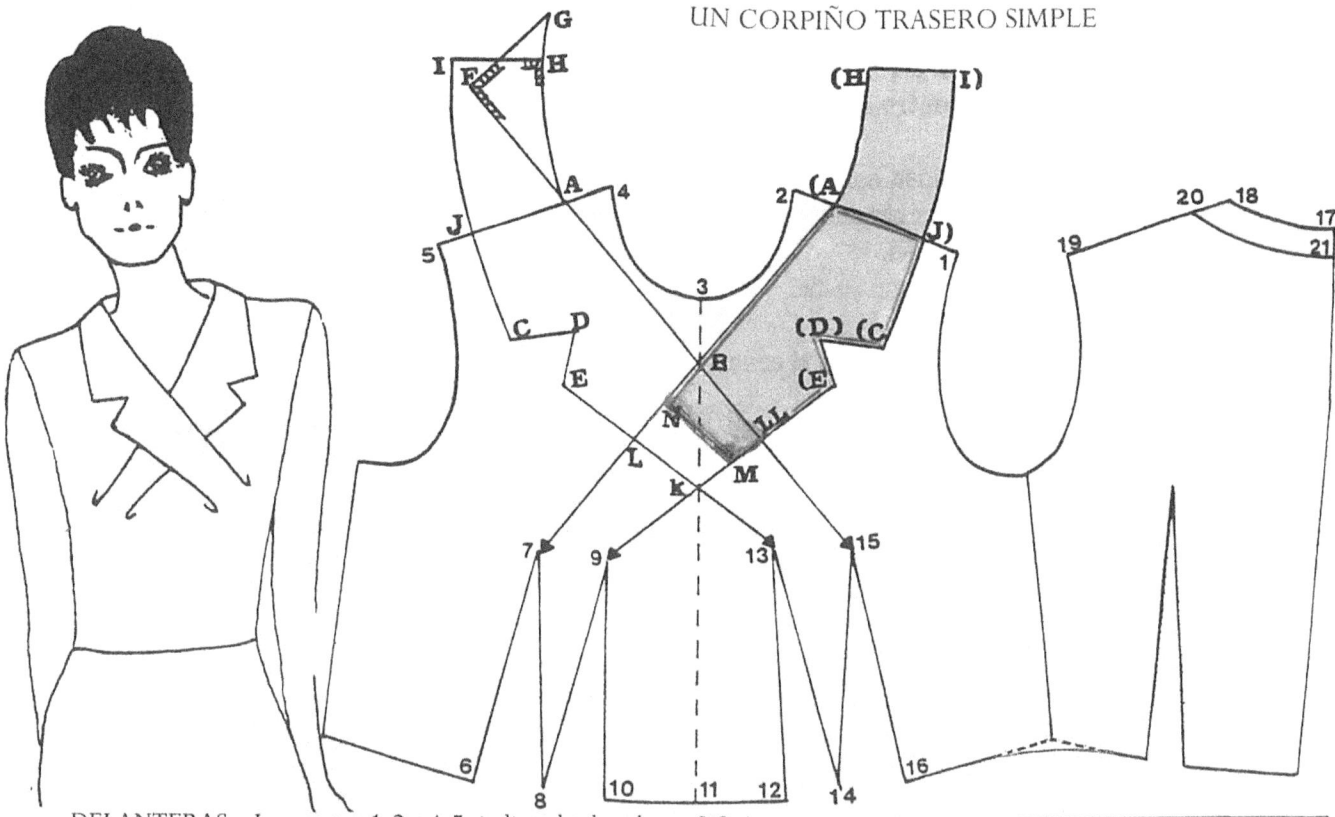

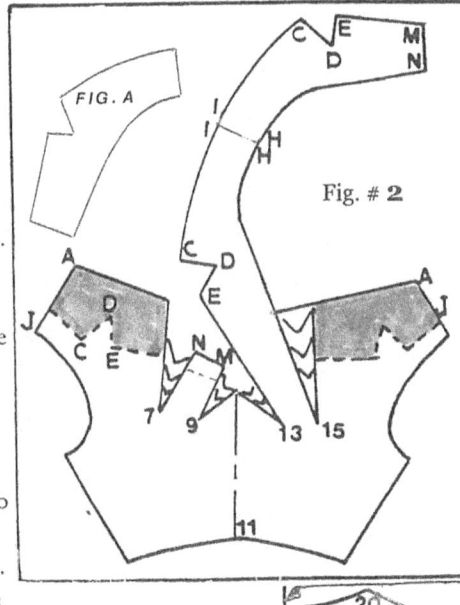

FIG. A

Fig. # 2

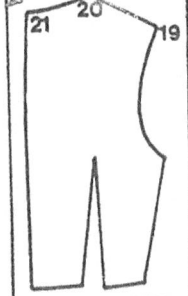

DELANTERAS : Los puntos 1-2 y 4-5, indican los hombros, 2-3-4 = escotes, 6-7-8-9-10 y 12-13-14-15-16 = pinzas en **M**. 11-3 = centro de adelante.

TRASERA: 17-18 = escote, 18-19 = hombro.

DELANTERAS y TRASERA: 4-A y 18-20 = ¼ parte del hombro.

17-21 = mitad de 18-20. Unir 21-20, con ligera forma.

DELANTERAS: Unir A-15. B, se forma al cruzarse las líneas.

Dibujar la solapa y parte del cuello sobre el trazado = **C-D-E-13.**

Desde **A**, prolongar la línea aplicando la medida del escote de la trasera = **F.**

Desde **F**, escuadrar colocando la distancia A-F = **G.** Unir **G-A.**

Desde **A**, aplicar hacia **G**, la medida **A-F = H.**

Desde **H**, escuadrar (apoyando la escuadra sobre **H-A**) colocando el ancho de cuello deseado, ejemplo: 8 cm. = **I.**

A-J = H-I (o a gusto). Unir **I-J-C.**

Repetir el cuello y la solapa del lado opuesto (parte sombreada).

Los puntos **K-L-LL**, se forman al cruzarse las líneas.

M y N = mitad de **K-LL** y **L-B.** NOTA: Dichos puntos podrían moverse en caso de ser necesario.

Calcar la parte sombreada. Fig. **A**, que se utilizará como Bajo Cuello-Solapa.

Calcar dos veces la parte subrayada, indicada con: **M-J-A-N-M**, que luego se agregarán para formar las líneas del hombro (partes sombreadas)como lo indica el trazado.

Cortar desde **A** hasta 15. Cortar desde **H** hasta 13, pasando por **I-J-C-D-E.**

Cortar desde **L** hasta 7 y de **K** a 9, luego cerrar las pinzas.

Copiar la parte indicada con **L-N-M-K** y agregarlo uniendo **L** con **L** y **K** con **K**.

Juntar **H** con **H** y **I** con **I**, ejemplo: Fig. 2, de ese modo, se elimina la costura en el cuello, pero primero, debe cerciorarse si puede pasar la cabeza, caso contrario dicha operación quedará sin efecto .

La trasera, puede llevar cierre, o bien loops, en éste caso, deberá dejarle cruce a una de las partes .

CORPIÑO CON CUELLO TIPO CONO
UTILIZAR EL MOLDE DE UN CORPIÑO, VESTIDO, SACO, TAPADO, ETC. DELANTERO

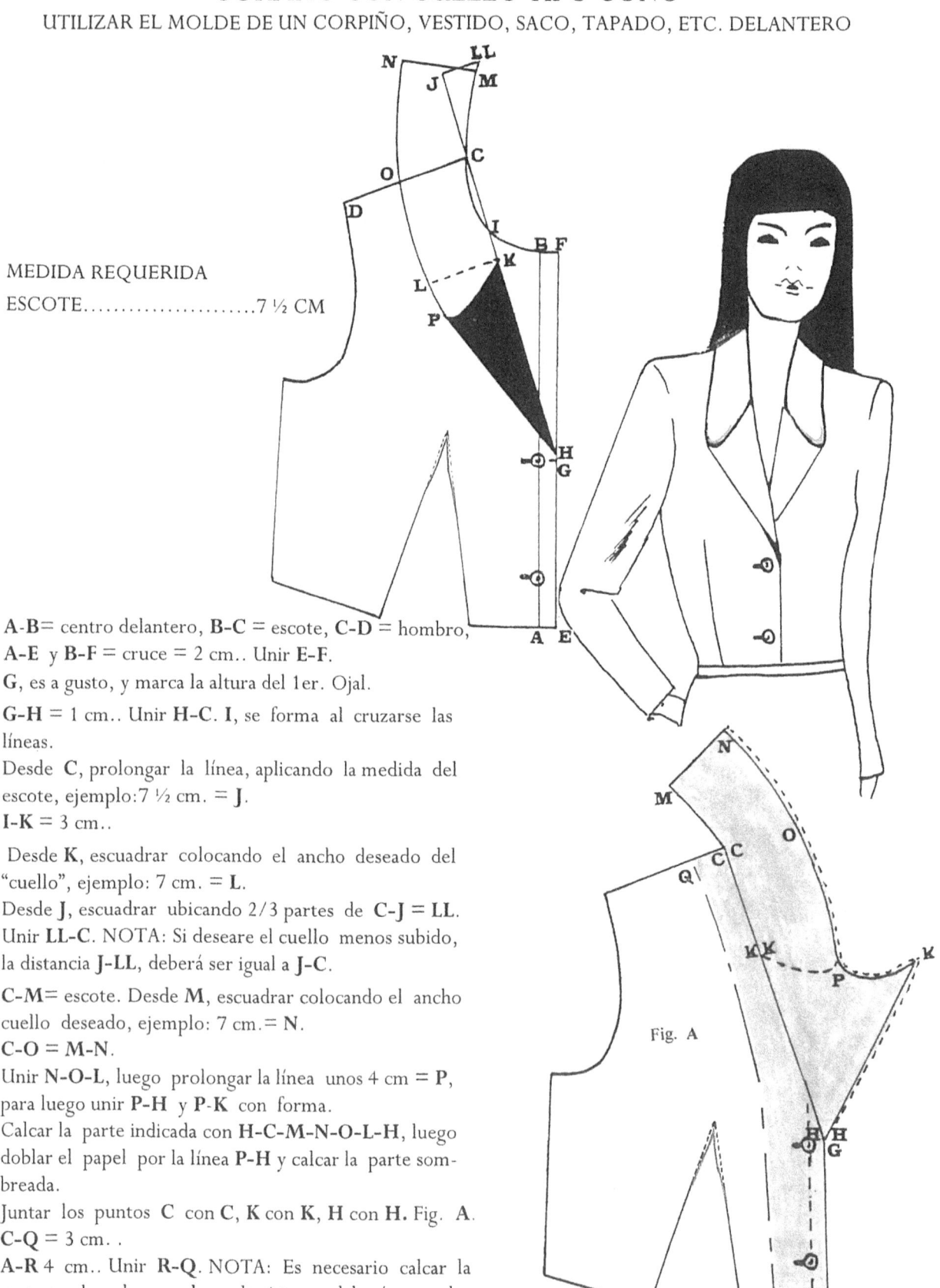

Fig. A

MEDIDA REQUERIDA

ESCOTE......................7 ½ CM

A-B= centro delantero, **B-C** = escote, **C-D** = hombro,

A-E y **B-F** = cruce = 2 cm.. Unir **E-F**.

G, es a gusto, y marca la altura del 1er. Ojal.

G-H = 1 cm.. Unir **H-C. I**, se forma al cruzarse las líneas.

Desde **C**, prolongar la línea, aplicando la medida del escote, ejemplo:7 ½ cm. = **J**.

I-K = 3 cm..

Desde **K**, escuadrar colocando el ancho deseado del "cuello", ejemplo: 7 cm. = **L**.

Desde **J**, escuadrar ubicando 2/3 partes de **C-J** = **LL**.
Unir **LL-C**. NOTA: Si deseare el cuello menos subido, la distancia **J-LL**, deberá ser igual a **J-C**.

C-M= escote. Desde **M**, escuadrar colocando el ancho cuello deseado, ejemplo: 7 cm.= **N**.

C-O = **M-N**.

Unir **N-O-L**, luego prolongar la línea unos 4 cm = **P**, para luego unir **P-H** y **P-K** con forma.

Calcar la parte indicada con **H-C-M-N-O-L-H**, luego doblar el papel por la línea **P-H** y calcar la parte sombreada.

Juntar los puntos **C** con **C**, **K** con **K**, **H** con **H**. Fig. **A**.

C-Q = 3 cm. .

A-R 4 cm.. Unir **R-Q**. NOTA: Es necesario calcar la parte sombreada para hacer la vista, y deberá agrandar la línea **H-K-O-N**, 2 ml. indicado con línea de puntitos.

CUELLO SOLAPA DESDE EL VERTICE DE LA PINZA

UTILIZAR LOS MOLDES SIMPLES DE UN CORPIÑO, VESTIDO, SACO, TAPADO RECTOS, ETC..

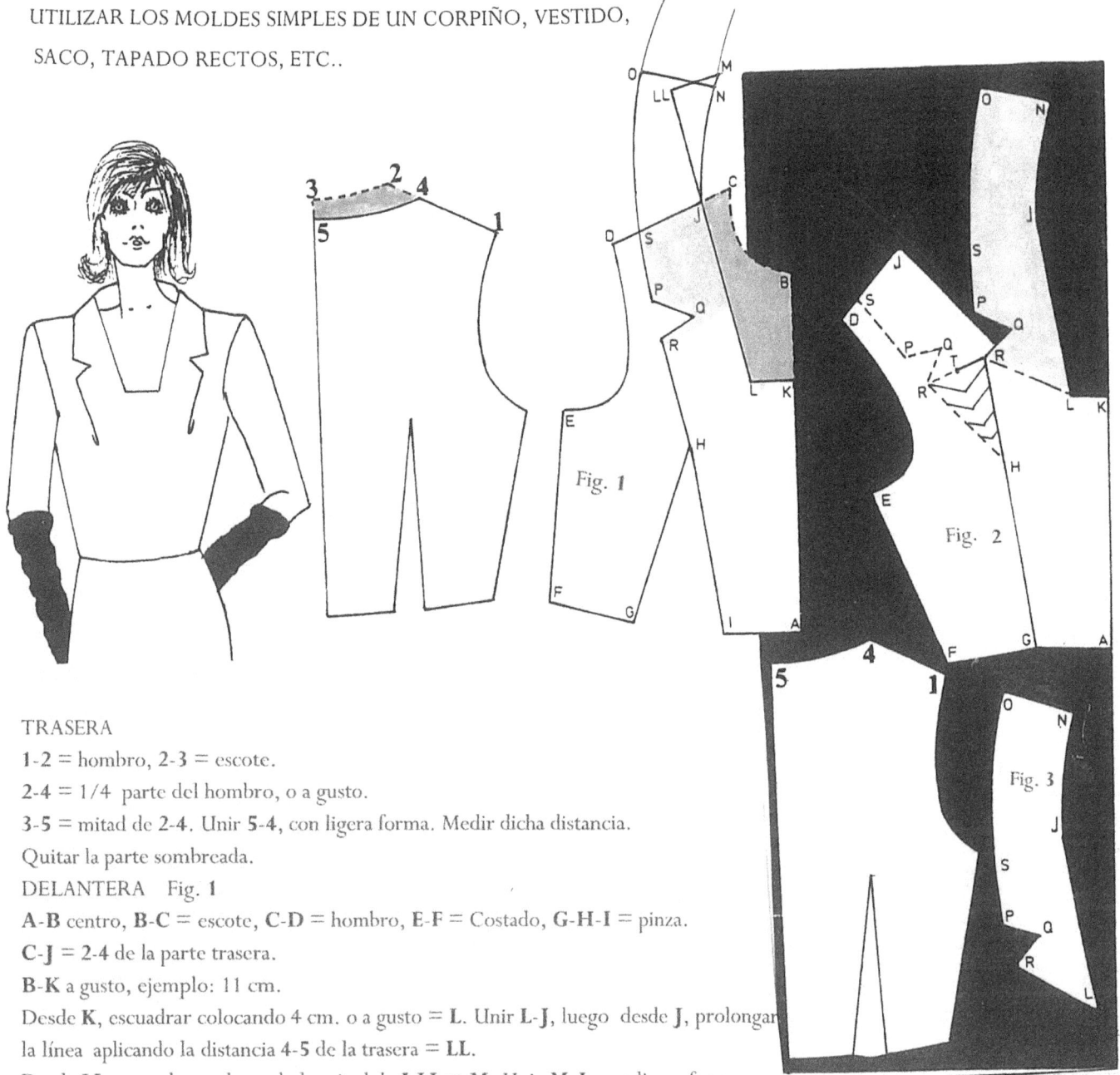

Fig. 1

Fig. 2

Fig. 3

TRASERA

1-2 = hombro, 2-3 = escote.

2-4 = 1/4 parte del hombro, o a gusto.

3-5 = mitad de 2-4. Unir 5-4, con ligera forma. Medir dicha distancia.

Quitar la parte sombreada.

DELANTERA   Fig. 1

A-B centro, B-C = escote, C-D = hombro, E-F = Costado, G-H-I = pinza.

C-J = 2-4 de la parte trasera.

B-K a gusto, ejemplo: 11 cm.

Desde K, escuadrar colocando 4 cm. o a gusto = L. Unir L-J, luego desde J, prolongar la línea aplicando la distancia 4-5 de la trasera = LL.

Desde LL, escuadrar colocando la mitad de J-LL = M. Unir M-J, con ligera forma.

J-N = J-LL. Quitar la parte sombreada más oscura.

Desde N, escuadrar (apoyando la escuadra sobre N-J)colocando el ancho de cuello deseado, ejemplo: 8 cm. = O.

Dibujar la solapa -- cuello sobre el trazado = P-Q-R-H, a continuación unir P-O. S, se forma al cruzarse las líneas.

Doblar el papel de molde por la línea N-O y calcar parte del cuello, se hace eso para ver si las líneas del cuello son idóneas, caso contrario, suavícelas.

Cortar el molde alrededor, después cortar desde S hasta H, a continuación cerrar la pinza G-H-I.

Calcar la parte sombreada, luego colocarla como lo indica el trazado, uniendo S con S, P con P y así marcar el resto, es decir el hombro y la parte del escote. Fig. 2.

Marcar el centro de R-R = T.

Unir R-L, luego copiar el bajo cuello (parte sombreada) apenitas más angosto entre los puntos O-S-P. Fig. 3.

Al cortar, los márgenes de costura entre los puntos O-S-P-Q-R-T, deberán ser de ½ cm., los demás serán a gusto.

78

CUELLO ENTERIZO DESDE EL BUSTO
UTILIZAR LOS MOLDES SIMPLES DE UN CORPIÑO, SACO RECTO, ETC..

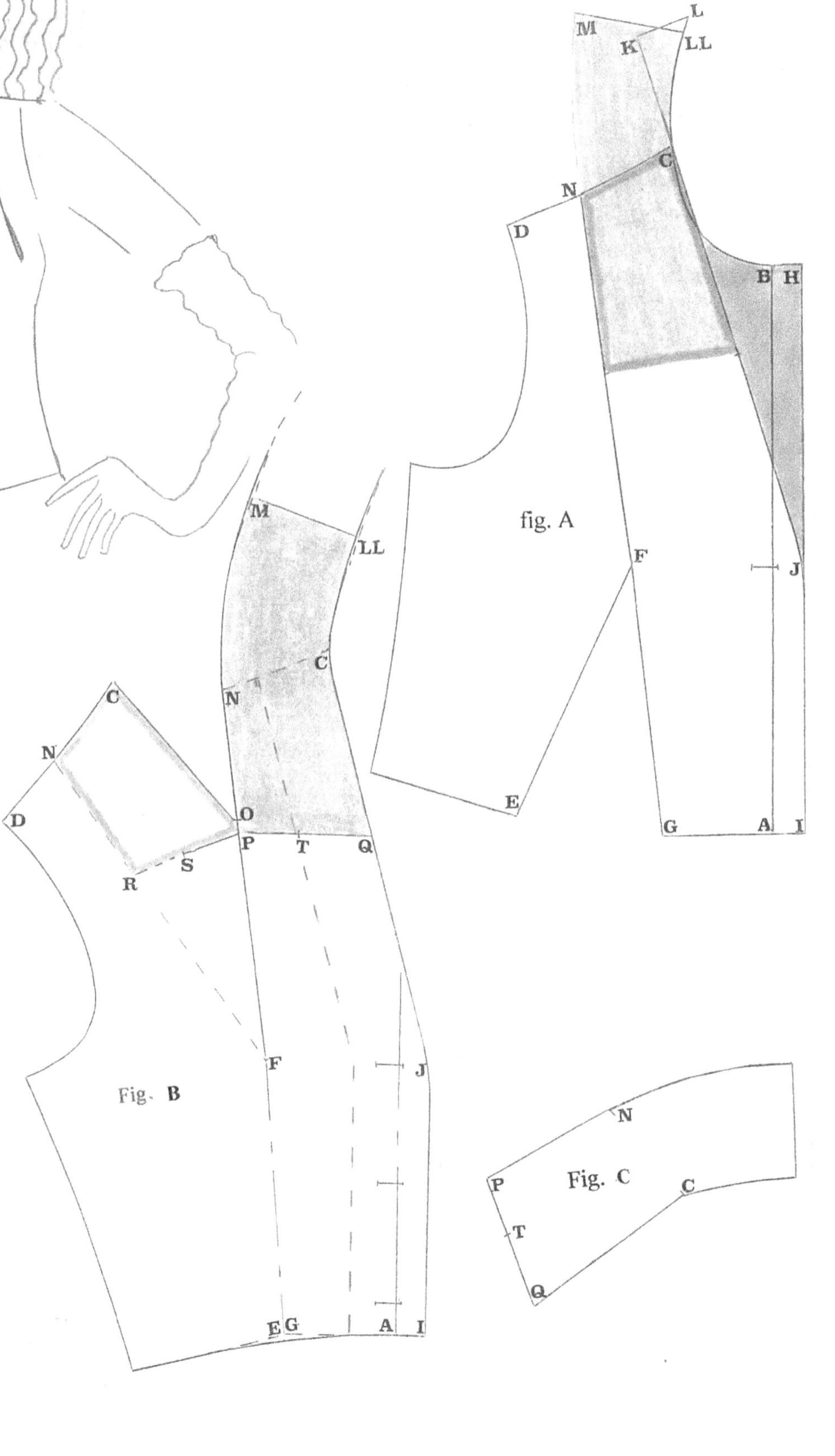

fig. A

Fig. B

Fig. C

Fig. D

PASO A PASO CON LA REALIZACION DEL MODELO

MEDIDA REQUERIDA
ESCOTE.............7 ½ CM.

Fig. **A**: **A-B** = centro de adelante, **B-C** = escote, **C-D** = hombro, **E-F-G** = pinza.
B-H y **A-I** = cruce, ejemplo:1 ½ cm. o a gusto. Unir **H-I**.
Con el punto **J**, marcar la altura del 1er. ojal. Unir **J-C**, luego redondear la línea en el punto **J**.
Desde **C**, prolongar la raya , colocando la medida del Escote, ejemplo: 7 ½ cm. = **K**. Quitar la parte sombreada oscura.
Desde **K**, escuadrar, poniendo 2/3 partes de la medida C-K = **L**. Unir **L-C**, con ligera forma.
Desde **C**, ubicar hacia **L** la medida de los puntos **C-K** = **LL**.
Desde **LL**, escuadrar (apoyando la escuadra sobre **LL-C**), colocando la altura de cuello deseado, ejemplo: 9 cm. = **M**.
Desde **C**, aplicar hacia **D** la medida **LL-M**, menos 1 cm. = **N**.
Unir **M-N-F**.
Calcar la parte sombreada subrayada .
Cortar desde **M** hasta **F**, pasando por **N**, luego cerrar la pinza. Fig. **B**.
Juntar la parte sombreada subrayada uniendo **N** con **N**. El punto **O**, se forma al juntarse las partes.
Desde **O**, aplicar hacia abajo 1 ½ cm. = **P**. (ese 1 ½ cm., es para margen de costura, o sea que si deseare dejar más margen de costura , deberá bajar el punto **P**).
Desde **P**, trazar una horizontal (para trazar dicha línea, apoye la escuadra sobre la línea del centro delantero)=**Q**.
Desde **F**, colocar hacia **N** (línea del hombro) la distancia **F-P** = **R**. Unir **R-P**. Marcar el centro de **P-R** = **S**.
P-T = **R-S**.
Doblar el papel de molde por la línea **LL-M** y calcar parte del cuello, para verificar si las líneas del cuello son las ideales. En éste caso, es necesario suavizarlas.
Calcar la parte sombreada indicada con **LL-M-N-P-T-Q-C-LL**. (bajo cuello). Fig. **C**.
La línea discontinua indica la vista y su ancho igual a **Q-T**. Fig. **D**.

==================================
==========================

DETALLES DE COSTURA

COMO SE REALIZA LA MOSCA COMUN

Formar un triángulo = **A-B-C**.
Utilizar un hilo cordoné sedoso .
Sacar la aguja desde **A**, desde **A** en diagonal pasar por el punto **B**, tomando apenas un hilo, desde **B**, en diagonal, pasar la aguja por el punto **C**.
Desde **C**, pasar la aguja por debajo, y hacerla salir al lado del hilo del punto **A**, y así de nuevo pasar la aguja debajo del punto **B**, y de **B** dirigirse al lado del punto **C**, después sacar la aguja al lado del hilo del punto **A** y así sucesivamente. La Fig.5, demuestra la obra terminada.

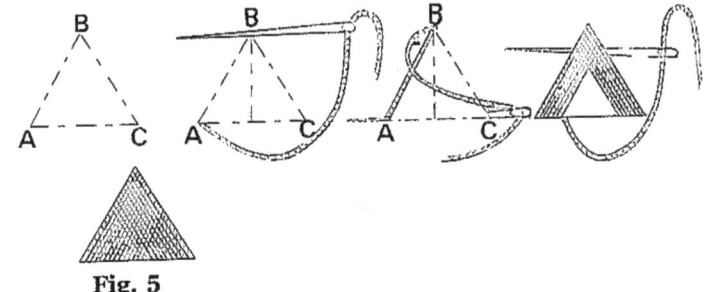

Fig. 5

INTRODUCCION PARA LA FORMACION DE LA MANGA

UTILIZAR LOS MOLDES DE UN CORPIÑO, VESTIDO, SACO TAPADO ETC. ESPALDA Y DELANTERA

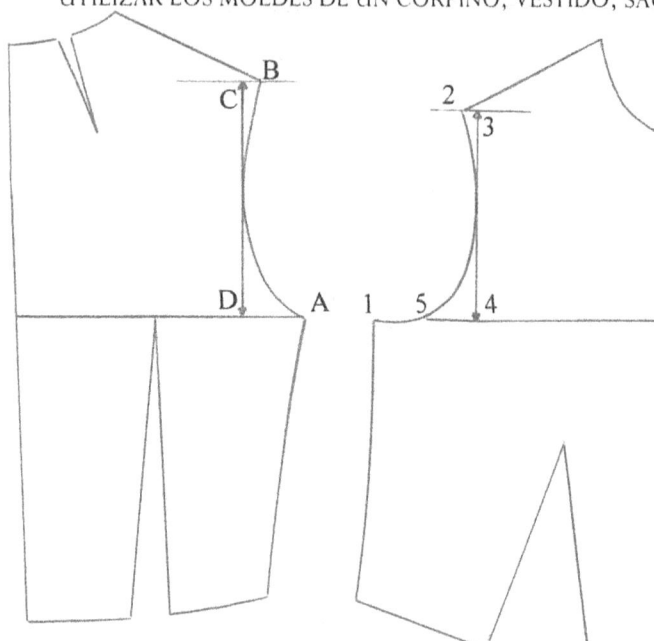

IMPORTANTE: Al tomar los contornos de las sisas, deberá hacerlo con el centímetro de canto, es decir parado.
DELANTERA: 1-2 =Contorno de Sisa= 20½ cm., 3-4 = Altura de Sisa = 16 cm., 4= Ancho Pecho.
Distancia entre 1-4 = 7 ½ cm.. 5 = mitad de 1-4.
TRASERA: A-B = Contorno de Sisa = 19 cm., C-D = Altura de Sisa= 17 cm., D = Ancho Espalda.
Distancia entre A-D = 4 ½ cm..
IMPORTANTE: Sumar las Alturas de sisas, luego dividirlos en dos, y después, quitarle 4 cm. .Ejemplo:16 +17= 33 cm.. 33 % 2 = 16 ½ cm.. 16 ½ -4= 12 ½ cm. .

MEDIDAS NECESARIAS
LARGO DE MANGA.............................60 CM.
ALTURA SISA DELANTERA.......................16 "
ALTURA SISA TRASERA......................... 17 "
SUMA DE LAS ALTURAS DE SISAS................. 33 "
ALTURAS DE SISAS MITAD MENOS 4 CMS............... 12 ½ "
ALTURA DE CODO............................. 33 "
MEDIDA DE LOS PUNTOS 1-4(DELANTERA)............. 7 ½ "
CONTORNO SISA DELANTERA.................... 20 ½ "
CONTORNO SISA TRASERA................... 19 "
MEDIDA DE LOS PUNTOS A-D (TRASERA)............... 4 ½ "
ANCHO DE PUÑO.......................... 22 "
ANCHO DE BRAZO........................ 28 "

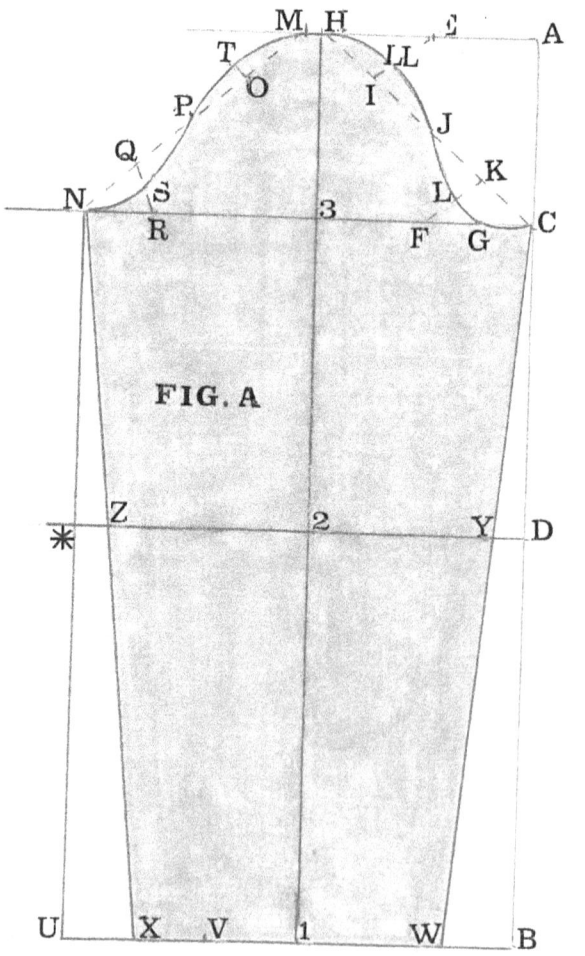

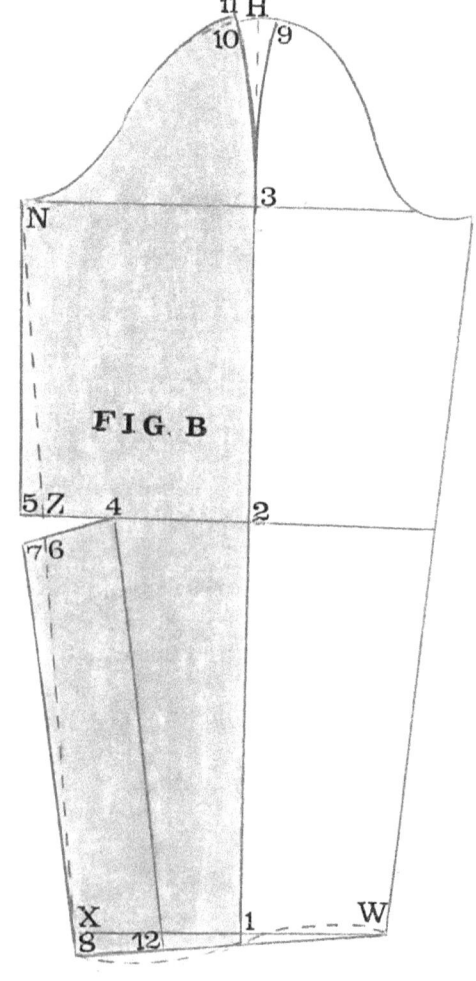

PASO A PASO CON LA REALIZACION DEL TRAZADO

Trazar una vertical con la medida Largo de manga, ejemplo: 60 cm. = **A-B**.

Desde **A**, aplicar hacia abajo la Altura de Sisas mitad menos 4 cm. ejemplo: 12 ½ cm. = **C**.

Desde **A**, colocar hacia abajo, la Altura de Codo, ejemplo: 33 cm. = **D**.

Desde **A**, **B**, **C**, **D**, escuadrar, aplicando el Contorno de Sisas, menos unos 6 cm. aproximadamente.

Desde **A** y **C**, ubicar la medida de los puntos 1-4 (delantera) , ejemplo: 7 ½ cm. = **E** y **F**.

Marcar el centro de **C-F = G**.

Desde **C**, ubicar en diagonal sobre la horizontal **A**, la medida de la Sisa delantera, menos 1 cm. ejemplo: 19½cm.=**H**.

Dividir en cuatro partes la distancia **H-C** = **I-J-K** . Unir **K-F** y **I-E**.

Marcar el centro de **F-K = L**.

IMPORTANTE: En algunos casos (raros) es posible que tenga que mover el punto **L**, tanto hacia fuera, como hacia dentro.

Desde **I**, aplicar hacia **E**, 1 /3 parte de dicha distancia = **LL**. NOTA; En algunos casos (dependiendo del ancho del molde), deberá de aplicar 1 /4 parte.

Unir **C-G-L-J-LL-H**. Medir la distancia entre **C-H**. Dicha distancia, deberá ser mayor en hasta 2 cm. a la medida de la Sisa(en una sisa normal). Si dicha medida sobrepasase los 2 cm., esa diferencia se utilizará para acortar la copa; Es decir que se subirá la línea del punto **C**. si en cambio sobrepasare el punto **H**, éste se moverá de sitio.

H-M = de 1/2cm. a 3/4 de cm..

Desde **M**, aplicar en diagonal sobre la línea **C**, la medida de la Sisa trasera, ejemplo: 19 cm. = **N**.

Dividir en cuatro partes la distancia **M-N = O, P, Q**.

Desde **N**, ubicar hacia dentro la medida entre los puntos **A-D** (trasera), ejemplo: 4 ½ cm. = **R**. Unir **R Q**.

Marcar el centro de **Q-R = S**.

Desde **O**, aplicar hacia arriba 1 ½ cm. = **T**. En algunos casos, dicha medida puede variar, esto va de acuerdo al ancho del molde.

Unir **H-T-P-S-N**, como lo indica el trazado. Medir la distancia entre **H-N**, ésta, deberá ser mayor en hasta 2 cm. a la medida de la Sisa (en una sisa normal). Si fuere superior o inferior, esa diferencia se quitará o se agregará desde **N**, luego se suavizará la línea de la copa.

Desde **B**, colocar la medida **C-N = U**. Unir **U-N**. El *, se forma al cruzarse las líneas.

Desde **B**, aplicar hacia dentro la medida Ancho de Puño, ejemplo: 22 cm. = **V**.

Desde **B** y **U**, poner hacia dentro la mitad de la distancia **V-U = W** y **X**. Unir **W-C** y **X-N**. Los puntos **Y-Z**, se forman al cruzarse las líneas. NOTA: Las líneas, pueden ser con forma, tanto hacia dentro, como hacia fuera, todo depende del brazo, o sea, delgado o grueso y, también puede depender de la moda imperante.

Desde **B**, colocar hacia dentro la medida entre los puntos **A-H = 1**.Unir **1-H**. **2** y **3**, se forman al cruzarse las líneas. NOTA: Dicha línea la denominamos " central", sin que ésta esté necesariamente en el centro del molde, en realidad, divide la manga en dos partes. Fig.**A**.

MANGA CON PINZA EN EL CODO FIG.**B**

Desde **Z**, aplicar hacia **2**, 1 /3 parte de dicha distancia = **4**

Desde **Z**, prolongar la línea, aplicando 1 ½ cm.= **5**. Unir **5-N**.

Desde **Z**, ubicar hacia abajo la medida **Z-5 = 6**.

Desde **4**, aplicar pasando por **6**, la medida **4-5 = 7**. Unir **7-X**, luego desde **X**, prolongar la línea aplicando la medida **Z-6 = 8**. Unir **8-W**, con línea recta, o bien con forma.

PINZA EN LA COPA

Desde **H**, aplicar hacia ambos lados 1 ½ cm. = **9** y **10**. Unir **9-3** y **10-3**, con forma.

Desde **3**, aplicar pasando por **10** la distancia **3-9 = 11**. Unir **11**, con la copa.

Si deseare trasladar la pinza en el puño, desde **8**, aplicar la distancia **5-4 = 12**. Unir **12-4**, después cortar por dicha línea, luego, cerrar la pinza del codo. Fig. **C**. Página 82.

IMPORTANTE: Si la distancia entre **C-N**, fuere inferior al Ancho del Brazo (lo cual seria muy raro deberá reducir la Altura de la copa; Al acortar la copa, deberá realizar de nuevo la misma, y de ese modo, se agrandará el ancho de la manga. Controlar también que la distancia entre **L-S**, sea superior al Ancho del Entre Brazo.

Unir **N-8**, con línea recta.Fig. **C**.

MANGA CORTA
UTILIZAR LA PARTE SUPERIOR DE LA MANGA LARGA

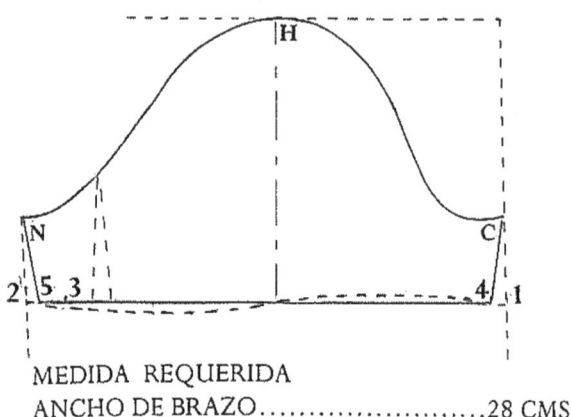

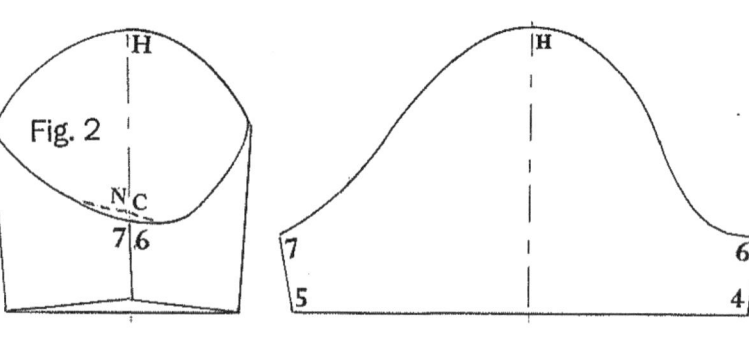

MEDIDA REQUERIDA

ANCHO DE BRAZO.......................28 CMS.

Desde C y N, aplicar hacia abajo 5 cm. o a gusto = 1 y 2. Unir dichos puntos.
Desde 1, colocar hacia 2, la medida Ancho de Brazo más 4 cm. o a gusto = 3.
Desde 1 y 2, ubicar hacia dentro la mitad de la distancia 3-2 = 4 y 5. Unir 4-C
y 5-N. NOTA: Si la distancia entre 3 y 2 fuere exorbitante, entonces se quitarán
1/3 parte en cada lado de los puntos 1 y 2 y la otra tercera parte, se quitará haci-
do una pinza, como lo indican las líneas discontinuas, luego esa pinza deberá
cerrarse, y lo único que tendrá que verificar, son las líneas de la copa y del borde si necesitan algún arreglo. NOTA: Si al juntar los laterales, Fig.2, comprobare
que se forma algún " pico " (en este caso se exageró a propósito las líneas).
Suavice la misma, formándose así los puntos 6 y 7.

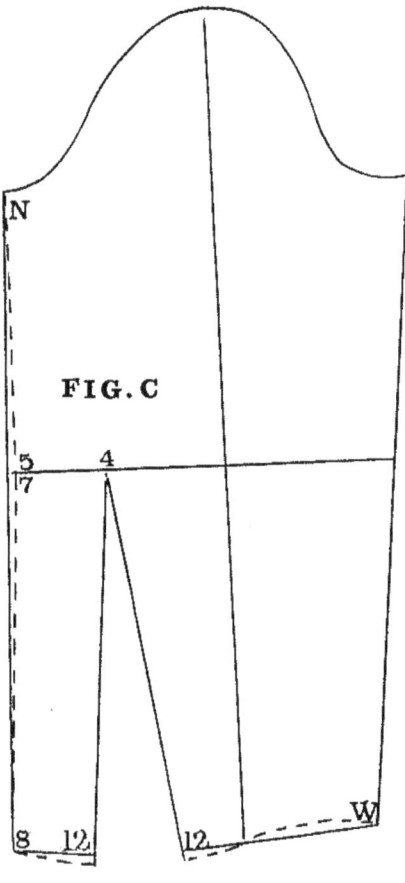

FIG. C

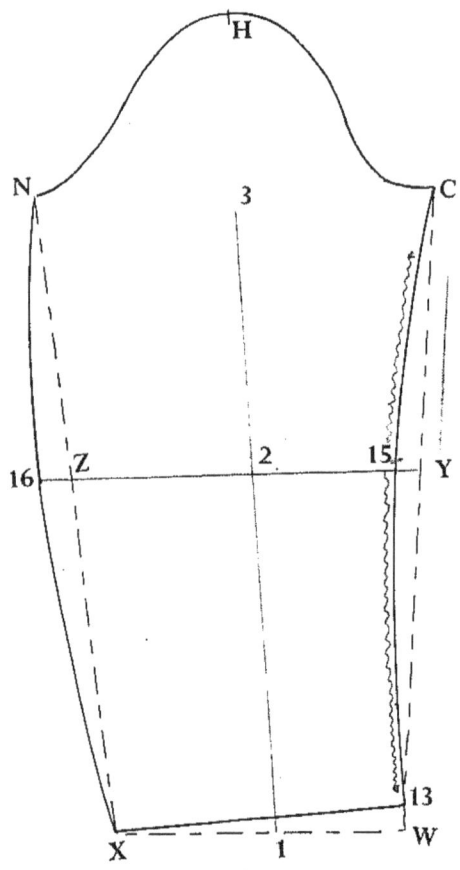

MUY IMPORTANTE

Si la persona tuviere el brazo inclinado, o muy inclinado hacia adelante y,
(para evitar "arrugas") desagradables en la parte delantera a la altura del
codo deberá proceder de la siguiente manera: Acortar la línea **W-Y**, de
acuerdo a la inclinación, ejemplo: 2 cm. = **13**.
Desde **Y** y **Z**, aplicar 2 cm. o según la inclinación del brazo = **15** y **16**.
Unir N-16-X-13-15-C, como lo indica el grabado, luego antes de coser
la manga, deberá cambrar la línea **C-15-13**, 2 cm..

MODO DE SABER SI LA COPA DE LA MANGA ESTA BIEN REALIZADA

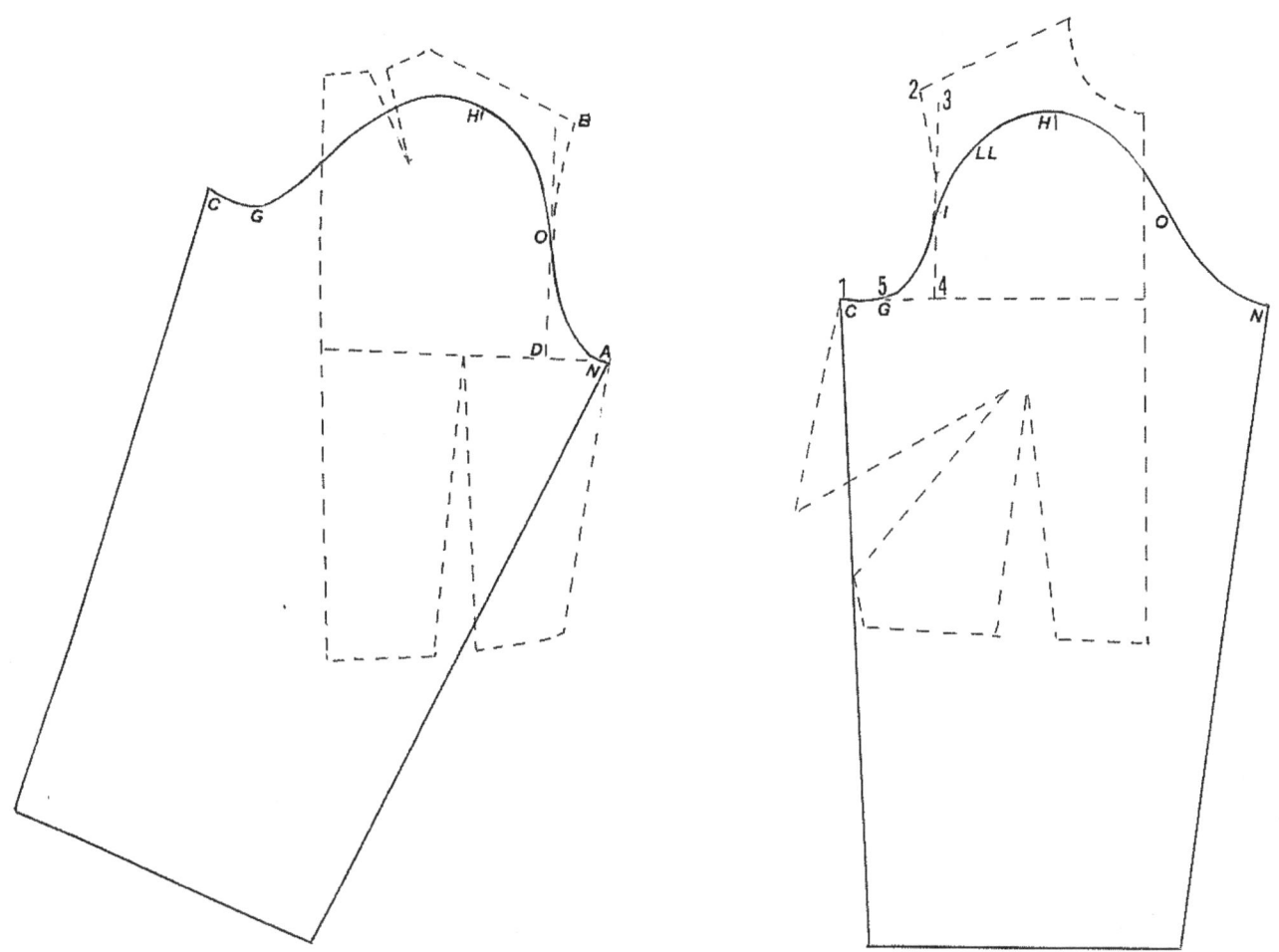

Para saber si la copa de la manga fue bien realizada, lo primero que hay que hacer es cerciorarse que las líneas de las sisas sean perfectas .

PARTE TRASERA: Juntar el punto **N** (manga) con **A**, luego colocar la manga sobre la sisa, si ambas líneas coinciden (como en éste caso), quiere decir que podrá colocar la manga sin ningún inconveniente; Si no coincidieren, corrija la línea de la manga, hasta hacerla coincidir con la sisa. Se hace dicha operación, para evitar arrugas desagradables.

PARTE DELANTERA: Juntar los puntos **1** y **5** con **C** y **G** de la manga, luego fíjese si las líneas coinciden (como en éste caso); Si no coincidieren deberá corregir la línea de la manga. Se hace dicha operación, para evitar inconvenientes y, de ese modo le quedará PERFECTA.

MANGA GLOBO

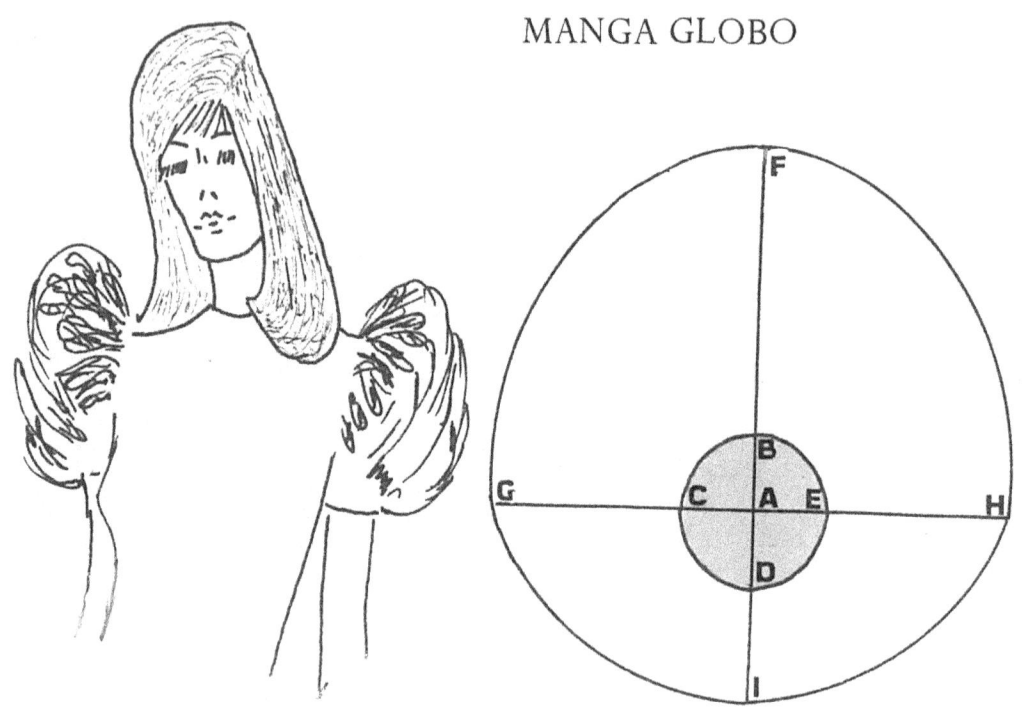

MEDIDAS REQUERIDAS

ANCHO DE BRAZO.......................28 CM.

LARGO DE MANGA.......................20

Trazar una cruz. **A** = encuentro de las dos líneas.

Desde **A**, formar un círculo (u óvalo) con el ancho de brazo, más algunos cm. o a gusto= **B-C-D-E**.

Desde **B**, aplicar hacia arriba la medida Largo de Manga, ejemplo: 20 cm. = **F**.

C-G y **E-H** = 15 cm. o a gusto. (es decir 5 cm. menos que **B-F** , o sea 1/4 parte).

D-I = 7 cm. o a gusto.

Unir **I-H-F-G-I**, luego al coserlos deberá reducirlo a la medida de las sisas.

Quitar la parte sombreada.

NOTA: Al coser, deberá colocar una tira al bies en la línea **B-C-D-E-B**.

DETALLES DE COSTURA
MOSCA A LO PISANO

Formar un triángulo = **A-B-C**.

Sacar la aguja desde **A**, desde **A** en diagonal pasar por **B**, tomando apenas un hilo, luego desde **B**, girar la prenda y dirigirse en diagonal hacia **C** ,desde **C** tomar apenas un hilo, luego girar la prenda, y dirigirse a **A**, sacando la aguja al lado del hilo **A**. Desde **A** mover la prenda, y sacar la aguja debajo del hilo del punto **B**, luego, girar la prenda y dirigirse hacia **C** y, así sucesivamente girar y girar .

La Fig. 5, indica la" obra " terminada.

Queremos señalar que realmente es PRECIOSA.

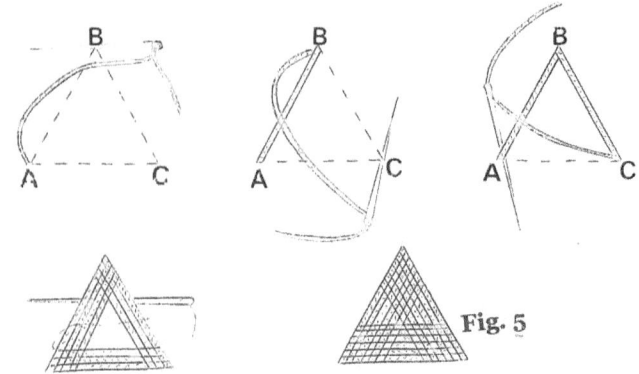

Fig. 5

MANGA ACAMPANADA CORTA

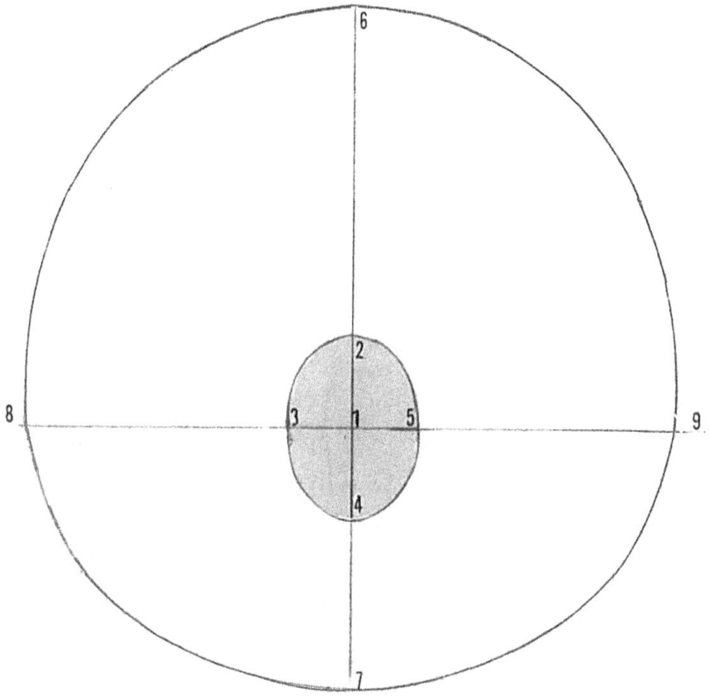

MEDIDAS REQUERIDAS

CONTORNO DE SISAS.................39 ½ CM.
LARGO DE MANGA....................30   "

Trazar una cruz. **1** = unión de las líneas.

Desde **1**, formar un óvalo con el Contorno de las sisas, ejemplo: 39 ½ cm. = **2-3-4-5**.

Desde **2**, aplicar hacia arriba, el Largo de la Manga, ejemplo: 30 cm. = **6**.

Desde **2**, aplicar pasando por **4**, la medida **2-6= 7**. Unir **7-6** en forma circular. Los puntos **8** y **9**,se forman al cruzarse las líneas.

Quitar la parte sombreada.

El ruedo (puntos **6-8-7-9-6**), deberá coserse con un rouloté (baby hem).

NOTA: Es de hacer notar el gran parecido con la Manga Globo, pero muy diferentes en caída.

DETALLES DE COSTURA

PUNTO HILVAN

Se utiliza para marcar, así como también para sujetar. Se comienza de derecha a izquierda. El largo de la puntada depende del grosor de las telas. Al comenzar debe asegurar la puntada pasándola dos veces sobre la misma.

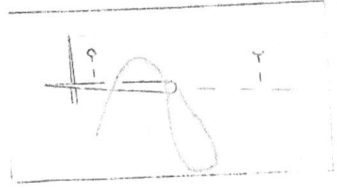

MANGA CORTA CON DETALLE DE DOBLES PLIEGUES

UTILIZAR UNA MANGA CORTA

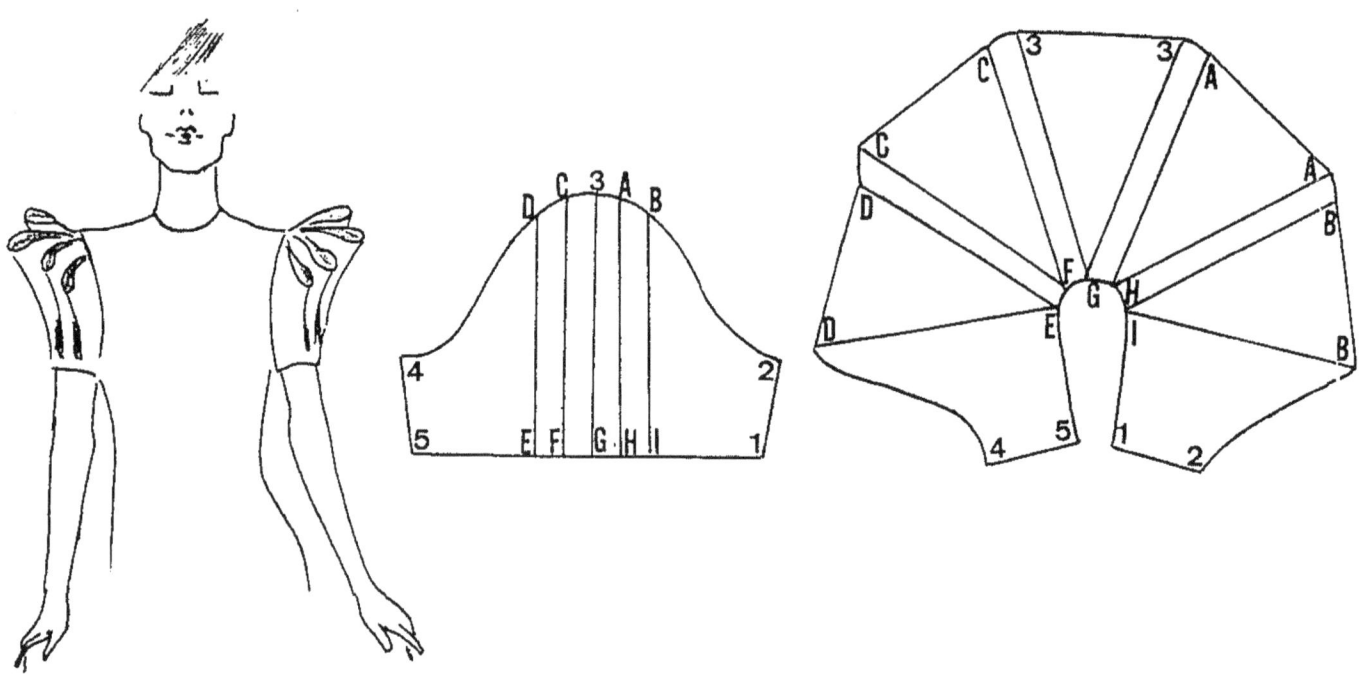

1-2 y 4-5 = laterales, 2-3-4 = copa.

3-A y A-B = 2 cm. o a gusto.

3-C y C-D = 3-A. Desde dichos puntos, trazar perpendiculares hasta el borde= E-F-G-H-I .

Cortar de B hasta I, y así con las demás líneas sin separar.

Separar los puntos: D-C-3-A-B a gusto, ejemplo: 14 cm., cuidando de dejar espacio entre los puntos 1-5, para margen de costura (o sea ensanches).

Unir B con B, A con A, 3 con 3, C con C, D con D.

Suavizar los ángulos: E-F-G-H-I .

Formar los pliegues, uniendo B con B, (lado externo), A con A, y así sucesivamente.

Para el ancho del brazo, colocar una tira al bies.

DETALLES DE COSTURA

SURFILADO

Para surfilar, se debe usar el hilo del mismo color de la prenda. Dicha puntada se utiliza para evitar que las costuras se deshilachen.

Se comienza de izquierda a derecha y se introduce la aguja de abajo hacia arriba en forma inclinada tomando ½ cm. , luego inclinando la puntada (separación de una puntada a otra) ½ cm. se vuelva a introducir la aguja otro ½ cm. y así siguiendo.

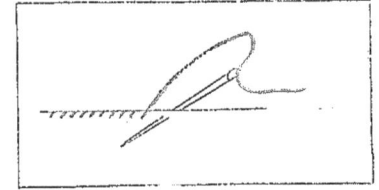

MANGA CORTA ABUCHONADA

UTILIZAR UNA MANGA CORTA

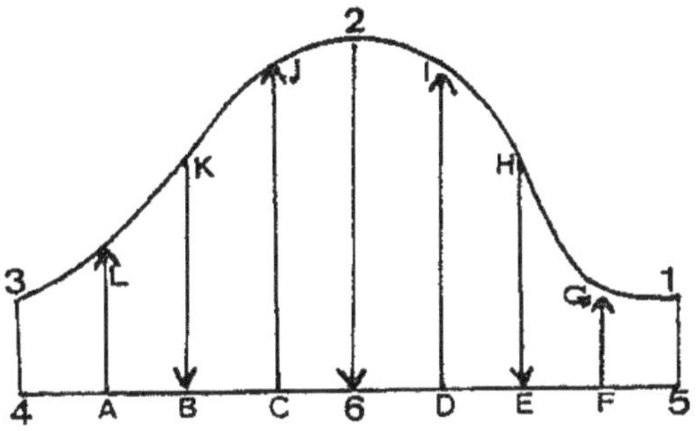

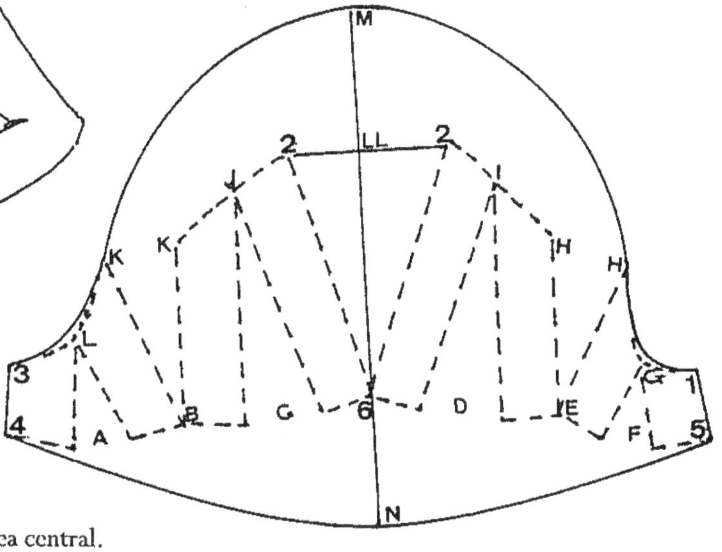

1-2-3- = copa, 1-5 y 3-4 = laterales, 2-6 = línea central.

Dividir en cuatro partes la distancia 4-6 y 6-5 = A-B-C y D-E-F. Desde dichos puntos, escuadrar hasta la copa = G-H-I-J-K-L.

Cortar de arriba hasta abajo y de abajo hasta arriba por: H-2-K y F-D-C-A.

Abrir el punto 2, 10 cm. o a gusto. Abrir H, K, C y D 5 cm. o a gusto. Abrir A y F 3 ½ cm. o a gusto.

LL = centro de 2-2. Desde LL, escuadrar hacia arriba, aplicando 10 cm. o a gusto = M.

Unir H-M-K.

Desde 6, prolongar la línea 10 cm. o a gusto = N. Unir 4-N-5, luego suavizar los ángulos G y L.

Antes de coser, deberá reducir la copa a la medida de las sisas. y la línea 5-N-4, a la medida del Ancho del Brazo.

DETALLES DE COSTURA

PUNTO FESTON

Se comienza de derecha a izquierda. Se introduce la aguja a 2 milímetros del borde, luego se vuelve a sacar la aguja al ladito de la puntada anterior. Pase el hilo por debajo de la aguja, después tire el hilo, para luego formar el festón. NOTA: Las puntadas, deben tener la misma altura, y, se puede guiar por la uña del dedo.

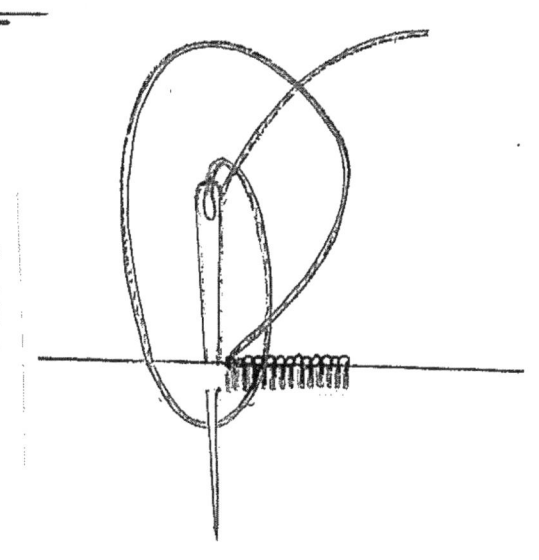

MANGA CORTA CON DETALLE EN V, PERO A LA INVERSA

UTILIZAR UNA MANGA CORTA

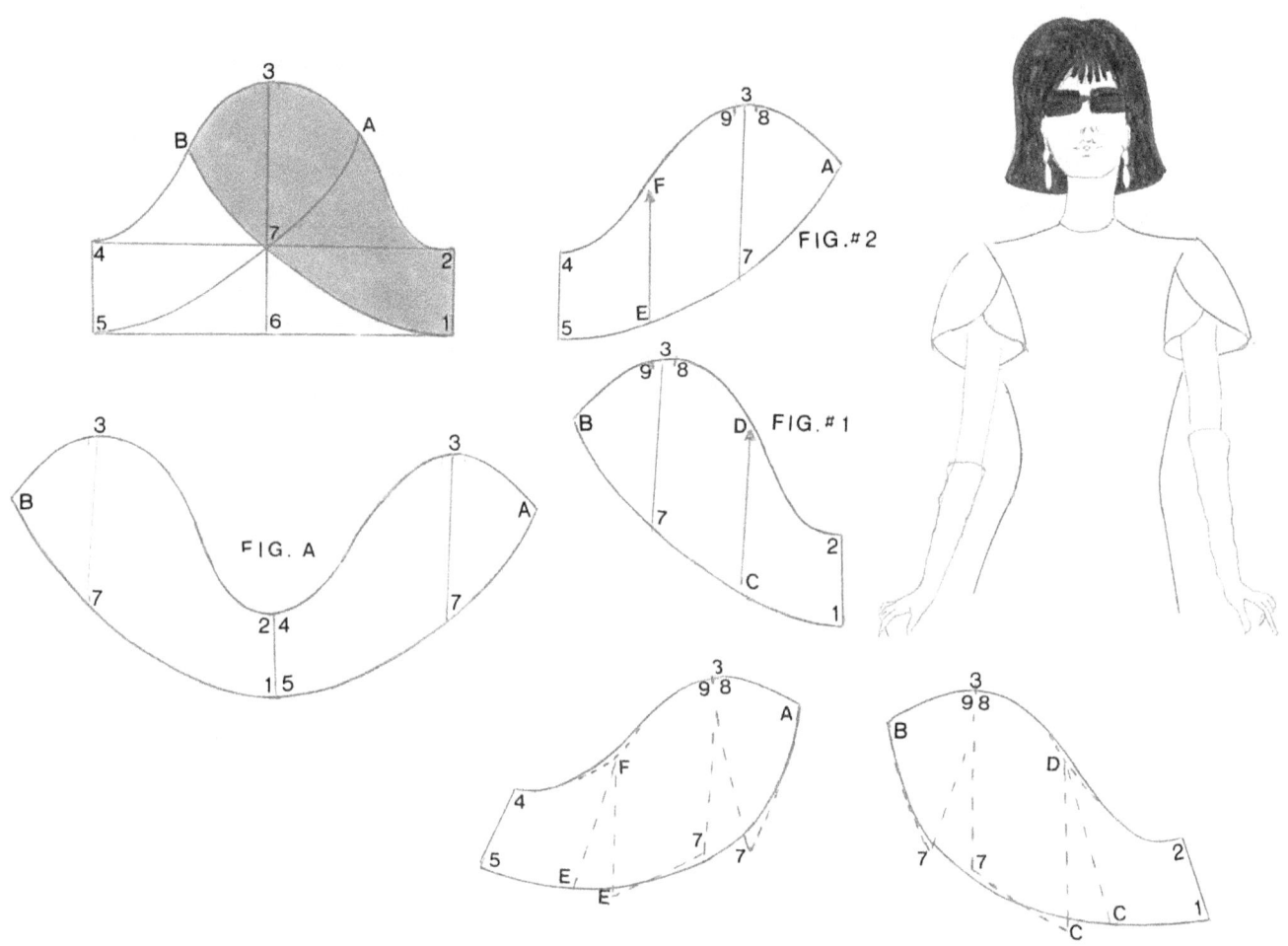

FIG. #2

FIG. #1

FIG. A

Los puntos 1-2 y 4-5 indican los laterales, 2-3-4 = copa, 6-7-3 = línea central..

Desde 3, aplicar hacia ambos lados 7 cm. o a gusto = **A** y **B**.

Unir **A-7-5** y **B-7-1**, como lo indica el trazado.

Calcar la parte sombreada.

Cortar la otra parte por: **5-7-A-3-B -4-5** .

Si lo desea, puede juntar las dos partes por las líneas **1-2** y **5-4**, como lo demuestra la Fig. **A**.

IMPORTANTE: Si deseare la manga " acampanada ," debe proceder de la siguiente manera: Marcar los centros de **1-7** y **5-7** = **C** y **E** y, desde dichos puntos trazar verticales hasta la copa = **D** y **F** Fig. # 1 y # 2.

Desde los puntos **3**, aplicar hacia ambos lados 3 /4 de cm., de ese modo, se quitará parte de la flojedad de la copa = **8** y **9**.

Cortar Desde **C**, **E** y **7** hasta **D**, **F** y hasta unos 2 cm. antes de los puntos **3**.

Juntar los puntos **8** y **9**. Unir **C-B** y **E-A**, como lo indican los trazados.

Suavizar los sitios indicados con **D**, **9/8**, y **F**.

MANGA CORTA AGLOBADA Y CON COSTURA

UTILIZAR UNA MANGA 5 CMS. MAS CORTA DE LA ALTURA DEL CODO

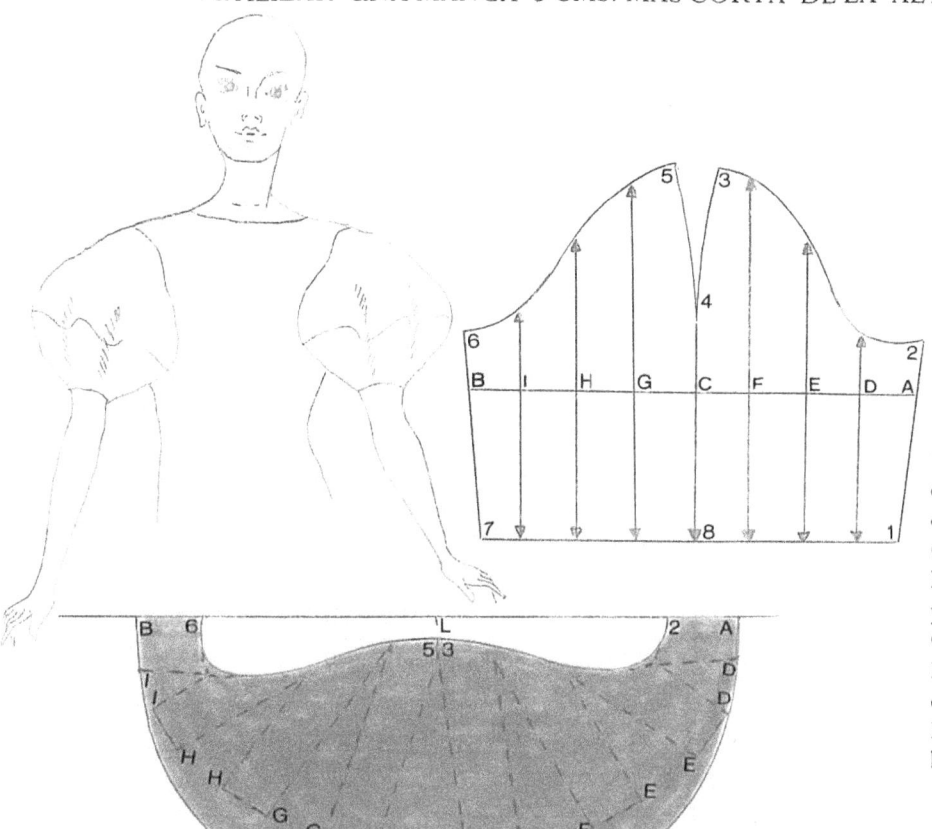

1-2 y 6-7 = laterales, 2-3-5-6 = copa, 3-4-5 = pinza, 4-8 = línea central.

Con los puntos **A** y **B**, marcar la línea divisoria (a unos 4 cm. de **2** y **6**). Unir **A-B**.

C, se forma al cruzarse las líneas. Dividir en cuatro partes las distancias **A-C** y **C-B = D-E-F** y **G-H-I**. Desde dichos puntos escuadrar hacia arriba y hacia abajo.

Cortar desde **A** hasta **B** separando. Cortar por las verticales tanto hacia arriba, como hacia abajo.

Cerrar la pinza de la copa.

PARTE ALTA DE LA MANGA

Trazar una horizontal, y sobre la misma apoyar las líneas **A-2** y **B-6,** luego, separar las partes en lo posible por igual.

Marcar el centro de los puntos **C = J**.

Desde **J**, escuadrar hacia abajo, aplicando 5 cm. o a gusto = **K**.

Unir **B-K-A**, con forma, como lo indica el trazado. Suavizar la línea de la copa.

Trasladar el punto **3/5**, sobre la horizontal = **L**.

Tomar la distancia entre **L** y **K**, y **A-K-B**.

PARTE BAJA DE LA MANGA

Trazar una horizontal y sobre la misma, aplicar la distancia de los puntos **A-B** de la parte superior = **9** y **10**.

Marcar el centro de los puntos **9-10 = 11**.

Desde **11**, escuadrar, aplicando la misma medida (o distancia) entre **K-L** de la parte superior = **12**.

Juntar los puntos **A** con **9** y **10** con **B**.

Separar los cortes por igual.

Unir **1-8-7**, con forma.

Unir **9/A-12-B/10**, con forma.(para facilitar su trabajo puede colocar la parte superior y copiar la forma arqueada).

NOTA: Controlar que la distancia entre **A-12-B**, sea igual a **A-K-B**. Si faltaren, o sobraren cm. agregarlos o quitarlos desde **A/9** y **B/10**.

Al realizar la manga en tela, debe colocar una tira al bies en la línea **1-8-7**.

NOTA: Si deseare la manga menos, o más aglobada, bastará con abrir menos o más los cortes.

MANGA CON LA COPA INCLINADA HACIA ARRIBA

UTILIZAR LA MANGA FIG. A PAGINA 80 CON LA MISMA PUNTUACION, PERO CORTA UNOS 18 CM. DEL PUNTO H.

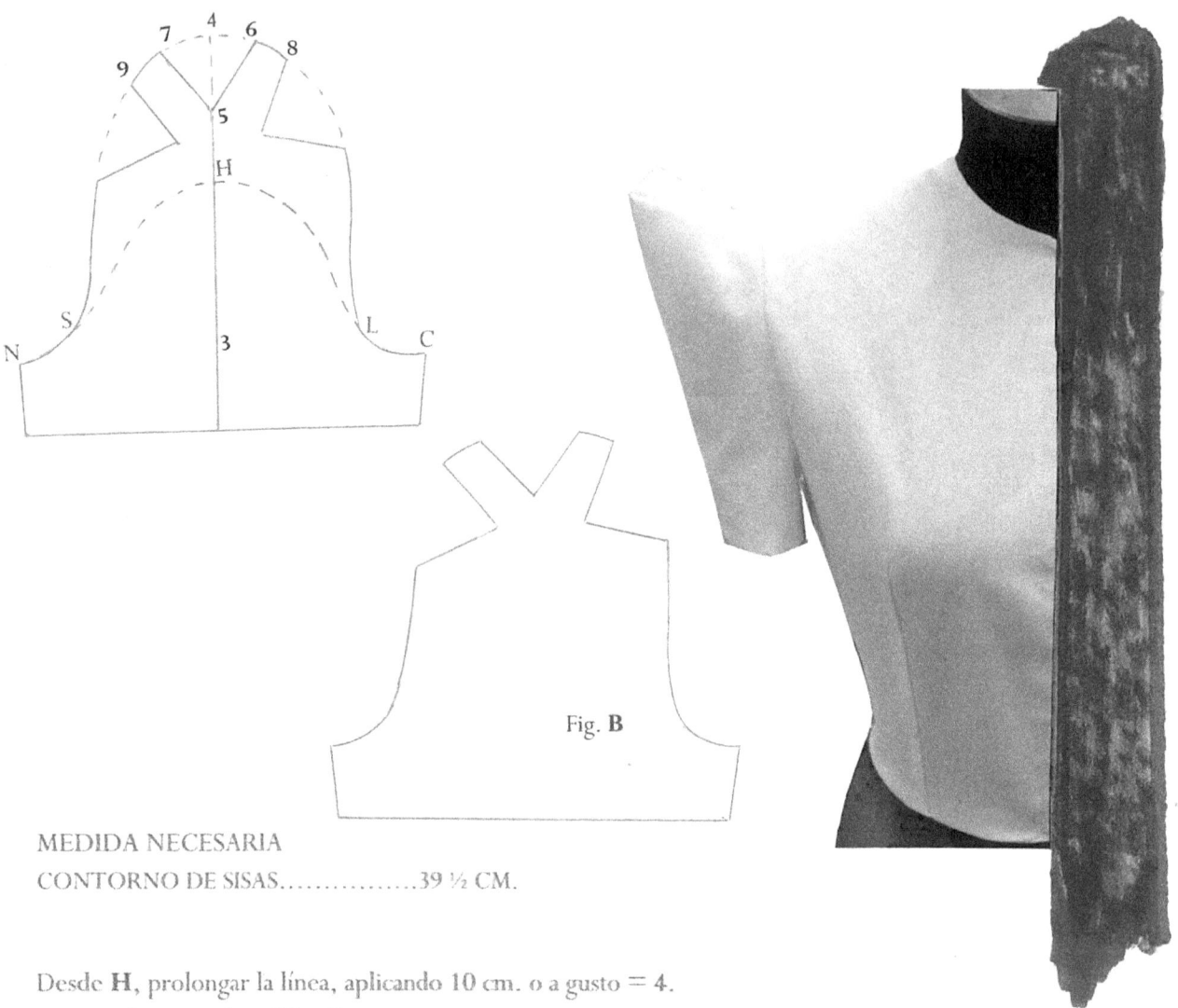

Fig. **B**

MEDIDA NECESARIA

CONTORNO DE SISAS...............39 ½ CM.

Desde **H**, prolongar la línea, aplicando 10 cm. o a gusto = **4**.

Marcar el centro de **4-H** = **5**.

Unir los puntos **L-4-S**, con la forma, como lo indica el grabado.

Medir la distancia entre los puntos **C-L-4-S-N** , ejemplo: 63 ½ cm. .

Diferencia entre los contornos de las sisas y la medida de la copa,. ejemplo: 24 cm.. Ésos 24 cm., se utilizarán para hacer tres pinzas iguales de 8 cm. cada una.

Desde **4**, colocar para cada lado 4 cm. (o sea la mitad de los 8 cm.) = **6** y **7**. Unir **6-5** y **7-5**.

Desde **6** y **7**, aplicar 3 cm. = **8** y **9**, a continuación, desde dichos puntos, formar las dos pinzas restantes (iguales a la anterior). Una vez realizadas las pinzas, ciérrelas . NOTA: Es probable que las líneas resultaren una más larga que la otra, eso debido a la inclinación de la copa, pero no tiene importancia.

Corrija la copa, dándole una forma agradable, luego corte por dicha línea, y, después abra las pinzas. Fig. **B**.

IMPORTANTE: De acuerdo a la tela que use, deberá armar la manga.

MANGA LARGA ACAMPANADA

UTILIZAR EL MOLDE DE UNA MANGA LARGA CON O SIN PINZA EN LA COPA

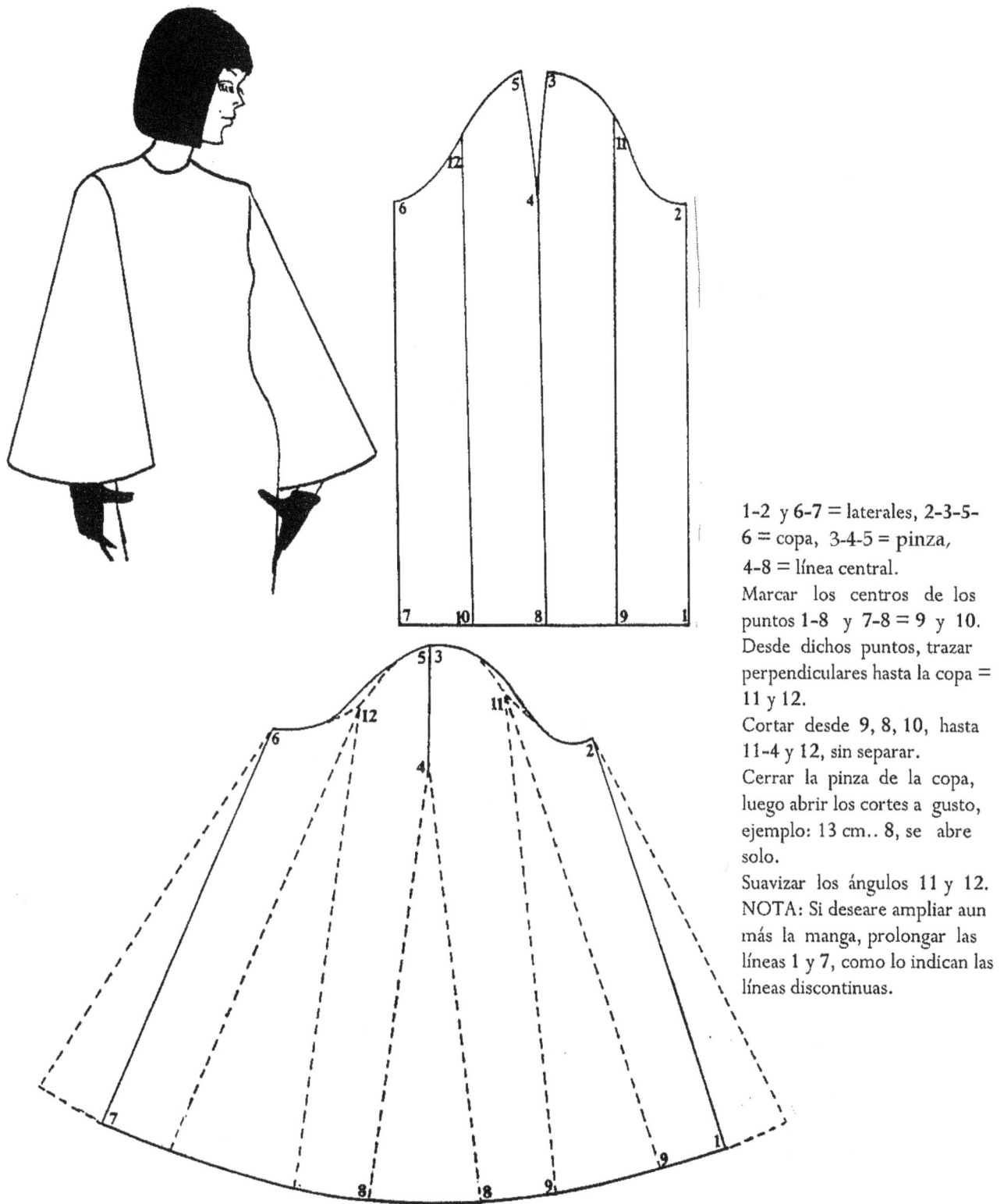

1-2 y 6-7 = laterales, 2-3-5-6 = copa, 3-4-5 = pinza, 4-8 = línea central.

Marcar los centros de los puntos 1-8 y 7-8 = 9 y 10. Desde dichos puntos, trazar perpendiculares hasta la copa = 11 y 12.

Cortar desde 9, 8, 10, hasta 11-4 y 12, sin separar.

Cerrar la pinza de la copa, luego abrir los cortes a gusto, ejemplo: 13 cm.. 8, se abre solo.

Suavizar los ángulos 11 y 12.

NOTA: Si deseare ampliar aun más la manga, prolongar las líneas 1 y 7, como lo indican las líneas discontinuas.

MANGA LARGA TIPO JAMON # 1
UTILIZAR EL MOLDE DE UNA MANGA LARGA CON O SIN PINZA EN LA COPA

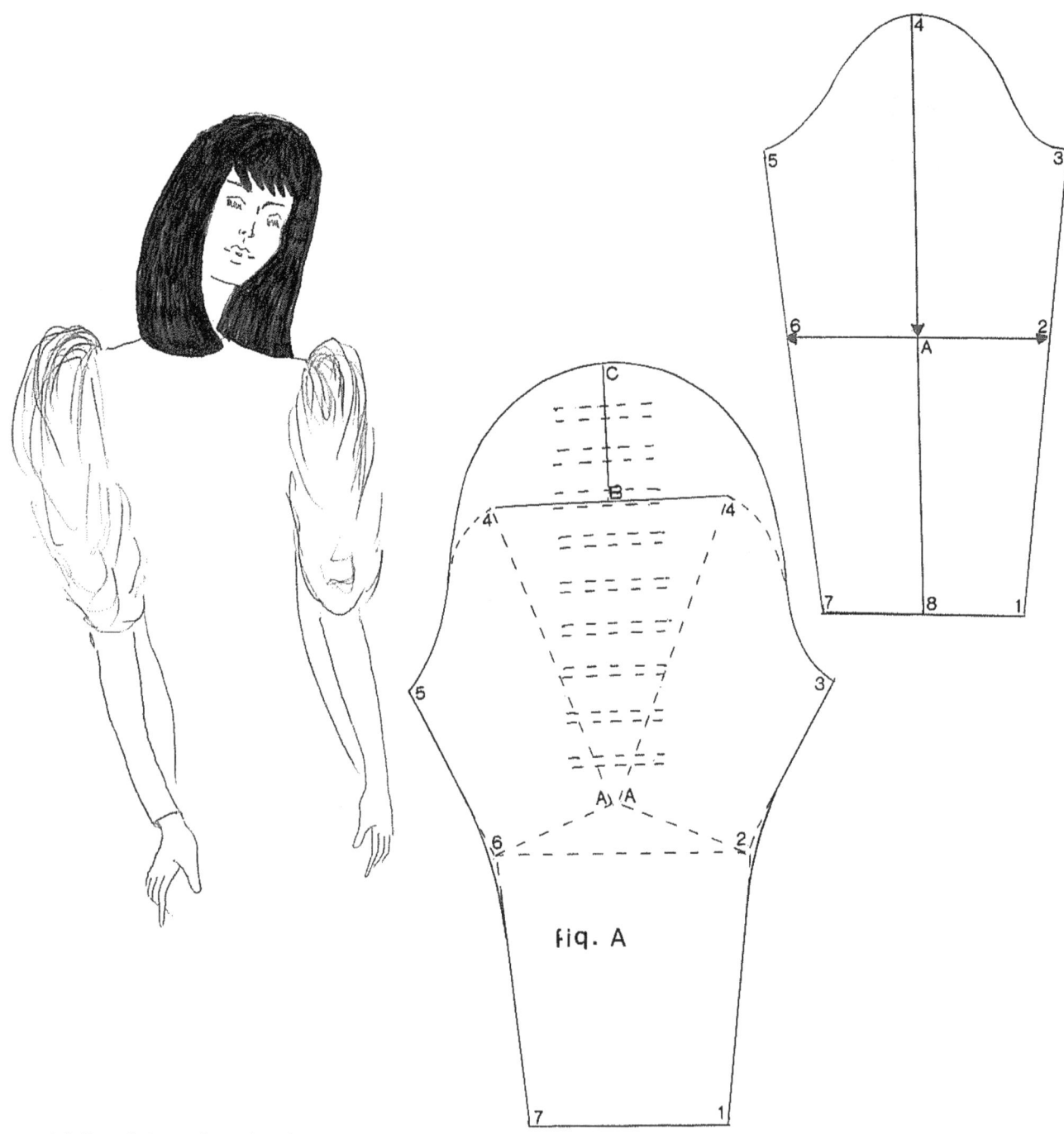

fig. A

1-2-3 y **5-6-7** = laterales, **3-4-5** = copa, **4-8** = línea central, **2-6** = altura de codo, **A** = unión de las líneas.

Cortar desde **4** hasta **2** y hasta **6**, pasando por **A**, sin separar.

Separar el punto **4**, como mínimo 25 cm., luego, marcar el centro de dichos puntos = **B**. Fig. **A**.

Desde **B**, escuadrar hacia arriba, aplicando 15 cm. o a gusto= **C**.

Formar la nueva copa, como lo indica el trazado.

IMPORTANTE: Esta manga, puede utilizarse de manera que puede transformarse en distintos modelos, todo depende de cómo le reduzca la copa, ejemplo: con pinzas, frunces, pliegues, o haciendo nervaduras, como lo indican las líneas discontinuas. LE QUEDARA UNA MANGA PRECIOSA.

MANGA LARGA TIPO JAMON # 2
UTILIZAR EL MOLDE DE UNA MANGA LARGA CON O SIN PINZA EN LA COPA

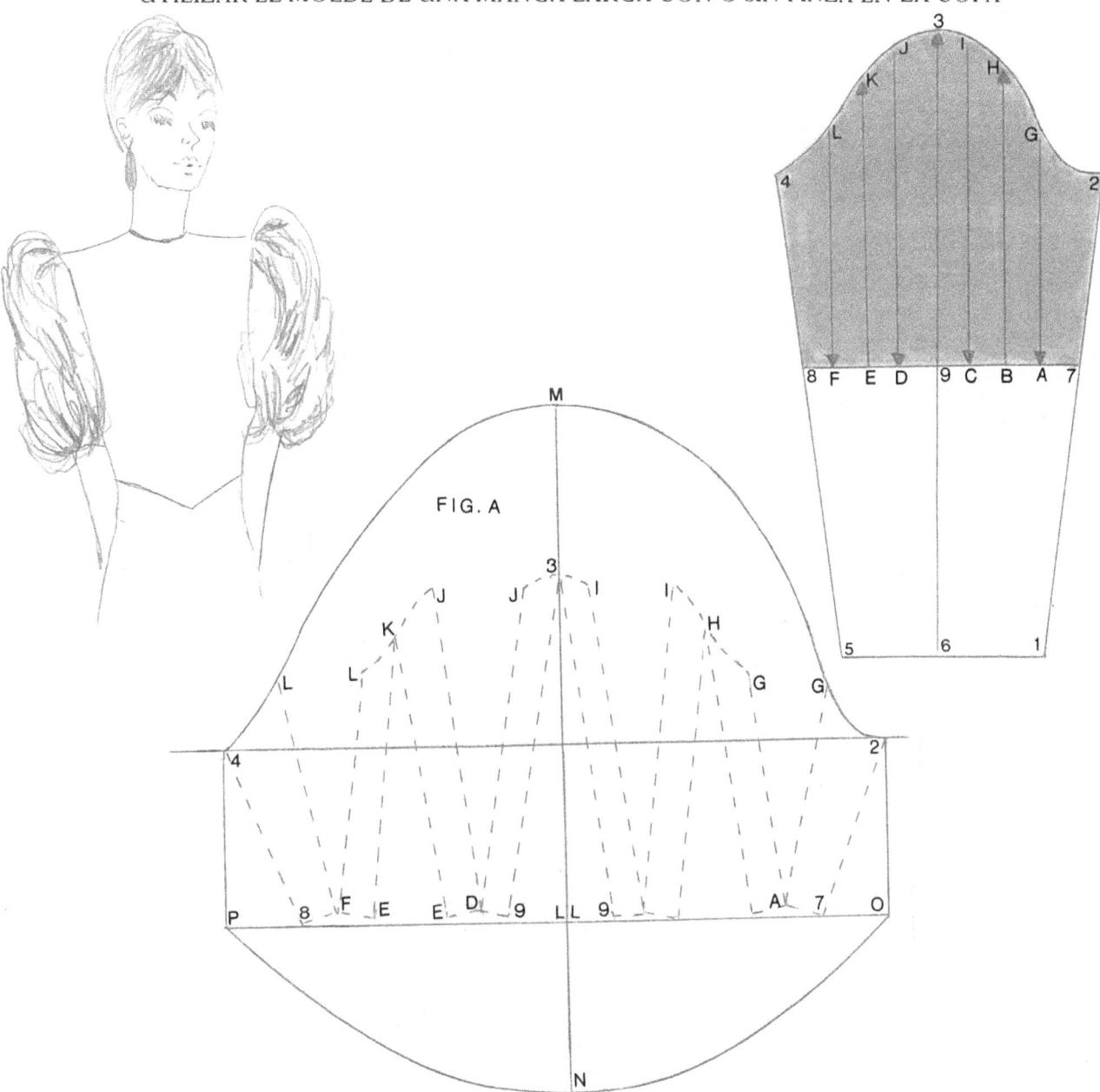

1-2 y 4-5 = laterales, 2-3-4 = copa, 3-6 = línea central, 7-8 = altura de codo, 9 = unión de las líneas.
Dividir en cuatro la distancia **7-9** y **9-8** = **A-B-C-D-E-F**, y desde dichos puntos, escuadrar hasta la copa = **G-H-I-J-K-L**.
Calcar la parte sombreada, luego cortar de arriba hasta abajo por: **G-I-J-L** y de abajo hasta arriba por: **B-9 E**, sin separar.
Trazar una horizontal, y sobre la misma apoyar los puntos 2 y 4, luego separar los cortes a gusto, ejemplo: 8 cm. Fig. A.
Unir los puntos **7-8**.
Marcar el centro de los puntos **9 = LL**. Unir **LL-3**, luego desde **3** y **LL**, prolongar la línea, aplicando 16 cm. o a gusto = **M** y **N** .
Desde **7** y **8**, prolongar la línea aplicando 6 cm. o a gusto = **O** y **P**.
Unir **O-2-G-M-L-4-P-N-O**, como lo indica el trazado.
IMPORTANTE: La Fig. **A**, deberá armarse con crinolina, u organza, etc.(depende de la tela). Reducir la copa como la parte
de abajo a las medidas anteriores; Una vez reducida, se aplicará sobre la manga recta.
NOTA: Si deseare tener mejor movimiento, puede hacer una pinza en el codo.

MANGA LARGA CON PINZAS EN LA COPA

UTILIZAR UNA MANGA LARGA CON O SIN PINZA EN EL CODO

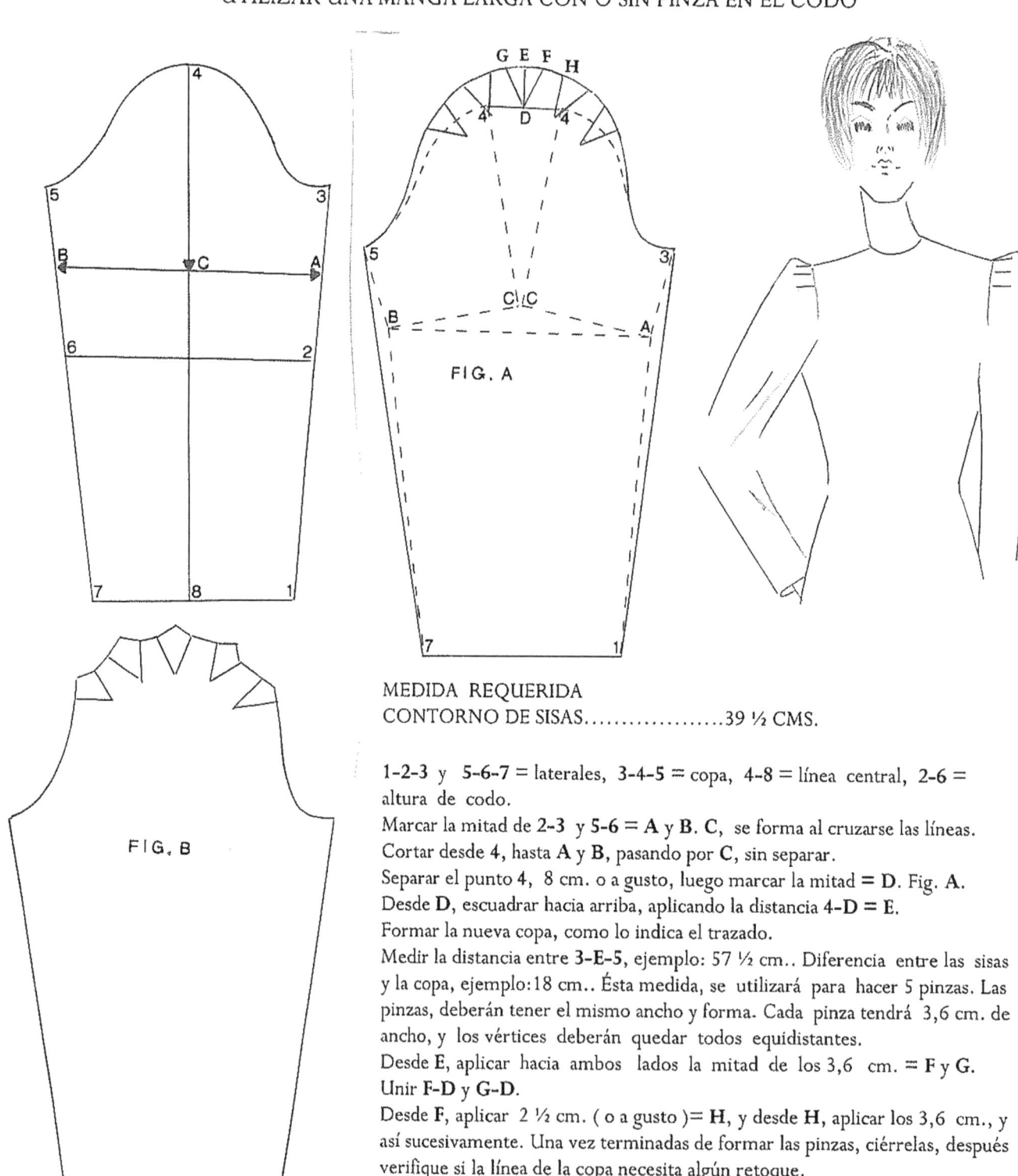

FIG. A

FIG. B

MEDIDA REQUERIDA
CONTORNO DE SISAS...................39 ½ CMS.

1-2-3 y **5-6-7** = laterales, **3-4-5** = copa, **4-8** = línea central, **2-6** = altura de codo.

Marcar la mitad de **2-3** y **5-6** = **A** y **B**. **C**, se forma al cruzarse las líneas.

Cortar desde **4**, hasta **A** y **B**, pasando por **C**, sin separar.

Separar el punto **4**, 8 cm. o a gusto, luego marcar la mitad = **D**. Fig. **A**.

Desde **D**, escuadrar hacia arriba, aplicando la distancia **4-D** = **E**.

Formar la nueva copa, como lo indica el trazado.

Medir la distancia entre **3-E-5**, ejemplo: 57 ½ cm.. Diferencia entre las sisas y la copa, ejemplo:18 cm.. Ésta medida, se utilizará para hacer 5 pinzas. Las pinzas, deberán tener el mismo ancho y forma. Cada pinza tendrá 3,6 cm. de ancho, y los vértices deberán quedar todos equidistantes.

Desde **E**, aplicar hacia ambos lados la mitad de los 3,6 cm. = **F** y **G**.
Unir **F-D** y **G-D**.

Desde **F**, aplicar 2 ½ cm. (o a gusto)= **H**, y desde **H**, aplicar los 3,6 cm., y así sucesivamente. Una vez terminadas de formar las pinzas, ciérrelas, después verifique si la línea de la copa necesita algún retoque.

Formar las líneas laterales. Fig. **B**.

MANGA LARGA CON RECORTE EN LA COPA

UTILIZAR LA MANGA DE LA PÁGINA ANTERIOR CON PINZAS EN LA KOPA

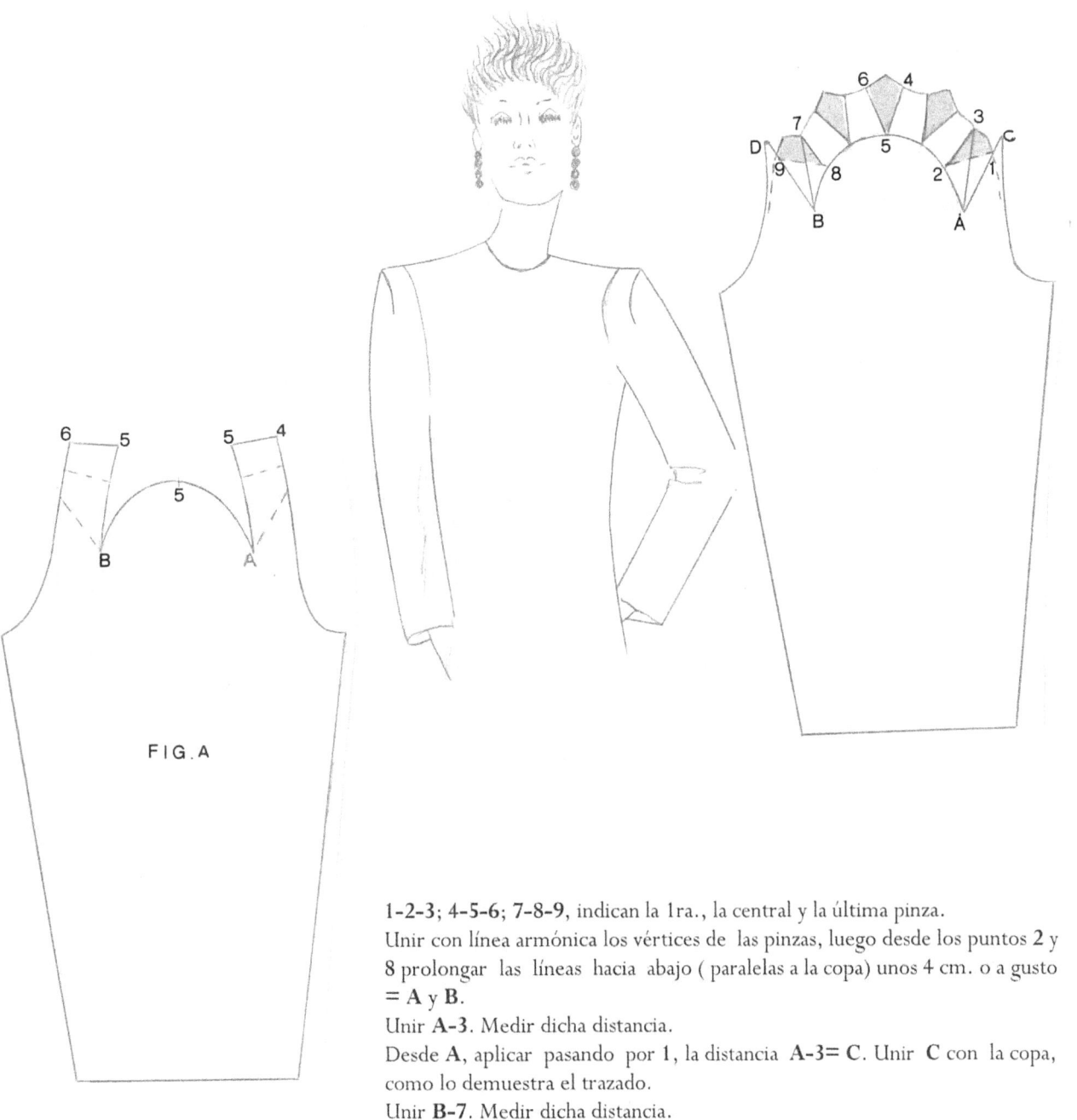

FIG. A

1-2-3; 4-5-6; 7-8-9, indican la 1ra., la central y la última pinza.

Unir con línea armónica los vértices de las pinzas, luego desde los puntos 2 y 8 prolongar las líneas hacia abajo (paralelas a la copa) unos 4 cm. o a gusto = **A** y **B**.

Unir **A-3**. Medir dicha distancia.

Desde **A**, aplicar pasando por **1**, la distancia **A-3= C**. Unir **C** con la copa, como lo demuestra el trazado.

Unir **B-7**. Medir dicha distancia.

Desde **B**, aplicar pasando por **9**, la medida **B-7 = D**. Unir **D**, con la copa.

Cortar desde **4** y **6** hasta **A** y **B**, pasando por **5**, **2** y **8**.

Cerrar las pinzas, después si fuere necesario, suavizar las líneas. Fig. **A**.

IMPORTANTE: Según la tela, deberá armar la manga (tal vez solamente la parte superior).

MANGA LARGA FORMANDO UNA HERRADURA Y FRUNCES EN LA COPA

UTILIZAR EL TRAZADO ANTERIOR CON LA MISMA PUNTUACION

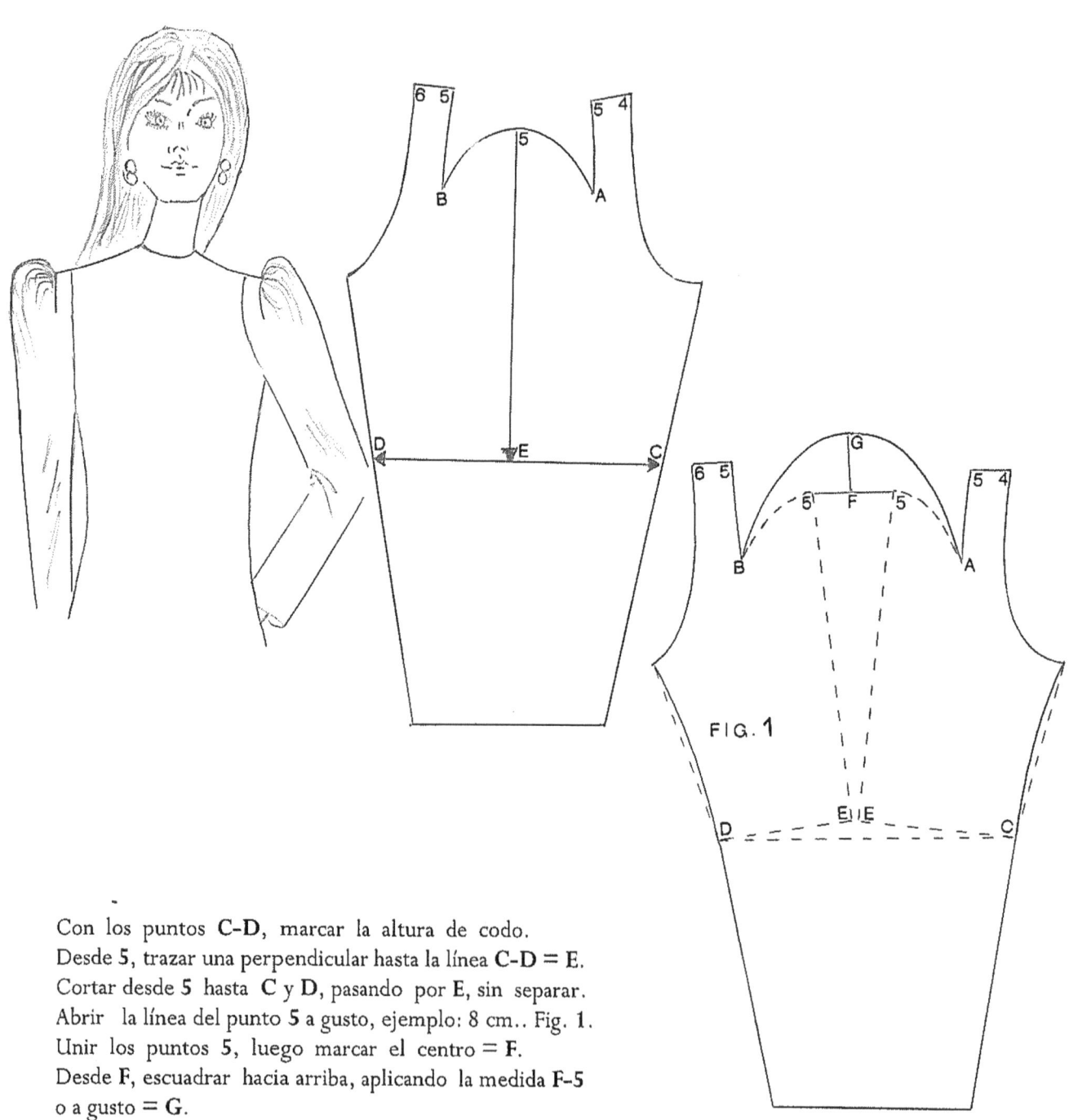

FIG. 1

Con los puntos **C-D**, marcar la altura de codo.
Desde **5**, trazar una perpendicular hasta la línea **C-D = E**.
Cortar desde **5** hasta **C** y **D**, pasando por **E**, sin separar.
Abrir la línea del punto **5** a gusto, ejemplo: 8 cm.. Fig. **1**.
Unir los puntos **5**, luego marcar el centro = **F**.
Desde **F**, escuadrar hacia arriba, aplicando la medida **F-5**
o a gusto = **G**.
Unir **A-G-B**, como lo indica el trazado.
Formar las líneas laterales, con ligera forma.
Al coser, deberá reducir (con dos bastillas)la línea **A-G-B**, a la medida anterior.
En caso de ser necesario, arme la copa.

MANGA LARGA CON DETALLE DE HERRADURA

UTILIZAR EL TRAZADO DE LA PÁGINA 94. FIG. B

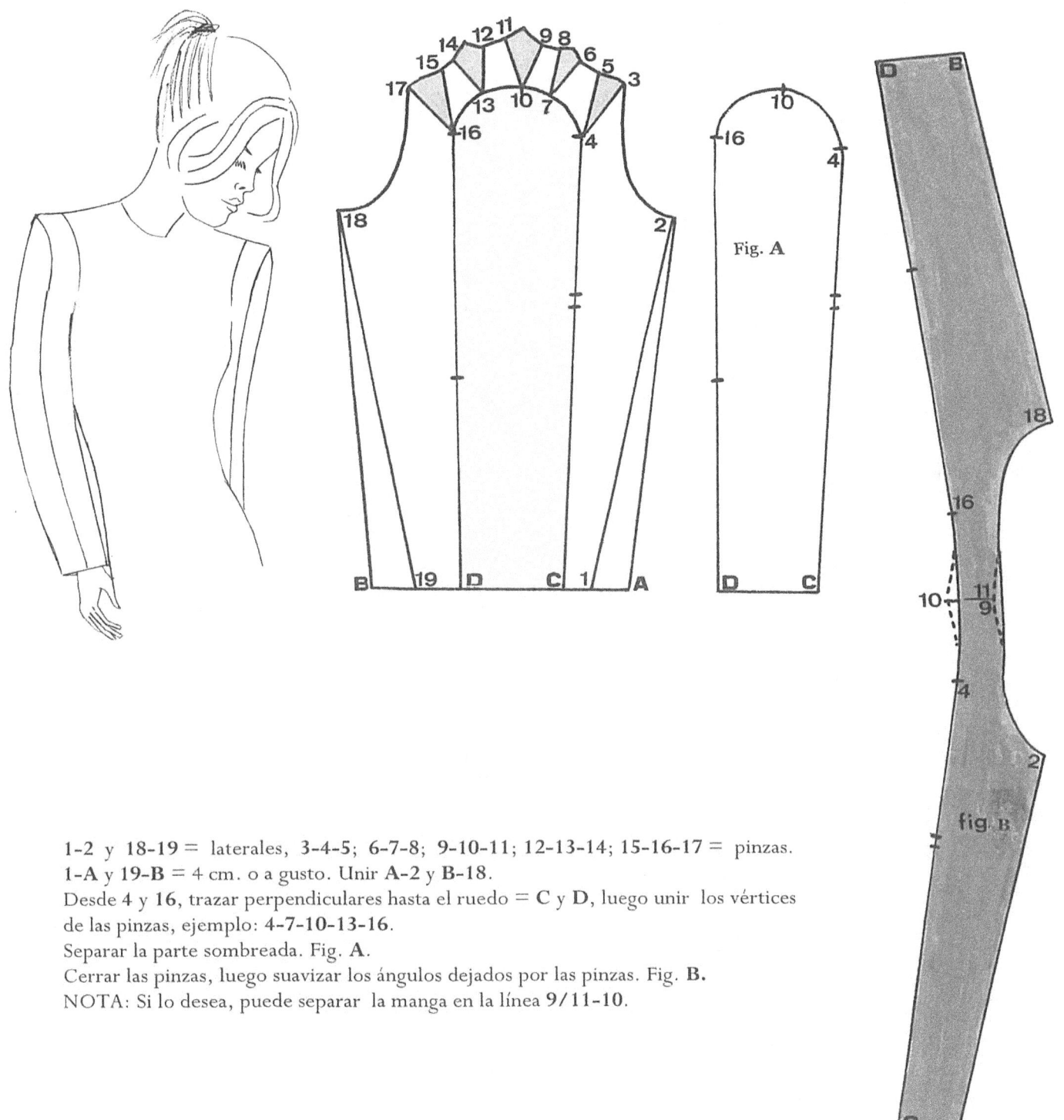

Fig. A

fig. B

1-2 y 18-19 = laterales, 3-4-5; 6-7-8; 9-10-11; 12-13-14; 15-16-17 = pinzas.
1-A y 19-B = 4 cm. o a gusto. Unir A-2 y B-18.
Desde 4 y 16, trazar perpendiculares hasta el ruedo = C y D, luego unir los vértices
de las pinzas, ejemplo: 4-7-10-13-16.
Separar la parte sombreada. Fig. A.
Cerrar las pinzas, luego suavizar los ángulos dejados por las pinzas. Fig. B.
NOTA: Si lo desea, puede separar la manga en la línea 9/11-10.

MANGA CON BUCHE DE PAVO(COWL)

UTILIZAR UNA MANGA SEMI RAGLAN, UNIDOS EN LA LINEA CENTRAL PÁGINA 120- 121

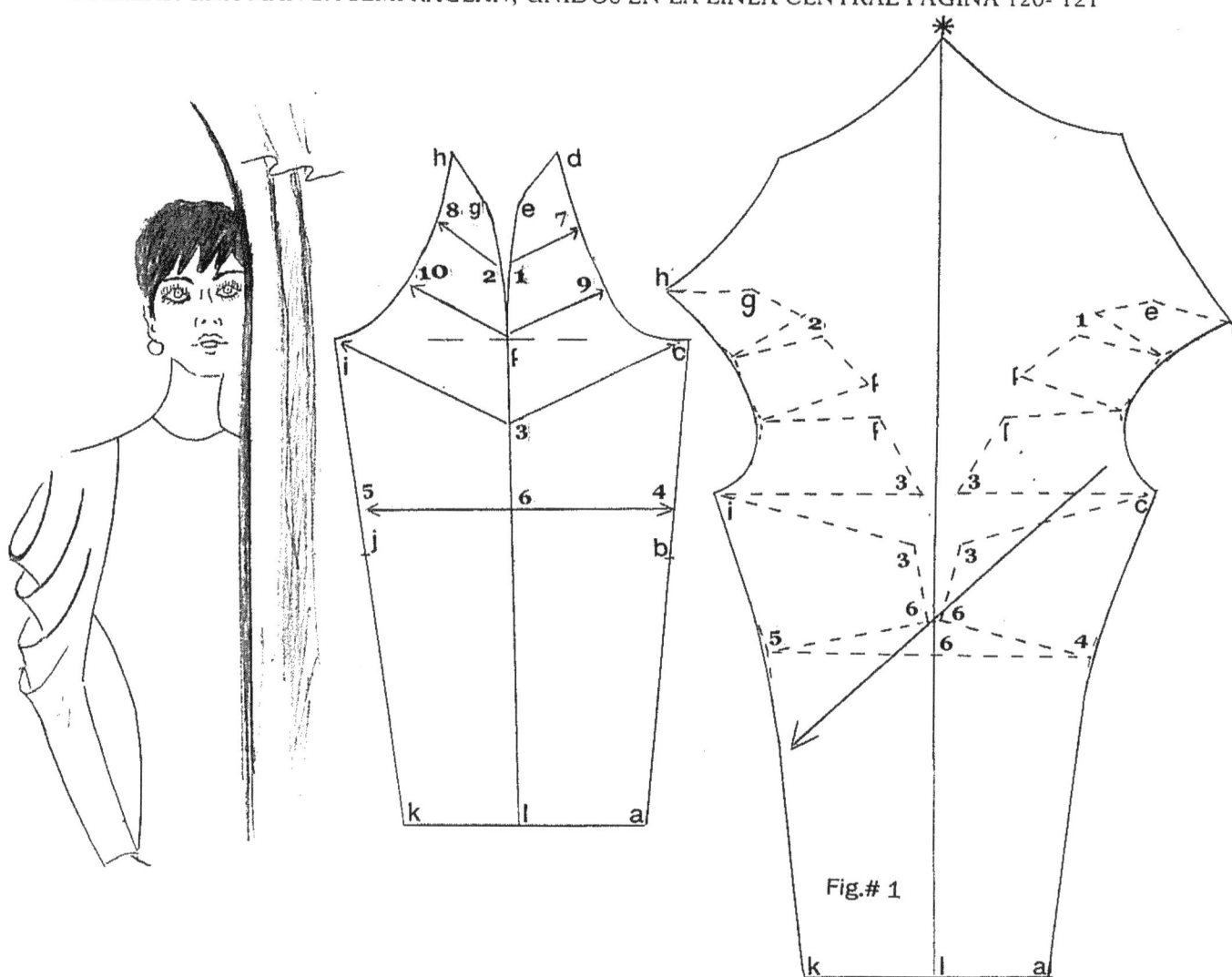

Fig.# 1

a-b-c y i-j-k = laterales, b y j = altura de codo, c-d y h-i = copas, d-e y h-g =partes de los hombros, e-f-g = pinza, f-l = línea central.

Marcar el centro de los puntos e-f y g-f = 1 y 2.

F-3 = f-1. Unir 3-c y 3-i.

Desde b y j, aplicar hacia arriba unos 5 cm.= 4 y 5. Unir 4-5. 6, se forma al cruzarse las líneas.

Desde 1, 2 y f, trazar líneas, como lo indica el trazado, obteniendo los puntos: 7, 8 y 9-10.

Cortar desde f hasta 4 y 5, pasando por 3 y 6; luego de 3 hasta c y de 3 hasta i. Cortar desde f hasta 9 y de f hasta 10. Cortar desde 1 y 2, hasta 7 y 8.

Separar los cortes, de acuerdo a la tela. Fig.#1.

Prolongar la línea central hacia arriba (podría ser el doble de la distancia e-6.

Juntar los hombros uniendo d con h y e con g, sobre la línea central, después sujetar la parte interna, una vez firme, cortar alrededor de las copas, y esa es la forma tipo pentágono que se observa; Después suavizar las líneas de las copas y los laterales.

IMPORTANTE: Los puntos d y h, deberán coincidir con el vértice del pentágono indicado con un *.

MANGA CON DETALLE SOBREPUESTO Y EN DIFERENTE COLOR

UTILIZAR EL TRAZADO DE UNA MANGA LARGA

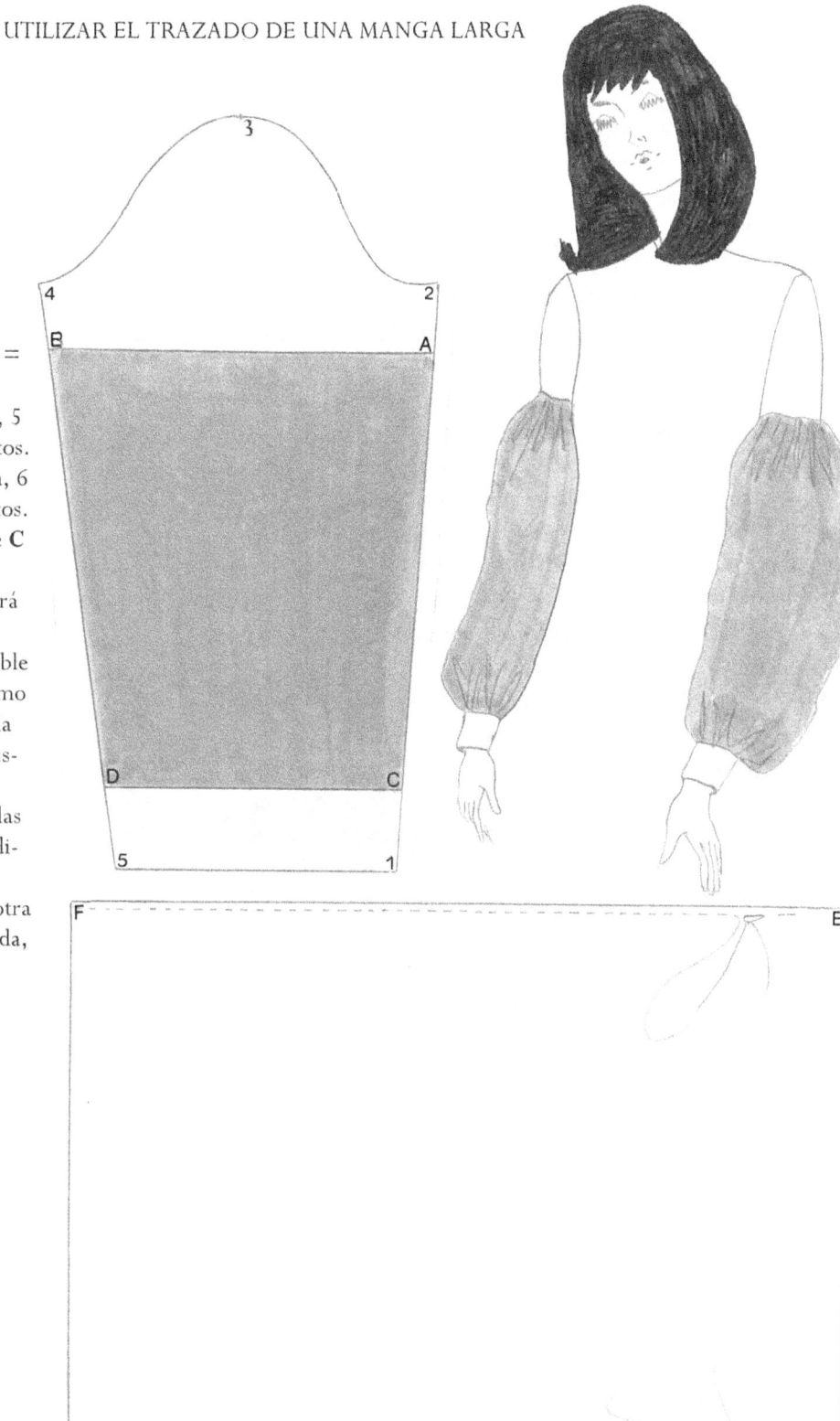

1-2 y 4-5 = laterales, 2-3-4 = copa.

Desde 2 y 4, aplicar hacia abajo, 5 cm.= A y B. Unir dichos puntos.

Desde 1 y 5, aplicar hacia arriba, 6 cm.= C y D. Unir dichos puntos.

Cortar desde A hasta B y de C hasta D, separando.

La parte sombreada, se utilizará como sostén.

Formar un rectángulo con el doble o el triple de la medida A-B como horizontales y por verticales la medida A-C más 10 cm. o a gusto= E-F-G-H.

Antes de coser, deberá reducir las distancias E-F y G-H a las medidas A-B y C-D.

La parte del medio, debe ir en otra tela, ejemplo: pana, chiffon, seda, etc. y, debe estar armada..

MANGA CON VOLADO EN EL PUÑO
UTILIZAR UNA MANGA LARGA

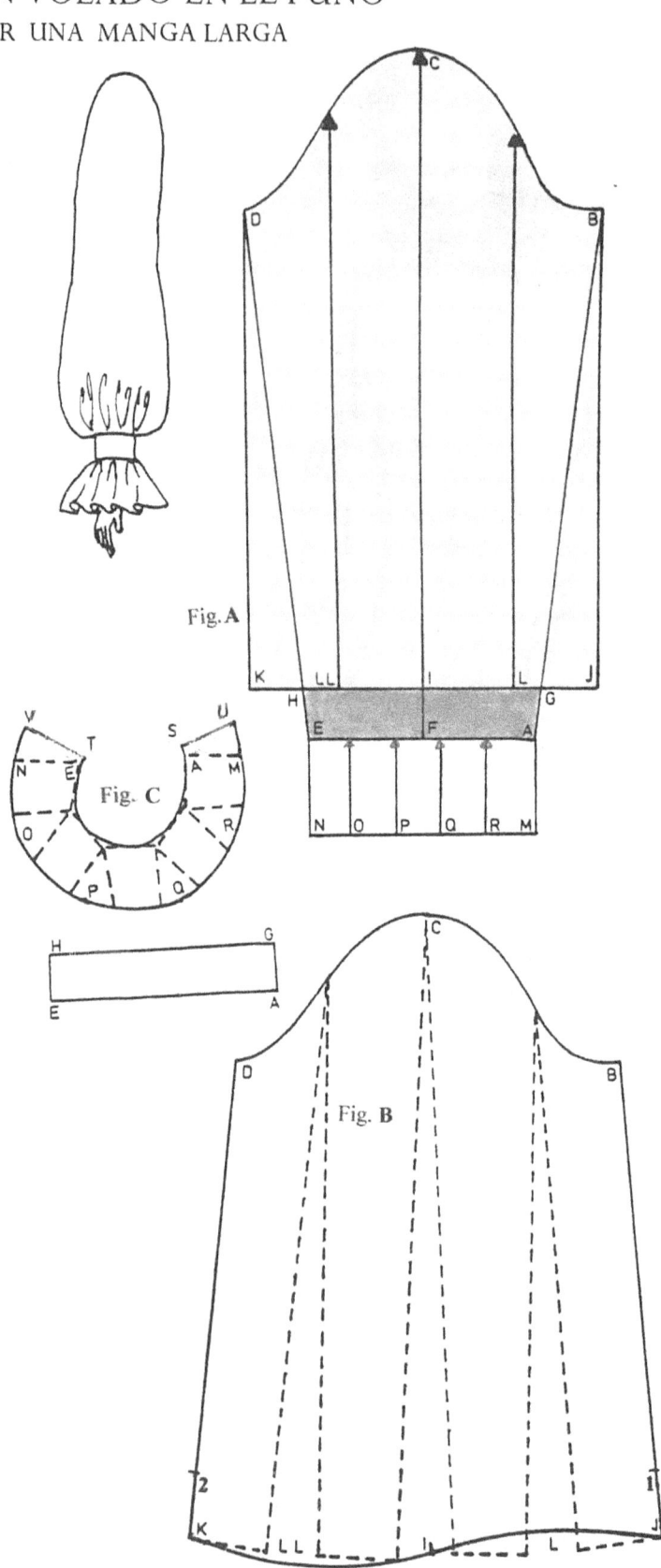

Fig. **A**.

A-B y **D-E** = laterales, **B-C-D** = copa, **C-F** = línea central.

A-G y **E-H** = ancho de puño, ejemplo: 4 cm..

Unir **G-H**. **I**, se forma al cruzarse las líneas.

Desde **G** y **H**, prolongar las rayas, aplicando 6 cm. o a gusto = **J-K**. Unir **J-B** y **K-D**.

Marcar el centro de **I-J** y **I-K** = **L** y **LL**.

Separar la parte sombreada en amarillo.

Cortar desde **L, I, LL** hasta la copa sin separar.

Separar los cortes a gusto, ejemplo:7 cm..Fig.**B**.

Unir **J-I-K**, con forma como lo indica el trazado.

Desde **J** y **K**, aplicar hacia arriba 6 cm. = **1** y **2**.

La distancia entre **J-1** y **K-2**, es para la abertura.

Desde **A** y **E**, escuadrar hacia abajo, aplicando 8 cm. o a gusto = **M** y **N**. Unir dichos puntos.

Dividir en cinco partes la distancia **N-M** = **O**, **P**, **Q**, **R**, y desde dichos puntos trazar verticales hasta la línea **A-E**; Luego cortar por dichas líneas separando los cortes a gusto.

Suavizar los ángulos. Fig. **C**.

Controlar que la distancia **A-E**, sea igual a la medida anterior (es decir antes de hacer los cortes).En éste caso, resulta más corta. Agregar mitad para cada lado de los puntos **A** y **E** = **S** y **T**.

Desde **M** y **N**, prolongar las líneas, colocando mitad de cada abertura = **U** y **V**. Unir **U-S** y **V-T**.

El puño (sombreado en rojo) será recto y se deben cortar cuatro partes. Dos deberán fusarse.

MANGA CON FRUNCE EN EL PUÑO

UTILIZAR UNA MANGA LARGA RECTA

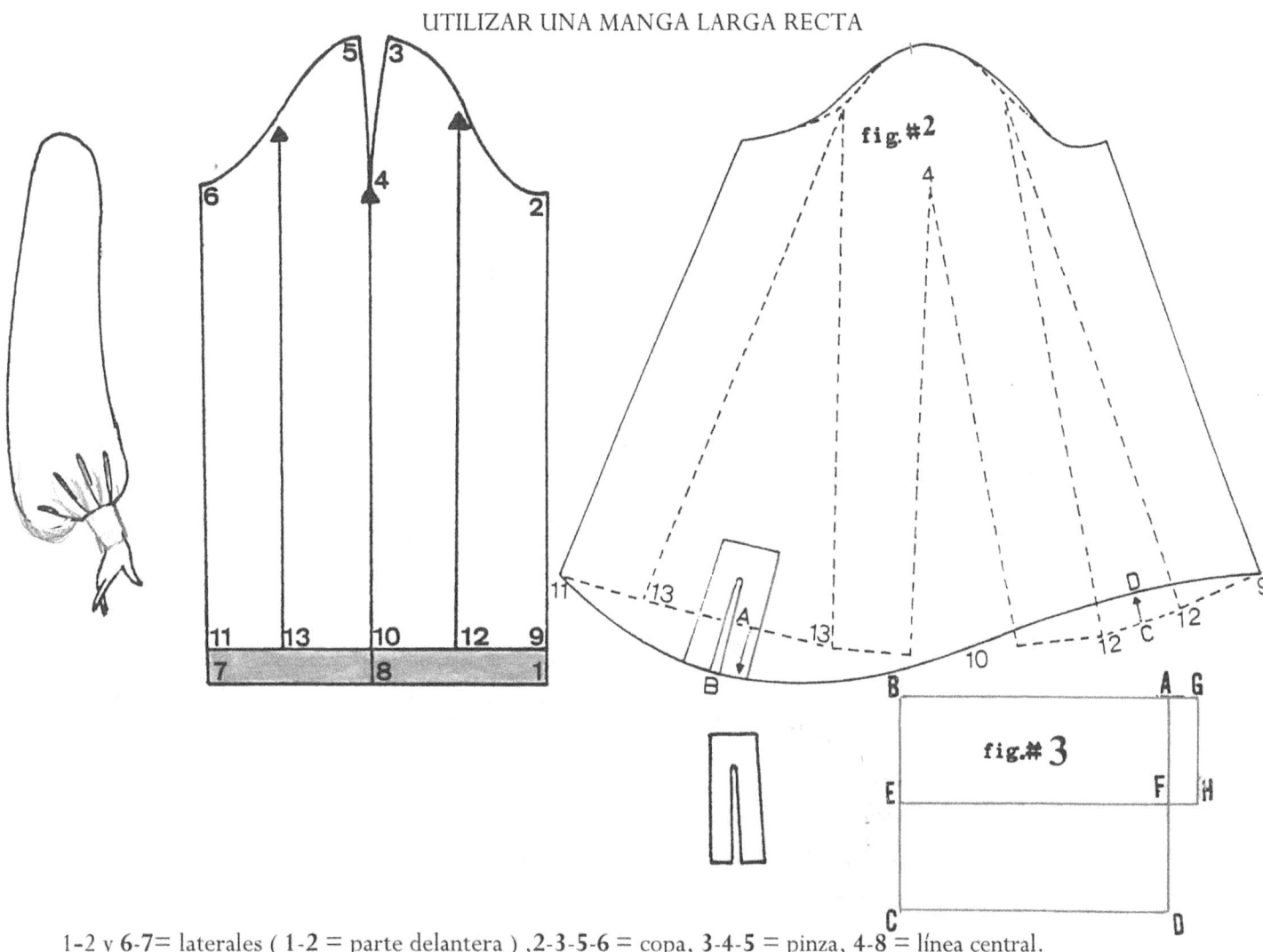

1-2 y 6-7= laterales (1-2 = parte delantera) ,2-3-5-6 = copa, 3-4-5 = pinza, 4-8 = línea central.

1-9, 8-10, 7-11 = 3 cm. acortando la manga. Separar la parte sombreada.

Marcar el centro de 9-10 y 10-11 = 12 y 13.

Desde 12 y 13, trazar perpendiculares hasta la copa, después cortar por dichas líneas. Cortar de 10 hasta 4.

Cerrar la pinza. Abrir las líneas según la amplitud deseada, por ejemplo, la línea 12, abrirla 10 cm., la 10, se abre sola al cerrar la pinza de la copa, y la 13, abrirla 18cm..Fig.#2.

Marcar el centro de 13-13 = A. A-B = 4 cm. o a gusto.

Marcar el centro de 12-12= C. C-D= 2 cm.. Unir 9-D-10-B-11, como lo indica el trazado.

En el punto B, marcar la abertura y la vista. Alto 10 cm. y a cada lado de la abertura unos 2 ½ cm..

PUÑO Fig.#3 Trazar un rectángulo como horizontales Ancho Puño, ejemplo:21 cm. por el doble del Alto de Puño, ejemplo: 16 cm.= A-B-C-D.

E y F = mitad de B-C y A-D.

EXTENCION: A-G y F-H = 3 cm..

NOTA: El Puño, debe armarse con fuse .

Antes de ubicar el Puño, deberá reducir la distancia 9-11, a la medida A-B, del Puño.

MANGA CON PUÑO RECTO

UTILIZAR UNA MANGA LARGA

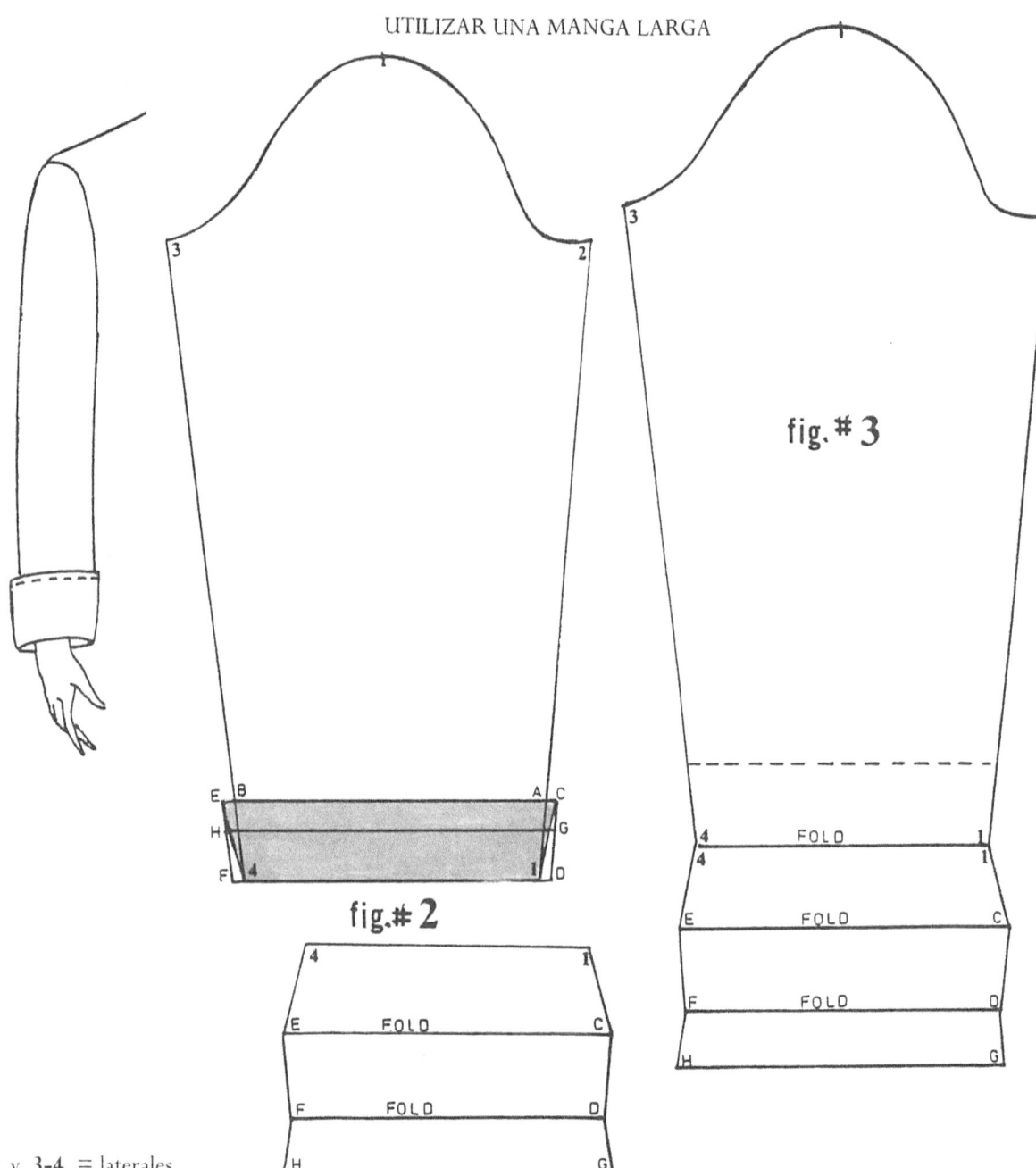

fig.# 2

fig.# 3

1-2 y 3-4 = laterales.

1-A y 4-B = ancho de puño deseado, ejemplo: 6 cm.. Unir A-B.

Desde A y 1, y B-4, aplicar hacia fuera 1 /4 de cm., o según el grosor de la tela = C-D y E-F. Unir C-D y E-F. Unir C-1 y E-4.

D-G y F-H = 4 cm. (para vista, o dobladillo). Unir G-H.

Calcar la parte sombreada. Doblar el papel de molde por la línea C-E y calcar C-D y E-F, doblar de nuevo el papel por D-F, y calcar D-G y F-H.

IMPORTANTE: Si deseare hacer el puño junto a la manga, una 1 con 1 y 4 con 4. Fig.#3.

MANGA CON PUÑO INCLINADO
UTILIZAR UNA MANGA LARGA

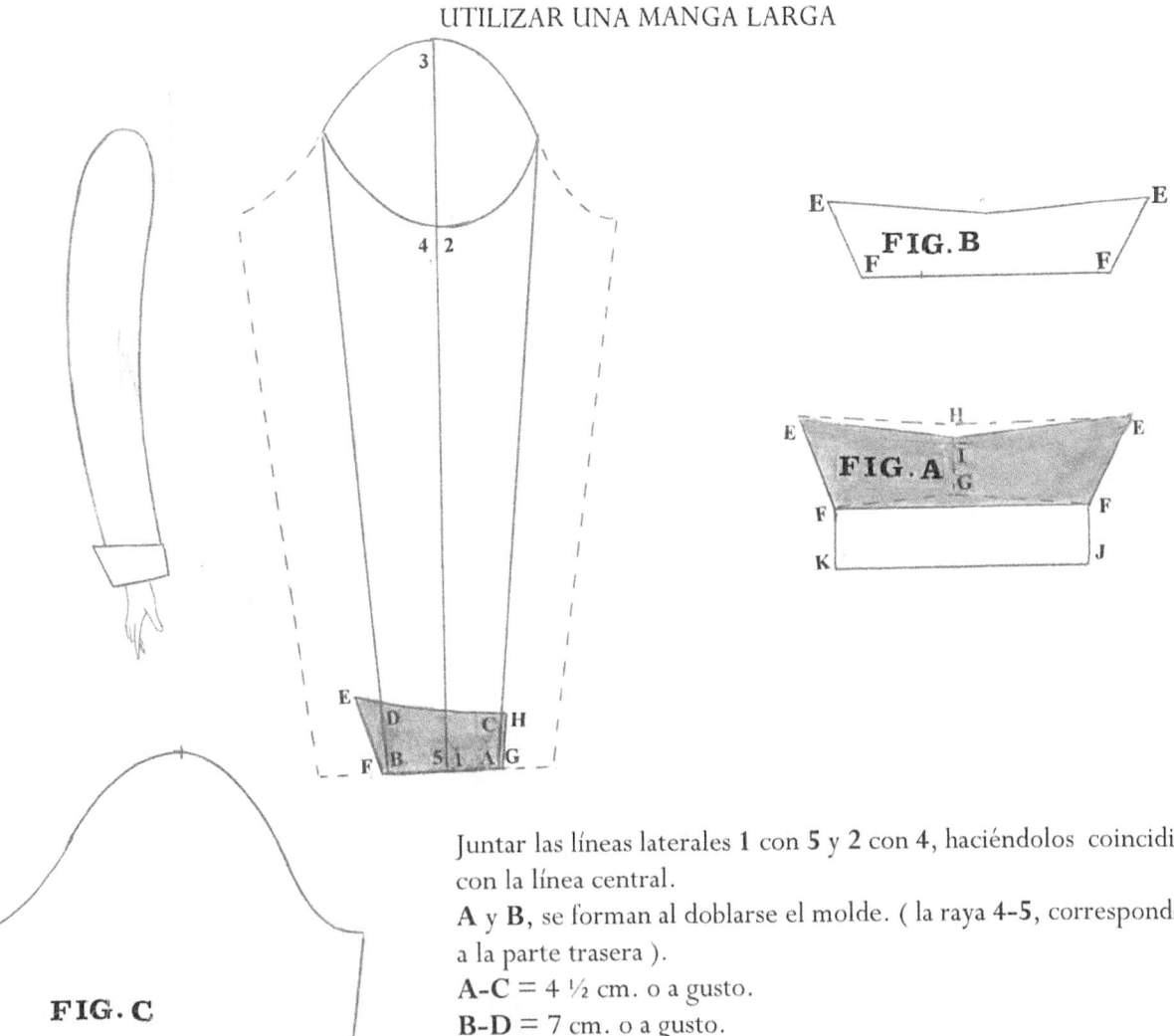

Juntar las líneas laterales **1** con **5** y **2** con **4**, haciéndolos coincidir con la línea central.

A y **B**, se forman al doblarse el molde. (la raya **4-5**, corresponde a la parte trasera).

A-C = 4 ½ cm. o a gusto.

B-D = 7 cm. o a gusto.

Unir **C-D**, luego prolongar la línea, agregando 2 cm. o a gusto = **E**.

B-F = 1/4 de cm., igual que **A-G** y **C-H**, o según el grosor de la tela. Unir **F-E** y **G-H**.

Doblar el papel de molde por la línea **G-H**, y calcar el puño. Fig. **A**.

Desde **H**, aplicar hacia abajo la distancia entre **G** y la línea recta = **I**.

Unir **E-I-E**.

Desde los puntos **F**, escuadrar aplicando 4 cm. para dobladillo = **J-K**. Unir **J-K**.

Calcar la parte sombreada. Fig. **B**.

Abrir la manga. Fig. **C**.

Al coser el puño a la manga, deberá juntar los puntos **F** con **B**.

MANGA CON FONDO ESTILO CAJA
UTILIZAR UNA MANGA LARGA

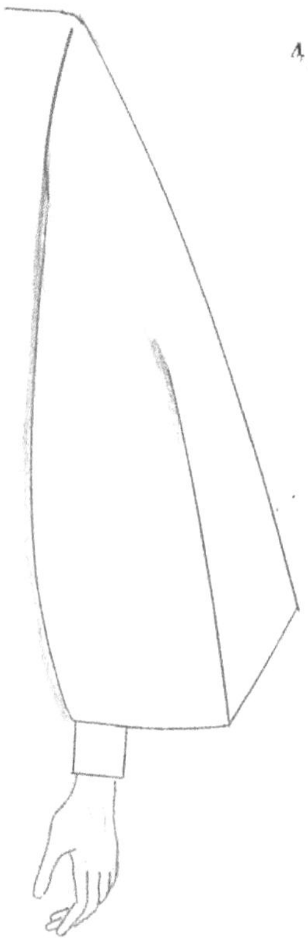

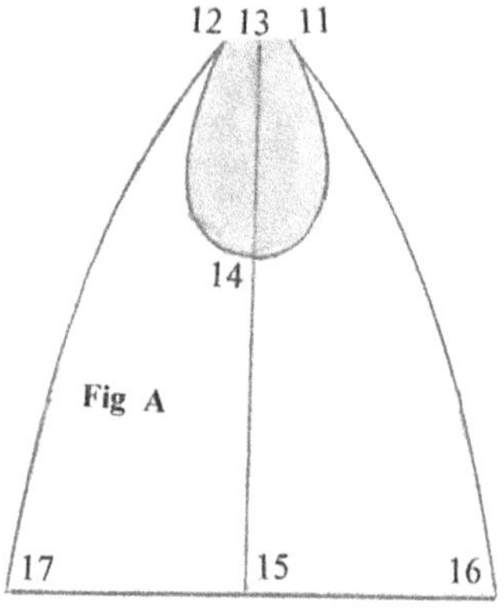

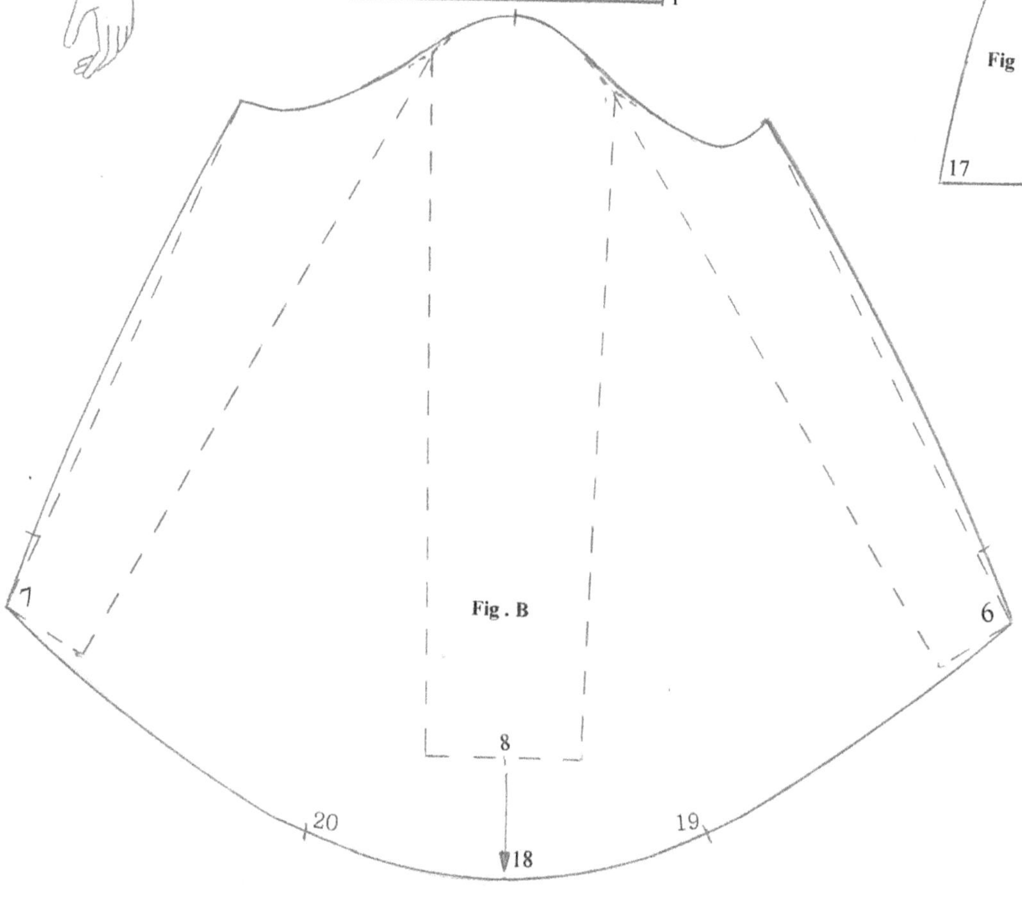

Fig A

Fig . B

1-2 y 4-5 = laterales, (1-2 = parte delantera),2-3 -4 = copa,

Desde 1 y 5, aplicar hacia arriba 6 cm. (ancho de puño)= 6 y 7. Unir 6-7. 8, se forma al cruzarse las líneas. Separar la parte sombreada.

Marcar el centro de 6-8 y 8-7 = 9 y 10. Desde dichos puntos, trazar perpendiculares, hasta la copa, indicados con flechitas, después, cortar por dichas líneas, sin separar.

BASE O FONDO DE LA MANGA. Fig. **A**

Formar un óvalo (parte sombreada (separado en la parte de arriba por unos 3 cm. para margen de costura) con la medida **6-7**, más 4 cm.= **11** y **12**. **13** = mitad de 11-12.

Desde 13, trazar una vertical. 14, se forma al cruzarse las líneas. Desde el punto 14,aplicar 14 cm. o a gusto = **15**.

Desde 15, escuadrar hacia ambos lados, aplicando 11 cm. o a gusto = **16** y **17**. Unir-16-11 y 17-12, como lo indica el trazado.

Medir la distancia entre 11-12, pasando por **16-15-17** = 78 cm. .

Fig. **B**.

Desde 8, aplicar hacia abajo 8 cm. o a gusto = **18**.

Separar los cortes de modo que al unir **6-18 -7**, tenga la medida de la distancia **11-12** (Fig. **A**)ejemplo: 78cm..

6-19 y **7-20 = 11-16** y **12-17**.

Unir los laterales, con forma. Suavizar la línea de la copa.

PUÑO

Desde 1y 6, aplicar 3 cm. para cruce, luego doblar el molde por la línea **1-5** y calcar la parte opuesta.

DETALLES DE COSTURA

COMO SE DEBE ARMAR UNA PRENDA CON ORGANZA O PERCALINA

1ro. Extienda la organza o percalina sobre una mesa. Esta debe estar previamente mojada, (o decatizada) y planchada húmeda, a los efectos de evitar posibles arrugas .

2do. Coloque las piezas sobre la organza u, o la percalina, luego sujételos con alfileres, después pase varios hilvanes en forma vertical (sin poner la mano debajo) cuidando que no quede ninguna flojedad.

3ro. Pase un hilván por encima del punto flojo sujetando las dos telas y, **sin poner la mano de abajo**. Una vez pasados los hilvanes, quite los puntos flojos.

IMPORTANTE: Si la tela fuere a cuadros o rayas, cuide que éstos no se tuerzan.

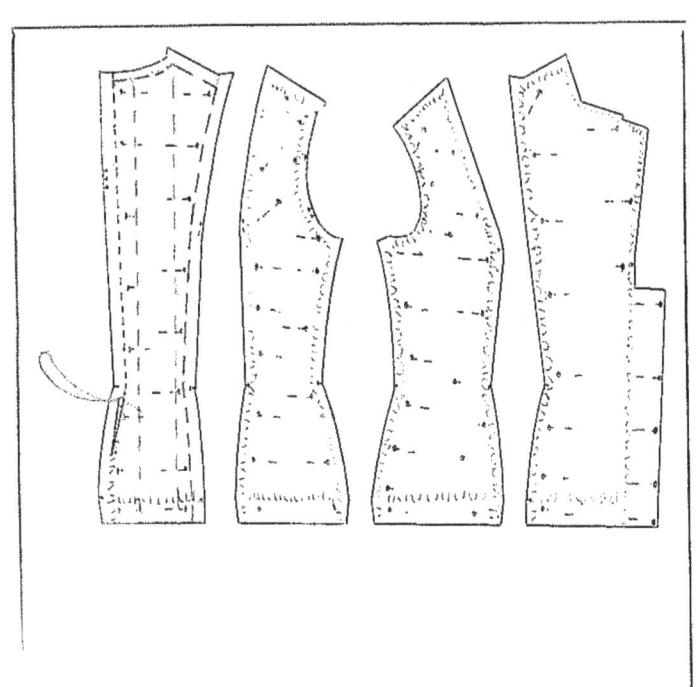

MANGA MUY AGLOBADA
UTILIZAR UNA MANGA LARGA

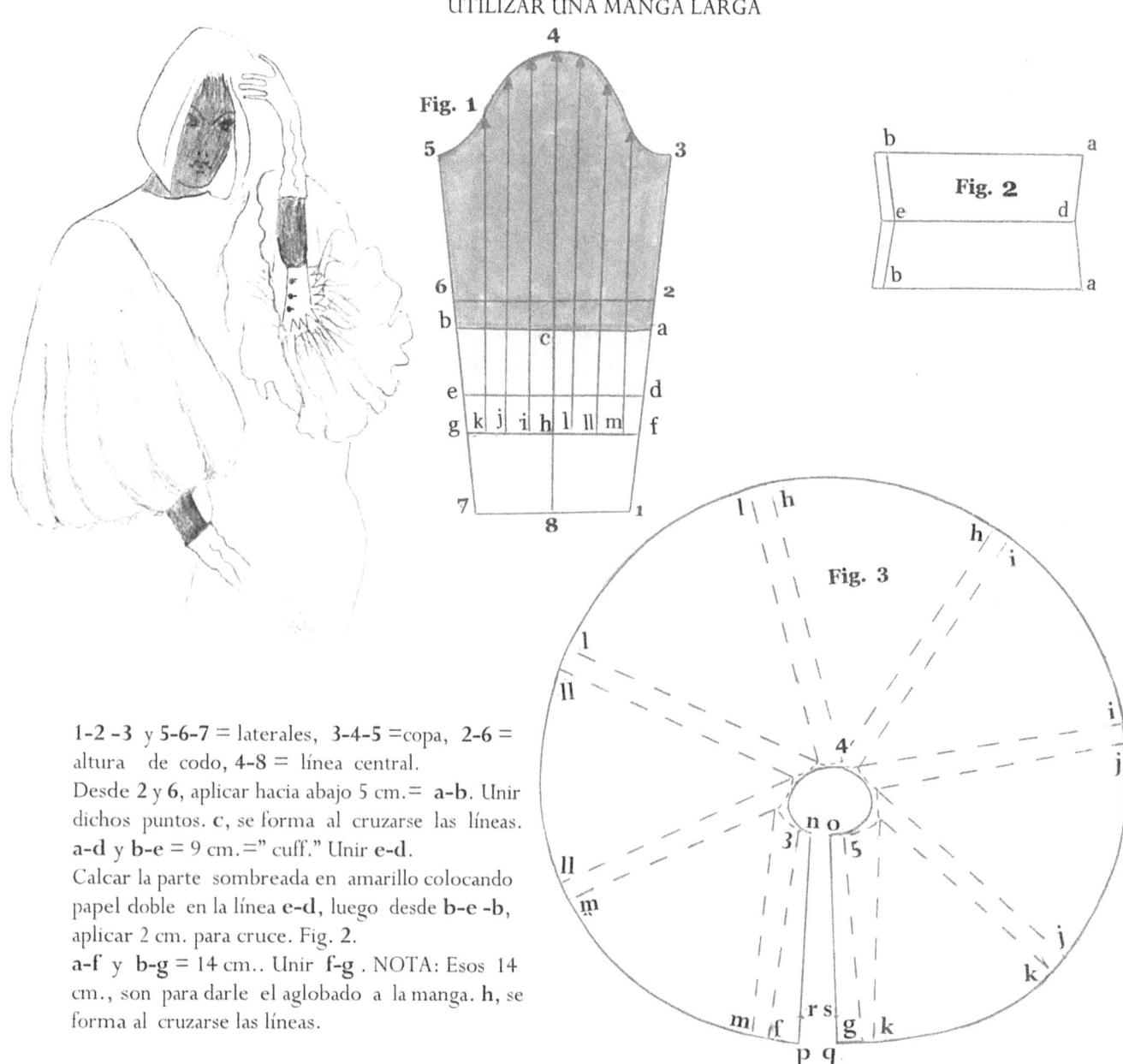

1-2 -3 y 5-6-7 = laterales, 3-4-5 =copa, 2-6 = altura de codo, 4-8 = línea central.

Desde 2 y 6, aplicar hacia abajo 5 cm.= a-b. Unir dichos puntos. c, se forma al cruzarse las líneas. a-d y b-e = 9 cm.=" cuff." Unir e-d.

Calcar la parte sombreada en amarillo colocando papel doble en la línea e-d, luego desde b-e -b, aplicar 2 cm. para cruce. Fig. 2.

a-f y b-g = 14 cm.. Unir f-g . NOTA: Esos 14 cm., son para darle el aglobado a la manga. h, se forma al cruzarse las líneas.

Dividir en cuatro la distancia h-g = i-j-k , hacer lo mismo con la distancia h-f = l-ll-m. Desde dichos puntos, trazar perpendiculares hasta la copa, después cortar por dichas líneas sin separar.

Abrir los cortes hasta llegar casi a formar un círculo.

Suavizar la línea de la copa, al suavizar la copa, ésta perdió parte de la medida anterior, por lo tanto debe de recuperarla.

Desde 4, aplicar pasando por 3, la medida anterior, es decir antes de hacer los cortes = n. Haga lo mismo con el lado opuesto = o.

Desde n y o, trazar perpendiculares, aplicando la distancia 3-f = p-q. Unir p-f-m-ll-l-h-i-j-k-g-q. Fig. 3. La Fig. 3, deberá armarse, después se reducirá y se apoyará sobre la Fig. 1. parte sombreada oscura, uniendo q con a, 3 con o, 4 con 4, 5 con n y b con p, después se unirá el "cuff," uniendo a con q y b con p.

p-r y q-s = 7 cm. para la abertura.

MANGA CON MEDIO PUÑO

UTILIZAR UNA MANGA LARGA SEPARADA POR LA LINEA CENTRAL

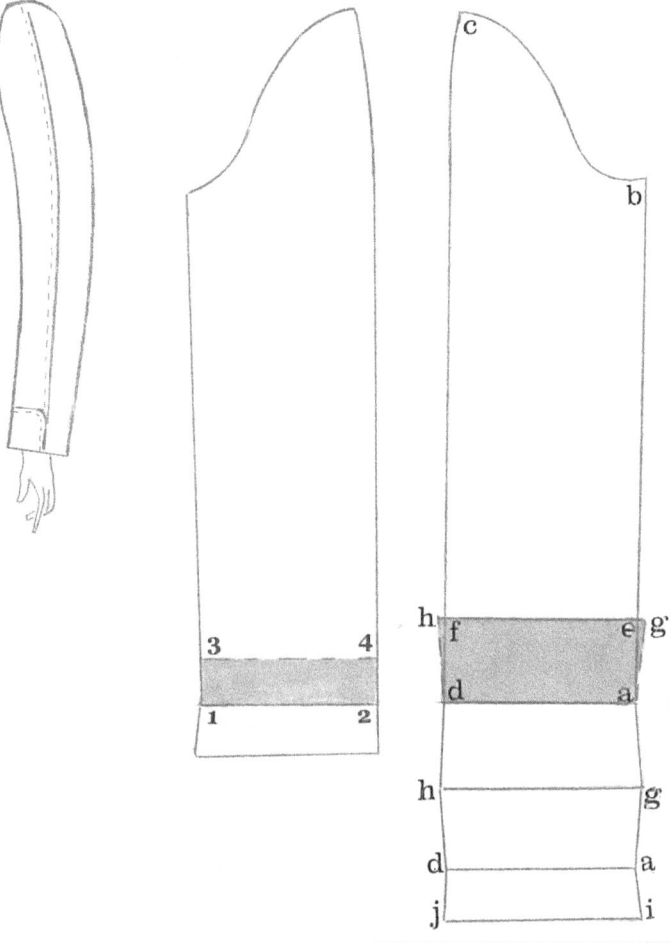

a- b = lateral delantero, c-d = línea central.

a-e y d-f = 6 cm. o a gusto. Unir e-f.

e-g y f-h = 1/4 de cm., o según el grosor de la tela. Unir g-a y h-d.

Doblar el papel (hacia arriba) por la línea a-d y calcar la parte sombreada, luego doblar de nuevo el papel de molde por la línea g-h, y calcar de nuevo la parte sombreada, después doblar por la línea a-d y calcar solamente la mitad de la distancia a-g y d-h = i-j. Unir i-j. a-i y d-j = vista, o dobladillo.

De desearlo, podría redondear el ángulo indicado con h.

PARTE TRASERA

1-2 = terminación de la manga.

Desde 1 y 2, aplicar hacia arriba la mitad de la distancia a-g y d-h = 3 y 4. Unir 3-4.

Doblar el papel por la línea 1-2, y calcar la parte sombreada = vista (o dobladillo).

DETALLES DE COSTURA

PI PING

El pi ping, se usa para evitar el surfilado.

Se debe utilizar una tira de organza al bies de unos 2 ½ cm. de ancho.

Se comienza a coser, colocando orillo con orillo y su ancho, el pie de la máquina. Fig. A. Una vez cosidos, planchar inclinando la organza, eso le facilitará en mucho para que le salga un trabajo muy prolijo.

Al doblar la organza hacia dentro, pase una costura bien al lado de la unión. Fig. B.

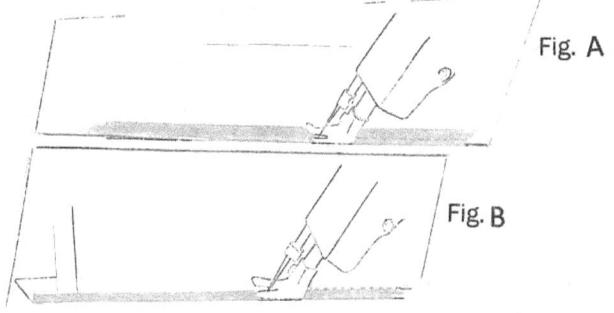

Fig. A

Fig. B

MANGA CON PUÑO REDONDEADO
UTILIZAR UNA MANGA LARGA

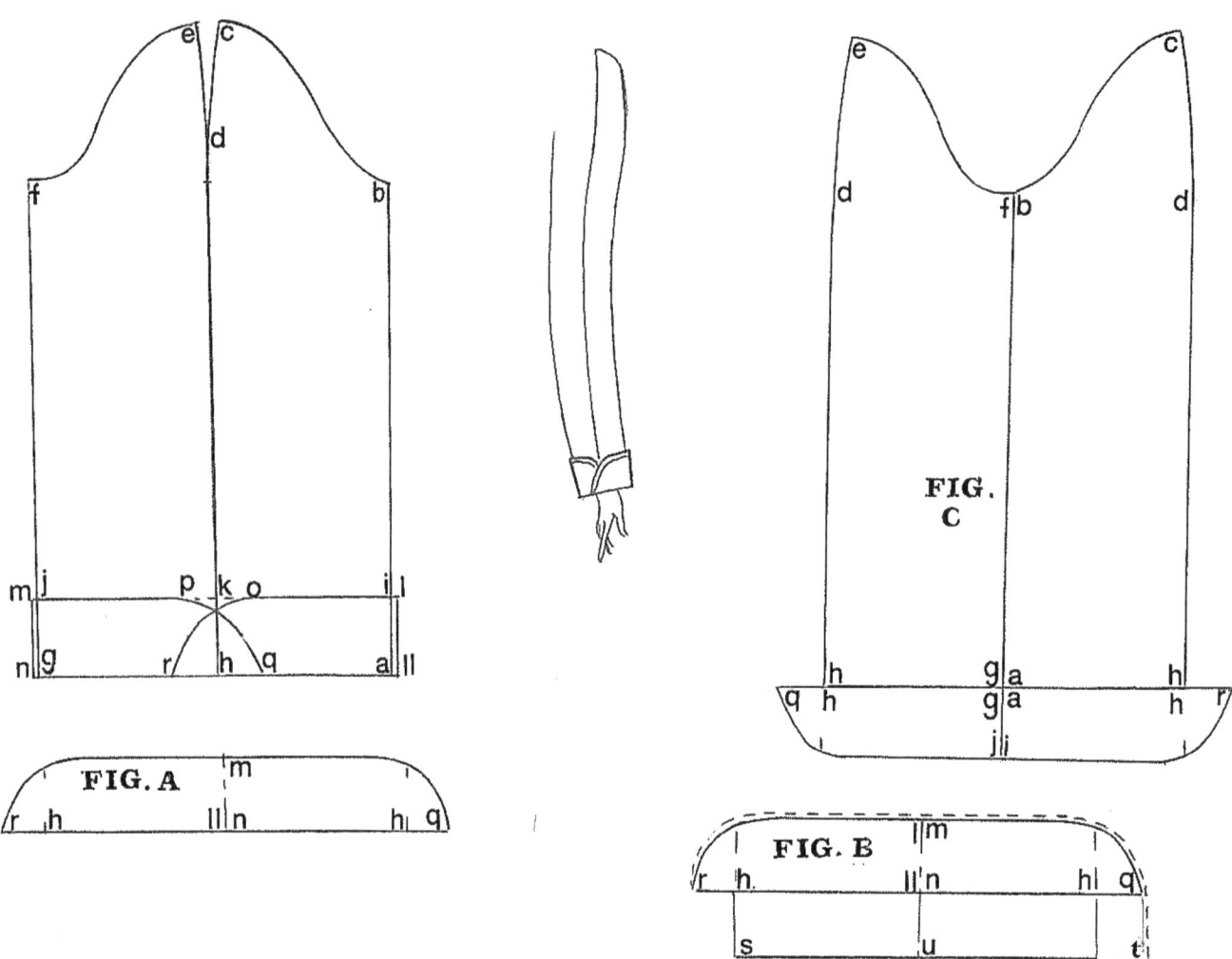

FIG. A

FIG. B

FIG. C

a–b y f - g = laterales, b- c y e-f = copa, c-d-e = pinza, d-h = línea central.

a–i y g–j = 7 cm. o a gusto. Unir i-j. k, se forma al cruzarse las líneas .

i-l, a-ll, j-m y g-n = 1 /4 de cm., o según el grosor de la tela. Unir l–ll y m–n.

Desde k, aplicar hacia ambos lados 3 cm. o a gusto, = o y p, lo mismo que h-q y h-r

Unir r-o y q-p.

Copiar las dos partes del puño, luego juntarlos uniendo l-m y ll-n. Fig. **A.**

TAPA DEL PUÑO Fig. **B**

Utilizar la Fig. **A.**

Desde los puntos h y q, escuadrar aplicando 5 cm. para dobladillo = s-t. Unir dichos puntos. **U**, se forma al prolongar la línea central.

Desde **t**, **q**, **m/l**, **r**, aplicar 1 /4 de cm. (para que no tironee la tapa), y se prolonga también desde **t** hacia abajo y hasta **u**.

IMPORTANTE: Si se deseare hacer la manga con costura central, entonces es conveniente juntar las líneas del bajo manga (laterales), luego agregar el puño, uniendo a con a, g con g, h con h y h con h. Fig. **C.**

MANGA CON VOLADO EN LA COPA

UTILIZAR UNA MANGA LARGA RECTA

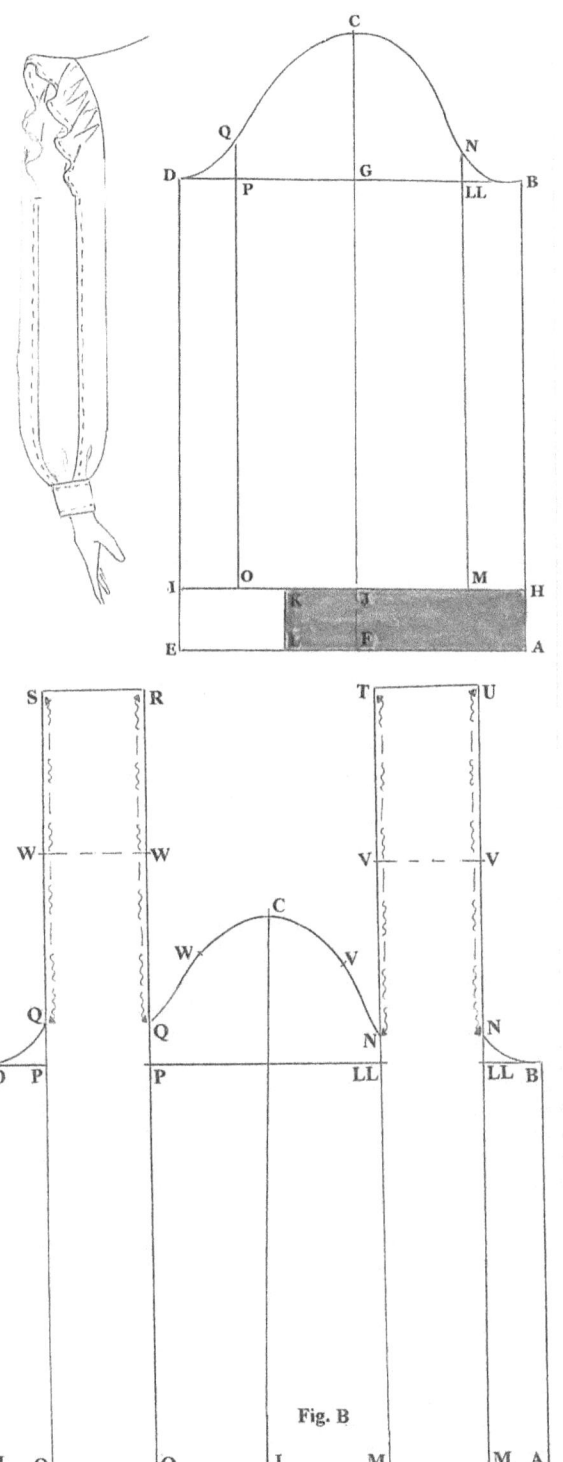

A-B y **D-E** = laterales, **B-C-D** = copa, **C-G-F** = línea central.

A-H y **E-I** =6 cm. o a gusto. Unir **H-I**. **J**, se forma al cruzarse las líneas .

H-K y **A-L** = ancho puño, ejemplo; 21 cm.. Calcar la parte sombreada.

Colocar tela doble en la línea **A=L** . Fig. **A**.

Desde **H** y **B** aplicar 1 /3 parte de la distancia **B-G = M** y **LL** .

Unir **M-LL**, luego prolongar la línea hasta la copa = **N**.

I-O y **D-P = B-LL**. Unir **O-P**, después prolongar la línea hasta la copa = **Q**.

Cortar desde **M**, hasta **N**. Cortar desde **O**, hasta **Q** separando.

Trazar una horizontal y sobre la misma apoyar los moldes separando los puntos **M-N** y **O-Q**, 10 cm. o a gusto.

Desde los puntos **Q**, prolongar las líneas aplicando el doble de la distancia **Q-C= R-S**. Unir **R-S** .

Desde los puntos **N**, prolongar las líneas colocando el doble de la distancia **N-C = T-U**. Unir **T-U**.

V = mitad de **N-T** y **N-U**.

W = mitad de **Q-R** y **Q-S** .

Marcar la mitad de **N-C** y **Q-C = V** y **W** (copa).

Unir **R-T** y **S-U**.

Unir **M** con **M**, **N** con **N**, **V** con **V**, **T/R** con **U/S**, **W** con **W**, **Q** con **Q**, **O** con **O**, mirando hacia fuera.

Reducir las distancias **N-V-T /U, R/S** y **W-Q** a las medidas **N-V-C-W-Q** .

Al coser el volado, haga coincidir los puntos **V**, **T/U-R-S -C**, y **W**.

Las " tablas" deben coserse desde **M** hasta **LL** y desde **O** hasta **P**, haciendo una pestaña a 1 cm. Reducir la parte baja de la manga a la medida del puño.

Fig. B

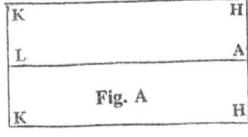

Fig. A

MANGA CON PLIEGUE EN LA PARTE TRASERA
UTILIZAR UNA MANGA LARGA

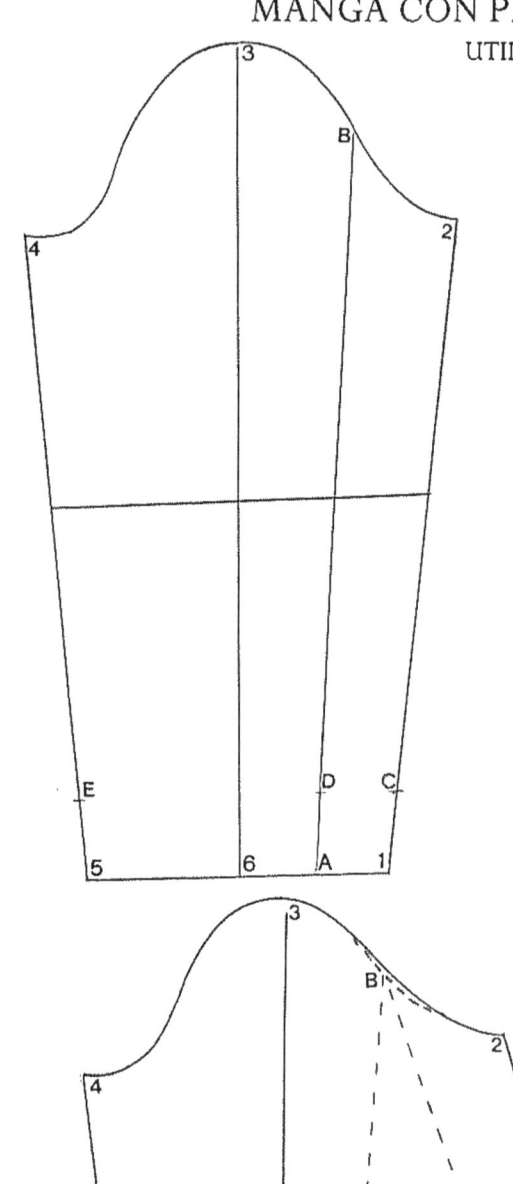

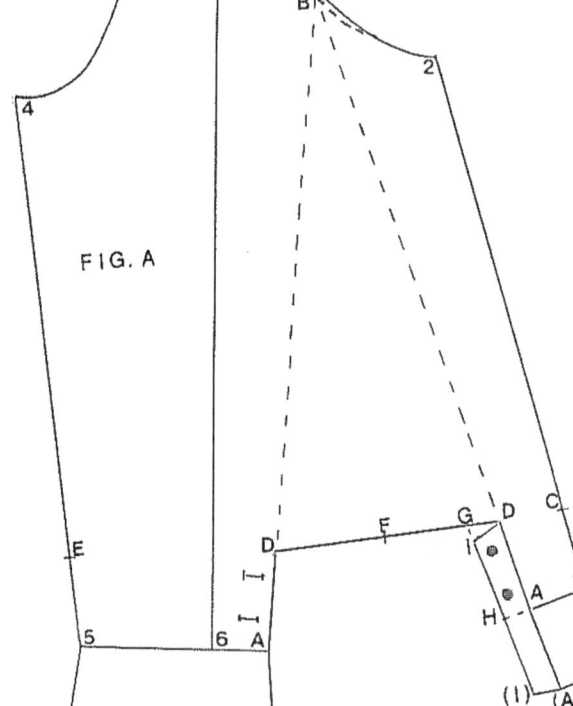

FIG. A

1-2 y 4-5 = laterales, (4-5 = parte delantera) 2-3-4 = copa, 3-6 = línea central.

Marcar el centro de los puntos 1-6 = **A**.

Marcar el centro de los puntos 2-3 = **B**. Unir **B-A**.

Desde **1-A-5**, colocar hacia arriba 7 cm. o a gusto = **C-D-E**.

Cortar desde **A**, hasta **B** sin separar.

Separar el punto **D**, 18 cm. o a gusto, luego marcar el centro = **F**. Fig. **A**.

Desde **D** y **A** (de su derecha), aplicar 2 cm. para cruce = **G** y **H**. Unir **G-H**.

Desde **G**, colocar hacia abajo de 1 a 1 ½ cm.= **I**. Unir **I-D**.

Doblar el papel de molde por las rayas **A-1** y **A-5**, y calcar hasta las partes indicadas con: **C-D-I** y **D-E**. Fig. **A**.

MANGA CORTA ESTILO JAPONESA SIN ROMBO

UTILIZAR CUALQUIER TRAZADO ESPALDA Y DELANTERA

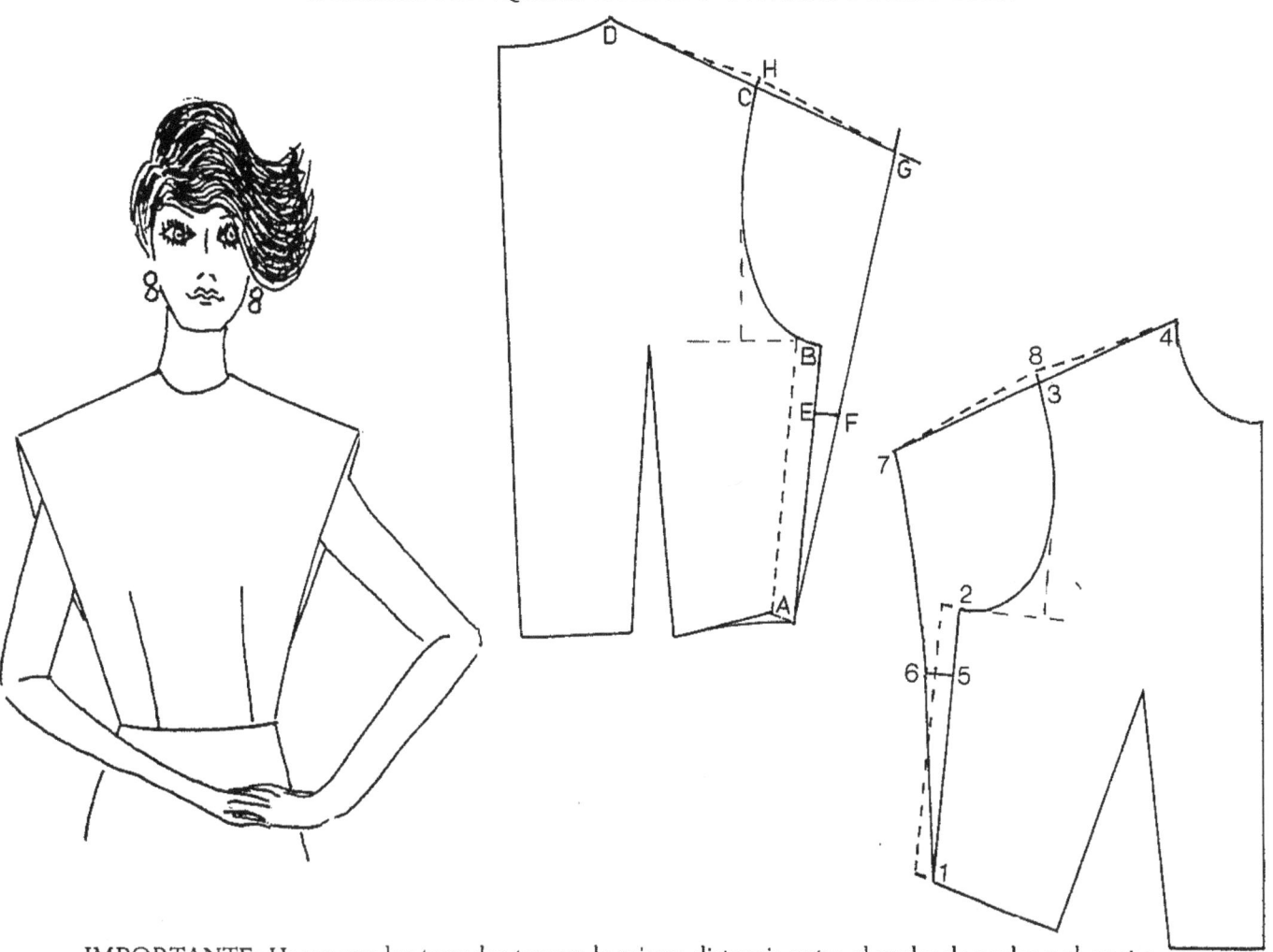

IMPORTANTE: Hacer que los trazados tengan la misma distancia entre el ancho de pecho y el ancho espalda hasta los costados; es decir, quitarle a uno, y agregarlo al otro, como en éste caso.

TRASERA: **A-B** = nueva línea de costado, **B-C** = sisa, **C-D** = hombro.

B-E = 1/4 parte de **B-A** (o a gusto).

E-F = 2 cm. o a gusto.

Unir **A-F** y prolongar la línea, haga lo mismo con la línea del hombro, al unirse las vias, se forma **G**.

Suavizar la línea de la cintura.

DELANTERA: **1-2** = nueva línea de costado, **2-3** = sisa, **3-4** = hombro.

2-5 = **B-E** (trasera).

5-6 = **E-F** (trasera).

Desde **3**, prolongar la línea del hombro, aplicando la medida **C-G** de la trasera= **7**.

Unir **7-6-1** .

Si deseare colocar hombrera, desde **C** y **3**, aplicar hacia arriba la mitad de la altura de la misma= **H** y **8**.

Unir **D-H-G** y **4-8-7**, indicados con línea discontinua.

MANGA TIPO RAGLAN CON UNA COSTURA
UTILIZAR LOS MOLDES SIMPLES ESPALDA Y DELANTERA DE CUALQUIER TRAZADO
MEDIDAS NECESARIAS

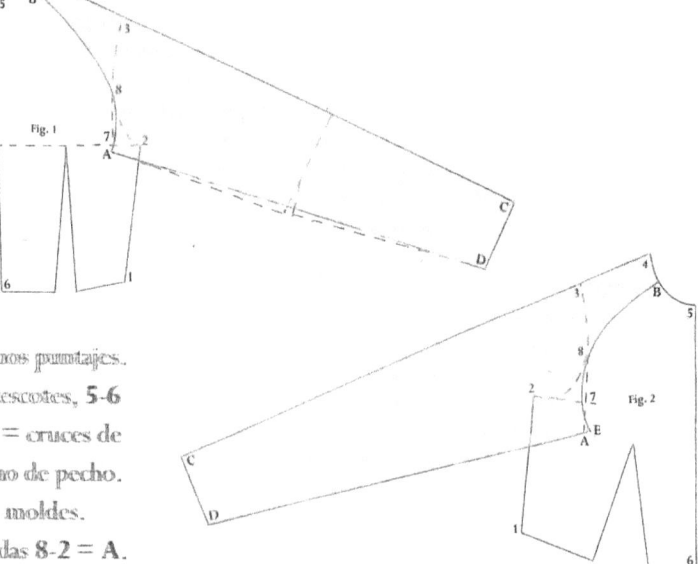

LARGO DE MANGA...........62 CM.
ANCHO DE PUÑO..........20   "

TRASERA Y DELANTERA Fig. 1 y 2 con los mismos puntajes..
1-2 = costado, 2-3 = sisas, 3-4 = hombros, 4-5 = escotes, 5-6
= centros, 7 = ancho espalda, y ancho de pecho, 8 = cruces de
líneas entre las sisas y los anchos de espalda y el ancho de pecho.
Medir las distancias entre los puntos 8 y 2 en ambos moldes.
Desde 8, prolongar las verticales aplicando las medidas 8-2 = **A**.
Desde 4 (trasera) aplicar hacia **5**, 3 cm. o a gusto = **B**. Unir B-
8-A, según lo indica el molde.
Desde 3 (trasera) prolongar la línea del hombro colocando el
Largo de Manga, ejemplo: 62 cm. = **C**.
Desde **C**, escuadrar poniendo la mitad del Ancho de Puño ejem-
plo: 10 cm. = **D**. Unir **D-A**. Medir dicha distancia.
Desde 4 (delantera) ubicar hacia **5**, 4 cm. o a gusto = **B**.
Desde 3 (delantera) prolongar la línea del hombro, aplicando
el Largo de Manga, ejemplo: 62 cm. = **C**.
Desde C, escuadrar colocando la mitad del Puño, ejemplo: 10 cm.
= **D**.
Unir **D-A**. Medir dicha distancia. En éste caso, es más corta que
la medida **D-A** de la parte trasera ¿ Como proceder? Desde **D**,
aplicar pasando por **A**, la distancia **D-A** de la trasera= **E**. Unir
E-8-B, como lo indica el trazado. Copiar las partes sombreadas.
Juntar los dos sobre mangas. Fig. **3**.
MUY IMPORTANTE: Si no desear prolongar la línea desde **A**
hasta **E**, puede cambiar la línea delantera, y, de ese modo dar la
forma del brazo. También podría hacer una pinza en la Alturadel
codo, en la parte trasera, como lo indican las líneas discontinuas
con la distancia **A-E**.

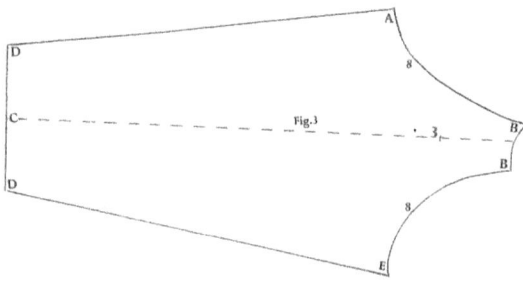

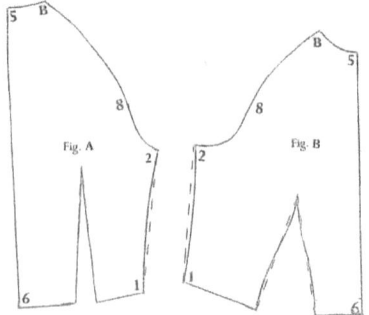

NOTA: Si en cambio resultare más grande la línea delantera, entonces, se deberá prolongar la raya **D-A** de la trasera.
MUY IMPORTANTE: Las pinzas quedan en forma recta, solamente cuando se usan para transformaciones. Fig. **A** y **B**

MANGA ESTILO PISANO

UTILIZAR CUALQUIER TIPO DE TRAZADO ESPALDA Y DELANTERA

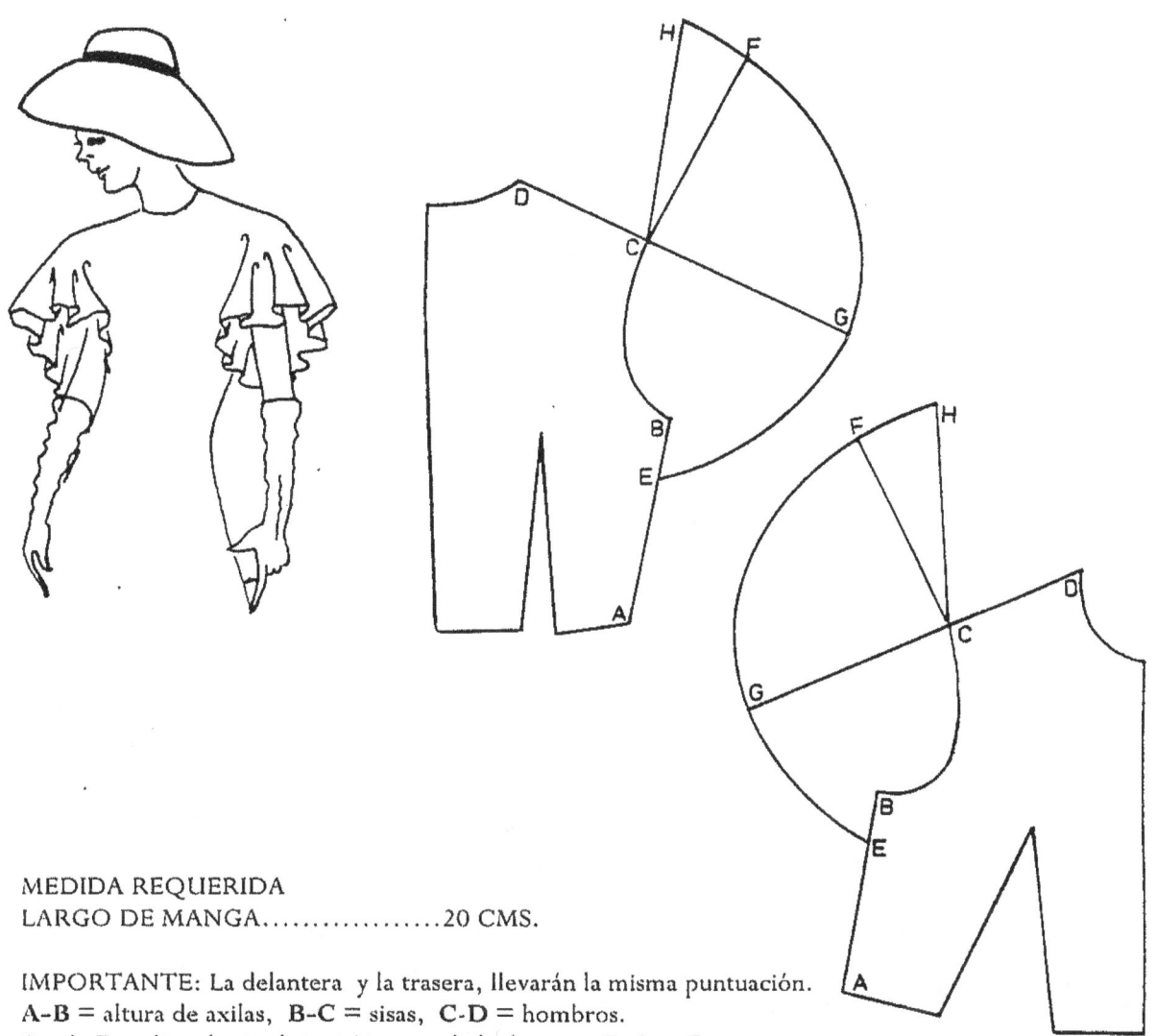

MEDIDA REQUERIDA
LARGO DE MANGA.................20 CMS.

IMPORTANTE: La delantera y la trasera, llevarán la misma puntuación.
A-B = altura de axilas, B-C = sisas, C-D = hombros.
Desde B, aplicar hacia abajo 1/4 parte de la distancia B-A = E.
Desde C, escuadrar hacia arriba (apoyando la escuadra sobre los puntos C-D), aplicando el Largo de Manga , ejemplo: 20 cm.= F.
Desde C, prolongar la línea del hombro, aplicando igual medida de los puntos C-F = G.
DELANTERA: Unir E-G-F, luego prolongar la línea unos 7 cm.= H. Unir H-C. Medir la distancia E-H y H-C.
TRASERA: Unir E-G-F.
Desde E, aplicar pasando por F, la distancia E-H de la delantera. =H. Unir H-C.
Cerciórese que las distancias H-C sean iguales.

MANGA CORTA ESTILO JAPONESA CON ROMBO
UTILIZAR LOS MOLDES DE CUALQUIER TRAZADO TRASERA Y DELANTERA

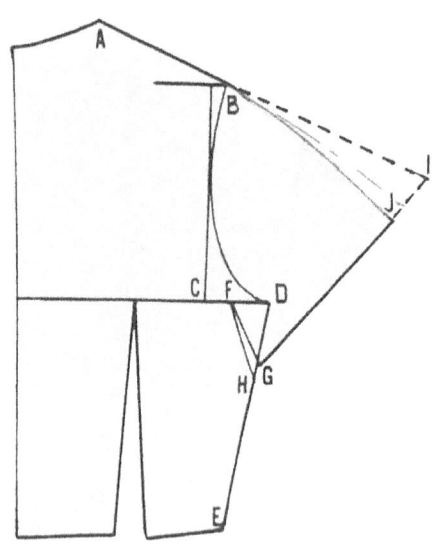
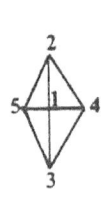
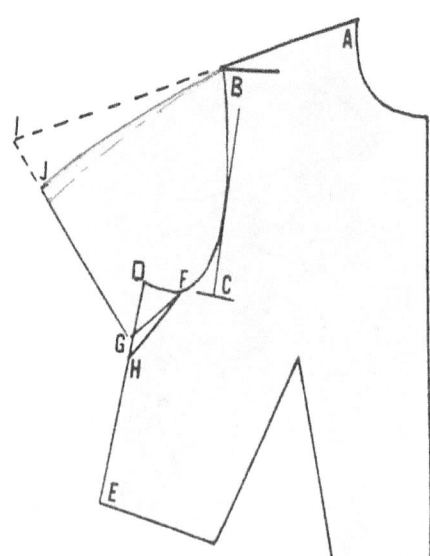

MEDIDAS REQUERIDAS

LARGO DE MANGA..............15 CM.
ANCHO DE BRAZO.............28 "

NOTA: Al Ancho de Brazo le agregamos 4 cm. o a gusto, para darle movimiento al mismo.
IMPORTANTE: la Delantera y la Trasera, llevan la misma puntuación.
A-B = hombros, **B-D** = sisas, **C**= ancho de pecho y ancho espalda, **D-E** = costados.
F = centro de **C-D**.
D-G = 1 /4 parte de **D-E**. **G-H** = 1 cm.. Unir **G-F** y **H-F**.
Desde **B**, prolongar las líneas de los hombros (indicados con líneas discontinuas),colocando el Largo de Manga, ejemplo: 15 cm. = **I**. Unir **I** con **G**.
Medir la distancia entre **I-G** (delantera y trasera), ejemplo: 41 cm..
Desde **I**, delantera y trasera, aplicar la mitad de la diferencia entre los 41 cm. y el nuevo Ancho de Brazo, ejemplo: 4 ½ cm. = **J**. Unir **J-B**, con ligera forma. Revisar que las distancias **A-B-J**, sean iguales.
ROMBO
Formar una cruz. **1**, indica la unión de las líneas.
1-2 = **D-G** ; **1-3** = **D-H**; **1-4** = **D-F** de la delantera; **1-5** = **D-F** de la trasera.
Unir **3-4-2-5-3**.
IMPORTANTE: Antes de colocar el rombo, es necesario reforzar las partes indicadas **F-G-H**.
NOTA: Para algunas personas (las que tienen el brazo inclinado hacia adelante) es necesario mover el punto **J** hacia dentro en la delantera unos 2 cm., indicados con línea discontinua. Lo que se quita a la delantera, se agrega a la trasera.
IMPORTANTE: El punto 7, puede ubicarse a 1/3 parte de **C-D**, depende del grosor del brazo, si es grande.

VARIACION DE LA MANGA JAPONESA CORTA

UTILIZAR LOS TRAZADOS DE LA MANGA JAPONESA CORTA DE LA PÁGINA ANTERIOR.

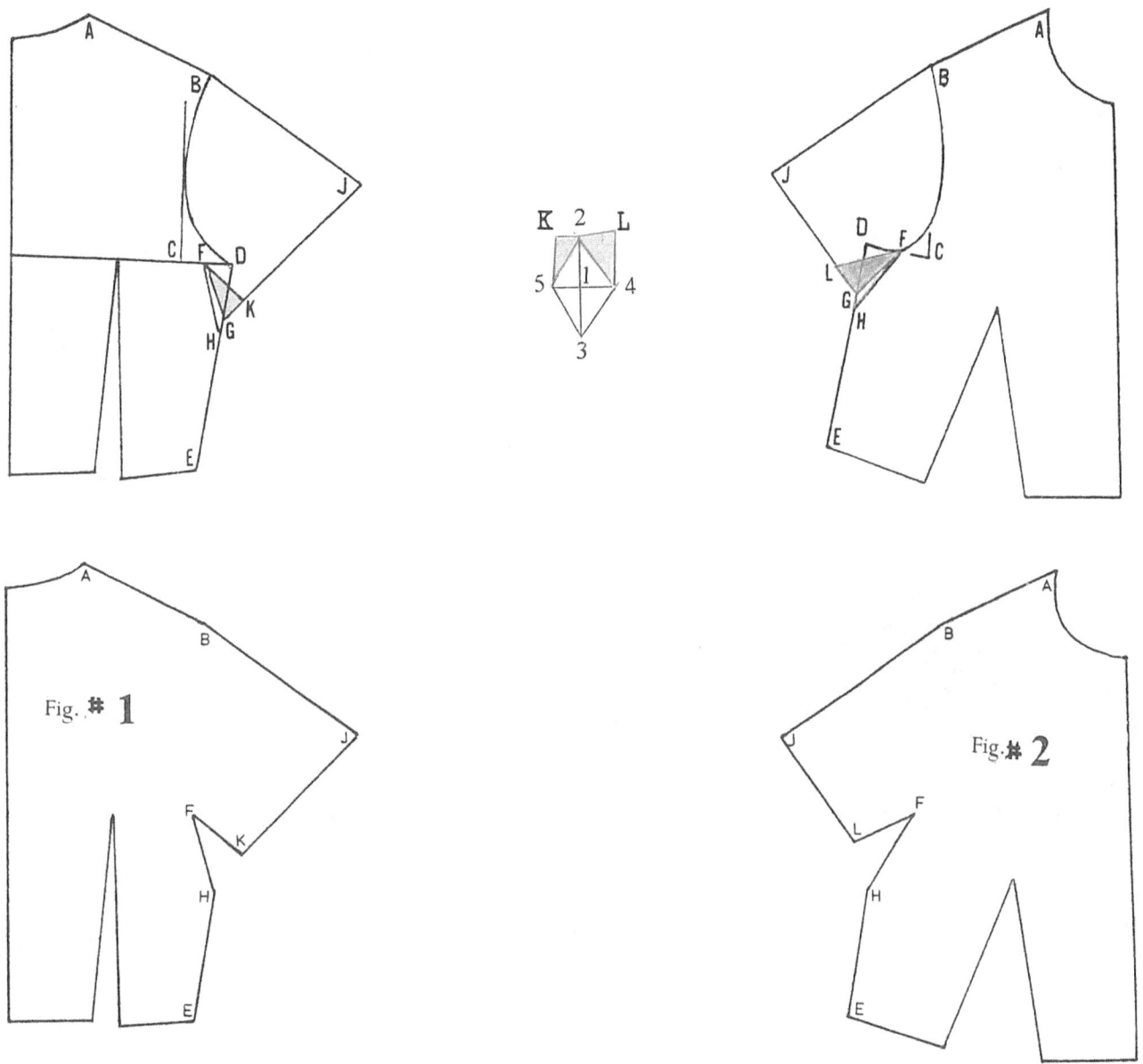

TRASERA: **G-K = 1-5** del rombo. Unir **K-F**. Separar la parte sombreada.

DELANTERA: **G -L = 1-4** del rombo. Unir **L-F**. Separar la parte sombreada.

Colocar las partes sombreadas al rombo.

Al quitar las partes sombreadas en la trasera y en la delantera, se forman las Fig. # 1 y # 2.

ESTUDIO DERIVADO DE LA MANGA JAPONESA CORTA No. 1.

UTILIZAR LOS TRAZADOS DE LA MANGA JAPONESA CORTA CON LA MISMA PUNTUACIÓN PÁGINA114

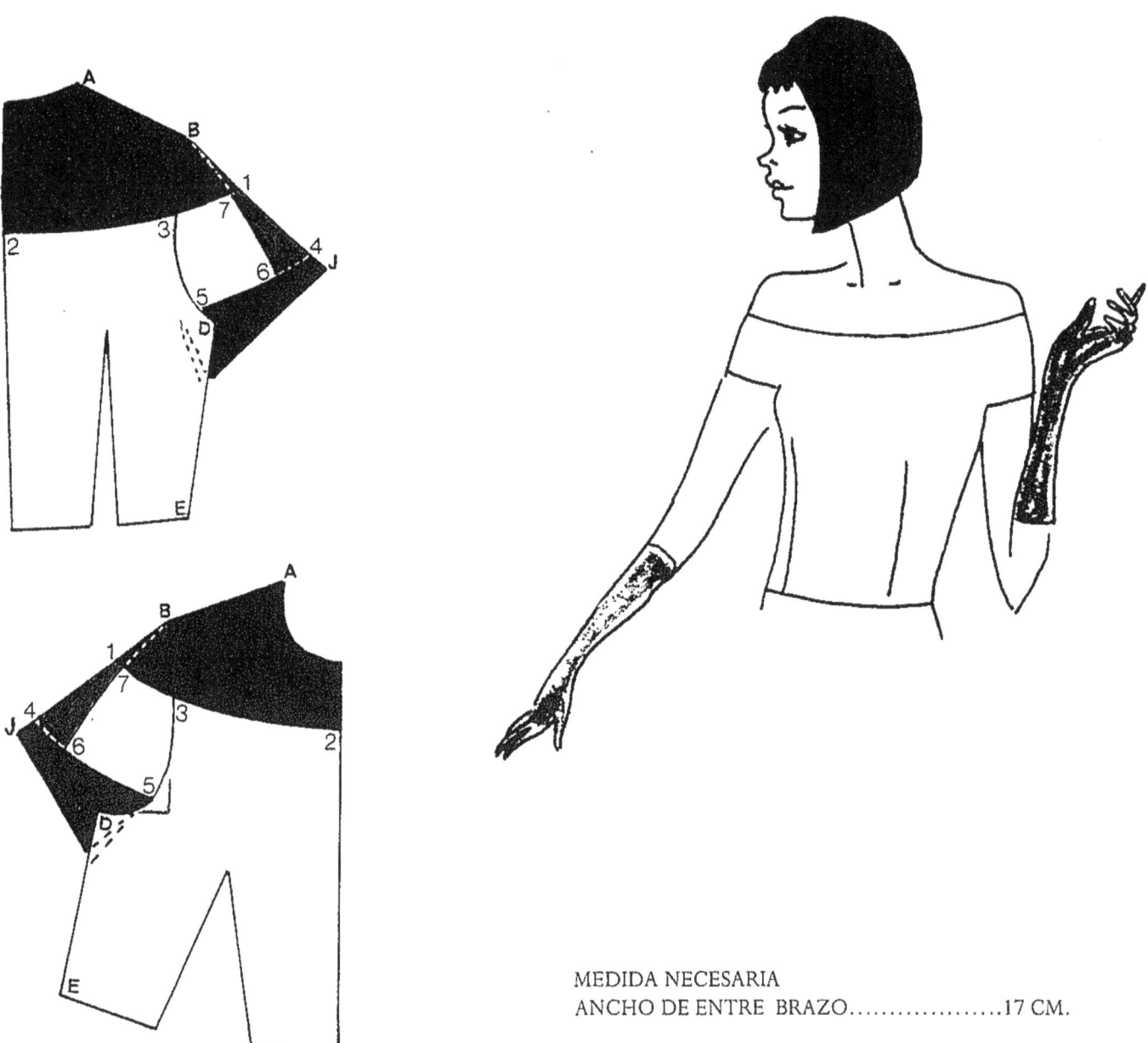

MEDIDA NECESARIA
ANCHO DE ENTRE BRAZO...................17 CM.

Desde **B**, trasera y delantera, aplicar hacia **J**, 6 cm. o a gusto= 1.

Desde 1, trasera y delantera, formar los escotes (a gusto) = **2**. El punto 3, se forma al cruzarse las líneas.

Desde 1, ubicar hacia **J** (trasera y delantera)= 8 cm. o a gusto= 4.

3-5 = 1-4 (o a gusto). Unir **4-5**.

Medir las distancias entre los puntos **4-5** (delantera y trasera), ejemplo: 25 ½ cm. .

Desde **4**, (delantera y trasera), aplicar la mitad de la diferencia entre los 25 ½ cm. y la medida Ancho de Entre Brazo, ejemplo: 4 ½ cm. = **6**. Unir **6-B** con forma. El punto 7, se forma al cruzarse las líneas.

NOTA: Juntar los puntos **7** con **7**, y **6** con **6** y fíjese si las líneas, son armónicas, caso contrario suavícelas .

ESTUDIO DERIVADO DE LA MANGA JAPONESA CORTA No. 2

UTILIZAR LOS TRAZADOS DE LA PÁGINA ANTERIOR.

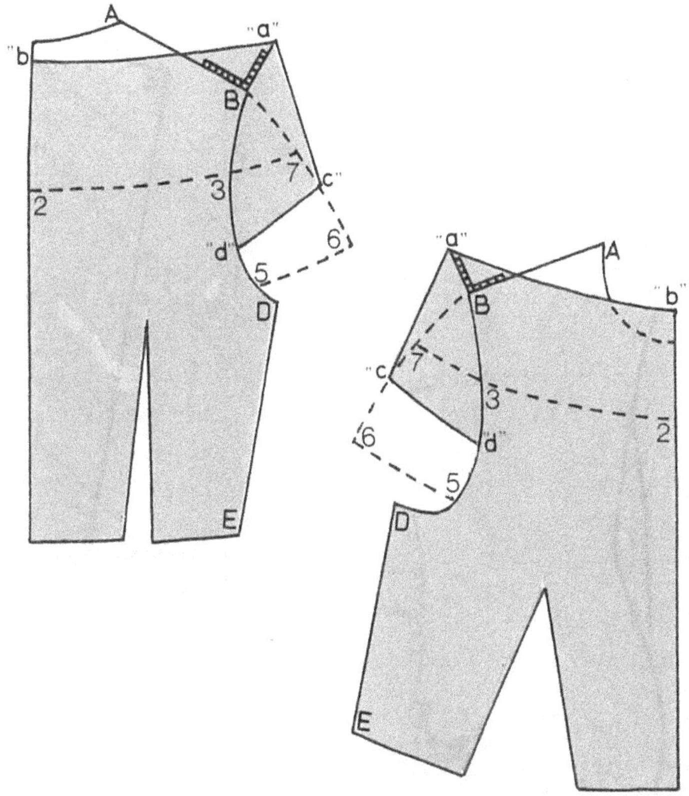

Desde **B** (trasera y delantera), escuadrar hacia arriba, aplicando 4 cm. o a gusto = "**a.**"

Desde "**a**," formar las líneas de los escotes (a gusto) = " **b.**"

Desde " **a**"(espalda y delantera), aplicar sobre las líneas **B-7-6**, 12 cm. o a gusto= "**c.**"

B- " d" (espalda)= 13 cm., o lo que fuere necesario. Unir " **d"- "c.**"

B- " d" (delantera)= 14 cm.,, o lo que fuere necesario. Unir " **d"- " c.**"

DETALLES DE COSTURA

PUNTO ESPEJO

Este tipo de puntada es el indicado para juntar solapas con cuellos. y todo aquello que se necesite ver perfecto. Se comienza de derecha a izquierda por la parte de arriba tomando apenas, para luego en forma vertical tomar la parte de abajo, para luego avanzar en diagonal por la parte interna (½ cm.) para tomar de nuevo la parte de arriba. Fig.A. Si realiza éste tipo de puntada en los ruedos, al tomar la parte de abajo, será solamente un hilito, y no debe tironear la puntada.

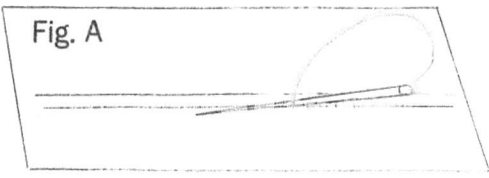

Fig. A

HOMBROS PROLONGADOS FORMANDO PEQUEÑAS MANGUITAS

UTILIZAR CUALQUIER TIPO DE TRAZADO TRASERA Y DELANTERA Y EL DE LA MANGA CORTA CON
PINZA EN LA COPA.

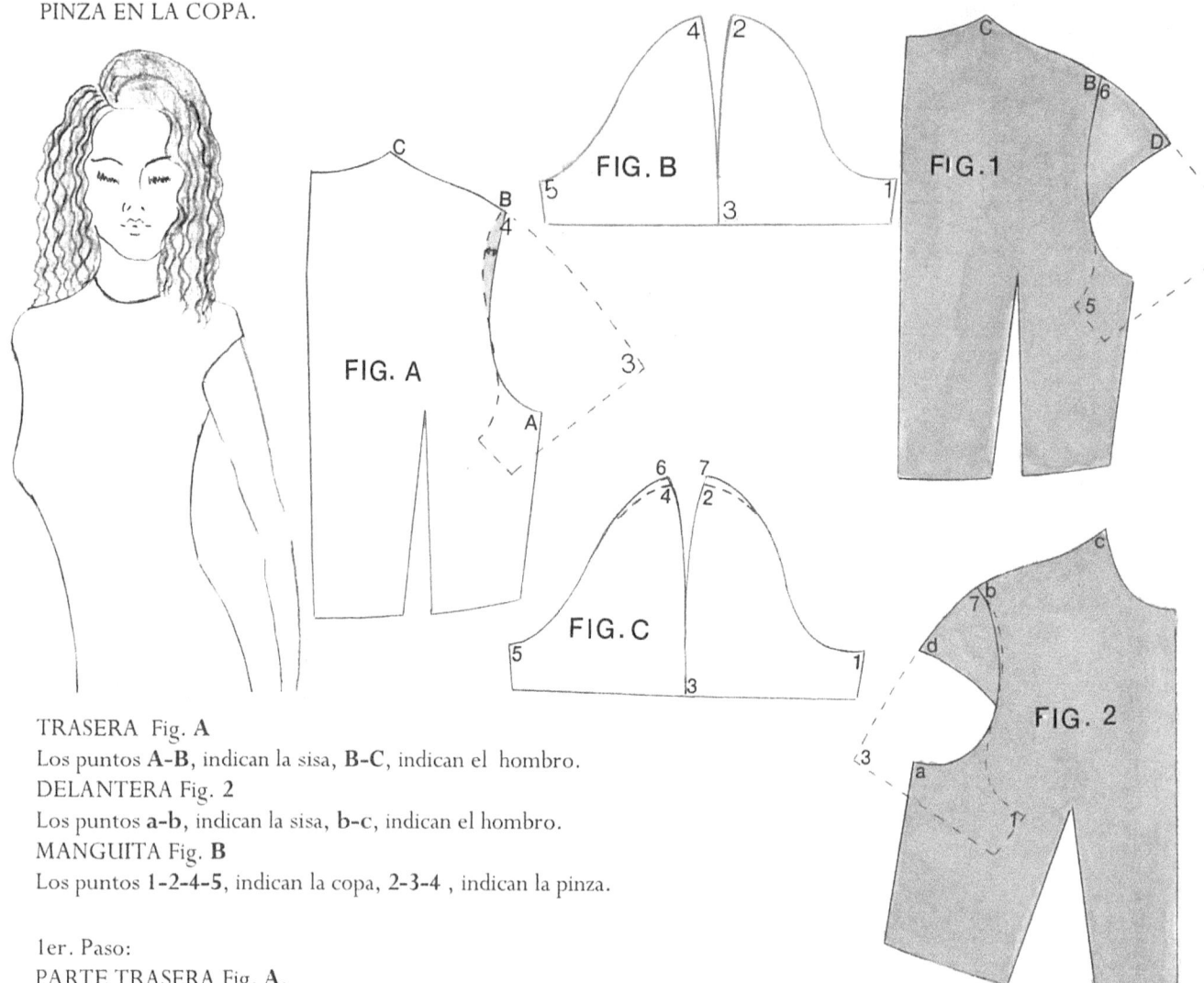

TRASERA Fig. **A**

Los puntos **A-B**, indican la sisa, **B-C**, indican el hombro.

DELANTERA Fig. **2**

Los puntos **a-b**, indican la sisa, **b-c**, indican el hombro.

MANGUITA Fig. **B**

Los puntos **1-2-4-5**, indican la copa, **2-3-4** , indican la pinza.

1er. Paso:

PARTE TRASERA Fig. **A**.

Juntar los puntos **4** y **B**, luego apoyar la copa a la sisa.

Medir el espacio que existe (sobre posición) entre la copa y la sisa, indicado con flechitas parte sombreada.

2do. Paso:

MANGA Fig. **C**.

Desde los puntos **4** y **2**, prolongar las líneas, aplicando la mitad del espacio indicado con flechitas (parte sombreada)
= **6** y **7**. Desde **6** y **7**, formar la nueva copa, como lo indica el trazado, luego separar la manga por la línea central.

3er. Paso:

PARTE TRASERA Fig. **1**.

Unir los puntos **6** y **B**, después apoyar la manga con la sisa.

Desde **6/B**, aplicar el largo de la manga deseado, ejemplo: 9 cm. = **D**. Unir **D** con la sisa, como lo indica el trazado.

PARTE DELANTERA Fig. **2**.

Juntar los puntos **7** y **b**, luego apoyar la manga con la sisa.

Desde **b/7**, aplicar la misma medida **B/6** de la trasera = **d**. Unir **d**, con la sisa.

MANGA CON PLIEGUE ENCONTRADO A LA ALTURA DEL HOMBRO

UTILIZAR EL MOLDE DE UNA MANGA LARGA RECTA.

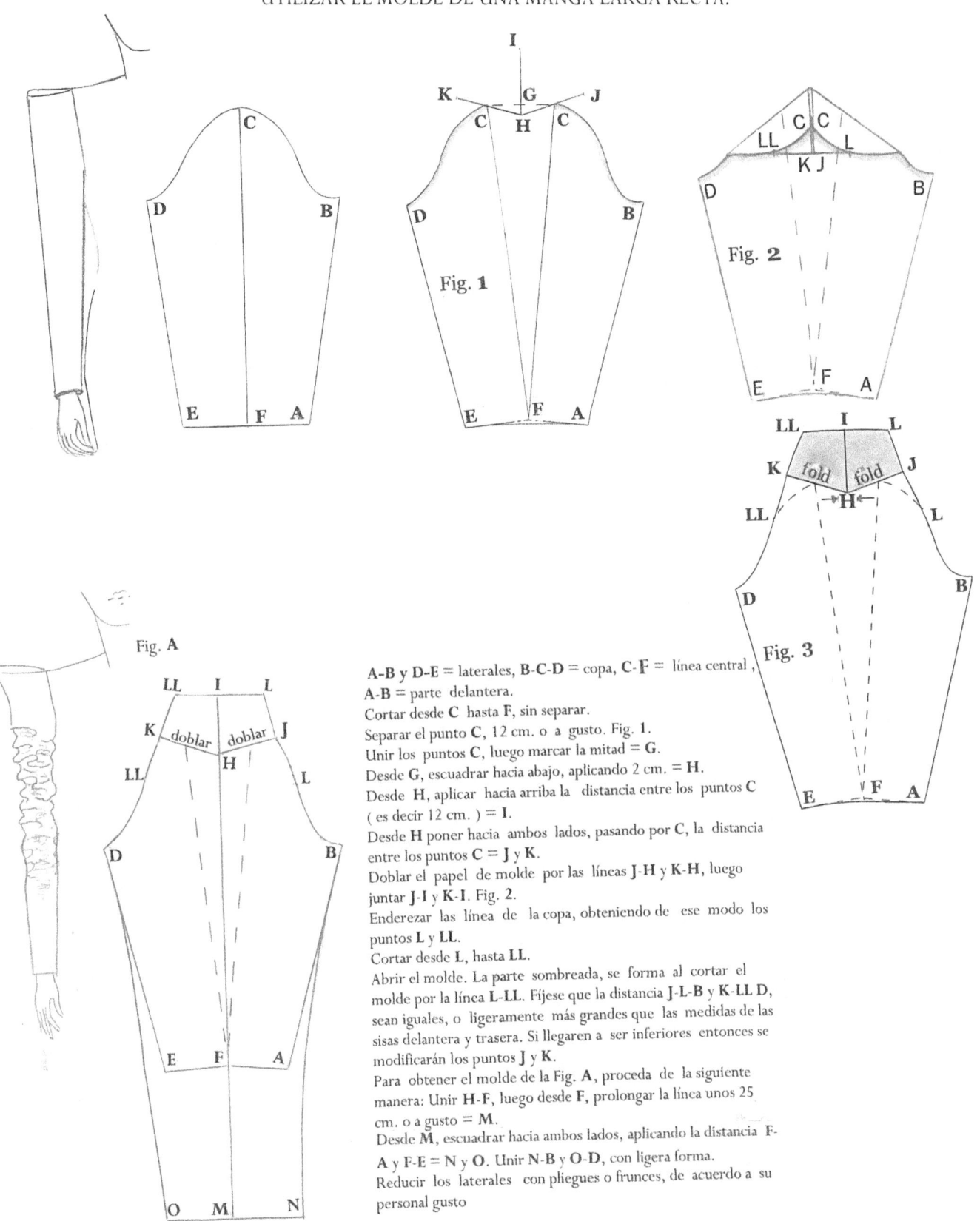

Fig. 1

Fig. 2

Fig. 3

Fig. A

A-B y D-E = laterales, B-C-D = copa, C-F = línea central ,
A-B = parte delantera.

Cortar desde C hasta F, sin separar.

Separar el punto C, 12 cm. o a gusto. Fig. 1.

Unir los puntos C, luego marcar la mitad = G.

Desde G, escuadrar hacia abajo, aplicando 2 cm. = H.

Desde H, aplicar hacia arriba la distancia entre los puntos C
(es decir 12 cm.) = I.

Desde H poner hacia ambos lados, pasando por C, la distancia
entre los puntos C = J y K.

Doblar el papel de molde por las líneas J-H y K-H, luego
juntar J-I y K-I. Fig. 2.

Enderezar las línea de la copa, obteniendo de ese modo los
puntos L y LL.

Cortar desde L, hasta LL.

Abrir el molde. La parte sombreada, se forma al cortar el
molde por la línea L-LL. Fíjese que la distancia J-L-B y K-LL D,
sean iguales, o ligeramente más grandes que las medidas de las
sisas delantera y trasera. Si llegaren a ser inferiores entonces se
modificarán los puntos J y K.

Para obtener el molde de la Fig. A, proceda de la siguiente
manera: Unir H-F, luego desde F, prolongar la línea unos 25
cm. o a gusto = M.

Desde M, escuadrar hacia ambos lados, aplicando la distancia F-
A y F-E = N y O. Unir N-B y O-D, con ligera forma.

Reducir los laterales con pliegues o frunces, de acuerdo a su
personal gusto

MANGA SEMI RAGLAN

UTILIZAR CUALQUIER TRAZADO DELANTERA Y TRASERA CON SU RESPECTIVA MANGA.

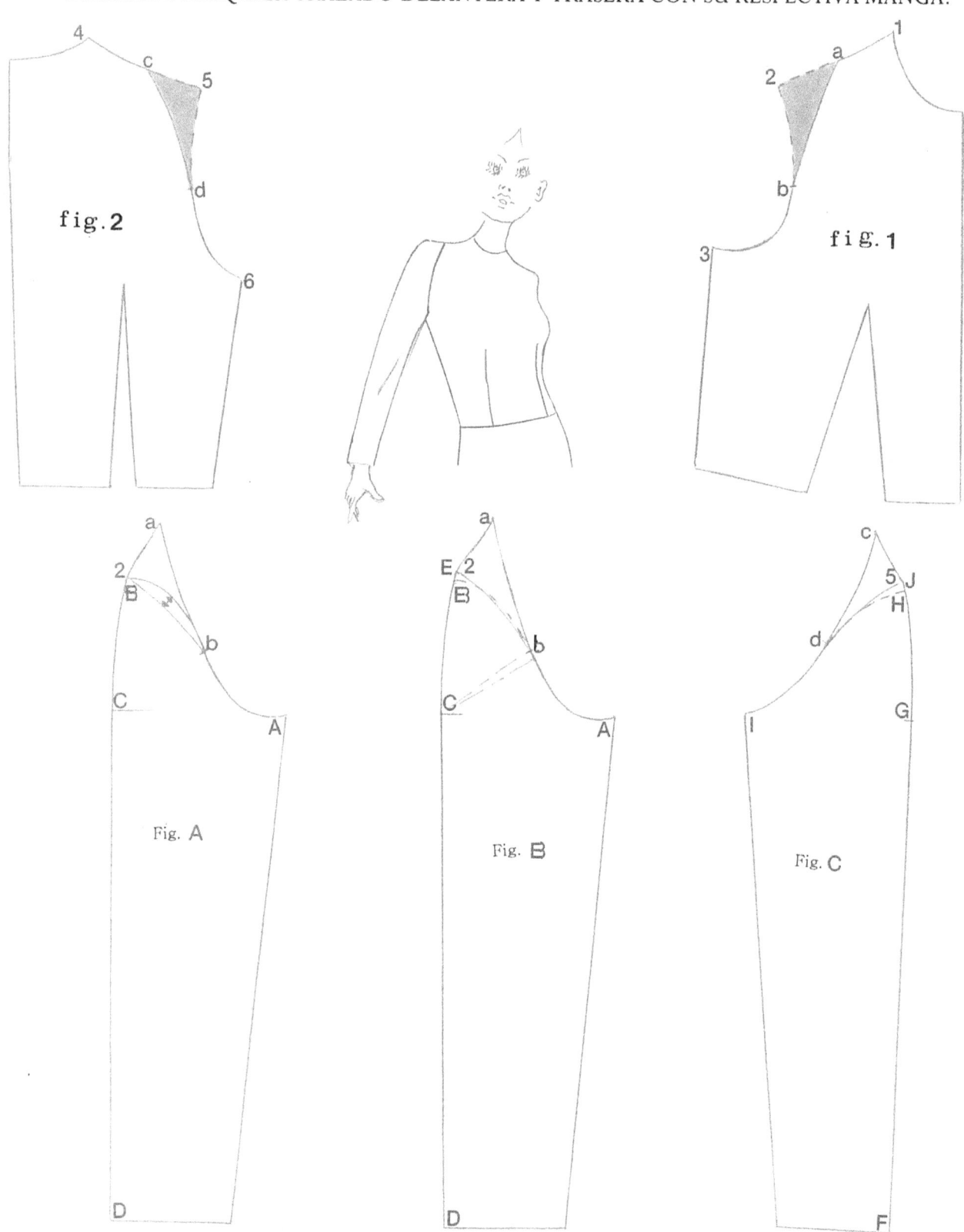

fig.2

fig.1

Fig. A

Fig. B

Fig. C

MANGA SEMI RAGLAN

UTILIZAR CUALQUIER TRAZADO DELANTERA Y TRASERA CON SU RESPECTIVA MANGA.

PARTE DELANTERA Fig.1

1-2 = hombro, **2-3** = sisa.

Marcar el centro de los puntos **1-2** = **a**. (NOTA: Dicho punto, puede cambiar de sitio de desearlo).

b, es a gusto. Unir **b-a**, como lo indica el trazado, luego, separar la parte sombreada.

PARTE TRASERA Fig. **2**.

4-5 = hombro, **5-6** = sisa.

4-c = **1-a**, de la delantera.

d, es a gusto. Unir **d-c**, como lo indica el trazado, después separar la parte sombreada.

MANGA 1er Paso;

Fig. **A** = parte delantera de la manga. **A-B** = copa, **B-C-D**= línea central.

Unir **2** (parte sombreada de la delantera) con **B**, dejando que el punto **b**, se una a la línea de la copa.

Medir la distancia de sobre posición (indicado con flechitas).

2Do. Paso Fig. **B**

Desde **B**, prolongar la línea (siguiendo la forma), aplicando la mitad de la sobre posición = **E**.

Unir **E** con **2**, y dejar que **b**, encuentre la línea de la copa.

Medir la distancia entre **b** y **A**. NOTA: Si dicha distancia, fuere superior a ½ cm. a la medida **b-3** (parte delantera), entonces deberá hacer una pinza con la medida sobrante indicada con líneas discontinuas, luego deberá cerrar dicha pinza, y en caso de ser necesario, suavizar las líneas.

MANGA PARTE TRASERA Fig. **C**

F-G-H = línea central, **H-I** = copa.

Desde **H**, prolongar la línea hacia arriba, aplicando la medida **B-E** de la manga delantera= **J**.

Juntar **J** con **5** (parte sombreada de la trasera), y dejar que **d**, encuentre la copa.

Medir la distancia entre **d-I**. Si dicha medida, fuere superior en más de ½ cm. de la medida **d-6** de la parte trasera, esa diferencia que sobra, se quitará desde el punto **I**.

DETALLES DE COSTURA

PUNTO GUANTE VISIBLE

Se utiliza para una infinidad de cosas. Se inicia de derecha a izquierda tomando las dos partes en forma diagonal de abajo hacia arriba. Su largo es de 1/2 cm. o a gusto y la cantidad de tela a tomar varía de acuerdo a la costura que está realizando. Fig. A.

Si lo utilizara para hacer ruedos, deberá levantar la tela un medio centímetro y deberá tomar apenas un hilito en la parte de abajo de modo que no se note la puntada del lado externo, en cambio si deberá tomar la parte del dobladillo un ½ cm. de manera que se vea. Fig. B.

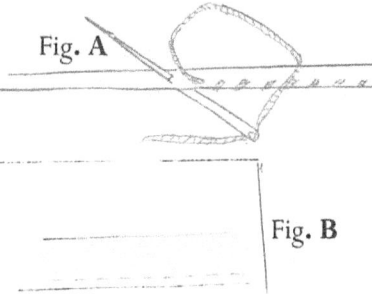

Fig. A

Fig. B

MANGA LARGA TIPO JAPONESA CON ROMBO

UTILIZAR CUALQUIER TRAZADO DELANTERA Y TRASERA CON SU RESPECTIVA MANGA CON
PINZA EN LA COPA.

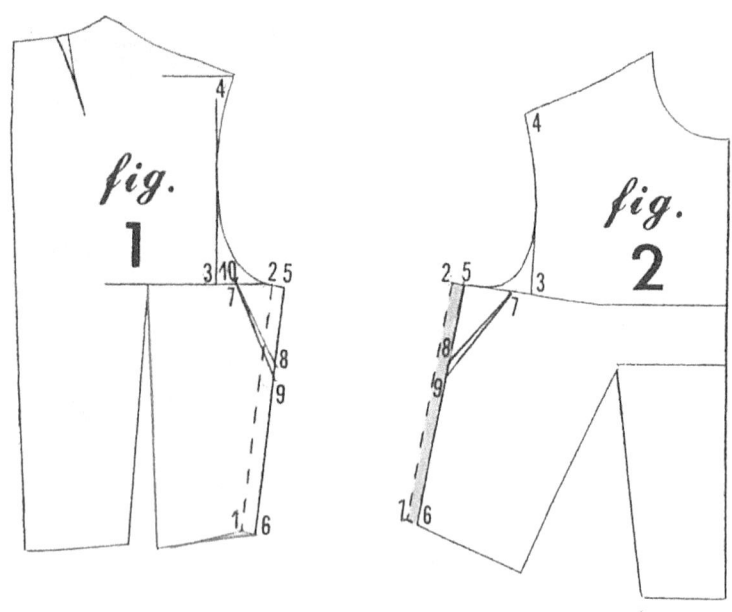

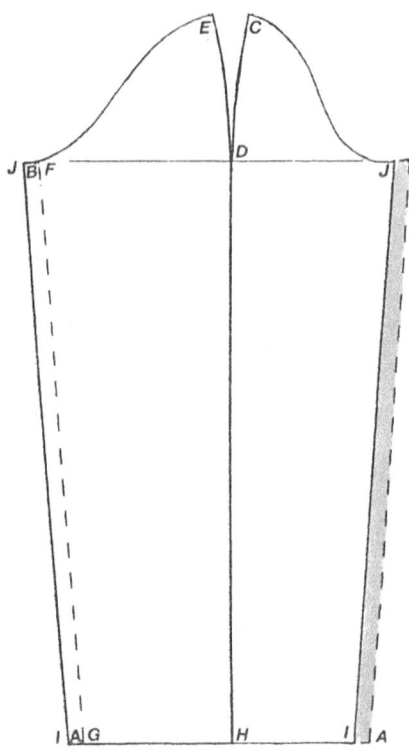

TRASERA Y DELANTERA Fig. 1 y 2. Llevan la misma puntuación .
1-2 = costados, 3 = ancho espalda, y ancho pecho, 2-4 = sisas.
IMPORTANTE: Hacer que las distancias entre los puntos 2 y 3 tengan
la misma distancia, o sea quitarle a la delantera (en éste caso) y
agregarlo a la trasera, de ese modo, se obtienen los puntos 5 y 6.
3-7 (delantera) = 1 /3 parte de la distancia entre los puntos 3-5.
IMPORTANTE: El punto 7, puede estar en el centro de los puntos 3-
5, todo depende del modelo a interpretar.
5-8 = 1 /3 parte de la distancia entre los puntos 5-6.
8-9 = 1 cm. . Unir 8-7 y 9-7.
Desde 8 (trasera) aplicar hacia, o pasando el punto 7 la misma medida de los puntos 8-7 de la delantera = 10. Unir 10-9.
Suavizar la línea de cintura en la trasera en el punto 1.

MANGA

A-B y F-G = laterales, C-D-E = pinza, D-H = línea central.
Desde A y B, quitarle a la manga lo mismo que se le quitó al costado de
la parte delantera = I-J. Unir dichos puntos, luego cortar por dicha
línea, y agregar dicha parte del lado opuesto, o sea uniendo A-G y F-B.
Separar la manga por la línea central.

MANGA JAPONESA CON ROMBO

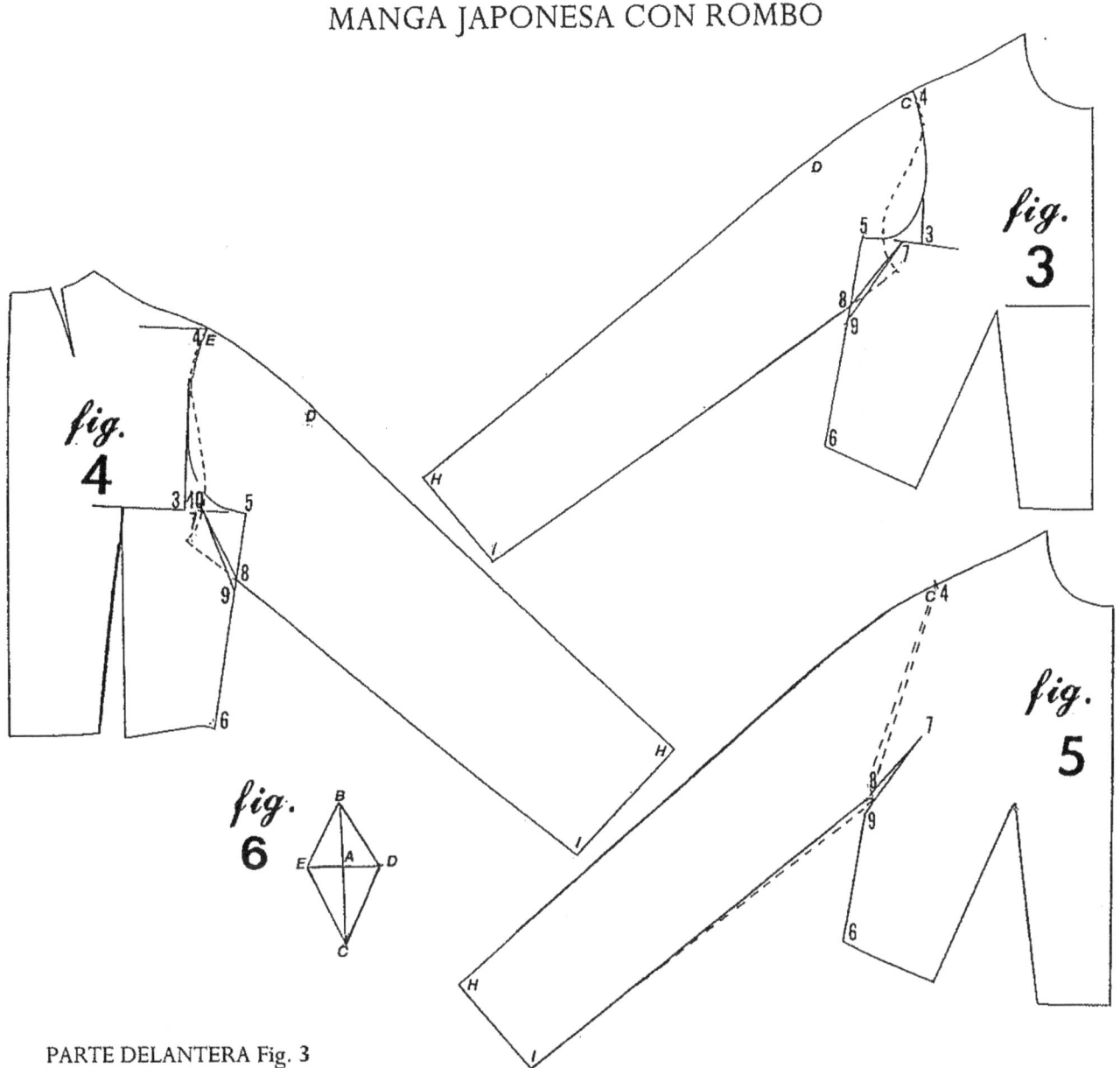

PARTE DELANTERA Fig. 3

Juntar los puntos **4** (corpiño) con **C** de la manga, luego unir la línea de la manga, hasta tocar el punto **8**.

Medir la distancia **8-I**.

PARTE TRASERA Fig. 4

Se realiza de igual manera que la delantera.

Medir la distancia entre **8-I**. IMPORTANTE: Si la distancia de la parte trasera fuere superior a la delantera (misma puntuación), con esa diferencia, se hará una pinza a la altura del codo; Si en cambio fuere superior la línea delantera, se hará una pinza como lo indican las líneas discontinuas, después deberá cerrarse y de ser necesario, suavizar las líneas. Fig. **5**.

MUY IMPORTANTE: Encimar las Mangas y cerciorarse que las dos partes tengan la misma caída, caso contrario quítele a una parte y agréguelo a la otra.(Es más conveniente que la manga esté inclinada más vale hacia adelante).

ROMBO

Formar una cruz. **A** = unión de las líneas .

A-B = **5-8** delantera y trasera; **A-C** = **5-9** delantera y trasera.

Desde **A**, aplicar hacia ambos lados, las medidas **5-7** y **5-10** =**D** y **E**. Unir **C-D-B-E-C**.

MANGA RAGLAN RECTA

UTILIZAR LOS MOLDES DE UN CORPIÑO O VESTIDO ESPALDA Y DELANTERA, CON SU RESPECTIVA MANGA CON LAS MISMAS DISTANCIAS ENTRE EL ANCHO DE PECHO Y EL COSTADO, Y EL ANCHO ESPALDA Y EL COSTADO.

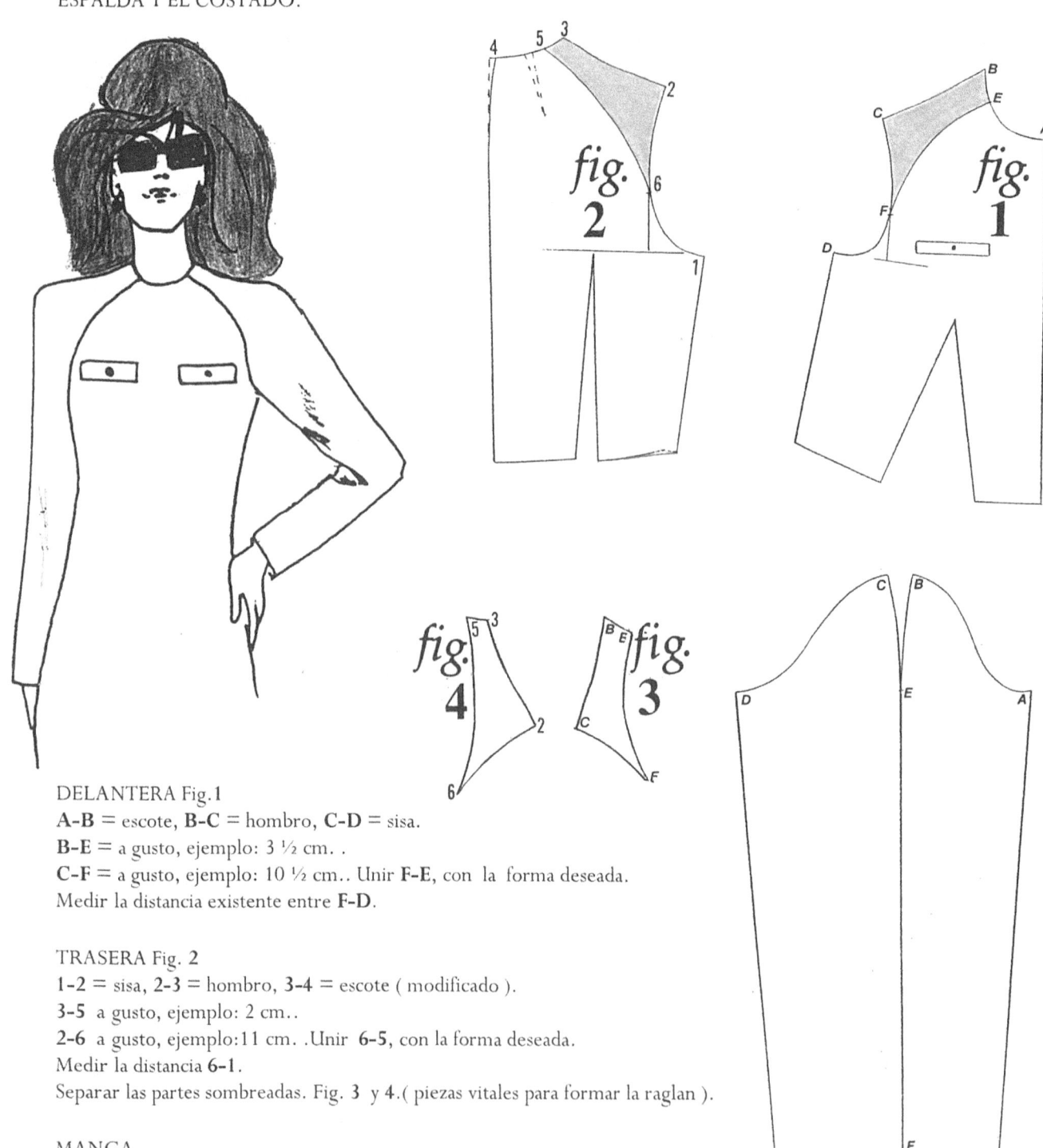

DELANTERA Fig.1

A–B = escote, **B–C** = hombro, **C–D** = sisa.

B–E = a gusto, ejemplo: 3 ½ cm. .

C–F = a gusto, ejemplo: 10 ½ cm.. Unir **F–E**, con la forma deseada.

Medir la distancia existente entre **F-D**.

TRASERA Fig. 2

1–2 = sisa, **2–3** = hombro, **3–4** = escote (modificado).

3–5 a gusto, ejemplo: 2 cm..

2–6 a gusto, ejemplo:11 cm. .Unir **6–5**, con la forma deseada.

Medir la distancia **6-1**.

Separar las partes sombreadas. Fig. **3** y **4**.(piezas vitales para formar la raglan).

MANGA

A–B –C–D = copa, **B–E–C** = pinza, **E–F** = línea central.

Separar el molde por la línea central.

MANGA RAGLAN RECTA

PARTE DELANTERA 1er. Paso. Fig. **A**

Juntar **C** con **B**, dejando que **F**, encuentre la línea de la copa.

Medir el espacio en la parte donde más se sobreponen (indicado con flechitas) = **1-2** .

2do. Paso. Fig. **B**

Desde **B**, siguiendo la línea central de la manga, aplicar la mitad de la distancia entre los puntos **1-2 = 3.**

Unir **3** con **C**, y dejar que **F**, encuentre la línea de la copa. Medir la distancia **F-A**. Si fuere superior a la medida **F-D** de la delantera, con esa diferencia se hará una pinza, como lo indican las líneas discontinuas, luego, deberá cerrar dicha pinza, ejemplo: Fig. **C**, después , suavizar las líneas en caso de ser necesario.

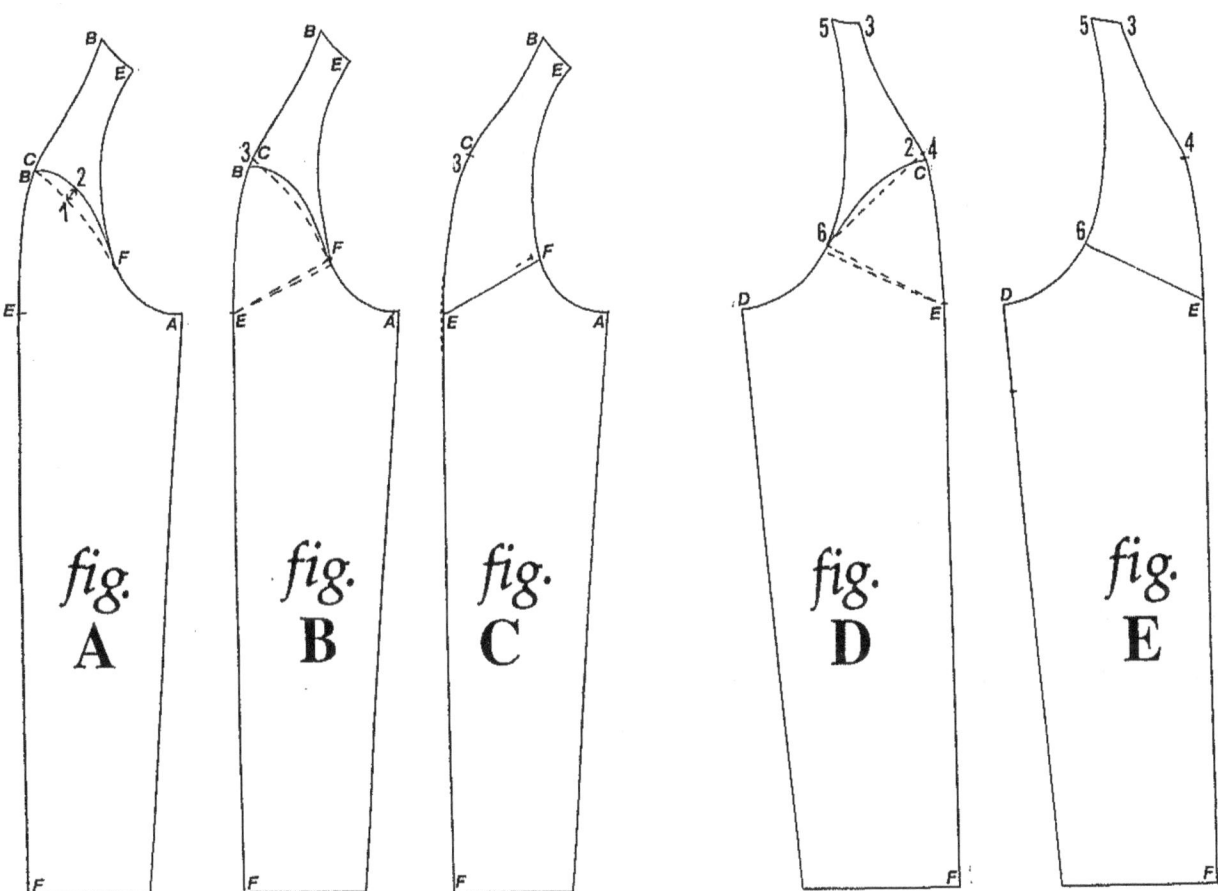

PARTE TRASERA· Fig. **D**

Siguiendo la línea central de la manga, aplicar la medida **B -3** de la manga delantera = **4.**

Unir **4-2**, dejando que **6**, se junte con la copa, luego, medir la distancia entre **6-D**. Si fuere mayor a la distancia **1-6** de la sisa, deberá hacer una pinza indicada con líneas discontinuas, después deberá cerrarla, y suavizar las líneas en caso de ser necesario. Fig. **E.**

MANGA RAGLAN ADELANTE Y SISA ATRÁS
UTILIZAR LOS MOLDES DE LA MANGA RAGLAN RECTA PÁGINAS 124- 125

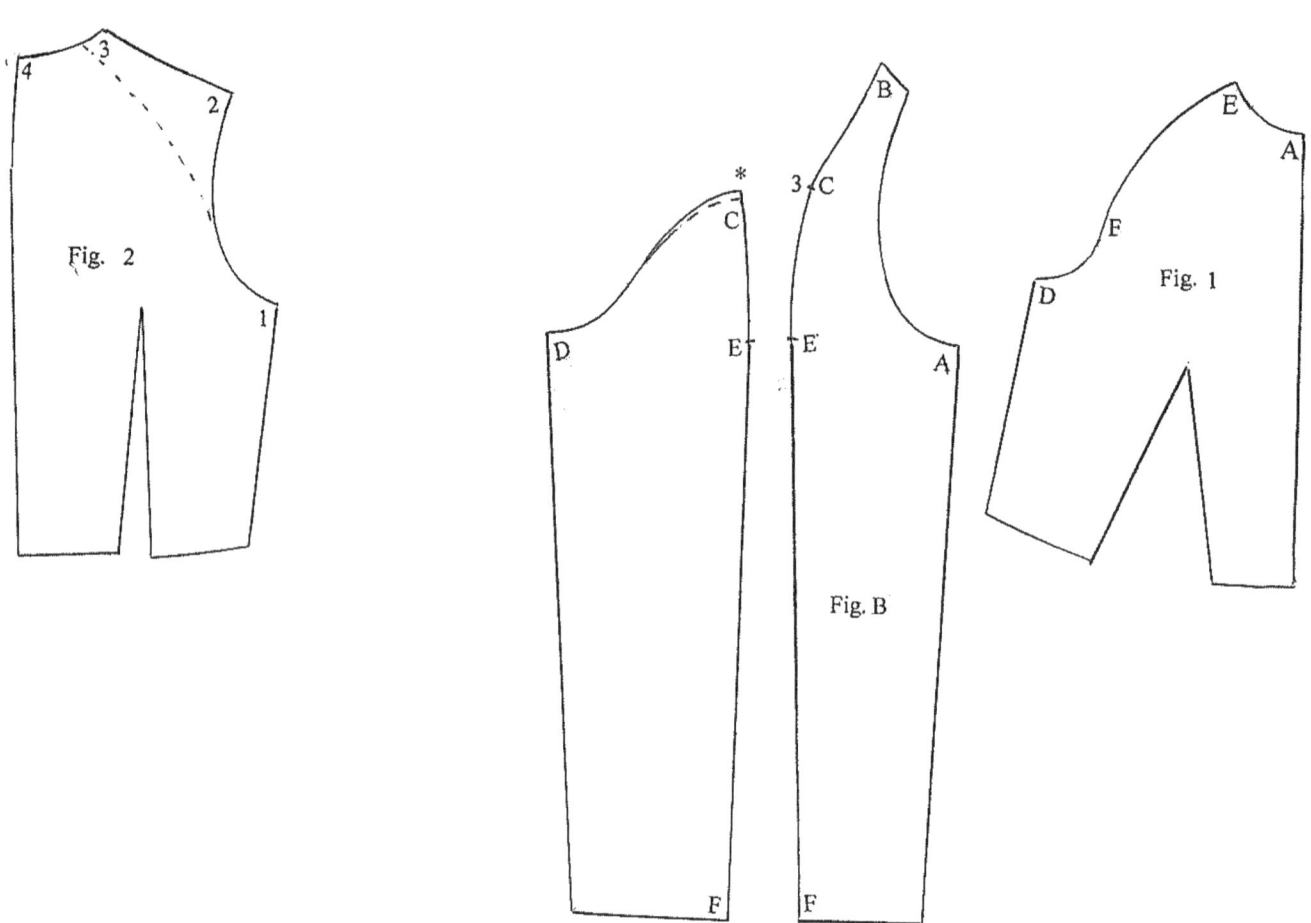

DELANTERA Fig. 1 y Fig. **B** con la misma puntuación de las páginas 124- 125.

TRASERA Fig.2. No utilizar la parte sombreada del Raglan.

MANGA DELANTERA: Medir la distancia existente entre **C/3-E-F**.

MANGA TRASERA: Medir la distancia **F-E-C**. En éste caso, es más larga la distancia del sobre manga Raglan.

Desde **C**, (manga trasera), prolongar la línea, aplicando la diferencia entre las dos mangas = *****. Unir el asterisco con la copa, como lo indica el trazado.

IMPORTANTE: EN CASO QUE QUISIERE HACER LA COMBINACION DE LA MANGA RAGLAN, CON LAS OTRAS MANGAS DE LAS PAGINAS COMPRENDIDAS ENTRE 122 y 137, DEBERA USAR LOS MOLDES CON LAS VARIANTES DE LOS COSTADOS PAGINAS 122, ES DECIR QUE LAS DISTANCIAS ENTRE LOS ANCHOS DE PECHO Y ESPALDA, SEAN IGUALES A LAS DISTANCIAS DE LOS COSTADOS.

MANGA RAGLAN ATRÁS Y SISA ADELANTE

UTILIZAR LOS MOLDES DE LA MANGA RAGLAN RECTA PÁGINAS 124-125

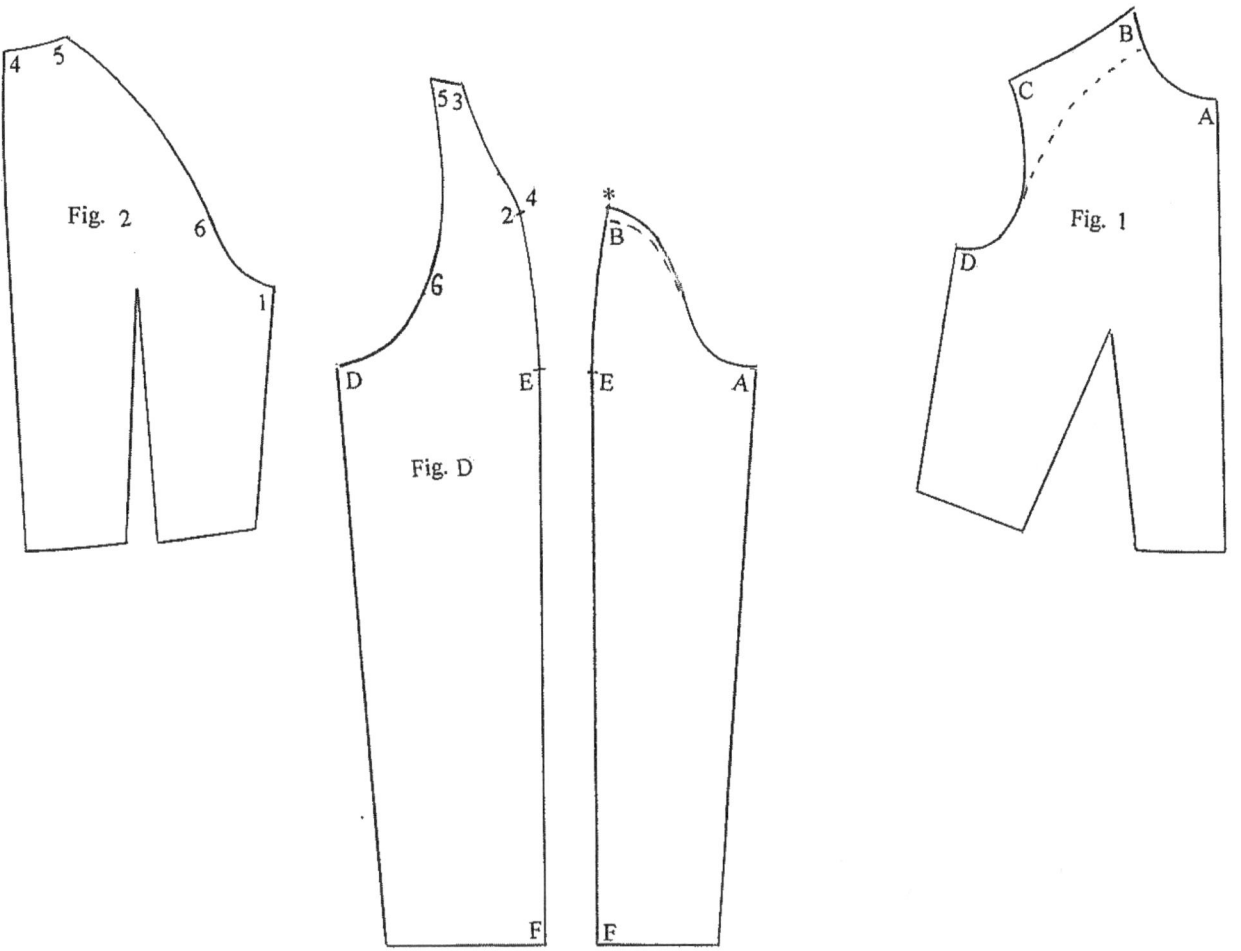

TRASERA: FIG. 2 y **D** con la misma puntuación de las página 124-125.

DELANTERA: (No utilizar la parte sombreada del Raglan).

MANGA TRASERA: Medir la distancia 2/4- **E - F** .
MANGA DELANTERA: Medir la distancia **B-E- F**. Que resulta más chica que la distancia de la manga trasera.
La medida **2/4-E-F**, es más larga.
Desde **B**,(manga delantera) prolongar la línea hacia arriba, aplicando la diferencia entre los dos sobre mangas = *.
Unir el asterisco, con la copa, como lo indica el trazado.

MANGA MITAD JAPONESA Y MITAD SISA

PARTE TRASERA

UTILIZAR CUALQUIER TRAZADO CON SU RESPECTIVA MANGA.

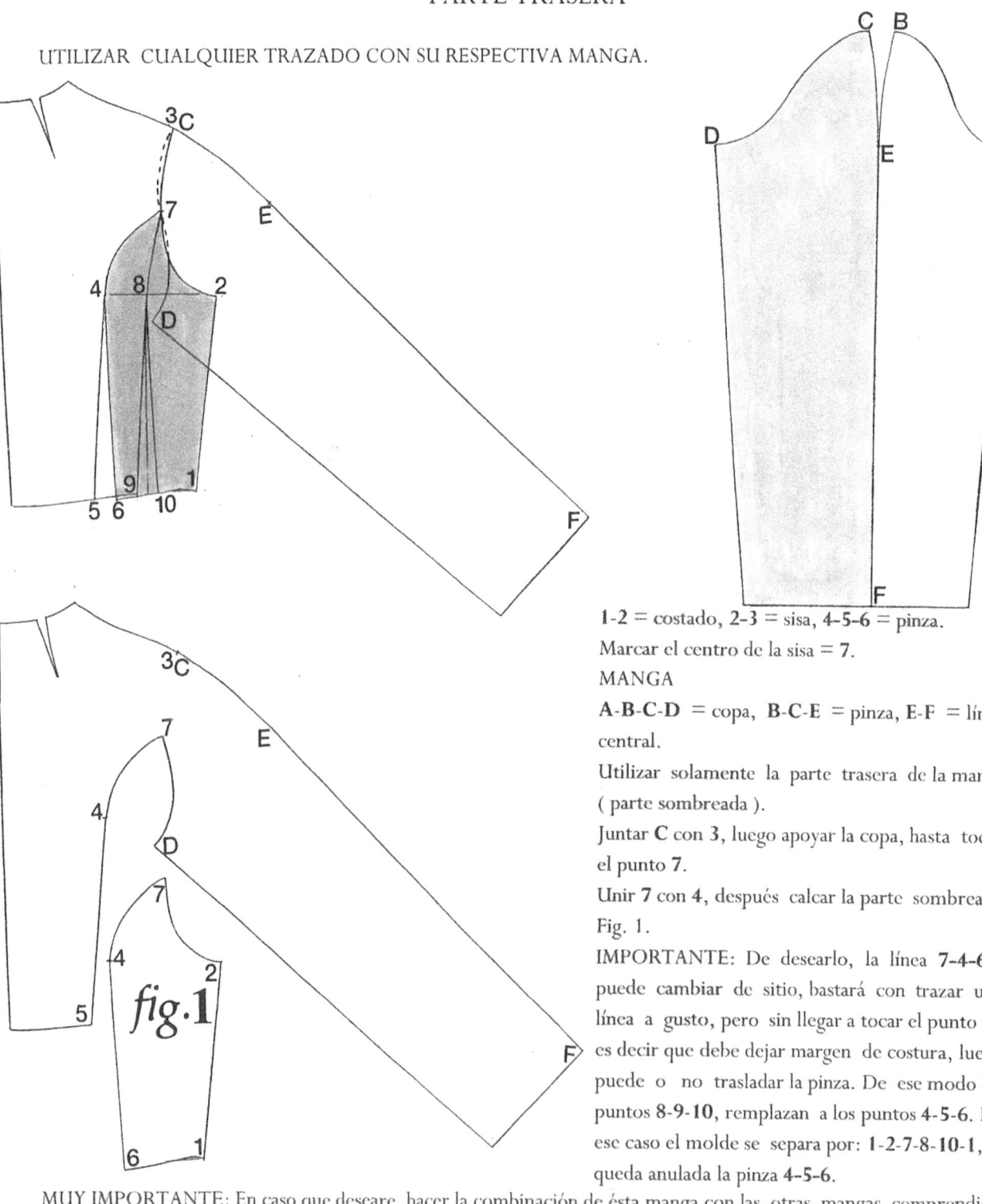

fig.1

1-2 = costado, **2-3** = sisa, **4-5-6** = pinza.

Marcar el centro de la sisa = **7**.

MANGA

A-B-C-D = copa, **B-C-E** = pinza, **E-F** = línea central.

Utilizar solamente la parte trasera de la manga (parte sombreada).

Juntar **C** con **3**, luego apoyar la copa, hasta tocar el punto **7**.

Unir **7** con **4**, después calcar la parte sombreada. Fig. 1.

IMPORTANTE: De desearlo, la línea **7-4-6**, puede cambiar de sitio, bastará con trazar una línea a gusto, pero sin llegar a tocar el punto **D**, es decir que debe dejar margen de costura, luego puede o no trasladar la pinza. De ese modo los puntos **8-9-10**, remplazan a los puntos **4-5-6**. En ese caso el molde se separa por: **1-2-7-8-10-1**, y queda anulada la pinza **4-5-6**.

MUY IMPORTANTE: En caso que deseare hacer la combinación de ésta manga con las otras mangas comprendidas entre las páginas 122 y 137, deberá usar los moldes con las variantes en los costados como los de las páginas 122; Si en cambio no desea hacer ninguna combinación, puede usar los moldes sin ninguna modificación.

MANGA MITAD JAPONESA MITAD SISA

PARTE DELANTERA
UTILIZAR CUALQUIER TIPO DE TRAZADO CON SU RESPECTIVA MANGA.

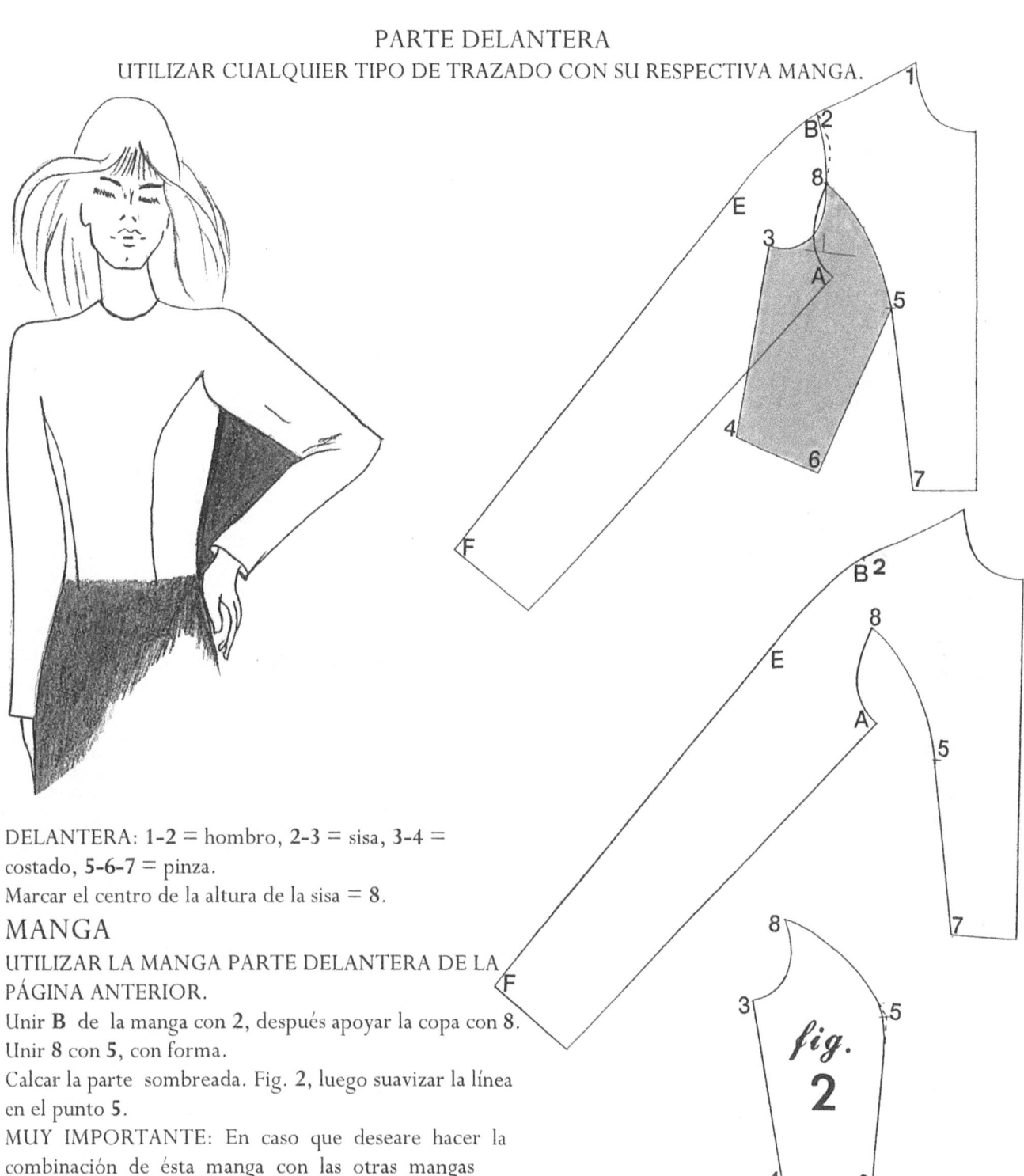

DELANTERA: **1-2** = hombro, **2-3** = sisa, **3-4** =
costado, **5-6-7** = pinza.
Marcar el centro de la altura de la sisa = **8**.

MANGA
UTILIZAR LA MANGA PARTE DELANTERA DE LA
PÁGINA ANTERIOR.
Unir **B** de la manga con **2**, después apoyar la copa con **8**.
Unir **8** con **5**, con forma.
Calcar la parte sombreada. Fig. **2**, luego suavizar la línea
en el punto **5**.
MUY IMPORTANTE: En caso que deseare hacer la
combinación de ésta manga con las otras mangas
comprendidas entre las páginas 122y137,deberá usar los
moldes con las variantes en los costados como los de las
páginas 122.Si en cambio no desea hacer ninguna combinación, puede usar los moldes sin ninguna variación .

MANGA MITAD JAPONESA MITAD SISA CON CANESU

UTILIZAR LOS TRAZADOS DE LA MANGA MITAD JAPONESA Y MITAD SISA PÁGINAS. 128 Y 129.

MANGA MITAD JAPONESA MITAD SISA CON CANESU

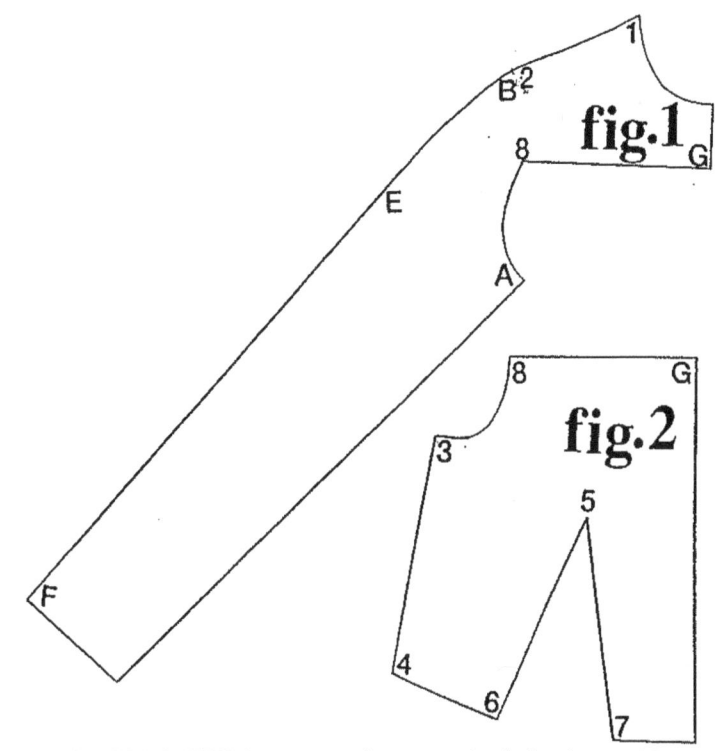

DELANTERA (con igual puntuación de la página 129)
Desde **8**, trazar una horizontal, hasta la vertical de adelante= **G**.
Calcar la parte sombreada, luego cortar por dicha línea. Fig.1y 2.

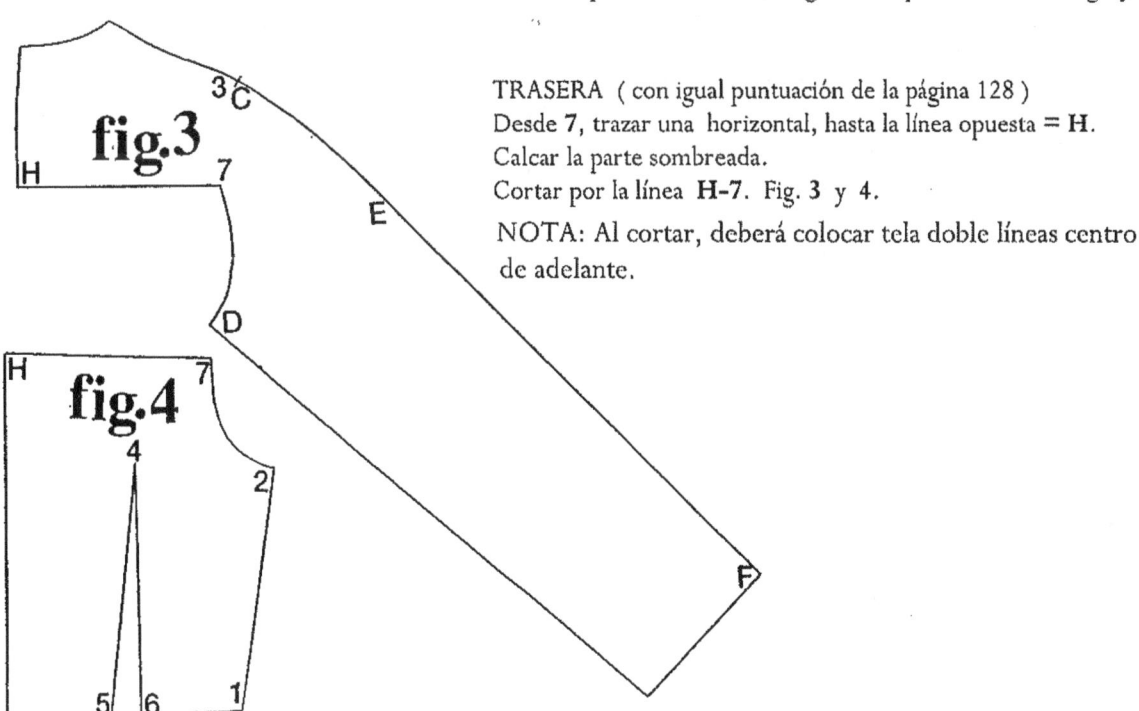

TRASERA (con igual puntuación de la página 128)
Desde **7**, trazar una horizontal, hasta la línea opuesta = **H**.
Calcar la parte sombreada.
Cortar por la línea **H-7**. Fig. 3 y 4.

NOTA: Al cortar, deberá colocar tela doble líneas centro
de adelante.

MANGA JAPONESA EN LA DELANTERA Y SISA EN LA TRASERA

UTILIZAR EL MOLDE DE LA MANGA JAPONESA DELANTERA CON EL ROMBO PÁGINA123 MISMA PUNTUACION.
UTILIZAR EL MOLDE DE LA PARTE TRASERA Y LA MANGA CON LA MISMA PUNTUACIÓN PÁGINA 122.

UTILIZAR SOLAMENTE LA PARTE
SOMBREADA DEL ROMBO (DELANTERA)

MANGA TRASERA: Medir la distancia entre **J-I** y
E-D-H.
Medir la distancia entre **I-8** de la delantera a ésta
medida, agregarle la distancia **B-A** del rombo.
Medir también la distancia **4/C-D-H**.
IMPORTANTE: Las distancias entre las líneas de
los sobre mangas, son iguales en éste caso; no así
las de los bajo mangas. La suma entre el rombo y
el bajo manga delantera, es más larga que el bajo
manga de la trasera. Esa diferencia, se utilizará
para hacer una pinza.
Desde **7** (delantera),trazar una línea paralela
al costado hasta la cintura = **L** Separar la parte
sombreada, luego agregarla al costado de la
trasera, además de la parte del rombo indicado con **A-C-D**.. Fig. **B**.
8-K = a la diferencia entre los dos bajos mangas.
Unir **K-D** y **8-D**, después cerrar la" pinza," y si
es necesario suavizar la o las líneas; También
puede trasladar la "pinza" al hombro, indicado
con líneas discontinuas. Fig. **A**.
Agregar a la manga trasera la otra parte del
rombo indicado con **A-B-D**.

fig. B

fig. A

MANGA JAPONESA ATRÃS Y SISA EN LA DELANTERA

UTILIZAR EL MOLDE DE LA MANGA JAPONESA Y EL ROMBO PARTE TRASERA PÁGINA 123.
UTILIZAR EL MOLDE PARTE DELANTERA CON SU RESPECTIVA MANGA PÁGINA 122 CON LA MISMA
PUNTUACIÓN.

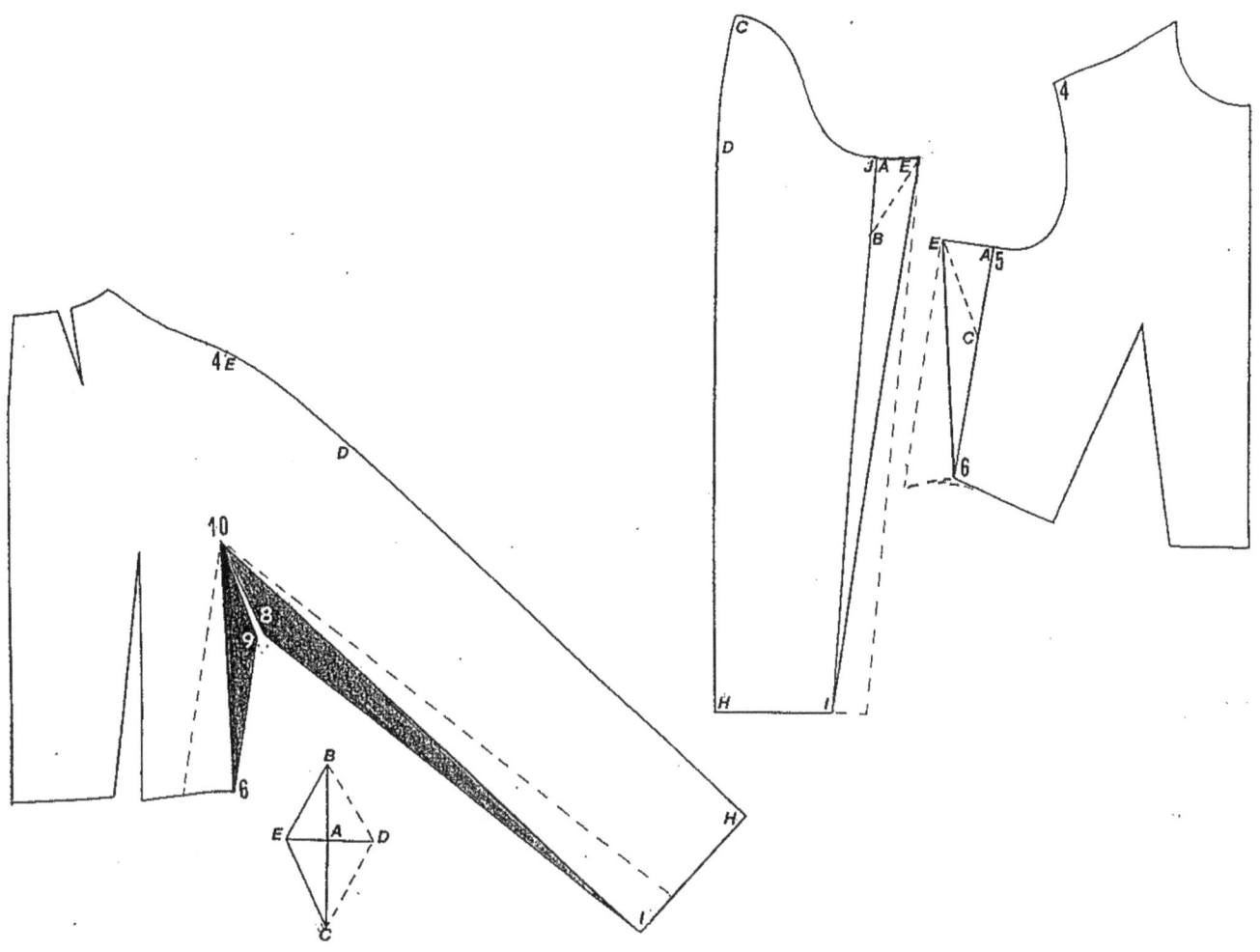

DELANTERA: Medir la distancia **C-D-H** del sobre manga y **J-I** del bajo manga parte delantera.
Medir la distancia entre **4/E-D-H** y **8-I** parte trasera, a ésta medida agregarle la medida **B-A** del rombo.
NOTA: Las medidas de los sobre mangas son iguales, no así la de los bajos mangas.
La suma del rombo y el bajo manga trasera, es ligeramente más grande, por lo tanto, esa diferencia, se puede usar de
varias maneras: Embeber esa diferencia en la altura del codo siempre y cuando no supere 1 ½ cm., o hacer una
pinza en la altura del codo, o cambiar la línea del bajo manga delantera hasta hacerla coincidir con la trasera.
Ubicar la parte del rombo indicado con **A-C-E** en el costado delantero, luego unir **E-6**.
Aplicar la otra parte del rombo al bajo manga delantero, indicado con **A-B-E**. Unir **E-I**.

PARTE TRASERA

UNIR **6-10** y **10-I**, luego quitar la parte sombreada.
IMPORTANTE: De desearlo, las líneas **E-6** (delantera) y **8-I** (trasera), pueden cambiar, como lo indican las líneas
discontinuas; Es decir lo que se quita a la manga y al costado trasero, se agregan a la manga y al costado de la delantera.

MANGA MITAD JAPONESA MITAD SISA EN LA DELANTERA Y JAPONESA EN LA TRASERA

UTILIZAR EL MOLDE DE LA MANGA MITAD JAPONESA MITAD SISA PÃGINA 129.
UTILIZAR EL MOLDE DE LA MANGA JAPONESA Y EL ROMBO PARTE TRASERA PÃGINA 123.

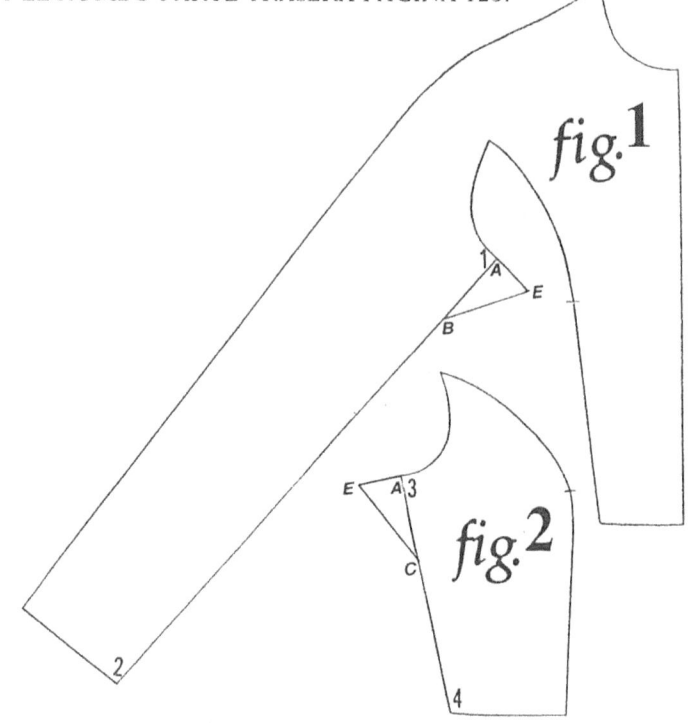

DELANTERA Fig. 1
1-2 = bajo manga.
LATERAL DELANTERO Fig. 2
3-4 = costado,
TRASERA Fig. 3
5-6 = sobre manga, 7-8 = bajo manga.
ROMBO
Usar solamente la parte sombreada, o sea lo que corresponde a la parte trasera.
Medir la distancia entre **B-A**.
Sumar las distancias entre **B-A** (rombo) y **8-7** de la manga, y compararla con **2-1** de la parte delantera. En éste caso, es más grande la medida correspondiente a la trasera, lo que sobra, se utilizará para hacer una pinza a la altura del codo.
Desde **5**, aplicar hacia 6 la medida Altura de codo, ejemplo: 33 cm. = **9**.
Desde **9**, escuadrar hasta el lado opuesto = **10**.
Desde **10**, aplicar hacia 9, 1 / 3 parte de dicha distancia = **11**.
Desde **10**, aplicar hacia 7 la diferencia entre los dos largos de los bajo manga = **12**.
Desde **10** y **12**, prolongar las líneas aplicando la distancia **10-12** = **13** y **14**. Unir **13-8** y **14-7**.
En la línea del bajo manga delantero, ubicar la parte del rombo indicado con **A-B-E**.
En la línea del costado (Fig. 2) aplicar la otra parte del rombo indicado con **A-C-E**.

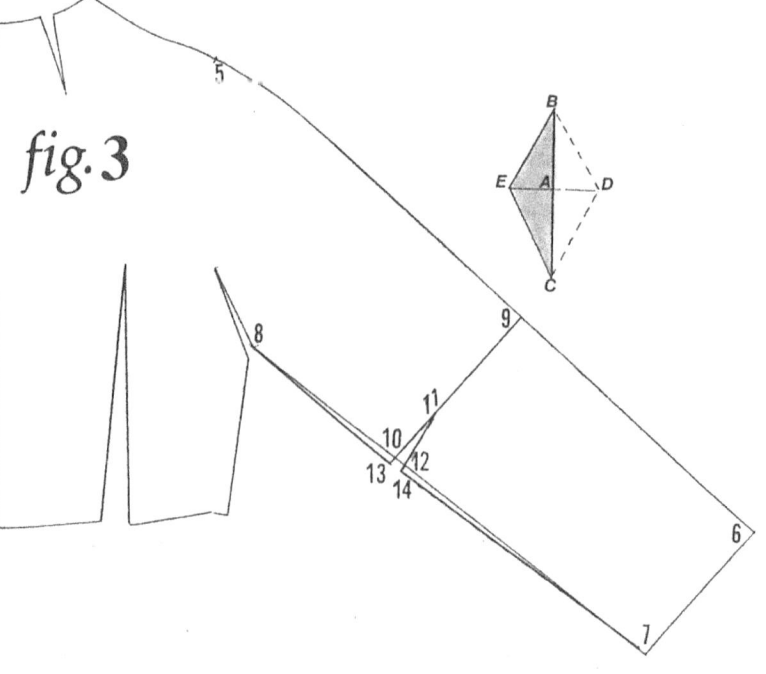

MANGA JAPONESA ADELANTE Y MITAD JAPONESA MITAD SISA ATRÁS

UTILIZAR EL MOLDE DE LA MANGA JAPONESA CON EL ROMBO PARTE DELANTERA PÁGINA 123.
UTILIZAR EL MOLDE DE LA MANGA MITAD JAPONESA MITAD SISA PÁGINA 128.

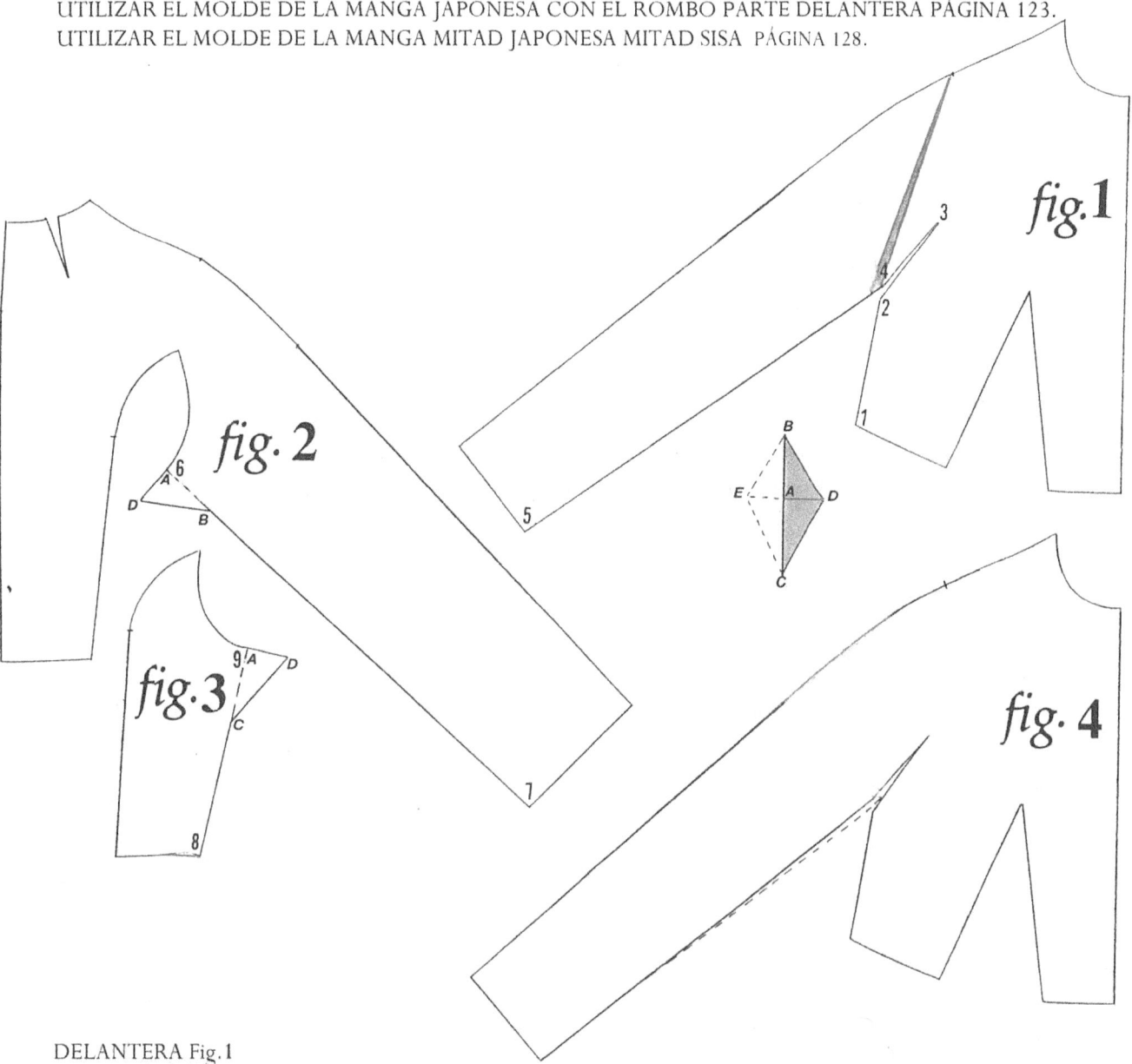

DELANTERA Fig.1

1-2 = costado, **2-3-4** = lugar de la ubicación del rombo, **4-5** = bajo manga. Medir la distancia entre **4-5**.

TRASERA Fig. **2**

6-7 = bajo manga. Medir la distancia **6-7**.

COSTADO PARTE TRASERA Fig. **3**.

8-9 = costado.

NOTA: Se utiliza solamente el rombo parte sombreada, o sea el que corresponde a la parte delantera.

Sumar las distancias entre **4-5** de la manga delantera y **A-B** del rombo, y compararla con **6-7** de la trasera. En éste caso, es más grande la medida correspondiente a la parte delantera. Lo que sobra, se utilizará para hacer una pinza como lo indica el trazado Fig. **1**, parte sombreada, luego, deberá cerrar dicha pinza, y después, suavizar las líneas, como lo indica la Fig. **4.**

En la línea de la manga trasera, colocar la parte del rombo indicado con **A-B**.

En la línea del costado, ubicar la otra parte del rombo .

MANGA JAPONESA EN LA DELANTERA Y RAGLAN EN LA TRASERA

UTILIZAR EL MOLDE DE LA MANGA JAPONESA DELANTERA Y EL ROMBO CON LA MISMA PUNTUACION PÁGINA123.

UTILIZAR EL MOLDE DE LA MANGA RAGLAN TRASERA CON LA MISMA PUNTUACION PÃGINA124 -125.

MANGA RAGLAN PARTE TRASERA Fig. **C** y **D**.

D-G = línea del bajo manga; **4/C-E-F** = línea del sobre manga. Tomar ambas medidas.

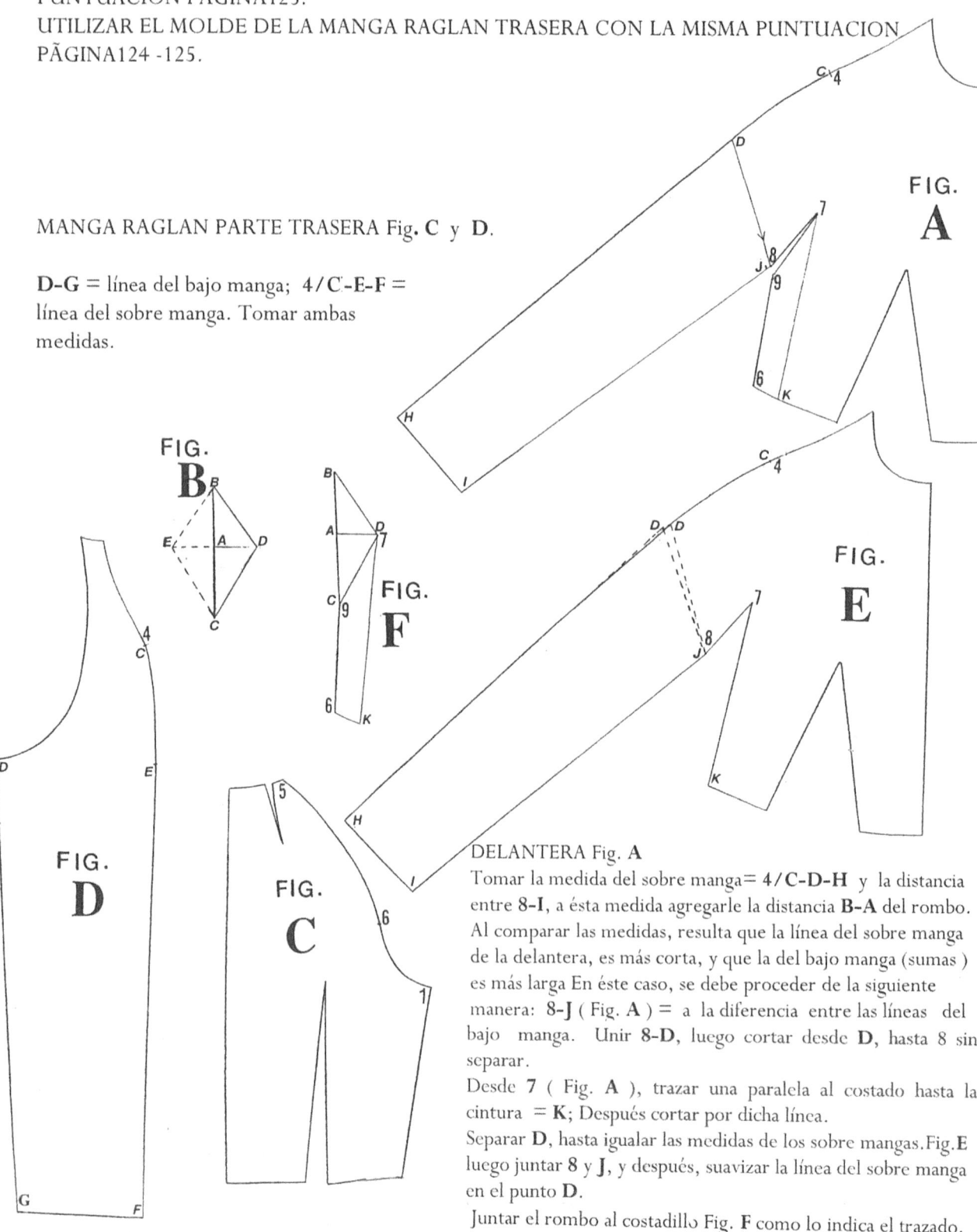

DELANTERA Fig. **A**

Tomar la medida del sobre manga= **4/C-D-H** y la distancia entre **8-I**, a ésta medida agregarle la distancia **B-A** del rombo.

Al comparar las medidas, resulta que la línea del sobre manga de la delantera, es más corta, y que la del bajo manga (sumas) es más larga En éste caso, se debe proceder de la siguiente manera: **8-J** (Fig. **A**) = a la diferencia entre las líneas del bajo manga.   Unir **8-D**, luego cortar desde **D**, hasta 8 sin separar.

Desde **7** (Fig. **A**), trazar una paralela al costado hasta la cintura = **K**; Después cortar por dicha línea.

Separar **D**, hasta igualar las medidas de los sobre mangas.Fig.**E** luego juntar **8** y **J**, y después, suavizar la línea del sobre manga en el punto **D**.

Juntar el rombo al costadillo Fig. **F** como lo indica el trazado.

MANGA JAPONESA EN LA TRASERA Y RAGLAN EN LA DELANTERA

UTILIZAR LOS MOLDES DE LA MANGA JAPONESA PARTE TRASERA CON EL ROMBO MISMA PUNTUACION
PÁGINA 123
UTILIZAR LOS MOLDES DE LA MANGA RAGLAN PARTE DELANTERA CON LA MISMA PUNTUACION
PÁGINA 124- 125

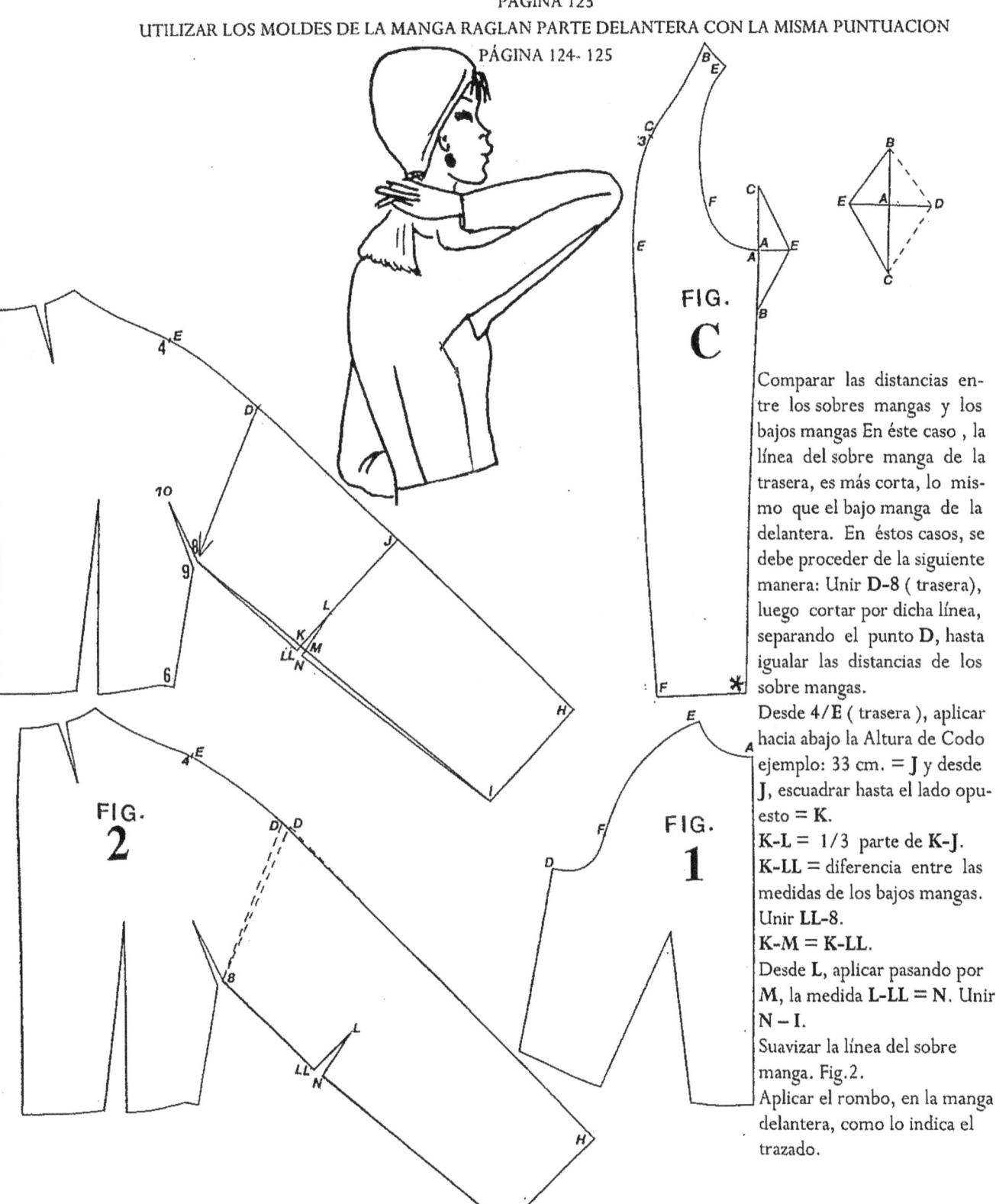

FIG. C

FIG. 1

FIG. 2

Comparar las distancias entre los sobres mangas y los bajos mangas En éste caso , la línea del sobre manga de la trasera, es más corta, lo mismo que el bajo manga de la delantera. En éstos casos, se debe proceder de la siguiente manera: Unir **D-8** (trasera), luego cortar por dicha línea, separando el punto **D**, hasta igualar las distancias de los sobre mangas.

Desde 4/**E** (trasera), aplicar hacia abajo la Altura de Codo ejemplo: 33 cm. = **J** y desde **J**, escuadrar hasta el lado opuesto = **K**.

K-L = 1/3 parte de **K-J**.

K-LL = diferencia entre las medidas de los bajos mangas. Unir **LL-8**.

K-M = **K-LL**.

Desde **L**, aplicar pasando por **M**, la medida **L-LL** = **N**. Unir **N – I**.

Suavizar la línea del sobre manga. Fig.2.

Aplicar el rombo, en la manga delantera, como lo indica el trazado.

FALDA CLÁSICA CORTA Y FALDA CLÁSICA LARGA PARA PERSONAS DE CADERA NORMAL

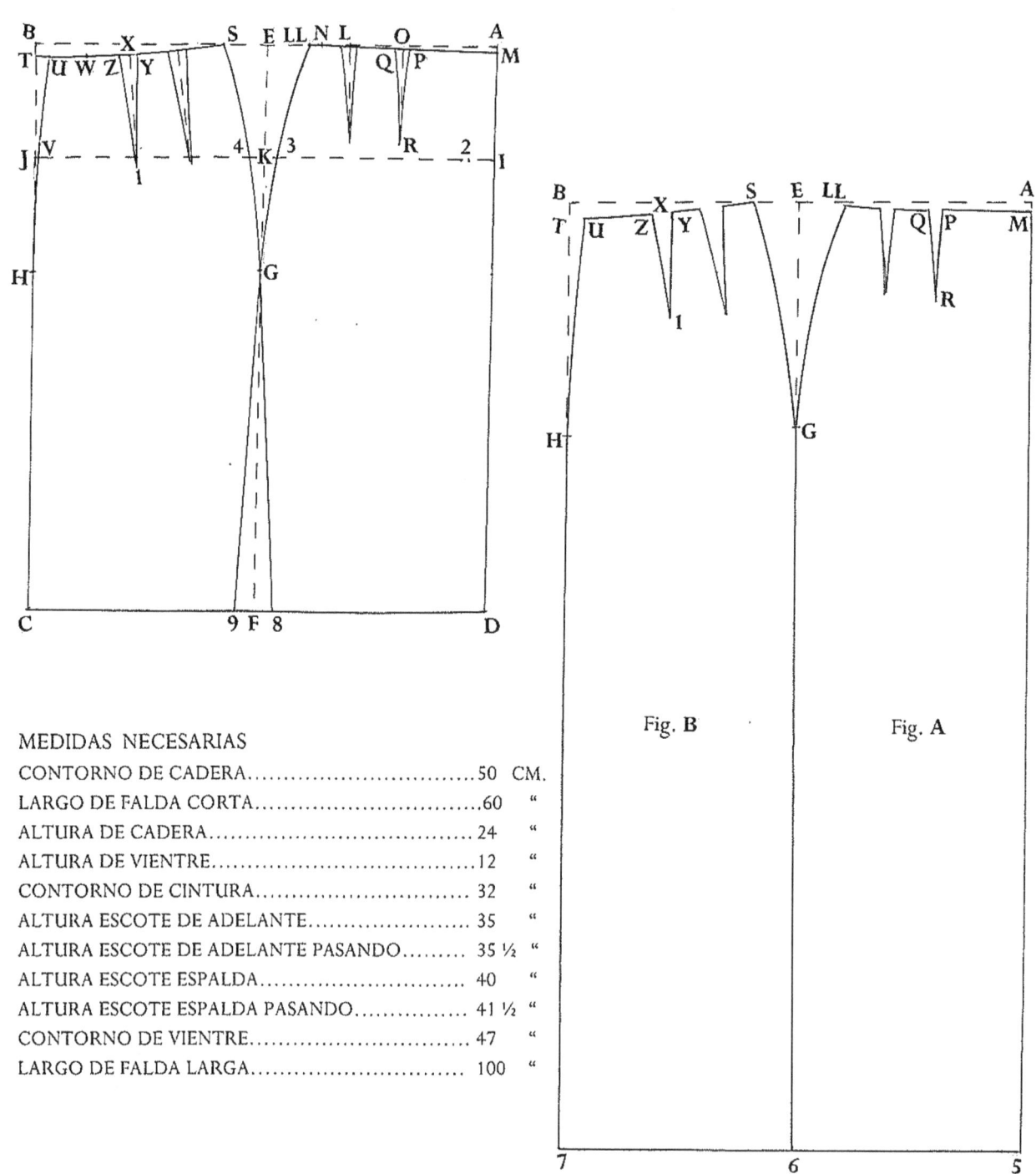

MEDIDAS NECESARIAS

CONTORNO DE CADERA	50	CM.
LARGO DE FALDA CORTA	60	"
ALTURA DE CADERA	24	"
ALTURA DE VIENTRE	12	"
CONTORNO DE CINTURA	32	"
ALTURA ESCOTE DE ADELANTE	35	"
ALTURA ESCOTE DE ADELANTE PASANDO	35 ½	"
ALTURA ESCOTE ESPALDA	40	"
ALTURA ESCOTE ESPALDA PASANDO	41 ½	"
CONTORNO DE VIENTRE	47	"
LARGO DE FALDA LARGA	100	"

Fig. B   Fig. A

PASO A PASO CON LA REALIZACION DE LOS TRAZADOS

IMPORTANTE: SI LA PERSONA A LA QUE USTED LA HACE EL MOLDE VA A USAR UNA PRENDA GRUESA, Y ESTA VA POR DENTRO DE LA FALDA, ENTONCES DEBERÁ DE AGRANDAR LA CINTURA Y EL VIENTRE, DE ACUERDO AL GROSOR DE LA MISMA.

Formar un rectángulo con la medida Contorno de Cadera, ejemplo: 50 cm. por el Largo de la Falda, ejemplo: 60 cm. = **A-B-C-D**.

Marcar el centro de los puntos A-B y C-D = **E** y **F**. Unir dichos puntos.

Desde E y B, aplicar hacia abajo la Altura de Cadera, ejemplo: 24 cm. = **G** y **H**.

Distancia entre A-I y B-J = Altura de Vientre, ejemplo: 12 cm. . Unir I-J. **K**, se forma al cruzarse las líneas.

Desde A, colocar hacia E, la mitad de la medida de Cintura, ejemplo: 16 cm. = **L**.

Marcar el centro de L-E = **LL**.

A-M = diferencia entre la Altura Escote de Adelante y la Altura Escote de Adelante Pasando, ejemplo ½ cm.. Unir M-LL, con ligera forma.

Desde LL, ubicar hacia L, 1/3 parte de dicha distancia = **N**. IMPORTANTE: En caso que la persona tuviere " cola," deberá marcar la mitad de L-LL, para encontrar el punto N. NOTA: El espacio N-L, se utilizará para hacer dos pinzas.

Marcar el centro de **LL-M = O**. Desde O, aplicar hacia ambos lados 1/4 parte de L-N, ejemplo: 0,75 cm. = **P** y **Q**.

Desde O, escuadrar hacia abajo, aplicando la mitad de la Altura de Cadera, pero como la distancia entre P-Q, es inferior a 2 cm., entonces, es conveniente acortar la pinza unos 2 cm., ejemplo: 10 cm. = **R**. Unir R-P y R-Q con ligera forma.

Marcar el centro de LL-Q, y desde allí, formar otra pinza igual a la anterior.

Desde E, aplicar hacia B, la distancia E-LL = **S**.

B-T = diferencia entre la Altura Escote Espalda y la Altura Escote Espalda Pasando, ejemplo: 1 ½ cm. .

Desde T, escuadrar hacia dentro, colocando la medida **LL-N = U**. Unir U-H, según la forma del cuerpo. **V**, se forma al cruzarse las líneas. Unir U-S, con ligera forma.

Desde S, aplicar hacia U, la mitad de la Cintura, menos la distancia LL-N, ejemplo:14 ½ cm. =**W**. El espacio W-U, se utilizará para hacer dos pinzas.

Marcar el centro de **S-U = X**. Desde X, ubicar hacia ambos lados 1/4 parte de la distancia **W-U = Y** y **Z**.

Desde X, escuadrar hacia abajo, aplicando la mitad de la Altura de Cadera, ejemplo: 12 cm. = **1**. Unir 1-Y y 1-Z, con ligera forma.

Marcar el centro de Y-S, luego desde ese sitio, formar una pinza igual a la anterior.

Desde V, colocar hacia I, la medida Contorno de Vientre (descontando los pequeños espacios de las pinzas si es que éstas se cruzan), ejemplo: 47 cm. = **2**.

Desde K, aplicar hacia un lado la mitad de la distancia 2-I = **3**.

Unir G-3-LL, para verificar que la línea es idónea (en éste caso si lo es). NOTA: Si la línea fuere hacia dentro entonces, deberá agrandar las pinzas traseras, como la de la falda de poca Cadera.

K-4 = K-3.

Unir G-4-S, del mismo modo que G-3-LL.

Copiar los moldes, a continuación desde A-E y B, aplicar hacia abajo el Largo de la Falda Larga, ejemplo: 100 cm. = **5-6** y **7**. Fig. **A** y Fig. **B**.

Si desea entubar las Faldas, proceda de la siguiente manera: Desde F (Falda corta)aplicar hacia ambos lados 2 ½ cm. o a gusto = **8** y **9**. Unir 8-G y 9-G, según el cuerpo de la persona, es decir **no unirlos con líneas rectas** para así evitarque se forme un pico al llegar al punto **G**. NOTA: Haga lo mismo con la Falda Larga.

FALDA CLÁSICA PARA PERSONA DE POCA CADERA

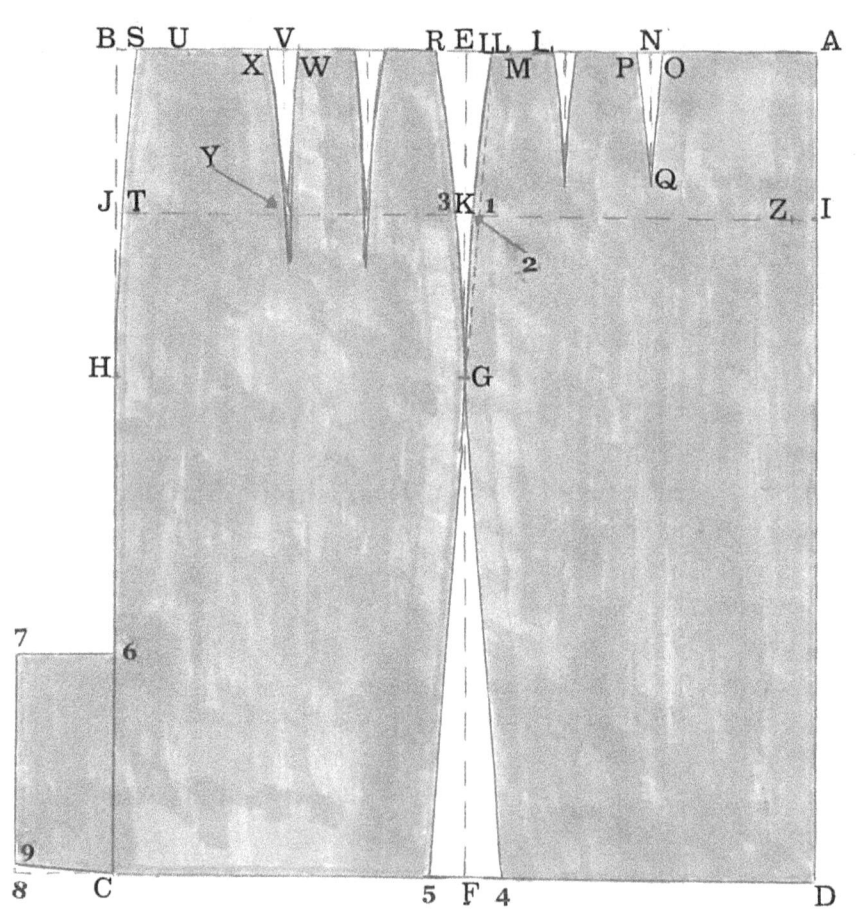

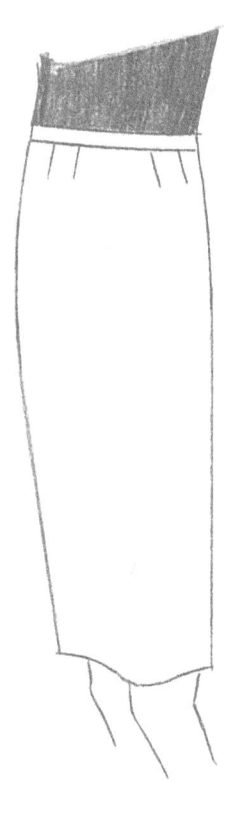

MEDIDAS REQUERIDAS

CONTORNO DE CADERA...48.CMS.
LARGO DE FALDA..55   "
ALTURA DE CADERA...22   "
ALTURA DE VIENTRE...11   "
CINTURA..36   "
CONTORNO DE VIENTRE...46   "
ALTURA ESCOTE DE ADELANTE PASANDO NO POSEE .
ALTURA ESCOTE ESPALDA PASANDO NO POSEE.

PASO A PASO CON LA REALIZACIÓN DEL TRAZADO

IMPORTANTE: Es de hacer notar que en éste molde no se aplicarán las diferencias entre la Altura Escote de Adelante y la Altura Escote de Adelante Pasando, como así también la diferencia entre la Altura Escote Espalda y la Altura Escote Espalda Pasando. IMPORTANTE: Si la persona a la que Usted le va a hacer el molde las posee, entonces, deberá de colocarlas en el trazado. NOTA: Podría ser que posea una sola de esas diferencias.

IMPORTANTE: Si la persona va a usar una prenda gruesa, y ésta va por dentro de la falda, entonces deberá de agrandar la medida de Cintura, así como también el Vientre, de acuerdo a la misma.

Trazar un rectángulo con la medida de Cadera, ejemplo: 48 cm. por el Largo de la Falda, ejemplo:55 cm. = A-B-C D.

Marcar el centro de los puntos A-B y C-D = E y F. Unir dichos puntos.

Desde E y B, aplicar hacia abajo la Altura de Cadera, ejemplo: 22 cm. = G y H.

Desde A y B, colocar hacia abajo la Altura de Vientre, ejemplo: 11 cm. = I y J. Unir dichos puntos. K, se forma al cruzarse las líneas.

Desde A, ubicar hacia E, la mitad de la medida de Cintura, ejemplo: 18 cm. = L.

Desde E, poner hacia L, 1 /3 parte de la distancia E-L, ejemplo: 2 cm. = LL.

LL-M = 1 /3 parte de LL-L. El espacio entre M-L, se utilizará para hacer dos pinzas.

Marcar el centro de LL-A = N.

Desde N, colocar hacia ambos lados 1 /4 parte de la distancia L-M = O y P.

Desde N, escuadrar hacia abajo, colocando la mitad de la Altura de Cadera. IMPORTANTE: Cuando la distancia entre O-P, es inferior a 2 cm., automáticamente deberá acortar la pinza en unos 2 cm. = Q. Unir Q-O y Q-P, con ligera forma.

Marcar el centro de los puntos LL-P, luego desde dicho punto, formar una pinza igual a la anterior.

Desde E, poner hacia B, la distancia E-LL = R.

Desde B, aplicar hacia dentro la distancia entre LL-M = S. Unir S-H, según la forma del cuerpo. T, se forma al cruzarse las líneas.

Desde R, ubicar hacia S, la mitad de la Cintura, menos la distancia LL-M, ejemplo: 16 cm. = U. NOTA: El espacio U-S, se utilizará para hacer dos pinzas.

Marcar el centro de R-S = V.

Desde V, ubicar hacia ambos lados 1 /4 parte de la distancia U-S = W y X.

Desde V, escuadrar hacia abajo, aplicando la mitad de la Altura de Cadera, ejemplo: 11 cm. = Y.

Unir Y-W y Y-X, con ligera forma.

Marcar el centro de W-R, y desde ese punto formar una pinza igual a la anterior.

Desde T, aplicar hacia I, la medida del Vientre, ejemplo: 46 cm. = Z.

Desde K, poner hacia un lado la mitad de Z -I = 1.

Unir G-1-LL, con puntitos, para ver si la forma de Cadera, es idónea. NO tiene forma, es recta. IMPORTANTE: Si la persona, tuviere la Cadera " chata," entonces se utilizará dicha línea, de lo contrario, es conveniente aplicar desde 1 hacia K 1 /3 parte de dicha distancia = 2.

K-3 = K-2.

Ahora si podrá unir G-2-LL y G-3-R .NOTA: Con los espacios que sobran (1-2), se agrandarán y alargarán las pinzas traseras, o sea que desde Y, se aplicarán la mitad para cada lado de la diferencia 1-2, y lo mismo se hará con la otra pinza. Es de hacer notar que si el espacio fuere más grande, entonces se deberán agrandar también las pinzas delanteras.

Forma de entubar la prenda: F-4 y F-5 = 2 ½ cm. o a gusto. Unir 4-G y 5-G, haciendo que las líneas sean armónicas al llegar al punto G. (es decir evitar el pico).

Modo de hacer la tabla: C-6 = 15 cm. o a gusto.

6-7 y C-8 = 7 cm. o a gusto. Unir 7-8.

8-9 = ½ cm. . Unir 9-C. Dicha operación, se hace solamente en la parte que va debajo, para evitar que sobresalga la misma.

FALDA CLÁSICA PARA PERSONAS CON POCA " COLA"

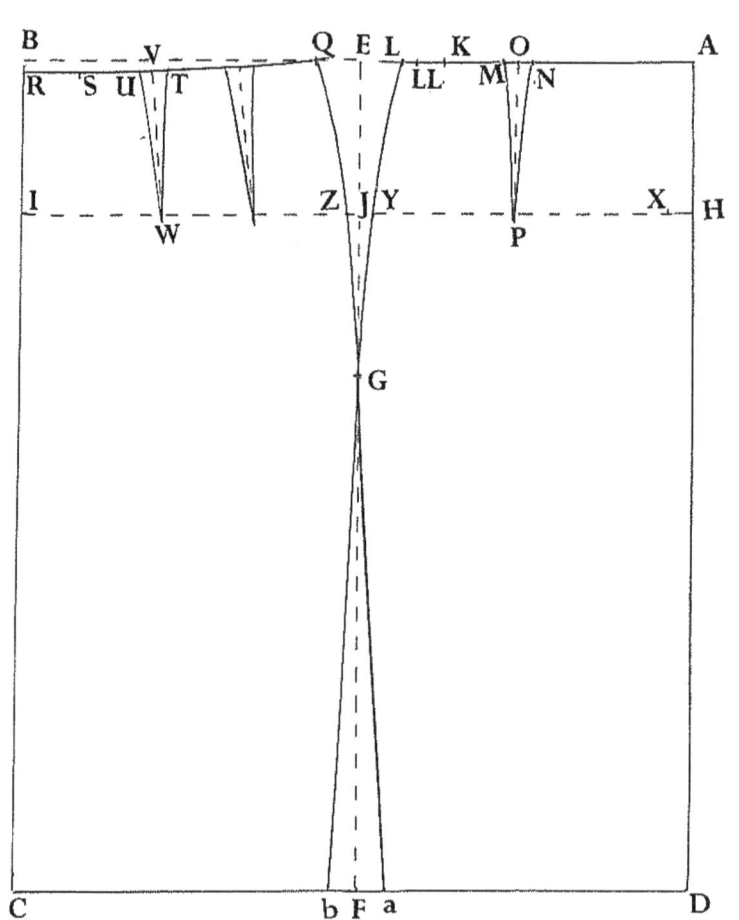

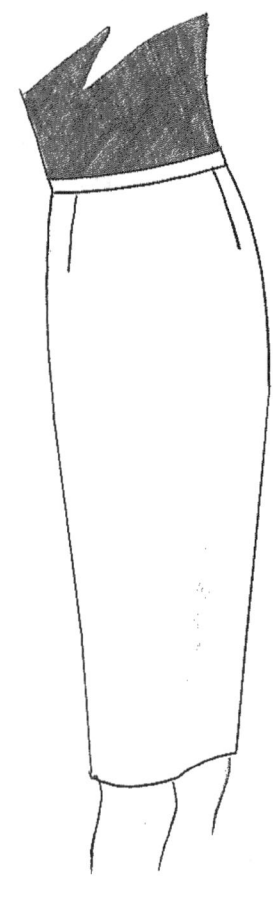

MEDIDAS NECESARIAS

CONTORNO DE CADERA...46 CM.

LARGO DE FALDA...55   "

ALTURA DE CADERA...21   "

ALTURA DE VIENTRE..10   "

CONTORNO DE CINTURA..34   "

ALTURA ESCOTE DE ADELANTE PASANDO NO POSEE......

ALTURA ESCOTE ESPALDA......................................39   "

ALTURA ESCOTE ESPALDA PASANDO..............................40   "

CONTORNO DE VIENTRE..44 ½ "

PASO A PASO CON LA REALIZACIÓN DEL TRAZADO

IMPORTANTE: SI LA PERSONA VA A USAR UNA PRENDA GRUESA, Y ÉSTA VA POR DENTRO DE LA FALDA, ENTONCES DEBERÁ DE AGRANDAR LA CINTURA Y EL VIENTRE DE ACUERDO AL GROSOR DE LA MISMA.

En éste molde, no se aplicará la medida altura Escote de Adelante Pasando, pero si la persona a la que Usted le va a realizar el molde la tuviere, entonces la deberá de colocarla en el trazado.

Formar un rectángulo con la medida de Cadera, ejemplo: 46 cm. por el Largo de Falda, ejemplo: 55 cm. =A-B-C-D.

Marcar el centro de A-B y C-D = E y F. Unir E-F.

Desde E, aplicar hacia abajo la Altura de Cadera, ejemplo: 21 cm. = G.

Desde A y B, colocar hacia abajo la Altura del Vientre, ejemplo: 10 cm. = H e I. Unir dichos puntos. J, se forma la cruzarse las líneas.

Desde A, ubicar hacia E, la mitad de Cintura, ejemplo: 17 cm. = K.

Marcar el centro de E-K = L.

Desde L, colocar hacia K, 1 /3 parte de L-K = LL. Medir la distancia entre LL-K, ejemplo: 2 cm. . Cuando el espacio entre LL-K, es hasta 2 cm. se puede hacer una sola pinza. NOTA: Si fuere superior, entonces de harán dos pinzas. IMPORTANTE: Pero si Usted deseare hacer dos pinzas en vez de una también estará en lo correcto.

Desde L, aplicar hacia A, 1 /3 parte de dicha distancia = M.

M-N = LL-K.

O = mitad de M-N.

Desde O, escuadrar hacia abajo, colocando la mitad de la altura de Cadera, ejemplo: 10 ½ cm. = P.

Unir P-M y P-N, con ligera forma.

Desde E, ubicar hacia B, la distancia E-L = Q.

Desde B, aplicar hacia abajo la diferencia entre la Altura Escote Espalda y la Altura Escote Espalda Pasando, ejemplo: 1 cm. = R. Unir R-Q, con ligera forma.

Desde Q, colocar hacia R, la mitad de la Cintura, menos la distancia L-LL, ejemplo:16 cm. = S.

Marcar el centro de Q-R = T.

T-U = mitad de R-S.

Marcar el centro de T-U = V.

Desde V, escuadrar hacia abajo, aplicando la mitad de la Altura de Cadera, ejemplo: 10 ½ cm. = W. Unir W-T y W-U, con ligera forma.

Marcar el centro de T-Q, después desde dicho punto, formar una pinza igual a la anterior.

Desde I, Ubicar hacia H, la medida Contorno de Vientre (descontando los espacios de las pinzas, si es que éstas se atravesaran), ejemplo: 44 ½ cm. = X.

Desde J, aplicar hacia un lado la mitad de la distancia entre X-H = Y.

Unir G-Y-L, para asegurarse si la línea es la correcta. (en éste caso si lo es). Que sucedería si la línea fuere hacia dentro, o fuere hacia fuera ? Si la persona tuviere la forma recta en la cadera, entonces se mantendrá la línea recta, si en cambio fuere hacia dentro, entonces se deberá proceder como el trazado de la falda de poca cadera.

J-Z = J-Y.

Unir G-Z-Q, del mismo modo que la línea G-Y-L.

Si desea entubar la falda, proceda así: Desde F, aplicar hacia ambos lados 2 cm. o a gusto = a y b.

Unir a-G y b-G, como lo indica el grabado, es decir suavizando las líneas al llegar al punto G, de ese modo, se evita que se forme un "pico".

FALDA CLÁSICA
PARA PERSONAS CUYA CINTURA ES MÁS ALTA DE ATRÁS QUE DE ADELANTE

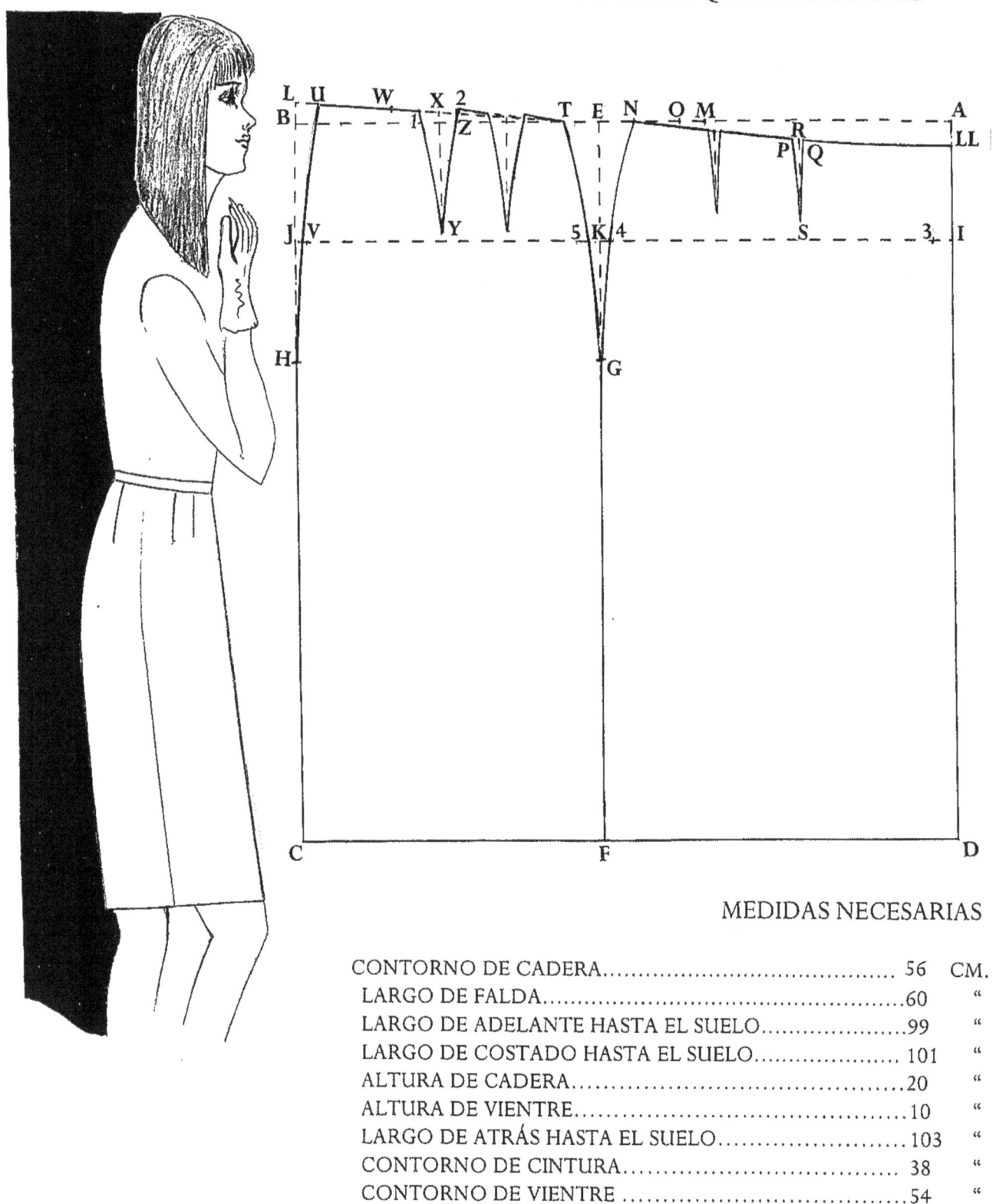

MEDIDAS NECESARIAS

CONTORNO DE CADERA... 56   CM.

LARGO DE FALDA...60   "

LARGO DE ADELANTE HASTA EL SUELO....................99   "

LARGO DE COSTADO HASTA EL SUELO.................... 101   "

ALTURA DE CADERA...20   "

ALTURA DE VIENTRE.. 10   "

LARGO DE ATRÁS HASTA EL SUELO....................... 103   "

CONTORNO DE CINTURA................................. 38   "

CONTORNO DE VIENTRE 54   "

PASO A PASO CON LA REALIZACIÓN DEL TRAZADO

Trazar un rectángulo con la medida de Cadera, ejemplo:56 cm. por el Largo de Falda, ejemplo: 60 cm. = **A B-C-D**.

Desde **A** y **D**, aplicar hacia dentro la mitad de **A-B** más la diferencia entre el Largo de Adelante Hasta el Suelo y el Largo de Costado Hasta el Suelo, ejemplo: 28 + 2 = 30 cm.= **E** y **F**. Unir **E-F**.

Desde **E** y **B**, aplicar hacia abajo, la Altura de Cadera, ejemplo: 20 cm. = **G** y **H**.

Desde **A**y **B**, ubicar hacia abajo la Altura de Vientre, ejemplo:10 cm.=**I** y **J**. Unir **I-J**. **K**, se forma al cruzarse las líneas.

B-L = diferencia entre el Largo de Costado Hasta el Suelo y el Largo de Atrás Hasta el Suelo, ejemplo: 2cm..

A-LL =diferencia entre el Largo de Costado Hasta el Suelo y el Largo de Adelante hasta el Suelo, ejemplo: 2 cm..

A-M= mitad Cintura, más la diferencia entre el Largo de Adelante Hasta el Suelo y el Largo de Costado Hasta el Suelo, ejemplo: 19 + 2= 21 cm..

E-N = 1/3 parte de **E-M**. NOTA: Si la persona, tuviere poca forma de Cadera, entonces se aplicará 1/4 parte en vez de 1/3 parte.

M-O = 1 /3 parte de **M-N**. Unir **N-LL**, con ligera forma.

P = centro de **N-LL**.

P-Q = mitad de **O-M**.

R = mitad de **P-Q**.

Desde **R**, trazar una vertical poniendo la mitad de la Altura de Cadera, pero como la distancia entre **P-Q**, es inferior a 2 cm., entonces, es conveniente acortar la pinza unos 3 cm.= **S**. Unir **S-Q** y **S-P**, con ligera forma. Marcar el centro **P-N**, y desde dicho punto formar una pinza igual a la anterior.

E-T = **E-N**.

Desde **L**, escuadrar aplicando la mitad de **N-O**, ejemplo 2 cm. .NOTA: Si la persona tuviere "**cola**", deberá · aplicar **2/3** partes de dicha distancia = **U**. Unir **U-T** y **U-H**, con forma. **V**, se forma al cruzarse las líneas.

T-W = mitad de cintura, menos la mitad de **N-O**, y menos la diferencia entre los Largos de Adelante Hasta el Suelo, y el Largo de Costado Hasta el Suelo, ejemplo: 19-2 = 17 cm.. 17-2= 15 cm..

NOTA: Si aplicó 2/3 partes entre **L-U**, el espacio para pinzas ahora es más reducido .

X= centro de **T-U**.

Desde **X**, trazar una vertical, aplicando la mitad de la Altura de Cadera, ejemplo: 10 cm. = **Y**.

Desde **X**, colocar hacia ambos lados 1/4 de la distancia **W-U** = **Z** y **1**.

Unir **Y-Z** y **Y-1**, con forma. Desde **Y**, aplicar pasando por **Z** la distancia **Y-1**= **2**. Unir **2-T**.

Marcar el centro de **2-T** y desde dicho punto formar una pinza igual a la anterior, luego controlar las distancias, entre las líneas de la pinza y, terminar de formar la líneas de cintura.

Desde **V**, aplicar hacia **I**, el Contorno de Vientre (más los espacios de las pinzas que se cruzan con la línea). En éste caso no se cruzan, ejemplo: 54 cm. =**3**.

Desde **K**, colocar hacia un lado la mitad de la distancia entre **3-I** = **4**.

Unir **G-4-N**, para comprobar si la línea de cadera es idónea (en éste caso, si lo es). Que sucede si la línea fuere recta ? Si la persona tuviere la forma de cadera recta, entonces se mantendrá la línea de cadera recta. NOTA: Y si la línea fuere hacia dentro ? En ese caso, se mantendría la línea recta en el costado y lo que faltare se usaría para agrandar las pinzas en la trasera.

K-5 = **K-4**, termine de formar la línea de cadera igual, a la otra línea.

MUY IMPORTANTE : Para algunos cuerpos, podría ser que la línea de Cintura, sea en forma horizontal, a pesar de las diferencias entre los Largos de Costado Hasta el Suelo y el Largo de Adelante Hasta el Suelo, eso debido a su abdomen.

Al juntar los centros de la parte trasera, y los costados y cerradas las pinzas, fíjese bien si la línea de cintura es , armónica, caso contrario, suavícela.

COMO DEJAR LOS ENSANCHES EN UNA FALDA

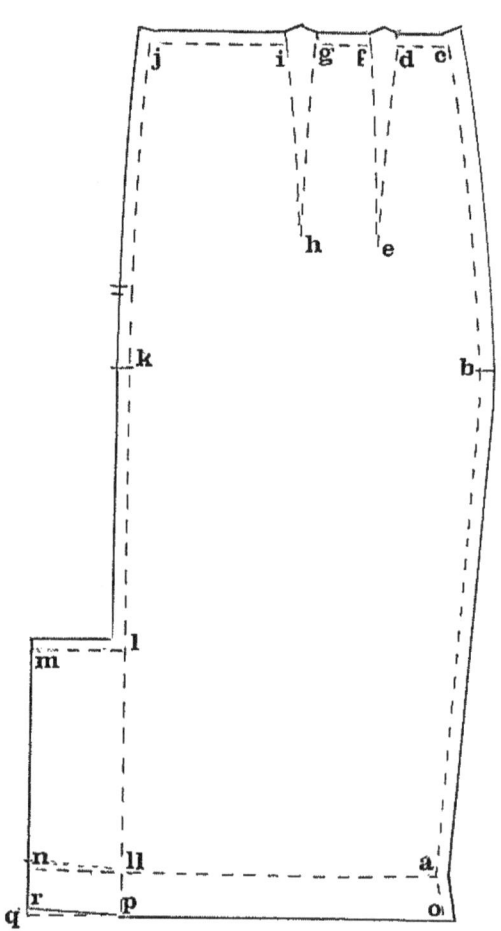
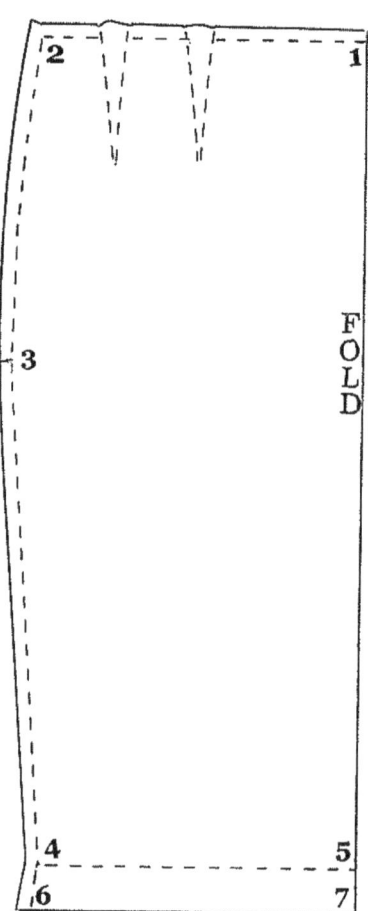

PARTE TRASERA

a-b-c = costado, d-e-f y g-h-i = pinzas, j-k-l-ll = centro, l-m-ll-n = tabla.

En el costado y centro de atrás (si la prenda es a medida) aplicar 2 ½ cm.; Si en cambio es de confección aplicar 1 /2 inch, en el ruedo 5 cm. (2 inches), en la cintura 1 cm.(3 /8 a 1 /2 inch).

Los" picos " que se notan en el ruedo y en la cintura, se logran al doblar los moldes por el ruedo y la línea del costado.

Q-r = 1 /2 cm.. Se hace dicha operación acortando la parte de abajo a los efectos que no sobresalga.

PARTE DELANTERA: 1-2 = cintura, 2-3-4 = costado, 4-5 = ruedo.

Se realiza del mismo modo que la trasera.

COMO HACER EL FORRO DE UNA FALDA, EN ESTE CASO CON TABLA

UTILIZAR LOS MOLDES DE LA PÁGINA ANTERIOR

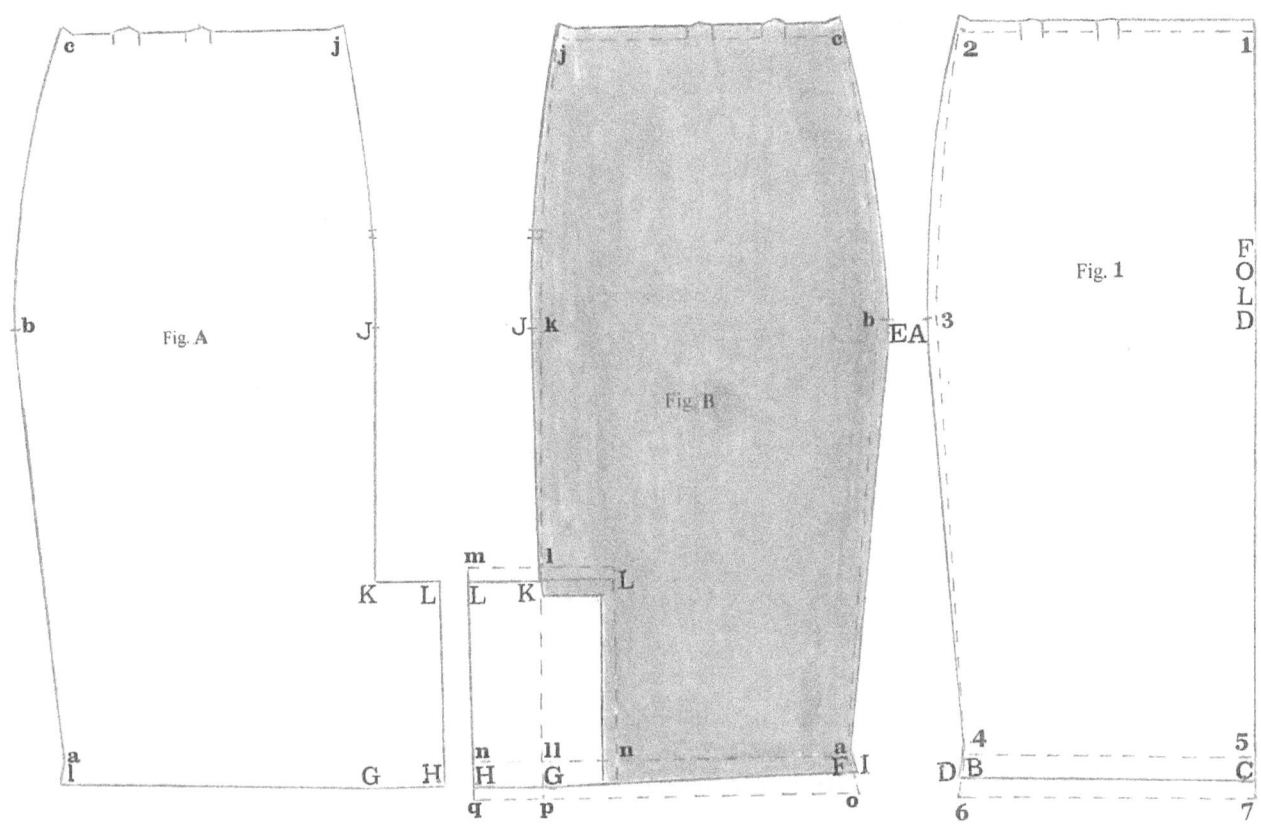

DELANTERA Fig.1.

Desde **3**, aplicar hacia fuera, **3** ml. (1/8 de inch) = **A**.

Desde **4 y 5**, aplicar hacia abajo 1 ¼ cm. (1/2 inch) = **B** y **C**. Unir **B-C**.

Desde **C**, colocar pasando por **B**, la distancia **7-6** = **D**. Unir **D-4-A-2**.

TRASERA Fig. B.

Desde **b**, ubicar hacia fuera 3 ml. (1 /8 de inch) = **E**.

Desde **a**, aplicar hacia abajo 1 ¼ cm. (1/2 inch) = **F**.

Desde **ll y n**, ubicar hacia abajo, 2 cm. (3/4 de inch) = **G** y **H**. Unir **H-G-F**.

Desde **F**, prolongar la línea, aplicando la medida **B-D**, de la delantera = **I**. Unir **I-a-E-c**.

Desde **k**, (altura de cadera) poner hacia fuera 3 ml. (1 /8 de inch) = **J**.

Desde **l y m**, poner hacia abajo 1/4 de inch (6 ml.) = **K y L**.

Unir **L-K-J-j**, como lo indica el trazado.

Calcar el molde = lado derecho. Fig. A.

Doblar el papel de molde hacia dentro, por la línea **l-ll-G**, a continuación marcar la línea de la tabla **K-L-n**, lado izquierdo parte sombreada. Fig. B.

A éstos moldes, es necesario dejarles ensanches (seams allowance).

IMPORTANTE: Las pinzas **no se cosen**, solamente se hacen pliegues planchados. NOTA: Si éstos resultaren muy chicos, entonces se puede formar un solo pliegue con la suma de los dos.

FALDA CAMPANA

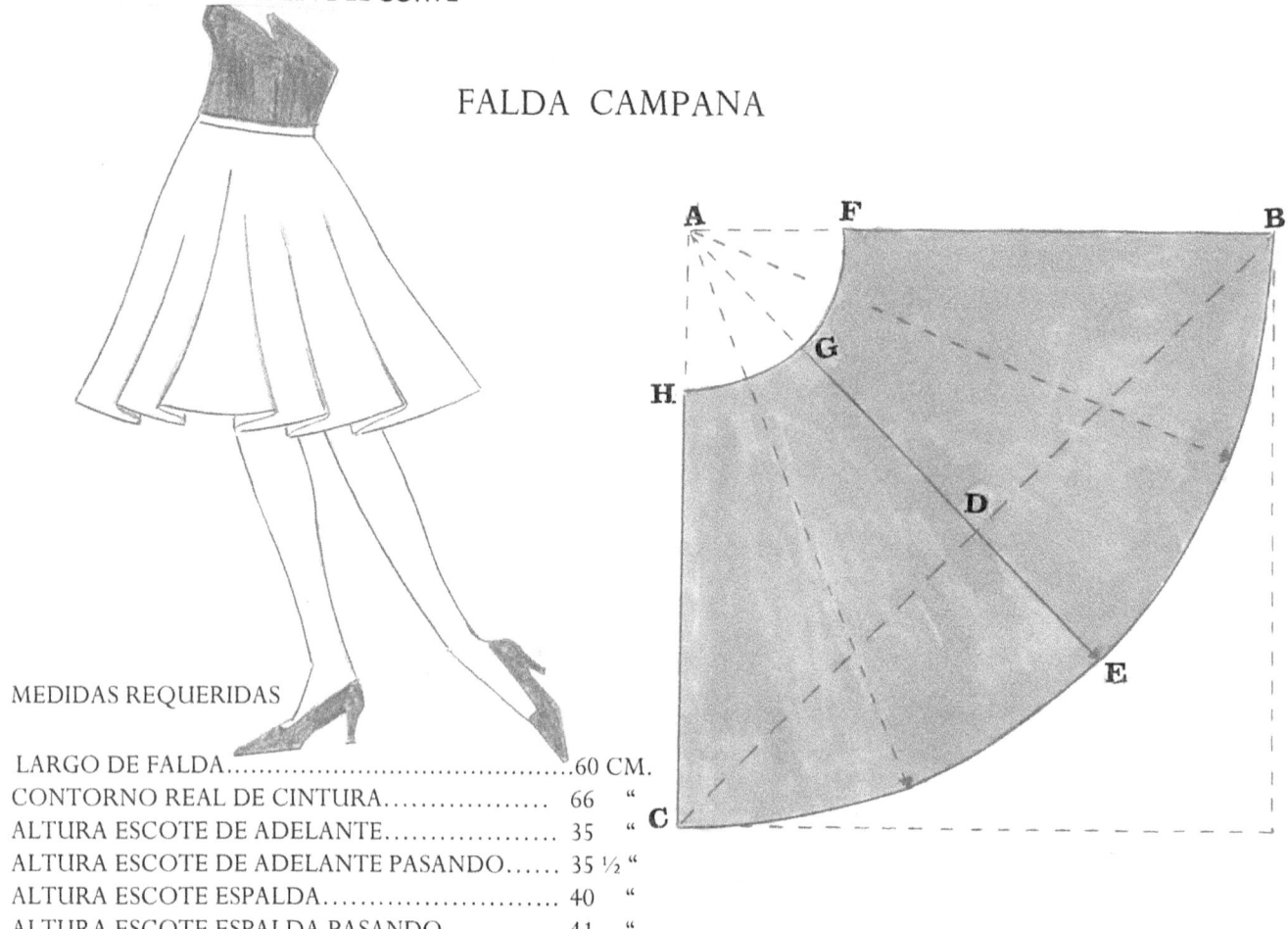

MEDIDAS REQUERIDAS

LARGO DE FALDA...60 CM.
CONTORNO REAL DE CINTURA................. 66   "
ALTURA ESCOTE DE ADELANTE.................. 35   "
ALTURA ESCOTE DE ADELANTE PASANDO...... 35 ½ "
ALTURA ESCOTE ESPALDA........................ 40   "
ALTURA ESCOTE ESPALDA PASANDO............ 41   "

PARTE DELANTERA

Trazar un ángulo recto con la medida Largo de Falda más 1/3 parte del Contorno Real de Cintura, menos
1cm., ejemplo: 81 cm. = A-B y C. Unir B-C, luego marcar el centro = D.
Desde A, aplicar pasando por D, la distancia A-B = E.
Unir B-E-C, con forma.
B-F y C-H = Largo de Falda, ejemplo: 60 cm..
E-G = Largo Falda, menos la diferencia entre la Altura Escote de Adelante y la Altura Escote de Adelante
Pasando, ejemplo: 59 ½ cm..
Unir F-G-H, con forma.
NOTA: Medir la línea de Cintura F-G-H. Dicha medida, deberá tener la mitad del Contorno " real" de
Cintura, ejemplo:33 cm.. En caso que fuere superior, se deberá reducir pasando dos bastillas, embebiendo,
hasta llegar a la medida requerida.
PARTE TRASERA
Se realiza de la misma manera que la Delantera. La única variante, es la distancia entre E-G, dicha distancia
es la diferencia entre la Altura Escote Espalda y la Altura Escote Espalda Pasando.
IMPORTANTE: En caso que no hubiere diferencias entre las Alturas de los Escotes, tanto delantero, como
trasero la distancia A-G, será igual a A-F.
IMPORTANTE: Una vez cortada la falda, será necesario colgarla, y dejarla colgada unos días a los efectos
que se estiren; Una vez estirados, se plancharán, y se volverán a colocar de nuevo los moldes sobre las telas.
IMPORTANTE: G-D-E = Centro de Adelante, y de Atrás.
NOTA: Si deseare hacer la Falda con ruedo desigual bastará con escuadrar desde B y C, hasta que se junten las líneas.

FALDA DOBLE CAMPANA O PLATO SIN COSTURAS Y FALDA CORTA DE ADELANTE Y LARGA ATRÁS

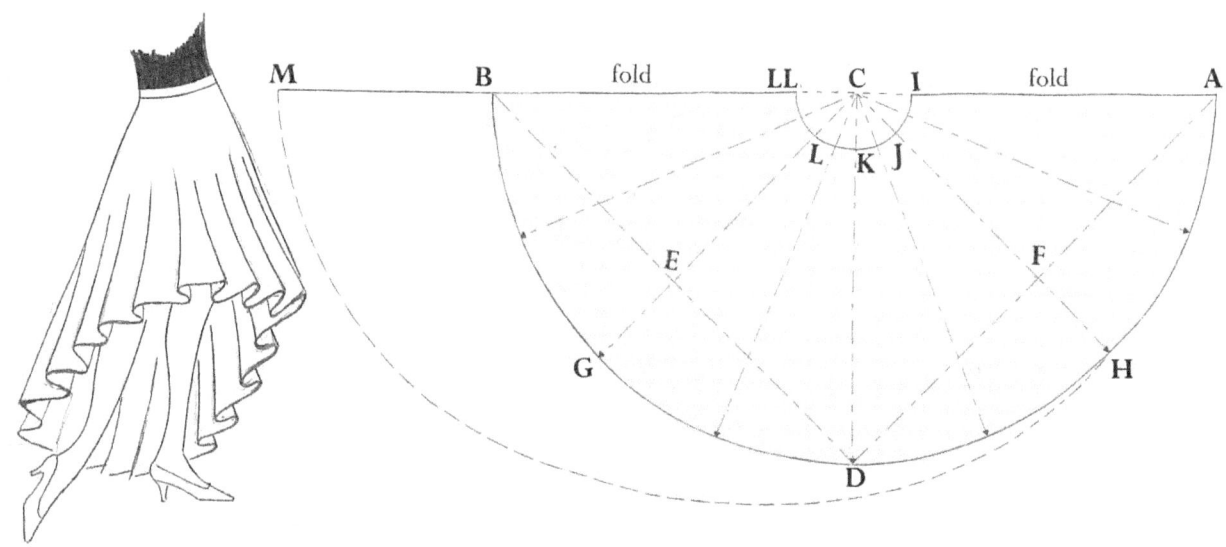

MEDIDAS NECESARIAS

LARGOFALDA....................................... 60 CM.

CINTURA.. 33   "

ALTURA ESCOTE DE ADELANTE.................. 35   "

ALTURA ESCOTE DE ADELANTE PASANDO...... 35 ½ "

ALTURA ESCOTE ESPALDA......................... 40   "

ALTURA ESCOTE ESPALDA PASANDO............41 ½ "

LARGO DE ATRÁS HASTA EL SUELO.............. 105   "

Trazar una horizontal con el doble del Largo de Falda, más 2 / 3 partes de la medida de Cintura, menos 2 cm., ejemplo: 140 cm. = **A** y **B**. Marcar el centro de **A-B** = **C**.

Desde **C**, escuadrar aplicando la distancia **A-C** = **D**. Unir **D-B** y **D-A**, luego marcar los centros de **D-B** y **D-A** = **E** y **F**.

Desde **C**, aplicar pasando por **E** y **F**, la distancia **A-C** = **G** y **H**.

Unir **A-H-D-G-B**, con forma circular.

A-I= Largo Falda, menos la diferencia entre la Altura Escote de Adelante y la Altura Escote de Adelante Pasando, ejemplo:59½cm..

H-J = Largo Falda, menos la mitad de la diferencia entre la Altura Escote de Adelante y la Altura Escote de Adelante Pasando, ejemplo: 59 ¾ cm. .

D-K = Largo Falda, ejemplo: 60 cm. .

G-L = Largo Falda, menos la mitad de la diferencia entre la Altura Escote Espalda y la Altura Escote Espalda Pasando, ejemplo: 58 ¾ cm..

B-LL = Largo de Falda, menos la diferencia entre la Altura Escote Espalda y la Altura Escote Espalda Pasando, ejemplo: 58 ½ cm..

Unir **LL-L-K-J-I**, con forma. Medir la distancia entre **I-K-LL**. Dicha medida deberá tener la medida de Cintura, ejemplo: 33 cm..

En   caso que llegare a ser superior, deberá reducirla pasando dos bastillas, después la reducirá , hasta llegar a la medida deseada.

NOTA: Si en cambio fuere inferior baje un poquito la línea de Cintura.

IMPORTANTE: Una vez cortada la Falda, deberá colgarla unos días a los efectos que se estire, luego deberá plancharla y colocar de nuevo los moldes sobre la tela.

IMPORTANTE: Si la desea hacer la Falda larga atrás, proceda así: Desde **LL**, aplicar pasando por **B**, el Largo de Atrás hasta el Suelo ejemplo: 105 cm. = **M**. Unir **M-H**, con forma. NOTA: Si lo desea, puede hacerla más corta en el centro de atrás.

NOTA: Para colocar el zipper (puede ser en el costado) debe proceder como la explicación de la página 177 (detalles de costura).

CRINOLINE
CORTA A DOCE GAJOS O A GUSTO
(PRENDA INTIMA QUE SE USA PARA REALZAR LA AMPLITUD DE UNA FALDA)
(para su realización se requieren tiras metálicas, o bien ballenas de plástico)

MEDIDAS NECESARIAS
LARGO DE FALDA............50 CM.
CINTURA.....................36 "
ALREDEDOR DELRUEDO...300 "
TIRA DOBLE DE 38 X 6 CM. PARA LA CINTURA

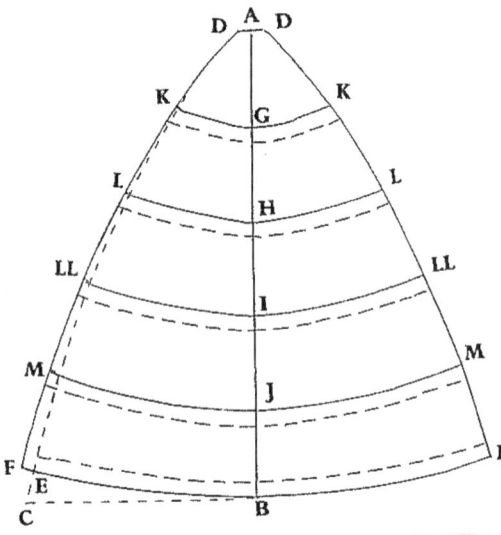

Formar un ángulo recto con el Largo de la Falda, ejemplo: 50 cm. por 1/12 parte del ruedo deseado, ejemplo: 25 cm. = A-B-C.

Desde **A**, escuadrar colocando 1/12 parte de la Cintura, ejemplo: 1 ½ cm. =**D**. Unir **D-C**, con la forma deseada.

Desde **D**, aplicar hacia **C**, la distancia A-B = **E**. Unir E-B con forma.

Desde **B**, colocar pasando E, la distancia B-C = **F**. Unir F-D, con la forma deseada.

Dividir las distancias A-B y D-F en 5 partes, o a gusto = **G-H-I-J** y **K-L-LL-M**. Unir **K-G, L-H, LL-I, M-J**, con forma.

Doblar el papel de molde por la línea A-B, y calcar el lado opuesto.

Medir las distancias K-G-K= 10 cm., L-H-L= 16 cm., LL-I-LL= 20 cm., M-J-M= 23 cm., F-B-F = 25 cm. . Multiplicar por 12 dichas distancias, ejemplo: K-G-K= 120 cm., L-H-L= 182 cm., LL-I -LL = 240cm., M-J-M= 276 cm., F-B-F =300 cm. .

Estas son las medidas de las tiras metálicas. A éstas, es necesario agregarle un 2 cm. en cada una a los efectos de poderlos encimar y queden firmes.

Cosa los paños. En uno de ellos deje una abertura desde la Cintura hacia abajo de unos 15 cm. . Esta abertura puede estar tanto en el costado como en el centro de atrás. Enderece la línea de cintura, luego coloque la misma.

En las líneas K-G-K, L-H-L, LL-I-LL, M-J-M, F-B-F, forme túneles, a continuación, coloque las tiras.

Haga un ojal en la cintura, y del lado opuesto, cosa el botón.

Si lo desea, puede colocar una o dos hileras de puntillas en el ruedo.

MIRIÑAQUE LARGO TIPO CAGE

"PRENDA" INTERNA QUE SE USA PARA REALZAR LA AMPLITUD DE UNA FALDA
Este" garment", se puede realizar en forma circular, ovalado, rectangular, etc..

MEDIDAS Y COSAS NECESARIAS: Contorno Real de Cintura = 68 cm. .Cortar dos tiras de gros grain; Largo de Falda = 104 cm.; Circunferencia del Ruedo = 300 cm. (puede usar las medidas de la Fig. 1);5 tiras metálicas,(se encuentran también forradas, de manera que si tuviere dificultad para usar las metálicas utilice éstas) 5 dobles tips (ganchitos que unen las tiras metálicas);14 tiras dos veces el Largo de la Falda menos unos 8 cm., o sea 2 metros de gros grain de 2 ½ cm. de ancho.

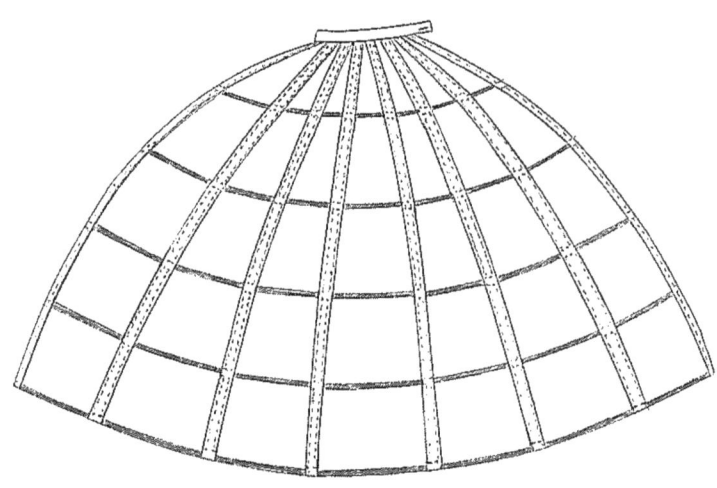

Doble las tiras verticales por el medio, luego divídalas en cinco (igual al dibujo).Cósalos por el orillo y cada 18 cm., forme un túnel ligeramente más ancho que la tira metálica. Una vez realizados los túnel, coloque las tiras en la cintura, después tape las tiras colocando la otra parte de la cintura, luego, pase un pespunte alrededor de la misma. Introduzca las tiras metálicas, a continuación sujételos con los dobles tips. NOTA: Que sucede si no tuviere los dobles tips ?   Si usó las tiras forradas, las podrá coser sin ninguna dificultad.

FALDA A GAJOS
(6 gajos)

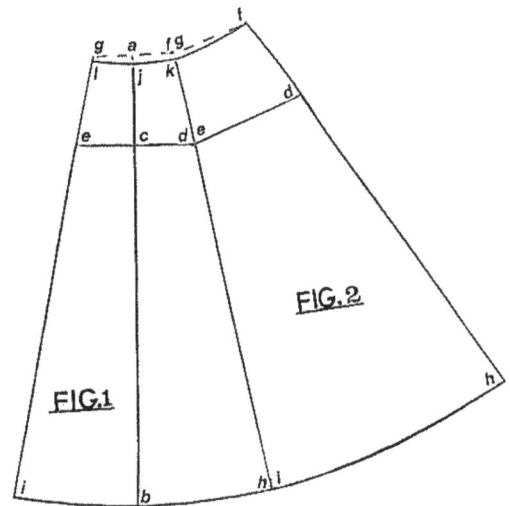

MEDIDAS REQUERIDAS

LARGO DE FALDA...................................... .60 CMS.

ALTURA DE VIENTRE................................ .12 "

CONTORNO DE VIENTRE.......................... . 48 "

CONTORNO DE CINTURA.......................... .34 "

ALTURA ESCOTE DE ADELANTE.................. 35 "

ALTURA ESCOTE DE ADELANTE PASANDO....35 ¼ "

ALTURA ESCOTE ESPALDA.......................... .40 "

ALTURA ESCOTE ESPALDA PASANDO........... .41 ½ "

Trazar una vertical con la medida Largo de Falda, ejemplo: 60 cm. = a y b.

a-c = Altura de Vientre, ejemplo: 12 cm..

Desde c, escuadrar hacia ambos lados, colocando 1 /6 parte del Contorno del Vientre, ejemplo: 8 cm. = d y e.

Desde a, escuadrar hacia ambos lados, aplicando 1 /6 parte del Contorno de Cintura, ejemplo: ligeramente superior a los 5 ½ cm. = f y g.

Unir f-d y g-e, con ligera forma.

Desde f y g, colocar pasando por d y e el Largo de Falda = h e i. Unir h-b-i, con forma.

Calcar el molde, automáticamente se transformará en Fig. 2.

Unir los dos moldes.

Desde a (Fig. 1), ubicar hacia abajo la diferencia entre la Altura Escote de Adelante y la Altura Escote de Adelante Pasando ejemplo: 0, 75 cm. = j. Unir j (Fig. 1) y f (Fig. 2).   k, se forma al cruzarse las líneas.

g-l (Fig.1) = f/g-k. Unir l-j.

IMPORTANTE: La Trasera, se realiza de igual manera que la Delantera, la única variante, consiste en aplicar desde a hacia abajo la diferencia entre la Altura Escote Espalda y la Altura Escote Espalda Pasando.

Es necesario cortar un paño de la Fig. 1 y dos paños de la Fig. B, tanto para la delantera como para la trasera.

NOTA: Una vez cortada la falda, deberá colgar los paños unos días a los efectos que se estiren. Una vez estirados, deberá plancharlos, luego vuelva a colocar de nuevo los moldes sobre las piezas.

FALDA A GAJOS CON GODETS
(6 gajos)

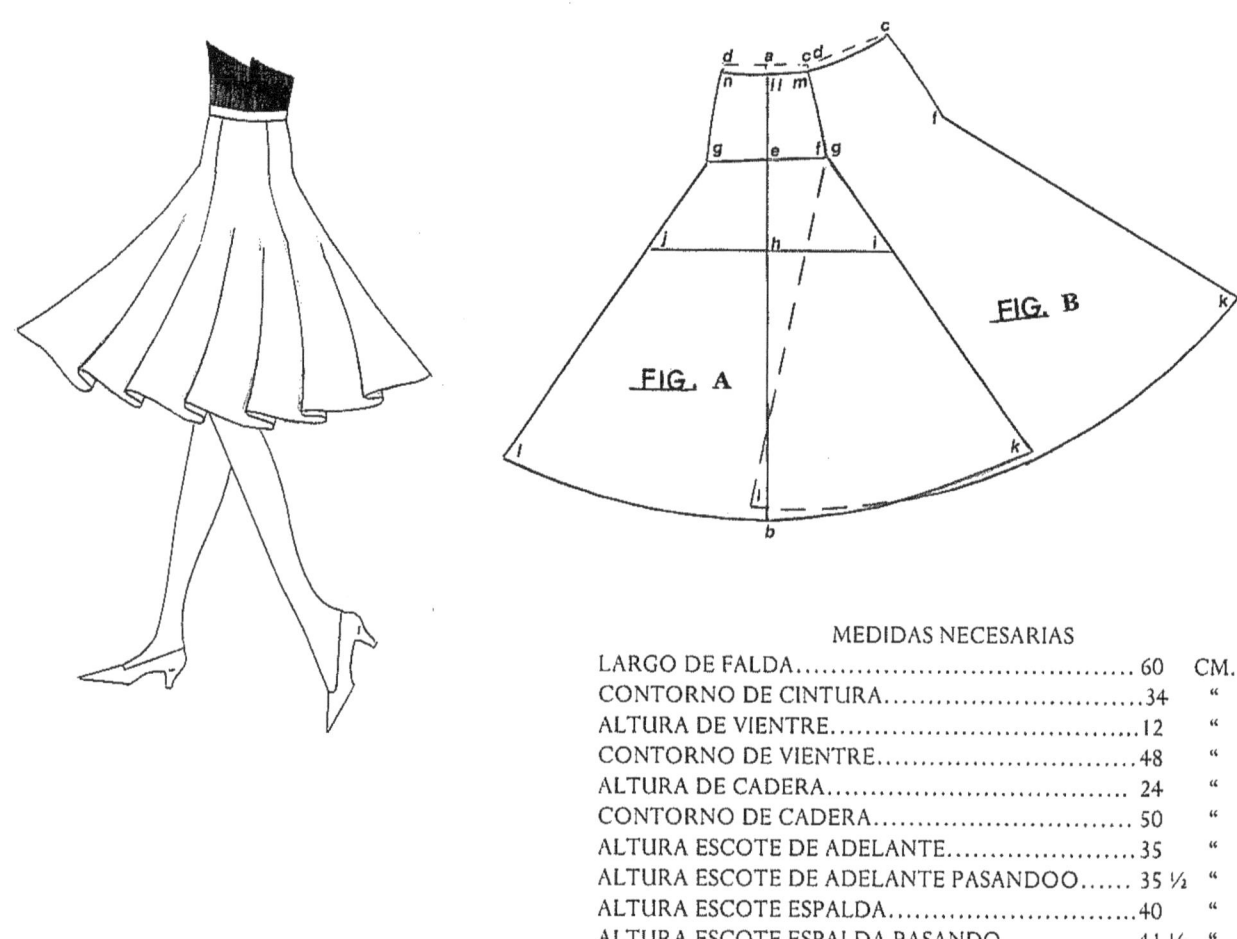

MEDIDAS NECESARIAS

LARGO DE FALDA	60	CM.
CONTORNO DE CINTURA	34	"
ALTURA DE VIENTRE	12	"
CONTORNO DE VIENTRE	48	"
ALTURA DE CADERA	24	"
CONTORNO DE CADERA	50	"
ALTURA ESCOTE DE ADELANTE	35	"
ALTURA ESCOTE DE ADELANTE PASANDOO	35 ½	"
ALTURA ESCOTE ESPALDA	40	"
ALTURA ESCOTE ESPALDA PASANDO	41 ½	"

DELANTERA Fig. **A**

Trazar una vertical con la medida Largo de Falda, ejemplo: 60 cm. = **a** y **b**.

Desde **a**, escuadrar hacia ambos lados, aplicando 1/6 parte de la medida de Cintura, ejemplo: ligeramente superior a los 5 ½ cm. = **c** y **d**.

a-e = Altura de Vientre, ejemplo: 12 cm. .

Desde **e**, escuadrar hacia ambos lados, colocando 1/6 parte del Contorno de Vientre, ejemplo: 8 cm. = **f** y **g**. Unir **f-c** y **g-d**.

a- h = Altura de Cadera, ejemplo: 24 cm..

h- i y **h- j** = 1 /3 parte del Contorno de Cadera (o a gusto), ejemplo: aproximadamente 16 ½ cm..

Desde **f** y **g**, aplicar pasando por **i** y **j**, el Largo Falda, menos la distancia **a - e**, ejemplo 48cms.= **k** y **l**.

Unir **k-b-l**, con forma. Calcar el molde, automáticamente, se convierte en Fig. **B**.

Unir los dos moldes, como lo indica el grabado.

Desde **a** Fig. **A**, colocar hacia abajo, la diferencia entre la Altura Escote de Adelante y la Altura Escote de Adelante Pasando, ejemplo: 0, 50 cm. = **ll**.

Unir **c** Fig. **B** con **ll**. Fig. **A**. **m**, se forma al cruzarse las líneas.

d- n = **c/d-m**. Unir **n-ll**.

La Trasera, se realiza de la misma manera que la delantera, la única variante, consiste en aplicar desde **a**, hacia abajo la diferencia entre la Altura Escote Espalda y la Altura Escote Espalda Pasando.

IMPORTANTE: Es necesario cortar un paño de la Fig. **A** y dos paños de la Fig. **B** tanto para la Delantera como para la Trasera.

IMPORTANTE: Después de cortar la Falda, deberá colgar los paños unos días a los efectos que se estiren, una vez estirados, deberá plancharlos y volver a colocar los moldes de nuevo sobre los paños.

FALDA LIGERAMENTE ÉVASÉ
UTILIZAR LOS MOLDES DE UNA FALDA CLÁSICA

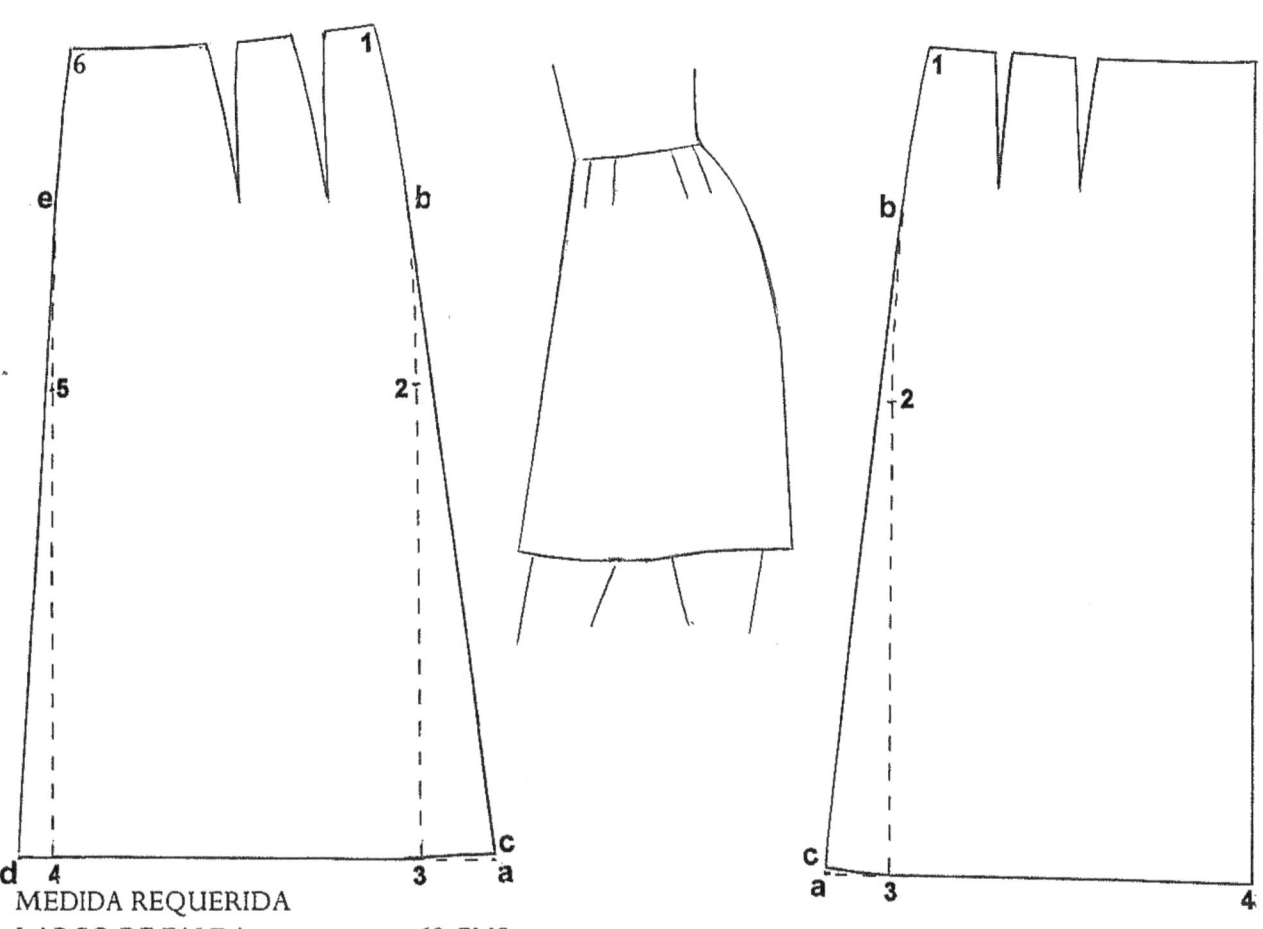

MEDIDA REQUERIDA

LARGO DE FALDA.................60 CMS.

DELANTERA

1-2-3 = costado, 3-4 = ruedo.

Desde 3, prolongar la línea, aplicando 5 cm. o a gusto = a. Unir a, con la línea de cadera, formándose de ese modo b.

Desde 1, aplicar hacia a, la distancia 1-2-3 = c. Unir c-3, con ligera forma.

TRASERA

1-2-3 = costado, 3-4 = ruedo, 4-5-6 = centro parte trasera.

3-a = 3-a de la delantera.

1-b = 1-b de la delantera. Unir b-a.

a-c = a-c de la delantera. Unir c-3 , con ligera forma.

4-d = mitad de 3-a. Unir d, con la línea central Trasera = e.

Controlar que la distancia e-d, sea igual a e-4.

FALDA DE TALLE ALTO

UTILIZAR LOS MOLDES DE UNA FALDA CLÁSICA

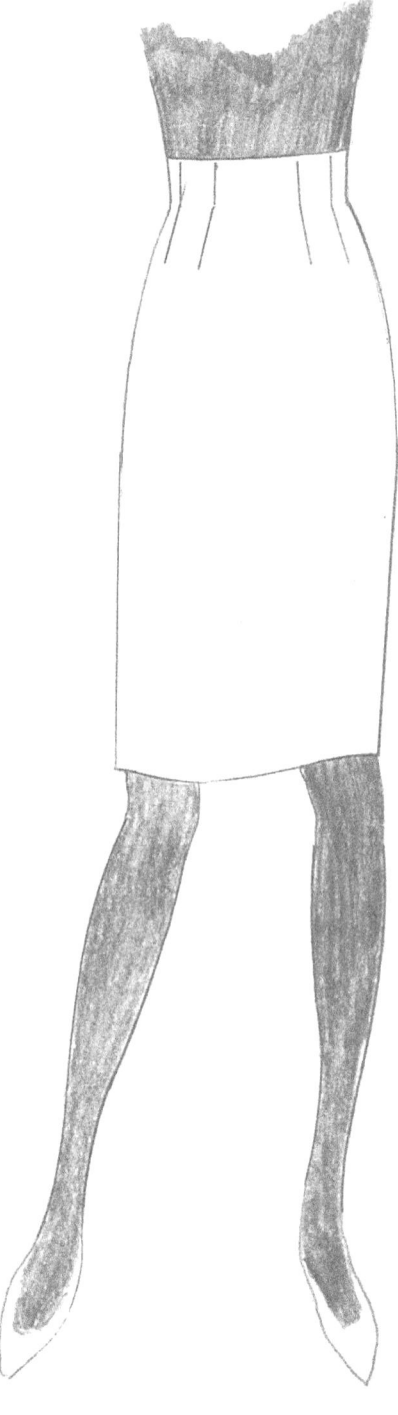

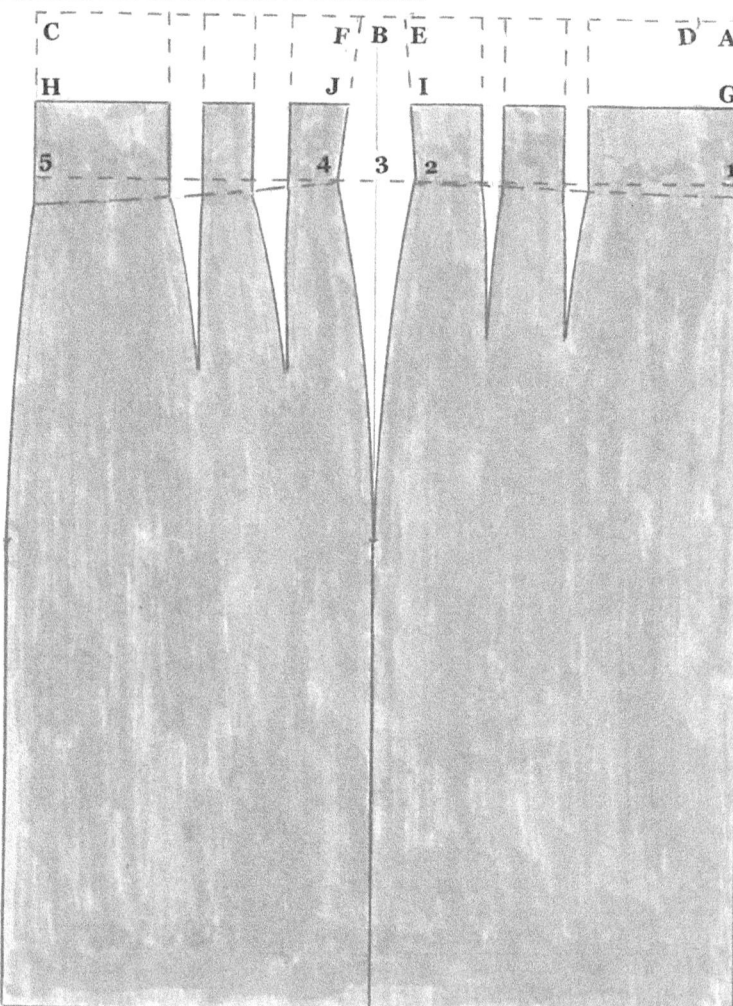

MEDIDAS REQUERIDAS
ALTURA DE BAJO BUSTO.........................11 CM.
CONTORNO DE BAJO BUSTO.................37   "

1-2-3-4-5 = línea horizontal de cintura, **2-4-5** =iniciación de los
entalles, **3** = línea divisoria del costado.
Desde **1** y **3**, prolongar y desde **5** escuadrar, hacia arriba aplicando la
Altura del Bajo Busto,ejemplo:11 cm= **A-B-C**. Unir dichos puntos.
Desde las pinzas, prolongar las líneas hasta la horizontal **A-C**.
Desde **C**, aplicar hacia **A**, la medida contorno del Bajo Busto,
descontando los espacios de las pinzas, ejemplo: 37 cm. = **D**.
Desde **B**, aplicar hacia ambos lados la mitad de la distancia **D-A**= **E** y
F. Unir **E-2** y **F-4**.
Desde **1** y **5**, aplicar hacia arriba, la medida deseada, ejemplo: 5 cm.
= **G** y **H**. Unir **G-H**. Los puntos **I** y **J**, se forman al cruzarse las líneas.

FALDA DE CINTURA BAJA, O TALLE BAJO

UTILIZAR LOS MOLDES DE UNA FALDA CLÁSICA

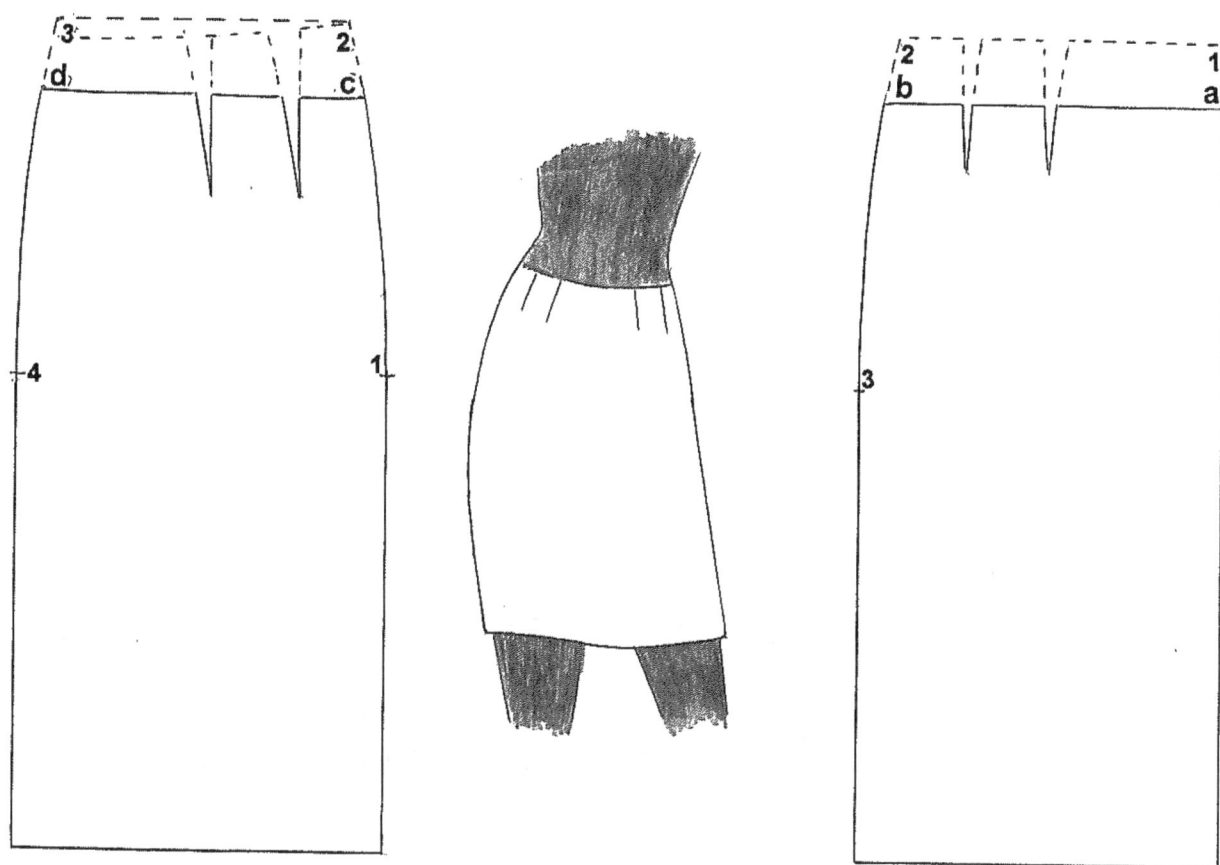

DELANTERA

1-2 = cintura, 2-3 = altura de cadera.

Desde 1-2, aplicar hacia abajo, 5 cm. o a gusto= **a** y **b**. Unir **a -b**.

TRASERA

1-2 y 3-4 = altura de cadera, 2-3 = línea horizontal.

Desde 2 y 3, aplicar hacia abajo, 5 cm. o a gusto= **c-d**. Unir **c-d**.

FALDA CON TRES PAÑOS FRUNCIDOS EN DEGRADE

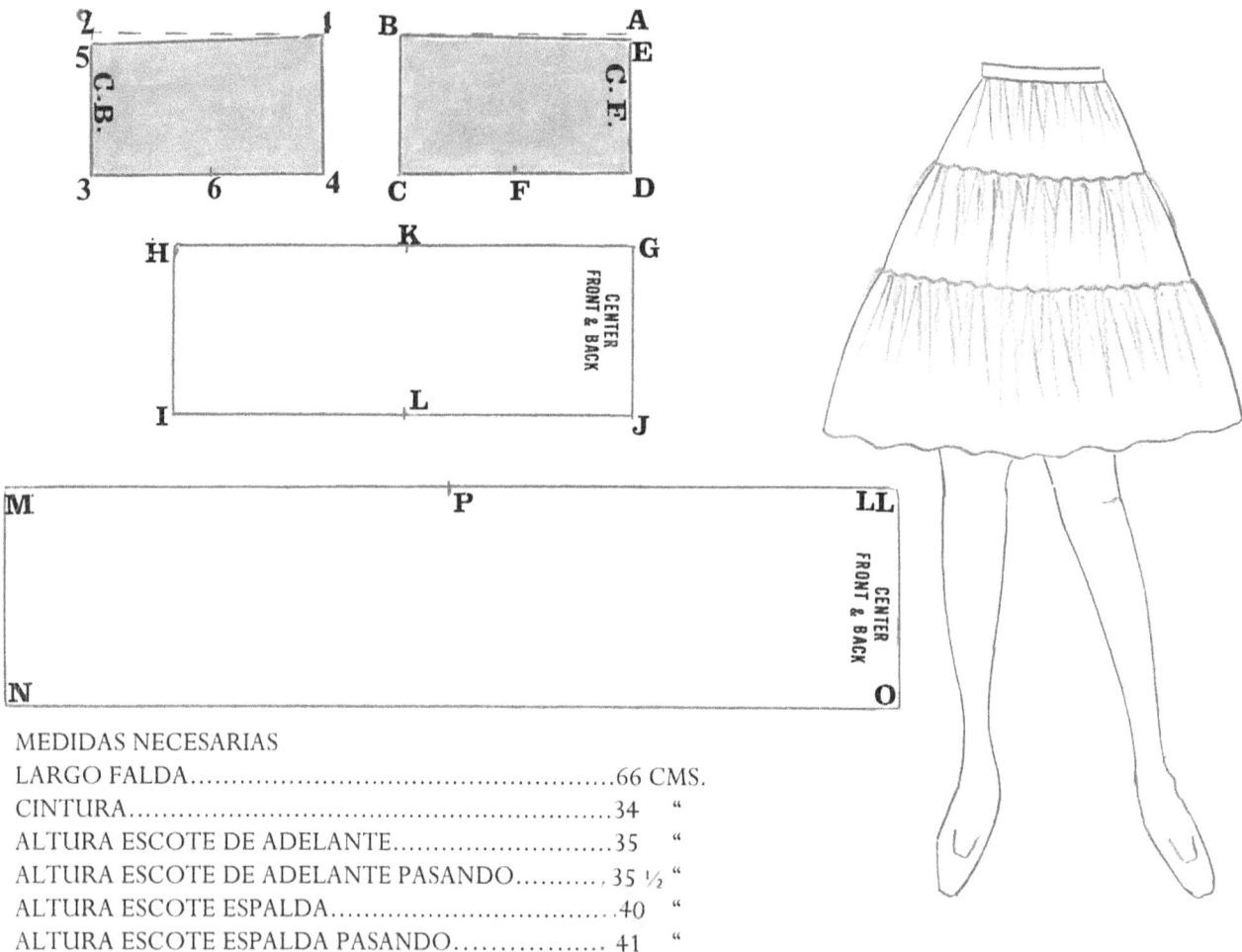

MEDIDAS NECESARIAS

LARGO FALDA...66 CMS.

CINTURA..34   "

ALTURA ESCOTE DE ADELANTE.........................35   "

ALTURA ESCOTE DE ADELANTE PASANDO..........35 ½ "

ALTURA ESCOTE ESPALDA................................40   "

ALTURA ESCOTE ESPALDA PASANDO................. 41   "

Dividir en tres el Largo Falda, ejemplo: 22 cm.. Al 1er, Paño, se le quitarán 5 cm. o a gusto, ejemplo: 17 cm.. El 2do, se hará con 22 cm., y el 3er. Paño, se le agregarán lo que se le quitó al primero, ejemplo: 27 cm..

1er. Paño Delantero

Formar un rectángulo con la medida de cintura, ejemplo: 34 cm. x 17cms.= **A-B-C -D**.

A-E = diferencia entre la Altura escote de Adelante y la Altura escote de Adelante Pasando, ejemplo: ½ cm.. Unir **E B**, con ligera forma.

Marcar el centro de **C-D = F**.

1er. Paño Trasero

Igual al delantero **1-2-3-4**.

2-5 = diferencia entre la Altura Escote Espalda y la Altura Escote Espalda Pasando, ejemplo: 1 cm.. Unir **5-1**, con ligera forma.

6 = mitad de **3-4**.

2do. Paño Delantero y Trasero

Formar un rectángulo con el doble de la medida **C-D** x 22 cm. = **G-H-I-J**.

Marcar el centro de **G-H** y **I-J = K** y **L**.

3er. Paño Delantero y Trasero

Trazar un rectángulo con el doble de la medida **J-I** x 27 cm.= **LL-M-N-O**.

Marcar el centro de **LL-M = P**.

Al unir los paños, deberán juntarse: **D** con **G**, **F** con **K**, **C** con **H**, **J** con **LL**, **P** con **L**, **I** con **M**.

FALDA AGLOBADA

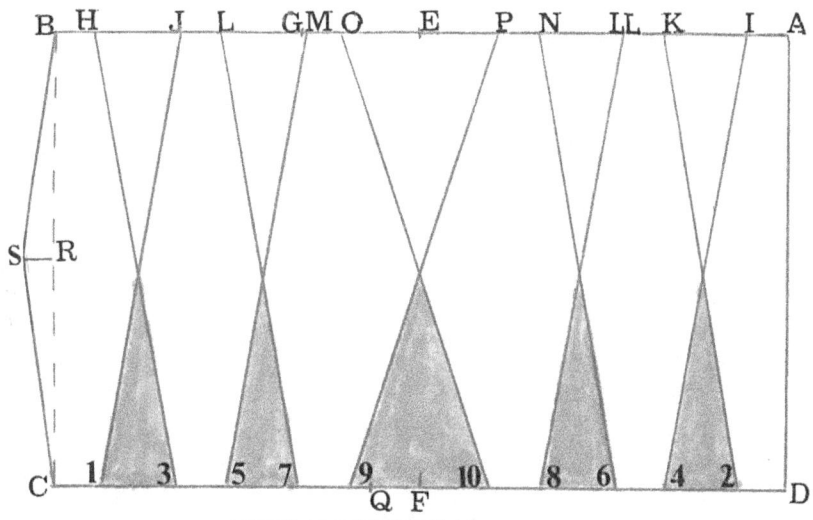

MEDIDAS REQUERIDAS

ANCHO DE LA TELA A GUSTO...............100 CM.
LARGO FALDA.................................... 60 "
CINTURA..33 "
ANCHO DE RUEDO DESEADO..............42 "

Formar un rectángulo con 100 cm. por el Largo Falda,
ejemplo: 60 cm.= **A-B-C -D**.

Marcar el centro de **A-B** y **C-D** = **E** y **F**.

B-G=cintura, ejemplo: 33 cm.. El espacio entre **G-A**,
ejemplo: 67 cm., será para pliegues.

B-H y **A-I** = 1/6 parte de la distancia **B-G**, ejemplo:
5 ½ cm..

H-J y **I-K** = 1/6 parte de la distancia **G-A**, ejemplo:
ligeramente superior a los 11 cm. .

J-L y **K-LL**= **B-H**; **L-M** y **LL-N** = **H-J**; **M-O** y **N-P**
= **B-H**.

Desde **C**, aplicar hacia dentro la medida Ancho del
Ruedo Deseado, ejemplo: 42 cm. = **Q**.

C-1 y **D-2** = 1/6   parte de **C-Q**. **1-3** y **2-4** = 1 /6
parte de **Q-D**; **3-5** y **4-6** = **C-1**; **5-7** y **6-8** = **1-3**; **7-9**
y **8-10** = **1- 3**.

Unir **1-J**; **5-M**; **9-P**; **8-LL**; **4-I** y **3-H**; **7-L**; **10 -O**;
6-N; **2-K**.

R = mitad de **A-D**. **R-S** = 4 cm. o a gusto. Unir **S-C**
y **S-B**.

Cerrar las " pinzas" sombreadas, y abrir las partes de
arriba. Fig. **A** . Los " picos," se forman al cerrar los
pliegues.

IMPORTANTE: Colocar tela doble en la línea **A-D**
(puede ser tela atravesada).

IMPORTANTE: Este tipo de falda, debe armarse con
crinolina etc..

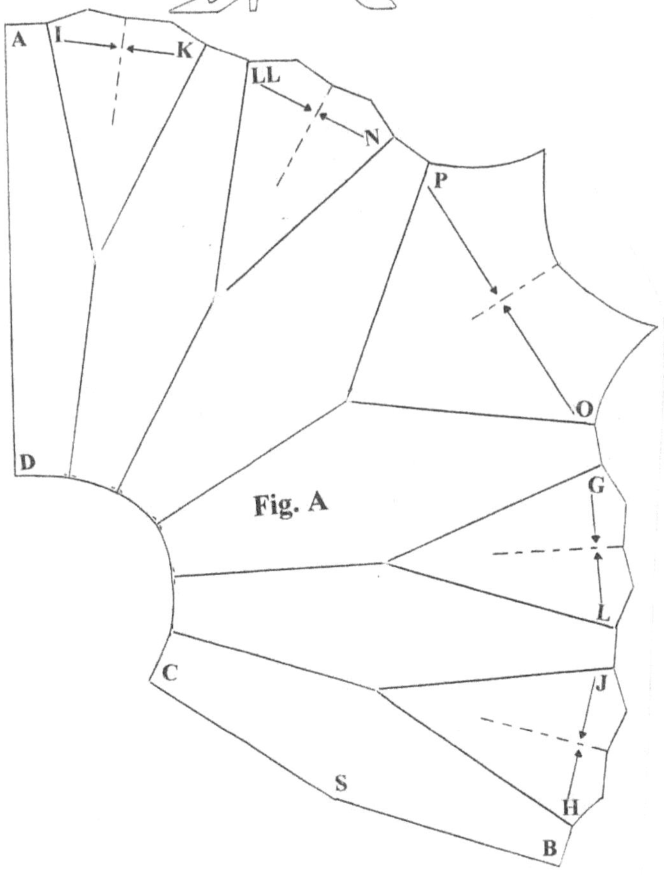

Fig. A

FALDA AMPLIA CON 8 PLIEGUES ENCONTRADOS
DICHA FALDA, SE REALIZA DE ACUERDO AL ANCHO DEL RUEDO DESEADO.

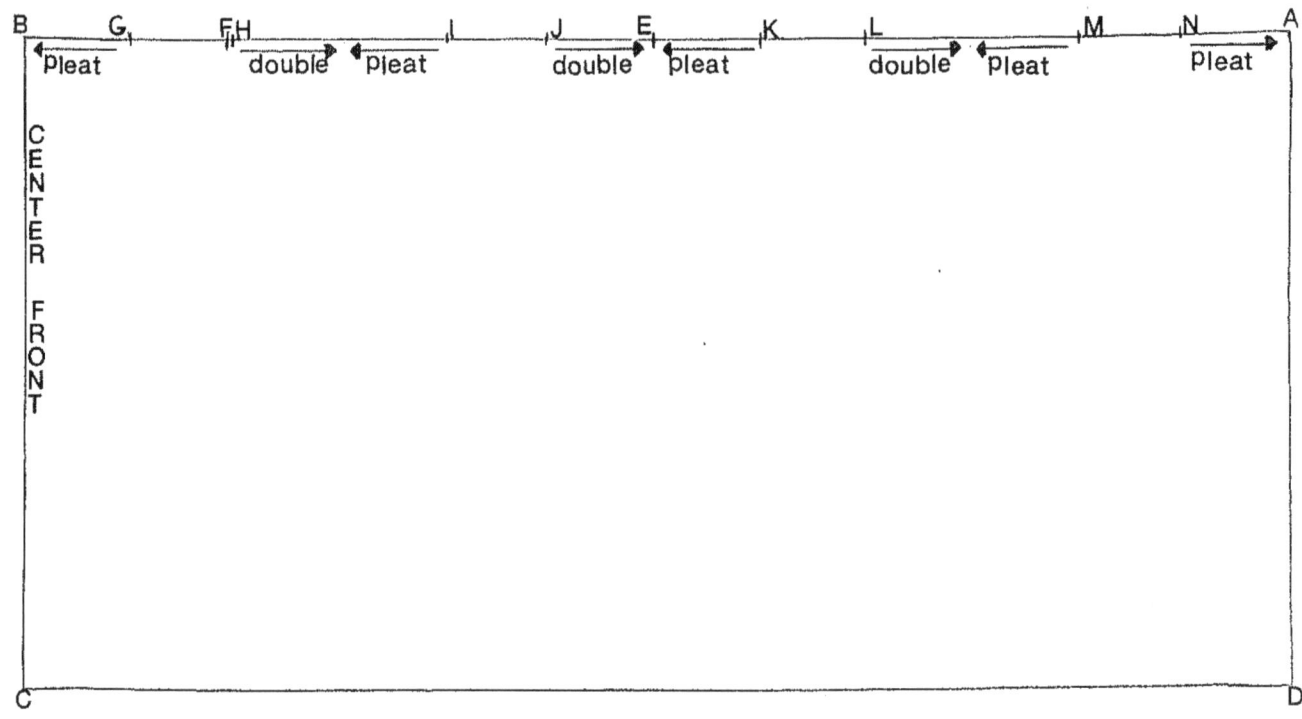

MEDIDAS REQUERIDAS
CONTORNO DE RUEDO DESEADO.......................100 CM.
LARGO DE FALDA...50   "
CONTORNO DE CINTURA...............................32   "

Trazar un rectángulo con 100 cm. por el Largo de Falda, ejemplo: 50 cm. = **A-B-C-D**.

Marcar el centro de **A-B = E**.

B-F = mitad de Cintura, ejemplo: 16 cm. . Medir el espacio entre **F-E**, ejemplo: 34 cm. .

B-G = 1/4 parte de **F-E**.

G-H = a la mitad de la medida **B-F**, ejemplo: 8 cm. .

H-I = al doble de la distancia **B-G**.

I-J = G-H, ejemplo: 8 cm. .

E-K = E-J; **K-L = I-J**; **L-M = I-H**; **M-N = G-H**; **N-A = B-G**.

Colocar tela doble en la línea **B-C** = centro de adelante. **A-D** = centro de atrás.

Esta falda, debe armarse con crinolina, capricho, o algo parecido.

IMPORTANTE: Si la persona a la que Usted le está haciendo el molde tuviere las diferencias entre las Alturas de Escotes y las Alturas Escotes Pasando, primero, deberá formar las tablas, y luego aplicar las diferencias.

FALDA PLISADA SOLEIL

UTILIZAR UNA FALDA DOBLE CAMPANA (PLATO).

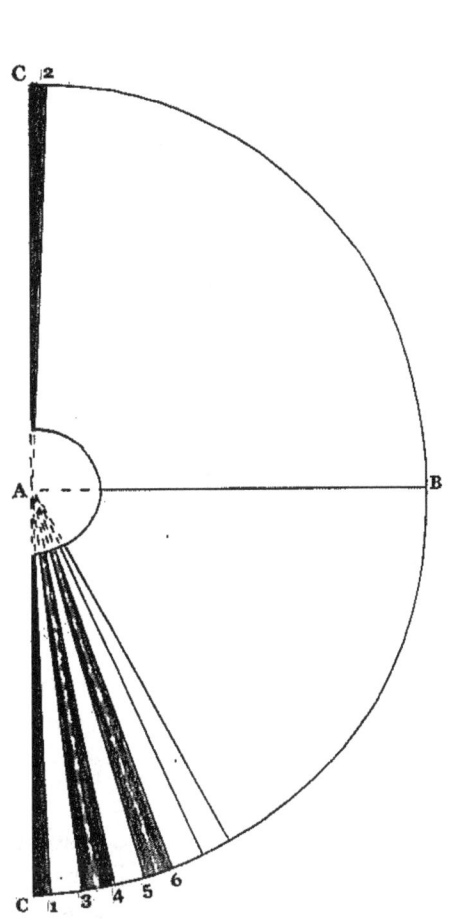

A= centro (unión de las líneas), **C-B-C** = ruedo.

Cabe señalar que éste tipo de falda, debe hacerlo una casa experta en plisados; Pero si por una razón u otra, no puede recurrir a ese tipo de establecimiento, aquí va la explicación, no sin antes advertirles que puede ser un trabajo arduo.

Dividir el espacio **C-B-C**, ejemplo:114 cm. de acuerdo a la cantidad de tablas deseadas, ejemplo:38 tablas.

114 % 38 = 3 cm.. Desde los puntos C, aplicar la mitad de los 3 cm. que equivale a media tabla = 1 y 2. Unir **1** con **A** y **2** con **A**, después desde 1, aplicar 3 cm.= **3**. Unir **3-A**. **3-4** = 3 cm. Unir **4-A**. **4-5** = 3 cm.. Unir **5-A**, y así sucesivamente. (Cabe señalar que 3-4, 5-6, etc. Son tablas).

Una vez terminada de marcar, córtela en tela (una vez estirada). Haga el ruedo. Vuelva a colocar el molde sobre la tela. Sujétela bien con alfileres; Si lo cree conveniente hilvánelos (papel y tela juntos) luego, cosa a máquina con **puntada larga** sobre cada línea. Una vez hecho, deberá planchar la línea 3-**A**, una vez planchada, apoyar dicha línea, sobre la 4-**A**. Plánchelos. Planche la línea 5-**A**, luego apóyela sobre la **6-A**.Plánchelos y así, si presta **mucha atención** le saldrá un trabajo **PERFECTO**.

IMPORTANTE: Si deseare hacer la falda más rica (en pliegues), corte varios paneles de la misma, luego deberá reducir la cintura. Demás esta decir que las costuras no se deben notar, porque deben estar debajo de cada tabla.

FALDA CRUZADA CON PLIEGUES

UTILIZAR EL MOLDE DOBLE DE UNA FALDA LIGERAMENTE ÉVASÉ CON UNA O DOS PINZAS

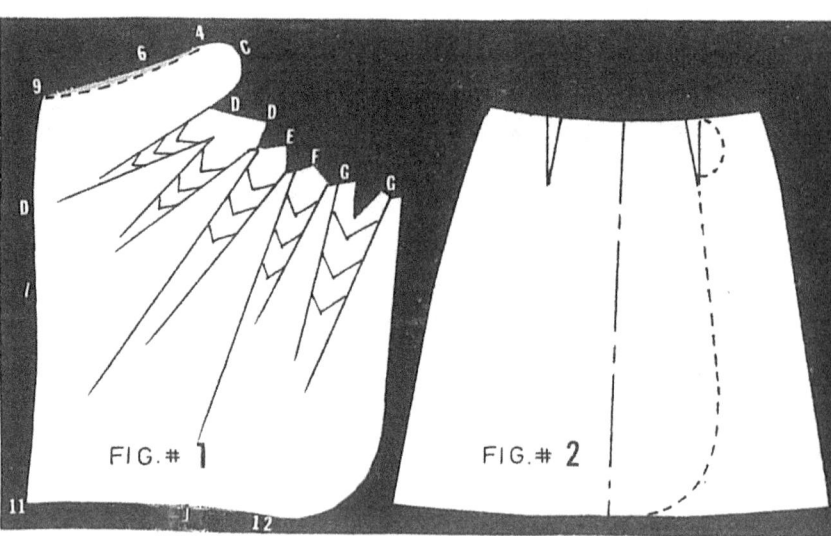

1-2 -3 y 9-10-11 = costados, 3-4-6-7-9 = cintura, 4-5 y 7-8 = pinzas cerradas, 6-12 = centro delantero.

5-A = 2 cm.. B = mitad de A-4. B-C = 2 ½ cm..

Unir 4-C-A-8, luego prolongar la línea hasta el costado = D.

E = mitad de A y la línea centro de adelante.

Dividir en cuatro partes la distancia E-A = F-G-H.

I = aproximadamente la mitad de 9-11. Unir I-E y 11-F.

J = 1 / 3 parte de 12-11. Unir J-G y 12-H.

Desde 5, prolongar la línea hasta el ruedo = K.

K-L = K-12. Unir 12-L, con forma.

Calcar dos veces la parte sombreada, una se usará como forro.

Cortar desde A hasta D, de E hasta I, de F hasta 11, de G hasta J, de H hasta 12 sin separar, luego abrir los cortes a gusto, según la tela, ejemplo: 6 cm..

La parte de los pliegues Fig.#1, se apoya sobre la Fig. # 2.NOTA: Por el efecto de los pliegues, bajar ligeramente la línea de cintura, indicada con línea de puntitos. Fig.#1.

Suavizar la línea del costado y el ruedo.

La Fig. #3, indica el molde del forro, donde se apoyará la Fig.1. Este de desearlo y según la tela, puede no utilizarse.

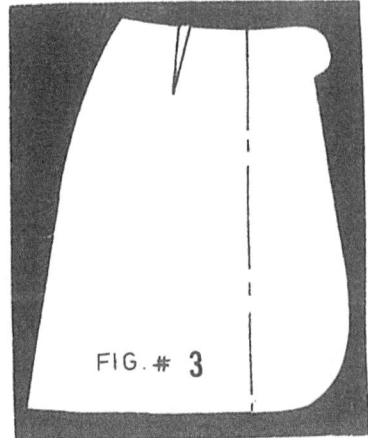

FALDA PANTALON

UTILIZAR LOS MOLDES SIMPLES DE UNA FALDA CLÁSICA RECTA O LIGERAMENTE ÉVASÉ

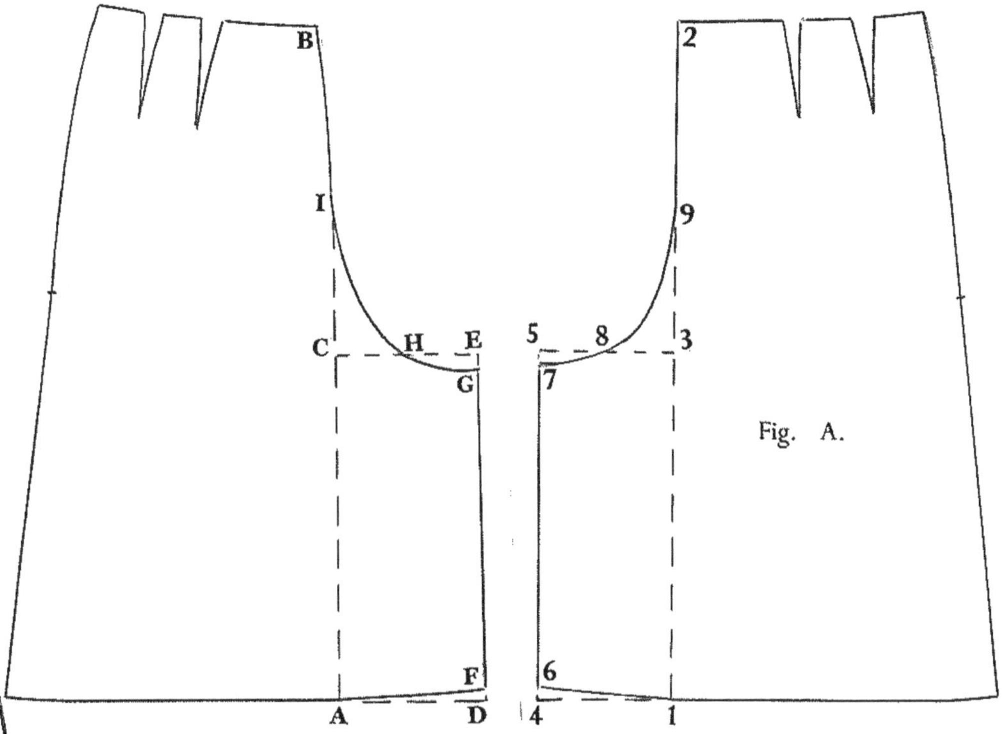

Fig. A.

MEDIDAS REQUERIDAS
ALTURA DE ENTREPIERNAS...................27 CM.
CADERA..50 "

DELANTERA   Fig. A.

1-2 = centro de adelante.

Desde 2, aplicar hacia abajo la Altura de Entrepiernas, más 2 cm. o a gusto, ejemplo: 29 cm.= 3.

Desde 1 y 3, prolongar y escuadrar, colocando 1/4 parte del Contorno de Cadera, ejemplo: 12 ½ cm. = 4-5. Unir dichos puntos.

4-6 = 1 cm., o de acuerdo a lo que la tela pueda estirarse. Unir 6-1, con ligera forma.

5-7 = 1 cm..

Marcar el centro de 5-3 = 8.

3-9 = 3-5. Unir 9- 8-7, con forma.

TRASERA

A-B= centro parte trasera.

Desde A, aplicar hacia arriba, la distancia 1-3 de la delantera = C; El resto, se realiza igual a la Delantera.

FALDA CLÁSICA TOMADA EN LA COLA

UTILIZAR LOS MOLDES DE UNA FALDA CLÁSICA RECTA

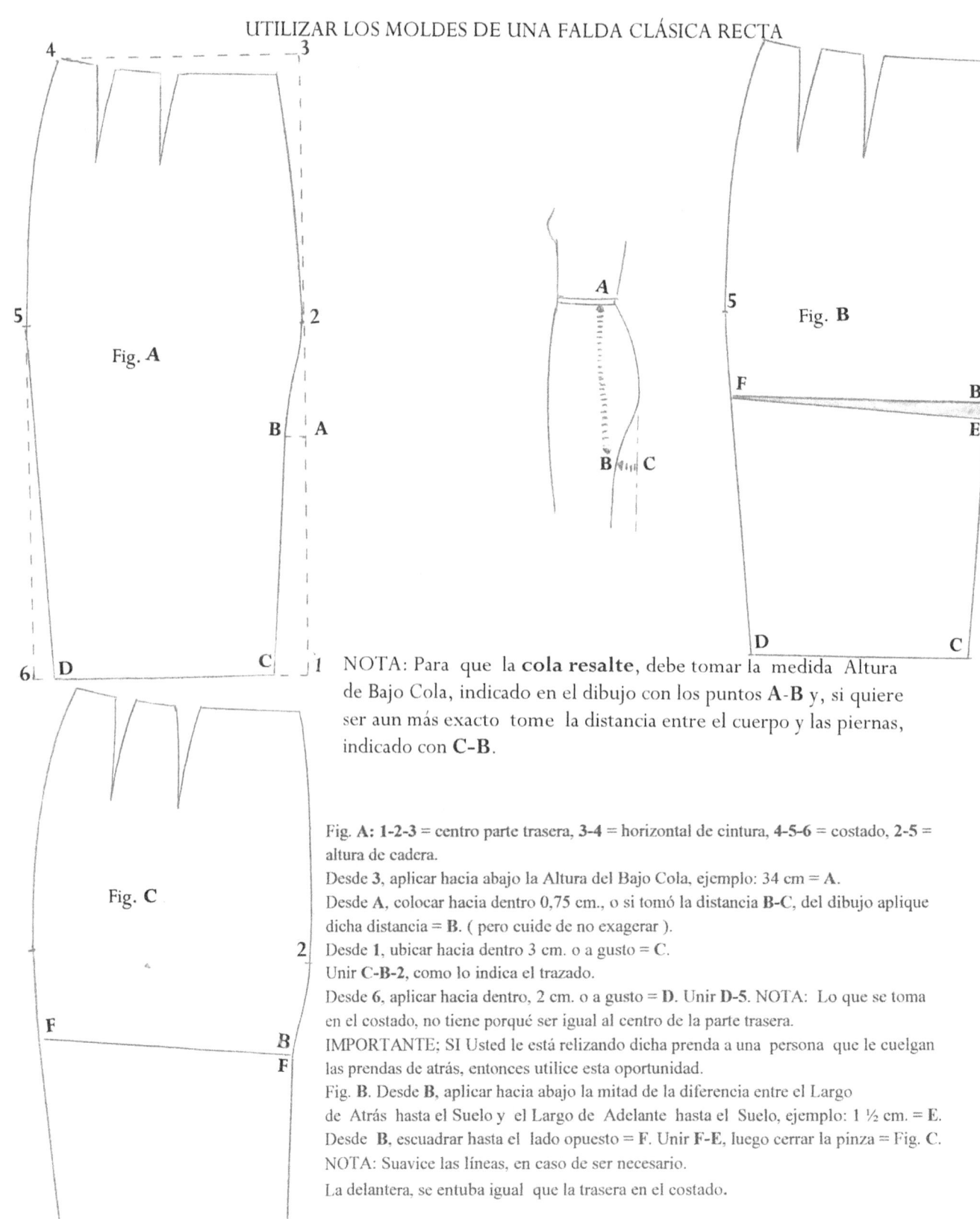

NOTA: Para que la **cola resalte**, debe tomar la medida Altura de Bajo Cola, indicado en el dibujo con los puntos **A**-**B** y, si quiere ser aun más exacto tome la distancia entre el cuerpo y las piernas, indicado con **C-B**.

Fig. **A**: **1-2-3** = centro parte trasera, **3-4** = horizontal de cintura, **4-5-6** = costado, **2-5** = altura de cadera.

Desde **3**, aplicar hacia abajo la Altura del Bajo Cola, ejemplo: 34 cm = **A**.

Desde **A**, colocar hacia dentro 0,75 cm., o si tomó la distancia **B-C**, del dibujo aplique dicha distancia = **B**. (pero cuide de no exagerar).

Desde **1**, ubicar hacia dentro 3 cm. o a gusto = **C**.

Unir **C-B-2**, como lo indica el trazado.

Desde **6**, aplicar hacia dentro, 2 cm. o a gusto = **D**. Unir **D-5**. NOTA: Lo que se toma en el costado, no tiene porqué ser igual al centro de la parte trasera.

IMPORTANTE; SI Usted le está relizando dicha prenda a una persona que le cuelgan las prendas de atrás, entonces utilice esta oportunidad.

Fig. **B**. Desde **B**, aplicar hacia abajo la mitad de la diferencia entre el Largo de Atrás hasta el Suelo y el Largo de Adelante hasta el Suelo, ejemplo: 1 ½ cm. = **E**.

Desde **B**, escuadrar hasta el lado opuesto = **F**. Unir **F-E**, luego cerrar la pinza = Fig. **C**.

NOTA: Suavice las líneas, en caso de ser necesario.

La delantera, se entuba igual que la trasera en el costado.

FALDA SIMÉTRICA FRUNCIDA

UTILIZAR LOS MOLDES DE UNA FALDA ENTUBADA CON LAS PINZAS CERRADAS.

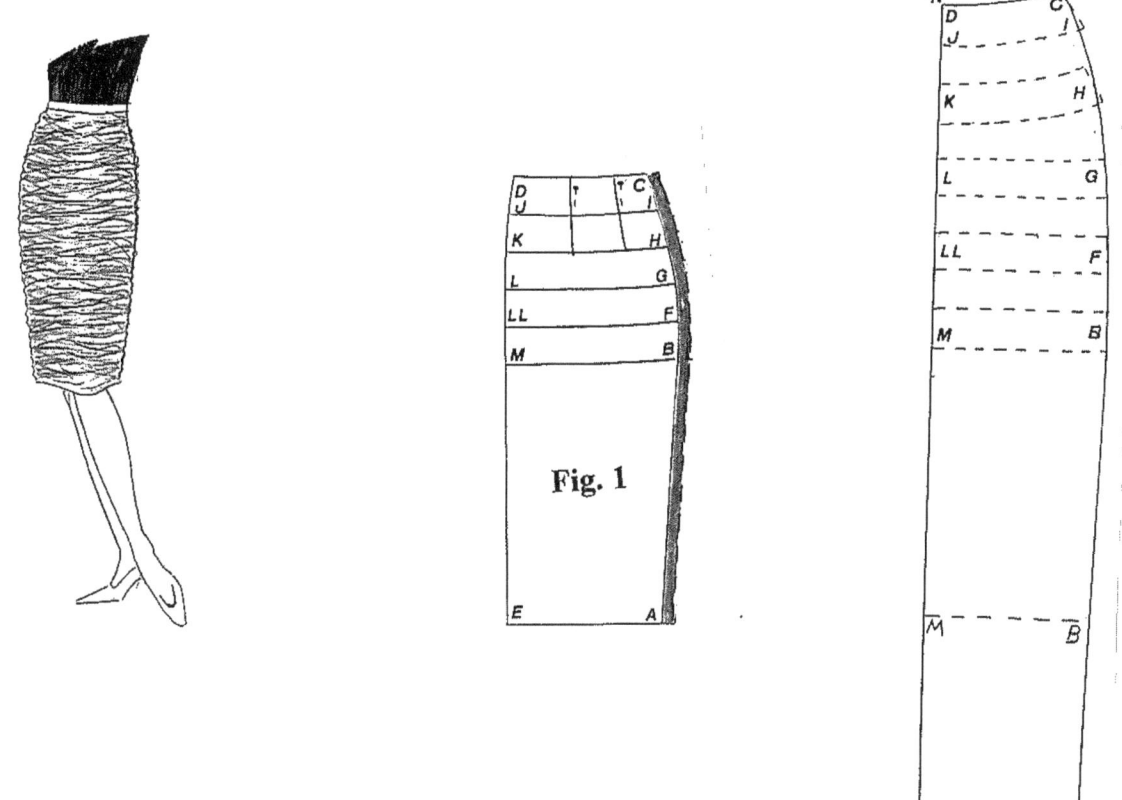

Fig. 1

IMPORTANTE: Para éste tipo de prenda, en general se usan telas elásticas, por lo tanto, si va a usar éste tipo de telas que se estiran, para evitar inconvenientes lo primero que debe hacer, es reducir el ancho del molde de acuerdo al porcentaje que se estire la tela. Una vez reducido el molde (parte sombreada)Fig.1 se procederá de la siguiente manera: **A-B-C** = costado, **B** = altura de cadera, **C-D** = cintura, **D-E** = centro. Dividir la distancia **B-C** en cinco partes = **F-E-H-I**. Desde dichos puntos, trazar horizontales, hasta el centro de adelante=**J-K-L-LL-M**, después cortar por dichas líneas separándolas.
Trazar una vertical con el doble o el triple (según el frunce que desea dar) del Largo de la Falda = **N-O**. Separar los cortes el doble o el triple. Una vez ubicados, formar la línea del costado.
La trasera, se realiza del mismo modo que la delantera. Cabe señalar que el zipper va en el centro de la parte trasera. Que ocurre si Usted no deseare hacer la costura en el centro de atrás ? Simplemente, se agrandarán las pinzas (también las de la delantera), con el espacio del entalle del centro de atrás
IMPORTANTE: Los moldes para el forro, no deben recibir ninguna modificación (es decir sin reducir).
Amen que use un forro elástico.
Fruncir los costados, reduciéndolos a la medida del Largo de Falda.

FALDA ASIMÉTRICA CON DETALLES DE BUCHES Y PLIEGUES

UTILIZAR UN MOLDE DELANTERO DOBLE (CON UNA O DOS PINZAS) LIGERAMENTE ÉVASÉ

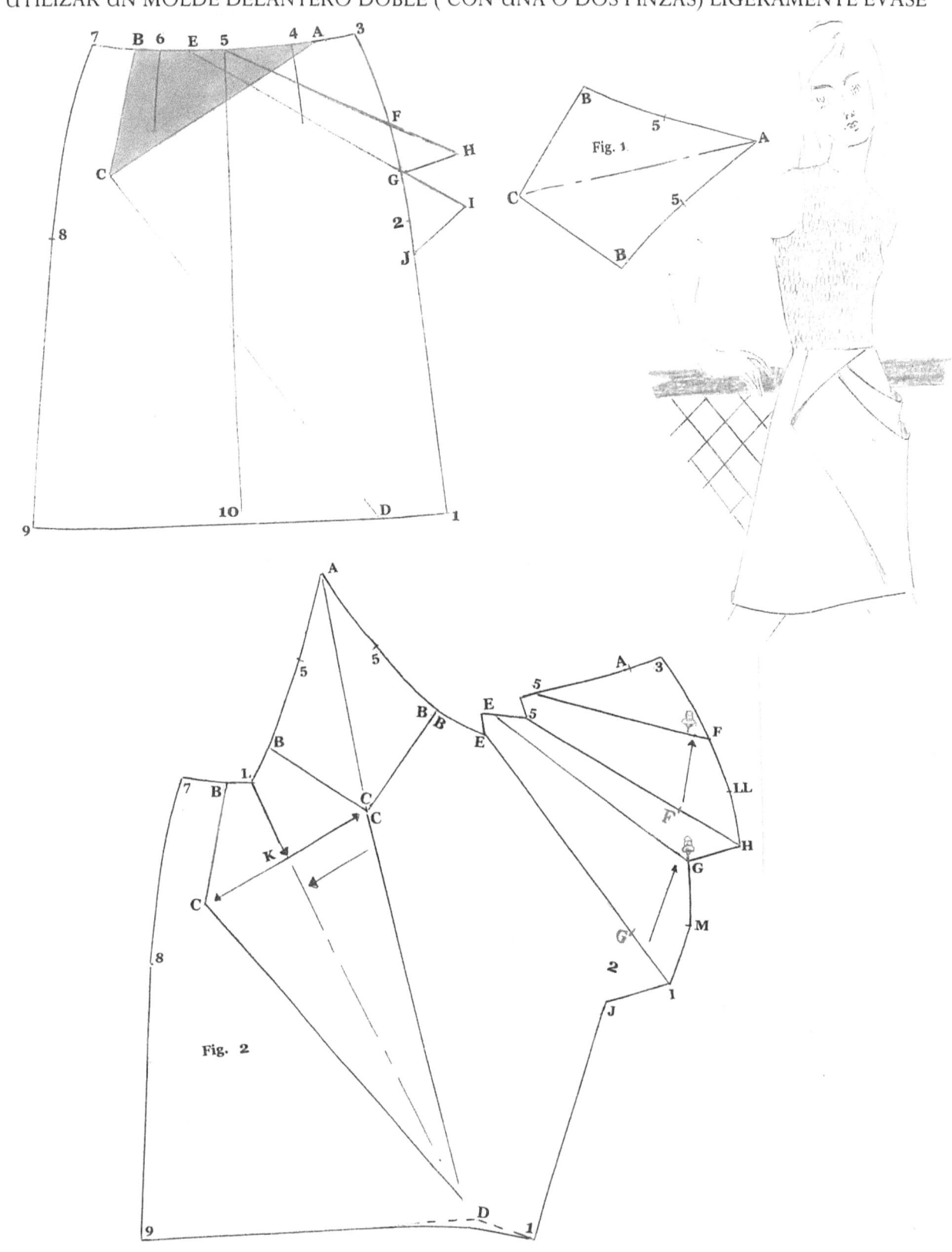

Fig. 1

Fig. 2

PASO A PASO CON LA REALIZACION DEL MODELO

1-2-3 y **7-8-9** = costados, **2** y **8** = altura de cadera, **3-4-5-6-7** = cintura, **4** y **6** = pinzas cerradas, **5-10** = centro.

3-A = 1 /3 parte de **3-5**.(NOTA: Si hubiere dos pinzas **A**, saldría desde la pinza).

7-B = 1 /3 parte de **7-5**.(NOTA: Si hubiere dos pinzas **B**, saldría desde la pinza).

Desde **B**, trazar una línea recta ligeramente en diagonal hacia el costado, aplicando 2 /3 partes de **7-8** = **C**.

1-D= 1 /3 parte de **1-10**. Unir **D-C-A**.

E = mitad de **5-6**.

Marcar el centro de los puntos **2-3** = **F**.

G = mitad de **F-2**.

Unir **5-F**, luego seguir la línea, aplicando 8 cm. = **H**. Unir **H-G**.

Unir **E-G**, después continuar la línea, aplicando 9 cm. = **I**.

Desde **G**, aplicar hacia abajo, la medida **G-I** = **J**. Unir **J-I**.

Calcar la parte sombreada, colocando papel doble en la línea **A-C**. Fig.1.

Cortar desde **I**, hasta **E** y de **H** hasta **5**. Separar los puntos nombrados en primer termino 14 y 13 cm. respectivamente, luego sujetar dichos puntos con chinches, y después abrir **E** y **5**, separándolos de acuerdo a la tela, ejemplo: 3 cm. . NOTA: Los picos que se notan, se forman al cerrarse los pliegues.

Separar el punto **C**, unos 22 cm., después marcar el centro = **K**. Fig. **2**.

Juntar la parte sombreada, uniendo **B** con **B** y **C** con **C**.

Encimar juntando **B-C**, con **B-C**; Se procede de ese modo, para poder marcar (con una ruleta) la línea de cintura; De ese modo, se forma el punto **L**. Unir **L-K**.

Cerrar los" buches, " uniendo **F** con **F**, y **G** con **G**, para luego marcar con la ruleta la línea de cadera hasta la mitad de los pliegues = **LL** y **M**.

Unir **F-LL-H** y **G-M-I**.

NOTA: En la línea **L-K**, podría colocar el cierre relámpago.

La trasera la interpretará de acuerdo a su gusto personal.

Antes de unir el costado izquierdo, deberá unir **H** con **F** y **I** con **G**.

DETALLES DE COSTURA

COMO SE DEBEN COSER LAS PINZAS Y COMO PLANCHARLAS

Para que una pinza se vea mejor, es necesario colocar debajo de la misma una tira al bies antes de coserla. Dicha tira, deberá ser de unos 4 ó 5 cm. de ancho, por unos 2 cm. más larga que la pinza. Fig. **A**. Una vez cosida la podrá planchar llevando las partes una para cada lado. Fig.**B**.

Cabe señalar que el vértice de la misma deberá estar en el comienzo del manguero, o burrito, luego de vuelta la "prenda" y planche desde el vértice hacia la otra parte. NOTA: Se hace de ese modo para evitar que quede puntiaguda , de ese modo la pinza tendrá una hermosa forma.

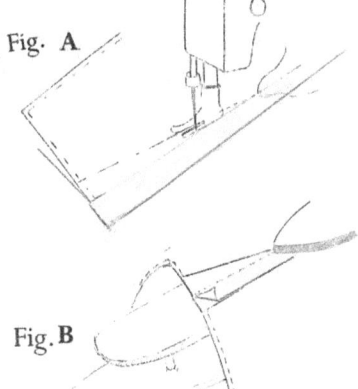

Fig. **A**

Fig.**B**

FALDA CON PLIEGUES Y SIN COSTURAS EN LOS COSTADOS
USAR LOS MOLDES SIMPLES DE UNA FALDA ENTUBADA CON UNA O DOS PINZAS CERRADAS

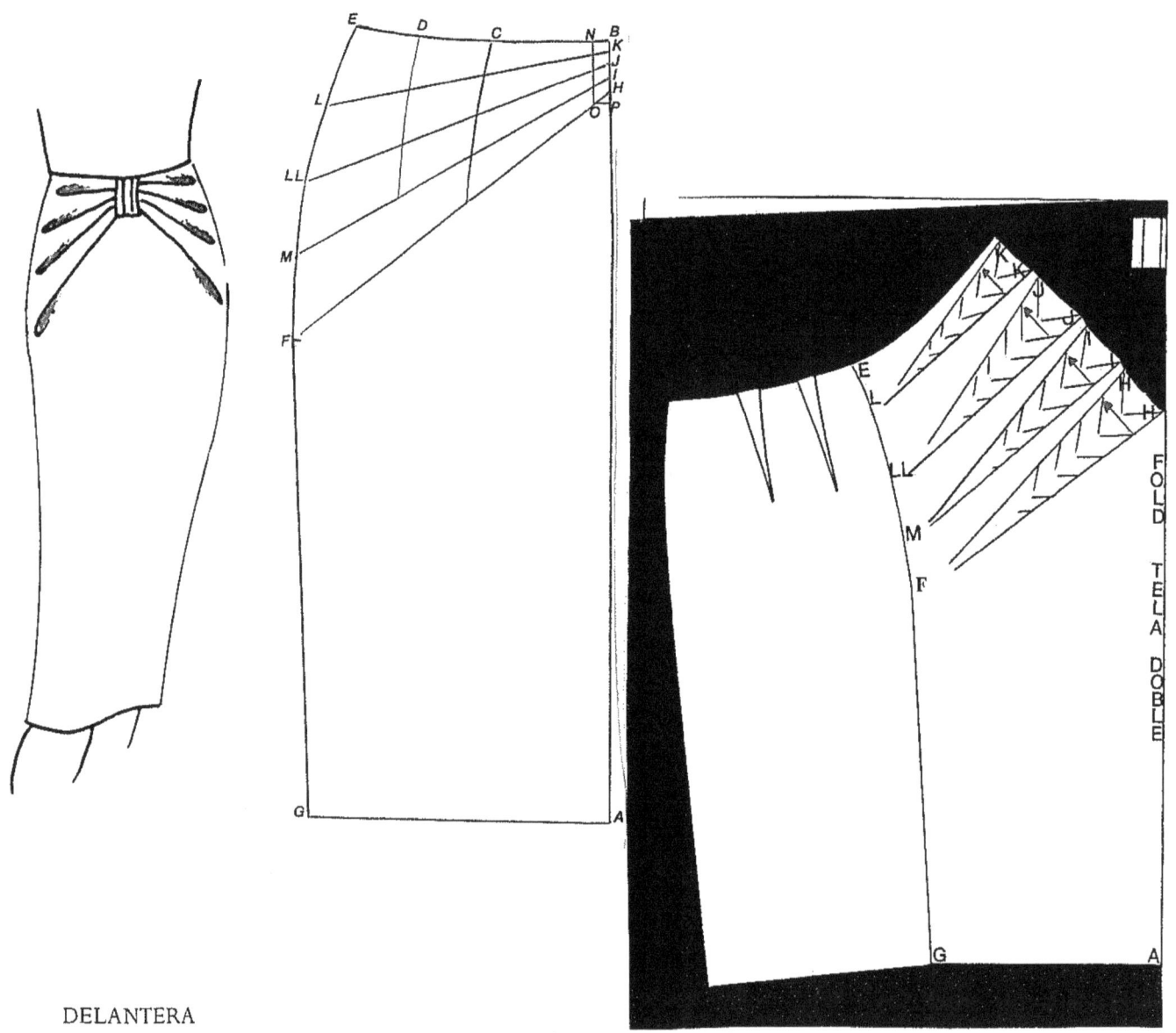

DELANTERA

A-B = centro, B-C-E = cintura, C-D = pinzas cerradas, E-F-G = costado.

B-H = 4 cm. o a gusto. Unir H-F.

Dividir en cuatro partes la distancia H-B = I-J-K. Hacer lo mismo con la Altura de cadera= L-LL-M. Unir K-L, J-LL, I-M.

Dibujar la traba (knot): B-N = 2 cm. o a gusto. Desde N, trazar una vertical hasta la línea H-F = O.

B-P = N-O. Unir O-P.

Cortar desde H hasta F, de I hasta M, de J hasta LL, de K hasta L, sin separar.

Unir las líneas de los costados, como lo indica el trazado, y de paso, de abren los pliegues, y se elimina la costura del costado.

NUDO: Es una tira reducida con dos o más pliegues y su medida terminada corresponde al doble de B-N y su altura = N-O.

FALDA ACAMPANADA CON RUEDO DESFLECADO

UTILIZAR LOS MOLDES DOBLES DE UNA FALDA ÉVASÉ PÁGINA 168

Antes que nada, quiero señalar que éste modelo, no es mío, si no que le pertenece a un diseñador de New York.

La cosa fue así: De casualidad vi cuando ese diseñador (persona muy agradable) le daba éste dibujo a un modelista. Este, había sido **capo de modelistas** y junto con otros dos modelistas discutían que no se podía realizar por tratarse de una prenda acampanada, que si ésta hubiera sido recta si y seria muy fácil. YO al ver y escuchar eso, intervine y le di la solución. Aquí le presento lo fácil que es:

Utilizar los moldes de una falda évasé.

1-2-3 = ruedo, y desde dichos puntos aplicar hacia arriba 5 cm. o a gusto = 4-5-6. Unir dichos puntos con línea paralela al ruedo.

Desde 4 y 6, comenzar a marcar los ensanches. la parte que se desfleca, no lleva ensanches.

Pasar una costura (si lo cree conveniente, puede coser molde y tela juntos, a los efecto que no se mueva la tela). Lo puede hacer con hilo trasparente. Una vez hecha dicha costura, comience a deshilachar la tela.

IMPORTANTE: Al deshilachar, muchísimos hilos quedarán más largos que la línea del ruedo, por lo tanto, será necesario ir recortando los hilos que quedan más largos (de ésa manera el ruedo quedará parejo).

Una vez deshilachada, si lo desea, puede quitar el pespunte, si es que éste se nota, pero en cambio, será necesario pasar una especie de surfilado con el mismo hilo de la tela, a los efectos que se mantenga firme el deshilachado y no se note costura alguna.

La trasera, se realiza del mismo modo.

168

FALDA ÉVASÉ # 1 y #2

UTILIZAR LOS MOLDES SIMPLES DE UNA FALDA RECTA

Fig. A

DELANTERA

1-2 = centro delantero, 2-3-5-6-8-9 = cintura, 3-4-5 y 6-7-8 = pinzas, 9-10-11 = costado.

Desde 4 y 7, trazar perpendiculares hasta el ruedo = **A** y **B**, luego cortar desde **A** y **B**, hasta 4 y 7.

Cerrar las pinzas.

Desde 11, prolongar la línea, aplicando la mitad del espacio entre los puntos **B** = **C**. Unir **C** con la línea de cadera, obteniendo el punto **D**.

Revisar que la distancia **9-D-C**, sea igual a **9-10-11**.

TRASERA

1-2-3 = costado, 3-4-6-7-9-10 = cintura, 4-5-6 y 7-8-9 = pinzas, 10-11-12 = centro parte trasera.

Se realiza de igual manera que la delantera hasta el punto **D**.

Desde 10, trazar una línea recta, pasando por 11, aplicando la medida **10-12** = **E**. Unir **E-12**.

IMPORTANTE: Es conveniente que los centros delantero y trasero, vayan al bies.

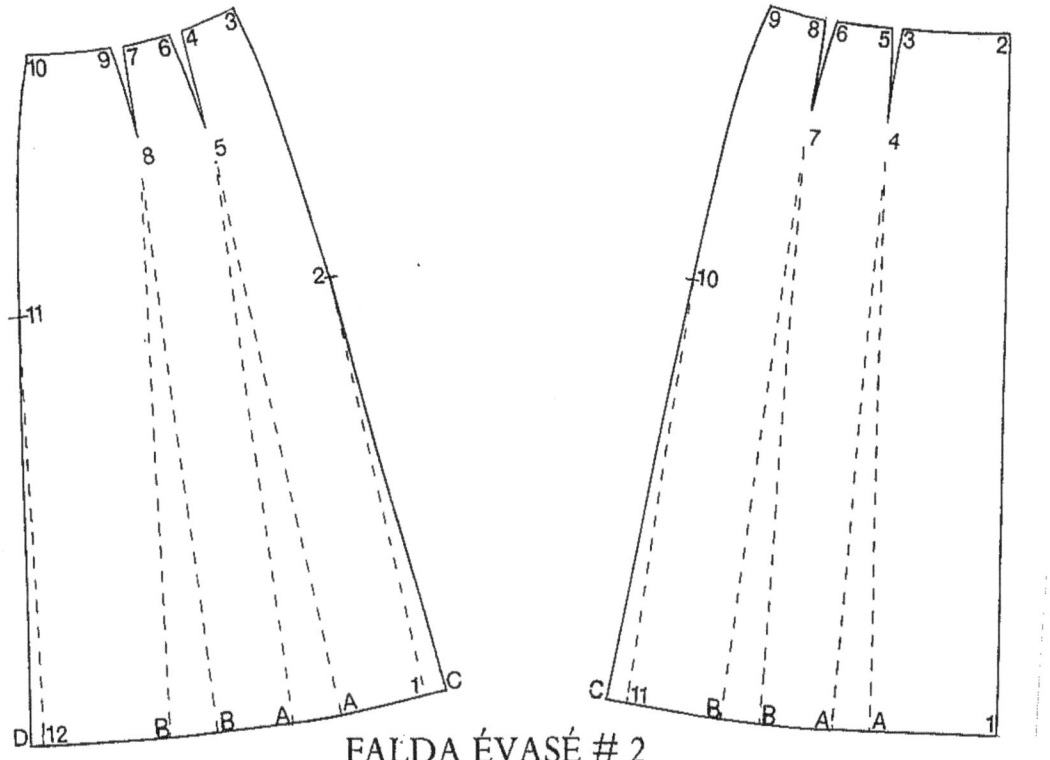

FALDA ÉVASÉ # 2

UTILIZAR LA FALDA DELANTERA ÉVASÉ #1 HASTA EN LOS CORTES **A-4** y **B-7**.

Cerrar las pinzas, solamente la mitad.

11-C = mitad del espacio **B**. Unir **C**, con la línea de cadera. Revisar que la distancia **9-C** sea igual a **9-11**.

Acortar las pinzas unos 3 ½ cm. . NOTA: Se dejan las pinzas como detalle, si lo desea, pueden embeberse y hacerlas desaparecer.

UTILIZAR LA FALDA TRASERA ÉVASÉ #1 HASTA EN LOS CORTES **A-5** y **B-8**.

1-C = **11-C** de la delantera. Unir **C**, con la línea de cadera. Revisar que la distancia **3=C**, sea igual a **3-1**.

12-D = mitad de **1-C**. Unir **D-11**.

Acortar las pinzas unos 3 cm..

FALDA SIMÉTRICA CON PLIEGUES Y AGLOBADA EN EL RUEDO

UTILIZAR EL MOLDE SIMPLE LIGERAMENTE ÉVASÉ PARTE DELANTERA.

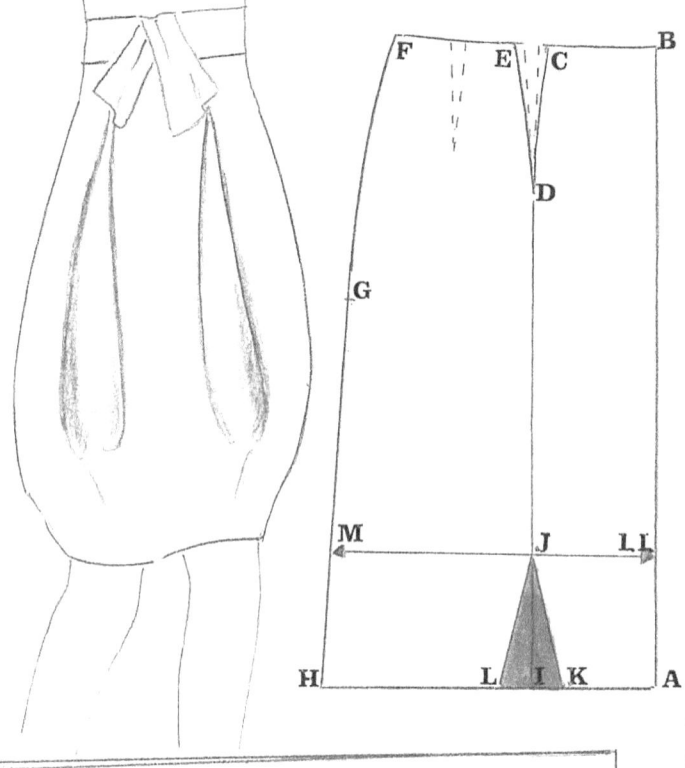

Fig. 1

A-B = centro, **B-C-E-F** = cintura, **C-D-E** = pinza agrandada con el ancho de la otra pinza, **F-G-H** = costado, **H-A** = ruedo.

Desde **D**, trazar una vertical hasta el ruedo = **I**. **I-J** = de 10 a 12 cm.. **I-K** y **I-L** = 2 ½ cm. o a gusto.

Unir **K-J** y **L-J**.

A-LL y **H-M** = **I-J**. Unir **LL-J-M**. Cortar desde **C** hasta **LL** y **M**, pasando por **J**, luego cerrar la pinza sombreada.

Separar el punto **J**, unos 3 ½ cm. o a gusto, luego unir **A-B**, con línea recta, y, en dicha línea colocar tela doble. Fig. 1.

Desde **M**, prolongar la línea, usando unos 3 cm. = **N**.

Si deseare acentuar más el aglobado, desde **H**, colocar hacia dentro 2cm. = **O**. Unir **O-N-F**.

El cinturón, es una tira de 10 cm.de ancho por dos veces la medida de la cintura.

La trasera, puede interpretarla de la misma manera.

FALDA SIMÉTRICA CON CINCO TABLAS Y PLIEGUES

UTILIZAR EL MOLDE SIMPLE DE UNA FALDA DELANTERA LIGERAMENTE ÉVASÉ

a-b = centro, c y d = pinzas cerradas, e-f -g = costado, f = altura de cadera.

f-1 = 1 /3 parte de f-e. Unir 1-b.

a-2 y 2-3 = ancho de las tablas deseadas, ejemplo: 3 cm. .

Desde 2 y 3, trazar verticales paralelas hasta la línea b-1 = 4 y 5.

Cortar desde b hasta 1 sin separar. Cortar desde 2 y 3 hasta 4 y 5, separando.

Trazar un ángulo recto. A-B = a-b, y sobre la horizontal apoyar las tiras y el resto del molde, ejemplo: B-a = doble de a-2, 2-2 = B-a, 3-3 = B-a. Separar el punto 5 (indicado con flechitas) según la tela, ejemplo: 5 cm..

La línea de cintura, entre las tablas, se logra al juntarse los pliegues.

Al cortar, colocar tela doble en la línea A-B.

FALDA ASIMÉTRICA CON PLIEGUES CRUZADOS EN DIAGONALES
UTILIZAR EL MOLDE DOBLE DE UNA FALDA DELANTERA ÉVASÉ O LIGERAMENTE ÉVASÉ CON UNA O DOS PINZAS CERRADAS

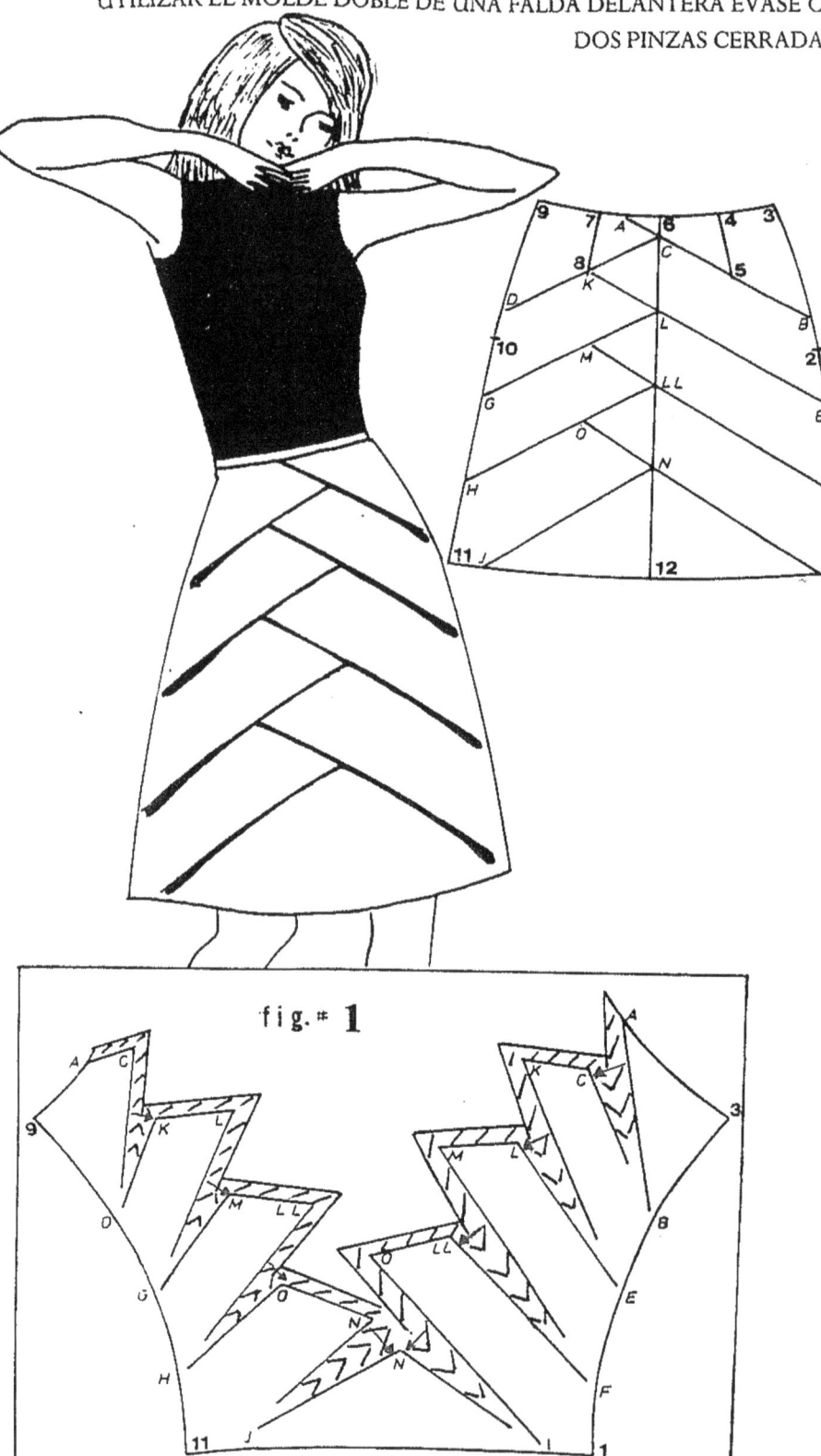

fig.# 1

1-2-3 y 9-10-11 = costados, 3-4-6-7-9 = cintura, 4-5 y 7-8 = pinzas cerradas, 6-12 = centro delantero, 2-10 = altura de cadera.

A = mitad de 6-7.

2-B = 1/4 parte de 2-3. Unir B-A.

C, se forma al cruzarse las líneas.

10-D = 2-B. Unir D-C.

Dividir en tres partes la distancia B-1 y D-11, igual a la cantidad de pliegues que quedan = E-F y G-H.

1-I y 11-J = 6-A.

Desde E, trazar una línea paralela a B-A, hasta llegar a la línea C-D=K.

L, se forma al cruzarse las líneas Unir L-G.

L-LL = C-L.

Unir F-LL, después prolongar la línea hasta la raya L-G = M.

Unir LL-H.

LL-N = L-LL.

Unir Í-N y desde N, prolongar la vta hasta la línea LL-H = O.

Unir N-J.

Cortar desde A hasta B, de C hasta D, de K hasta E, de L hasta G, de M hasta F, de LL hasta H, de O hasta I, de N hasta J sin separar.

MODO DE UBICAR EL MOLDE EN TELA SIMPLE: Fig. #1.

Separar los cortes de acuerdo a la tela, ejemplo: 8 cm., luego suavizar las líneas de los costados.

Esta falda debe armarse con percalina u Organza, etc..

La trasera, va según su gusto.

FALDA CON CADERIN (YOKE) Y TABLÓN ENCONTRADO
UTILIZAR UN MOLDE SIMPLE DE UNA FALDA DELANTERA CON UNA O DOS PINZAS.

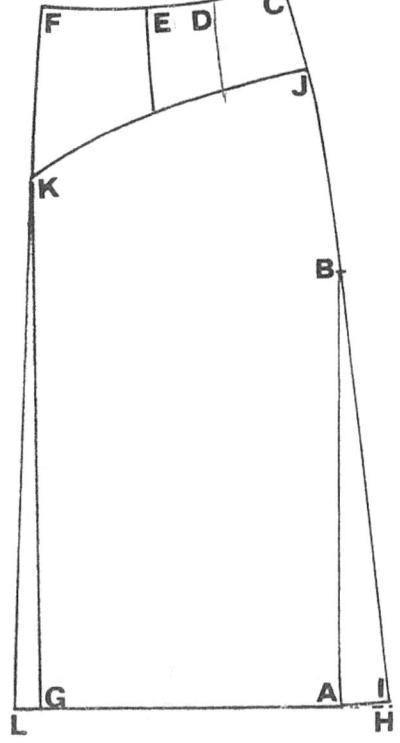

A-B-C = costado, **C-D-E-F** = cintura, **D y E** = pinzas cerradas, **F-G** = centro de adelante

A-H = 4 cm.. Unir **H-B**.

B-I = **B-A**. Unir **I-A**.

C-J = 7 cm. o a gusto.

F-K = al doble de **C-J** Unir **K-J**. NOTA: Esta línea, debe pasar lo más cerca posible de los vértices de las pinzas.

G-L = 2 cm. (mitad de **A-H**). Unir **L-K**.

Cortar desde **K** hasta **J**, separando.

Colocar tela doble en la línea **F-K**. Fig.1.

Dejar 20 cm. para tablón. La forma que tiene el tablón, se origina al cerrar el mismo. Fig.2.

MUY IMPORTANTE: Si la tela tiene rayas o cuadros, la distancia **G-L**, queda nula.

La trasera la interpretará a su gusto.

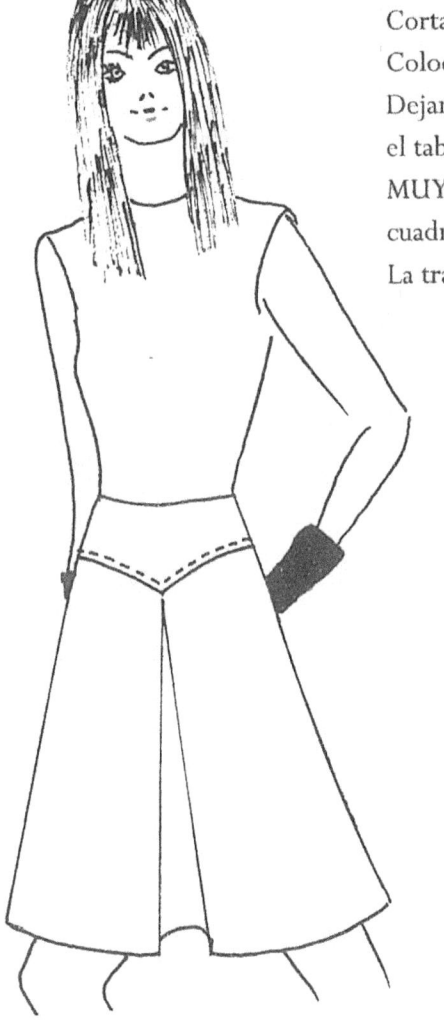

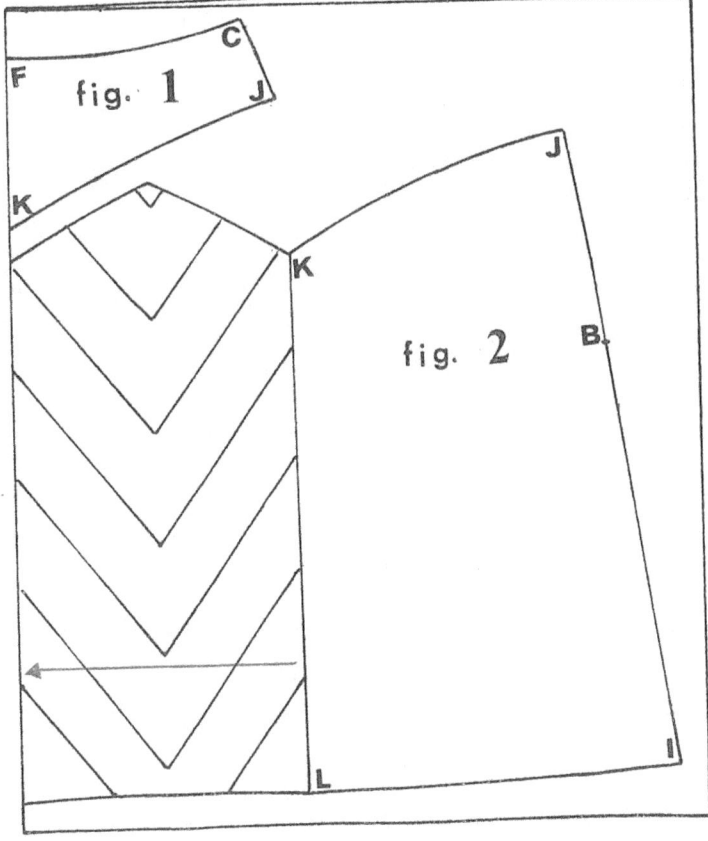

fig. 1

fig. 2

FALDA CRUZADA

UTILIZAR UN MOLDE DOBLE DE UNA FALDA DELANTERA RECTA, O LIGERAMENTE ÉVASÉ

1-2= costado (lado izquierdo)**3-4-5** = pinza, **6** centro pinza, **7-8** = centro.

Desde **5**, trazar una paralela al costado hasta el ruedo = **A**.

Separar la parte sombreada.

Cortar dos delanteros (uno será lado derecho y el otro lado izquierdo).

Desde **A**(lado izquierdo) aplicar hacia arriba 1 ½ cm. =**B**. Unir **B-8**.

La trasera, no tiene variantes.

SIDE RIGHT

SIDE LEFT

FALDA ADHERIDA EN LA PARTE TRASERA Y AMPLIA EN EL RUEDO
UTILIZAR LOS MOLDES SIMPLES DE UNA FALDA CLÁSICA LARGA RECTA

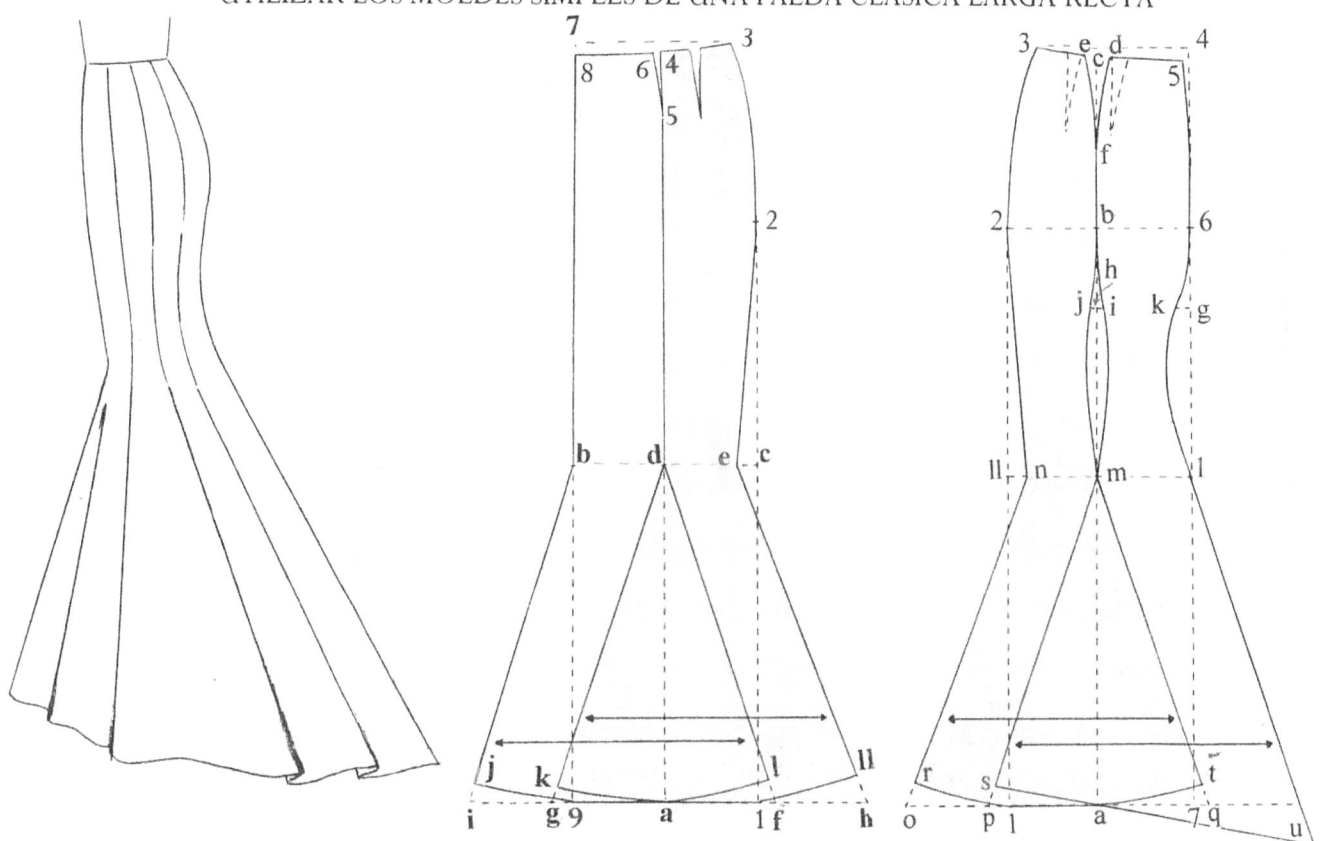

DELANTERA: 1-2-3 = costado, 3-7 = línea horizontal, 4-5-6 = pinza central, 3-4-6-8 = línea real de cintura, 7-9 = centro parte delantera.

Desde **5**, trazar una vertical hasta el ruedo = **a**.

Desde **7** y **3**, aplicar hacia abajo la Altura de Rodilla menos 5 cm. o a gusto = **b** y **c**. Unir **b-c**. **d**, se forma al cruzarse las líneas.

Desde **c**, colocar hacia dentro 3 cm. o a gusto = **e**. Unir **e-2**, según la forma del cuerpo de la persona.

Desde **a**, ubicar hacia ambos lados 15 cm. o a gusto = **f** y **g**, lo mismo que desde **1** y **9** = **h** e **i**. Unir **i-b**, **g-d**, **f-d** y **h-e**. **b-j**, **d-k**, **d-l**, **e-ll** = **d-a**. Unir **j-9**, **k-a**, **l-a** y **ll-1**, con ligera forma.

Calcar la parte sombreada, la otra parte se corta por: **l-d-5-6-8-b-j-9-a-l**.

TRASERA: **1-2-3** = costado, **3-4** = línea horizontal, **3-5** = línea real de cintura, **5-6-7** = centro, **2-6** = altura de cadera.

Marcar los centros de **1-7** y **2-6** = **a** y **b**. Unir dichos puntos.

Desde **b**, prolongar la raya hasta la línea de cintura = **c**.

Desde **c**, aplicar hacia ambos lados, el ancho de cada pinza = **d** y **e**.

c-f = altura de pinzas más 2 cm.. Unir **f-d** y **f-e**, con forma.

Desde **4**, aplicar hacia abajo, la Altura del Bajo Cola, ejemplo: 34 cm. = **g**.

Desde **g**, escuadrar hasta la vertical **b-a** = **h**.

Desde **h**, aplicar hacia ambos lados 1 cm. (o lo que el cuerpo requiera)= **i-j**.

g-k = 1 ½ cm., o lo que el cuerpo requiera.

Desde **4** y **3**, colocar hacia abajo la distancia **7-b** de la delantera = **l** y **ll**. Unir **l-ll**. **m**, se forma al cruzarse las líneas.

ll-n = **c-e** de la delantera. Unir **n-2**, **m-j-b**, **m-i-b**, **l-k-6**, como lo indica el trazado.

Desde **1**, aplicar hacia fuera y desde **a**, colocar hacia ambos lados, la misma medida de los puntos **1-h** de la delantera= **o-p-q**. Unir **o-n**, **p-m**, **q-m**.

n-r, **m-s**, **m-t** = **e-ll** de la delantera.

Unir **r-1**, **s-a** y **t-a**, con ligera forma. Desde **a**, prolongar la línea , aplicando 30 cm. o a gusto = **u**. Unir **u-l**.

Calcar la parte sombreada, la otra parte se corta por: **u-l-k-6-5-d-f-b-i-m-s-a-u**.

NOTA: Si la pinza fuere demasiado grande, y resultare incomoda, haga dos pinzas en vez de una.

FALDA CON "JABOT" Y PLIEGUES
UTILIZAR LOS MOLDES SIMPLES DE UNA FALDA DE TALLE ALTO A UNOS 3 CM. DE LA CINTURA

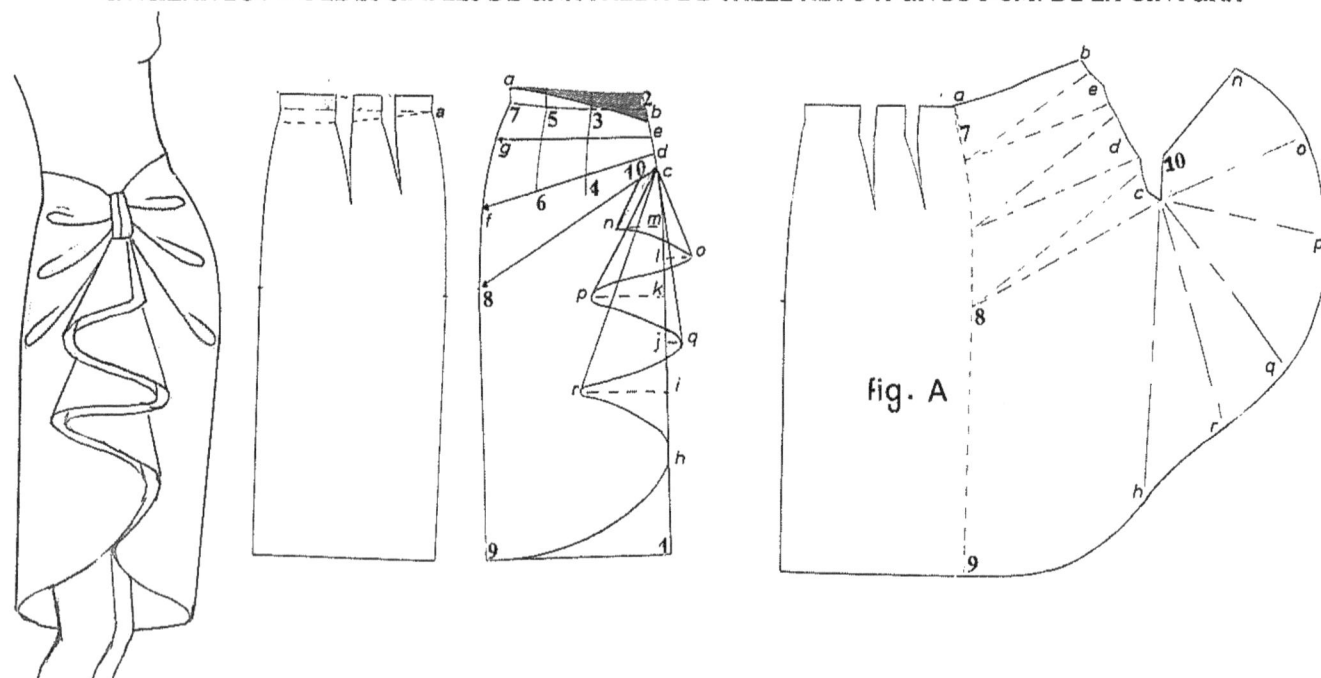

fig. A

DELANTERA: 1-2 = centro, 2-3-5 -7 = cintura, 3-4 y 5-6 = pinzas cerradas, 7-8-9 = costado.

7-a = talle alto, 8 = altura de cadera.

Desde 2, aplicar hacia abajo de 2 a 3 cm. = b. Unir b-a. Quitar la parte sombreada.

Desde b, aplicar hacia abajo 6 cm. = c. Dividir en tres partes la distancia c-b = d y e.

Unir c-8. c-10 = 3 cm. .

Desde d y e, trazar líneas hasta el costado como lo indica el trazado = f y g.

1-h= 1 /5 parte de 1-c.

h-i = 1 /4 parte de h-c.

i-j = 1 /5 parte de i-c.

j-k = i-j.

k-l = j-k .

l-m = 1 /3 parte de l — c.

m-n = a gusto, ejemplo: 7 cm. . Unir n-10.

l-o = a gusto, ejemplo: 4 cm. . Unir o-c.

k-p = a gusto, ejemplo: 10 cm. . Unir p-c.

j-q = a gusto, ejemplo:3 cm. . Unir q-c.

i-r =   a gusto, ejemplo: 12 cm. . Unir r-c.

Unir 9-h-r-q-p-o-n-10-c .

Doblar el papel de molde por la línea h-c , y calcar la línea h-r-c, luego doblar el papel por la línea r-c , y calcar la línea r-q-c , después doblar el papel por la línea q-c para calcar p-c , doblar de nuevo el papel , y copiar la línea p-o-c, para después doblar el papel por la línea o-c, y calcar la parte indicada con o-n -10-c.

Cortar desde e, d, c hasta g, f, 8 sin separar.

Juntar los costados, como lo demuestra la Fig. A, de ese modo, se abrirán automáticamente los pliegues. NOTA: Si se encima el punto a con el costado de la trasera, podrá cambiar la línea a-b, o tal vez achicar la pinza más cercana al costado, o de lo contrario, hacer la costura en el costado.

Cortar una pieza de unos 10 x10 cm. para hacer el " nudo." Al formar el jabot y en caso que fuere necesario, sujételo con algunas puntadas invisibles .

La trasera, no tiene ninguna variante.

FALDA CON " BUCHES"

ESTE MODELO, ES MUCHO MEJOR REALIZARLO SOBRE EL MANIQUÍ Y LO PODRIAMOS DIVIDIR EN DOS ETAPAS EJEMPLO:

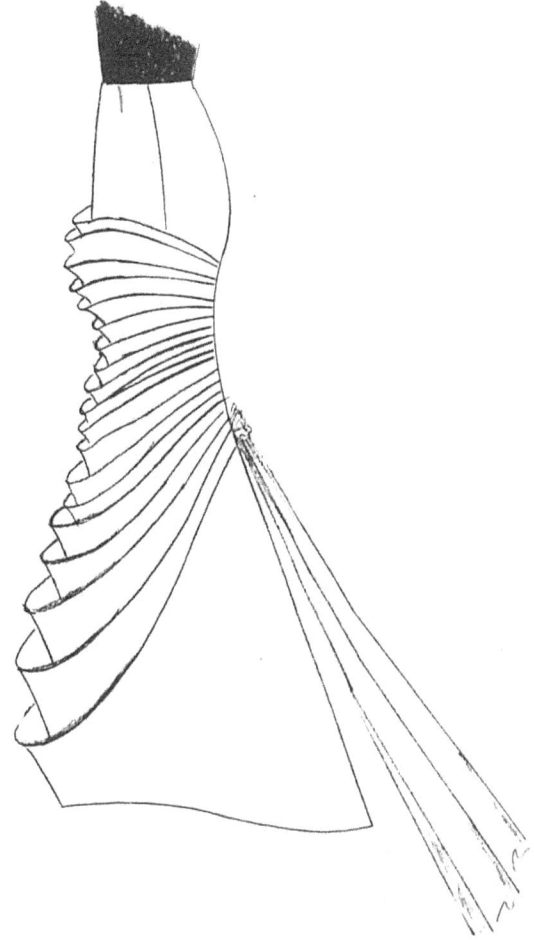

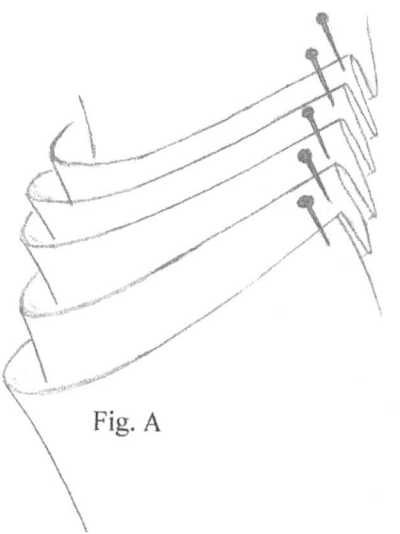

Fig. A

La parte de arriba realizarla con moldes planos, mientras que la parte de abajo realizarla en el maniquí (sobre una falda base página 175) y que ésta puede estar armada en crinolina, además del forro.

Tomar una tela e ir formando los pliegues como lo indica la Fig. A.

Los pliegues, pueden añadirse tantas veces como sea necesario. Una vez realizados rematar con un panel en el centro de atrás, luego colocar un moño encima del mismo o con una rosa.

DETALLES DE COSTURA

COMO COLOCAR UN CIERRE SIN QUE HAYA COSTURA

Marque la línea del largo descado, luego pase la misma por el lado interno.

Corte una tira de tela de unos 5 cm. de ancho por el largo más unos 3 cm..

Coloque la tela mirando derecho con derecho, luego cosa por el lado interno a unos 2 ml. de la línea, al llegar a la punta, forme una especie de redondel. Fig.A.

Corte por el medio hasta la punta, después surfile bien los margenes. Delo vuelta y sujételo con un hilván. Palnche. Ahora, puede colocar el zipper.Fig. B.

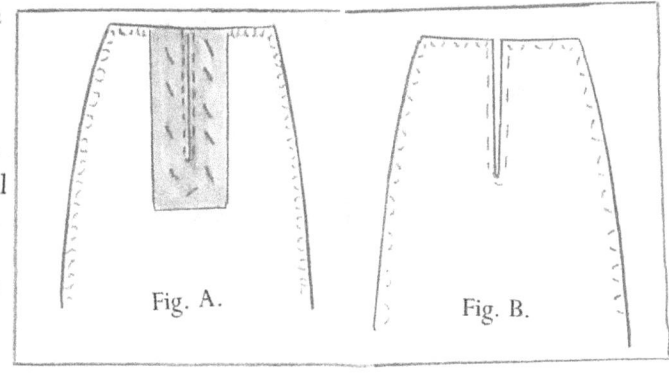

Fig. A.   Fig. B.

FALDA PANTALON CON TABLA QUE DISIMULA.

UTILIZAR LOS MOLDES SIMPLES DE UNA FALDA PANTALON PAGINA 161, UNIDOS EN LAS ENTREPIERNAS.

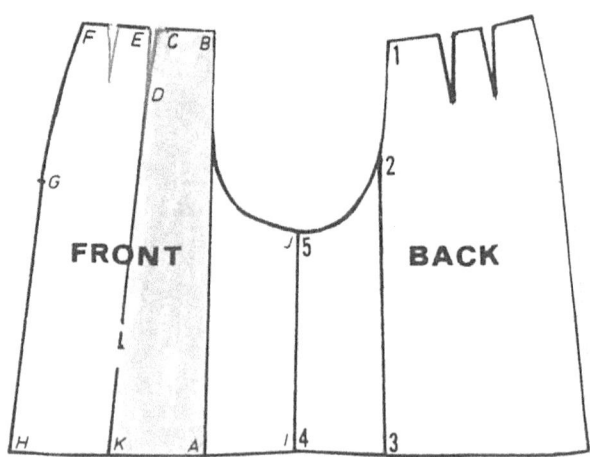

A-B y **1-2-3** = centro delantero y centro trasero, **B-C-E-F** = cintura, **C-D-E** = pinza, **F-G-H** = costado, **I-J** y **4-5** = entrepiernas .

Desde **D**, trazar una línea ligeramente inclinada hacia el costado hasta el ruedo **K**.

Calcar la parte sombreada, colocando papel doble en la línea C.-K.

Aplicar la parte que calcó, como lo demuestra el grafico del lado de la parte derecha.

Al realizar la prenda, doblar la tela por la línea **C-K**. Dicha línea, se apoyará sobre **C-D-K** del lado izquierdo indicado con puntitos.

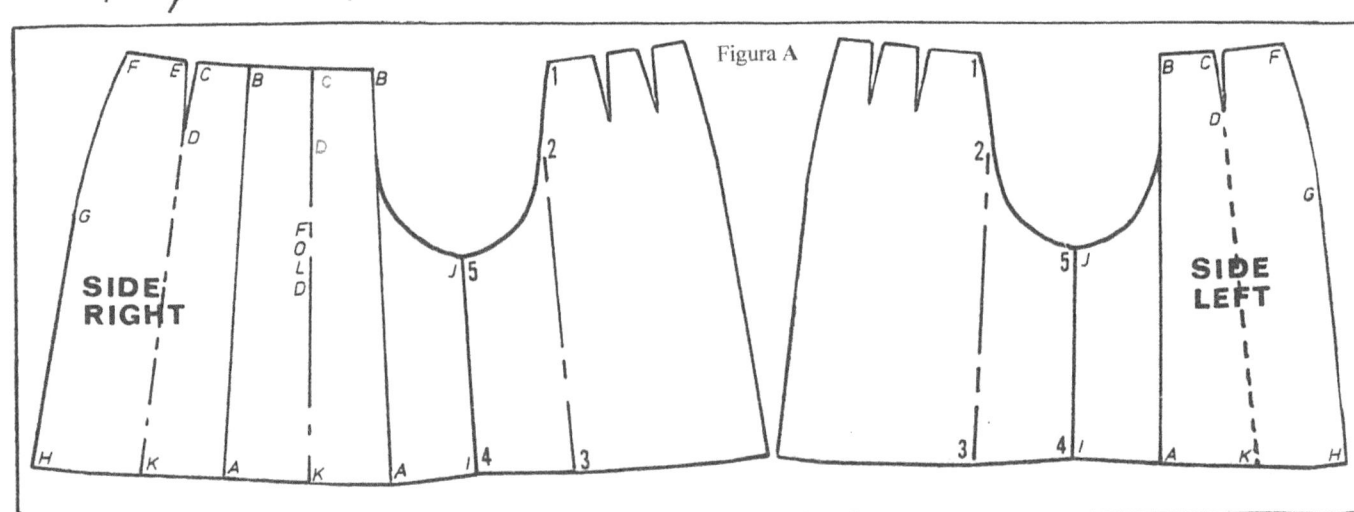

Figura A

FALDA SIMETRICA CON TRES TABLAS

UTILIZAR UN MOLDE SIMPLE DE UNA FALDA DELANTERA RECTA.

fig # 1

1-2 = centro delantero, **2-3-5-6** = cintura, **3-4-5** = pinza, **6-7-8** = costado.

8-A = 5 cm. o a gusto. Unir **A**, con la línea de cadera, formándose de ese modo **B**.

B-C = B-8. Unir C-8.

Desde 4, trazar una perpendicular hasta el ruedo = **D**.

D-E y **1-F** = altura de tablas, a gusto, ejemplo: 40 cm..

Cortar desde **3**, hasta **D**, separando.

Desde 1 y F, aplicar 10 cm.= **G** y **H**. Al cortar colocar tela doble sobre dicha línea. Separar el molde en la línea **D** y **E** 20 cm. (o sea el doble de **1-G**).

La Fig. 1, indica la manera de colocar el molde sobre la tela.

Los espacios entre los puntos E-4-5, 3-4 E y entre F y 2, equivalen a " support " tablas.

La otra pinza, se mantendrá cerrada, siempre y cuando la tela lo permita.

La trasera la interpretará a gusto.

FALDA CON BOLSILLOS DESBOCADOS

UTILIZAR LOS TRAZADOS SIMPLES DE UNA FALDA ENTUBADA

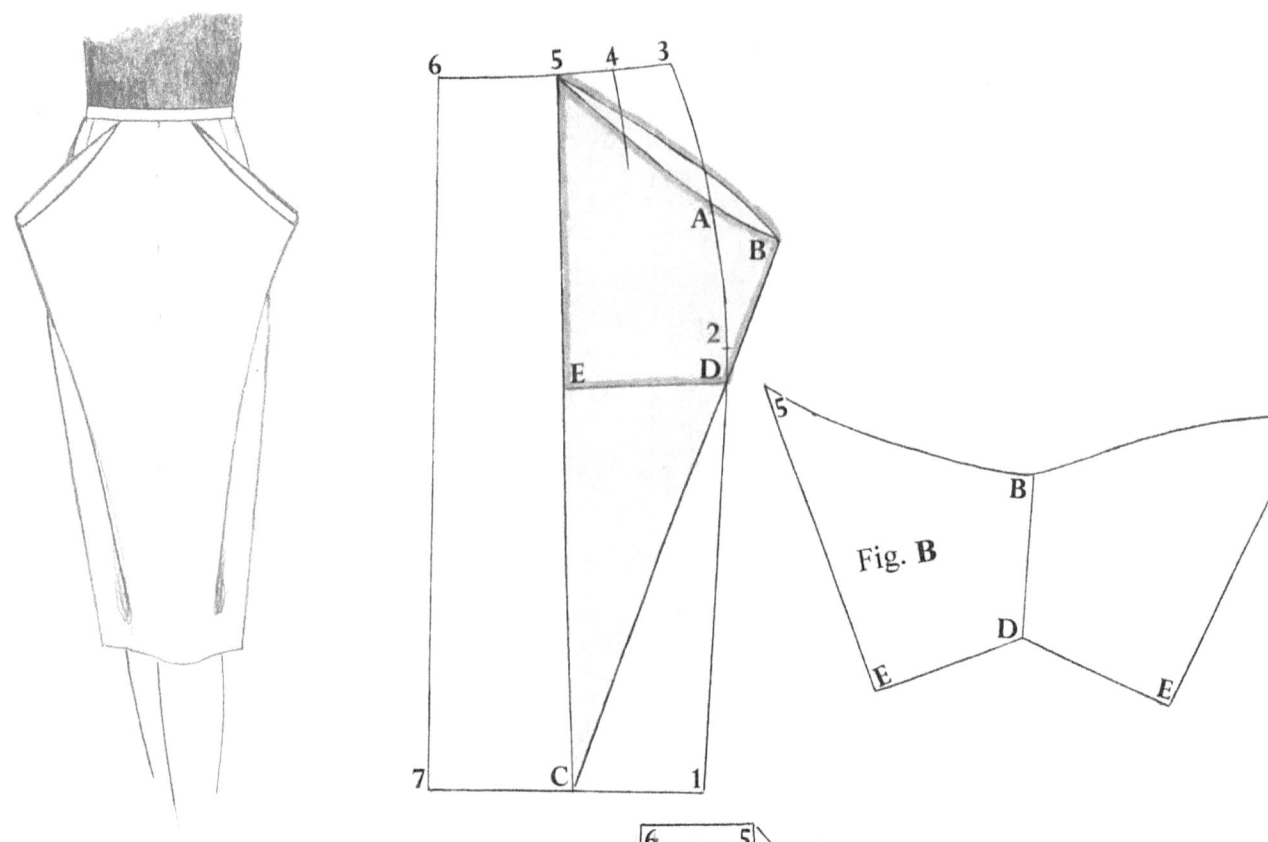

DELANTERA: **1-2-3** = costado, **3-4-5-6** =
cintura, **4-5** = pinzas cerradas, **6-7** = centro, **2** =
altura de cadera.

Marcar el centro de **2-3** = **A**.

Unir **5-A**, con forma, luego desde **A** prolongar la
línea aplicando 7 cm. o a gusto= **B**.

Unir **B-5** con forma arqueada.

Marcar el centro de **1-7** = **C**. Unir **C-B**, y **C-5**.

El punto **D**, se forma al cruzarse las líneas.

Desde **D**, trazar una horizontal hasta la línea **5-
C**= **E**.

Copiar la parte subrayada colocando papel doble
en la línea **D-B**. Fig. **B** = bolsillo.

Calcar la parte sombreada, ubicando papel doble
en la raya **C-B**.

Cortar desde **5** hasta **C** sin separar.

Juntar la parte sombreada, al corte uniendo **5** con
5 y **C** con **C**. Fig. **C**.

Suavizar la línea del ruedo.

La trasera, la realizará según su personal gusto.

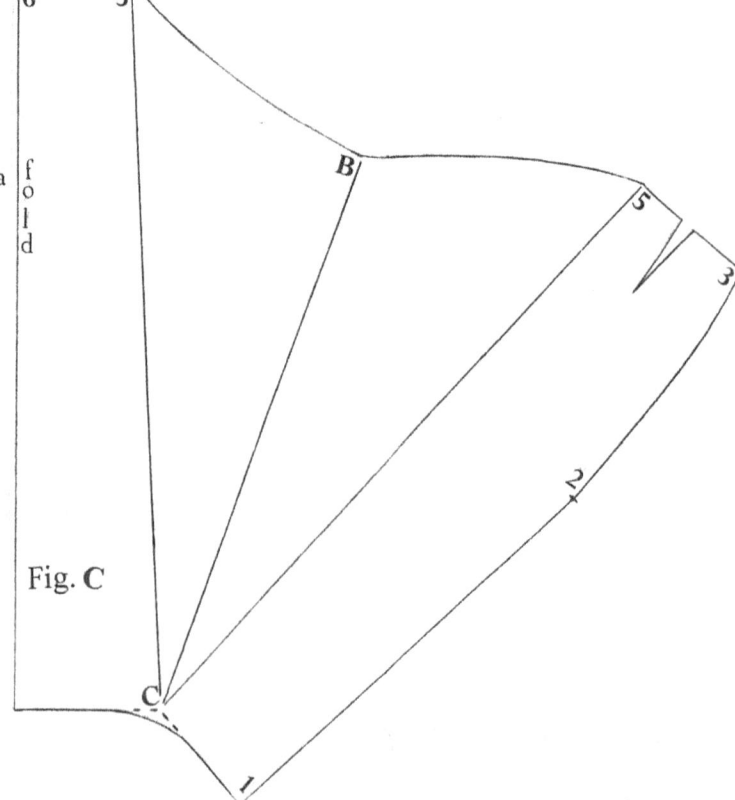

FALDA CON TRES VOLADOS EN DEGRADE

UTILIZAR LOS MOLDES SIMPLES DE UNA FALDA CON PINZAS CERRADAS.

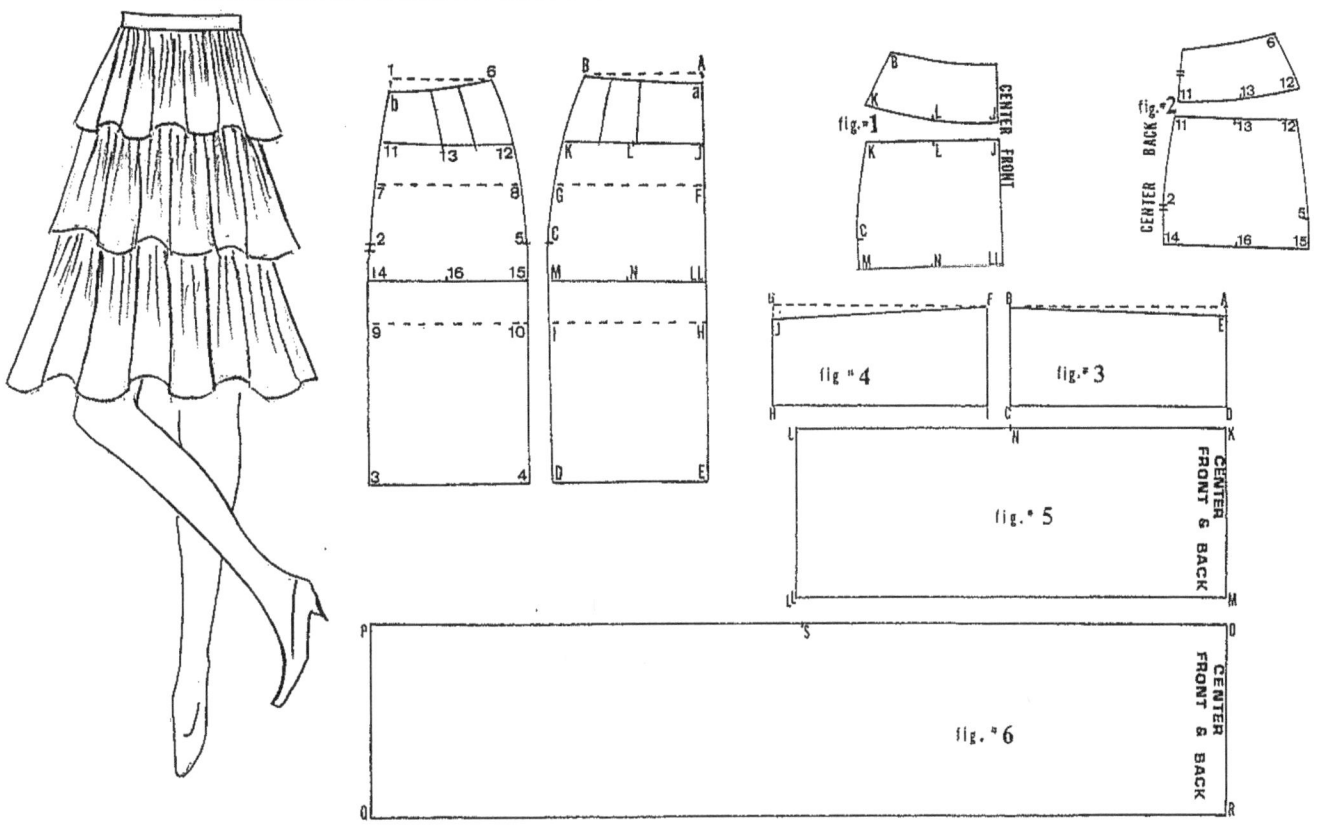

DELANTERA: **A-B** = línea horizontal de cintura, **B-C-D** = costado, **D=E** = ruedo, **E-A** = centro, **C** = altura de cadera, **a-B** = línea real de cintura.

A-F y **B-G** = 1 /3 parte de **A-E**, menos 4 cm., o a gusto. Unir **F-G**.

F-H y **G-I** = 1 /3 parte de **A-E**. Unir **H-I**.

F-J y **G-K** = 1 /3 parte de **F-A**. Unir **J-K**. **L** = centro de **J-K**.

H-LL y **I-M** = **F-J**. Unir **LL-M**. **N** = mitad de **LL-M**.

TRASERA: **1-2-3** = centro, **3-4** = ruedo, **4-5-6** = costado, **1-6** = línea horizontal de cintura, **2-5** = altura de cadera, **b-6** = línea real de cintura.

1-7 y **6-8** = **A-F** de la delantera. Unir **7-8**.

7-9 y **8-10** = **F-H** de la delantera. Unir **9-10**.

7-11 y **8-12** = **F-J** de la delantera. Unir **11-12**. **13** = mitad de **11-12**.

9-14 y **10-15** = **H-LL** de la delantera. Unir **14-15**. **16** = mitad de **14-15**.

Cortar por las líneas **J-L-K**, por **LL-N-M** y por **11-13-12** y **14-16-15**. Fig.#1 y # 2. NOTA: Estas piezas, se deberán cortar en forro.

FORMACION DE LOS VOLADOS

1er. VOLADO PARTE DELANTERA. Fig.3: **A-B** y **C-D** = dos veces la distancia **a-B**, o a gusto. **B-C** y **A-D** = **A-F** del molde delantero, **A-E** = **A-a**. Unir **E-B**, con ligera forma.

1er. VOLADO PARTE TRASERA. Fig. 4: Formar un rectángulo igual al del delantero = **F-G-H-I**.

G-J = **1=b**, del trazado trasero. Unir **J-F**, con ligera forma. Cortar un paño de la Fig.#3 y #4.

2do. VOLADO DELANTERO Y TRASERO. Fig.5: Formar un rectángulo con el doble de la medida **D-C** de la Fig. #3, por la distancia **J-H** del molde delantero = **K-L-LL-M**.

Marcar el centro de **K-L** = **N**. Cortar dos paños. (uno para la delantera y otro para la trasera).

3er. VOLADO DELANTERO Y TRASERO. Fig. 6: Formar un rectángulo con el doble de la distancia **M-LL** de la Fig. 5 por la medida **LL-E** del molde delantero = **O-P-Q-R**.

Marcar el centro de **O-P** = **S**. Cortar dos paños. (uno para la delantera y otro para la trasera).

IMPORTANTE: Las distancias **E-B** y **F-J**, se deberán reducir frunciéndolos a la medida de cintura. La distancia **K-N-L**, se reducirá a las medidas **J-L K** y **11-13-12** de las Fig. #1 y #2. **O-S-P**, se reducirán a las distancias **LL-N-M** y **14-16-15**, de las Fig. #1 y #2.

NOTA: Las distancias **K-L** (Fig. 5) y **O-P** (Fig.6), podrían ser más grandes de desearlo.

FALDA TABLEADA

MEDIDAS NECESARIAS

CONTORNO DE CADERA.....................................48 CM.

LARGO DE FALDA...60   "

ALTURA DE CADERA...24   "

ALTURA ESCOTE DE ADELANTE...........................35   "

ALTURA ESCOTE DE ADELANTE PASANDO............36   "

ALTURA ESCOTE ESPALDA..................................40   "

ALTURA ESCOTE ESPALDA PASANDO....................42   "

CINTURA...36   "

Formar un rectángulo con tres veces el Contorno de Cadera, ejemplo: 144 cm. por el Largo de Falda, ejemplo: 60 cm. = **A-B-C-D**.

Desde **A** y **B**, aplicar hacia abajo la Altura de Cadera, ejemplo: 24 cm. = **E** y **F**. Unir dichos puntos.

Marcar el centro de **A-B = G**.

A-H = diferencia entre la Altura Escote de Adelante y la Altura Escote de Adelante Pasando, ejemplo: 1 cm.. **B-I** = diferencia entre la Altura Escote Espalda y la Altura Escote Espalda Pasando, ejemplo: 2 cm. Unir **I-G-H**.

Dividir la Cadera en cuantas tablas desea, ejemplo: 12. En total 24 tablas. Entonces : Cadera 48 % 12 = 4 cm.. Profundidad de tabla= 8 cm. (o sea el doble de los 4 cm.) . **A-J** = mitad de tabla, ejemplo: 4 cm., **J-K** = 4 cm., **K-L** = 8 cm., **L-LL** = 4 cm., así sucesivamente, se termina como el comienzo, es decir con media tabla; Después, se trazarán verticales hasta el ruedo. NOTA: Si le resultare complicado, podría dividir el ruedo, como hizo con la parte de arriba.

Quitar la diferencia entre la Cadera y la Cintura, ejemplo: 48-36 = 12 cm.. Esto quiere decir que se deben quitar 1 cm. por tabla, o sea ½ cm. de cada lado, y estos ½ cm., se unirán con la Cadera, ejemplo: **M- N; O; P** etc..

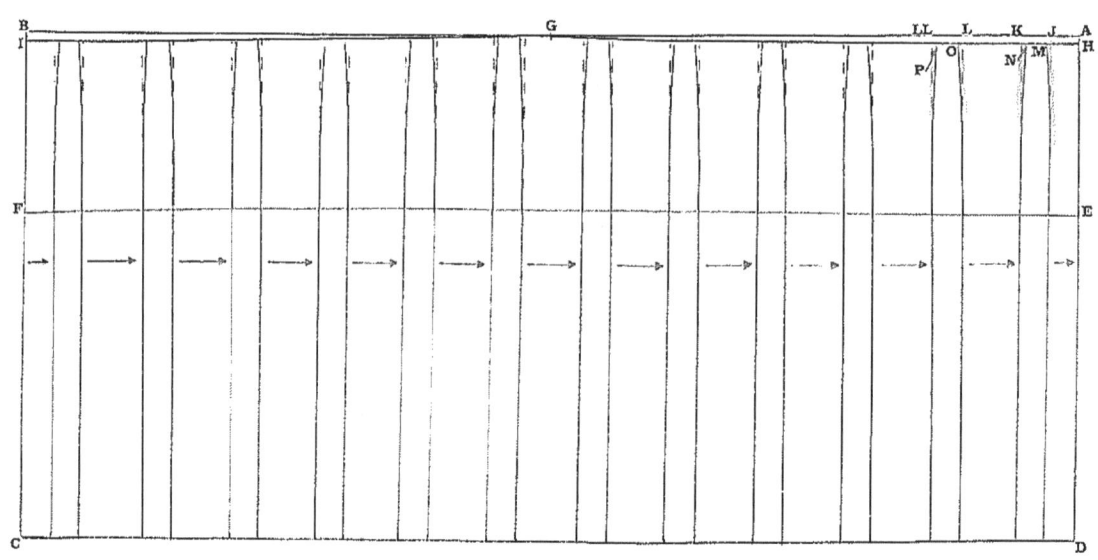

FALDA TIPO A GAJOS CON NERVADURAS
UTILIZAR LOS MOLDES SIMPLES DE UNA FALDA CLÁSICA

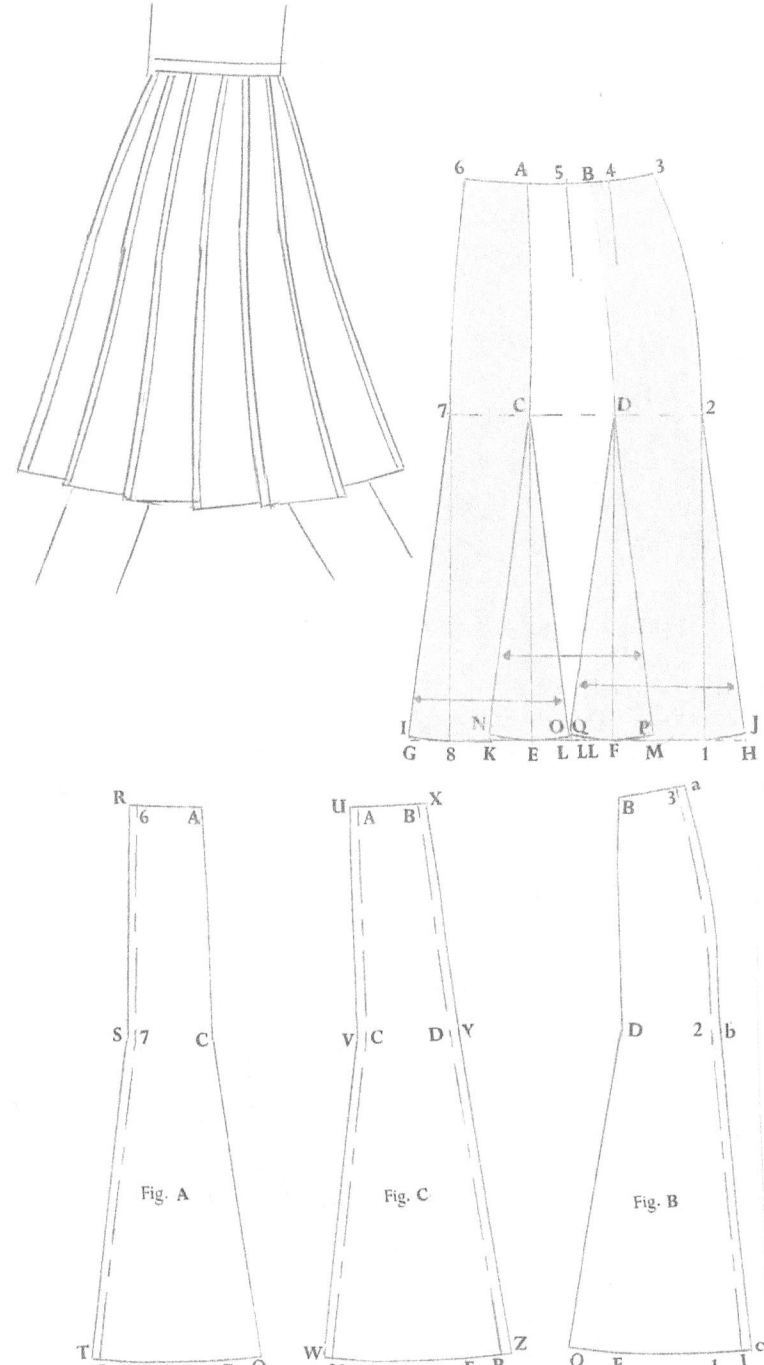

Fig. A

Fig. C

Fig. B

DELANTERA

Los puntos **1-2-3** indican el costado, **3-4-5-6**= cintura, **6-7-8** = centro de adelante, **4-5** = pinzas cerradas, **2-7** = altura de cadera, **8-1** = ruedo. Dividir la cintura, la cadera y el ruedo por la cantidad de recortes que tiene el modelo= **A-B,C-D, E-F**. Unir **A-C-E** y **B-D-F**.

Desde **8** y **1**, prolongar las líneas aplicando 4 cm. o a gusto = **G** y **H**. Unir **G-7** y **H-2**.

Desde **7** y **2**, colocar hacia **G** y **H** la distancia **7-8**= **I** y **J**. Unir **I-8** y **J-1**, con ligera forma.

Desde **E** y **F**, aplicar hacia ambos lados la medida **8-G**, = **K- L** y **LL-M**.

Juntar **K-C, L-C, LL-D** y **M-D**.

Desde **C**, colocar hacia **K** y **L** la distancia **C-E** = **N** y **O**. Unir **N-E** y **O-E**, con ligera forma.

Desde **F**, repita lo mismo que hizo desde **E**.

Copiar las partes sombreadas. Fig. **A** y Fig. **B**, luego cortar por **P-D-B-A-C-N-E-F-P**. Fig. **C**: Desde los puntos **6-7-I** (Fig.**A**)**A-C-N** y **B-D-P** (Fig. **C**) y **3-2-J** (Fig. **B**) aplicar 1 cm., dicho cm. se utilizará para realizar las nervaduras = **R-S-T, U-V-W, X-Y-Z,** y **a-b-c**.

MUY IMPORTANTE: En el centro de la delantera del lado opuesto, no deberá agregar nada.

La parte trasera se realiza del mismo modo que la parte delantera solamente que **no deberá agregar en el costado, puesto que el 1 cm. se dejó en el costado delantero.**

IMPORTANTE: Al juntar los delanteros coserá **6-7-I**, con **R-S-T**, a continuación doblará por el medio el espacio **6-R, 7-S, I-T** y pasará un pespunte por encima de la costura, de ese modo queda escondida la costura de la unión de los paños. Haga lo mismo con las demás piezas.

IMPORTANTE: **Si Usted lo desea, puede cambiar la altura del comienzo de los godets, también puede cambiar las líneas rectas por líneas curvas**

FALDA TIPO ESCOCESA

UTILIZAR UN MOLDE DOBLE DE UNA FALDA DELANTERA Y UNO SIMPLE PARTE TRASERA UNIDOS EN EL COSTADO LADO DERECHO.

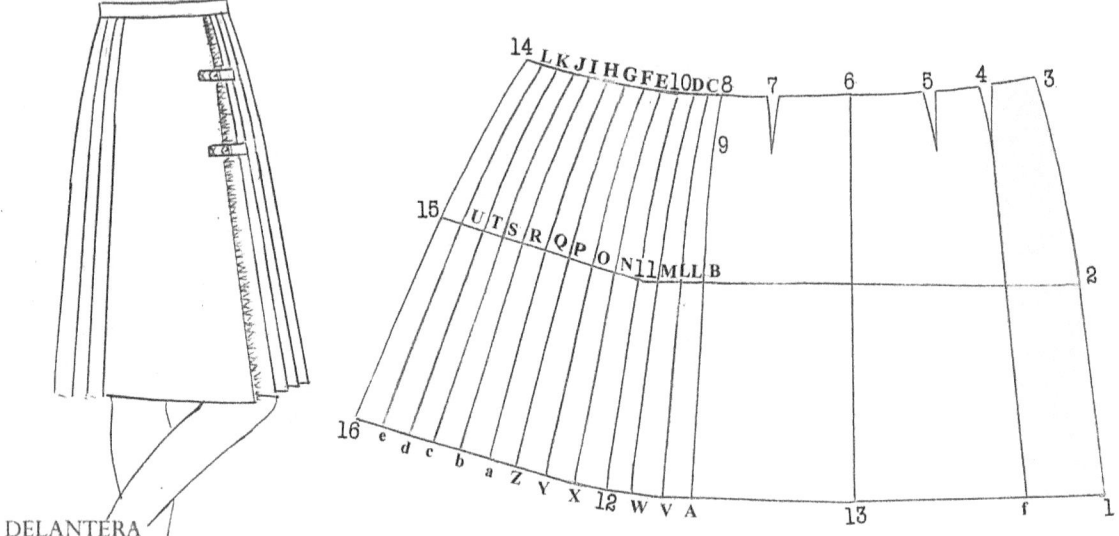

DELANTERA

1-2-3 y 10-11-12 = costados, 4-5-7 = pinzas abiertas, 8-9 = pinza cerrada, 2-11 = altura de cadera, 6-13 = centro.

TRASERA, CON PINZAS CERRADAS

10-11-12 = costado, 14-15-16 = centro parte trasera, 11-15 = altura de cadera.

Desde 9 (vértice de la pinza cerrada), trazar una perpendicular paralela al costado hasta el ruedo = **A. B**, se forma al cruzarse las líneas.

Dividir en doce partes las distancias: **8-14; B-15** y **A-16 = C-D-10-E-F-G-H-I-J-K-L; LL-M-11-N-O-P-Q-R-S-T-U; V-W-12-X-Y-Z-a-b-c-d-e.** Unir **C-LL-V; D-M-W; E-N-X; F-O-Y; G-P-Z; H-Q-a; I-R-b; J-S-c; K-T-d; L-U-e.**

1-f = 12-A. Unir **f** con el vértice de la pinza **4**, luego separar la parte sombreada. Cortar las tiras separándolas.

Ubicación de las piezas (tiras) sobre la tela.

Fig. 1. Trazar una horizontal (ruedo) y desde el borde (tela doble = centro parte trasera), aplicar la medida **16-e**, después ubicar la tira **16-e**. Desde **e** y **U**, aplicar el doble de **16-e**, luego, ubicar la tira **e-d**, después colocar el doble de **d-c** y así sucesivamente. IMPORTANTE: Será necesario enderezar alguna tiras (se tuercen debido a las pinzas y a las líneas de los costados y el centro de atrás). Usted enderécelas, manteniendo la misma distancia entre tira y tira, como lo demuestra el trazado.

IMPORTANTE: Puede colocar tela atravesada, de ese modo, se evitará de hacer añadidos.

Deshilache el borde (derecho) unos 2 cm., o de lo contrario, coloque una tira deshilachada.

NOTA: Las tablas deben coserse desde la cintura hasta unos 10 cm. más arriba de la cadera.

Antes de formar las tablas, debe hacer el ruedo. Una vez terminada la falda, coloque las trabitas de cuero.

MUY IMPORTANTE: Si deseare evitarse el trabajo de hacer las tiras, realice una falda tableada (página 182) y luego una vez hecha las tablas, coloque la parte delantera

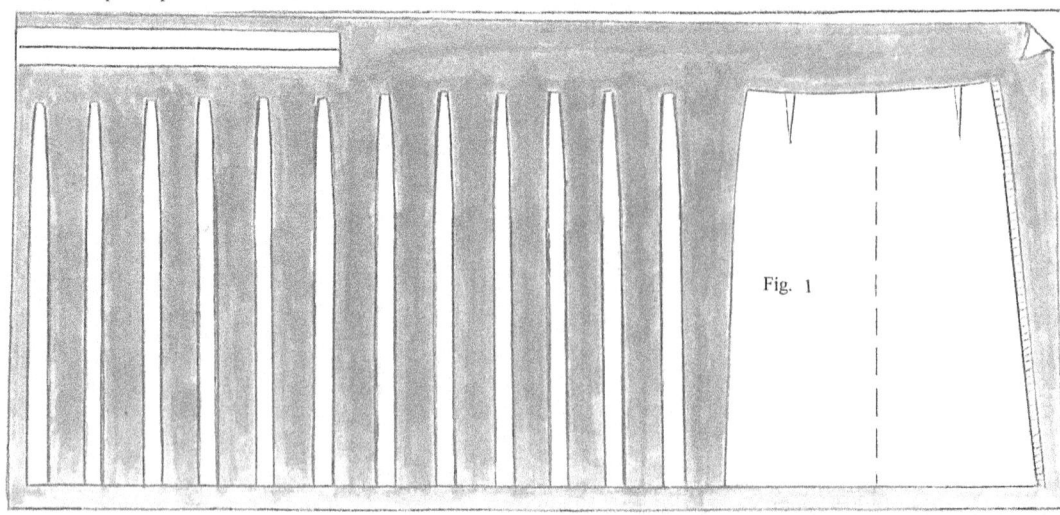

Fig. 1

FALDA ASIMETRICA CON COSTURAS EN DIAGONALES Y SIN PINZAS

UTILIZAR LOS MOLDES DOBLES DE UNA FALDA LIGERAMENTE ÈVASÉ, UNIDOS EL COSTADO DERECHO Y CON LAS PINZAS CERRADAS.

DELANTERA: **A-B-C** y **E-F-G** = costados, **C-D-E** = cintura, **D-I-H** = centro.

TRASERA: **E-F-G** y **K-L-LL** = costados, **E-J-K** = cintura, **J-N-M** = centro.

Marcar el centro de **H-G**(delantera) = **O**. Unir **O-C**. **P**, se forma al cruzarse las líneas .

Separar la parte sombreada, y unirla al otro costado, es decir unir **C** con **K**, **B** con **L**, **A** con **LL**.

Dividir la distancia **O**- **O** en diez partes, haga lo mismo con **P-P** y lo mismo con **K-C** = **Q-R-S-T-U –V-W-X-Y** ; **Z-1-2-3-4-5-6-7-8** ; **9-10-11-12-13-14-15-16-17**.

Unir: **Q-Z-9**; **R-1-10**; **S-2-11**; **T-3-12**; **U-4-13**; **V-5-14**; **W-6-15**; **X-7-16**; **Y-8-17**, luego, cōrtar por dichas líneas, separando.

NOTA: Es necesario cortar 5 tiras en blanco y 5 tiras en negro (o colores a su elección).Las tiras, se pueden cortar al hilo, si la tela lo permite.

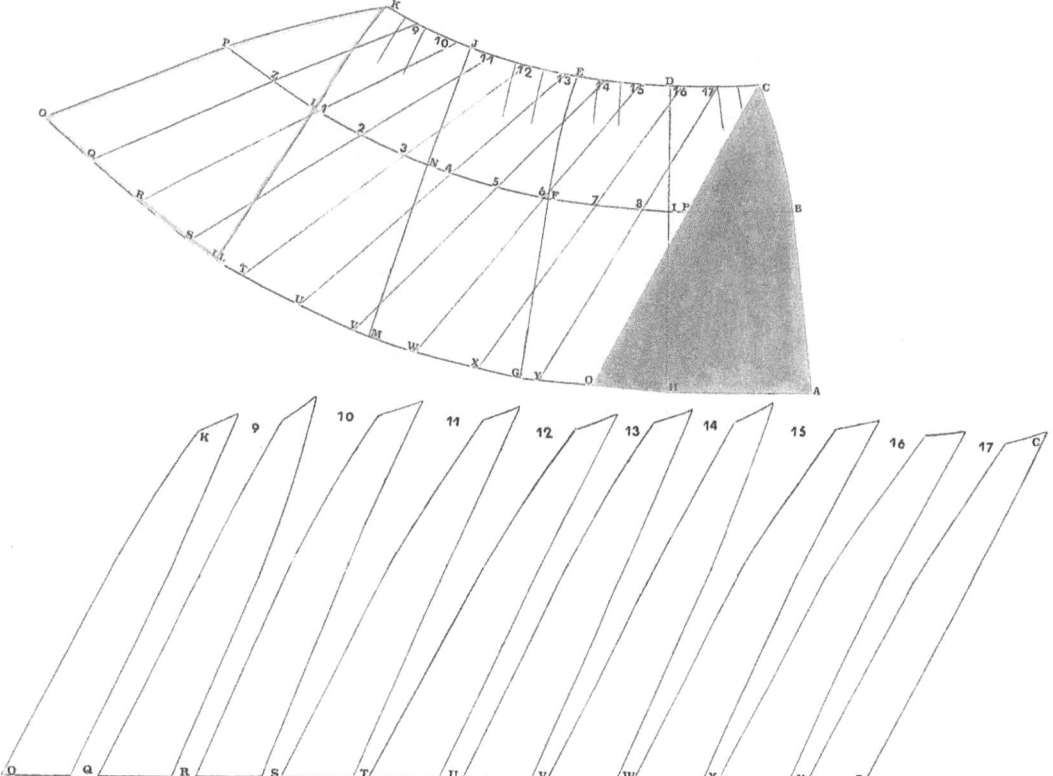

FALDA DE CINTURA BAJA, CON VOLADOS Y DETALLE DE PASAMANERIA

UTILIZAR LOS MOLDES SIMPLES DE UNA FALDA RECTA MUY CORTA,(30 CMS.) Y CON LAS PINZAS CERRADAS

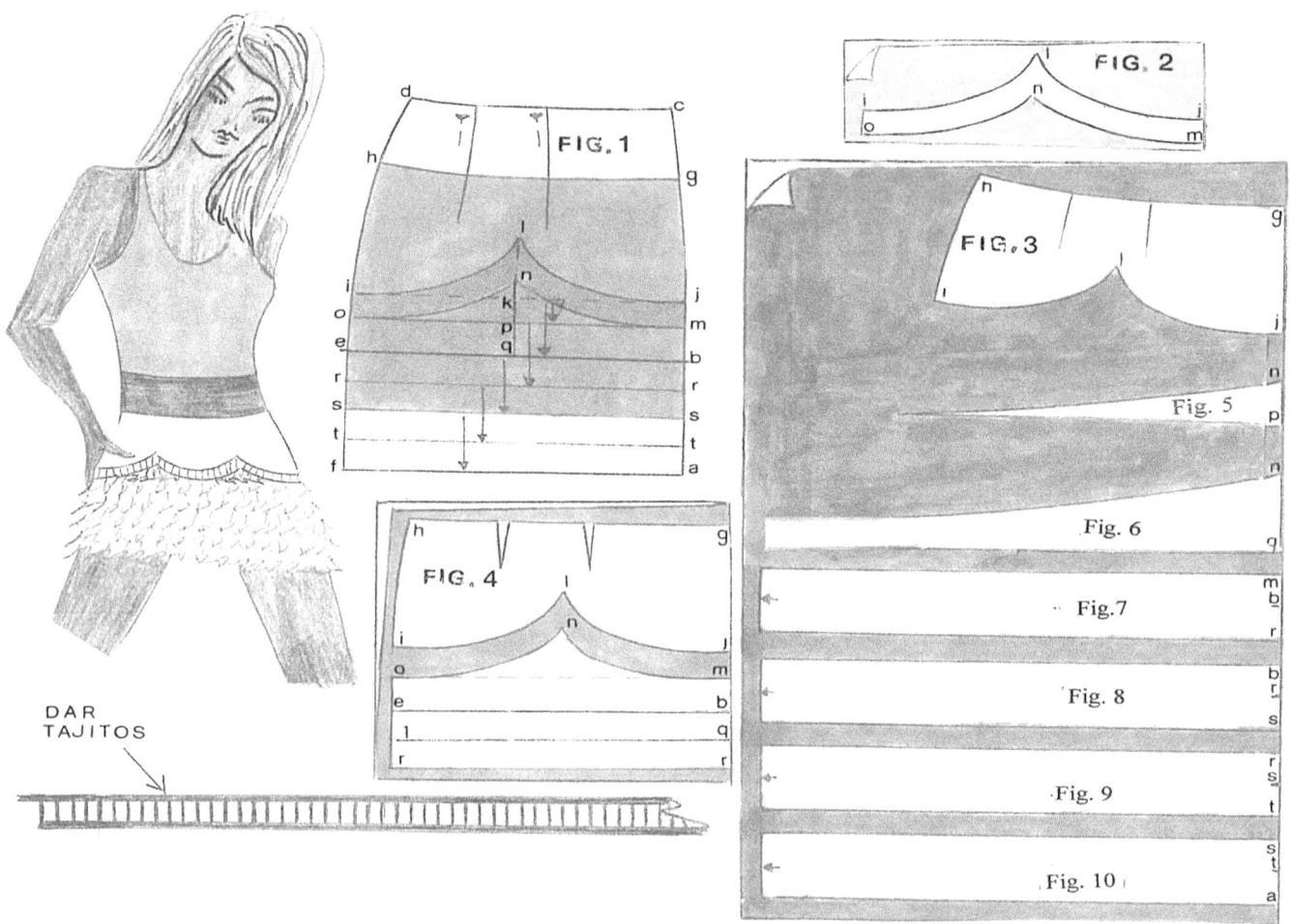

DAR
TAJITOS

DELANTERA Fig. 1

a–b–c = centro parte delantera, d–e–f = costado, b y e= altura de cadera.

Desde c y d, aplicar hacia abajo, 6 cm .o a gusto= g–h. Unir dichos puntos, con ligera forma. Quitar la parte en blanco.

Desde e y b, aplicar hacia arriba 1 / 3 parte de la distancia e–h = i–j. Unir dichos puntos, con línea discontinua.

Marcar el centro de i–j = k, y desde k, aplicar hacia arriba la mitad entre k y la línea g–h = l.

Unir j–l–i, como lo indica el trazado, luego desde dichos puntos, aplicar hacia abajo el ancho de la tira, ejemplo: 2 cm.= m–n–o. Unir dichos puntos, en forma paralela a la línea de arriba.

Marcar el centro de m–o = p. Unir p–n .

Dividir en cuatro partes la distancia b–a y e–f = r–s–t. Unir dichos puntos.

Cortar por las líneas j–l–i–o–n–m–j. Fig.2.

Copiar la parte de la cadera j–g–h–i–l–j. Fig. 3.

La Fig. 2, demuestra la forma que deberá adquirir la tira. NOTA: Cortar este molde en tear away, para luego apoyar la tira de pasamanería.

La Fig.3, demuestra la parte de la cadera (sobre la tela) manteniendo las pinzas cerradas.

La Fig.4, demuestra la parte que va en forro, (y con las pinzas abiertas).

1er. VOLADO Fig. 5: Distancia entre p–n, cono vertical, por tres ó cuatro veces la distancia p–o.

2do. VOLADO Fig. 6: Distancia entre q–n como vertical, por cinco ó seis veces la distancia q–e.

3er.Fig.7; 4to. Fig. 8 ; 5to.Fig.9; 6to.Fig.10 VOLADOS. m–r como verticales, por seis veces la distancia m–o.

IMPORTANTE: Los VOLADOS, deberán cortarse con tijeras de pico, para que las "tiras" no se deshilachen. Cerciórese si se deben cortar en vertical, u horizontal, o tal vez al bies.

Para que la tira tenga la forma arqueada, será necesario darle tajitos, o darle la forma con la plancha.

La trasera, se realiza igual a la delantera.

FALDA CON PAÑOS FRUNCIDOS

UTILIZAR LOS MOLDES DE UNA FALDA CLÁSICA, UNIDOS EN EL COSTADO Y CON PINZAS CERRADAS

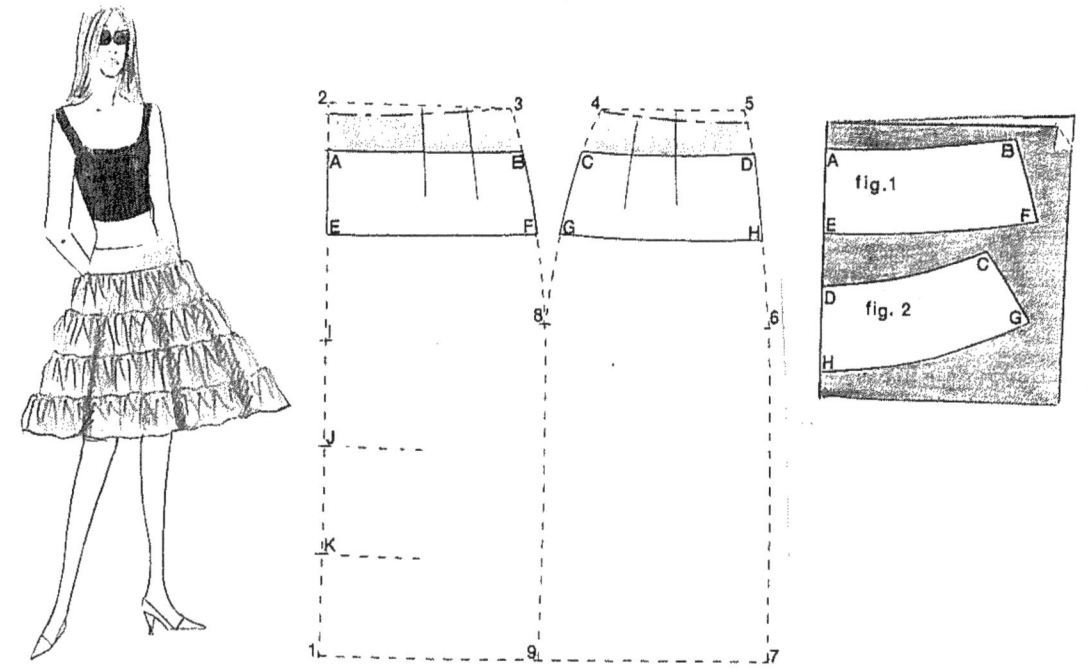

DELANTERA Y TRASERA

1-2 = centro de adelante, 2-3 y 4 -5 = líneas horizontales de cintura, 5-6 -7= centro parte trasera, 8-6 = altura de cadera, 8-9 = costado.

2-A; 3-B; 4-C; 5-D = a gusto, ejemplo: 5 cm. . Unir A-B y C-D. Quitar la parte sombreada .

A-E; B-F; C-G; D-H, a gusto, ejemplo: mitad de B-8, menos 1 cm. o a gusto. Unir E-F y G-H.

Dividir en cuatro partes (por tratarse de paños iguales) la distancia E-1 = I- J-K .

Medir la distancia E-F y G-H = 48 cm. aproximadamente.

1er. Paño= medida E-I por cuatro veces la distancia E-F-G-H o a gusto, o sea: 11 ½ x 96 cms. . Cortar 2 paños.

2do.Paño = medida I-J por el doble del paño anterior, o sea: 11 ½ x 1.92 mt.. Cortar 2 paños.

3er. Paño = medida J-K por el doble del paño anterior, o sea: 11 ½ x 3.84 mt.. Cortar 2 paños.

4to. Paño = medida K-1 por el doble del paño anterior, o sea:11 ½ x 7.68 mt . Cortar 2 paños.

Las Fig. 1 y 2, indican la manera de colocar los moldes sobre la tela.

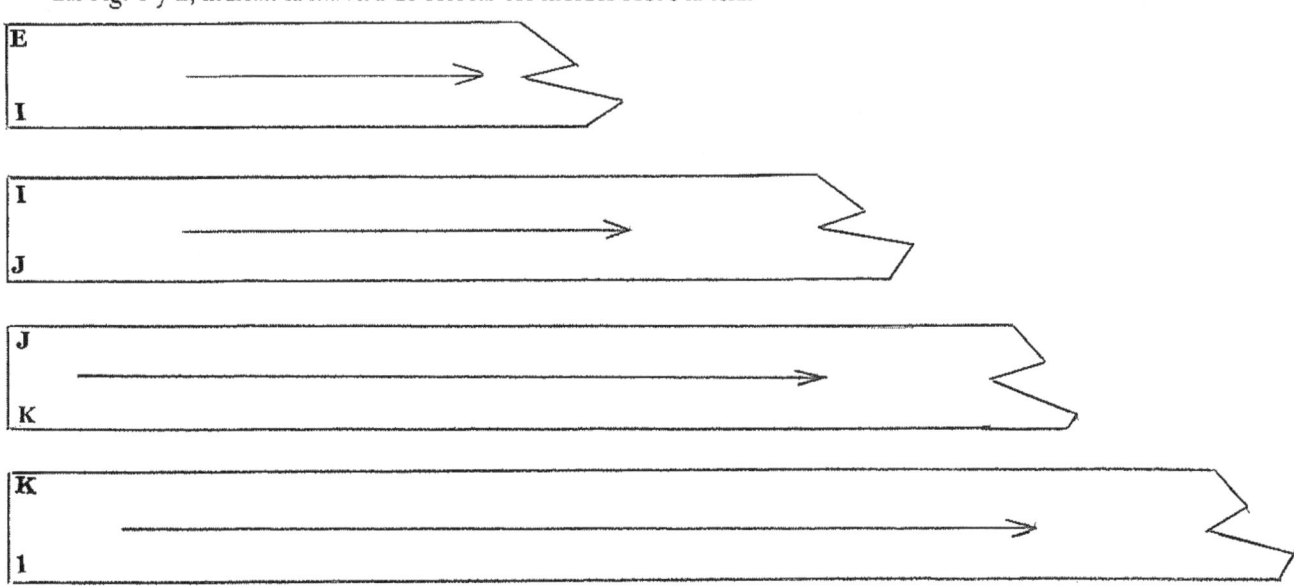

FALDA SIMETRICA CON VOLADOS # 1

UTILIZAR EL MOLDE DOBLE DE UNA FALDA DELANTERA Y UNA TRASERA SIMPLE

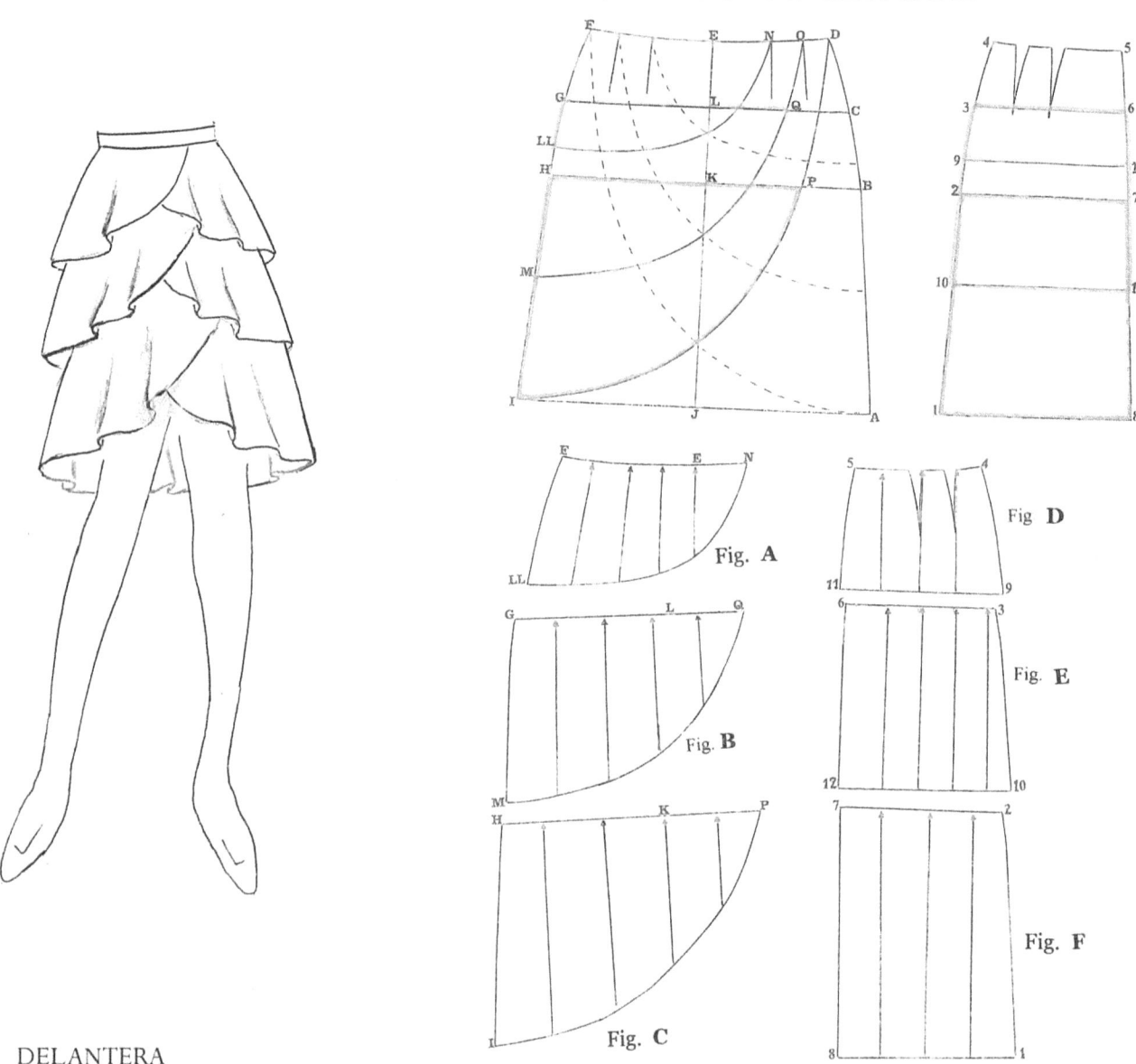

Fig. A

Fig. B

Fig. C

Fig D

Fig. E

Fig. F

DELANTERA

A–B–C–D y **F–G–H–I** = costados, **E-J**= centro, **C–L–G**= altura de vientre, **B–K–H** = altura de cadera.
Dividir en tres partes la distancia **F–I**= **LL–M**.

N y **O** =pinzas cerradas.

Unir **LL–N**, **M–O** y **I–D**, como lo indica el trazado. **P** y **Q**, se forman al cruzarse las líneas.

Calcar la parte indicada con: **N–E–F–LL–N**. Fig. **A**.

Calcar la parte indicada con: **Q–L–G–M–Q**. Fig. **B**.

Calcar la parte indicada con: **P–K–H–I–P**. Fig. **C**.

Dividir en cuatro o cinco partes los bordes de las Fig. **A**, **B**, **C**, indicados con flechitas, luego cortar por
dichas líneas sin separar.

Separar los cortes de acuerdo a la tela, ejemplo: 5 cm., después formar las nuevas líneas, como sigue a
continuación: Desde **F** (con recta) y **LL**, prolongar las líneas, al juntarse las mismas, se forma **R**. Haga lo
mismo, con las Fig. **B** y **C**, lográndose los puntos **S** y **T**.

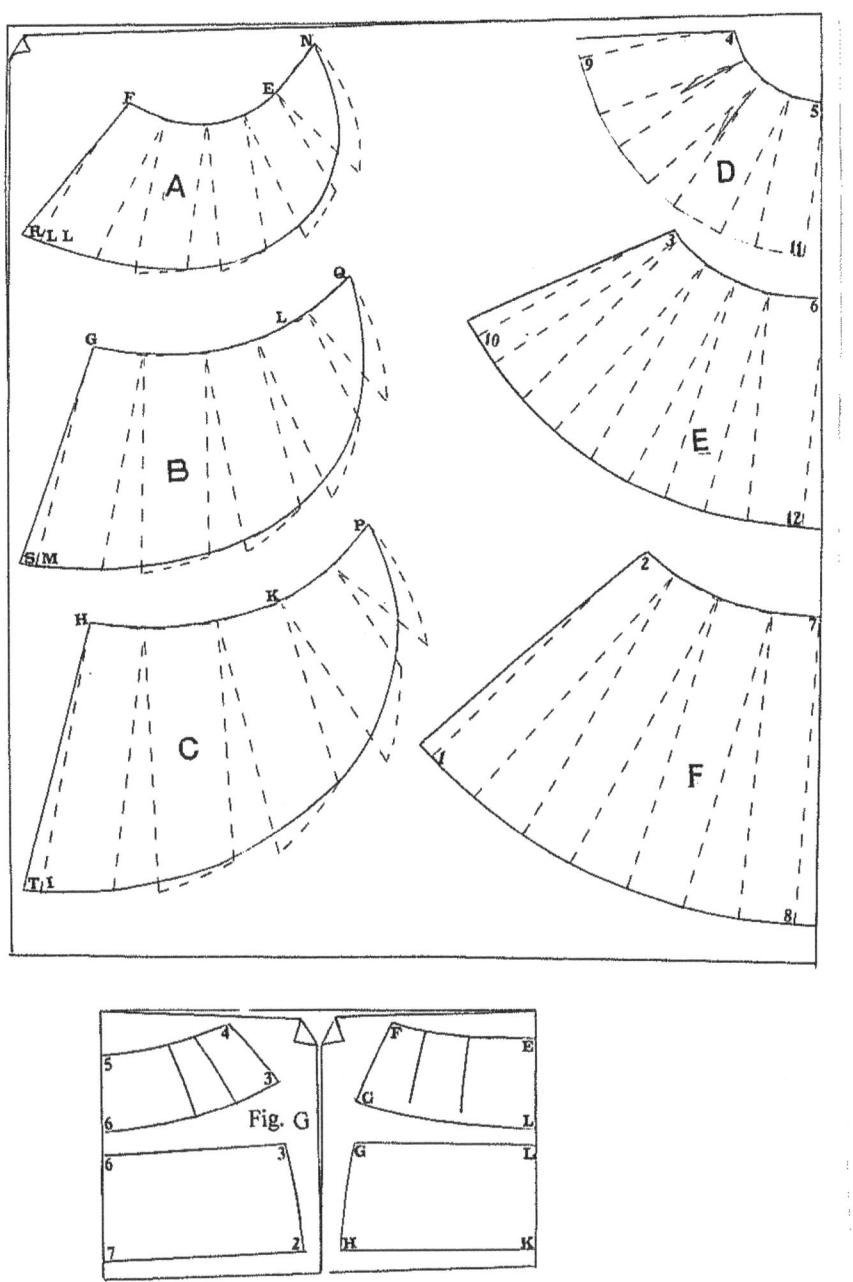

TRASERA

1-2-3-4 = costado, 4 -5 = cintura, 5-6-7-8= centro parte trasera,3-6 = altura de vientre, 2-7 = altura de cadera.

Dividir en tres partes la distancia 4-1 = 9 y 10. Desde dichos puntos, trazar horizontales hasta el lado opuesto = 11 y 12.

Calcar la parte indicada con:11-5-4-9-11. Fig. D.

Calcar la parte indicada con:12-6-3-10-12. Fig. E.

Calcar la parte indicada con: 1-2-7-8-1. Fig. F.

Dividir en cuatro o cinco partes los bordes de las Fig. D, E, F, indicados con flechitas. Cortar por dichas líneas sin separar. Abra los cortes, a gusto,luego agregue en los laterales y centro de atrás, como lo hizo con los de la delantera.

Fig. G: Las partes indicadas con: E-F-G-L-E y L-G-H-K-L (delantera) y 5-6-3-4-5 y 6-7-2-3-6 (trasera) se usarán para cortar el forro, y no llevarán pinzas (se mantendrán cerradas).

FALDA LARGA SIMÉTRICA TOMADA EN LA COLA Y CON VOLADOS

UTILIZAR LOS MOLDES DE UNA FALDA LARGA ENTUBADA Y TOMADA EN EL CENTRO DE ATRÁS, Y UNIDOS EN LOS COSTADOS

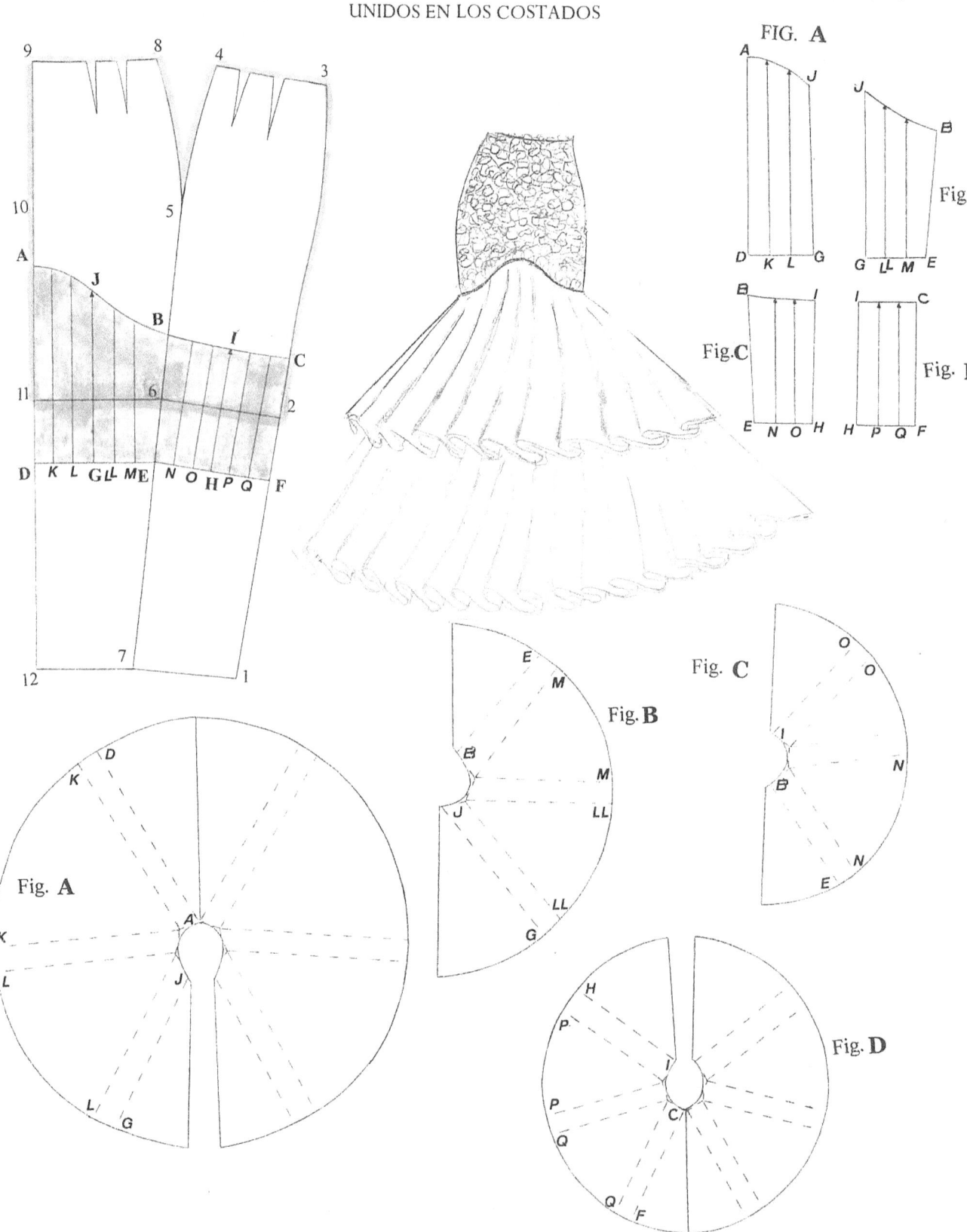

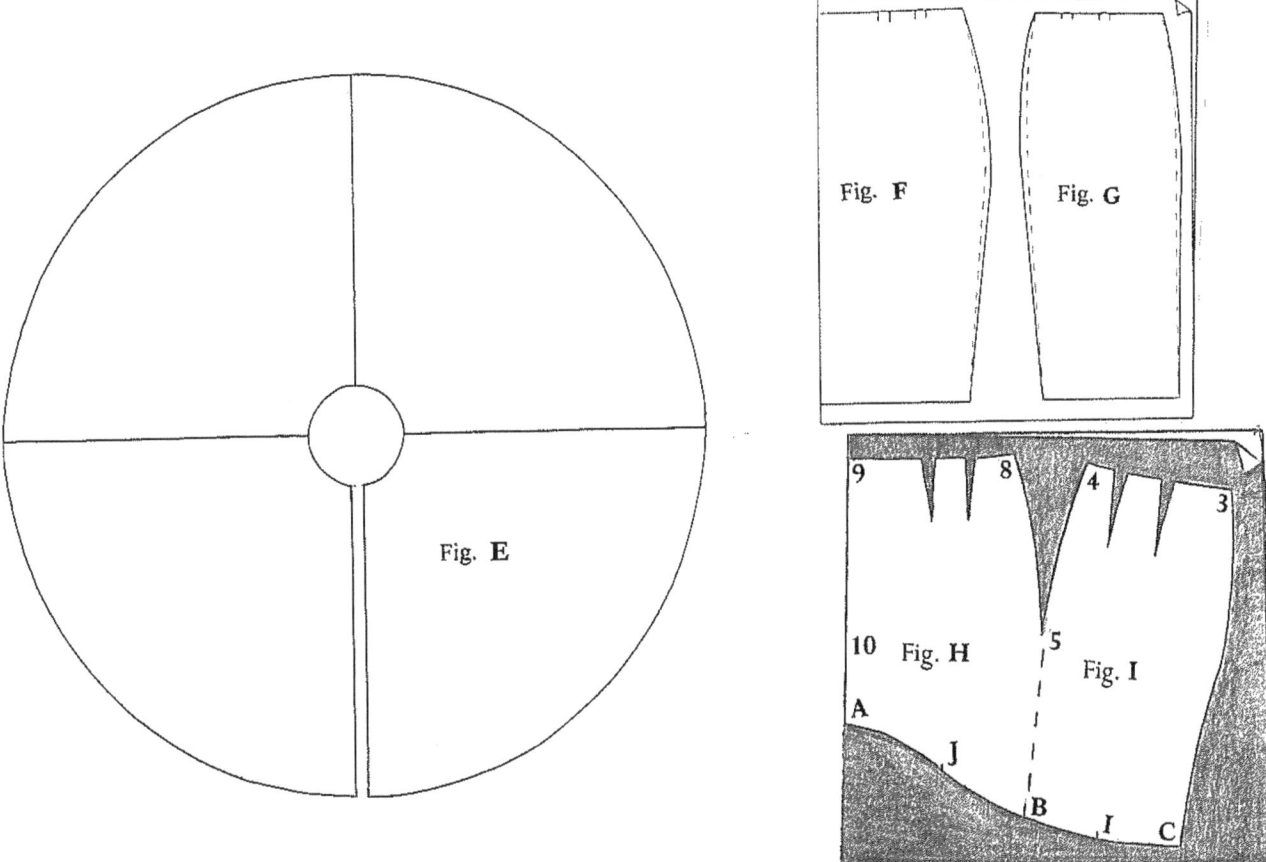

1-2-3 y 9-10-11-12 = centro de atrás y de adelante, 5-10 = altura de cadera, 2-6-11 = altura de rodilla, 5-6-7 = costados.

11-A = 2 /3 partes de la distancia 11-10.

6-B = 10-A. Unir A-B, como lo indica el trazado, luego prolongar la raya hasta la línea central trasera = C.

11-D; 6-E; 2-F = 2-C. Unir D-E-F.

Marcar los centros de D-E y E-F = G y H. Desde dichos puntos, escuadrar hasta la línea A-B-C = I y J.

Dividir en tres partes las distancias D-G; G-E; E-H; H-F = K-L; LL-M; N-O; P-Q. Desde dichos puntos escuadrar hasta arriba. Calcar la parte sombreada, luego cortar desde G hasta J y de H hasta I, después separar los costados = Fig. A, Fig. B, Fig. C, Fig. D.

Cortar desde K, L, LL, M, N, O, P, Q, hasta arriba sin separar.

Separar los cortes, como lo indican los trazados: Fig. A, B, C, D, es decir , formar círculos . Suavizar las líneas, luego controlar que las medidas sean iguales a las medidas antes de cortar. En éste caso, es necesario agregarles.

Para los volados de abajo, haga una falda plato, con las medidas 11-6 más 2 cm. como línea circular, y por el largo la medida 11-12. Fig. E.

Cortar cinco paños (como mínimo) de los trazados A y D y diez paños de las Fig. B y C, es decir de acuerdo a la cantidad de paños que se corten de las Fig. A y D, se deberán cortar el doble las otras dos Figuras.

Cortar diez paños de la Fig. E. Cinco se utilizarán para la delantera y cinco para la trasera (es decir igual en cantidad de paños a las Fig. A y D).

Como cortar el forro: Calcar los moldes por los siguientes puntos: 6-5-8-9-10-A-11-6 y por: 2-3-4-5-6-2, luego agrandarlos. Fig. F y G, a continuación cortar los moldes por: C-3-4-5-8-9-10-A-j-B-I-C, que se usarán para cortar en tela. Fig. H e I.

IMPORTANTE: Si utilizare tela de encaje para la parte superior, entonces **no se deberá notar ninguna** costura o pinza. Todo deberá ser tipo **HAUTE COUTUE**.

FALDA PANTALON O PANTALON FALDA

UTILIZAR LOS MOLDES SIMPLES DE UN PANTALON Y UNA FALDA TRASERA LARGA

Páginas 138 y 416

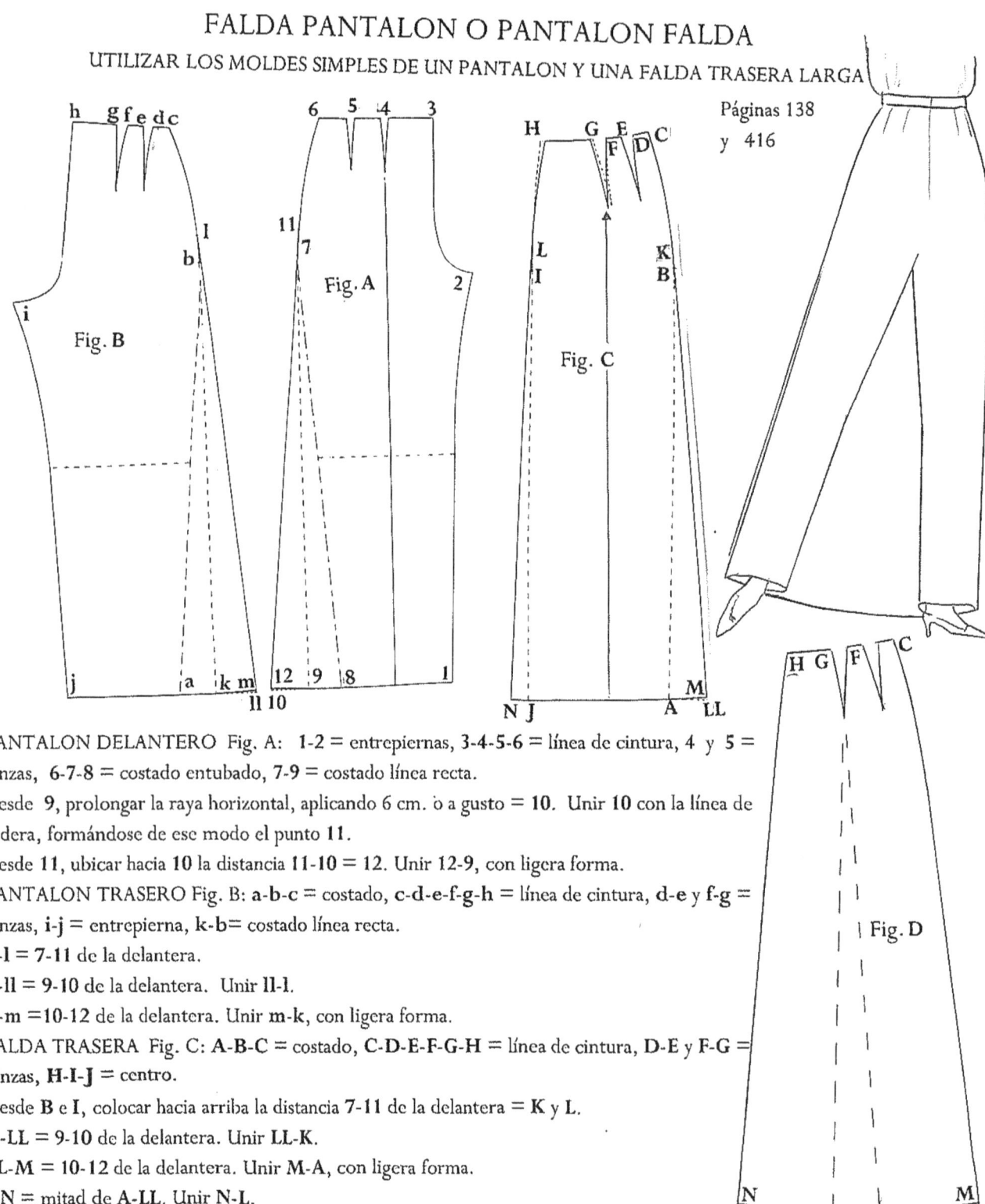

PANTALON DELANTERO Fig. A: 1-2 = entrepiernas, 3-4-5-6 = línea de cintura, 4 y 5 = pinzas, 6-7-8 = costado entubado, 7-9 = costado línea recta.

Desde 9, prolongar la raya horizontal, aplicando 6 cm. o a gusto = 10. Unir 10 con la línea de cadera, formándose de ese modo el punto 11.

Desde 11, ubicar hacia 10 la distancia 11-10 = 12. Unir 12-9, con ligera forma.

PANTALON TRASERO Fig. B: a-b-c = costado, c-d-e-f-g-h = línea de cintura, d-e y f-g = pinzas, i-j = entrepierna, k-b= costado línea recta.

b-l = 7-11 de la delantera.

k-ll = 9-10 de la delantera. Unir ll-l.

ll-m =10-12 de la delantera. Unir m-k, con ligera forma.

FALDA TRASERA Fig. C: A-B-C = costado, C-D-E-F-G-H = línea de cintura, D-E y F-G = pinzas, H-I-J = centro.

Desde B e I, colocar hacia arriba la distancia 7-11 de la delantera = K y L.

A-LL = 9-10 de la delantera. Unir LL-K.

LL-M = 10-12 de la delantera. Unir M-A, con ligera forma.

J-N = mitad de A-LL. Unir N-L.

IMPORTANTE: Controlar las cinturas de los trazados traseros. En éste caso, es mas grande la cintura de la falda. Como se procede ? Puede agrandar las pinzas , o quitar mitad en el centro de atrás y hacer una pinza más grande que otra, o dar un corte desde el ruedo hasta el vértice de la pinza, luego cerrarla en parte, para después marcar el nuevo la pinza con lo que sobra. Fig. D.

IMPORTANTE: Si deseare que se note menos el pantalón, entonces utilice el trazado de la falda pantalón , pero en largo. Página 161.

FALDA TIPO "AGLOBADA" EN EL RUEDO

UTILIZAR LOS MOLDES DE UNA FALDA CLÁSICA

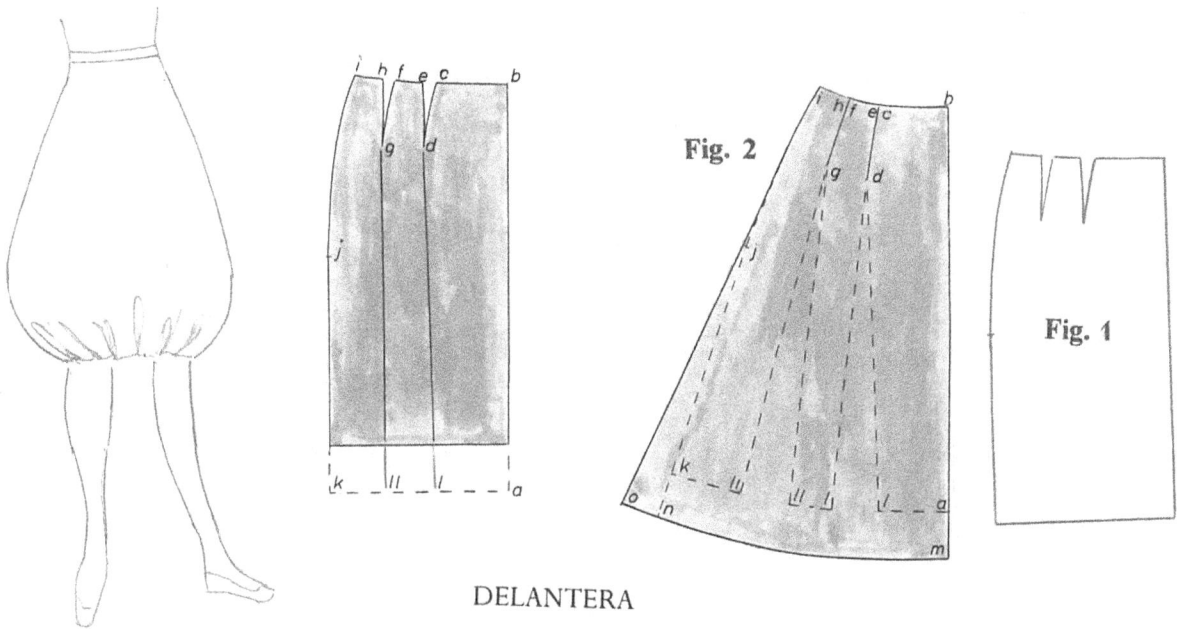

Fig. 2

Fig. 1

DELANTERA

a –b = centro, **b-c-e-f –h-i** = cintura, **c-d-e** y **f-g-h** = pinzas, **i-j-k** = costado.

Desde **d** y **g**, trazar perpendiculares hasta el ruedo = **l** y **ll**.

Desde **a** y **k**, aplicar hacia arriba (acortando el molde) 4 cm. . Calcar la parte sombreada, que se usará como molde para el forro, luego deberá agrandar la línea en el costado.Fig.1.

Cortar desde **l** y **ll** hasta **d** y **g**, luego cerrar las pinzas. Fig. 2.

Desde **a** y **k**, prolongar las líneas el doble de lo que se acortó el molde para el forro = **m** y **n**. Unir **m** y **n**.

NOTA: Si deseare dar más amplitud, desde **n**, prolongar la línea aplicando unos 5 cm. = **o**. Unir **o** con la línea de cadera.

IMPORTANTE: La trasera, se realiza igual a la delantera.

MUY IMPORTANTE: Para lograr una bonita caída, será necesario armar el ruedo con una tira de organza , (o algo parecido) al bies de unos 15 cm. de ancho.

Reducir el ruedo a la medida **a-k**.

DETALLES DE COSTURA

HILVAN DE CONTENCION

Se realiza de derecha a izquierda en forma inclinada (muy parecido a la manera de picar) sujetando las telas. Se utiliza para hilvanar ruedos, vistas, etc.. Cabe señalar que es más seguro que un hilván recto.

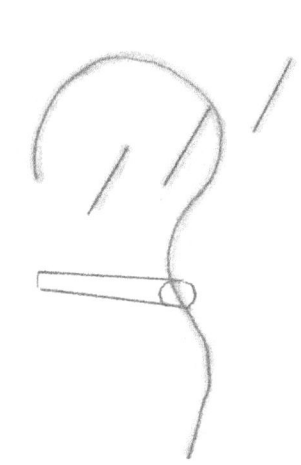

VESTIDO RECTO

UTILIZAR LOS MOLDES DE UN CORPIÑO ESPALDA Y DELANTERA

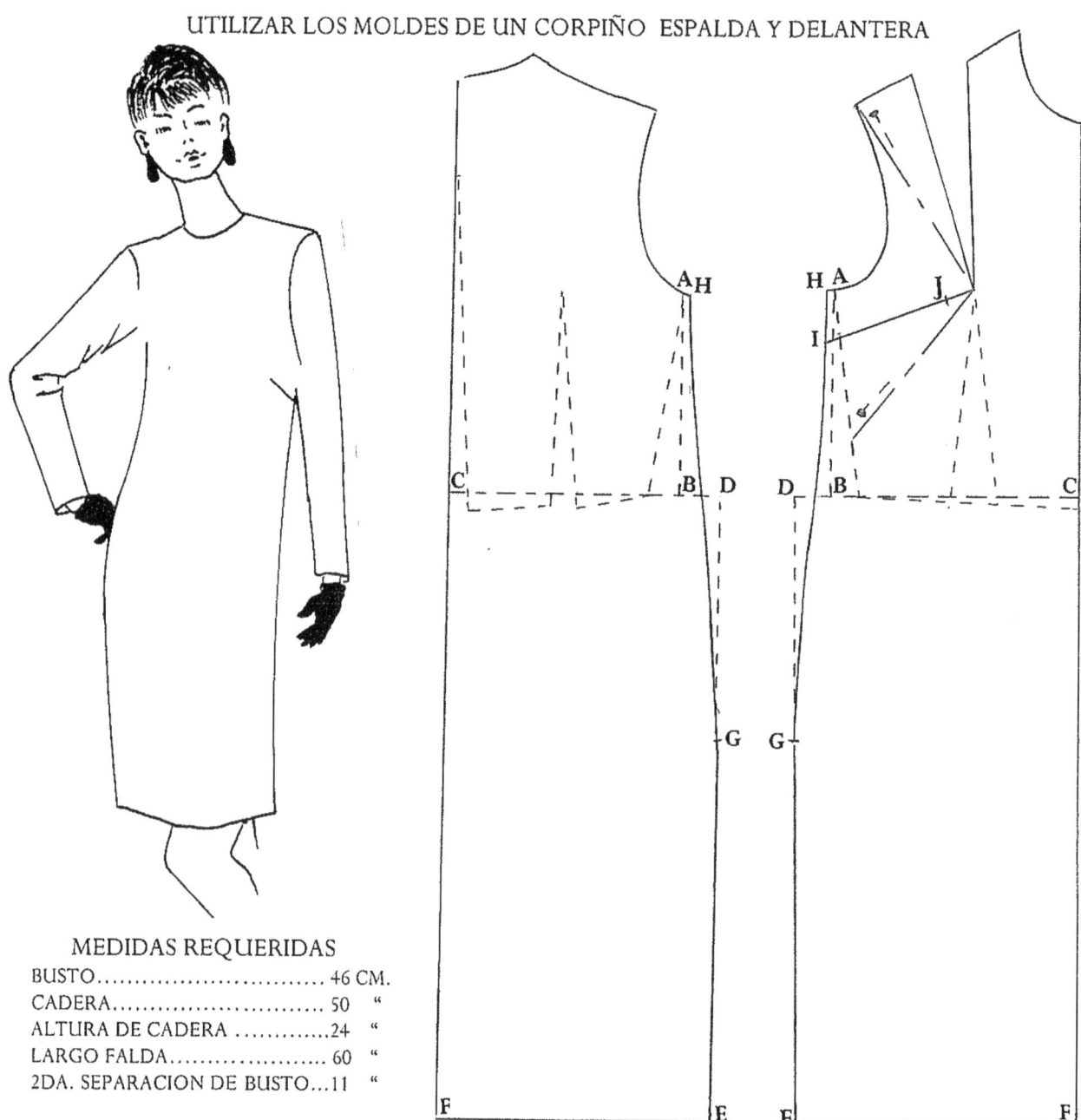

MEDIDAS REQUERIDAS

BUSTO............................ 46 CM.

CADERA........................... 50   "

ALTURA DE CADERA 24   "

LARGO FALDA.................... 60   "

2DA. SEPARACION DE BUSTO...11   "

NOTA: El delantero deberá tener la pinza del costado cerrada y trasladada, por ejemplo en el hombro.

DELANTERA Y TRASERA = misma puntuación.

A-B = costados; B-C = línea horizontal de cintura.

Desde los puntos B, prolongar las líneas aplicando la mitad de la diferencia entre Busto y Cadera, ejemplo: 2 cm.=D.

Desde D y C, escuadrar y prolongar las líneas, aplicando la medida Largo Falda, ejemplo: 60 cm. = E y F. Unir E-F.

D-G = Altura de Cadera, ejemplo: 24 cm..

A-H = ¼ de cm. o a gusto. Unir H-G, con la forma según del modelo a interpretar, o según la forma del cuerpo. Traslade de nuevo la pinza en el costado =I. Unir I, con el vértice de la pinza. Cortar desde I, hasta el vértice de la pinza, luego cerrar la pinza del hombro y después colocar la 2da.Separación de Busto = J, luego unir J-I y J-I. según la forma del busto.

VESTIDO ENTALLADO No. 1

UTILIZAR LOS MOLDES DE LOS CORPIÑOS DELANTERO Y TRASERO PÁGINAS 16-18

MEDIDAS REQUERIDAS

CONTORNO DE BUSTO....................46 CM.
CONTORNO DE CADERA................ 50 "
LARGO DE FALDA......................... 60 "
ALTURA DE CADERA...................... 24 "
 CONTORNO DE VIENTRE................46 "
ALTURA DE VIENTRE.................... 12 "

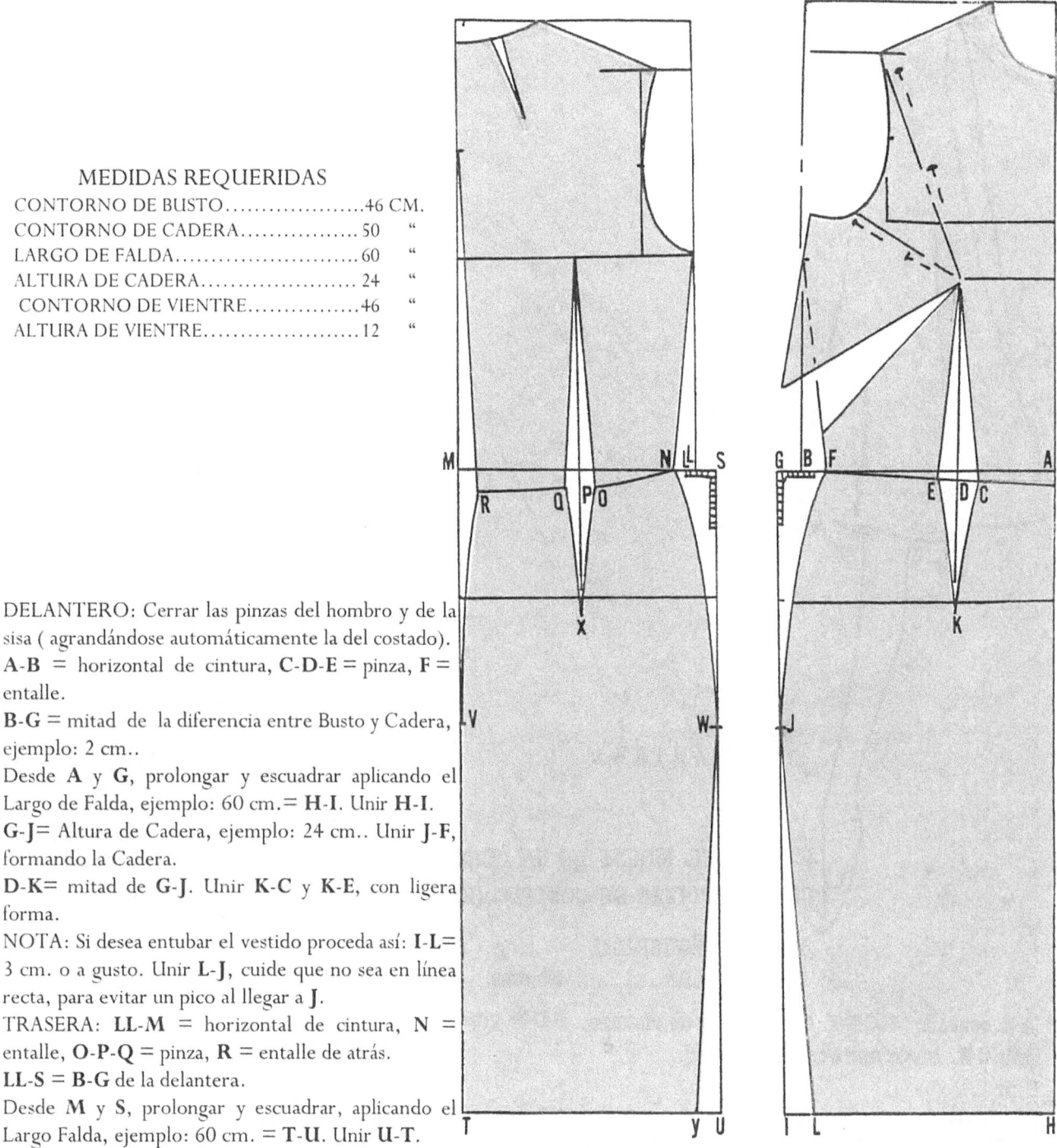

DELANTERO: Cerrar las pinzas del hombro y de la sisa (agrandándose automáticamente la del costado).

A-B = horizontal de cintura, **C-D-E** = pinza, **F** = entalle.

B-G = mitad de la diferencia entre Busto y Cadera, ejemplo: 2 cm..

Desde **A** y **G**, prolongar y escuadrar aplicando el Largo de Falda, ejemplo: 60 cm.= **H-I**. Unir **H-I**.

G-J= Altura de Cadera, ejemplo: 24 cm.. Unir **J-F**, formando la Cadera.

D-K= mitad de **G-J**. Unir **K-C** y **K-E**, con ligera forma.

NOTA: Si desea entubar el vestido proceda así: **I-L**= 3 cm. o a gusto. Unir **L-J**, cuide que no sea en línea recta, para evitar un pico al llegar a **J**.

TRASERA: **LL-M** = horizontal de cintura, **N** = entalle, **O-P-Q** = pinza, **R** = entalle de atrás.

LL-S = **B-G** de la delantera.

Desde **M** y **S**, prolongar y escuadrar, aplicando el Largo Falda, ejemplo: 60 cm. = **T-U**. Unir **U-T**.

M-V y **S-W** = Altura de Cadera, ejemplo: 24 cm..

Unir **V-R** y **W-N**, según la forma de la Cadera.

Desde **P**, prolongar la línea, aplicando la mitad de **S-W**= **X**. Unir **X-O** y **X-Q**, con ligera forma.

U-Y = **I-L**. Unir **Y-W**, del mismo modo del costado de la delantera.

Desde **A- F** y **M-N**, ubicar hacia abajo la Altura de Vientre, ejemplo: 12 cm., después, cerciórese que la medida del Vientre concuerde con el molde. Si llegare a faltar, agregue, si en cambio llegare a sobrar, prolongue las pinzas.

VESTIDO RECTO ENTALLADO No. 2
PARTE TRASERA

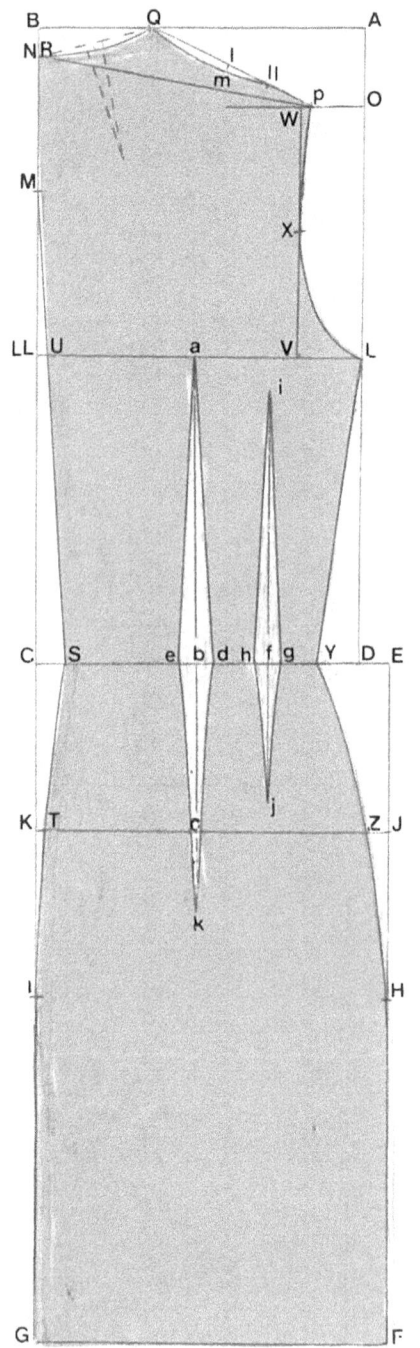

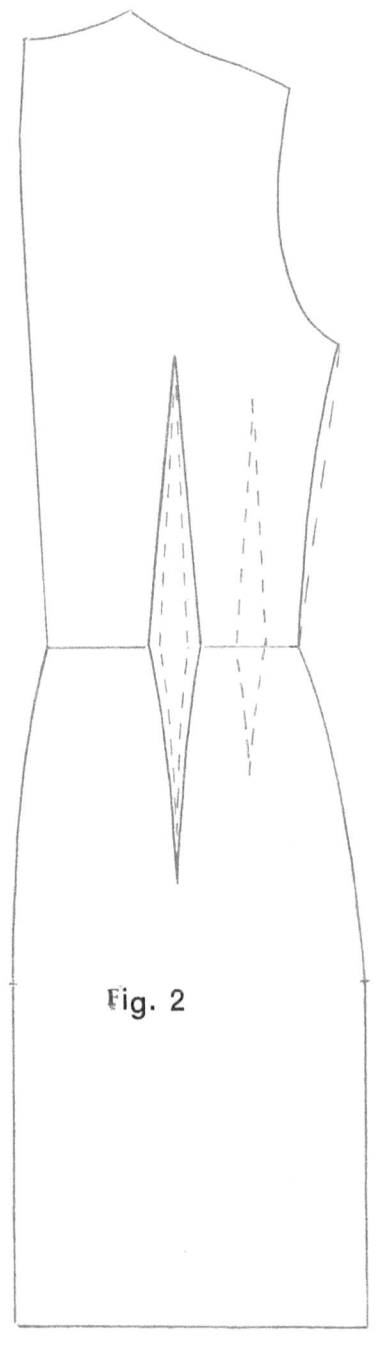

Fig. 2

MEDIDAS NECESARIAS

CONTORNO DE BUSTO	46	CM.
MEDIDA DE COSTADO	14	"
1RA. SEPARACIÓN DE BUSTO	10	"
LARGO TALLE ESPALDA	42	"
CONTORNO DE CADERA	50	"
LARGO FALDA	45	"
ALTURA DE CADERA	22	"
ALTURA DE VIENTRE	11	"
ALTURA DE AXILA	20	"
ALTURA ESCOTE ESPALDA	40	"
ALTURA ESCOTE ESPALDA PASANDO NO POSEE	0	"
ALTURA HOMBRO ESPALDA	37	"
ANCHO DE ENTRE HOMBROS DE ATRÁS	19	"
ANCHO DE HOMBRO	12	"
ESCOTE	8	"
CONTORNO DE CINTURA	30	"
ANCHO ESPALDA	17	"
MEDIDA DESDE, NO POSEE	0	"
MEDIDA A LOS	6	"
MEDIDA HASTA	9	"
ALTURA DE ENTRE HOMBRO	1/4	"

PASO A PASO CON LA REALIZACION DEL TRAZADO
PARTE TRASERA

En éste molde, no se aplicarán las medidas Altura Escote Espalda Pasando, así como también la medida Desde (por carecer de las mismas), pero si la persona a la que Usted le realiza el molde las tuviere, entonces las deberá de aplicarlas en el trazado.

Trazar un rectángulo con la medida Contorno de Busto, menos las medidas de Costado y la 1ra. Separación de Busto ejemplo: 46 – [14 + 10] = 22 cm. y por verticales el Largo Talle Espalda , ejemplo: 42 cm. = **A-B-C-D**.

Desde **D**, prolongar la línea horizontal, aplicando la mitad de la diferencia entre Busto y Cadera, ejemplo: 2 cm. = **E**.

Desde **E** y **C**, escuadrar y prolongar la línea, aplicando el Largo de Falda, ejemplo: 45 cm = **F- G**. Unir dichos puntos.

Desde **E** y **C**, aplicar hacia abajo la medida Altura de Cadera, ejemplo: 22 cm. = **H** e **I**.

Desde **E** y **C** , colocar hacia abajo la Altura de Vientre , ejemplo: 11 cm. = **J – K**. Unir dichos puntos.

Desde **D** y **C**, poner hacia arriba la Altura de Axila, ejemplo: 20 cm. = **L** y **LL**. Unir dichos puntos.

Marcar el centro de **LL – B = M**.

Desde **C**, emplear hacia arriba, la Altura Escote Espalda, ejemplo: 40 cm. = **N**.

Desde **D**, aplicar hacia arriba la Altura Hombro Espalda, ejemplo: 37 cm = **O**. Medir la distancia entre **O-A**, ejemplo: 5 cm. . IMPORTANTE: Cuando la distancia entre los puntos **O-A**, es hasta 5 cm. , desde **O**, escuadrar hacia dentro unos 10 cm. ; Si en cambio fuere mayor de 5 cm., deberá proceder como el trazado de la página 200.

Desde **N**, ubicar en diagonal, sobre la horizontal del punto **O**, la medida Ancho de Entre Hombros de Atrás, ejemplo: 19 cm. = **P**.

Desde **P**, aplicar en diagonal, sobre la línea **A-B** la medida Ancho de Hombro, ejemplo: 12 cm. = **Q**. Unir **Q-N**.

Desde **Q**, aplicar hacia **N** la medida del Escote, ejemplo: 8 cm. = **R**. Que coincide con **N**. NOTA: El punto **R**, puede coincidir con **N**, nunca pasarlo. Formar el Escote, como lo indica el trazado. IMPORTANTE: Si hubiere espacio entre **R** y **N**, se hará una pinza en el centro del Escote , como lo indican las líneas discontinuas, o bien eliminarla tanto en la línea del Escote - Hombro, o en el centro de la línea trasera.

Desde el punto **C**, colocar hacia dentro 1 / 4 parte de la mitad de la diferencia entre Busto y Cintura , ejemplo: 46 – 30 = 16 cm. 16 % 2 = 8 cm.. (8cm., se utilizarán para entallar la trasera y 8 cm. para entallar la delantera)ejemplo: 8% 4 =2 cm. = **S**. Ahora, quedan 6 cm. **para entalles.**

Unir **I-S– M**, como lo indica el trazado. Los puntos **T** y **U**, se forman al cruzarse las líneas.

Desde **U**, aplicar hacia dentro la medida Ancho Espalda, ejemplo: 17 cm. = **V**.

Desde **V**, escuadrar hacia arriba, hasta la línea del punto **O = W**.

Marcar el centro de **V-W = X**.

Formar la sisa, uniendo **L-X-P**.

Desde **D**, aplicar hacia dentro la mitad de los 6 cm. que quedaron para entalles, ejemplo: 3 cm. = **Y**. Ahora quedan 3 cm. para pinzas. NOTA; Se harán dos pinzas. La pinza grande, se hará con 2/3 partes de los 3 cm..

Unir **H-Y- L**, como lo indica el trazado. El punto **Z**, se forma al cruzarse las líneas.

Marcar el centro de **L-LL = a**.

Desde **C**, aplicar hacia dentro la medida **LL-a = b**.

Unir **a-b**, luego prolongar la línea hasta la Altura del Vientre = **c**.

Desde **b**, aplicar hacia ambos lados 1 / 3 parte de los 3 cm. que quedaron = **d** y **e**. Unir **d-a** y **e-a**.

Marcar el centro de **d-Y = f** y desde **f**, aplicar hacia ambos lados la mitad del 1 cm. que quedo = **g-h**.

Desde **f**, escuadrar hacia arriba y hacia abajo, aplicando 2 cm. menos que la pinza anterior = **i** y **j**. Unir **j-g-i** y **j-h-i**, como lo indica el trazado.

IMPORTANTE : Medir la distancia entre **T-Z**. NOTA: Este molde continuará una vez terminada la parte delantera.

LA DELANTERA SE REALIZÓ AHORA,PROSEGUIMOS CON EL TRAZADO: Desde **c**, prolongar la línea aplicando la medida **l-p** de la delantera = **k**. Unir **k-d** y **k-e**, como lo indica el trazado.

FORMACIÓN DEL HOMBRO: Desde **Q**, aplicar hacia **P** las medidas A Los y Hasta, ejemplo: 6 y 9 cm. = **l** y **ll**.

Desde **l**, colocar la Altura de Entre Hombro, ejemplo: ¼ cm. = **m**.

Formar la línea del Hombro, uniendo **Q-m-ll**.

Si el cuerpo lo requiere, anule la pinza chica y agrande la pinza grande.

Formar la línea del costado, uniendo **Y-L**, según la forma del Cuerpo. Fig. 2.

VESTIDO RECTO ENTALLADO No. 2
PARTE DELANTERA

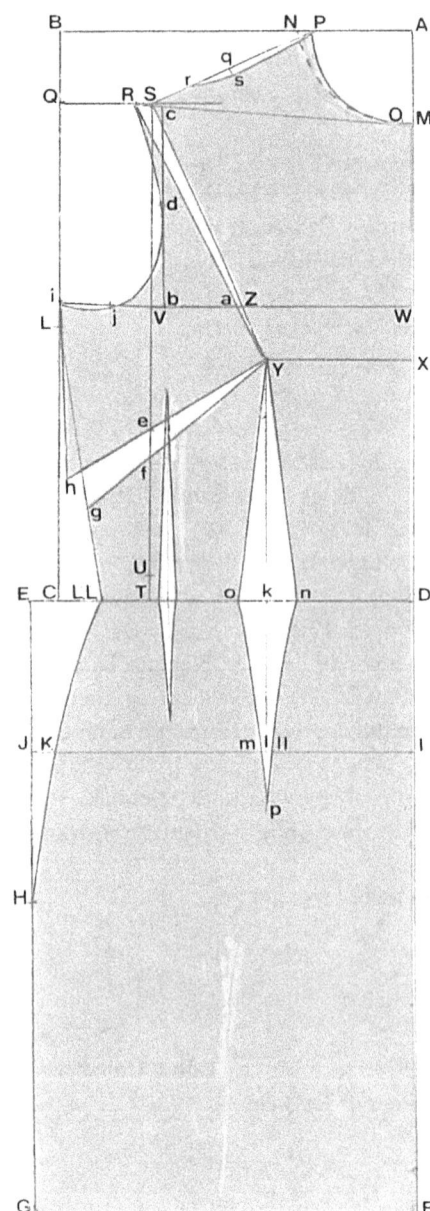

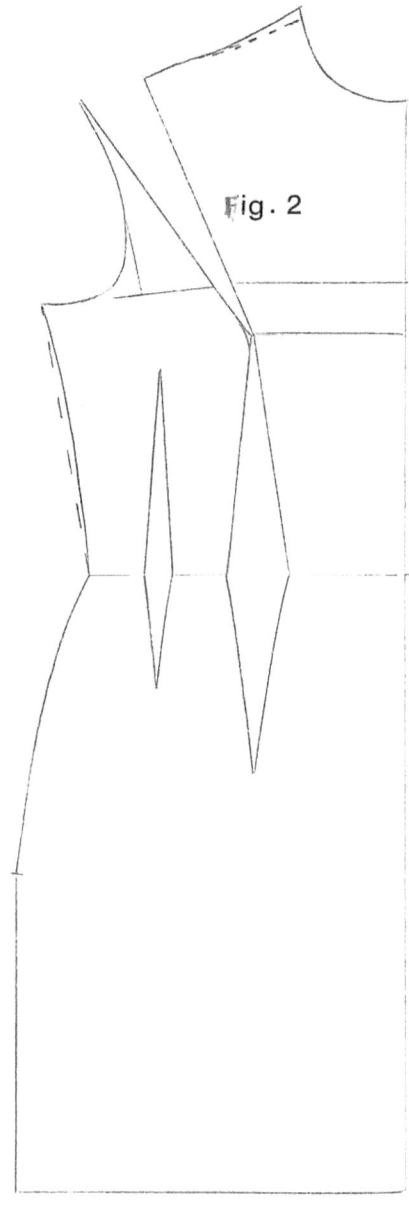

Fig. 2

MEDIDAS REQUERIDAS

MEDIDA DE COSTADO .... 14 CM. ALREDEDOR DEL ESCOTE................................. 18 ¾ "

IRA. SEPARACIÓN DE BUSTO............................. 10 " MEDIDA A – O DE LA TRASERA......................... 5 "

LARGO TALLE DE ADELANTE.............................. 42 " ANCHO DE ENTRE HOMBROS DE ADELANTE.......... 19 "

CONTORNO DE CADERA.................................... 50 " ANCHO DE HOMBRO....................................... 12 "

LARGO FALDA... 45 " ALTURA HOMBRO DE ADELANTE......................... 35 "

ALTURA DE CADERA....................................... 22 " ALTURA DE BUSTO .... 24 "

ALTURA DE VIENTRE...................................... 11 " ANCHO DE PECHO... 16½ "

MEDIDA J – Z DE LA TRASERA............................ 1 ¼ " CONTORNO DE VIENTRE.................................. 45 "

ALTURA DE AXILA... 20 " MEDIDA DESDE, NO POSEE................................ 0 "

MEDIDA D-Y DE LA PARTE TRASERA......................3 " MEDIDA A LOS .... 6 "

MITAD DE LA DIFERENCIA ENTRE BUSTO Y CINTURA...8 " MEDIDA HASTA.. 9 "

ALTURA ESCOTE DE ADELANTE.......................... 35 " ALTURA DE ENTRE HOMBRO.............................. 1/4 "

MEDIDA B – Q DE LA TRASERA............................ 7 ¾ "

PASO A PASO CON LA REALIZACION DEL TRAZADO
PARTE DELANTERA

Trazar un rectángulo con la suma de las medidas de Costado y la 1ra. Separación de Busto, ejemplo: 14 + 10 = 24 cm. por el Largo Talle de Adelante, ejemplo: 42 cm. = **A-B-C-D**.

Desde **C**, prolongar la línea ubicando la mitad de la diferencia entre Busto y Cadera , ejemplo: 2 cm. = **E**.

Desde **D** y **E** prolongar la línea y, escuadrar aplicando el Largo Falda, ejemplo: 45 cm. = **F** y **G**. Unir dichos puntos.

Desde **E**, aplicar hacia abajo la Altura de Cadera, ejemplo: 22 cm. = **H**.

Desde **D** y **E**, colocar hacia abajo la Altura de Vientre, ejemplo: 11 cm. = **I-J**. Unir **I-J**.

Desde **J**, aplicar hacia dentro la medida **J-Z** de la parte trasera, ejemplo: 1 ¼ cm.= **K**.

Desde **C**, colocar hacia arriba la medida Altura de Axila, ejemplo: 20 cm. = **L**.

Desde **C**, poner hacia dentro la medida **D-Y** de la parte trasera, ejemplo: 3 cm.= **LL**. NOTA: Había 8 cm. (o sea la mitad de la diferencia entre Busto y Cintura) ahora quedan 5 cm. para entalles.

Unir **H-K-LL-L**, como lo indica el trazado.

Desde **D**, aplicar hacia arriba, la Altura Escote de Adelante, ejemplo: 35 cm. = **M**.

Desde **A**, colocar la medida **B-Q**, de la parte trasera, ejemplo: 7 ¾ cm. = **N**. Unir **N** **M**, en forma circular.

Desde **N**, aplicar hacia **M** la medida Alrededor del Escote, menos el Escote, ejemplo:18 ¾ - 8 =10 ¾ cm = **O**. **O** y **M**, podrían coincidir, nunca pasarlo. Si la distancia entre **O-M**, es superior a 1 cm., entonces el Largo Talle de Adelante es largo. Esa diferencia, se quitaría desde **P**, hacia abajo, como lo indica la línea discontinua. Fig.2.

Desde **N**, aplicar hacia **A**, la medida **O-M** = **P**. Unir **P-M**, en forma circular, formando el escote.

Desde **B**, ubicar hacia abajo la medida de los puntos **A-O** de la parte trasera, ejemplo: 5 cm.= **Q**.

Desde **Q**, escuadrar hacia dentro unos 14 cm. .

Desde **M**, aplicar en diagonal sobre la línea **Q** la medida Ancho de Entre Hombro de Adelante, ejemplo:19 cm = **R**.

Desde **P**, poner sobre la línea **Q**, el Ancho de Hombro, ejemplo:12 cm = **S**. **S**, podría coincidir con **R**, nunca pasarlo.

Desde **C**, aplicar hacia dentro la medida **Q- S** = **T**. Unir **T – S**.

Desde **S**, colocar hacia abajo la Altura Hombro de Adelante , ejemplo: 35 cm = **U**. **U-V**= **C-L**.

Desde **V**, escuadrar hasta la vertical de adelante = **W**.

A-X=Altura de Busto, ejemplo:24 cm., Desde **X**, escuadrar hacia dentro, aplicando la 1ra. Separación de Busto, ejemplo: 10 cm. = **Y**. Unir **Y-R** y **Y-S**. Los puntos **Z-a**, se forman al cruzarse las líneas.

Desde **W**, aplicar el Ancho de Pecho, más la distancia entre **Z-a**, ejemplo: 16 ¾ cm. aproximadamente = **b**.

Desde **b**, escuadrar hacia arriba, hasta la línea **Q** = **c**. Marcar el centro de **b – c** = **d**.

Desde **V**, aplicar hacia abajo 5 cm. más la diferencia entre **W-X** = **e**. **e- f** = **U-T**.

Unir **Y-f**, luego prolongar la línea hasta el costado = **g**.

Desde **Y**, aplicar pasando por **e**, la medida **Y-g** = **h**.

Desde **h**, colocar hacia arriba (en diagonal) sobre la línea **B-C**, la medida **g-l** (o sea lo que falta para completar la Altura de Axila) = **i**. Unir **i-b**, luego marcar el centro de dichos puntos = **j**.

Formar la sisa uniendo **i-j-d-R**, como lo indica el trazado.

Desde **D**, poner hacia dentro la medida **X-Y** = **k**.

Unir **Y-k**, luego prolongar la línea hasta la altura del vientre = **l**.

Medir la distancia entre **K-I** , ejemplo : 24 ½ cm. .

Sumar las distancias entre **T-Y** de la parte trasera y **K-I** de la delantera. Dicha medida supera la medida del Contorno del Vientre en 1 ½ cm. . Éste 1 ½ cm., se quitará, aplicando 1/ 4 parte en cada lado del punto **l** = **ll-m**; Los otros ¾ de cm. , se aplicarán en la pinza trasera.

Desde **k**, colocar hacia ambos lados 1/3 parte de los 5 cm. que quedaron para pinzas, ejemplo:1 ¾ cm. aproximadamente (para facilitar la operación). Quedan 1 ½ cm., para formar otra pinza.

Unir **Y-n-ll**, y prolongar la línea algunos centímetros.

Unir **Y-o-m**, y prolongar la línea unos cm.. El punto **p**, se forma al juntarse las líneas.

Formar la otra pinza con el 1 ½ cm. que quedó, como lo indica el trazado en el centro de los puntos **o-LL**. Su altura, y su largo deberá ser unos 2 cm. más corta que la pinza anterior y la Altura del Vientre.

FORMACIÓN DEL HOMBRO: Desde **P**, aplicar hacia **S**, las medidas A Los y Hasta, ejemplo: 6 y 9 cm. = **q** y **r**.

Desde **q**, aplicar la Altura de Entre Hombro, ejemplo: ¼ cm. = **s**.

Formar la línea del hombro uniendo **P-s-r**.

Cerrar la pinza del costado y abrir la del hombro. Fig. 2. Ahora puede continuar con la parte trasera .

VESTIDO ENTALLADO RECTO No. 3
PARTE TRASERA

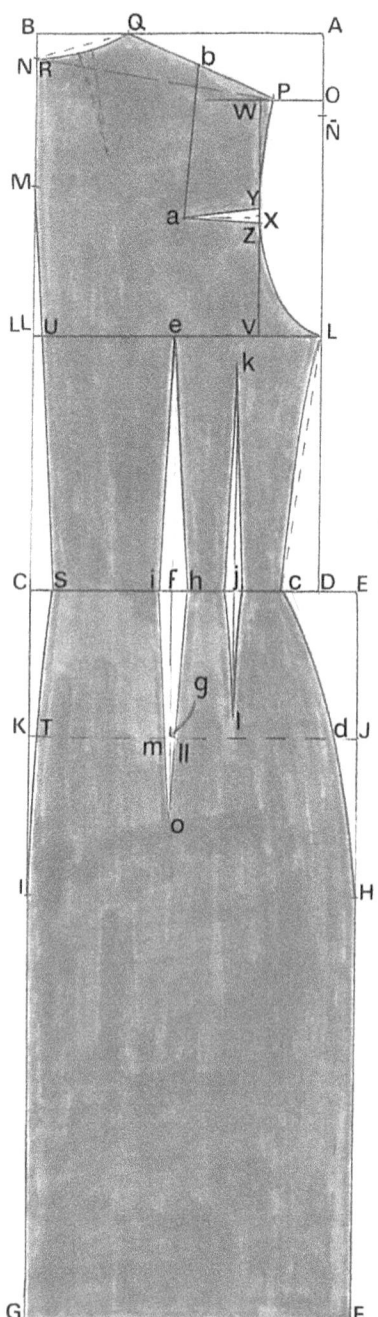

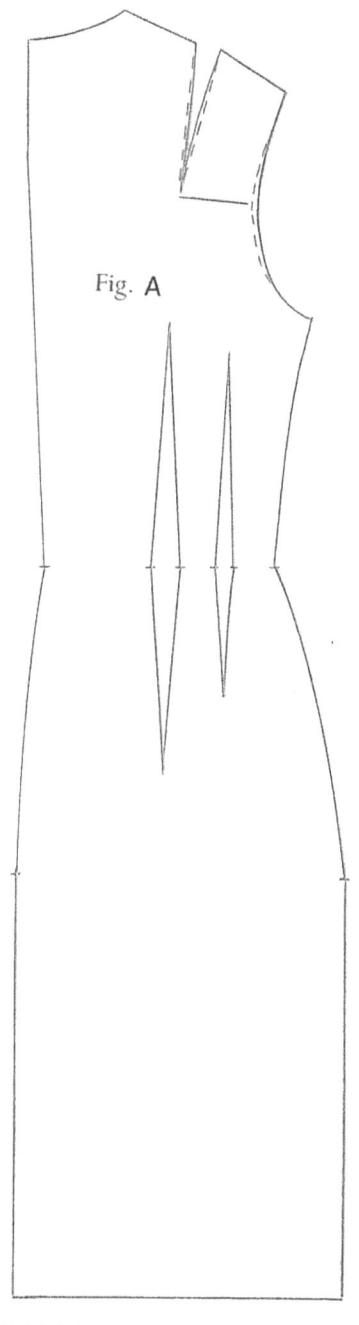

Fig. A

MEDIDAS NECESARIAS

CONTORNO DE BUSTO	46	CM.
MEDIDA DE COSTADO	14	"
1RA. SEPARACIÓN DE BUSTO	10	"
LARGO TALLE ESPALDA	42	"
CONTORNO DE CADERA	52	"
LARGO FALDA	55	"
ALTURA DE CADERA	23	"
ALTURA DE VIENTRE	11	"
ALTURA DE AXILA	19	"
ALTURA ESCOTE ESPALDA	40	"
ALTURA ESCOTE ESPALDA PASANDONO POSEE	0	"

ALTURA HOMBRO ESPALDA	35 ½	"
ANCHO DE ENTRE HOMBROS DE ATRÁS	18½	"
ANCHO DE HOMBRO	12	"
ESCOTE	7 ½	"
CONTORNO DE CINTURA	30	"
ANCHO ESPALDA	17	"
MEDIDA DESDE, NO POSEE	0	"
MEDIDA ALOS, NO POSEE	0	"
MEDIDA HASTA, NO POSEE	0	"
ALTURA DE ENTRE HOMBRO, NO POSEE	0	"

PASO A PASO CON LA REALIZACION DEL TRAZADO
PARTE TRASERA

IMPORTANTE : En éste molde, no se aplicarán las medidas Altura Escote Espalda Pasando, como así también las medidas Desde, A Los, Hasta, Altura de Entre Hombro, por carecer de las mismas.

Trazar un rectángulo con la medida Contorno de Busto, menos la medida de Costado y la 1ra. Separación de Busto, ejemplo: 46 – [14 + 10] = 22 cm., por el Largo Talle Espalda, ejemplo: 42 cm. = **A-B-C-D.**

Desde **D**, prolongar la línea, aplicando la mitad de la diferencia entre Busto y Cadera, ejemplo: 3 cm = **E** (que es lo máximo que se puede aplicar) **a excepción de las muy caderudas,** caso contrario ver el trazado en del tomo 2.

Desde **E** y **C**, escuadrar y prolongar la línea aplicando el Largo Falda, ejemplo: 55 cm. = **F** y **G**. Unir dichos puntos.

Desde **E** y **C**, aplicar hacia abajo la Altura de Cadera, ejemplo: 23 cm. = **H** e **I.**

E-J y **C-K** = Altura de Vientre, ejemplo: 11 cm. . Unir **J-K**, con línea discontinúa.

Desde **D** y **C**, aplicar hacia arriba la Altura de Axila, ejemplo: 19 cm. = **L** y **LL**. Unir dichos puntos.

Marcar el centro de los puntos **LL-B** = **M.**

B-N = diferencia entre el Largo talle Espalda y la Altura Escote Espalda, ejemplo: 2 cm..

Desde **D**, aplicar hacia arriba la Altura Hombro Espalda, ejemplo: 35 ½ cm. = **Ñ.** Medir la distancia entre **Ñ-A** ejemplo: 6 ½ cm.. IMPORTANTE: Cuando la distancia entre **A-Ñ**, es hasta 6 ½ cm. desde **A**, aplicar hacia abajo 5 cm. = **O**, y desde **O**, escuadrar hacia dentro unos 10 cm. IMPORTANTE: Si la medida **A-Ñ**, fuere superior a los 6 ½ cm. , entonces desde **Ñ**, se aplicarán hacia arriba 1 ½ cm. = **O** y desde **O**, se escuadrará hacia dentro unos 10 cm..

Desde **N**, aplicar en diagonal sobre la línea **O** el Ancho de Entre Hombros de Atrás, ejemplo: 18 ½ cm. = **P.**

Desde **P**, aplicar en diagonal sobre la línea **A-B** el Ancho de Hombro, ejemplo: 12 cm. = **Q.** Unir **Q-N.**

Desde **Q**, aplicar hacia **N**, la medida del Escote, ejemplo: 7 ½ cm. = **R** (que coincide con **N**).Formar el escote NOTA: **R**, puede coincidir con **N**, nunca pasarlo. Si hubiere espacio entre **R** y **N**, se podrá hacer una pinza en el centro del escote, como lo indican las líneas discontinúas, o bien eliminarla tanto en la línea escote- hombro, o en el centro de la línea trasera.

Desde **C**, aplicar hacia dentro 1/4 parte de la mitad de la diferencia entre Busto y Cintura, ejemplo: Busto 46 cm. Cintura 30 cm. = 16 cm.. 16 % 2 = 8 cm..(8 cm. se usarán para entallar la trasera y 8 cm. para entallar la delantera). 8 % 4 = 2 cm.= **S.** Ahora, quedan 6 cm. para entalles.

Unir **I-S-M**, según el cuerpo de la persona. **T** y **U**, se forman al cruzarse las líneas. Suavizar la línea en el punto **M.**

Desde **U**, aplicar hacia dentro, la medida Ancho Espalda, ejemplo: 17 cm. = **V.**

Desde **V**, escuadrar hacia arriba, hasta la línea **O** = **W**. Marcar el centro de **V-W** = **X.**

Desde **X**, aplicar hacia ambos lados la mitad de **Ñ-O** = **Y-Z.**

Formar la sisa, uniendo **L-X-P.**

Desde **X**, escuadrar hacia dentro, aplicando la mitad de **P-Q** = **a.**

Marcar el centro de **P-Q** = **b.** Unir **b-a**, luego cortar por dicha línea, para después cerrar la pinza **Z-a-Y.**

Desde **D**, aplicar hacia dentro la mitad de los 6 cm. que quedaron para entalles = **c.** Ahora quedan 3 cm. para pinzas.

Unir **H-c-L**, según el cuerpo de la persona. **d**, se forma al cruzarse las líneas.

Marcar el centro de **L-LL** = **e**, y desde **e**, trazar una vertical (escuadrando) pasando la línea de cintura, hasta la Altura del vientre = **f** y **g.**

Desde **f**, aplicar hacia ambos lados 1 /3 parte de los 3 cm. que quedaron = **h** e **i.** Queda 1 cm. .

Marcar el centro de **c-h** = **j.** Desde **j**, escuadrar hacia arriba y hacia abajo, aplicando 2 cm. menos de la Altura de Axila y de la Altura del Vientre = **k** y **l.**

Desde **j**, aplicar hacia ambos lados la mitad del 1 cm. que quedó, luego formar la pinza.

IMPORTANTE: Medir la distancia entre **T-d.**

El molde continuará una vez realizada la delantera.

Continuamos: Desde **g**, aplicar hacia ambos lados la mitad de los 3 / 4 cm. = **ll** y **m.**

Unir **e-h-ll**, luego prolongar la línea unos centímetros. Unir **e-i-m**, luego prolongar la línea hasta encontrarse con la otra línea = **o.**

Formar la nueva pinza del hombro, y suavizar la línea de la sisa. Fig. **A.**

NOTA: Este es uno de los pocos moldes que usamos la **Ñ.**

VESTIDO ENTALLADO RECTO No. 3
PARTE DELANTERA

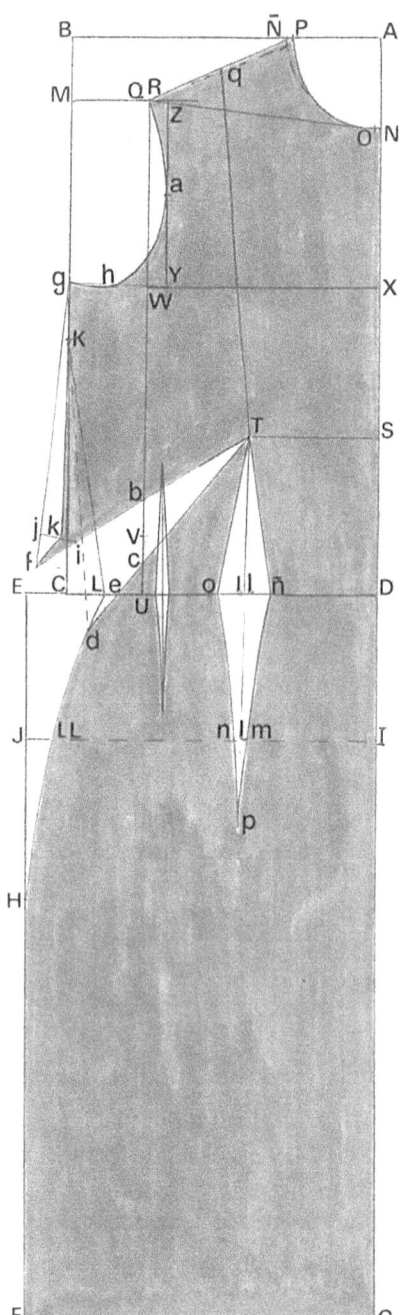

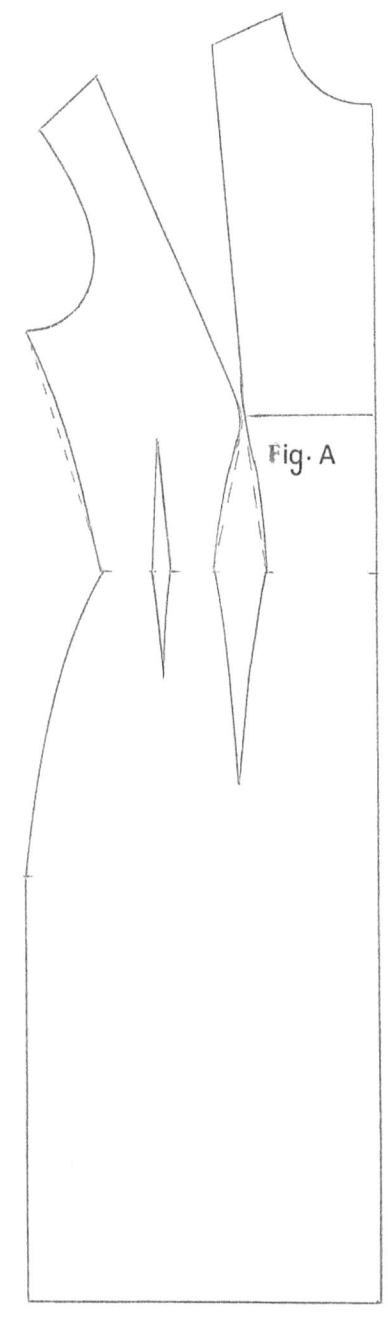

Fig· A

MEDIDAS REQUERIDAS

MEDIDA DE COSTADO	14 CM.	MEDIDA A – O DE LA TRASERA .... 5 "
1RA. SEPARACIÓN DE BUSTO	10 "	ALTURA ESCOTE DE ADELANTE .... 35 "
LARGO TALLE DE ADELANTE	42 "	MEDIDA Q – B DE LA TRASERA .... 7 ¼ "
MEDIDA D – E DE LA PARTE TRASERA	3 "	ESCOTE .... 7 ½ "
LARGO FALDA	55 "	ALREDEDOR DEL ESCOTE .... 18¼ "
ALTURA DE CADERA	23 "	ANCHO DE ENTRE HOMBROS DE ADELANTE ...... 18 "
ALTURA DE VIENTRE	11 "	ANCHO DE HOMBRO .... 12 "
ALTURA DE AXILA	19 "	ALTURA DE BUSTO .... 30 "
MEDIDA D – c DE LA TRASERA	3 "	ALTURA HOMBRO DE ADELANTE .... 32 ½ "
CONTORNO DE VIENTRE	47 "	ANCHO DE PECHO .... 16 ½ "

PASO A PASO CON LA REALIZACION DEL TRAZADO
PARTE DELANTERA

Trazar un rectángulo con la suma de la medida de Costado y la 1ra. Separación de Busto, ejemplo: 24 cm. por el Largo Talle de Adelante, ejemplo: 42 cm. = **A-B-C-D**.

Desde **C**, prolongar la línea, aplicando la medida **D-E** de la trasera, ejemplo: 3 cm. = **E**.

Desde **E** y **D**, escuadrar y prolongar la línea aplicando el Largo Falda, ejemplo: 55 cm.= **F- G**. Unir dichos puntos.

Desde **E**, colocar hacia abajo la Altura de Cadera, ejemplo: 23 cm. = **H**.

Desde **D** y **E**, aplicar hacia abajo la Altura de Vientre, ejemplo: 11 cm. = **I** y **J**. Unir dichos puntos.

Desde **C**, poner hacia arriba, la Altura de Axila, ejemplo: 19 cm. = **K**.

C-L=D-c de la parte trasera, ejemplo:3 cm.(había 8 cm. para entalles y pinzas, o sea la mitad de la diferencia entre Busto y Cintura).Ahora quedan 5 cm. para entalles.

Unir **H-L-K**, según la forma del cuerpo. **LL**, se forma al cruzarse las líneas. Sumar las distancias entre **T-d** de la trasera y **I-LL** de la delantera, ejemplo: 48 ½ cm. . IMPORTANTE: El Contorno de Vientre es de 47 cm., por lo tanto sobran 1 ½ cm. , que se utilizarán para prolongar las pinzas, o sea se utilizarán 3 / 4 de cm. para la pinza trasera y 3 / 4 de cm. para la pinza delantera.

B-M =A-O de la trasera, ejemplo: 5 cm. Desde **M**, escuadrar hacia dentro unos 12 cm..

Desde **D**, colocar hacia arriba la Altura Escote de Adelante, ejemplo: 35 cm. = **N**.

Desde **A**, aplicar hacia dentro la medida **Q-B** de la parte trasera, ejemplo: 7 ¼ cm. = **Ñ**. Unir **Ñ-N** en forma circular.

Desde **Ñ**, aplicar hacia N Alrededor del Escote, menos el Escote, ejemplo: 18 ¼ − 7 ½ = 10 ¾ cm. = **O**. NOTA: **O**, puede coincidir con **N**, nunca pasarlo. IMPORTANTE: Si la distancia **O-N**, fuere superior a 1 cm. quiere decir que el Largo Talle de Adelante, es largo. Esa diferencia se eliminará desde **P**, hacia abajo como lo indica la línea discontinua. **Ñ-P = O-N**. Unir **P-N**, en forma circular formando el escote.

Desde **N**, poner en diagonal sobre la línea **M**, la medida Ancho de Entre Hombro de Adelante, ejemplo: 18 cm = **Q**.

Desde **P**, aplicar en diagonal sobre la línea **M**, la medida Ancho de Hombro, ejemplo: 12 cm. = **R**. Que coincide con **Q**. NOTA: **R**, puede coincidir con **Q**, nunca pasarlo. Si hubiere espacio entre **R** y **Q**, se utilizará para hacer una pinza.

A-S= Altura de Busto, ejemplo:30 cm. Desde **S**, escuadrar hacia dentro, aplicando la 1ra. Separación de Busto, ejemplo:10 cm.=**T**. Si hubiere espacio entre **Q-R**, dichos puntos, deberán unirse con **T**, formándose una pinza.

Desde **C**, colocar hacia dentro, la distancia **M-R = U**. Unir **U-R**.

Desde **R**, aplicar hacia abajo la Altura Hombro de Adelante, ejemplo: 32 ½ cm. = **V.V-W= C-K**.

Desde **W**, escuadrar hasta la vertical de adelante = **X**.

X-Y = Ancho de Pecho (más el espacio que hubiere, si existiere pinza entre los puntos **R–T-Q**), ejemplo: 16 ½ cm..

Desde **Y**, escuadrar hacia arriba, hasta la línea del punto **M = Z** . Marcar el centro de **Z-Y = a** .

Desde **W**, aplicar hacia abajo 5 cm. más la distancia **X-S = b. b - c = V-U**.

Unir **T-c**, luego prolongar la línea hasta el costado = **d**. **e**, se forma al cruzarse las líneas.

Medir la distancia entre **d-K**, indicado con línea discontinua.

Desde **T**, colocar pasando por **b**, la distancia **T-d = f**.

Desde **f**, aplicar sobre la vertical **B-C** la distancia **d-K = g**. Unir **g-Y**, luego marcar el centro = **h**.

Formar la sisa, uniendo **g-h-a-Q**.

f- i = d-e.

f-j = d-L. Unir **j-i** .

i-k = e-L. Unir **f-k-g**.

I-l = S-T. Unir **l-T**. El punto **ll**, se forma al cruzarse las líneas.

Desde el punto **l**, aplicar hacia ambos lados la mitad de los 3 / 4 de cm. que sobran = **m** y **n**.

Desde **ll**, aplicar hacia ambos lados 1/3 parte de los 5 cm. que quedaron para pinzas, ejemplo: 5 % 3 = 1 ¾ aproximadamente = **ñ** y **o**. Quedan 1 ½ cm. , para formar otra pinza.

Unir **T-ñ - m** y **T-o-n**, luego prolongar las líneas hasta que se junten = **p**.

Con el 1 ½ cm. sobrante, formar otra pinza; Dicha pinza deberá ser más corta unos 2 cm. de las distancias **T-LL** y la Altura de Vientre, y se ubicará en el centro de los puntos **L-o**.

Marcar el centro de los puntos **P-R = q**. Unir **q-T**, luego cortar por dicha línea y, después cerrar la pinza del costado. Fig. A .(de acuerdo al busto, puede darle forma a la pinza. Suavice el punto **T**.

Ahora, puede continuar con la parte trasera.

VESTIDO ENTALLADO PARA PERSONAS CUYO BUSTO ES SUPERIOR A LA CADERA
PARTE TRASERA

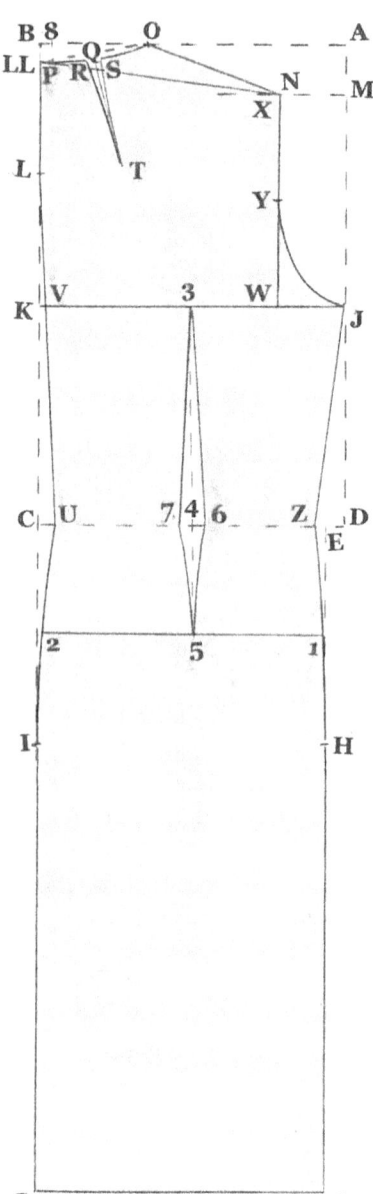

MEDIDAS NECESARIAS

CONTORNO DE BUSTO	55	CM.
MEDIDA DE COSTADO	17	"
1RA. SEPARACION DE BUSTO	12	"
LARGO TALLE ESPALDA	40	"
CONTORNO DE CADERA	49	"
LARGO DE FALDA	55	"
ALTURA DE CADERA	18	"
ALTURA DE AXILA	18	"
ALTURA ESCOTE ESPALDA	38½	"
ALTURA ESCOTE ESPALDA PASANDO	0	"
ALTURA HOMBRO ESPALDA	36	"
ANCHO DE ENTRE HOMBROS DE ATRÁS	20 ½	"
ANCHO DE HOMBRO	12	"
ESCOTE	8	"
CONTORNO DE CINTURA	43	"
ANCHO ESPALDA	20	"
ALTURA DE VIENTRE	9	"
MEDIDADESDENOPOSEE	0	"
MEDIDA A LOS NO POSEE	0	"
MEDIDA HASTA NO POSEE	0	"
ALTURA DE ENTRE HOMBRO NO POSEE	0	"

PASO A PASO CON LA REALIZACION DEL TRAZADO
PARTE TRASERA

Formar un rectángulo con la medida Contorno de Busto, menos la Medida de Costado y la 1ra. Separación de Busto, ejemplo: 55- [17+12] = 26 cm. por el Largo Talle Espalda, ejemplo: 40 cm. = **A-B-C-D**. **D-E** =1/4 parte de la diferencia entre Busto y Cadera, ejemplo: Cadera 49 cm., Busto 55= 6 cm. 6% 4=1½cm..

Desde **E** y **C**, escuadrar y prolongar la raya, aplicando el Largo de Falda, ejemplo: 55 cm. = **F-G**. Unir **F-G**.

Desde **E** y **C**, colocar hacia abajo la Altura de Cadera, ejemplo:18 cm. = **H-I**.

Desde **D** y **C**, poner hacia arriba la Altura de Axila, ejemplo: 18 cm. = **J-K**. Unir dichos puntos.

Marcar el centro de **K-B** = **L**.

B-LL = diferencia entre el Largo Talle Espalda y la Altura Escote Espalda, ejemplo: 1 ½ cm..

Desde **D**, usar hacia arriba la Altura Hombro Espalda, ejemplo: 36 cm. = **M**. Medir la distancia entre **M-A**, ejemplo: 4 cm. .IMPORTANTE: Cuando la distancia entre **A-M**, es hasta 5 cm., desde **M**, escuadrar hacia dentro unos 12 cm.; Si fuere mayor de 5 cm. proceder como el trazado de la página 200.

Desde **LL**, poner en diagonal sobre la raya **M**, el Ancho de Entre Hombros de Atrás, ejemplo:20½cms.=**N**.

Desde **N**, colocar en diagonal sobre la raya **A-B**, el Ancho de Hombro, ejemplo: 12 cm. = **O**. Unir **O-LL**.

Desde **O**, aplicar hacia **LL**, la medida del Escote, ejemplo: 8 cm.= **P**. El espacio **P-LL**, se utilizará para hacer una pinza en el medio del escote. NOTA: **P** y **LL**, podrían coincidir. Nunca **P**, pasar **LL**.

Marcar el centro de **LL-O** = **Q**.

Q-R y **Q-S** = mitad de **LL-P**.

Desde **Q**, escuadrar (apoyando la escuadra sobre **Q-O**), aplicando la medida **LL-L** = **T**. NOTA: Cuando la distancia entre **P-LL**, es inferior a 2 cm. se debe acortar la pinza en unos 2 cm.. Unir **T-R** y **T-S**, con ligera forma.

Diferencia entre Busto y Cintura, ejemplo: 12 cm.. Mitad de esos 12 cm. = 6 cms.se utilizarán para entallar la trasera, los otros 6 cm. para entallar la delantera.

Desde **C**, aplicar hacia dentro 1/4 parte de los 6 cm. ejemplo: 1 ½ cm.=**U**. Quedan 4 ½ cm..

Unir **I-U-L**, según la forma del cuerpo. **V**, se forma al cruzarse las rayas. Suavizar la línea en el punto **L**.

Desde **V**, poner hacia dentro el Ancho Espalda, ejemplo: 20 cm.= **W**.

Desde **W**, escuadrar hasta la línea del punto **M** = **X**.(que casi coincide con **N**).

Marcar el centro de **W-X** = **Y**.

Formar la sisa uniendo **J-Y-N**.

Desde **D**, colocar hacia dentro la mitad de los 4 ½ cm. que quedaron para entalles, ejemplo: 2 ¼ cm.= **Z**. Quedan 2 ¼ cm. para entalles.

Unir **H-Z-J**, según la forma del cuerpo.

Desde **Z** y **U**, aplicar hacia abajo la Altura de Vientre, ejemplo: 9 cm. = **1** y **2**. Medir la distancia entre **1** y **2**, ejemplo: 23 ¾ cm.. NOTA: Si la pinza sobrepasare la línea, entonces, deberá descontarle dicho espacio.

Marcar el centro de **J-K** = **3**.

Desde **C**, colocar hacia dentro la distancia **K-3** = **4**.Unir **4-3**.

Desde **4**, prolongar la línea, aplicando la mitad de la Altura de Cadera, ejemplo: 9 cm. = **5**.

Desde **4**, aplicar hacia ambos lados la mitad de los 2 ¼ cm. que quedaron = **6** y **7**.

Unir **5-6-3** y **5-7-3**, según la forma del cuerpo.

B-8 = **LL-P**.

VESTIDO ENTALLADO PARA PERSONAS CUYO BUSTO ES SUPERIOR A LACADERA

PARTE DELANTERA

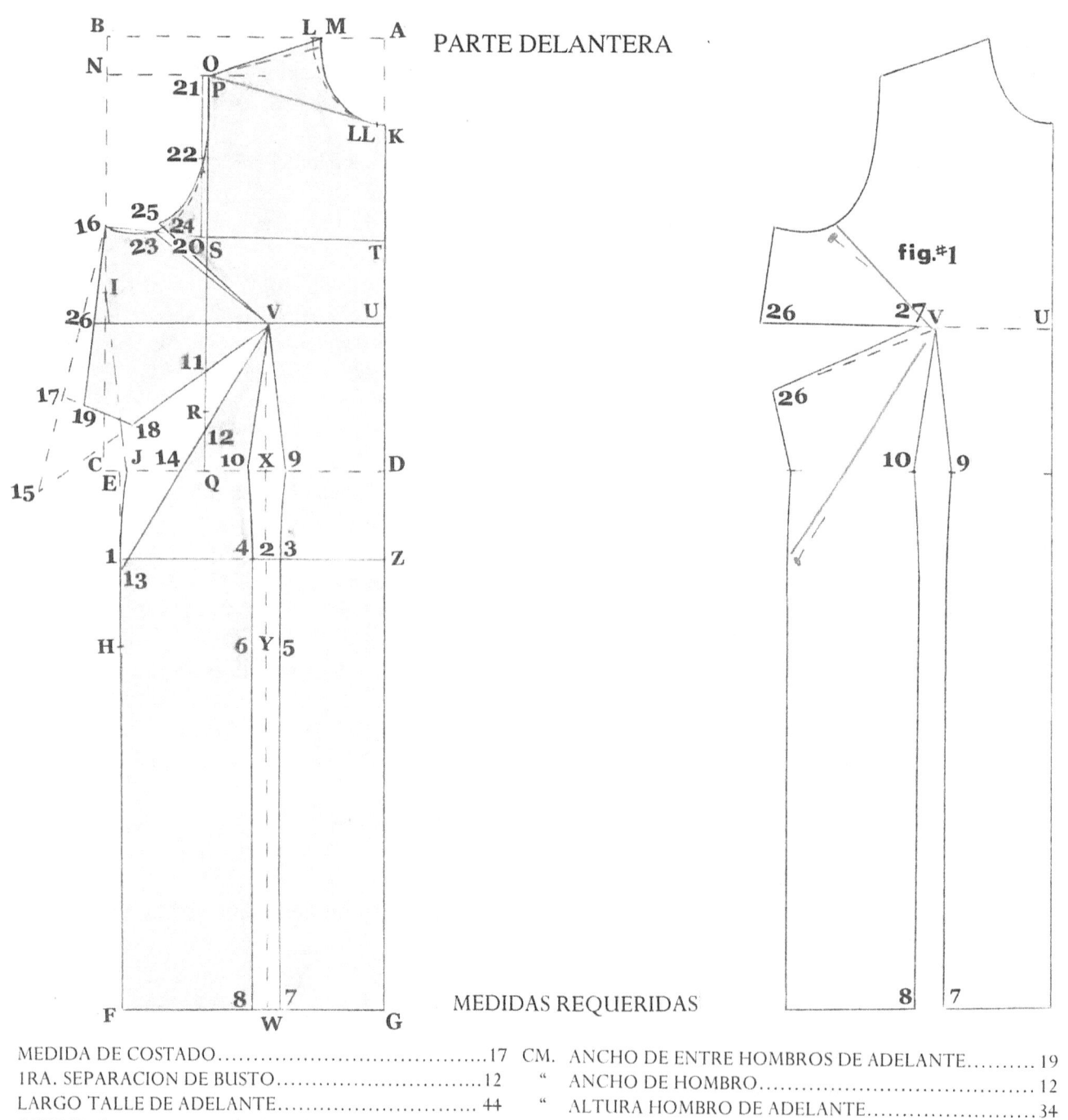

fig.#1

MEDIDAS REQUERIDAS

MEDIDA DE COSTADO..17 CM.	ANCHO DE ENTRE HOMBROS DE ADELANTE.......... 19 "
1RA. SEPARACION DE BUSTO.............................12 "	ANCHO DE HOMBRO...................................... 12 "
LARGO TALLE DE ADELANTE........................ 44 "	ALTURA HOMBRO DE ADELANTE....................... 34 "
DIFERENCIA ENTRE BUSTO Y CADERA................. 6 "	ALTURA DE BUSTO... 29 "
LARGO DE FALDA.................................... 55 "	ALTURA DE VIENTRE....................................... 9 "
ALTURA DE CADERA................................... 18 "	CONTORNO DE VIENTRE................................. 48 "
ALTURA DE AXILA..................................... 18 "	ANCHO DE PECHO... 19 "
MEDIDA D-Z PARTE TRASERA......................... 2 ¼ "	CONTORNO DE SOBRE BUSTO.......................... 52 "
ALTURA ESCOTE DE ADELANTE...................... 35 "	2DA. SEPARACION DE BUSTO.......................... 13 "
ALTURA ESCOTE DE ADELANTE PASANDO............ 0 "	MEDIDA DESDE NO POSEE............................... 0 "
MEDIDA O-8 PARTE TRASERA......................... 7 ¾ "	MEDIDA A LOS NO POSEE............................... 0 "
ALREDEDOR DEL ESCOTE............................. 20 "	MEDIDA HASTA NO POSEE.............................. 0 "
MEDIDA A-M PARTE TRASERA.........................4 "	ALTURA DE ENTRE HOMBRO NO POSEE.............. 0 "

PASO A PASO CON LA REALIZACION DEL TRAZADO
PARTE DELANTERA

Trazar un rectángulo con la suma de la Medida de costado y la 1ra. Separación de Busto, ejemplo:29 cm. por el Largo Talle de Adelante, ejemplo: 44 cm. = **A-B-C-D**.

Desde **C**, aplicar hacia dentro 1 /4 parte de la diferencia entre Busto y Cadera, ejemplo: 1 ½ cm. = **E**.

Desde **E** y **D**, escuadrar y prolongar la línea, aplicando el Largo de Falda, ejemplo: 55 cm. = **F-G**. Unir dichos puntos.

Desde **E**, colocar hacia abajo la Altura de Cadera, ejemplo: 18 cm. = **H**.

Desde **C**, poner hacia arriba la Altura de Axila, ejemplo: 18 cm. = **I**.

C-J = a la distancia entre **D-Z** de la parte trasera, ejemplo: 2 ¼ cm.. NOTA: Para entallar la Delantera existen 6 cm., menos éstos 2 ¼ cm. ahora quedan 3 ¾ cm..

Unir **H-J-I**, según la forma del cuerpo.

A-K = diferencia entre el Largo Talle de Adelante y la Altura Escote de Adelante, ejemplo: 9 cm..

A-L = medida **O-8** de la parte trasera, ejemplo: 7 ¾ cm.. Unir **L-K**, en forma circular y con línea discontinua.

Desde **L**, aplicar hacia **K**, la medida que falta para completar Alrededor del Escote, ejemplo: 12 cm. = **LL** .Medir la distancia entre **LL-K**. Si dicha distancia superase 1 cm., quiere decir que el Largo Talle de Adelante es largo. Esa diferencia, se aplicará desde **M** hacia abajo, indicada con línea discontinua y el nuevo punto, se unirá con **P**.

L-M = **LL-K**. Unir **M-LL**, en forma circular formando el escote.

B-N = a la distancia **A-M** de la parte trasera, ejemplo: 4 cm. .Desde **N**, escuadrar hacia dentro unos 14 cm..

Desde **K**, aplicar en diagonal sobre la raya **N**, el Ancho de Entre Hombros de Adelante, ejemplo: 19 cm. = **O**.

Desde **M**, colocar en diagonal sobre la raya **N**, el Ancho del Hombro, ejemplo:12 cm.= **P**. **P**, coincide con **O**. **P**, nunca podría pasar **O**. Si hubiere espacio entre **P** y **O**, dicho espacio se utilizará para hacer una pinza.

Desde **C**, aplicar hacia dentro, la distancia entre **N-P** = **Q**. Unir **Q-P**.

Desde **P**, aplicar hacia abajo la Altura Hombro de Adelante, ejemplo: 34 cm. = **R**. **R-S** = Altura de Axila puntos **C-I**.

Desde **S**, escuadrar hasta la vertical de adelante = **T**.

Desde **A**, aplicar hacia abajo la Altura de Busto, ejemplo: 29 cm. = **U**.

Desde **U**, escuadrar colocando la 1ra. Separación de Busto, ejemplo: 12 cm. = **V**.

Desde **G** (ruedo) poner la distancia **U-V** = **W**. Unir **W-V**. **X**, se forma al cruzarse las líneas.

Desde **X**, colocar hacia abajo la Altura de Cadera, ejemplo: 18 cm. = **Y**.

Desde **D** y **J**, aplicar hacia abajo la Altura del Vientre, ejemplo: 9 cm.= **Z-1**. Unir **Z-1.2**, se forma al cruzarse las rayas.

Desde **2,Y,W**, poner hacia ambos lados ¼ parte de la diferencia entre Busto y Cadera, ejemplo: 1 ½ cm. = **3-4; 5-6; 7-8**. Unir **8-6-4** y **7-5-3**.

Desde **X**, colocar hacia ambos lados la mitad de los 3 ¾ cm. que quedaron para entalles = **9 y 10**.

Unir **3-9-V** y **4-10-V**.

Desde **S**, aplicar hacia abajo 5 cm. más la diferencia entre **T-U** = **11**. **11-12** = **R-Q**.

Unir **V-12**, luego prolongar la línea hasta el costado = **13**. **14**, se forma al cruzarse las rayas. Medir la distancia **13-I**.

Desde **V**, aplicar pasando por **11** la distancia **V-13** = **15**.Desde **15**, colocar sobre la línea **B-C** la distancia **13- I** = **16**. **15-17** y **15-18** = **13-J** y **13-14**. Unir **18-17**. **18-19** = **14-J**. Unir **19-16**.

Desde **T**, aplicar hacia dentro el Ancho de Pecho, ejemplo: 19 cm. = **20**. Desde **20**, escuadrar hacia arriba hasta la raya **N** = **21**. Marcar el centro de **21-20** = **22**.

Unir **16-20**, después marcar el centro de dichos puntos = **23**. Unir **23- V**.

Formar la sisa, uniendo **16-23-22-O**.

PINZA ADICIONAL: **23- 24** = 1/3 parte de la diferencia entre Busto y Sobre Busto, ejemplo: 1 cm..

Desde **V**, aplicar pasando por **24** la distancia **V-23** = **25**. Unir **25** con la sisa, como lo demuestra el grabado.

Desde **V**, prolongar la línea hasta el costado = **26**. Cortar desde **26** hasta **V**, después cerrar la pinza uniendo **19-18** con **J-14**.

Desde **U** (Fig. #1), aplicar pasando por **V** la 2da. Separación de Busto, ejemplo: 13 cm. = **27**. Unir **27-26** y **27-26**, según la forma del busto.

Sumar la distancia entre **1-2** (trasera) y **Z-3** y **4-1**(delantera), ejemplo: 23 ¾ + 27 ¼ = 48 cm. que coincide con el Contorno del Vientre. NOTA: Si faltare o sobrare, agregar o quitar desde **3- 4**.

VESTIDO SEMI ENTALLADO
UTILIZAR LOS MOLDES DE UN VESTIDO ENTALLADO DELANTERA Y TRASERA

NOTA : Según las épocas , el estilo de los entalles cambia . Aquí le presentamos , como hacer para que la prenda sea menos entallada, y ligeramente más suelta. (esto ultimo, es a gusto) .

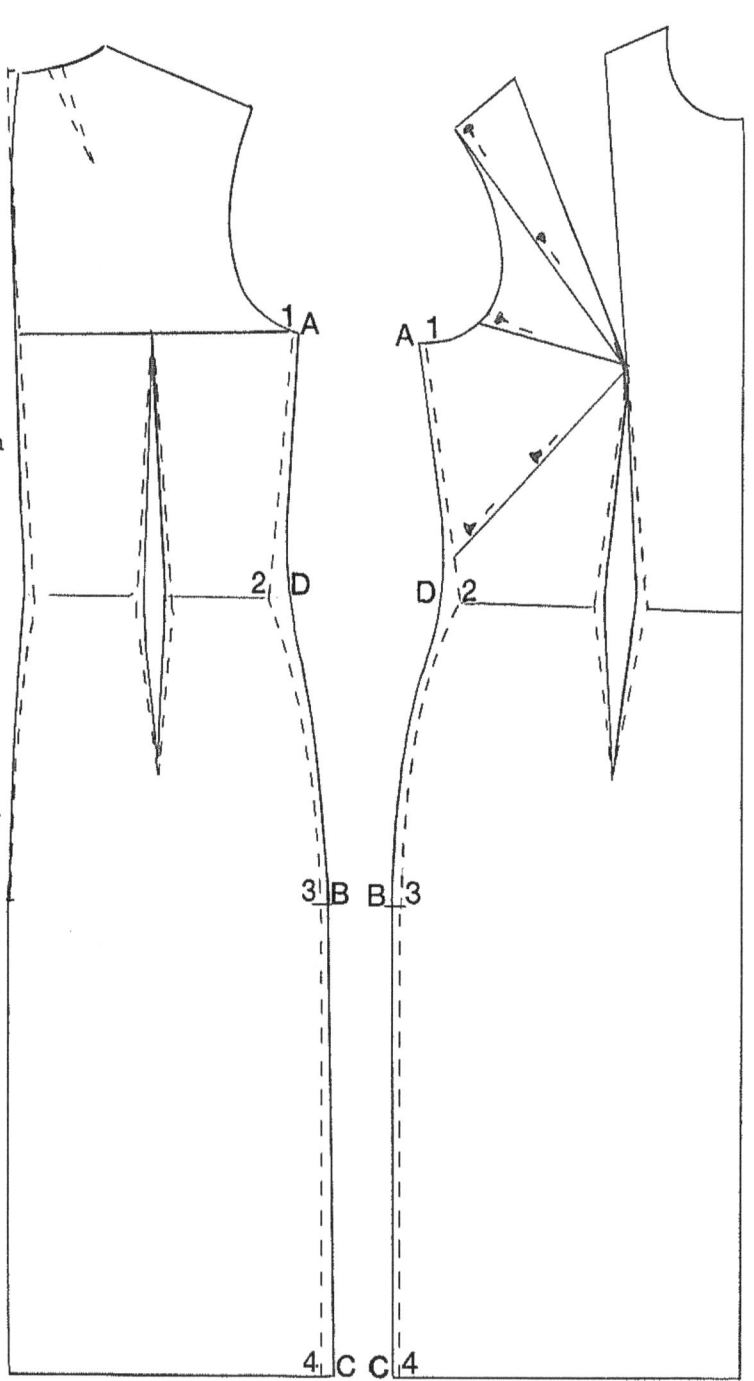

NOTA: Para una mejor visión, las pinzas en la delantera, han sido trasladadas, en el centro del hombro.

DELANTERA Y TRASERA
(Misma puntuación)

1-2-3-4, indican los costados.

Desde los puntos 1-3 y 4, aplicar hacia fuera ¼ a ½ cm. (o a gusto) = **A-B-C**.

Desde **2**, aplicar de ½ a 1 cm. (o a gusto) = **D**.

Unir **C-B-D-A**, como lo indican los trazados. Semi entalle las pinzas y el centro de la parte trasera, según su gusto personal.

La pinza del escote parte trasera, la puede quitar en la costura central.

IMPORTANTE : Las pinzas, se pueden correr hacia los costados.

VESTIDO ÉVASÉ
UTILIZAR CUALQUIER MOLDE DE VESTIDO TRASERA Y DELANTERA

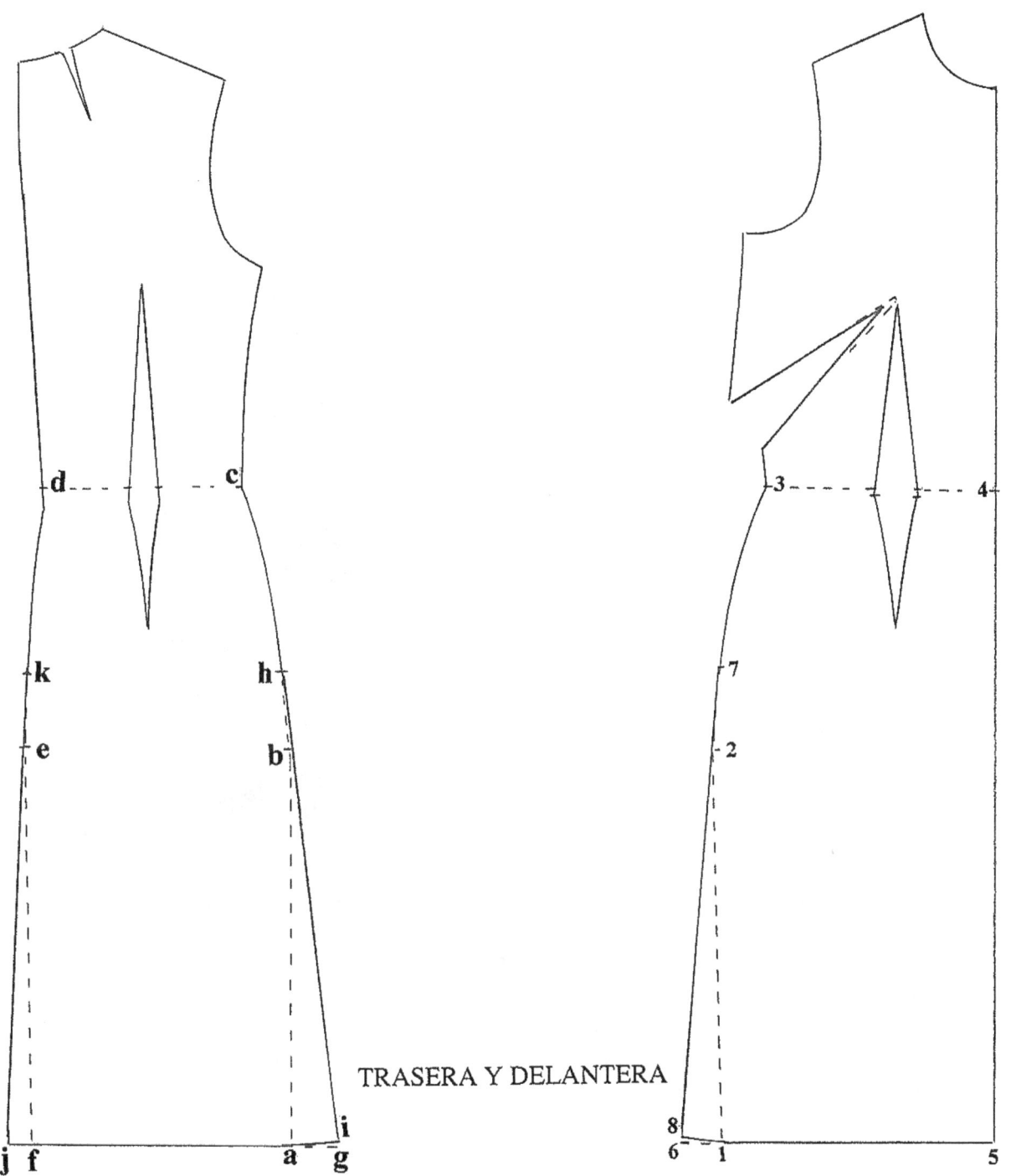

TRASERA Y DELANTERA

a-b-c y 1-2-3 = costados, c-d y 3-4 = línea horizontal de cintura, d-e-f y 4-5 = centros.

Desde **a** y **1**, prolongar las líneas aplicando 4 cm. o a gusto = **g** y **6**. Unir **g** y **6** con las líneas de la cadera, formándose de ese modo los puntos **h** y **7**.

Desde **h** y **7**, aplicar hacia **g** y **6** la distancia **h-a** = **i** y **8**. Unir **i-a** y **8-1**, con ligera forma.

f-j (trasera)= mitad de **a-g**. Unir **j** con la línea del entalle, formándose de ese modo el punto **k**.

Desde **k**, aplicar hacia **j** la distancia **k-f** (que en éste caso es insignificante).

VESTIDO CON RECORTES HORIZONTALES Y VOLADO

UTILIZAR LOS MOLDES DE UN VESTIDO, PUEDE SER TANTO RECTO COMO ÉVASÉ

DELANTERO: 1-2-3-4 = centro, **4-5** = escote, **5-6** = hombro, **6-7** = sisa, **7-8-9-10-11** = costado, **8-12 y 12-13-14** = pinzas cerradas, **3-12** = altura de busto, **2-13-9** = línea de cintura, **10** = altura de cadera.

Desde **9**, aplicar hacia arriba la distancia **2-3** = **A**. Unir **A-12-3**. NOTA: **A**, debe quedar más abajo del punto **7**, caso contrario, difiere del modelo.

Dividir en seis partes (o a gusto)las distancias **A-9** y **2-3**= **B-C-D-E-F**, a continuación unir **B** con **B**, **C** con **C**, **D** con **D**, **E** con **E**, **F** con **F**, en forma paralela a la cintura.

Desde **2-13** y **9**, repetir hacia abajo las distancias nueve veces. IMPORTANTE: Se repiten nueve veces, siempre y cuando quede una distancia considerable para poder realizar el volado = **G-H-I-J-K-L-LL-M-N**. Unir **G** con **G**, **H** con **H**, **I** con **I**, **J** con **J**, **K** con **K**, **L** con **L**, **LL** con **LL**, **M** con **M**, y **N** con **N**, en forma paralela.

Dividir en cinco partes la distancia **N-N** y **1-11** = **O-P-Q-R** y **S-T-U-V**. Unir **O-S**, **P-T**, **Q-U**, **R-V**.

Cortar desde **3** hasta **A**, de **B** hasta **B**, de **C** hasta **C**, y, así seguir hasta llegar hasta **N-N**, separando las partes. Fig. **A**.

Cortar desde **S** hasta **O**, de **T** hasta **P**, de **U** hasta **Q**, de **V** hasta **R**, sin separar.

Separar los puntos **S-T-U-V** a gusto. Fig. **B**.

La TRASERA, se realiza del mismo modo que la delantera, solamente que lleva costura en el centro, no así el volado.

NOTA: De desearlo, puede realizar las tiras en diferentes colores, formando contraste, y, no se deberán planchar las costuras abiertas, sino encimándolas.

COMO SE DEBEN COLOCAR LOS MOLDES SOBRE LA TELA
(SIEMPRE Y CUANDO LA TELA NO TENGA PELO NI BRILLO) Y SUS ENSANCHES

Las partes sombreadas, indican los ensanches, ejemplo: en los ruedos 5 cm., en los escotes y sisas 1 / 2 cm.
(siempre y cuando no lleve mangas), en los costados y costuras princesa 2 cm. igual que en los hombros, en
las vistas internas 1 / 2 cm. y en las partes externas 1 cm. .
NOTA: Al cortar, debe cortar solamente una vista del escote delantero, del modo como están ubicados los
moldes.

VESTIDO CON MANGA TIPO JAPONESA CON ROMBO
UTILIZAR LOS MOLDES DE CUALQUIER VESTIDO

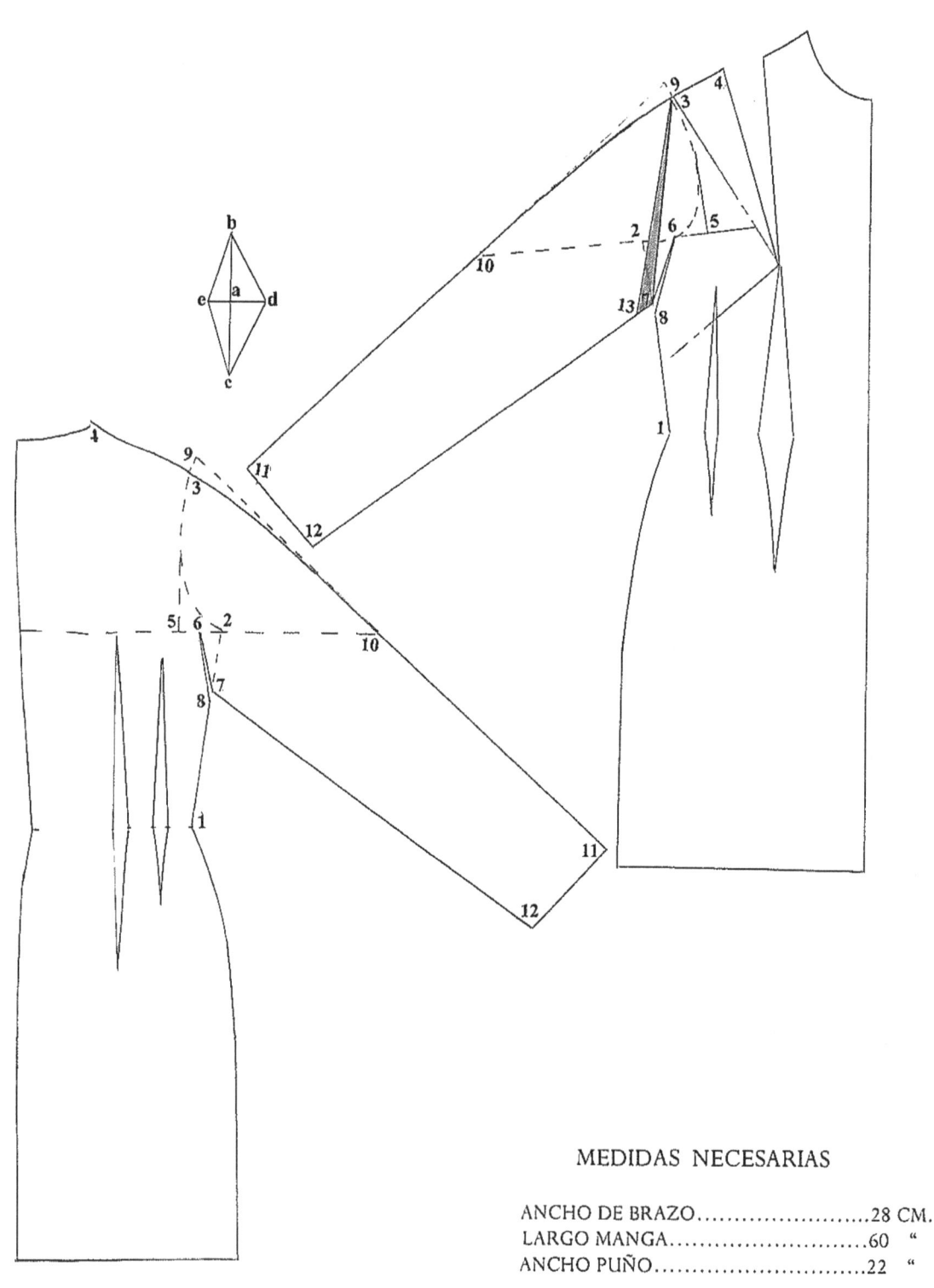

MEDIDAS NECESARIAS

ANCHO DE BRAZO........................28 CM.
LARGO MANGA..........................60   "
ANCHO PUÑO............................22   "

PASO A PASO CON LA REALIZACION DE LOS TRAZADOS
DELANTERA Y TRASERA   (LLEVAN LA MISMA PUNTUACIÓN)

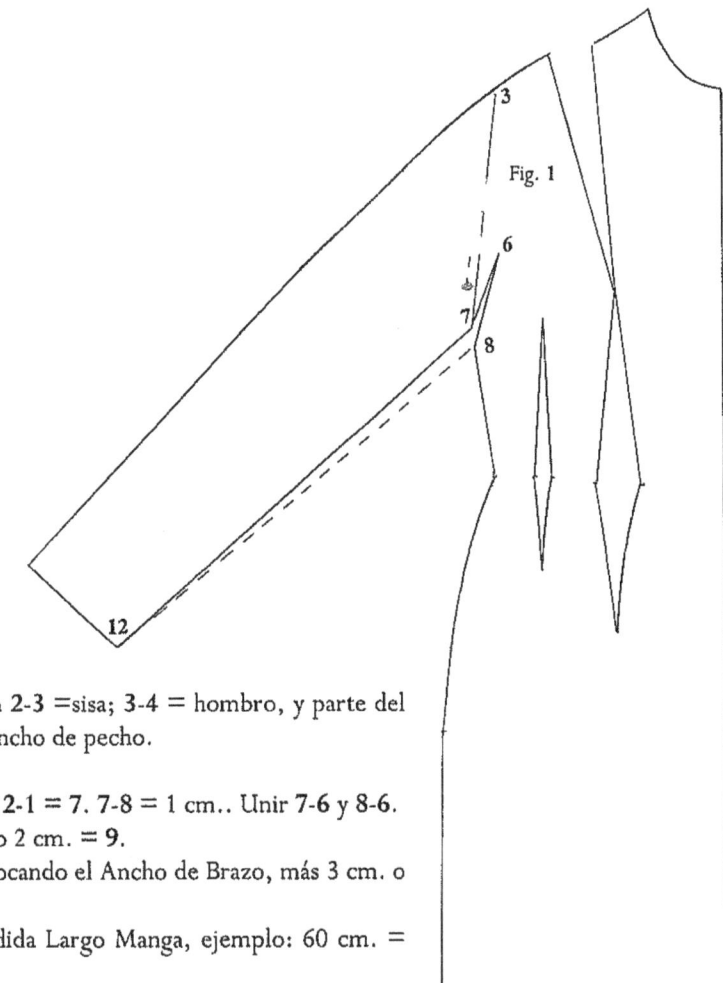

Fig. 1

Los puntos 1-2, indican la altura de axila 2-3 =sisa; 3-4 = hombro, y parte del hombro delantero: 5= ancho espalda y ancho de pecho.

Marcar el centro de 2-5 = 6.

Desde 2, aplicar hacia abajo 1/3 parte de 2-1 = 7. 7-8 = 1 cm.. Unir 7-6 y 8-6.

Desde 3, escuadrar hacia arriba, aplicando 2 cm. = 9.

Desde 2, prolongar las línea de axila, colocando el Ancho de Brazo, más 3 cm. o a gusto, ejemplo: 17 cm. = 10.

Desde 9, colocar pasando por 10 la medida Largo Manga, ejemplo: 60 cm. = 11.

Desde 11, escuadrar colocando la mitad del Ancho de Puño, ejemplo: 11 cm. = 12. Unir 12-7.

Medir las distancias entre los puntos 12-7. En éste caso, es más larga la distancia de la parte delantera.

Desde 12 (delantera), ubicar hacia 7 la distancia 12-7 de la trasera = 13. Unir 13-3 y 7-3, después cerrar la pinza (parte sombreada). Fig. 1. Unir 7-12.

IMPORTANTE: Si resultare más larga la distancia 7-12 de la trasera, con la diferencia, se hará una pinza a la Altura del Codo. Si ésa diferencia fuere pequeña, se embeberá a la Altura del Codo.

MUY IMPORTANTE: Encimar las mangas y cerciorarse que las dos partes tengan la misma caída, caso contrario quítele a una parte y agréguelo a la otra. (Es más conveniente que la manga esté inclinada más vale hacia adelante).

MUY IMPORTANTE: Le recordamos que los puntos 6, pueden sufrir modificación, es decir estar más cerca de los puntos 5 (depende del brazo .

ROMBO

Formar una cruz. El punto a, indica el cruce de las dos líneas.

a-b = 2-7, a-c = 2-8, a-d = 2-6 de la delantera, **a-e = 2-6** de la trasera . Unir **c-d-b-e-c**.

VESTIDO ADHERIDO Y BIEN ESCOTADO

UTILIZAR LOS MOLDES DE UN VESTIDO ENTALLADO PÁGINA 195

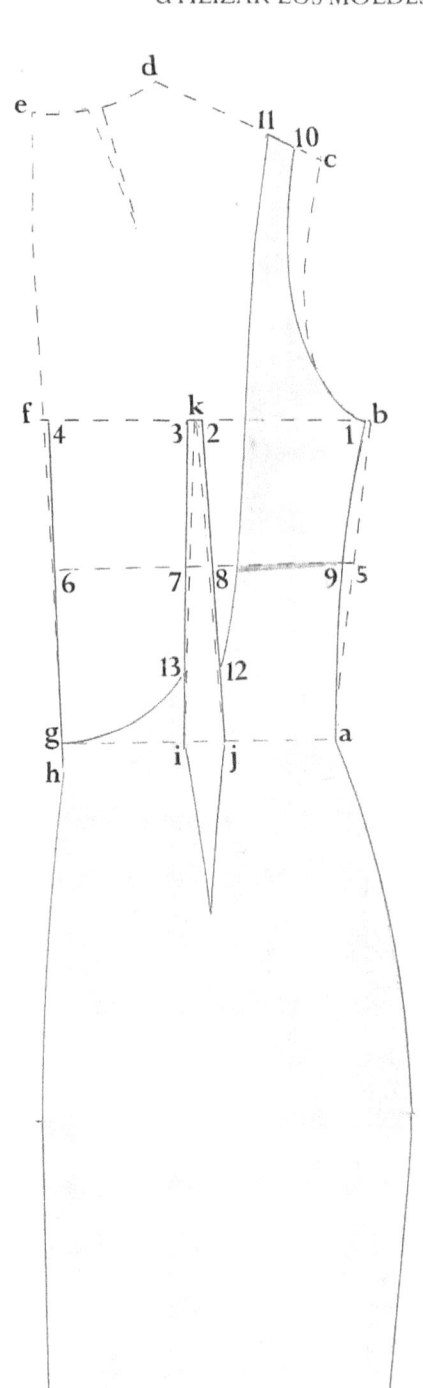

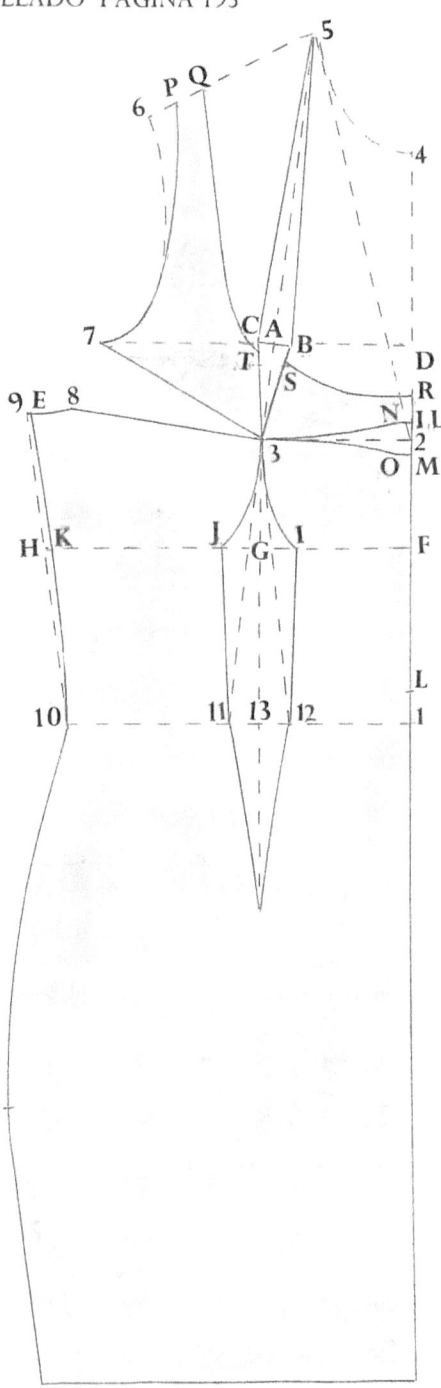

MEDIDAS NECESARIAS

ALTURA DE LA HENDIDURA DEL SOBRE BUSTO	20	CM.
HENDIDURA DEL SOBRE BUSTO	1	"
CONTORNO DEL SOBRE BUSTO	44 ½	"
HENDIDURA DEL BAJO BUSTO	2 ½	"
CONTORNO DEL BAJO BUSTO	35 ½	"
ALTURA DEL BAJO BUSTO	11	"
LARGO DE ADELANTE	43	"

PASO A PASO CON LA REALIZACIÓN DE LOS TRAZADOS

DELANTERA:

1-2-4 = centro de adelante, 2-3 = altura de busto, 4-5 = escote, 5-6 = hombro, 6-7-8-9 = sisa, 7-3-8 = pinza (que se trasladaron aquí para una mejor visión), 9-10 = costado, 11-3-12-13 = pinza, 1-12-13-11-10 = línea horizontal de cintura.

TRASERA:

a-b= costado, b-c = sisa, c-d = hombro, d-e = escote, e-f-g-h = centro de atrás, i-j-k = pinza, a-g = línea horizontal de cintura.

Medir la distancia entre b-f = 21 ½ cm..

DELANTERA:

Unir 5-3.

Desde 5, aplicar hacia 3, la Altura de la Hendidura del Sobre Busto, ejemplo: 20 cm. = A.

Desde A, colocar hacia ambos lados la Hendidura del Sobre Busto, ejemplo: 1 cm. = B y C.

Unir 5-B-3 y 5-C-3, según la forma del busto.

2-D = 3-A. Unir D-B-C-7. Cerrar la pinza de la sisa, a continuación medir la distancia entre D-B-C-7-9 = 21 ½ cm.. Sumar las distancias entre b-f (trasera) y D-B-C-7/8-9 (delantera) = 43 cm. .IMPORTANTE: Diferencia entre ésta suma y el Contorno del Sobre Busto =1 ½ cm..

Desde 9 (delantera) y b-k-f (trasera) aplicar 1/5 parte de la diferencia entre las sumas de los puntos D-B-C-7/8-9 y b-k-f, y el Contorno del Sobre Busto, ejemplo: Ligeramente superior a 1/4 de cm. = E-1-2-3-4. Unir 2-j, 3-i, 4-h.

Desde 1-13-10 (delantera) y a-g, colocar hacia arriba la Altura del Bajo Busto, ejemplo: 11 cm. = F-G-H y 5-6. Unir dichos puntos. 7 y 8 (trasera), se forman al cruzarse las líneas.

Desde G (delantera) colocar hacia ambos lados la Hendidura del Bajo Busto, ejemplo: 2 ½ cm. = I y J.

Unir 12-I-3 y 11-J-3, según la forma del busto.

Medir las distancias entre F-I-J-H y 5-8-7-6, ejemplo: 35 ½ cm..

Diferencia entre el Contorno del Bajo Busto y la suma de los puntos F-I-J-H y 5-8-7-6, ejemplo: 1 cm. .

Desde H y 5, aplicar hacia dentro la mitad del 1 cm. = K y 9. NOTA: Hasta 1 ½ cm. se pueden quitar en cada lado (claro que todo depende del cuerpo). En caso de ser superior, con ésa diferencia se hará una pinza extra y se ubicará en el centro de los puntos J-K, pero reiteramos que todo depende del cuerpo de la persona.

Unir E-K-10 y 1-9-a, como lo indican los trazados.

Unir 5-2.

Desde 5, aplicar hacia 1, pasando por 2, la medida Largo de Adelante, ejemplo: 43 cm. = L.

Desde 2, ubicar hacia ambos lados la mitad de la distancia L-1 = LL y M.

Desde LL y M, escuadrar aplicando la Separación de Entre Busto, ejemplo: 1 cm. = N y O.

Unir N-3 y O-3, según la forma del busto.

Desde 6 (delantera) y c (trasera) colocar hacia dentro 2 cm. o a gusto = P y 10. Unir P con 7 y 10 con 1.

P-Q y 10-11 = 2 cm., o a gusto.

Marcar el centro de LL-D (delantera) = R.

FORMACIÓN DE LOS ESCOTES:

Cerrar las pinzas 3-B-C y j-2-3-i, a continuación formar los escotes uniendo R-Q (delantera) y no es necesario pasar por B/C y 11-g. S-T y 12-13, se forman al cruzarse las líneas.

NOTA; Si la persona tuviere la espalda hundida, haga una" pinza "con la medida del hundido (parte sombreada oscura) luego, deberá cerrar dicha pinza y después si fuere necesario, suavizar las líneas.

MANGA TIPO CHAUVE SOURIS
UTILIZAR CUALQUIER TIPO DE TRAZADOS ESPALDA Y DELANTERA

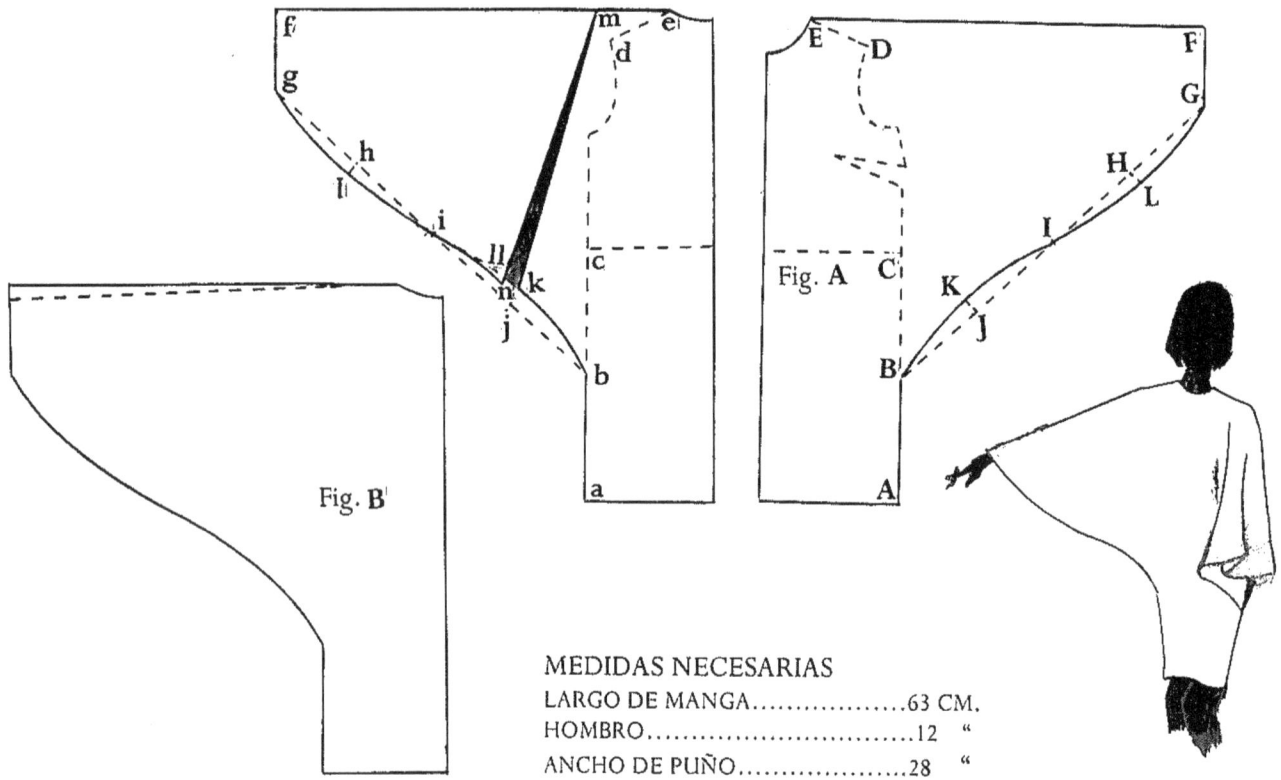

MEDIDAS NECESARIAS
LARGO DE MANGA.................63 CM.
HOMBRO...........................12   "
ANCHO DE PUÑO..................28   "

DELANTERA FIG.A (Sin cerrar la pinza).

A-B-C = costado, B = altura de cadera, C = cintura, D-E = hombro.

Desde E, escuadrar (apoyando la escuadra sobre la vertical de adelante), aplicando la medida Largo de Manga, más la medida del Hombro, ejemplo: 75 cm. = F.

Desde F, escuadrar colocando la mitad del Ancho de Puño, ejemplo: 14 cm. = G.

Unir G-B. Medir dicha distancia.

Dividir en cuatro partes la distancia G-B = H-I-J.

J-K y H-L = 3 cm. o a gusto.

Unir B-K-I-L-G, como lo demuestra el trazado.

TRASERA

a-b-c = costado, b = altura de cadera, c= cintura, d-e = hombro.

Se realiza del mismo modo que la parte delantera hasta la unión g-b. Medir la distancia g-b. En éste caso, es mayor a la distancia G-B de la delantera.

Dividir en cuatro partes la distancia g-b = h-i-j.

j-k y h-l = 3 cm. o a gusto.

Unir b-k-i-l-g.

k-ll = diferencia entre las distancias G-B y g-b.

Desde e, escuadrar (apoyando la escuadra sobre la vertical del centro espalda), aplicando la medida Ancho de Hombro, ejemplo: 12 cm. = m. Unir m-k y m-ll.

Desde m, aplicar pasando por ll. la distancia m-k = n. Unir n-i.

Cerrar la pinza parte sombreada=Fig. B. NOTA: Al cerrar la pinza la línea del sobre manga se inclina, si lo desea, puede prolongar la línea del hombro, como lo indica el trazado.

IMPORTANTE: Si no deseare hacer la" pinza, "puede embeber dicha diferencia a la altura del codo.

VESTIDO CON CUELLO SOLAPA IMITANDO BOLERO
UTILIZAR UN MOLDE SIMPLE DE VESTIDO LIGERAMENTE ÉVASÉ PARTE DELANTERA

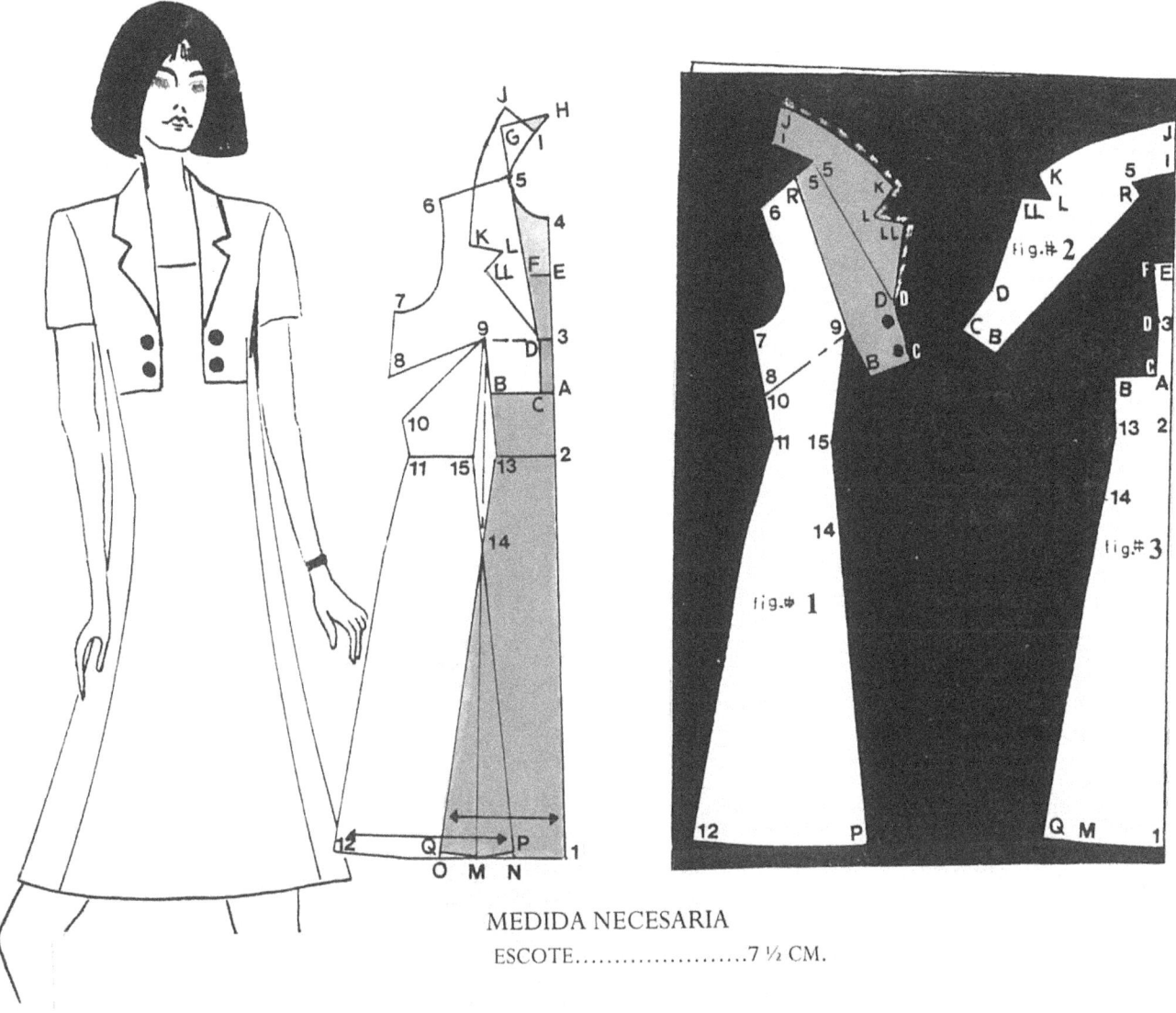

MEDIDA NECESARIA

ESCOTE......................7 ½ CM.

1-2-3-4 =centro de adelante, **4-5** = escote, **5-6** = hombro, **6-7** = sisa, **7-8-10-11-12** = costado, **8-9-10** y **9-13-14-15** = pinzas.

A = mitad de 2-3. Desde **A**, escuadrar hasta la pinza = **B**.

A-C y **3-D** = 2 ½ cm. o a gusto. Unir **C-D**. Unir **D-5**.

E = mitad de 3-4. Desde **E**, escuadrar hasta la línea **D-5** = **F**.

Desde **5**, prolongar la línea aplicando la medida del Escote, ejemplo: 7 ½ cm. = **G**.

Desde **G**, escuadrar aplicando la distancia **5-G** = **H**. Unir **H-5**, con ligera forma.

5-I = **5-G**.

Desde **I**, escuadrar aplicando el Alto del Cuello deseado, ejemplo: 7 cm. = **J**.

Dibujar sobre el molde la solapa y el cuello = **K-L-LL**.

Desde **14**, trazar una vertical hasta el ruedo = **M**. **M-N** y **M-O** = 5 cm. o a gusto. Unir **N-14** y **O-14**.

14-P y **14-Q** = **14-M**.Unir **P-M** y **Q-M** , con ligera forma.

Calcar la solapa y el cuello indicada con: **D-5-I-J-K-L-LL-D**, luego colocar dicha parte a la Fig. #1, uniendo **D** con **D** y **5** con **5**.

5-R (Fig.#1)= 5 cm.. Unir **R-9**. Calcar la solapa y el cuello (parte sombreada)ligeramente más grande en el borde = 2 ml. Fig. #2.

Fig.#3=parte sombreada. La parte trasera, la interpretará según su personal gusto.

VESTIDO CRUZADO CON SOLAPA Y TABLON
UTILIZAR LOS TRAZADOS DE UN VESTIDO LIGERAMENTE ÉVASÉ

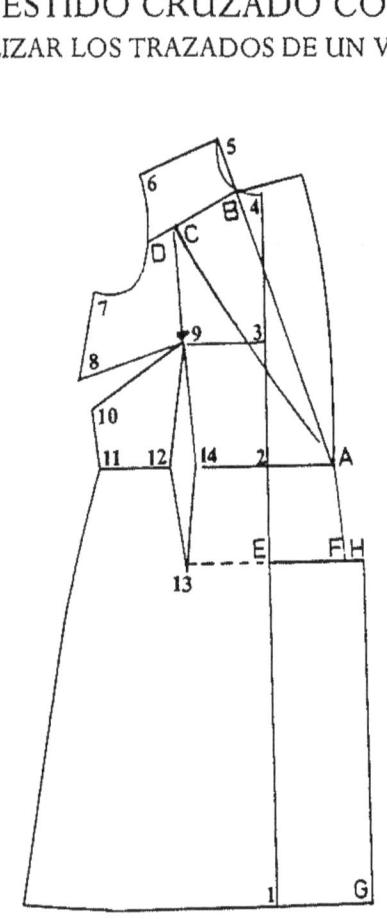

DELANTERA:1-2-3-4 = centro delantero, 4-5 = escote, 5-6 = hombro, 7-8-10-11 = parte del costado, 8-9-10 y 9-12-13-14 = pinzas.

2-A = 2-14. Unir A-5. Dibujar la solapa sobre el molde = B-C, y siguiendo con la misma línea, prolónguela hasta la sisa = D.

2-E = 14-13.

E-F = E-13. Unir F-A.

Desde 1 y E, prolongar las horizontales, aplicando el ancho del tablón deseado, ejemplo: 12 cm.= G-H. Unir G-H.

Doblar el papel de molde por la línea A-B y calcar la solapa.

Cortar desde B hasta D y de C hasta 9.

Agregar el canesú a la parte trasera uniéndolos en los hombros. Fig. B.

Cerrar la pinza 8-9-10. Fig. A.

Suavizar la línea B-D.

Al coser, deberá reducir la línea B-D, a la medida anterior.

En la raya H-E, deberá colocar un refuerzo, de ese modo, podrá coser el tablón sin inconvenientes.

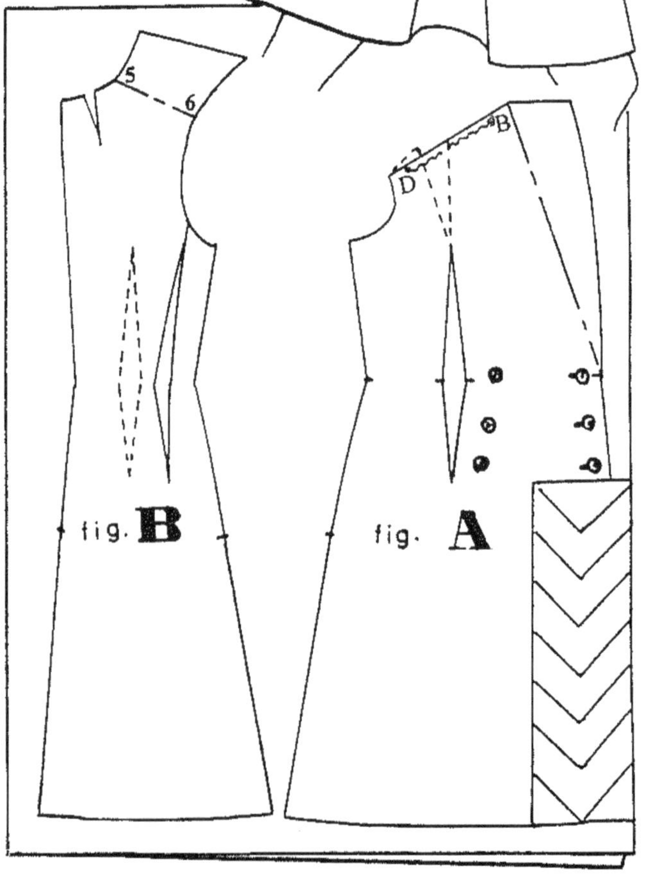

fig. **B**   fig. **A**

VESTIDO CAPA
UTILIZAR LOS MOLDES DE UN VESTIDO

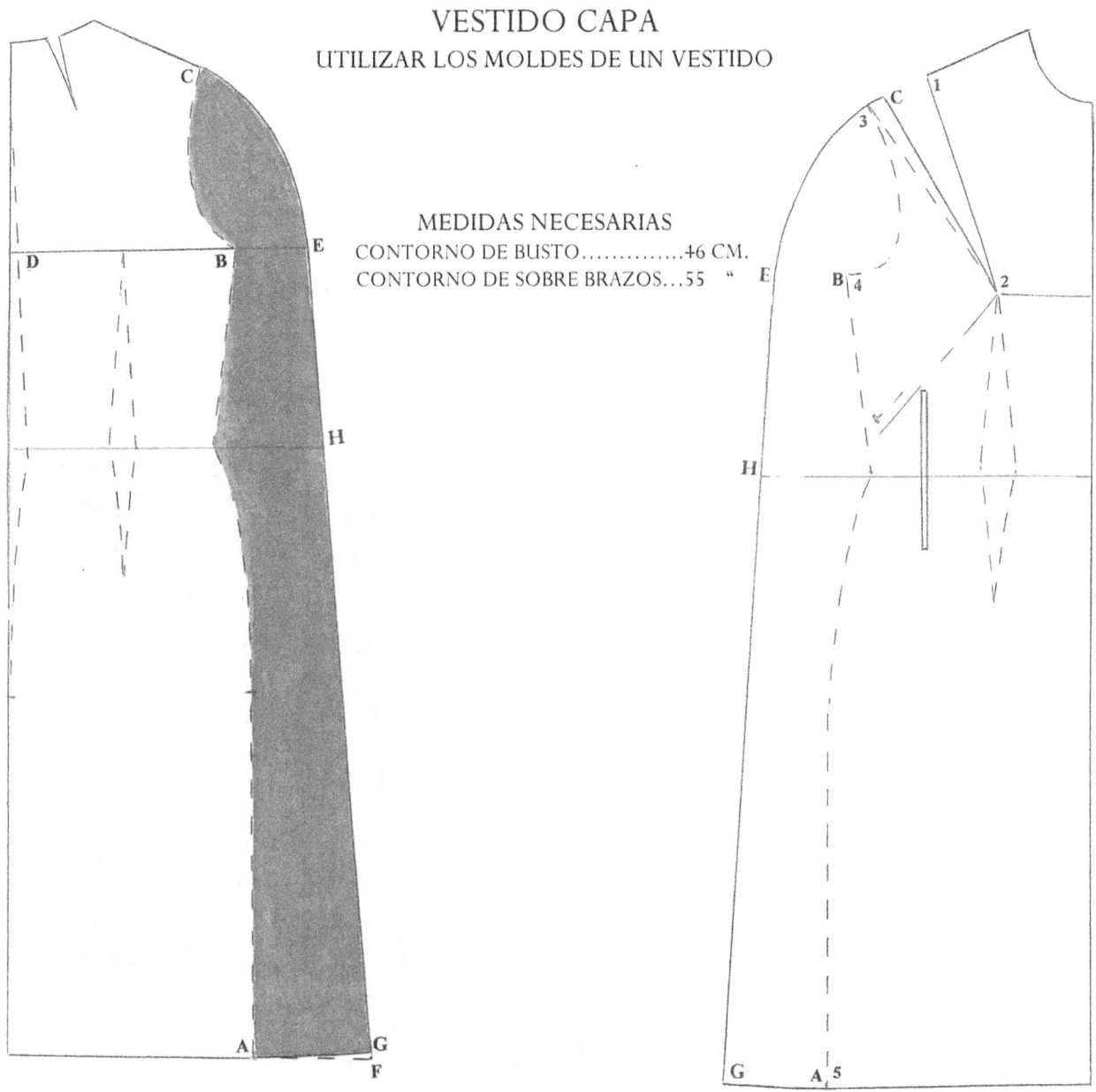

MEDIDAS NECESARIAS
CONTORNO DE BUSTO..............46 CM.
CONTORNO DE SOBRE BRAZOS...55 "

TRASERA: **A-B** = costado, **B-C** = sisa, **B-D** = línea de axila.

Desde **B**, prolongar la raya, aplicando la mitad de la diferencia entre Busto y Sobre Brazos más 3 cm. o a gusto, ejemplo: 7 ½ cm. = **E**.

Desde **A**, prolongar la línea, colocando una vez y media la distancia **B-E** (o a gusto)= **F**. Unir **F-E-C**.

Desde **E**, colocar hacia **F**, la distancia **A-B** = **G**. Unir **G-A**, con ligera forma. Prolongar la línea de cintura =**H**.
Calcar la parte sombreada.

DELANTERA: Con la pinza trasladada en la unión con la sisa.

1-2-3 = pinza, **3-4** = sisa, **4-5** = costado.

Aplicar la parte sombreada al costado de la delantera, uniendo **A** con **5** y **B** con **4**.

Formar la nueva pinza, uniendo **C-2**. NOTA: Controlar que la distancia **C-2**, sea igual a **1-2**.

Al coser preste atención. Para que la línea **C-E-G**, no se estire, use una tira de tear away.

NOTA: La pinza, puede quedar como pliegue. Prolongue la línea de cintura = **H**.

A la altura de la cintura, forme una abertura, para poder pasar la mano. El cruce, es a gusto.

VESTIDO SIMETRICO CON PECHERA CRUZADA
UTILIZAR LOS MOLDES SIMPLES DE UN VESTIDO LIGERAMENTE ÉVASÉ

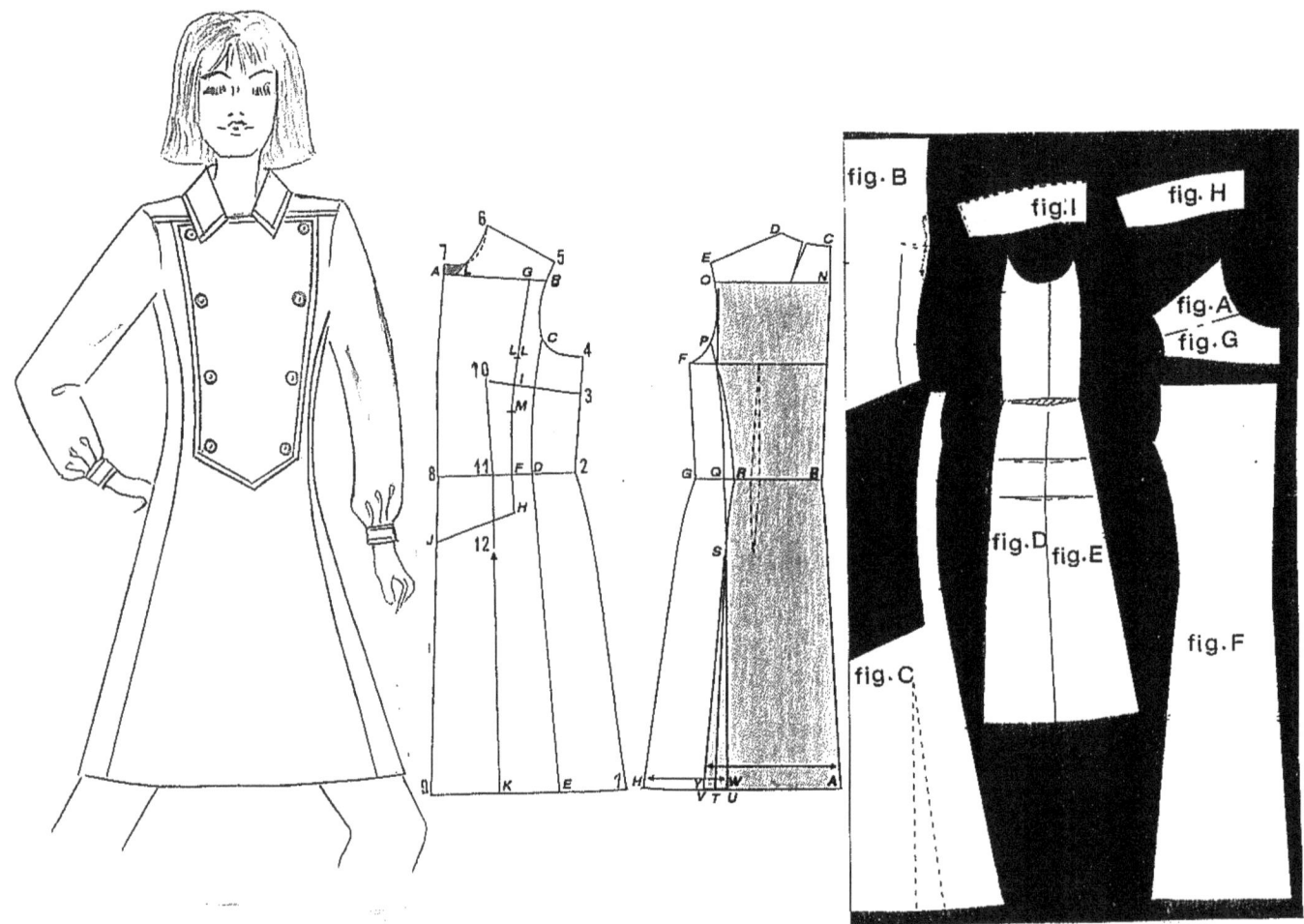

DELANTERA Y TRASERA:1-2-3-4 y H-G-F = costados, 4-5 y F-E = sisas, 5-6 y E-D = hombros, 6-7 y D-C = escotes, 7-8-9 y C-B-A = centros, 3-10 y 10-11-12= pinzas cerradas (delantera) 2-8 y G-B cinturas.

DELANTERA: 7-a = 2 cm. .Desde A, escuadrar hasta la sisa = B.

4-C = 8 cm. aunque depende del ancho del molde. Desde C, trazar una raya paralela a la línea del costado hasta el ruedo = E. D, se forma al cruzarse las líneas.

Marcar el centro de 11-D = F.

Desde B, aplicar hacía dentro, la distancia D-F = G. Unir G-F, luego prolongar la raya hasta la mitad de la altura de la pinza = H.I, se forma al cruzarse las líneas.

8-J = doble de F-H. Unir J-H.

Desde 12, trazar una vertical hasta el ruedo = K.

A-L = 2 cm. o a gusto. Unir L-6. Separar la parte sombreada.

I-LL y I-M = 5 cm..

Cortar de A hasta B, de J hasta G (pasando por H-F-M-I-LL), de C hasta E, de K hasta 12, de L hasta 6 y de I hasta 10. Fig. A, Fig. B, Fig. C, Fig. D.

TRASERA: C-N = a la altura de la pinza (o unos 8 cm. en caso que el molde no tuviere pinza).

Desde N, trazar una horizontal hasta la sisa = O. Cortar por dicha línea, luego cerrar la pinza. Fig. G.

Cambiar la pinza central de lugar= P-Q-R-S. Desde S, prolongar la raya el ruedo = T.

T-U y T-V= 3 cm. o a gusto. Unir U-S y V-S.

S-W y S-Y = T-S. Unir W-T y Y-T con ligera forma.

Calcar la parte sombreada. Fig. F, luego cortar por: W-S-Q-P-F-G-H-T-W. Fig. E.

Juntar las Fig. A y G, por la línea de los hombros.

Juntar las líneas de los costados (Fig. D y E). Como no están, planos, de un corte en la cintura y uno o dos pellizcos a la altura de la cadera, y si fuere necesario a la altura del vientre.

IMPORTANTE: Las Fig. H e I, indican el bajo y la tapa del cuello y, llevan costuras en el centro de atrás.

COMO ENTUBAR UNA PRENDA HACIENDO QUE RESALTE LA" COLA"
UTILIZAR UN MOLDE SIMPLE   PARTE TRASERA

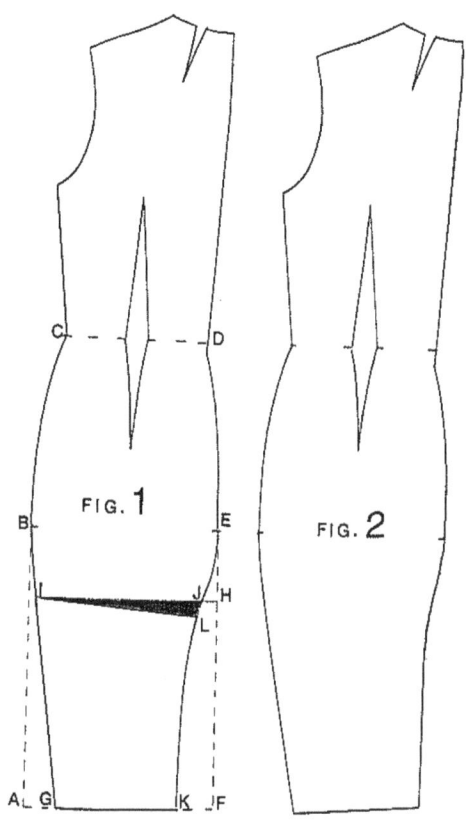

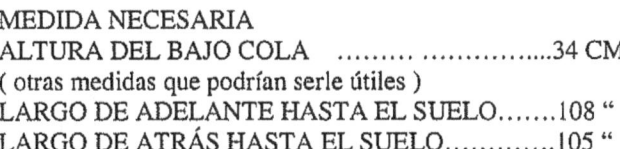

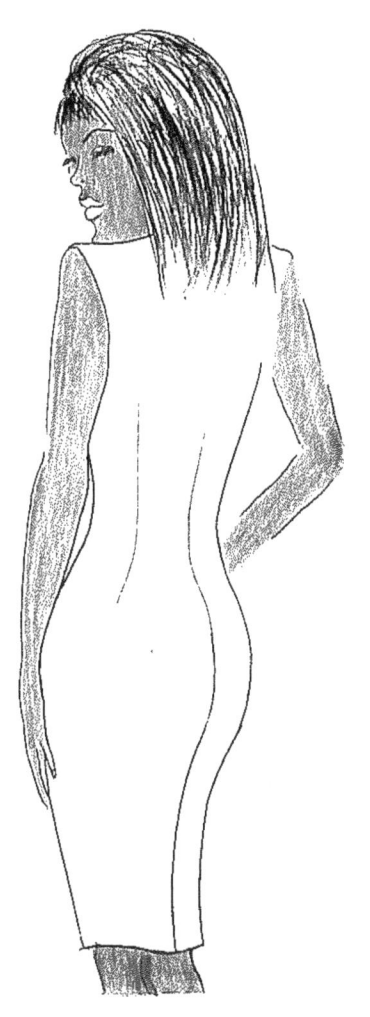

MEDIDA NECESARIA
ALTURA DEL BAJO COLA   ....34 CM.
(otras medidas que podrían serle útiles)
LARGO DE ADELANTE HASTA EL SUELO.......108 "
LARGO DE ATRÁS HASTA EL SUELO............105 "

Fig. 1. **A-B-C** = costado, **C-D** = línea horizontal de cintura, **D-E-F** = centro parte trasera, **E** y **B** = altura de cadera.

Desde **A**, aplicar hacia dentro 3 cm. o a gusto = **G**. Unir **G-B**, cuidando de no formar pico al llegar a **B**.

Desde **D**, colocar hacia abajo la Altura del Bajo Cola ejemplo: 34 cm.= **H**.

Desde **H**, escuadrar hasta la línea **G-B** = **I**.

Desde **H**, ubicar hacia dentro 0.75 cm. (o lo que la cola permita) = **J**.

Desde **F**, aplicar hacia dentro 4 cm. o a gusto = **K**. Unir **K-J-E**, según la forma de la persona. NOTA: La distancia entre **F-K** y **A-G** no necesariamente debe ser igual.

IMPORTANTE: Si Usted le está realizando el Vestido para una persona que le cuelgan las prendas atrás, entonces utilice la diferencia entre el Largo de adelante Hasta el suelo y el Largo de Atrás Hasta el Suelo.

Desde **J**, aplicar hacia abajo la mitad (puede ser el total) de la diferencia entre estos dos largos =**L** .Unir **L**-**I**, luego cerrar la" pinza" parte sombreada, una vez cerrada, suavice las líneas en caso de ser necesario. Fig.2.

LA SOUPLESSE DU DEVANT (COWL)
UTILIZAR LOS MOLDES SIMPLES DE UN VESTIDO

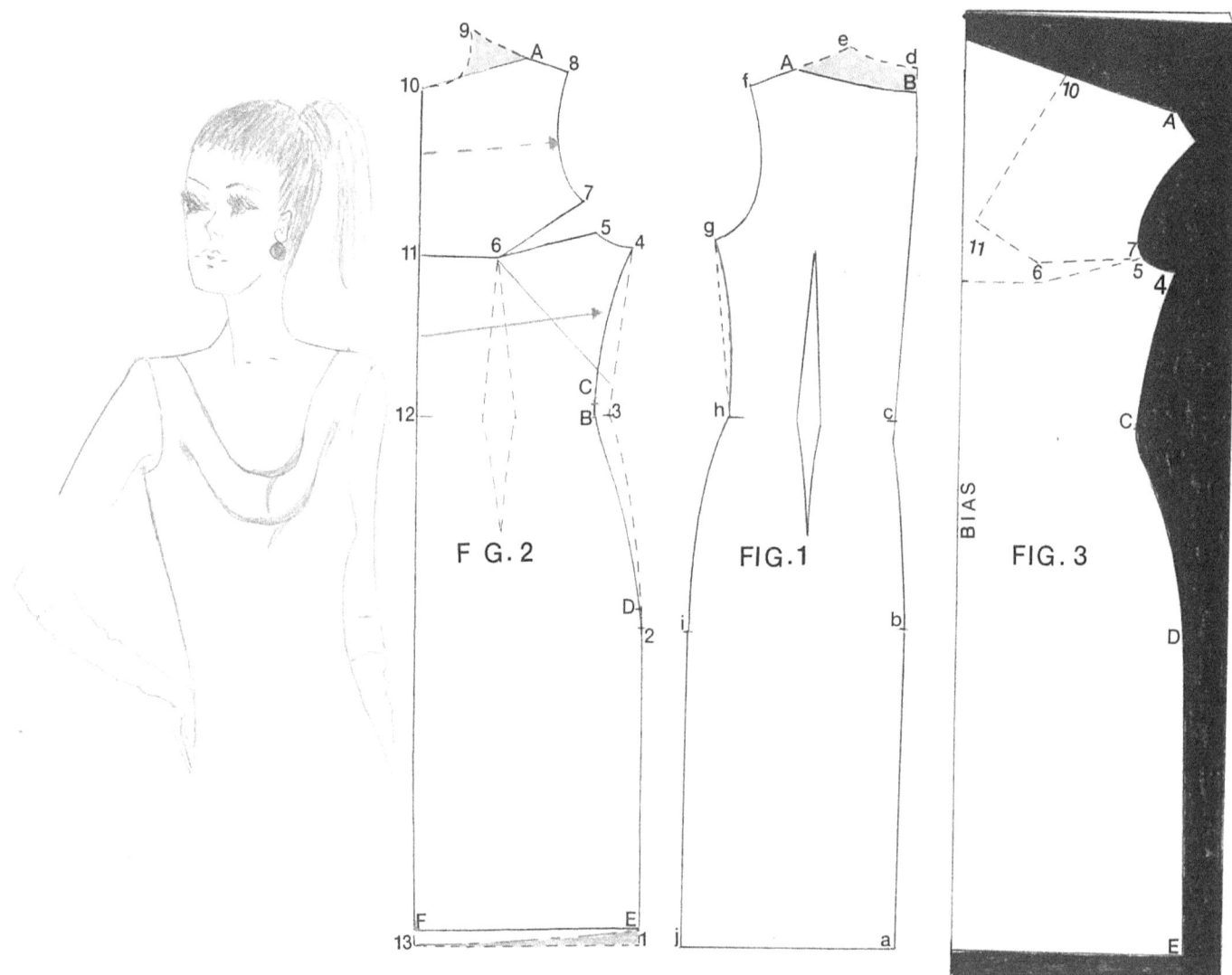

DELANTERA Y TRASERA: 1-2-3-4 y j-i-h-g = costados, 4-5-7-8 y g-f = sisas,5-6-7= pinza, 8-9 y f-e =hombros, 9-10 y e-d = escotes, 10-11-12-13 y d-c-b-a = centros,11-6= separación de busto (delantera), 12 = altura de cintura.

Desde 8 y f, aplicar 4 cm. o a gusto = A.

d-B (trasera) mitad de A-e. Unir A-B y A-10. Separar las partes sombreadas.

Desde 3 (delantera), aplicar hacia dentro la mitad de la pinza vertical, o lo que fuere necesario, **todo depende de la tela = B**.
Unir 2-B-4, como lo indica el trazado. También unir h-g (trasera) con ligera forma.

MUY IMPORTANTE: Para evitar que se formen algunas "arrugas" desagradables a la altura de la cintura, deberá proceder de la siguiente manera: B-C= 2 cm. (o lo que fuere necesario, todo depende de la tela).

2-D = B-C

Cortar desde 11 hasta 5 (pasando por 6) sin separar, luego juntar los puntos 5-7.

Antes de unir los costados, Usted deberá cambiar la línea 4-C-D, hasta alcanzar la medida g-h-i de la trasera. Se hace dicha operación para evitar posibles " arrugas" desagradables.

1-E y 13-F= 2-D. Unir E-F. Pudiera ser que en vez de unir E-F, fuere necesario unir E-13, **todo depende de la tela**.

Colocar tela doble al bies en el centro de adelante, luego separar el punto 10 del borde de la tela 15 cm. **o a gusto**.

Si deseare que los pliegues caigan más abajo, de un corte en el centro de los puntos 11-12 indicado con flechita y separe a gusto.

NOTA: En caso de ser necesario suavice la línea de la sisa.

BUCHE DE PAVO EN LA TRASERA
UTILIZAR LOS MOLDES SIMPLES DE UN VESTIDO
LA PARTE TRASERA CON LA PINZA MOVIDA HACIA EL COSTADO

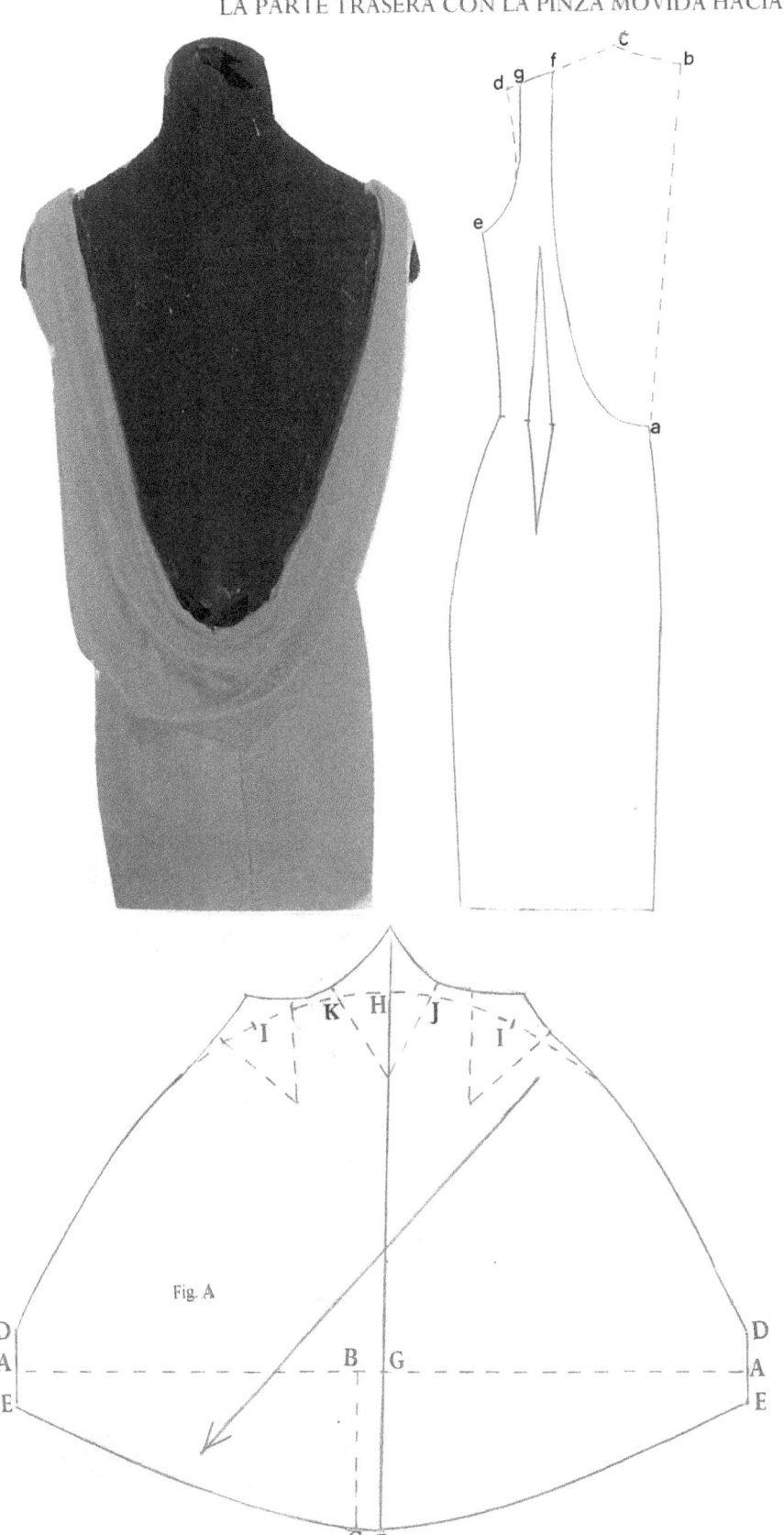

Fig. A

TRASERA

a-b parte del centro, (entre escote y cintura), b-c = escote, c-d = hombro, d-e = sisa.

f, es a gusto. Unir f-a, a continuación medir dicha distancia. NOTA: El escote no es necesario que sea igual al del trazado puede cambiarle la forma de desearlo es decir puede hacerlo más bajo, o más corto. d-g, a gusto. Unir g, con la sisa.

BUCHE Fig. A

Trazar una horizontal con la medida de los puntos a-f de la trasera = A-B. Desde B, escuadrar hacia abajo, aplicando 1/3 parte de A-B = C. Desde A, escuadrar hacia arriba y hacia abajo, colocando la distancia f-g del hombro = D y E. Unir E-C, con forma. Desde E, colocar hacia C, la distancia A-B=F.

B-G=C-F.

Unir F-G, a continuación desde G, prolongar la línea, aplicando la medida G-A = H. Unir H-D con forma, como lo indica el trazado.

Desde D, ubicar hacia H la medida A-G=I.

Doblar el papel de molde por F-G-H y calcar el lado opuesto.

Desde H, aplicar hacia ambos lados 1/3 parte de H-I = J-K = primer pliegue "pinza", luego desde I, formar las otras dos pinzas iguales a la anterior. Cerrar las pinzas, luego suavizar la línea después juntar los puntos E con D y F con J/K.

A l juntar el "Buche" con la trasera, deberá unir E/D, con los puntos f, y, A con g, y los J/K, con los a.

Cabe señalar que la parte que forma los pliegues, va debajo, de manera que no se noten.

La delantera, se escotará en el hombro igual a la trasera, mientras que en el centro, se hará tipo bateau.

VESTIDO CON ESPALDA ABIERTA Y RECORTE EN V EN LA DELANTERA

UTILIZAR LOS MOLDES SIMPLES DE UN VESTIDOLIGERAMENTE ÉVASÉ CON LAS PINZAS CERRADAS UNIDOS EN LOS COSTADOS EN LA ALTURA DE AXILA .

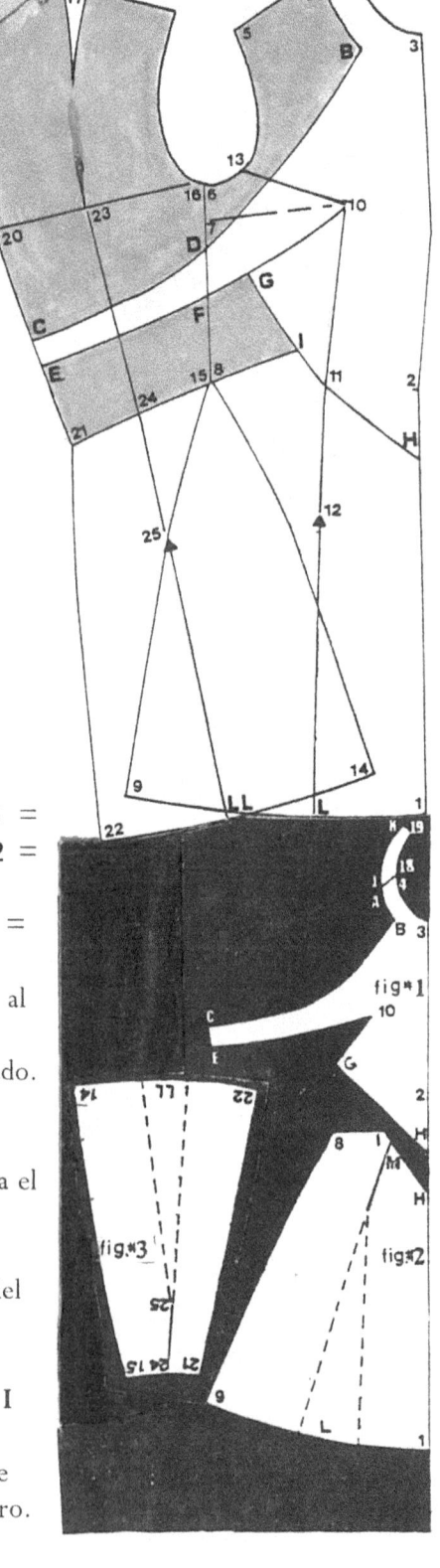

DELANTERA: **1-2-3** = centro de adelante, **3-4** = escote, **4-5** = hombro, **5-6** = sisa, **6-7-8-9** = costado,**13-10**, **7-10** y **10-11-12** = pinzas cerradas.

TRASERA: **14-15 -16** = costado, **17-18** = parte del hombro, **18-19** = escote, **19-20-21-22** = centro, **23 24-25** = pinza cerrada.

DELANTERA: **4-A** = 3 cm. o a gusto. Desde **A**, trazar una paralela al escote unos 8 cm. (claro que todo depende del alto del escote) = **B**.

TRASERA: **C** = mitad de **20 -21**. Unir **C-B**, como lo indica el trazado. **D**, se forma al cruzarse las líneas.

C-E = 3 cm. o a gusto. Unir **E-10**. **F**, se forma al cruzarse las líneas.

F-G = 1/ 3 parte de **F-10**. Unir **G-11** luego prolongar la línea, hasta el centro de adelante = **H**.

G-I = **F-8/15**. Unir **I-8/15-24-21**.

18-J y **19-K** (trasera) = 3 cm. . Unir **J-K** , luego separar la tira del escote, y las partes sombreadas.

Desde **12** y **25**, trazar verticales hasta el ruedo = **L** y **LL**.

Cortar desde **G** hasta **10**. Cortar desde **H** hasta **G** (pasando por **11** e **I** separando, luego cortar desde **L** hasta **12** y desde **LL** hasta **25**.

UBICACIÓN DE LOS MOLDES SOBRE LA TELA: Aplicar tela doble en las líneas **1-H** y **H-2-3**.Juntar la parte del escote trasero al delantero. Fig. # **1,2 y3**.

VESTIDO ASIMÉTRICO CON CAPITA EN EL LADO DERECHO Y PLIEGUES

UTILIZAR EL MOLDE DOBLE DE UN VESTIDO DELANTERO SEMI ENTALLADO LIGERAMENTE ÉVASÉ Y UNO SIMPLE PARTE TRASERA

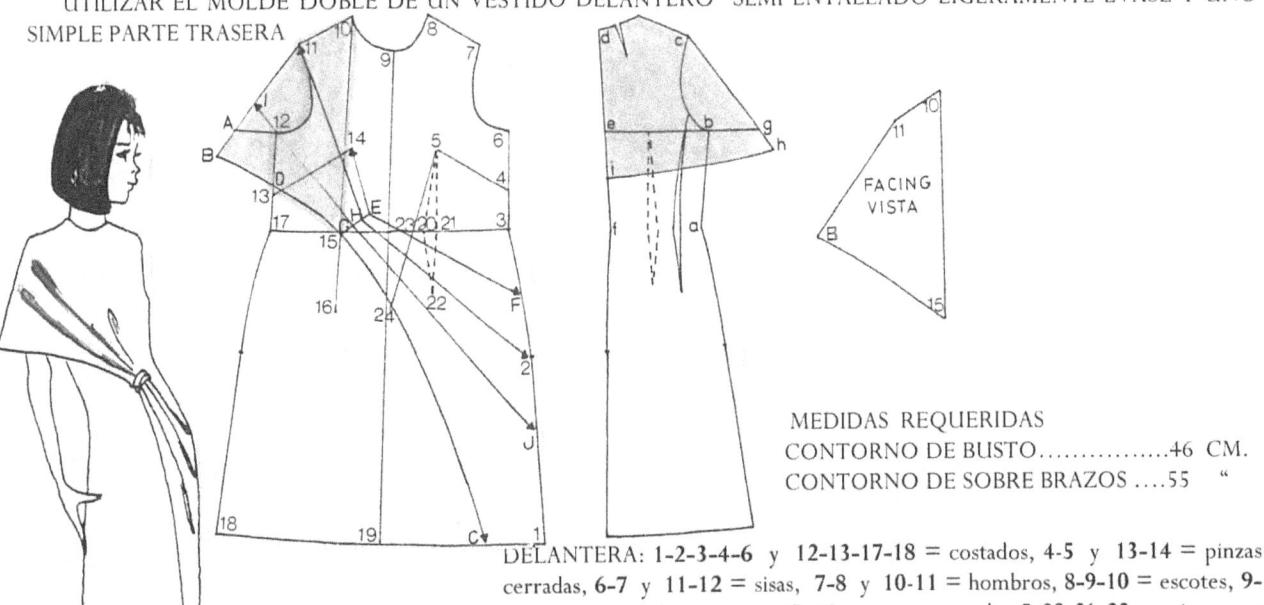

MEDIDAS REQUERIDAS
CONTORNO DE BUSTO................46 CM.
CONTORNO DE SOBRE BRAZOS 55   "

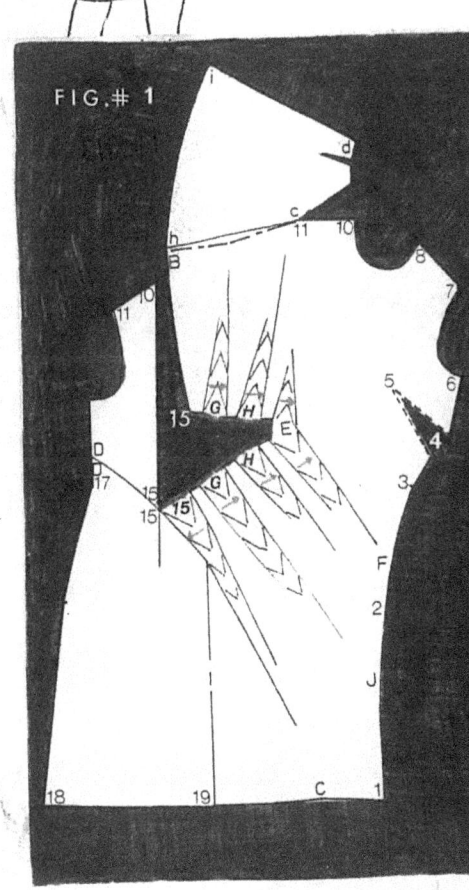

FIG. # 1

DELANTERA: **1-2-3-4-6** y **12-13-17-18** = costados, **4-5** y **13-14** = pinzas cerradas, **6-7** y **11-12** = sisas, **7-8** y **10-11** = hombros, **8-9-10** = escotes, **9-19** = centro delantero, **14-15-16** = pinza cerrada, **5-20-21-22** = pinza que cambia de sitio, como lo indican los puntos **5-23-24** = pinza cerrada.

Desde **12**, trazar una horizontal, aplicando la mitad de la diferencia entre los Contornos de Busto y Sobre Brazos, más **4** cm. o a gusto, ejemplo: 8 ½ cm. = **A.**

Unir **11-A**, luego prolongar la línea unos 6 cm. o a gusto = **B.**

Desde **1**, aplicar hacia 19 1/ 3 parte de dicha distancia = **C**. Unir **C-15-B. D**, se forma al cruzarse las líneas.

Desde **15**, escuadrar aplicando unos 6 cm. = **E**. Unir **E-14** y **E**, lo más cercano a **23**, luego prolongar la línea hasta el costado = **F.**

Dividir en tres partes la línea **15-E = G-H**. Unir **H-11**, y desde **G** trazar una línea, aproximadamente en el medio de **11-B = I.**

Unir **H-2.**

2-J = 2-F. Unir **J-G.**

Unir **15-10**, luego calcar la parte sombreada = vista, y la parte indicada con **15-10-11-12-D-15.**

Cortar desde **B** hasta **C** (pasando por **D** y **15**). Cortar desde **15** hasta **E**, de **E** hasta **14**, de **E** hasta **F**, de **H** hasta **11**, de **H** hasta **2**, de **G** hasta **I**, y de **G** hasta **J.**

TRASERA: **a-b** = altura de axila, **b-c** = sisa, **d-e-f** = centro.

Desde **b**, prolongar la línea, aplicando la misma medida **12-A** de la delantera = **g**. Unir **g-c.**

Desde **c**, aplicar pasando por **g** la medida **11-B** de la delantera = **h.**

Desde **h**, trazar una línea ligeramente inclinada hasta la línea central = **i.**

Calcar dos veces la parte sombreada (una se utilizará para vista).

Cambiar la pinza de lugar, como lo indica el trazado.

Ubicación de los moldes sobre la tela. Fig. 1. Abrir los cortes de arriba en la delantera de acuerdo a la tela, ejemplo: 5 cm., el del busto se abre solo y los de abajo unos **6** cm. o a gusto.

Juntar las líneas **D** con **D**; **15** con **15**; **c** con **11** y **h** con **B.**

Llevar la tela con la forma del molde en la parte del vientre (pinzas **16** y **24**). Suavizar la línea del costado.

Drapear un trozo de tela, terminado en unos 6 x 3 cm. más ensanches. Si la persona tuviere poco busto, podría eliminar la pinza del lado izquierdo tipo alta costura.

VESTIDO IDEAL PARA PERSONAS DE POCO BUSTO
UTILIZAR UN MOLDE SIMPLE DE UN VESTIDO PARTE DELANTERA CON TODAS LAS PINZAS CERRADAS

1-2-3 = centro, 3-4-5 = escote, 6-7-8-9-10 = costado, 7-11 y 11-12- 13 = pinzas cerradas.

3-14 = 1 ½ cm. .

Desde 14, escuadrar aplicando la medida 4-5 más 2 cm. = 15. Unir 15- 5.

14-16 = 1 cm..

Desde 2, aplicar hacia arriba, hacia el costado y hacia abajo 4 ½; 3 y 4 ½ cm. respectivamente= a-b-c. Unir dichos puntos, como lo indica el trazado.

Dividir en diez partes la distancia: a-b-c = d-e-f g-h-i-j-k-l.

Unir a-16. Separar la parte sombreada.

Dividir en tres partes la altura de axila y la altura de cadera = ll-m-n-o.

Unir l-13, k-9, j-o, i-n, h-8, g-m, f-ll, e-11, d con la diagonal a-16. El asterisco, se forma al unir-se las líneas.

Cortar desde d, hasta el asterisco, después desde e hasta 11, de f a ll, de g a m, de h a 8, de i a n, de j a o, de k a 9 y de l a 13, sin separar.

Separar los cortes a gusto (o sea de acuerdo a la tela) ejemplo: 6 cm. Si el punto l, no se abriere lo suficiente, mueva un poco la tela de abajo.

La Fig. A, demuestra la manera de colocar el mol-de sobre la tela.

Suavizar la línea del costado.

Los picos que se observan en los comienzos de cada pliegue, se obtienen al cerrar los mismos.

La trasera la realizará según su gusto personal.

El forro no lleva los mismos recortes del molde, lleva las pinzas comunes.

fig. A

VESTIDO CON COSTURAS EN V

UTILIZAR LOS MOLDES SIMPLES DE UN VESTIDO LIGERAMENTE ÉVASÉ

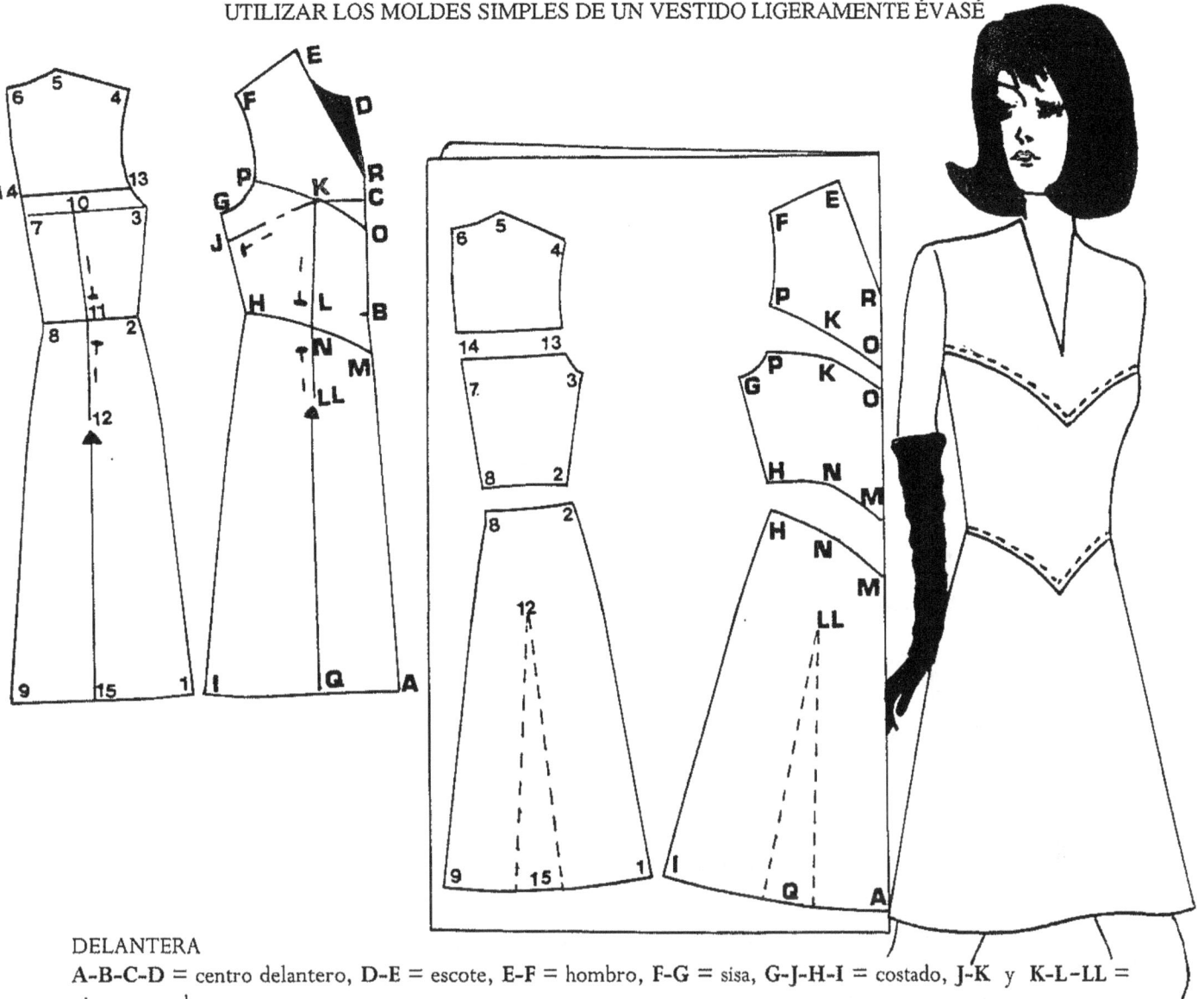

DELANTERA

A-B-C-D = centro delantero, **D-E** = escote, **E-F** = hombro, **F-G** = sisa, **G-J-H-I** = costado, **J-K** y **K-L-LL** = pinzas cerradas.

Desde **B**, aplicar hacia abajo 7 cm. o a gusto = **M**. Unir **M-H**, siguiendo la forma del dibujo. **N**, se forma al cruzarse las líneas.

Medir la distancia **K-N**.

Desde **M**, aplicar hacia arriba la distancia **K-N** = **O**. Unir **O-K**, luego prolongar la línea hasta la sisa = **P**.

Desde **LL**. trazar una vertical hasta el ruedo = **Q**.

Desde **C** (altura de busto) colocar hacia arriba 5 cm. o a gusto = **R**. Unir **R-E**. Separar la parte sombreada.

Cortar desde **O** hasta **P** (pasando por **K**). Cortar desde **M** hasta **H** (pasando por **N**). Cortar desde **Q** hasta **LL**.

TRASERA

1-2-3 = costado, **3-4** = sisa, **4-5** = hombro, **5-6** = escote, **6-7-8-9** = centro trasera, **10-11-12** = pinza cerrada.

3-13 y **7-14** = 3 cm., o de acuerdo a la línea **O-P-K** de la delantera, para tener continuidad. Unir **13-14**.

Desde **12**, trazar una vertical hasta el ruedo = **15**.

Cortar desde **15** hasta **12**. Cortar desde **2** hasta **8**. Cortar desde **13** hasta **14**.

Ubicación de los moldes sobre la tela: Aplicar tela doble en las líneas **O-R, M-O, A-M**.

IMPORTANTE: Las faldas, podrían ir al bies, y para ahorrar tela, podría invertir los moldes.

COMO CORTAR UN VESTIDO AL BIES EN TELA A CUADROS
UTILIZAR LOS MOLDES DOBLES DE UN VESTIDO SEMI ENTALLADO CON ÉVASÉ

1ro. Igualar los anchos de los moldes, es decir, quitarle a uno y lo que le quita a éste, lo agrega al otro. En éste caso se achicaron las delanteras. ¿ Porque se hace ese cambio? Porqué lo hermoso es que puedan coincidir todas las líneas (Sino no hay caso en hacer una prenda al bies) y no solamente deben coincidir los costados, sino también las líneas de los hombros. ¿ Que ocurre si las alturas de las sisas son diferentes? Si la diferencia es poca, se pueden mover las líneas de costuras.
NOTA: Es preferible que las costuras se muevan hacia adelante.

2do. Quitar la forma del busto a las delanteras (se explica ese detalle en las páginas 282-283; Luego, se dará la forma del busto. En éste caso, resultará mucho más fácil, por tratarse de una tela al bies.

3ro. Formar las líneas del bies en los dos moldes (se explica como hallar el bies en la página 339), luego ubicarlos sobre la tela simple.
NOTA: Si los cuadros fueren parejos, bastará con colocar los centros de los escotes en el medio de un cuadro, luego, se podrá guiar por los mismos.
IMPORTANTE: Algunas telas, se achican al cortarlos al bies, así como otras se agrandan. Usted deje bastantes márgenes de costura por si tuviere alguna duda.

IMPORTANTE: Al coser las costuras deberá usar tear away, para que no se estiren las mismas.
El cuello es baby, y va en otro tono, y lleva costura atrás.
En el centro de atrás deberá dejar una abertura de unos 15 cm. para colocar el cierre.

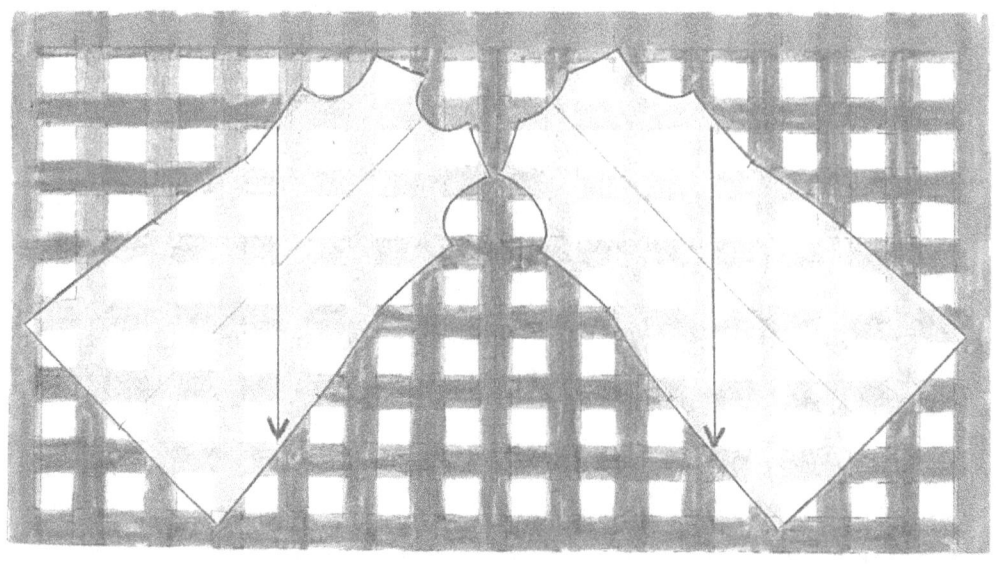

MODO DE CORTAR UN VESTIDO AL BIES CON TELA A RAYAS

UTILIZAR LOS MOLDES DE UN VESTIDO SEMI ENTALLADO Y CON ÉVASÉ

A) Marcar las líneas del bies en los moldes (indicado en la página 339)

B) Quitar la forma del busto en el molde delantero, como está indicado en las páginas 282-283 (tipo Haute Couture).

C) **Si lo desea, puede igualar el ancho de los moldes** (pero no es muy necesario).

D) En el centro de adelante, quitar parte de la pinza vertical 1/3 parte (claro que mucho depende de la **tela** que **Usted** use).

E) Agregue amplitud en los ruedos centro de adelante y de atrás, como lo indican los trazados.

F) Muchas telas al cortarlas al bies, se **achican**, así como algunas se **agrandan**. Cuide ese detalle, y por las dudas deje bastante ensanches. Al probar la prenda lo puede hacer por el lado del revés, para que los ensanches **no** molesten.

G) Use **tear away** al coser las costuras a máquina (para evitar que éstas se estiren y luego formen especies de jorobas.

H) El cuello es baby, y lleva costura en el centro de atrás. Y puede ser de otro color.

I)El vestido lleva cierre atrás, pero previamente, deberá fusar los ensanches.

J) Forme el busto del mismo modo que el trazado de las páginas 282-283.

VESTIDO CON MANGAS TIPO MURCIELAGO
UTILIZAR LOS MOLDES SIMPLES DE UN VESTIDO CORTO

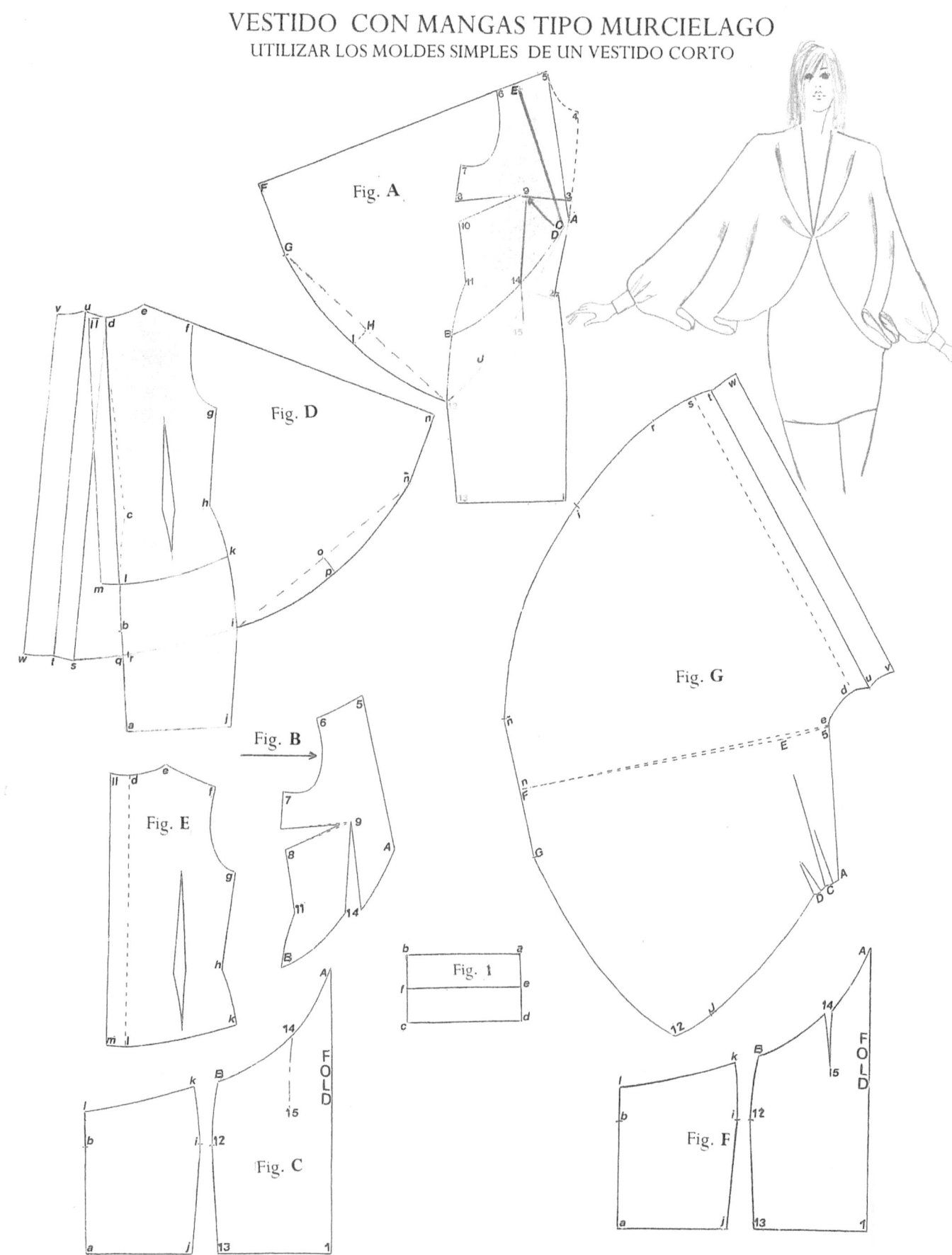

Fig. **A**

Fig. **D**

Fig. **B**

Fig. **E**

Fig. **G**

Fig. **1**

Fig. **C**

Fig. **F**

DELANTERA: Fig. **A**

Cerrar solamente la pinza vertical. Los puntos 1-2-3-4, indican el centro, 4-5 = escote, 5-6 = hombro,6-7 = sisa, 7-8-10-11-12-13 = costado, 9-14-15 = pinza vertical, 8-9-10 = pinza de costado, 3-9 = pinza de Entre Busto cerrada, 12 = altura de cadera.

Desde 3, colocar hacia abajo 4 cm. o a gusto = **A**. unir A-5.

Desde 11, aplicar hacia abajo la mitad de 11-12, menos 2 cm. = **B**. Unir B-14-A.

A-C y C-D = 2 cm. o a gusto. Unir D-9 y C con la mitad del hombro = **E**.

Desde 6, prolongar la línea del hombro, aplicando el Largo de Manga menos 7 cm. (puño) ejemplo: 54 cm. = **F**.

Desde F, escuadrar poniendo la mitad del ancho de puño más 4 cm. o a gusto, ejemplo: 15 cm. = **G**. Unir G-12, después, marcar la mitad = **H**. H-I = 4 cm.. Unir 12-I-G y 12-A, como lo indica el trazado.

Desde A, aplicar hacia 12, la distancia A-14-B = **J**. Medir la distancia J-12.

Calcar la parte sombreada en color rosado, luego abrir la pinza vertical 14-9. Fig. **B**. NOTA: Ésta parte, se deberá cortar en forro.

Desde 9, aplicar la diferencia entre la 1ra. y 2da. Separación de Busto, luego formar la pinza.

Calcar la parte sombreada en amarillo, manteniendo la pinza cerrada al cortar la tela, pero dándole la forma del molde a la tela. Fig. **C**. NOTA: Para el forro (que deberá ir más grande unos tres milímetros en las líneas de los costados) deberá abrir la pinza.

Copiar la parte indicada con: A-5-6-F-G-I-12-J-D-C-A. Cortar desde D hasta 9 y desde C hasta E, sin separar.

TRASERA Fig. **D**

Los puntos **a-b-c-d**, indican el centro, **e-f** = hombro, **f-g** = sisa, **g-h-i-j** = costado.

Desde **h**, aplicar hacia abajo la misma distancia de 11-B de la delantera = **k**. Juntar k y B (líneas de los costados), después seguir la línea en forma armónica hasta la línea central trasera = **l**.

Unir l-d, con línea recta, después doblar el papel de molde por dicha línea y marcar el cruce, ejemplo: 4 cm. (es bien cruzado) obteniéndose los puntos **ll** y **m**.

Desde **f**, prolongar la línea del hombro, aplicando la medida 6-F de la delantera = **n**.

Desde **n**, escuadrar aplicando la distancia F-G de la delantera = **ñ**. Unir ñ-i, a continuación marcar el centro = **o**. o-p = H-I de la delantera.

Unir ñ-p-i, después prolongar la línea en forma paralela a k-l = **q**.

Desde **i**, poner hacia q, la distancia k-l = **r**.

Desde **r**, prolongar la línea, colocando la medida J-12 de la delantera = **s**. Unir s-d.

Doblar el papel de molde por la raya s-d, y marcar el cruce, ejemplo: 4 cm. = **t** y **u**.

Doblar de nuevo el papel por la línea t y u, aplicando 6 cm. par a la vista = **v** y **w**

Calcar la parte sombreada en color rosado. Fig. **E**. Dicha parte, se deberá cortar en forro.

Calcar la parte sombreada en amarillo. Fig. **F**.

Copiar la parte indicada con: **w-v-u-d-e-f-n-ñ-p-i-r-s-t-w**.

Juntar los moldes uniendo **e** con 5 y **n** con f. Fig. **G**.

Abrir la línea en el punto **C**, aproximadamente lo mismo que se abre el punto **D**. NOTA: Ese es motivo por el cual no se juntan las líneas de los hombros.

PUÑO Fig. **1**.

Formar un rectángulo con la medida ancho de Puño más 2 cm. para cruce, por el doble de la medida Alto de Puño = **a-b-c-d**, después marcar el centro de **a-d** y **b-c**.

IMPORTANTE: Si deseare dar más amplitud a la manga, deberá separar **F-n**, de modo que las líneas del escote delantero y la del centro de atrás queden en forma verticales. Fig. **H**.

IMPORTANTE: Cabe señalar que el punto **12**, se deberá juntar con **B** (delantera), o sea que la parte **A-12**, se reducirá a la medida **A-B**, lo mismo ocurre con la distancia **i-s** (trasera)que se reducirá a la medida **k-l**. Esa " flojedad," le dará a la prenda un bonito efecto.

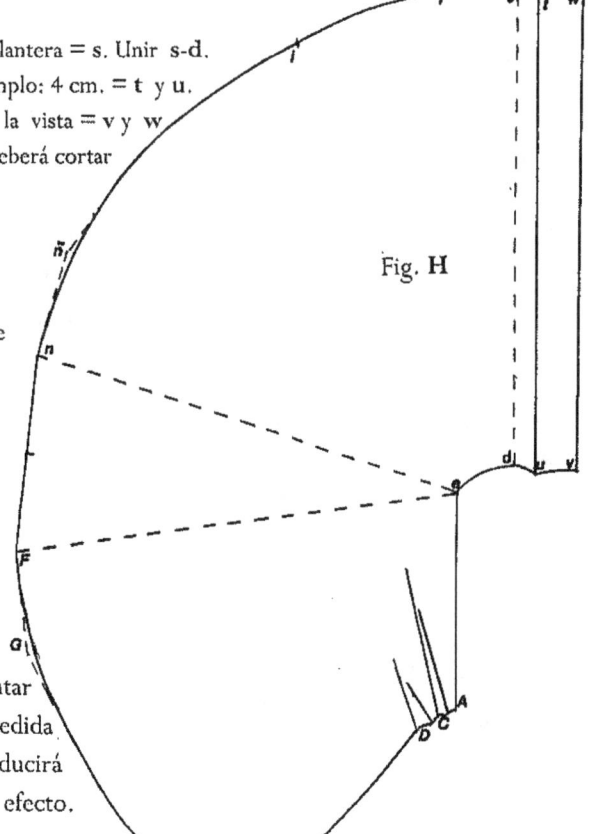

Fig. **H**

VESTIDO ENTALLADO SIN COSTURAS NI PINZAS
EN TELA COMUN,(**NO ELÁSTICA**) PARTE TRASERA

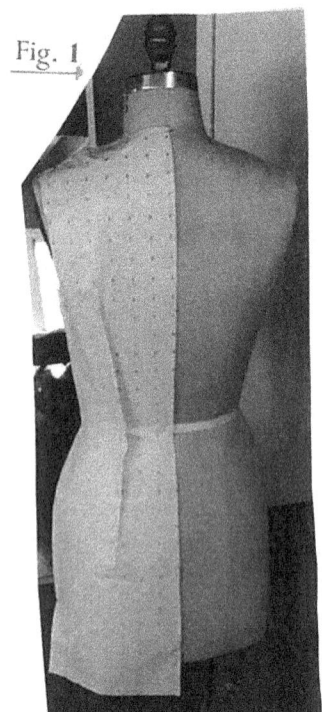

Fig. 1

Fig. 2

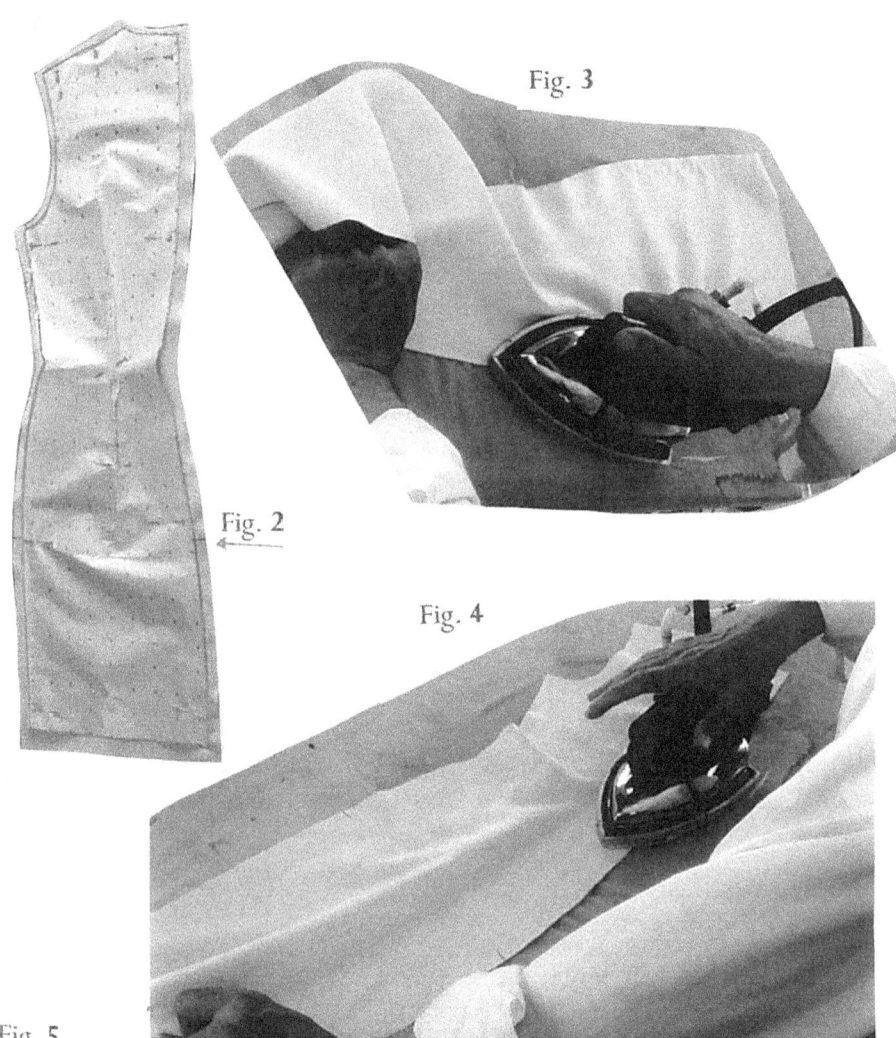

Fig. 3

Fig. 4

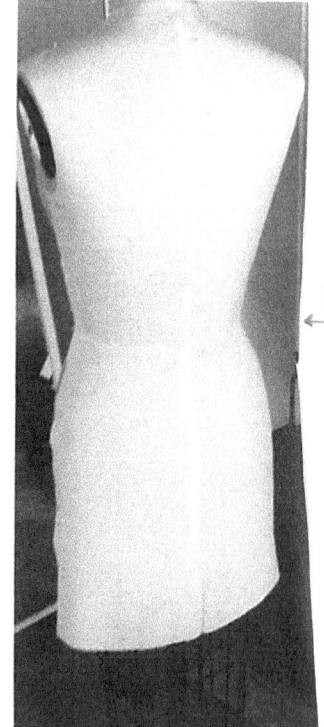

Fig. 5

Primero y principal: Cerciórese que el molde sea PERFECTO. Fig. 1.
Coloque el molde sobre la tela, sujetándolo con alfileres como lo indica el
grabado, luego, córtelo dejando los ensanches necesarios. Fig. 2.

A continuación **Cambrar** la parte del costado y el centro de atrás desde la
altura de axila hasta la altura de cadera. Fig. 3 y 4.

La Fig. 5, indica la prenda terminada, donde demuestre toda su **BELLEZA**
y **PERFECCION**!

MUY IMPORTANTE: Dicho estudio, no es indicado para telas a cuadros
¿ porque? Porque los cuadros dejarían de coincidir.

VESTIDO SIMETRICO CON " MANGUITAS " IMITANDO RAGLAN
UTILIZAR LOS MOLDES SIMPLES DE UN VESTIDO SEMI ENTALLADO LIGERAMENTE ÉVASÉ

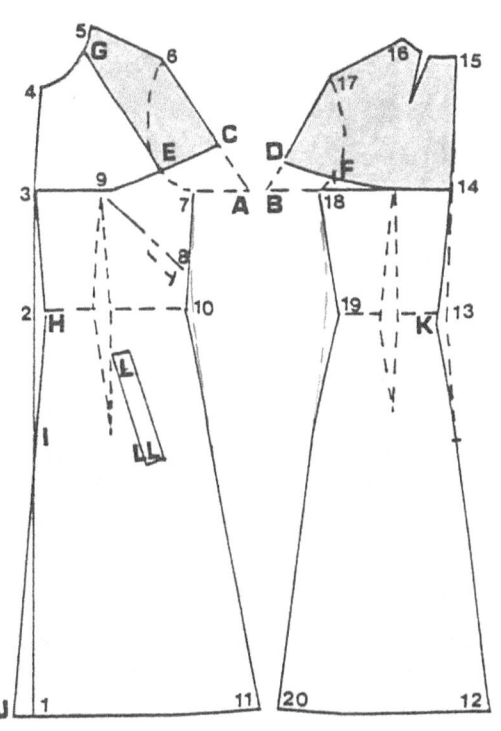

MEDIDAS REQUERIDAS:
CONTORNO DE BUSTO........46 cm
SOBRE BRAZOS.................55 cm

DELANTERA Y TRASERA: **1-2-3-4** y **12-13-14-15** = centro de adelante y centro de atrás, **4-5** y **15-16** = escotes, **5-6** y **16 17** = hombros, **6-7** y **17-18** = sisas, **7-8-10-11** y **18-19-20** = costados, **8-9** = pinza cerrada.

Desde los puntos **7** y **18**, trazar líneas horizontales aplicando la mitad de la diferencia entre Busto y Sobre Brazos, más 3 cm. o a gusto, ejemplo: 7 ½ cm. = **A** y **B**. Unir **A-6** y **B-17**.

Desde **6** y **17**, aplicar hacia **A** y **B**, 16 cm. o a gusto = **C** y **D**. Unir **C-9** y **D-14**. **E** y **F**, se forman al cruzarse las líneas.

Desde **5**, colocar hacia 4, 4 cm. o a gusto = **G**. Unir **G-E**.

Desde **2**, ubicar hacia dentro 1/ 3 parte del ancho de la pinza (o lo que la tela permita) = **H**.

Desde **2**, aplicar hacia abajo la medida de la altura de la pinza = **I**.

Desde **1**, prolongar la línea aplicando unos 2 cm. o a gusto. Unir **J-I-H-3**. (De ese modo, se forma el nuevo entalle).

Desde **I**, aplicar hacia **J**, la distancia **I-1**, pero como casi no hay diferencia no la marcamos.

TRASERA: **13-K** = 1/3 parte del ancho de la pinza.

Formar la nueva línea central.

Separar las partes sombreadas, luego juntarlos por las líneas del sobre manga. Fig. **A**.

Colocar tela doble en la línea **3-4**. Fig. **B**.

L-LL, indican la altura del " welt pocket. "

NOTA: De desearlo, puede soltar las líneas delos costados.

VESTIDO SIMÉTRICO CON ESCOTE OVALADO

IMPORTANTE: Para este tipo de prenda, es **imprescindible** usar una tela acorde con el mismo .
UTILIZAR LOS MOLDES SIMPLES DE UN VESTIDO CON LA VARIANTE DE LA PINZA EN EL HUNDIDO DEL SOBRE
BUSTO, ASÌ COMO TAMBIÉN DE LA VARIANTE EN LOS COSTADOS (ES DECIR NO EN FORMA RECTA), CON LAS
PINZAS CERRADAS, NO ASÍ LAS PINZAS MARCADAS CON LÌNEAS DISCONTINÚAS.

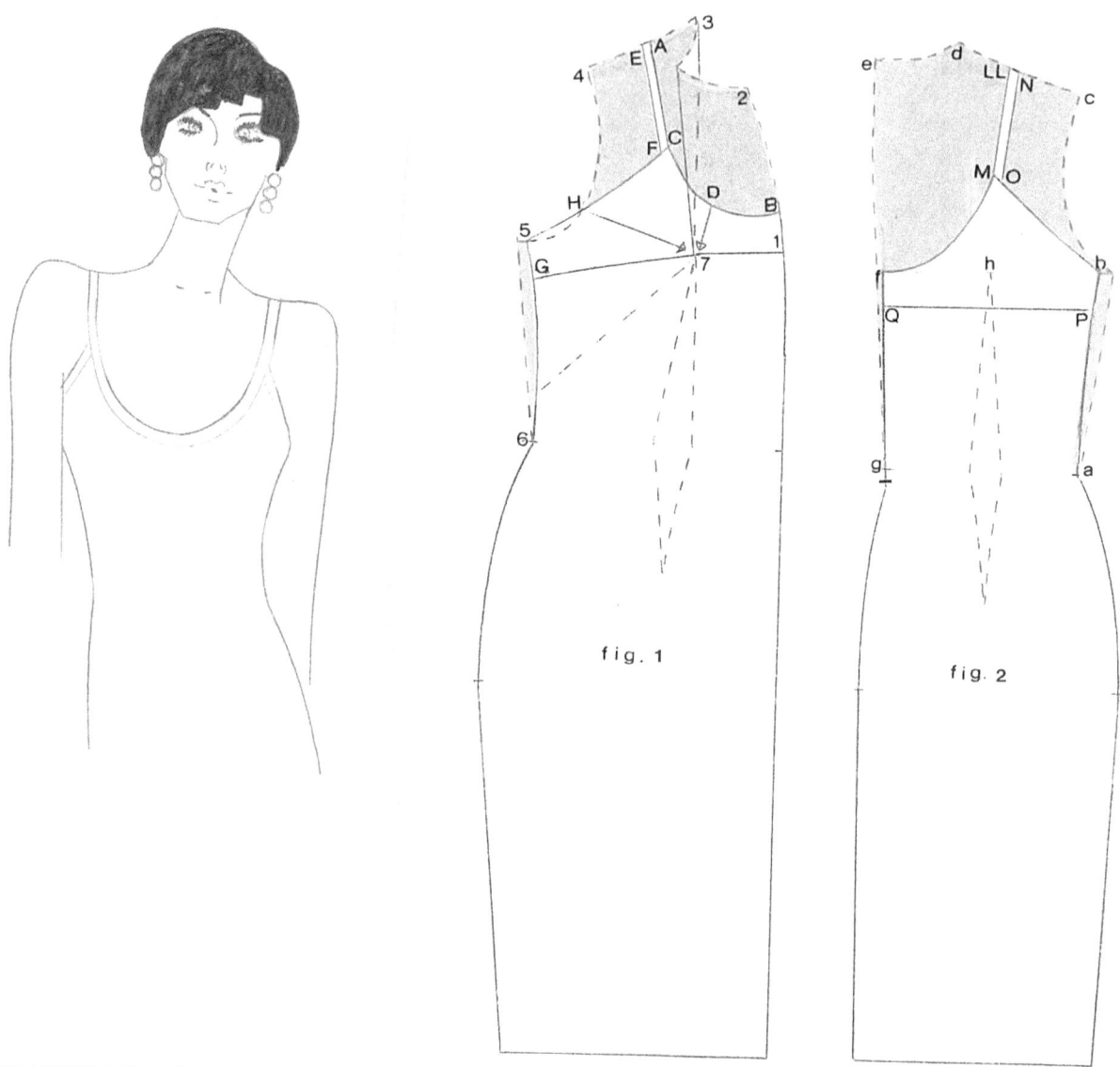

fig . 1

fig . 2

DELANTERA Fig . 1
1-2 = desde la altura del busto hasta el escote, 3-4 = hombro, 5-6 costado, 1-7 = separación de busto.
Marcar el centro de 3-4 = A.
1-B = 4 cm. o a gusto.
Marcar el centro de A-7 = C.(Este punto, podría cambiar de posición de acuerdo a la Altura de Busto).
Unir B-C y C-5, como lo indica el trazado.
Marcar el centro de B-C = D. Unir D-7.
A-E y C-F = ancho del bretel, ejemplo: 1 cm. . Unir A-C y E-F.
5-G = 4 cm. o a gusto. Unir G-7.
H = cruce de líneas. Unir H con 7.
Separar la parte sombreada.
Calcar la parte indicada con: 1-B-D-C-A-E-F-H-5-G-7-1. Ésta parte, se utilizará como vista y tear away. = Fig. 5.
La parte indicada con: C-A-E-F-C, es para controlar el bretel, y no es necesario cortarla con la vista.

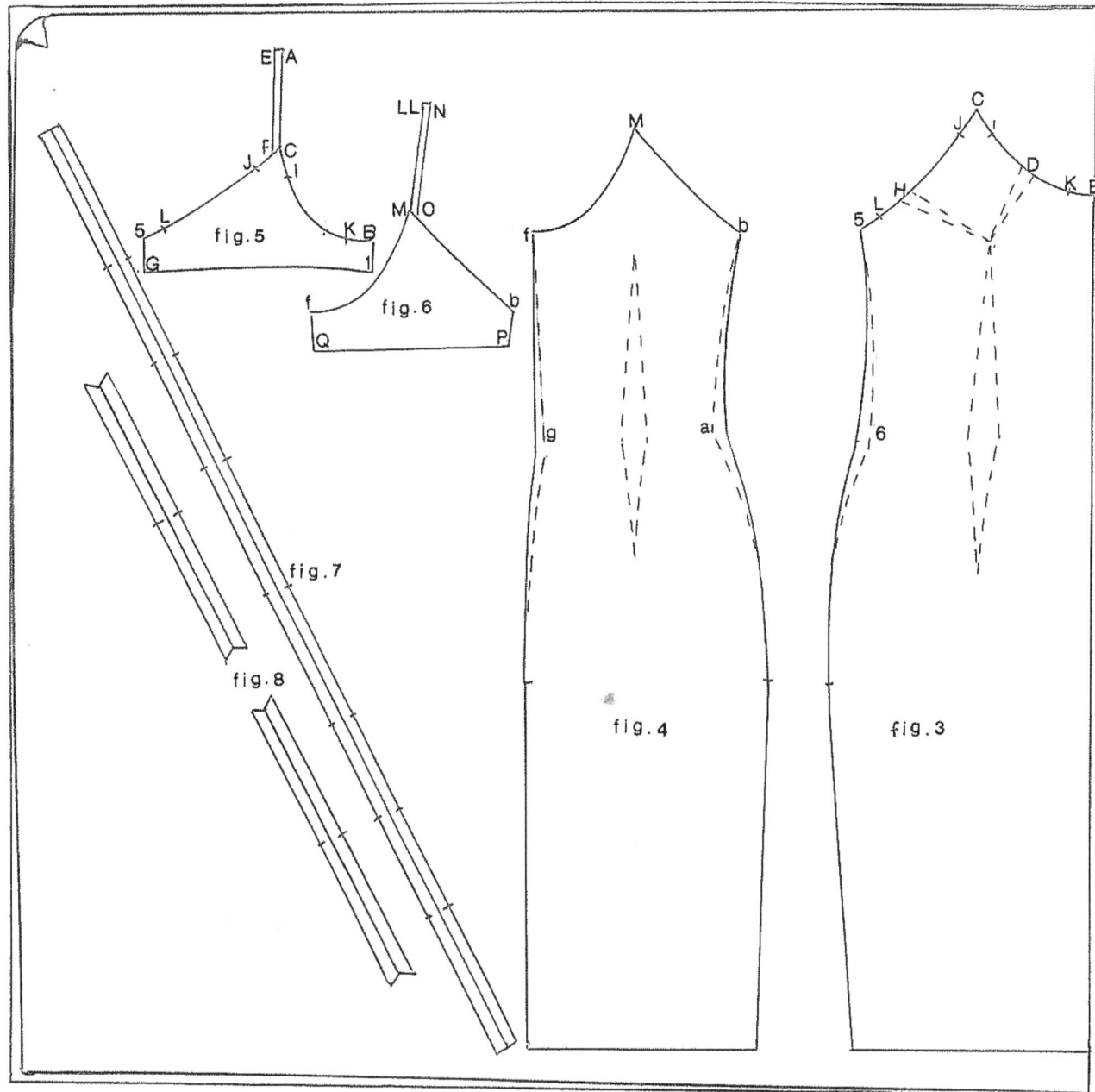

Cortar desde **D** y **H** hasta **7. Fig. 3**.

C-I; C-J; 5-L; B-K = 3 cm. .Reducir las distancias entre **K-D-I** y **J-H-L**, a las medidas **K-I** y **J-L** de la fig. **5**. La manera de reducirlos es: Pasar dos bastillas, luego reducirlos, después planchar con cuidado, y hacer que desaparezca toda clase de frunce .

TRASERA Fig. 2

a-b = costado, **c-d** = hombro, **e-f-g** = centro, **f-g** = altura de axila, **h** = vértice de la pinza.

LL = centro de **c-d**.

M = mitad de **LL-h**. (o a gusto).

Unir **b-M-f**, como lo indica el trazado.

LL-N y **M-O** = **A-E** de la delantera. Unir **N-O** y **LL-M**.

b-P y **f-Q** = **5-G** de la delantera. Unir **P-Q**.

Calcar la parte indicada con: **P-b-O-N-LL-M-f-Q-P**. Ésta parte, se utilizará como vista y tear away = Fig. **6**. La tira del bretel (**O-N-LL-M-O**), es para controlar y no es necesario cortarlos en tela.

IMPORTANTE: Sumar las distancias entre **B-D-C-A** y **LL-M-f** , de las Fig. **1** y **2**, luego con esa medida, multiplicada por dos, hacer una tira al bies por 4 cm. de ancho = Fig. **7**.

Sumar las distancias entre **C-F-H-5** y **M-O-b**, luego hacer también dos tiras al bies de 4 cm. de ancho = Fig. **8**.

IMPORTANTE : Si Usted deseare hacer la prenda menos adherida, desde **6**, **a** y **g**, aplicar hacia fuera 1 cm. o a gusto; Luego formar las líneas de los costados y la línea central trasera, como lo indican los trazados.

236

VESTIDO CRUZADO SISA BAJA IDEAL PARA ROBE DE CHAMBRE
UTILIZAR LOS MOLDES DE UN VESTIDO SIMPLE, SEPARADOS EN LA LÌNEA DE CINTURA

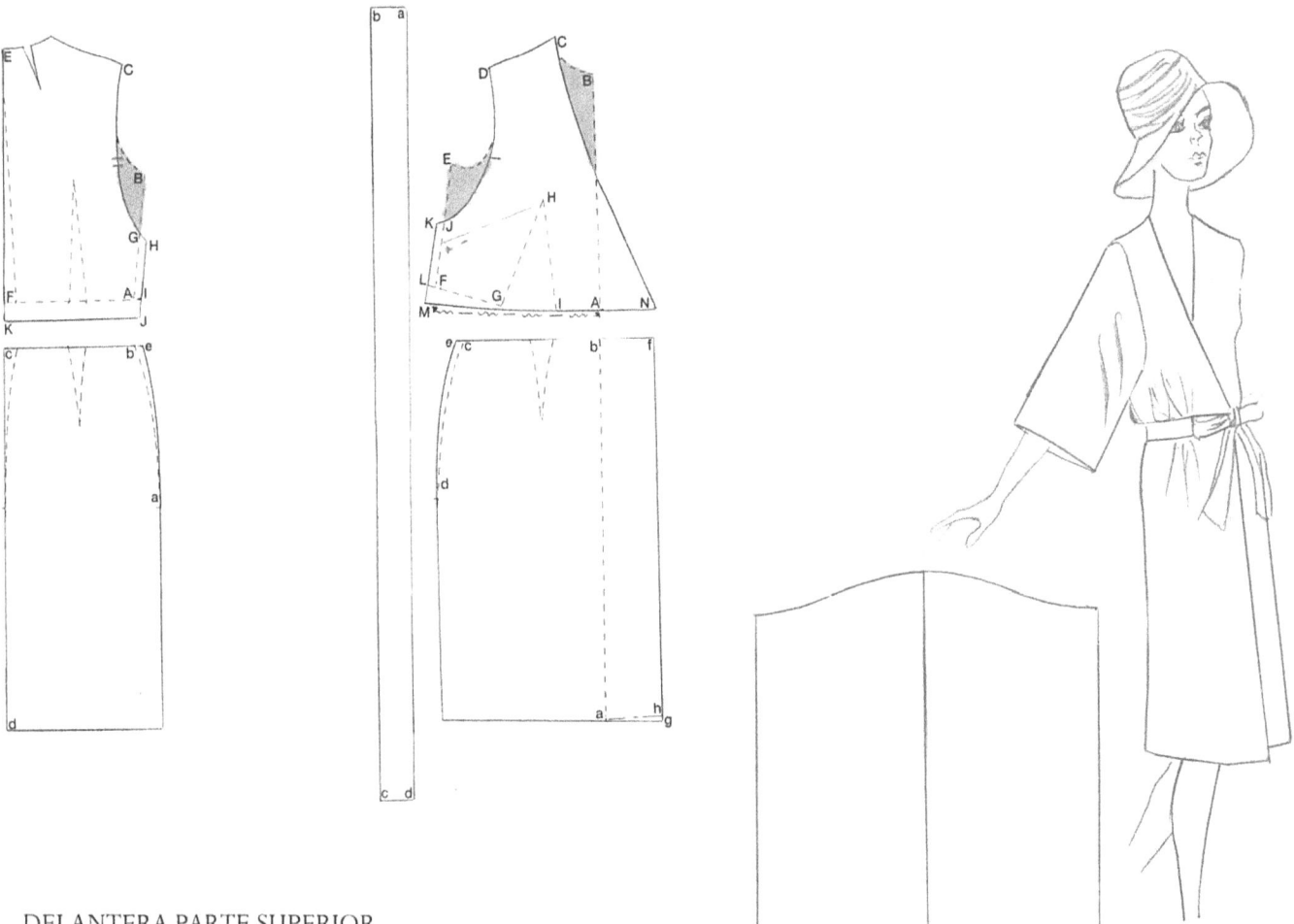

DELANTERA PARTE SUPERIOR

A-B = centro de adelante, **B-C** = escote, **D-E** = sisa, **E-F** = costado, **F-G-I-A** = cintura, **G- H-I** = pinza.

Marcar el centro de **E-F** = **J**. Unir **J**, con la sisa, como lo indica el trazado.

Desde **J** y **F**, prolongar las líneas aplicando 1 cm.(o a gusto) = **K** y **L**. Unir dichos puntos.

Desde **L**, prolongar la línea 2 ½ cm. o a gusto = **M** .Unir **M-A**, con ligera forma.

Desde **A**, prolongar la línea aplicando 8 cm. o a gusto = **N**. Unir **N-C**, con ligera forma.

FALDA DELANTERA

a-b = centro de adelante, **b-c** = cintura, **c-d** = línea de cadera.

c-e = **F-L**. Unir **e-d**. NOTA: Si desea darle más amplitud, prolongue la línea **c-e**, luego una el nuevo **e** con **d**.

b-f y **a-g** = **A-N**. Unir **g-f**.

NOTA: Para que no sobre salga la parte del lado izquierdo deberá acortarse, ejemplo: **g-h** = 1 ½ cm. . Unir **h-a**.

TRASERA PARTE SUPERIOR

A-B = costado, **B-C** = sisa, **E-F** = centro, **F-A** = cintura.

Marcar el centro de **A-B** = **G**. Unir **G**, con la sisa, como lo indica el trazado.

Desde **G** y **A**, aplicar la medida **J-K** de la delantera = **H** e **I**. Unir dichos puntos.

Desde **I** y **F**, prolongar las líneas aplicando igual medida **L-M** de la delantera = **J-K** . Unir dichos puntos.

FALDA TRASERA

a-b = altura de cadera, **b-c** = cintura, **c-d** = centro.

b-e = **c-e** de la delantera. Unir **e-a**.

La Manga, es tipo camisa, pero recta.

El Cinturón, es un rectángulo con 120 cm.(o sea 1metro y 20 cm.) por verticales y por horizontales 6 cm. .

Separar las partes sombreadas.

VESTIDO SIMÉTRICO ESCOTADO Y AMPLIO EN EL RUEDO
UTILIZAR LOS MOLDES SIMPLES DE UN VESTIDO

MEDIDAS REQUERIDAS :
  CONTORNO DE BUSTO ....46 CM.
  CONTORNO DE SOBRE BUSTO ....44 "

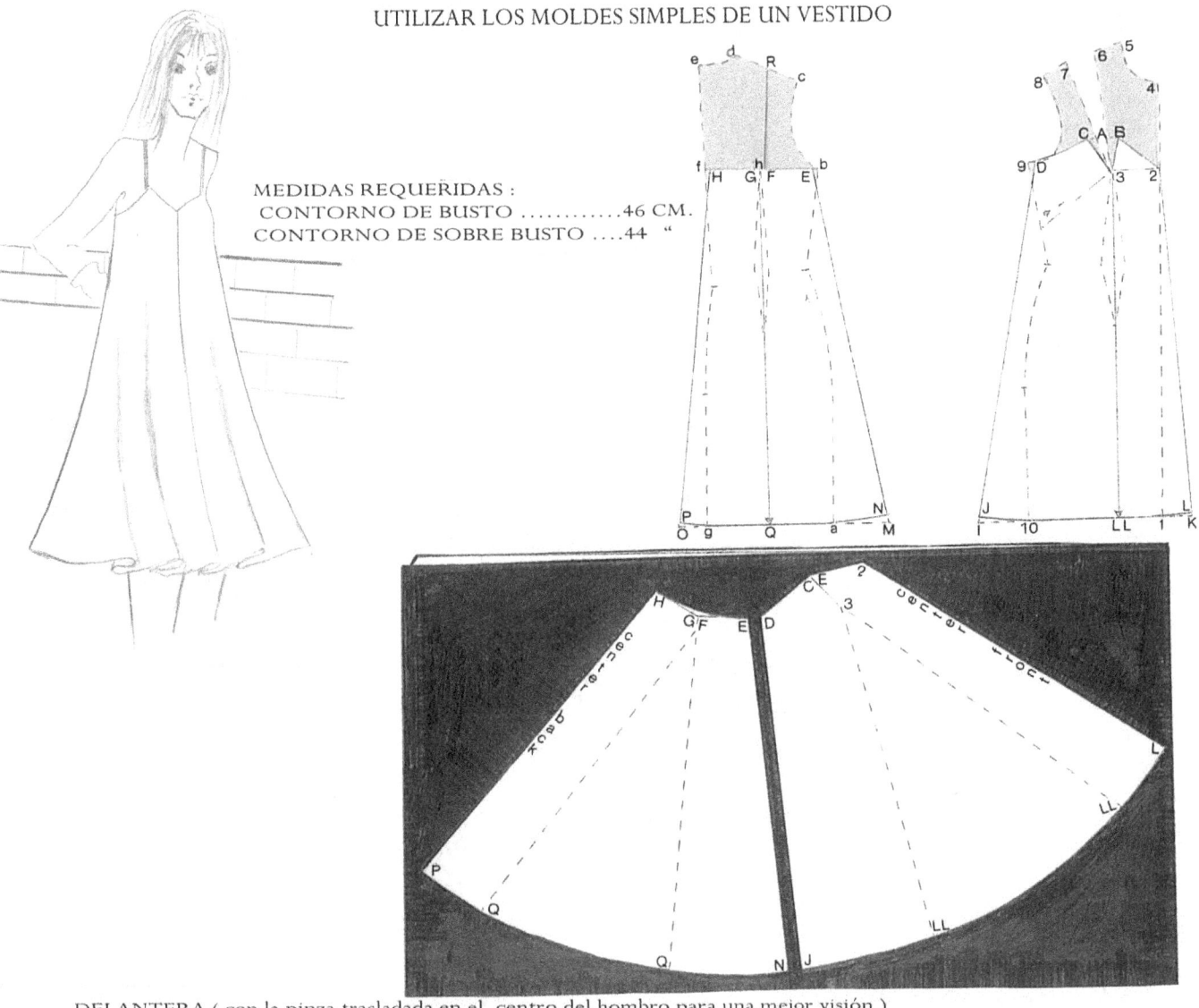

DELANTERA (con la pinza trasladada en el centro del hombro para una mejor visión)
1-2-4 = centro, **2-3** = pinza de entre busto cerrada, **5-6-7-8** = hombro, **6-3-7** = pinza, **9-10** = costado.
TRASERA: **a- b** = costado, **c-d** = hombro, **e-f - g** = centro trasera, **b-f** = altura de axila, **h** =vértice de la pinza.
DELANTERA: Desde **3**, aplicar hacia arriba la diferencia entre la altura de busto y la altura de la Hendidura del Sobre
Busto, ejemplo: 5 cm. = **A**.
Desde **A**, aplicar hacia ambos lados la Hendidura del Sobre Busto, ejemplo: 1 cm. = **B** y **C**. Unir **B-3** y **C-3**.
Desde **9** (delantera) y **b-h-f** (trasera) aplicar 1 / 5 parte de la diferencia entre Busto y el Sobre Busto, ejemplo:
ligeramente inferior a ½ cm. = **D-E-F-G-H**.
Desde **10**, prolongar la línea, aplicando 10 cm. o a gusto = **I**. Unir **I-D**.
Desde **D**, ubicar hacia **I**, la distancia **9-10** (tomada en vertical) = **J**. Unir **J-10**, con ligera forma.
Desde **1**, prolongar la línea, colocando la mitad de **10-I** = **K**. unir **K-2**.
Desde **2**, aplicar hacia **K**, la distancia **2-1** = **L**. Unir **L-1**, con ligera forma.
Desde **3**, trazar una perpendicular hasta el ruedo = **LL**.
Unir **2-B** y **C-D**, de acuerdo a la forma del busto.
TRASERA: Desde **a**, prolongar la línea, aplicando la medida **10-I** de la delantera = **M**. Unir **M-E**.
M-N = **I-J** de la delantera. Unir **N-a**, con ligera forma.
g-O = mitad de **a-M**. Unir **O-H**.
Desde **H**, aplicar hacia **O**, la distancia **H-g** (tomada en línea recta) = **P**. Unir **P-g**, con ligera forma.
Desde **h**, trazar una perpendicular hasta el ruedo = **Q**.
R = mitad de **c-d**. Unir **R-F**.
Separar las partes sombreadas, luego cortar desde **LL** hasta **3** y de **Q** hasta **h** (sin separar).Cerrar la pinza **B-3-C**,
luego juntar los puntos **F-G** (trasera). NOTA: Mientras que el espacio **LL**, se abre automáticamente, el del punto **Q**,
lo forma Usted (manteniendo una armonía con la parte delantera).
Sumar las distancias entre **R-h** y **6-A**. Con esta suma, se hará el largo del bretel su ancho a gusto.
Suavizar la línea **E-F/ G –H**.

VESTIDO IDEAL PARA COCKTAIL

UTILIZAR LOS MOLDES SIMPLES DE UN CORPIÑO ADHERIDO PÁGINA 24

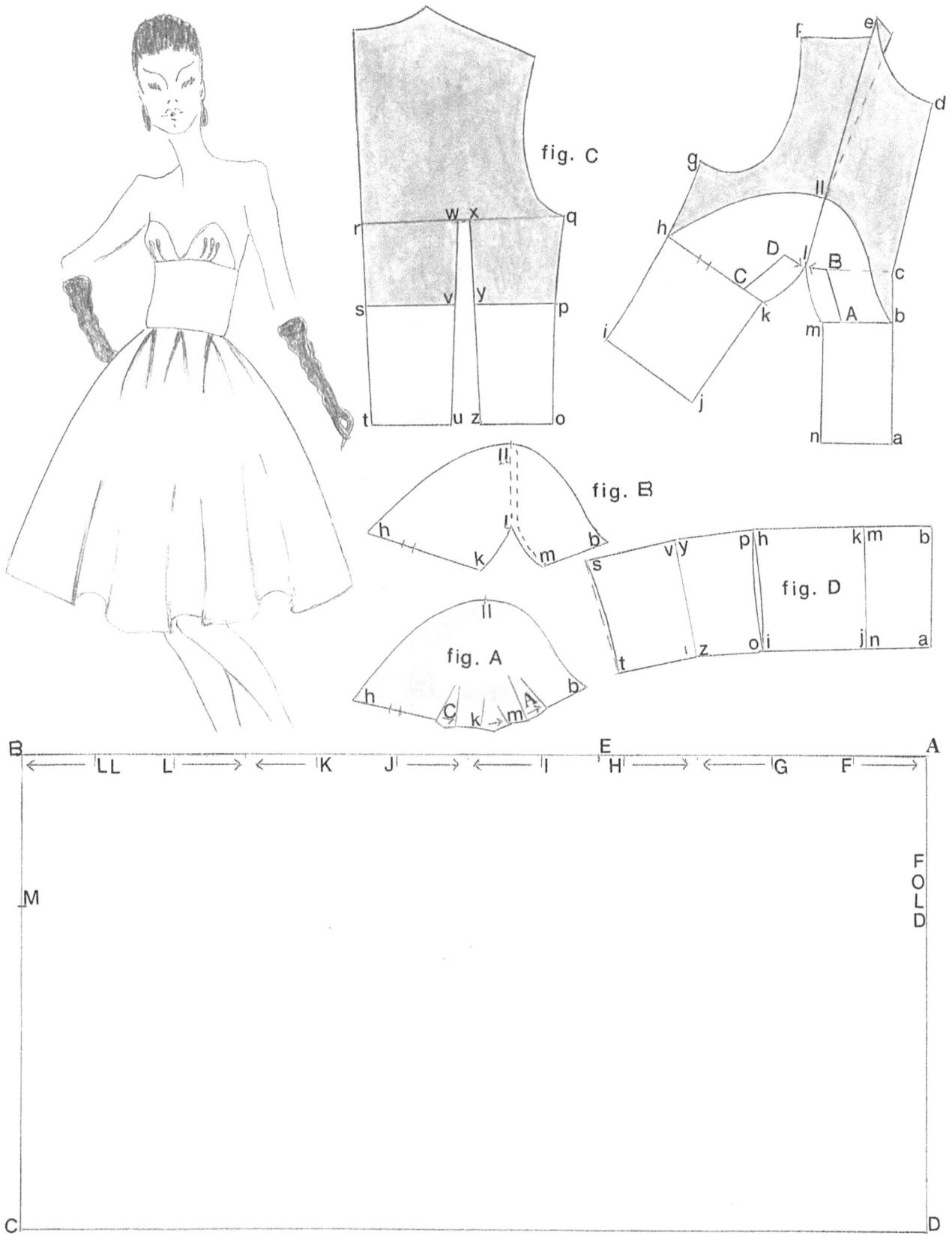

fig. C

fig. B

fig. A

fig. D

PASO A PASO CON LA REALIZACION DE LOS TRAZADOS

MEDIDAS NECESARIAS

AMPLITUD DEL RUEDO............94 CM.

CINTURA............................34 "

LARGO DE FALDA..................58   "

COPIÑO DELANTERO

a-b-c-d = centro de adelante, **d-e** = escote, **e-f** = hombro, **f-g** = sisa, **g-h-i** = costado, **i-j-n-a** = línea de cintura, **j-k-l-m-n** = pinza (las otras, están cerradas), **l-ll-e** = pinza del sobre busto cerrada, **b-m-k-h** = altura de bajo busto, **c-l** = pinza de entre busto cerrada.

m-A = 2 cm.. Desde **A**, trazar una línea paralela a **m-l**, hasta la raya **c-l** = **B**. Unir **B-l** .

k-C = **m-A**. Desde **C**, trazar una paralela a **k-l** = **D**. Unir **D-l**.

Unir **b-ll-h**, como lo indica el trazado.

Separar la parte sombreada en rosado.

Cortar por la línea **b-m-k-h**, separando.

Copiar dos partes del molde del color blanco.(Fig. **A** y **B**).

Cortar desde **A** hasta l, pasando por **B**, y desde **C** hasta l, pasando por **D**, sin separar.

Separar los puntos **A-C-k-m**, de acuerdo a la profundidad que desea darle a cada pliegue. Fig. **A**.NOTA: Al cerrar los pliegues, deberá enderezar la línea **b-A-m-k-C-h** (por el efecto de las aberturas **B** y **D**).

CORPIÑO TRASERO Fig. **C**

o-p-q = costado, **r-s-t** = parte del centro trasera, **u-v-w** y **x-y-z** = pinza, **p-y-v-s** = continuación de la línea del bajo busto, **q-x-w-r** = altura de axila.

Separar la parte sombreada en rosado, luego cerrar la pinza.

Juntar los puntos **k-m** y **j-n**, **h-p** y **i-o**. Fig. **D**.

Si la tela lo permite, el espacio que queda en la unión de los costados, se podría quitar como lo indica la línea **s-t**.

FALDA

De acuerdo a la cantidad del ancho del ruedo deseado, se realiza de la siguiente manera:

Formar un rectángulo con 94 cm. por horizontales por el Largo de Falda, ejemplo:58 cm= **A-B-C-D**.

Desde **A**, colocar hacia dentro la medida de cintura, ejemplo: 34 cm. = **E**.

Medir la distancia entre **E-B**, ejemplo: 60 cm..

A-F = 1/ 8 parte de **E-B** = 7 ½ cm..

F-G = 1/ 4 parte de **A-E** = 8 ½ cm..

G-H = el doble de la distancia **F-A** = 15 cm.

H-I = **F-G**. **I-J** = **H-G**. **J-K** = **F-G**. **K-L** = **I-J**. **L-LL** = **FG**.

B-M = 15 cm. (para el cierre).

IMPORTANTE: Las partes en color blanco, deberán armarse con crinolina, luego cortar dichas piezas también en forro.

Fig. **B**. Hacer un túnel (para luego introducir un " wire") indicado con líneas discontinuas = **m-l-ll**.

La falda, deberá cortarse con tela atravesada .

VESTIDO CON APLICACIONES BORDADAS Y VOLADOS EN LAS MANGAS

UTILIZAR LOS MOLDES SIMPLES DE UN VESTIDO Y UNA MANGA RECTA
MUY IMPORTANTE: PARA ESTE TIPO DE PRENDA, ES NECESARIO UNA TELA TIPO JERSEY GRUESO

FIG. 1

FIG. 2

FIG. 3

FIG. 4

FIG. 5

FIG. 6

FIG. 7

FIG 8

PASO A PASO CON LA REALIZACION DE LOS TRAZADOS

DELANTERA Y TRASERA: 1-2-3-4 = centros, 4-5 = escotes, 5-6 = hombros, 6-7 = sisas, 7-8-9-10 = costados, 11-12 -13-14 = pinzas abiertas; pinza de costado (delantera) cerrada, 2-9 = altura de cadera.(trasera)

TRASERA Fig. 1: Desde 5 y 6, aplicar 2 ½ cm.(= a la mitad de la altura del cuello) = A y B. Unir dichos puntos.

Marcar el centro de A-4 = C, y desde C, formar el escote; obteniendo de ese modo el punto D.

Con el punto E, marcar una pinza que termina en el centro de 12-13. Su ancho de 1 a 1 ½ cm. .

D-F = al ancho de la pinza E.(pero dicha operación, podría quedar sin efecto, según la tela).Unir F-3.

Desde 14, trazar una perpendicular hasta el ruedo = G. 15, se forma al cruzarse las líneas.

Cortar desde G hasta la terminación de la pinza E, luego cerrar dicha pinza. Fig.2 .

Fig . 2: Desde 8, aplicar 1 /3 parte de la distancia 12-13 = H.

Desde 9, colocar hacia dentro 1/ 4 parte de la abertura del punto 15 = I. Unir I-H-7.

Desde I, prolongar la línea, aplicando la distancia I-10 = J. Unir J-10

Desde 3, ubicar hacia dentro 1 /4 parte de la distancia 13-12 = K.

2-L = 1 /4 parte de la separación del punto 15. Unir L-K-F.

Desde L , prolongar la línea, aplicando la distancia 2-1 = M. Unir M-1.

DELANTERA Fig. 3: Desde 5 y 6 aplicar la medida de 5-A de la parte trasera = N-O. Unir dichos puntos

Desde 4, 3 y 2, colocar hacia dentro la medida 5-N = P-Q-R. Unir dichos puntos.

2-S = 1/ 4 parte de los puntos 12-13.

2-T = 12-14.

Desde S, aplicar pasando por T, la distancia1-2 = U. Unir U-1, con ligera forma.

S-V = 2-R. Unir V-Q.

Q-W y Q-X = 5 ó 6 cm. .

Desde 14, trazar una perpendicular hasta el ruedo = Y.

Cortar desde Y hasta 11. Separar las partes sombreadas, luego cortar de Q hasta 11.

Fig. 4: MUY IMPORTANTE: Separar el punto Q, de acuerdo a la tela a usar, puesto que la distancia W-Q-X, deberá embeberse, mientras que el espacio que deja el punto Y, va de acuerdo a la amplitud que desea darla al ruedo, es cuestión de combinar.

Fig.4: 8-a = ligeramente inferior a la mitad del espacio 12-13.

9-b = 9-I de la trasera. Unir b-a -7, con la forma, como lo indica el trazado.

Desde b, prolongar la línea, aplicando la distancia 9-10 = c. Unir c-10.

IMPORTANTE: Si la distancia entre a -7 (costado) fuere superior a la medida H-7 de la trasera, ésta se embeberá a la altura del busto.

Fig. 5: Doblar el papel de molde por la línea 2-3-4 y calcar el cruce.

CUELLO Fig. 6: Es una tira al bies con la suma de los escotes por dos veces el alto del cuello = A-B-C-D, luego marcar el centro de A-D y B-C = E-F. G = mitad de A-B y C-D.

A-H, B-H, C-H- D-H = escote espalda.

MANGA Fig. 7: a-b y d-e = laterales, b-c-d = copa.

Juntar las tiras de los hombros, luego unir 6/6 con c de la manga.

Desde O y B, trazar perpendiculares hasta el puño = f y g. Separar la parte sombreada.

Si lo desea, puede quitarle flojedad a las copas (partes sombreadas) de ¾ a 1 cm. .

VOLADO Fig. 8: Formar un circulo con la medida B-g de la manga parte sombreada, más unos 4cms. para flojedad, dejando margen para costura = A-B-C-D-E y desde dichos puntos, aplicar 20 cm. o a gusto = F-G-H-I-J.

VESTIDO CON TALLE LIGERAMENTE ALTO
UTILIZAR LOS MOLDES SIMPLES DE UN VESTIDO

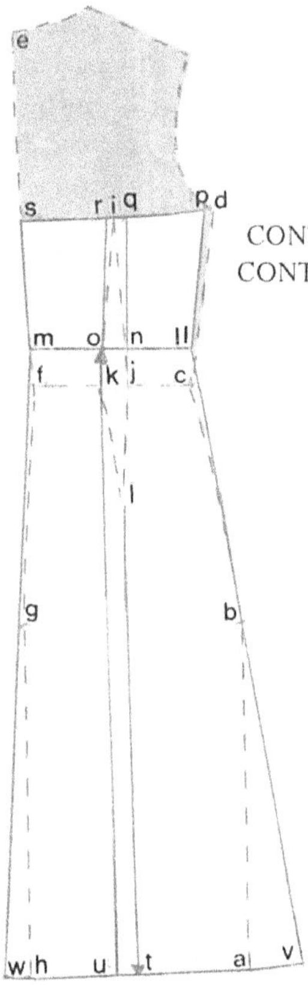

MEDIDAS REQUERIDAS
CONTORNO DE BUSTO ....46 CM.
CONTORNO DE SOBRE BUSTO........42 "

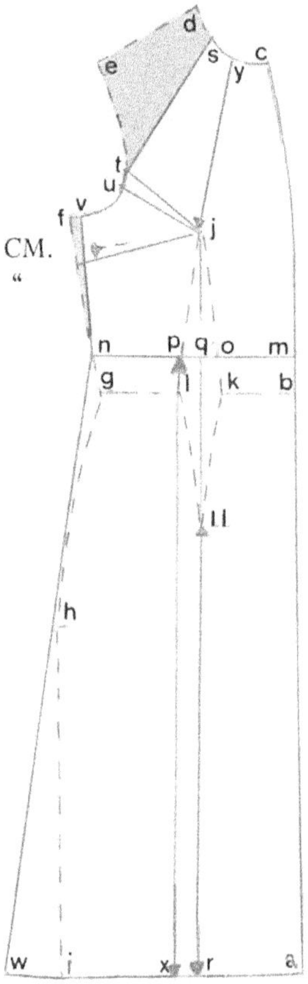

PASO A PASO CON LA REALIZACION DE LOS TRAZADOS

DELANTERA: **a-b-c** = centro, **c-d** = escote, **d-e** = hombro, **e-f** = sisa, **f-g-h-i** = costado, **j-k-l-ll** = pinza abierta, la pinza del costado cerrada.

b-m y **g-n** = 4 cm. o a gusto. Unir **m-n**. Los puntos **o-p-q**, se forman al cruzarse las líneas.

Desde **ll**, trazar una vertical hasta el ruedo = **r**.

d-s = 4 cm. o a gusto. Unir **s** con la sisa, formándose de ese modo **t**. Unir **t-j**.

t-u = 1 / 3 parte de la diferencia entre Busto y sobre Busto = ligeramente superior a 1 ¼ cm. . Unir **u-j**.

f-v = mitad de **u-t**. Unir **v-n**, según la forma del cuerpo. Separar las partes sombreadas.

Desde **n**, aplicar pasando por **h** la distancia **q-r** = **w**. Unir **w-i**, con ligera forma.

Desde **p**, trazar una perpendicular hasta el ruedo = **x.**

y = mitad de **c-s**. Unir **y-j**.

Cortar desde **m** hasta **n**, separando. Cortar de **y** hasta **j**. Cortar de **x** hasta **p** y de **q** hasta **r**.

Cerrar la pinza **t-j –u** (abriéndose automáticamente la parte indicada con **y**).

TRASERA: **a-b-c-d** = costado, **e-f-g-h** = centro, **i-j-k-l** = pinza.

c -ll y **f-m** = **b -m** de la delantera. Unir **ll-m**. **n** y **o**, se forman al cruzarse las líneas.

d-p = **f -v** de la delantera. Unir **p -ll**, según la forma del cuerpo.

i-q y **i-r** = **d-p**. Unir **q-n** y **r-o**.

Unir **p- i**, luego prolongar la línea hasta el centro = **s**. Separar la parte sombreada.

Desde **l** y **o**, trazar perpendiculares hasta el ruedo = **t** y **u**.

Desde **ll**, aplicar pasando por **b**, la distancia **n-w** de la delantera = **v**. Unir **v-a**.

Desde **m**, colocar pasando por **g**, la distancia **ll-v** = **w**. Unir **w-h**.

Cortar desde **ll** hasta **m**, separando. Cortar de **n** hasta **t** y de **u** hasta **o**.

UBICACIÓN DE LOS MOLDES SOBRE LA TELA: Colocar tela doble al bies en los centros de adelante y de atrás.

Separar los puntos **o-p** (delantera) y **n-o** (trasera) 12 cm. o a gusto. Separar los puntos **x** (delantera) y **u** (trasera) 20 cm. o a gusto, todo depende de la tela.

CORPIÑO DELANTERO: Calcar el corpiño (colocando papel doble en la línea **m-c**), pero con la pinza trasladada en la parte de abajo, luego darle a la pinza la forma del busto (parte **A** del molde).

Cortar desde la " cintura " hasta el escote, separando el molde de modo que entre los puntos **m** y **n,** tenga la misma medida de la falda. Separar el punto **Y** a gusto.

Suavizar las líneas de las sisas, y la línea del escote, en caso de ser necesario. El corpiño, se dobla por la línea **c-m**.

La parte A, es como un soutiens y al mismo tiempo vista.

CORPIÑO TRASERO: Juntar los puntos **r-q**, después abrir a gusto los puntos **o-n**, no tienen necesariamente que ser iguales a la medida de la falda. Suavice la raya **p-q/r-s**, después calque el molde, colocando papel doble en la línea **s-m.**

IMPORTANTE: Es necesario cortar dos corpiños delanteros y dos traseros.

Es necesario hacer túneles en los escotes y en la" cintura, "pero previamente, es necesario hacer dos ojales en los bordes de los escotes y en la parte baja de los Corpiños delanteros.

Hacer una tira de unos 56 cm. de largo por 2 cm. de ancho, para el escote y una tira de 112 cm .x 2 cm. para la "cintura. "

NOTA: Reducir la falda trasera a la medida del corpiño trasero.

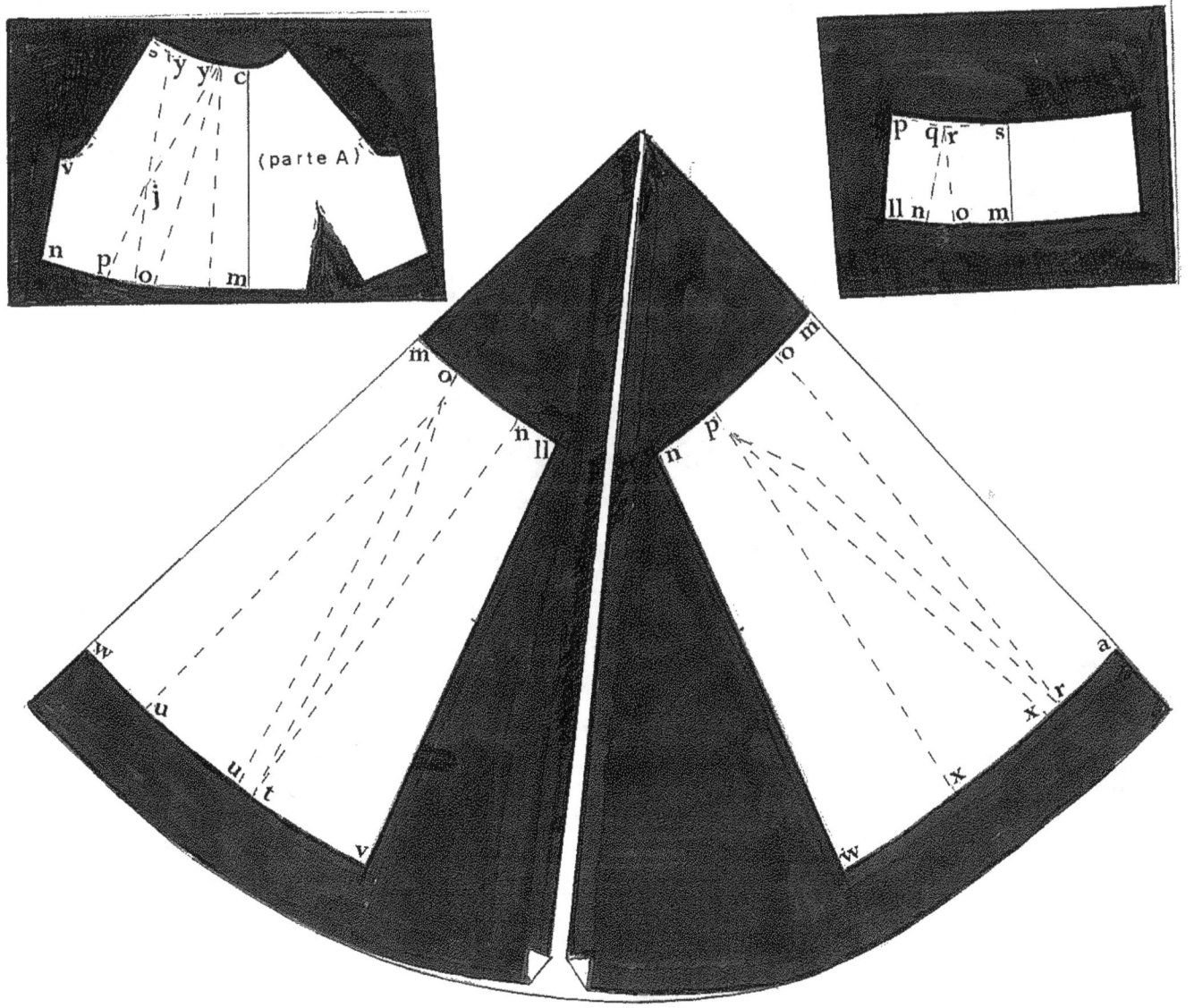

VESTIDO SIMÉTRICO CON VOLADO EN EL ESCOTE
UTILIZAR LOS MOLDES SIMPLES DE UN VESTIDO

PASO A PASO CON LA REALIZACION DE LOS TRAZADOS

MEDIDAS REQUERIDAS
CONTORNO DE BUSTO...................46 CM.
CONTORNO DE SOBRE BRAZOS........55   "

DELANTERA Fig.# 1: 1-2-3 = centro delantero, 3-4 = escote, 4-5 = hombro, 5-6 = sisa, 6-7-9-10-11- 12 = costado, 7-8-9 = pinza, 8-13-14-15 = pinza.

Desde 3, aplicar hacia abajo, 3 cm. o a gusto = A, y desde A, escuadrar hasta la sisa = B.

Desde 12, prolongar la línea, aplicado 6 cm. o a gusto = C. Unir C con 11, o de ser necesario con la línea de cadera.

Desde 11, aplicar hacia C la distancia 11-12 = D. Unir D-12, con ligera forma.

Desde 15, trazar una perpendicular hasta el ruedo = E.

F = mitad de 1-E.

Dividir en tres partes la distancia E-12 = G y H.

Desde F-G-H, escuadrar hasta la cintura = I-J-K.

Cortar de A hasta B (separando la parte sombreada); Cortar de 2 hasta 10 separando; Cortar desde F, E, G, H, hasta I, 15, J, K, sin separar.

TRASERA Fig. # 2: 1-2-3-4 = costado; 4-5 = sisa; 5-6 = hombro; 6-7 = escote; 7-8-9 -10 = centro parte trasera; 11-12-13-14 = pinza.

Desde 5, aplicar hacia abajo la medida 5-B de la delantera = A.

Desde A, escuadrar hasta el lado opuesto = B. Separar la parte sombreada.

Desde 1, prolongar la línea aplicando la medida 12-C de la delantera = C. Unir C-2,o de ser necesario con la cadera.

Desde 2, aplicar hacia C, la distancia 2-1 = D. Unir D-1, con ligera forma.

Desde 10 , prolongar la línea, aplicando la mitad de 1-C = E. Unir E-9.

Desde 14, trazar una vertical hasta el ruedo = F.

Marcar el centro de F-10 = G. Marcar el centro de F-1 = H.

Desde H y G, escuadrar hasta la cintura = I y J.

Desde 11, trazar una vertical hasta la línea A-B = K.

Cortar desde 3 hasta 8 (separando), cortar desde H hasta I, de F hasta 14, de G hasta J, y de 13 hasta K sin separar.

CORPIÑO DELANTERO Fig. # 3

Cerrar la pinza del costado. Desde 10, prolongar la línea 4 cm. o a gusto = L. Unir L-6.

Desde 2, prolongar la línea, aplicando 3 cm. o a gusto = LL, lo mismo que 14-M y 13-N.

Desde L, prolongar la línea aplicando 5 cm. o a gusto = O. Unir O-N-M-LL.

B-P = mitad de la diferencia entre Sobre Brazos y Busto , ejemplo: 4 ½ cm. .

CORPIÑO TRASERO Fig.# 4

Separar los puntos 12-13, 10 cm. o a gusto; Luego suavizar la línea A-B.

A-Q = B-P de la delantera.

3-R = 10-L de la delantera.

Desde 4, aplicar pasando por R, la medida 6-O de la delantera = S.

13-T, 12-U, 8-V = R-S. Unir S-T-U-V.

FALDA DELANTERA Fig. # 5

Formar un ángulo recto, y sobre el mismo apoyar la falda, abriéndose automáticamente las líneas F-E-G-H.

FALDA TRASERA Fig. # 6

Su procedimiento, es igual al de la falda delantera .

VOLADO Fig. # 7

Trazar un rectángulo con tres veces la medida del Sobre Brazos como horizontales, ejemplo: 1 metro con 65 cm. (o a gusto) y por verticales unos 14 cm. = A-B-C-D.

Marcar el centro de A-B = E.

A-F y B-G tres veces la distancia B-P de la delantera.

Cortar dos paños. NOTA: Los puntos E, se unirán con A de la delantera y B de la trasera, y F, con B y G, se unirá con A (trasera).

VESTIDO CON DOBLES BRETELES EN LA DELANTERA
UTILIZAR LOS MOLDES SIMPLES DE UN VESTIDO

MEDIDAS REQUERIDAS
CONTORNO DE BUSTO ....46 CM.

CONTORNO DE SOBRE BUSTO.........42   "

HENDIDURA DEL SOBRE BUSTO 1   "

PASO A PASO CON LA REALIZACION DE LOS TRAZADOS

DELANTERA: **1-2-3-4** = costado, **4-5** sisa, **5-6** = hombro, **6-7** = escote, **7-8-9-10** = centro parte delantera, **11-12-13-14** = pinza abierta, las otras, están cerradas.

Desde **13**, trazar una perpendicular hasta el ruedo = **15**.

Unir **11-7**.

Con el punto **A**, marcar el centro del hombro.

Desde **A**, aplicar 1/3 parte de **A-5** = **B**.

Unir **B-8**, siguiendo la forma del dibujo. **C**, se forma al cruzarse las líneas.

C-D = Hendidura del Sobre Busto, ejemplo: 1 cm..

11-E = **11-C**. Unir **E-8**. (NOTA: Al cerrar la pinza, cerciórese que la línea del escote, sea armónica).

6-F = 2 cm. o a gusto. Unir **F** con la sisa, formándose de ese modo el punto **G**.

B-H = **6-F**.

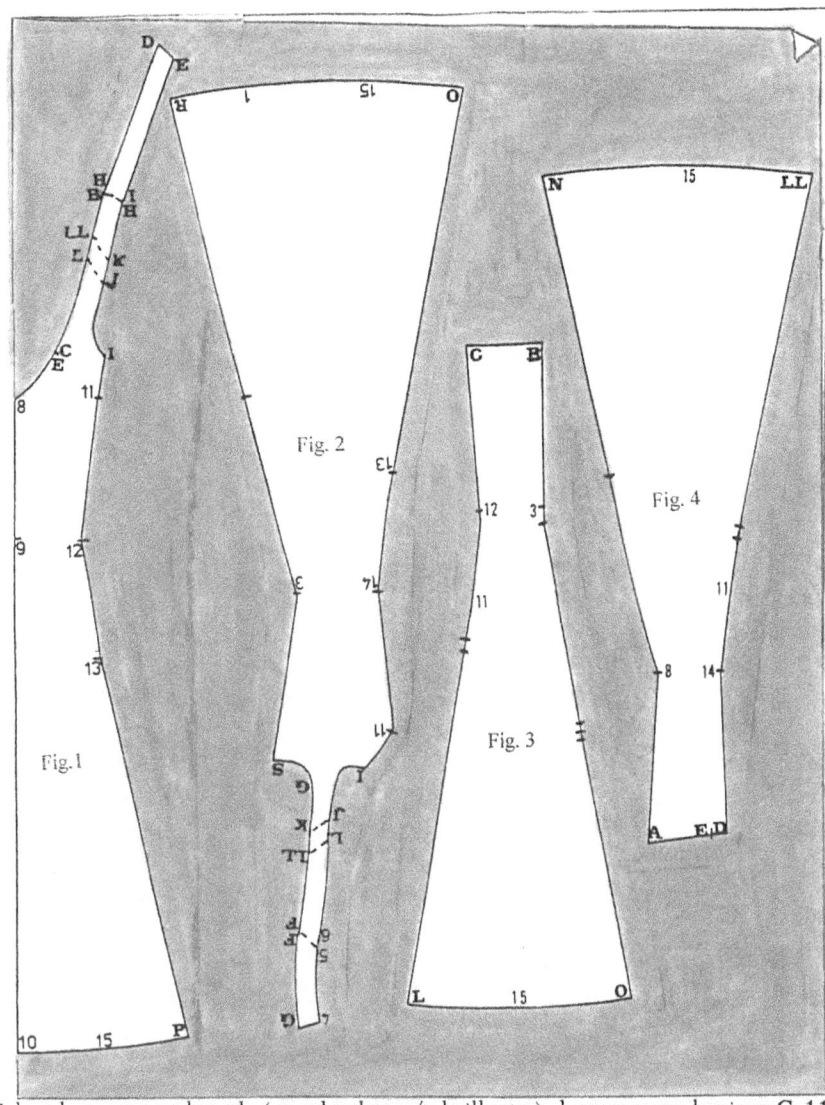

Desde **6** y **H** trazar líneas paralelas a **F** y **B**, para luego formar una especie de ovalo (que termine a unos 6 cm. o a gusto del punto **11**) = **I**. **J-K-L-LL**, se forman al cruzarse las líneas.

Desde **15**, aplicar hacia ambos lados 8 cm. o a gusto = **M** y **N**. Unir **M-13** y **N-13**.

13-O y **13-P** = **13-15**. Unir **P-15** y **O-15**, con ligera forma.

Desde **1**, prolongar la línea, aplicando la misma medida de **15-M** = **Q**. Unir **Q**, con la cadera.

Q-R = **M-P**. Unir **R-1**, con ligera forma.

4-S =1/6 parte de la diferencia entre busto y sobre busto, ejemplo: ligeramente superior a ½ cm.. Unir **S-3**.

Calcar la parte sombreada (en el color más brillante), luego cerrar la pinza **C-11-E**. Fig. 1.

Cortar la otra parte por: **R-3-S-G-K-F-6-L-J-I-11-14-13-O-15-1-R**. Fig. 2.

TRASERA: **1-2 -3-4** = centro parte trasera; **4-5** = escote; **5-6** = hombro; **6-7** = sisa; **7-8-9-10** = costado; **11-12-13-14** = pinza.

Desde **11**, trazar una vertical hasta el ruedo = **15**.

7-A = **4-S**, de la delantera. Unir **A-8**. Unir **A-13**, luego prolongar la línea hasta la raya central = **B**.

Desde **13**, aplicar hacia ambos lados la mitad de **A-7** = **C** y **D**. Unir **C-12** y **D-14**.

D-E = 2 cm..

5-F = 2 cm. . **4-G** = 2 cm. . Unir **F-G**, como lo indica el trazado.

F-H = **F-B**, de la delantera.

H-I = 2 cm. . Unir **H-D** y **I-E**.

Desde **15**, aplicar hacia ambos lados 8 cm.(= **15-M** de la delantera) = **J** y **K**. Unir **J-11** y **K-11**.

11-L y **11-LL** = **11-15**. Unir **L-15** y **LL-15** con ligera forma.

Desde **10**, prolongar la línea, aplicando la misma medida de **1-Q** de la delantera = **M**. Unir **M**, con la cadera.

M-N = **Q-R**, de la delantera. Unir **N-10**, con ligera forma.

1-O = mitad de **15-J**. Unir **O-3**.

Separar la tira **4-5-F-G**, después júntela a la delantera uniendo **F** con **F** y **5** con **6**; También separar la tira **D-E-I-H**, y júntela a la delantera, ejemplo: **B** con **H** y **H** con **I**.

Calcar la parte sombreada (en color más brillante) Fig. 3.

Cortar la otra parte por los siguientes puntos : **O-3-B-C-12-11-L -15-J-O**. Fig. 4.

VESTIDO ASIMÉTRICO CON" DRAPEADO "
UTILIZAR UNMOLDE DOBLE DE UN VESTIDO DELANTERO RECTO

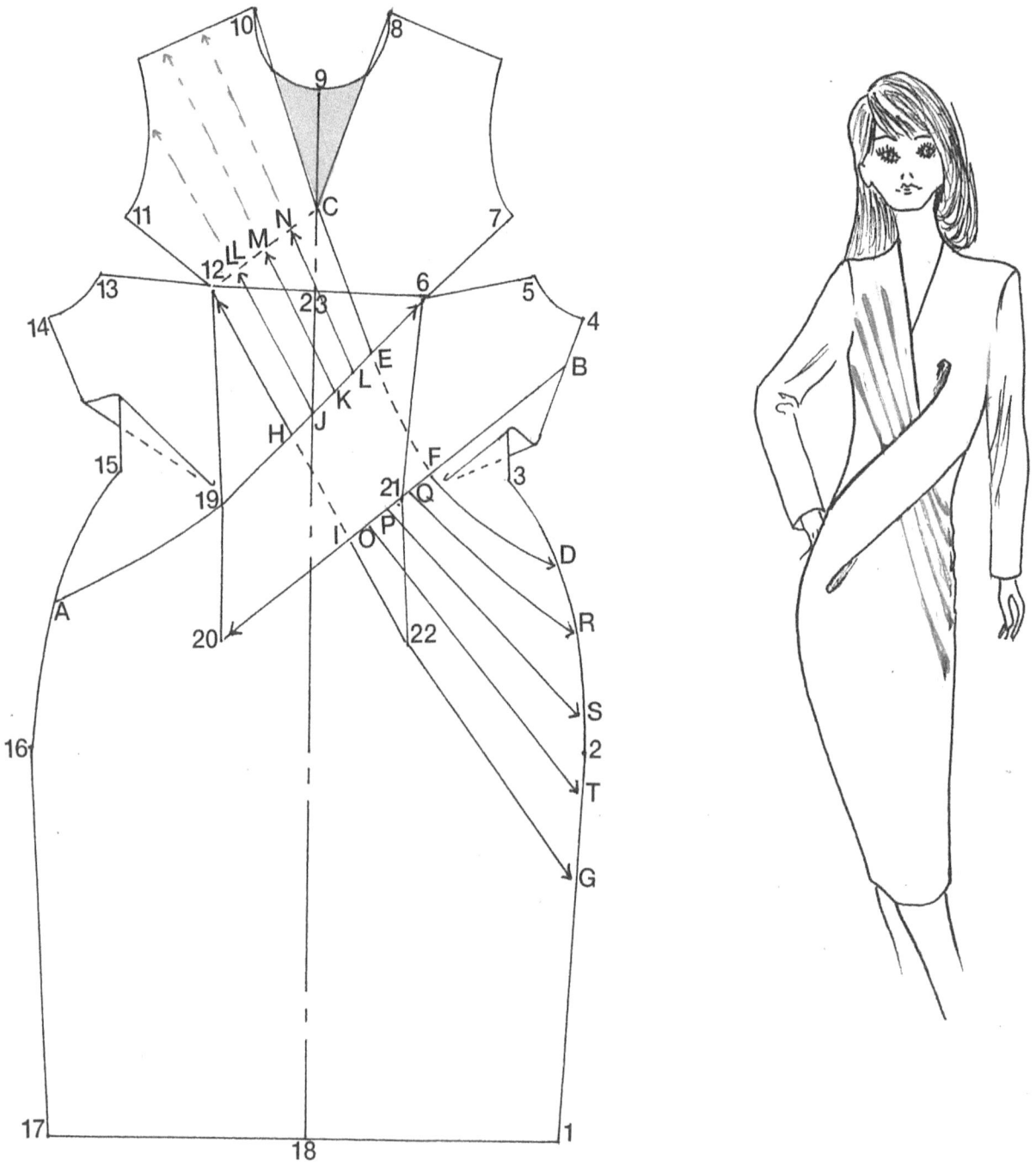

PASO A PASO CON LA REALIZACION DEL TRAZADO

Las pinzas se trasladaron en las sisas, para que se pueda apreciar mejor el desarrollo del molde.

1-2-3-4 y 14-15-16-17 = costados, **5-6-7** y **11-12-13** = pinzas abiertas, **12-19-20** y **6-21-22** = pinzas cerradas, **8-9-10**= escotes, **9-23 18** = centro de adelante.

Unir **6-19**, luego prolongar la línea hasta el costado = **A**.

Desde **20**, trazar una paralela a la línea **A-19-6**, hasta el costado (o tal vez la sisa) todo depende del ancho del molde que Usted use= **B**.

Desde **23**, aplicar hacia arriba 1/ 3 parte de **23-9** (o a gusto) = **C**. Formar el escote, uniendo **C-8** y **C-10**, Separar la parte sombreada.

Unir **C-12** con línea discontinúa.

Desde **C**, prolongar la línea (en forma armónica) hasta el costado = **D**. **E** y **F**, se forman al cruzarse las líneas. (**3-D** = aproximadamente 1 /3 parte de la distancia **3-2**).

Unir **12-22**, después prolongar la línea hasta el costado = **G**. Los puntos **H** e **I**, se forman al cruzarse las líneas.

Dividir en cuatro partes la distancia **H-E** = **J-K-L**.

Dividir en cuatro partes la distancia **12-C** = **LL-M-N**. Unir **L-N**, **K-M**, **J-LL**, Luego prolongar las líneas, como lo demuestra el trazado, indicado con flechitas.

Dividir en cuatro partes la distancia **I-F** = **O-P-Q**.

Dividir en cuatro partes la distancia **D-G=R-S-T**. Unir **O-T**, **P-S**, **Q-R**.

Cortar desde **A** hasta **6**, de **E** hasta **C**, Luego de **L**, pasando por **N** hasta el hombro, de **K** pasando por **M** hasta el hombro, de **J** pasando por **LL** hasta la sisa, de **H** hasta **12**.

Cortar desde **B** hasta **20**, después desde **F** hasta **D**, y así de **Q** a **R**, de **P** a **S**, de **O** a **T**, de **I** a **G**.

Cerrar las pinzas **5-6-7** y **11-12-13**.

Abrir los pliegues a gusto (esto es según la tela). Fig. **A** y Fig. **B**.

De ser necesario, suavizar las líneas de los costados (Fig. **A**) la sisa y la línea del hombro. Fig. **B**.

Solamente se dejó margen de costura en los pliegues como detalle, los demás ensanches los marcará a su gusto

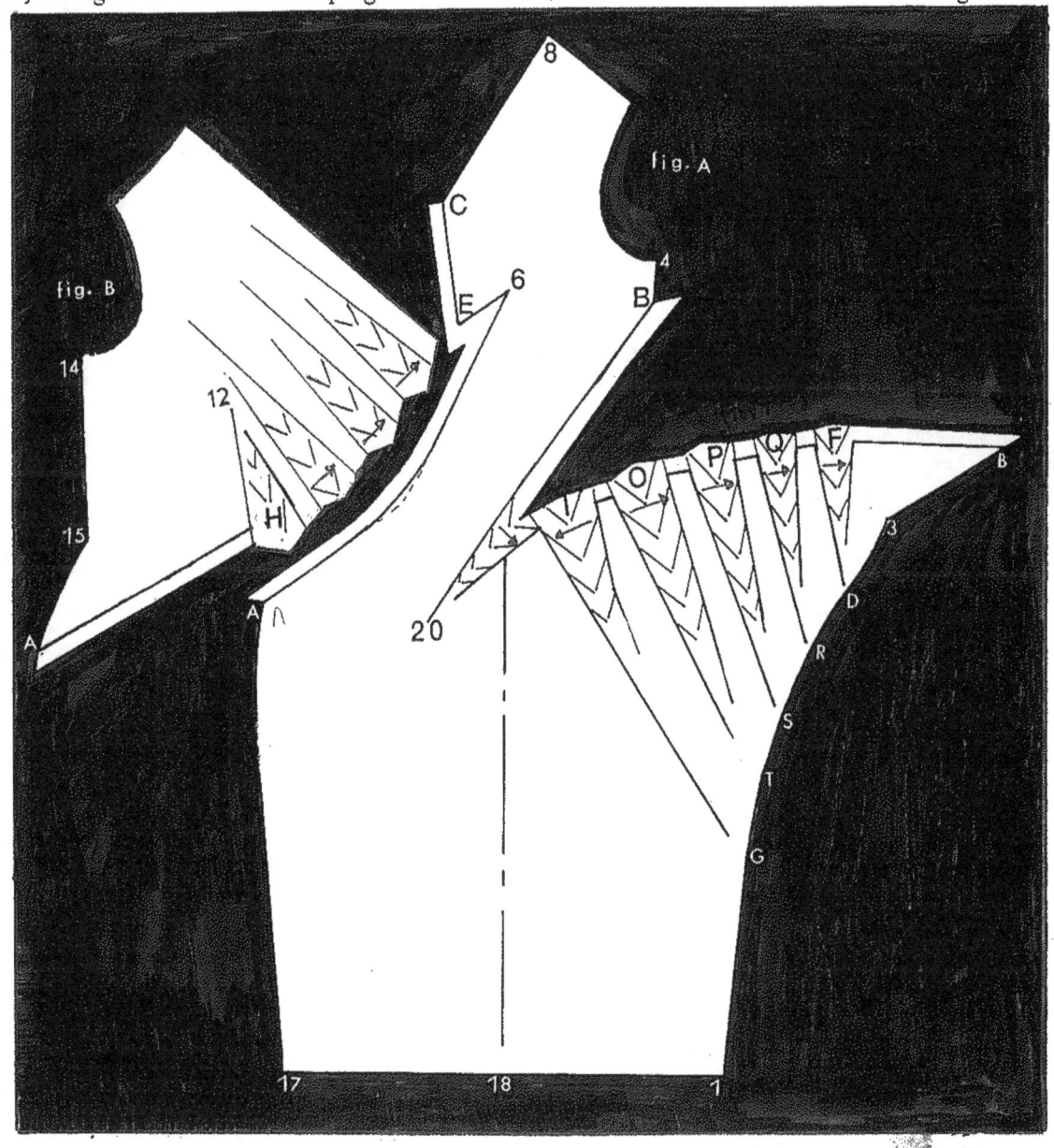

VESTIDO SIMÉTRICO CON CANESÚ Y SOBRE FALDA CON PLIEGUES

UTILIZAR LOS MOLDES DE UN VESTIDO SIMPLE RECTO Y DE UNA FALDA CLÁSICA RECTA

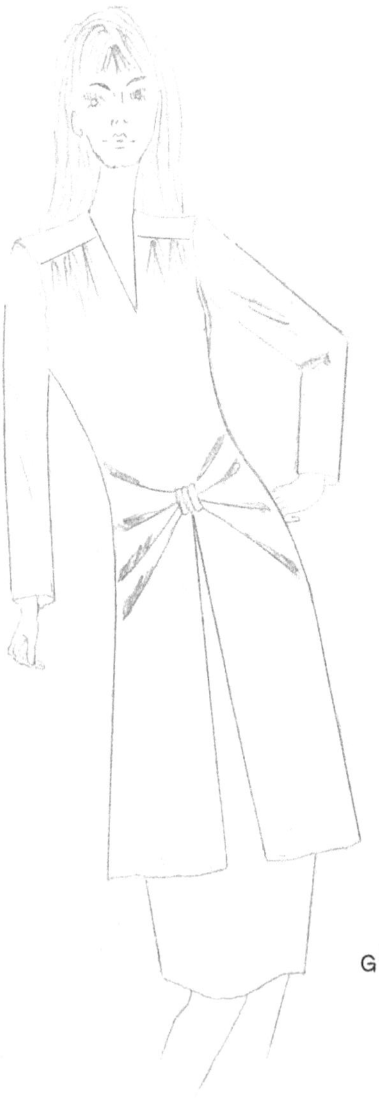

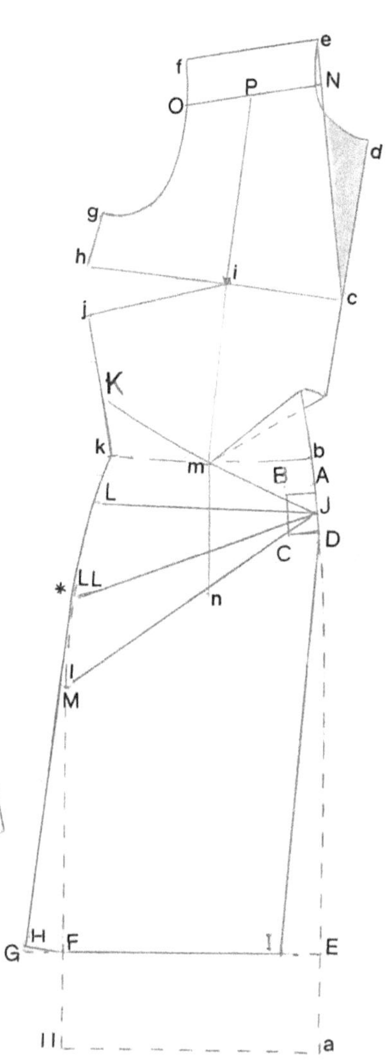

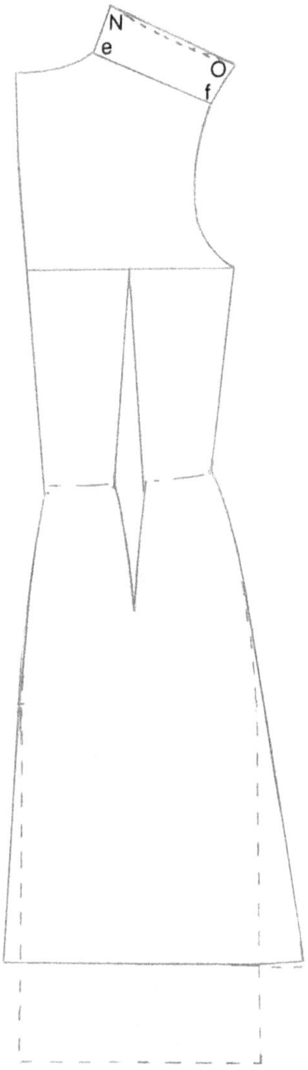

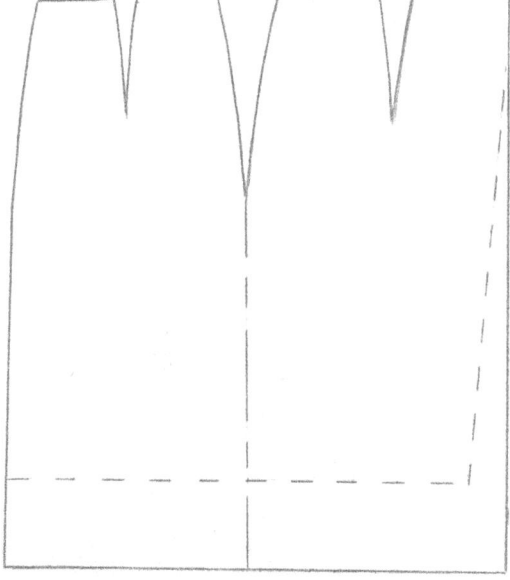

DELANTERA: **a-b-c-d** = centro, **d –e** = escote, **e-f** = hombro, **f - g** = sisa, **g-h-j-k-l -ll** costado, **h-i-j** = pinza abierta, **i-m-n** = pinza cerrada, **c** = altura de busto, **b-m-k** = cintura, **l** altura de cadera.

b-A= 3 cm., pero podría cambiar según el ancho del molde que use.

Dibujar el nudo: **A-B** y **C-D** = 2 cm. . **A-D** y **B-C** =5cm.

a-E y **ll-F** = 12 cm. o a gusto. Unir **E-F**.

Desde **F**, prolongar la línea aplicando 4 cm. o a gusto = **G**. Unir **G** con la cadera, formándose el *. Medir la distancia entre el * y el punto **F**.

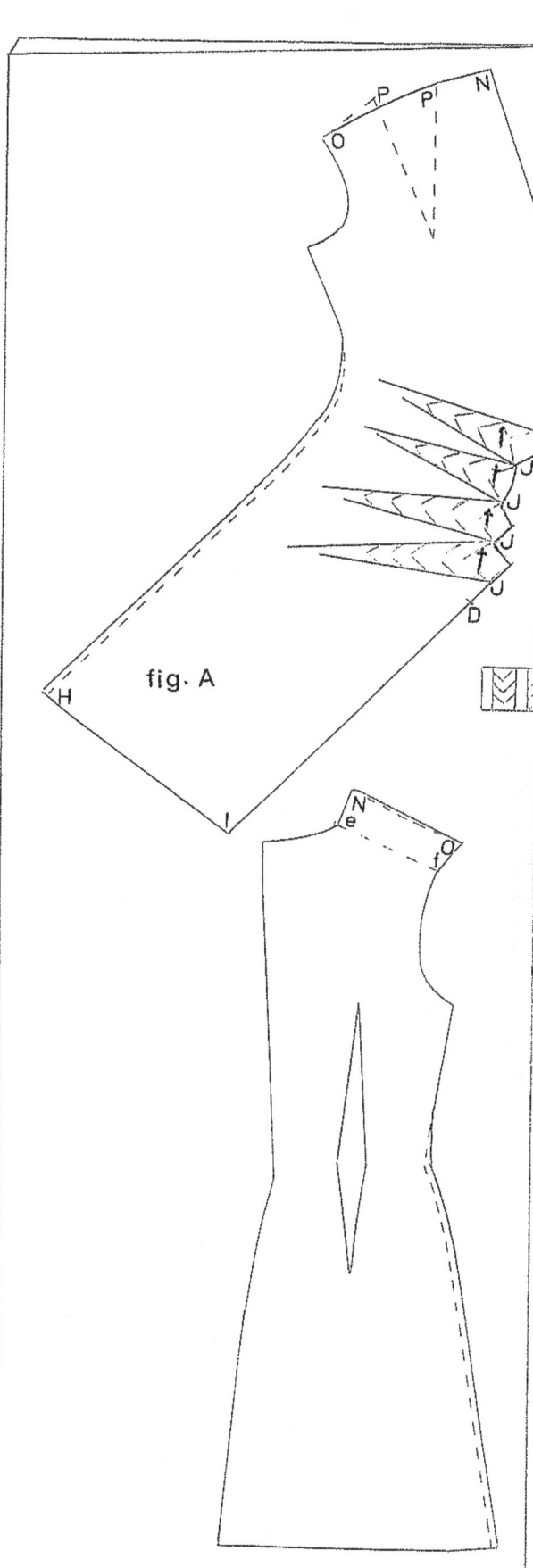

fig. A

* - **H** = a la distancia entre el * y **F**. Unir **H-F**, con ligera forma.

E-I = 3 cm. o a gusto. Unir **I-D**.

Marcar el centro de **A-D** = **J**.

Desde **J**, trazar cuatro líneas, la 1ra., pasando por **m**, hasta el costado = **K**. La segunda, la tercera, y la cuarta, divididos aproximadamente a la misma distancia entre **K** y **l** = **L**, **LL** y **M** (que es el mismo sitio de **l**). Unir **L-J**, **LL-J**, **M-J**.

Unir **e-c**. Separar la parte sombreada.

e -N y **f-O** = 4 cm. . Marcar el centro = **P**. Unir **P-i**.

Cortar desde **O** hasta **N**, para luego aplicar dicha pieza al hombro de la espalda.

Cortar desde **P** hasta **i**. Cortar desde **J** hasta **K**, desde **J** hasta **L**, desde **J** hasta **LL** y de **J** hasta **M**, después, cerrar la pinza del costado.

Separar los cortes a gusto (depende de la tela). Fig. **A**, luego unir **N-O**, como lo indica el trazado.

IMPORTANTE: Es necesario agrandar los moldes en las líneas de los costados ½ cm., comenzando desde unos 7 cm. más arriba de la cintura, como lo indican los trazados.

TRASERA: Acortar el molde de acuerdo a como lo hizo con la delantera. El évasé del costado, es exacto al de la delantera y la amplitud en el centro de atrás, es la mitad del costado.

El nudo, es una tira de unos 9 cm. de ancho (que luego se reducirá con los pliegues) por 5 cm. de largo

IMPORTANTE : Si el hombro tuviere el hundido, dicha parte, se quitará como lo indican los puntitos.

VESTIDO CON CINTURA INCRUSTADA Y MANGAS EN L

UTILIZAR LOS MOLDES SIMPLES DE UN VESTIDO ÉVASÉ CON LAS PINZAS CERRADAS Y UNA MANGA CORTA .

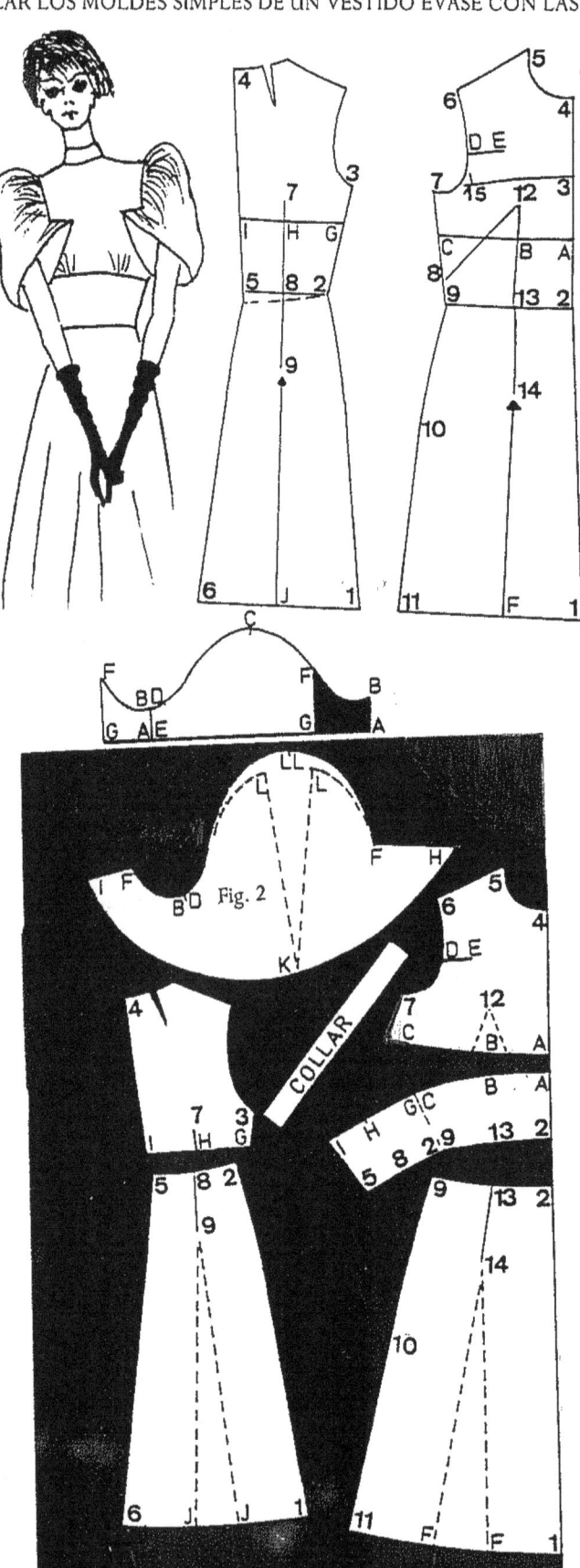

DELANTERA: 1-2-3-4 = centro delantero, 4-5 = escote, 5-6 = hombro, 6-7 = sisa, 7-8-9-10-11 = costado, 8-12 y 12-13-14 = pinzas cerradas, 3-15 = altura de axila, 15 = ancho de pecho.

2-A, 13-B, 9-C = 10 cm. o a gusto.

15-D = 1/3 parte de 15-6.

Desde D, escuadrar aplicando 6 cm. = E.

Desde 14, trazar una vertical hasta el ruedo = F.

TRASERA: 1-2-3 = costado, 4-5-6 = centro parte trasera, 7-8-9 = pinza cerrada.

2-G, 8-H, 5-I = 2-A de la delantera.

Desde 9, trazar una vertical hasta el ruedo = J.

DELANTERA: Cortar desde 2 hasta 9, de A hasta C, de B hasta 12. de F hasta 14.

NOTA: En el sitio indicado con D-E, deberá aplicar un refuerzo, a los efectos de poder ubicar parte de la manga.

TRASERA: Cortar desde 2 hasta 5, cortar de G hasta I, y de J hasta 9.

MANGA: A-B y D-E = laterales, B-C-D = copa.

B-F = 7-D de la delantera. Desde F, trazar una vertical hasta el borde = G. Separar la parte sombreada y agregarla del lado opuesto.

Desde F (lado derecho) **Fig. 1** ,escuadrar aplicando el doble (o a gusto) de la distancia D-E de la delantera = H. Desde el otro F, escuadrar colocando la distancia D-E de la delantera=I.

Desde C, trazar una vertical, aplicando unos 30 cm. o a gusto = K. Unir K-H y K-I, con forma.

C-L = 5 cm. o a gusto.

Unir F-L-D, luego cortar desde L, hasta K.

Separar el punto L agusto, ejemplo: 8cms..

Fig. 2. Formar de nuevo la copa . LL , es el punto de apoyo .

El cuello, es una tira al bies y debe armarse.

Juntar los costados de las " cinturas " uniendo C con G y 9 con 2.

Colocar tela doble en las líneas 4-A, A-2, 2- 1.

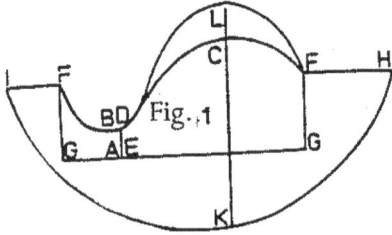

VESTIDO ASIMÉTRICO DRAPEADO
UTILIZAR UN MOLDE DOBLE DE UN VESTIDO PARTE DELANTERA CON TODAS LAS PINZAS CERRADAS

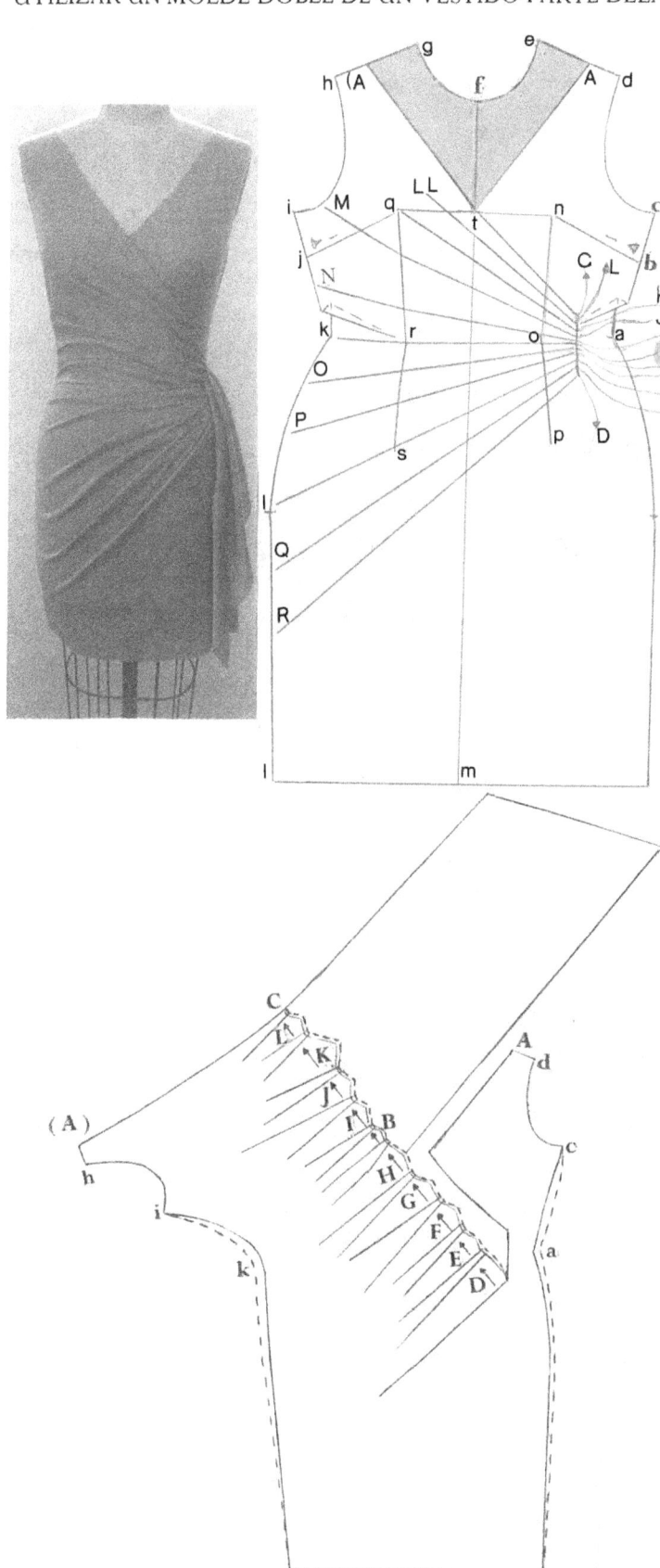

a-b-c = altura de axila (lado izquierdo), c-d y h-i = sisas, d-e y g-h = hombros, e-f-g = escotes, i-j-k-l-ll = costado lado derecho de la persona, b-n, j-q, n-o-p y q-r-s =pinzas cerradas, m-f = centro n-t-q = separación de los senos.

Desde d y h, aplique hacia dentro 4 cm.= A y (A).
Una dichos puntos con t. Separe la parte sombreada.
Marque el centro de a-o = B.

Desde B, trace una vertical hacia arriba y hacia abajo, aplicando 4 cm. = C y D.

Divida en diez partes la distancia C-D (cantidad de pliegues del modelo) = E-F-G-H-I-J-K L.

Una C-t.

Desde L, trace una línea hasta el centro de q y la línea del escote = LL.

Una K-q.

Desde J, trace una raya que llegue hasta la parte baja de la sisa = M.

Marque el centro de i-k = N. Una N-I.

Desde B, use la línea de cintura = k.

Divida en tres partes la distancia k-l = O y P, luego desde l, aplique hacia abajo dos veces la medida P-l = Q y R.

Una R-D, Q-E, l-F, P-G y O-H.

Corte desde t, hasta R, pasando por C y D.

Corte desde L a LL, de K a q, de J a M, de I a N, de B a k, de H a O, de G a P, de F a I, de E a Q.

Abra los cortes según la tela (6 cm.). Para que se abra el punto LL, haga un pellizquito en la línea del escote, después haga lo mismo con el lado opuesto.

Para formar el panel, prolongar las líneas desde C y la mitad del punto H, el largo que desee.

Con la tela que usamos (jersey), debimos reducir las líneas de los costados a la altura de la cintura en 2 cm. (como lo demuestra el trazado), que fuimos disminuyendo en la altura de cadera, hasta terminar en cero en el ruedo.

En la trasera se quitó lo mismo que la delantera en la línea del costado y, en el centro de atrás altura cintura se quitó 1cm. y,de ese modo quedo eliminada la pinza. En el hombro se escoto 4 cm. y luego se llevó la línea casi en forma recta, hasta el centro de atrás; También se redujeron los largos de los pliegues en 1 cm., como lo demuestra el grabado. **Todo esto debido a que el material que usamos se estira.**

Para eliminar la pinza del lado izquierdo, usamos el estilo **haute couture** páginas 282-283.

VESTIDO ASIMÉTRICO CON PLIEGUES, IDEAL PARA LA NOCHE

UTILIZAR EL MOLDE DOBLE DE UN VESTIDO SEMI ENTALLADO LIGERAMENTE ÉVASÉ PARTE DELANTERA CON TODAS LAS PINZAS CERRADAS .

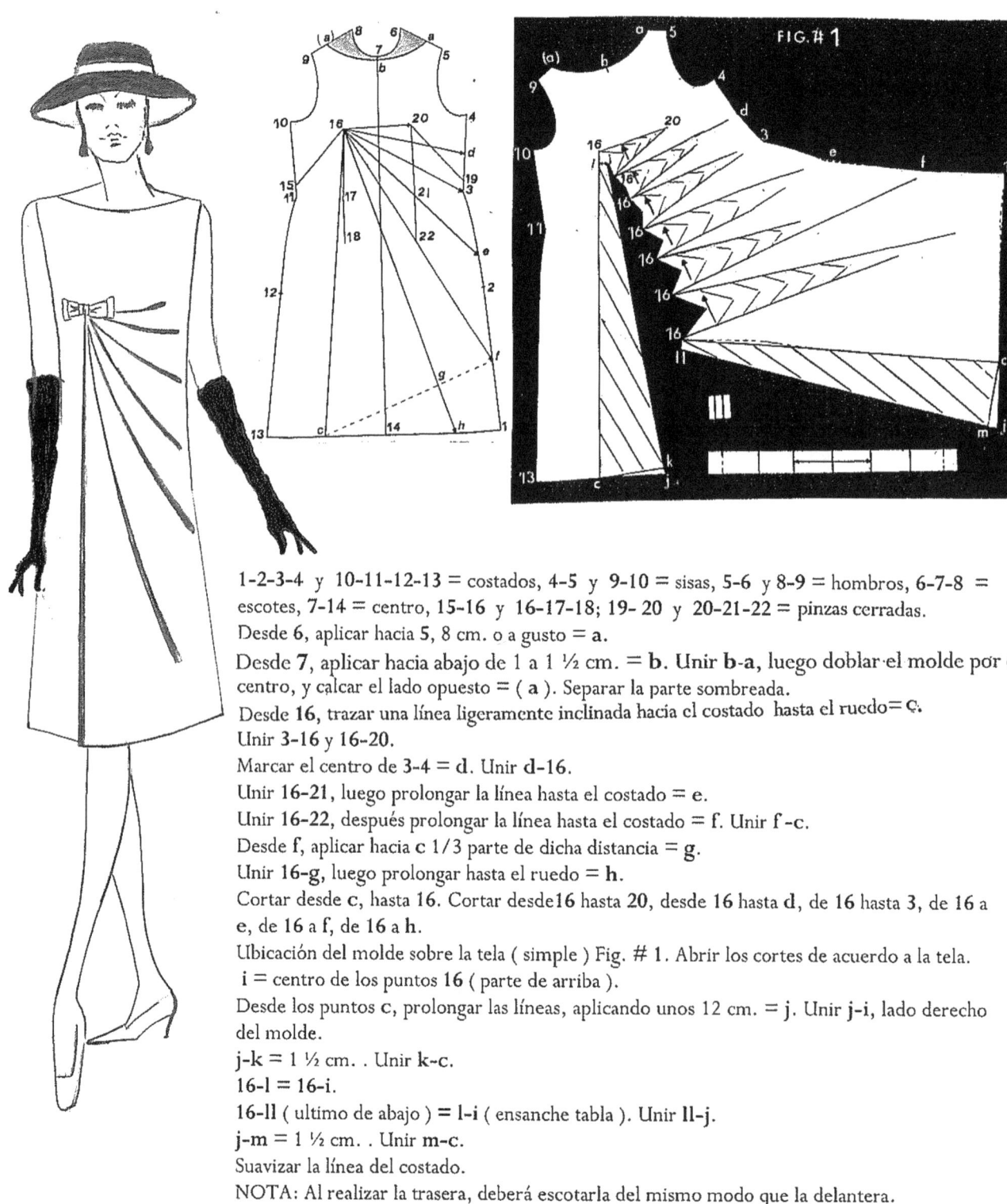

1-2-3-4 y 10-11-12-13 = costados, 4-5 y 9-10 = sisas, 5-6 y 8-9 = hombros, 6-7-8 = escotes, 7-14 = centro, 15-16 y 16-17-18; 19- 20 y 20-21-22 = pinzas cerradas.

Desde 6, aplicar hacia 5, 8 cm. o a gusto = a.

Desde 7, aplicar hacia abajo de 1 a 1 ½ cm. = b. Unir b-a, luego doblar el molde por el centro, y calcar el lado opuesto = (a). Separar la parte sombreada.

Desde 16, trazar una línea ligeramente inclinada hacia el costado hasta el ruedo= c.

Unir 3-16 y 16-20.

Marcar el centro de 3-4 = d. Unir d-16.

Unir 16-21, luego prolongar la línea hasta el costado = e.

Unir 16-22, después prolongar la línea hasta el costado = f. Unir f -c.

Desde f, aplicar hacia c 1/3 parte de dicha distancia = g.

Unir 16-g, luego prolongar hasta el ruedo = h.

Cortar desde c, hasta 16. Cortar desde16 hasta 20, desde 16 hasta d, de 16 hasta 3, de 16 a e, de 16 a f, de 16 a h.

Ubicación del molde sobre la tela (simple) Fig. # 1. Abrir los cortes de acuerdo a la tela.

 i = centro de los puntos 16 (parte de arriba).

Desde los puntos c, prolongar las líneas, aplicando unos 12 cm. = j. Unir j-i, lado derecho del molde.

j-k = 1 ½ cm. . Unir k-c.

16-l = 16-i.

16-ll (ultimo de abajo) = l-i (ensanche tabla). Unir ll-j.

j-m = 1 ½ cm. . Unir m-c.

Suavizar la línea del costado.

NOTA: Al realizar la trasera, deberá escotarla del mismo modo que la delantera.

El moño, es una tira de 58 x 5 cm. , el nudo, es una tira de 5 x 3 cm. (terminado), luego formar los pliegues.

IMPORTANTE: El forro, va con las pinzas comunes, sin pliegues y sin tabla.

VESTIDO SIMÉTRICO CON COSTURA ARQUEDA Y FRUNCE
UTILIZAR UN MOLDE SIMPLE DE UN VESTIDO LIGERAMENTE ÉVASÉ PARTE DELANTERA

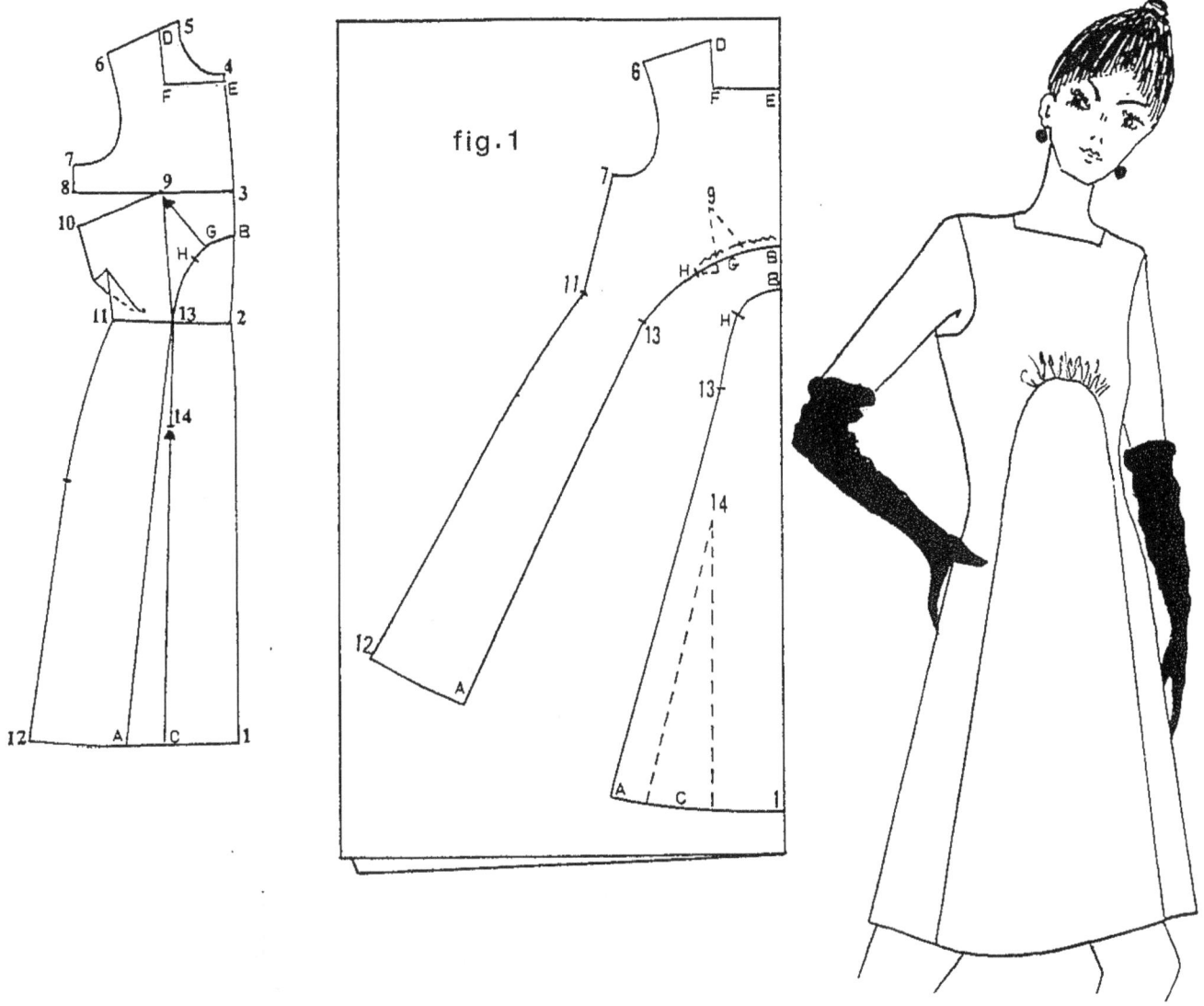

fig. 1

1-2-3-4 = centro delantero, 4-5 = escote, 5-6 = hombro, 6-7 = sisa, 7-8-10-11-12 = costado, 8-9-10 = pinza abierta, 9-13-14 = pinza cerrada.

Marcar el centro de los puntos 1-12 = A.

Desde 3, aplicar hacia abajo 1 / 3 parte de la distancia 3-2 = B . Unir B-13-A.

Desde 14, trazar una perpendicular hasta el ruedo = C.

Desde 5, colocar hacia 6, 4 cm. o a gusto = D.

Desde 4, ubicar hacia abajo 1 ½ cm. = E.

Desde D y E, trazar líneas, al encontrarse, se forma el punto F. Separar la parte sombreada.

B-G = unos 5 cm. . Unir G-9.

G-H = 3 cm.. NOTA: Desde H, comienza el frunce.

Cortar desde B hasta A, separando. Cortar de G hasta 9 y de C hasta 14, luego cerrar la pinza 8-9-10.

La Fig. 1, indica la forma de colocar los moldes sobre la tela.

Suavizar la línea B-H. Dicha distancia deberá reducirse a la medida anterior.

La trasera, la interpretará a su gusto personal.

VESTIDO CON PLIEGUES QUE REMATA CON MEDIO MOÑO Y CON TABLON

UTILIZAR UN MOLDE DOBLE DE UN VESTIDO DELANTERO CON PINZA DEL SOBRE BUSTO (SE REALIZA COMO LA DE LA PÁGINA 24) Y UNO SIMPLE TRASERO ÉVASÉ CON SU RESPECTIVA MANGA

DELANTERAS

1-2-3-4-5 y 11-12-13-14-15 = costados, 5-6 y 10-11 = sisas, 6-7 y 9-10 = hombros, 7-8-9 = escotes, 4-18 y 12-22 = pinzas de costado cerradas, 7-17-18 y 9-21-22 =pinzas del sobre busto cerradas, 18-19-20 y 22-23-24 = pinzas verticales cerradas, 8-16= línea central, **A** = mitad de **18-22**, **B** = mitad de **17-21**.

B-C y **A-D**= 1 ½ cm. o a gusto. Unir **C-D**.

Desde **C** y **D**, aplicar el ancho de la trabita, ejemplo: 2 cm. = **F- E**. Unir **F-E**, a continuación calcar la traba, colocando papel doble en la línea **F-E**. Fig. 1.

Dividir en cinco partes la distancia **C-D** = **G-H-I-J**.

Desde **17** y **21**, prolongar las líneas hasta las sisas = **K** y **L**. Separar la parte sombreada.

Dibujar el moño " a gusto".

Unir **D-24, J-23-14, I-13, H-22,** y **G-21**.

Desde **20**, prolongar la línea hasta el ruedo = **LL**, y a continuación, prolongar la raya aplicando 5 cm. o a gusto = **M**. Unir **M-15**.

Cortar desde **M** hasta **18**, de **C** hasta **D**, luego de **D** hasta **24**, de **J** hasta **14**, de **I** hasta **13**, de **H** a **22**, y de **G** a **21**. Abrir los cortes de acuerdo a la tela. NOTA: Los puntos **M-18** y **H-22**, se abren solos. IMPORTANTE: Si la abertura **M-18** colocare la parte lateral (debido a las pinzas) muy al bies, entonces podría prolongar el corte hasta el punto **17**, separando las partes. Fig. **A**.

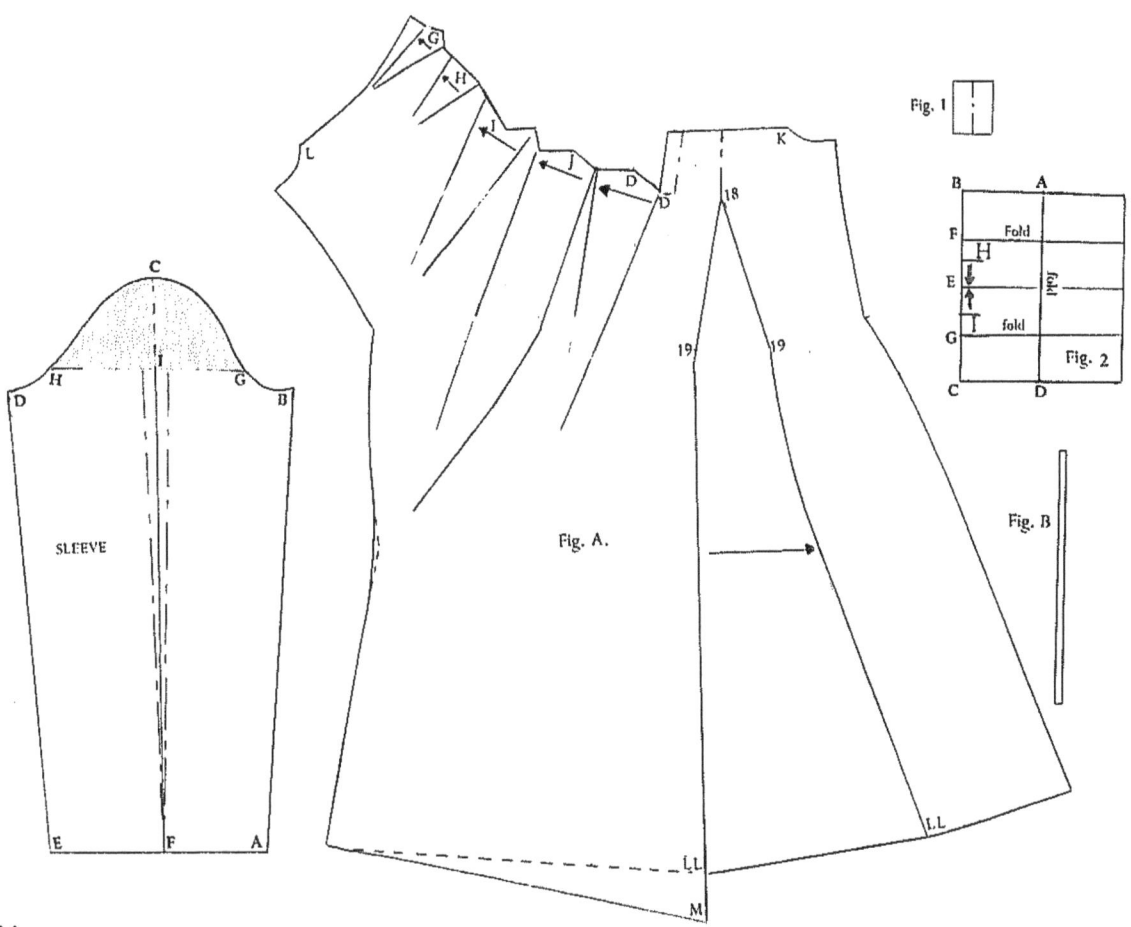

Fig. 1

Fig. 2

Fig. A.

Fig. B

SLEEVE

TRASERA

1-2 = sisa, 1-3 = altura de axila.

Desde 1, colocar hacia 2 el mismo nivel de la altura entre la altura de axila delantera y el punto $\overline{L}$ = 4, luego desde 4, trazar una horizontal hasta el centro de la línea trasera= 5. Separar la parte sombreada.

BRETEL Fig. **B**.

Formar un rectángulo con la suma de las distancias K-6 y 4-2, por 2 cm. de ancho.

En caso de ser necesario, coloque un elástico (finito un poco más corto que el largo del bretel, eso hará que el mismo no se caiga).

MANGA

A-B y D-E = laterales, B-C-D = copa, C-F = línea central.

Desde **B** y **D**, ubicar hacia **C**, las distancias 11-L y 1-4 = **G** y **H**. Unir **G-H**. **I**, se forma al cruzarse las líneas.

IMPORTANTE: Si deseare que la manga quedare ajustada al brazo, entonces, desde I, haga una" pinza" (indicada con líneas discontinuas) colocando la diferencia entre **G-H** y el ancho de entre brazo, a continuación deberá cerrar la pinza, y de ser necesario, suavizar las líneas.

MOÑO Fig. 2.

Formar un rectángulo con el doble del alto del moño (entre los dos asteriscos)por el largo del mismo = **A-B-C-D**.

Marcar el centro de **B-C** = **E**, a continuación marcar el centro de **B-E** y **E-C** = **F-G**, desde dichos puntos, trazar horizontales hasta el lado opuesto, luego doblar el papel por la línea **A-D** y calcar las líneas.

Desde **F** y **G**, aplicar hacia **E**, la mitad de la distancia **F-E** = **H** e **I**. El espacio **H-E** y **I-E**, se utilizará para hacer el pliegue encontrado. Luego de colocar el moño, ubique la trabita.

VESTIDO SIMÉTRICO CON CANESÚ Y VOLADOS
UTILIZAR LOS MOLDES SIMPLES DE UN VESTIDO, MANGA, Y CUELLO DESBOCADO

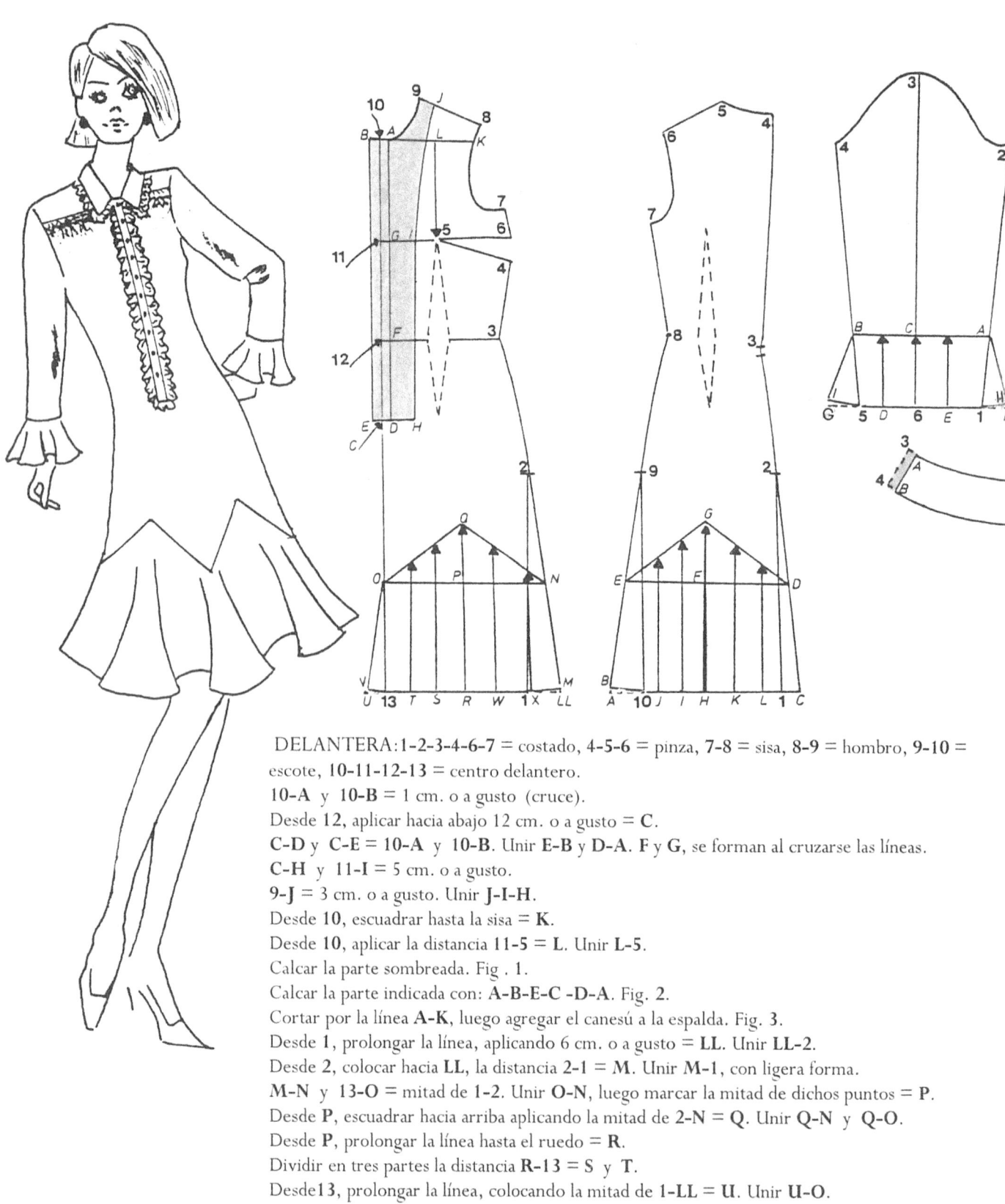

DELANTERA: 1-2-3-4-6-7 = costado, 4-5-6 = pinza, 7-8 = sisa, 8-9 = hombro, 9-10 = escote, 10-11-12-13 = centro delantero.

10-A y 10-B = 1 cm. o a gusto (cruce).

Desde 12, aplicar hacia abajo 12 cm. o a gusto = C.

C-D y C-E = 10-A y 10-B. Unir E-B y D-A. F y G, se forman al cruzarse las líneas.

C-H y 11-I = 5 cm. o a gusto.

9-J = 3 cm. o a gusto. Unir J-I-H.

Desde 10, escuadrar hasta la sisa = K.

Desde 10, aplicar la distancia 11-5 = L. Unir L-5.

Calcar la parte sombreada. Fig . 1.

Calcar la parte indicada con: A-B-E-C -D-A. Fig. 2.

Cortar por la línea A-K, luego agregar el canesú a la espalda. Fig. 3.

Desde 1, prolongar la línea, aplicando 6 cm. o a gusto = LL. Unir LL-2.

Desde 2, colocar hacia LL, la distancia 2-1 = M. Unir M-1, con ligera forma.

M-N y 13-O = mitad de 1-2. Unir O-N, luego marcar la mitad de dichos puntos = P.

Desde P, escuadrar hacia arriba aplicando la mitad de 2-N = Q. Unir Q-N y Q-O.

Desde P, prolongar la línea hasta el ruedo = R.

Dividir en tres partes la distancia R-13 = S y T.

Desde13, prolongar la línea, colocando la mitad de 1-LL = U. Unir U-O.

Desde O, colocar hacia U la distancia O-13 = V. Unir V-13 con ligera forma.

Dividir en tres partes la distancia R-LL = W y X.

Desde **T, S, W, X,** escuadrar hasta las líneas **N-Q-O** (indicados con flechitas).

Cortar desde **N** hasta **O,** pasando por **Q,** sepa - rando, luego cortar desde **T, S, R, W, X,** hasta arriba sin separar.

Separar los cortes a gusto, ejemplo: 8 cm. .

Desde **V,** aplicar la mitad de los 8 cm.= *, des - pués colocar tela doble, como lo indica la Fig.4.

Cortar desde **L** hasta **5,** después cerrar la pinza **4-5-6,** luego suavizar la línea **A-L-K.** Enderezar un poco la línea del costado, luego colocar tela doble en la línea **O-C.** Fig. **5.**

TRASERA: **1-2-3-4** = centro, **4-5** = escote, **5-6** = hombro, **7-8 -9-10** = costado.

10-A = **1-LL** de la delantera. Unir **A-9.**

A-B = **LL-M** de la delantera. Unir **B -10.**

1-C = mitad de **10-A.** Unir **C-2.**

El resto, se realiza como el volado de la parte delantera.Fig.6.

MANGA:**1-2** y **4-5** = laterales; **2-3-4** = copa; **3-6** = línea central.

1-A y **5-B** = 8 cm. o a gusto. Unir **A-B. C,** se forma al cruzarse las líneas.

D = mitad de **5-6. E** = mitad de **6-1.**

Desde **D** y **E,** escuadrar hasta la línea **A-C-B,** indicado con flechitas.

1-F y **5-G** = 6 cm. o a gusto. Unir **F-A** y **G-B.**

A-H y **B-I** = **1-A.** Unir **H-1** y **I-5,** con ligera forma.

Cortar desde **A** hasta **B,** después seguir cortando desde **D, 6, E,** hasta arriba sin separar.

Separar los cortes a gusto, después suavice las líneas, como lo indica la Fig.7. Revisar que la distancia entre **A** y **B** del volado, sea igual a **A-B** de la manga. En éste caso agregar mitad para cada lado de los puntos **A-H** y **B-I.**

CUELLO:**1-2** = centro; **3-4** = borde delantero.

3-A y **4-B** = ancho del voladito, ejemplo: 2 cm. Unir **A-B.** Quitar la parte sombreada.

VOLADITO DE ADELANTE: Tira de 4 cm. por tres veces la distancia **A-D-C** del delantero. Fig. **8.** Cortar dos.

VOLADITO DEL CUELLO: Tira de 4 cm. por seis veces la medida **1-B-A.** Fig.**9.** Cortar uno.

VOLADITO DEL CANESU: Tira de 4 cm. por tres veces la medida **A-K.** Fig. **10.** Cortar dos.

Los voladitos, deberán doblarse por la mitad y reducirse frunciéndolos.

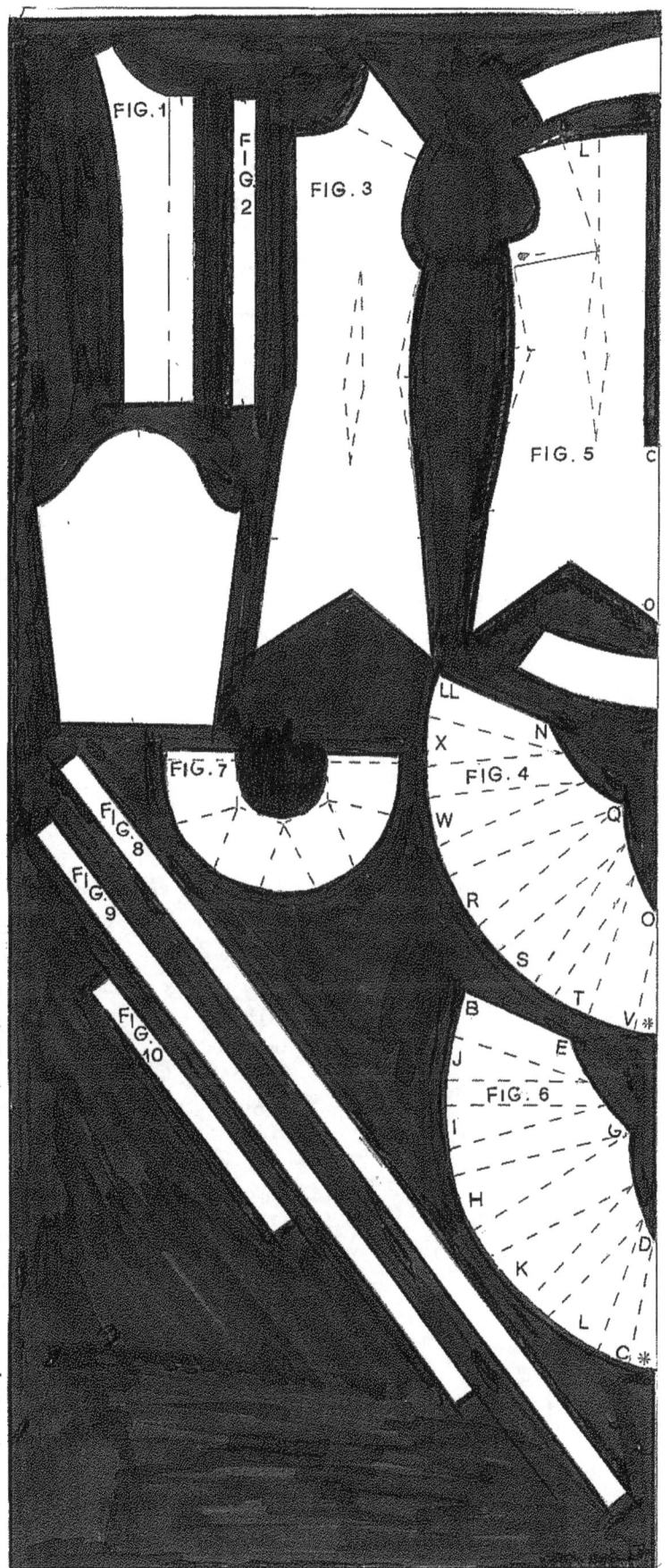

VESTIDO ASIMÉTRICO CON MANGA TIPO KIMONO
UTILIZAR LOS MOLDES COMPLETOS DE UN VESTIDO SEMI ENTALLADO (SEPARADOS)

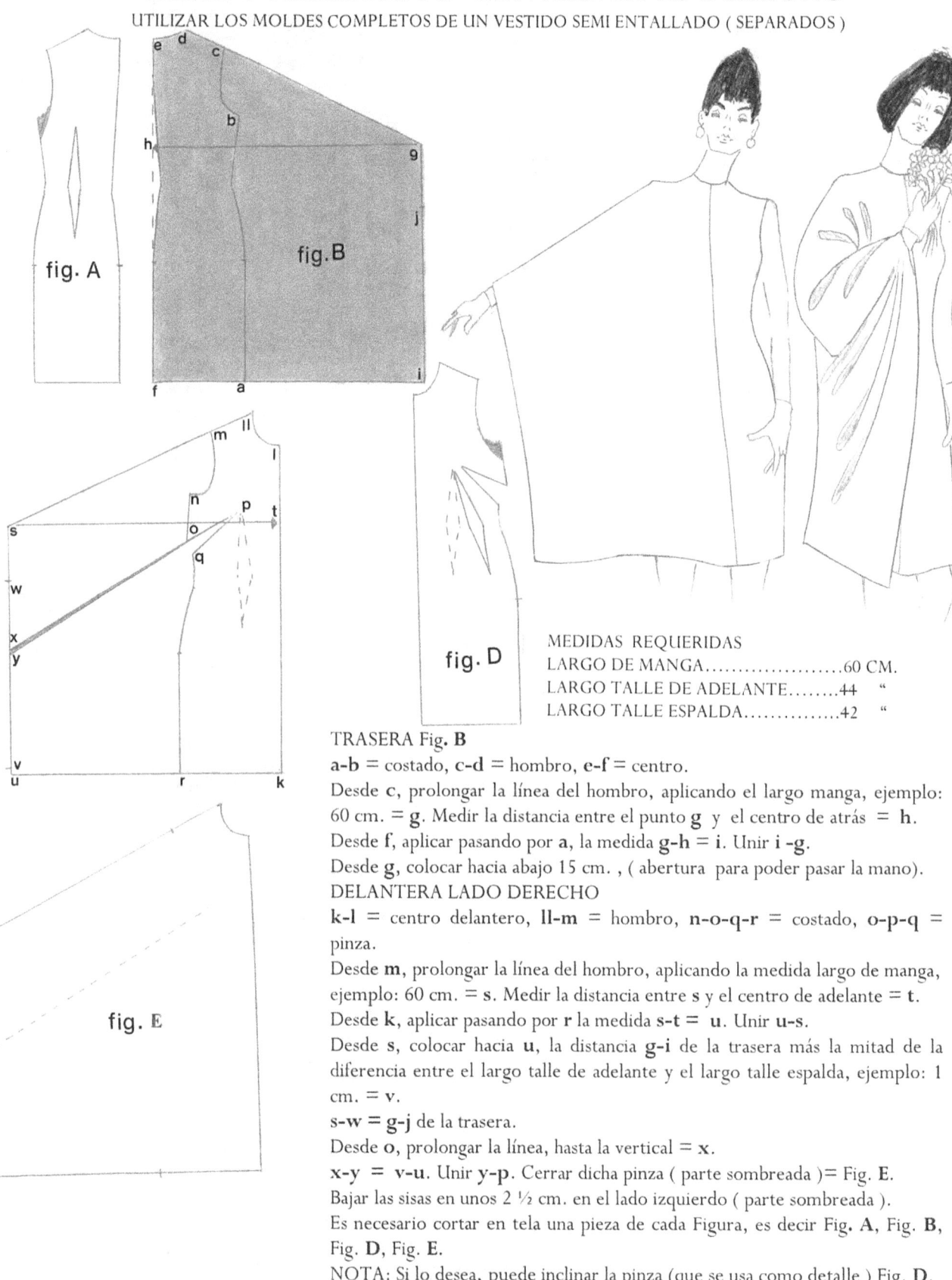

fig. A

fig. B

fig. D

fig. E

MEDIDAS REQUERIDAS
LARGO DE MANGA....................60 CM.
LARGO TALLE DE ADELANTE........44   "
LARGO TALLE ESPALDA..............42   "

TRASERA Fig. **B**

a-b = costado, **c-d** = hombro, **e-f** = centro.

Desde **c**, prolongar la línea del hombro, aplicando el largo manga, ejemplo: 60 cm. = **g**. Medir la distancia entre el punto **g** y el centro de atrás = **h**.

Desde **f**, aplicar pasando por **a**, la medida **g-h** = **i**. Unir **i -g**.

Desde **g**, colocar hacia abajo 15 cm. , (abertura para poder pasar la mano).

DELANTERA LADO DERECHO

k-l = centro delantero, **ll-m** = hombro, **n-o-q-r** = costado, **o-p-q** = pinza.

Desde **m**, prolongar la línea del hombro, aplicando la medida largo de manga, ejemplo: 60 cm. = **s**. Medir la distancia entre **s** y el centro de adelante = **t**.

Desde **k**, aplicar pasando por **r** la medida **s-t** = **u**. Unir **u-s**.

Desde **s**, colocar hacia **u**, la distancia **g-i** de la trasera más la mitad de la diferencia entre el largo talle de adelante y el largo talle espalda, ejemplo: 1 cm. = **v**.

s-w = **g-j** de la trasera.

Desde **o**, prolongar la línea, hasta la vertical = **x**.

x-y = **v-u**. Unir **y-p**. Cerrar dicha pinza (parte sombreada)= Fig. **E**.

Bajar las sisas en unos 2 ½ cm. en el lado izquierdo (parte sombreada).

Es necesario cortar en tela una pieza de cada Figura, es decir Fig. **A**, Fig. **B**, Fig. **D**, Fig. **E**.

NOTA: Si lo desea, puede inclinar la pinza (que se usa como detalle) Fig. **D**.

CHEMISIER CON MANGAS JAPONESAS Y CON ELIMINACION DEL ROMBO

UTILIZAR LOS MOLDES SIMPLES DE UN VESTIDO RECTO CON MANGA JAPONESA

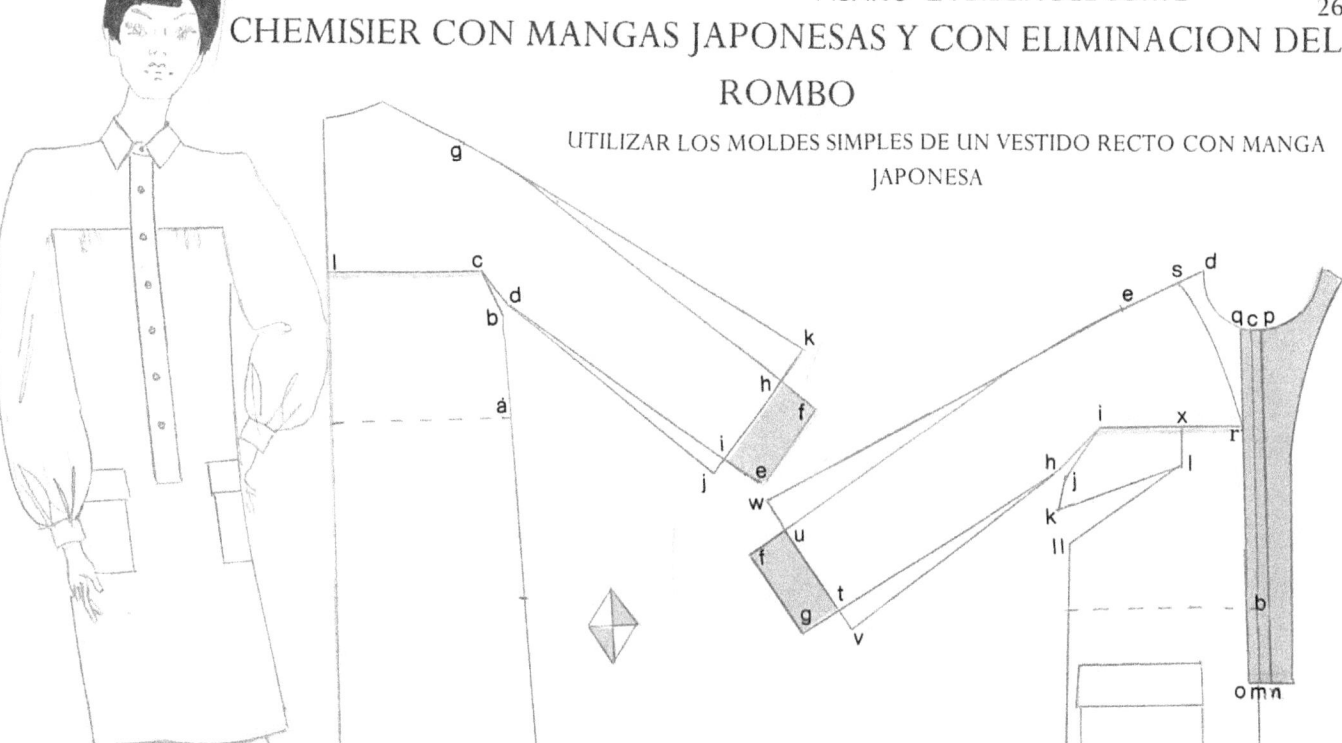

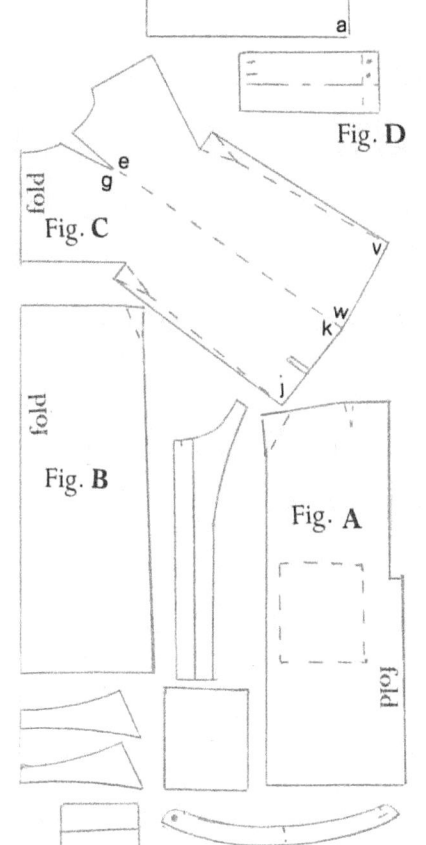

Fig. **D**

Fig. **C**

Fig. **B**

Fig. **A**

TRASERA: a-b = altura de axila; **b-c-d** = abertura para el rombo; **d-e** = bajo manga; **f-g** = sobre manga.

f-h y **e-i** = ancho puño, ejemplo: 5 cm. . Unir **h-i**.

i-j = 3 cm. o a gusto. **h-k** = 5 cm. o a gusto. Unir **j-d** y **k-g**.

Desde **c**, trazar una horizontal, hasta el lado opuesto = **l**, después cortar por dicha línea separando.

DELANTERA: a-b-c = centro delantero; **d-e** = hombro; **e-f** = sobre manga; **g - h** = bajo manga; **h-i-j** = abertura para el rombo; **k-l-ll** = pinza.

b-m = 10 cm. o a gusto.

m-n y **m-o** = 1 ½ cm. o a gusto; Lo mismo que **c-p** y **c-q**. Unir **q-o** y **p-n**.

Desde **i**, trazar una horizontal, hasta la línea **q-o** = **r**.

d-s = 3 cm. o a gusto. Unir **s-r**.

Calcar la parte indicada con: **p-q-o-n-p**. Doblar el papel por la línea **n-p**, y calcar las partes indicadas con: **c- q-d-s-r-o - m-n** (parte sombreada). Separar dicha parte, después cortar desde **r** hasta **i**, separando.

g-t y **f-u** = 5 cm. . Unir dichos puntos.

Desde **t** y **u**, prolongar la línea, aplicando 3 y 5 cm. respectivamente. = **v** y **w**. Unir **v-h** y **w-e**.

Desde **l**, trazar una vertical hacia arriba = **x**, luego cortar desde **x** hasta **l** después cerrar la pinza. El espacio **x**, se embeberá en el recorte.

Dibujar el bolsillo y la tapita, después copiar los moldes.

Separar las partes sombreadas de los puños.

Juntar las sobre mangas uniendo **g** con **e** y **w-k**, luego marcar una abertura en el centro de **k-j**. Fig. **C**.

Colocar cada parte del rombo en sus respectivos lugares, después, unir las partes de arriba de los rombos con **v** y **j** de las mangas. Fig. **C**.

El cuello, es camisa.

Para los puños formar un rectángulo con la suma de las medidas **g-f** y **e-f**, y por verticales dos veces la medida **g-t**, más cruce. Fig. **D**.

Colocar tela doble en el centro de adelante. Fig. **A** y en el centro de atrás. Fig. **B**.

VESTIDO SIMETRICO CON MANGAS TIPO CAPA

UTILIZAR LOS MOLDES SIMPLES DE UN VESTIDO CON LA PINZA DEL COSTADO CERRADA
MODELO IDEAL PARA TELA REVERSIBLE

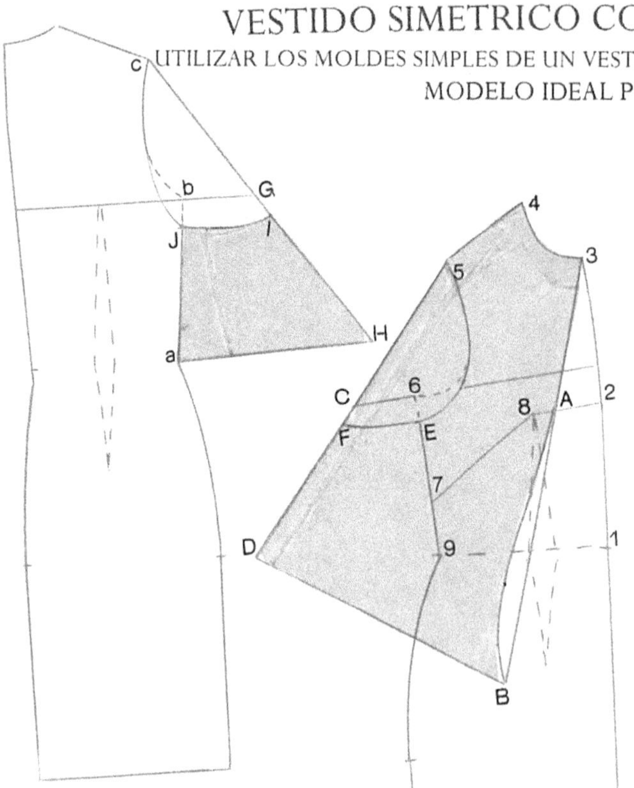

MEDIDAS REQUERIDAS

CONTORNO DE SOBRE BARZOS...55 CM.
CONTORNO DE BUSTO............ 46   "
ALTURA DE CODO................. 33   "
LARGO MANGA..................... 60   "

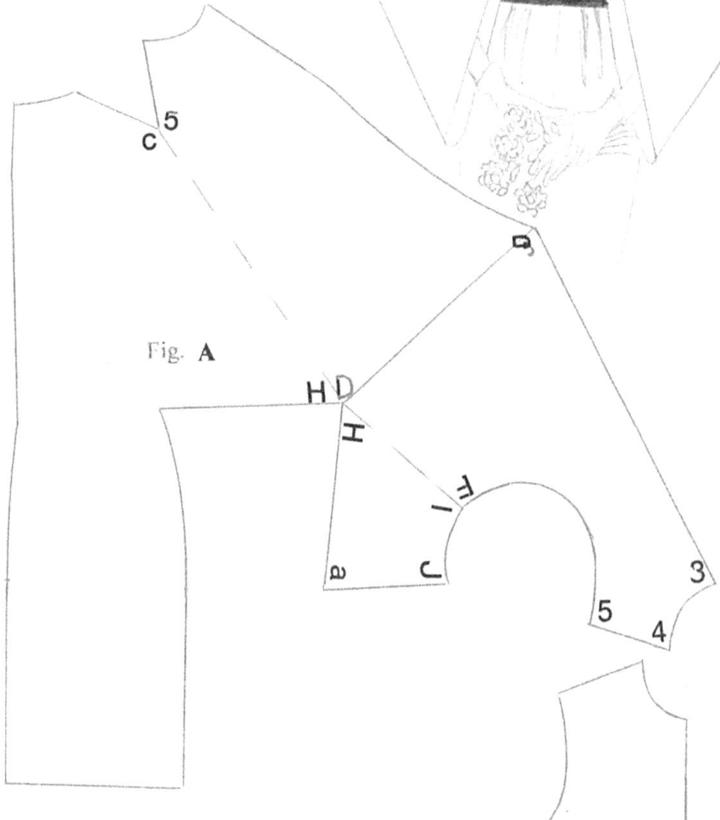

DELANTERA: **1-2-3** = parte del centro delantero, **3-4** = escote, **4-5** = hombro, **5-6** = sisa, **6-7-9** = altura de axila, **7-8** = pinza cerrada, **2-8** = separación de busto.

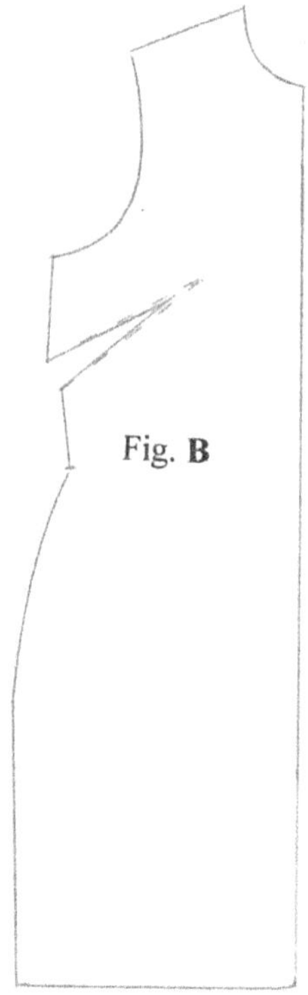

8-A = 1 / 3 parte de **8-2**. Unir **A-3**.

Desde **3**, aplicar pasando por **A**, la medida largo manga, menos unos 7 cm. o a gusto = **B**.

Desde **6**, trazar una horizontal, aplicando la mitad de la diferencia entre Busto y Sobre Brazos, más 3 cm o a gusto ejemplo: 7 ½ cm. = **C**.

Desde **5**, aplicar pasando por **C**, la medida altura de codo, más 10 cm., ejemplo: 43 cm. = **D**. Unir **D-B**.

Unir **B-A**, con la forma, como lo indica el trazado.

6-E = 3 cm. o a gusto. Unir **E** con la sisa; Luego desde **E**, prolongar la línea hasta la diagonal = **F**.

Calcar la parte indicada con: **B-A-3-4-5-E-F-D-B**, luego doblar el papel por la línea **B-D** y calcar la parte sombreada.

TRASERA: **a-b** = altura de axila; **b-c** = sisa.

Desde **b**, prolongar la línea, aplicando la medida **C -6** de la delantera = **G**.

Desde **c**, aplicar pasando por **G**, la distancia **5-D** = **H**. Unir **H-a**.

H-I = **D-F**.

a-J = **9-E**.

Unir **I-J**, y la sisa.

Calcar la parte sombreada.

Juntar los puntos **c-5** y **H-D**, unir también **I-F** y **H-D**. Fig. **A**.

Acortar la pinza lateral. Fig. **B**.

El cinturón, es una tira de 68 x 5 terminado.

Fig. **A**

Fig. **B**

CAPA ESTILO PISANO

UTILIZAR LOS MOLDES DE UN VESTIDO O TAPADO

(si utiliza los moldes del vestido, entonces será vestido capa; Si utiliza los moldes del abrigo, deberá llevar tailleur debajo)

LE RECORDAMOS QUE ELEGANCIA, NO ES COMODIDAD

MEDIDAS REQUERIDAS
BUSTO................. 46 CM.
SOBRE BRAZOS........56 "
LARGO DE MANGA....62 "

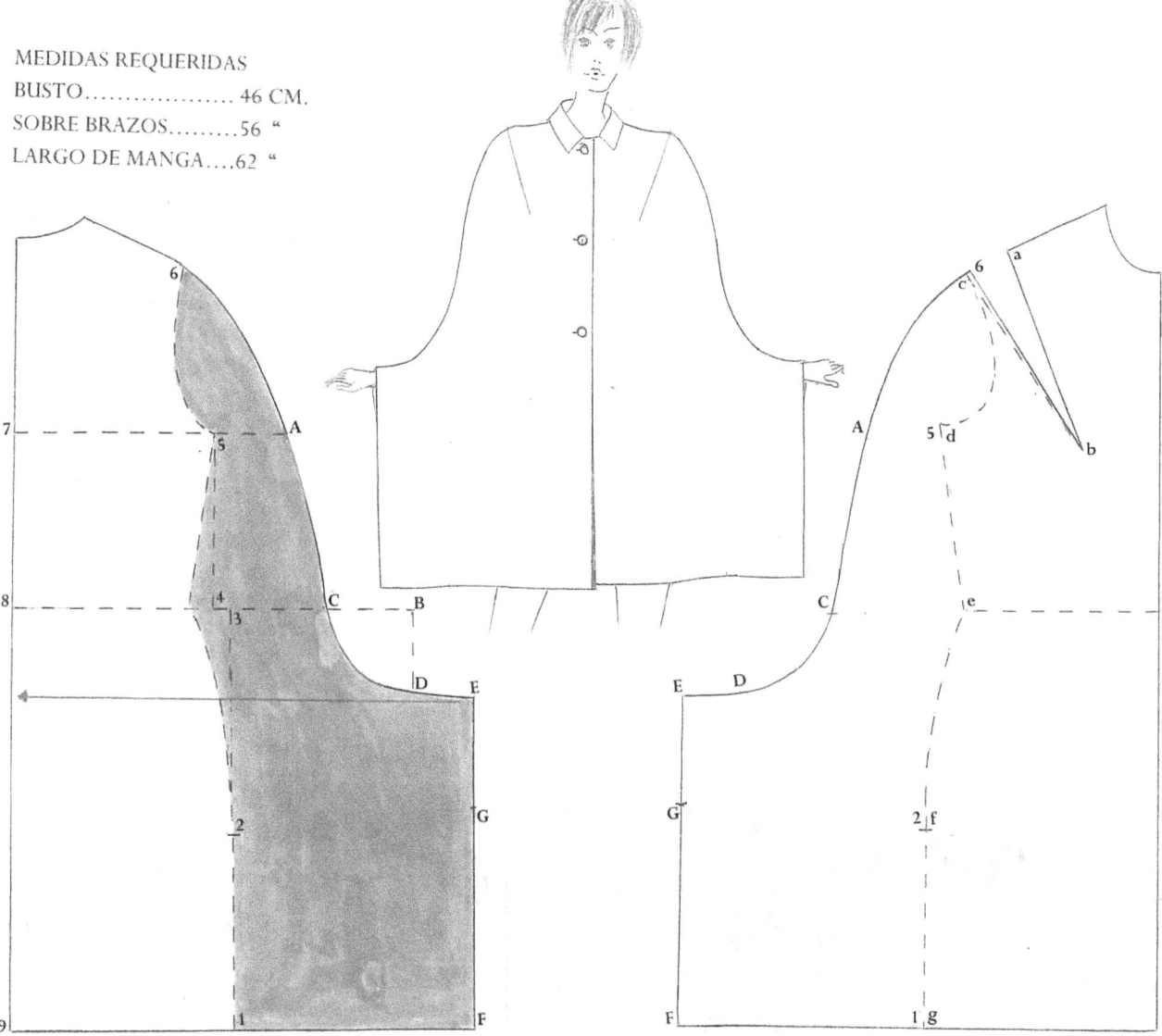

TRASERA: 1-2-3, indican la línea del costado, 4-5 y 7 = altura de axila, 5-6 = sisa, 3-4-8 = cintura, 2-3 = altura de cadera, 7-8-9 = centro.

Desde 5, prolongar la horizontal, aplicando la mitad de la diferencia entre Busto y Sobre Brazos, más 3 cm. o a gusto = A.

Desde 4, seguir la raya de cintura, colocando la distancia 8-4 = B. Marcar el centro de 4-B = C.

Desde B, escuadrar hacia abajo, aplicando 1/3 parte de la altura de cadera = D. Unir D-C-A-6, según lo indica el trazado.

Desde 6, colocar pasando por D, el Largo Manga, ejemplo: 62 cm. = E. Tomar la distancia entre E y el centro, indicado con flechita.

Desde 9, colocar pasando por 1 la distancia entre E y el centro de la parte trasera = F. Unir F-B.

Desde E, poner hacia abajo, 12 cm. (para poder pasar la mano)= G.

Calcar la parte sombreada.

DELANTERA: a-b-c = pinza, d-e-f-g = costado.

Colocar la parte sombreada de la trasera a la delantera, uniendo 5-2-1, con d-f-g. IMPORTANTE: Al colocar la parte sombreada en la delantera, podría suceder (según los largos de los talles) que al unir el punto 6 con b, resultare que dicha línea fuere más larga que la raya a-b, en ése caso, al cerrar la pinza deberá suavizar la línea.

Al coser, la línea de los Sobre Brazos, use una tira de tear away, para que no se estire la línea. El cuello, es desbocado

VESTIDO ASIMETRICO CON CAPA EN EL LADO DERECHO
UTILIZAR LOS MOLDES DOBLES DE UN VESTIDO CON CAPA DEL LADO DERECHO

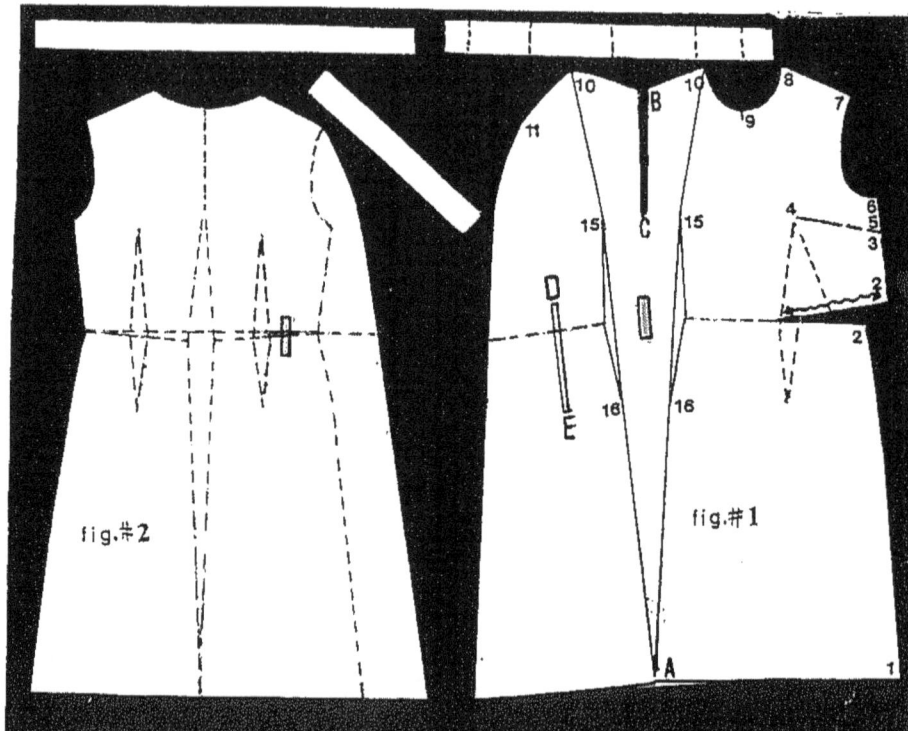

DELANTERA: 1-2-3-5-6 y 12-13-14 = costados; 6-7 y 11-12 = sisas; 7- 8 y 10-11 = hombros;8-9-10= escotes; 10-15= pinza cerrada (y cambiada de sitio)3-4-5 y 15-16 = pinzas. Desde 16, prolongar la línea hasta el ruedo = A.

Cortar desde 10 hasta A, sin separar. Cortar desde 2, hasta la pinza, y desde la pinza hasta 4, luego cerrar la pinza 3-4-5. Ubicación de los moldes sobre la tela: Fig. 1. Separar el punto 10, el doble del ancho del hombro (La forma en V que se nota, se forma al juntar las líneas). Marcar el centro de los puntos 10 = B.

Marcar el centro de los puntos 15 = C.

Unir C-B. El cierre, se ubicará en dicho sitio.

Hacer un ojal grande de unos 18 cm., para poder pasar la mano, ejemplo: D-E.

El cuello, es una tira al bies. El cinturón tendrá la medida de cintura por 4 cm. de alto (terminado). El moño, será una tira de unos 58 x 4 cm. .

Reducir la parte de la pinza abierta con frunces, o bien con pliegues.

Hacer dos ojales de unos 6 cm., uno en el medio del pliegue y el otro en la trasera, para que pueda pasar el cinturón (partes sombreadas).

VESTIDO SIMÉTRICO CAPA ATRÁS Y RAGLAN ADELANTE

UTILIZAR LOS MOLDES SIMPLES DE UN VESTIDO LARGO CON LA SISA MÁS BAJA 2 CM. Y UNA MANGA CON LA PINZA EN LA COPA

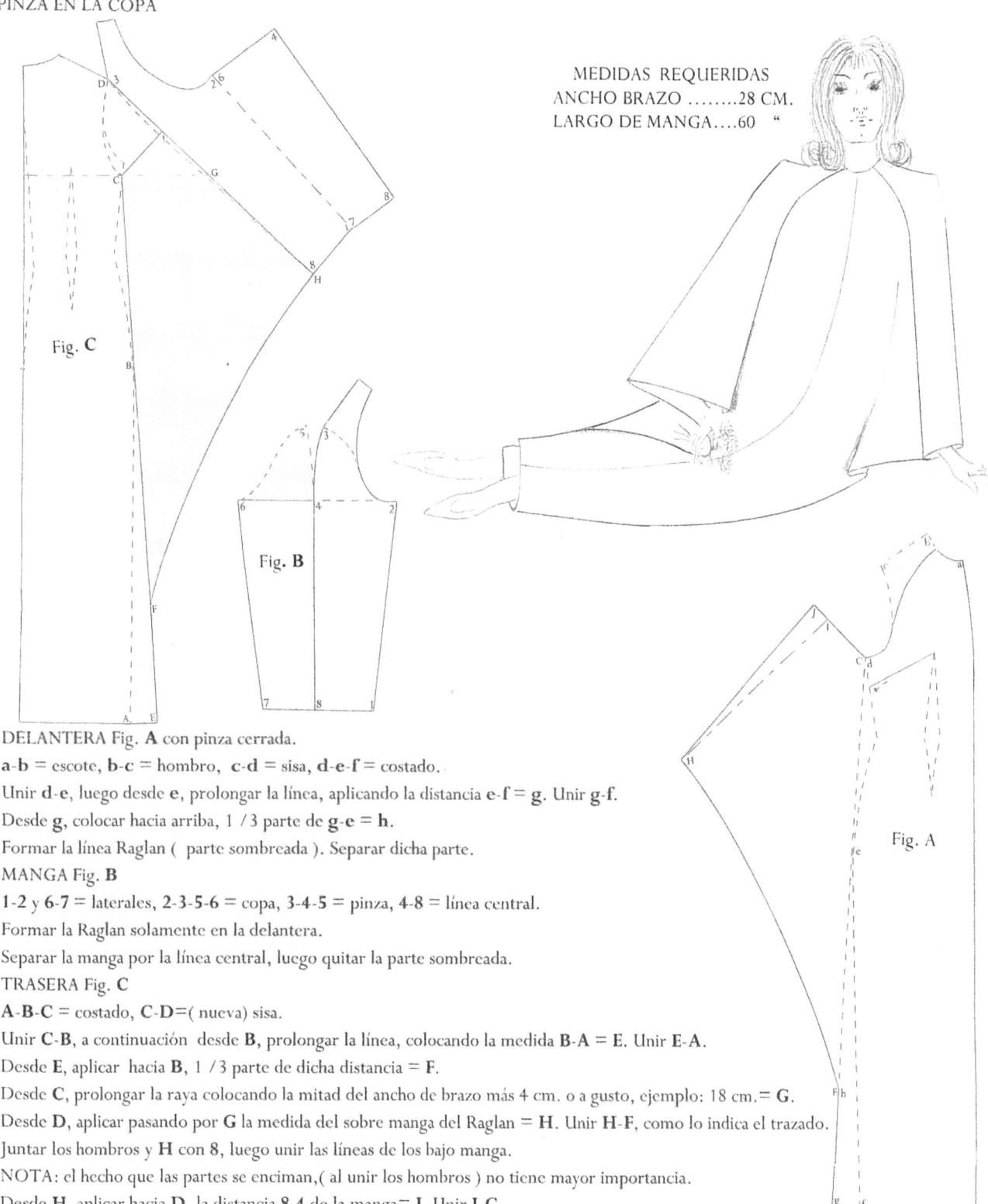

MEDIDAS REQUERIDAS
ANCHO BRAZO ....28 CM.
LARGO DE MANGA....60 "

Fig. C

Fig. B

Fig. A

DELANTERA Fig. **A** con pinza cerrada.

a-b = escote, **b-c** = hombro, **c-d** = sisa, **d-e-f** = costado.

Unir **d-e**, luego desde **e**, prolongar la línea, aplicando la distancia **e-f** = **g**. Unir **g-f**.

Desde **g**, colocar hacia arriba, 1 /3 parte de **g-e** = **h**.

Formar la línea Raglan (parte sombreada). Separar dicha parte.

MANGA Fig. **B**

1-2 y **6-7** = laterales, **2-3-5-6** = copa, **3-4-5** = pinza, **4-8** = línea central.

Formar la Raglan solamente en la delantera.

Separar la manga por la línea central, luego quitar la parte sombreada.

TRASERA Fig. **C**

A-B-C = costado, **C-D**=(nueva) sisa.

Unir **C-B**, a continuación desde **B**, prolongar la línea, colocando la medida **B-A** = **E**. Unir **E-A**.

Desde **E**, aplicar hacia **B**, 1 /3 parte de dicha distancia = **F**.

Desde **C**, prolongar la raya colocando la mitad del ancho de brazo más 4 cm. o a gusto, ejemplo: 18 cm.= **G**.

Desde **D**, aplicar pasando por **G** la medida del sobre manga del Raglan = **H**. Unir **H-F**, como lo indica el trazado.

Juntar los hombros y **H** con **8**, luego unir las líneas de los bajo manga.

NOTA: el hecho que las partes se enciman,(al unir los hombros) no tiene mayor importancia.

Desde **H**, aplicar hacia **D**, la distancia **8-4** de la manga= **I** .Unir **I-C**.

Calcar la parte sombreada, luego unir dicha parte al costado de la delantera, uniendo **C** y **F** con **d** y **h**.

Desde **C/d**,(delantera) aplicar pasando **I**, la medida **4-6** de la manga = **J**. Unir **J-H**. Controlar que la distancia **J-H**, sea igual a **8-4**. NOTA: El forro, se deberá cortar por **E-B-C-I-D** etc. (trasera) y por centro, **a-b-c-d-e-h-g-f** etc. y se deberá usar la pinza abierta, mientras que en la tela, se deberá eliminar al estilo Haute Couture.

VESTIDO SIMÉTRICO CON DETALLE DE HERRADURA- PLIEGUE
UTILIZAR LOS MOLDES DE UN VESTIDO MANGA JAPONESA CORTA CON LA PINZA CERRADA

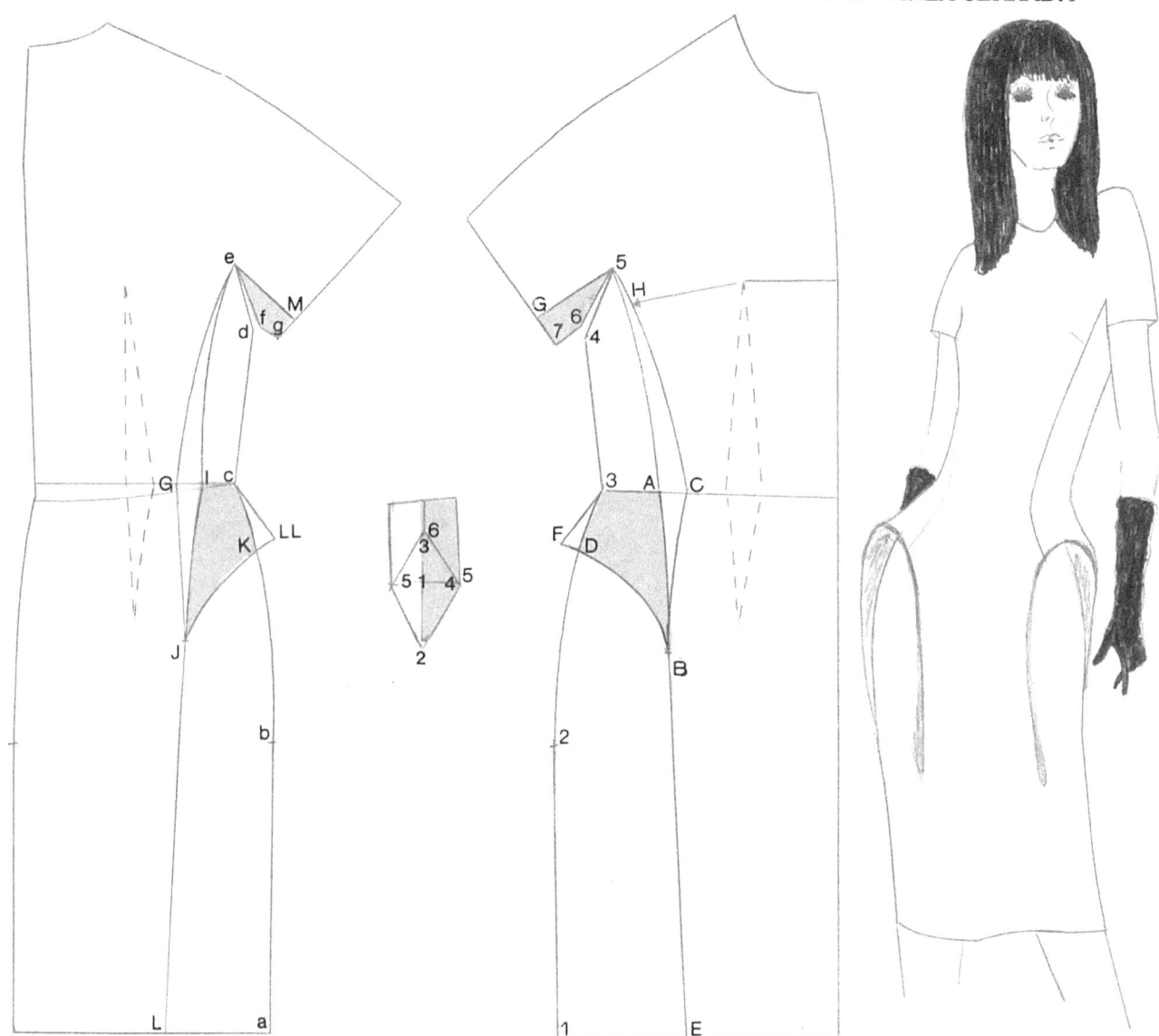

PASO A PASO CON LA REALIZACION DE LOS TRAZADOS

DELANTERA Y TRASERA: **1-2-3-4** y **a –b-c-d** = costados; **4-5-6** y **d-e-f** = aberturas para el rombo; **6-7** y **f - g** = bajo mangas.

DELANTERA: Marcar el centro de **3** con la pinza= **A**.

Unir **5-A**, luego prolongar la línea, aplicando 2 / 3 partes de la altura de cadera= **B**.

Desde **A**, colocar 2/3 partes del ancho de la pinza (marcada con líneas discontinuas)= **C**.

Unir **5-C-B**. De ese modo queda eliminada la pinza central.

NOTA: La distancia entre **5-C**, es ligeramente más grande que **5-A**, esa diferencia, puede embeberse.

Desde **3**, aplicar hacia abajo 1/4 parte de la distancia entre **3-2** (o a gusto) = **D**. Unir **D-B**, luego prolongar la línea hasta el ruedo = **E**.

Desde **D**, prolongar la línea, aplicando 1 ½ cm.(o a gusto) = **F**. Unir **F-3**.

Calcar la parte sombreada indicada con: **A-3-D-B-A**.

Desde **7**, colocar la medida **1-4** del rombo = **G**. Unir **G-5**. Calcar la parte sombreada y agregarla al rombo, uniendo **5** con **4** y **6** con **3**.

Desde el vértice de la pinza trazar una diagonal hasta la línea **5-C = H**.

Cortar separando por: **4-3-F-D-B-A-5-4**. Fig. **C**. Cortar desde **B** hasta **E** sin separar.

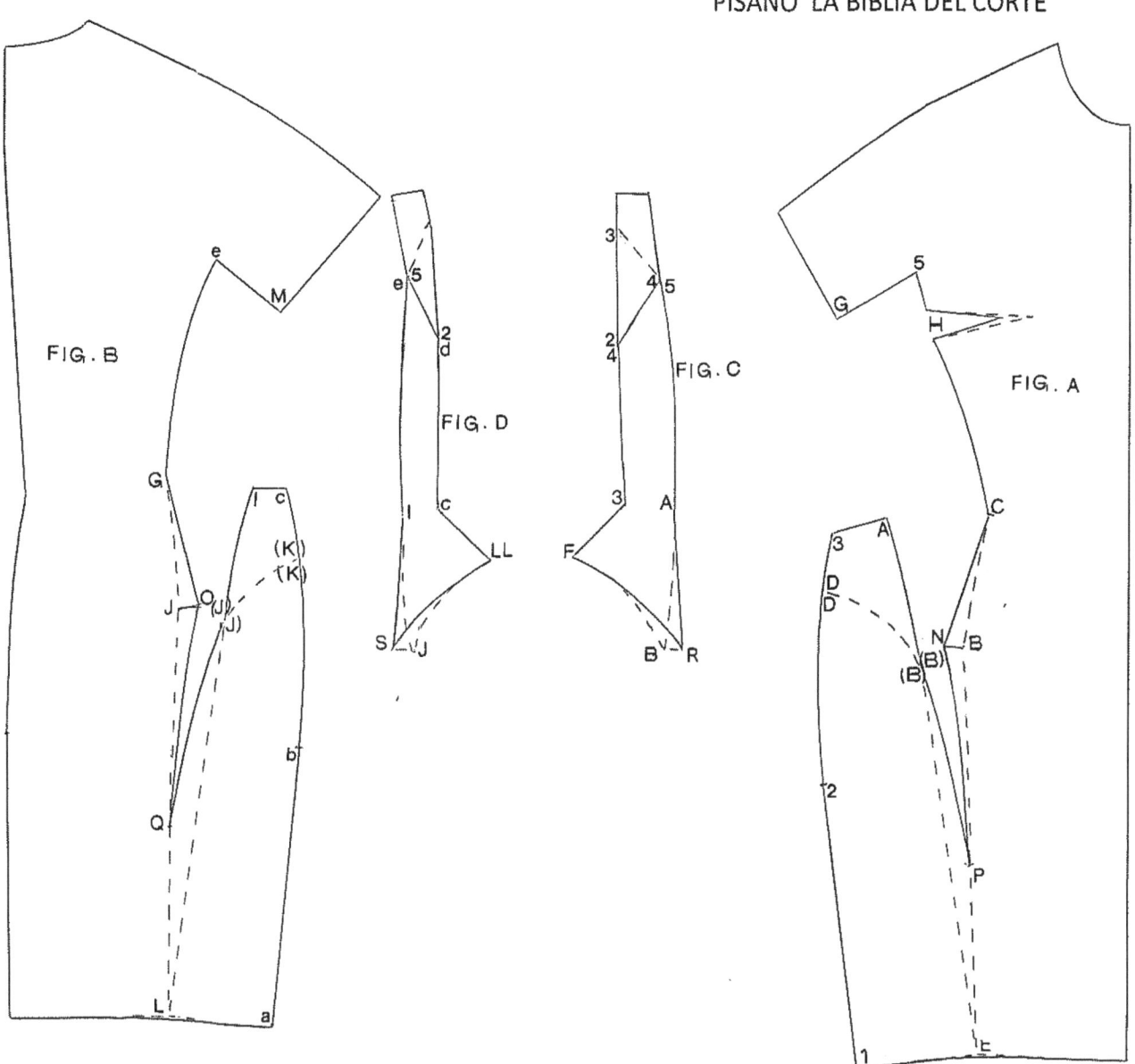

TRASERA: Trasladar la pinza (ligeramente más larga,) como lo indica el trazado = **G-I-J-e**. (distancia entre **G-J** = 2/3 partes de la altura de cadera).

Desde **c**, aplicar hacia abajo la medida **3-D** de la delantera = **K**. Unir **K-J**, luego prolongar la línea hasta el ruedo = **L**.

Desde **K**, prolongar la línea aplicando la medida **D-F** de la delantera = **LL**. Unir **LL-c**.

Desde **g**, colocar la medida **1-5** del rombo = **M**. Unir **M-e**, después separar la parte sombreada y agregarla al rombo. Calcar la parte sombreada indicada con: **I-J-K-c-I**.

Cortar (separando) por: **LL-K-J-I-e-d-c-LL**. Fig. **D**. Seguir cortando desde **J** hasta **L** sin separar.

Juntar las partes sombreadas tanto en la trasera, como en la delantera, uniendo (**J**) con (**J**), (**K**) con (**K**) trasera y (**B**) con (**B**) y **D** con **D** delantera.

Separar los sitios indicados con **B** (delantera) y **J** (trasera) unos 4 ½ cm., o a gusto .

Desde **B** y **J**, escuadrar aplicando 1 ½ cm. = **N** y **O**. Unir **N-C** y **O-G**.

E-P (delantera) y **L-Q** (trasera) = 2/3 partes de la distancia 1-2. Unir **P-N** y **P- (B)**. Fig. **A**. Unir **Q-O** y **Q- (J)** Fig. **B**.

Acortar la pinza del busto, usando la segunda separación de busto.

Lateral delantero Fig. **C**. Juntar la parte del rombo al lateral, uniendo 2 con 4 y 4 con **5**.

Desde **B**, aplicar igual medida de **B-N** = **R** . Unir **R-F** y **R-A**. Cuide que la distancia **A-R**, sea igual a **C-N**.

Lateral; trasero Fig. **D**. Juntar la parte restante del rombo, uniendo 2 con **d** y **e** con **5**.

Desde **J**, aplicar igual medida de **J-O** = **S**. Unir **S-LL** y **S-I**. Cerciórese que la distancia **S-I** sea igual a **O-G** Suavizar las líneas del ruedo.

VESTIDO ASIMÉTRICO EN LA PARTE TRASERA CON CUELLO DESBOCADO

UTILIZAR UN MOLDE SIMPLE PARTE DELANTERA Y UNO DOBLE PARTE TRASERA, UNIDOS EN LA LINEA CENTRAL Y CON LAS PINZAS CERRADAS

DELANTERA: **1-2** = hombro, **2-3**= escote.

2-4 = 2 cm. o a gusto. Unir **4-3**, luego tomar dicha medida. Quitar la parte sombreada.

TRASERA: **a-b** y **d-e** = hombros, **b-c-d** = escotes, **c-f-g-h** = centro, **i-j-k-** y **l-ll-m** = pinzas cerradas.

b-n = **2-4** de la delantera.

c-o = mitad de **b-n**. Unir **o-n**, con forma, después marcar el lado opuesto del escote = **p**.

f-q = a gusto, ejemplo: 2 ½ cm.. Unir **q-ll** y **ll-p**.

Desde **q**, prolongar la línea hasta la pinza = **r**. Unir **r-p**.

Quitar las partes sombreadas, luego tomar la distancia entre: **r-q-ll-p-o-n**.

Separar los moldes en el centro de atrás.

NOTA: Si la tela lo permite, se podrían utilizar los moldes partes traseras con las pinzas cerradas.

CUELLO: Trazar una horizontal con las sumas de las medidas de los escotes delanteros y traseros = **A** y **B**.

A-C = 9 cm. o a gusto.

B-D = 6 cm.. Unir **D-C**, luego prolongar la línea aplicando unos 4 cm. (o según la inclinación que le quiera dar) = **E**. Unir **E-A.**
D-F = 2 cm.. Unir **F-B**. NOTA: Es probable que en la línea **F-B** tenga que ponerle cruce, para que pueda sujetar el cuello.
B-G = **p-o-n** = escotes parte trasera. $\overline{\text{G-H}}$ y **H-I** = a la medida del escote delantero.
A-J = **r-ll** (trasera)
Doblar el papel de molde, por la línea **F-D-C-E**, y calcar el lado opuesto.
IMPORTANTE: Esta tira, debe ir al bies, y de acuerdo a la tela, debe armarse.

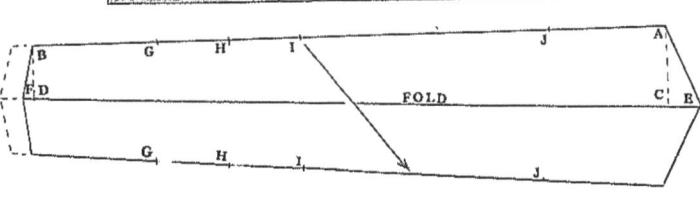

DETALLES DE COSTURA

OJAL MILITAR

(1)

Hay varias maneras de realizarlo. Aquí le presentamos una:

Marcar el ojal (1). Pasar la marca por el lado interno. Utilizar un trozo de tela al bies, colocando derecho con derecho (2) y que sobresalga de la marca varios centímetros. Si lo desea, puede dibujar el ancho del ojal , o puede guiarse con el pie de la máquina. Cósalo alrededor. Córtelo por el medio (3). Delo vuelta. Tironee el trocito de tela en ambas esquinas y verá que se forman los vivitos (4). Hilvánelo (5). Sujételo con un punto atrás invisible en la línea de la costura (6). Planche, luego sujételo alrededor (por dentro) con un punto cruzado (7). Si lo desea, puede hacer un redondelito en el borde de adelante tipo key hole.

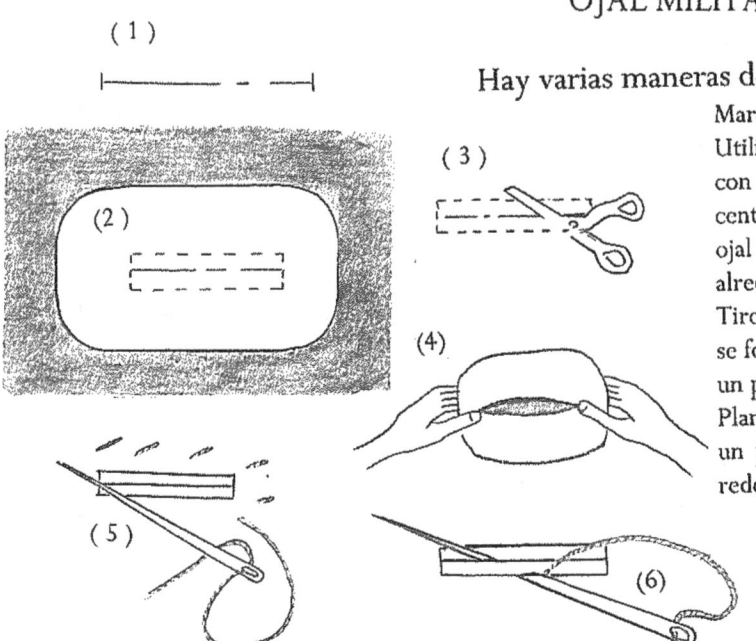

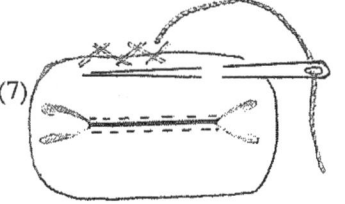

VESTIDO CON PLIEGUES CRUZADOS Y TABLON
UTILIZAR EL MOLDE DOBLE DE UN VESTIDO PARTE DELANTERA LIGERAMENTE ÉVASÉ

fig. A

PASO A PASO CON LA REALIZACION DEL MODELO

Alargar las pinzas verticales unos 4 cm. . Lo que se alargan las pinzas deberá agregarlos en los costados.

1-2-3-4 y 10-11-12-13 = costados, 5-6 y 8-9 = hombros, 6-7-8 = escotes, 7-14 = línea central, 15-16-17 y 18-19-20 = pinzas verticales cerradas, 3-18 y 11-15 = pinzas laterales cerradas.

Desde **5**, aplicar hacia **6**, 5 cm. o a gusto= **A**.

7-B = 1 cm. o a gusto. Unir **B-A**, después doblar el papel por el centro, y marcar el lado opuesto. Quitar la parte sombreada.

Unir **15-19**, luego prolongar la raya hasta el costado = **C**. **D**, se forma al cruzarse las líneas.

Unir **20-16**, después seguir la línea. (en éste caso, se junta con la iniciación de la sisa). NOTA: Dicha línea, puede cambiar de lugar, según el ancho del molde. **E**, se forma al cruzarse las líneas.

Doblar el molde por la línea central y calcar las rayas del lado opuesto (ambos lados). De ese modo, se forma **F**.

Cortar desde **10** hasta **20**, después de **16** hasta **F**, de **E** hasta **17**, de **4** hasta **19**, de **19** hasta **15**, de **D** hasta **18**, y de **19** a **C**. Cortar de **14** hasta **E**, separando el molde.

Trazar una horizontal y sobre la misma colocar la línea del ruedo del molde, separando la línea **E-14**, 30 cm. .

IMPORTANTE: Si el pliegue **E-20**, no es lo suficiente profundo, de un corte desde **20** hasta la raya **19-C**, y lo que abre el corte, lo quita haciendo un plieguecito, como lo indica el punto **G**. Haga lo mismo con el punto **E-17**, es decir lo que se abre desde **17**, se quita con el punto **H**. Unir **H-16**.

Abra el pliegue **16-F**, igual a **19-c**. Cabe señalar que **D-15** y **D-18**, se abren solos.

La Fig. **A**, indica el modo de colocar el molde sobre la tela y sus ensanches.

La parte trasera, la interpretará Usted a su gusto.

VESTIDO CON BUCHE DE PAVO EN LA TRASERA (COWL.)
UTILIZAR EL MOLDE DE UN VESTIDO (SACO, ABRIGO ETC.) PARTE TRASERA

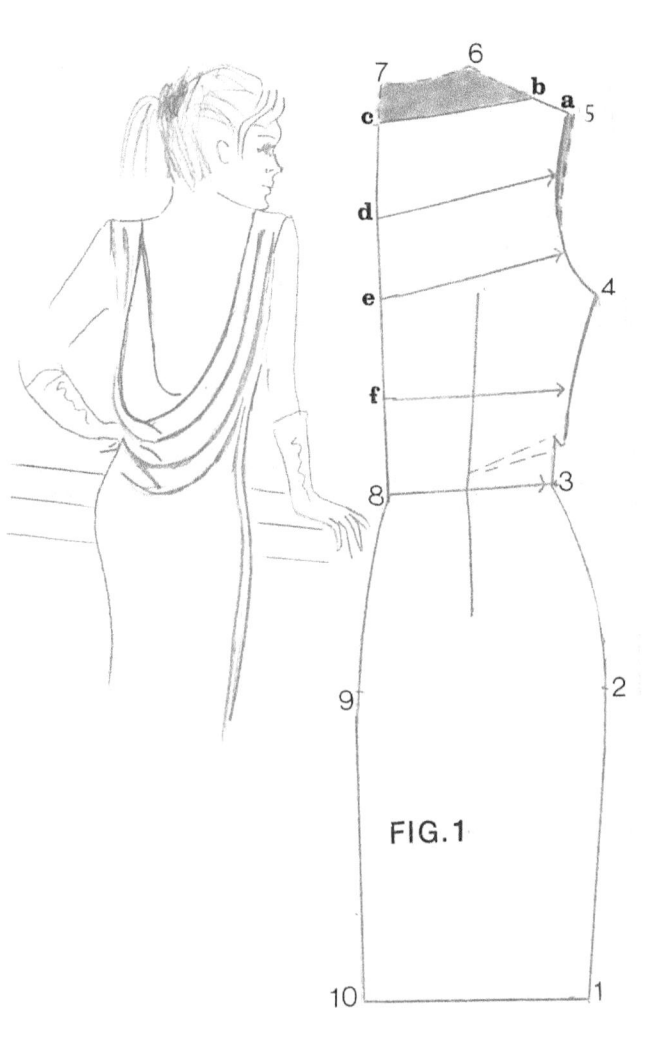

FIG.1

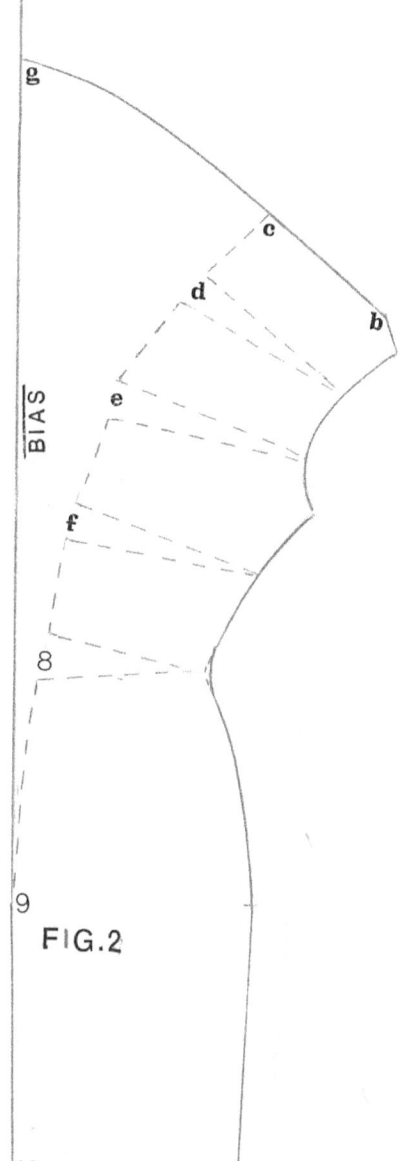

FIG.2

TRASERA Fig. **1**, con pinza cerrada.

1-2-3-4 = costado, **4-5** = sisa, **5-6** = hombro, **6-7** = escote, **7-8-9-10** = centro.

5-a = 1 cm.. Unir **a** con la sisa.

a-b = 4 cm. o a gusto.

Desde **b**, trazar una raya hasta el lado opuesto (que puede ser también en forma horizontal) = **c**. Separar las partes sombreadas.

Dividir en cuatro partes la distancia **c-8** = **d**, **e**, **f** y desde dichos puntos, trazar líneas hasta la sisa y el costado, luego cortar por dichas rayas sin separar.

Fig. **2**.

Separar los cortes **8**, **f**, **e**, **d** a gusto. NOTA: Si deseare que los pliegues caigan desde más abajo, separe el punto **8** de la orilla de la tela, sin que por eso tenga que mover los puntos **9-10**, si no que, moviendo solamente la tela por debajo.

Prolongar la raya **b-c**, hasta la línea del doblez =**g**.

NOTA: Para sostener el buche (si es que éste no cayere como es debido),deberá colocar una pesita, en el sitio indicado con **g**.

La parte delantera, la interpretará según su personal gusto.

VESTIDO CORTO CON RECORTES A LA ALTURA DEL BUSTO
UTILIZAR LOS MOLDES DEL VESTIDO ADHERIDO HASTA LA ALTURA DE LA CADERA CON LAS PINZAS CERRADAS

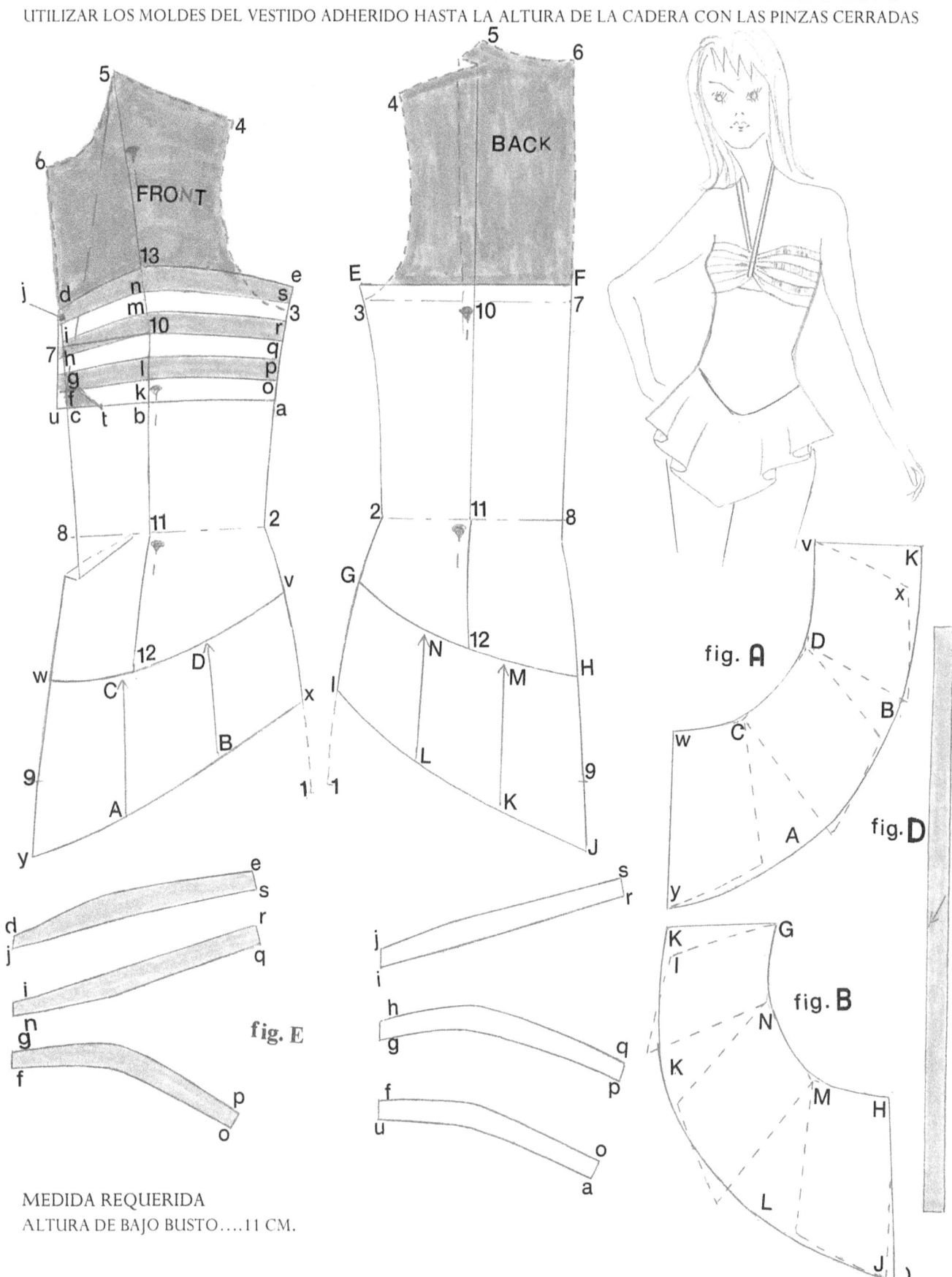

FRONT

BACK

fig. A

fig. D

fig. B

fig. E

MEDIDA REQUERIDA
ALTURA DE BAJO BUSTO….11 CM.

PASO A PASO CON LA REALIZACION DE LOS TRAZADOS

DELANTERA Y TRASERA

Misma puntuación:1-2-3 = costados, 3-4 = sisas, 4-5 = hombros, 5-6 = escotes, 6-7-8-9 = centros, 10-11-12 = pinzas centrales cerradas, 5-13-10 = pinza del Sobre Busto cerrada, 7-10 = pinza de entre Busto cerrada.

DELANTERA:2-a, 11-b, 8-c = Altura del Bajo Busto, ejemplo: 11 cm..

Desde 7, aplicar hacia arriba 3 ½ cm.= d.

Desde 3 (parte delantera), prolongar la línea, aplicando 2 cm., o lo que fuere necesario = e. Unir e-13-d. Separar la parte sombreada.

Dividir en cinco partes la distancia c-d = f, g, h, i, j. Hacer lo mismo con las distancias b-13 y a-e = k, l, 10, m, n, y o, p, q, r, s.

Unir o-k-f, p-l-g, q-10-h, r-m-i, s-n-j.

Marcar el centro de c-b = t. Unir t-g, luego medir dicha distancia.

Desde t, aplicar pasando por c, la medida g-t = u. Unir u-d, después prolongar las líneas f, g, h, i, j .

Desde 2, aplicar hacia abajo la mitad de 11-12 = v.

Unir v-12, luego prolongar la raya, hasta la línea central =w.

v-x = 10 cm. o a gusto.

Desde w, colocar pasando por 9 la medida v-x, más la mitad de la misma, ejemplo: 15 cm. = y. Unir y-x.

Dividir en tres partes la distancia y-x = A y B. Desde dichos puntos, trazar rayas hasta la diagonal w-v = C y D.

Cortar desde j hasta s, de i hasta r, de h hasta q, de g hasta p, de f hasta o, de u hasta a. Desde w hasta v, separando.

Cortar de A hasta C y de B a D, sin separar.

TRASERA: 3-E y 7-F = 2 cm.   (igual a 3-e de la delantera). Unir E-F. Separar la parte sombreada.

2-G= 2-v de la delantera. Unir G-12, después prolongar la raya, hasta la línea central = H.

Desde G, colocar hacia abajo, la distancia v-x de la parte delantera = I.

Desde H, ubicar pasando por 9, la medida w-y de la parte delantera = J. Unir J-I, con forma.

Dividir en tres partes la distancia J-I = K y L.

Desde K y L, trazar rayas hasta la diagonal G-H = M y N.

Cortar desde G hasta H. Cortar desde K y L hasta M y N, sin separar.

Fig. A: (delantera) abrir los cortes A y B a gusto.

Desde v, trazar una horizontal, aplicando la medida v-x = K. Unir K-y, como lo indica el trazado.

Hacer lo mismo con la fig. B.

Controlar que las distancias entre W-V y G-H, sean iguales a las partes del body, caso contrario desde v y G, agregar lo que sea necesario.

Abrir la pinza delantera= Fig. C, y la pinza de la trasera.

Desde 2, aplicar hacia dentro el espacio de la pinza. Esto siempre y cuando ésa diferencia no supere el 1 ½ cm. y que la tela lo permita. Que sucede si ése espacio superase el 1 ½ cm.? Habrá que darle la forma con la plancha.

Unir v-P-a, con la forma, como lo indica el trazado. Hacer lo mismo con el lado opuesto y con el costado de la trasera.

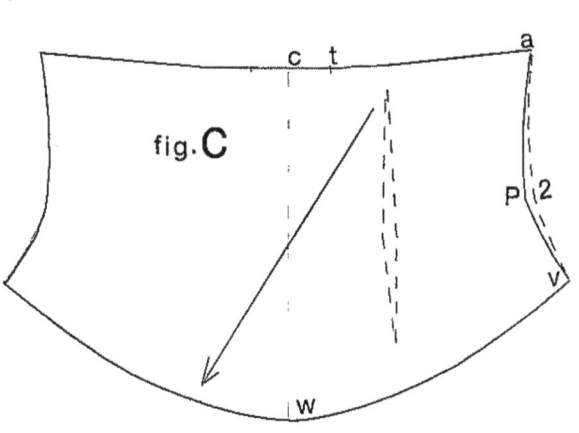

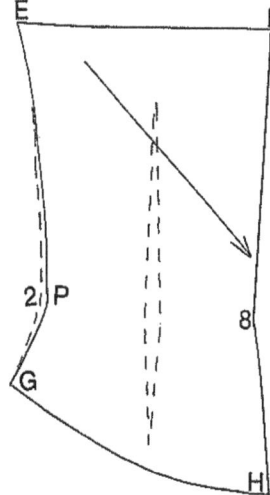

Las tiras del busto deberán armarse. Fig. E.
BRETEL Fig. D. Trazar un rectángulo de 2 cm. de ancho por el doble de la distancia 5-g (delantera), más la medida del escote trasero. Cortar dos tiras. Si deseare anudarlo, entonces deberá prolongar las líneas unos 25 cm. más.

VESTIDO IDEAL PARA FIESTAS

EMPLEAR EL MOLDE DOBLE DE UN VESTIDO DELANTERO ADHERIDO HASTA LA ALTURA DEL SOBRE BUSTO Y UNA TRASERA SIMPLE

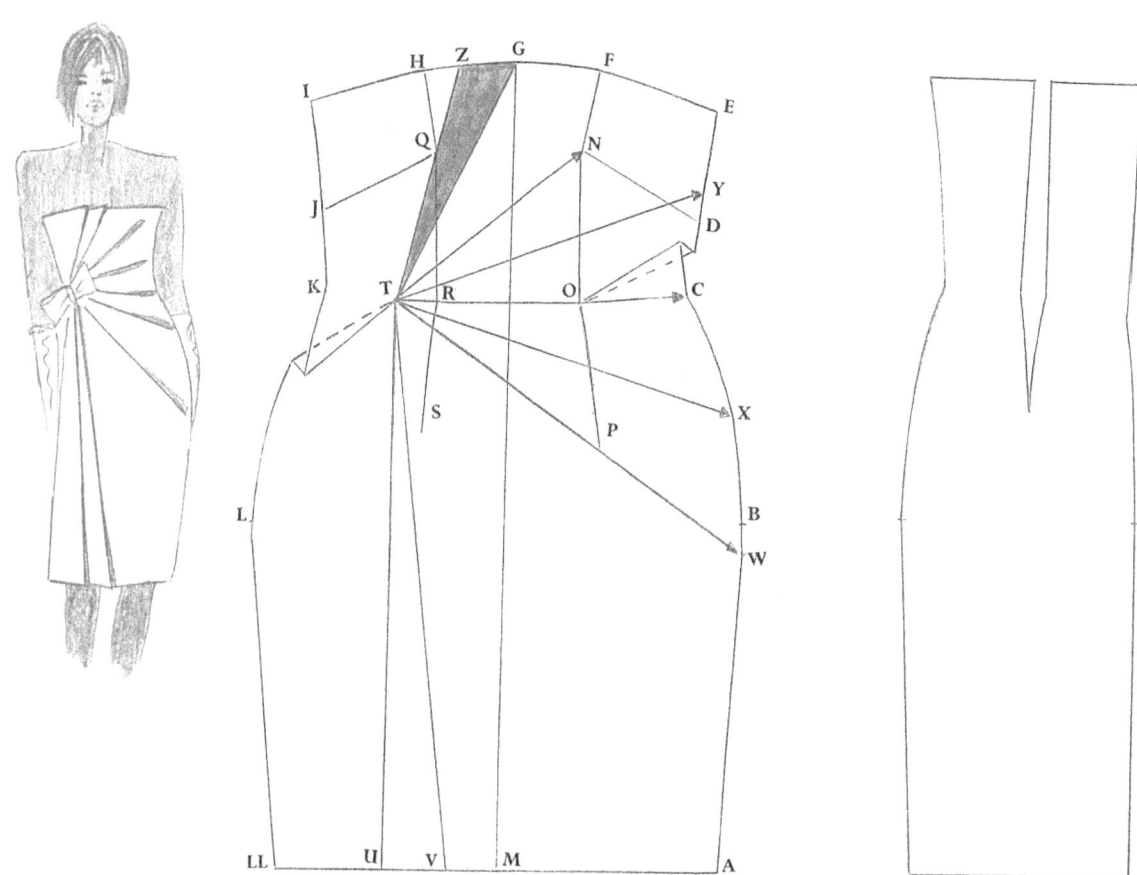

PASO A PASO CON LA REALIZACION DEL VESTIDO

DELANTERA

A-B-C-D-E y **I-J-K-L-LL** =costados, **M-G** = centro parte delantera, **F-N-O-P** y **H-Q-R-S** = pinzas centrales cerradas, **D-N** y **J-Q** = pinzas laterales cerradas

Desde **R**, aplicar hacia **K**, 1/3 parte de dicha distancia = **T**.

Desde **T**, trazar una vertical hasta el ruedo = **U**.

V = mitad de **U-M**. Unir **V-T**, con recta.(NOTA: Si el molde que Usted usa fuere muy ancho, entonces la distancia entre **U-V**, que sea de acorde al ancho del mismo).

Unir **T-P**, luego prolongar la vía hasta el costado = **W**.

X = mitad de **W-C**. Unir **X-T**.

E-Y = 1 ½ cm. superior a 1/3 parte de la distancia **E-C**. Unir **Y-T**.

Unir **T-N** y **T-G**.

Juntar **T-Q**, luego prolongar la línea hasta arriba = **Z**.

Cortar desde **U** y **V** hasta **T** separando. Cortar desde **T** hasta **G** y **Z** separando.

Cortar desde **T** hasta **W**, de **T** hasta **X**, de **T** hasta **C**, de **T** hasta **Y**, de **T** hasta **N**, sin separar.

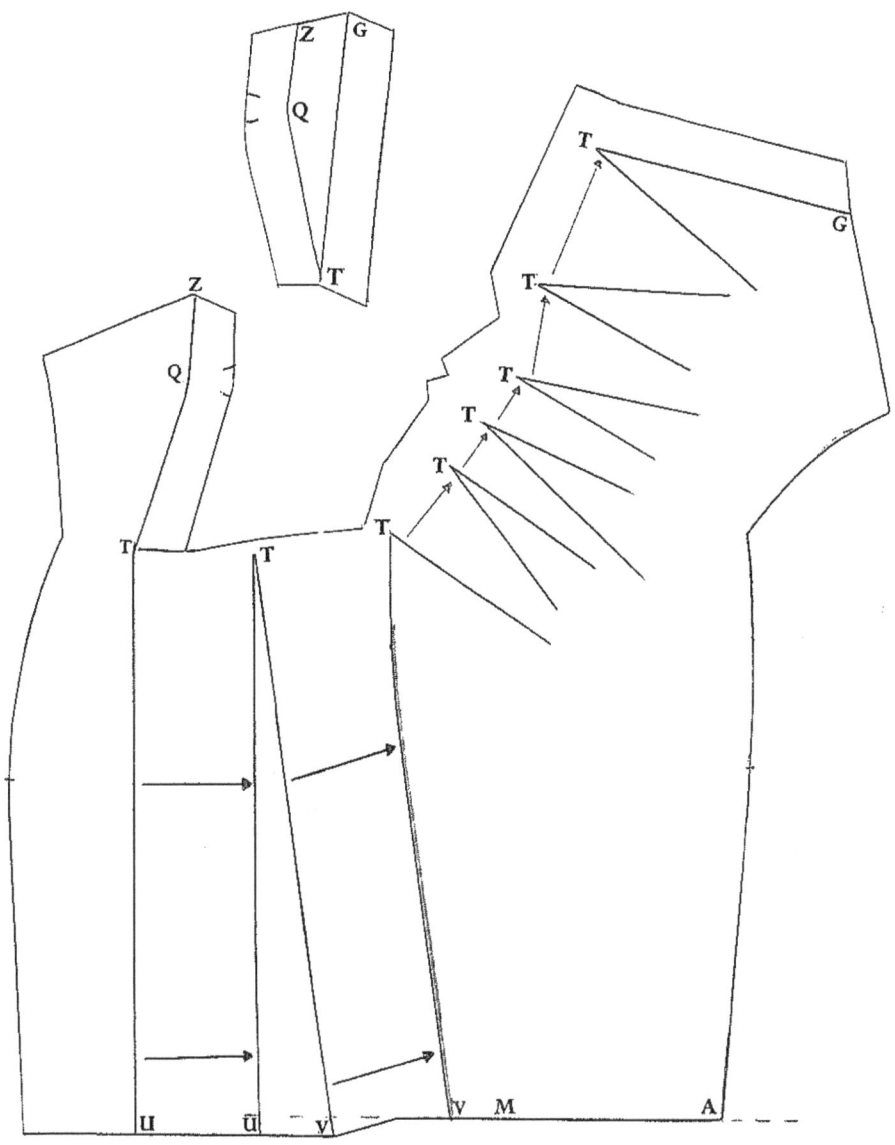

Trazar una horizontal y sobre la misma, colocar la parte del ruedo indicada con **A-M-V**.

Abrir los cortes de los puntos **T**, según la tela.

Desde la línea **V-T** (parte subrayada), aplicar 11 cm. para tabla, indicada con flechitas (debe de hacerlo como lo indica el trazado); Después doblar el molde por dicha raya, y juntar **V** con **V** y **T** con **T**, pieza parecida a un "triángulo;"

Desde los puntos **T** y **U**,(del" triangulo") colocar la misma distancia de entre **V** y **V**, ejemplo: 11 cm., luego juntar **U** con **U** y **T** con **T**, del lateral derecho.

La parte sombreada, es conveniente separarla y cortarla aparte (es más cómodo).

Desde los puntos **T-Q-Z-G-T**, y **T-Q-Z**, del lateral dejar 4 ½ cm. para tablas.

Las líneas que se notan fuera de las rayas de las piezas, se forman al armar los pliegues e indican los ensanches, pero en el resto de los mismos, los colocará Usted.

Suavizar la línea del costado.

Las dos rayitas que se notan a la altura de los puntos **Q**, indican que ésas partes deben de embeberse para darle la forma al busto.

La trasera, no tiene ninguna variante.

NOTA: El moño lo puede reemplazar con una rosa.

VESTIDO ESCOTADO IDEAL PARA PERSONAS DE BUSTO SEPARADO
EMPLEAR LOS MOLDES SIMPLES DE UN VESTIDO ENTUBADO

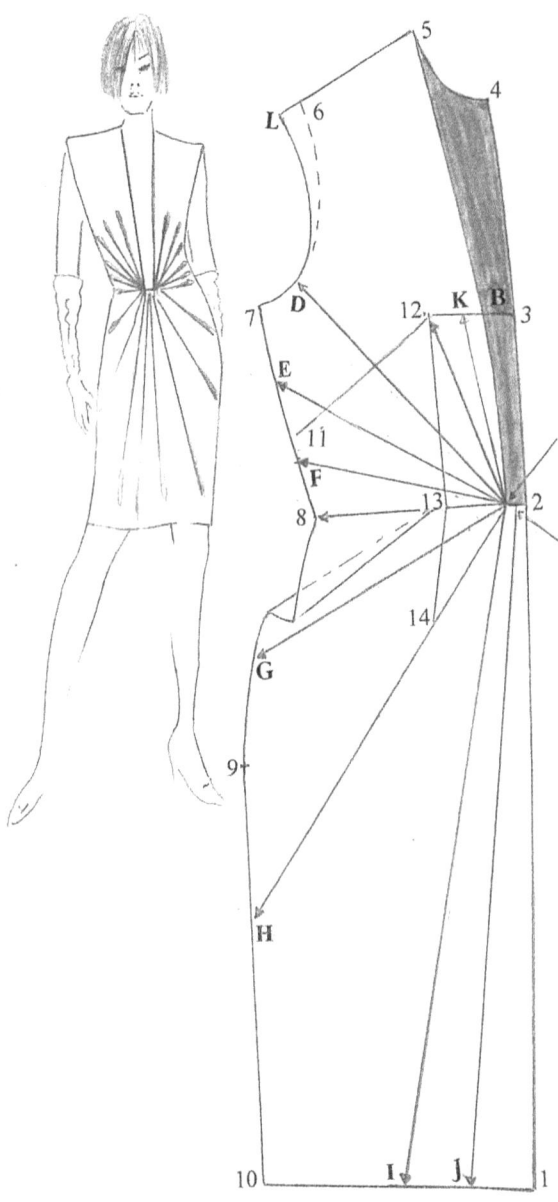

DELANTERA: **1-2-3-4** = centro, **2** = cintura, **3-12** = pinza de entre busto cerrada, **4-5** = escote, **6-7** = sisa, **7-8-9-10** = costado, **8** = cintura, **9** = altura de cadera, **11-12** = pinza de costado cerrada, **12-13-14** = pinza central cerrada.

Desde **2**, poner hacia dentro 1 ½ cm. = **A**.

Unir **A-5**, como lo indica el trazado. **B**, se forma al cruzarse la líneas. Quitar la parte sombreada.

Marcar el centro de **2-A** = **C**.

Desde **A**, trazar líneas como lo indican las flechitas, ejemplo: **D** = 4 cm. de **7** (también depende del ancho del molde). **E** y **F** = 1/3 parte de **7-8**. **G**= 1/3 parte de **9-8**, **9-H** = mitad de **8-9**.

Marcar el centro de **10-1** = **I**.

J = mitad de **I-1** .Unir **I-A**. Unir **J-C**.

K = aproximadamente la mitad de **12-B**. Unir **K-A**.

Desde **6** prolongar la raya del hombro 2 cm. = **L**. Unir **L**, con la sisa, como lo indica el trazado.

Cortar desde **A** hasta **K**, de **A** hasta **12**, de **A** hasta **D**, de **A** hasta **E**, de **A** hasta **F**, de **A** hasta **8**, de **A** hasta **G**, de **A** hasta **H**, de **A** hasta **I**, de **A** hasta **J**, sin separar.

Separar los cortes a gusto (según la tela).

NOTA: Para que se abra la línea **A-K**, de un corte de **K** a **12**. El espacio que deja dicha abertura, se eliminará al cerrar los pliegues.

La Fig. **B**. indica el modo de colocar los moldes sobre la tela.

Suavizar la línea del costado.

NOTA: Al interpretar la trasera, deberá prolongar el hombro lo mismo que el de la delantera, el resto lo hará a su elección.

DETALLES DE COSTURA

PUNTO ATRÁS (PESPUNTE)

Desde la salida de la puntada, se va hacia atrás 2 ml. o a gusto, para luego avanzar por la parte de abajo el doble de la medida anterior, es decir que debe verse el espacio libre igual al de la puntada y así sucesivamente. Se utiliza para embellecer una prenda.

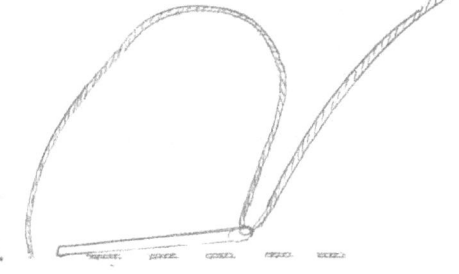

VESTIDO DE GRANDE GALA

VESTIDO ASIMENTRICO CON DETALLES DE BORDADOS, ESCOTADADO Y MANGA ABIERTA

UTILIZAR DOS MOLDES DOBLES PARTE DELANTERA (UNO ENCIMA DEL OTRO) AJUSTADO EN EL SOBRE BUSTO Y UNA TRASERA DOBLE DE UN VESTIDO SEMI ENTALLADO CON ÉVASÉ Y, UNA MANGA RECTA.

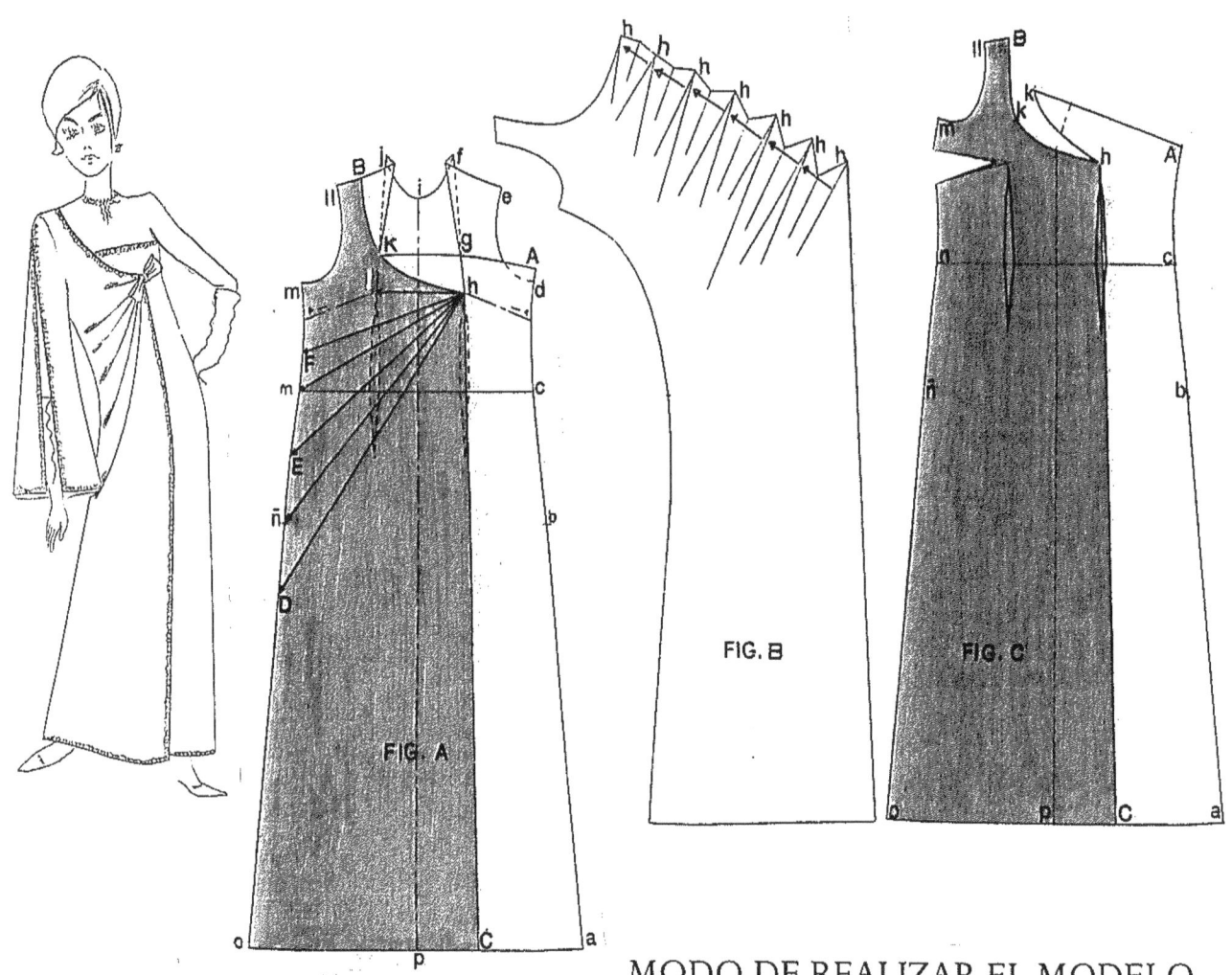

MODO DE REALIZAR EL MODELO

DELANTERA Fig. A

IMPORTANTE: Dibujar las líneas por encima de los dos moldes (menos los pliegues).

a-b-c-d y m-n-ñ -o = costados, d-e y ll-m = sisas, e-f y j-ll = hombros, f-g-h y j-k-l = pinzas del Sobre Busto cerradas, f-i- j = escotes. Pinzas laterales cerradas, i-p = centro de adelante.

d-A = 1 ½ cm. o a gusto. Unir A-g-k.

ll-B = 4 cm. o a gusto. Unir B-k –h, como lo indica el trazado.

Desde h, trazar una línea ligeramente inclinada hacia el costado, hasta el ruedo, como lo indica el trazado. = C.

ñ-D = 1 / 3 parte de ñ-n. Unir D-h. Unir ñ-h.

ñ-E = 1 /3 parte de ñ-n. Unir E-h, Unir n-h.

n-F = 1 /3 parte de n-m. Unir F-h.

Unir h-l.

Separar el molde parte sombreada, luego cortar desde h hasta D, desde h hasta ñ, de h hasta E, de h hasta n, de h hasta F, de h hasta l.

Abrir los pliegues a gusto, según la tela, ejemplo 8 cm. Fig. B. Los picos que se notan, se forman al cerrar los mismos.

Utilizar el molde de abajo. Cortar desde A, hasta B, pasando por g y k y de k, hasta h. Fig. C.

La Fig. C, también demuestra al delantero que va debajo, con la pinza de costado con la 2da. Separación de Busto .

las pinzas verticales no se notarán, debido que van debajo del panel.

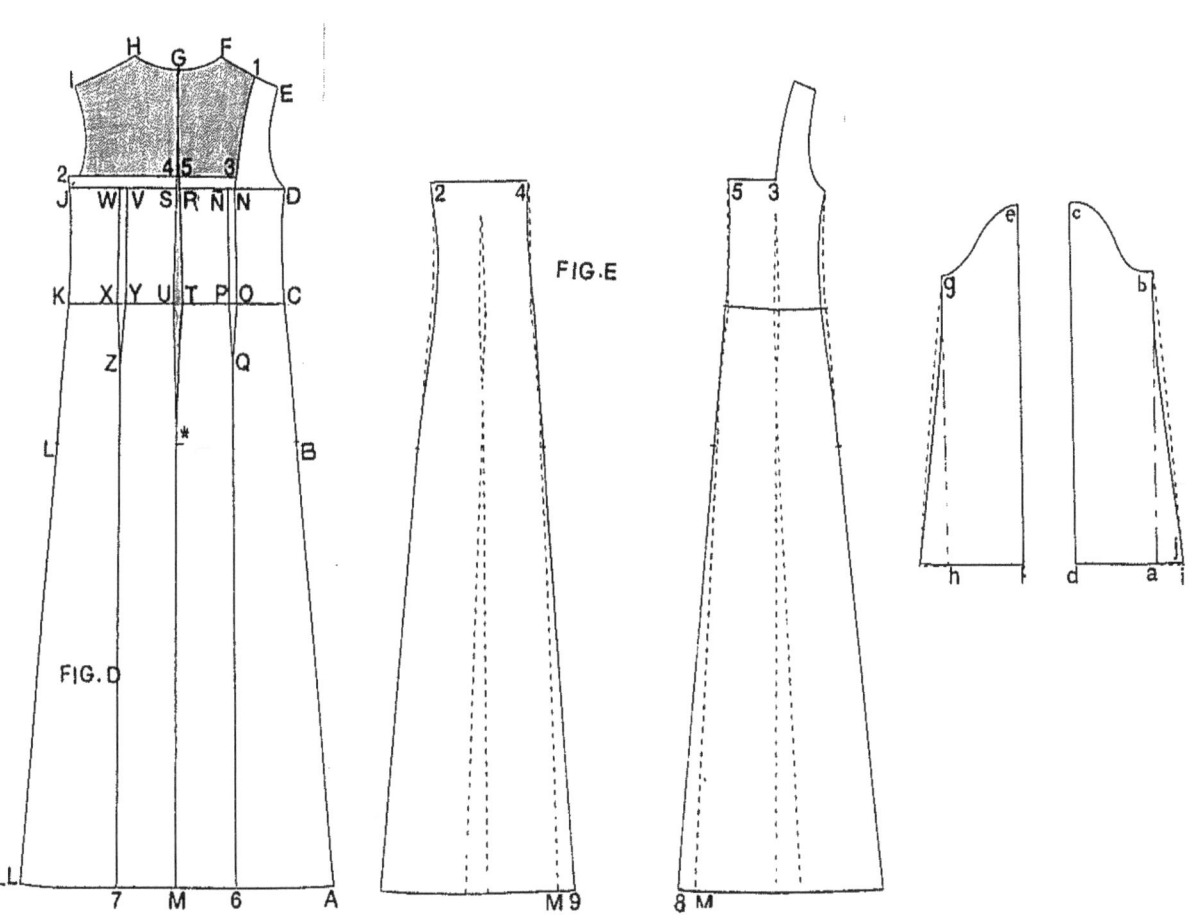

FIG.E

FIG. D

TRASERA Fig. **D**

A-B-C-D y **J-K-L-LL** = costados, **D-E** y **J-I** = sisas, **E-F** y **H-I** = hombros, **F-G-H** = escotes, **G-M** = línea central, **N-Ñ-O-P-Q**; **R-S-T-U-** * y **V-W-Y-X-Z** = pinzas abiertas.

Desde **E**, aplicar hacia **F** la distancia **ll-B** de la delantera = **1**. Unir **1-N**.

Desde **J**, prolongar la línea hacia arriba, aplicando la medida **d-A** de la delantera = **2**.

Desde **2**, trazar una horizontal hasta la línea **1-N** = **3**. **4** y **5**, se forman al cruzarse las líneas.

Separar la parte sombreada.

Desde **Q** y **Z**, trazar perpendiculares hasta el ruedo = **6** y **7**.

Separar la parte trasera en dos partes.

Cortar desde **6** y **7** hasta **Q** y **Z**.

Juntar los puntos **N-Ñ** y **V-W**, abriéndose automáticamente los puntos **6** y **7**.

Los espacios que dejan las pinzas, quitarlos en los costados, como lo indican los trazados. Fig. **E**.

Desde los puntos **M**, aplicar la mitad de la medida que dejan las separación de los puntos **6** y **7** = **8** y **9**.

Unir **8-5** y **9-4**, como lo indican los trazados.

MANGA (separada por la línea central)

a -b y **g-h** = laterales, **c-d** y **f-e** = líneas centrales.

Desde **a**, prolongar la línea aplicando unos 5 cm. (o a gusto, depende de la tela) = **i**. Unir **i-b**, como lo indica el trazado.

Desde **b**, aplicar hacia **i** la medida **b-a** = **j**. Unir **j-a**, con ligera forma.

Haga lo mismo con la otra parte de la manga.

MOÑO: Cortar una tira de unos 36 x 10 cm. . Traba = una tira de unos 8 x 4 cm. .

VESTIDO ASIMETRICO ABLUSADO EN UN COSTADO Y PLIEGUES
UTILIZAR LOS MOLDES DOBLES DE UN VESTIDO (DELANTERA Y TRASERA) LIGERAMENTE ÉVASÉ

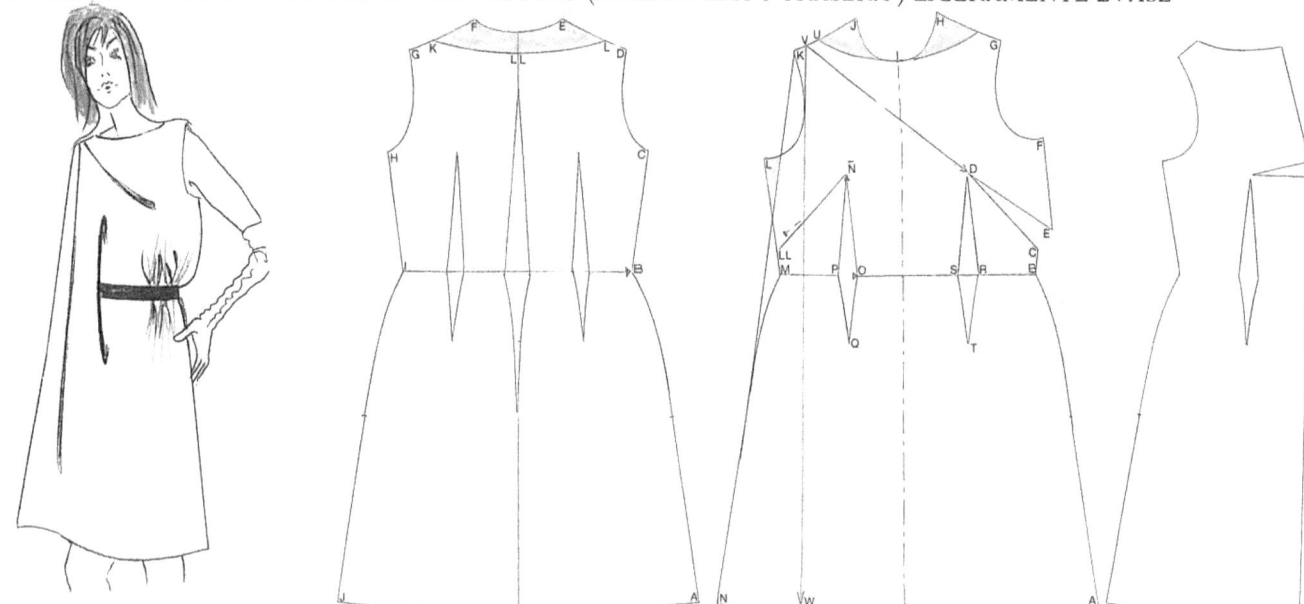

DELANTERA: **A-B-C-E-F** y **L-LL-M-N** = costados, **G-H** y **J-K** = hombros, **H-I-J** = escotes, **C-D-E** = pinza abierta, **LL-Ñ** = pinza cerrada, **D-R-S-T** y **Ñ-O-P-Q** = pinzas verticales abiertas.

K-U = 4 cm. . Unir **U-I**, formando el nuevo escote. Doblar el papel por la línea central y formar el escote de la parte opuesta.

Marcar el centro de **K-U** = **V**. Unir **V-D**. Unir **K-N**.

Desde **V**, trazar una perpendicular (ligeramente inclinada hacia el costado) hasta el ruedo = **W**.

Cortar desde **V**, hasta **D**, de **V** hasta **W**, sin separar. Cortar desde **B** hasta **O**, y de **O** a **Ñ**.

Quitar las partes sombreadas.

Fig. **A**: Abrir la raya **V** unos 10 cm. (todo depende de la tela que Usted use), después cerrar la pinza **C-D-E**, formándose automáticamente el otro pliegue.

Desde **B**, (corpiño), prolongar la línea hacia abajo, aplicando unos 6 cm. o a gusto = **X**. Unir **X-O**.

X-Y = 5 cm. o a gusto (todo depende de la tela).Unir **Y-F**.

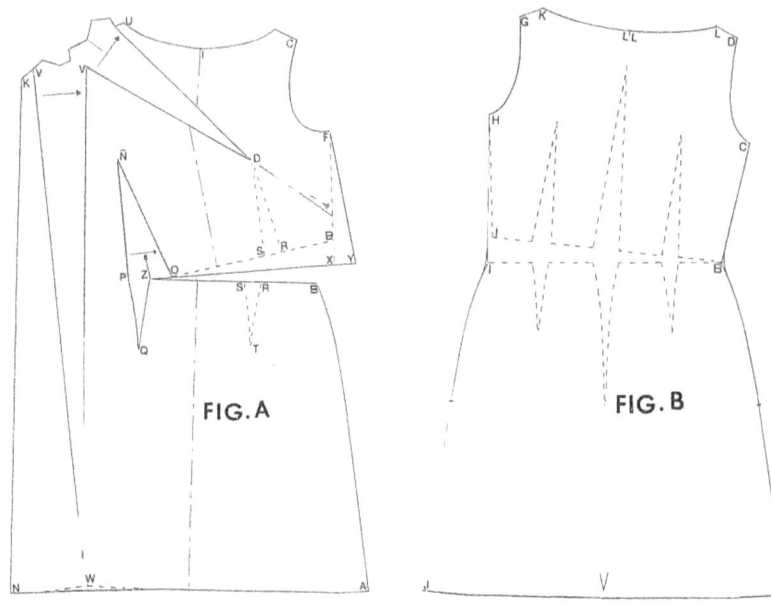

FIG. A

FIG. B

Marcar el centro de **O-P** = **Z**, y desde **Z**, marcar un ojal de unos 6 cm. indicado con una flechita.

Suavizar la línea en el punto **W**. Los picos que se notan en los pliegues, son producidos al cerrarlos.

Reducir la distancia **B-Z** (falda) a la medida **B-R** y **S-Z**, luego, reducir la distancia **Y-Z** a la medida **B-R-S-Z**.

TRASERA: **A-B-C** y **H-I-J** = costados, **D-E** y **F-G** = hombros.

Desde **G** y **D**, colocar hacia dentro, la distancia **K-U** de la delantera = **K** y **L**. Formar el escote uniendo **K-L**. **LL**, se forma al cruzarse las rayas. Separar la parte sombreada.

Cortar desde **I** hasta **B**. Separar el punto **I**, aplicando la medida **B-X** de la delantera, pero es conveniente cortar la delantera y

dejarla colgada unos días, luego cerciorarse de cuanto se estiró la línea **F-Y**, después separar el punto **I**, con dicha medida. Unir **I** (falda) con **H**. Fig. **B**.

IMPORTANTE: Es necesario utilizar un molde simple de una delantera, con la misma forma del escote. NOTA: Según la tela que usare, se podría utilizar el molde doble. La Fig .**A**, va sobre puesta, sobre ésta delantera. El forro, va en forma normal, solamente deberá tener la forma de los escotes

VESTIDO FRUNCIDO

UTILIZAR LOS MOLDES SIMPLES DE UN VESTIDO CON SU RESPECTIVA MANGA. 4 CM. MAS LARGOS (PUEDEN SER RECTOS)

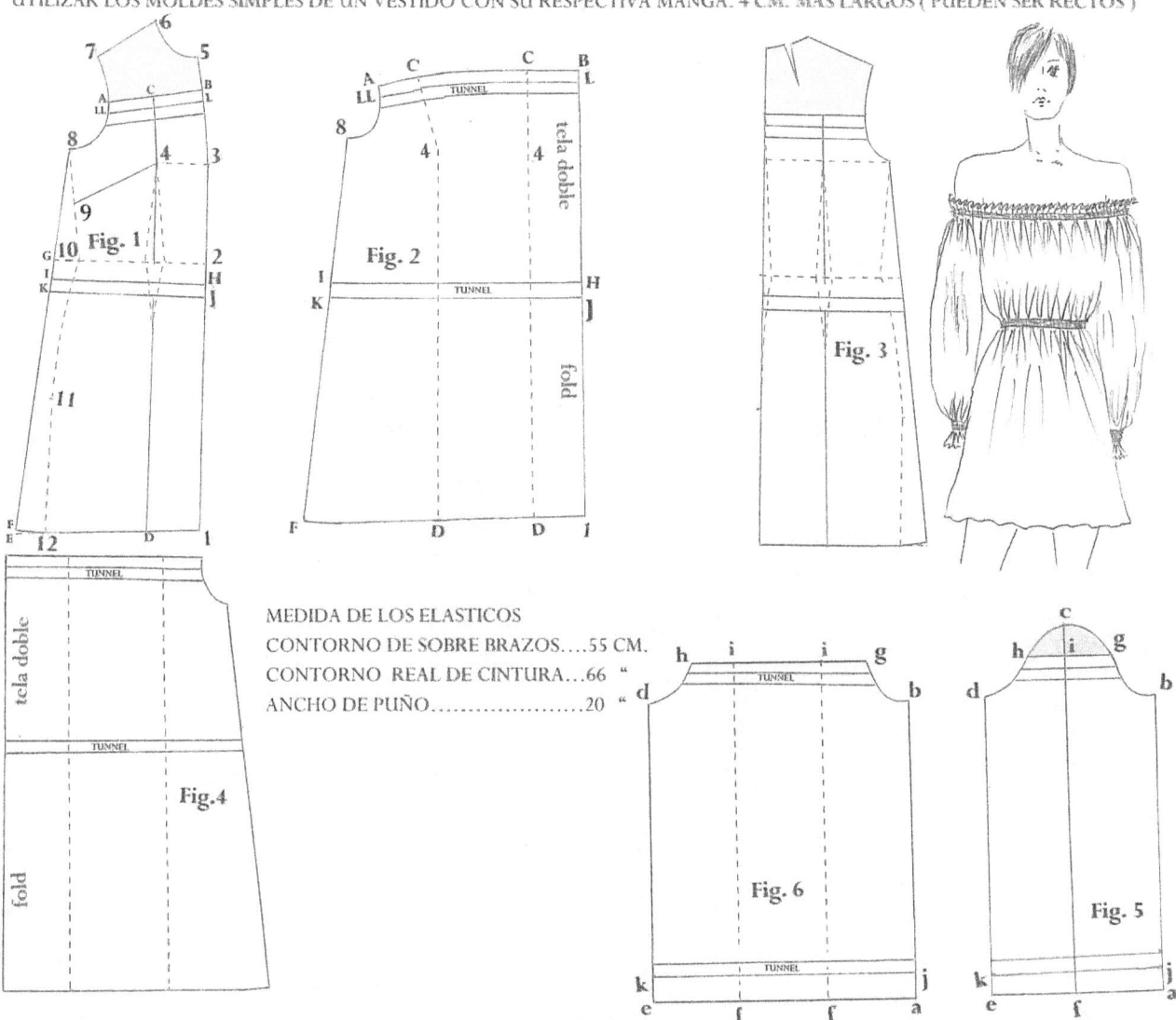

MEDIDA DE LOS ELASTICOS

CONTORNO DE SOBRE BRAZOS....55 CM.

CONTORNO REAL DE CINTURA...66 "

ANCHO DE PUÑO....................20 "

DELANTERA Fig.1: 1-2-3-5 = centro, 3-4 = separación de busto, 7-8 = sisa, 8-9-10-11-12 = costado, 9-4 = pinza cerrada.

Marcar el centro de la sisa = **A**. Desde **A**, trazar una horizontal hasta el centro de adelante = **B**.

NOTA: La línea **A-B**, la puede subir o bajar, es a gusto.

B-C = **3-4**. Unir **C-4**, luego trazar una vertical pasando por la punta de la pinza hasta el ruedo = **D**. Quitar la parte sombreada.

Desde 12, prolongar la línea, aplicando 5 cm. = **E**. Unir **E-8**.

Desde 8, colocar hacia **E**, la distancia entre 8 y la línea del ruedo (tomada en forma vertical) = **F**. Unir **F-12**, con ligera forma.

Desde 10, prolongar la línea de cintura = **G**.

Desde 2 y **G**, colocar hacia abajo los 4 cm. los cuales se utilizaron para alargar el vestido = **H** e **I**. Unir dichos puntos.

Desde **H** e **I** colocar 3 ó 4 cm. para hacer un túnel, para luego poder introducir un elástico, y así reducir la cintura**J**-**K**. Unir **J-K**.

Trazar una horizontal, luego, colocar las líneas del ruedo, separando 4 y **D** la medida **A-B**, también puede ser a gusto. Fig. 2.

Desde **A** y **B**, poner hacia abajo 2 ½ cm. o a gusto = **L** y **LL**, y, desde dichos puntos formar un túnel igual al anterior.

La TRASERA, se realiza de igual manera que la delantera. Fig. **3** y **4**.

MANGA Fig. **5**: a-b y d-e = laterales, b-c-d = copa, c-f = línea central.

Desde **b** y **d**, aplicar hacia **c**, las distancias entre los puntos 8-A de las sisas = **g** y **h**. Unir dichos puntos. **i**, se forma al cruzarse las líneas. Separar la parte sombreada. Cortar desde **i** hasta **f**, separando, a continuación, separar los puntos **i-f**, la distancia **g-i** y **h-i**.

Desde **a** y **e**, colocar hacia arriba 4 cm. = **j** y **k**. Unir dichos puntos, luego formar un túnel igual a los otros, también es necesario hacer un túnel en la parte superior de la manga. Fig. **6**.

COMO REALIZAR UNA PRENDA ENTALLADA SIN COSTURAS NI PINZAS
(TIPO HAUTE COUTURE)

FIG.1:Primero comprobar que el molde que Usted va a usar sea perfecto.

Una vez que se comprobó que el molde es perfecto, se debe proceder de la siguiente manera:
Fig.2 Colocar tela doble en el centro de adelante, y mantener el molde con las pinzas cerradas, quitarle la forma del busto al molde y reducir la pinza vertical todo lo posible, digamos la mitad.

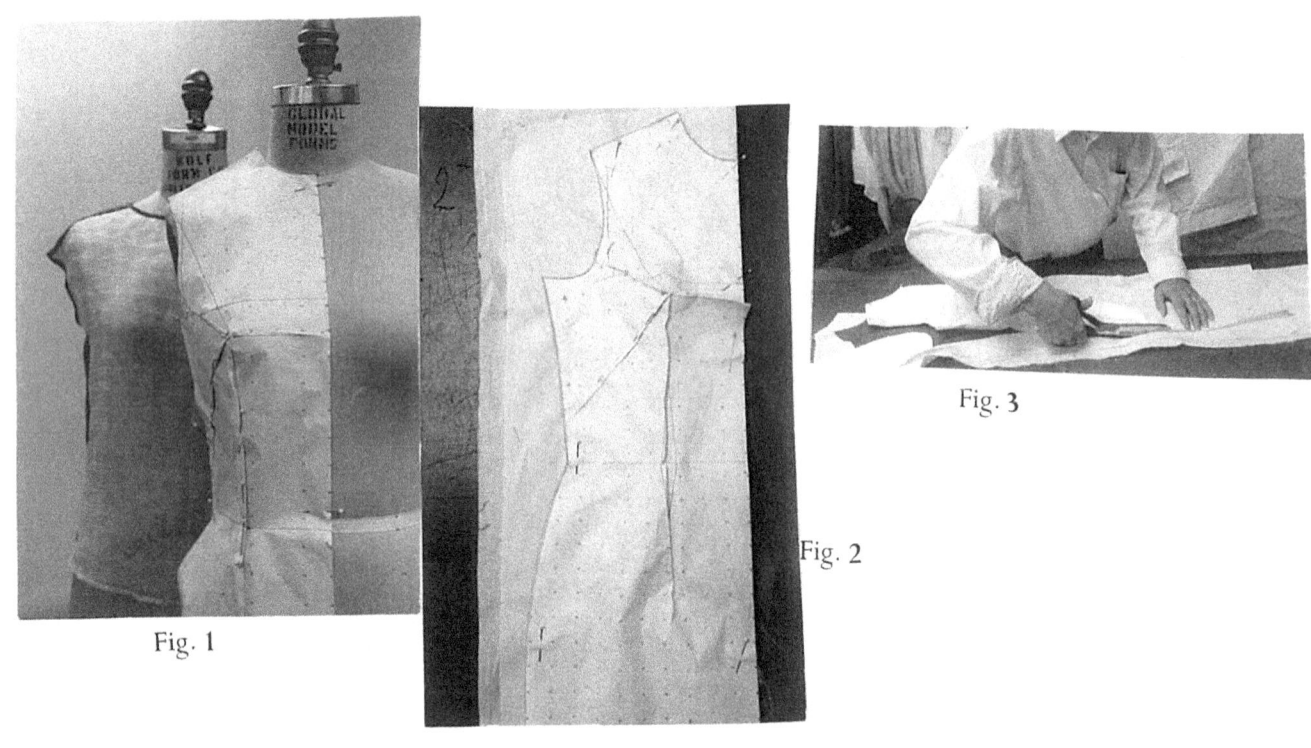

Fig. 1

Fig. 2

Fig. 3

Fig. 4

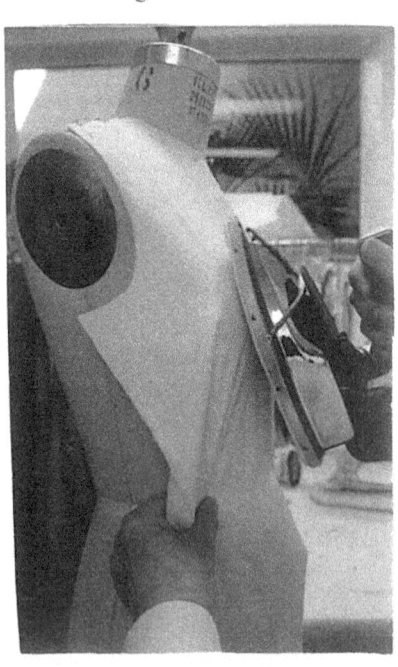

Fig. 6

Fig. 5

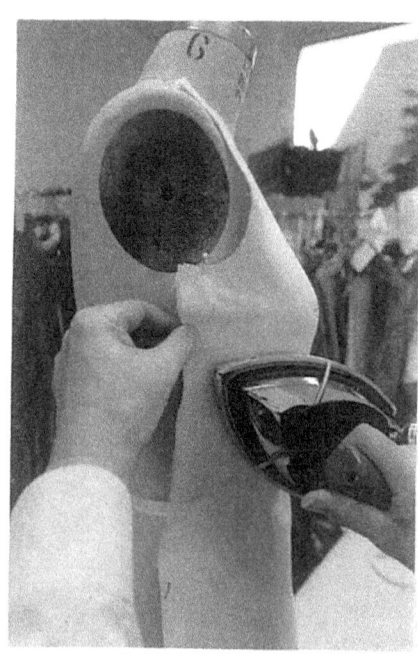

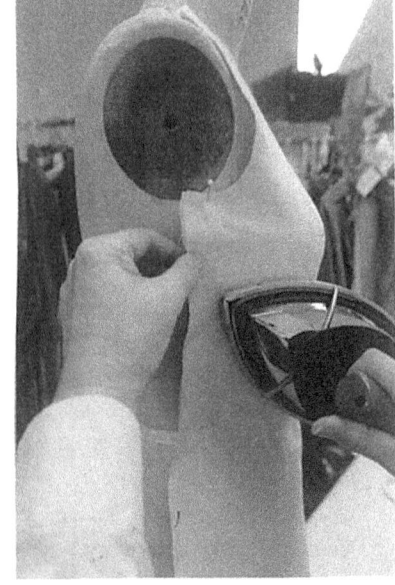

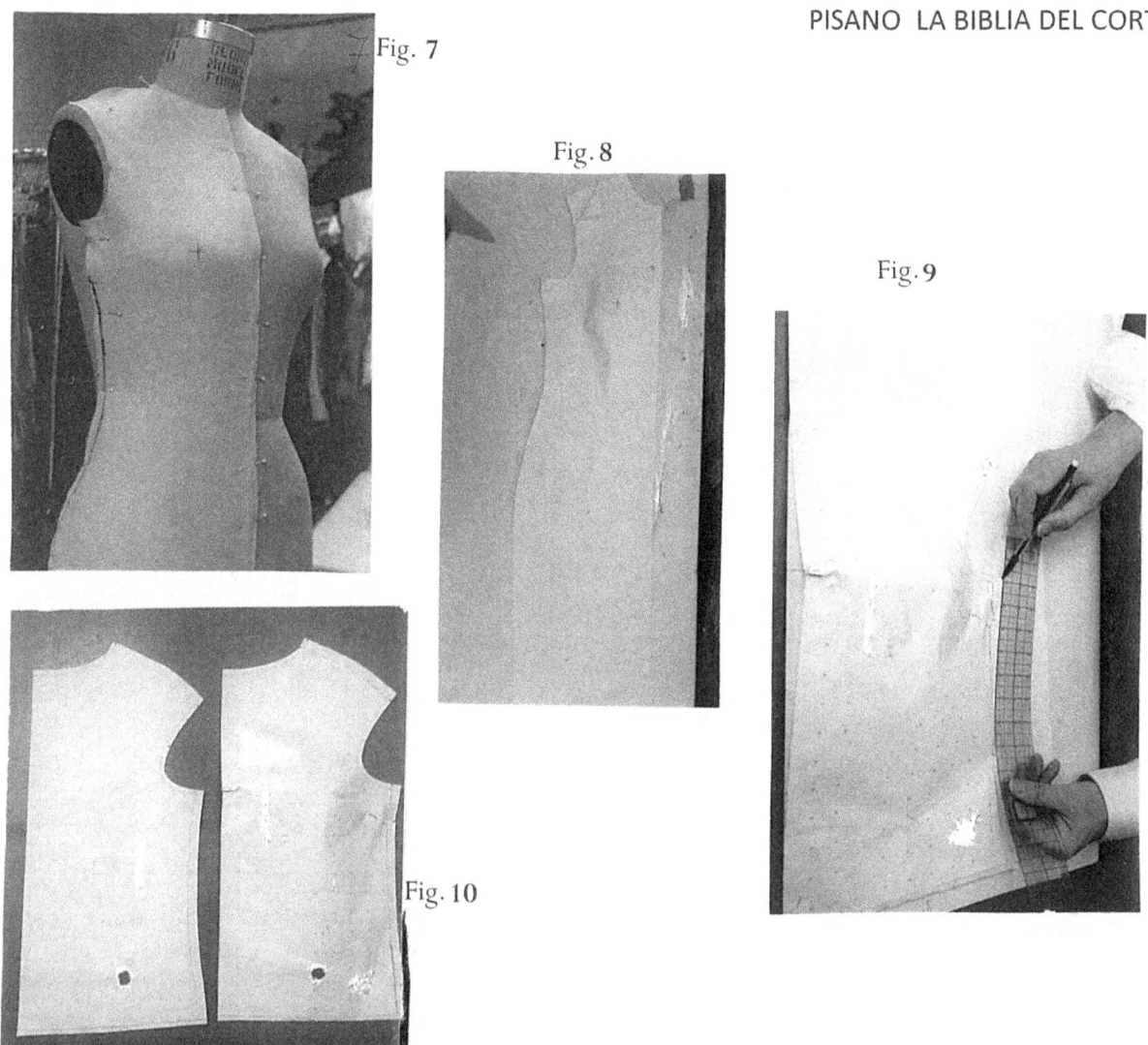

Fig. 7

Fig. 8

Fig. 9

Fig. 10

Fig.3: Cortar dejando ensanches si es en tela. En éste caso, no le dejamos por tratarse de una demostración.

Fig.4: Primero sujetar muy bien la tela con alfileres en la parte del hombro y del escote, luego usar el vapor de la plancha y tironear tratando de darle forma. Tironear en algunas partes y en otras embeber, y así poco a poco se le va dando la forma al modelo. (nosotros usamos una tela muy difícil de estirar).

Fig.5: El vapor de la plancha, ayuda a darle la forma.

Fig.6: Seguir estirando en la parte del Busto y en la parte del costado embebiendo y así dándole forma embebiendo y estirando.

Fig. 7: Demuestra la prenda realizada. La línea en rojo que se nota en el costado, no es otra cosa que el espacio que fue parte de la pinza que quedo sin cerrarse.

Fig.8: Demuestra la forma que adquirió la tela una vez realizada la operación .

NOTA: La prenda que aparece detrás del maniquí fue realizada de la siguiente manera: Se utilizó un molde de blusa, con la pinza cerrada manteniendo el centro de adelante en forma recta, para eso fue necesario, hacer un pequeño pellizco , luego lo que se quitó por el efecto de la pinza cerrada, se agregó en el costado y en cierto modo se corrigió la sisa.Fig.9. NOTA: El pequeño pellizco, no afectó en el largo de la prenda.

IMPORTANTE: Si Usted lo cree conveniente y en caso que le surja algún inconveniente, use la plancha y siga la técnica usada con el modelo anterior.

Fig. 10: Demuestra el molde a la derecha con pinza cerrada, El de la izquierda demuestra al mismo sin pinza.

MUY IMPORTANTE: Cuando hablamos en algún molde, que debe usar la técnica tipo Haute Couture, nos referimos a Éste tipo de TECNICA.

CAMISA (BLUSA)

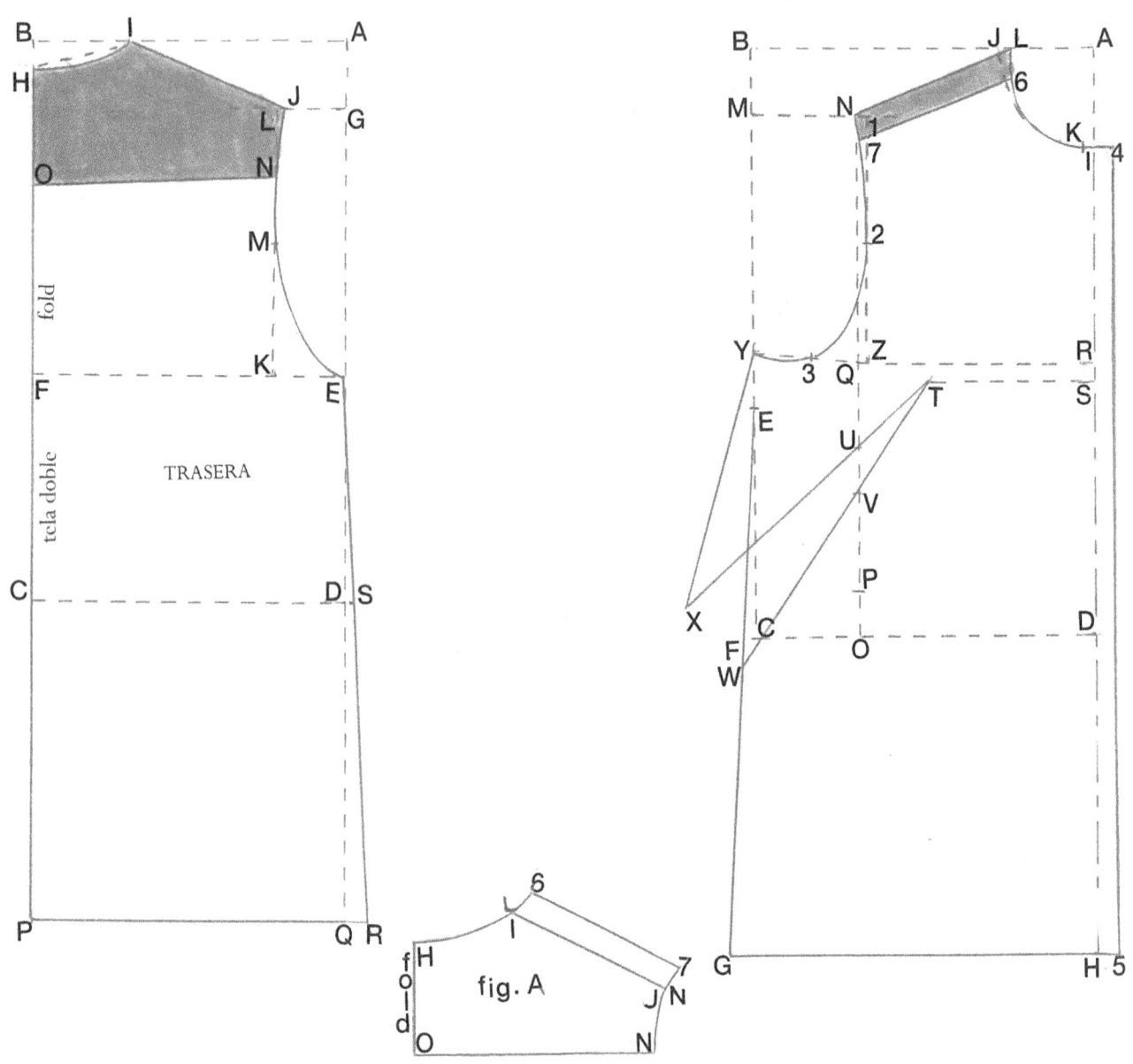

fig. A

MEDIDAS NECESARIAS PARA LA TRASERA	MEDIDAS REQUERIDAS PARA LA DELANTERA
CONTORNO DE BUSTO.........................46 CM.	MEDIDA DE COSTADO..................................15 CM.
MEDIDA DE COSTADO.............................. 15 "	1RA. SEPARACION DE BUSTO.......................9 "
1RA. SEPARACION DE BUSTO......................9 "	LARGO TALLE DE ADELANTE...................... 44 "
LARGO TALLE ESPALDA............................ 42 "	ALTURA DE AXILA.................................... 20 "
ALTURA DE AXILA.................................... 20 "	MEDIDA D-S DE LA PARTE TRASERA.............. 1 "
ALTURA HOMBRO ESPALDA........................ 37 "	ALTURA DE CADERA................................. 24 "
ALTURA ESCOTE ESPALDA........................ 40 "	ALTURA ESCOTE DE ADELANTE.................. 36 ½ "
ESCOTE...7 ½ "	MEDIDA I-B DE LA PARTE TRASERA.............. 7 ¼ "
ANCHO DE HOMBRO............................... 12 "	ALREDEDOR DEL ESCOTE......................... 18 ¼ "
ANCHO ESPALDA...................................17 "	MEDIDA A-G DE LA PARTE TRASERA............. 5 "
ALTURA DE CADERA...............................24 "	ANCHO DE HOMBRO................................12 "
CONTORNO DE CADERA...........................50 "	ALTURA HOMBRO DE ADELANTE.................. 35 ½ "
	ALTURA DE BUSTO.................................. 25 "
	2DA. SEPARACION DE BUSTO......................11 "
	ANCHO DE PECHO...................................16 "

PASO A PASO CON LA REALIZACION DE LOS TRAZADOS

TRASERA

Trazar un rectángulo con la medida Contorno de Busto, menos la Medida de Costado y la 1ra. Separación de Busto ejemplo: 46 - [15 ÷ 9] = 22 cm., a ésta medida agregarle 2 cm. o a gusto, ejemplo: 24 cm. por el Largo Talle Espalda, ejemplo: 42 cm = **A-B-C-D**.

D-E y **C-F** = Altura de Axila menos 3 cm. o a gusto, ejemplo: 17 cm. ∴ Unir **E-F.**

Desde **D**, aplicar hacia arriba la Altura Hombro Espalda, ejemplo: 37 cm. = **G**. Medir la distancia **G-A**, ejemplo: 5 cm. .IMPORTANTE: Cuando la distancia entre **G-A**, es hasta 5 cm., desde **G**, escuadrar hacia dentro unos 10 cm. Si fuere superior a 5 cm., entonces deberá proceder como en el trazado de la página 286.

Desde **B**, poner hacia abajo la diferencia entre el Largo Talle Espalda y la Altura escote Espalda, ejemplo:2cms.=**H**.

Desde **H**, aplicar sobre la línea **A-B**, el Escote, ejemplo: 7 ½ cm. = **I**. Unir **I-H**, como lo indica el trazado .

Desde **I**, colocar en diagonal sobre la línea **G**, el Ancho de Hombro más 1 cm. o a gusto, ejemplo: 13 cm. = **J**.

F-K = Ancho Espalda más 1 ½ cm. o a gusto, ejemplo: 18 ½ cm. .

Desde **K**, escuadrar hacia arriba, hasta la línea del punto **G** = **L**. **M** = mitad de **K – L**.

Formar la sisa, uniendo **E-M-J**.

J-N a gusto, ejemplo: 5 cm. y desde **N**, trazar una horizontal hasta el lado opuesto = **O**.

Desde **C** y **D**, prolongar las líneas, aplicando la Altura de Cadera, ejemplo: 24 cm. = **P** y **Q**. Unir **P-Q**.

Q-R = mitad de la diferencia entre Busto y Cadera, ejemplo: 2 cm.. Unir **R-E. S**, se forma al prolongar la línea **D**. Separar la parte sombreada.

Colocar tela doble en la línea **H-O** y **O-C-P**.

DELANTERA

Formar un rectángulo con la suma de la Medida de Costado, y la 1ra. Separación de Busto más 2 cm. o a gusto, ejemplo: 15 + 9 + 2 = 26 cm. por el Largo Talle de Adelante, ejemplo: 44 cm. = **A-B-C-D**.

Desde **C**, colocar hacia arriba la Altura de Axila, menos 3 cm. o a gusto, ejemplo: 17 cm = **E**.

Desde **C**, prolongar la línea, colocando la medida **D-S** de la parte trasera, ejemplo: 1 cm. = **F**. Unir **F-E**.

Desde los puntos **F** y **D**, prolongar las líneas, colocando la Altura de Cadera, ejemplo: 24 cm. = **G** y **H**. Unir **G-H**.

Desde **D**, colocar hacia arriba la Altura Escote de Adelante, ejemplo: 36 ½ cm. = **I**.

A-J = **I-B** de la parte trasera, ejemplo: 7 ¼ cm.. Unir **J-I**, con línea discontínua y en forma circular.

Desde **J**, ubicar hacia **I**, la medida que falta para completar Alrededor del Escote, ejemplo: Alrededor del Escote 18 ¼ - 7 ¼ = 10 ¾ cm. = **K**. IMPORTANTE: La distancia entre **K-I**, no puede ser mayor de 1 cm., Si fuere más de 1 cm. quiere decir que el Largo Talle de Adelante, está tomado largo. Esa diferencia se aplicará desde **L** hacia abajo, y se unirá con **N**.

J-L = **K-I**. Unir **L-I**, formando el escote.

Desde **B**, aplicar hacia abajo la medida **A-G** de la trasera, ejemplo: 5 cm. = **M**. Desde **M**, escuadrar unos 12 cm. .

Desde **L**, colocar en diagonal sobre la línea **M**, la medida Ancho de Hombro, más 1 cm. ejemplo: 13 cm. = **N**.

Desde **C**, poner hacia dentro la distancia **M -N** = **O**. Unir **O-N**.

Desde **N**, aplicar hacia abajo la Altura Hombro de Adelante, ejemplo: 35 ½ cm. = **P**.

Desde **P**, colocar hacia arriba la distancia **C-E** = **Q**.

Desde **Q**, escuadrar hasta la línea de adelante = **R**.

Desde **A**, aplicar hacia abajo la Altura de busto, ejemplo: 25 cm.= **S**.

Desde **S**, escuadrar hacia dentro, aplicando la 2da. Separación de Busto, más 2 cm. ejemplo: 13 cm. = **T**.

Desde **Q**, aplicar hacia abajo 5 cm. más la distancia **R-S** = **U**. **U-V** = **P-O**.

Unir **T-V**, luego prolongar la línea hasta el costado = **W**.

Desde **T**, colocar pasando por **U** la distancia **T -W** = **X**.

Desde **X**, aplicar en diagonal sobre la línea **B-C**, la distancia entre **W-E** = **Y**.

Desde **R**, colocar hacia dentro el Ancho Pecho más 1 ½ cm. o a gusto, ejemplo: 17 ½ cm. = **Z**.

Desde **Z**, escuadrar hacia arriba hasta la línea del punto **M** = **1**. Marcar el centro de **M-1** = **2**.

Unir **Z-Y**, luego marcar el centro de dichos puntos = **3**.

Formar la sisa, uniendo **Y-3-2 -N**, como lo indica el trazado.

I-4 y **H-5** = 1 ½ cm. o a gusto. (cruce). Unir **4-5**.

L-6 y **N-7** = 2 cm. o a gusto. Unir **6-7**. Separar la parte sombreada. Juntar **L** con y **I** y **N** con **J**. Fig. **A**. CANESU.

CAMISA (BLUSA)
PARTE TRASERA

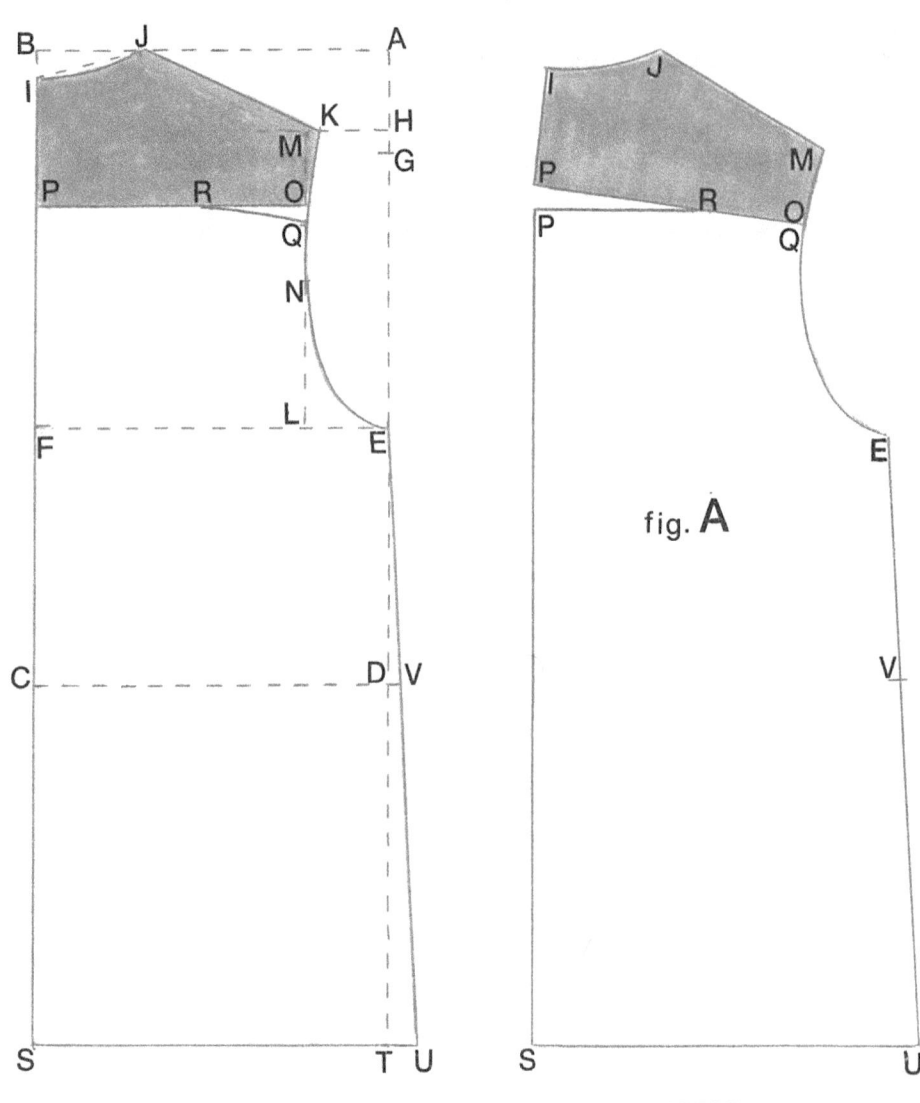

fig. A

MEDIDAS NECESARIAS

CONTORNO DE BUSTO	46	CM.
MEDIDA DE COSTADO....................	15	"
1RA. SEPARACIÓN DE BUSTO............	9	"
LARGO TALLE ESPALDA.................	42	"
ALTURA DE AXILA	20	"
ALTURA HOMBRO ESPALDA............	35	"
ALTURA ESCOTE ESPALDA.............	40	"
ESCOTE..................................	7½	"
ANCHO DE HOMBRO....................	12	"
ANCHO ESPALDA........................	17	"
CONTORNO DE CADERA...............	50	"

PASO A PASO CON LA REALIZACION DEL TRAZADO
PARTE TRASERA

Trazar un rectángulo con la medida Contorno de Busto, menos la Medida de Costado y la 1ra, Separación de Busto, ejemplo: 46 - [15 + 9] = 22 cm. a ésta medida agregarle 2 cm. o a gusto, por el Largo Talle Espalda, ejemplo: 42 cm. = **A-B-C-D**.

Desde **D** y **C**, aplicar hacia arriba la Altura de Axila, menos 3 cm., ejemplo: 17 cm. = **E** y **F**. Unir dichos puntos.

Desde **D**, colocar hacia arriba, la altura Hombro Espalda, ejemplo:35 cm. = **G**. Medir la distancia entre **G-A**, ejemplo: 7 cm. .IMPORTANTE: Cuando la distancia entre **G-A**, es hasta 6 ½ cm., desde **A**, aplicar hacia abajo 5 cm.= **H**, y desde dicho punto, escuadrar unos 10 cm. ; Si en cambio, es superior a los 6 ½ cm. como en éste caso desde **G**, aplicar hacia arriba 1 ½ cm.= **H**, y desde **H**, escuadrar unos 10 cm. hacia dentro.

Desde **C**, colocar hacia arriba la Altura Escote Espalda, ejemplo: 40 cm. = **I**.

Desde **I**, aplicar sobre la horizontal **A-B**, la medida del Escote, ejemplo: 7 ½ cm. = **J**. Unir **J-I**, formando el escote.

Desde **J**, poner sobre la línea del punto **H**, el Ancho de Hombro más 1 cm. o a gusto, ejemplo: 13 cm. = **K**.

Desde **F**, colocar hacia dentro el Ancho Espalda más 1½ cm. o a gusto, ejemplo: 18 ½ cm.= **L**.

Desde **L**, escuadrar hacia arriba, hasta horizontal **H** = **M**. Marcar el centro de **L-M** = **N**.

Formar la sisa uniendo **E-N-K**, como lo indica el trazado.

Desde **K**, aplicar hacia abajo 5 cm. o a gusto = **O**.

Desde **O**, trazar una horizontal hasta la vertical opuesta = **P**.

O-Q = G-H.

O-R = mitad de **J-K**. Unir **R-Q**, con ligera forma.

Desde **C** y **D**, prolongar las líneas, aplicando la Altura de Cadera, ejemplo: 24 cm, = **T** y **S**. Unir dichos puntos.

T-U = mitad de la diferencia entre Busto y Cadera, ejemplo: 2 cm.. Unir **U-E**.

V, se forma al prolongar la horizontal **D**.

Cerrar la pinza **O-Q-R**. Fig. **A** luego, cerciorarse que la línea de la sisa sea correcta, caso contrario suavícela, después separar la parte sombreada (CANESÚ) y unirlo al canesù delantero.

DETALLES DE COSTURA

COSTURA TIPO FRANCESA

Primero cosa las dos telas lo más cerca posible del borde, por el lado externo, luego delos vuelta y cosa por la otra parte tapando la costura anterior.

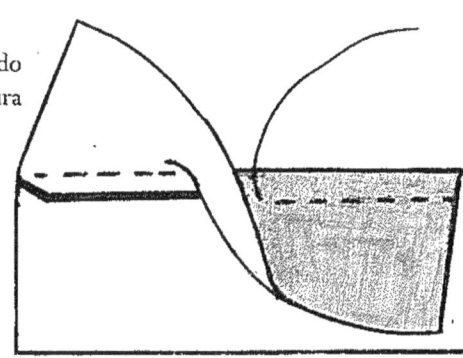

MANGA CAMISA

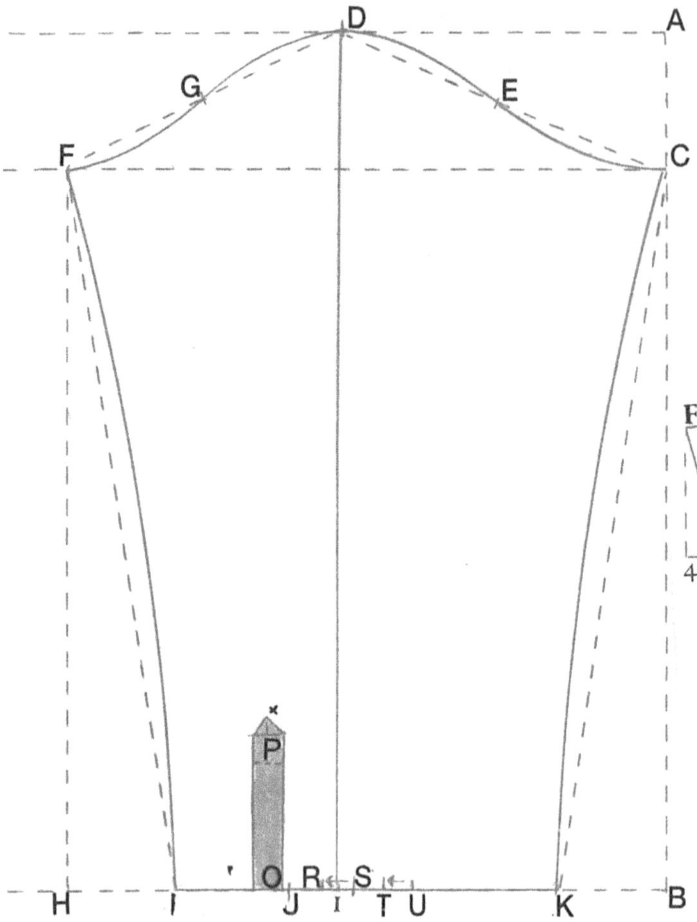

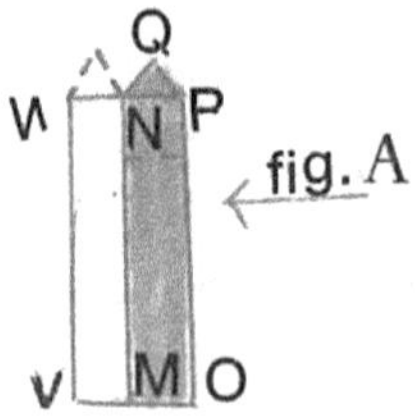

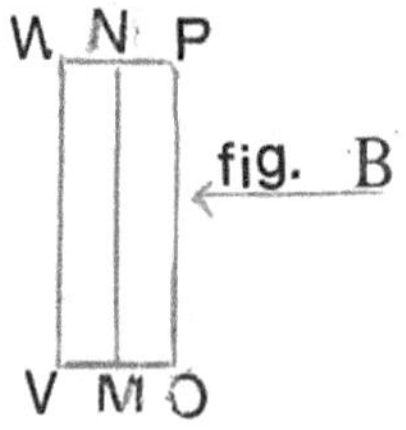

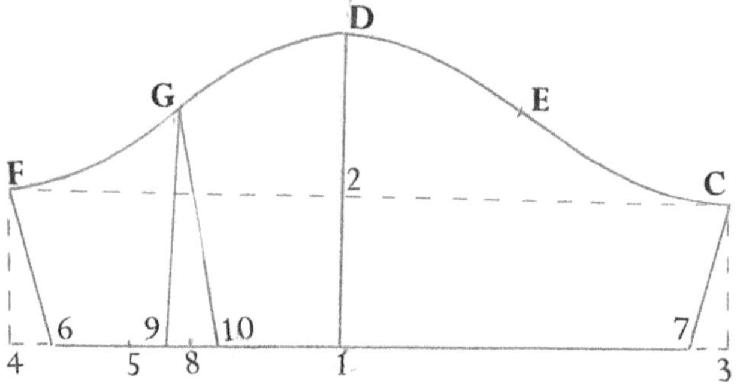

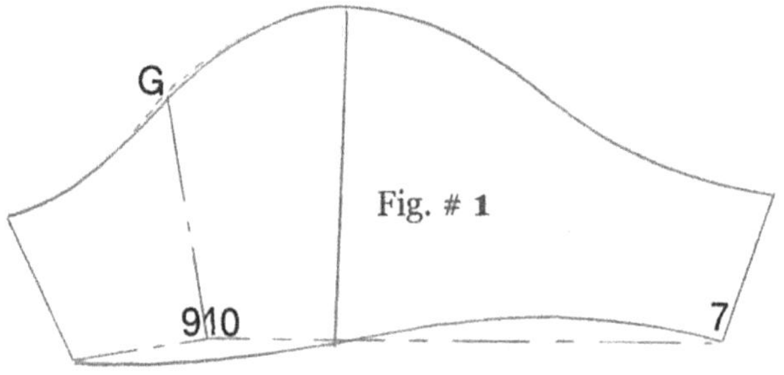

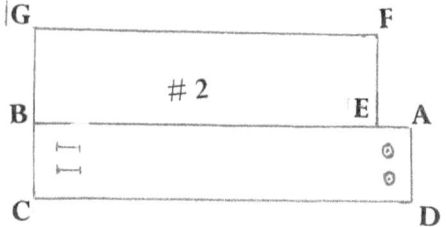

Fig. # 1

1

P
U
Ñ
O
S

2

MEDIDAS NECESARIAS

LARGO DE MANGA	64	CM.
SUMA DE LAS ALTURAS DE SISAS	38	"
CONTORNO DE SISA DELANTERA	25	"
CONTORNO DE SISA TRASERA	22	"
PUÑO	22	"
ANCHO DE BRAZO	28	"
ALTURA DE PUÑO	5	"

PASO A PASO CON LA REALIZACION DEL TRAZADO

MANGA LARGA

Trazar una vertical con la medida Largo Manga, menos el Alto del Puño, ejemplo: 59 cm. = **A-B**.

A-C = 1/4 parte de la suma de las Alturas de Sisas, ejemplo: 9 cm..

Desde **A- C-B**, escuadrar aplicando aproximadamente la medida Contorno de Sisas.

Desde **C**, aplicar hasta la horizontal **A**, el contorno de la sisa de adelante, menos 1 cm.ejemplo:24cm.= **D**.

Marcar el centro de **D-C** = **E**.

Formar la copa, uniendo **C-E-D**, luego medir la distancia. Esta medida deberá ser igual a la medida de la sisa delantera. NOTA: Si fuere mayor o menor, quitar o agregar, es decir mover el punto **D** de lugar.

Desde **D**, aplicar en diagonal sobre la raya **C**, la medida de la sisa trasera, menos 1cm.,ejemplo:21cm.= **F**.

Marcar el centro de **D-F** = **G**.

Formar la copa, uniendo **D-G-F**, como lo indica el trazado. Medir la distancia **D-G-F** Dicha distancia, deberá ser igual a la medida de la sisa; Si ésta fuere mayor o menor, quitar o agregar desde **F**.

B-H = **C-F**. Unir **H-F**.

B-I = **A-D**. Unir **I-D**.

Desde **B**, aplicar el ancho de puño más 4 cm. o a gusto para pliegues, ejemplo: 26 cm. = **J**.

Desde **B** y **H**, aplicar la mitad de la distancia entre **J-H** =**K** y **L**. Unir **K-C** y **L-F** como lo indica el trazado.

NOTA: Dichas líneas, también pueden ser en forma rectas o en forma curvada, pero a la in versa, depende de la época o del gusto de cada persona, o del modelo a interpretar.

Marcar el centro de **I-L** = **M**.(NOTA: **M**, puede cambiar de lugar).

Desde **M**, escuadrar hacia arriba, aplicando 10 cm. o a gusto = **N**.

M-O y **N-P** = 2 cm. o a gusto , a continuación con el punto **Q**, formar el pico.

O-R = 3 cm. o a gusto. **R-S** = 2 cm. (pliegue), **S-T** = 2 cm., **T-U** = 2 cm. (pliegue).

Calcar la parte sombreada. Fig. **A**. Desde **M** y **N**, prolongar las líneas, aplicando la medida **M-O** = **V** y **W**. Unir dichos puntos.

Copiar la Fig. **A** por los puntos: **P-N-W-V-M-O-P**. Fig. **B** (extensión).

MANGA CORTA

Utilizar la parte superior de la manga.

Desde **D**, aplicar hacia abajo el largo de la manga, ejemplo: 18 cm. = 1. 2, se forma al cruzarse las líneas.

Desde **C** y **F**, colocar hacia abajo la distancia **1-2** = **3-4**. Unir **3-4**.

Desde 3, poner hacia 4 el Ancho de Brazo más 6 cm. para amplitud, o a gusto, ejemplo: 35 cm. = **5**.

Desde 4 y 3, ubicar hacia dentro 1/3 parte de la distancia entre **5-4** = **6** y **7**. Unir **6-F** y **7-C**.

Marcar el centro de **1-6** = **8**.Desde 8, aplicar hacia ambos lados la mitad de **4-6** =**9** y **10**. Unir **9-G** y **10-G**.

Cerrar la pinza **9-G-10**= Fig.**#1**.Suavizar la línea en el punto **G**.(copa).

Unir**6-7**, como lo indica el trazado, aunque de desearlo puede ser recta.

PUÑO #1

Formar un rectángulo con la medida del puño, más la extensión, ejemplo: 24 cm. por el Alto del mismo, ejemplo: 5 cm. = **A-B-C-D**.

PUÑO #2

Usar el molde anterior. **A-E** = extensión, ejemplo: 2 cm..

Desde **E** y **B**, escuadrar y prolongar la línea, aplicando la medida **A-D** más 1 cm. = **F-G**. Unir dichos puntos.

CUELLOS DE CAMISA

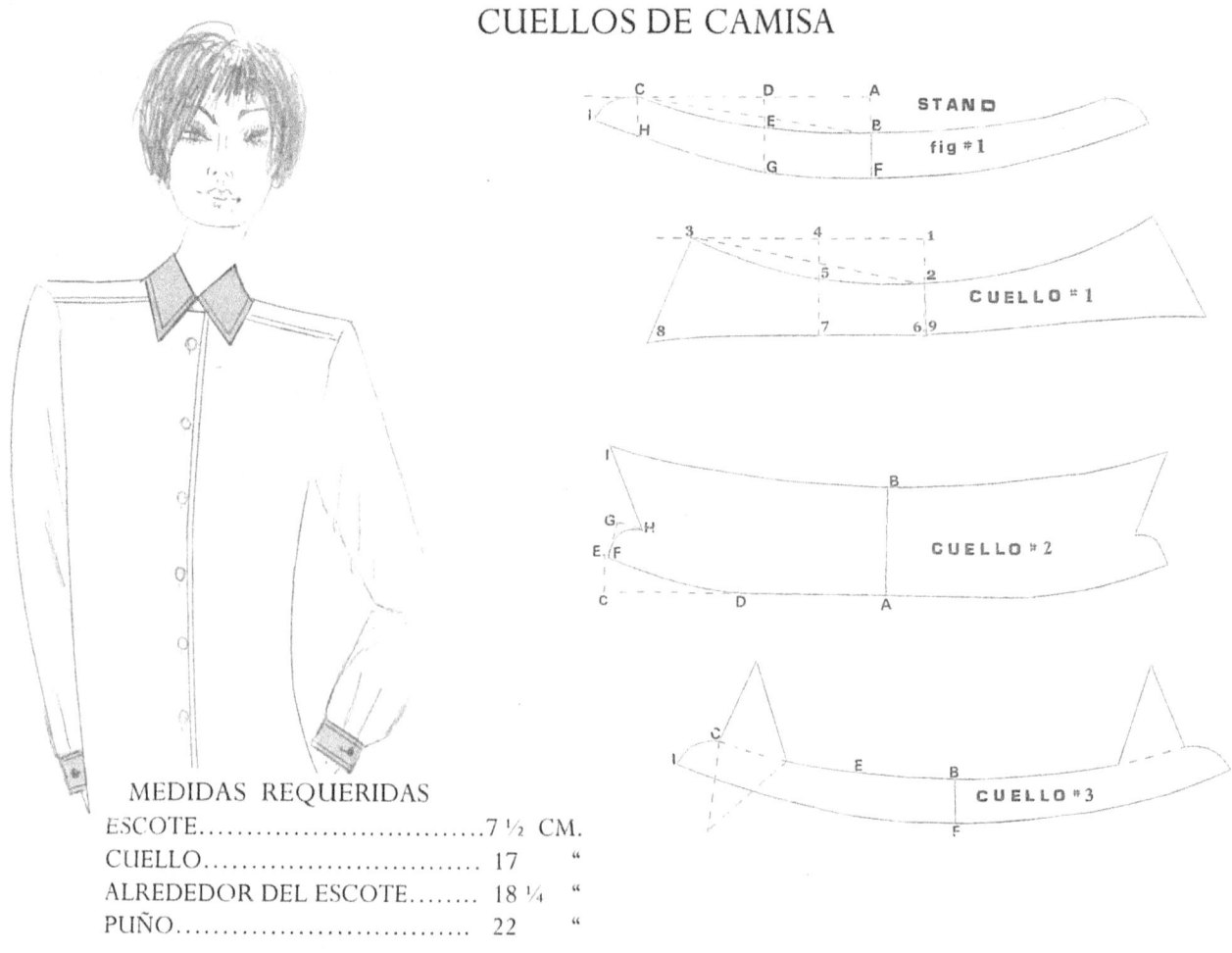

MEDIDAS REQUERIDAS

ESCOTE.............................7 ½ CM.

CUELLO............................ 17   "

ALREDEDOR DEL ESCOTE........ 18 ¼   "

PUÑO.............................. 22   "

PASO A PASO CON LA REALIZACIÓN DE LOS TRAZADOS

STAND Fig.#1 (lleva cruce)

Trazar un ángulo recto. **A-B** = 1/3 parte del Escote, ejemplo: 2 ½ cm. . NOTA: Si deseare hacer el Stand más adherido deberá aplicar la mitad de la medida del Escote.

Desde **B**, aplicar en diagonal (hasta la horizontal) la medida del Cuello, ejemplo: 17 cm. = **C**.

A-D = medida del Escote, ejemplo: 7 ½ cm..

D-E = **A-B**, menos ½ cm..

Unir **B-E-C**. Cuide que la distancia **B-E-C**, equivalga a la medida del cuello, caso contrario, modifique el punto **C**.

B-F = 3 cm. o a gusto, lo mismo que **E-G** y **C-H**.

Unir **F-G-H**, en forma paralela a la línea **B-E-C**. NOTA: La distancia **C-H**, podría ser inferior a **B-F** de desearlo.

Desde **F**, aplicar pasando por **H**, la medida Alrededor del Escote más cruce, ejemplo 19 ¾ cm= **I**. Unir **I-C** con forma.

Doblar el papel por la línea **B-F**, y calcar el molde, al abrirlo, revise si las líneas, están bien realizadas, de lo contrario suavícelas.

CUELLO Fig.# 1

Formar un ángulo recto. **1-2** = **A-B** del Stand más ½ cm..

Desde 2, aplicar en diagonal sobre la horizontal, la medida **B-C** del Stand = 3.

1-4 = medida del Escote , ejemplo: 7 ½ cm. .

4-5 = **1-2**, menos ¼ a ½ cm..

Unir **2-5-3**. Verifique que la distancia **2-5-3**, sea igual a **B-E-C** del Stand, caso contrario, modifique el punto 3.

2-6 = **B-F** del Stand más ½ cm. o a gusto.

5-7 = **2-6** más ¼ de cm. o a gusto.

Desde **3**, trazar la línea del cuello (apoyando la escuadra sobre los puntos **3-6**), aplicando 6 cm. o a gusto = **8**.

Unir **8-7-6**, a continuación desde **6**, prolongar la línea ¼ de cm. = **9**. Unir **9-2**. Doblar el papel por dicha línea y calcar el molde. Al desdoblarlo, fíjese si las líneas son armónicas, caso contrario, suavícelas.

Si deseare la línea del cuello más cerrada o abierta, mueva el punto **8**.

CUELLO Fig.# 2

Trazar un ángulo recto. **A-B** = altura de cuello deseado, más pie de cuello, ejemplo: 7 ½ cm. .

A-C = a la medida Alrededor del Escote más el cruce, ejemplo: 18 ¼ + ½ = 19 ¾ cm. .

A-D = medida del Escote, ejemplo: 7 ½ cm..

Desde **C**, escuadrar aplicando 1/3 parte de la medida del Escote = **E**. NOTA: Si lo quisiere más adherido al cuerpo aplique la mitad de la medida del Escote. Unir **E-D**, con forma.

D-F = D-C.

Desde **F**, escuadrar apoyando la escuadra sobre **F-D**, aplicando 2 ½ cm. o a gusto = **G**.

Desde **G**, escuadrar colocando la medida del cruce, ejemplo: 1 ½ cm. = **H**. Unir **H-F**, con forma. NOTA: Fíjese que la distancia entre **H** y la vertical **A-B**, tenga la medida del Cuello, caso contrario, mueva el punto **H**.

Desde **H**, trazar una línea cuya inclinación es a gusto, aplicando la medida del cuello deseado, ejemplo: 6 ½ cm. = **I**. Unir **I-B**, con forma.

Calcar el molde, doblando el mismo por la línea **A-B**. Se hace eso, para ver si las líneas tienen garbo.

CUELLO # 3

Usar el Stand, luego dibujar el parte del cuello sobre la tira, después doblar el papel por la raya **C-E** y calcar el forma del mismo.

CUELLO A LO PISANO: STAND Fig. 4. (no lleva cruce , y se puede abrochar con gemelos, o ganchitos)

Formar un ángulo recto. **a-b** = mitad de la medida del Escote, ejemplo: 3 ¾ cm. .

Desde **b**, colocar en diagonal (con línea discontinua), la medida del Cuello, ejemplo: 17 cm.= **c**. Unir **c-b**, con forma.

Desde **b**, poner hacia c, (siguiendo la línea curva) la distancia **b-c = d**.

Desde **b** y **d**, prolongar y escuadrar, aplicando 3 cm., o a gusto = **e** y **f**. Unir **e-f**, en forma paralela a **b-d**.

Desde **e**, aplicar pasando por f, la medida Alrededor del Escote, ejemplo: 18 ¼ cm. = **g**. Unir **g-d**.

Doblar el papel por la línea **b-e**, y calcar el Stand de paso se cerciora si las líneas están bien realizadas, sino suavícelas.

CUELLO: Fig. 5.

Utilizar el Stand.

Desde **e**, prolongar la línea, aplicando ½ cm. o a gusto = **1**.

Desde **g**, trazar una vertical colocando 6 cm. o a gusto = **2**.

Desde **g**, seguir la línea del Stand, aplicando ¾ de cm. = **3**. Unir **3-d**.

Unir **1-2**, después seguir la raya, colocando 4 cm. o a gusto = **4**. Unir **4-3**.

Calcar el cuello colocando papel doble en la línea **b-e-1**, a continuación revisar si las líneas son correctas, caso contrario suavícelas.

El cuello se junta al Stand, uniendo **b** con **b**, **d** con **d**, y **3** con **g**.

NOTA: El Stand, debe estar bien armado.

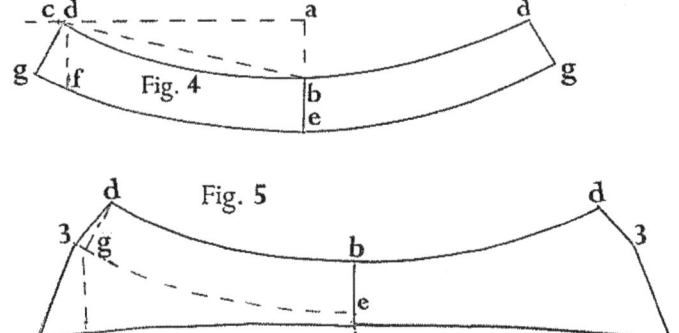

BLUSA CON TABLAS
UTILIZAR EL MOLDE DELANTERO DE UNA CAMISA SIN CANESÚ (TAMBIEN PUEDE SER UN SACO O VESTIDO)

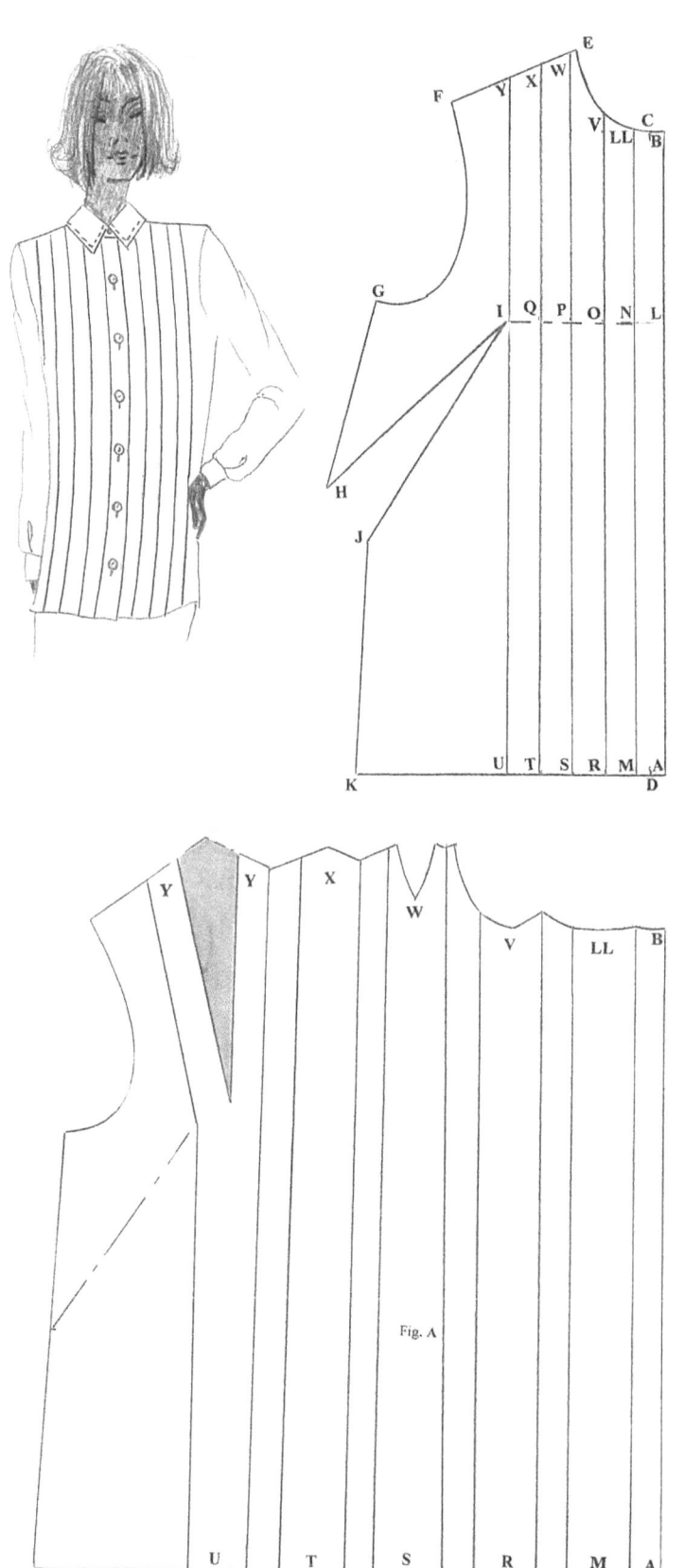

Fig. A

A-B=cruce, **C-D**=centro, **C-E**= escote, **E-F** =hombro, **G-H-J-K**=costado, **H-I-J**= pinza, **L-I**= altura de busto.

C-LL y D-M= C-B. Unir **LL-M**. **N**, se forma al cruzarse las rayas.

Desde **N**, aplicar hacia **I**, la distancia **N-L** tantas veces cuanto el espacio **N-I**, lo permita= **O**, **P**, **Q**. Que sucedería si faltare o sobrare espacio? Si la diferencia es pequeña, se corre el punto **I**.

M-R; **R-S**; **S-T**; **T-U = M-A**. Unir **R-O**; **S-P**; **T-Q**; **U-I**. Al prolongar las líneas hasta arriba, se forman: **V-W-X-Y**.

Cortar desde **M** hasta **LL**, de **R** hasta **V**, de **S** hasta **W**, de **T** hasta **X**, de **U** a **Y**, separando.

Cerrar la pinza **H-I-J**.

Trazar una horizontal y sobre la misma aplicar las tiras; La distancia entre las mismas debe ser el doble del ancho de cada tira.

Desde **A** y **B**, es necesario dejar 4 cm. para vista.

Los "picos" que se notan en la parte alta del molde, se deben al formarse las tablas.

IMPORTANTE: Para evitar grosor al pliegue **U-Y**, se le quita lo que sobra de la tabla (parte sombreada). Fig.A.

TOP ASIMÉTRICO CON BORDE EN EL ESCOTE Y PLIEGUES

UTILIZAR UN MOLDE DOBLE DE VESTIDO PARTE DELANTERA Y UNO SIMPLE TRASERA HASTA LA ALTURA DE LA CADERA

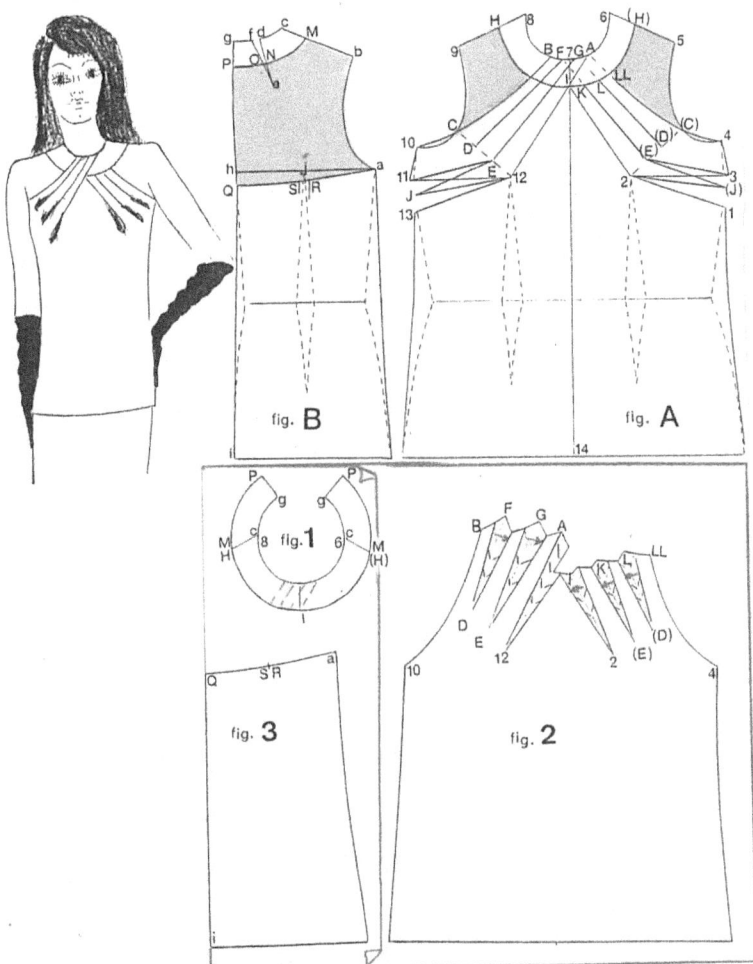

fig. B

fig. A

fig. 1

fig. 3

fig. 2

MEDIDA NECESARIA

HENDIDURA DEL SOBRE BUSTO.........1 CM.

DELANTERA Fig. A

Semi entalle   las líneas de los costados.
1-2-3 y 11-12-13 = pinzas, 4-5 y 9-10 = sisas,
5-6 y 8-9 = hombros, 6-7-8 = escotes, 7-14 = línea central.
7-A y 7-B =3 cm. o a gusto. Unir A-12 con raya recta y B-10, con ligera forma. C, se forma al cruzarse las líneas.
Unir C-12, luego dividir en tres partes dicha distancia = E y D.
Dividir en tres partes también la distancia B-A = F y G. Unir F-D y G-E.
8-H = 4 cm. , lo mismo que 7-I. Unir I-H, en forma paralela al escote.
Dividir en dos la pinza 11-13 = J. Unir 12-J; J-E; E-11.
Doblar el molde por la línea central y calcar el lado opuesto.(H)-K-L-LL, se forman al cruzarse las rayas. Separar las partes sombreadas, luego calcar la tira del escote.Fig.1.

Cortar desde A hasta 12, de G hasta E, de F hasta D, de I hasta 2, de K hasta (E), de L hasta (D); Luego cerrar las pinzas.
 Para que se abran las líneas   F-D y L- (D), haga un pellizco en los puntos C, usando la hendidura del Sobre Busto , ejemplo: 1 cm. .
La Fig. 2, demuestra la forma que obtienen los pliegues al doblarlos.
TRASERA Fig. B:
a-b = sisa, b-c = hombro, c-d-f-g = escote, d-e-f = pinza, g-h-i = centro, j = vértice de la pinza.
Desde c-d-f-g, aplicar la medida 8-H de la parte delantera =M-N-O-P, luego unir dichos puntos, después cortar por dicha línea, para luego cerrar la pinza. Calcar una tira igual, para después unirlas a la tira delantera. Fig.1.
Juntar los costados, luego prolongar la línea B-C-10, en forma armónica hasta la línea central = Q. Unir Q-i.
Desde j, aplicar hacia ambos lados lo que pellizco en el punto C = R-S. Separar la parte sombreada. Juntar R-S.
Al cortar deberá colocar tela doble en la línea Q-i. La delantera, debe cortarse con tela simple.

CHALECO DERECHO
UTILIZAR LOS MOLDES DE UN VESTIDO HASTA LA ALTURA DEL VIENTRE

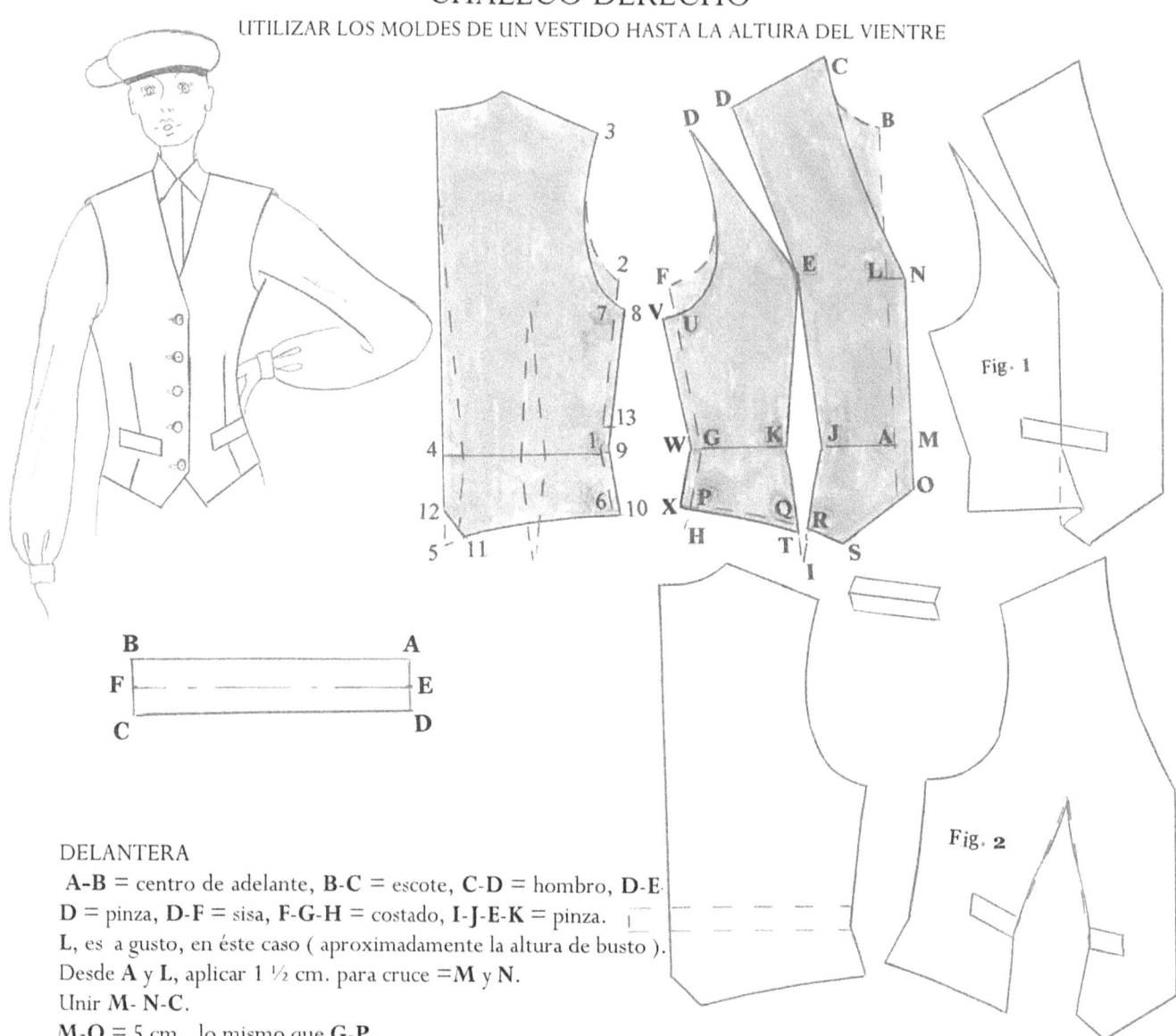

DELANTERA

A-B = centro de adelante, **B-C** = escote, **C-D** = hombro, **D-E**

D = pinza, **D-F** = sisa, **F-G-H** = costado, **I-J-E-K** = pinza.

L, es a gusto, en éste caso (aproximadamente la altura de busto).

Desde **A** y **L**, aplicar 1 ½ cm. para cruce =**M** y **N**.

Unir **M- N-C**.

M-O = 5 cm., lo mismo que **G-P**.

Dar la forma al ruedo del chaleco a gusto, formándose de ése modo los puntos **P-Q-R-S-O**.

K=T = **J-R**. Unir **T-P**.

F-U = 4 cm. o a gusto. Unir **U** con la sisa. Quitar las partes sombreada en anaranjado.

U-V; **G-W**; **P-X** = 1 cm. o a gusto.

Cerrar la pinza, luego dibujar la tapita, y después suavizar la pinza.,(para evitar que llegue a ser puntiaguda). Fig.2.

TRASERA

1-2 =altura de axila, **2-3** = sisa, **1-4** = línea de cintura.

4-5 = 10 cm. o a gusto.

1-6 = **G-P**. Unir **6-5**.

2-7 =**F-U**. Unir **7** con la sisa.

7-8; **1-9**; **6-10** =1 cm. o a gusto. Unir **8-9-10-6**. Quitar la parte sombreada en anaranjado.

5-11 = 2 cm. o a gusto. **5-12** = 4 cm.. Unir **12- 11**.

9-13 = 2 cm..

CINTURITA: Formar un rectángulo con el doble de la distancia **9-13** y por horizontales la distancia **9-4** más unos 5 cm.= **A-B-C-D**; luego marcar el centro de **A-D** y **B-C** = **E-F**. Unir **E-F**.

Cortar dos tiras.

JABOT

UTILIZAR UN MOLDE DE UN VESTIDO, SACO, ABRIGO, ETC..

(en éste caso, con pinza en el hombro, o bien sin pinza)

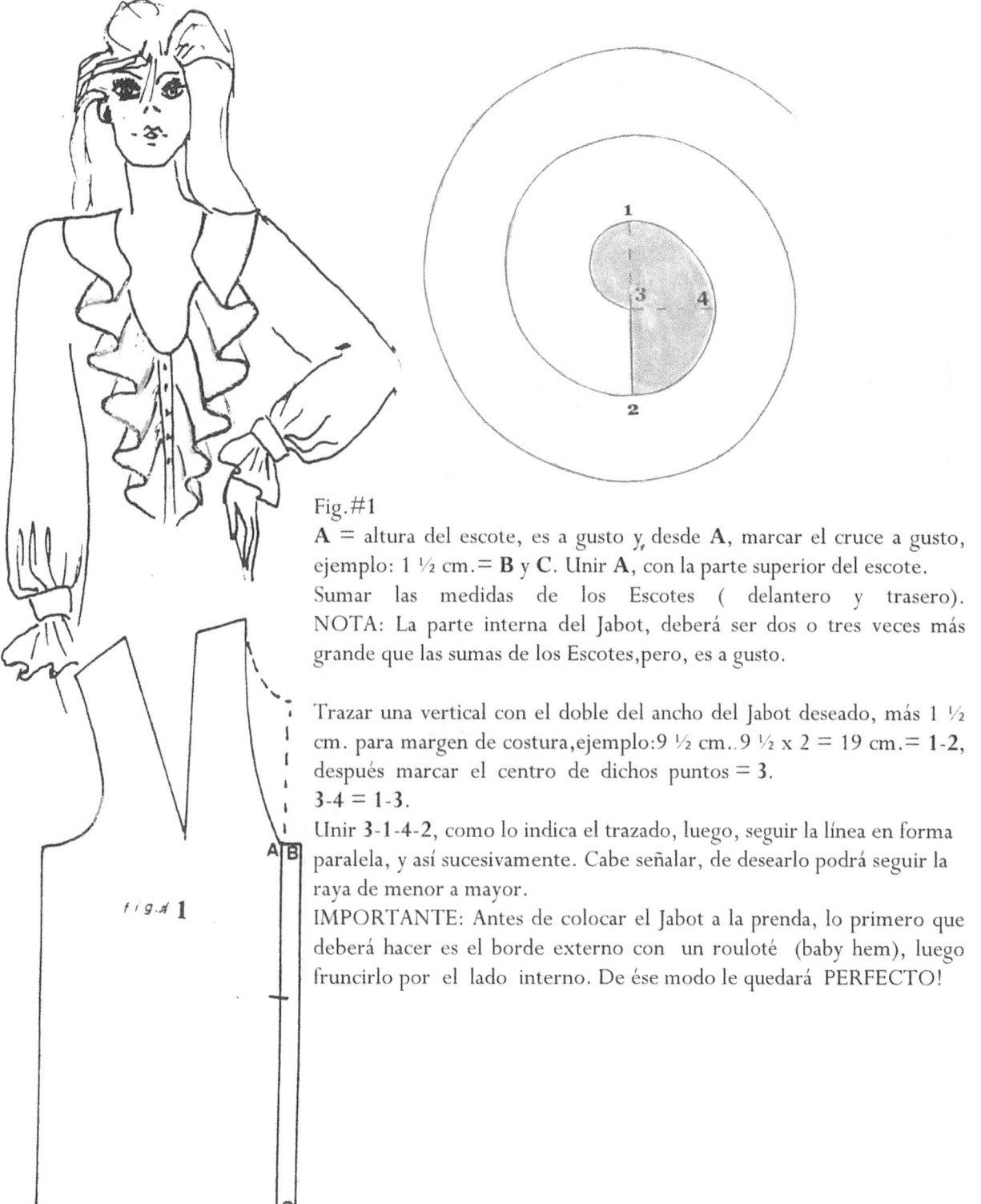

fig.#1

Fig.#1

A = altura del escote, es a gusto y, desde **A**, marcar el cruce a gusto, ejemplo: 1 ½ cm.= **B** y **C**. Unir **A**, con la parte superior del escote.

Sumar las medidas de los Escotes (delantero y trasero). NOTA: La parte interna del Jabot, deberá ser dos o tres veces más grande que las sumas de los Escotes,pero, es a gusto.

Trazar una vertical con el doble del ancho del Jabot deseado, más 1 ½ cm. para margen de costura,ejemplo:9 ½ cm..9 ½ x 2 = 19 cm.= **1-2**, después marcar el centro de dichos puntos = **3**.

3-4 = 1-3.

Unir **3-1-4-2**, como lo indica el trazado, luego, seguir la línea en forma paralela, y así sucesivamente. Cabe señalar, de desearlo podrá seguir la raya de menor a mayor.

IMPORTANTE: Antes de colocar el Jabot a la prenda, lo primero que deberá hacer es el borde externo con un rouloté (baby hem), luego fruncirlo por el lado interno. De ése modo le quedará PERFECTO!

296

SACO RECTO
PARTE TRASERA

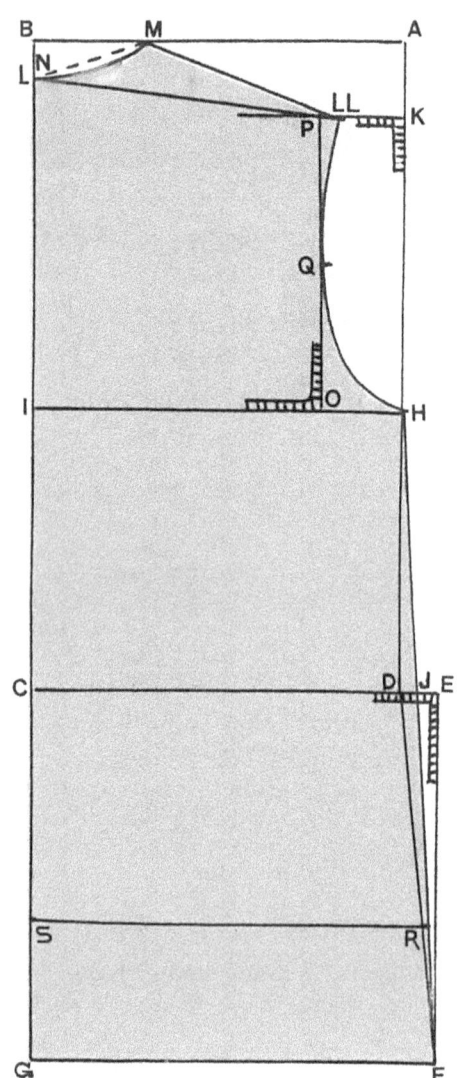

FIG. 2

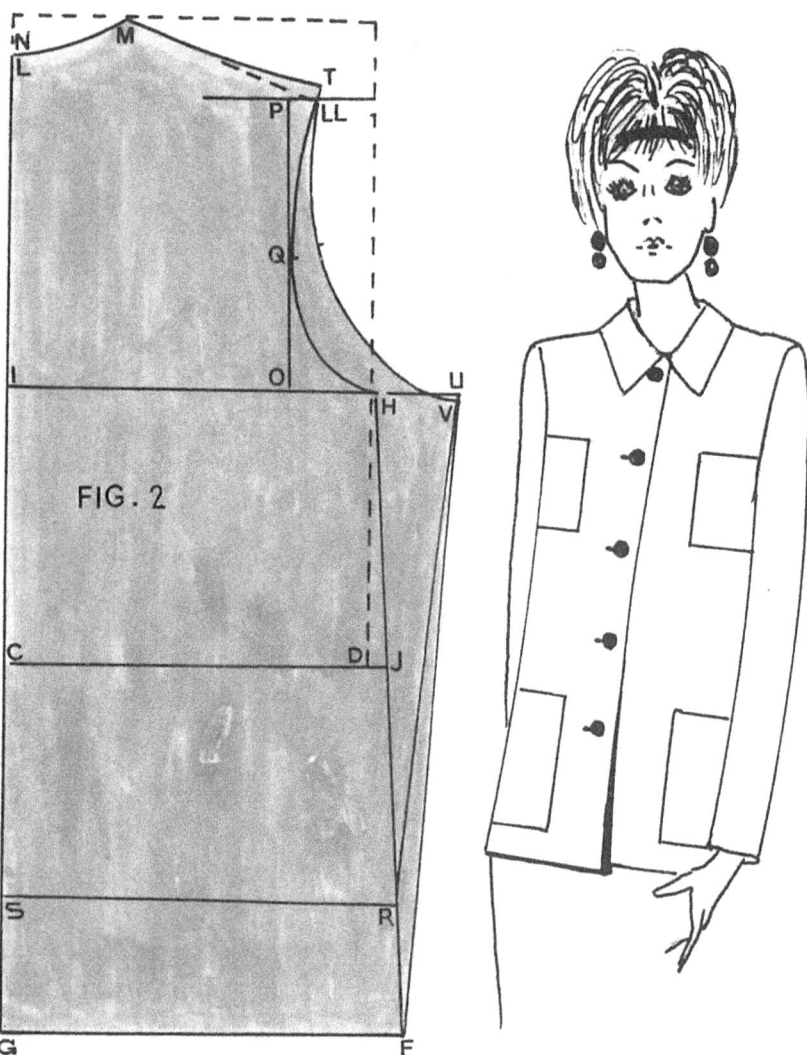

MEDIDAS NECESARIAS

CONTORNO DE BUSTO	46 CM.	
MEDIDA DE COSTADO	15 "	
1RA. SEPARACIÓN DE BUSTO	9 "	
LARGO TALLE ESPALDA	42 "	
CONTORNO DE CADERA	50 "	
ALTURA DE CADERA	24 "	
ALTURA DE AXILA	20 "	
ALTURA HOMBRO ESPALDA	37 "	

ALTURA ESCOTE ESPALDA	40 "	
ANCHO DE ENTRE HOMBROS DE ATRÁS	18 ½ "	
ANCHO DE HOMBRO	12 "	
ESCOTE	7 ½ "	
ANCHO ESPALDA	17 "	
MEDIDA DESDE	0 "	
MEDIDA A LOS	0 "	
MEDIDA HASTA	0 "	
ALTURA DE ENTRE HOMBRO	0 "	

PASO A PASO CON LA REALIZACION DEL TRAZADO
PARTE TRASERA

IMPORTANTE: En éste molde, no se aplicarán las medidas Desde, A Los, Hasta, Altura de Entre Hombro por tratarse de un hombro recto, es decir que la persona a la que le pertenece éste molde, carece de dichas medidas; En cambio, si la persona a la que Usted le está por hacer el molde las tuviere, entonces deberá aplicarlas en el trazado.

Formar un rectángulo con la medida Contorno de Busto, menos la Medida de Costado y la 1ra. Separación de Busto, ejemplo: 46 – [15 + 9] = 22 cm. , a ésta medida, agregarle 2 ½ cm. o a gusto, por el Largo Talle Espalda, ejemplo: 42 cm. = **A-B-C-D**.

Desde **D**, prolongar la línea hacia fuera, colocando la mitad de la diferencia entre Busto y Cadera, ejemplo: 2 cm. = **E**.

Desde **E** y **C**, escuadrar y prolongar la línea, aplicando la Altura de Cadera, ejemplo: 24 cm. = **F** y **G**. Unir dichos puntos.

Desde **D** y **C**, colocar hacia arriba la Altura de Axila, menos 2 cm. o a gusto, ejemplo: 18 cm. = **H** y **I**. Unir dichos puntos.

Unir **F-H**. **J**, se forma al cruzarse las líneas.

Desde **D**, ubicar hacia arriba la Altura Hombro Espalda, ejemplo: 37 cm. = **K**. Medir la distancia entre **K-A**, ejemplo: 5 cm.. IMPORTANTE: Cuando la distancia entre **K-A**, es hasta 5 cm., desde **K**, escuadrar hacia dentro unos 10 cm. , si en cambio fuese mayor de 5 cm., deberá proceder como en la página 300.

Desde **C**, ubicar hacia arriba, la Altura Escote Espalda, ejemplo: 40 cm. = **L**.

Desde **L**, aplicar en diagonal sobre la horizontal **K**, el Ancho de Entre Hombros de Atrás, más 1 ½ cm. o a gusto, ejemplo: 20 cm. = **LL**.

Desde **LL**, poner en diagonal sobre la horizontal **A-B** el Ancho de Hombro más 1 ½ cm. o a gusto, ejemplo: 13 ½ cm. = **M**. unir **M-L**, con línea discontínua.

Desde **M**, aplicar hacia **L**, la medida del Escote, ejemplo: 7 ½ cm = **N**, que en éste caso coincide con **L** .

NOTA: **N**, puede coincidir con **L**, nunca pasarlo. Si hubiere algún espacio entre **N-L**, dicho espacio, se utilizaría para hacer una pinza en el medio del escote, o bien se podría eliminar. Unir **N-M**, formando el escote.

Desde **I**, aplicar hacia dentro la medida Ancho Espalda más 1 ½ cm. o a gusto, ejemplo:18 ½ cm. = **O**.

Desde **O**, escuadrar hacia arriba, hasta la línea del punto **K** = **P**.

Marcar el centro de **O-P** = **Q**.

Formar la sisa, uniendo **H-Q-LL**.

NOTA: Si no deseare hacer el saco tan recto, una **D-F**.

Desde **J** y **C**, aplicar hacia abajo la medida del largo saco deseado, ejemplo: 15 cm. = **R-S**. Unir dichos puntos.

IMPORTANTE: Si el saco llevara hombrera, deberá subir la línea del hombro, como le detallamos a continuación en la Fig. 2 .Desde **LL**, aplicar hacia arriba la mitad del alto de la hombrera = **T**. Unir **T** con **M**, con ligera forma.

Si le desea dar caché, prolongar la línea de axila a gusto, ejemplo: 5 cm. = **U**. Unir **U-R**, o bien **U** con **F**, según el largo del saco.

F-V = **F-H** . Unir **V-LL**, como lo indica el trazado.

IMPORTANTE: Los largos de las prendas se cuentan desde la línea de cintura hacia abajo. Esto rige para toda prenda.

NOTA:O a gusto significa que en vez de agregarle 2 ½ cm. al ancho del molde, le puede poner 1 cm. y, si le agrega 1cm. entonces al Ancho Espalda, debe de poner más ½ cm., así como al Ancho de Entre Hombros, y en el Hombro ¼ de cm..

SACO RECTO
PARTE DELANTERA

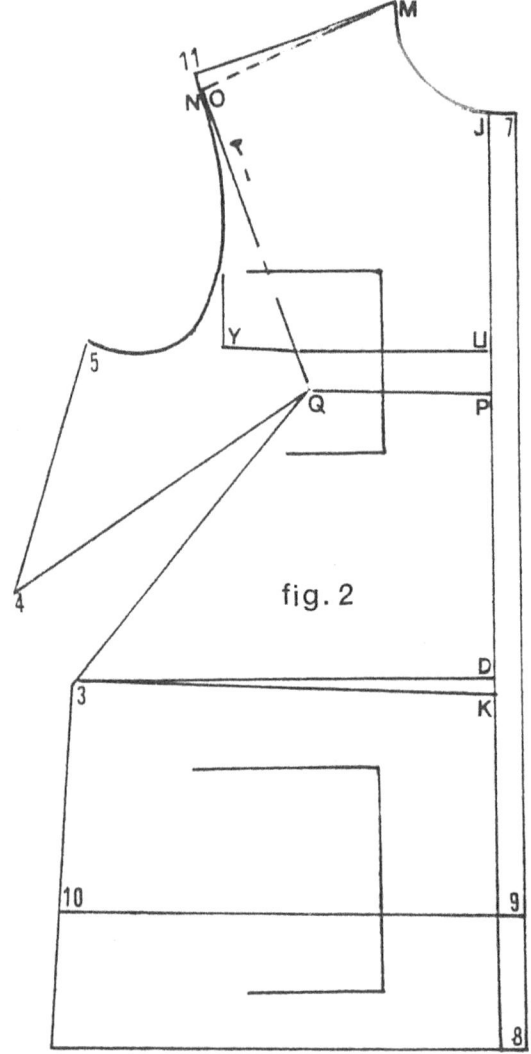

fig. 2

MEDIDAS REQUERIDAS

MEDIDA DE COSTADO	15	CM.
1RA. SEPARACIÓN DE BUSTO	9	"
LARGO TALLE DE ADELANTE	44	"
ALTURA DE AXILA	20	"
MEDIDA D-J PARTE TRASERA	1	"
ALTURA DE CADERA	24	"
MEDIDA A-K PARTE TRASERA	5	"
ALTURA ESCOTE DE ADELANTE	36 ½	"
ALTURA ESCOTE DE ADELANTE PASANDO	37 ½	"
MEDIDA B-M PARTE TRASERA	7 ¼	"
ALREDEDOR DEL ESCOTE	18 ¼	"
ANCHO DE ENTRE HOMBROS DE ADELANTE	18	"
ANCHO DE HOMBRO	12	"
ALTURA DE BUSTO	25 ½	"

ALTURA HOMBRO DE ADELANTE	35 ½	"
ANCHO DE PECHO	16	"
MEDIDA F-R PARTE TRASERA	9	"
MEDIDA DESDE	0	"
MEDIDA A LOS	0	"
MEDIDA HASTA	0	"
ALTURA DE ENTRE HOMBRO	0	"

PASO A PASO CON LA REALIZACION DEL TRAZADO
PARTE DELANTERA

IMPORTANTE: En éste molde, no se aplicarán las medidas Desde, A Los, Hasta, Altura de Entre Hombro, por tratarse de un hombro recto, es decir que la persona a la que le pertenece éste molde carece de dichas medidas; En cambio, si la persona a la que Usted le está por hacer el molde las tuviere, entonces deberá aplicarlas en el trazado .

Formar un rectángulo con la suma de las medidas de Costado y la 1ra. Separación de Busto, ejemplo: 15 + 9 =24cms. a ésta medida agregarle 2 ½ cm, o a gusto, por el Largo Talle de Adelante, ejemplo: 44 cm. = **A-B-C-D**.

Desde **C**, aplicar hacia arriba, la Altura de Axila menos 2 cm. o a gusto, ejemplo: 18 cm. = **E**.

C-F = **D-J**, de la parte trasera, ejemplo : 1 cm. . Unir **F-E**.

Desde **D** y **F** prolongar las líneas, aplicando la Altura de Cadera, ejemplo: 24 cm. = **G** y **H**. Unir dichos puntos .

Desde **B**, aplicar hacia abajo, la medida **A-K** de la trasera, ejemplo: 5 cm. = **I**.

Desde **I**, escuadrar hacia dentro unos 12 cm. .

Desde **D**, aplicar hacia arriba, la Altura Escote de Adelante, ejemplo: 36 ½ cm. = **J**.

D-K = diferencia entre la Altura Escote de Adelante y la Altura Escote de Adelante Pasando, ejemplo: 1 cm..

Unir **K-F**.

Desde **A**, colocar hacia **B**, la medida **B-M** de la trasera, ejemplo: 7 ¼ cm. = **L**. Unir **L-J**, en forma circular con línea discontinúa.

Desde **L**, aplicar hacia **J**, la medida que falta para completar Alrededor del Escote, ejemplo:10 ¾ cm. = **LL**. NOTA: **LL**, puede coincidir con **J**, nunca pasarlo. IMPORTANTE: Si la distancia entre **LL-J**, fuere superior a 1cm.,quiere decir que el Largo Talle de Adelante, es largo. Esa diferencia, se aplicará desde **M** hacia abajo y ése nuevo punto, se unirá con **O**. (indicado con línea discontinua).

L-M = **LL-J**. Unir **M-LL**, formando el escote.

Desde **J**, colocar sobre la línea **I**, el Ancho de Entre Hombros de Adelante, más 1 ½ cm. o a gusto ejemplo: 19½cms. = **N**.

Desde **M**, aplicar en diagonal sobre la línea **I**, el Ancho de Hombro más 1 ½ cm. o a gusto, ejemplo: 13 ½ cm.= **O**. NOTA: **O**, podría coincidir con **N**, nunca pasarlo.

Desde **A**, colocar hacia abajo la Altura de Busto, ejemplo: 25 ½ cm. = **P**. Desde **P**, escuadrar aplicando la 1ra. Separación de Busto, más 2 ½ cm. o a gusto, ejemplo: 11 ½ cm. = **Q**. Unir **Q-O** y **Q-N**.

Desde **C**, aplicar hacia dentro la distancia **I-O** = **R**. Unir **R-O**.

Desde **O**, poner hacia **R**, la Altura Hombro de Adelante, ejemplo: 35 ½ cm. = **S**.

Desde **S**, aplicar hacia arriba la distancia entre **C-E** = **T**.

Desde **T**, escuadrar hasta la vertical de adelante = **U**. Los puntos **V-W**, se forman al cruzarse las líneas.

Desde **U**, aplicar hacia dentro el Ancho de Pecho, más 1 ½ cm. más el espacio **V-W**, o a gusto, ejemplo: 17 ¾cms.. aproximadamente = **X**.

Desde **X**, escuadrar hacia arriba, hasta la horizontal **I** = **Y**. Marcar el centro de **Y-X** = **Z** .

Desde **T**, colocar hacia abajo 5 cm. más la diferencia entre **U-P** = **1**.

Desde **1**, aplicar hacia abajo la medida **S - R** = **2**.

Unir **Q-2**, luego prolongar la línea hasta el costado = **3**.

Desde **Q**, pasando por **1**, colocar la medida **Q-3** = **4**.

Desde **4**, aplicar en diagonal sobre la línea **B-C**, la distancia entre los puntos **3-E** = **5**. Unir **5-X**. Marcar el centro de **X - 5** = **6**.

Formar la sisa uniendo **5-6-Z -N**.

Desde **J** y **G**, poner el cruce a gusto, ejemplo: 2 cm. = **7** y **8**. Unir **7-8**.

Desde **8** y **H**, aplicar hacia arriba la medida **F-R** de la parte trasera , ejemplo: 9 cm = **9** y **10**. Unir dichos puntos.

Si el saco llevare hombrera, deberá subir el punto **N/O**, la mitad de la altura de la hombrera = **11**. Previamente, deberá cerrar la pinza. Unir **11-M**, con ligera forma.

NOTA: O a gusto significa que en vez de agregarle 2 ½ cm. al ancho del molde, le puede poner 1 cm. y, si le agrega 1cm. entonces al Ancho Pecho, debe de agregar ½ cm. , así como al Ancho de Entre Hombros, y en el Hombro ¼ de cm..

SACO RECTO CON PINZA EN EL HOMBRO
PARTE TRASERA

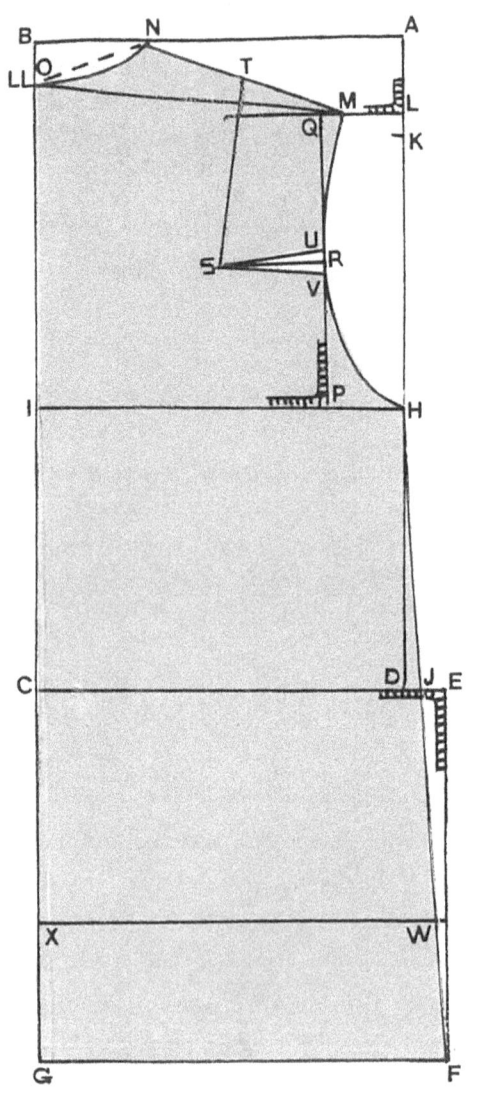

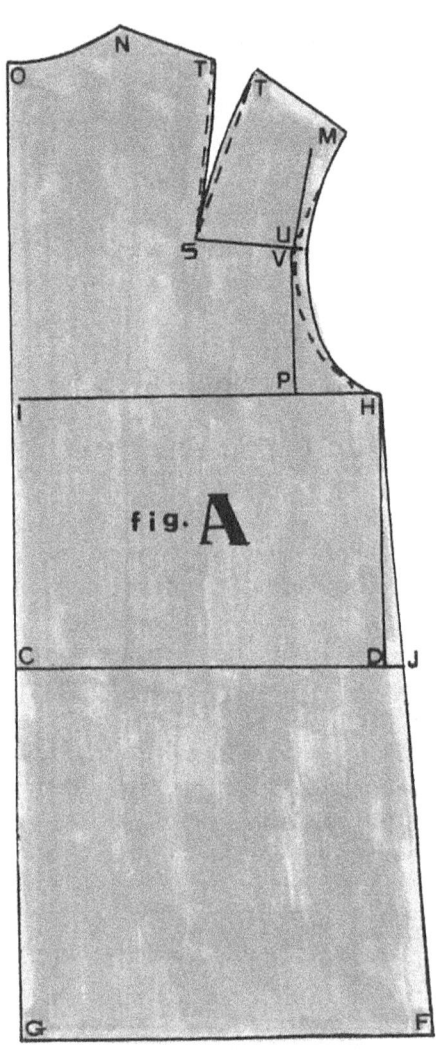

fig. A

MEDIDAS NECESARIAS

CONTORNO DE BUSTO	46	CM.
MEDIDA DE COSTADO	15	"
1RA. SEPARACIÓN DE BUSTO	9	"
LARGO TALLE ESPALDA	42	"
CONTORNO DE CADERA	50	"
ALTURA DE CADERA	24	"
ALTURA DE AXILA	20	"
ALTURA HOMBRO ESPALDA	35 ½	"
ALTURA ESCOTE ESPALDA	40	"
ANCHO DE ENTRE HOMBROS DE ATRÁS	18 ½	"
ANCHO DE HOMBRO	12	"
ESCOTE	7 ½	"
ANCHO ESPALDA	17	"

MEDIDA DESDE	0	"
MEDIDA A LOS	0	"
MEDIDA HASTA	0	"
ALTURA DE ENTRE HOMBRO	0	"

PASO A PASO CON LA REALIZACION DEL TRAZADO
PARTE TRASERA CON PINZA EN EL HOMBRO

IMPORTANTE: En éste molde no se aplicarán las medidas: Desde, A Los, Hasta, Altura de Entre Hombro, por tratarse de un Hombro recto, es decir que ésta persona carece de dichas medidas; Pero si la persona a la que Usted le realiza el molde las tuviere, entonces deberá de aplicarlas en el trazado.

Formar un rectángulo con la medida Contorno de Busto, menos la Medida de Costado y la 1ra. Separación de Busto, ejemplo: 46 - [15+9] = 22 cm. .A ésta medida, agregarle 2 ½ cm o a gusto = 24 ½ cm. por el Largo Talle Espalda, ejemplo: 42 cm. = **A-B-C-D**.

Desde **D**, prolongar la horizontal colocando la mitad de la diferencia entre Busto y Cadera, ejemplo: 2cms=**E**.

Desde **E** escuadrar y desde **C**, prolongar la raya, colocando la Altura de Cadera, ejemplo: 24 cm = **F-G**. Unir. dichos puntos.

Desde **D** y **C**, colocar hacia arriba la Altura de Axila, menos 2 cm. ejemplo: 18 cm. =**H-I**. Unir dichos puntos Unir **H-F**. **J**, se forma al cruzarse las rayas.

Desde **D**, aplicar hacia arriba, la Altura Hombro Espalda, ejemplo: 35 ½ cm. = **K**. Medir la distancia entre **K-A**, ejemplo: 6 ½ cm.. IMPORTANTE: Cuando la distancia entre **K-A**, es hasta 6 ½ cm. desde **A**, aplicar hacia abajo 5 cm.= **L**, y desde dicho punto, escuadrar unos 12 cm.. Si en cambio fuere superior a los 6 ½ cm., desde **K**, aplicar hacia arriba 1 ½ cm. = **L** y desde **L**, escuadrar hacia dentro 12 cm..

B-LL = diferencia entre el Largo Talle Espalda y la Altura Escote Espalda, ejemplo: 2 cm..

Desde **LL**, aplicar en diagonal sobre la raya **L**, el Ancho de Entre Hombros de Atrás, más 1 ½ cm. o a gusto ejemplo: 20 cm. = **M**.

Desde **M**, colocar en diagonal sobre la raya **A-B**, el Ancho de Hombro, más 1 ½ cm. ejemplo:13 ½cms. =**N**. NOTA: Se aplica 1 ½ cm., cuando se agregan 1 ½ cm. en el Ancho de Entre Hombros y en el Ancho Espalda. Ejemplo: Si en el Ancho de Entre Hombros y el Ancho Espalda, agrega 1 cm., en el Ancho de Hombro, agrega 1 cm.. Unir **N-LL**, con línea discontinua.

Desde **N**, aplicar hacia **LL**, la medida del Escote, ejemplo: 7 ½ cm. = **O**, que coincide con **LL**.NOTA: **O**, puede coincidir con **LL**, nunca pasarlo. Si hubiere algún espacio entre **O-LL**, ése espacio, se utilizaría para hacer una pinza en el medio del escote, como también se podría eliminar.

Desde **I**, colocar hacia dentro el Ancho Espalda, más 1 ½ cm. o a gusto, ejemplo: 18 ½ cm.= **P**.

Desde **P**, escuadrar hacia arriba, hasta la raya **L** = **Q**.

Marcar el centro de **P-Q**= **R**.

Desde **R**, escuadrar hacia dentro, aplicando la mitad del hombro = **S**.

Marcar el centro de **M-N** = **T**. Unir **T-S**, luego cortar por dicha línea.

R-U y **R-V** = mitad de **K-L**. Unir **U-S** y **V-S**.

Formar la sisa, uniendo **H-R-M**.

Cerrar la pinza de la sisa, y formar la pinza del hombro uniendo con ligera forma los puntos **S-T** y **S-T**. Fig. **A**. Suavizar la línea de la sisa. (NOTA: Es de hacer notar que se agranda el Ancho Espalda).

Desde **J** y **C**, poner hacia abajo el largo del saco deseado, ejemplo: 15 cm. = **W-X**. Unir dichos puntos.

NOTA: O a gusto significa que en vez se agregarle 2 ½ cm. al ancho del molde, le puede poner 1 cm. y, si le agrega 1 cm. entonces al Ancho Espalda, debe de agregar ½ cm., así como al Ancho de Entre Hombros, y en el Hombro ¼ de cm..

SACO RECTO CON PINZA EN EL ESCOTE
PARTE TRASERA

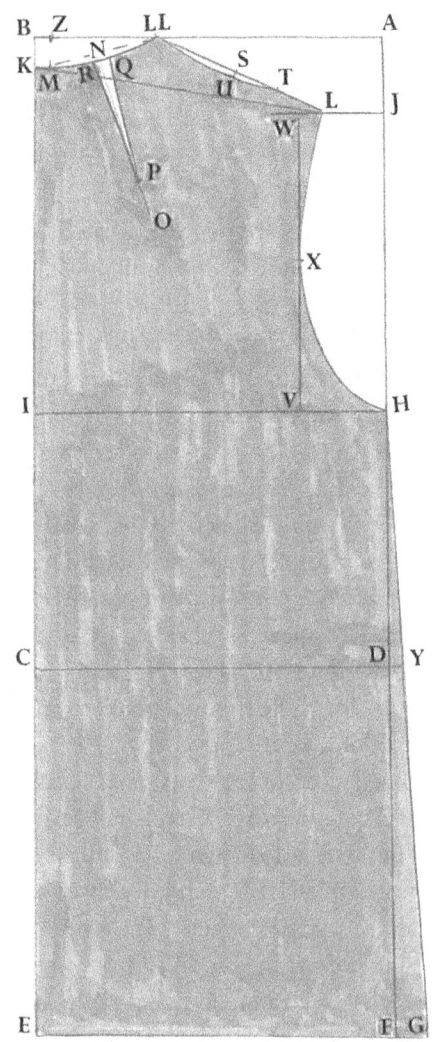

MEDIDAS NECESARIAS

CONTORNO DE BUSTO	44	CM.
MEDIDA DE COSTADO	12	"
1RA.SEPARACION DE BUSTO	10	"
LARGO TALLE ESPALDA	42	"
ALTURA DE CADERA	24	"
CONTORNO DE CADERA	48	"
ALTURA DE AXILA	20	"
ALTURA HOMBRO ESPALDA	37	"
ALTURA ESCOTE ESPALDA	40	"
ANCHO DE ENTRE HOMBROS DE ATRÁS	18 ½	"
ANCHO DE HOMBRO	11 ½	"
ESCOTE	7 ½	"
MEDIDA DESDE NO POSEE	0	"
MEDIDA A LOS	6	"
MEDIDA HASTA	9	"
ALTURA DE ENTRE HOMBRO	¼	"
ANCHO ESPALDA	17	"

PASO A PASO CON LA REALIZACION DEL TRAZADO
PARTE TRASERA

Formar un rectángulo con la medida Contorno de Busto, menos la Medida de Costado y la 1ra. Separación de Busto, ejemplo: 44 − [12+10] = 22cms. a ésta medida agregarle 2 cm. o a gusto, ejemplo: 24 cm. por el Largo Talle Espalda, ejemplo:42 cm. = **A-B-C-D**.

Desde **C** y **D**, prolongar las líneas, aplicando la Altura de Cadera, ejemplo:24 cm.=**E** y **F**. Unir dichos puntos.

Desde **F**, prolongar la línea, aplicando la mitad de la diferencia entre Busto y Cadera, ejemplo: 2 cm.= **G**.

Desde **D** y **C**, colocar hacia arriba la Altura de Axila, menos 3 cm. o a gusto, ejemplo:17cms. = **H** e **I**. Unir **H- I**. Unir **H-G**.

Desde **D**, aplicar hacia arriba, la Altura Hombro Espalda, ejemplo: 37 cm.=**J**. Medir la distancia entre **J-A**, ejemplo: 5 cm. . NOTA: Cuando la distancia entre **J-A**, es hasta 5 cm. desde **J**, escuadrar hacia dentro unos 10 cm.; Si en cambio fuere superior a los 5 cm., deberá proceder como el trazado de la página 300.

B-K = diferencia entre el Largo Talle Espalda y la Altura Escote Espalda, ejemplo: 2 cm. .

Desde **K**, colocar en diagonal sobre la horizontal del punto **J**, la medida Ancho de Entre Hombros de Atrás más 1 cm. o a gusto, ejemplo:19 ½ cm. = **L**.

Desde **L**, colocar en diagonal sobre la raya **A-B**, el Ancho de Hombro más 1cm.,ejemplo:12½ cm. = **LL**. Unir **LL-K**, con línea discontinua, a continuación, formar el escote uniendo **K-LL**, como lo indica el trazado.

Desde **LL**, aplicar hacia **K** la medida del Escote, ejemplo: 7 ½ cm. = **M**. NOTA: El espacio **M-K**, se utilizará para hacer una pinza en el medio del Escote.

Marcar el centro de los puntos **K-LL** = **N**.

Desde **N**, escuadrar (apoyando la escuadra sobre **N-LL**) aplicando la mitad de la distancia entre **K-I** = **O**. NOTA: Cuando la distancia entre **M-K**, es inferior a 2 cm., es conveniente acortar la pinza unos 2 ½ cm.= **P**.

Desde **N**, colocar hacia ambos lados la mitad de la distancia entre **M-K** = **Q-R**.

Unir **P-Q** y **P-R**, con ligera forma.

Desde **LL**, aplicar hacia **L**, las medidas A Los y Hasta, ejemplo:6 y 9 cm.= **S** y **T**.

S-U = Altura de Entre Hombro, ejemplo: ¼ cm. .

Formar el Hombro, uniendo **LL-U-T**.

Desde **I**, aplicar hacia dentro, la medida Ancho Espalda, más 1 cm., ejemplo: 18 cm. = **V**.

Desde **V**, escuadrar hacia arriba, hasta la línea del punto **J** = **W**.

Marcar el centro de **V-W** = **X**.

Formar la sisa uniendo **H-X-L**, como lo indica el trazado.

El punto **Y**, se forma al prolongar la línea de cintura.

B-Z = **K-M**.

NOTA: Cuando se aplica el Ancho de Entre Hombros más 1cm., se debe de colocar también Ancho de Hombro más 1 cm., así como también en el Ancho Espalda.

DETALLES DE COSTURA

PUNTO ZIG ZAG

Se comienza de izquierda a derecha. Se saca la aguja de adentro hacia fuera y se pasa a la otra parte por dentro, para luego pasar a la parte opuesta de la misma manera, y así sucesivamente. Se usa para unir dos telas.

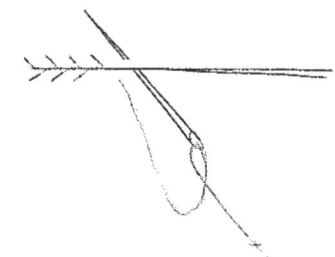

SACO RECTO
PARTE DELANTERA

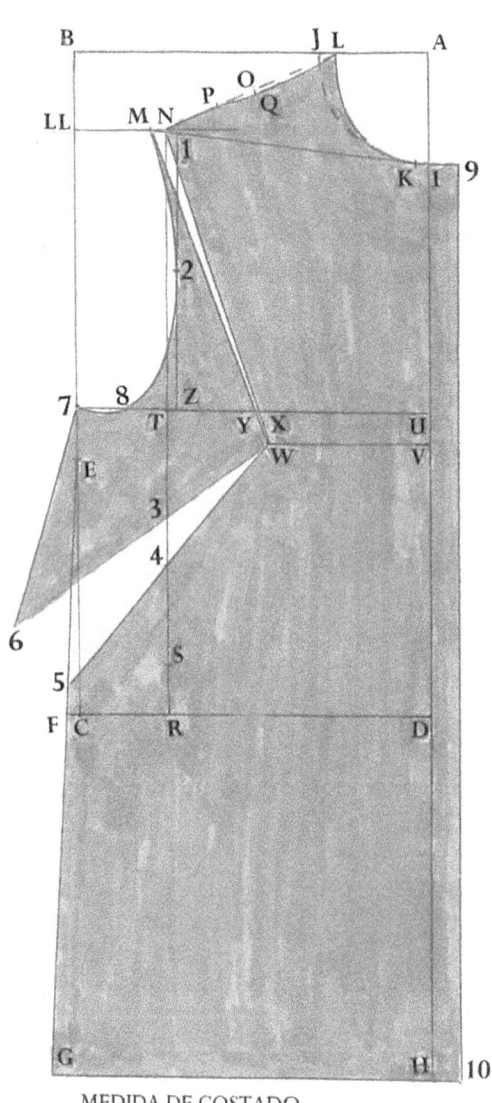

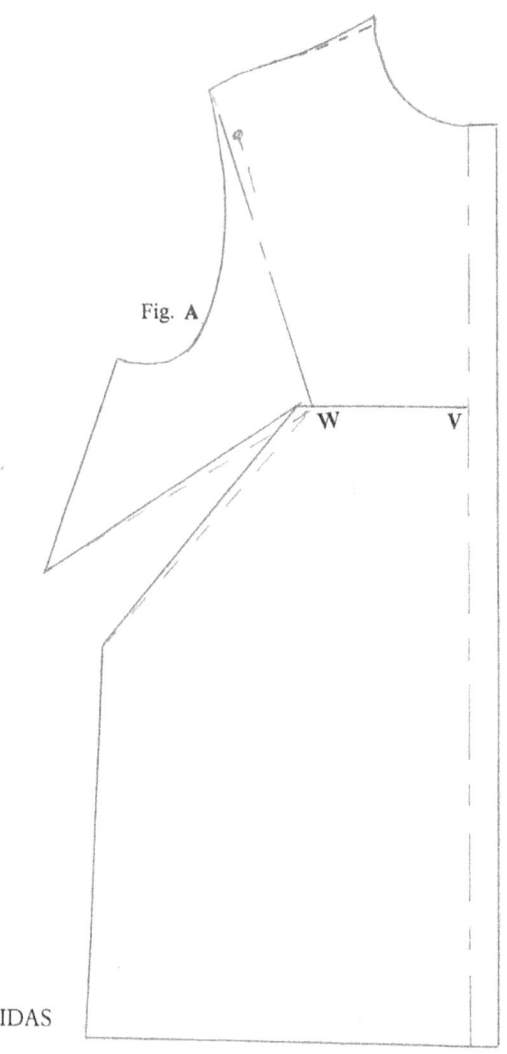

Fig. A

MEDIDAS REQUERIDAS

MEDIDA DE COSTADO	12	CM.
1RA. SEPARACION DE BUSTO	10	"
LARGO TALLE DE ADELANTE	44	"
ALTURA DE AXILA	20	"
MEDIDA D-Y PARTE TRASERA	1	"
ALTURA DE CADERA	24	"
CONTORNO DE CADERA	48	"
ALTURA ESCOTE DE ADELANTE	36 ½	"
MEDIDA Z-LL PARTE TRASERA	7 ¼	"
ALREDEDOR DEL ESCOTE	18 ¼	"
MEDIDA A-J PARTE TRASERA	5	"
ANCHO DE ENTRE HOMBROS DE ADELANTE	18	"
ANCHO DE HOMBRO	11 ½	"
MEDIDA DESDE............................(NO POSEE)	0	"
MEDIDA A LOS	6	"
MEDIDA HASTA	9	"
ALTURA DE ENTRE HOMBRO	1/4	"
ALTURA HOMBRO DE ADELANTE	35 ½	"
ALTURA DE BUSTO	26	"
ANCHO DE PECHO	16	"
2DA. SEPARACION DE BUSTO	11 ½	"

PASO A PASO CON LA REALIZACION DEL TRAZADO
PARTE DELANTERA

Trazar un rectángulo con la suma de Medida de Costado, y la 1ra. Separación de Busto, más 2 cm. o a gusto, ejemplo:12 +10 +2 = 24 cm. por el Largo Talle de Adelante, ejemplo: 44 cm = **A-B-C-D**.

Desde **C**, poner hacia arriba la Altura de Axila menos 3 cm. o a gusto, ejemplo: 17 cm. = **E**.

Desde **C**, aplicar hacia fuera la medida **D-Y** de la trasera, ejemplo: 1 cm. = **F**. Unir **F-E**.

Desde **F** y **D**, prolongar las líneas aplicando la Altura de Cadera, ejemplo: 24 cm. = **G** y **H**. Unir **G-H**.

Desde **D**, colocar hacia arriba la Altura Escote de Adelante, ejemplo: 36 ½ cm. = **I**.

A-J = **Z-LL**, de la trasera, ejemplo: 7 ¼ cm. .Unir **J-I**, con línea discontinúa y en forma circular.

Desde **J**, aplicar hacia **I**, la medida que falta para completar Alrededor del Escote, ejemplo: 18 ¼ - 7 ½ = 10 ¾ cm.= **K**. NOTA: **K** podría coincidir **I**, nunca superarlo. Si el espacio **K-I**, superase 1 cm. quiere decir que el Largo Talle de Adelante, es largo, ésa diferencia se aplicará desde **L** hacia abajo y se unirá con **N**, indicado con línea discontinua, en la Fig. **A**.

J-L = **K-I**. Unir **L-I**, formando el escote.

Desde **B**, aplicar hacia abajo la medida **A-J** de la trasera, ejemplo: 5 cm. = **LL**. Desde **LL**, escuadrar unos 12 cm. hacia dentro.

Desde **I**, aplicar sobre la horizontal **LL**, la medida Ancho de Entre Hombros de Adelante más 1 cm.o a gusto, ejemplo: 19 cm. = **M**.

Desde **L**, aplicar sobre la horizontal del punto **LL**, el Ancho de Hombro más 1 cm. o a gusto, ejemplo: 12 ½ cm. = **N**.

Desde **L**, aplicar hacia **N**, las medidas A Los y Hasta, ejemplo: 6 y 9 cm. = **O** y **P**.

O-Q = Altura de Entre Hombro, ejemplo: 1/ 4 cm. .

Unir **L-Q-P**, con la forma, como lo indica el trazado.

Desde **C**, colocar hacia dentro la medida **LL-N** = **R**. Unir **R-N**.

Desde **N**, ubicar hacia **R**, la Altura Hombro de Adelante, ejemplo: 35 ½ cm. = **S**.

Desde **S**, colocar hacia arriba la medida **C-E** = **T**.

Desde **T**, escuadrar hasta la vertical **A-D** = **U**.

Desde **A**, aplicar hacia abajo la Altura de Busto, ejemplo: 26 cm. = **V**.

Desde **V**, escuadrar hacia dentro, aplicando la 1ra. Separación de Busto más 1cm. o a gusto, ejemplo: 11 cm. = **W**. Unir **W- N** y **W-M**. Los puntos **X-Y**, se forman al cruzarse las líneas.

Desde **U**, aplicar hacia dentro el Ancho de Pecho más 1 cm. o a gusto, más el espacio entre **X-Y**, ejemplo: 17 ¼ cm. aproximadamente = **Z**.

Desde **Z**, escuadrar hacia arriba, hasta la línea **LL** = **1**. Marcar el centro de **1-Z** = **2**.

Desde **T**, aplicar hacia abajo 5 cm. más la diferencia entre **U-V** = **3**. **3-4** = **S-R**.

Unir **W-4**, luego prolongar la línea hasta el costado = **5**.

Desde **W**, aplicar pasando por **3**, la medida **W-5** = **6**.

Desde **6**, colocar en diagonal sobre la vertical **B-C**, la medida **5-E** = **7**. Unir **7-Z**.

8 = mitad de **7-Z**.

Formar la sisa, uniendo **7-8-2-M**, como lo indica el trazado.

Desde **I** y **H**, aplicar 2 cm. o a gusto (para cruce) = **9** y **10**. Unir dichos puntos.

Cerrar la pinza **M-N-W**, y abrir la **5-W-6**.

IMPORTANTE: Si Usted deseare utilizar la pinza de costado, deberá usar la 2da. Separación de Busto luego, formar la nueva pinza, y arreglar la Altura de Axila y la sisa, en caso de ser necesario Fig. **A**.

MUY IMPORTANTE: Si Usted, quiere trasladar la pinza en el hombro o en el escote, entonces, no será necesario usar la 2da. Separación de busto.

SACO SEMI ENTALLADO
PARTE TRASERA

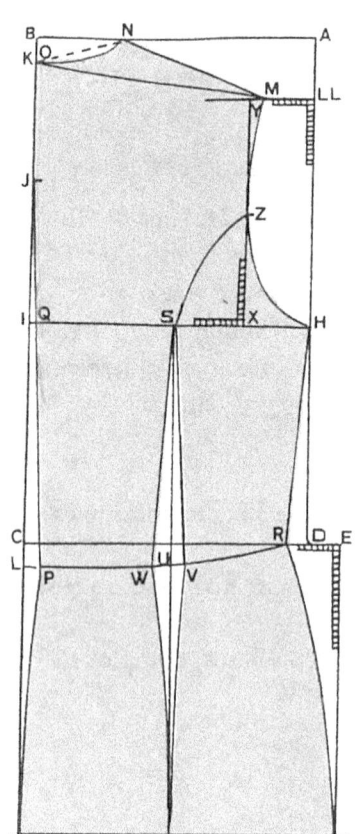

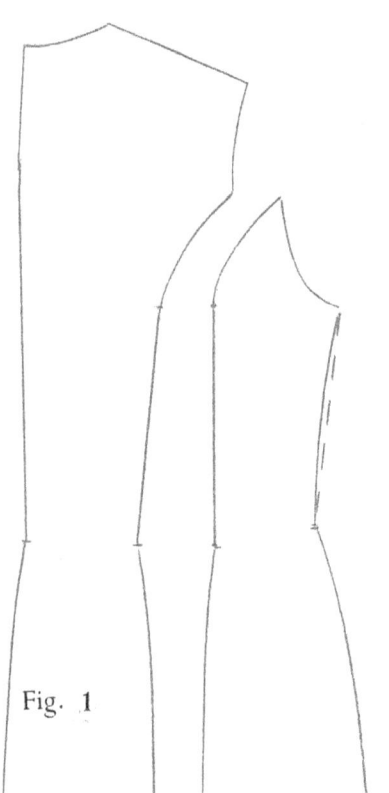

fig. 2

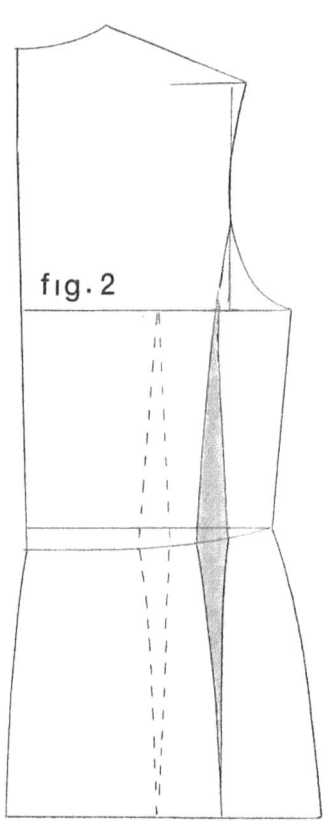

Fig. 1

Fig. 3

MEDIDAS NECESARIAS

CONTORNO DE BUSTO	46	CM.
MEDIDA DE COSTADO	15	"
1RA. SEPARACIÓN DE BUSTO	9	"
LARGO TALLE ESPALDA	42	"
CONTORNO DE CADERA	50	"
ALTURA DE CADERA	24	"
ALTURA DE AXILA	20	"
ALTURA ESCOTE ESPALDA	40	"
ALTURA ESCOTE ESPALDA PASANDO	42	"
ALTURA HOMBRO ESPALDA	37	"
ANCHO DE ENTRE HOMBROS DE ATRÁS	18 ½	"
ANCHO DE HOMBRO	12	"
ESCOTE	7 ½	"
CONTORNO DE CINTURA	30	"
ANCHO ESPALDA	17	"
MEDIDA DESDE, NO POSEE	0	"
MEDIDA A LOS, NO POSEE	0	"
MEDIDA HASTA, NO POSEE	0	"
ALTURA DE ENTRE HOMBRO, NO POSEE	0	"

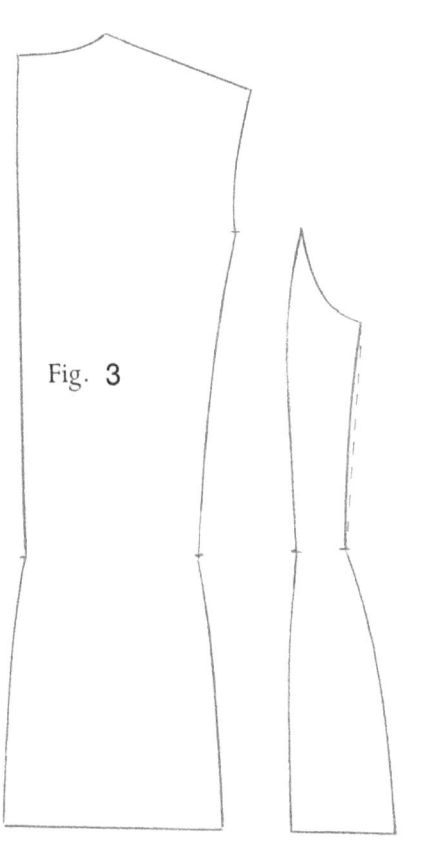

PASO A PASO CON LA REALIZACION DEL TRAZADO
PARTE TRASERA

IMPORTANTE: Si la persona a la que Usted le va a hacer el molde, careciere de la medida Altura Escote Espalda Pasando, entonces la línea de cintura, será en forma horizontal.

Trazar un rectángulo con la medida Contorno de Busto, menos la Medida de Costado y la 1ra. Separación de Busto, ejemplo: 46 − [15 + 9] = 22 cm. a ésta medida agregarle 1 ½ cm. o a gusto, por el Largo Talle Espalda, ejemplo: 42 cm. = **A-B-C-D.**

D-E = mitad de la diferencia entre Busto y Cadera, ejemplo: 2 cm. .

Desde **E** y **C**, escuadrar y prolongar la línea, aplicando la Altura de Cadera, ejemplo: 24 cm. = **F** y **G.** Unir dichos puntos.

Desde **D** y **C**, colocar hacia arriba, la Altura de Axila, menos 2 cm. o a gusto, ejemplo:18 cm = **H-I.**Unir**H-I.** Marcar el centro de **I-B** = **J.**

Desde **C**, colocar hacia arriba, la Altura Escote Espalda, ejemplo: 40 cm. = **K.**

Desde **K**, ubicar hacia abajo la Altura Escote Espalda Pasando, ejemplo: 42 cm. = **L.**

Desde **D**, aplicar hacia arriba la Altura Hombro Espalda, ejemplo:37 cm = **LL.** Medir la distancia entre **LL-A** ejemplo: 5 cm.. IMPORTANTE: Cuando la distancia entre **A-LL**, es hasta 5 cm., desde **LL** escuadrar hacia dentro unos 12 cm.; Si por el contrario, fuese mayor de 5 cm., entonces deberá proceder como el trazado de la página 310.

Desde **K**, ubicar en diagonal sobre la horizontal **LL**, el Ancho de Entre Hombros de Atrás más 1 cm.o a gusto, ejemplo: 19 ½ cm.= **M.**

Desde **M**, colocar sobre la horizontal **A-B**, el Ancho de Hombro más 1 cm. o a gusto, ejemplo: 13 cm. = **N.** Unir **N-K**, con línea recta discontínua.

Desde **N**, aplicar hacia **K**, la medida del Escote, ejemplo: 7 ½ cm. = **O**, que coincide con **K**. IMPORTANTE: **O** puede coincidir con **K**, nunca pasarlo. Si en cambio, hubiere espacio entre **O-K**, ése espacio, se utilizará para hacer una pinza en el medio del escote, o bien se podría eliminar uniendo **O** con **J.**

Diferencia entre Busto y Cintura = 16 cm.. IMPORTANTE: Para entallar la prenda, se utilizarán la mitad de ésos 16 cm., o sea 8 cm. . 4 cm. para la delantera y 4 cm. para la trasera.

Desde **L**, escuadrar hacia dentro, colocando 1/4 parte de los 4 cm., ejemplo: 1 cm. = **P.** Quedan 3 cm. para entalles.

Unir **G-P-J**, como lo indica el trazado. **Q**, se forma al cruzarse las líneas.

Desde **D**, colocar hacia dentro la mitad de los 3 cm. = **R.** Unir **R-P** con ligera forma.

Unir **F-R-H.** (**R-H**, puede ser con ligera forma). Quedan 1 ½ cm..

Marcar el centro de los puntos **H-I** = **S.**

Desde **G**, colocar hacia dentro la medida **I-S** = **T.** Unir **T-S. U**, se forma al cruzarse las líneas.

Desde **U**, poner hacia ambos lados la mitad del 1 ½ cm. restante = **V** y **W.**

Unir **T-V-S** y **T-W-S.**

Desde **Q**, aplicar hacia dentro el Ancho Espalda, más 1 cm. o a gusto, ejemplo: 18 cm. = **X.**

Desde **X**, escuadrar hacia arriba, hasta la línea **LL** = **Y.** Marcar el centro de **Y-X** = **Z.**

Formar la sisa uniendo **H-Z-M.**

Unir **S-Z**, luego cortar por dicha línea y la pinza, de ese modo el molde se dividirá en dos partes. Fig.1.

NOTA: Si desea modernizar el saco, traslade la pinza hacia el costado, como lo indica el trazado. Fig. 2.

Separar las partes. Fig. 3.

NOTA: En éste molde, no se aplicaron las medidas Desde, A Los, Hasta, y la Hendidura del hombro, porqué la persona a la que pertenece éste molde, carece de dichas medidas; Pero si la persona a la que Usted le va a hacer el molde las tuviere, entonces deberá de aplicarlas en el trazado.

NOTA: Si lo desea, puede acortar el saco.

NOTA: O a gusto significa que en vez de agregarle 1 ½ cm. al ancho del molde, puede poner 0,75 cm. y, si le agrega 0,75 cm., entonces al Ancho Espalda, debe de agregar ¼ de cm. así como al Ancho de Entre Hombros, y, al Hombro ¼ cm..

SACO SEMI ENTALLADO
PARTE DELANTERA

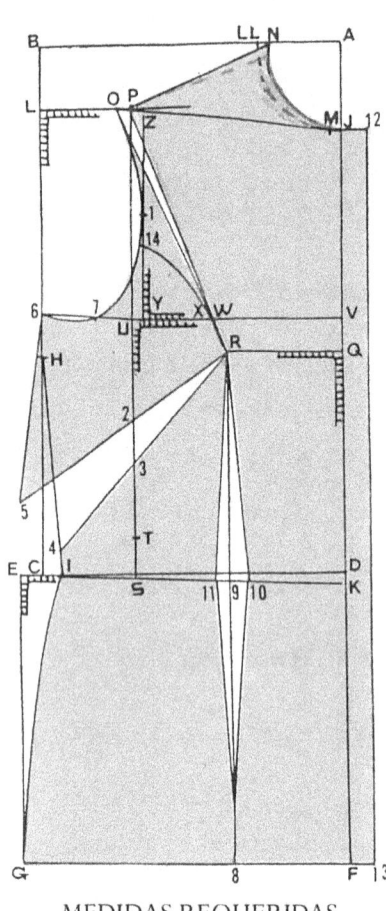

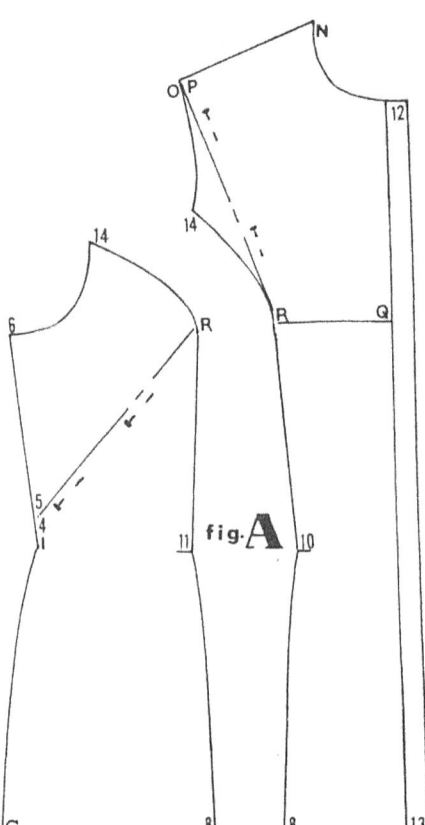

fig.A

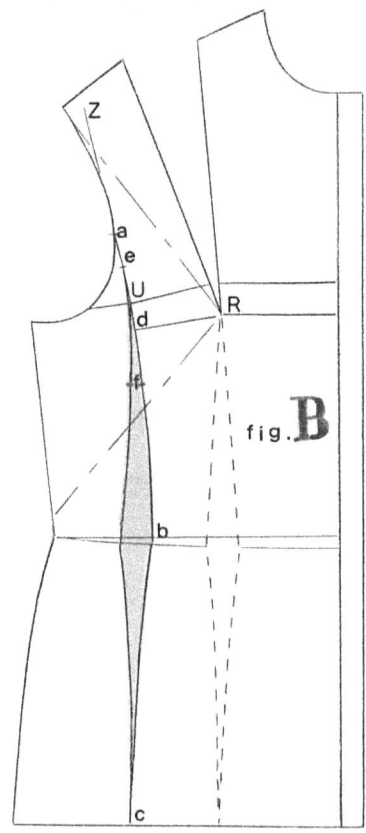

fig.B

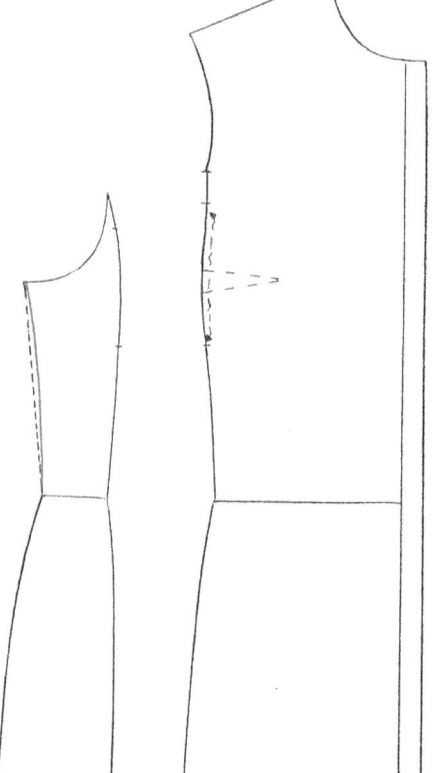

MEDIDAS REQUERIDAS

MEDIDA DE COSTADO	15	CM.
1RA. SEPARACIÓN DE BUSTO.........................	9	"
LARGO TALLE DE ADELANTE........................	44	"
CONTORNO DE BUSTO...............................	46	"
CONTORNO DE CADERA.............................	50	"
ALTURA DE CADERA.................................	24	"
ALTURA DE AXILA...................................	20	"
MEDIDA D – R DE LA TRASERA.....................	1 ½	"
ALTURA ESCOTE DE ADELANTE....................	36 ½	"
ALTURA ESCOTE DE ADELANTE PASANDO.........	37 ½	"
MEDIDA A – LL DE LA TRASERA.....................	5	"
MEDIDA N – B DE LA TRASERA......................	7 ¼	"
ALREDEDOR DEL ESCOTE...........................	18 ¼	"
ANCHO DE ENTRE HOMBROS DE ADELANTE......	18	"
ANCHO DE HOMBRO.................................	12	"
ALTURA DE BUSTO...................................	25 ½	"
ALTURA HOMBRO DELANTERO......................	35 ½	"
ANCHO DE PECHO....................................	16	"
MEDIDA DESDE, NO POSEE..........................	0	"
MEDIDA A LOS, NO POSEE...........................	0	"
MEDIDA HASTA, NO POSEE..........................	0	"
ALTURA DE ENTRE HOMBRO, NO POSEE..........	0	"

PASO A PASO CON LA REALIZACION DEL TRAZADO
PARTE DELANTERA

IMPORTANTE: Si la persona a la que Usted le va a hacer el molde no tuviere la Altura Escote de Adelante Pasando, entonces la línea de cintura, será recta.

Trazar un rectángulo con la suma de la Medida de Costado y la 1ra. Separación de Busto más 1 ½ cm. o a gusto, ejemplo:15+9+1 ½ = 25 ½ cm., por el Largo Talle de Adelante, ejemplo: 44 cm. = A-B-C-D.

C-E = mitad de la diferencia entre Busto y Cadera, ejemplo: 2 cm. .

Desde D y E, prolongar y escuadrar, aplicando la Altura de Cadera, ejemplo: 24 cm. = F-G. Unir dichos puntos.

Desde C, aplicar hacia arriba la Altura de Axila, menos 2 cm., ejemplo: 18 cm. = H.

C-I = D-R, de la trasera, ejemplo 1 ½ cm.. IMPORTANTE: Había 4 cm. para entalles, ahora quedan 2 ½ cm..

Unir G-I-H. (I-H, puede ser con forma).

Desde D, colocar hacia arriba, la Altura Escote de Adelante, ejemplo: 36 ½ cm. = J.

D-K = diferencia entre la Altura Escote de Adelante, y la Altura Escote de Adelante Pasando, ejemplo:1 cm. .Unir K-I, con ligera forma.

B-L = a la distancia A-LL de la trasera, ejemplo: 5 cm.. Desde L, escuadrar unos 12 cm. hacia dentro.

A-LL = a la medida N-B de la trasera, ejemplo: 7 ¼ cm.. Unir LL-J, en forma circular, y con línea discontínua.

Desde LL, colocar hacia J, la medida que falta para completar Alrededor del escote, ejemplo: 10 ¾ cm = M. NOTA: M, puede coincidir con J, nunca pasarlo. IMPORTANTE: Si la distancia entre M-J, fuere superior a 1 cm., es porqué el Largo Talle de Adelante, está tomado largo. Esa diferencia, se aplicará de N, hacia abajo, y se unirá con P, indicado con línea discontinua,

LL-N = M-J. Unir N-J, formando el escote.

Desde J, colocar sobre la línea L, el Ancho de Entre Hombros de Adelante más 1 cm. o a gusto, ejemplo: 19 cm.=O.

Desde N, aplicar sobre la línea L, el Ancho de Hombro más 1 cm. o a gusto, ejemplo: 13 cm. = P. P y O, podrían coincidir, nunca P pasar O.

Desde A, aplicar hacia abajo, la Altura de Busto, ejemplo: 25 ½ cm. = Q.

Desde Q, escuadrar colocando la 1ra. Separación de Busto más 3 /4 de cm. o a gusto, ejemplo: 9 ¾cms.=R. Unir R-P y R-O.

Desde C, ubicar hacia dentro la distancia L-P = S. Unir S-P.

Desde P, colocar hacia abajo la Altura Hombro de Adelante, ejemplo: 35 ½ cm. = T.

T-U = C-H. Desde U, escuadrar hasta la línea central delantera = V. W y X, se forman al cruzarse las líneas.

V-Y = Ancho Pecho más ¾ de cm. más la diferencia W-X, ejemplo: 17 cm. aproximadamente.

Desde Y, escuadrar hasta la línea L = Z. Marcar el centro de Y-Z = 1.

Desde U, colocar hacia abajo 5 cm. más la diferencia V-Q = 2. 2-3 = T-S.

Unir R-3, luego prolongar la línea hasta el costado = 4.

Desde R, aplicar pasando por 2 la medida R-4 = 5.

Desde 5, poner en diagonal sobre la vertical B-C, la distancia 4-H = 6. Unir 6-Y. Marcar el centro de 6-Y = 7. Formar la sisa uniendo 6-7-1-O.

F-8 = Q-R. Unir 8-R. 9, se forma al cruzarse las líneas.

Desde 9, aplicar hacia ambos lados la mitad de los 2 ½ cm. que quedaron para entalle = 10-11.

Unir 8-10-R y 8-11-R.

Desde J y F, colocar el cruce, ejemplo: 2 cm. o a gusto = 12 y 13. Unir dichos puntos.

El punto 14, es a gusto. Unir 14-R, con forma, luego separar el molde por: 14-R-10-11-8,después cerrar las pinzas O-P-R y 4-R-5. Suavizar la línea en el punto R del lateral. Fig. A.

Fig. B: a = 1/3 de U-Z. Desde a, trazar una línea casi paralela al costado hasta el ruedo = b y c.

Trasladar la pinza en el medio del hombro, y la pinza de líneas discontínuas, como lo indica el trazado.

Desde R, trazar una via, hasta la nueva línea de entalle =d. d-e y d-f = a unos 5 cm. .

Cortar desde a hasta c, vaciando la pinza(parte sombreada).Cortar desde d hasta R. El espacio que deja la pinza abierta, deberá embeberse.(claro que todo depende de la tela que Usted va a usar).pasando dos bastillas, luego reducirlo a la medida anterior. Planchar dándole la forma del busto, y sin dejar flojedad alguna visible.

NOTA: O a gusto significa que en vez de agregarle 1 ½ cm. al ancho del molde, le puede poner 0,75 cm., y si le agrega 0,75 cm. entonces al Ancho Pecho, agregue ¼ de cm., así como al Ancho de Entre Hombros, y, al Hombro ¼ de cm..

SACO SEMI ENTALLADO # 2
PARTE TRASERA

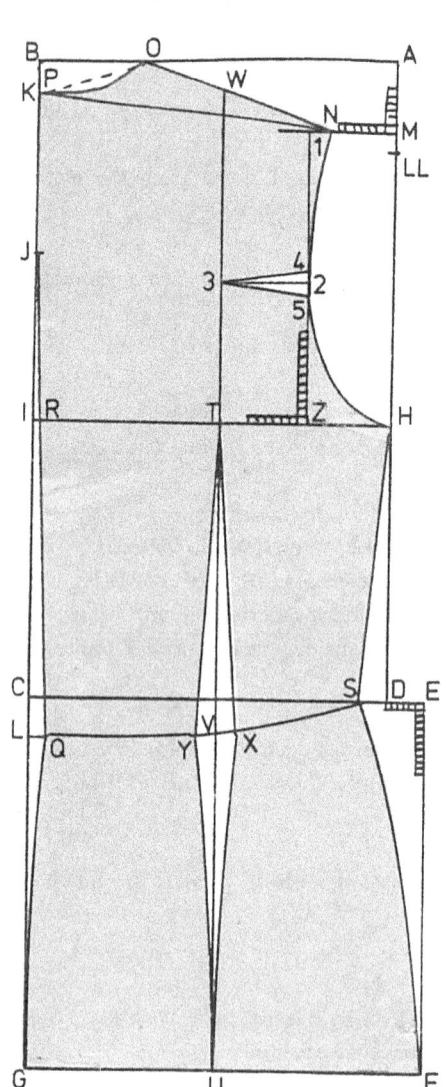

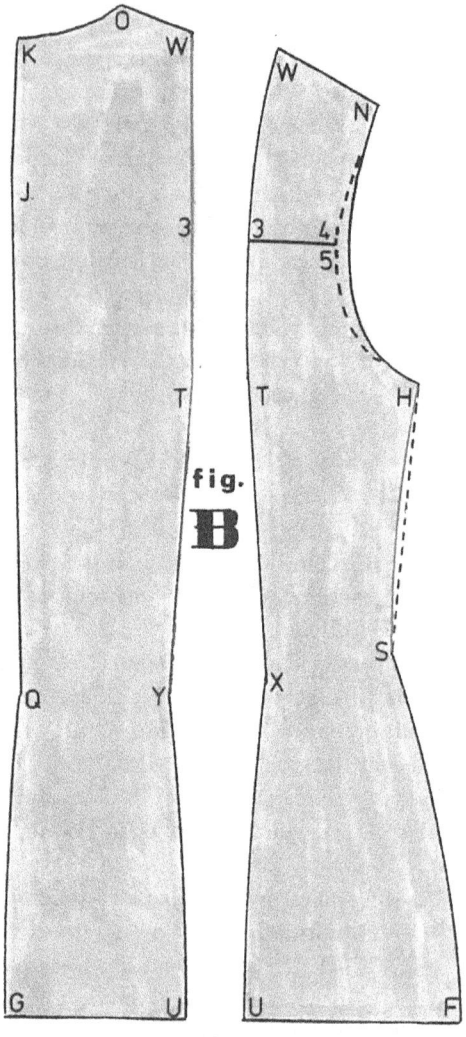

fig. B

MEDIDAS NECESARIAS

CONTORNO DE BUSTO	46	CM.
MEDIDA DE COSTADO	15	"
1RA. SEPARACIÓN DE BUSTO	9	"
LARGO TALLE ESPALDA	42	"
CONTORNO DE CADERA	50	"
ALTURA DE CADERA	24	"
ALTURA DE AXILA	20	"
ALTURA ESCOTE ESPALDA	40	"
ALTURA ESCOTE ESPALDA PASANDO	42	"
ALTURA HOMBRO ESPALDA	35 ½	"
ALTURA ESCOTE ESPALDA	40	"
ANCHO DE ENTRE HOMBROS DE ATRÁS	18 ½	"
ANCHO DE HOMBRO	12	"
ESCOTE	7 ½	"
CINTURA	30	"
ANCHO ESPALDA	17	"
MEDIDA DESDE	0	"
MEDIDA A LOS	0	"
MEDIDA HASTA	0	"
ALTURA DE ENTRE HOMBRO	0	"

PASO A PASO CON LA REALIZACION DEL TRAZADO
PARTE TRASERA

IMPORTANTE: Si la persona a la que Usted le va a hacer el molde, no tuviere la medida Altura Escote Espalda Pasando, entonces la línea de cintura, será en línea recta.

Formar un rectángulo con la medida Contorno de Busto, menos la Medida de Costado y la 1ra.Separación de Busto, ejemplo: 46 – [15 + 9] = 22cms., a ésta medida agregarle 1 ½ cm. o a gusto por el Largo Talle Espalda, ejemplo: 42 cm. =**A-B-C-D**.

D-E = mitad de la diferencia entre Busto y Cadera,ejemplo:2cms..

Desde **E** y **C**, escuadrar y alargar la línea, aplicando la Altura de Cadera, ejemplo: 24 cm = **F-G**. Unir **F-G**.

Desde **D** y **C**, aplicar hacia arriba, la Altura de Axila menos 2 cm. o a gusto, ejemplo:18 cm. = **H-I**. Unir dichos puntos.

Marcar el centro de los puntos **B-I** = **J**.

Desde **C**, colocar hacia arriba, la Altura Escote Espalda, ejemplo: 40 cm. = **K**.

C-L = diferencia entre la Altura Escote Espalda y la Altura Escote Espalda Pasando, ejemplo: 2 cm. .

Desde **D**, colocar hacia arriba la Altura Hombro Espalda, ejemplo: 35 ½ cm. = **LL**. Medir la distancia entre **LL-A** , ejemplo: 6 ½ cm.. IMPORTANTE: Cuando la distancia entre **LL - A**, es hasta 6 ½ cm., desde **A**, aplicar hacia abajo 5 cm. = **M**, y desde **M**, escuadrar hacia dentro unos 12 cm ; Si en cambio la distancia **LL-A**, fuere superior a los 6 ½ cm., entonces desde **LL** colocar hacia arriba 1 ½ cm. = **M**, y desde **M**, escuadrar hacia dentro unos 12 cm..

Desde **K**, ubicar en diagonal sobre la raya **M**, el Ancho de Entre Hombros de Atrás, más 1 cm. o a gusto, ejemplo: 19 ½ cm. = **N**.

Desde **N**, colocar en diagonal sobre la horizontal **A-B** la medida Ancho de Hombro, más 1 cm. o a gusto ejemplo:13 cm. = **O**. Unir **O-K**, con línea discontinua.

Desde **O**, aplicar hacia **K**, el Escote, ejemplo: 7 ½ cm. = **P**. **P**, coincide con **K**.IMPORTANTE:**P**, puede coincidir con **K**, nunca superarlo. Si hubiere algún espacio entre **P** y **K**, ése espacio, se utilizaría para hacer una pinza en el medio del escote, o bien se podría eliminar, uniendo **P-J**, con ligera forma. Formar el escote.

Diferencia entre Busto y Cintura, ejemplo: 16 cm.. IMPORTANTE: Para entallar la prenda, se utilizarán la mitad de ésos 16 cm. , o sea 8 cm.. 4 cm. se utilizarán para la trasera y 4 cm. para la delantera **L-Q** = 1 /4 parte de los 4 cm. para entalles, ejemplo: 1 cm.. Ahora quedan 3 cm. para entalles. Unir **G-Q-J**, como lo indica el trazado. **R**, se forma al cruzarse las rayas. Suavizar la línea en el punto **J**.

Desde **D**, colocar hacia dentro, la mitad de los 3 cm. que quedaron para entalles, ejemplo: 1 ½ cm. = **S**. Unir **F-S-H**, como lo indica el trazado. Unir **S-Q**, con ligera forma.

Marcar el centro de **I-H** = **T**.

G-U = **I-T**. Unir **U-T**. **V**, se forma al cruzarse las rayas, luego prolongar la línea hasta el hombro = **W**.

Desde **V**, colocar hacia ambos lados la mitad del 1 ½ cm. que quedó = **X-Y**.

Unir **U-X-T** y **U-Y-T**, como lo indica el trazado.

Desde **R**, aplicar hacia dentro el Ancho Espalda, más 1cm. o a gusto , ejemplo: 18 cm. = **Z**.

Desde **Z**, escuadrar hacia arriba, hasta la horizontal **M= 1**. Marcar el centro de **1-Z = 2**.

Desde **2**, escuadrar hacia dentro, hasta la línea **T-W = 3**.

Desde **2**, aplicar hacia ambos lados la mitad de **LL-M= 4—5**. Unir **4-3** y **5-3**.

Formar la sisa (provisoriamente) uniendo **H-2-N**.

Cortar por la línea **W-3-T-Y-U** y por **T-X-U**.

Cerrar la pinza **3-4-5**, luego suavizar la línea en el punto **T** y **3**, también suavizar la sisa, como lo indica el trazado.

IMPORTANTE: Si se colocase una hombrera, y ésta tuviere el doble del alto de la pinza es decir **LL-M**, la pinza de la sisa, quedará automáticamente nula .

NOTA: O a gusto significa que en vez de agregarle 1 ½ cm. al ancho del molde, le puede poner 0,75 cm. y, si le agrega 0,75 cm. entonces al Ancho Espalda así como en el Ancho de Entre Hombros, agregue ¼ de cm. y al Hombro ¼ de cm..

SACO SEMI ENTALLADO # 2
PARTE DELANTERA

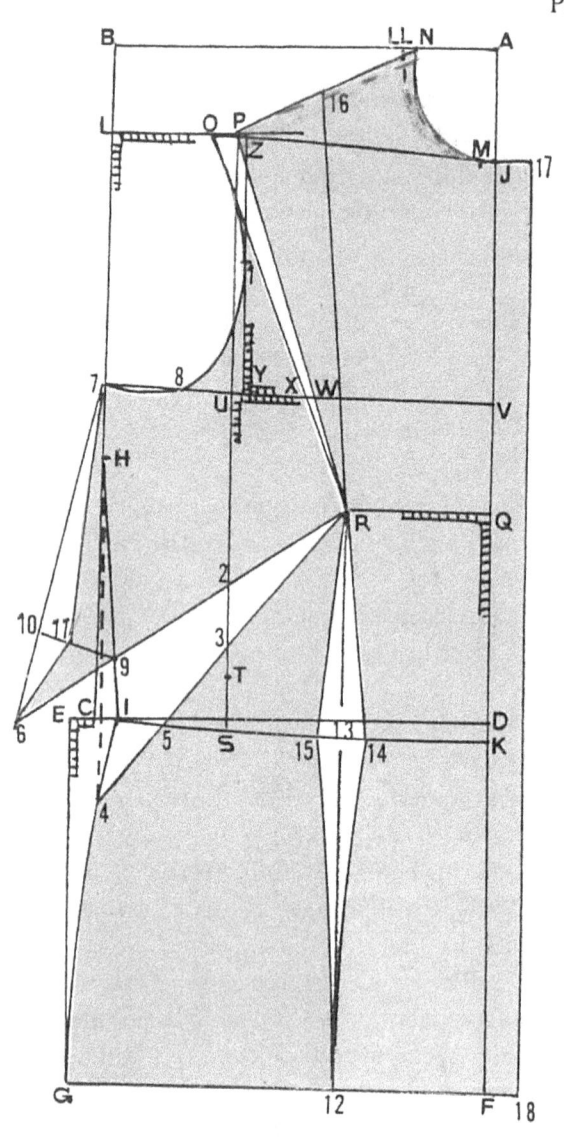

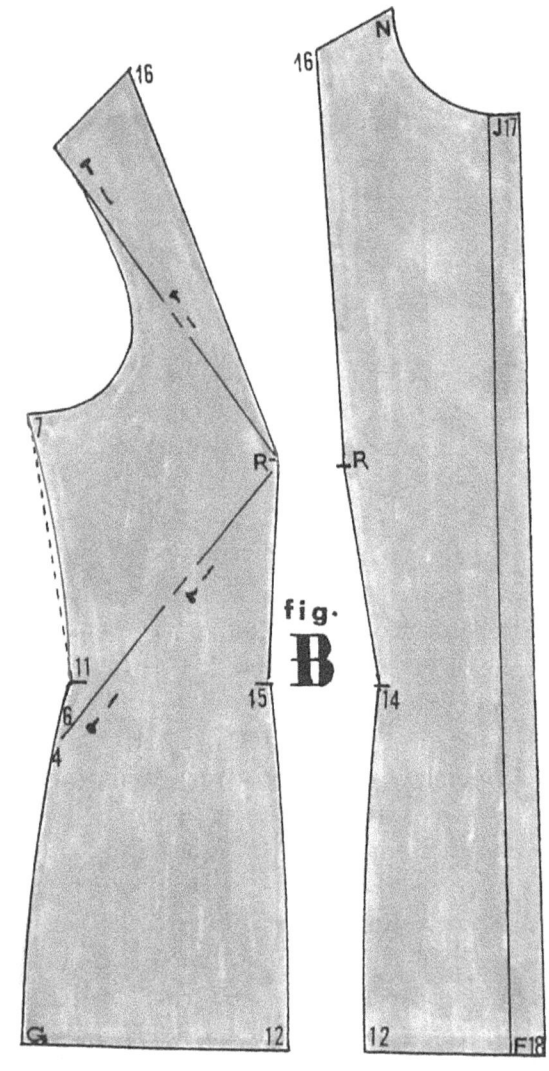

fig. **B**

MEDIDAS REQUERIDAS

MEDIDA DE COSTADO	15	CM.
1RA. SEPARACION DE BUSTO	9	"
LARGO TALLE DE ADELANTE	44	"
CONTORNO DE BUSTO	46	"
CONTORNO DE CADERA	50	"
ALTURA DE CADERA	24	"
ALTURA DE AXILA	20	"
MEDIDA D-S PARTE TRASERA	1 ½	"
ALTURA ESCOTE DE ADELANTE	36 ½	"
ALTURA ESCOTE DE ADELANTE PASANDO	37 ½	"
MEDIDA A-M PARTE TRASERA	5	"
MEDIDA O-B PARTE TRASERA	7 ¼	"
ALREDEDOR DEL ESCOTE	18 ¼	"
ANCHO DE ENTRE HOMBROS DE ADELANTE	18	"
ANCHO DE HOMBRO	12	"
ALTURA DE BUSTO	30	"
ALTURA HOMBRO DE ADELANTE	35 ½	"
ANCHO DE PECHO	16	"
MEDIDA O-W PARTE TRASERA	6	"
MEDIDA DESDE, NO POSEE	0	"
MEDIDA A LOS, NO POSEE	0	"
MEDIDA HASTA, NO POSEE	0	"
ALTURA DE ENTRE HOMBRO, NO POSEE	0	"

PASO A PASO CON LA REALIZACION DEL TRAZADO
PARTE DELANTERA

Formar un rectángulo con la suma de la Medida de Costado, y la 1ra. Separación de Busto, más 1 ½ cm, o a gusto, ejemplo: 25 ½ cm. por el Largo Talle de Adelante, ejemplo: 44 cm, = **A-B- C-D**.

C-E = mitad de la diferencia entre Busto y Cadera, ejemplo: 2 cm..

Desde **D** y **E**, prolongar y escuadrar, aplicando la Altura de Cadera, ejemplo: 24 cm. = **F** y **G**. Unir **F-G**.

Desde **C**, colocar hacia arriba la Altura de Axila, menos 2 cm. , ejemplo: 18 cm. = **H**.

C-I = **D-S** de la parte trasera, ejemplo: 1 ½ cm. .NOTA: Había 4 cm. para entalles, ahora quedan 3 cm..

Unir **G-I-H**, como lo indica el trazado.

Desde **D**, aplicar hacia arriba la Altura Escote de Adelante, ejemplo: 36 ½ cm. = **J**.

D-K = diferencia entre la Altura Escote de Adelante y la Altura Escote de Adelante Pasando,ejemplo:1cm..

Unir **K-I**, con ligera forma.

B-L = **A-M** de la parte trasera, ejemplo: 5 cm.. Desde **L**, escuadrar hacia dentro unos 12 cm..

A- LL = **O-B** de la parte trasera, ejemplo: 7 ¼ cm.. Unir **LL-J** en forma circular, con raya discontinua.

Desde **LL**, aplicar hacia **J**, la medida que falta para completar Alrededor del Escote, ejemplo: 10 ¾ cm.=**M**.

Medir la distancia entre **M-J**. Si **M-J**, superase 1 cm. quiere decir que el Largo Talle de Adelante, es largo, ésa diferencia se quitará desde **N**, hacia abajo, y ése nuevo punto se unirá con **P**, indicado con línea discontinua.

LL-N = **M-J**. Unir **N-M** formando el escote.

Desde **J**, aplicar en diagonal sobre la raya **L**, el Ancho de Entre Hombros de Adelante, más 1 cm. o a gusto, ejemplo: 19 cm. = **O**.

Desde **N**, colocar en diagonal sobre la raya **L**, el Ancho de Hombro, más 1 cm. o a gusto, ejemplo: 13 cm.=**P**. **P**, podría coincidir con **O**, nunca pasarlo; Si coincidieren, en ése caso, no habría pinza.

Desde **A**, colocar hacia abajo, la Altura de Busto, ejemplo: 30 cm. = **Q**.

Desde **Q**, escuadrar hacia dentro, colocando la 1ra. Separación de Busto, más ¾ de cm., ejemplo: 9 ¾cms.= **R**. Unir **R-O** y **R-P**.

Desde **C**, colocar hacia dentro, la distancia **L-P** = **S**. Unir **S-P**.

Desde **P**, aplicar hacia **S**, la Altura Hombro de Adelante, ejemplo: 35 ½ cm, = **T**. **T-U** =**C-H**.

Desde **U**, escuadrar hasta la vertical de adelante = **V**. Los puntos **W** y **X**, se forman al cruzarse las líneas.

Desde **V**, colocar hacia dentro, la medida Ancho de Pecho, más ¾ de cm., más la distancia **W-X**, ejemplo: 17 cm. aproximadamente = **Y**. Desde **Y**, escuadrar hacia arriba, hasta la raya **L** = **Z**.

Marcar el centro de **Z-Y** = **1**.

Desde **U**, ubicar hacia abajo 5 cm. más la distancia **V-Q** = **2**. **2-3** = **T-S**.

Unir **R-3**, luego prolongar la raya hasta el costado = **4**. El punto **5**, se forma al cruzarse las líneas.

Medir la distancia entre **4-H** .

Desde **R**, aplicar pasando por **2** la distancia **R-4** =**6**.Desde **6**, aplicar hacia arriba en diagonal sobre la línea **B** - **C** la distancia **4-H** = **7**. Unir **7-Y**, luego marcar la mitad de **7-Y** = **8**.

Formar la sisa, uniendo **7-8-1-O**, como lo indica el trazado.

Desde **6**, aplicar hacia arriba y hacia ambos lados las distancias **4-5** y **4-I** = **9** y **10**. Unir **10-9**. **9-11** = **5-I**.

Unir **6-11-7**.

Desde **F**, colocar hacia dentro la distancia **Q-R** = **12**. Unir **12-R**. **13**, se forma al cruzarse las líneas.

13-14 y **13-15** = mitad de los 2 ½ cm. que quedaron para entalles.

Unir **12-14-R** y **12-15-R**, con la forma como lo indica el trazado.

Desde **N**, aplicar hacia **P**, la distancia **O-W** de la parte trasera = **16**. Unir **16-R**.

Desde **J** y **F**, aplicar el cruce, ejemplo: 1 ½ cm. = **17** y **18**. Unir dichos puntos.

Cortar desde **16** hasta **12**. Cerrar las demás pinzas. Suavizar la línea en el punto **R** y la raya **11-7**. Fig. **B**.

NOTA: O a gusto significa que en vez de agregarle 1 ½ cm. al ancho del molde, le puede poner 0,75 cm., y si le agrega 0,75 cm. entonces al Ancho Pecho como al Ancho de Entre Hombros agregue ¼ de cm., y, al Hombro ¼ de cm..

314

TAILLEUR CLASSIQUE # 1
PARTE TRASERA

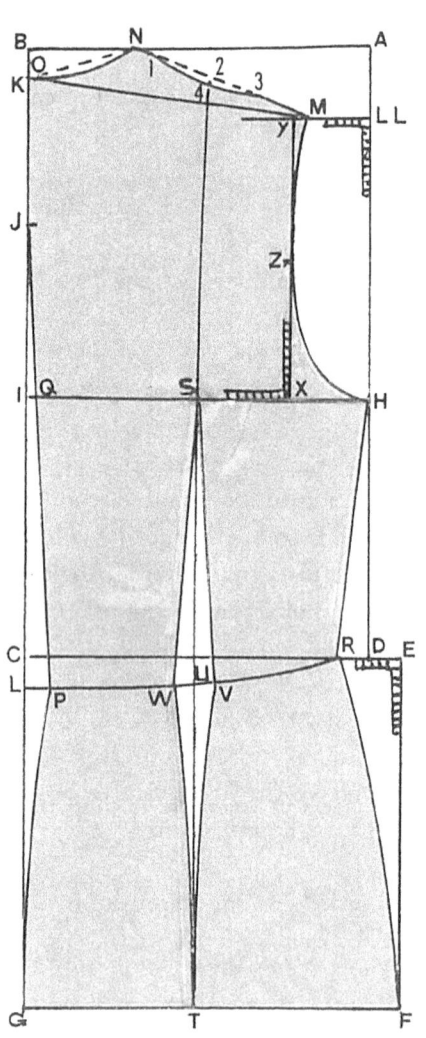

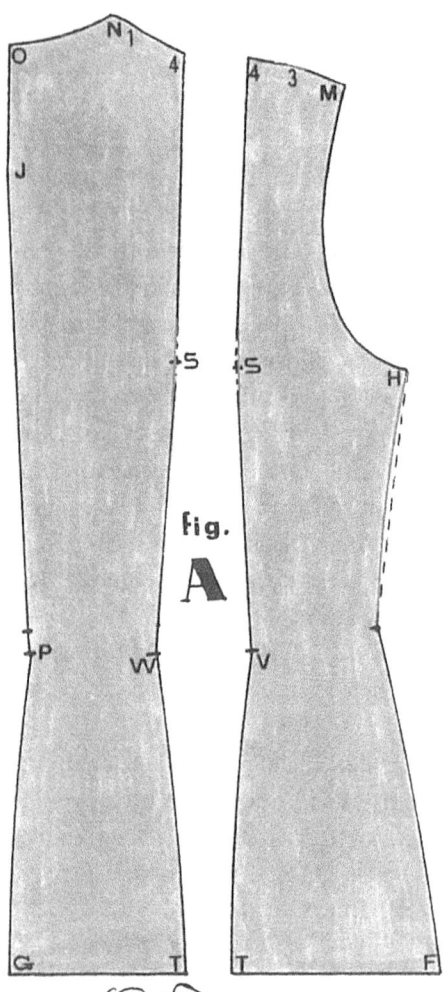

fig. **A**

MEDIDAS NECESARIAS

CONTORNO DE BUSTO	46	CM.
MEDIDA DE COSTADO	15	"
1RA. SEPARACION DE BUSTO	9	"
LARGO TALLE ESPALDA	42	"
CONTORNO DE CADERA	50	"
ALTURA DE CADERA	24	"
ALTURA DE AXILA	20	"
ALTURA ESCOTE ESPALDA	40	"
ALTURA ESCOTE ESPALDA PASANDO	42	"
ALTURA HOMBRO ESPALDA	37	"
ANCHO DE ENTRE HOMBROS DE ATRÁS	18 ½	"
ANCHO DE HOMBRO	12	"
ESCOTE	7 ½	"
CONTORNO DE CINTURA	34	"
ANCHO ESPALDA	17	"
MEDIDA DESDE	1	"
MEDIDA A LOS	6	"
MEDIDA HASTA	9	"
ALTURA DE ENTRE HOMBRO	1/2	"

PASO A PASO CON LA REALIZACION DEL TRAZADO
PARTE TRASERA

IMPORTANTE: Si la persona a la que Usted le está por hacerle el molde, no tuviere la medida Altura Escote Espalda Pasando, entonces la cintura, quedará en forma horizontal.

Formar un rectángulo con la medida Contorno de Busto, menos la Medida de Costado y la 1ra, Separación de busto, ejemplo: 46 – [15 + 9] = 22 cm., a ésta medida, agregarle 1 ½ cm. o a gusto, ejemplo: 23 ½ cm. por el Largo Talle Espalda, ejemplo: 42 cm. = **A-B-C-D**.

D-E = mitad de la diferencia entre Busto y Cadera, ejemplo: 2 cm. .

Desde **E** y **C**, escuadrar y alargar la línea , ubicando la Altura de Cadera, ejemplo: 24 cm.= **F-G**. Unir **F-G**.

Desde **D** y **C**, colocar hacia arriba, la Altura de Axila, menos 2 cm., ejemplo:18 cm.= **H-I**. Unir **H-I**.

Marcar el centro de los puntos **I-B** = **J**.

Desde **C**, poner hacia arriba, la Altura Escote Espalda, ejemplo: 40 cm. = **K**.

C-L = diferencia entre la Altura Escote Espalda y la Altura Escote Espalda Pasando, ejemplo: 2 cm..

Desde **D**, ubicar hacia arriba, la Altura Hombro Espalda, ejemplo: 37 cm. = **LL**. Medir la distancia **LL-A** = 5 cm.. IMPORTANTE: Cuando la distancia entre **LL-A**, es hasta 5 cm., desde **LL**, escuadrar hacia dentro unos 12 cm.. Si fuese superior a 5 cm., deberá proceder como el trazado de la página 318.

Desde **K**, aplicar en diagonal sobre la raya **LL**, la medida Ancho de Entre Hombro de Atrás, más 1 cm. o a gusto, ejemplo:19 ½ cm. = **M**.

Desde **M**, colocar en diagonal sobre la raya **A-B** el Ancho de Hombro, más 1 cm. o a gusto, ejemplo: 13 cm. = **N**. Unir **N-K** con línea discontinua.

Desde **N**, aplicar hacia **K**, la medida del Escote, ejemplo: 7 ½ cm. = **O**. que coincide con **K**. **O**, puede coincidir con **K**, nunca superarlo. NOTA: Si hubiere algún espacio entre **O-K**, ése espacio, se utilizaría para hacer una pinza en el medio del escote, o bien se podría eliminar uniendo **O-J**, con ligera forma.

Formar el escote, uniendo **O-N**, con forma.

Diferencia entre los Contornos de Busto y Cintura, ejemplo: 12 cm.. La mitad de los 12 cm. (o sea 6 cm.), se usarán para entallar la delantera, los otros 6 cm. para entallar la trasera.

Desde **L**, escuadrar aplicando 1 /4 parte de los 6 cm. destinados para entallar la prenda, ejemplo: 1 ½ cm. = **P**. Ahora quedan 4 ½ cm. para entalles.

Unir **G-P-J**. El punto **Q**, se forma al juntarse las rayas. Suavizar la línea en el punto **J**.

Desde **D**, aplicar hacia dentro la mitad de los 4 ½ cm. que quedaron, ejemplo: 2 ¼ cm. = **R**. Quedan 2 ¼ cm..

Unir **F-R-H**, como lo indica el trazado.

Marcar el centro de **H-I** = **S**.

Desde **G**, aplicar hacia dentro, la distancia **I-S** = **T**. Unir **T-S**. **U**, se forma al cruzarse las líneas.

Desde **U**, colocar hacia ambos lados, la mitad de los 2 ¼ cm. que quedaron para entalles = **V** y **W**.

Unir **T-V-S** y **T-W-S**, con la forma como lo indica el trazado.

Desde **Q**, aplicar hacia dentro la medida Ancho Espalda, más ¾ de cm. o a gusto, ejemplo: 17 ¾ = **X**.

Desde **X**, escuadrar hacia arriba, hasta la raya **LL** = **Y**.

Marcar el centro de **X-Y** = **Z**.

Formar la sisa, uniendo **H-Z-M**, como lo indica el trazado.

Desde **N**, aplicar las medidas Desde, A Los, Hasta, ejemplo: 1, 6, 9 cm. = **1-2-3**.

2-4 = Altura de Entre Hombro, ejemplo: ½ cm..

Unir **1-4-3**, dando la forma del hombro. Cuidar que la línea sea agradable, es decir que no se forme ningún "pico."

Unir **4-S**, luego cortar por dicha línea, separando el molde.

Formar la línea de axila, uniendo **R-H**, con ligera forma. Fig. **A**.

NOTA: O a gusto significa que en vez de agregarle 1 ½ cm. al ancho del molde, le puede poner 0,75 cm., y si la agrega 0,75 cm. entonces al Ancho Espalda y al Ancho de Entre Hombros, agregue ¼ de cm. y al Hombro ¼ de cm..

TAILLEUR CLASSIQUE # 1
PARTE DELANTERA

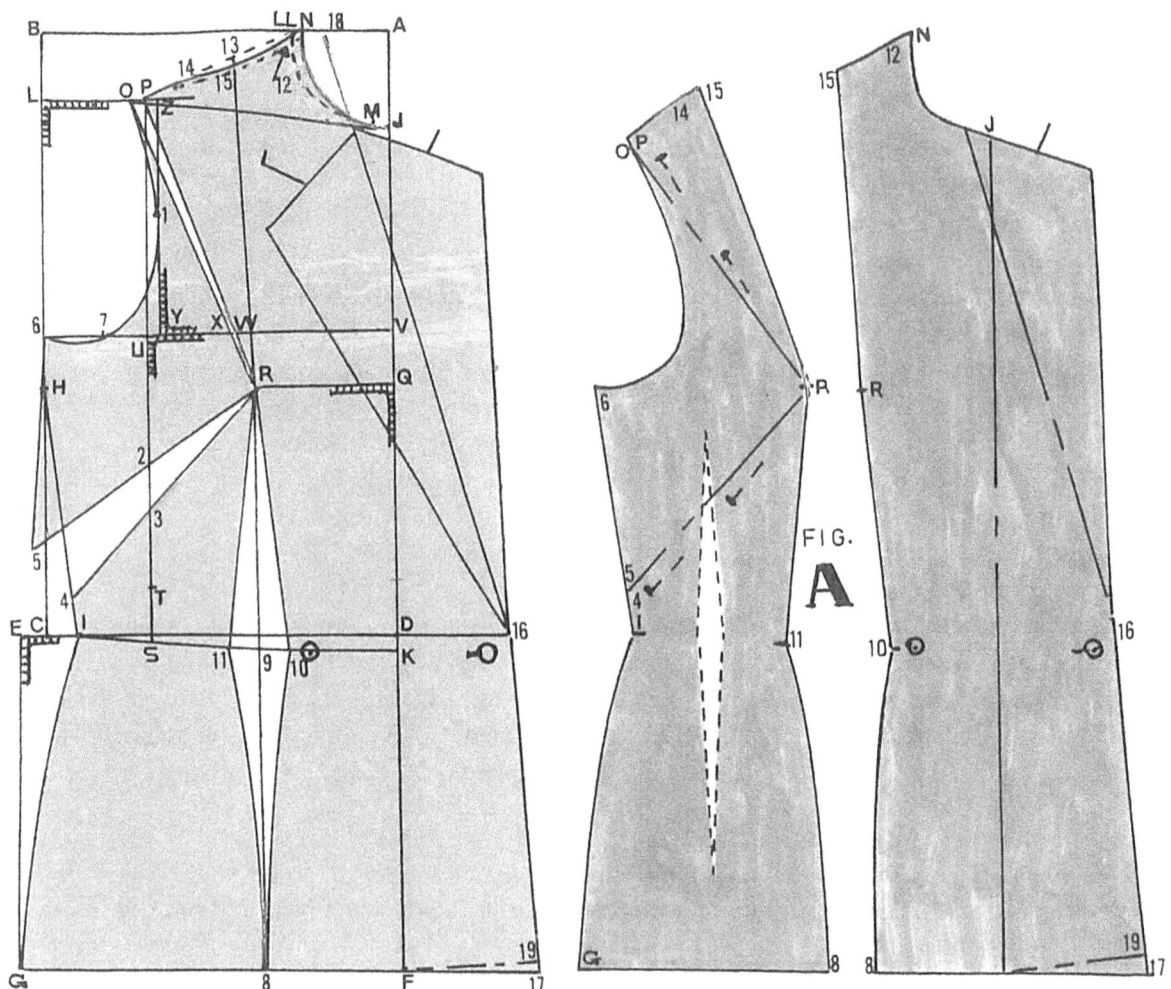

MEDIDAS REQUERIDAS

MEDIDA DE COSTADO	15	CM
1RA. SEPARACION DE BUSTO	9	"
LARGO TALLE DE ADELANTE	44	"
CONTORNO DE BUSTO	46	"
CONTORNO DE CADERA	50	"
ALTURA DE CADERA	24	"
ALTURA DE AXILA	20	"
MEDIDA D-R PARTE TRASERA	2 ¼	"
ALTURA ESCOTE DE ADELANTE	36 ½	"
ALTURA ESCOTE DE ADELANTE PASANDO	37 ½	"
MEDIDA A-LL PARTE TRASERA	5	"

MEDIDA N-B PARTE TRASERA	7 ¼	"
ALREDEDOR DEL ESCOTE	18 ¼	"
ANCHO DE ENTRE HOMBROS DE ADELANTE	18	"
ANCHO DE HOMBRO	12	"
ALTURA DE BUSTO	25 ½	"
ALTURA HOMBRO DE ADELANTE	35 ½	"
ANCHO DE PECHO	16	"
MEDIDA DESDE	1	"
MEDIDA A LOS	6	"
MEDIDA HASTA	9	"
ALTURA DE ENTRE HOMBRO	1/2	"

PASO A PASO CON LA REALIZACION DEL TRAZADO
PARTE DELANTERA

Trazar un rectángulo con la suma de la Medida de Costado, y 1ra.Separación de Busto, más 1 ½ cm. o a gusto, ejemplo: 25 ½ cm. por el Largo Talle de Adelante, ejemplo: 44 cm. **A-B-C-D.**

C-E = mitad de la diferencia entre Busto y Cadera, ejemplo: 2 cm..

Desde **D** y **E**, prolongar y escuadrar aplicando la Altura de Cadera, ejemplo: 24 cm. = **F-G.** Unir dichos puntos.

Desde **C**, colocar hacia arriba la Altura de Axila, menos 2 cm., ejemplo: 18 cm. = **H.**

C-I = **D-R** de la parte trasera, ejemplo: 2 ¼ cm.. NOTA: Había 6 cm. para entalles, menos 2 ¼ cm. ahora quedan 3 ¾ cm. para entalles.

Unir **G-I-H**, como lo indica el trazado.

A-J = diferencia entre el Largo Talle de Adelante y la Altura Escote de Adelante, ejemplo:7 ½ cm..

D-K = diferencia entre la Altura Escote de Adelante y la Altura Escote de Adelante Pasando, ejemplo: 1 cm.. Unir **K-I**, con ligera forma.

B-L = **A-LL** de la parte trasera, ejemplo: 5 cm.. Desde **L**, escuadrar hacia dentro, unos 12cms..

A-LL = **N-B** de la trasera, ejemplo: 7 ¼ cm.. Unir **LL-J**, con línea discontinua y en forma circular.

Desde **LL**, aplicar hacia **J**, la medida que falta para completar Alrededor del Escote, ejemplo: 10 ¾cms.=**M.** Medir la distancia entre **M-J.** Si resultare más grande a 1 cm. quiere decir que el Largo Talle de Adelante, es largo, ésa diferencia, se aplicará desde **N** hacia abajo y ése nuevo punto, se unirá con **P**, indicado con línea discontinua.

LL-N = **M-J.** Unir **N-M**, formando el escote.

Desde **J**, aplicar en diagonal sobre la raya **L**, el Ancho de Entre Hombros de Adelante, más1 cm. o a gusto, ejemplo: 19 cm. = **O.**

Desde **N**, aplicar en diagonal sobre la raya **L**, el Ancho del Hombro, más 1 cm. o a gusto, ejemplo: 13 cm.= **P. P**, podría coincidir con **O**, nunca pasarlo. Si **P** y **O** coincidieren, no se forma la pinza.

Desde **A**, aplicar hacia abajo la Altura de Busto, ejemplo: 25 ½ cm. = **Q.**

Desde **Q**, escuadrar, colocando la 1ra. Separación de Busto, más ¾ de cm. o a gusto, ejemplo: 9 ¾ cm.=**R.**

Unir **R-O** y **R-P.**

Desde **C**, colocar hacia dentro, la distancia **L-P** = **S.** Unir **S- P.**

Desde **P**, aplicar hacia abajo la Altura Hombro de Adelante, ejemplo: 35 ½ cm. = **T. T-U** = **C-H.**

Desde **U**, escuadrar hasta la vertical de adelante = **V.** Los puntos **W** y **X**, se forman al cruzarse las líneas.

Desde **V**, colocar hacia dentro, el Ancho de Pecho, más ¾ cm., más el espacio **W-X**, ejemplo: 17 cm.= **Y.**

Desde **Y**, escuadrar hacia arriba, hasta la raya **L** = **Z.** Marcar el centro de **Y-Z** = **1.**

Desde **U**, colocar hacia abajo 5 cm. más la distancia **V-Q** = **2. 2-3** = **T-S.**

Unir **R-3**, después, prolongar la raya hasta el costado = **4.**

Desde **R**, colocar pasando por **2**, la distancia **R-4** = **5.**

Desde **5**, colocar sobre la vertical **B-C**, la medida **4-H**= **6.**Unir **6-Y.** Marcar el centro de **Y-6** = **7.**

Formar la sisa, uniendo **6-7-1-O**, como lo indica el trazado.

Desde **F**, aplicar hacia dentro, la distancia **Q-R** = **8.** Unir **8-R. 9**, se forma al cruzarse las líneas.

Desde **9**, colocar hacia ambos lados la mitad de los 3 ¾ cm. que quedaron = **10** y **11.**

Unir **8-10-R** y **8-11-R**, como lo indica el trazado.

Desde **N**, aplicar hacia **P**, las medidas Desde, A Los, Hasta, ejemplo: 1, 6, 9 cm. = **12-13-14.**

13-15 = Altura de Entre Hombro, ejemplo: ½ cm..

Unir **12-15-14** dando la forma del hombro. Cuidar que la línea sea agradable, o sea que no haya ningún" pico."

Unir **15-R.**

Formación del cruce y la solapa: **D-16**= **K-10; F-17**= **F-8.** Unir **17-16.**

N-18= 2 cm.. Unir **18-16.** Dibujar sobre el molde la solapa y parte del cuello, luego doblar el papel por la raya **18-16** y calcar la solapa y el cuello ligeramente más grande. NOTA: Por tratarse de un saco cruzado la parte izquierda, se acorta 1 cm. = **19.** Unir **19**, con el centro de adelante.

Cortar desde **15** hasta **R**, luego vaciar la pinza. Cerrar la pinza del hombro y la del costado. Suavizar el punto **R.**

IMPORTANTE: Si desea hacer una pinza, como la que indican las líneas discontinuas, deberá achicar la pinza indicada con **10** y **11.**Dicha pinza, se puede utilizar como fantasía , o para transformaciones. Fig. A.

NOTA: O a gusto significa que en vez de agregarle 1 ½ cm. al ancho del molde, le puede poner 0,75 cm. y, si le agrega 0,75 cm, entonces al Ancho Pecho como al Ancho de Entre Hombros, agregue ¼ de cm. lo mismo que al Hombro.

TAILLEUR CLASSIQUE # 2
PARTE TRASERA

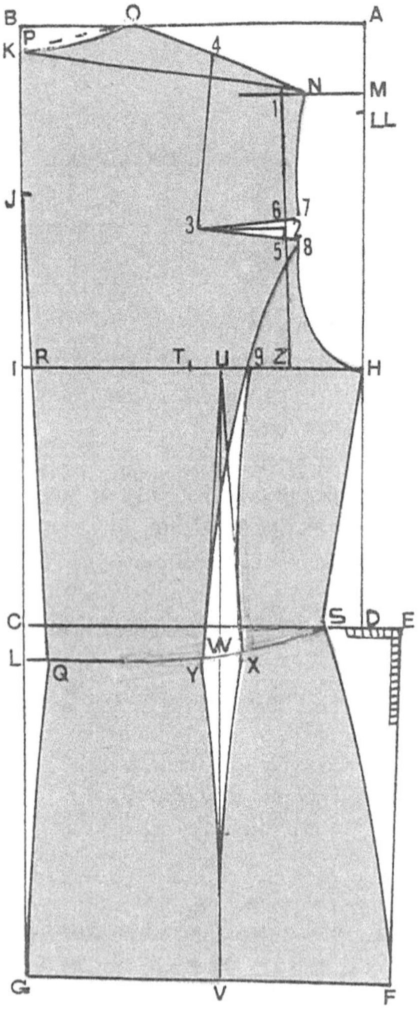

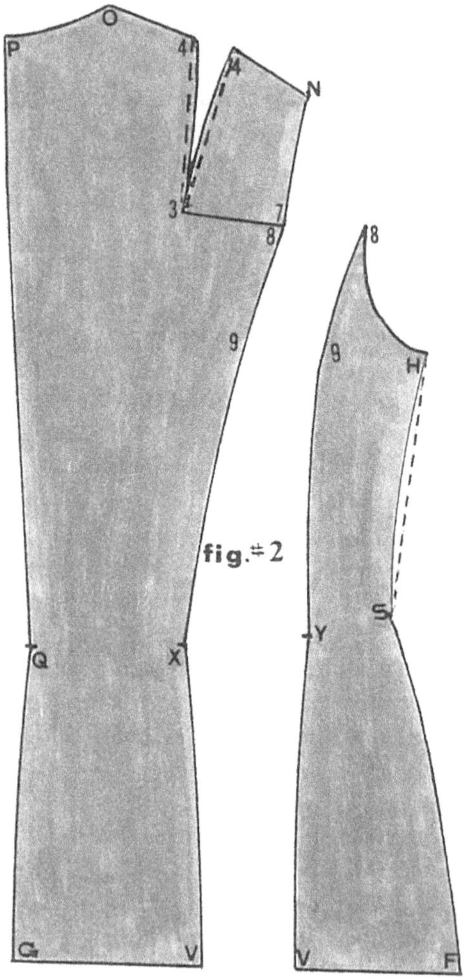

fig.≠2

MEDIDAS NECESARIAS

CONTORNO DE BUSTO	46	CM.
MEDIDA DE COSTADO	15	"
1RA. SEPARACION DE BUSTO	9	"
LARGO TALLE ESPALDA	42	"
CONTORNO DE CADERA	50	"
ALTURA DE CADERA	24	"
ALTURA DE AXILA	20	"
ALTURA ESCOTE ESPALDA	40	"
ALTURA ESCOTE ESPALDA PASANDO	42	"
ALTURA HOMBRO ESPALDA	35 ½	"
ANCHO DE ENTRE HOMBROS DE ATRÁS	18 ½	"
ANCHO DE HOMBRO	12	"
ESCOTE	7 ½	"
CONTORNO DE CINTURA	34	"
ANCHO ESPALDA	17	"
MEDIDA DESDE, NO POSEE	0	"
MEDIDA A LOS, NO POSEE	0	"
MEDIDA HASTA, NO POSEE	0	"
ALTURA DE ENTRE HOMBRO, NO POSEE	0	"

PASO A PASO CON LA REALIZACION DEL TRAZADO
PARTE TRASERA

IMPORTANTE: Si la persona a la que Usted le va a hacer el molde, no tuviere la Altura Escote Espalda Pasando, entonces la línea de cintura, será en línea recta.

Trazar un rectángulo con la medida Contorno de Busto, menos la Medida de Costado y la 1ra. Separación de busto, ejemplo: 46 − [15 + 9] = 22 cm. , a ésta medida agregarle 1 ½ cm. o a gusto por el Largo Talle Espalda, ejemplo: 42 cm. = **A-B-C-D.**

D-E = a la mitad de la diferencia entre Busto y Cadera, ejemplo 2 cm..

Desde **E** y **C**, escuadrar y prolongar la línea aplicando la Altura de Cadera, ejemplo: 24 cm. = **F-G.** Unir **F-G.**

Desde **D** y **C**, aplicar hacia arriba la Altura de Axila menos 2 cm. ejemplo: 18 cm.= **H-I.** Unir **H-I.**

Marcar el centro de los puntos **B-I** = **J.**

Desde **C**, aplicar hacia arriba la Altura Escote Espalda, ejemplo: 40 cm. = **K.**

C-L = diferencia entre la Altura Escote Espalda y la Altura Escote Espalda Pasando, ejemplo: 2 cm. .

Desde **D**, colocar hacia arriba la Altura Hombro Espalda, ejemplo: 35 ½ cm = **LL.** Medir la distancia **LL-A** = 6 ½ cm. IMPORTANTE: Cuando la distancia entre **A-LL** es hasta 6 ½ cm., desde **A**, aplicar hacia abajo 5 cm. = **M** y desde **M**, escuadrar unos 12 cm. hacia dentro; Si en cambio la medida **LL- A**, fuese superior a los 6 ½ cm., entonces desde **LL**, aplicar hacia arriba 1 ½ cm. = **M** y desde **M**, escuadrar hacia dentro unos 12 cm. .

Desde **K**, aplicar sobre la horizontal **M**, el Ancho de Entre Hombros de Atrás más 1 cm. o a gusto, ejemplo: 19 ½ cm. = **N.**

Desde **N**, colocar sobre la línea **A-B**, el Ancho de Hombro, más 1 cm. o a gusto, ejemplo:13 cm = **O.** Unir **O-K**, con línea discontinúa.

Desde **O**, ubicar hacia **K**, el Escote, ejemplo: 7 ½ cm. = **P**, que coincide con **K**. IMPORTANTE: **P**, puede coincidir con **K**, nunca pasarlo; Si en cambio, hubiere algún espacio, ése espacio, se utilizará para hacer una pinza en el centro del escote, o bien eliminarlo uniendo **P-J**, con ligera forma. Formar el escote.

Diferencia entre Busto y Cintura, ejemplo:12 cm. . IMPORTANTE: Para entallar la prenda, se utilizarán la mitad de los 12 cm., o sea 6 cm.. para la delantera, y 6 cm. para la trasera.

Desde **L**, escuadrar aplicando 1/ 4 parte de los 6 cm., ejemplo: 1 ½ cm. = **Q.** Quedan 4 ½ cm. para entalles.

Unir **G-Q-J. R**, se forma al encontrarse las líneas. Suavizar la línea en el punto **J** .

Desde **D**, colocar hacia dentro la mitad de los 4 ½ cm. que quedaron para los entalles = **S.** Ahora quedan 2 ¼ cm..

Unir **F-S-H** (**S-H**, puede ser con forma. Fig.#2). Unir **S-L**, con ligera forma.

Marcar el centro de los puntos **I-H** = **T.** En general la pinza nace desde **T**, pero en éste caso la pinza se correrá unos 2 cm. = **U.**

Desde **G**, aplicar hacia dentro la medida **I- U** = **V.** Unir **V-U. W**, se forma al cruzarse las líneas.

Desde **W**, colocar hacia ambos lados la mitad de los 2 ¼ cm. que quedaron para entalles = **X** y **Y.**

Unir **V-X-U** y **V-Y-U**, como lo indica el trazado.

Desde **R**, aplicar hacia dentro la medida Ancho Espalda más 1 cm. o a gusto, ejemplo: 18 cm. = **Z** .

Desde **Z**, escuadrar hacia arriba, hasta la horizontal **M** = **1.** Marcar el centro de **1-Z** = **2.**

Desde **2**, escuadrar aplicando la mitad de **N-O** =**3.**

Marcar el centro de **O-N** = **4.** Unir **4-3.**

Desde **2**, colocar hacia ambos lados la mitad de **LL-M** = **5** y **6.**

Unir **3-5** y **3-6.**

6-7 y **5-8** = **2-5.**

Formar la sisa uniendo **H-8** y **7-N**, como lo indica el trazado.

Unir **8-Y.** El punto **9**, se forma al cruzarse las rayas. Unir **9-X.**

Cortar desde **4** hasta **3.** Cortar desde **8** hasta **V** (vaciando la pinza).

Cerrar la pinza de la sisa, luego unir **4-3** y **4-3**, con ligera forma. Fig. # 2.

En éste molde, no se aplicaron las medidas: Desde, A Los, Hasta, Altura de Entre Hombro, por tratarse de un hombro recto. IMPORTANTE: Si la persona a la que Usted le hace el molde las poseyere, entonces deberá de aplicarlas en el trazado.

NOTA: O a gusto significa que en vez de agregarle 1 ½ cm. al ancho del molde, le puede poner 0,75 cm. , y si le agrega 0,75 cm. entonces al Ancho Espalda, como al Ancho de Entre Hombros, agregue ¼ de cm. y, al Hombro ¼ de cm.

TAILLEUR CLASSIQUE # 2
PARTE DELANTERA

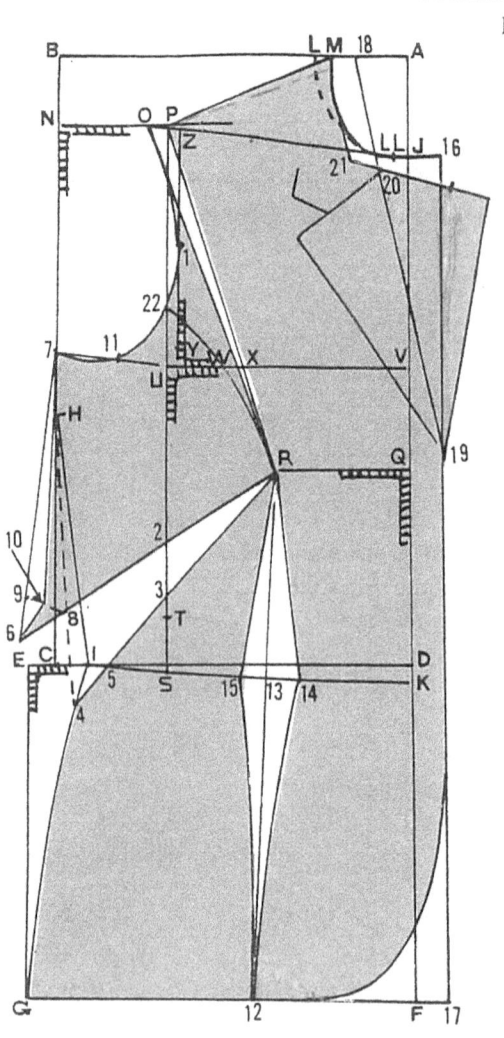

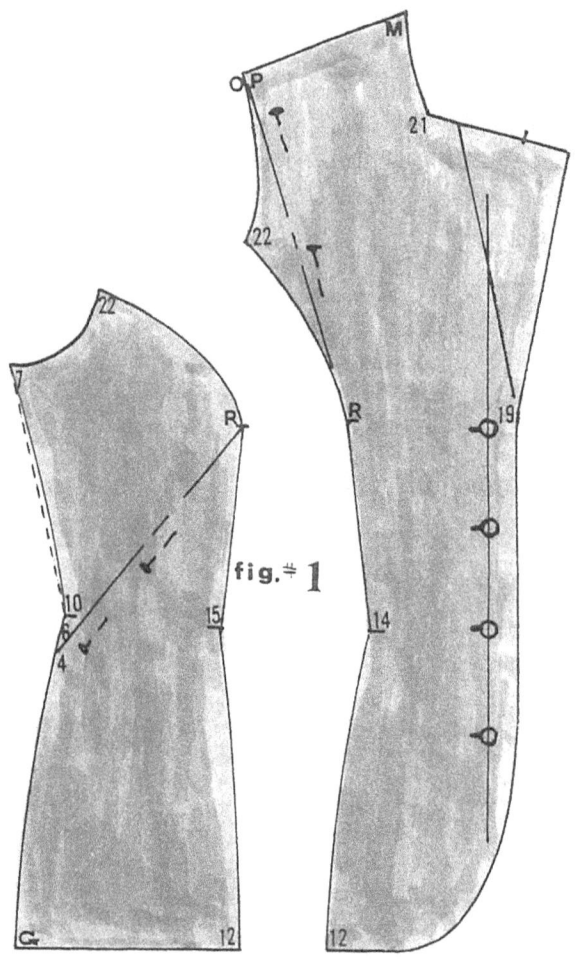

fig.# 1

MEDIDAS REQUERIDAS

MEDIDA DE COSTADO………………………………	15	CM.
1RA. SEPARACION DE BUSTO……………………	9	"
LARGO TALLE DE ADELANTE…………………	44	"
CONTORNO DE BUSTO…………………………	46	"
CONTORNO DE CADERA…………………………	50	"
ALTURA DE CADERA……………………………	24	"
ALTURA DE AXILA………………………………	20	"
MEDIDA D-S PARTE TRASERA…………………	2 ¼	"
ALTURA ESCOTE DE ADELANTE…………………	36 ½	"
ALTURA ESCOTE DE ADELANTE PASANDO………	37 ½	"
MEDIDA O-B PARTE TRASERA…………………	7 ¼	"
ALREDEDOR DEL ESCOTE………………………	18 ¼	"
MEDIDA A-M PARTE TRASERA…………………	5	"
ANCHO DE ENTRE HOMBROS DE ADELANTE……	18	"
ANCHO DE HOMBRO……………………………	12	"
ALTURA DE BUSTO………………………………	30	"
ALTURA HOMBRO DE ADELANTE………………	35 ½	"
ANCHO DE PECHO………………………………	16	"
MEDIDA DESDE, NO POSEE……………………	0	"
MEDIDA A LOS, NO POSEE……………………	0	"
MEDIDA HASTA, NO POSEE……………………	0	"
ALTURA DE ENTRE HOMBRO, NO POSEE………	0	"

PASO A PASO CON LA REALIZACION DEL TRAZADO
PARTE DELANTERA

Trazar un rectángulo con la suma de la Medida de Costado, y la 1ra. Separación de Busto más 1½ cm. o a gusto ejemplo: 25 ½ cm., por el Largo Talle de Adelante, ejemplo: 44 cm. = **A-B-C-D** .

Desde **C**, aplicar hacia fuera la mitad de la diferencia entre Busto y Cadera, ejemplo: 2 cm. = **E**.

Desde **D** y **E**, prolongar y escuadrar, aplicando la Altura de Cadera, ejemplo: 24 cm. = **F-G**. Unir dichos puntos.

Desde **C**, colocar hacia arriba la Altura de Axila, menos 2 cm., ejemplo: 18 cm. = **H**.

Mitad de la diferencia entre Busto y Cintura, ejemplo: 6 cm. que se utilizarán para entalles.

C-I = **D-S** de la parte trasera, ejemplo: 2 ¼ cm. . NOTA: Había 6 cm. para entalles, menos éstos 2 ¼ cm. quedan 3 ¾ cm. para entalles.

Unir **G-I-H**, como lo indica el trazado (10-7 con forma. Fig. 1).

Desde **D**, aplicar hacia arriba, la Altura Escote de Adelante, ejemplo: 36 ½ cm. = **J**.

Desde **D**, colocar hacia abajo, la diferencia entre la Altura Escote de Adelante y la Altura Escote de Adelante Pasando ejemplo: 1 cm. = **K**. Unir **K-I**, con ligera forma.

A-L = **O-B** de la trasera. Unir **L-J**, en forma circular y con línea discontínua.

Desde **L**, aplicar hacia **J**, la medida que falta para completar Alrededor del Escote, ejemplo: Alrededor del Escote 18 ¼ - 7 ½ del Escote = 10 ¾ cm. = **LL**. **LL** y **J**, podrían coincidir, nunca **LL**, pasar **J**. IMPORTANTE: Si la distancia entre **LL- J**, superare 1 cm., es porqué el Largo Talle de Adelante es largo. Esa diferencia se aplicará desde **M** hacia abajo, y se unirá con **P**, como lo indica la línea discontinua.

L-M = **LL-J**. Unir **M-J**, formando el escote .

Desde **B**, aplicar hacia abajo la medida **A-M**, de la trasera, ejemplo:5 cm.= **N**. Desde **N**, escuadrar unos 12 cm. .

Desde **J**, aplicar sobre la línea **N**, el Ancho de Entre Hombros de Adelante, más 1 cm. o a gusto, ejemplo:19 cm.=**O**.

Desde **M**, aplicar sobre la línea **N**, el Ancho Hombro, más 1 cm. o a gusto, ejemplo: 13 cm. = **P** . **P**, podría coincidir con **O**, nunca pasarlo.

Desde **A**, aplicar hacia abajo la Altura de busto, ejemplo: 30 cm. = **Q** .

Desde **Q**, escuadrar hacia dentro, aplicando la 1ra. Separación de busto, más ¾ de cm. o a gusto, ejemplo: 9 ¾ cm. = **R**. Unir **R-O** y **R-P** .

Desde **C**, colocar hacia dentro la distancia **N-P** = **S**. Unir **S-P**.

Desde **P**, aplicar hacia abajo, la Altura Hombro de Adelante, ejemplo: 35 ½ cm. = **T**. **T-U** = **C-H**.

Desde **U**, escuadrar hasta la vertical de adelante = **V**. **W** y **X**, se forman al cruzarse las líneas.

Desde **V**, colocar hacia dentro el Ancho Pecho, más ¾ de cm., más el espacio **W-X**, ejemplo:17 cm. aprox. = **Y**.

Desde **Y**, escuadrar hacia arriba, hasta la horizontal **N** = **Z**. Marcar el centro de **Z-Y** = **1**.

Desde **U**, aplicar hacia abajo 5 cm. más la distancia **V-Q** = **2**. **2-3** = **T-S**.

Unir **R-3**, luego prolongar la línea, hasta el costado = **4**. **5**, se forma al cruzarse las líneas.

Desde **R**, aplicar pasando por **2**, la medida **R-4** = **6**.

Desde **6**, aplicar en diagonal sobre la línea **B-C**, la distancia entre **4-H** = **7**. Unir **7-Y**.

Desde **6**, aplicar hacia ambos lados las distancias **4-5** y **4-I** = **8** y **9**. Unir **9-8**.

Desde **8**, poner hacia **9**, la distancia **5-I** = **10**.

Unir **6-10-7**, luego, marcar el centro de **7-Y** = **11**.

Formar la sisa, uniendo **7-11-1-O**, como lo indica el trazado.

F-12 = **Q- R**, más 2 cm. o a gusto. Unir **12-R**. **13**, se forma al cruzarse las líneas.

Desde **13**, aplicar hacia ambos lados la mitad de los 3 ¾ cm. que quedaron = **14** y **15**.

Unir **12-14-R** y **12-15-R**, formando la pinza.

Desde **J** y **F**, aplicar el cruce, ejemplo: 2 cm. o a gusto = **16-17**. Unir dichos puntos.

M-18 = 2 cm. o a gusto.

El punto **19**, es a gusto. Unir **19-18**, luego dibujar la solapa y parte del cuello. Doblar el papel por dicha línea y copiar la solapa y la parte del cuello un poco más grande. **20**, de forma al cruzarse las líneas. **20-21** = **M-18**. Unir **21-M**.

El punto **22**, es a gusto. Unir **22-R**, luego cortar por dicha línea. Vaciar la pinza, para después, cerrar las pinzas del costado y la del hombro. Fig. 1. Suavizar la línea en el punto **R**, en caso de ser necesario.

NOTA: O a gusto significa que en vez de agregarle 1 ½ cm. al ancho del molde le puede poner 0,75 cm. y se le agrega 0,75 cm. entonces al Ancho Pecho y al Ancho de Entre Hombros, agregue ¼ de cm. lo mismo que al Hombro.

SACO CLÁSICO DE MUJER TIPO HOMBRE
UTILIZAR LOS MOLDES SIMPLES DE UN SACO SEMI ENTALLADO

PASO A PASO CON LA REALIZACION DE LOS TRAZADOS

PARTE TRASERA

1-2-3 = costado; 3-4 = sisa; 5 = ancho espalda ; 6-7-8-9-10 = pinza.

El punto **A**, equivale a 1/3 parte de la distancia entre **5-4**.

Marcar el centro de los puntos **2-7** y **1-10 = B y C**.

Desde **B**, aplicar hacia ambos lados la medida **9-7 = D y E**.

Unir **C-D-5-A** y **C-E-5**.

Separar la parte sombreada. Nota: Suavizar la línea en el punto **5**, en caso de ser necesario.

La Fig. 1, indica el centro de la parte trasera. La Fig. 2 el costadillo, o lateral

PARTE DELANTERA

Cerrar la pinza del costado y trasportarla a la terminación del hombro.

1-2-3-4-5 = centro de adelante; **5-6** = escote; **6-7** = hombro; **7-8-9** = pinza; **10** = ancho de pecho; **11-12-13** = costado; **14-15-9** y **14-16-9** = pinza central; **3-9** = separación de busto. Cruce a gusto, ejemplo: 1 ½ cm..
El punto **A**, indica la iniciación de la solapa, y, es a gusto, pero cuando se trata de eliminar la pinza del busto, debe comenzar un poco más abajo de la mitad de los puntos.**3** y **2**.(NOTA: Mas adelante veremos que es muy importante la flojedad que vamos a utilizar y que ésta quede a la misma altura de la línea que se une al costadillo).
6-B = 2 cm. o a gusto. Unir **B-A** con línea recta. **C**, se forma al cruzarse las líneas.
Dibujar a gusto sobre el trazado **la solapa** y parte del cuello = **C-D-E-F**. (**C-D** = 7 ½ cm., **D-E** y **D-F** = 3 cm.).

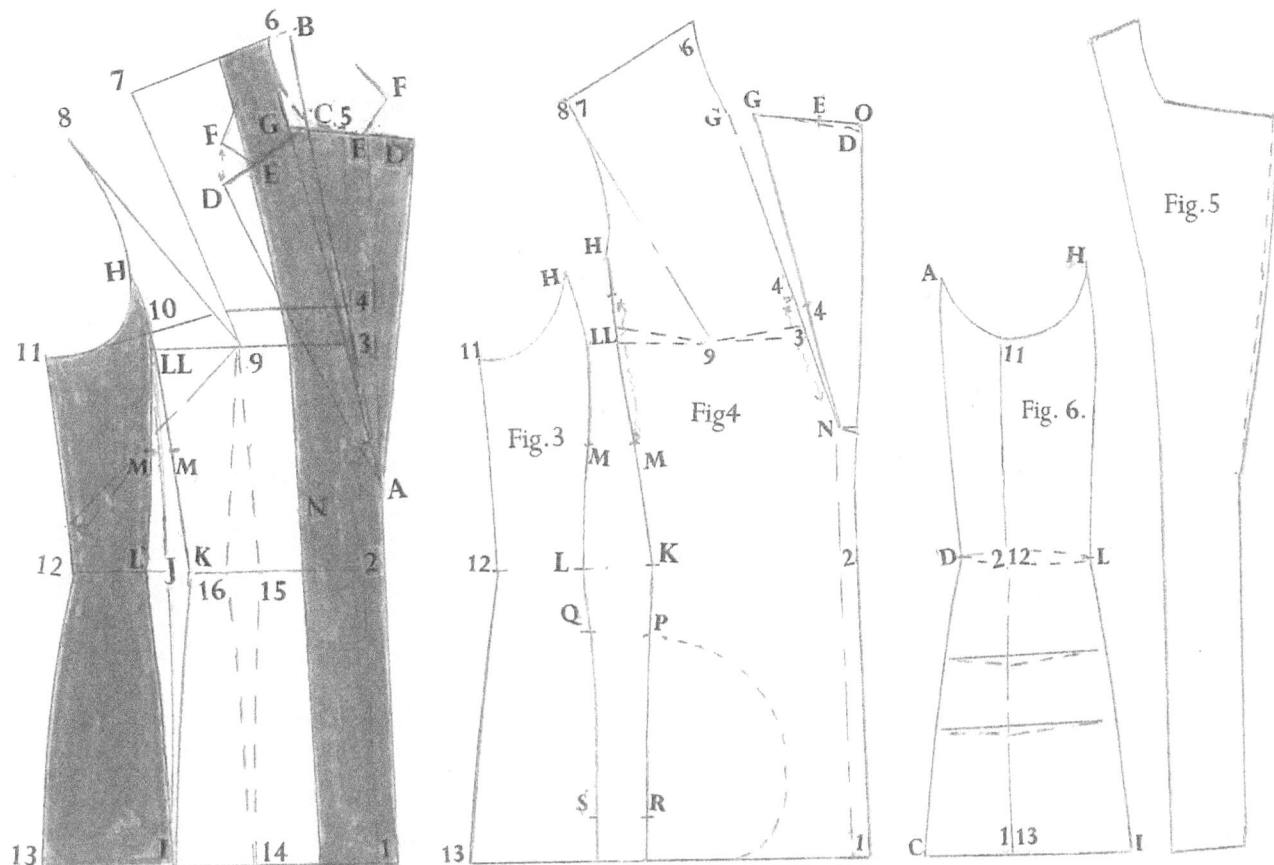

Doblar el papel por la líneas A-C-B, y calcar la solapa y la parte del cuello, **ligeramente más grande.**

IMPORTANTE: **Marcar la vista**, es a gusto. Es de hacer notar que en la parte de debajo de la misma, debe dejar 2 milímetros, a los efectos que no tironee una vez terminada la prenda, luego calque la misma parte sombreada. Fig.5.

C-G = 6-B. Unir **G-6**, con ligera forma. Unir **G-A**, con línea recta.

El punto **H**, se ubica ligeramente más debajo de la mitad de la sisa, y, desde dicho punto, trazar una raya casi paralela a la línea del costado hasta el ruedo =**I**. **J**, se forma al cruzarse las líneas.

Desde **J**, aplicar hacia ambos lados la mitad de **15-16 = K** y **L**.

Unir **I-K-10-H** y **I-L-10- "H"** . (**NOTA: En algunos casos, es posible que no se pase por el punto 10**).

Desde **9**, prolongar la línea hasta la nueva pinza =**LL**.

Desde **LL**, colocar hacia abajo y hacia ambos lados de la pinza unos 7 cm.= **M** y **M**.

Separar el costadillo (parte sombreada).Fig. **3**. Fig. 4 = centro de adelante.

Desde **3**, aplicar hacia abajo la distancia **LL-M**, más unos 2 cm. = **N**.

Cortar desde **G** hasta **N**, luego de **3** hasta **9** , y de **LL**, hasta **9** sin separar, después cerrar la pinza **7-8-9.**

Separar los puntos **LL** y **3**, de acuerdo a lo que permite la tela, luego esas separaciones, deberán embeberse , reduciendolas a las medidas anteriores, después deberá plancharlos hasta hacer **desaparecer toda clase de flojedad.**

Haga un pequeño pellizco en el borde delantero a la altura del punto **N** para que se pueda abrir la línea **G-N** y, de ese modo dejar margen para costura; Luego esa diferencia, la agrega en la parte de arriba de la solapa =**O**. Unir **O-G.**

NOTA: En general el bolsillo se realiza en la costura, ejemplo: **K-P** y **L-Q** = 5 cm. **P-R** y **Q-S** = 15 cm.= abertura del bolsillo.

IMPORTANTE: Si deseare eliminar la costura del costado, deberá juntar las figuras **2** y **3**, haciendo coincidir **3** con **11**; **2** con **12**; **1** con **13**. Para que el molde quede plano, deberá dar unos cortes en la línea de cintura, y unos pellizcos en la altura de la cadera, después deberá enderezar el ruedo. Fig. **6.**

Agrandar la solapa/vista unos 2 milímetros, o según la tela. Fig.5.

MANGA CUADRADA

UTILIZAR LOS MOLDES SIMPLES DE UN SACO RECTO, ABRIGO (TAPADO) ETC..

TRASERA Y DELANTERA (IGUAL PUNTUACION)

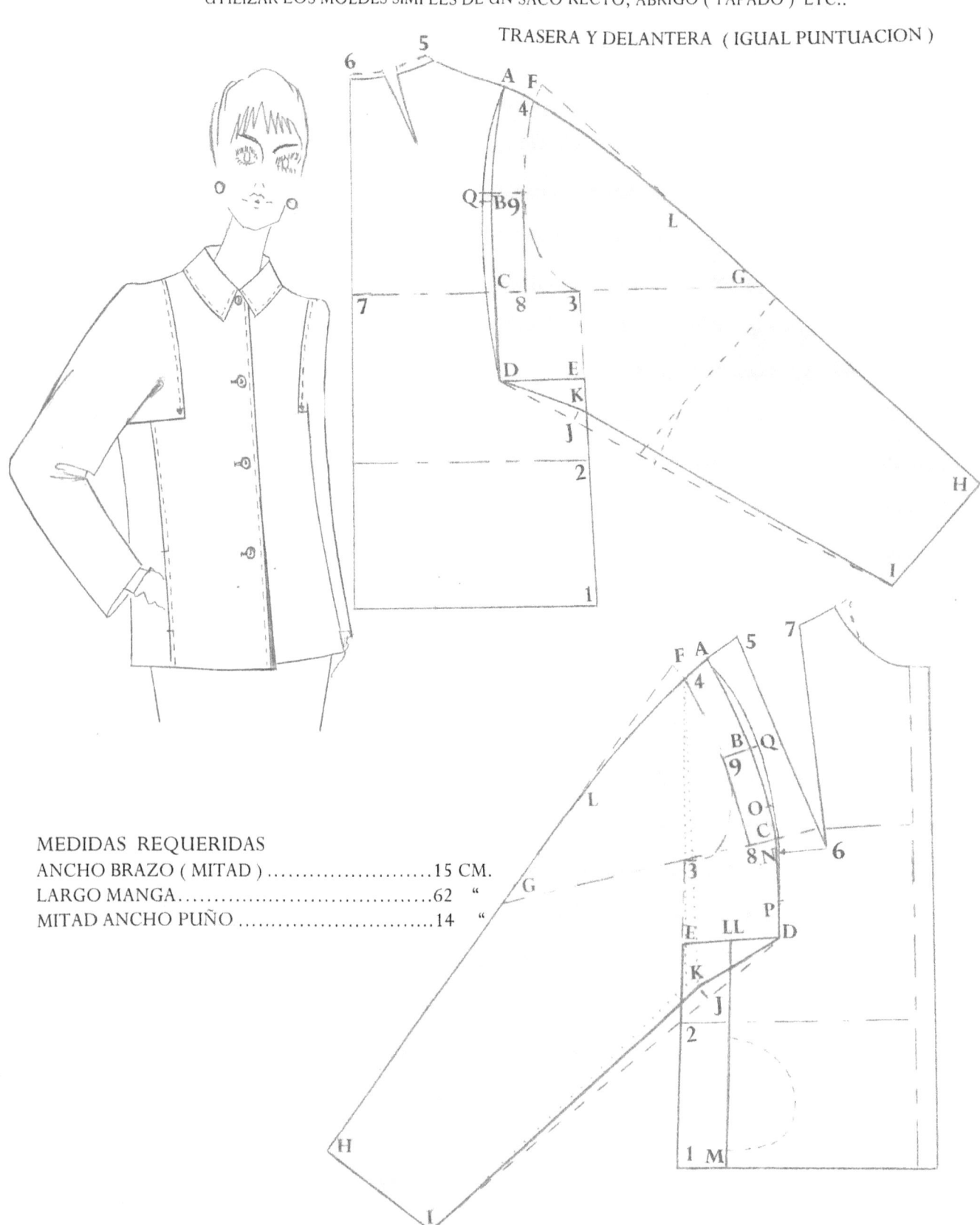

MEDIDAS REQUERIDAS

ANCHO BRAZO (MITAD) ....15 CM.

LARGO MANGA...................................62 "

MITAD ANCHO PUÑO 14   "

PASO A PASO CON LA RELIZACION DE LOS TRAZADOS

1-2-3 = costados, 3-4 = sisas, 4-5 = hombro espalda, y parte del hombro delantero, 5-6 = escote espalda, 3-7 = altura de axila parte trasera, 8 = ancho espalda y ancho pecho, 9 = encuentros (unión) de las sisas con los anchos de espalda y del ancho de pecho, 5-6-7 = pinza delantera.

Desde 4-9-8, colocar hacia dentro 3 cm. o a gusto = A-B-C, luego desde C, prolongar las líneas en forma perpendicular aplicando la distancia 3-C, o a gusto = D.

Desde 3, ubicar hacia abajo la medida C-D = E. Unir E-D.

Desde 4, escuadrar hacia arriba, poniendo 2 cm. = F.

Desde 3, prolongar las líneas colocando la mitad del Ancho de Brazo, más 4 cm. o a gusto, ejemplo: 19 cm. = G.

Desde F, aplicar pasando por G, la medida Largo de Manga, ejemplo: 62 cm. = H.

Desde H, escuadrar colocando la mitad del Ancho de Puño, ejemplo: 14 cm. = I. Unir I-D.

Desde D, ubicar hacia I, la distancia D-E = J.

Desde J, escuadrar hacia arriba aplicando 1 ½ cm.= K. Unir K-D y K-I. NOTA: En algunos casos, y según la tela la distancia J-K, podría cambiar.

G-L (trasera) = 1 /3 parte de G-F. Unir L-4, con ligera forma.

Medir las distancias entre K-I. En éste caso coinciden. IMPORTANTE: Si la distancia entre K-I de la parte trasera resultare más grande que la distancia de la parte delantera, con la diferencia se hará una pinza a la altura del codo como lo indican las líneas discontinuas; Si en cambio fuere más grande la distancia de la parte delantera, entonces se hará una pinza como lo indican las líneas de puntitos, luego deberá cerrarse dicha pinza y, después suavizar (o arreglar) las líneas.

Desde F (delantera) aplicar hacia G, la distancia F-L de la trasera = L. Unir L-4, con ligera forma.

Marcar el centro de E-D (delantera) = LL. Desde LL, trazar una línea casi paralela al costado hasta el ruedo = M, después marcar el bolsillo a gusto, a continuación calcar el bolsillo dos veces.

Desde 6 (delantera) trazar una recta hasta la manga = N, luego desde N, aplicar hacia ambos lados unos 5 cm. = O y P. Estos, serán los puntos de apoyo (notches).

Desde los puntos B, aplicar 1 cm. = Q. NOTA: Se aplica 1 cm. a los efectos de darle un poco de forma a la copa de la manga.

Unir D-Q-A, con forma.

Calcar las mangas (partes sombreadas). Fig. 1 y 2.

Separar la parte comprendida entre los puntos: M-LL-E-1-M (delantera).

Cortar desde N hasta 6. Cerrar la pinza 5-6-7.

El espacio que deja el punto N, deberá embeberse, luego se planchará hasta hacer desaparecer la flojedad, y de esa manera, se dará forma al busto. **NOTA: De desearlo, claro que puede llevar pinza.**

Formar los nuevos escotes. (el cuello, es desbocado)

La delantera queda formada por: **M-LL-D-P-N-C-O-B-A-5** etc.. Fig. A.

Unir el lateral delantero a la trasera, y ésta queda formada por: **M-LL-E-D-C-B-A** etc. . Fig. B.

Ubique los bolsillos, como lo indican los trazados

MUY IMPORTANTE: Encimar las mangas y cerciorarse que las partes tengan la misma caída, caso contrario quítele a una parte y agréguelo a la otra.(Es conveniente que la manga esté inclinada más vale hacia adelante)

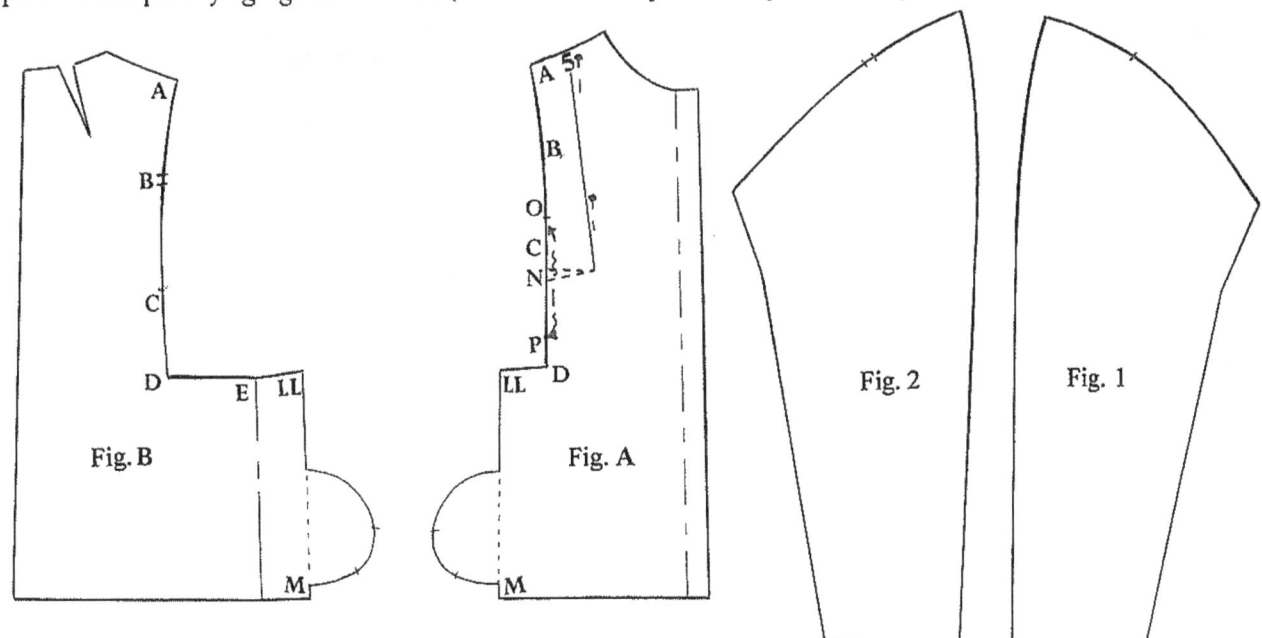

SACO MANGA JAPONESA

UTILIZAR LOS MOLDES SIMPLES DE UN SACO RECTO, ENTALLADO, O SEMI ENTALLADO

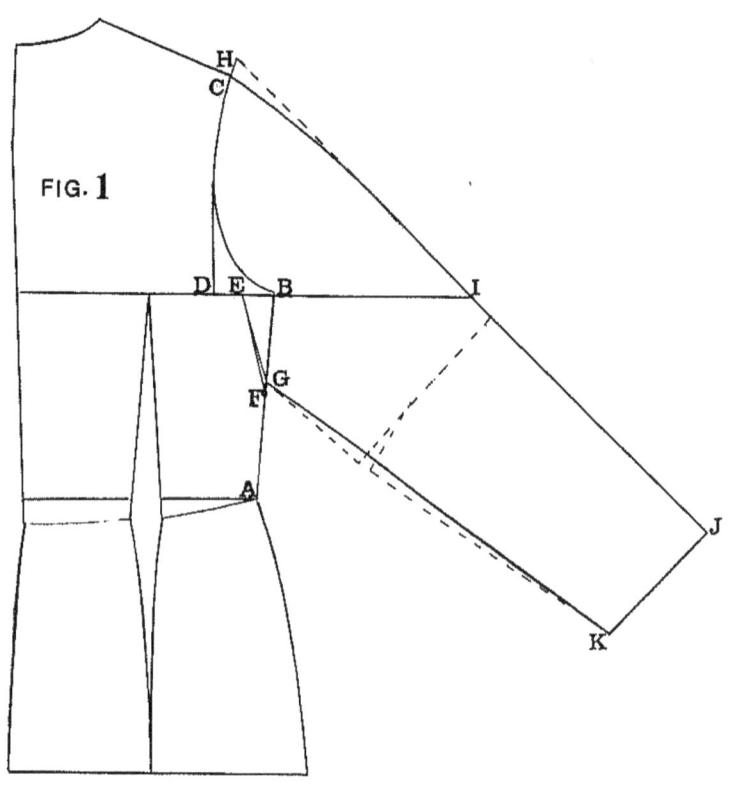

FIG. 1

MEDIDAS REQUERIDAS

ANCHO DE BRAZO.................28 CM.

LARGO DE MANGA.................62   "

ANCHO DE PUÑO......(total).......25   "

FIG. 4

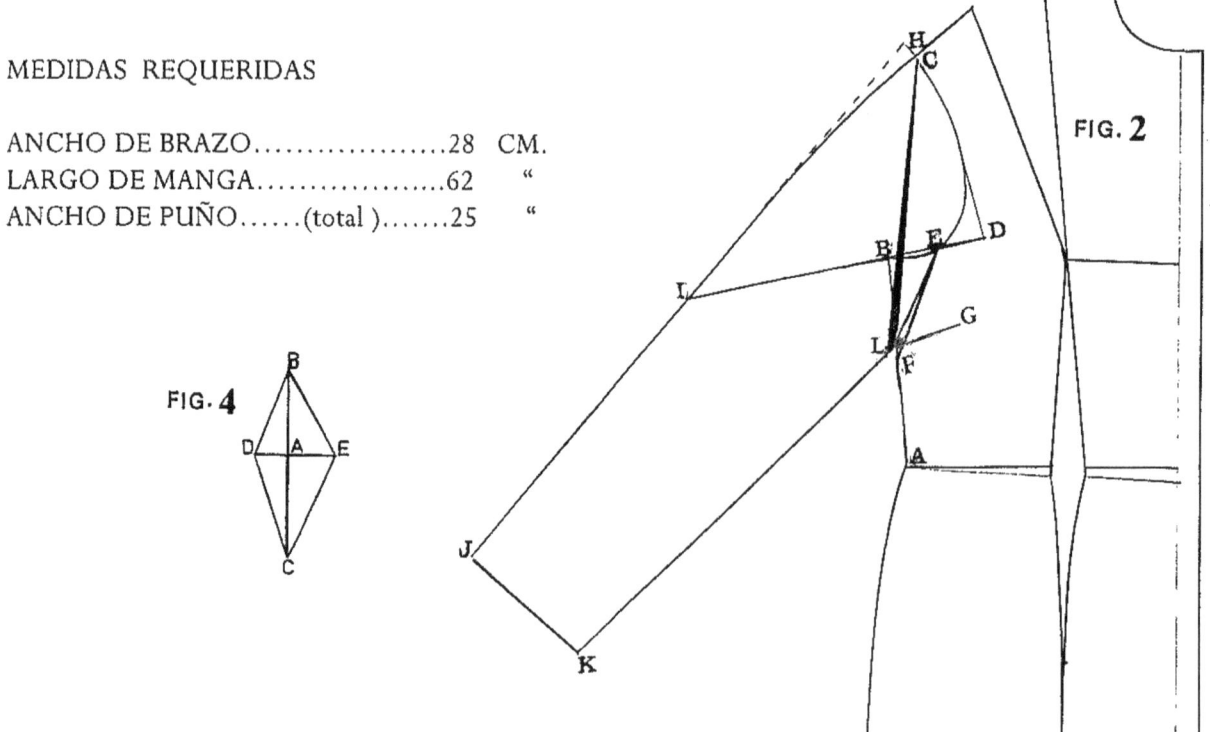

FIG. 2

PASO A PASO CON LA REALIZACION DE LOS TRAZADOS

TRASERA Fig. 1

A-B= Altura de Axila, **B-C**= Sisa, **D**= Ancho Espalda.

Marcar el centro de los puntos **B-D** = **E**.

Marcar el centro de **A-B** = **F**. Unir **F-E**.

F-G = 1 cm. Unir **G-E**.

Desde **C**, escuadrar hacia arriba, aplicando 2 cm. = **H**.

Desde **B**, prolongar la línea, colocando la mitad del Ancho de Brazo más 4 cm. o a gusto, ejemplo: 18 cm. = **I**.

Desde **H**, aplicar pasando por **I**, la medida Largo de Manga, ejemplo: 62 cm. = **J**. Unir **C-I**, con ligera forma.

Desde **J**, escuadrar colocando la mitad del Ancho del Puño, ejemplo: 12 ½ cm,= **K**. Unir **K-G**.

Medir la distancia **K-G**.

DELANTERA Fig.2, con la pinza trasladada en el hombro, para una mejor realización.

A-B= Altura de Axila, **B-C** = Sisa, **D** = Ancho Pecho.

E = mitad de **B-D**.

F = mitad de **A-B**. Unir **F-E**.

F-G = 1 cm. . Unir **G-E**.

Desde **C**, escuadrar hacia arriba, aplicando 2 cm. = **H**.

Desde **B**, prolongar la línea de Axila, colocando la mitad del Ancho del Brazo, más 4 cm. o a gusto, ejemplo: 18 cm. = **I**.

Desde **H**, colocar pasando por **I**, el Largo de Manga, ejemplo: 62 cm. = **J**. Unir **C-I**, con ligera forma.

Desde **J**, escuadrar aplicando la mitad del Puño, ejemplo: 12 ½ cm. = **K**. Unir **K-G**. Medir la distancia entre **K-G**.

En éste caso, es superior   la distancia **K-G** de la parte delantera. IMPORTANTE: Esa diferencia, se quitará, como lo indicaremos a continuación: **G-L** = diferencia entre los largos **K-G**. Unir **G-C** y **L-C** = pinza sombreada.

Cerrar dicha pinza, luego unir **G-K** = Fig. 3. NOTA: Las distancias **G-K**, podrían coincidir, así como también podría resultar más larga la línea del bajo manga de la trasera; Si ése fuere el caso; Se hará una pinza en la Altura del Codo, como lo indican las líneas discontinuas; Y si no deseare hacer la pinza, se podría embeber.

IMPORTANTE: El punto **E**, Fig. 1 y 2, puede ubicarse a 1/3 parte de **D-B**

MUY IMPORTANTE: Encimar las mangas y cerciorarse que las partes tengan la misma caída, caso contrario quítele a una parte y agréguelo a la otra hasta emparejarlas.

ROMBO   Formar una cruz. **A** = a la unión de las líneas.

A-B = **G-B**.

A-C = **B-F**.

A-D = **B-E** de la parte trasera.

A-E = **B-E** de la delantera. Unir **B-D-C-E-B**.

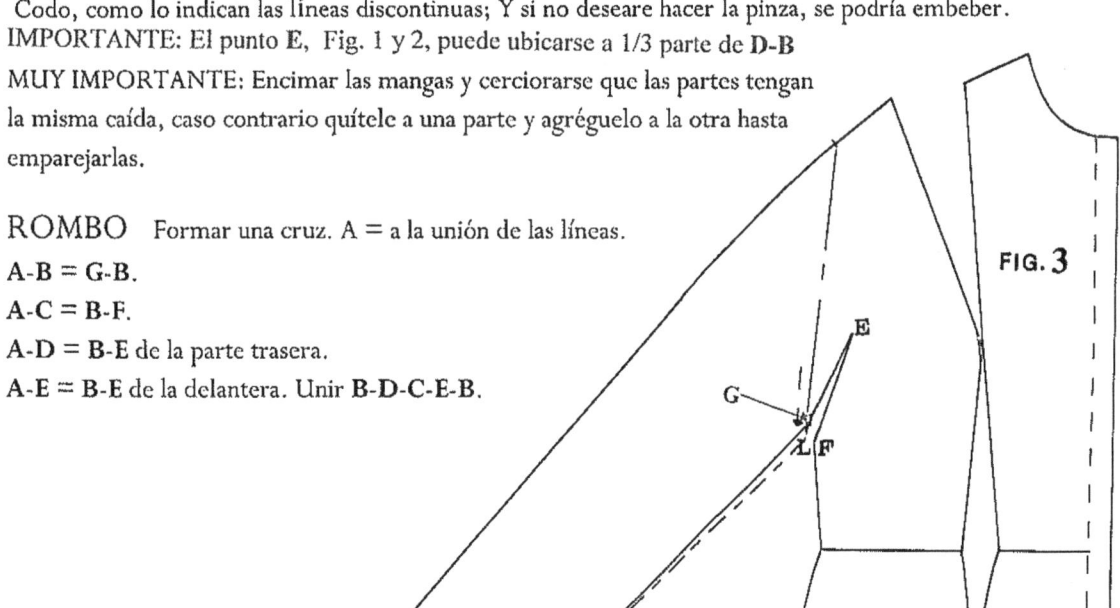

FIG. 3

MANGA SASTRE
UTILIZAR UNA MANGA RECTA, PERO CON LAS MEDIDAS DE UN SACO

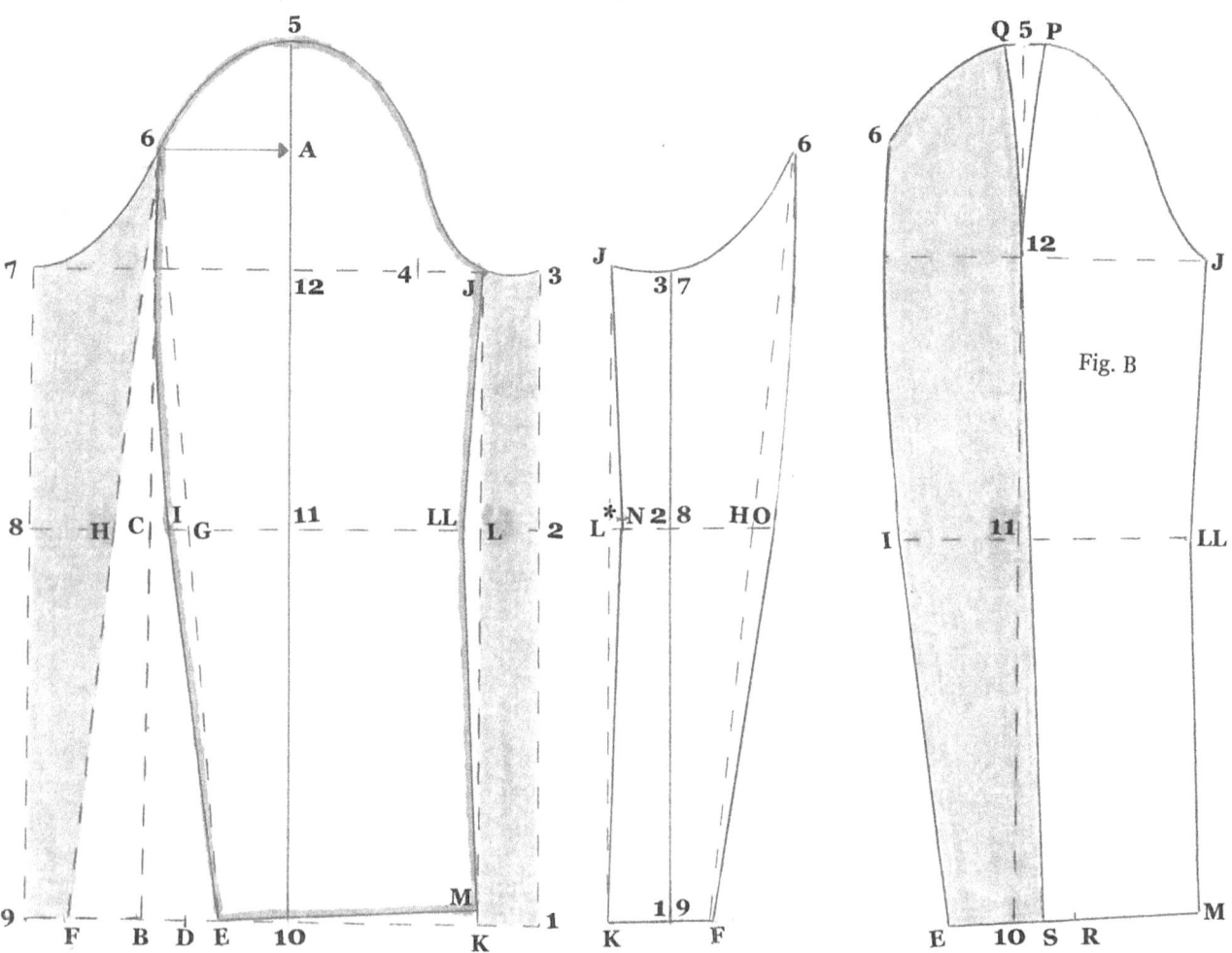

1- 2-3 y **7 - 8 - 9** = laterales, **3-5- 6- 7** = copa, **3- 4** = medida de los puntos **1-4**, **6** = mitad de **5- 7**, **10 -11-12 -5** = línea central.

Desde **6**, trazar una horizontal, hasta la línea central =**A**. Tomar la distancia **6 -A**.

Desde **10**, aplicar hacia **9**, la distancia **A-6 = B**. Unir **B- 6**. **C**, se forma al cruzarse las líneas .

Desde **1**, poner hacia dentro el Ancho de Puño, ejemplo: 25 cm. = **D**.

Desde **B**, colocar hacia ambos lados la mitad de **D-9 =E** y **F**. Unir **E- 6** y **F-6**. **G** y **H**, se forman al cruzarse las líneas.

Marcar e l centro de **C-G = I**. NOTA: **I**, podría moverse tanto hacia **C**, como hacia **G**, depende del ancho Brazo de la persona, como también de la moda imperante en el momento, es cuestión de actualizarse.

Unir **E-I- 6**, como lo indica el trazado.

Marcar el centro de **3-4 = J**.

Desde **1**, ubicar hacia dentro la medida **3- j = K**. Unir **K-J**. **L** se forma al cruzarse la líneas

L-LL= l cm. o a gusto.

K-M = 1 ½ cm. NOTA: Si la tela fuere a cuadros, el punto **M**, queda nulo, y la forma, se deberá dar con la plancha una vez cosidos los Sobre Mangas con los Bajo Mangas. Unir **M-E** y **M-LL-J**.

IMPORTANTE: Calcar las partes sombreadas, que se utilizarán para hacer el Bajo Manga.

Si la manga fuere a cuadros, el sobre manga, se deberá cortar por la línea **E-10-K**, porqué es importante que coincidan los cuadros, caso contrario se usará la línea **E-M**, y se deberá cambiar la línea **M-LL-J**, hasta alcanzar la medida **K- *-J** del bajo manga.

MUY IMPORTANTE: De acuerdo a como formare las líneas del codo, podría ser que tenga que corregir la línea **5-6-7** de la copa. Contrólela antes de coser.

Juntar **3** con **7**, **2** con **8**, **1** con **9**.

L-N = **L-LL** del Sombre Manga.

Unir **K-N-J**.

H-O = **G-I** del Sobre Manga.

Unir **F-O -6**, como lo indica el trazado.

IMPORTANTE: Si la tela no fuere a cuadros, desde **N**, subir la línea, aplicando la mitad de la diferencia de **K-M** = *.
El *, deberá coincidir con **LL** del Sobre Manga.

Unir **K- *-J**.

SOBRE MANGA CON COSTURA CENTRAL Fig. **B**

Desde **5**, aplicar hacia ambos lados 1 ¼ cm. = **P** y **Q**.

Unir **12-P** y **12- Q**, con forma. NOTA: Cerciórese que la distancia **12-Q**, sea igual a **12-P**, caso contrario, prolongue el punto **Q**, hasta alcanzar la distancia **12-P**; Luego se uniría el nuevo punto con la copa.

Marcar el centro de **M-E= R**, a continuación marcar el centro de **R-10 = S**. Unir **S-12**.   La parte sombreada, indica la parte trasera de la manga.

DEFECTOS MUY COMUNES EN LAS MANGAS

Fig. 1: La copa de ésta manga es corta. Es probable que muchas personas se sientan cómodas al mover los brazos pero tiene un muy feo aspecto.

    Fig. 2: Esta manga, debe girar hacia atrás.

    Fig.3:Esta manga, debe girar hacia adelante.

Fig. 4: La copa de ésta manga, es muy alta.

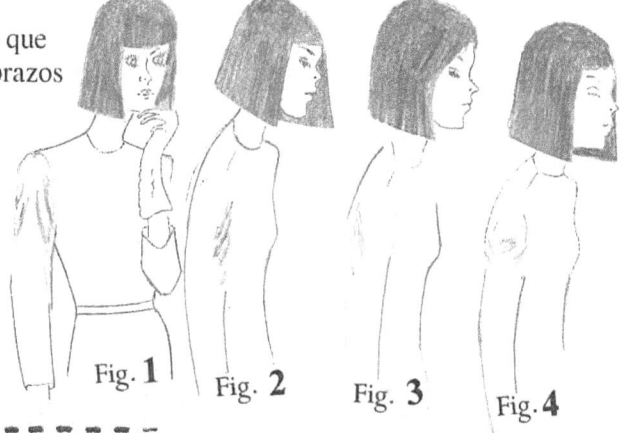

Fig. **1**   Fig. **2**   Fig. **3**   Fig. **4**

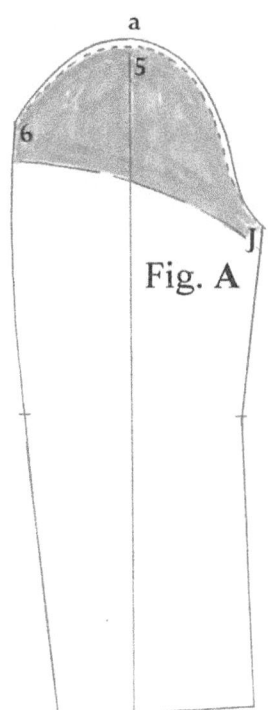

Fig. A

MANGA CON COPA LEVANTADA Fig.A

Según las épocas, así como en los gustos personales, se suelen usar las copas de las mangas un poco levantadas, aquí le presentamos la manera de lograrlo: Desde el punto 5, prolongar la línea hacia arriba, aplicando (en éste caso 1 cm., pero es a gusto);Luego formar la nueva copa, como lo indica el trazado.

IMPORTANTE: Para mantener levantada la copa será necesario colocar una tira de acolchado, no mayor de 4 cm. de ancho. Al coserla, se deberá colocar un poco de flojedad y se deberá coser justo por encima de la costura de la máquina.

OTRO DETALLE PARA QUE LA MANGA LUZCA PRECIOSA

Cortar una pieza como lo indica la parte sombreada, dicha "pieza" se debe cortar en entretela y se debe coser junto con la manga.

SACO MANGA RAGLAN TIPO SASTRE

UTILIZAR LOS MOLDES SIMPLES DE UN TAILLEUR CON SU RESPECTIVA MANGA

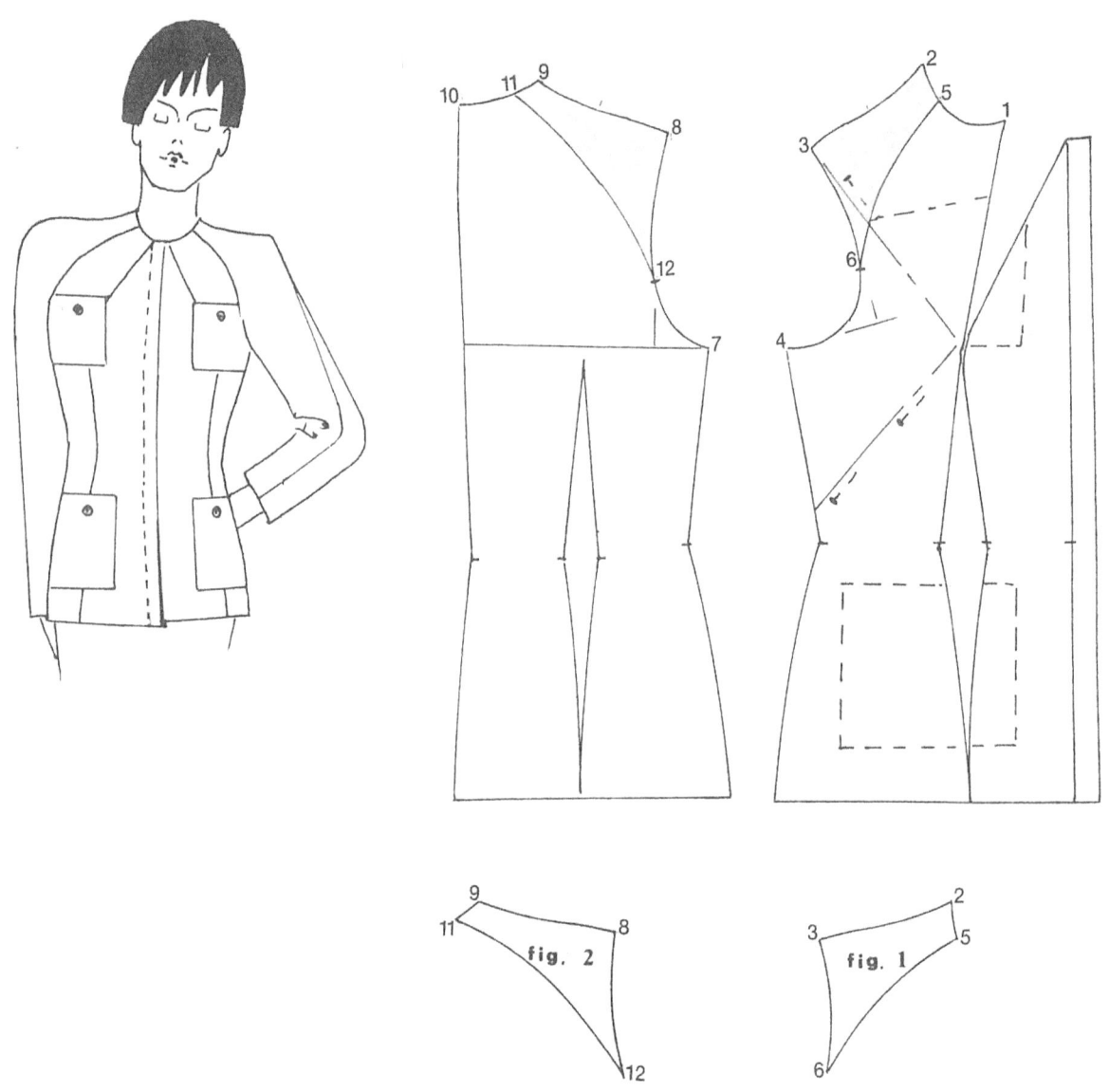

fig. 2

fig. 1

DELANTERA: **1-2** = escote, **2-3** = hombro, **3-4** = sisa.
Dibujar la forma del Raglan a gusto. Ejemplo: **2-5** = 3 ½ cm., **3-6** = 12 cm.. Unir **6-5** después separar la parte sombreada. Fig. 1.

TRASERA: **7-8** = sisa, **8-9** = hombro, **9-10** = escote.
Dibujar la forma del Raglan a gusto. Ejemplo: **9-11** = 3 cm., **8-12** = 14 ½ cm.. Unir **12-11**, luego separar la parte sombreada. Fig. 2.

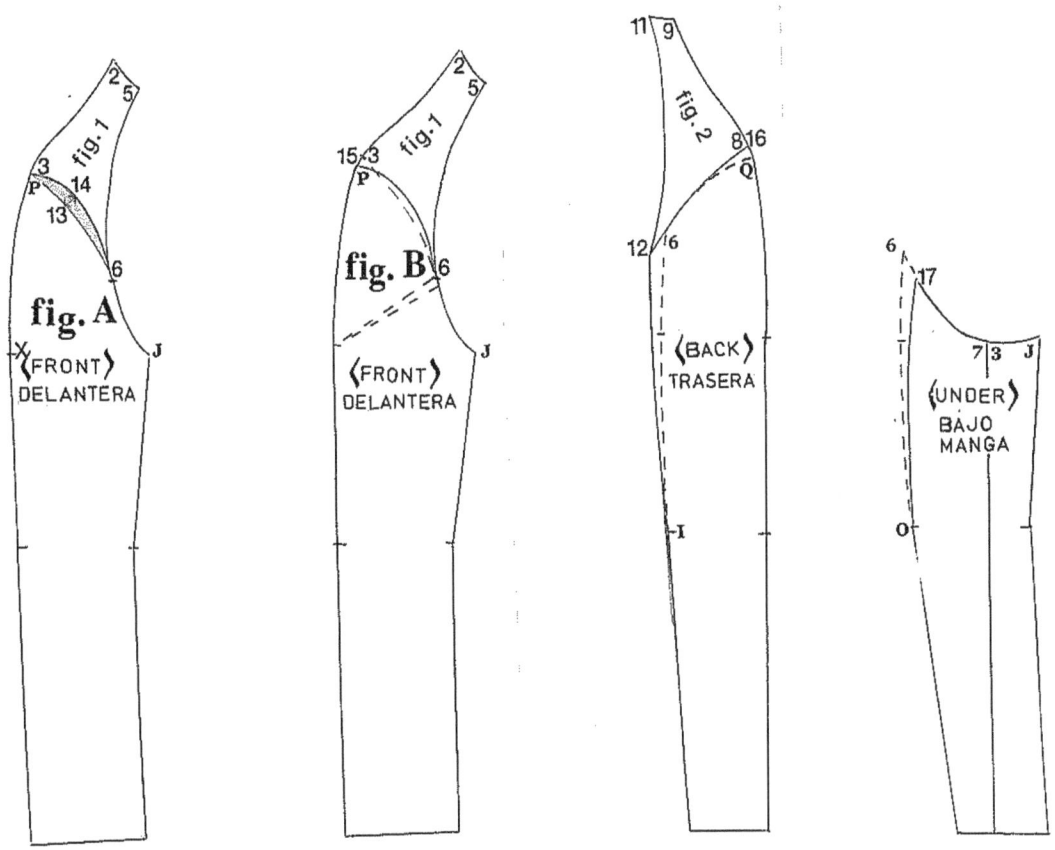

PASO A PASO CON LOS TRAZADOS

MANGA RAGLAN PARTE DELANTERA

UTILIZAR LA MANGA SASTRE, SEPARADA POR LA LINEA CENTRAL Y CON LA MISMA PUNTUACIÓN.

1er. Paso. Fig. **A**.

Juntar **3** del Raglan con **P** de la manga, dejando que el punto **6** encuentre la línea de la copa. Medir el espacio en su punto máximo de sobre posición, indicado con flechitas (parte sombreada) puntos **13-14**.

2do. Paso. Fig. **B**.

Desde **P**, prolongar la línea, aplicando la mitad de **13-14 = 15**, luego juntar **15** con **3** (Raglan) y dejar que el punto **6**, encuentre la línea de la copa.

Medir la distancia entre **6-J** y **J-3** del bajo manga. NOTA: Si fuere superior a la medida **6-4** de la delantera en más de ¼ de cm., con la medida que sobrare, se hará una pinza como lo indican las líneas discontinuas, luego deberá cerrar dicha pinza, y si fuere necesario, suavizar las líneas.

MANGA RAGLAN

PARTE TRASERA

Desde **Q**, siguiendo la línea hacia arriba aplicar la misma distancia entre los puntos **P-15**, de la delantera = **16**. Unir **16** y **8**, dejando que el punto **12**, toque o pase la línea de la copa. Unir **12-I**.

BAJO MANGA

Desde **6**, aplicar hacia **7/3** la medida **6-12 = 17**. Unir **17-O**. NOTA: Si el espacio **17-7/3**, fuere superior a la distancia **12-7** de la trasera del saco en más de ½ cm. redúzcalo moviendo el punto **17** hacia el punto **7/3**.

ENTALLE QUE NACE MAS ARRIBA DE LA CINTURA
UTILIZAR LOS TRAZADOS SIMPLES DEL SACO TIPO HOMBRE

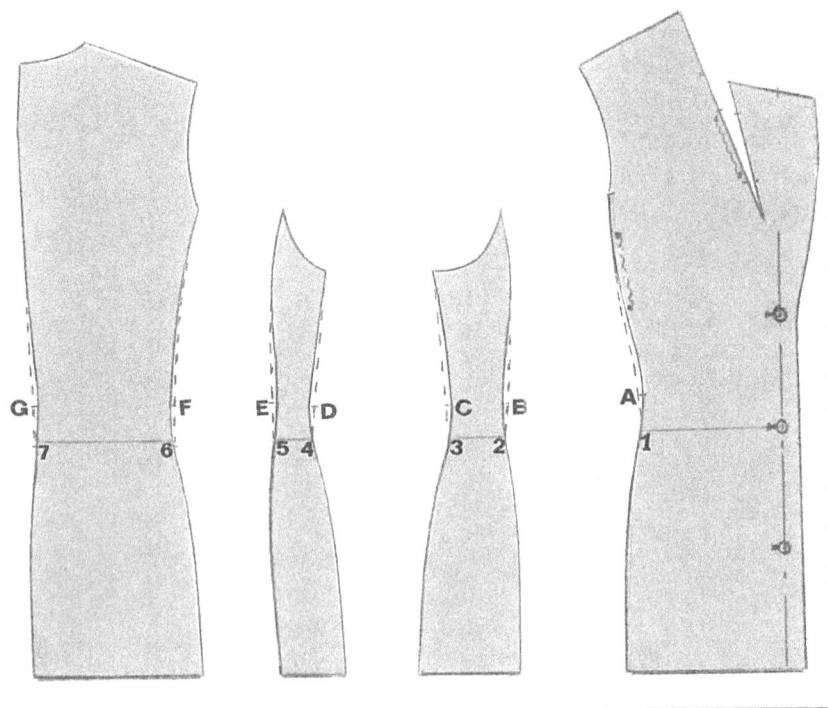

Desde las líneas de Cinturas (que deberán tener la misma altura desde el ruedo) = **1-2-3-4-5-6-7**, aplicar hacia arriba 4 cm. o a gusto = **A-B-C-D-E-F-G**, y desde ésos nuevos puntos, aplicar hacia dentro 1/4 de cm. o a gusto, luego, formar las nuevas rayas de entalle, como lo indican los trazados.

IMPORTANTE: Este tipo de entalle, se puede realizar en cualquier tipo de prenda.

ENTALLE LIGERAMENTE SUELTO
UTILIZAR CUALQUIER TIPO DE PRENDA ENTALLADA O SEMI ENTALLADA

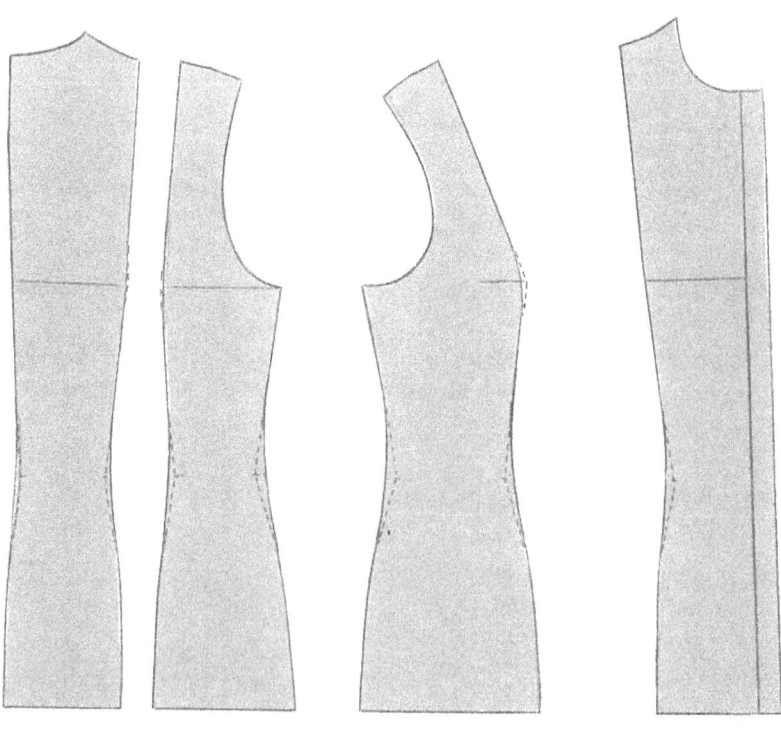

Para evitar que se marquen las líneas de entalle, es necesario suavizar las líneas de Cintura, la forma del Busto, para que no haga punta, y cualquier otra línea que fuere necesaria.

Trazar las nuevas formas, como lo indican los trazados.

NOTA: De más está decir que las líneas discontinuas, definen y marcan el entalle anterior.

COMO PROCEDER CON LA MANGA DE UNA PRENDA CUANDO EL BRAZO DE LA PERSONA ES MUY INCLINADO HACIA ADELANTE

Es necesario cortar y preparar la manga de la prenda en una tela desechable. Tomar con alfileres todo lo que sobra a la altura del codo, en éste caso son más de 3 cm.. Fig. **A**.

Trasladar las marcas sobre los moldes (partes sombreadas) Fig. **1** y **2**, luego cerrar las" pinzas", a continuación suavizar las líneas. Fig. **3** y **4**.

IMPORTANTE: Puede remplazar dicha operación dándole forma a la manga con la plancha ¿ como? Dibujar sobre un papel la forma de la misma, utilizando las Fig. **3** y **4**, luego deberá darle la forma como lo indica la Fig.**5**.

La Fig. **6**, demuestra la diferencia entre una manga con el tratamiento y la otra sin.

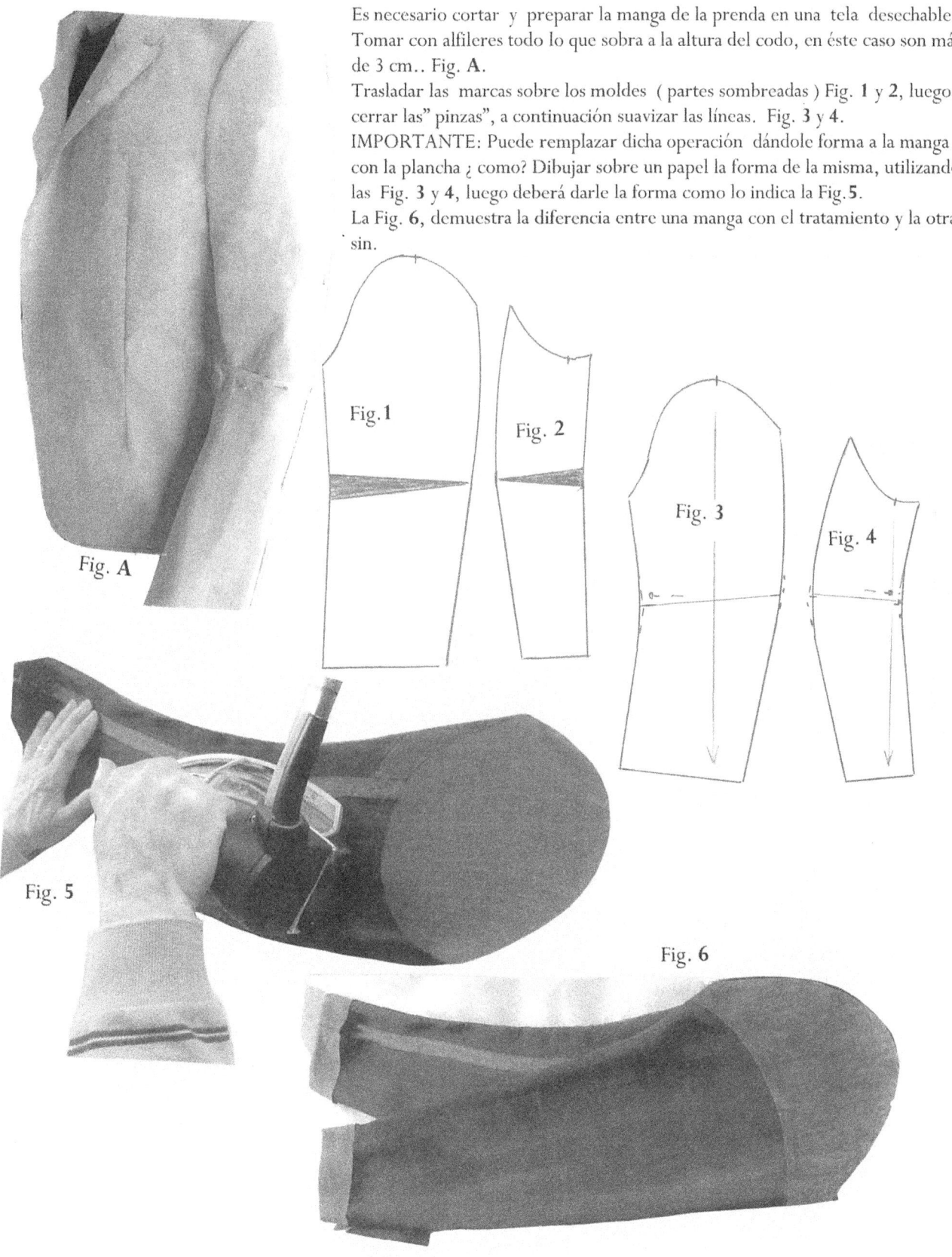

Fig. **A**

Fig.**1**

Fig. **2**

Fig. **3**

Fig. **4**

Fig. **5**

Fig. **6**

SACO CON COSTURA DEL HOMBRO INCLINADO HACIA ADELANTE
UTILIZAR CUALQUIER TIPO DE PRENDA DELANTERA Y TRASERA

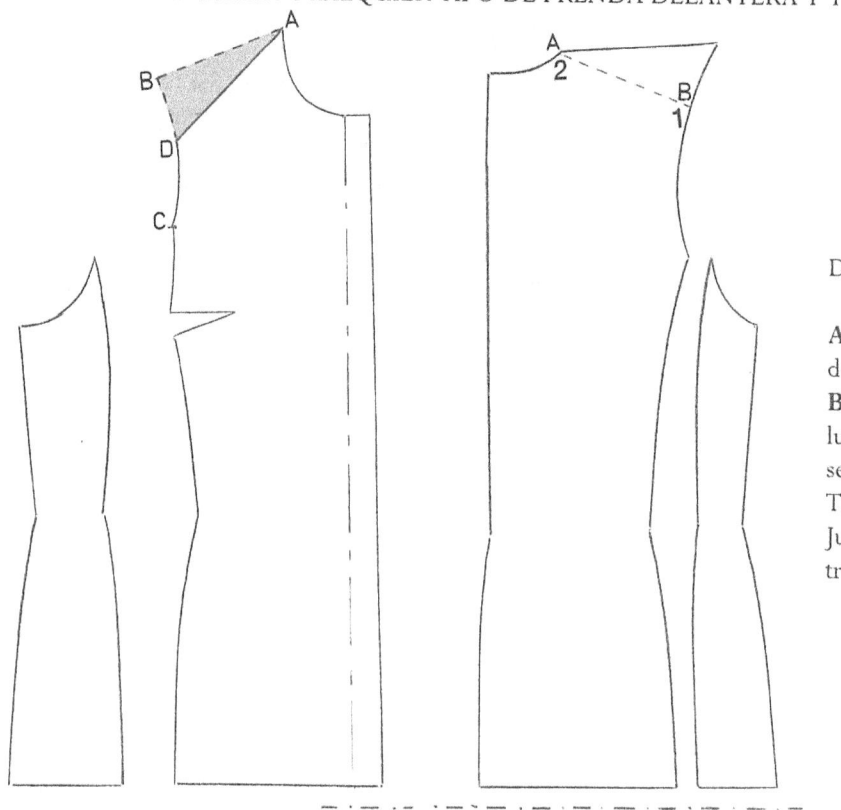

DELANTERA

A-B = hombro, **B-C** = parte de la sisa.
B-D, a gusto. Unir **A-D**, luego cortar por dicha línea, separando la parte sombreada.
TRASERA: **1-2** = hombro.
Juntar la parte sombreada a la trasera, uniendo **A-2** y **B-1**.

SACO CON COSTURA DEL HOMBRO INCLINADO HACIA ATRÁS
UTILIZAR CUALQUIER TIPO DE PRENDA DELANTERA Y TRASERA

TRASERA

a-b = parte de la sisa, **b-c** =hombro.
b-d = a gusto. Unir **d-c**, después cortar por dicha línea parte sombreada .
DELANTERA:**5-6** = hombro.
Juntar la parte sombreada a la delantera, uniendo **c** con **5** y **b** con **6**.

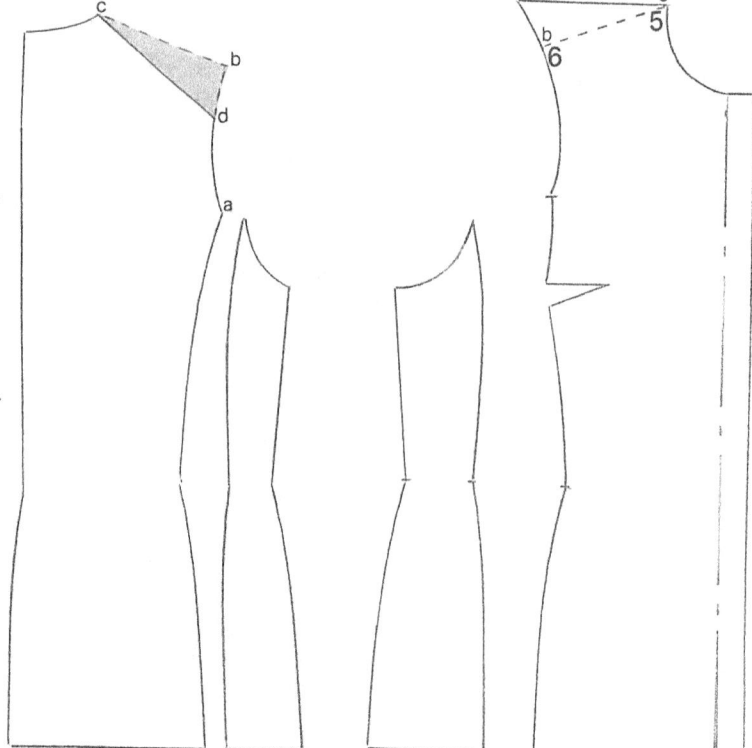

COMO HACER UNA PINZA MENOS PROFUNDA
UTILIZAR EL MOLDE DE UN SACO O ABRIGO PARTE DELANTERA

Hacer un pellizco a la pinza, tomando lo que Usted crea necesario, luego emparejar las líneas.

Suavice la línea de la sisa, si fuere necesario.

NOTA: Es de hacer notar que si dicha operación, está bien realizada, no afecta en nada la caída de la prenda.

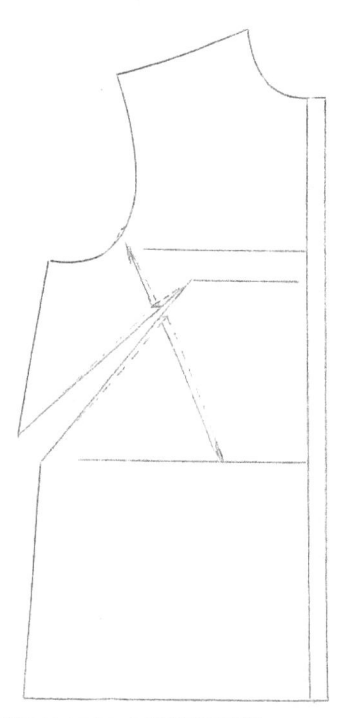

DETALLES DE COSTURA
COMO CORTAR LA ENTRETELA DE UN TAILLEUR CLASSIQUE

La parte sombreada, indica la manera de cortar la entretela tanto en la delantera, como en la trasera. Los ensanches, se dejan solamente en los hombros y en la sisa (delantera). También deberá cortar un **plastrón** para armar el pecho (sombreado **más oscuro**), que luego lo coserá picándolo con puntadas de unos 2 cm. de largo.

En la **trasera**, se cortará solamente desde la cintura hasta el ruedo y, no debe dejar ningún ensanche, amén que la persona tienda a subir de peso.

Las costuras (**entretela**) se coserán colocando por debajo una cinta de 1 ½ cm. de ancho y se unirán enfrentados, con un zig, zag.

Antes que nada, deberá colocar una cinta en la línea de cintura, ésta se sujetará solamente en los ensanches de las costuras. NOTA: Esta cinta se coloca para marcar **el talle** luego la entretela se sujetará a la cinta.

En la parte superior (trasera), se cortará una tira de organza, o de percalina, como **lo indica la parte sombreada**. Una vez colocada la entretela en el saco, se picará la solapa, luego se sujetara el borde, con punto cruzado, después, se ubicará la cinta de extraford para sostener los escotes, solapas, bordes y hombros delanteros y sisas.

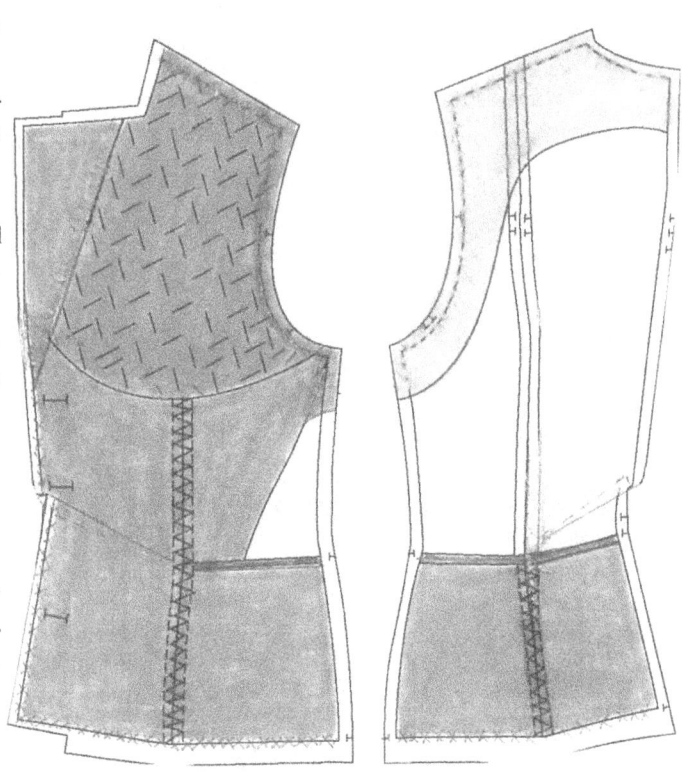

COMO ELIMINAR LA PINZA EN UN SACO O ABRIGO RECTO
UTILIZAR UN MOLDE DE UNA BLUSA, SACO, O TAPADO RECTO, CON PINZA CERRADA PARTE DELANTERA

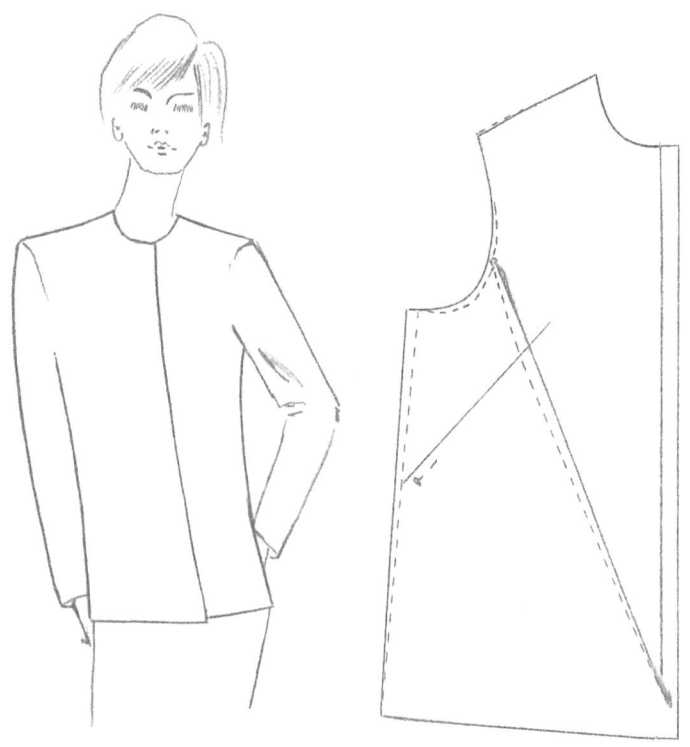

Para eliminar la o las pinzas, es necesario hacer un pliegue en el molde en forma diagonal, aplanando o achatando el molde. Lo que se quita con el pliegue, se agrega en el costado, después corregir la sisa. Quitar ¼ de cm. en la unión de la sisa con el hombro, luego formar la nueva línea del hombro.

IMPORTANTE: Este tipo de molde, NO es indicado para aquellas personas de mucho busto, y en caso de ser necesario, deberá dar la forma del busto con la plancha tipo Haute Couture.

DETALLES DE COSTURA
MANGA SASTRE TIPO HOMBRE
UTILIZAR UNA MANGA SASTRE

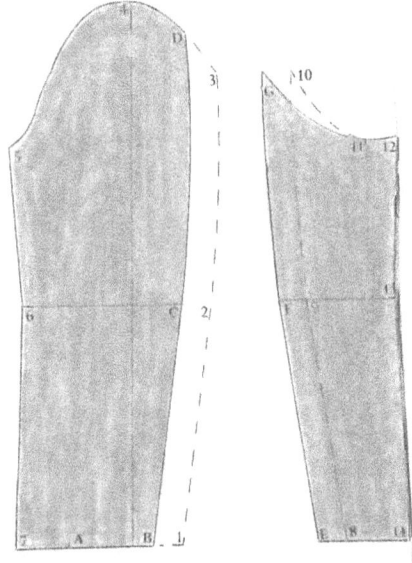

SOBRE MANGA

1-2-3 = parte trasera, 3-4-5 = copa, 5-6-7 = parte delantera, 2-6 = altura de codo.

BAJO MANGA

8-9-10 = parte trasera, 10-11-12 = parte de la copa, 12-13-14 = parte delantera.

7-A = 6 cm..

Medir la distancia entre A-1-8-14.

Desde A, aplicar hacia 1, la mitad de la distancia entre A-1-8-14 = B.

Desde B, trazar una línea paralela a 1-2-3 = C y D.

Desde 8, prolongar la línea hacia fuera, colocando la distancia 1-B del sobre manga = E, luego desde E, trazar una línea paralela a 8-9-10 = E-F-G. Unir G-11.

NOTA: Controlar que la distancia entre E-F-G sea igual a B-C-D, caso contrario mueva el punto G.

COMO DEJAR LOS ENSANCHES PARA LA CONFECCION

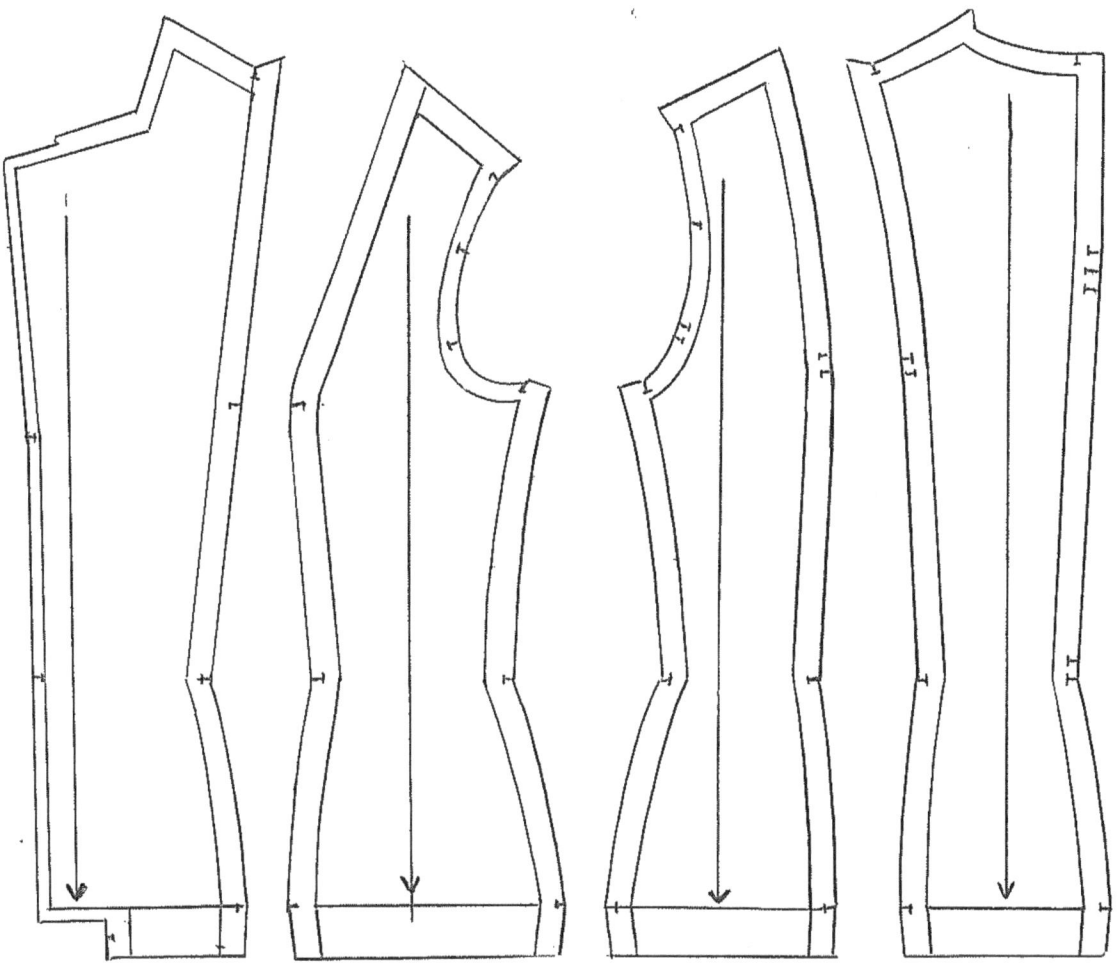

MUY IMPORTANTE: Para la confección los ensanches, deben ser muy exactos:

En los bordes delanteros, solapas, cuellos, tapitas de bolsillos, ect. = 1/4," en los escotes y sisas = 3/8," en los ruedos 2," todas las demás costuras = 1/2." NOTA: Todas éstas medidas están indicadas en inches.

NOTCHES (puntos de apoyo): En las delanteras, se distinguen con un notch, las costuras traseras con dos notches y el centro de atrás con tres, como lo indican los trazados.

DETALLES DE COSTURA

COMO SE CAMBRA

<u>**Primero hay que saber que significa cambrar.**</u>

<u>**Canbrar**</u> significa **estirar** la tela con la plancha dejándola más grande, es decir ondeada, y su realización debe ser armoniosa.

Comience apoyando la plancha sobre la tela haciendo peso después, con la otra mano tironee la tela y vaya avanzando con la plancha.

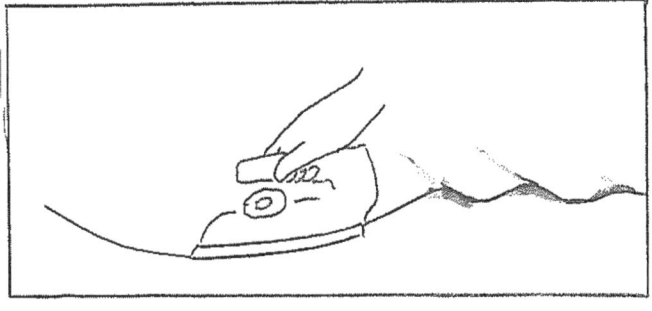

COMO FORMAR LOS PUNTOS DE APOYO(NOTCHES) EN LA SISA DELANTERA, TRASERA Y EN LA MANGA

UTILIZAR CUALQUIER TIPO DE TRAZADOS CON SU RESPECTIVA MANGA

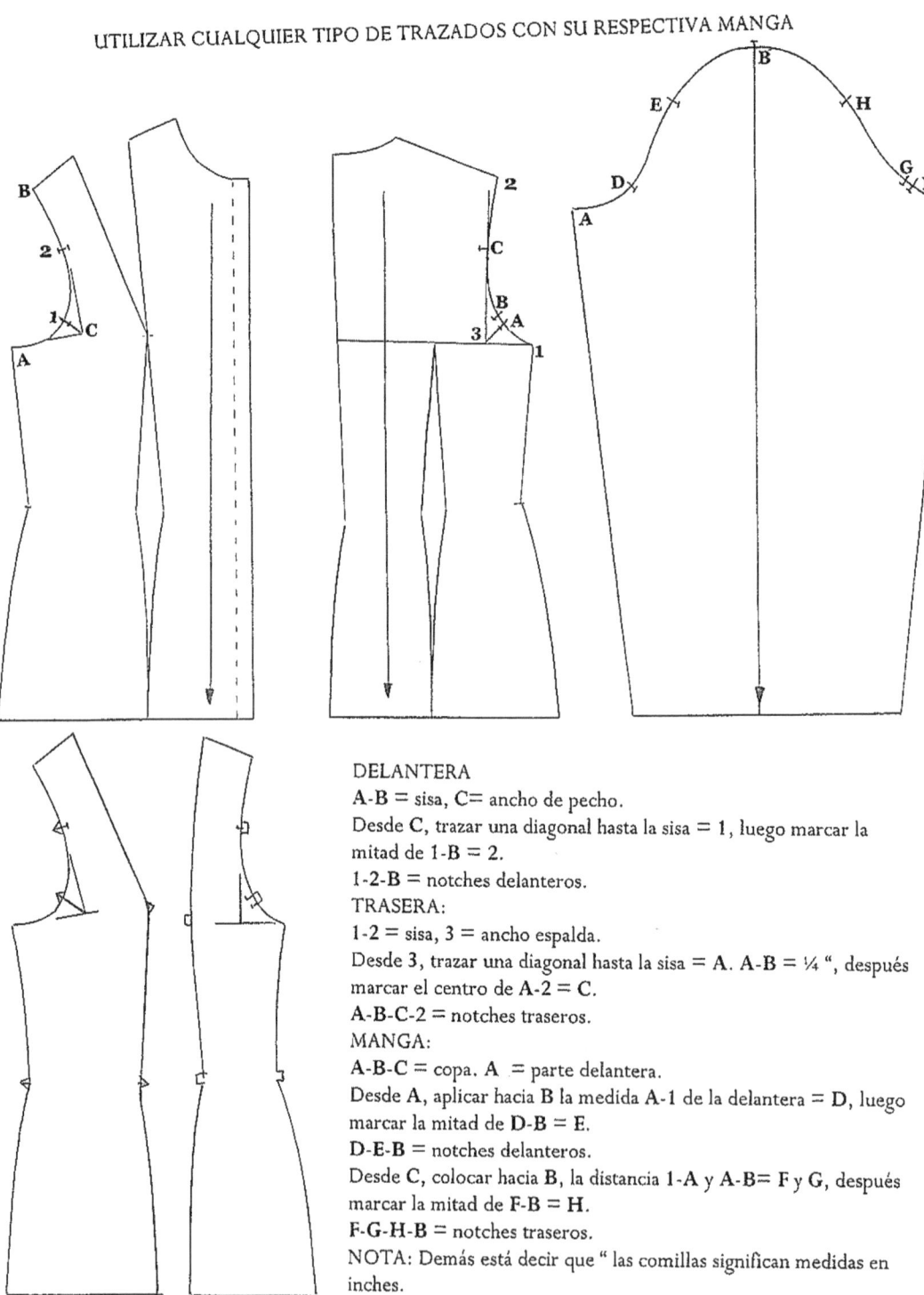

DELANTERA

A-B = sisa, C= ancho de pecho.

Desde C, trazar una diagonal hasta la sisa = 1, luego marcar la mitad de 1-B = 2.

1-2-B = notches delanteros.

TRASERA:

1-2 = sisa, 3 = ancho espalda.

Desde 3, trazar una diagonal hasta la sisa = A. A-B = ¼ ", después marcar el centro de A-2 = C.

A-B-C-2 = notches traseros.

MANGA:

A-B-C = copa. A = parte delantera.

Desde A, aplicar hacia B la medida A-1 de la delantera = D, luego marcar la mitad de D-B = E.

D-E-B = notches delanteros.

Desde C, colocar hacia B, la distancia 1-A y A-B= F y G, después marcar la mitad de F-B = H.

F-G-H-B = notches traseros.

NOTA: Demás está decir que " las comillas significan medidas en inches.

MUY IMPORTANTE: Si la tela tuviere pelo, o el modelo llevara frunces, los tajitos no se notan, entonces es conveniente hacer las marcas de la siguiente manera: En la delantera hacer triangulitos y en la trasera hacer rectangulitos.

COMO HALLAR EL BIES

HAY VARIAS MANERAS DE HALLAR EL BIES, AQUÍ LE PRESENTAMOS UNA:

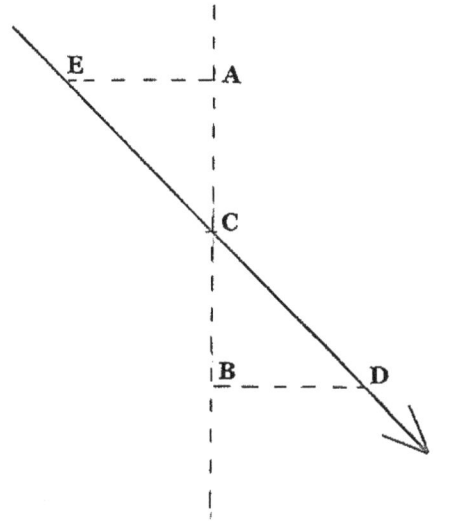

Trazar una vertical, ejemplo: 20 cm. = **A- B**.

Marcar el centro de **A-B = C**.

Desde **B**, escuadrar hacia la derecha, aplicando la medida **C-B = D**.

Desde **A**, escuadrar hacia la izquierda, colocando la distancia **A-C = E**. Unir **E-D**. Dicha línea indica el bies.

COMO MARCAR LOS OJALES

PARA SABER EL ANCHO DE UN OJAL, SE DEBE TOMAR LA MEDIDA ALREDEDOR DEL BOTON

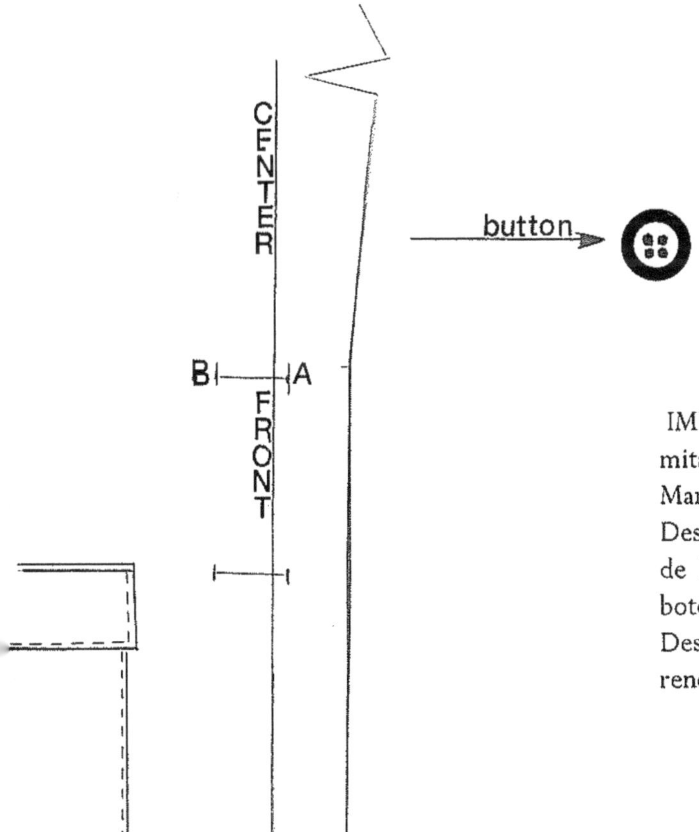

button →

IMPORTANTE: El cruce, debe ser más grande de la mitad del botón (puesto que éste no puede sobresalir). Marcar las ubicaciones de los ojales.

Desde el centro de adelante, aplicar hacia fuera la mitad de la distancia existente entre un agujero y el otro del botón = **A**.

Desde **A**, colocar hacia dentro, la mitad de la circunferencia del botón = **B**.

COMO CORTAR LA ENTRETELA EN SACOS O ABRIGOS
(QUE SE DESEAN LIVIANOS)

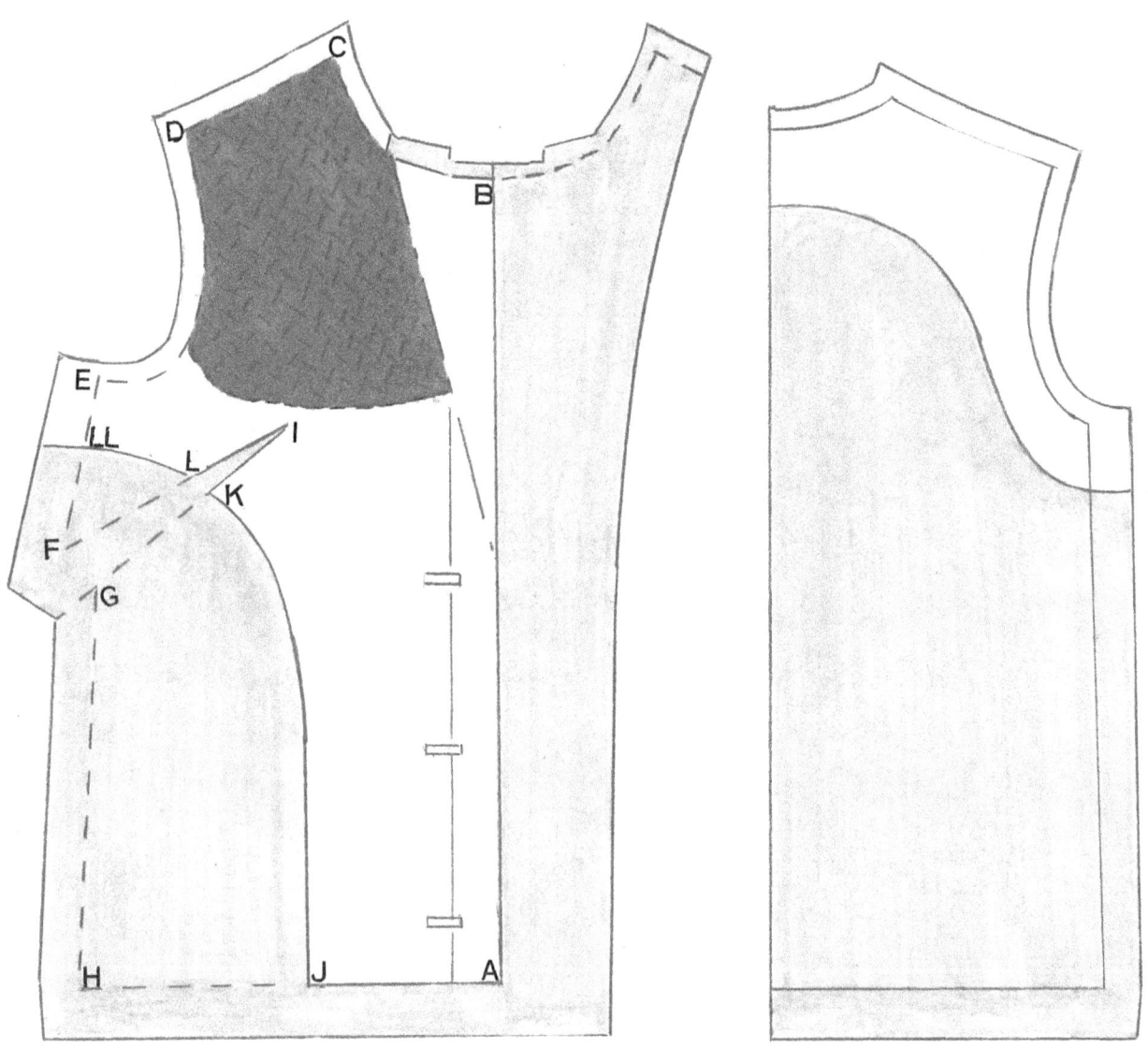

UTILIZAR EL TRAZADO DE UN SACO O TAPADO.

A-B, indican le cruce, **B-C** = escote, **C-D** = hombro, **D-E** = sisa, **E-F-G-H** = costado, **F-I-G** =pinza, **H-A** = ruedo.

Desde **A**, aplicar hacia dentro unos 15 cm. = **J**.

Desde **I**, colocar hacia ambos lados unos 10 cm. = **K** y **L**.

Desde **E**, ubicar hacia abajo unos 5 cm. = **LL**. Unir **LL-L-K-J**. NOTA: La parte en blanco corresponde a la entretela, y debe dejarles ensanche también, en el borde delantero, la parte de la solapa y el ruedo, aunque luego tenga que recortarlos, se hace eso, para evitar alguna sorpresa.

IMPORTANTE: Si la persona, tuviere el busto" hundido," entonces deberá colocar un plastrón de refuerzo, indicado en color oscuro, que se sujetará con puntadas tipo picado. Si la prenda fuere de confección puede ser fuse.

IMPORTANTE: En la parte de la trasera y de acuerdo al cuerpo, se podrá colocar un refuerzo (que puede ser de percalina), indicado en color blanco.

COMO REALIZAR LA TAPA DE CUELLO Y LA VISTA-SOLAPA

UTILIZAR LOS MOLDES DE UN SACO, ABRIGO, ETC..QUE TENGA CUELLO Y SOLAPA

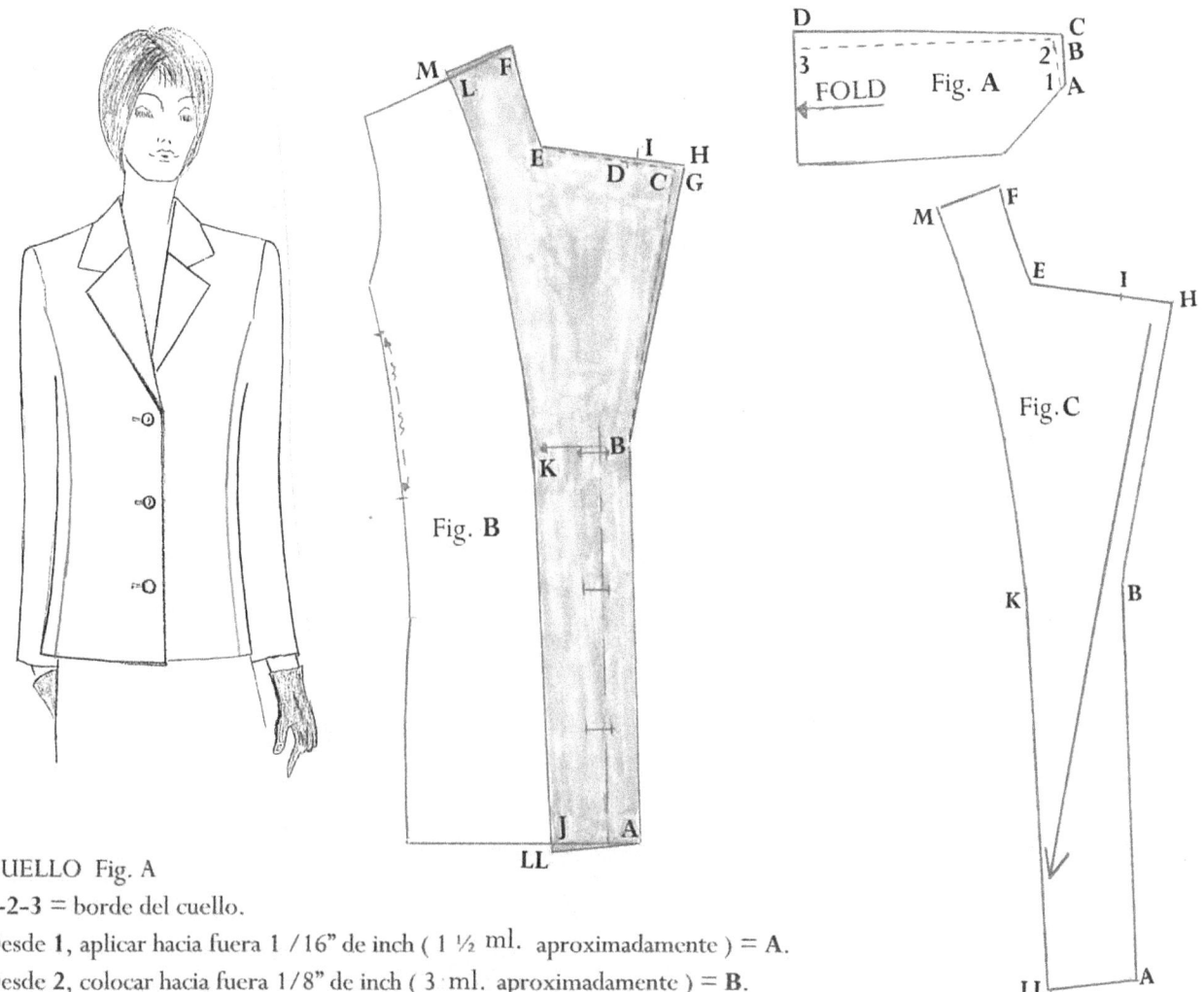

CUELLO Fig. A

1-2-3 = borde del cuello.

Desde **1**, aplicar hacia fuera 1 /16" de inch (1 ½ ml. aproximadamente) = **A**.

Desde **2**, colocar hacia fuera 1/8" de inch (3 ml. aproximadamente) = **B**.

Unir **A-B**, a continuación prolongar la línea, aplicando 1/16" (1 ½ ml. aproximadamente) = **C**.

Desde **3**, colocar 1/8" de inch = **D**. Unir **D-C**.

COMO REALIZAR LA VISTA-SOLAPA Fig. B

A-B = cruce, **B-C-D-E** = solapa," **D-E-F"** = escote.

C-G = 1/8" de inch (3 ml. aproximadamente).

Unir **B-G**, luego prolongar la línea aplicando 1/32 de inch (casi nada) = 0,75 ml. = **H**. Unir **H-E**.

D-I = 1/16". NOTA: Se agregan éstas medidas, pero todo depende del grosor de la tela.

A-J = 2 ¾" de inch (7 cm. o a gusto), lo mismo que **B-K**.

F-L = 2" (5 cm. o a gusto).

Unir **J-K-L**.

IMPORTANTE: Si la prenda no tuviere pinza, entonces será necesario agregar también 1/16 " desde **J** y desde **L** = **LL** y **M**. Unir **LL-A** y **M-F**.

NOTA: En alguna prenda que tenga pinza o recortes, solamente es necesario agregar en la parte de debajo de la vista.

IMPORTANTE: Calcar la parte sombreada. Fig. **C**. Si la tela tuviere rayas o cuadros, entonces el hilo de la tela deberá seguir la línea de la flecha

NOTA: Cabe recordar que dos más dos en HAUTE COUTURE, no son cuatro.

COMO HACER LOS MOLDES DE LOS FORROS EN UN SACO

UTILIZAR LOS MOLDES DE UN SACO (O ABRIGO ETC..)TRASERA,DELANTERA Y LA MANGA

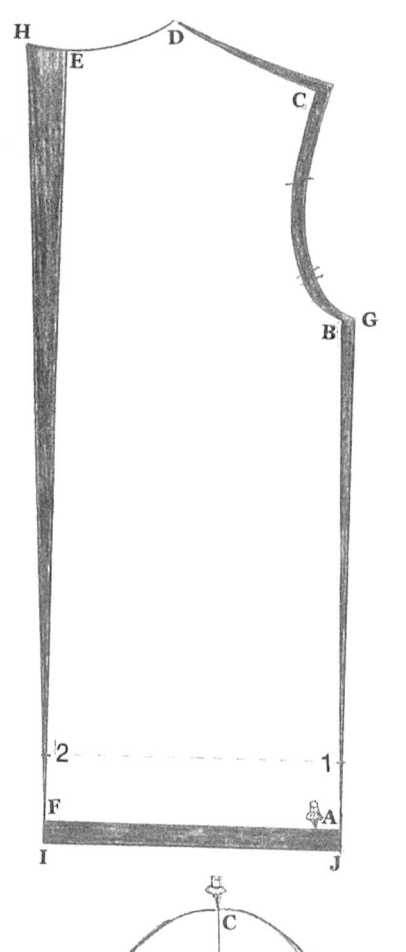

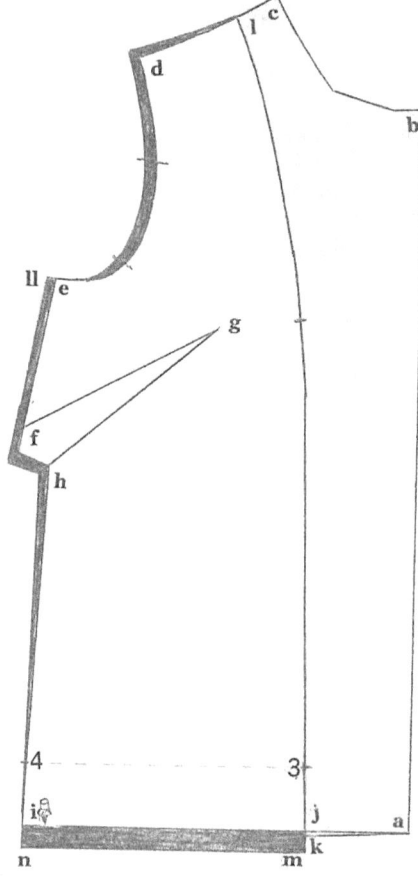

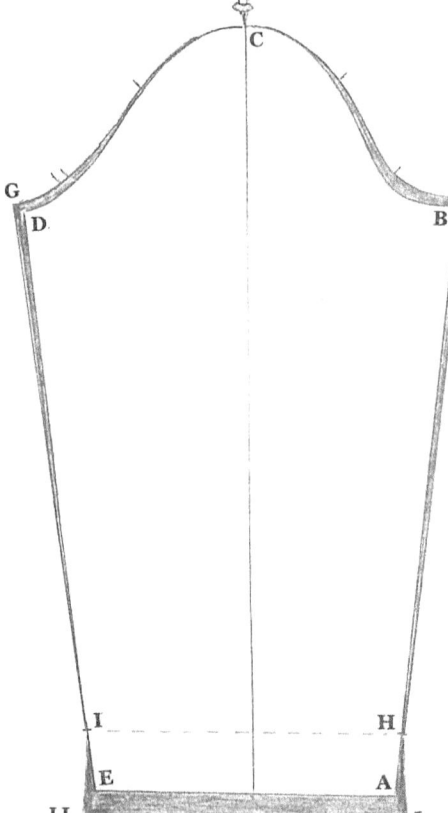

TRASERA

A-B = costado, **B-C** = sisa, **C-D** = hombro, **D-E** = escote, **E-F** = centro parte trasera

Sujete el molde con un chinche, en el punto **A**, o con la punta de un alfiler.

B-G = 1/8" (inch).

Mueva el molde uniendo **B-G**, luego marque las nuevas líneas Hombro, Sisa, Costado.

Doble el molde por la raya **E-F**, luego marque el Escote, y desde **E**, coloque 3 cm. = **H**.

Abra el molde, después, una **H-F**.

A-1 y **F-2** = 5 cm. (dobladillo de la prenda).

F-I y **A-J** = 1 ½ cm.. Una **I-J**.

NOTA: La distancia **I-J**, debe ser igual a **2-1**, a los efectos que no tironee. Fig. **A**.

El elespacio entre **E-H-F**, se usará como pliegue, y deberá estar muy bien planchado

DELANTERA

a-b = cruce, **b-c** = solapa y escote, **c-d** = hombro, **d-e** = sisa, **e-f-h-I** = costado, **f-g-h** = pinza.

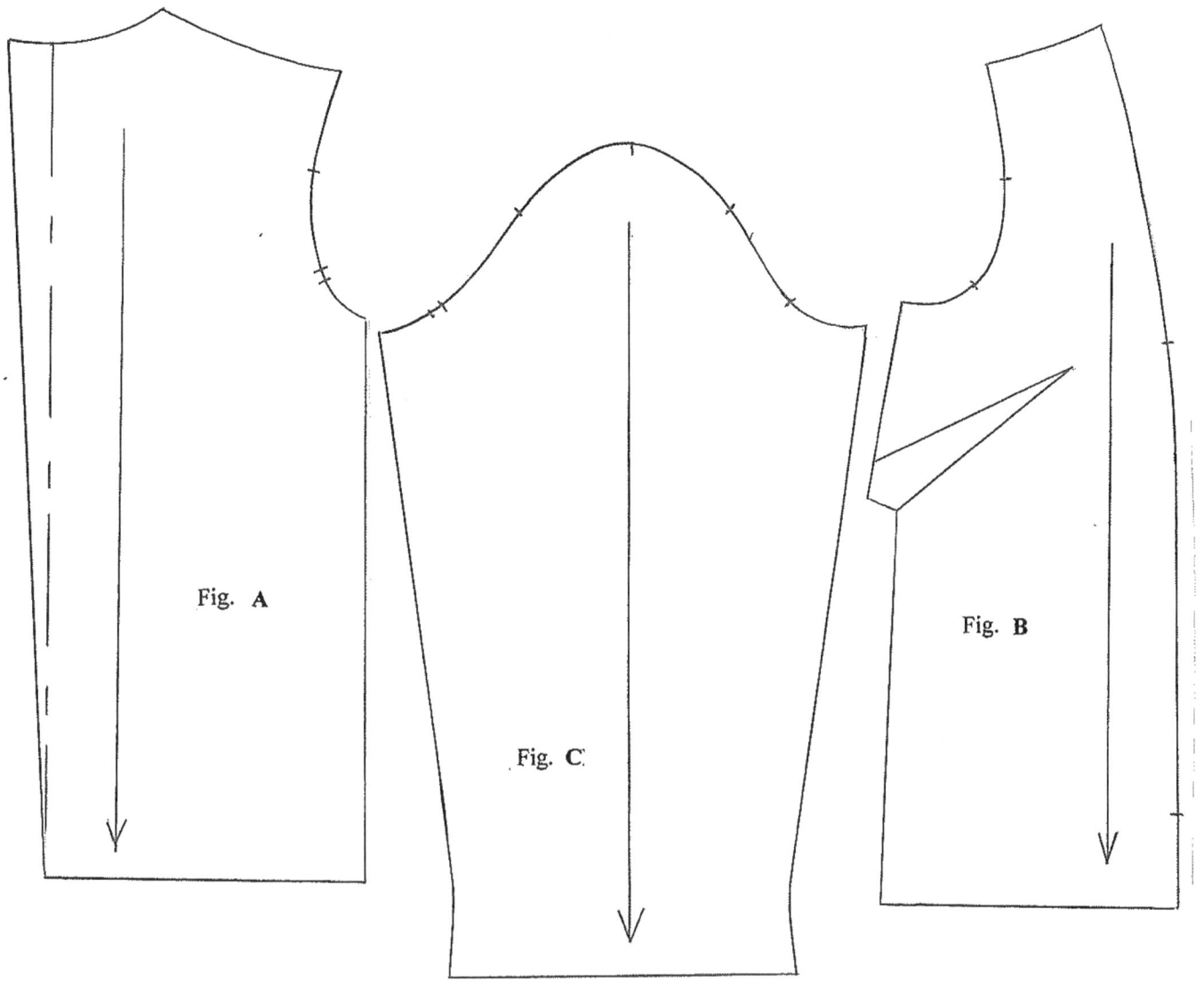

Fig. A

Fig. C

Fig. B

VISTA:

a-j = 7 cm. o a gusto. j-k = 2 ml. . Una k-a. c-l = 5 cm. o a gusto. Una l-j, como lo indica el trazado (parte sombreada = vista).

E-ll = 1/8" (inch).

Sujete el molde en el punto i, con un chinche, o con la punta de un alfiler.

Mueva el molde, juntando e-ll. Marque las nuevas líneas: Hombro, Sisa, Costado.

j-3 y i-4 = 5 cm. (dobladillo de la prenda).

j- m y i-n = 1 ½ cm.. Una m-n.

NOTA: La distancia entre m-n, debe ser igual a la distancia 3-4. Fig. B.

MANGA:

A-B y D-E = laterales, B-C-D = copa.

Sujete el punto C con un chinche.

Desde B y D, aplique 1/4' de inch, o sea igual al ensanche que deja en la sisa = F y G.

Mueva el molde y junte B con F. Marque la nueva sisa, después, una F-A.

Mueva el molde y junte D con G. Marque la nueva sisa, después , una G-E.

A-H y E-I = 5 cm. (dobladillo).

A-J y E-K = 1 ½ cm.. Una J-K.

Desde J y K, aplique la mitad de la diferencia entre H-I y A-E = L y LL. Una L-H y LL-I. Fig. C.

IMPORTANTE: Se hacen dichas operaciones a los efectos que la persona, se siente cómoda al mover los brazos.

COMO PREPARAR UNA PRENDA PARA QUE LLEVE HOMBRERAS
UTILIZAR QUALQUIER PRENDA QUE DESEE COLOCARLE HOMBRERA

Fig. 1

HOMBRERA Fig.1

1-2 = altura de hombrera.

DELANTERA

A-B = hombro.

TRASERA

C-D = hombro.

DELANTERA y TRASERA

Desde **B** y **D**, prolongar las sisas, aplicando la mitad de la medida 1-2 de la hombrera = **E** y **F**. Unir **E** y **A**, y **F-C**, con ligera forma. Ahora Usted, está en condiciones para tomar las medidas para hacer la manga.

IMPORTANTE: Al hacer la manga, deberá agregarle la altura de la hombrera al largo de manga; También, es necesario que el largo de la hombrera, sea ligeramente más corta que el ancho del hombro.

MODO DE HACER COINCIDIR LAS MANGAS EN TELAS A CUADROS

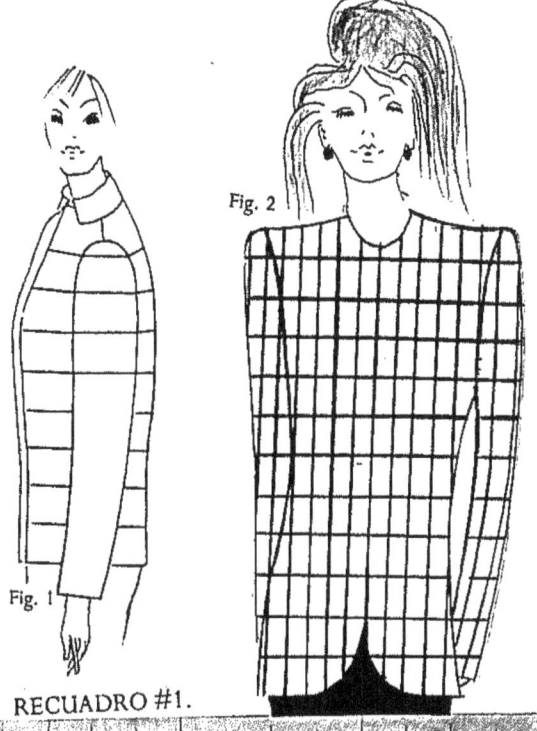

Fig. 2

Fig. 1

RECUADRO #1.

RECUADRO # 1. Fig. 1.

Colocar los centros de adelante y de atrás de los moldes delantero y trasero, en el medio del cuadro, o en el comienzo del mismo.

Los ruedos, deben coincidir con la terminación del cuadro. Nunca en el medio del mismo.

Para que las mangas coincidan, coloque las Alturas de las Copas a la misma Altura del cuadro de las Sisas = puntos A.

MODO DE HACER COINCIDIR LAS LINEAS EN FORMA VERTICAL Y HORIZONTAL

RECUADRO # 2. Fig. 2 & Fig. 3.

Lo más importante, no es hacer coincidir las líneas horizontales sino también las verticales.

Para eso, es necesario utilizar una manga en liencillo o en una tela desechable.

Hilvanar la manga a la prenda , luego marcar las líneas horizontales y después las verticales (o vice versa), después trasladar las líneas en los moldes. MUY IMPORTANTE: También es necesario hacer coincidir las líneas verticales en las costuras traseras de las mangas.

NOTA: Si la prenda no llevare pinzas (tipo HAUTE COUTURE) entonces será necesario hacer coincidir también las verticales y las horizontales en las líneas de los hombros, para eso debería agrandar la línea del escote delantero a la medida del escote trasero, luego al coser la prenda, deberá reducir el escote a la medida anterior. En caso que fuere necesario, podría mover la línea del hombro.

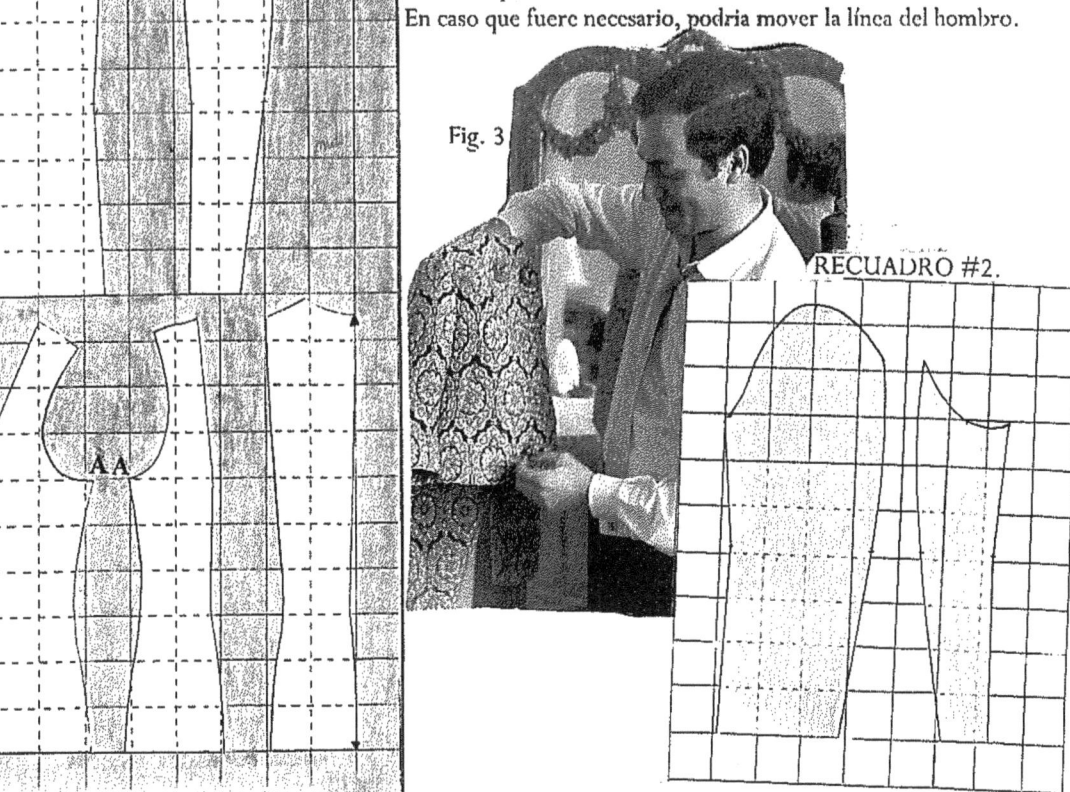

Fig. 3

RECUADRO #2.

SACO CON MANGAS TIPO RAGLAN CON PLIEGUES Y CON
ELIMINACION DEL ROMBO
EMPLEAR LOS MOLDES DEL SACO CON MANGA JAPONESA

Fig. 3 y 4

Figuras 7 y 8

Fig. 1

Fig. 5

TRASERA : **a-b-c** = costado, **c-d-e** =
lugar de la ubicación del rombo, **e-f** =
bajo manga, **f-g** = puño, **g-h-i** = sobre
manga y hombro, **i-j** = escote, **k-l-ll-**
m=pinza.

i-n =5 cm.. Unir **n-d**. Unir **d-h** con
forma. Calcar la parte sombreada, que
equivale al sostén del hombro. Fig.1.
Desde **k**, seguir la línea de la pinza con
ligera forma, hasta la raya **d-n** = **o**.
Separar la manga.Fig.2.
Cortar desde **o**, hasta **k**. Separar el
molde, vaciando la pinza. Fig. 3 y 4.
Colocar el rombo de acuerdo al lugar
que le pertenece.
DELANTERA: **1-2** = cruce, **2-3-5-6** =
escote, **3-4-5** =pinza (trasladada en el
escote, para facilitar la acción), **6-7-8**
= hombro y sobre manga, **8-9** = puño,
9-10 = bajo manga, **10-11-12** = lugar
de la ubicación del rombo, **12-13** =
costado, **4-14-15-16** =pinza.
6-A =5 cm.. Unir **A-11**. Unir **11** **7**
con forma. Calcar la parte sombreada.
Fig.5. Unir las Fig.**5 y 1**,juntando **i** con
6 y **h** con **7**.
Separar la manga. Fig.6.
Desde **4** (delantera),llevar la línea ,
con ligera forma, hasta la raya **A-11** = **B.**

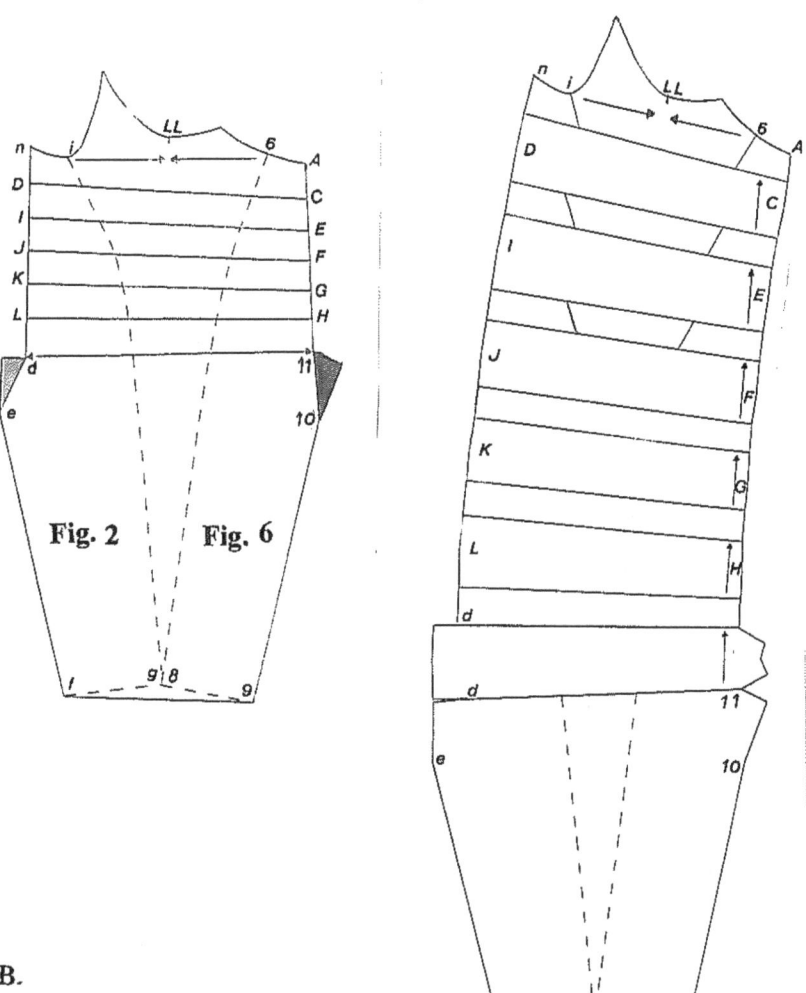

Fig. 2   Fig. 6

Cortar desde **B**, hasta **16**, separando el molde. Cerrar la pinza **3-4-5**.
Suavizar las líneas en el punto **4**, del lateral. Fig.**7 y 8**.
Colocar la parte del rombo, de acuerdo al lugar que le pertenece.
Juntar las Fig.**2 y 6**, uniendo **g** y **8**. Separar los puntos **d** y **11**, 40 cm. o a gusto. Cabe señalar que cuanto
más se distancian **d** y **11**, más aglobada resultará la manga.
Formación de los pliegues: Desde **A** y **n**, aplicar 5 cm.=**C** y **D**. Unir **C-D**.
Dividir las distancias **C-11** y **D-d** en cinco partes = **E, F, G, H** y **I, J, K, L**.
Unir **C-D, E-I, F-J, G-K, H-L**.
Colocar las partes del rombo, en cada lado de la manga.
MODO DE FORMAR LOS PLIEGUES: Las distancias entre los puntos **C-D** y **E-I**, etc. , deberán ser el
doble de la separación **C-E**. NOTA: Se pueden formar primero los pliegues, y luego aplicar el molde sobre
los mismos, así como también separar las rayas. Una vez realizados los pliegues, marcar el centro de los
puntos **6-i** = **LL**. Unir **6** e **i**, con el punto **LL**, como si estuviera haciendo un pliegue, después marcar los
escotes con una ruleta, y ésa es la forma (top) de la manga al abrirla.

SACO CON RECORTE EN M QUE ANUDA, MANGAS CON PLIEGUES Y EN
LA TRASERA CON ELIMINACION DEL ROMBO

EMPLEAR LOS MOLDES DE UN SACO CON MANGA JAPONESA

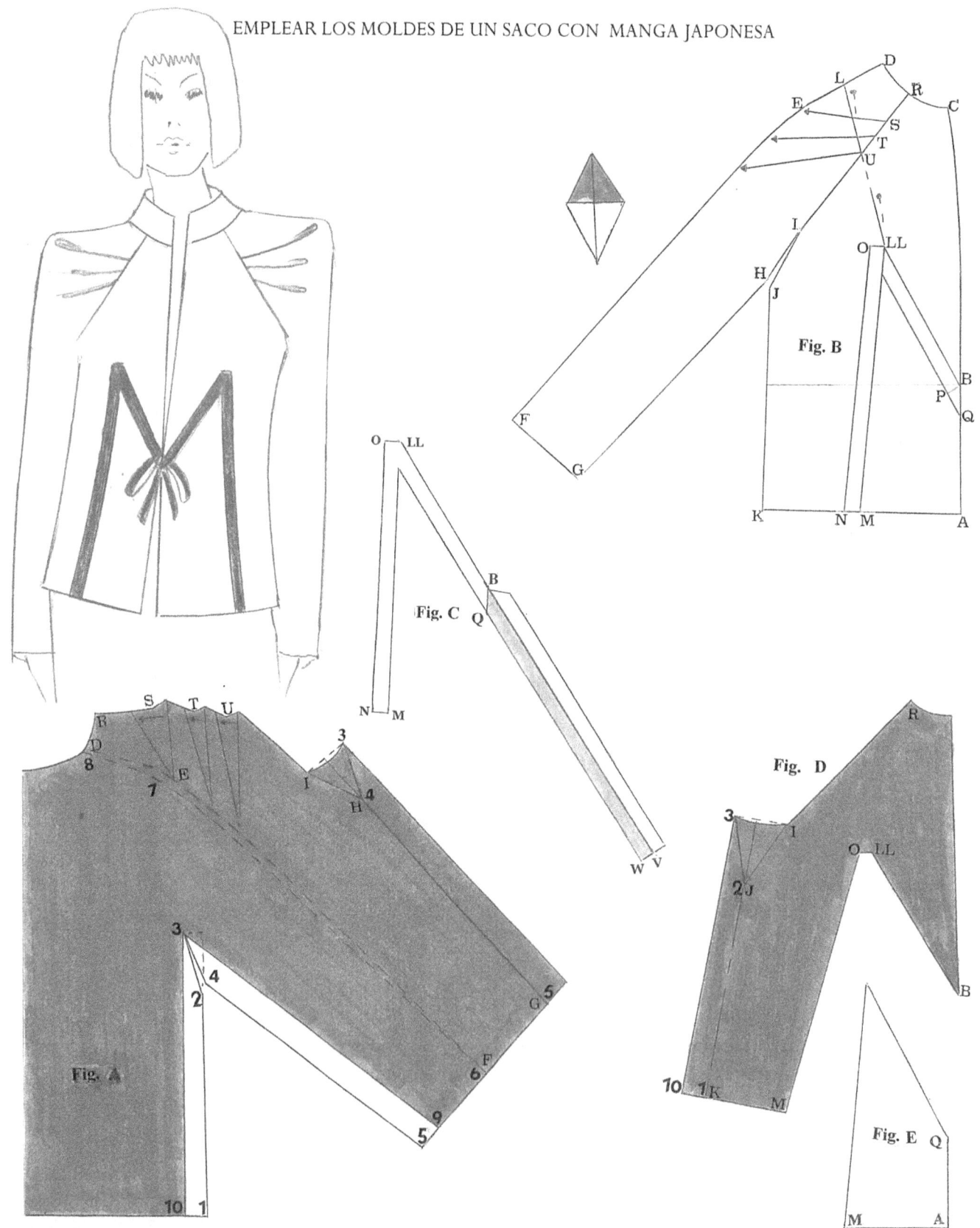

Fig. B

Fig. C

Fig. D

Fig. E

Fig. A

PASO A PASO CON LA REALIZACION DE LOS TRAZADOS

TRASERA Fig. **A**

1-2=costado, 2-3-4=lugar de la ubicación del rombo, 4-5 =bajo manga, 6-7=sobre manga, 7-8= hombro.

Desde **3**, trazar una línea paralela al bajo manga hasta el puño = **9**.

Desde **3**, trazar una paralela al costado hasta el ruedo = **10**.

Separar las partes en blanco.

DELANTERA Fig. **B**

A-B-C = centro delantero (sin cruce), **B** = línea de cintura, **C-D** = escote, **D-E** = hombro, **E-F** = sobre manga, **G-H**=bajo manga, **H-I-J**= lugar de la ubicación del rombo, **J-K**= costado, **L-LL** = pinza trasladada en el hombro. Cerrada.

Marcar el centro de **A-K** = **M**. Unir **M-LL** y **LL-B**.

M-N; **LL-O**; **B-P** = 2 ½ cm. o a gusto.

Unir **N-O** y **O-P**, luego desde **P**, prolongar la línea = **Q**.

D-R = 5 cm. .Unir **R-I**.

R-S= 4 cm.. Unir **S-E**.

S-T y **T-U** = 2 ½ cm.. Desde **T** y **U**, trazar rayas, como lo indican las flechitas.

Separar la manga por la línea **R-I**. Separar la tira sombreada en amarillo. Fig. **C**.

Cortar desde **S**, **T**, **U**, hasta el borde del sobre manga sin separar.

Unir la manga a la parte trasera, juntado **F-6** y **D-8**.

Para que los puntos **T** y **U**, puedan abrirse, aleje las vías de los sobre mangas, como lo indican las líneas discontinuas.

Juntar la parte en blanco del bajo manga trasera, a la manga delantera, uniendo **G** con **5** y **H** con **4**.

Colocar el medio rombo parte sombreada.

Unir **3** con **I**, con forma.

Desde los puntos **B-Q**, Fig. **C**, prolongar las vías lo suficiente, como para poderlos anudar, ejemplo: 45 cm. o a gusto = **V- W**. Unir **V-W**.

Doblar el papel por la línea **B-V** y calcar la parte sombreada.

NOTA: Si la tela no le alcanzare, separe el molde por **B-Q**.

Juntar la parte en blanco del costado de la trasera al costado de la delantera, uniendo **1** con **K** y **2** con **J**. Fig. **D**.

Colocar la otra parte del rombo, luego unir **3** con **I** con forma.

La Fig. **E**, indica la parte baja de la delantera.

DETALLES DE COSTURA

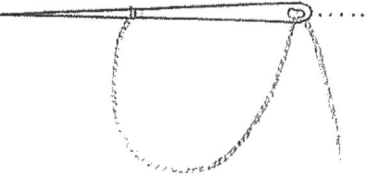

PUNTO ATRÁS INVISIBLE

Este punto se usa en general para embellecer prendas (solapas, cuellos, etc.).

Se realiza sacando la aguja e ir hacia atrás tomando apenas un hilito, luego se avanza por debajo de la tela ½ cm., o a gusto. Es de hacer notar que puede tironear ligeramente la puntada.

SACO: IMITANDO CUELLO Y SOLAPA, PERO AL REVEZ

EMPLEAR LOS MOLDES SIMPLES DE UN SACO TIPO HOMBRE

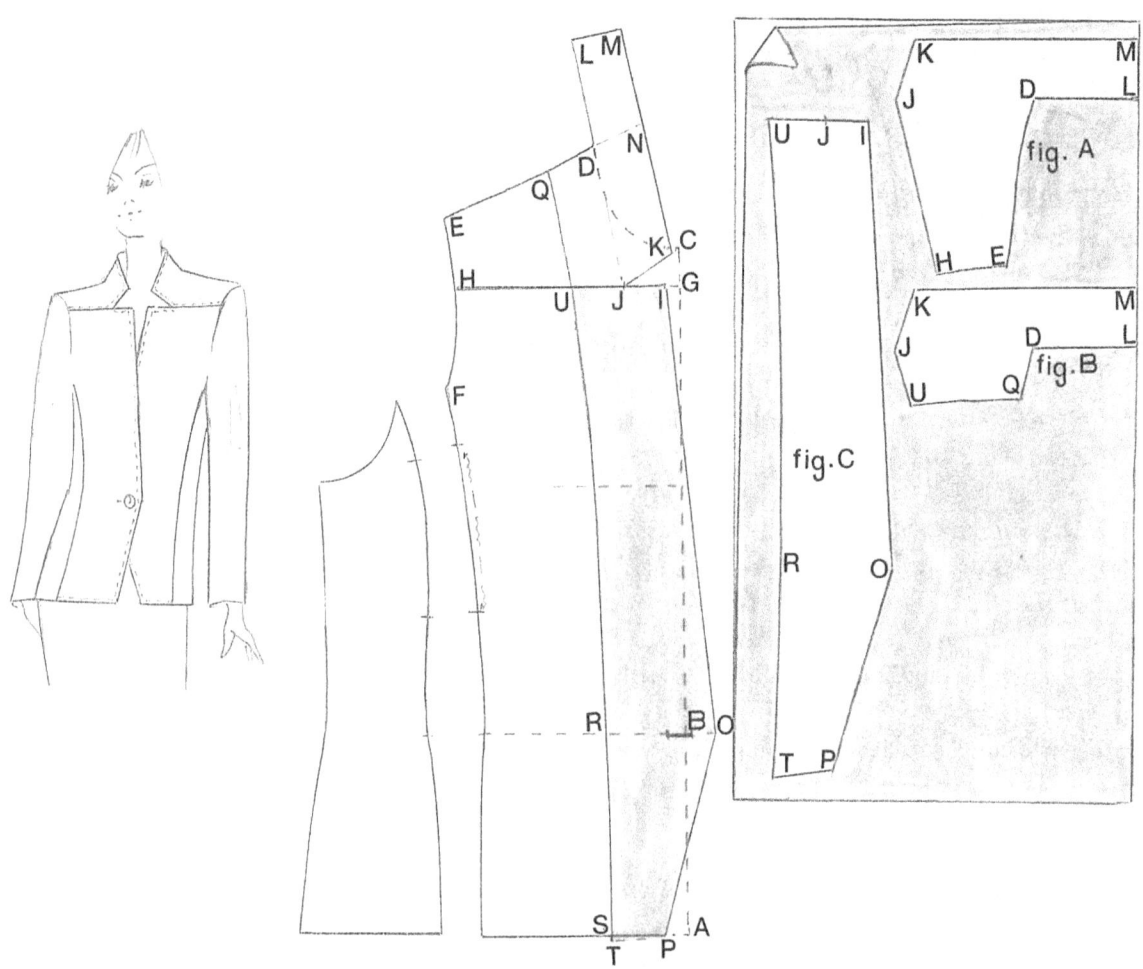

DELANTERA SIN CRUCE

Los puntos **A**-**B**-**C**, indican el centro del molde, **C**-**D** = escote, **D**-**E** = hombro, **E**-**F** = parte de la sisa.

Desde **C**, colocar hacia abajo 3 cm. = **G**. Desde **G**, escuadrar hasta la sisa = **H**.

G-**I** = 1 cm..

I-**J** = 3 ½ cm..

Unir **J**-**C**, luego desde **J**, aplicar hacia **C** el ancho de cuello deseado, ejemplo: 4 ½ cm. = **K**.

Unir **J**-**D**.

Desde **D**, prolongar la línea, colocando la medida del escote (saco parte trasera), ejemplo:8 cm.=**L**.

Desde **L**, escuadrar poniendo la medida **J**-**K**, menos ½ cm. = **M**.

Desde **D**, prolongar la raya, usando la medida **L**-**M** = **N**.

Unir **K**-**N**-**M**.

B-**O** = al cruce, ejemplo: 2 cm. o a gusto. Unir **O**-**I**.

A-**P** = **B**-**O**. Unir **P**-**O**.

D-**Q** = 4 cm.. **B**-**R** = 6 ½ cm..

P-**S** = 4 cm.. **S**-**T** = ¼ cm.. Unir **T**-**P**.

Unir **S**-**R**-**Q**. **U**, se forma al cruzarse las rayas.

Calcar la parte indicada con: **J**-**K**-**N**-**M**-**L**-**D**-**Q**-**U**-**J** = Fig. **B**. Copiar la vista parte sombreada =Vista. Fig. **C**.

Calcar la parte indicada con: **J**-**K**-**N**-**M**-**L**-**D**-**E**-**H**-**J**. fig. **A**.

La trasera, no tiene ninguna variante.

SACO SIMETRICO CON RECORTES QUE HACEN RESALTAR EL BUSTO

USAR EL MOLDE DE UN SACO

PARTE DELANTERA

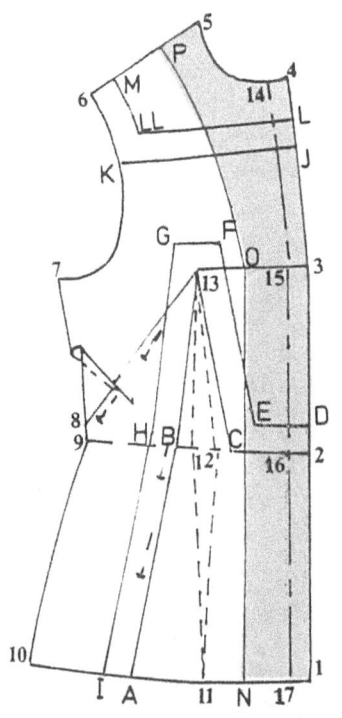

DELANTERA: **1-2-3-4** = cruce, **4-5** = escote, **5-6** = hombro, **6-7** = sisa, **7-8-9-10** = costado, **11-12-13** = pinza abierta, que luego se trasladará, **8-13** = pinza cerrada, **14-15-16-17** = centro de adelante. **11-A**= 5 cm. o a gusto.

Desde **A**, formar la nueva pinza, es decir trasladar la pinza indi-cada con línea discontinua , luego cerrarla = **A-B-13**.

C = mitad de **B-2**. Unir **C-13**.

Desde **2,C, 13, B, A**, trazar una paralela a 3 cm. de distancia = **D, E, F, G, H, I**.

4-J = 1/3 parte de **4-3**.

Desde **J**, trazar una horizontal hasta la sisa = **K**.

Desde **J-K-6**, formar una paralela con el mismo ancho de **2-D** = **L-LL-M**.

Formación de la vista: **1-N**, **3-O** = 7 cm.. **5-P** = 5 cm.. Unir **P-O-N** = parte sombreada. Calcar dicha parte = Fig. **A**.

Cortar desde **J** hasta **K**, desde **L** hasta **M** pasando por **LL**.

Cortar desde **D** hasta **I** pasando por **E, F, G, H**.

Cortar desde **2** hasta **A** pasando por **C, 13, B**.

NOTA: Las tiras, deberán ir en otro color, de ese modo se for-mará un lindo contraste.

SACO CON COSTURAS EN DIAGONALES
USAR EL MOLDE DE UN TAILLEUR CLÁSICO PARTE DELANTERA Y UN SOBRE MANGA

DELANTERA

1-2-3 = costado, 3-4 = sisa, 4-5 = hombro, 5-6 = parte del escote, 6-7= quiebre, 8-9 = parte del centro delantero, 7-10 = cruce, 11-12-13-14 y 15-16-17 = pinzas cerradas.

IMPORTANTE: La pinza 15-16-17, no la tienen todos los sacos, pero puede quitarle un poco de profundidad a la pinza 12-13-14 y hacer la misma.

4-A y 5-B = 4 ½ cm.. Unir A-B. Cortar por dicha línea separando.

C = centro de 13-8. Unir C-12-A, con forma.

D = mitad de la sisa. Unir D-13, luego prolongar la línea, aplicando la mitad de la distancia 13-14 = E.

D-F = ligeramente inferior a A-D. Unir F-16-17, luego prolongar la línea de modo que quede en degradé a C-E = G.

Cortar de A hasta C. Cortar de D hasta E, y de F hasta G.

IMPORTANTE: Si los cortes no se abren, haga unos pequeños pellizcos en el ruedo, luego suavice dichos sitios.

Lo que quita con los pellizcos, agréguelo en el costado. ACLARACIÓN: Para que no queden " picos " en los sitios C-E-G, deberá planchar muy bien esos sitios.

Cabe señalar, que deberá colocar refuerzos por debajo de cada pinza, a los efectos que no se noten los ensanches.

MANGA:

Utilizar un sobre manga separada por la línea central.

1-2-3=copa delantera Juntar los puntos 1-4 y dejar que A, se apoye en la copa.

La trasera, no tiene variantes.

El cuello es sastre.

NOTA: Deberá usar una tela idónea para la realización de este modelo.

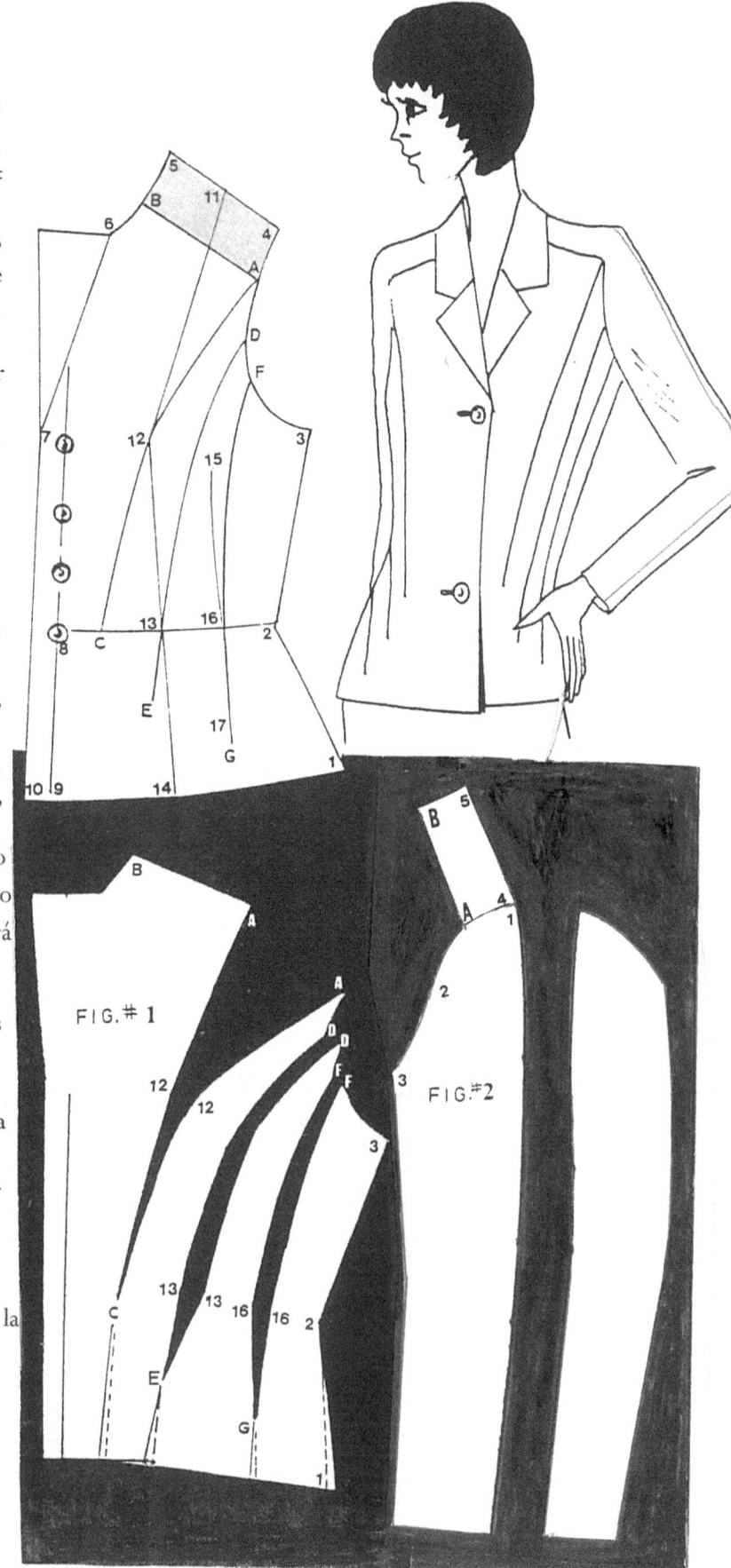

FIG. # 1

FIG.#2

SACO SIMETRICO CON MANGAS JAPONESAS, CON PLIEGUES Y ELIMINACION DEL ROMBO EN LA TRASERA

EMPLEAR UN MOLDE SIMPLE DE SACO SEMI ENTALLADO MANGA JAPONESA PARTE TRASERA CON SU RESPECTIVO ROMBO.

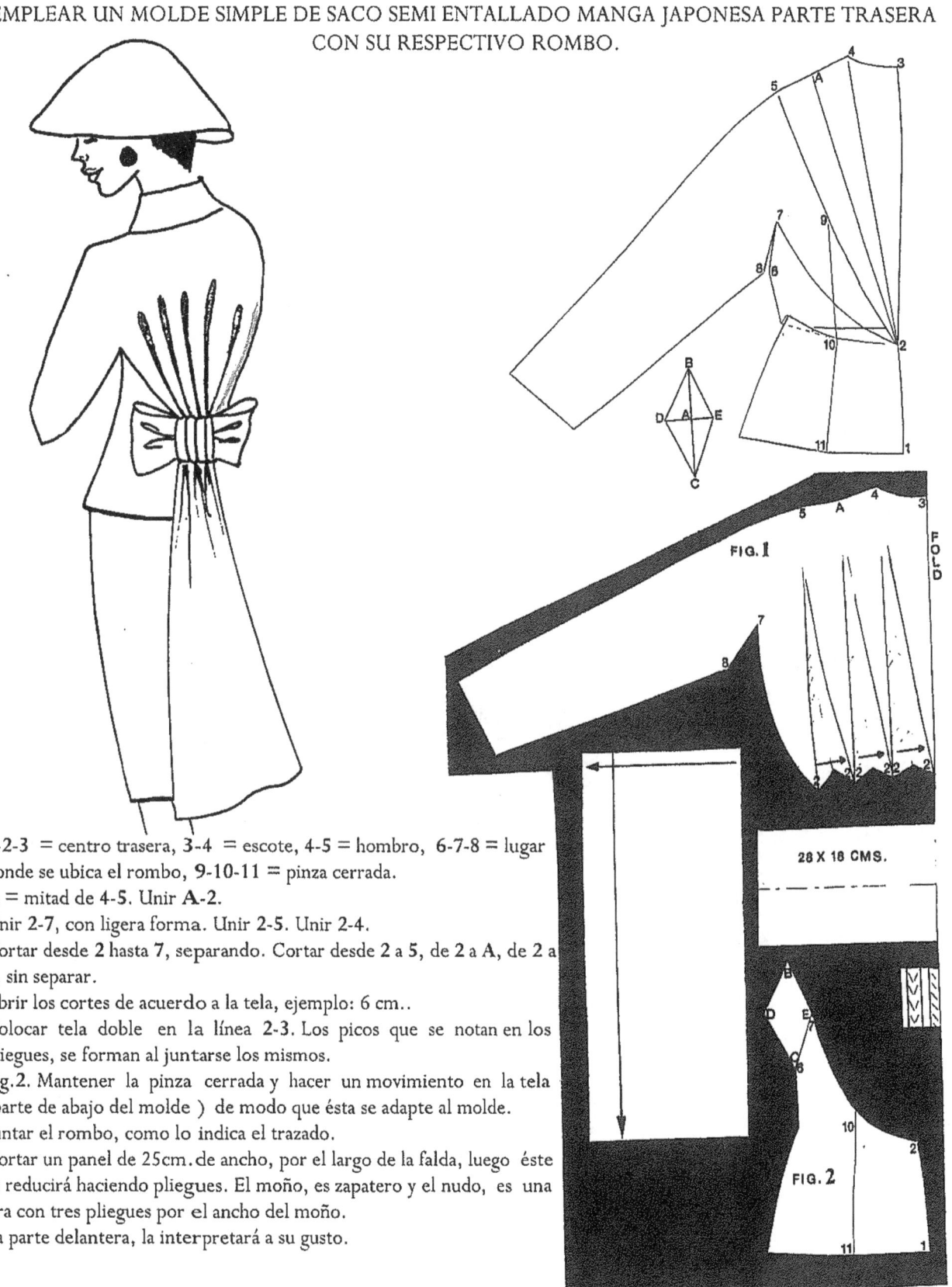

1-2-3 = centro trasera, 3-4 = escote, 4-5 = hombro, 6-7-8 = lugar donde se ubica el rombo, 9-10-11 = pinza cerrada.

A = mitad de 4-5. Unir A-2.

Unir 2-7, con ligera forma. Unir 2-5. Unir 2-4.

Cortar desde 2 hasta 7, separando. Cortar desde 2 a 5, de 2 a A, de 2 a 4, sin separar.

Abrir los cortes de acuerdo a la tela, ejemplo: 6 cm..

Colocar tela doble en la línea 2-3. Los picos que se notan en los pliegues, se forman al juntarse los mismos.

Fig.2. Mantener la pinza cerrada y hacer un movimiento en la tela (parte de abajo del molde) de modo que ésta se adapte al molde.

Juntar el rombo, como lo indica el trazado.

Cortar un panel de 25cm. de ancho, por el largo de la falda, luego éste se reducirá haciendo pliegues. El moño, es zapatero y el nudo, es una tira con tres pliegues por el ancho del moño.

La parte delantera, la interpretará a su gusto.

SACO CON HOMBROS PROLONGADOS Y BOLSILLOS DESBOCADOS
UTILIZAR LOS MOLDES DE UN TAILLEUR, SACO, TAPADO, ETC.. CON SU RESPECTIVA MANGA RECTA

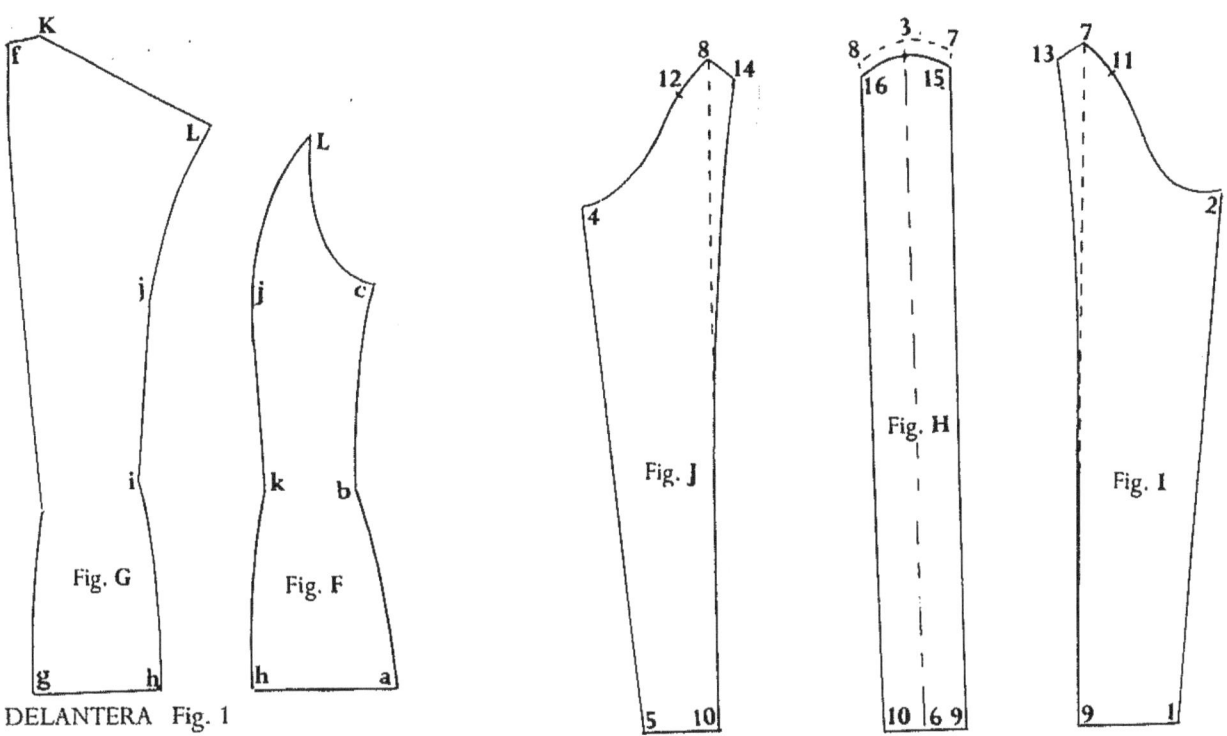

DELANTERA Fig. 1

1-2-3 = cruce y solapa, 3-4 = solapa y escote, 4-5 = hombro, 5-6 = sisa, 6-7-8 = costado, 9-10-11-12-13 = pinza abierta, **no es necesario cerrarla.**

Desde 4 y 5, aplicar hacia abajo, 4 cm. o a gusto = A y B. Unir A-B, y B-11, éstos últimos con forma.

Desde 5 y B, prolongar las líneas 3 cm.(consideramos que es la medida ideal) = C y D. Unir C-D.

Separar la parte sombreada. Fig. A.

Seguimos con la Fig. 1. Desde 10 y 12, aplicar hacia abajo, 4 cm. o a gusto = E y F.

Desde 7, ubicar hacia 8, 10 cm. o a gusto = G. Unir G-E, luego, marcar el centro de dichos puntos = H.

Desde H, trazar una vertical hasta el ruedo = I.

Copiar la parte sombreada. Fig. B. (Cabe señalar que entre los puntos E-G-8-9-E, figura la mitad del bolsillo).

Continuamos con la Fig. 1. Cortar desde G hasta B, pasando por: E-10-11, después juntar E con F y 9 con 13. Fig. C.

Cortar desde H, hasta I, sin separar.

Fig. C. Desde 13, prolongar la línea, colocando la distancia 9-8 = J.

Separar el punto H, hasta juntar 8 con la horizontal, a continuación unir J con G y G con E/F.

Copiar el bolsillo por los puntos E/F-9/13-J-G-E/F. Fig. D.

TRASERA Fig. 2

a-b-c = costado, c-d = sisa, d-e = hombro, e-f = escote, f-g = centro, h-i-j-k-h = pinza.

Desde e y d, aplicar la medida 4-B de la delantera = K-L. Unir dichos puntos. Unir L-j, con ligera forma.

Desde d y L, prolongar las rayas, colocando la distancia 5-C = LL-M. Unir LL-M. Separar la parte sombreada. Fig. E. Juntar las líneas de los hombros de las Fig. E y A.

Separar la trasera = Fig. F y G. NOTA: En caso de ser necesario, suavice las líneas j-L.

MANGA Fig. 3

1-2 y 3-5 = laterales, 2-3-4 = copa, 3-6 = línea central.

Desde 3 y 6, aplicar hacia ambos lados la distancia C-D, más ¼ de cm. = 7-8 y 9-10. Unir 9-7 y 10-8. NOTA: Si la distancia C-D (Fig. A) fuere más grande de la actual, entonces deberá agrandar dichas distancias, manteniendo la proporción de la flojedad de la copa. Separar la parte sombreada, formándose de ese modo las Fig. H-I-J.

Desde 7 y 8, Fig. I y J, colocar hacia 2 y 4 la distancia C-D = 11 y 12.

Desde 7 y 8, escuadrar (apoyando la escuadra sobre 7-11 y 8-12), aplicando la medida C-D = 13 y 14.

Unir 13-" 9 " y 14-" 10," con ligera forma.

Desde 9 y 10, Fig. H, colocar hacia 7 y 8, las medidas 9-13 y 10-14 = 15 y 16. Unir 15-16, en forma paralela a la copa.

SACO IMITANDO MANGAS JAPONESAS CON CANESU
EMPLEAR LOS MOLDES SIMPLES DE UN SACO RECTO CON SU RESPECTIVA MANGA.

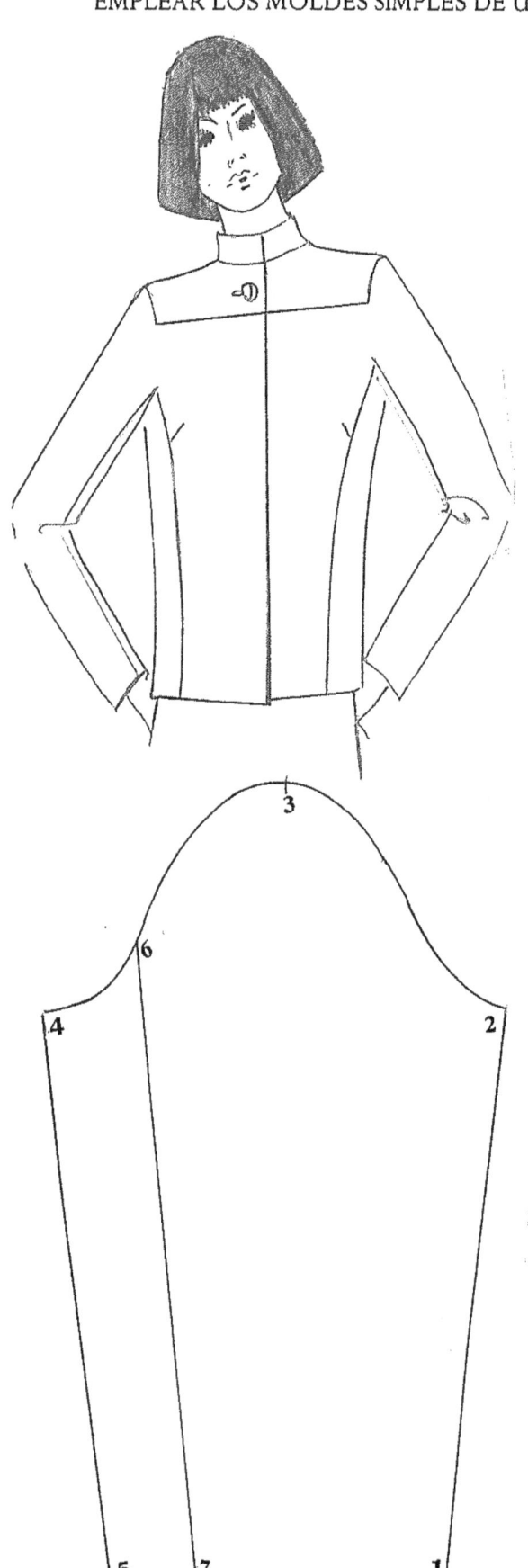

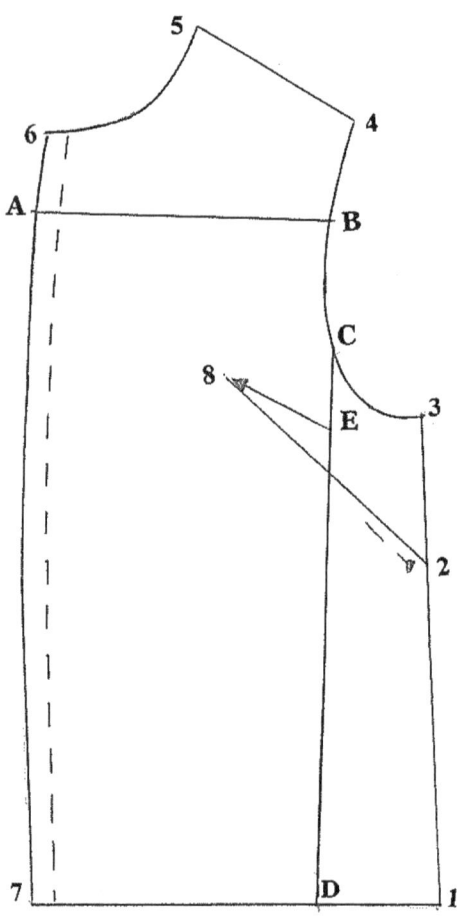

DELANTERA

1-2-3 = costado, 3-4 = sisa, 4-5 = hombro, 5-6 = escote, 6-7 = cruce, 2-8 = pinza cerrada.

Desde **6**, colocar hacia abajo, 5 cm. = **A**.

Desde **A**, trazar una horizontal hasta la sisa = **B**.

B-C = 8 cm.. Desde **C**, trazar una línea ligeramente inclinada hacia adelante hasta el ruedo = **D**.

Desde **8**, trazar una línea ligeramente inclinada hacia abajo, hasta la línea **C-D** = **E**.

Cortar desde **A** hasta **B** y de **C** hasta **D**, separando. Cortar de **E** a **8**.

Acortar la pinza, colocando la 2da. Separación de Busto. Formar la nueva pinza.

TRASERA

F-G = hombro, **G-H** = sisa, **H-I** = costado.

Juntar el canesù y el lateral delanteros al hombro y al costado de la trasera, uniendo **5-F** , **4-G** y **3-H** y **1-I**.

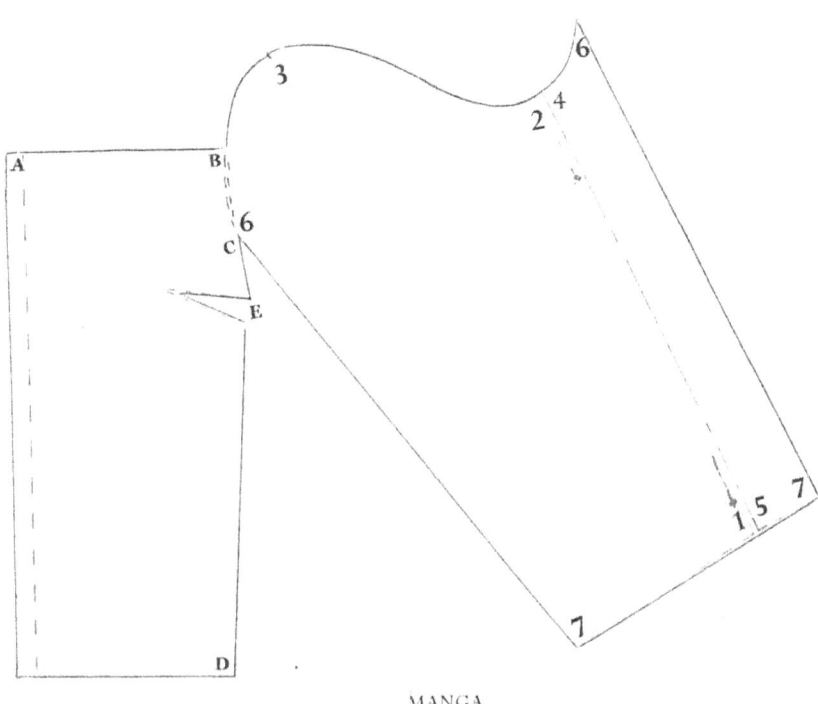

MANGA

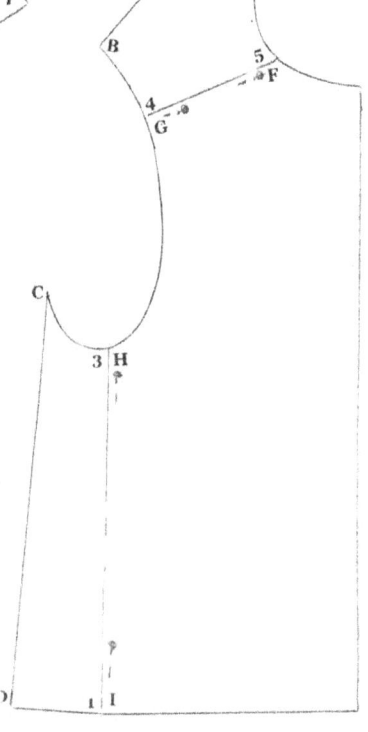

1-2 y 4-5 =laterales, 2-3-4 = copa, 4-5 = parte delantera de la manga.

Desde 4, aplicar la distancia 3-C de la delantera, más ½ cm. = 6.

Desde 6, trazar una paralela a 4-5 = 7. Cortar por la raya 6-7 separando, después juntar dicha parte en el lado opuesto, de la manga uniendo 4 con 2 y 5 con 1.

DELANTERA

Unir 6 de la manga con C, de la delantera, luego apoyar la copa al punto B.

IMPORTANTE: En caso que la tela que Usted va a usar, no permitiere la flojedad de la copa, haga un pellizco en la misma (en el punto 3) reduciendo la copa en 1 cm., caso contrario, haga la manga con la costura central.

Al cortar, coloque tela doble en el centro de atrás.

DETALLES DE COSTURA

PUNTO FLOJO

Como la palabra lo dice, es una puntada floja y se utiliza para marcar dos o más telas.

Se comienza de derecha a izquierda usando hilo doble. Su ancho 1 cm. y su altura (flojedad) 2 ½ cm.. No debe poner la mano por debajo de la tela a ·los efectos que no se muevan las partes; Una vez pasado, debe estirar las partes y después cortarlos por el medio.

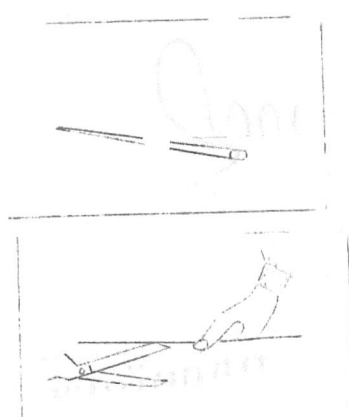

SACO IDEAL PARA PERSONAS DE POCO BUSTO

EMPLEAR LOS MOLDES SIMPLES DE UN SACO RECTO

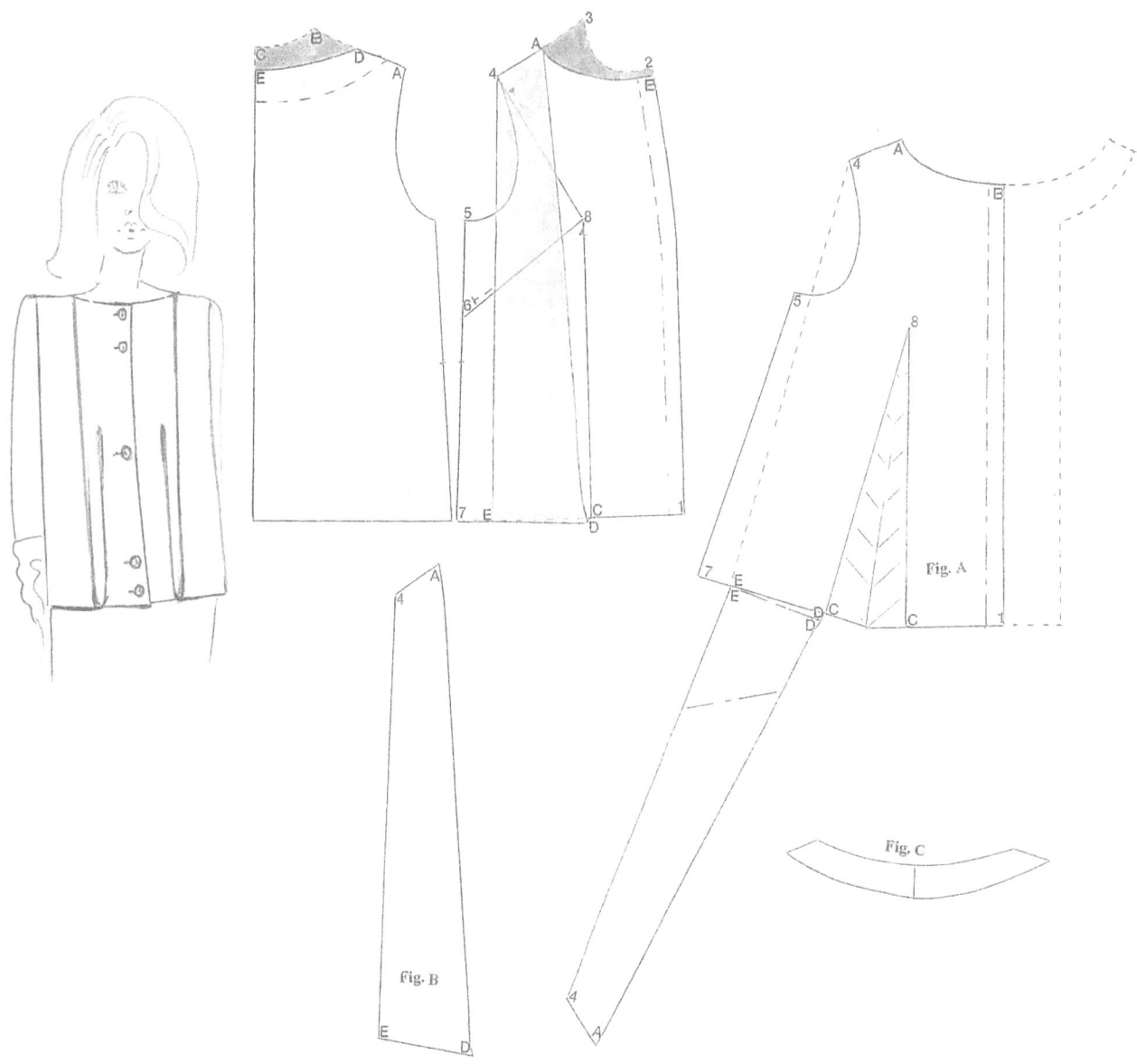

DELANTERA: 1-2 = cruce, 2-3 = escote, 3-4 = hombro, 5-6-7 = costado, 6-8 y 4-8 = pinzas cerradas.

3-A = 6 cm. o a gusto.

2-B = 1 cm. o a gusto. Formar el escote, uniendo B-A. Quitar la parte sombreada.

Desde 8, trazar una vertical hasta el ruedo = C.

C-D de ½ a 1 cm.. Unir D-A, con la forma como lo indica el trazado.

Desde 4, trazar una via paralela al costado hasta el ruedo = E. Unir E-D.

Calcar la parte sombreada dos veces.

Cortar desde D-C hasta 8, luego juntar la parte sombreada uniendo E con E y D con D. Fig. A. NOTA: es de hacer notar que dicha parte, puede añadirse, en caso de ser necesario, como lo indica la línea discontinua.

La Fig. B, demuestra la parte que va sobrepuesta.

TRASERA: A-B = hombro, B-C = escote.

B-D = 3-A de la delantera.

C-E = mitad de E-D, Unir E-D, formando el nuevo escote. Quitar la parte sombreada, luego dibujar la vista. Fig. C.

SACO CON MANGAS JAPONESAS CON RECORTES Y CON ELIMINACION DEL ROMBO

USAR UN MOLDE SIMPLE DE UN SACO CON MANGA JAPONESA CON SU RESPECTIVO ROMBO.

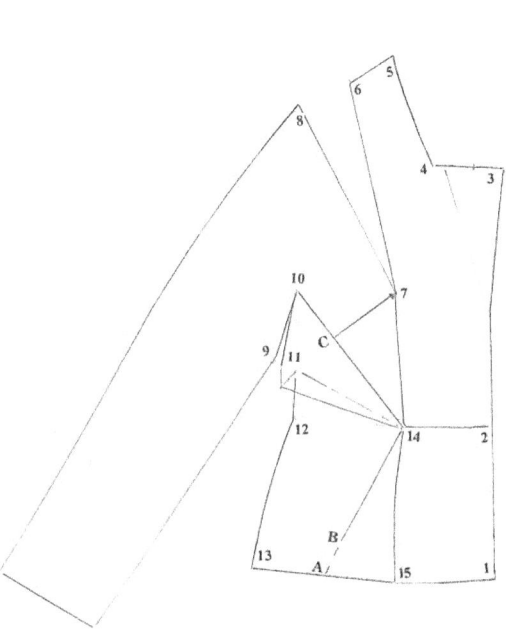

1-2-3 = cruce y solapa, 3-4-5 = solapa y escote, 5-6 = parte del hombro, 6-7-8 = pinza abierta, 9-10-11 = lugar de la ubicación del rombo, 11-12-13 = costado, 7-14-15 = pinza cerrada, 2-14-12 = cintura.

Marcar el centro de 13-15 = A. Unir A-14-10.

A-B =5 cm. (claro que depende del largo del saco).

Desde 7, trazar una vía ligeramente inclinada, hasta la línea 10-14 = C.

Cortar desde 2 hasta 10, pasando por 14, de 14 hasta B y de C hasta 7.

Cerrar la pinza del hombro.

Acortar la pinza de acuerdo al busto. Fig.1.

Tomar un pellizco (punto A) de modo que pueda abrirse la línea 14-B. Fig.2.

Agregar en el costado lo que quitó con el pellizco, después suavizar la línea del ruedo.

Colocar el rombo en la raya 10-11.

La trasera, la interpretará a su gusto.

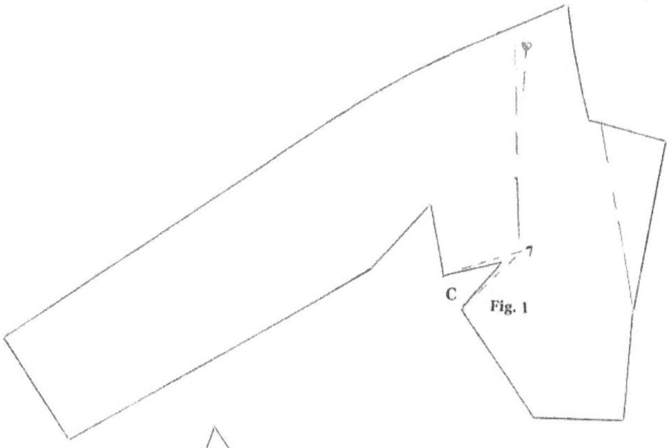

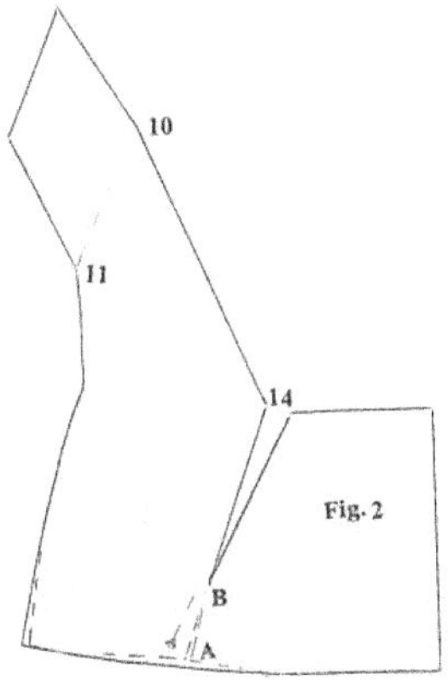

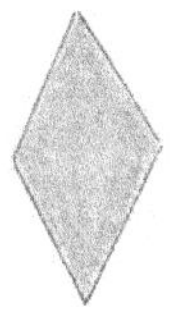

Fig. 1

Fig. 2

SACO CON HOMBROS PROLOGADOS Y MANGAS FORMANDO L
USAR LOS MOLDES SIMPLES DE UN SACO, ABRIGO, VESTIDO CON SU RESPECTIVA MANGA

TRASERA

a-b = sisa, b-c = hombro, d = ancho espalda.

e = 2 cm. más debajo de la mitad b-d.

e-f y b-g = 3 cm.. Una f-g, en forma paralela a la sisa.

DELANTERA

1-2-3-4 = cruce, 4-5 = escote, 5-6 = hombro, 6-7 = sisa, 8 = ancho de pecho, 8-3 = altura de axila, 2-9 = separación de busto.

6-A = mitad de 6-8, más 2 cm. o a gusto.

A-B y 6-C = 3 cm. (= e-f y b-g de la trasera).

3-D = 8-A. Desde D, escuadre hacia dentro, aplicando la distancia 2-9 = E.

Una E-9, luego prolongue la raya hasta el ruedo = F.

Marque la vista, ejemplo: 1-G y 3-H = 7 cm., 5-I = 4 cm. . Una I-H-G, después doble el papel por la línea del cruce y calque la vista (parte sombreada). J, se forma al cruzarse las rayas. Marque el bolsillo.

Corte desde D, hasta F, pasando por E y 9, a continuación cierre la pinza. Suavice la línea en el punto 9. Fig. 1 y 2.

MANGA

K-L y N-O = laterales, L-M-N = copa, M-P = línea central.

L-Q y N-R = 7-A y a-e, más ½ a ¾ de cm..

Desde Q y R, trace perpendiculares hasta el puño= S y T, luego corte por dichas líneas sin separar.

Abra los cortes Q y R 3 cm., o sea igual a A-B y e-f.

NOTA: Como la manga se agrandó, es posible que a Usted no le agrade tan ancha. Si ése es el caso, quite parte de la flojedad de la de la copa. Desde M, coloque para de cada lado, ½ o a gusto = U y V. Una U y V con P, a continuación, cierre dicha pinza (parte sombreada). Fig.3. NOTA: También puede unir L-K y N-O, con forma. Suavice la parte superior de la copa.

SACO CON CUELLO ALARGADO Y SOLAPA BAJA
USAR UN MOLDE SIMPLE DE UN SACO SEMI ENTALLADO, O ENTALLADO

NOTA: Si deseare el cuello más cerrado, haga el cuello con Stand, ver página 389.

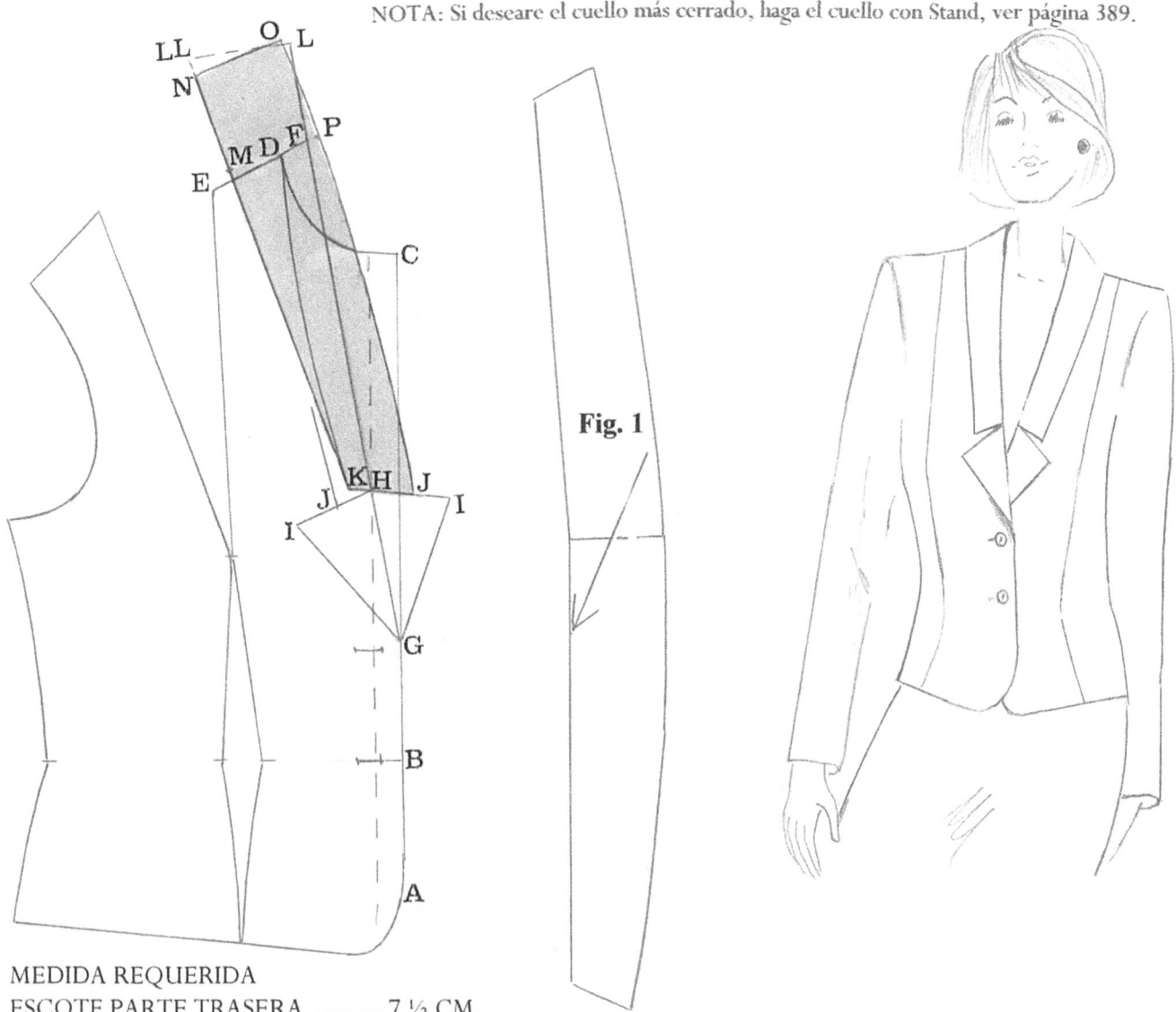

Fig. 1

MEDIDA REQUERIDA
ESCOTE PARTE TRASERA.........7 ½ CM.

A-B-C = cruce, **C-D** = escote, **D-E** = parte del hombro.

Desde **D**, prolongar la línea, colocando 2 cm. o a gusto = **F**.

G, es a gusto, e indica la altura del quiebre de la solapa; Pero, si la altura del punto **G**, estuviere a la altura de la cintura, la distancia **L-LL**, deberá reducirse a la mitad. Si en cambio estuviere a 1/3 parte entre la altura cintura-busto, entonces la distancia **L-LL**, será reducida a ¾ partes. Ahora si se desea hacer el cuello un poco desbocado, no será necesario hacer ningún cambio. Unir **G-F**.

Dibujar la solapa y la parte del cuello sobre el trazado = **H-I-J**. La distancia entre **H-I**, y **H-J** es de: 6 ½ y 3 cm. respectivamente.

Doblar el papel por la línea **G-F** y calcar la solapa y la parte del cuello, un poco más grande.

H-K = **D-F**. Unir **K-D**, con ligera forma.

Desde **F**, prolongar la raya, colocando la distancia **L-F** = **LL**. Unir **LL-K** con recta.

Desde **K**, ubicar hacia **LL**, la medida **K-D** = **M**. **M-N** = **F-L**.

Desde **N**, escuadrar aplicando el ancho de cuello deseado, ejemplo: 7 ½ cm. = **O**.

Desde **M**, aplicar pasando por **F**, la distancia **N-O** = **P**.

Unir **O-P-J**, como lo indica el trazado.

Calcar el cuello, parte sombreada, colocando papel doble en la línea **N-O**. Fig. **1**.

La parte delantera, deberá cortarse por: **A-B-G-I-H-K-D-E**, etc..

SACO CON FRUNCES EN LAS DELANTERAS Y EN LAS MANGAS
UTILIZAR EL MOLDE DE LA PAGINA ANTERIOR Y UNA MANGA MAS VALE AJUSTADA

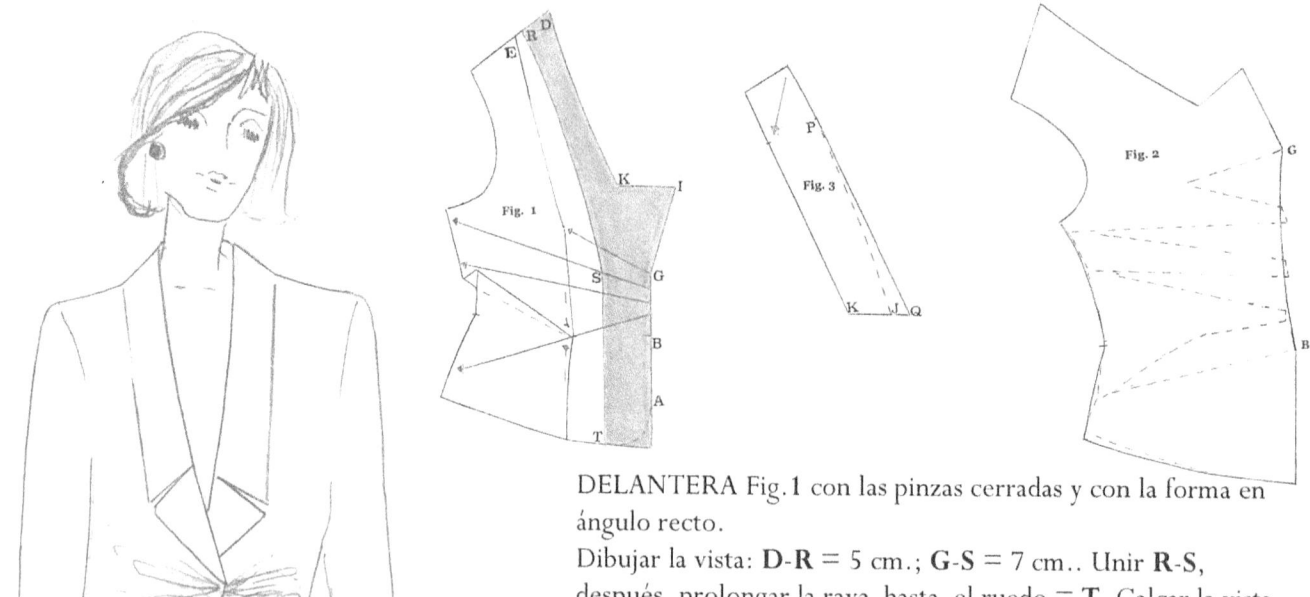

DELANTERA Fig.1 con las pinzas cerradas y con la forma en ángulo recto.

Dibujar la vista: **D-R** = 5 cm.; **G-S** = 7 cm.. Unir **R**-S, después, prolongar la raya hasta el ruedo = **T**. Calcar la vista parte sombreada.

Dividir en cuatro partes la distancia **B-G**. (NOTA: No es necesario que estén equidistantes). Desde dichos puntos, trazar líneas, como lo indican las flechitas. Cortar por las mismas. Separar los cortes a gusto (según la tela). Fig.**2**. Suavizar la raya del costado, luego, desde la iniciación de la sisa, colocar la medida original de la altura de axila, y después la medida largo del saco. Cabe señalar que a los efectos de los cortes la línea se acortó; Pero, puede haber telas que se pueden estirar(debido a la parte al bies de la tela), si ése es el caso, no necesita alargar el molde.

Unir **B-G**.

Al coser deberá reducir la distancia **B-G** a la medida anterior, haciendo frunces o pequeño plieguecitos.

BAJO CUELLO Fig. **3**.

Desde **K**,poner pasando por **J**, la distancia **K-I** = **Q**.Unir **Q-P**.

VISTA Fig.4 Agrandar ligeramente la solapa (unos 2 ml.) de acuerdo al grosor de la tela, como lo indica el trazado.

MANGA

a-b y **d-e** = laterales, **c-f** = línea central.

Desde **f**, prolongar la raya, aplicando la mitad del largo de la mano (tomado desde la muñeca), ejemplo: 10 cm.= **g**.

Desde **a** y **e**, prolongar las vías colocando la distancia **f**- **g** = **h-i**. Unir **h-g-i**.

h-j y **i-k** = 20 cm., en dichas líneas, se colocará el zipper. (en caso que tuviere inconvenientes para poder pasar la mano). **g-l** = 27 cm. o a gusto, luego al coser deberá reducir dicha línea con frunces o pequeños plieguecitos a la mitad.

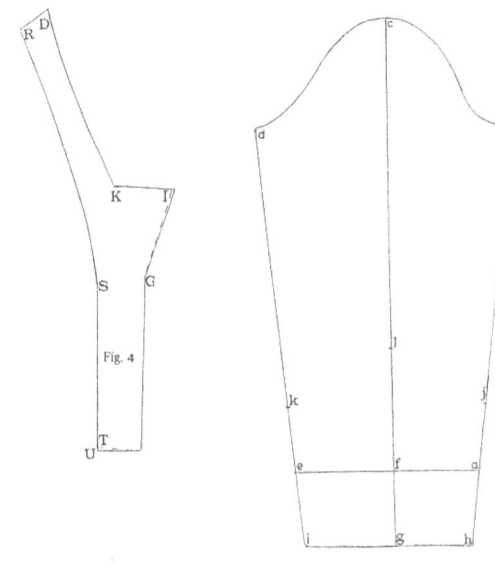

CUELLO SUBIDO, U HOMBROS PROLONGADOS HACIA ARRIBA
EMPLEAR LOS MOLDES SIMPLES DE UN SACO, BLUSA, ABRIGO ETC..

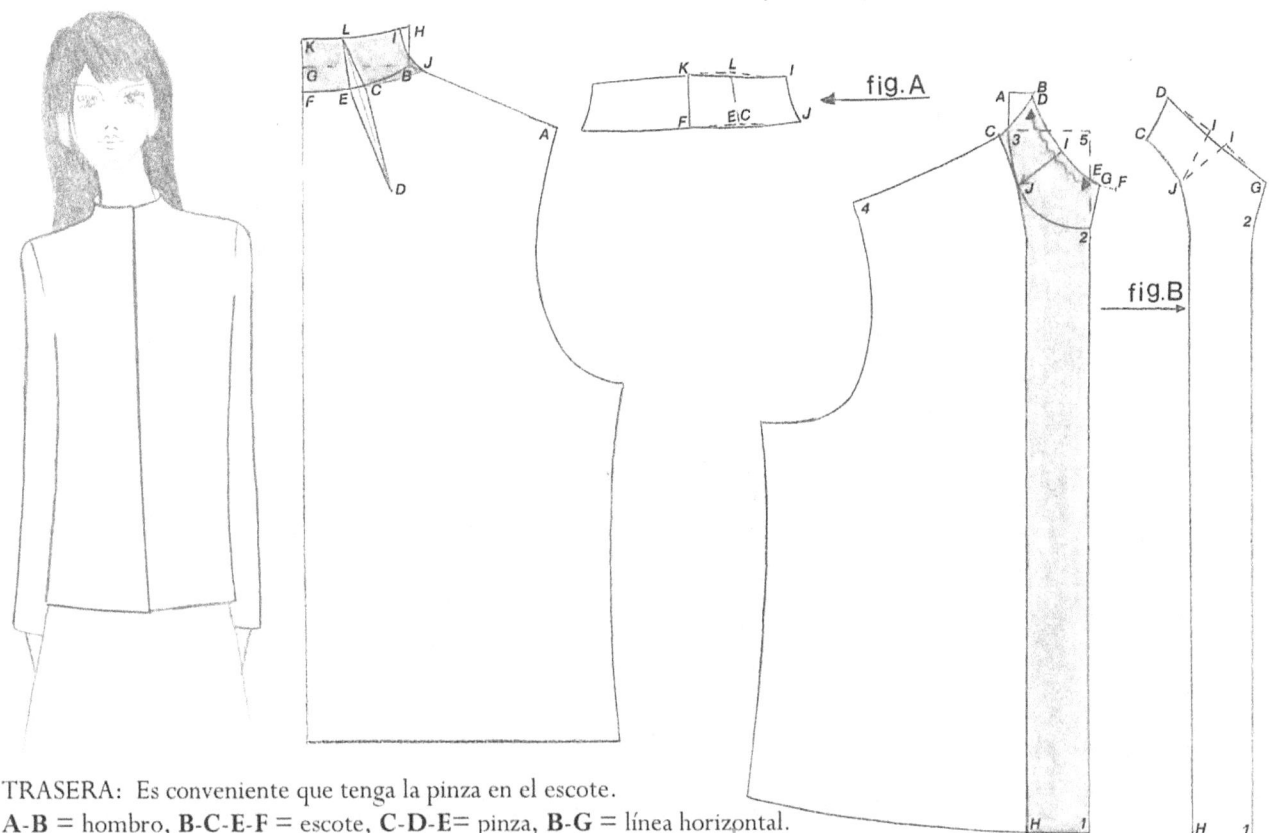

TRASERA: Es conveniente que tenga la pinza en el escote.

A-B = hombro, **B-C-E-F** = escote, **C-D-E**= pinza, **B-G** = línea horizontal.

Desde **B**, escuadrar (apoyando la escuadra sobre la horizontal), aplicando 3 cm. o a gusto = **H**.

H-I = ½ cm. pudiendo ser más, como menos, depende si se desea el cuello" cerrado o abierto."

B-J = ¾ de cm. o a gusto. Unir **J-I** y **J-C**.

F-K = **B-H**, más 1 cm. o a gusto. Unir **K-I** con ligera forma.

Prolongar el centro de la pinza = **L**. Unir **L-C** y **L-E**.

Calcar la parte sombreada, después cerrar la pinza, y luego suavizar los "ángulos" de los puntos **L** y **E/C**, de ése modo, se obtiene la vista. Fig. **A**.

Al cortar, es necesario aplicar tela doble en la línea **K-F**. NOTA: En caso de ser necesario, suavice también la línea en los puntos **K –F**.

DELANTERA (**sin cruce en éste caso**)

1-2 = centro de adelante, **2-3** = escote, **3-4** = hombro, **5-3** = línea horizontal.

Desde **3**, escuadrar, aplicando la distancia **B-H** de la trasera = **A**. **A-B** = 2 cm..

3-C = **B-J** de la trasera. Unir **C-B**. **C-D** = **J-I** de la trasera.

2-E a gusto (igual **F-K** de la trasera). Unir **E-D**, como lo indica el trazado.

Desde **D**, aplicar pasando por **E**, el Contorno de Cuello, menos la distancia **K-L-J** de la trasera, ejemplo: 10½cm.=**F**.

E-G = 1/3 de **E-F**. Unir **G-2**.

MODO DE FORMAR LA VISTA: **1-H** = 5 cm. o a gusto, y desde **H**, trazar una línea casi paralela hasta el escote, para luego unirla con **C**.

I = centro de **G-D**, y desde **I**, trazar una raya hasta el lado opuesto = **J**.

Calcar la parte sombreada.

Cortar desde **I** hasta **J**, sin separar, después separe el punto **I**, aplicando la medida **G-F**.

Suavizar la línea **G-I-D**. Fig. **B**.

IMPORTANTE: Antes de juntar la vista con el delantero, deberá cambrar la parte indicada con **G-D** hasta alcanzar la distancia **G-D** de la vista.

NOTA: En la parte izquierda, es necesario dejar cruce.

CUELLO SOLAPA A LO PISANO

UTILIZAR EL MOLDE DE UN SACO, O ABRIGO PARTE DELANTERA CON LA PINZA SALIENDO DESDE EL COSTADO

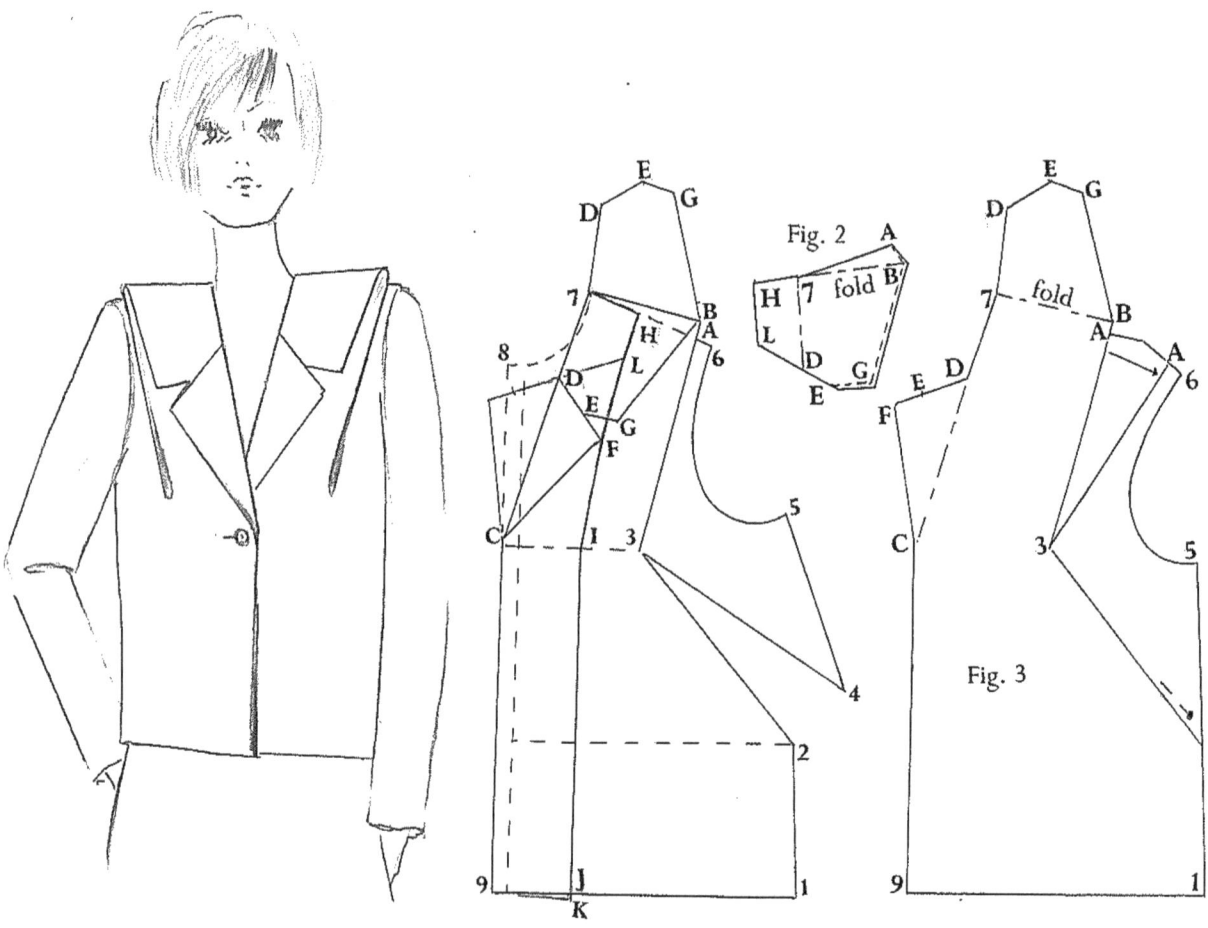

Fig. 2

Fig. 3

Fig. 1

Los puntos **1-2-4-5**, indican el costado, **2-3-4** = pinza, **6-7** = hombro, **7-8** = escote y cruce, **8-9** =cruce.

Desde **6**, coloque hacia dentro 2 cm. o a gusto = **A**. Una A-3.

Desde **A**, prolongue la línea, aplicando 2 cm. , comò pueden ser 3,4, 5, o más aún = **B**. Una **B-7**.

Con el punto **C**, marque la altura de la solapa (es a gusto). Una **C-7**.

Dibuje el " **cuello** " y la **solapa** sobre el trazado = **D-E-F-G**.

Formación de la vista: **7-H** = 5 cm., **C-I** = 6 cm., **9-)** = 6 cm., **J-K** = 1 ½ ml.. Una **K-9** y **K-J-I-H**.

Doble el papel por la raya **D-C** y calque la solapa, luego desdoble el papel, después desde **D**, prolongue la línea hasta la raya **H-I** = **L**.

Copie la vista (ligeramente más grande en la solapa). Se agranda la solapa, según el grosor de la tela que use a continuación desde **E**, aplique la mitad de lo que agrandó la solapa = **LL**. Fig. 1.

Doble el papel por la línea **B-7**, y calque la parte indicada con: **A-B-7-A**, después doble el papel por la línea **B-7**, para luego copiar la parte indicada con: **7-D-E-G-B**; Una vez realizada dicha operación, doble el papel por la raya **7-D** y calque la parte indicada con: **7-H-L-D-7**. Fig. 2. Tapa de cuello.

Agrande la parte comprendida entre los puntos **E-G-B-A**, colocando la misma distancia entre **E** y **LL**(vista).

Corte desde **B** hasta **3**, después cierre la pinza. Fig. 3. La forma que adquiere el hombro, se forma al cerrar la pinza.

La trasera, la interpretará de acuerdo a su personal gusto.

CUELLO " ALTO " Y DESBOCADO
USAR LOS MOLDES SIMPLES DE UN SACO, ABRIGO ETC..

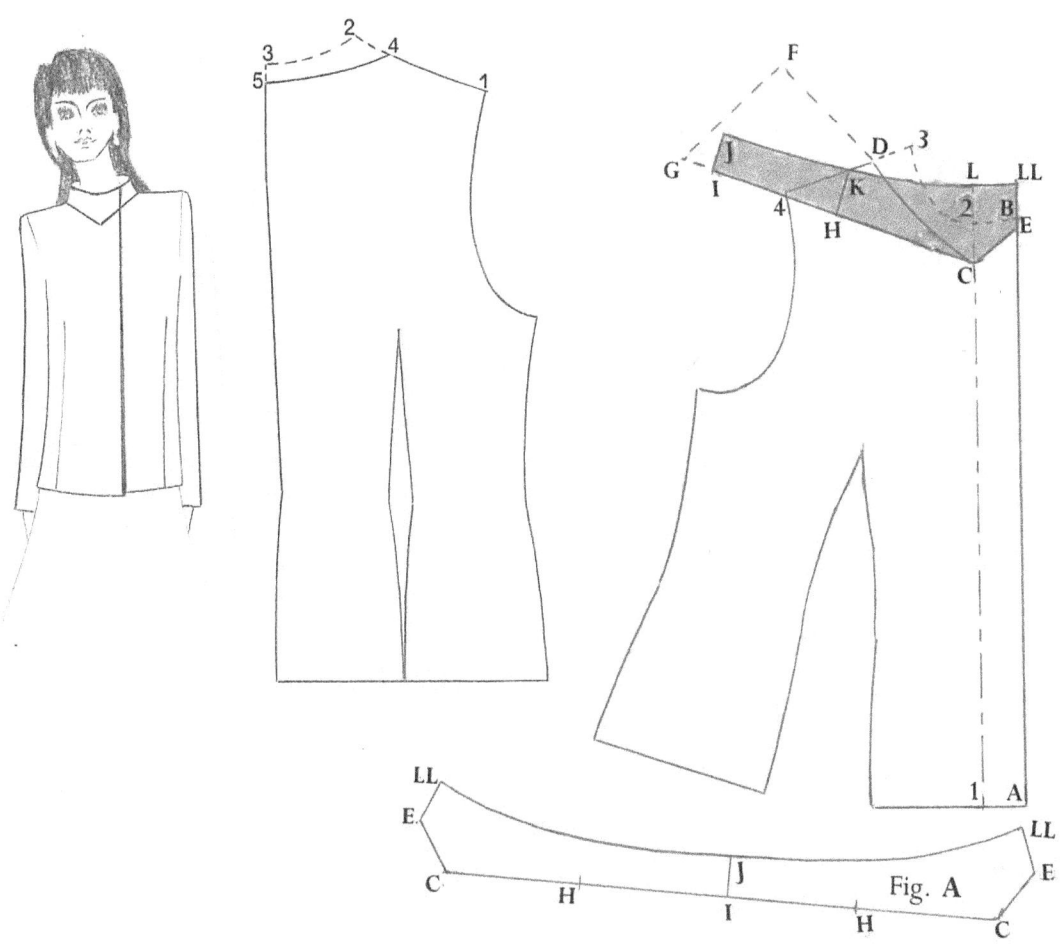

TRASERA: **1-2** = hombro, **2-3** = escote.

2-4 = a gusto, ejemplo: 4 cm..

3-5 =mitad de **2-4**. Unir **5-4**. Medir dicha distancia.

DELANTERA: **1-2** = centro de adelante, **2-3** = escote, **3-4** = hombro.

Desde 1 y 2, aplicar el cruce (medio cruzado) ejemplo: 4 cm. = **A** y **B**. Unir dichos puntos.

2-C = 3 ½ cm. o a gusto.

3-D = **2-4** de la trasera. Unir **D-C**, con ligera forma.

Doblar el papel de molde por la raya **1-2** y calcar la nueva línea del escote = **E**.

Desde **D**, prolongar la vía (apoyando la escuadra sobre los puntos **D-C**) colocando la medida **4-5** de la trasera = **F**.

Desde **F**, escuadrar aplicando la medida **D-F** = **G**. Unir **G-C** .

C-H = **C-D**. **H-I** = **D-F**.

Desde **I** y **H**, escuadrar, poniendo la altura de cuello deseado, ejemplo: 3 ½ cm. = **J** y **K**.

C-L = a gusto, ejemplo: 7 ½ cm. . Unir **L-K-J**.

Doblar el papel de molde por la línea**1-C-2-L** y calcar el borde del cuello = **LL**.

Copiar el cuello parte sombreada, colocando papel doble en la línea **I-J**. Fig. A.

Suavice las líneas en caso de ser necesario. El delantero se corta por: **A-E-C-D-4**, etc..

CUELLO CON STAND
UTILIZAR LOS MOLDES SIMPLES DE UN VESTIDO, SACO, ABRIGO ETC..

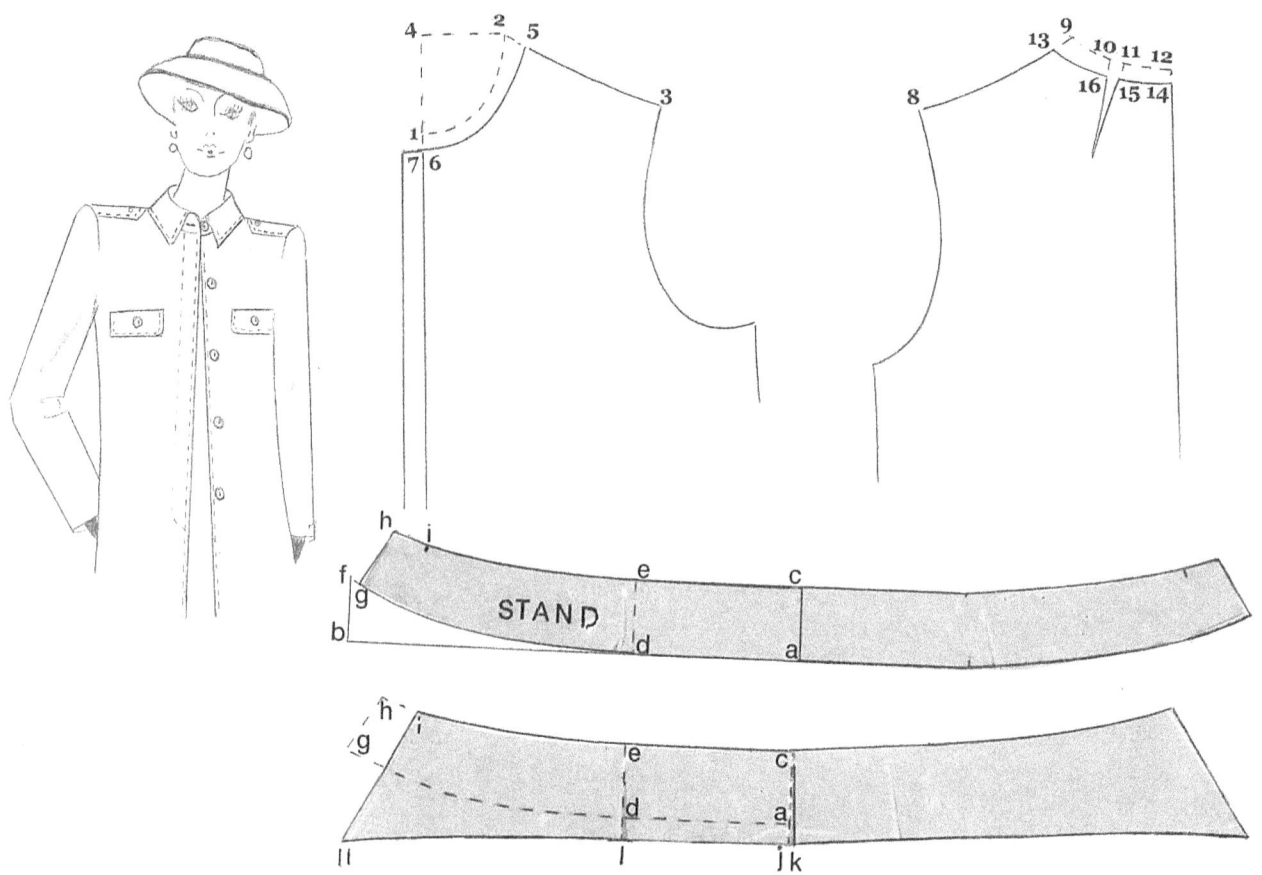

DELANTERA: 1-2 = escote, 2-3 = hombro, 4-2 = horizontal.

2-5 = 2 cm. o a gusto.

1-6 = 1 cm. o a gusto. Unir 6-5.

6-7 = cruce.

Medir la distancia 5-6-7.

TRASERA: 8-9 = hombro, 9-10-11-12 = escote.

9-13 = 2-5 de la delantera.

12- 14 = mitad de 9-13. Unir 14-13. 15 y 16, se forman al cruzarse las rayas. Medir la distancia 14-15-16-13.

STAND

Trazar una horizontal con la suma de los escotes incluyendo el cruce, ejemplo: 22 cm. = a-b.

a-c = alto del stand deseado, ejemplo: 3 ½ cm..

a-d = medida del escote parte trasera. d-e = a-c.

Desde b, escuadrar hacia arriba, aplicando la mitad de la distancia entre 6-4 = f. Unir f-d, con forma.

Desde d, aplicar hacia f, la distancia d-b = g.

Desde c, trazar una paralela a la línea a-d-g, colocando la medida del cuello más el cruce = h. Unir h-g.

h-i = cruce.

CUELLO

UTILIZAR EL STAND

Desde a, prolongar la línea hacia abajo, aplicando 1 cm. o a gusto = j. j-k de ¼ a ½ cm.. Unir k-c.

d-l = a-j.

Desde i, trazar la forma del cuello deseada, aplicando el ancho del cuello deseado, ejemplo: 7 cm. = ll. Unir ll-l-j-k.

Doblar el papel de molde por la línea k-c y calcar el lado opuesto, de paso se cerciora si las líneas son idóneas .

IMPORTANTE: Para que el cuello tenga una hermosa forma, es necesario que las líneas de los escotes estén bien realizadas.

CUELLO QUE NACE DEBAJO DE LAS SOLAPAS
USAR UN MOLDE SIMPLE DE CUALQUIER DELANTERO

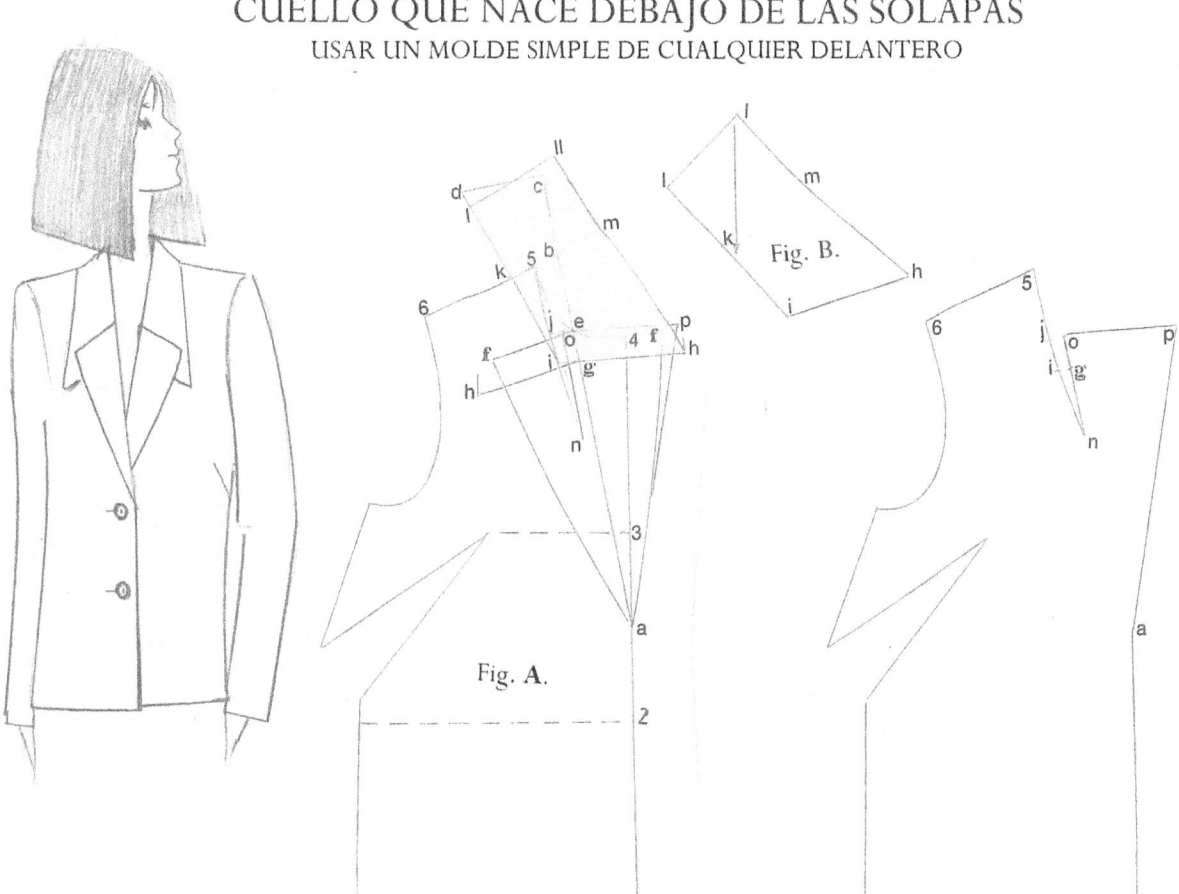

Fig. **A**: **1-2-3-4** = cruce, **2** = cintura, **3** = altura de busto, **5-6** = hombro.

a, es a gusto, en éste caso la mitad de **2-3**.

5-b = 2 ½ cm. . Unir **b-a**.

Desde **b**, prolongar la línea, colocando la medida del Escote, ejemplo: 8 cm. = **c**.

Desde **c**, escuadrar aplicando la distancia **b-c** = **d**.

Dibujar la solapa y parte del cuello sobre el trazado = **e-f** y **g-h**, después doblar el papel por la línea del quiebre y calcar la solapa y parte del cuello.

Desde **g**, prolongar la línea colocando 2 cm. = **i**. Unir **i-d**, con línea recta. Unir **i-5**, con ligera forma.

Desde **e**, prolongar la raya hasta la línea **i-5** = **j**.

Desde **i**, poner hacia **d**, la distancia **i-5**= **k**.

Desde **k**, aplicar hacia **d**, la medida **b-c** = **l**.

Desde **l**, escuadrar colocando el alto del cuello deseado, ejemplo: 10 cm.= **ll**.

Desde **k**, aplicar pasando por **b**, la medida **l-ll** = **m**.

Unir **ll-m-h**.

Calcar la parte sombreada (bajo cuello). Fig. **B**.

Desde **i**, prolongar la línea hacia abajo, aplicando 1 / 3 parte de la distancia **j-a** = **n**.

j-o = 1 ½ cm. . Unir **o-n**. NOTA: Dicha pinza se utilizará para introducir el bajo cuello.

Desde **f**, prolongar la raya, colocando la medida **j-o** = **p**. Unir **p-a** (forma de la solapa).

IMPORTANTE: Antes de hacer la pinza, será necesario formar la vista de la solapa, (ésta, no lleva pinza).

NOTA: Si deseare el cuello más cerrado, haga el cuello con Stand, ver página 389.

CUELLO DESBOCADO #1

UTILIZAR CUALQUIER TRAZADO SIMPLE ESPALDA Y DELANTERA

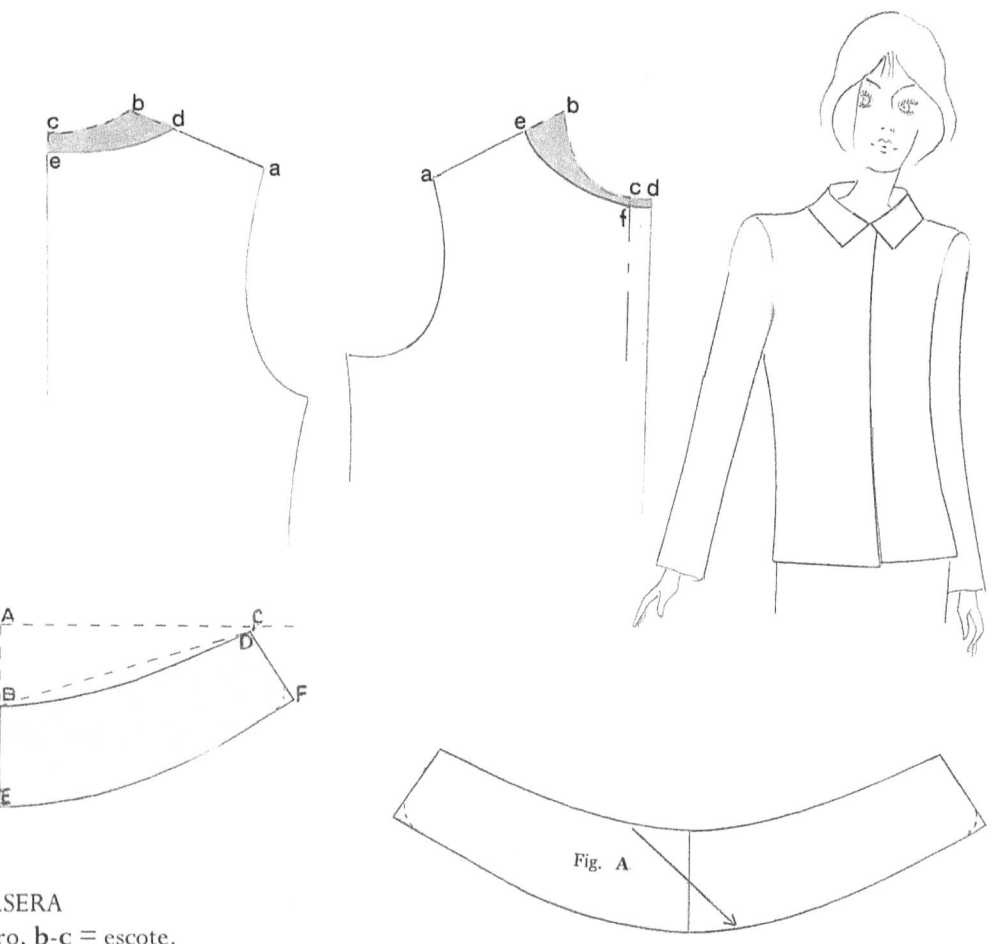

Fig. **A**

PARTE TRASERA

a-b = hombro, **b-c** = escote.

b-d = 4 cm. o a gusto.

c-e = mitad de **b-d**. Unir **e-d**, como lo indica el trazado. Medir dicha distancia.. Quitar la parte sombreada.

PARTE DELANTERA

a-b = hombro, **b-c** = escote, **c-d** = cruce.

b-e = **b-d** de la trasera.

c-f = 1 ½ cm..

Unir **e-f**, luego prolongar la línea hasta el cruce. Medir la distancia entre **e-f**. Quitar la parte sombreada.

CUELLO

Formar un ángulo recto. **A** = unión de las líneas.

Desde **A**, colocar hacia abajo 2/3 partes de la medida del Escote de la parte trasera, ejemplo: 8 cm. = **B**.

Desde **B**, aplicar en diagonal sobre la horizontal la suma de los escotes, ejemplo: 25 cm. = **C**.

Unir **B-C**, con forma como lo indica el trazado.

B-D = suma de las medidas del escote.

Desde **B**, poner hacia abajo la medida del ancho del cuello deseado, ejemplo: 9 cm. = **E**.

Desde **D**, escuadrar (apoyando la escuadra sobre **D-E**), colocando la medida del cuello deseado, ejemplo: 7 ½ cm. = **F**.

Unir **F-E**. Si lo desea, puede redondear las líneas en el punto **F**.

Doblar el papel de molde por la raya **B-E**, y calcar la parte sombreada. Fig. **A**.

IMPORTANTE: Si gustare hacer el cuello más plano, entonces deberá colocar la medida del Escote entre **A-B**.

CUELLO DESBOCADO #2
UTILIZAR CUALQUIER TRAZADO ESPALDA Y DELANTERA

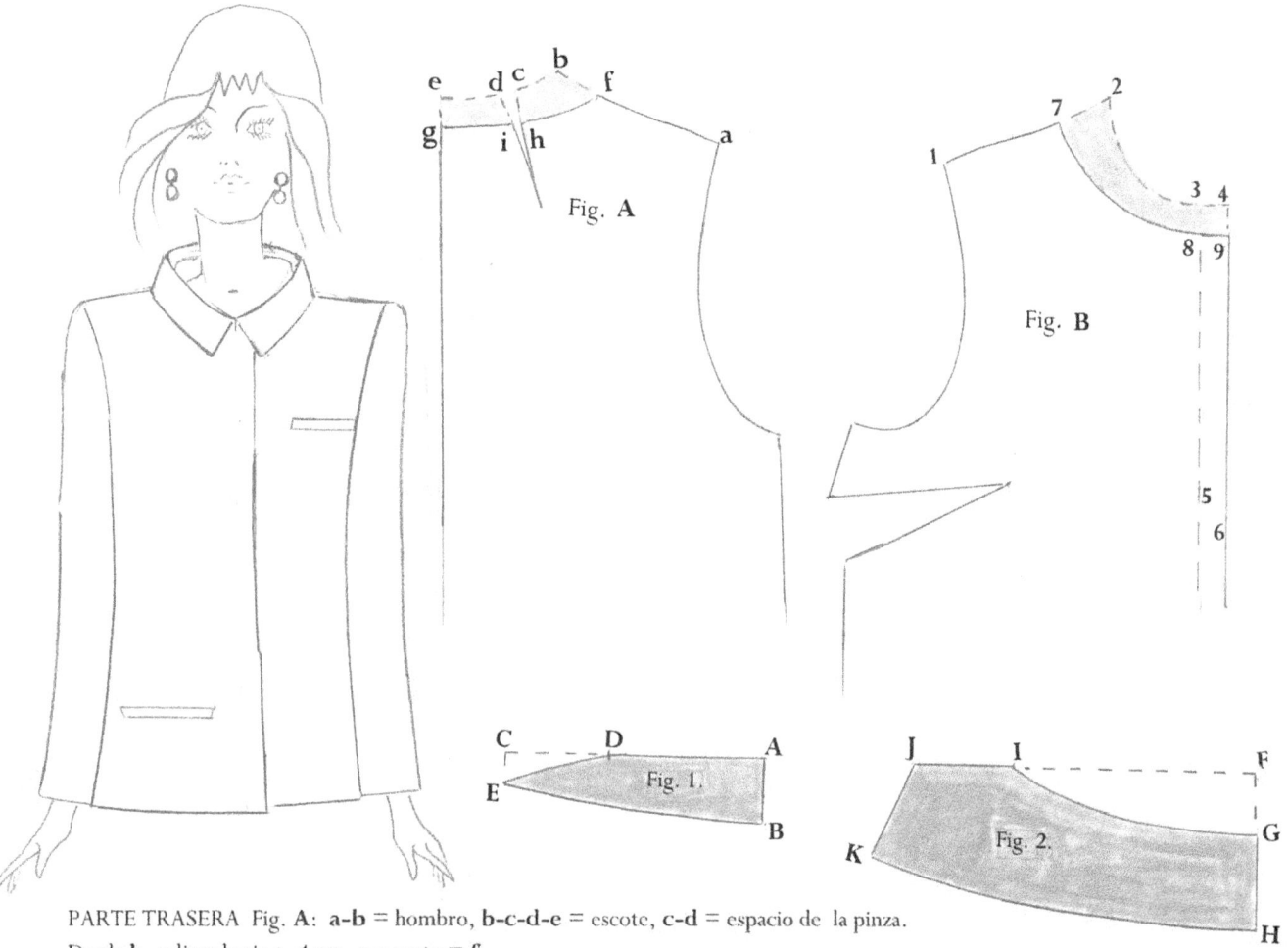

Fig. A

Fig. B

Fig. 1.

Fig. 2.

PARTE TRASERA Fig. **A**: **a-b** = hombro, **b-c-d-e** = escote, **c-d** = espacio de la pinza.

Desde **b**, aplicar hacia **a**, 4 cm. o a gusto = **f**.

Desde **e**, colocar hacia abajo la mitad de **b-f** = **g**. Unir **g-f** con ligera forma. **h** e **i**, se forman al cruzarse las líneas.

Medir la distancia entre **f-h-i-g** = 11 cm.. Quitar la parte sombreada.

PARTE DELANTERA Fig. **B**: **1-2** = hombro, **2-3-4** = escote y cruce, **3-5** = centro de adelante, **4-6** = cruce.

2-7 = **b-f** de la trasera .

3-8 y **4-9** = 2 cm. o a gusto. Unir **9-8-7** con forma. Medir la distancia entre **7-8** = 14 cm.. Quitar la parte sombreada.

STAND Fig. **1** formar un ángulo recto. **A** = unión de las líneas.

A-B = 4 cm. .

Desde **A**, aplicar sobre la horizontal la medida del escote de la trasera más la mitad del escote delantero, ejemplo: 18 cm. = **C**.

C-D = mitad del escote delantero, ejemplo: 7 cm. .

Desde **C**, escuadrar hacia abajo, colocando la mitad de **A-B** = **E**. Unir **E-B** y **E-D**, como lo indica el trazado.

Suavizar la línea en el punto **D**.

CUELLO Fig. **2**: Formar un ángulo recto. **F** = esquina. **F-G** = **A-B** del Stand.

G-H = **A-B** del Stand más 2 cm., ejemplo: 6 cm..

Desde **G**, aplicar en diagonal sobre la horizontal la distancia **B-E** del Stand = **I**. Unir **I-G**, con forma. NOTA: Controlar que la distancia **G-I**, sea igual a **B-E**, caso contrario mueva el punto **I**. En éste caso hay una pequeña diferencia que si lo desea lo puede embeber.

Desde **I**, prolongar la horizontal, aplicando la mitad del escote delantero, ejemplo: 7 cm. = **J**.

Desde **J**, escuadrar (apoyando la escuadra sobre **J-H**), aplicando el ancho del cuello, ejemplo: 7 cm. = **K**. Unir **K-H**.

Al cortar, es necesario colocar tela doble en las líneas **A-B** y **G-H**. Cabe señalar que el bajo cuello Fig. **2**, va al bies.

El Stand, se junta al cuello uniendo **B** con **G** y **E** con **I**.

CUELLO TIPO CHINO

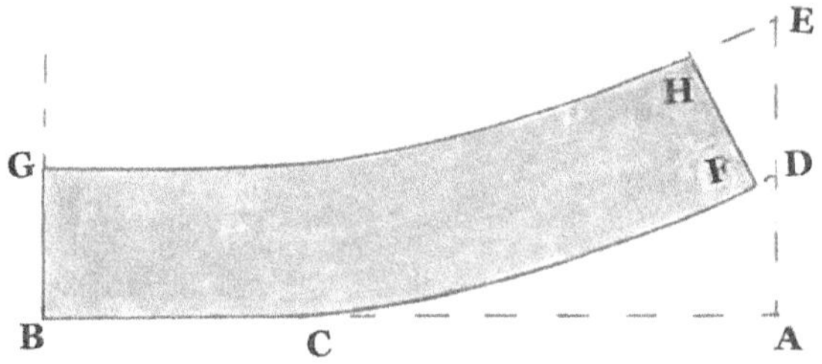

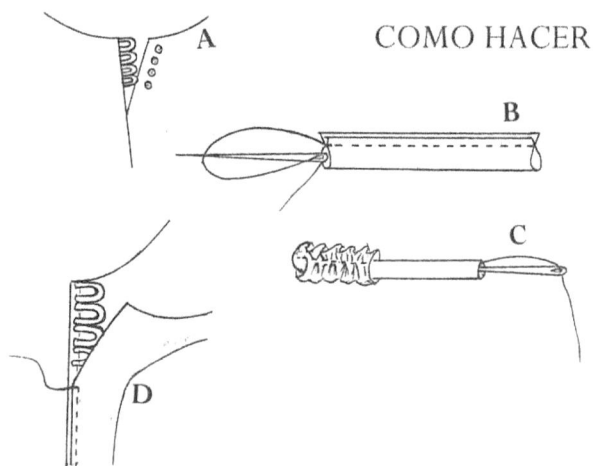

MEDIDAS NECESARIAS

ESCOTE ESPALDA...7 ½ CM.
SUMA DE LOS ESCOTES ESPALDA Y DELANTERO MAS CRUCE....21 "
ALTURA DE CUELLO DESEADO..5 "
CONTORNO DE CUELLO...17 "

CUELLO

Formar un ángulo recto. **A** = unión de las líneas.
A-B = sumas de los escotes más cruce, ejemplo: 21 cm..
B-C = Escote Espalda, ejemplo: 7 ½ cm. .
A-D = mitad de **B-C**. Unir **D-C**, con forma.
Desde **D**, prolongar la línea hacia arriba, aplicando el Alto de Cuello deseado, ejemplo: 5 cm. = **E**.
Desde **B**, aplicar hacia **D**, la distancia **B-A** = **F**.
Desde **B**, colocar hacia arriba la medida **D-E** = **G**. Unir **G-E** en forma paralela a **B-C-F**.
Desde **G**, ubicar hacia **E**, la medida Contorno de Cuello, más Cruce, ejemplo: 19 cm. = **H**. Unir **H-F**.
Al cortar deberá colocar tela doble en la línea **B-G**.
Si descare hacer el cuello sin cruce, entonces desde **F** y **H**, quitar el mismo.

DETALLES DE COSTURA

COMO HACER OJALILLOS EN TELA   (A)

Corte una tira al bies, su largo va de acuerdo a la cantidad de ojalillos que Usted desea hacer por dos cm. de ancho aproximadamente. Dóblelo por el medio y cósalo a máquina del revés . La distancia entre el borde y la costura la determina Usted (**B**). Delo vuelta (**C**). El largo del mismo, va de acuerdo al botón. IMPORTANTE: Los ojalillos, deben quedar dentro de la vista, de manera que también se vea prolija la parte interna (D)

SACO CON CUELLO TIPO "JABOT"

UTILIZAR LOS TRAZADOS DE UN SACO, ABRIGO, ETC. SIN CRUCE

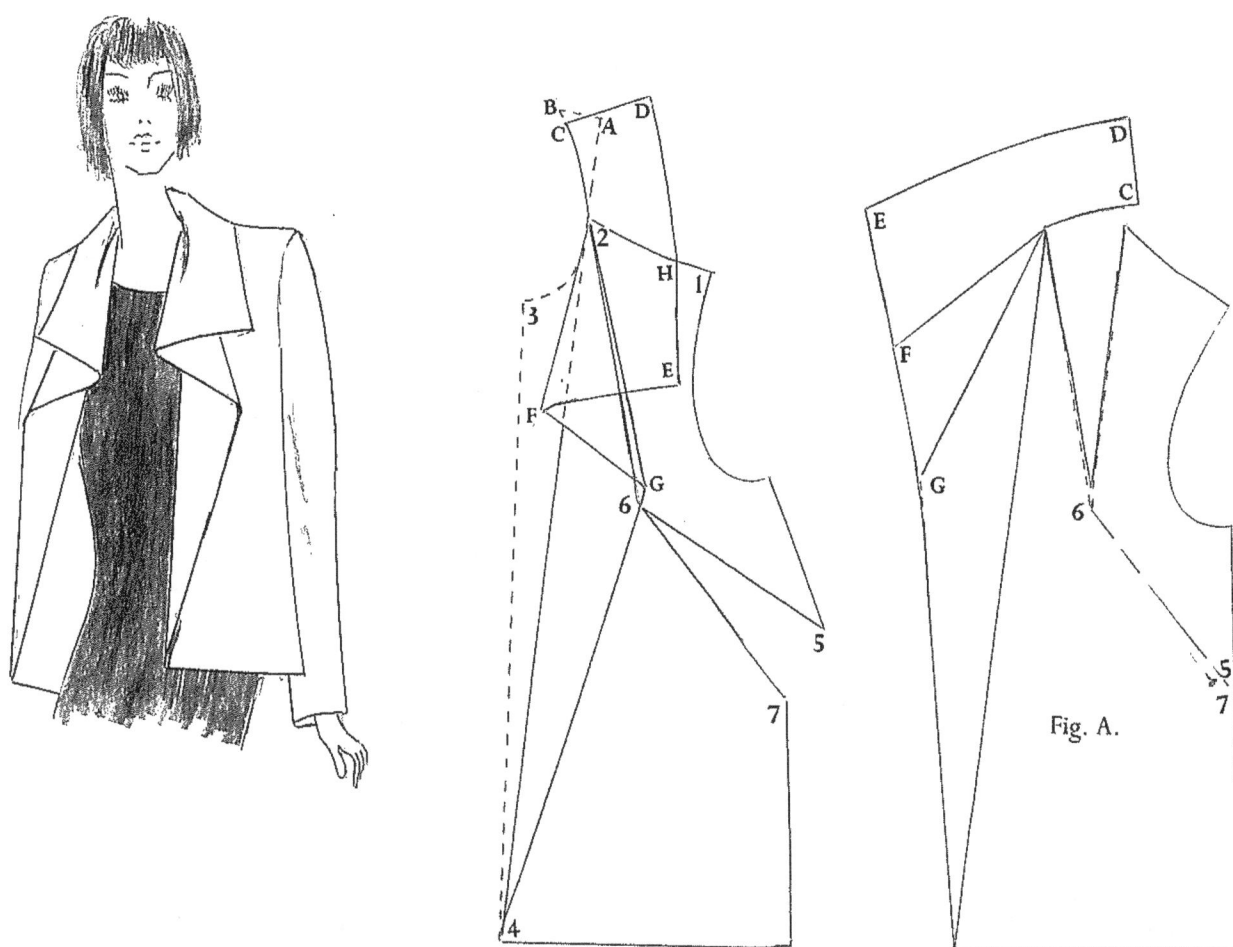

Fig. A.

MEDIDA REQUERIDA
ESCOTE.................................8 CM.

DELANTERA: **1-2** = hombro, **2-3** = escote, **3-4** = centro de adelante, **5-6-7** = pinza.
Unir **4-2**, luego desde **2**, prolongar la línea, aplicando la medida del Escote, ejemplo: 8 cm. = **A**.
Desde **A**, escuadrar colocando la mitad de la distancia **A-2** = **B**. Unir **B-2**, con ligera forma.
Desde **2**, poner hacia **B**, la distancia **2-A** = **C**.
Desde **C**, escuadrar aplicando el alto del cuello deseado, ejemplo: 8 cm. = **D**.
Dibujar el " cuello" sobre el trazado = **E-F-G**.
Unir **E-D** con garbo. **H**, se forma al cruzarse las líneas.
Doblar el papel de molde por la línea **2-4** y calcar la parte indicada con **2-G-4**, después doblar el papel por la línea **G-2** y copiar las rayas **G-F-2**, a continuación doblar el papel por **F-2** y copiar las líneas indicadas con **F-E-H-D-C-2**.
Desdoblar el papel de molde, y si es necesario, suavice las líneas.
Unir **2-6**, luego cortar por dicha línea, después cerrar la pinza **5-6-7**. NOTA: De acuerdo al busto, se puede acortar la pinza. Fig. **A**.

CUELLO AMPLIO ESCOTADO Y DESBOCADO CON PLIEGUES
UTILIZAR LOS MOLDES DE UN SACO, TAPADO, ETC..TRASERA Y DELANTERA

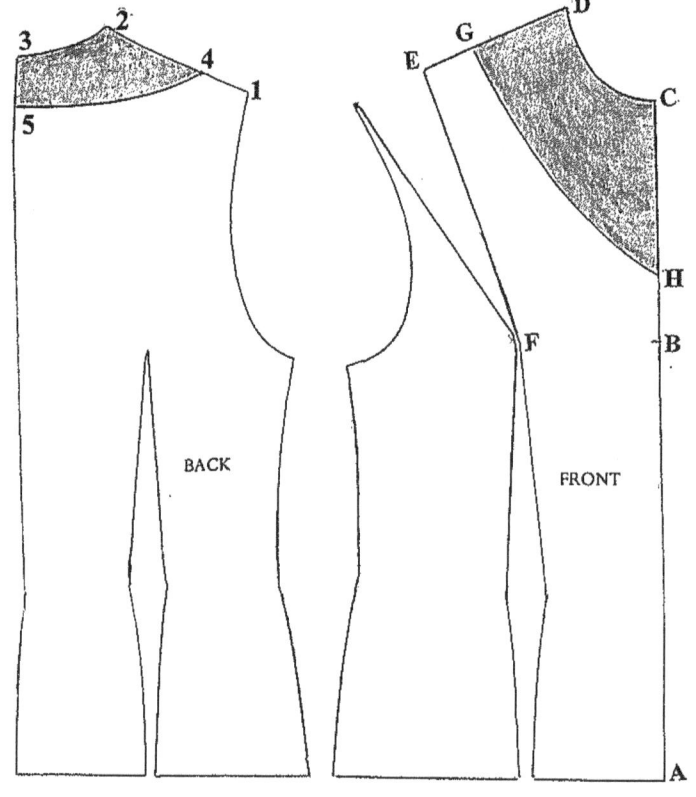

TRASERA

1-2 = hombro, **2-3** = escote.

2-4 = 2/3 partes del hombro, o a gusto.

3-5 = mitad de **2-1**. Unir **5-4**, con forma.

Medir la distancia **5-4** = 15 ½ cm..

DELANTERA

A-B-C= centro, **C-D**= escote, **D-E** =hombro, **B-F** = altura de busto.

D-G = **2-4** de la trasera.

B-H = 5 ½ cm. o a gusto. Unir **H-G**, con forma. Medir dicha distancia = 23 ½ cm..

CUELLO

Formar un rectángulo, con la suma de los escotes más 10 cm. (para pliegues o pinzas), ejemplo: 49 cm. x 16 cm. o a gusto = **A-B-C-D**.

D-E = **G-H** de la delantera más 5 cm. .

Desde **E**, aplicar hacia ambos lados 4 cm. = **F-G**. **F-H** = 5 cm.. **I** = mitad de **F-H**.

Desde **I**, escuadrar hacia arriba, colocando 2/3 partes de **A-D** = **J**.. Unir **J-F** y **J-H**.

G-K = 5 cm.. **L** = mitad **G-K**. Desde **L**, escuadrar hacia arriba, aplicando la distancia **I-J** = **LL**.. Unir **LL-G** y **LL-K**.

Marcar el centro de **A-D** = **M**. **M-N** y **M-O** = mitad de **A-M**.

Los espacios **M-N** y **M-O**, se utilizarán para formar un pliegue encontrado.

Doblar el papel de molde por **B-C** y calcar el lado opuesto, luego doblar el papel por **A-B-A** y copiar hasta **D-C-D**.

Los espacios **F-H-J** y **G-K-LL**, de descarlo, pueden ser pliegues o pinzas, depende de la tela que va a usar.

Cabe recordar que debe armarlo y que según la tela, podría cortarse al bies.

Los picos que se notan, se forman al cerrar las pinzas.

El saco se abrocha con ganchitos colocados de manera que se noten lo menos posible.

CUELLO PLANO

UTILIZAR LOS MOLDES DE UN SACO, TAPADO, ETC.. DELANTERA (SIN CRUCE) Y TRASERA

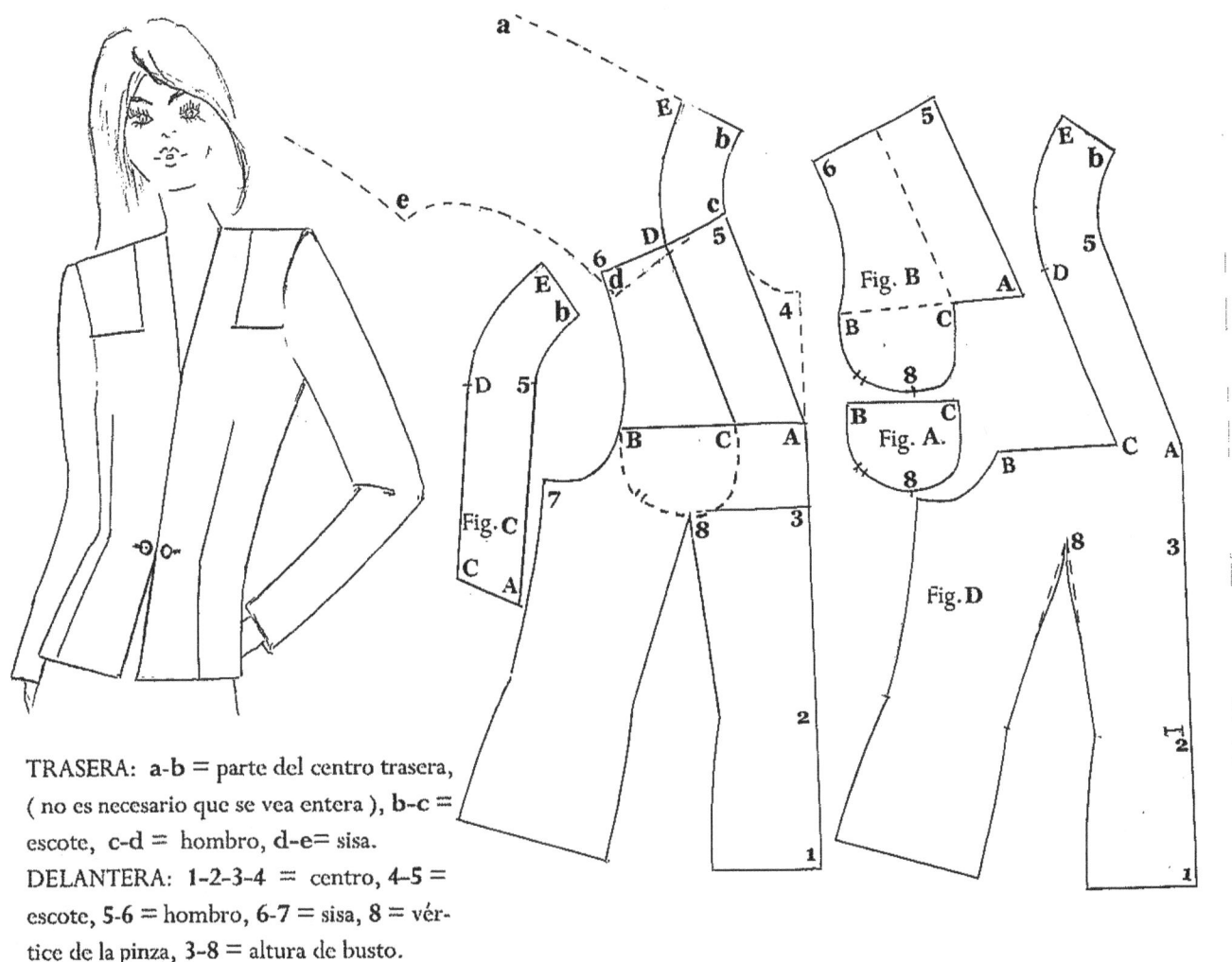

TRASERA: a-b = parte del centro trasera, (no es necesario que se vea entera), b-c = escote, c-d = hombro, d-e= sisa.

DELANTERA: 1-2-3-4 = centro, 4-5 = escote, 5-6 = hombro, 6-7 = sisa, 8 = vértice de la pinza, 3-8 = altura de busto.

Desde 3, aplique hacia arriba 7 cm. o a gusto = **A**.. Una **A-5**.

Desde **A**, escuadre hasta la sisa = **B**.

Junte los puntos **5-c**, a continuación sobreponga el punto **d** al punto **6**, 3 cm. .

Desde **A**, aplique hacia dentro el ancho del cuello, ejemplo: 6 cm. = **C**.

Desde **C**, lleve la línea en forma paralela al borde hasta el centro de atrás = **E**. **D**, se forma al cruzarse las líneas.

Una **B-8-C**, formando el bolsillito, luego cópielo. Fig. **A**.

Calque la parte indicada con: **A-5-6-B-8-C-A**. Fig. **B**.

Copie el bajo cuello indicado con: **A-5-b-E-D-C-A**. Fig. **C**.

El delantero, se corta por: **1-2-3-A-5-b-E-D-C-B**, etc. . Fig. **D**. La parte trasera, la interpretará, según su personal gusto.

Los delanteros se juntan en el punto **A**, con ganchitos, y, a la altura de la cintura se deben hacer dos ojales, y, se abrochan con dos botones tipo gemelos.

SACO CON SOLAPA Y CUELLO QUE NACEN DESDE LA PINZA
UTILIZAR LOS MOLDES SIMPLES DE UN SACO ENTALLADO, O SEMI ENTALLADO

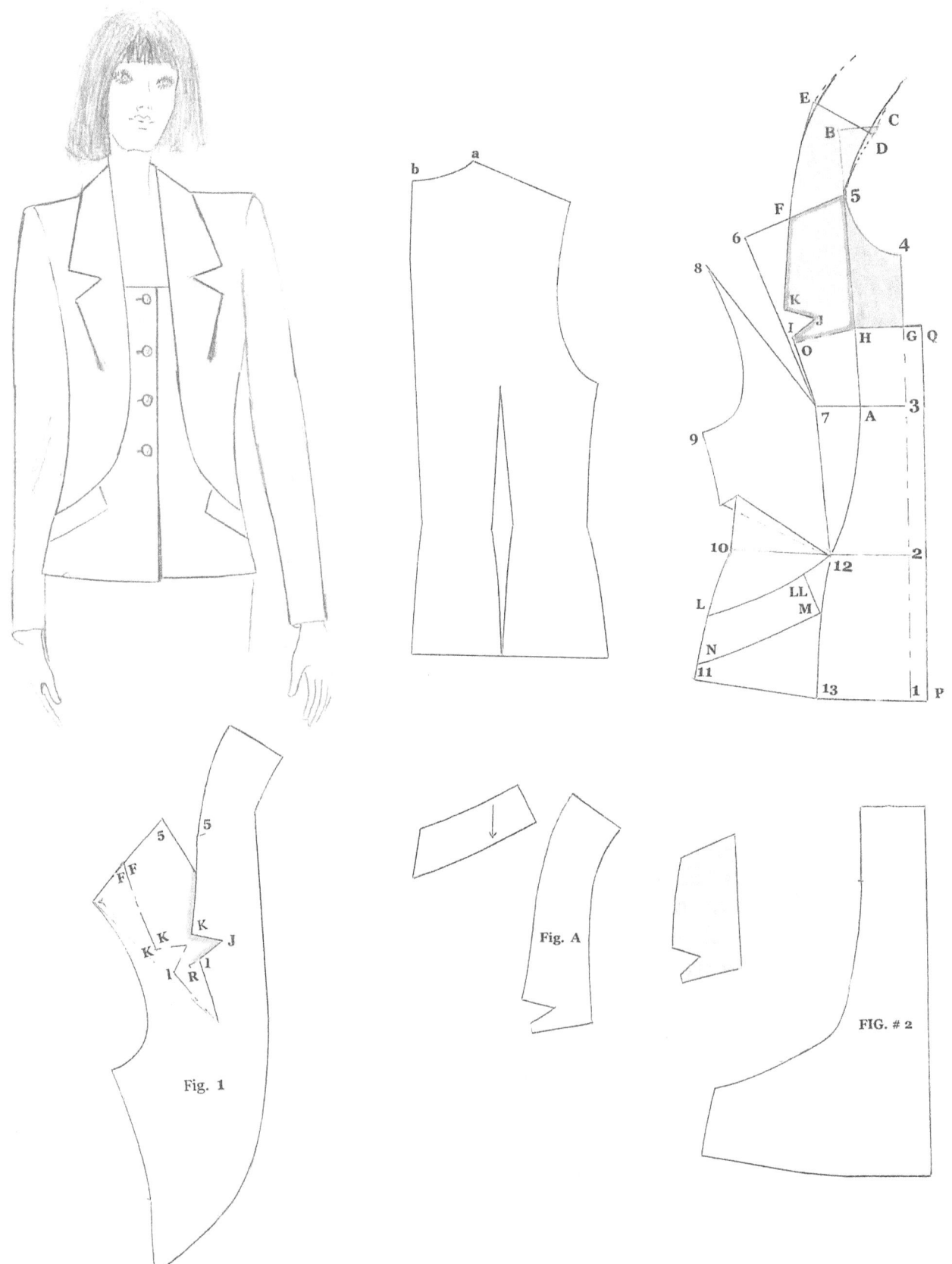

Fig. A

Fig. 1

FIG. # 2

TRASERA

a-b = escote. Medir dicha distancia, ejemplo: 7 ½ cm..

DELANTERA

1-2-3-4 = centro delantero, **2** = cintura, **3** = altura de busto, **4-5** = escote, **5-6** = hombro, **6-7-8** = pinza, **9-10-11** = costado, **7-12-13** = pinza cerrada.

Marcar el centro de **3-7** = **A**. NOTA: Si deseare tener la solapa más ancha, mueva el punto **A** hacia **3**.

Unir **A-5**, luego prolongar la raya, aplicando la medida del Escote , ejemplo: 7 ½ cm.= **B**.

Desde **B**, escuadrar colocando 2 /3 partes de **5-B** = **C**. Unir **C-5** con línea discontinua.

Desde **5**, aplicar hacia **C**, la medida del escote =**D**. Desde **D**, escuadrar (apoyando la escuadra sobre **D-5**), colocando el alto del cuello deseado, ejemplo: 8 cm. = **E**.

5-F = **D-E**, menos 1 cm. o a gusto.

Marcar el centro de **3-4** = **G**.

Desde **G**, escuadrar hasta la línea **A-5** = **H**. Separar la parte sombreada (más oscura).

Dibujar la solapa y el cuello sobre el trazado.= **7-I-J-K**, luego unir **K- F- E**.

Unir **A-12**, después prolongar la línea hasta el costado = **L**. (distancia **10-L** aproximadamente 8 cm.), claro que depende del ancho del molde.

Dibujar la tapita (**L-LL** = 12 ½ cm.; **LL-M** y **L-N** = 5 cm.). Calcar la tapita.

I-O = 1 ½ cm. (para margen de costura). Unir **O-H**.

Doblar el papel por la línea **D-E** y calcar parte del cuello. Se hace dicha operación para comprobar si las líneas tienen sentido. En éste caso, es necesario arreglar ambas líneas, como lo indica el trazado (pero se mantienen los mismos puntos).

Desde **1** y **G**, ubicar el cruce, ejemplo: 2 cm. = **P-Q**. Unir **P-Q**.

Calcar la parte sombreada. Fig. **A**.= bajo cuello. Calcar también la parte sombreada subrayada indicada con: **5-F-K-J-I-O-H-5**.

Cortar desde **L** hasta **7**, pasando por: **12-A-5-D-E-F-K-J-I-7**. Cerrar la pinza **6-7-8**. Fig.1.

Colocar la parte sombreada subrayada, uniendo **F** con **F**, **K** con **K**, etc..

Marcar el centro de **I-I** (Fig.1) = **R**.

Dejando lo menos posible para margen de costura, cortar desde **5** hasta **R**, pasando por: **K-J-I**. Fig.1.

La Fig. #2, indica la parte restante del delantero.

IMPORTANTE: Al cortar , colocar tela doble en la línea **D-E**, si la tela lo permite.

DETALLES DE COSTURA

COMO SE PICA

1ro. Se deben marcar los bordes, o sea el espacio que va picado. El picado de la solapa o cuello, es semejante a un hilván inclinado, solamente que su tamaño es muchísimo más chico (entre ½ a ¾ de cm.). Sirve para sujetar en forma fuerte y a la vez flexible la entretela con el género. Se realiza pellizcando apenas la parte de debajo de manera que se note lo menos posible (si se pican solapas o bajos cuellos) .

Una vez hecha la primera hilera, se vuelve sin mover la pieza, y las puntadas deben estar en el medio de las anteriores. Cabe señalar que debe de tironearse la parte de abajo(tela) pero sin que por eso quede floja la entretela. NOTA: Si se pican plastrones, entonces la puntada puede ser de unos 2 ½ cm. y puede tomar de abajo un poquito más de ½ cm..

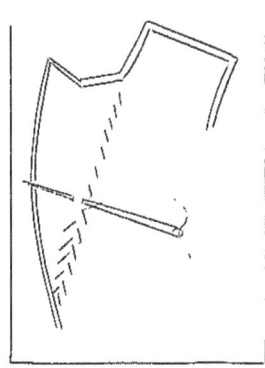

CUELLO TIPO CAPA
EMPLEAR CUALQUIER TRAZADO SIMPLE ESPALDA Y DELANTERA

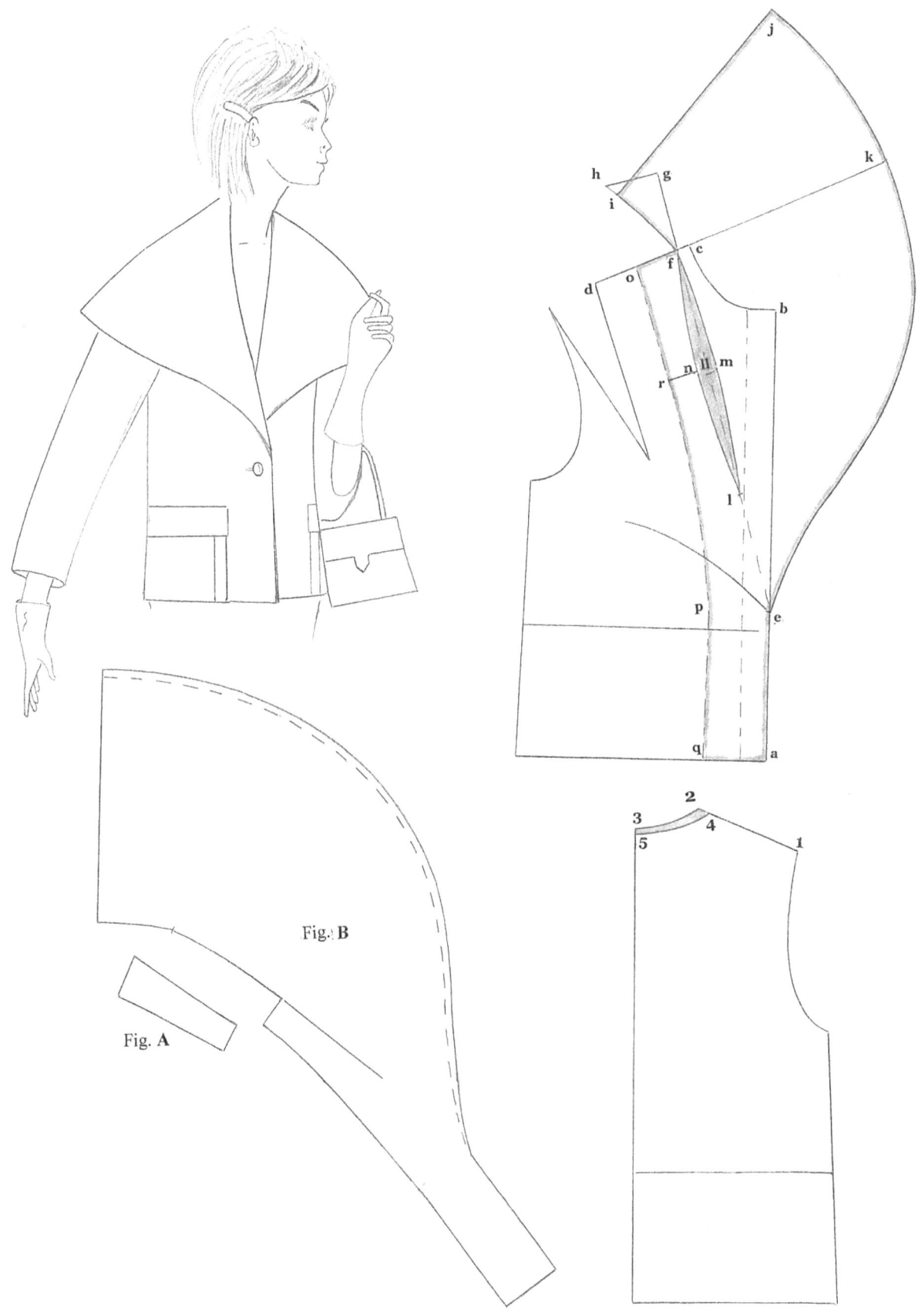

Fig. **A**

Fig. **B**

CUELLO TIPO CAPA
EMPLEAR CUALQUIER TRAZADO SIMPLE, ESPALDA Y DELANTERA

TRASERA

1-2 = hombro, 2-3 = escote.

2-4 = 1 ½ cm. o a gusto.

3-5 = mitad de 2-4. Unir 5-4, con forma. Medir dicha distancia. Quitar la parte sombreada.

DELANTERA

a-b = cruce, b-c = escote, c-d = hombro.

c-f = 2-4 de la trasera.

e, es a gusto, a unos 2 cm. de la cintura.

Unir e-f, luego prolongar la raya, aplicando la medida 4-5 de la trasera, ejemplo: 9 ½ cm. = g.

Desde g, escuadrar colocando 2/3 partes de f-g = h. Unir h-f, como lo indica el trazado.

Desde f, ubicar hacia h, la distancia f-g = i.

Desde i, escuadrar, apoyando la escuadra sobre los puntos i-h, colocando la altura del cuello deseado, ejemplo: 28 cm. = j.

Desde f, prolongar la línea, poniendo la distancia i-j =k.

Dibujar la forma del cuello sobre el trazado.

Doblar el papel de molde por el quiebre y calcar parte del cuello, después unir j-k y la forma del cuello.

e-l = 1/3 parte de la distancia e-f.

Marcar el centro de l-f= ll. ll-m y ll-n = 1 cm. (o lo que fuere necesario, porqué depende de la tela).

Unir l-m-f y l-n-f, cuidando de no formar un pico desagradable en cada terminación de la pinza.

Formación de la tapa/vista.

f-o =5 cm. .e-p = 7 cm., lo mismo que a-q. Unir q-p-o.

Desde n, trazar una línea hasta la raya o-p-q = r.

Calcar la parte indicada con: r-n-f-o-r. Fig. A.

Calcar la vista/tapa. Fig. B. Agrandar la tapa, como lo indica el molde 2 :ml. = 1/8 de inch, o según la tela.

Cerrar la pinza m-n-l. Al cortar, si la tela lo permite, coloque tela doble en la línea i-j.

MUY IMPORTANTE: Si deseare no hacer dicha operación y gustare hacer la vista enteriza, deberá proceder de la siguiente manera: Cerrar la pinza, pero en éste caso la vista se acorta (formando una especie de ola),entonces deberá cambrar con la plancha la parte comprendida entre p-r-o, hasta alcanzar la medida anterior.

DETALLES DE COSTURA

COMO SE COSE EL BOTON

1ro. Marcar el sitio. Fig. 1.

Es preferible usar un hilo grueso.

Comience tomando unos 2 milímetros luego afirme la puntada, es decir pasando la aguja sobre la misma parte dos veces.

Introduzca la aguja por dos agujeros y seguidamente tomar de nuevo la tela, pero antes debe dejar un espacio (su alto debe ser según el grosor a abrochar).

Sacar la aguja y pasarla por los otros dos agujeros restantes. Repetir la operación unas tres veces, después enrollar los hilos (pie) hasta formar un tallito para finalmente asegurar las puntadas haciendo un nudo y luego esconderlo dentro de la tela. Fig. 2.

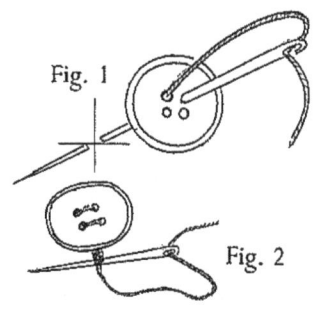
Fig. 1
Fig. 2

CUELLO A LO PISANO
EMPLEAR LOS MOLDES SIMPLES DE UN SACO ESPALDA Y DELANTERA
O LOS MOLDES DE UN ABRIGO

FIG. 1

Fold

PASO A PASO CON LA REALIZACION DEL MOLDE

DELANTERA

a-b = cruce, b-c = escote, c-d = hombro.

c-e = 1/3 parte del hombro o a gusto.

b-f = 2 cm. o a gusto. Unir f-e, con forma. g, se forma al cruzarse las líneas.

Quitar la parte sombreada. Medir la distancia e-g.

TRASERA

A-B = centro parte trasera, B-C = escote, C-D = hombro, E-F = costado.

C-G = c-e de la parte delantera.

B-* = mitad de C-G. Unir *-G, con ligera forma. Separar la parte sombreada.

Desde G, escuadrar, apoyando la escuadra sobre G-D, colocando la distancia e-g de la delantera, = H.

Desde H, encuadrar, ubicando la mitad de G-H = I. Unir I-G.

G-J = G-H.

Desde J, escuadrar, colocando el ancho de cuello deseado, ejemplo: 6 cm. = K.

G-L = J-K.

Desde L y G, trazar perpendiculares hasta el ruedo = M y N. De desearlo, pueden ser inclinadas.

Marcar el centro de G-L = O.

Calcar la parte indicada con: G-J-K-L-O-G, apenitas más chico en la línea K-L — bajo cuello. Fig.1.

Cortar desde L y G hasta M y N sin separar, luego abrir los cortes el doble de G-O en ambas líneas.

Suavizar la línea del ruedo. La forma que adquieren las líneas de los pliegues en el hombro , se debe al cerrar los mismos.

DETALLES DE COSTURA

COMO DEBE HACERSE EL ROULOTE

Se inicia de derecha a izquierda. Doble hacia dentro unos 2 ml. el borde de la tela. Coloque la aguja en la parte superior, luego tome la parte de abajo (en forma vertical) tomando apenitas, para volver a sujetar la parte de arriba. La separación entre una puntada y la otra no debe ser mayor a 3 ml. , siga de ese modo hasta completar unos 3 cm. luego tire del hilo y así sucesivamente y le quedará como los Dioses. La Fig. B, indica la diferencia.

fig B

CUELLO TIPO BABY ESCOTADO Y DESBOCADO
UTILIZAR CUALQUIER TRAZADO ESPALDA Y DELANTERA

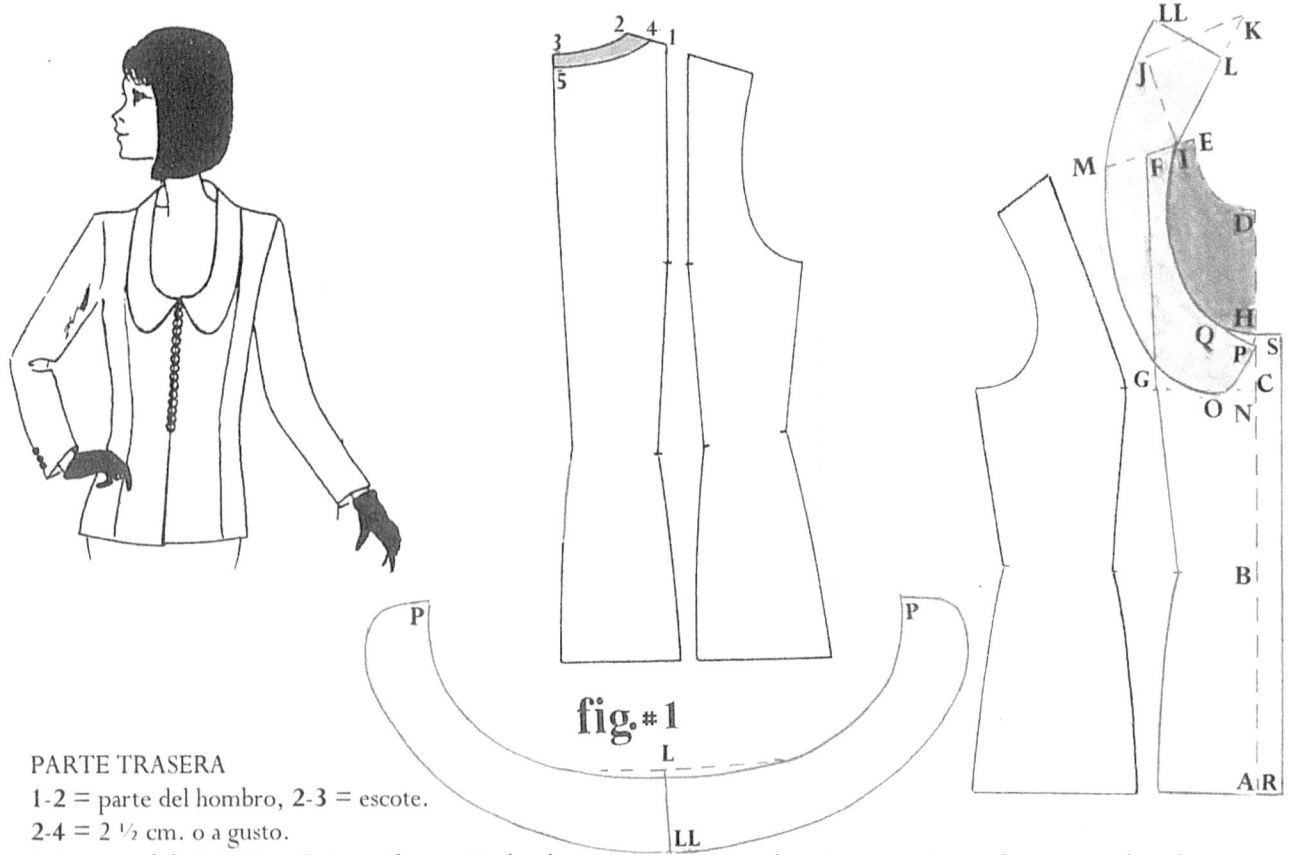

fig.#1

PARTE TRASERA

1-2 = parte del hombro, **2-3** = escote.

2-4 = 2 ½ cm. o a gusto.

3-5 = mitad de **2-4**. Unir **5-4**, con forma. Medir el nuevo escote, ejemplo: 10 ½ cm.. Quitar la parte sombreada.

PARTE DELANTERA

A-B-C-D = centro de adelante, **D-E** = escote, **E-F** = parte del hombro, **C-G** = altura de busto.

E-I= **2-4** de la parte trasera. Unir **I-H**, con forma, como lo indica el trazado.

C-H = a gusto, ejemplo: 6 cm..

CUELLO

Desde **I**, escuadrar aplicando la medida **4-5** de la trasera, ejemplo: 10 ½ cm. = **J**.

Desde **J**, escuadrar colocando la distancia **I-J** = **K**. Unir **K-I**.

I-L = **I-J**.

Desde **L**, escuadrar, apoyando la escuadra sobre **L-I**, poniendo el ancho del cuello deseado, ejemplo: 8 ½ cm. = **LL**.

I-M = **L-LL**, menos 1 cm. o a gusto.

H-N = **I-M**. Unir **N-M-LL**, dándole la forma del cuello.

N-O, a gusto, ejemplo: 5 cm.. Unir **O-H**, con forma.

H-P= de ½ a ¾ de cm.(según la tela).

H-Q = a unos 4 cm.. Unir **Q-P**.

Separar la parte sombreada= **H-Q-I-E-D-H**.

Calcar el cuello, colocando papel doble en la línea **L-LL**. Fig.1.

Suavizar las líneas en caso de ser necesario. En éste caso, es necesario suavizar la línea en el punto **L**.

IMPORTANTE: El lado derecho del saco, no lleva cruce, mientras que el lado izquierdo si. Ejemplo: **A-R** y **H-S**= 2 ½ cm. o a gusto. Unir **R-S**.

CUELLO ENTERIZO SINGLE BREAST
UTILIZAR LOS MOLDES SIMPLES DE UN SACO, TAPADO, ETC..

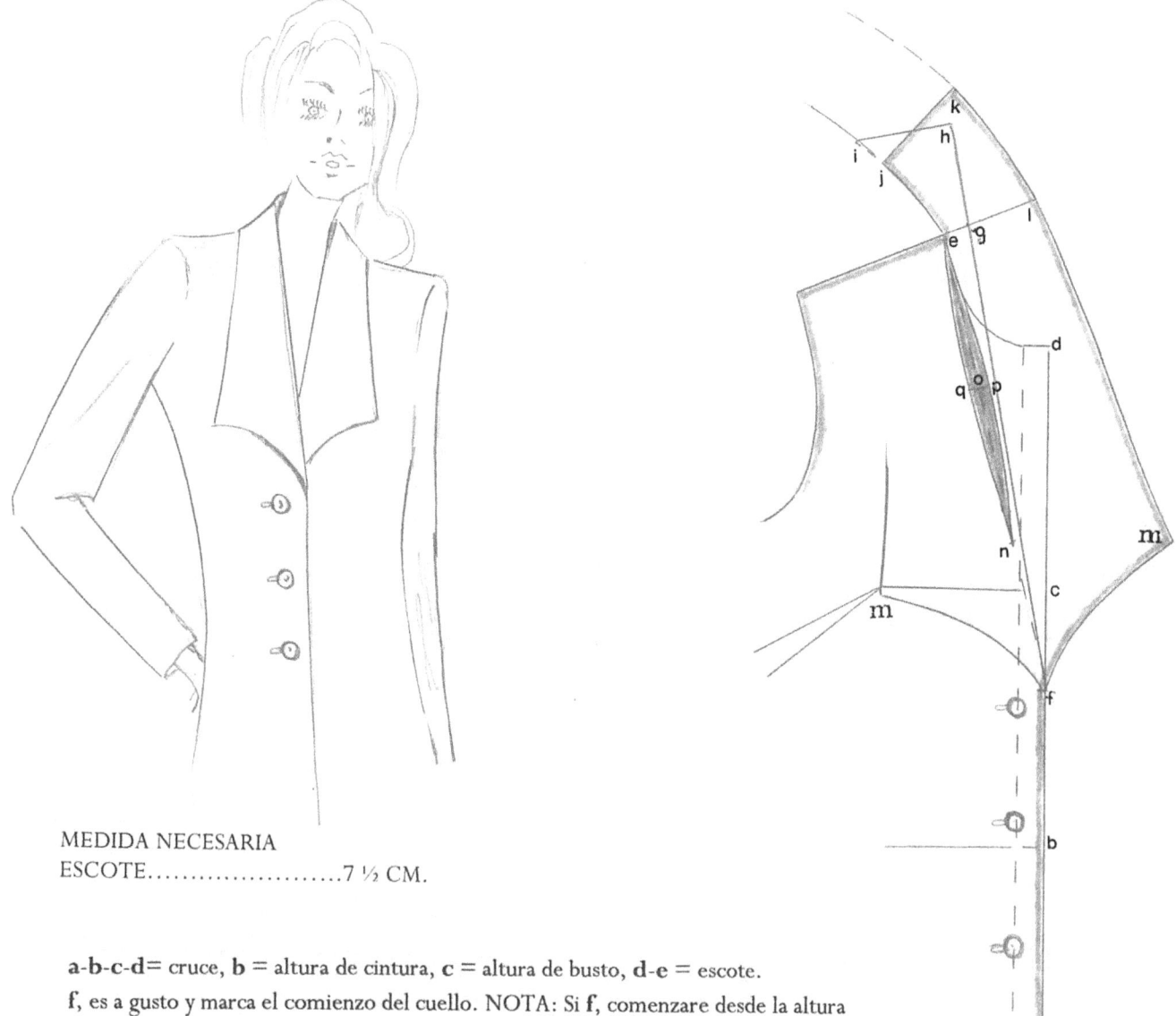

MEDIDA NECESARIA
ESCOTE......................7 ½ CM.

a-b-c-d= cruce, **b** = altura de cintura, **c** = altura de busto, **d-e** = escote.

f, es a gusto y marca el comienzo del cuello. NOTA: Si **f**, comenzare desde la altura de la cintura, entonces la distancia **h-i**, deberá ser la mitad de **g-h**.

e-g = 2 cm. o a gusto.

Unir **f-g**, luego desde **g**, prolongar la línea, colocando la medida del escote, ejemplo: 7 ½ cm. = **h**.

Desde **h**, escuadrar poniendo la distancia **g-h** = **i**.   O la mitad si lo desea mas cerrado.   Unir **i-e**.

e-j = **g-h**.

Desde **j**, escuadrar (apoyando la escuadra sobre **j-e**), colocando el alto del cuello deseado, ejemplo: 9 cm. = **k**.

e-l = **j-k**.

Dibujar el cuello sobre el molde = **m** .Doblar el papel de molde por la línea del quiebre y calcar la forma del cuello.

Unir **m-l-k**.

Unir **f-e**.

f-n = 1/3 parte de **f-e**. Marcar el centro de **n-e** = **o**.

o-p y **o-q** = ¾ de cm. . En algunos casos hasta 1 cm., depende de la tela que Usted use.

Unir **n-p-e** y **n-q-e**, con líneas ligeramente curvas. Cuide de no formar picos en la terminación de la pinza.

Doblar el papel de molde por la línea **j-k**, y calcar parte del bajo cuello. Se hace dicha operación para comprobar si las líneas son idóneas , como en éste caso, de lo contrario suavícelas . La vista, se realiza como la del cuello capa.

CUELLO SOLAPA TIPO PENTAGONO
EMPLEAR LOS MOLDES SIMPLES DE UN SACO, ABRIGO, ETC..

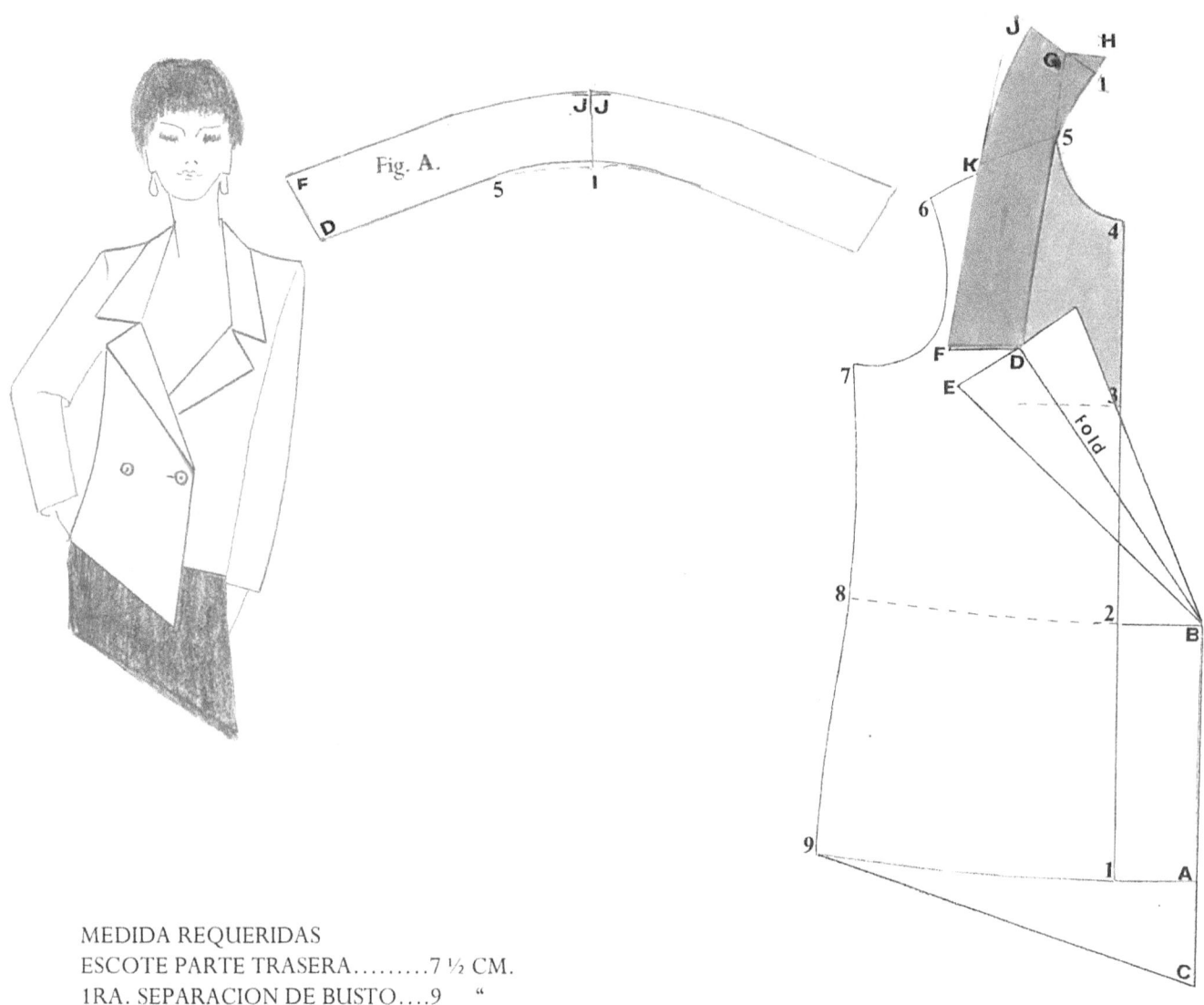

Fig. A.

MEDIDA REQUERIDAS
ESCOTE PARTE TRASERA.........7 ½ CM.
1RA. SEPARACION DE BUSTO....9   "

1-2-3-4 = centro de adelante, 2 = cintura, 3 = altura de busto, 4-5 = escote, 5-6 = hombro, 7-8-9 = costado.

Desde 1 y 2, aplicar la 1ra. Separación de Busto, menos 1 cm. o a gusto = A y B. Unir dichos puntos.

Desde A, prolongar la línea hacia abajo, colocando unos 9 cm. = C. Unir C-9.

Dibujar sobre el molde la solapa y el cuello a unos 7 cm. más arriba de la altura de busto = D-E-F (su ancho = 7 cm.).

Unir D-5, y desde 5, prolongar la línea aplicando la medida del Escote, ejemplo: 7 ½ cm. = G.

Desde G, escuadrar, colocando 1/3 parte de la medida del Escote = 2 ½ cm. = H. Unir H-5 .IMPORTANTE: Se coloca 1/3 parte, siempre y cuando el punto D, esté lo suficiente escotado, caso contrario, se aplicará la mitad.

5-I = 5-G.

Desde I, escuadrar colocando el alto del cuello deseado, ejemplo: 7 cm. = J.

Unir F-J. K, se forma al cruzarse las líneas.

Calcar el cuello, colocando papel doble en la raya I-J. Si al desdoblar el cuello, notare que las líneas no son idóneas, suavícelas. Fig. A.

IMPORTANTE: Es muy posible (por tratarse de una prenda escotada) que necesite una pinza, en caso de no llevar otros recortes. Dicha pinza, se haría con la diferencia entre Busto y Sobre Busto y se aria debajo de la solapa.

Quitar la parte sombreada en verde.

CUELLO SOLAPA ALARGADO SIN CRUCE
USAR LOS MOLDES SIMPLES DE UN SACO

FIG. A

fig. B

TRASERA

a-b = hombro, **b-c** = escote.

b-d = 3 cm. o a gusto.

c-e = mitad de **b-d**. Unir **e-d**, como lo indica el trazado. Medir dicha distancia. Separar la parte sombreada.

DELANTERA

A-B= centro, **B-C** = escote, **C-D** = hombro.

E, indica la altura de la solapa. En éste caso la altura de la cintura.

C-F = **b-d** de la parte trasera. Unir **F-E**.

Desde **F**, prolongar la línea, aplicando la distancia **d-e** de la parte trasera = **G**, Desde **G**, escuadrar colocando la medida **F-G** = **H**.

NOTA; Si deseare el cuello más cerrado, coloque la mitad **F-G**, para encontrar el punto **H**.

Dibujar la solapa y parte del cuello sobre el molde = **I-J-K-L**, luego doblar el papel de molde por la línea **E-F** y calcar la solapa y la parte del cuello, ligeramente más grande.

Desde **I**, prolongar la línea, aplicando 2 ½ cm. = **M**. Unir **M-F**. Unir **M-H**. **M-N** = **M-F**.

N-O = **F=G**.

Desde **O**, escuadrar colocando el ancho del cuello deseado, ejemplo: 10 ½ cm. = **P**.

N-Q = **O-P**. Unir **P-Q-L**.

Calcar el cuello parte sombreada. Fig. **A**.

Unir **M**, con el vértice de la pinza, después cortar por dicha línea y por la parte indicada con: **A-E-K-J-I-M-F-D**, etc, luego cerrar la pinza del costado. Fig. **B**.

NOTA: En la línea **M-F** y **d-e** (trasera), deberá colocar una cinta de extrafort (tape) o seambinding.

NOTA: Si deseare el cuello más cerrado, haga el cuello con Stand, ver página 389.

CUELLO ALARGADO
USAR LOS MOLDES SIMPLES DE UN SACO, ABRIGO, ETC..

TRASERA

1-2 = hombro, 2-3 = escote.

Modifique la línea del escote, como lo indica el trazado.

DELANTERA

1-2 centro, 2-3 = escote, 3-4 = parte del hombro.

3-A = 2 cm..

Unir 1-A, después desde A, seguir la línea, colocando la medida del escote, ejemplo: puntos 2-3 de la trasera = B.

Desde B, escuadrar, poniendo la mitad de A-B = C. Unir C-3, con recta.

3-D = A-B. Unir D-A.

Desde D, escuadrar (apoyando la escuadra sobre D-A) ubicando el ancho del cuello deseado, ejemplo: 8 cm. = E.

Desde D, escuadrar (apoyando la escuadra sobre D-3) colocando igual medida de D-E = F. Unir F-E.

F-G = 1/3 de F-E. Unir G-D. En algunos casos, debe de aplicarse la mitad en vez de 1/3 parte , depende de la tela.

3-H = D-G.

1-I = 5 cm. o a gusto. Unir I-H-G.

I-J = 2 ½ cm. o a gusto. Unir J-1.

CUELLO SOLAPA CRUZADO ESTILO MARINO
USAR LOS MOLDES SIMPLES DE UN SACO, TAPADO, ETC..

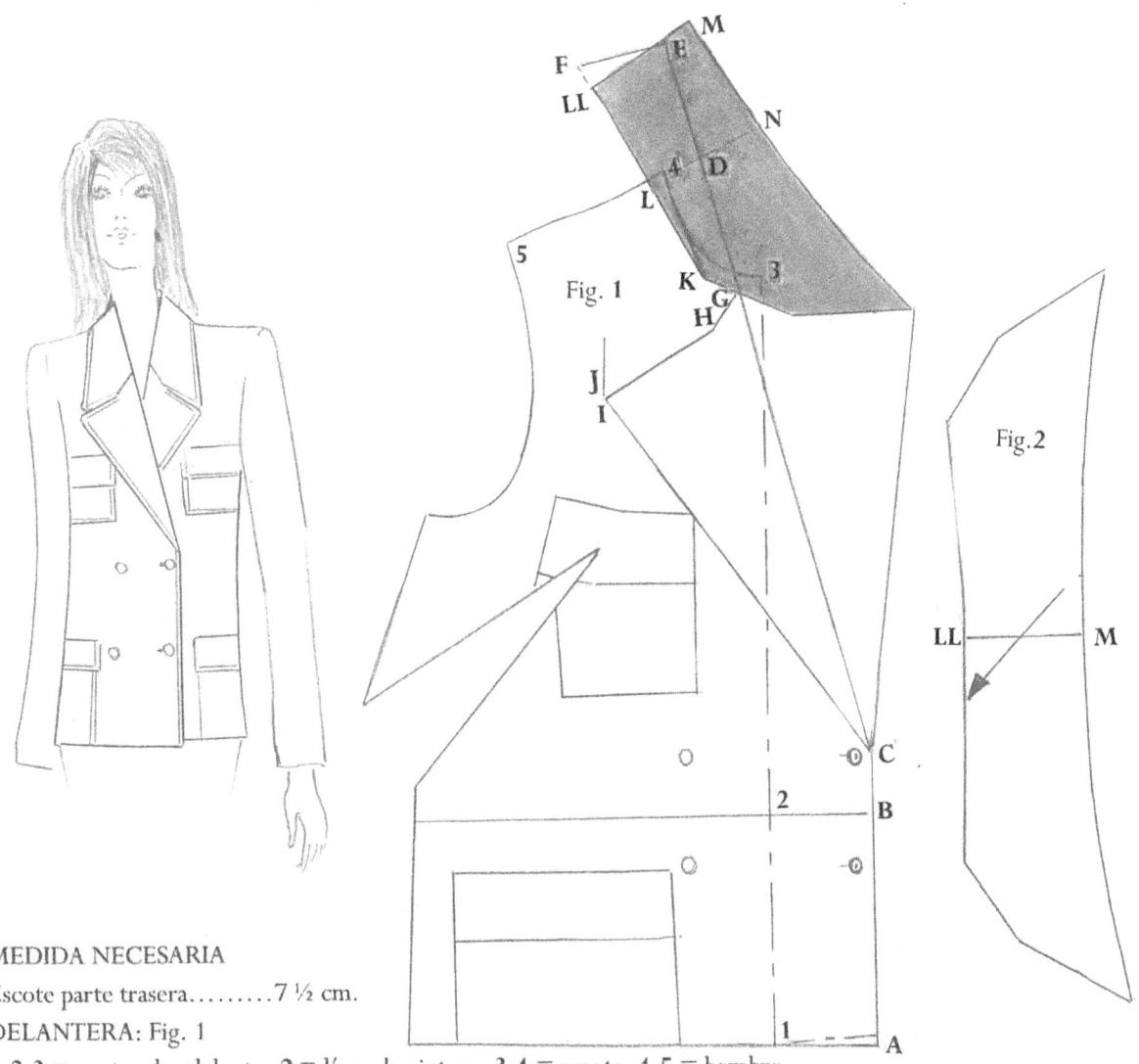

Fig. 1

Fig.2

MEDIDA NECESARIA

Escote parte trasera.........7 ½ cm.

DELANTERA: Fig. 1

1-2-3 = centro de adelante, 2 = línea de cintura, 3-4 = escote, 4-5 = hombro.

1-A y 2-B, a gusto, ejemplo: 7 cm. o a gusto.

Unir A-B, luego desde B, prolongar la raya a gusto, hasta el inicio de la solapa, ejemplo: 3 cm.= C.

4-D = 2 ½ cm..

Unir C-D (línea del quiebre), después seguir la via, colocando la medida del Escote trasero, ejemplo: 7 ½ cm. = E.

Desde E, escuadrar colocando 3 /4 partes de la medida D-E = F. O la mitad si lo desea mas cerrado.

Dibujar la solapa y parte del cuello sobre el trazado = G-H-I-J, a continuación doblar el papel de molde por la línea del quiebre y calcar la solapa y parte del cuello, ligeramente más grandes.

Desde G, seguir la línea, aplicando la distancia 4-D = K. Unir K-4, con ligera forma. Unir K-F, con línea recta.

K-L = K-4. L-LL = D-E.

Desde LL, escuadrar poniendo la medida ancho de cuello deseado (igual al ancho de la solapa) = M.

Desde L, colocar pasando por D, la medida LL-M = N.

Unir M-N-J. Calcar el cuello, colocando papel doble en la línea LL-M (parte sombreada). Fig. 2.

NOTA; Si al desdoblar el papel notare que las líneas no son armónicas, suavícelas.

NOTA: Si deseare hacer el cuello más "cerrado", utilice el cuello Stand, se realiza como el de la página 388. Fig.B.

Cierre la pinza del busto, luego dibuje los bolsillos, a continuación cópielos .

CUELLO SOLAPA TIPO NAPOLEON
UTILIZAR CUALQUIER TRAZADO SIMPLE ESPALDA Y DELANTERA

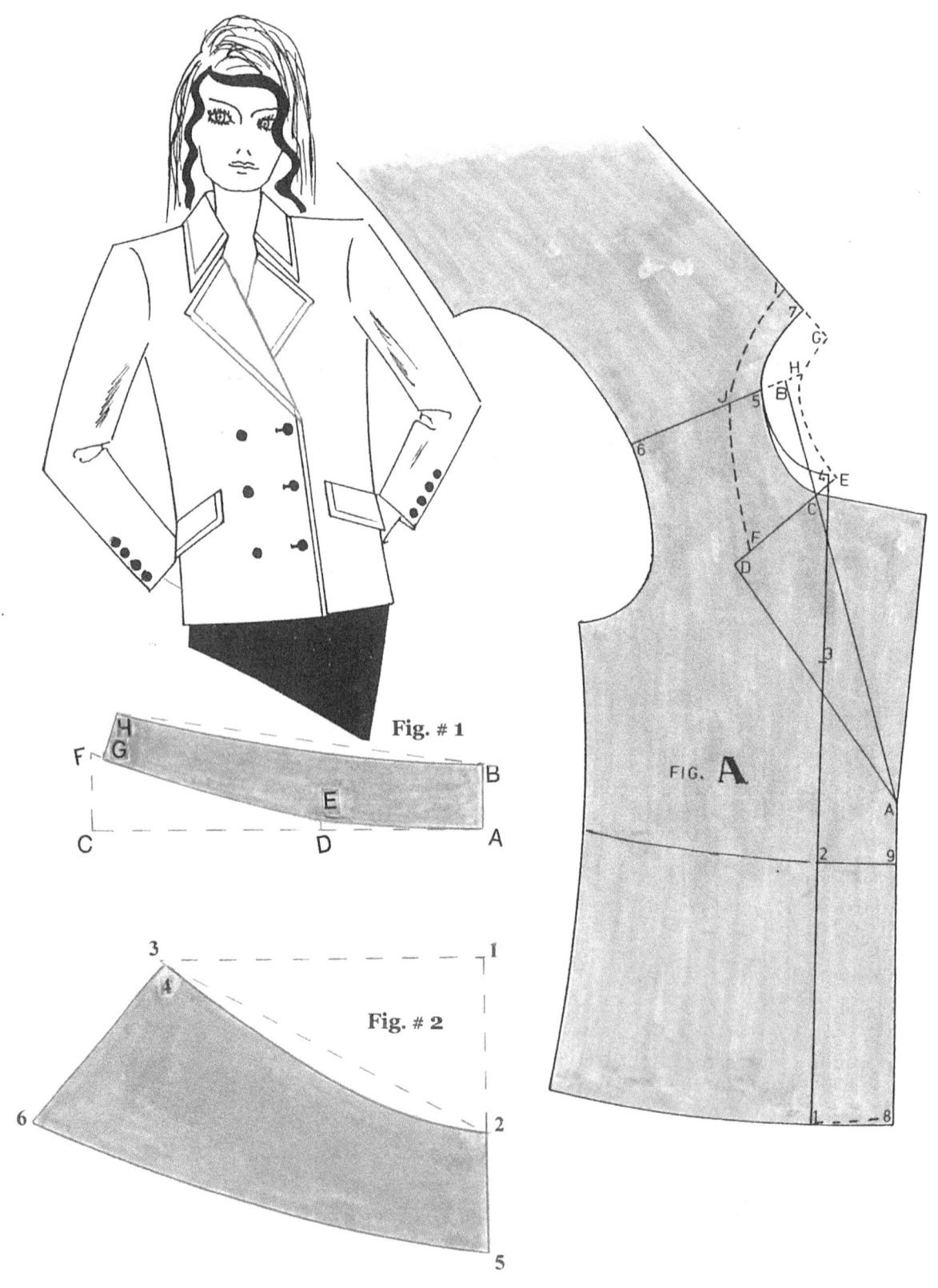

Fig. # 1

Fig. # 2

FIG. A

PASO A PASO CON LA REALIZACION DEL TRAZADO

DELANTERA Fig. **A**

1-2-3-4 = centro, 2 = altura de cintura, 3 = altura de busto, 4-**5** = escote, **5-6** = hombro.

TRASERA unida a la delantera

5-7 = escote.

DELANTERA Fig. **A**

Desde 1 y 2, aplicar el cruce deseado, ejemplo: 8 cm. = **8 y 9**.

Unir **8-9**, luego seguir la raya, hasta la altura del comienzo de la solapa, ejemplo: 6 cm. = **A**.

Desde **5**, prolongar la línea de hombro, 2 cm. = **B**.

NOTA: Los 2 cm. se usan, para cerrar un poco la solapa, pudiéndose unir **5-A** de desearlo. **C**, se forma al cruzarse las rayas.

Dibujar la solapa y parte del cuello sobre el trazado, éste con línea discontinua, ejemplo: 10 cm. = **C-D**.

Doblar el papel de molde por la línea del quiebre, después calcar la solapa ligeramente más grande.

Unir **C-5**, formando el nuevo escote.

Desde **C**, prolongar la línea diagonal, aplicando 2 ½ cm. = **E**.

Desde **D**, colocar hacia **C**, 2 ½ cm. (o sea la misma distancia entre **C-E**) = **F**.

Desde **7** (escote trasero)prolongar la raya hacia arriba, poniendo 3 ½ cm. = **G**.

5-H = **7-G**.

Unir **E-H-G**.

Desde **G**, aplicar pasando por **7** la medida del ancho de cuello deseado, ejemplo: 6 cm. = **I**.

Desde **H**, colocar hacia la sisa, la misma medida de los puntos **G-I** = **J**.

Unir **F-J-I**, como lo indica el trazado. Medir dicha distancia.

Medir la distancia **C-5-7**, ejemplo: 19 cm..

STAND   Fig.1

Formar un ángulo recto. **A-B** = altura del stand, ejemplo: 3 ½ cm. .

A-C = suma de los escotes (**7-5-C**), ejemplo: 19 cm..

A-D = (distancia **5-7**), ejemplo: 7 ½ cm..

D-E = entre ½ a ¾ de cm..

C-F = mitad de **A-D**.

Unir **F-E-A**.

Desde **A**, ubicar hacia **F**, la distancia **A-C** = **G**.

Desde **G**, escuadrar (apoyando la escuadra sobre **G-F**) , colocando la distancia **A-B**, menos 1 cm. o a gusto = **H**.

Unir **H-B**, con la forma, como lo indica el trazado.

CUELLO   Fig.2

Formar un ángulo recto. **1** = unión de las líneas.

1-2 = escote de la trasera, ejemplo: 7 ½ cm..

Desde **2**, aplicar en diagonal (sobre la horizontal) la medida **B-H** del Stand= **3**. Unir **3-2**, con forma.

Desde **2**, ubicar hacia **3**, la distancia **2-3** = **4**.

2-5 = altura del cuello, ejemplo: 6 cm..

Desde **4**, escuadrar (apoyando la escuadra sobre **4-5**) aplicando el ancho del cuello deseado, ejemplo: 10 cm., que equivale al ancho de la solapa = **6**. Unir **6-5**. Controlar que dicha distancia, sea igual a **I-J-F** de la fig. **A**, caso contrario, prolongue o acorte la línea.

El bajo cuello, debe cortarse al bies, mientras que la tapa de cuello, se debe cortar al hilo y ligeramente más grande, y se deberá colocar tela doble en la línea **2-5**.

SOLAPAS Y CUELLOS TIPO SASTRE

UTILIZAR LOS MOLDES SIMPLES DE UN TAILLEUR, ABRIGO, ETC..ESPALDA Y DELANTERA

MEDIDA REQUERIDA
ESCOTE PARTE TRASERA...7 ½ CM.

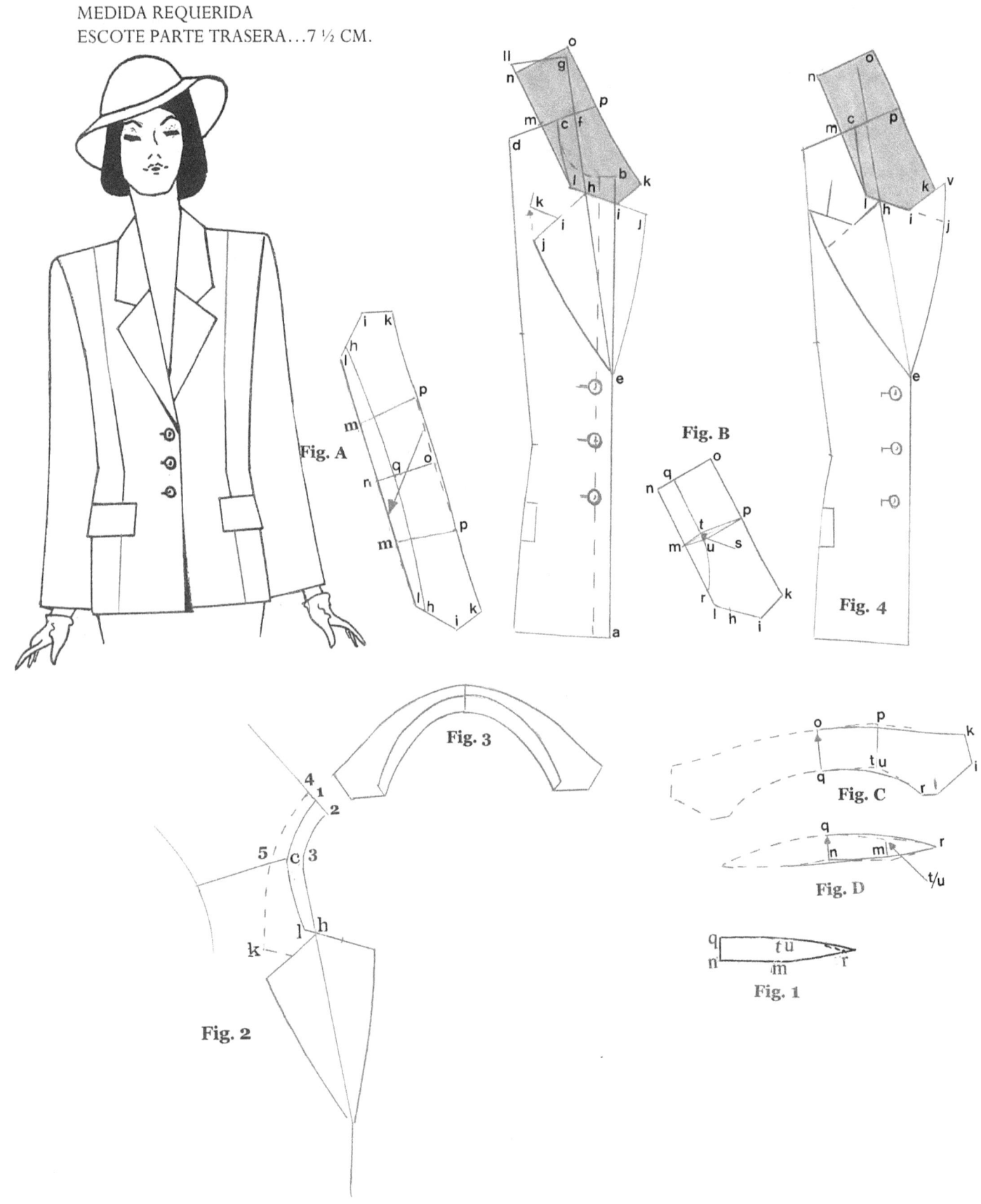

Fig. A

Fig. B

Fig. 4

Fig. 3

Fig. C

Fig. D

Fig. 2

Fig. 1

PASO A PASO CON LA REALIZACION DE LOS TRAZADOS

DELANTERA:

a-b =cruce, b-c = escote, c-d = parte del hombro.

La altura del quiebre, es a gusto = e. En general el 1er. ojal comienza a 1 ½ cm. más abajo del quiebre.

c-f = 2 cm. o a gusto.

Unir e-f, siguiendo la línea, desde f, poner la medida del Escote, ejemplo: 7 ½ cm. = g.

Formar la solapa y parte del cuello sobre el molde = h-i-j-k. Ancho solapa, ejemplo: 8 cm.. j-i = 3 ½ cm. o a gusto.

j-k = 3 ½ cm. o a gusto.

Doblar el papel de molde por la línea del quiebre y calcar la solapa y parte del cuello, ligeramente más grandes.

h-l = c-f. Unir l-c con ligera forma.

Desde g, escuadrar poniendo la distancia f-g = ll. O la mitad si lo desea mas cerrado. Unir ll-l, con línea recta.

l-m = l-c.

m-n = f-g.

Desde n, escuadrar, apoyando la escuadra sobre n-m, aplicando el ancho del cuello, ejemplo: 8 cm. (o sea igual al ancho de la solapa)o a gusto = o.

m-p = n-o.

Unir o-p-k.

Doblar el papel por la raya n-o, y calcar el cuello.

En caso de ser necesario, suavice la línea en el punto o, como en éste caso. Fig. A.

n-q = l-h, más ¼ de cm.. (que podría ser ½ cm. en caso de ser necesario).Unir h-q-h, con ligera forma = línea de quiebre.

CUELLO CON STAND

En general éste tipo de cuello, se usa cuando se desea más cerrado, y de paso tener una mejor caída.

Fig. B: l-r = 2 ½ cm., o a gusto. Unir r-q. s, se forma al cruzarse las rayas.

s-t y s-u = ½ cm. , o de acuerdo al cuello.

Unir m-t-p y m-u-p.

Cerrar la pinza, a continuación cortar por: r-u/t-q = Fig. C y D.

Suavizar las líneas. Fig. C y D, , luego doblar el papel por la línea o-q y q-n , y calcar el lado opuesto.

NOTA: Al realizar el cuello, se deberán cortar dos Fig. D (uno para el bajo cuello y uno para la tapa del cuello) y una Fig. C para el bajo cuello y una para la tapa de cuello, ésta última deberá de agrandarse, de acuerdo a la tela.

MUY IMPORTANTE: Al unir el cuello con el Stand, éste queda más cerrado, y es más que correcto, pero si deseare el Cuello ligeramente " abierto," deberá colocar la parte opuesta del Stand, es decir que en vez de unir q con q, , se deberán unir q con n, pero deberá tener en cuenta que las medidas coincidan con los escotes. Fig. 1.

Delantera y Trasera unidos en el hombro. Fig. 2.

1 = centro trasera. 1-2 = n-q del cuello, c-3 = c-f del quiebre (del delantero) . Juntar 3 con 2.

2-4 = q-o del cuello (Fig. B). 3-5 = 2-4.

CUELLO Fig. 3 (estilo antiguo). Utilizar la Fig. A.

Doblar el cuello por la línea h-q-h, arqueándolo pero sin estirar, y por la otra línea k-p-o-p-k, estirarlo si fuere necesario, hasta darle la forma y la medida de los puntos 4-5-k, de la Fig. 2.

SOLAPA Y CUELLO ESTILO INGLES

FIG. 4

Utilizar el primer trazado delantero. Prolongar las líneas i y j. v, se forma al juntarse las vías. NOTA: Es de hacer notar que el cuello no cambia en nada, o sea que queda el mismo.

CUELLO SOLAPA ESTILO INGLES CRUZADO
USAR LOS MOLDES SIMPLES DE UN SACO

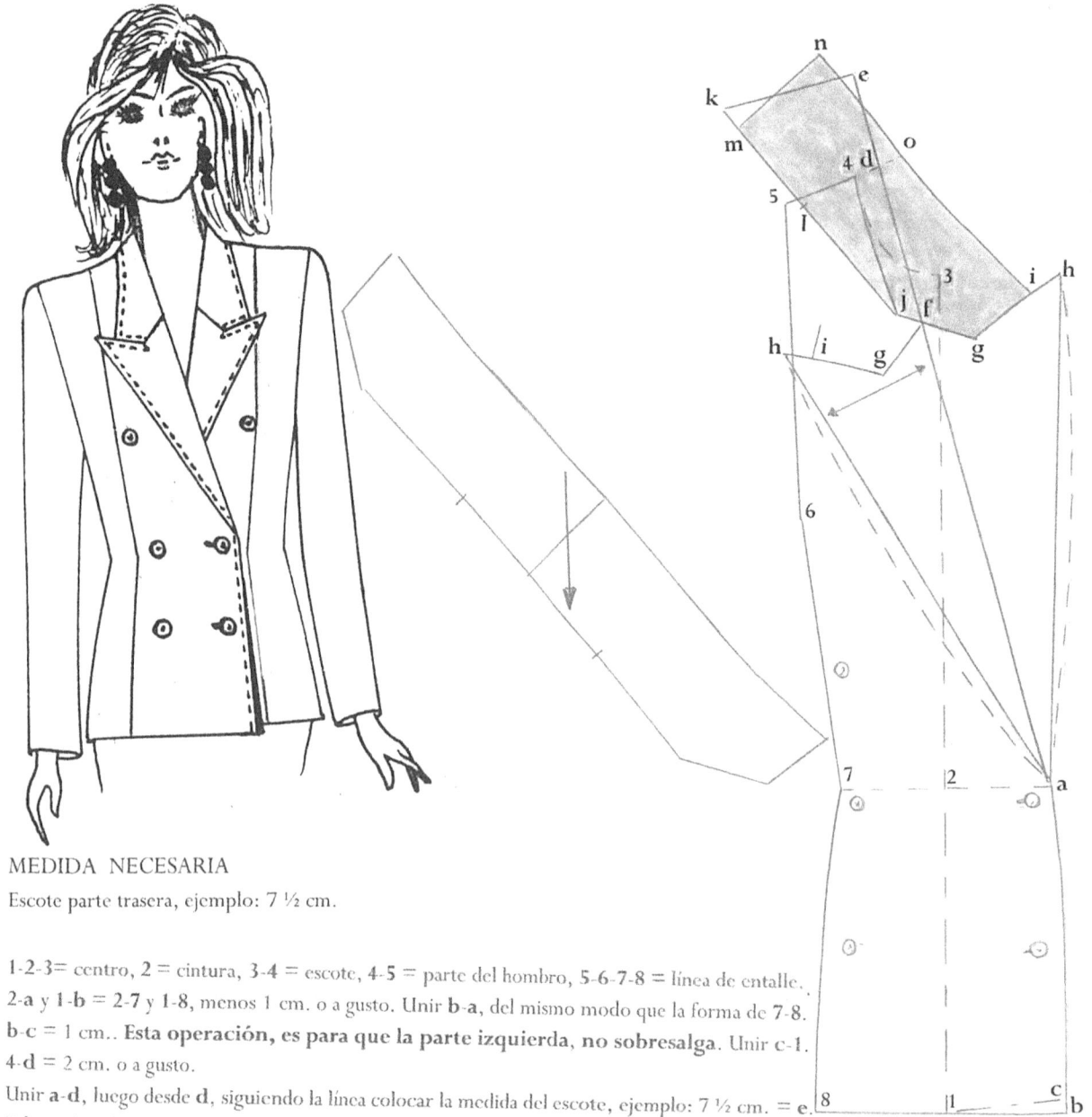

MEDIDA NECESARIA

Escote parte trasera, ejemplo: 7 ½ cm.

1-2-3= centro, **2** = cintura, **3-4** = escote, **4-5** = parte del hombro, **5-6-7-8** = línea de entalle.
2-a y 1-b = 2-7 y 1-8, menos 1 cm. o a gusto. Unir **b-a**, del mismo modo que la forma de **7-8**.
b-c = 1 cm.. **Esta operación, es para que la parte izquierda, no sobresalga.** Unir **c-1**.
4-**d** = 2 cm. o a gusto.
Unir **a-d**, luego desde **d**, siguiendo la línea colocar la medida del escote, ejemplo: 7 ½ cm. = **e**
Dibujar la solapa y parte del cuello sobre el molde. IMPORTANTE: La solapa, puede ser con forma, indicada con línea discontinua.
Ancho Solapa = 9 cm. = **f-g-h-i**. NOTA: Entre **f-g** = 4 ½ cm., **h-i** = 2 ½ cm. o a gusto.
Doblar el papel de molde por la línea del quiebre y calcar la solapa y la parte del cuello.
Desde **f**, prolongar la raya, aplicando la distancia **4-d** = **j**. Unir **j-4**, con ligera forma.
Desde **e**, escuadrar ubicando la distancia **e-d** = **k**. Si deseare el cuello un poco separado, coloque una vez la media medida **d-e** =**k**.
como en éste caso. Unir **k-j**, con línea recta.
Desde **j**, ubicar hacia **k**, la medida **j-4** = **l**, luego desde **l**, poner hacia **k**, la distancia **d-e** = **m**.
Desde **m**, escuadrar, aplicando la medida del ancho del cuello descado, ejemplo: 8 cm. = **n**.
l-o = **m-n**.
Unir **i-o-n**.
Colocar papel doble en la línea **m-n** y calcar la parte sombreada. NOTA: Si notare que las líneas no son las ideales suavícelas.
IMPORTANTE: Si deseare hacer el cuello más cerrado, utilice el cuello con Stand, se realiza como el de la página 388. Fig. **B**.

CUELLO SMOKING (SHAWL) DERECHO
USAR LOS MOLDES SIMPLES DE CUALQUIER TRAZADO

MEDIDA REQUERIDA
ESCOTE PARTE TRASERA.......7 ½ CM.

A-B-C = cruce, **C-D** = escote, **D-E** = hombro.

a, es a gusto, e indica la altura del quiebre. **a**, debe estar ubicado a 1 ½ cm. más arriba del primer ojal.

D-b = 2 cm. o a gusto. Unir **a-b**, luego siguiendo la línea (desde **b**), aplicar la medida del Escote, ejemplo: 7 ½ cm. = **c**.

Desde **c**, escuadrar colocando la mitad de **b-c** = **d**. Unir **d-D**.

D-e = **b-c**. Unir **e-b**, con línea discontinua.

Desde **e**, escuadrar, apoyando la escuadra sobre **e-b**, aplicando el alto del cuello, ejemplo: 9 cm. = **f**.

Desde **e**, escuadrar, apoyando la escuadra sobre **e-D**, colocando la medida anterior = **g**.

Marcar el centro de **f-g** = **h**. Unir **h-e**.

e-i = 2 ½ cm.. **i-j**= ½ cm. .

Unir **e-i-h**.

Desde **D**, aplicar pasando por **b**, la distancia **e-f** = **k**.

Unir **a-D**, a continuación ubicar de **a** hacia **D** 1 / 3 parte de dicha distancia = **l**.

Marcar el centro de **l-D** = **ll**.

Desde **ll**, colocar hacia ambos lados de ¾ a 1 cm., depende de la tela = **m** y **n**.

Unir **l-m-D** y **l-n-D**, con líneas agradables, y cuidando de no formar picos en la terminación de la pinza.

Dibujar el cuello sobre el trazado, después doblar el papel de molde por la línea del quiebre y calcar la parte del cuello.

Al desdoblar el papel de molde, unir **h-k**, con la forma del cuello.

Redondee la parte de abajo (centro de adelante)

IMPORTANTE: Si deseare hacer el cuello más cerrado, utilice el cuello con Stand, se realiza como el de la página 388. Fig. **B**.

CUELLO SMOKING (SHAWL) CRUZADO
UTILIZAR LOS MOLDES SIMPLES DE UN SACO, ABRIGO, ETC..ESPALDA Y DELANTERA

MEDIDAS NECESARIAS
ESCOTE PARTE TRASERA.........7 ½ CM.
1RA. SEPARACION DE BUSTO....9   "

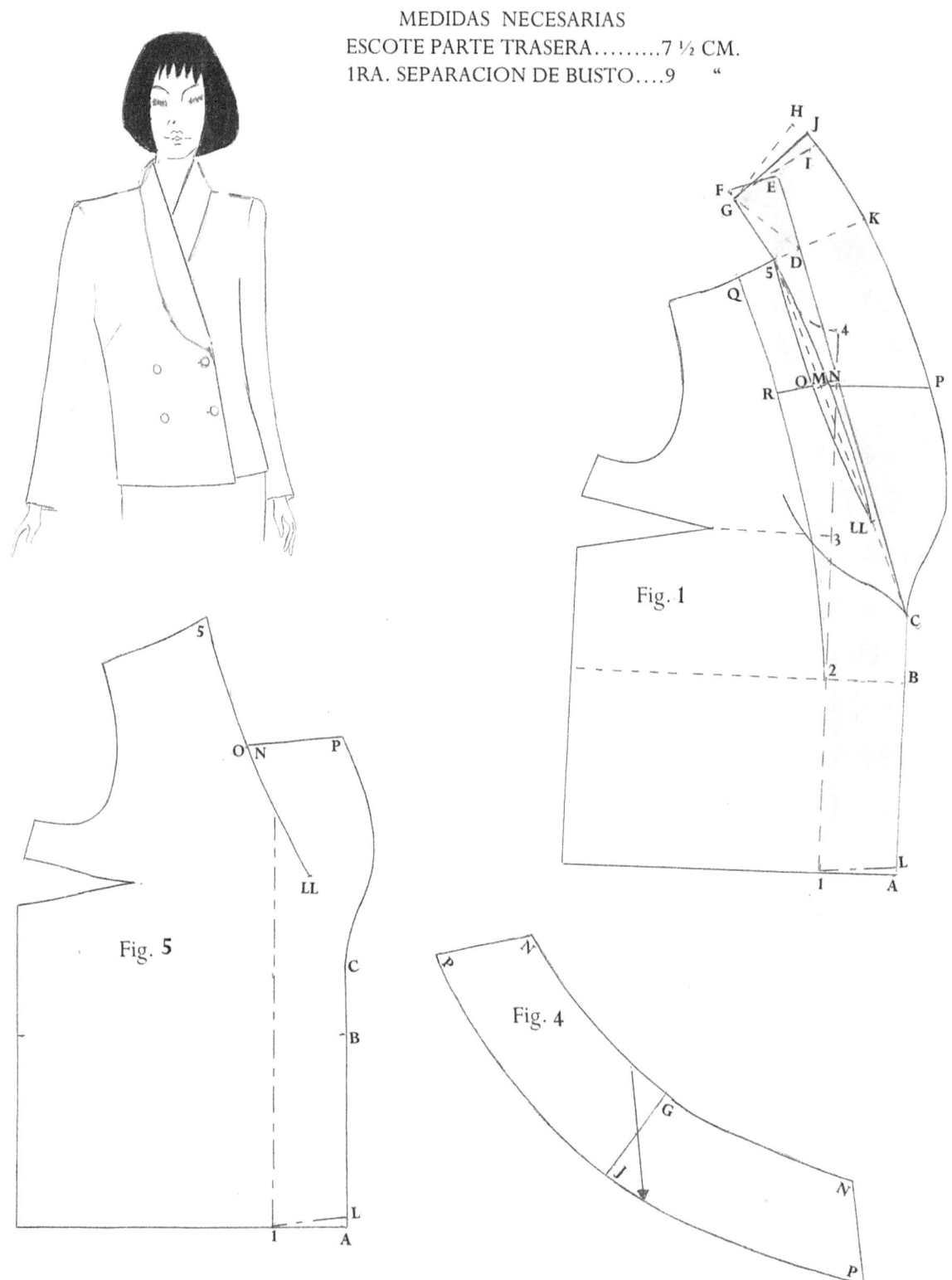

Fig. 1

Fig. 5

Fig. 4

PASO A PASO CON LA REALIZACION DEL TRAZADO

DELANTERA Fig. 1

1-2-3-4 = centro de adelante, **2** = línea de cintura, **3** = altura de busto,**4-5** = escote.

Desde **1** y **2**, aplicar el cruce (o sea la 1ra. Separación de Busto, menos 1 cm.), ejemplo: 8 cm. = **A** y **B**. Unir **A-B**.

Desde **B**, seguir la línea hacia arriba, colocando la mitad de la distancia **2-3** = **C**.

Desde **5**, prolongar la vía del hombro, aplicando 2 ½ cm. (o a gusto) = **D**. Unir **D-C**.

Desde **D**, seguir la raya poniendo la medida del Escote, ejemplo: 7 ½ cm. = **E**.

Desde **E**, escuadrar aplicando 2/3 partes de **E-D** = **F**. Si lo desea mas cerrado, coloque la mitad. Unir **F-5**.

5-G = **D-E**. Unir **G-D**, con línea discontinua.

Desde **G**, escuadrar (apoyando la escuadra sobre **G-D**), aplicando el ancho del cuello deseado, ejemplo: 10 cm. =**H**.

Desde **G**, escuadrar (apoyando la escuadra sobre **G-5**),ubicando la distancia **D-H** = **I**.

Marcar el centro de **I-H** = **J**. Unir **J-G**. NOTA: Para algunas telas, será necesario usar la línea **G-I**.

Desde **5**, colocar pasando por **D**, la medida **G-J** = **K**.

Dibujar sobre el trazado la forma del cuello, a continuación, doblar el papel de molde por la línea del quiebre y calcar la forma del cuello. Al desdoblar el papel de molde, unir **J-K** con la forma del cuello.

NOTA: Como la prenda es cruzada, se debe de acortar el lado izquierdo de 1 a 1 ½ cm. = **L**. Unir **L-1**.

Unir **5-C**.

Desde **C**, colocar hacia **5**, 1/4 parte de dicha distancia = **LL**.

Marcar el centro de **LL-5** = **M**. **M-N** y **M-O** = 3/4 de cm. (o lo que fuere necesario) depende de la tela.

Unir **LL-N-5** y **LL-O-5** con forma. Cuide de no formar " picos" en cada terminación de la pinza.

Si deseare hacer el bajo cuello separado de la prenda, desde **N**, trazar una horizontal hasta el borde del cuello = **P**.

VISTA: **5-Q** = 5 cm. o a gusto. Unir **Q-2**, con forma.

Desde **O**, trazar una raya hasta la línea **Q-2** = **R**.

Calcar la vista (parte sombreada). Separar la parte indicada con: **O-5-Q-R-O**. Fig. 2 y 3. Cerrar la pinza **N-LL-O** .

Separar el bajo cuello por: **P-K-J** (ó **I**) **G-5-N-P**, después colocar papel doble en la línea **G-J** (ó **G-I**).Fig.4.

Revisar que las líneas sean idóneas , caso contrario, suavícelas.

Cerrar la pinza **N-LL-O**. Fig. 5.

IMPORTANTE: En la línea **J-K-P-C** (Fig. 2) debe agregarle 2 ml. (o sea 1/8 de inch) a los efectos que no tironee.

En la línea **G-J**, colocar tela doble.

NOTA: Si el punto **C**, estaría a la altura del Busto, entonces será conveniente usar la línea **G-J**. ¿ Porque? Porque el cuello tironea más; Si **C** si se ubica entre el Busto y la Cintura, no le acarreará ningún inconveniente.

NOTA: Si deseare el cuello más cerrado, haga el cuello con Stand, ver página 388.

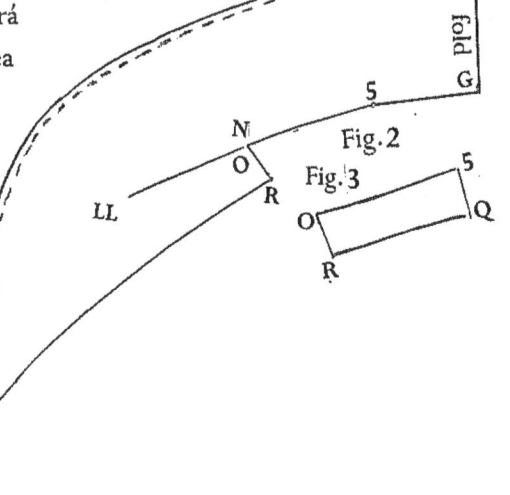

CUELLO "SMOKING" # 2
USAR LOS MOLDES SIMPLES DE UN SACO.

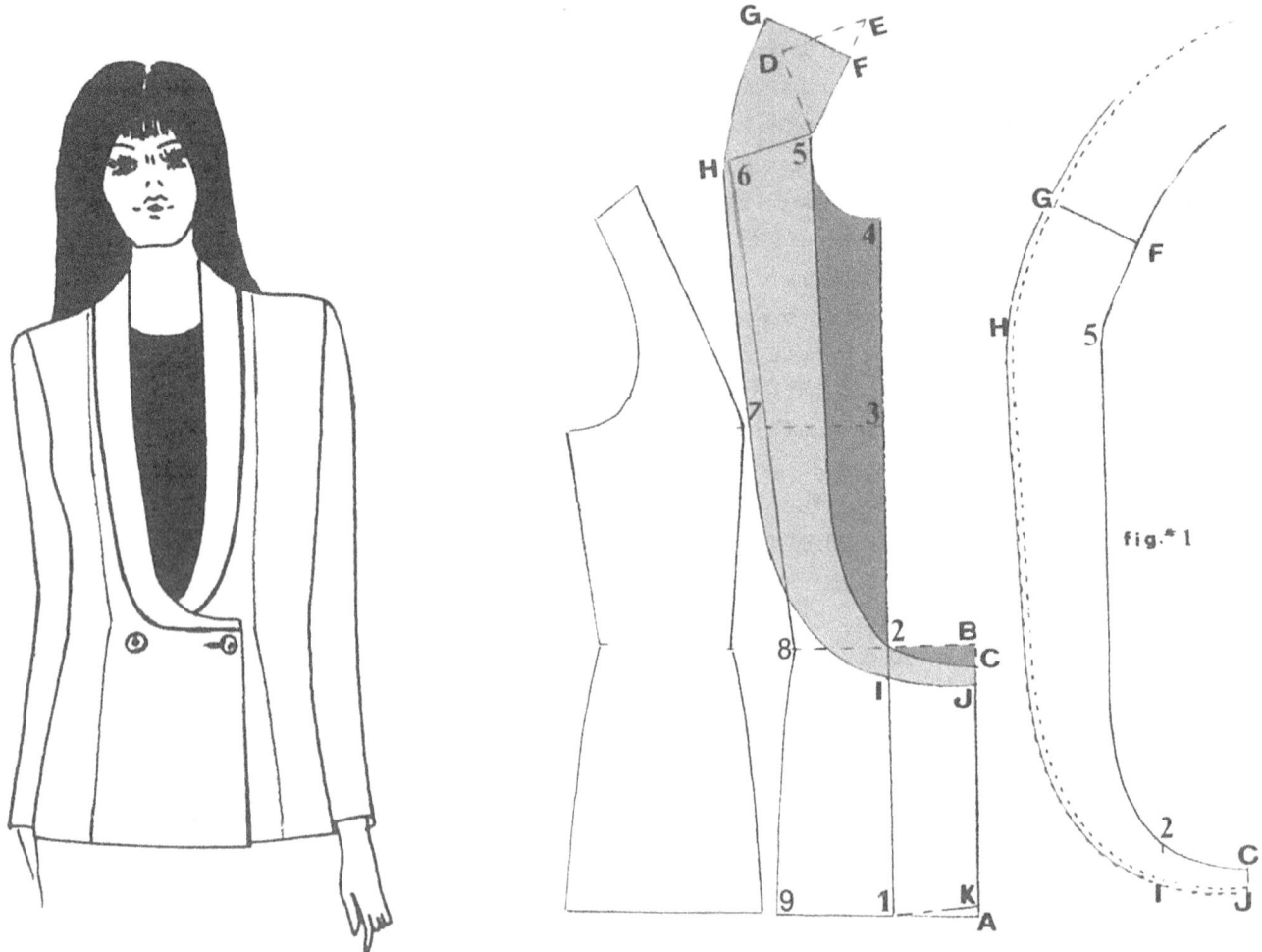

fig.ᵃ 1

MEDIDA NECESARIA: ESCOTE PARTE TRASERA....7 ½ CM.

1-2-3-4 = centro de adelante, 2= cintura, 3 = altura de busto, 4-5 = escote, 5-6 = parte del hombro, 6-7-8-9 = línea del entalle.

1-A y 2-B = 1-9 y 2-8, menos 1 cm. o a gusto. Unir A-B.

B-C = 2 cm. o a gusto. Unir C-2-5, como lo indica el trazado. Quitar la parte sombreada oscura.

Desde 5, escuadrar hacia arriba, aplicando la medida del Escote, ejemplo: 7 ½ cm. = D.

Desde D, escuadrar, colocando la distancia D-5 = E. Unir E-5

5-F = 5-D.

Desde F, escuadrar apoyando la escuadra sobre los puntos F-5, ubicando el ancho de cuello deseado, ejemplo: 8 cm. = G.

5-H = F-G, menos ½ cm. o a gusto.

2-I = 2 ½ cm. o a gusto.

C-J = 2 cm. o a gusto. Unir J-I-H-G.

Por tratarse de una prenda cruzada, la parte del lado izquierdo del ruedo, deberá acortarse de 1 a 1 ½ cm.= A-K. Unir K-1.

Calcar el cuello, colocando papel doble en la línea F-G. Fig. # 1. Suavizar las líneas, en caso de ser necesario.

NOTA: La tapa del cuello, deberá cortarse 2 ml. más grande en la línea del borde externo.

CUELLO SOLAPA DESBOCADOS
UTILIZAR TRAZADOS TALES COMO VESTIDOS, SACOS,O ABRIGOS

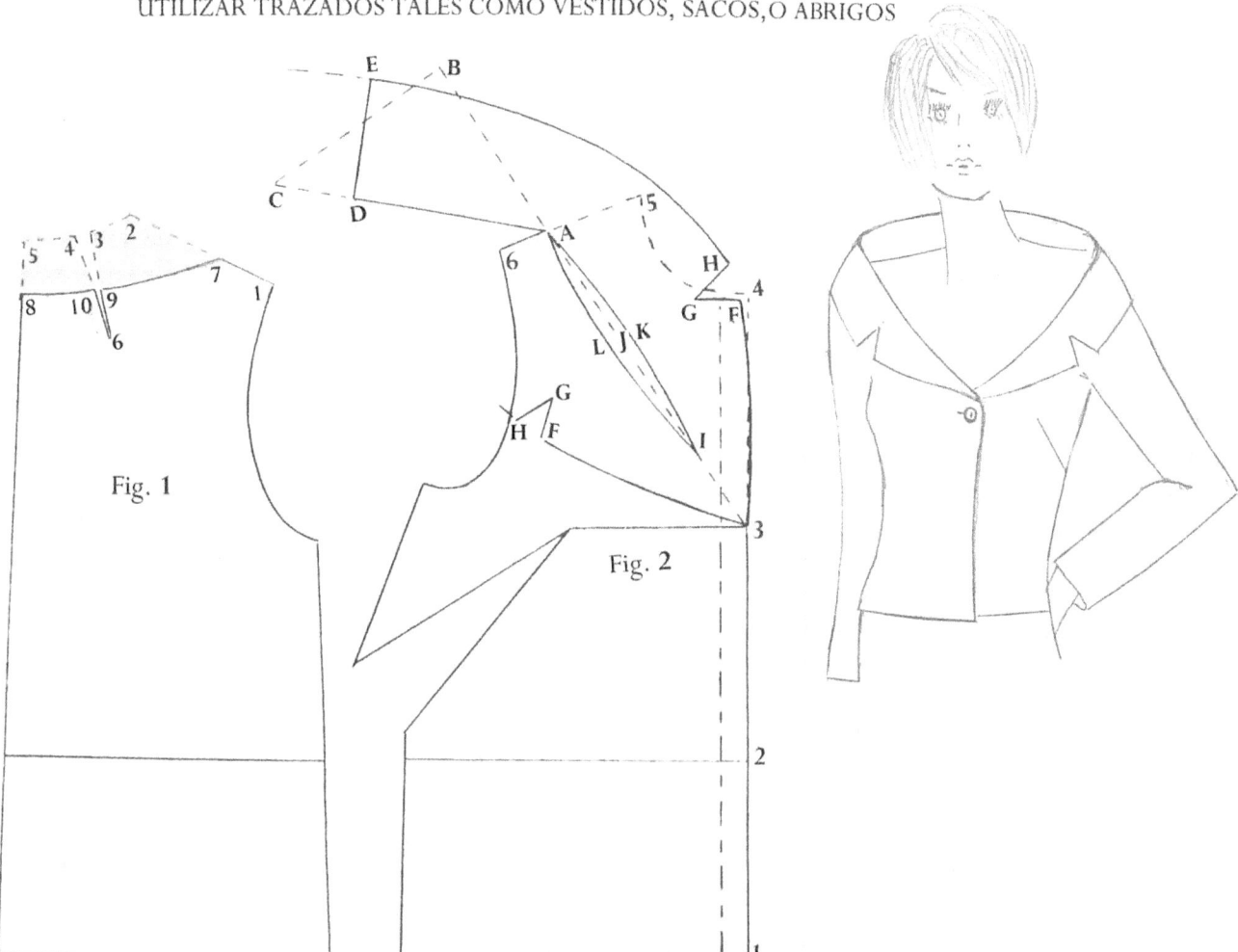

Fig. 1

Fig. 2

TRASERA Fig. 1 Los puntos **1-2**, indican el hombro, **2-3-4-5** = escote, **2-6-4** = pinza.

Desde **2**, aplicar hacia **1**,   2/3 partes de dicha distancia = **7**.

5-8 = mitad de **2-7**. Unir **8-7**. Los puntos **9-10**, se forman al cruzarse las líneas. Quitar la parte sombreada.

DELANTERA FIG. 2. Los puntos **1-2-3-4** indican el cruce, **5-6** = el hombro, **2** = línea de cintura, **3** = altura de busto.

5-A = **2-7** de la trasera.

NOTA: La altura o comienzo del quiebre, es a gusto, en éste caso la altura de busto, o sea el punto **3**.

Unir **3-A**, a continuación prolongar la vía, aplicando la medida del escote parte trasera, ejemplo: 15 cm. = **B**.

Desde **B**, escuadrar colocando la medida **A-B** = **C**. Unir **C-A**, con línea recta.

Desde **A**, colocar hacia **C**, la distancia **A-B** = **D**.

Desde **D**, escuadrar hacia arriba, colocando la altura de cuello, ejemplo: 9 ½ cm. = **E**.

Dibujar sobre el trazado la solapa y parte del cuello (el ancho puede ser lo mismo que el cuello puntos **D-E**, pero es a gusto) = **F-G-H**.

Doblar el papel por la raya del quiebre y calcar la solapa y la parte del cuello, luego unir **H-E**, como lo indica el trazado.

Desde **3**, colocar hacia **A**, 1/4 parte de dicha distancia = **I**, después marcar el centro de **I-A** = **J**.

Desde **J**, aplicar hacia ambos lados 3/4 de cm. = **K** y **L**. NOTA: Según las telas puede ser 1 cm. en vez de 3/4 de cm. .

Unir **I-K-A** y **I-L-A**, con ligera forma.

Doblar el papel por la raya **D-E** y calcar las vías del cuello. Se hace dicha operación para comprobar que las líneas tienen garbo, caso contrario deberá suavizarlas.

TAPADO (ABRIGO) RECTO
PARTE TRASERA

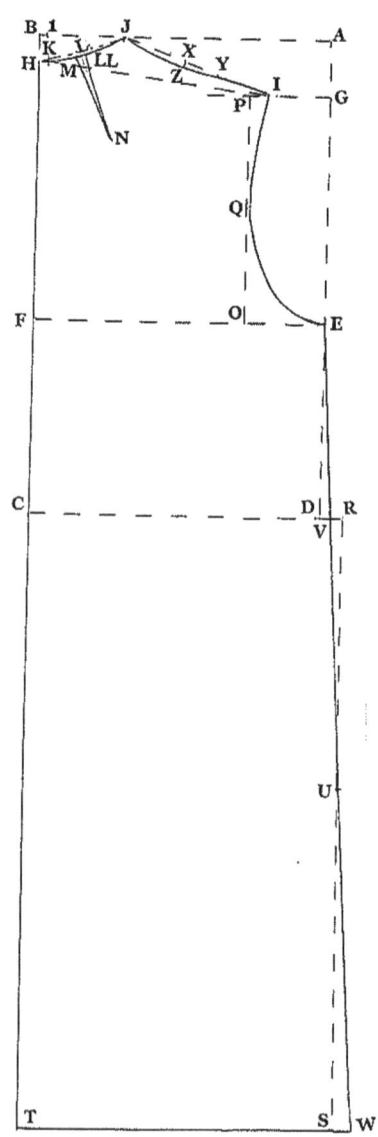

Fig. A

MEDIDAS NECESARIAS

CONTORNO DE BUSTO	46 CM.	ESCOTE	7 ½	"
MEDIDA DE COSTADO	15 "	ANCHO ESPALDA	17	"
1RA. SEPARACIÓN DE BUSTO	9 "	CONTORNO DE CADERA	50	"
LARGO TALLE ESPALDA	42 "	LARGO DEL TAPADO	55	"
ALTURA DE AXILA	20 "	ALTURA DE CADERA	24	"
ALTURA HOMBRO ESPALDA	37 "	MEDIDA DESDE	0	"
ALTURA ESCOTE ESPALDA	40 "	MEDIDA A LOS	6	"
ANCHO DE ENTRE HOMBOS DE ATRÁS	19 "	MEDIDA HASTA	9	"
ANCHO DE HOMBRO	12 "	ALTURA DE ENTRE HOMBRO	1/4	"

PASO A PASO CON LA REALIZACION DEL TRAZADO
PARTE TRASERA

Trazar un rectángulo con la medida Contorno de Busto, menos la Medida de Costado y la 1ra. Separación de Busto, ejemplo: 46–{ 15 + 9 } = 22 cm. a ésta medida agregarle 4 cm. o a gusto, ejemplo: 26 cm. por el Largo Talle Espalda, ejemplo: 42 cm. = A-B-C-D.

Desde D y C, aplicar hacia arriba la Altura de Axila, menos 3 cm. o a gusto, ejemplo:17 cm. = E-F. Unir dichos puntos.

Desde D, colocar hacia arriba la Altura Hombro Espalda, ejemplo:37 cm.= G. Medir la distancia entre G-A ejemplo: 5 cm. . IMPORTANTE: Cuando la distancia entre A-G, es hasta 5 cm., desde G, escuadrar hacia dentro unos 10 cm.; Si en cambio fuese más de 5 cm. deberá proceder como el trazado de la página 400.

Desde C, poner hacia arriba la Altura Escote Espalda, ejemplo: 40 cm. = H.

Desde H, aplicar en diagonal sobre la horizontal G, el Ancho de Entre Hombros de Atrás más 2 cm. o a gus-to, ejemplo: 21 cm. = I.

Desde I, colocar en diagonal sobre la horizontal A-B, el Ancho de Hombro, más 2 cm. o a gusto, ejemplo: 14 cm. = J. Unir J-H, con línea discontinua.

Desde J, aplicar hacia H, la medida del Escote, ejemplo: 7 ½ cm.= K. NOTA: K, podría coincidir con H nunca pasarlo. El espacio entre K-H, se utilizará, para hacer una pinza. Formar el escote.

Marcar el centro de J-H = L. L-LL y L-M = mitad de K-H.

Desde L, escuadrar hacia abajo, usando la mitad de la distancia H-F, pero como la distancia K-H, es inferior a 2 cm. la altura de la pinza, deberá acortarse unos 3 cm. = N. Unir N-LL y N-M, con ligera forma.

Desde F, ubicar hacia dentro el Ancho Espalda, más 2 cm. o a gusto, ejemplo: 19 cm. = O.

Desde O, escuadrar hacia arriba, hasta la horizontal del punto G = P.

Marcar el centro de O-P = Q.

Formar la sisa, uniendo E-Q-I, como lo indica el trazado.

Desde D, prolongar la línea , aplicando la mitad de la diferencia entre Busto y Cadera, ejemplo: 2 cm. = R.

Desde R y C, escuadrar y prolongar la línea, poniendo el Largo del Tapado, ejemplo:55 cm.= S-T. Unir S-T.

Desde R, aplicar hacia abajo la Altura de Cadera, ejemplo: 24 cm.= U. Unir U-E. V, se forma al cruzarse las líneas.

Desde V, colocar pasando por U, la distancia R-S = W. Unir W-S.

Desde J, colocar las medidas Desde (no posee), A Los, y Hasta, ejemplo: 6 y 9 cm. = X y Y.

X-Z = Altura de Entre Hombro, ejemplo: ¼ de cm..

Unir J-Z-Y, según la forma del hombro.

B-1 = H-K.

Si quiere eliminar la pinza del Escote, debe unir K con la mitad de la distancia H-F. Fig. A. Pero depende de la tela, y también que la distancia K-H, no supere los 2 cm.. En éste caso, lleva costura en el centro de la espalda IMPORTANTE: Si deseare hacer la prenda en forma más recta, una S-E, indicado con línea discontinua. Fig. A. Y, si lo deseare hacer aun más recto, deberá prolongar la vertical E-D, pero deberá tener en cuenta que el Contorno de Cadera resulte más chica que el ancho de los moldes.

TAPADO (ABRIGO) RECTO
PARTE DELANTERA

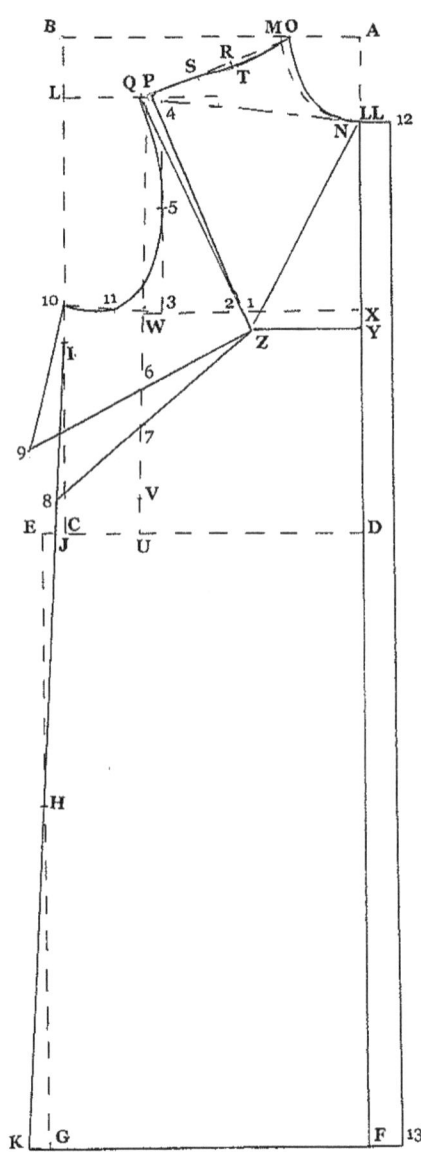

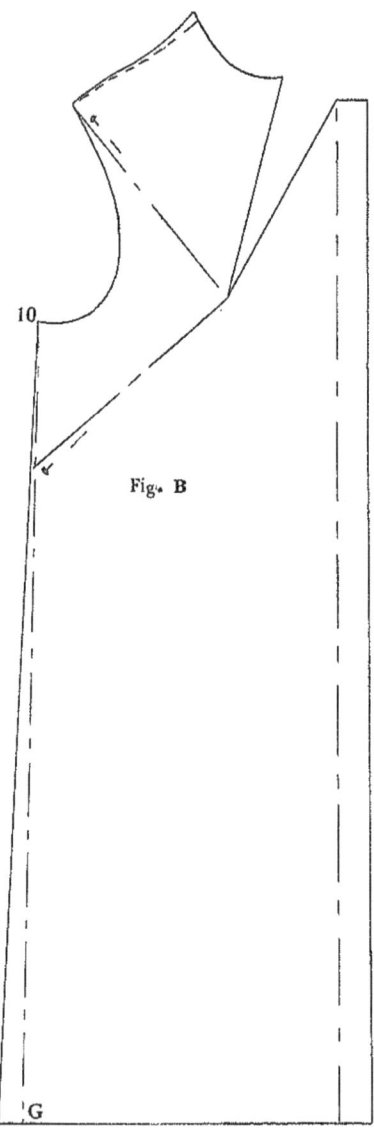

Fig. B

MEDIDAS REQUERIDAS

MEDIDA DE COSTADO ....15 CM.	ALREDEDOR DEL ESCOTE..............................18 ¼ "
1RA. SEPARACIÓN DE BUSTO.......................9 "	ANCHO DE HOMBRO.................................. 12 "
LARGO TALLE DE ADELANTE........................44 "	ANCHO DE ENTRE HOMBROS DE ADELANTE....... 18 "
CONTORNO DE CADERA...............................50 "	MEDIDA DESDE..0 "
LARGO TAPADO.. 55 "	MEDIDA A LOS.. 6 "
ALTURA DE CADERA.................................. 24 "	MEDIDA HASTA...9 "
ALTURA DE AXILA..................................... 20 "	ALTURA DE ENTRE HOMBRO........................ 1/4 "
MEDIDA A – G PARTE TRASERA..................... 5 "	ALTURA HOMBRO DE ADELANTE.................... 35 ½ "
ALTURA ESCOTE DE ADELANTE..................... 36 ½ "	ALTURA DE BUSTO.................................... 25 ½ "
MEDIDA J –1 PARTE TRASERA........................ 7 ¼ "	ANCHO PECHO...16 "

PASO A PASO CON LA REALIZACION DEL TRAZADO
PARTE DELANTERA

Trazar un rectángulo con la suma de la Medida de Costado y la 1ra. Separación de Busto, más 3 cm. o a ejemplo: 27 cm. , por el Largo Talle de Adelante, ejemplo: 44 cm. = **A-B-C-D.**

Desde **C**, prolongar la línea, aplicando la mitad de la diferencia entre Busto y Cadera, ejemplo: 2 cm. = **E.**

Desde **D** y **E**, prolongar y escuadrar, aplicando el Largo del Tapado, ejemplo: 55 cm, = **F-G.** Unir **F-G.**

Desde **E**, aplicar hacia abajo, la Altura de Cadera, ejemplo: 24 cm. = **H.**

Desde **C**, ubicar hacia arriba la Altura de Axila, menos 3 cm. ,ejemplo: 17 cm. = **I.** Unir **I-H. J,** se forma al cruzarse las líneas.

Desde **J**, aplicar pasando por **H**, la distancia **E-G= K.** Unir **K-G.**

Desde **B**, colocar hacia abajo la medida **A-G** de la parte trasera, ejemplo: 5 cm. = **L.**

Desde **L**, escuadrar unos 14 cm. hacia dentro.

Desde **D**, colocar hacia arriba la Altura Escote de Adelante, ejemplo: 36 ½ cm. = **LL.** **A-M** = **J**-1 de la parte trasera, ejemplo: 7 ¼ cm. . Unir **M-LL,** con línea discontinua y en forma circular.

Desde **M.** poner hacia **LL**, la medida que falta parta completar Alrededor del Escote, ejemplo: 18 ¼ -7 ½ del Escote = 10 ¾ cm. = **N.** Medir la distancia entre **N-LL.** Si resultare más grande de 1 cm., quiere decir que el Largo Talle de Adelante, es largo. Esa diferencia, se quitará desde **O**, hacia abajo, y luego se unirá con **P**, como lo indica la raya discontinua. Fig. **B.**

M-O = **N-LL.** Unir **O-N,** formando el escote.

Desde **O**, poner en diagonal sobre la via **L**, el Ancho de Hombro, más 2 cm. o a gusto, ejemplo:14cm.= **P.**

Desde **LL**, colocar sobre la línea **L**, el Ancho de Entre Hombros de Adelante, más 2 cm., ejemplo: 20 cm. = **Q.** NOTA: **Q**, podría coincidir con **P**, nunca quedar de atrás .

Desde **O**, poner las medidas Desde (no posee), A Los, y Hasta, ejemplo: 6 y 9 cm. = **R** y **S.**

Desde **R**, colocar la Altura de Entre Hombro, ejemplo: ¼ de cm. = **T.**

Unir **O-T-S,** según la forma del hombro.

Desde **C**, aplicar hacia dentro, la distancia **L-P= U.** Unir **U-P.**

Desde **P**, colocar hacia abajo la Altura Hombro de Adelante, ejemplo: 35 ½ cm. = **V.**

Desde **V**, ubicar hacia arriba, la distancia **C-I** = **W.** Desde **W**, escuadrar hasta la vertical de adelante = **X.**

Desde **A**, aplicar hacia abajo la Altura de Busto, ejemplo: 25 ½ cm. = **Y.**

Desde **Y**, escuadrar aplicando la 1ra. Separación de Busto, más 1 cm., ejemplo: 10 cm. = **Z.** Unir **Z-P** y **Z-Q.** Los puntos 1 y 2, se forman al cruzarse las rayas.

X-3 = Ancho de Pecho más 2 cm. (o a gusto) más el espacio entre **1-2**, ejemplo: 18 cm. .

Desde **3**, escuadrar hacia arriba, hasta la línea del punto **L** = **4.** Marcar el centro de **3-4** = **5.**

Desde **W**, aplicar hacia abajo 5 cm. más la diferencia **X-Y** = **6. 6-7** = **V-U.**

Unir **Z-7,** luego prolongar la raya hasta el costado = **8.**

Desde **Z**, aplicar pasando por **6** la distancia **Z-8** = **9.**

Desde **9**, colocar en diagonal sobre la línea **B-C**, la distancia **8-I** = **10.** Unir **10** con **3.**

Marcar el centro de **10-3** = **11.**

Unir **10-11-5-Q,** formando la sisa.

LL-12 y **F-13** = cruce, ejemplo: 3 cm. o a gusto. Unir **12-13.**

IMPORTANTE: La, o las pinzas la puede trasladar en otro sitio, en éste caso la iniciación del Escote. Unir **LL-Z.** Cortar por dicha línea, después cerrar las otras pinzas. Fig. **B.**

IMPORTANTE: Una de las razones del porque no se aplica la 2da. Separación de Busto, es porqué la pinza sale desde el Escote (o tal vez del hombro). Se aplicará la 2da. Separación de Busto, solamente cuando ésta salga desde el costado.

NOTA: Si deseare hacer el abrigo en forma más recta, una **G-10**, indicado con línea discontinua. Fig. **B.**

IMPORTANTE: Y si lo deseare hacer aùn más recto, deberá prolongar la línea del punto **C** hacia abajo.

TAPADO (ABRIGO) RECTO # 2 CON PINZA EN EL HOMBRO
PARTE TRASERA

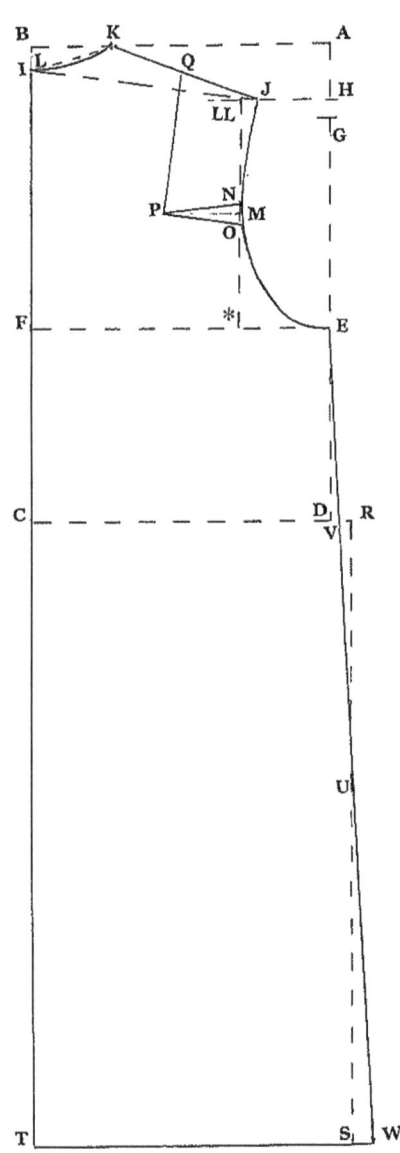

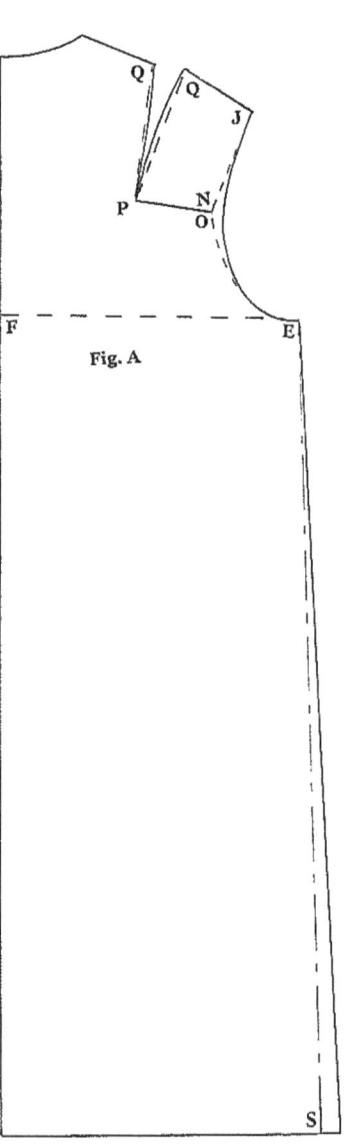

Fig. A

MEDIDAS NECESARIAS

CONTORNO DE BUSTO	46 CM.	ESCOTE	7 ½ "
1RA. SEPARACIÓN DE BUSTO	9 "	ANCHO ESPALDA	17 "
MEDIDA DE COSTADO	15 "	CONTORNO DE CADERA	50 "
LARGO TALLE ESPALDA	42 "	LARGO DEL TAPADO	55 "
ALTURA DE AXILA	20 "	ALTURA DE CADERA	24 "
ALTURA HOMBRO ESPALDA	35 ½ "	MEDIDA DESDE	0 "
ALTURA ESCOTE ESPALDA	40 "	MEDIDA A LOS	0 "
ANCHO DE ENTRE HOMBROS DE ATRÁS	19 "	MEDIDA HASTA	0 "
ANCHO DE HOMBRO	12 "	ALTURA DE ENTRE HOMBRO	0 "

PASO A PASO CON LA REALIZACION DEL TRAZADO
PARTE TRASERA.

Trazar un rectángulo con la medida Contorno de Busto, menos la Medida de Costado y la 1ra. Separación de Busto, ejemplo: 46 − [15+ 9] = 22 cm. a ésta medida , agregarle 4 cm. o a gusto, ejemplo: 26 cm., por el Largo Talle Espalda, ejemplo: 42 cm. = **A-B-C-D.**

Desde **D** y **C**, aplicar hacia arriba, la Altura de Axila, menos 3 cm. o a gusto, ejemplo: 17 cm.= **E** y **F.** Unir dichos puntos .

Desde **D**, colocar hacia arriba la Altura Hombro Espalda, ejemplo: 35 ½ cm. **G.** Medir la distancia entre **G- A**, ejemplo: 6 ½ cm.. IMPORTANTE: Cuando la distancia entre **A-G**, es hasta 6 ½ cm., desde **A**, aplicar hacia abajo 5 cm. = **H**, y desde **H**, escuadrar hacia dentro unos 12 cm.. Si la distancia fuere superior a los 6 ½ cm., entonces desde **G**, aplicar hacia arriba 1 ½ cm.= **H**, y desde **H**, escuadrar hacia dentro unos 12 cm. .

Desde **C**, aplicar hacia arriba la Altura Escote Espalda, ejemplo: 40 cm. = **I.**

Desde **I**, colocar en diagonal sobre la horizontal **H**, el Ancho de Entre Hombros de Atrás más 2 cm. o a gusto , ejemplo: 21 cm. = **J.**

Desde **J**, aplicar en diagonal sobre la horizontal **A-B**, el Ancho de Hombro más 2 cm. o a gusto, ejemplo: 14 cm.= **K**. Unir **K-I**, con línea discontinua.

Desde **K**, aplicar hacia **I**, el Escote, ejemplo:7 ½ cm = **L**, que coincide con **I**. IMPORTANTE: **L** puede coincidir con **I**, nunca pasarlo. NOTA: Si hubiere espacio entre **L-I**, dicho espacio, se utilizaría para hacer una pinza en el centro del escote.

Desde **F**, aplicar hacia dentro el Ancho Espalda más 2 cm. o a gusto, ejemplo: 19 cm. = *****.

Desde el ***** escuadrar hacia arriba, hasta la raya del punto **H**= **LL.**

Marcar el centro de ***** - **LL** = **M.**

Formar la sisa en forma provisoria uniendo **E-M-J.**

Desde **M**, aplicar hacia ambos lados la mitad de la distancia **G-H** = **N** y **O.**

Desde **M**, escuadrar, colocando la mitad de la distancia **J-K** = **P.**

Marcar el centro de **J-K** = **Q.** Unir **Q-P**, luego cortar por dicha raya, después, cerrar la pinza **N-O-P.**

Desde **D**, prolongar la horizontal, aplicando la mitad de la diferencia entre Busto y Cadera, ejemplo: 2 cm. = **R.**

Desde **R** y **C**, escuadrar y prolongar la línea aplicando el Largo del Tapado, ejemplo: 55 cm.= **S-T.** Unir **S-T.**

Desde **R**, poner hacia abajo, la Altura de Cadera, ejemplo: 24 cm.= **U.** Unir **U-E. V**, se forma al cruzarse las líneas.

Desde **V**, aplicar pasando por **U**, la distancia **R-S** = **W**. Unir **W-S.**

Unir **P-Q** y **P-Q**, con ligera forma.

Formar la sisa, suavizando la línea a la altura de **N/O.** Fig. **A.**

NOTA: Si deseare hacer la prenda en forma más recta una **S-E**, indicado con línea discontinua. Fig. **A.**

IMPORTANTE: Y si lo deseare hacer aùn más recto, deberá prolongar la línea del punto **D** hacia abajo, pero deberá tener en cuenta que el Contorno de Cadera resulte más chica que el ancho de los moldes.

TAPADO (ABRIGO) RECTO # 2
PARTE DELANTERA

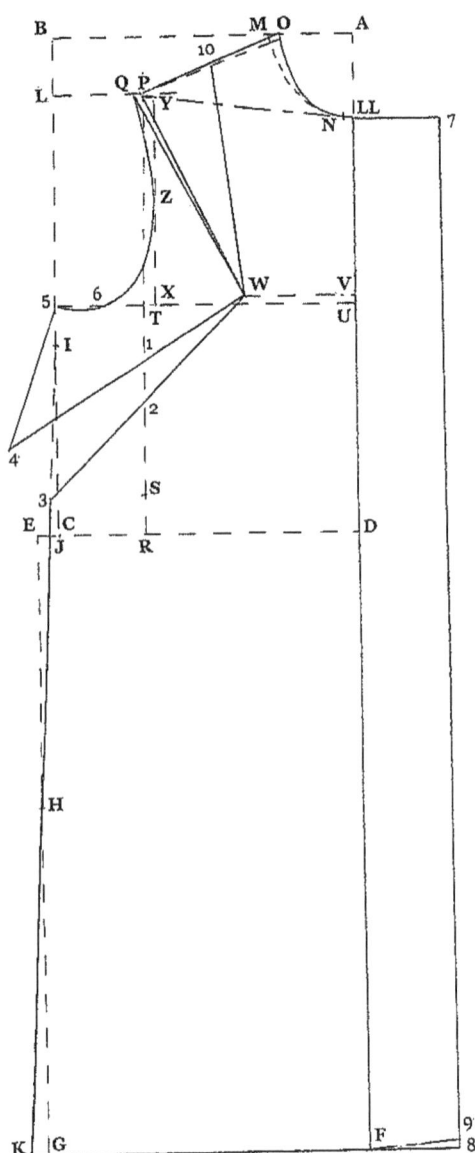

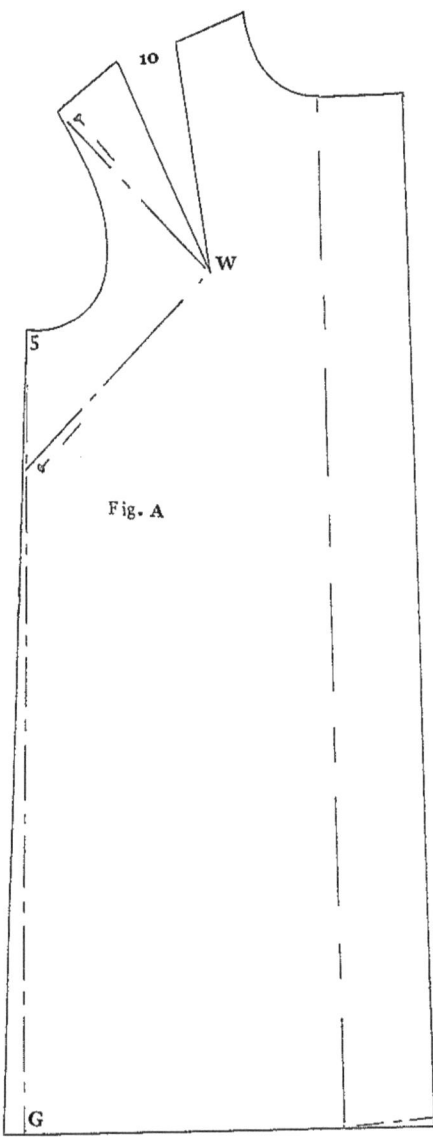

Fig. A

MEDIDAS REQUERIDAS

MEDIDA DE COSTADO...15 CM.	ESCOTE...7½ "
1RA. SEPARACIÓN DE BUSTO...................................9 "	ANCHO HOMBRO...12 "
LARGO TALLE DE ADELANTE..................................44 "	ANCHO DE ENTRE HOMBROS DE ADELANTE.............18 "
MITAD DE LA DIFERENCIA ENTRE BUSTO Y CADERA...2 "	ALTURA HOMBRO DE ADELANTE............................35 ½ "
LARGO DEL TAPADO..55 "	ALTURA DE BUSTO...23 "
ALTURA DE CADERA..24 "	ANCHO DE PECHO...16 "
ALTURA DE AXILA...20 "	MEDIDA DESDE..0 "
MEDIDA A-H PARTE TRASERA...................................5 "	MEDIDA A LOS...0 "
ALTURA ESCOTE DE ADELANTE................................37 "	MEDIDA HASTA..0 "
MEDIDA B-K PARTE TRASERA..................................7¼ "	ALTURA DE ENTRE HOMBRO...................................0 "
ALREDEDOR DEL ESCOTE.....................................18¼ "	

PASO A PASO CON LA REALIZACION DEL TRAZADO
PARTE DELANTERA

Formar un rectángulo con la suma de la medida de Costado y la 1ra. Separación de Busto más 3 cm. o a gusto ejemplo: 15 + 9+3 =27 cm., por el Largo Talle de Adelante, ejemplo: 44 cm.= **A-B-C-D**.

C-E = mitad de la diferencia entre Busto y Cadera, ejemplo: 2 cm..

Desde **D** y **E**, prolongar y escuadrar, aplicando el Largo del Tapado, ejemplo: 55 cm. = **F-G**. Unir **F-G**.

E-H = Altura de Cadera, ejemplo: 24 cm..

Desde **C**, colocar hacia arriba la Altura de Axila, menos 3 cm., ejemplo: 17 cm. = **I**. Unir **I-H**. **J**, se forma al cruzarse las rayas.

Desde **J**, aplicar pasando por **H**, la medida **E-G** = **K**. Unir **K-G**.

B-L = **A-H** de la parte trasera, ejemplo: 5 cm.. Desde **L**, escuadrar unos 14 cm. hacia dentro.

A-LL = diferencia entre el Largo Talle de Adelante y la Altura Escote de Adelante, ejemplo: 7 cm. .

A-M = **B-K** de la parte trasera,ejemplo:7 ¼ cm.. Unir **M-LL**, con línea discontinua y en forma circular.

Desde **M**, colocar hacia **LL**, la medida que falta para completar Alrededor del Escote, ejemplo: Alrededor del Escote 18 1/4–7 ½ cm.= 10 ¾ cm.= **N**. Medir la distancia entre **N-LL**. Si resultare más grande de 1 cm., quiere decir que el Largo Talle de Adelante, es largo; Esa diferencia, se quitará luego desde **O**, hacia abajo, y se unirá con **P**, indicado con línea discontinua.

M-O= **N-LL**. Unir **O-N**, formando el Escote.

Desde **O**, aplicar en diagonal sobre la raya **L**, el Ancho de Hombro, más 2 cm. o a gusto, ejemplo: 14 cm. = **P**.

Desde **LL**, colocar sobre la línea **L**, el Ancho de Entre Hombros de Adelante, más 2 cm. o a gusto, ejemplo: 20 cm.= **Q**. **Q** y **P**, podrían coincidir, nunca **Q**, estar detrás de **P**.

Desde **C**, poner hacia dentro la distancia **L-P** = **R**. Unir **R-P**.

Desde **P**, colocar hacia abajo, la Altura Hombro de Adelante, ejemplo: 35 ½ cm. = **S**. **S-T** = **C-I**.

Desde **T**, escuadrar hasta la vertical de adelante = **U**.

Desde **A**, aplicar hacia abajo, la Altura de Busto, ejemplo: 23 cm. = **V**.

Desde **V**, escuadrar colocando la 1ra. Separación de Busto, más 1 cm., ejemplo: 10 cm.= **W**.

Unir **W-P** y **W-Q**.

Desde **V**, colocar hacia dentro, el Ancho de Pecho, más 2 cm. o a gusto, ejemplo: 18 cm. = **X**. NOTA: Cuando la Altura de Busto está ubicada más arriba de la Altura de Axila, no se cuenta el espacio de la pinza.

Desde **X**, escuadrar hacia arriba, hasta la raya del punto **L** = **Y**. Marcar el centro de **Y-X** = **Z**.

Desde **T**, aplicar hacia abajo 5 cm.= **1**. NOTA: Cuando la Altura del Busto, está ubicada más arriba que la Altura de Axila, solamente, de aplican 5 cm..

1-2 = **S-R**.

Unir **W-2**, luego prolongar la raya hasta el costado = **3**.Medir la distancia **3-W**.

Desde **W**, aplicar pasando por **1** la distancia **W-3** = **4**.

Desde **4**, colocar en diagonal sobre la línea **B-C**, la distancia **3-I** =**5**. Unir **5-X**, luego marcar la mitad = **6**.

Unir **5-6-Z-Q**, formando la sisa.

Desde **LL** y **F**, aplicar el cruce deseado, ejemplo: 8 cm.= **7** y **8**. Unir **7-8**.

NOTA: Cuando se trata de una prenda cruzada, la parte que va de abajo del cruce, debe acortarse de 1 a 1 ½ cm. a los efectos que no sobresalga = **9**. Unir **9-F**.

Llevar la pinza en el medio del Hombro, a continuación cerrar las demás pinzas. Fig. **A**.

NOTA: Si deseare hacer el molde en forma más recta, una **G-5**, indicado con línea discontinua. Fig. **A**.

IMPORTANTE: Y si lo deseare hacer aún más recto, deberá prolongar la línea del punto **C** hacia abajo, pero deberá tener en cuenta que el Contorno de Cadera resulte más chica que el ancho de los moldes.

TAPADO CON CACHÉ

UTILIZAR EL MOLDE DEL TAPADO PARTE TRASERA CON LA MISMA PUNTUACION

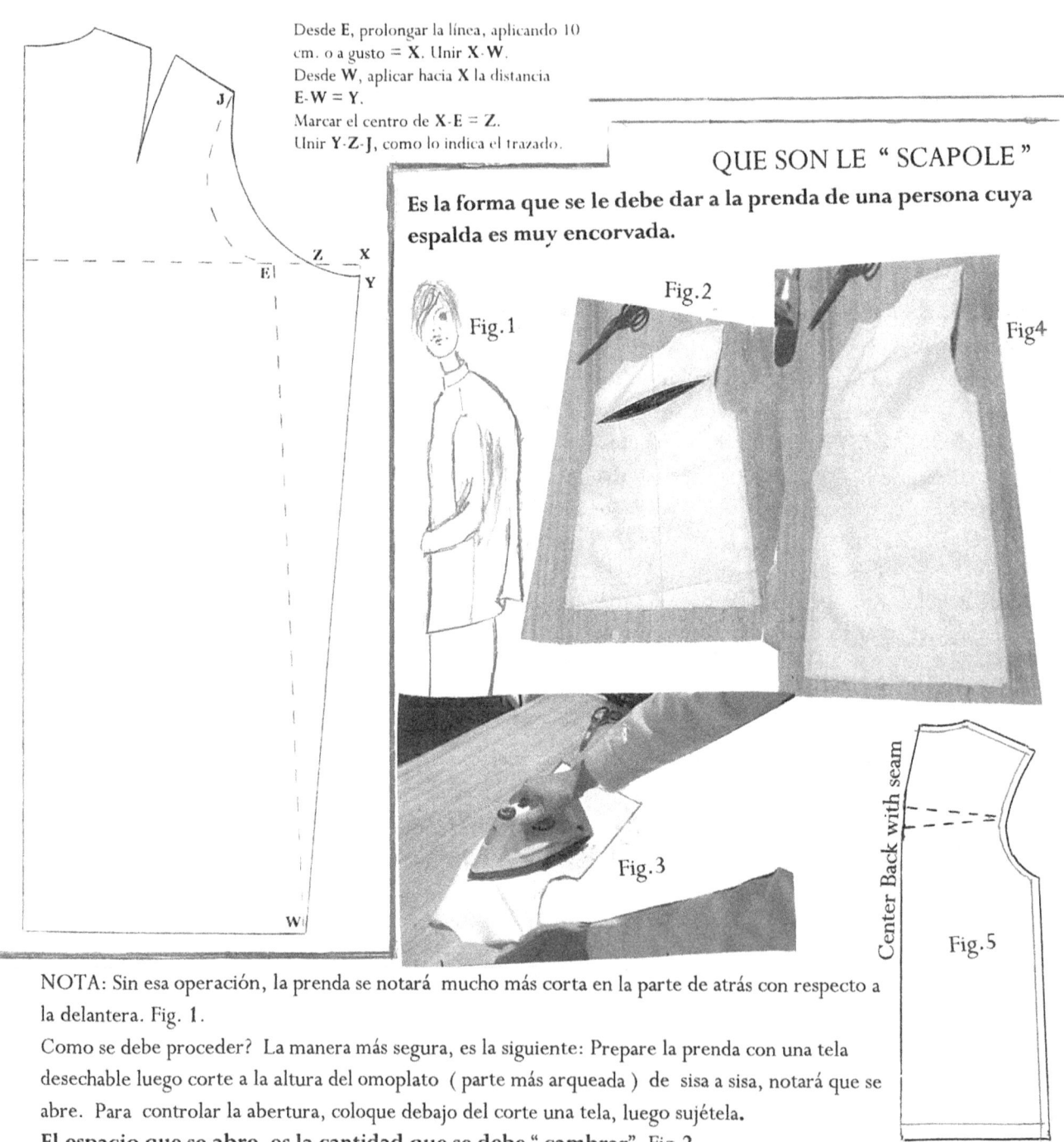

Desde **E**, prolongar la línea, aplicando 10 cm. o a gusto = **X**. Unir **X-W**.
Desde **W**, aplicar hacia **X** la distancia **E-W = Y**.
Marcar el centro de **X-E = Z**.
Unir **Y-Z-J**, como lo indica el trazado.

QUE SON LE " SCAPOLE "

Es la forma que se le debe dar a la prenda de una persona cuya espalda es muy encorvada.

Fig.1

Fig.2

Fig4

Fig.3

Fig.5

Center Back with seam

NOTA: Sin esa operación, la prenda se notará mucho más corta en la parte de atrás con respecto a la delantera. Fig. **1**.

Como se debe proceder? La manera más segura, es la siguiente: Prepare la prenda con una tela desechable luego corte a la altura del omoplato (parte más arqueada) de sisa a sisa, notará que se abre. Para controlar la abertura, coloque debajo del corte una tela, luego sujétela.

El espacio que se abre, es la cantidad que se debe " cambrar". Fig.2.

No en todas las persona, se abre de sisa a sisa, sino en partes, en ese caso, Usted cambrará la parte que sea necesaria. La Fig.**3**, indica la forma como se debe estirar la tela y dar la forma a la misma..

La Fig.**4**, demuestra la trasera como queda después de haber realizado la operación.

NOTA: Si la prenda llevare costura en el centro de atrás, entonces no tendrá que cambrar nada.Fig.5.

IMPORTANTE: Le **scapole**, se deben realizar para aquellas personas que no gustan de las pinzas en la trasera.

ABRIGO ENTALLADO RECTO

UTILIZAR LOS MOLDES DE UN TAILLEUR ENTALLADO O SEMI ENTALLADO PAGINAS 306-308 ó 314-316

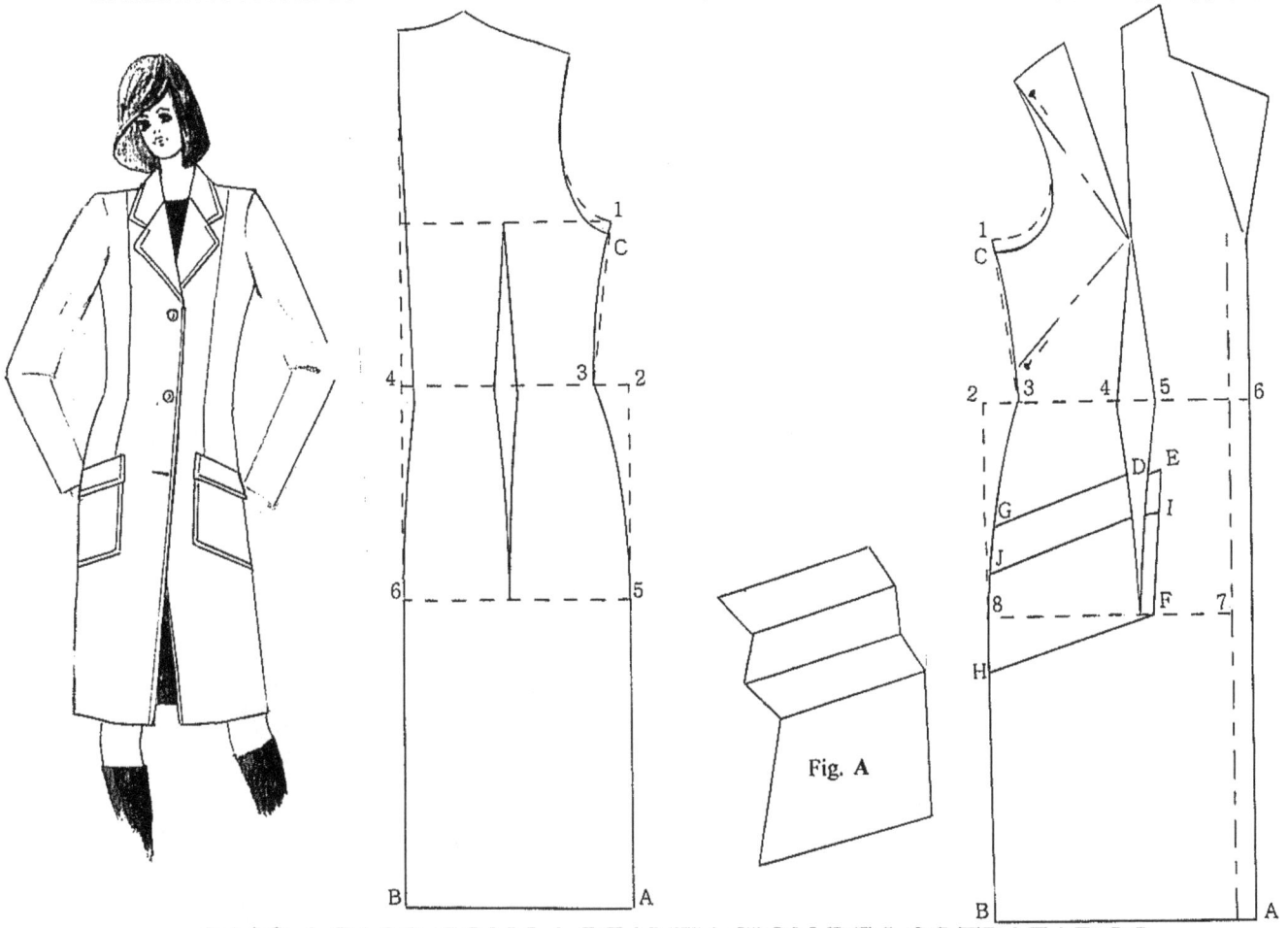

Fig. A

PASO A PASO CON LA REALIZACION DE LOS TRAZADOS

MEDIDA NECESARIA

LARGO DEL TAPADO.........60 CM.

TRASERA

1-3 = Altura de Axila, 2-3-4 = línea horizontal de Cintura, 5-6 = Altura de Cadera.

Desde 2 y 4, aplicar pasando por 5 y 6 el Largo del Tapado, ejemplo: 60 cm. = A y B. Unir dichos puntos.

Desde 1, ubicar hacia abajo 1 cm. o a gusto = C.

Desde C, formar la nueva sisa.

DELANTERA

1-3 = Altura de Axila, 2-3-4-5-6 = línea horizontal de Cintura, 4-5 = parte de la pinza, 7-8 = Altura de Cadera.

Desde 6 y 2, colocar hacia abajo el Largo del Tapado, ejemplo 60 cm. = A y B. Unir A-B.

Desde 1, aplicar hacia abajo 1 cm. (o sea igual a 1-C de la parte Trasera) = C.

Desde C, formar la nueva sisa.

Cerrar la pinza (parte de abajo), luego dibujar el bolsillo, ejemplo: 5-D = 8 cm.. D-E = 1 ½ cm.. E-F = 17 cms.. 3-G = 14 cm.. G-H = E-F. E-I y G-J = 5 cm..

Manteniendo la pinza cerrada calcar el bolsillo; Una vez copiado, doblar el papel por la línea E-G y copiar la tapita; después doblar el papel por I-J, y calcar de nuevo la tapita, y una vez más doblar el papel por E-G y copiar hasta I-J, ésta parte será para vista del bolsillo. Fig. A.

TAPADO ENTALLADO Y CON VUELO

UTILIZAR LOS MOLDES DE UN TAILLEUR ENTALLADO O SEMI ENTALLADO
PAGINAS 306-308 ó 314-316.

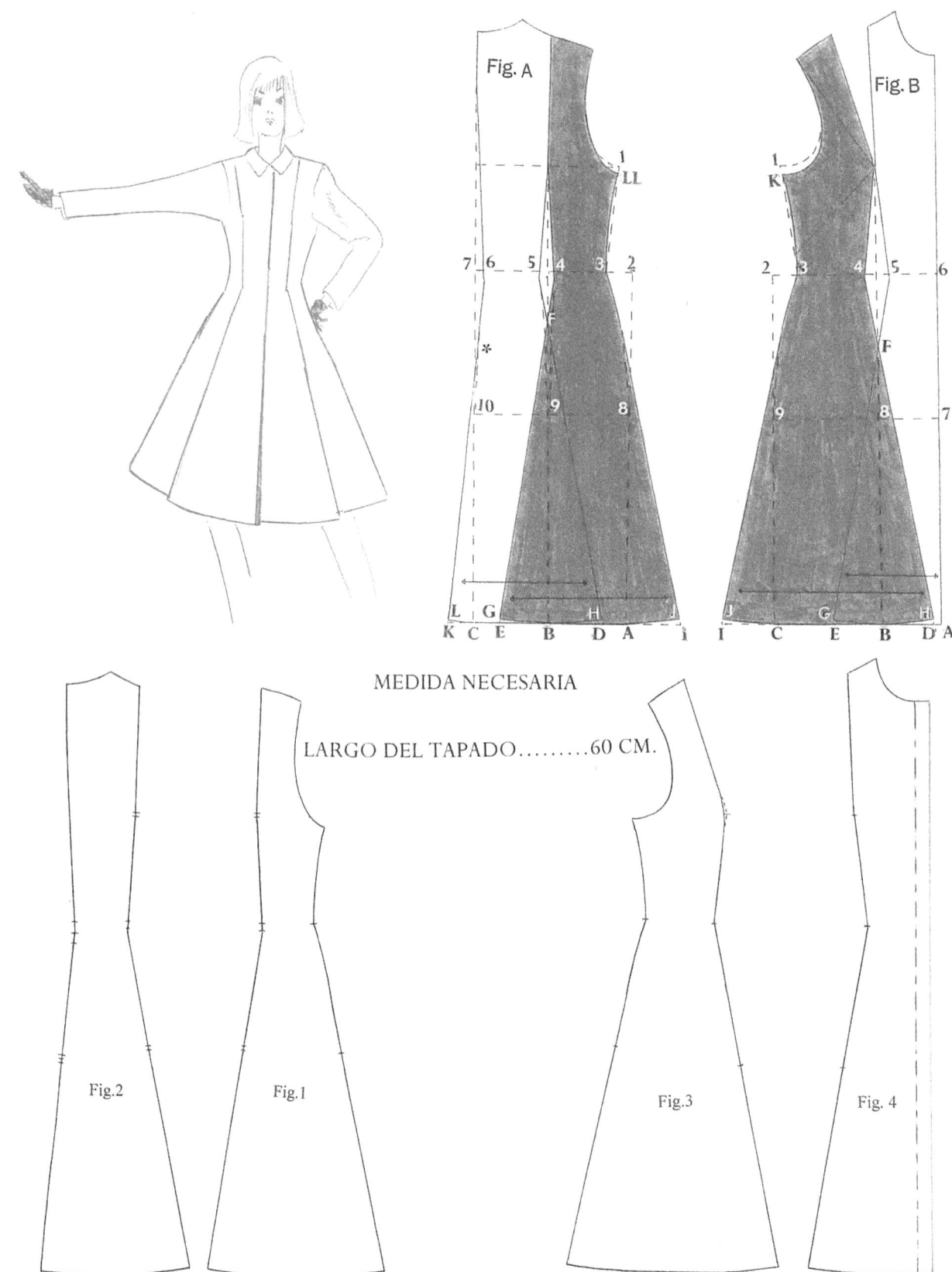

Fig. A

Fig. B

MEDIDA NECESARIA

LARGO DEL TAPADO........60 CM.

Fig.2

Fig.1

Fig.3

Fig. 4

PASO A PASO CON LA REALIZACION DE LOS TRAZADOS

PARTE TRASERA Fig. **A**

1-3 = Altura de Axila, 2-3-7 = línea horizontal de Cintura, 4-9-5 = parte de la pinza, 8-9-10 = Altura de Cadera.

Desde **2**, aplicar pasando por **8**, el Largo del Tapado, ejemplo: 60 cm. = **A**.

Desde **9** y **10**, prolongar las líneas , aplicando la distancia **8-A** = **B** y **C**. Unir **A-B-C**.

Desde **B**, colocar hacia ambos lados 9 cm. o a gusto = **D** y **E**. Unir **E-4** y **D-5**. **F**, se forma al cruzarse las líneas.

F-G y **F-H** = **F-B**. Unir **G-B** y **H-B**, con ligera forma.

Desde **A**, prolongar la raya, aplicando la medida **B-D** = **I**. Unir **I**, con la línea de Cadera.

I-J = **D-H**. Unir **J-A**, con ligera forma.

Desde **C**, prolongar la via, poniendo la mitad de **B-E** = **K**. Unir **K**, con la raya**10-6**, formándose el * al unirse los líneas.

*-**L** = *-**C**. Unir **L-C**.

Desde **I**, aplicar hacia abajo 1 cm. o a gusto = **LL**. Desde **LL**, formar la nueva sisa.

Calcar la parte sombreada. Fig.**1**; La otra parte se debe cortar por: Parte en blanco y por: **L-C-B-H-F-5**. Fig. **2**.

PARTE DELANTERA Fig. **B**

1-3 = Costado, 2-3-6 = línea horizontal de Cintura, 4-8-5 = parte de la pinza, 7-8-9 = Altura de Cadera.

Desde **6**, aplicar pasando por **7**, el Largo del Tapado, ejemplo: 60 cm. = **A**.

Desde **8** y **9**. Prolongar las líneas aplicando la medida **7-A** = **B** y **C**. Unir **A-B-C**.

Desde **B**, colocar hacia ambos lados la medida **B-D** trasera = **D** y **E**. Unir **D-4** y **E-5**. **F**, se forma al cruzarse las rayas.

F-G y **F-H** = **F-B**. Unir **G-B** y **H-B**, con ligera forma.

Desde **C**, prolongar la línea, aplicando la distancia **B-E** = **I**. Unir **I**, con la forma de la Cadera.

I-J = **E-G**. Juntar **J-C**, con ligera forma.

Desde **I**, colocar hacia abajo, 1 cm. (igual a **1-LL** de la trasera) = **K**. Desde **K**, formar la nueva sisa.

Calcar la parte sombreada, a continuación suavizar la línea a la altura del Busto. Fig. **3**. La otra parte se corta por: Parte en blanco y por:**A-B-G-F-5** . Fig. **4**.

Agregar el cruce a la Fig. **4**.

MUY IMPORTANTE: Este Abrigo, es más vale ajustado y de acuerdo a lo que lleve de abajo, podrá agrandarlo, **o aún achicarlo, puesto que todo depende de la moda imperante.**

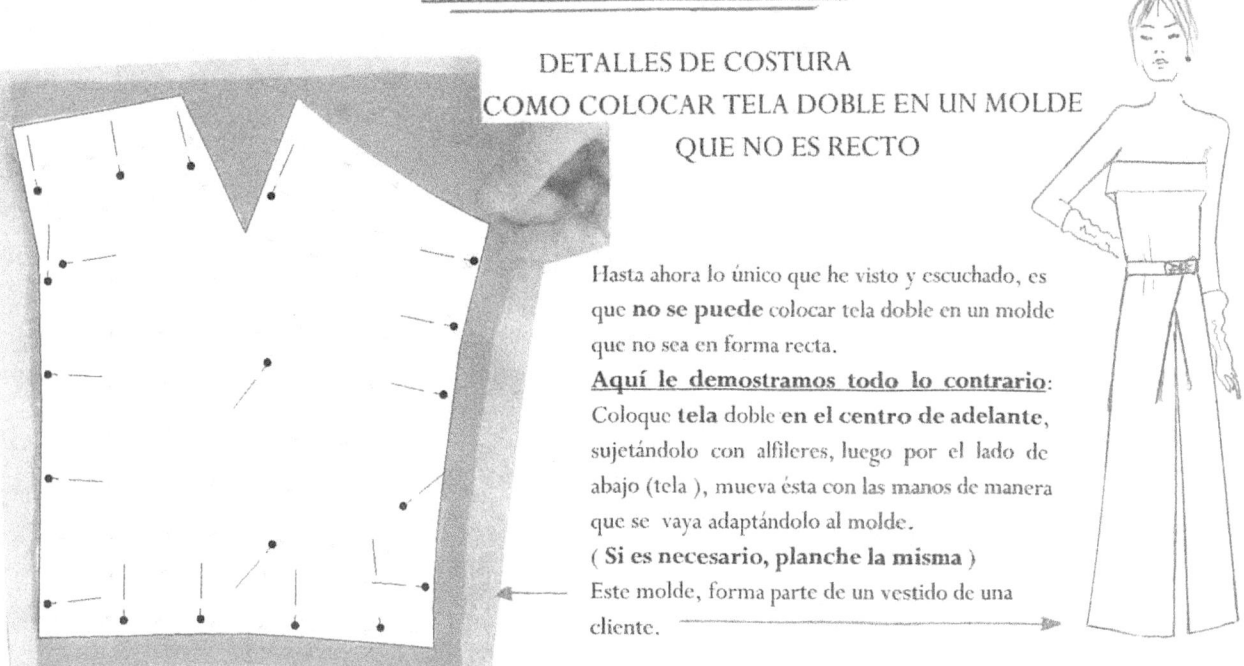

DETALLES DE COSTURA
COMO COLOCAR TELA DOBLE EN UN MOLDE
QUE NO ES RECTO

Hasta ahora lo único que he visto y escuchado, es que **no se puede** colocar tela doble en un molde que no sea en forma recta.

Aquí le demostramos todo lo contrario:
Coloque **tela** doble **en el centro de adelante**, sujetándolo con alfileres, luego por el lado de abajo (tela), mueva ésta con las manos de manera que se vaya adaptándolo al molde.

(**Si es necesario, planche la misma**)
Este molde, forma parte de un vestido de una cliente.

KIMONO

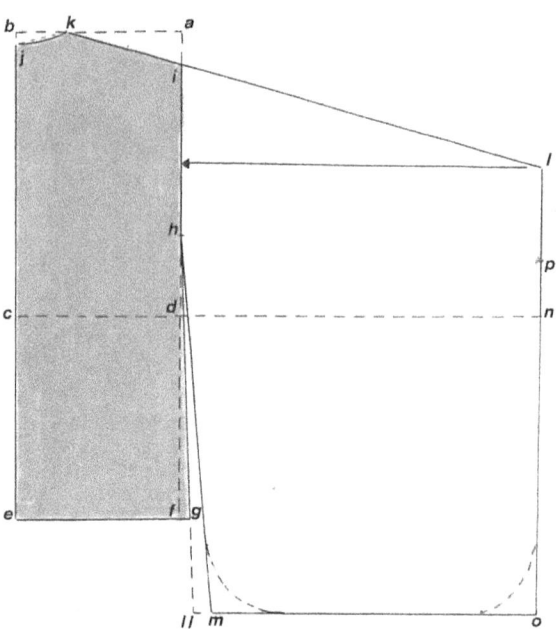

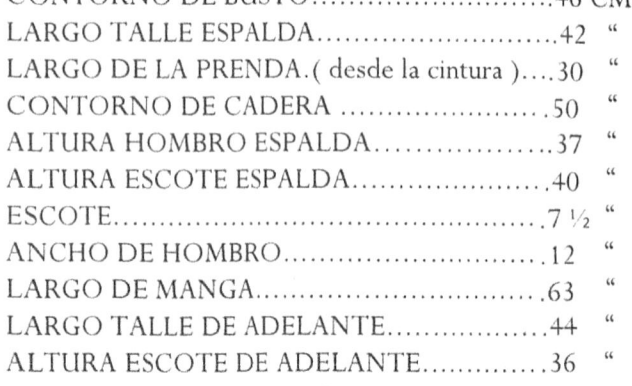

Fig. **A**

Fig. **B**

Fig. **C**

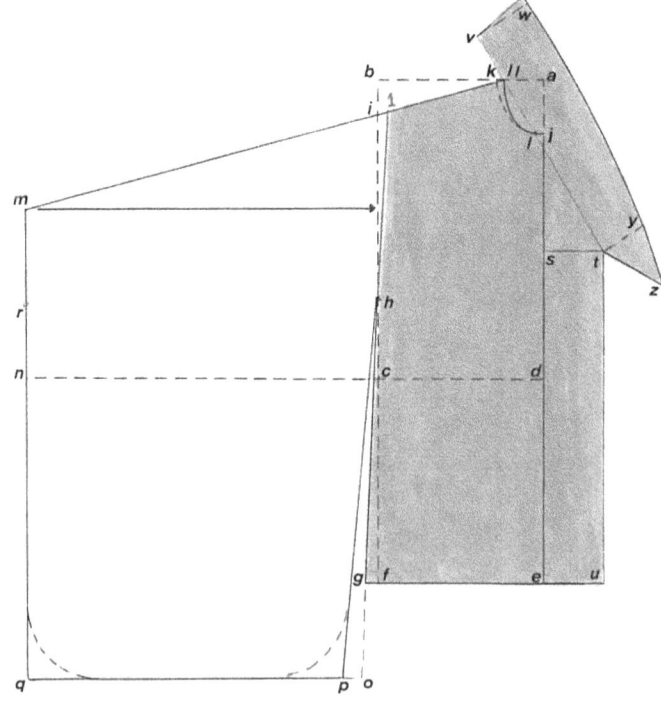

MEDIDAS REQUERIDAS

CONTORNO DE BUSTO.............................46 CM.

LARGO TALLE ESPALDA.............................42 "

LARGO DE LA PRENDA.(desde la cintura)....30 "

CONTORNO DE CADERA ....50 "

ALTURA HOMBRO ESPALDA.................37 "

ALTURA ESCOTE ESPALDA.....................40 "

ESCOTE...7 ½ "

ANCHO DE HOMBRO...........................12 "

LARGO DE MANGA...............................63 "

LARGO TALLE DE ADELANTE.................44 "

ALTURA ESCOTE DE ADELANTE..............36 "

ALREDEDOR DEL ESCOTE.....................18 ¼ "

ALTURA DE BUSTO...............................25 "

SEPARACION DE BUSTO........................9 "

ALTO DEL CUELLO..............................7 "

PASO A PASO CON LA REALIZACION DE LOS TRAZADOS

TRASERA

Formar un rectángulo por horizontales la mitad del Contorno de Busto, más 3 cm. o a gusto, ejemplo: 26 cm., por el Largo Talle Espalda, ejemplo: 42 cm. = **a-b-c-d**.

Desde **c** y **d**, prolongar las rayas, aplicando el Largo de la Prenda, ejemplo: 30 cm. = **e-f**. Unir **e-f**.

f-g = mitad de la diferencia entre Busto y Cadera, más 1 cm. o a gusto, ejemplo: 3 cm. .

d-h = 12 cm. o a gusto. Unir **h-g**.

Desde **d**, colocar hacia arriba, la Altura Hombro Espalda, ejemplo: 37 cm. = **i**. Medir la distancia **i-a**, ejemplo: 5 cm.. Dicha distancia (en caso que el Hombro fuere muy bajo)no debe ser superior a los 5 cm. Porque no tiene ninguna importancia si quedare " algo de fojedad. "

b-j= diferencia entre el Largo Talle Espalda y la Altura Escote Espalda, ejemplo: 2 cm..

Desde **j**, aplicar en diagonal sobre la línea **a-b**, la medida del Escote, ejemplo: 7 ½ cm. = **k**. Formar el Escote. Medir la distancia **k-b**.

Desde **k**, aplicar pasando por **i**, la medida Ancho Hombro, más el Largo de Manga, ejemplo: 75 cm.= **l**. Medir la distancia entre **l** y la vertical **a-d**. (indicada con flechita).

Desde **g**, prolongar la línea hacia abajo, aplicando 15 cm. o a gusto = **ll**.

ll-m = 3 cm. o a gusto. Unir **m-h**.

Desde **d**, prolongar la línea, colocando la distancia entre **l** y la vertical **a-d** = **n**. Unir **n-l**.

Desde **n**, prolongar la raya, aplicando la distancia entre **d-ll** = **o**. Unir **o-m**.

l-p = espacio para poder pasar la mano, ejemplo: 14 cm..

DELANTERA

Formar un rectángulo con la mitad del Contorno de Busto, más 3 cm. o a gusto, ejemplo: 26 cm. por el Largo Talle de Adelante, ejemplo: 44 cm. = **a-b-c-d**.

Desde **d** y **c**, prolongar las rayas, aplicando el Largo de la prenda, ejemplo: 30 cm. = **e-f**. Unir **e-f**.

f-g = **f-g** de la trasera.

c-h = 12 cm.. Unir **h-g**.

b-i = **a-i** de la trasera.

a-j = diferencia entre el Largo Talle de Adelante y la Altura Escote de Adelante, ejemplo: 8 ½ cm..

a-k =**b-k** de la Trasera, ejemplo: 7 ¼ cm.. Unir **k-j** en forma circular con línea discontinua.

Desde **k**, colocar hacia **j**, la medida Alrededor del Escote, menos el Escote, ejemplo: 10 ¾ cm. = **l**. Medir la distancia **l-j**. Si la distancia entre **l-j**, fuere más de 1 cm. quiere decir que el Largo Talle de Adelante es largo. Esa diferencia, se aplicaría desde **ll** hacia abajo, y se uniría con **i**.

k-ll = **l-j**. Unir **ll-l**, formando el escote.

Desde **ll**, colocar pasando por **i** la medida **k-l** de la trasera=**m**. Medir la distancia entre **m** y la vertical **b-c**.

Desde **c**, prolongar la horizontal, colocando la distancia **m** y la vertical **b-c**=**n**. Unir **n-m**.

g-o = **g-ll** de la trasera. **o-p** = **ll-m** de la trasera. Unir **p-h**.

Desde **n**, colocar hacia abajo la distancia **c-o** = **q**. Unir **q-p**.

m-r = 14 cm.= abertura para poder pasar la mano. **a-s**= Altura de Busto, ejemplo: 25 cm..

s-t y **e-u**=Separación de Busto ejemplo 9 cm.Unir **u-t**. Unir **t-ll**, luego prolongar la raya, colocando la medida del Escote,ejemplo:7½ cm.=**v**. Desde **v**, escuadrar aplicando el Ancho de Cuello más 2 cm.= **w**.

w-x=1 ½ cm.. Unir **x-v**.

Desde **t**, escuadrar, aplicando el Alto del Cuello, ejemplo: 7 cm.= **y**.

Doblar el papel por la raya **t-ll**, y calcar la línea del cruce = **z**. Unir **y-z**. Unir **y-x**.

ll-1 = **k-i** de la trasera.

Tira del Bajo Busto = 70 x 10 cm. Fig. **A**. Moño 40 x 8 cm. Fig. **B**. Tira que anuda 60 x 8 cm. Fig. **C**.

Si lo desea, puede redondear las esquinas formadas por: **m-o** y **p-q**.

Las mangas se pueden separar por: **h-i** y **1-h**.

CAPUCHON # 1
UTILIZAR LOS MOLDES DE UN SACO, ABRIGO, ETC..

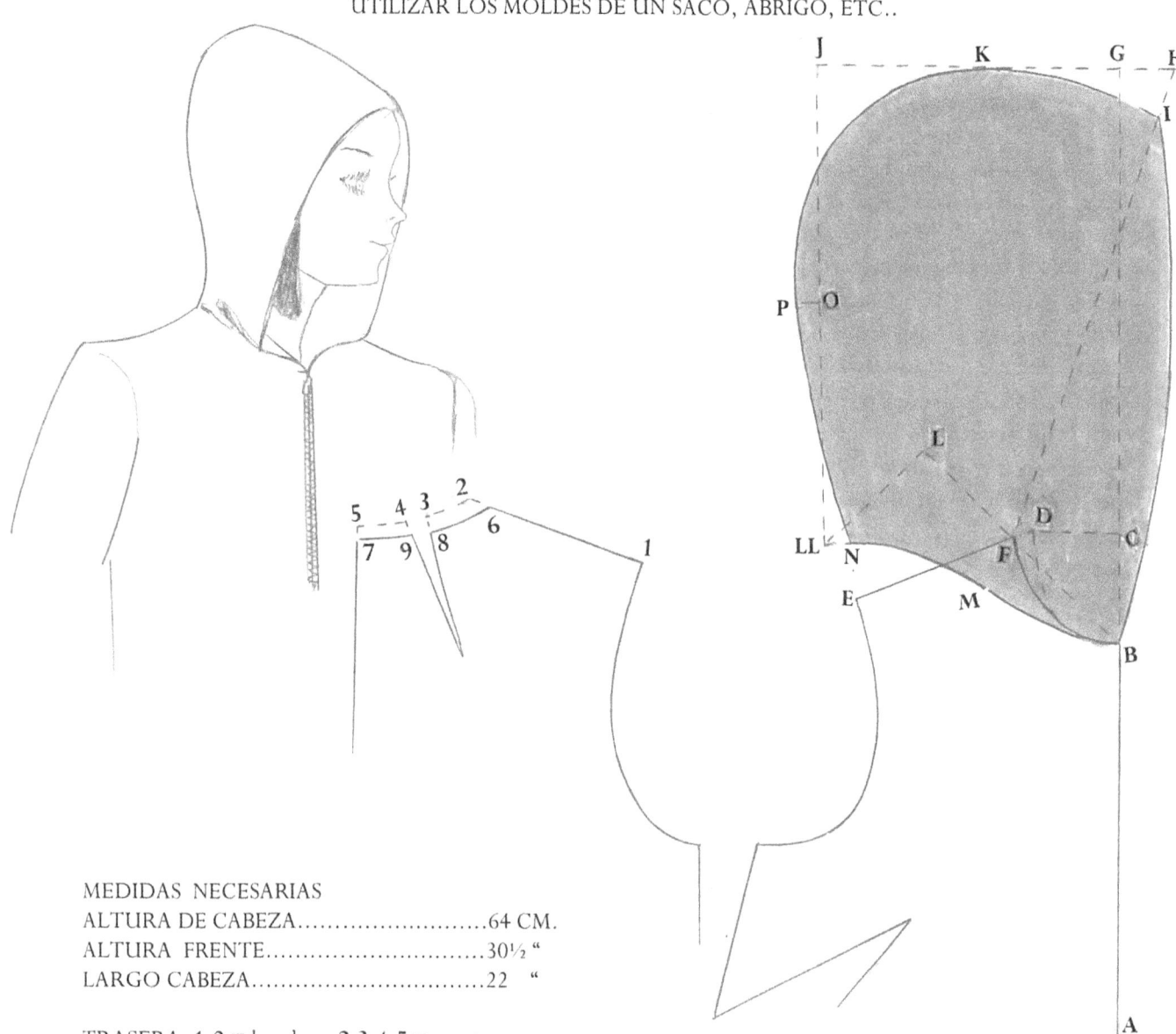

MEDIDAS NECESARIAS
ALTURA DE CABEZA..........................64 CM.
ALTURA FRENTE...........................30½ "
LARGO CABEZA..............................22   "

TRASERA: 1-2 = hombro; 2-3-4-5 = escote.

2-6 = 2 cm. o a gusto. 5-7 = mitad de 2-6. Unir 6-7. 8 y 9, se forman al cruzarse las líneas.
Medir la distancia 6-8-9-7 , ejemplo: 10 cm. .

DELANTERA: A-B-C = centro delantero; B-D = escote; D-E= hombro; C-D = línea horizontal.
D-F = 2-6 de la trasera. Unir F-B.

Desde C, prolongar la raya, aplicando la mitad de la Altura de la Cabeza más 3 cm. o a gusto, ejemplo: 35 cm.=G.

Desde G, escuadrar hacia fuera, (hacia la derecha) aplicando 5 cm. o a gusto = H. Unir H-F.

F-I = Altura Frente, más 3 cm. o a gusto, ejemplo: 33 ½ cm.. UnirI-B, con la forma, como lo indica el trazado.

G-J = Largo Cabeza, más 2 cm. o a gusto, ejemplo: 24 cm..

K = mitad de H-J.

Unir B-F, a continuación prolongar la línea, aplicando la medida del Escote trasero, ejemplo: 10 cm. = L.

Desde L, escuadrar aplicando la medida L-F = LL. Unir LL-B, como lo indica el trazado.

B-M = B- F. M-N =F-L. Unir N-J, luego marcar el centro = O. O-P = 2 cm. o a gusto.

Unir N-P-K-I, con forma, como lo indica el trazado.

La prenda se corta por: A-B-F-E, etc..

CAPUCHON # 2 Y VARIANTE SOBRE EL MISMO

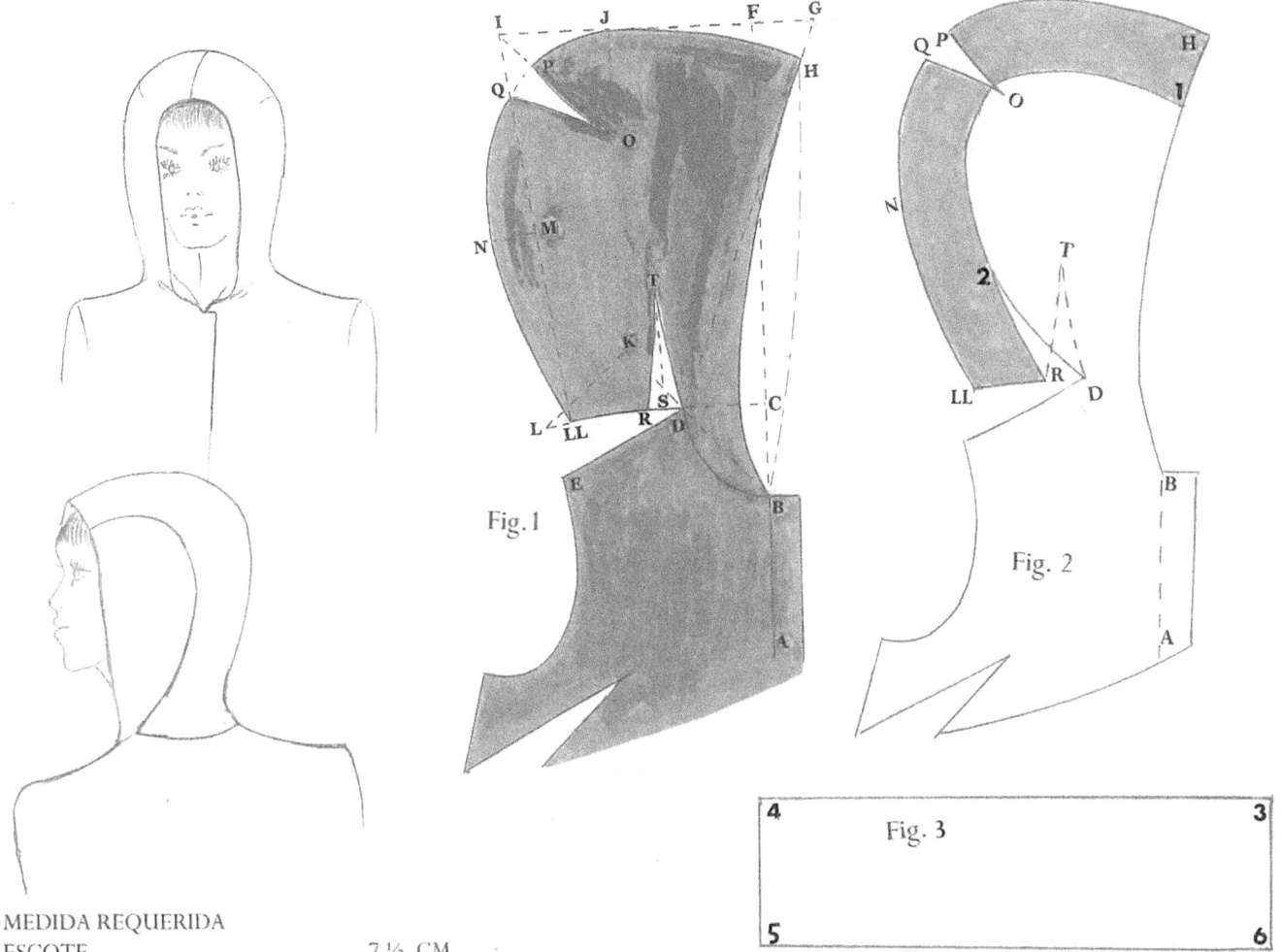

Fig.1

Fig. 2

Fig. 3

MEDIDA REQUERIDA
ESCOTE...............................7 ½ CM.

Fig. 1: A-B-C =centro de adelante, **C-D** = línea horizontal, **B-D** = escote, **D-E** = hombro.

Desde **C**, prolongar la raya, aplicando la Altura de Cabeza más 3 cm. o a gusto, ejemplo: 35 cm. = **F**.

Desde **F**, escuadrar hacia fuera, colocando 6 cm. o a gusto = **G**. unir **G-D**.

Desde **D**, ubicar hacia **G**, la Altura de la Frente más 3 cm. o a gusto, ejemplo: 33 ½ cm. = **H**.

Desde **F**, prolongar la horizontal aplicando el Largo de Cabeza, más 2 cm. o a gusto, ejemplo: 24 cm. = **I**.

I-J = 1/3 parte de **I-G**.

Unir **B-D**, luego prolongar la raya, aplicando la medida del Escote, ejemplo: 7 ½ cm. = **K**.

Desde **K**, escuadrar colocando una vez y media la medida **D-K** = **L**. Unir **L-D**, con ligera forma.

D-LL = Escote más 3 cm., ejemplo: 10 ½ cm. . Unir **LL-I**, después marcar el centro de dichos puntos = **M**.

M-N = 4 cm. o a gusto.

Unir **LL-N-J-H** y **H-B**, con forma.

J-O = **J-I**. Juntar **O-I. P**, se forma al cruzarse las líneas.

Desde **O**, colocar sobre la vertical **I-LL**, la distancia **O-P** = **Q**.

D-R = 3 cm. . **S** = mitad de **D-R**.

Desde **S**, escuadrar hacia arriba, aplicando la medida **LL-M**, menos unos 6 cm. = **T**. Unir **T-D** y **T-R**.

VARIANTE DEL CAPUCHON (utilizar el trazado anterior)

Fig. 2: Desde **R**, trazar una paralela, hasta el centro de adelante = **1**. El espacio que queda entre la pinza **P-O-Q**, queda anulado.

Desde **R**, aplicar hacia **O**, la diferencia **R-T** = **2**. Unir **2-D**. Tomar la distancia entre **D-2-1**, luego separar la parte sombreada.

Fig. 3: Formar un rectángulo con el doble de la medida **1-H**, ejemplo: 15 cm. por la distancia **D-2-1** = **3-4-5-6**.

Para formar la **CAPUCHA**, se deberán unir los puntos **1** con **3**, y del lado opuesto **1** con **6**, **D** con **4** y del lado opuesto **D** con **5**.

CAPUCHON # 3

UTILIZAR EL MOLDE DELANTERO DE UN SACO, TAPADO, VESTIDO, ETC..

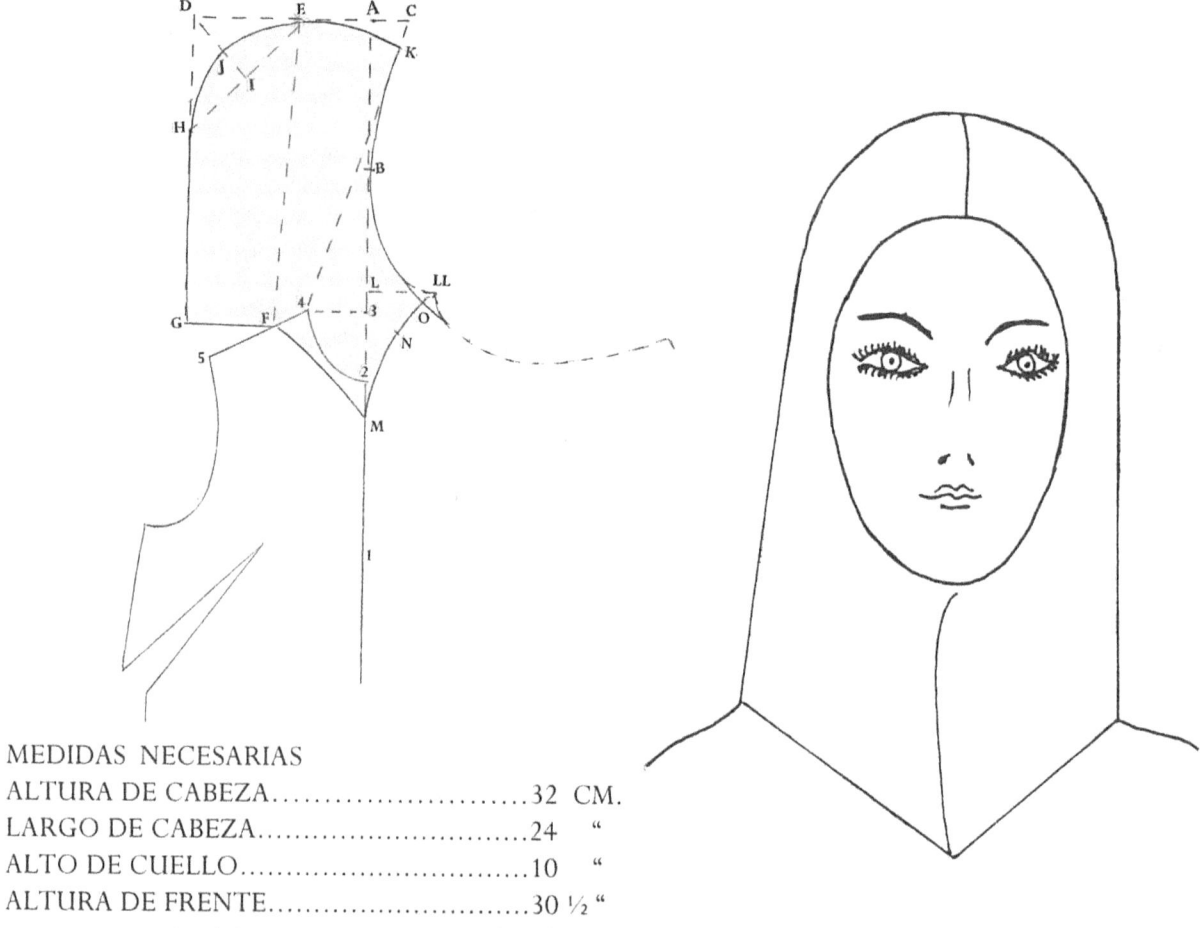

MEDIDAS NECESARIAS

ALTURA DE CABEZA........................32 CM.

LARGO DE CABEZA...........................24   "

ALTO DE CUELLO..............................10   "

ALTURA DE FRENTE............................30 ½ "

1-2-3 = centro de adelante, **2-4** escote,   **3-4** = línea horizontal, **4-5** = hombro.

Desde **3**, prolongar la línea aplicando la Altura de Cabeza, ejemplo: 32 cm. = **A**, luego marcar el centro de **3-A** = **B**.

Desde **A**, escuadrar colocando 1/6 parte del Largo Cabeza, ejemplo: 4 cm. = **C**. Unir **C-4**, con línea discontinua.

Desde **C**, aplicar pasando por **A**, el Largo de Cabeza, ejemplo: 24 cm. = **D**. Marcar el centro de **C-D** = **E**.

Desde **4**, ubicar hacia **5**, 3 cm. o a gusto = **F**. Unir **F-E**, a continuación tomar dicha distancia.

Desde **D**, escuadrar hacia abajo, colocando la distancia **E-F** = **G**. Unir **G-F**.

D-H = D-E. Unir **H-E**, después marcar el centro de dichos puntos = **I**. Unir **I-D**.

J = mitad de **D-I**.

Desde **4**, ubicar hacia **C**, la Altura del Frente, ejemplo: 30 ½ cm. = **K**.

Desde **2**, colocar el Alto del Cuello (mentón), ejemplo: 10 cm. = **L**.

Desde **L**, escuadrar, aplicando el doble de **A-C** (o de acuerdo al mentón) = **LL**.

Desde **2**, colocar hacia abajo 3 cm. o a gusto = **M**. Unir **M-LL-B-K-E-J-H-G-F-M**.

LL-N = 6 cm. aproximadamente.

Doblar el papel de molde por la línea **LL-N** y calcar la línea **LL-B**. Al desdoblar el papel, notamos que se forma un pico.

Suavizar la línea que forma el "pico", de ese modo, se forma el punto **O**.

En la línea **G-H**, es necesario colocar un zipper, si es que el capuchón no pasare por la cabeza. Cabe señalar que ésta es una prenda suelta, y que si la deseare hacer **junto con el delantero**, deberá escotar la parte trasera la distancia **4-F**.

CAPUCHA
UTILIZAR LOS MOLDES SIMPLES DE UN SACO, VESTIDO ETC..

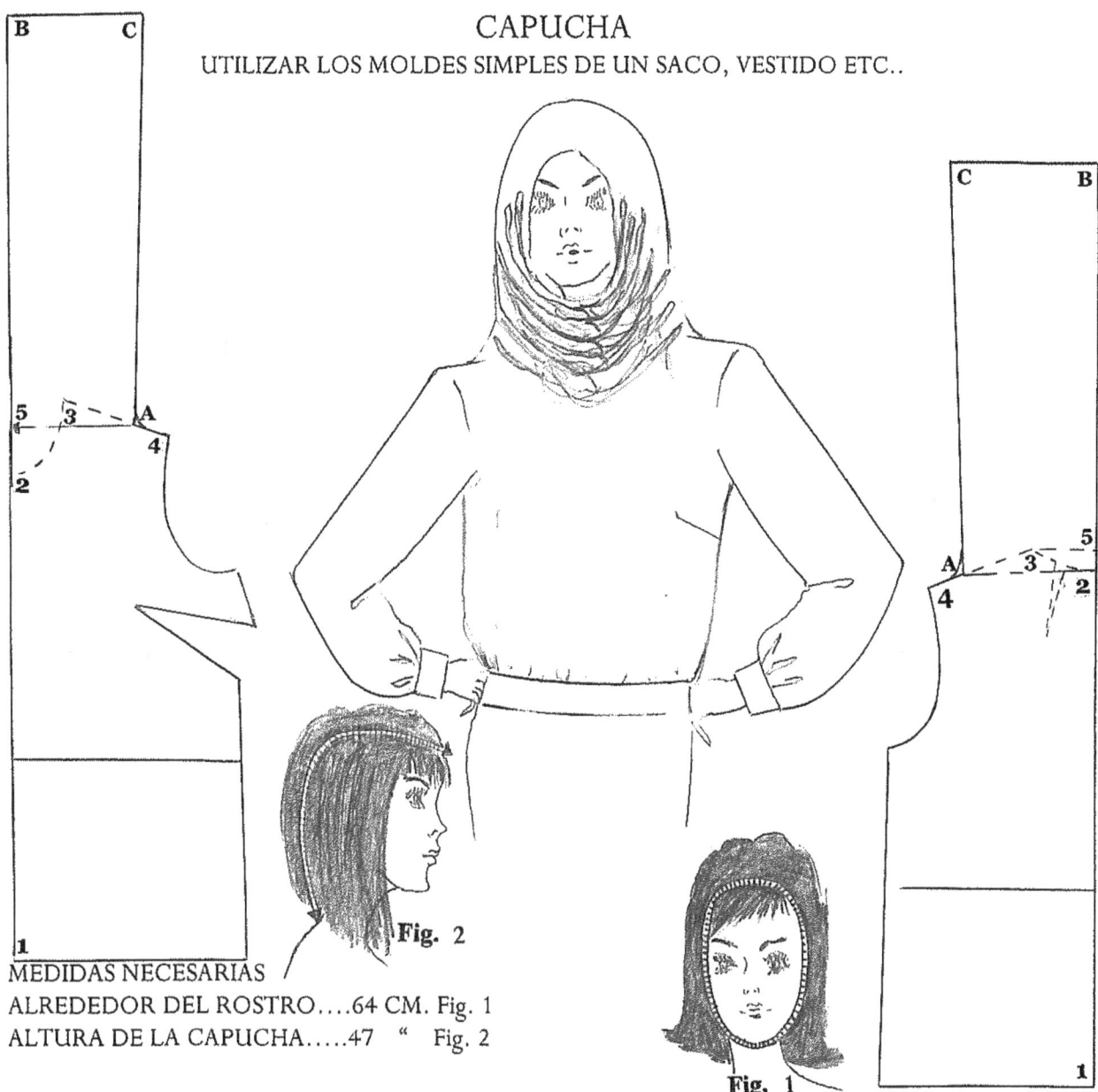

Fig. 2

Fig. 1

MEDIDAS NECESARIAS
ALREDEDOR DEL ROSTRO....64 CM. Fig. 1
ALTURA DE LA CAPUCHA.....47   "   Fig. 2

TRASERA

1-2 = centro, 2-3 = escote, 3-4 = hombro, 3-5 = línea horizontal del escote.

Desde 2, colocar hasta la línea del hombro 1 /4 parte de la medida Alrededor del Rostro, más 3 cm. o a gusto ejemplo: 19 cm. = **A**.

Desde 2, prolongar la raya hacia arriba, poniendo la Altura de la Capucha más 15 cm. o a gusto, ejemplo: 62 cm. = **B**.

Desde **B**, escuadrar, aplicando la distancia 1-A, más 2 cm. o a gusto = **C**. Unir **C-A**.

DELANTERA (misma puntuación que la trasera)

4-A = 4-A de la trasera.

Desde **A**, trazar una horizontal, hasta la línea central = **5**.

Desde **5**, seguir la línea colocando la distancia 2-B de la trasera = **B**.

Desde **B**, escuadrar, aplicando la medida B-C de la trasera = **C**. Unir **C-A**.

Si lo desea, puede suavizar los ángulos en los puntos **A**.

INTRODUCCION A LA MANGA JAPONESA # 1
ESTE TIPO DE MANGA, ES IDEAL PARA PERSONAS DE POCO BUSTO

UTILIZAR LOS MOLDES SIMPLES DE UN ABRIGO, SACO, ETC, Y UNA MANGA RECTA CON COSTURA CENTRAL, CON O SIN PINZA EN EL CODO.

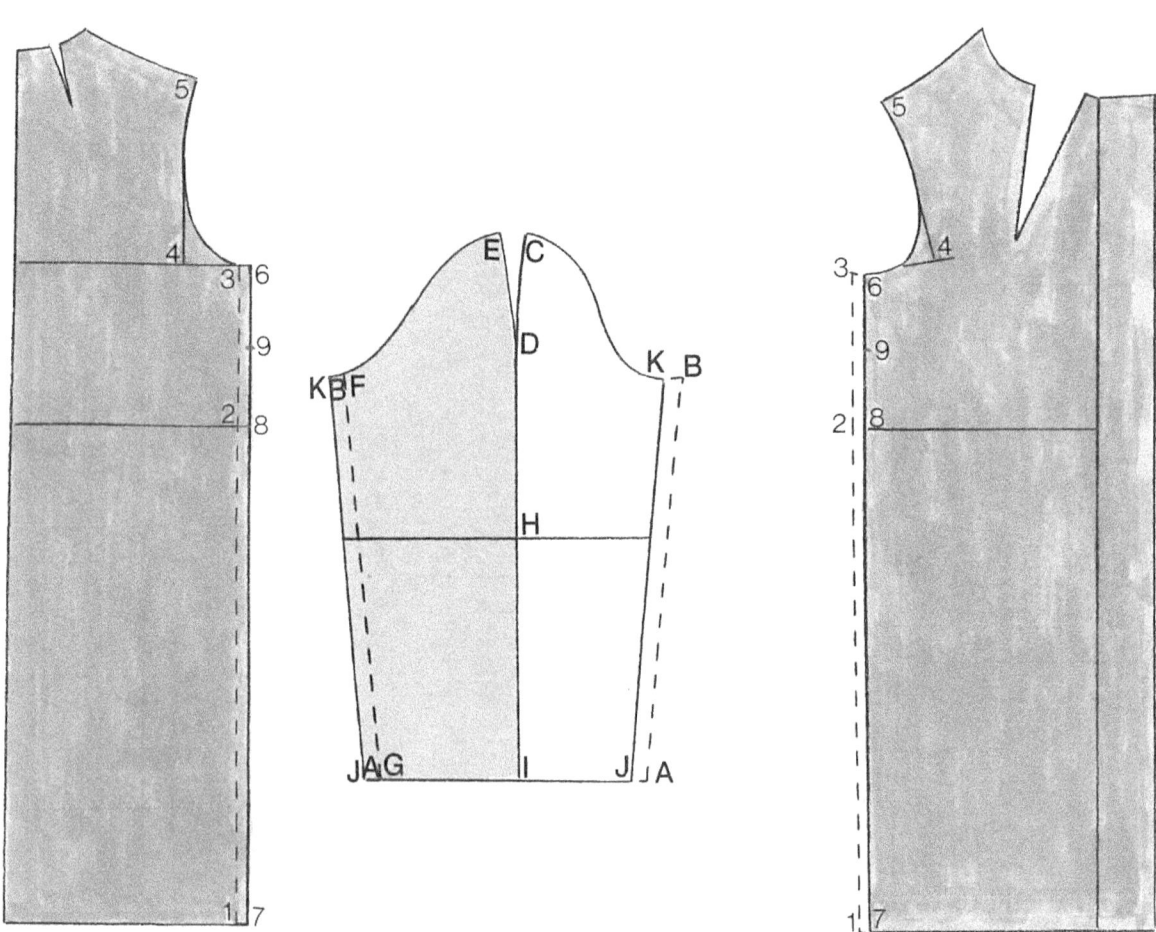

ESPALDA Y DELANTERA CON LA MISMA PUNTUACION.

1-2-3 = costados; 4= ancho de pecho y ancho espalda; 3-5 = sisas.

Medir las distancias entre los puntos 3-4, delantera y trasera. En éste caso resulta más grande la medida de la parte delantera.

IMPORTANTE: Hacer que las distancias sean iguales, o sea quitarle a la delantera, y agregarlo a la trasera, de ése modo, se obtienen los puntos: 6-7. 8, se obtiene, prolongando la línea de cintura.

9 = mitad de 6-8.NOTA: El punto 9, puede cambiar de sitio, según el modelo a interpretar.

MANGA

A-B y F-G = laterales; B-C-E-F = copa; C-D-E = pinza; D-H-I = línea central.

Desde A y B, quitar a la manga, la misma medida que se quitó a la parte delantera = J-K. Unir J-K, luego cortar por dicha línea, y agregar dicha parte en el lado opuesto uniendo A-G y B-F.

MANGA JAPONESA # 1

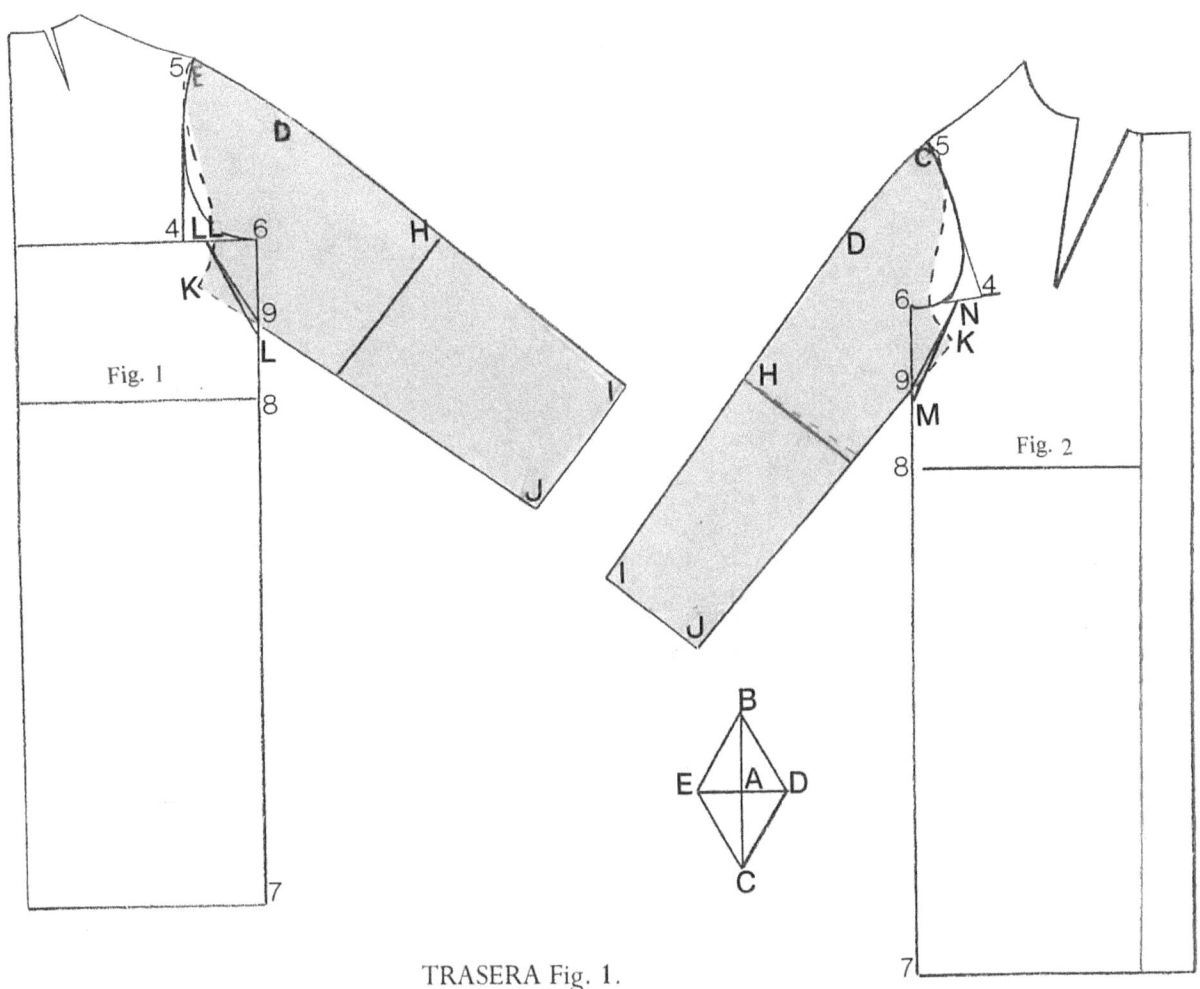

TRASERA Fig. 1.

Juntar los puntos **E** (manga) con **5**, a continuación hacer que la línea lateral de la manga, se junte con **9**.

9-L = 1 cm..

4-LL = 1 / 3 parte de **4-6**. Unir **LL-9** y **LL-L**.

DELANTERA Fig.2.

Unir **C** (manga) con **5**, después juntar la línea lateral de la manga con **9**.

9-M = 1 cm..

4-N = 1 / 3 parte de **4-6**. Unir **N-9** y **N-M**.

IMPORTANTE: El punto **N** (delantera) como el **LL** (trasera), pueden cambiar de lugar, es decir estar más cerca o más alejados del punto **6**, todo depende del modelo a interpretar.

Medir las distancias entre **9** y **J**. Estas, deben ser iguales, pero si la distancia **9-J** de la trasera resultase mayor que la delantera de poco, ésta, se podrá embeber a la altura del codo; Si fuere grande, entonces se hará una pinza; Si por el contrario fuere superior de poco la delantera, se hará una pinza como lo indican las líneas discontinuas, luego, se cerrará dicha" pinza" y se suavizarán las líneas.

ROMBO

Formar una cruz. Con **A**, marcar los encuentros de las rayas.

A-B = **6-9**; **A-C** = **6-L** y **6-M**; **A-D** y **A-E**= **6-N** y **6-LL**. Unir **C-D-B-E-C**.

416

TAPADO (ABRIGO) MANGA JAPONESA CON ROMBO
SIN MODIFICAR LAS LINEAS DE LOS COSTADOS
UTILIZAR LOS MOLDES SIMPLES DE UN TAPADO CON SU RESPECTIVA MANGA RECTA

USTED SE PREGUNTARÁ ¿ PORQUE TANTAS MANGAS JAPONESAS ? PORQUE USTED ELIGE CUAL LA VIENE MEJOR

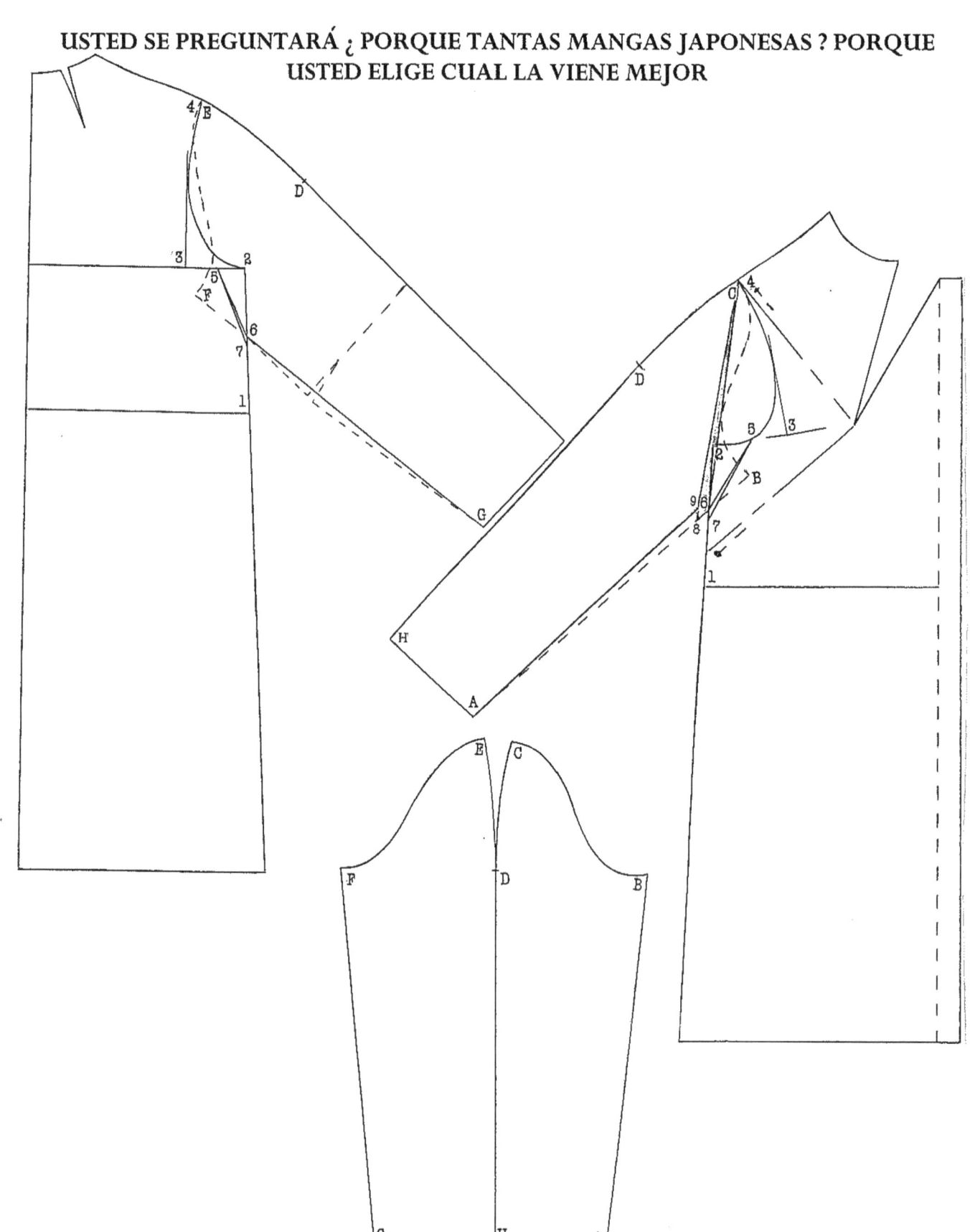

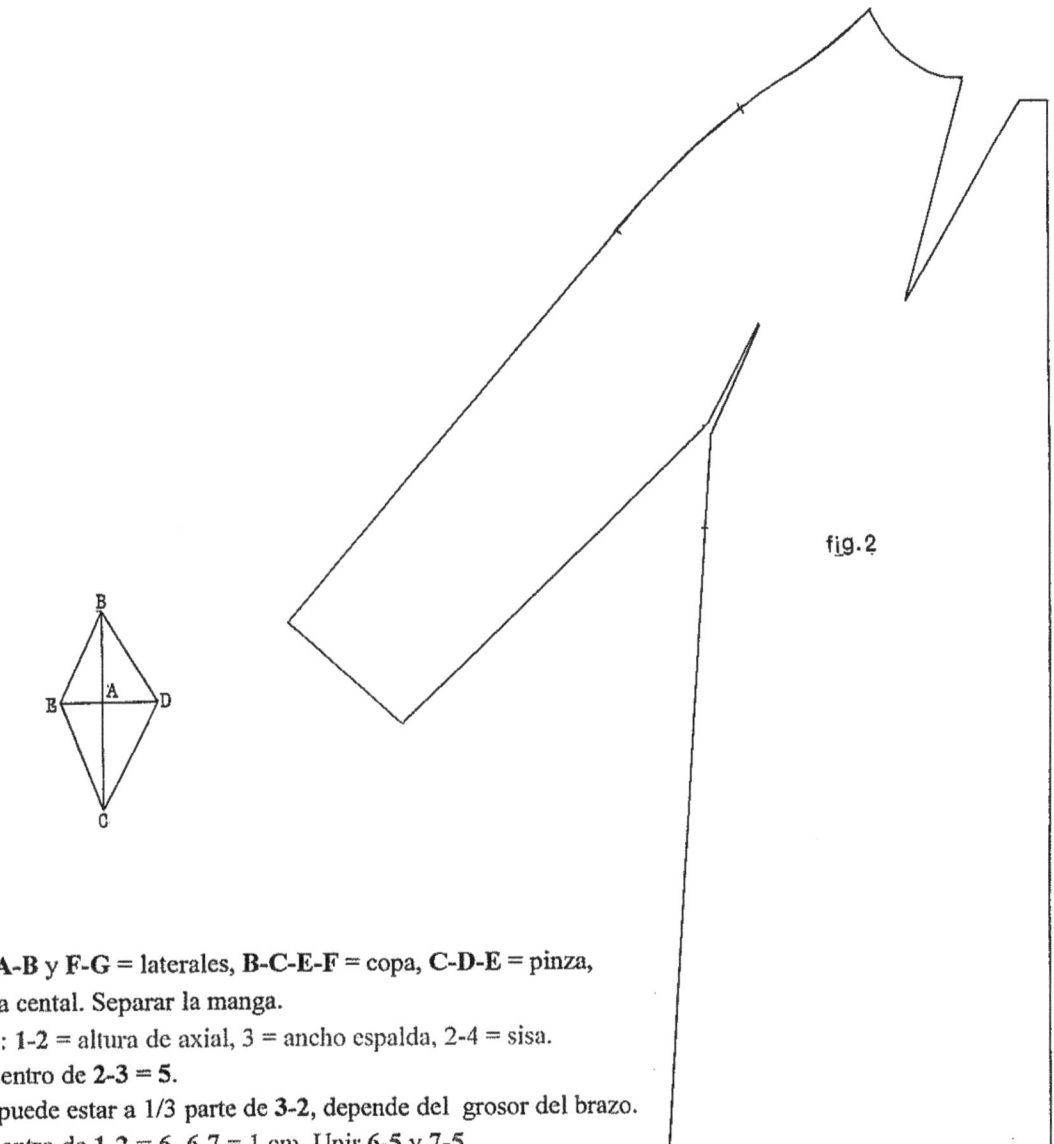

fig.2

MANGA: **A-B** y **F-G** = laterales, **B-C-E-F** = copa, **C-D-E** = pinza,
D-H = línea cental. Separar la manga.

TRASERA: **1-2** = altura de axial, **3** = ancho espalda, **2-4** = sisa.
Marcar el centro de **2-3 = 5.**
El punto**5**, puede estar a 1/3 parte de **3-2**, depende del grosor del brazo.
Marcar el centro de **1-2 = 6. 6-7 = 1** cm. Unir **6-5** y **7-5.**
Juntar **E** (manga) con **4**, después apoyar la manga hasta que toque **6**. Medir la distancia **6-G.**

DELANTERA: **1-2** = altura de axial, **3** = ancho de pecho, **2-4** = sisa.
Marcar el centro de **2-3 = 5**. El punto **5**, puede estar a 1/3 parte de **3-2**, depende del grosor del brazo
Marcar el centro de **1-2 = 6. 6-7 = 1** cm. Unir **6-5** y **7-5.**
Unir **C** (manga) con **4**, luego apoyar la manga hasta que toque **6.**
Medir la distancia **6-A**. En éste caso, es mayor que la distancia del bajo manga de la trasera.
6-8 = diferencia entre las dos bajos mangas. Un ir **6-C/4** y **8-C/4.**
Desde **C/4**, aplicar hacia **8** la distancia **6-C/4 = 9**. Unir **9-A**. Cerrar la "pinza" parte sombreada. Fig. **2.**
MUY IMPORTANTE: Encimar las mangas y fijarse si las dos partes tienen la misma caida, caso contrario debe
quitarle a una y agregarlo a la otra. (NOTA: Es más conveniente que la manga delantera, este inclinada más vale
hacia adelante).
ROMBO: Formar una cruz. **A** = unión de las lineas.
A-B = 2-6; A-C = 2-7; A-D = 2-5 (delantera); **A-E = 2-5** (trasera). Unir **B-E-C-D-B.**
IMPORTANTE: Se deberán colocar refuerzos en las líneas **5-6-7** , antes de colocar el rombo.

MANGA JAPONESA #3
UTILIZAR LOS MOLDES SIMPLES DE UN SACO, BLUSA, TAPADO, ETC..

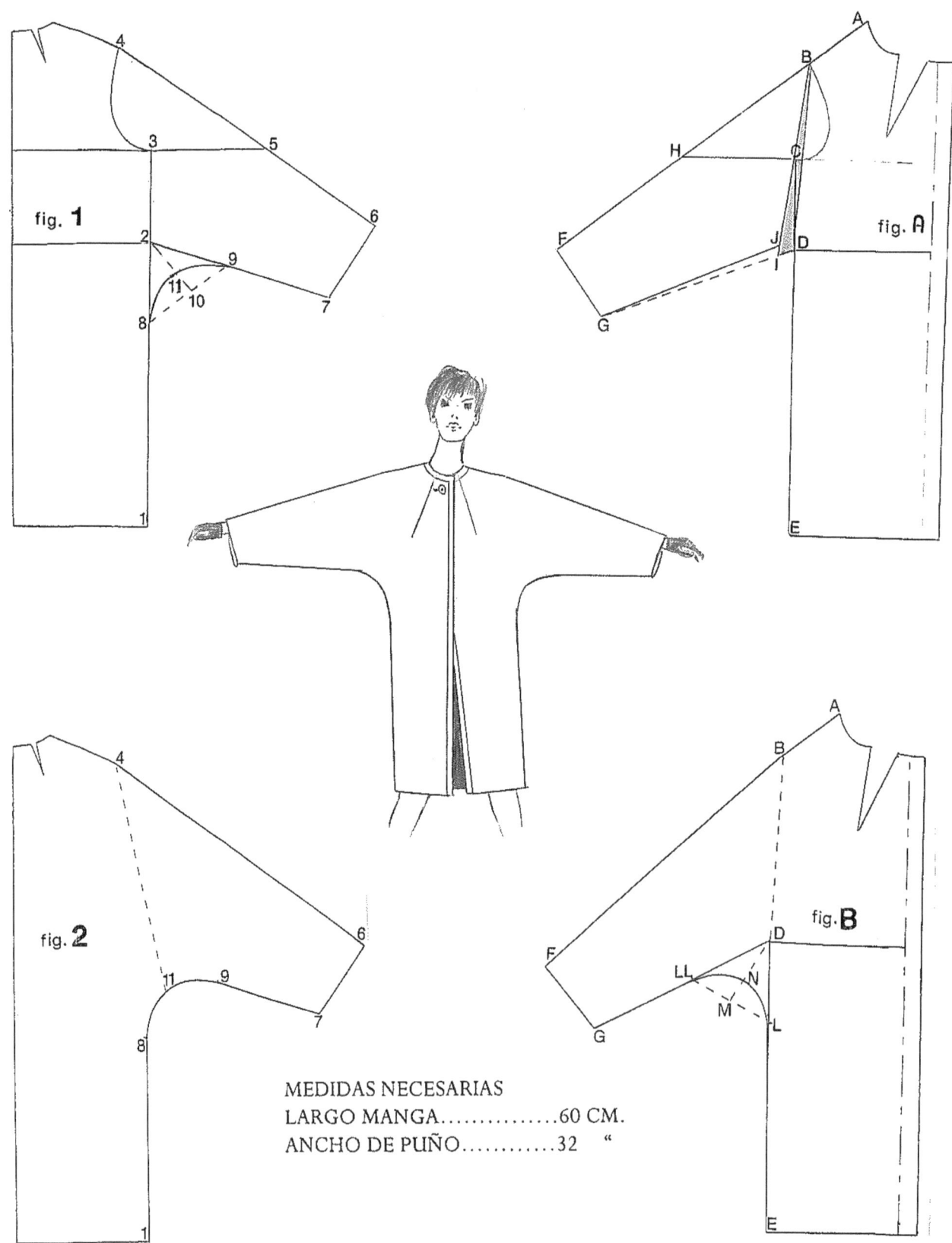

MEDIDAS NECESARIAS
LARGO MANGA...............60 CM.
ANCHO DE PUÑO...........32 "

MANGA JAPONESA # 3

DELANTERA Fig. A

1er. paso: **A-B**= hombro; **B-C**=sisa; **C-D-E**= costado; **D**=línea de cintura.

Desde **B**, prolongar la línea del hombro, aplicando el Largo de Manga, ejemplo: 60 cm. = **F**.

Desde **F**, escuadrar, colocando la mitad del Ancho de Puño, ejemplo: 16 cm.=**G**. Unir **G-D**. Medir la distancia **G-D**.

Desde **C**, prolongar la línea de axila, hasta la línea **B-F**= **H**. Fin del 1er. Paso.

TRASERA Fig.1.

1-2-3 = costado; **3-4**=sisa.

Desde **3**, prolongar la axila, aplicando la medida **C-H** de la delantera= **5**.

Desde **4**, aplicar pasando por **5**, la medida Largo Manga, ejemplo: 60 cm. = **6**.

Desde **6**, escuadrar, colocando la mitad del Ancho de Puño, ejemplo: 16 cm.= **7**. Unir **7-2**.

Medir la distancia entre **7-2**, si fuere igual, o inferior como en éste caso a **G-D** de la delantera, proseguir con el trazado.

2-8 y **2-9**= 15 cm. o a gusto. Unir **8-9**. Marcar el centro de dichos puntos= **10**. Unir **10-2**.

10-11= 1/3 parte de **10-2**.

Unir **8-11-9**.

DELANTERA Fig. A.

2do. paso: Desde **G**, aplicar hacia **D**, la distancia **7-2** de la trasera= **I**. Unir **I-B** y **D-B**.

Desde **B**, aplicar hacia **I**, la distancia **B-D**=**J**. Unir **J-G**. Cerrar la pinza parte sombreada= Fig. **B**.

D-L y **D-LL**= 15 cm. (o sea igual a la medida **2-8** y **2-9** de la parte trasera). Unir **LL-L**. Marcar el centro = **M**. Unir **M-D**.

M-N = **10-11** de la trasera.

Unir **L-N-LL**.

NOTA: Si la distancia **2-7** de la parte trasera, fuese más grande que **D-G** de la delantera, entonces, se hará una pinza igual a la que realizó en la delantera.

IMPORTANTE: No es necesario que los puntos **H** y **5** coincidan al juntarse los Sobre mangas.

DETALLES DE COSTURA

OJAL BORDADO

Marcar el ojal. Fig. 1.(su largo debe tener la mitad de la circunferencia del botón), luego córtelo. En el borde externo forme un redondelito de manera que pueda pasar el tallito del botón. Sùrfilelo por la parte interna tratando de esconder la entretela, luego hágalo por el lado externo. Fig. 2. IMPORTANTE: Debe usar un cordoncito (virgolina) eso hará que resalte el ojal. Fig. 3.IMPORTANTE: Trate que la puntada quede un poco inclinada, es decir que no quede en el borde del orillo, eso hará que el ojal dure más tiempo. Antes de la terminación del ojal introduzca los cordoncitos por entre las dos telas, luego forme la terminación pasando dos o tres veces sujetando las dos partes del festón. Fig.4. Afírmelo por el lado interno. Una vez terminado lo puede sujetar con un hilván inclinado. Plánchelo.

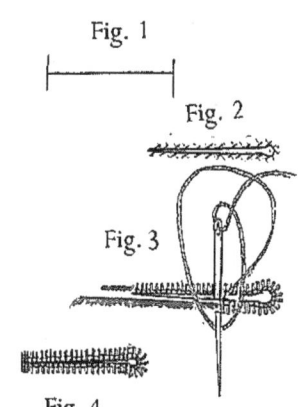

Fig. 1

Fig. 2

Fig. 3

Fig. 4

ABRIGO CAPA
UTILIZAR LOS MOLDES SIMPLES DE UN TAPADO

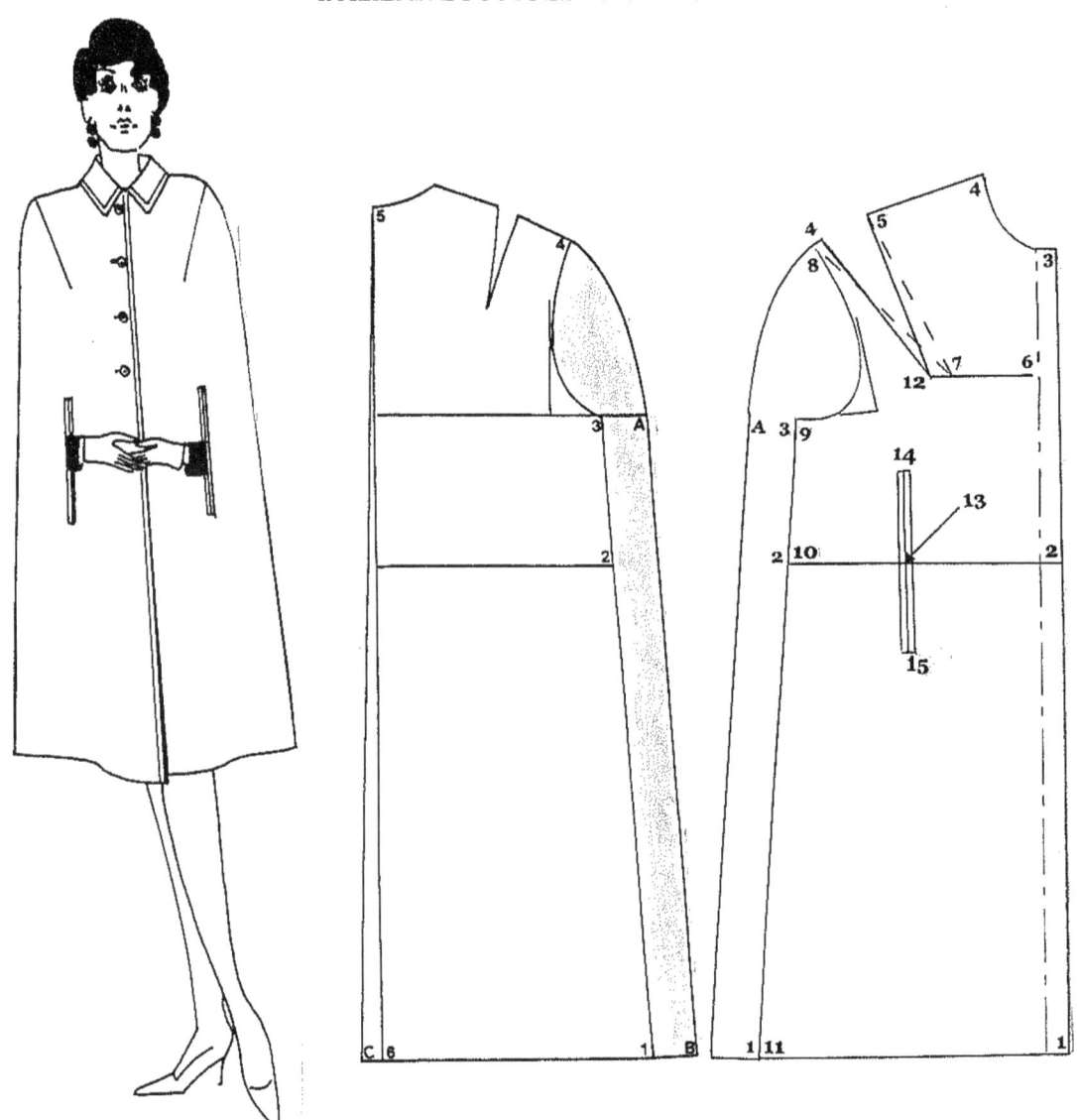

MEDIDA REQUERIDA

DIFERENCIA ENTRE LOS CONTORNOS DE BUSTO Y SOBRE BRAZOS..............10 CM.

TRASERA; 1-2-3 = costado, 3-4 = sisa, 5-6 = centro parte trasera.

3-A = mitad de la diferencia entre Busto y Sobre Brazos, más 3 cm. o a gusto.

1-B = 3-A. NOTA: Si lo desea, puede agrandar dicha distancia

Unir B-A-4.

6-C = mitad de 1-B. Unir C-5.

Calcar la parte sombreada.

DELANTERA: 1-2-3 = cruce, 2 = cintura, 3-4 = escote, 4-5 = hombro, 5-7-8 = pinza, 6-7 = separación de busto,

8-9 = sisa, 9-10-11 = costado, 10 = cintura.

Unir la parte sombreada (de la trasera) a la delantera, juntando 1 con 11, 2 con 10, 3 con 9.

7-12 = 2 cm.. Unir 12-5 y 12-4. IMPORTANTE: Revisar que la distancia 4-12, sea igual a 12-5.

13 = mitad de 2-10. Abertura: 13-14 y 13-15 = 10 cm. o a gusto.

DETALLES DE COSTURA
DEFECTOS MUY COMUNES Y COMO ARREGLARLOS

Fig. A

Fig. A

Este tipo de defecto, se debe a que la línea de la altura hombro espalda, es muy alto, para eliminarlo, necesita hacer un pliegue, como lo indica la Fig. B, luego, deberá suavizar la sisa.

Fig.B

Fig. C

Fig. D

Fig. C

Este defecto, es debido a que la pinza es poco profunda, o tal vez sea debido a un muy mal planchado de la pinza, es decir que no se le dio la forma necesaria a la misma al plancharla. Para eliminar dicho problema, agrande la pinza, o dele la forma del busto con la plancha. Recuerde saber PLANCHAR, es un ARTE.

CAPA CORTA #1
UTILIZAR LOS MOLDES SIMPLES DE UN SACO RECTO

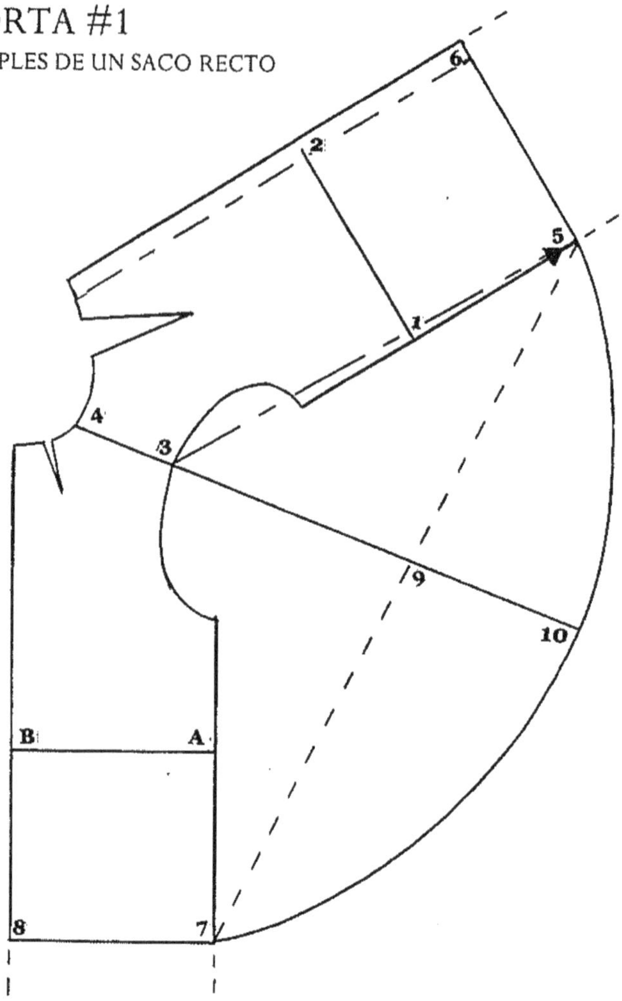

MEDIDA NECESARIA
LARGO MANGA.................62CM.

DELANTERA:**1-2** = línea de cintura, **3-4** = hombro.
TRASERA: **A-B** = línea de cintura.
DELANTERA Y TRASERA: Unir los hombros.
Desde **3**, colocar la medida Largo Manga, hasta tocar el costado, ejemplo: 62 cm. = **5**. Medir la distancia **5-1**.
2-6, A-7, B-8 = 1-5.
Unir **5-7**.
Desde **3**, prolongar la línea del hombro, aplicando la distancia **3-5 = 10. 9**, se forma al cruzarse las líneas.
Unir **6-5-10-7-8**.
Una vez cortada la capa, deberá colgarla unos días a los efectos que se estire la tela: Una vez estirada, vuelva a colocar el molde sobre la tela (previamente, deberá plancharla).

DETALLES DE COSTURA
COMO COSER UN ZIPPER DE CREMALLERA COMUN Y CON UNA PESTAÑA

IMPORTANTE: 1ro. Debe de **cambrar** los laterales del cierre, a los efectos de evitar inconvenientes.

Comience a hilvanarlo desde arriba dejando que se vea la cremallera. Colóquelo a 1 cm. más debajo de la línea de marca (dicho espacio, es para luego poder colocar el ganchito). Una vez que terminó la primera parte, cierre el mismo. Con la otra parte, tape ligeramente el cierre. Cerciórese que coincidan las líneas de marca. Abra el cierre y comience a hilvanarlo de arriba hacia abajo (lado interno) manteniendo siempre la misma separación entre cierre y tela. A unos 3 cm. de la terminación de la abertura, cierre el mismo, y termínelo de hilvanar por la parte externa, haciendo que vaya desapareciendo esa pequeña diferencia. Se debe coser con un punto atrás y, por el lado interno con un punto guante. Si la prenda no llevare forro, deberá tapar la terminación con un pequeño trocito de forro.

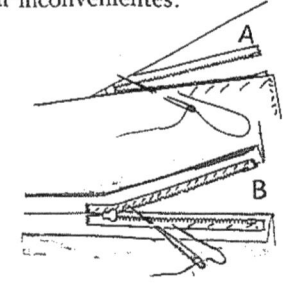

CAPA CORTA# 2
CON MENOS AMPLITUD
UTILIZAR LOS MOLDES SIMPLES DE UN SACO RECTO

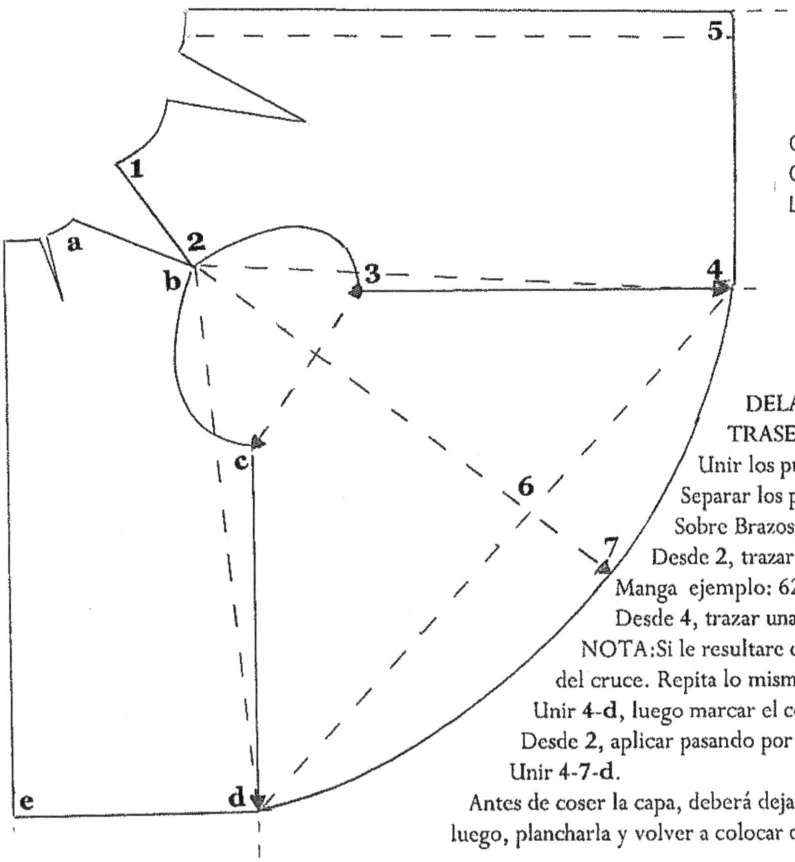

MEDIDAS NECESARIAS
CONTORNO DE BUSTO...................46 CM.
CONTORNO DE SOBRE BRAZOS......55   "
LARGO DE MANGA......................62   "

DELANTERA: 1-2 = hombro, 2-3 = sisa.

TRASERA: **a-b** = hombro, **b-c** = sisa.

Unir los puntos 2 y **b**.

Separar los puntos 3 y **c**, aplicando la diferencia entre Busto y Sobre Brazos, más **4 cm**. o a gusto.

Desde 2, trazar (en diagonal hasta tocar el costado) el Largo de Manga ejemplo: 62 cm. = **4**.

Desde 4, trazar una horizontal hasta el borde de adelante = **5**.

NOTA:Si le resultare complicado, apoye la escuadra sobre la vertical del cruce. Repita lo mismo en la parte trasera = **d** y **e**.

Unir 4-**d**, luego marcar el centro de dichos puntos = **6**.

Desde 2, aplicar pasando por 6, la distancia 2-4 = **7**.

Unir 4-7-**d**.

Antes de coser la capa, deberá dejarla colgada unos días a los efectos que se estire, luego, plancharla y volver a colocar de nuevo el molde y corregir lo que se estiró.

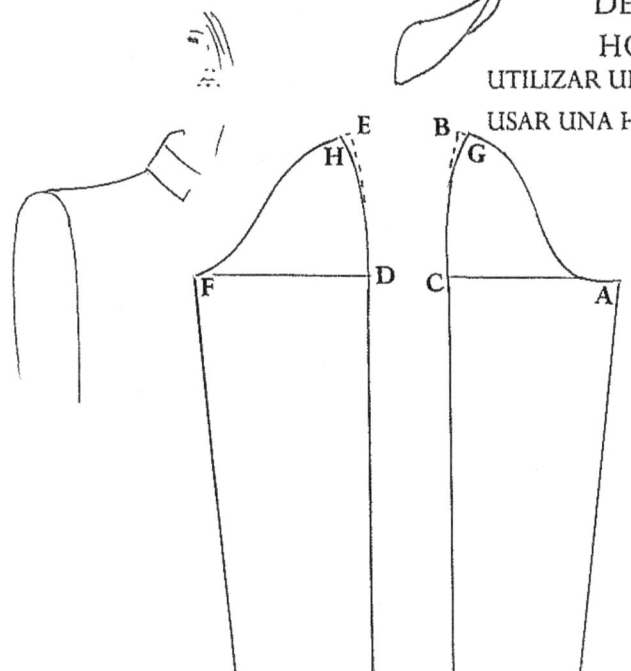

DETALLES DE COSTURA
HOMBRO REDONDEADO
UTILIZAR UNA MANGA CON COSTURA CENTRAL
USAR UNA HOMBRERA PARA MANGA TIPO RAGLAN.

A-B y **E-F** = copas, **B-C** y **E-D** = líneas que dividen la manga.

Desde **B** y **E**, aplicar ½ cm. , o sea que se le quita todo tipo de flojedad a la copa con respecto a las sisas = **G** y **H**.

Unir **G-C** y **H-D**, lo más resaltado posible.

NOTA: Para hacer resaltar la forma, deberá utilizar las hombreras tipo Raglan.

CAPA TIPO RUEDA
UTILIZAR LOS TRAZADOS SIMPLES DE UN SACO RECTO

MEDIDA NECESARIA
LARGO DE CAPA TOMADA DESDE EL HOMBRO.....55 CM.

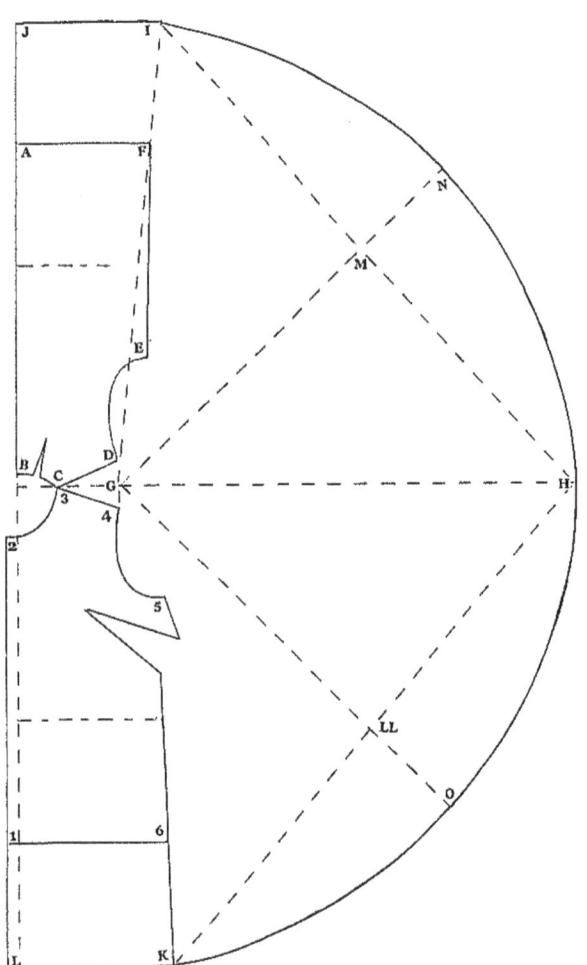

TRASERA: **A-B** = centro parte trasera, **B-C** = escote, **C-D** = hombro, **E-F** = costado, **F-A** = ruedo.
DELANTERA: **1-2** = cruce, **2-3** = escote, **3-4** = hombro, **5-6** = costado, **6-1** = ruedo.

Trazar una perpendicular y sobre la misma, colocar el centro parte trasera.
Juntar los escotes, uniendo **C** con **3**.
(manteniendo la delantera en forma vertical).
Unir **D-4**, luego marcar el centro = **G**.
Unir **G-C/3**.
Desde **G**, prolongar la raya, aplicando el Largo de Capa, ejemplo: 55 cm.= **H**.
(puede prolongarlo hasta el suelo).
Desde **G**, aplicar pasando por **F**, la distancia **G-H**= **I**. Medir la diferencia entre **F-I**.
Desde **A**, prolongar la línea, colocando la distancia entre **F-I** = **J**. Unir **J-I**.
Desde **6** y **1**, seguir las vías, colocando la diferencia entre **F-I**= **K** y **L**. Unir **K-L**.
Unir **K-H** y **H-I**, después marcar el centro de **K-H** y **H-I** = **LL** y **M**.
Desde **G**, colocar pasando por **M** y por **LL** la medida **G-H**=**N** y **O**.
Unir **K-O-H-N-I**.
Después de cortada la capa, deberá colgarla unos días para que se estire; Una vez estirada, planche y después vuelva a colocar el molde, corrigiendo lo que se estiró la tela.

TAPADO CON MANGAS CAPAS ATRÁS Y SISAS EN LAS DELANTERAS

UTILIZAR LOS TRAZADOS SIMPLES DE UN ABRIGO, LA DELANTERA CON SU RESPECTIVA MANGA RECTA

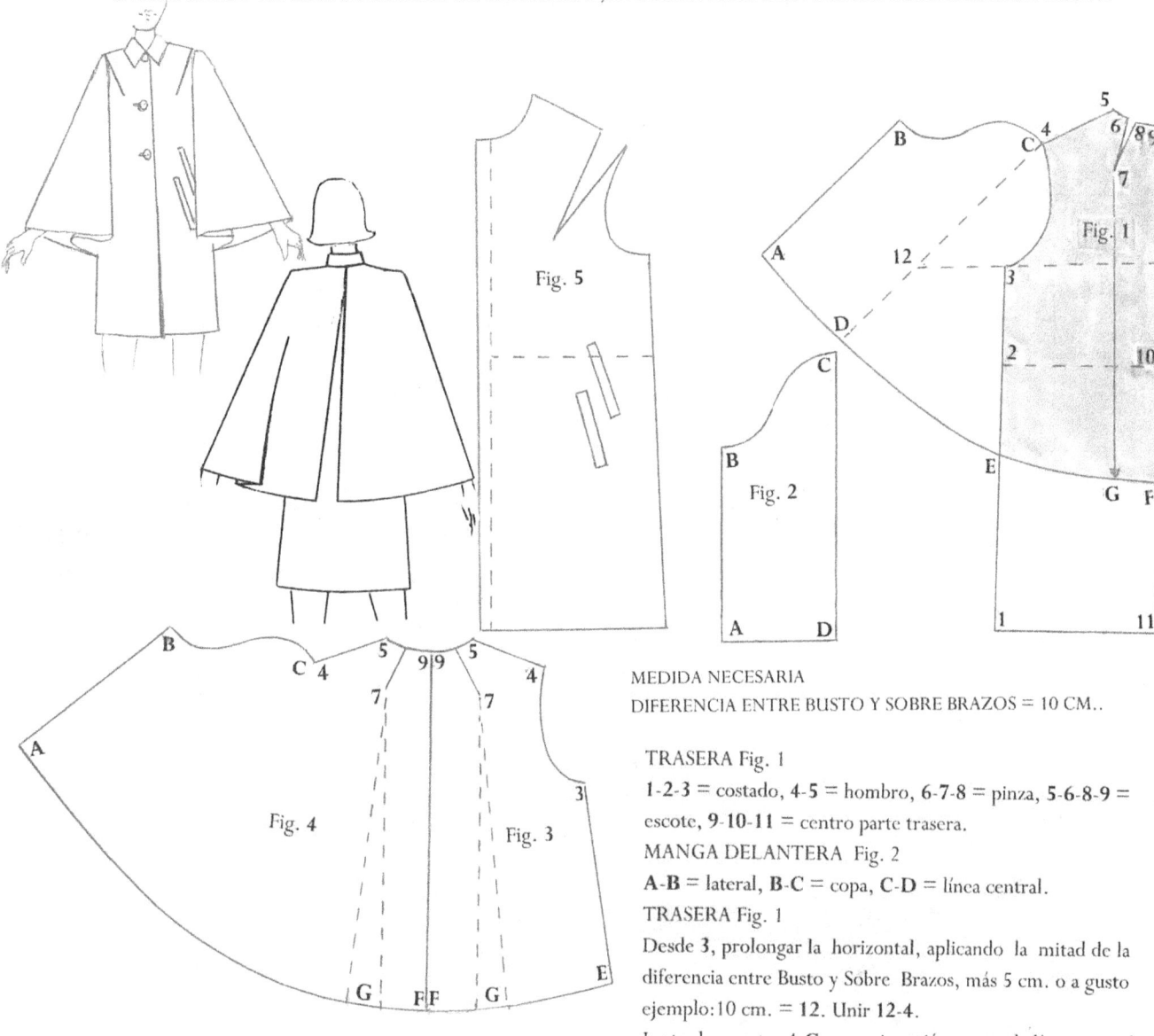

MEDIDA NECESARIA
DIFERENCIA ENTRE BUSTO Y SOBRE BRAZOS = 10 CM..

TRASERA Fig. 1
1-2-3 = costado, **4-5** = hombro, **6-7-8** = pinza, **5-6-8-9** = escote, **9-10-11** = centro parte trasera.
MANGA DELANTERA Fig. 2
A-B = lateral, **B-C** = copa, **C-D** = línea central.
TRASERA Fig. 1
Desde **3**, prolongar la horizontal, aplicando la mitad de la diferencia entre Busto y Sobre Brazos, más 5 cm. o a gusto ejemplo:10 cm. = **12**. Unir **12-4**.
Juntar los puntos **4-C**, a continuación apoyar la línea central

de la manga con el punto **12**.
Desde **3**, colocar hacia abajo la distancia **A-B** de la manga = **E**.
Unir **D-E**, luego prolongar la línea hasta el centro de atrás= **F**.
Desde **7**, trazar una vertical hasta la línea **E-F** = **G**.
Calcar la parte sombreada. Volver a calcar la parte sombreada más la parte indicada con: **4/C-B-A-D-E**, etc. . Fig. 3 y 4, luego cortar desde los puntos **G** hasta **7**, para después cerrar las pinzas, a continuación juntar **9** con **9**, **10** con **10** y **F** con **F**. NOTA: Si la trasera no tuviere pinza en el escote, entonces, los cortes se harán hasta la unión del hombro con el escote.
Los laterales de las mangas Fig. 4 se cosen con los costados de la Fig. 3.
DELANTERA: Fig. 5
La pinza se trasladó en la unión sisa-hombro. Dibuje los bolsillos. (de desearlo, puede cambiar la forma de los mismos).

ABRIGO CON RECORTE ARQUEADO Y CON ELIMINACION DEL ROMBO

EMPLEAR LOS MOLDES SIMPLES DE UN TAPADO MANGA JAPONESA CON SU RESPECTIVO ROMBO

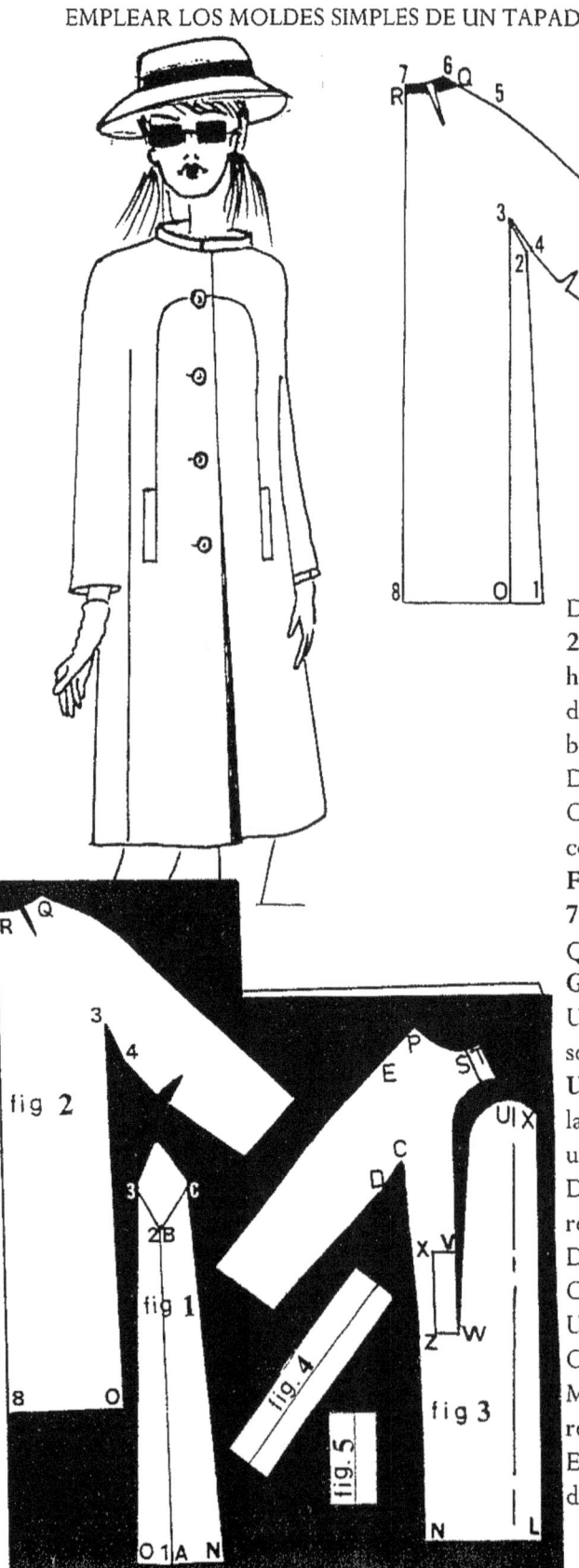

DELANTERA y TRASERA: **A-B** y **1-2** = costados, **B-C-D** y **2-3-4** = lugar de la ubicación del rombo, **E-F** y **5-6** = hombros, **F-G** y **6-7** = escotes, **G-H-I-J** y **7-8** = centros delantera y trasera, **K-L** = cruce, **H-LL** = separación de busto, **I-M** = cintura. La pinza está cerrada.

Desde **C** y **3**, trazar perpendiculares hasta el ruedo = **N** y **O**. Cortar por dichas líneas, luego juntarlos y colocar el rombo, como lo indica la Fig.1.

F-P y **6-Q** = 3 cm..

7-R = mitad de **6-Q**. Unir **R-Q**, formando el nuevo escote. Quitar la parte sombreada.

G-S y **K-T** (delantera) = 1 ½ cm., o a gusto.

Unir **T-S-P** formando el nuevo escote. Quitar la parte sombreada.

U = centro de **S-H**. Unir **U-LL**, con forma, luego prolongar la línea en forma paralela a la raya **C-N**, pasando la cintura unos 20 cm. = **V-W** = (welt pocket).

Doblar el molde por la línea central y calcar la forma del recorte, de ese modo, se obtiene **X**.

Dibujar la tapita del bolsillo = **V-W-Y-Z**.

Cortar desde **X** hasta **W**.

Ubicación de los moldes sobre la tela:

Colocar tela doble en el centro de la trasera.Fig.2.

Mover levemente la tela por debajo, para hacer que el recorte tenga un poco de espacio para la costura.Fig.3.

El cuello, es una tira al bies.Fig.4. La tapita del bolsillo, va doble en la línea **Y-Z**.Fig.5.

ABRIGO CON MANGAS A LO PISANO

UTILIZAR LOS MOLDES SIMPLES DE UN ABRIGO, O SACO, O VESTIDO

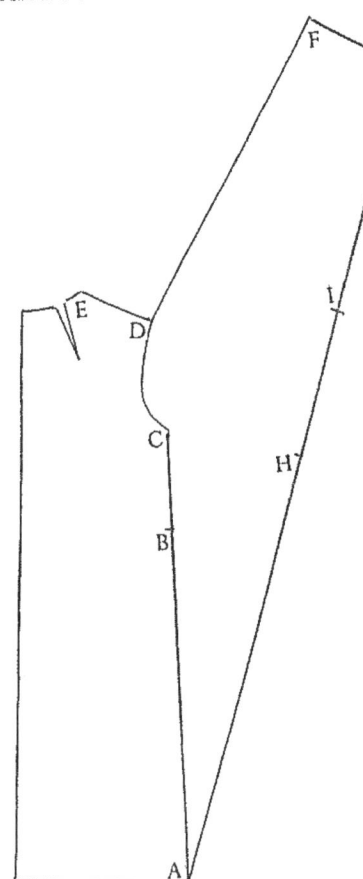

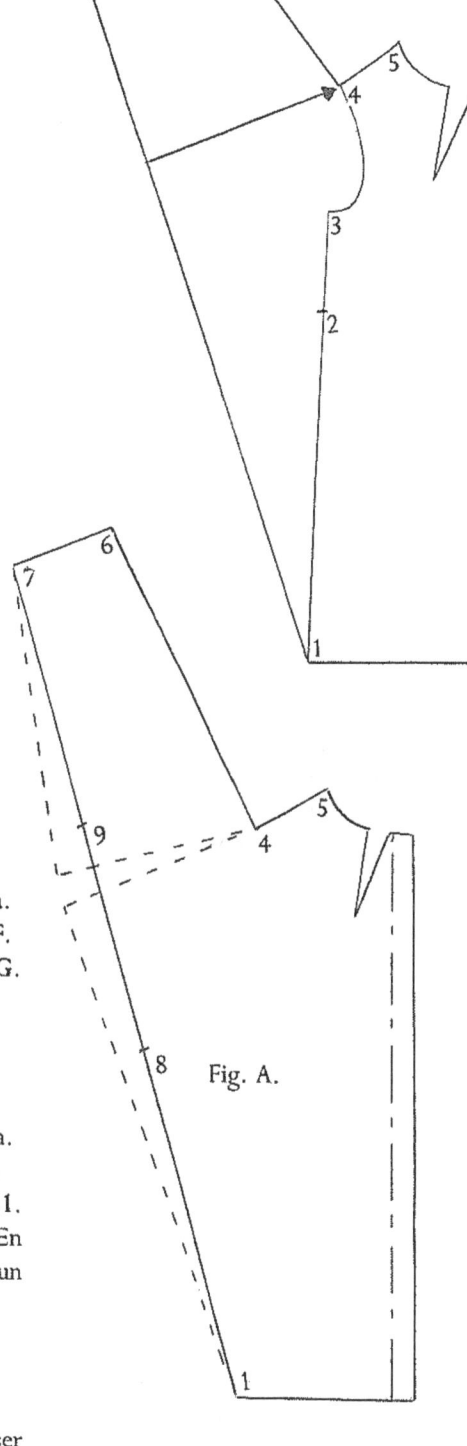

MEDIDAS NECESARIAS

LARGO DE MANGA.............................60 CM.
ANCHO DE PUÑO.............................20 "

TRASERA: **A–B–C**= costado, **C-D** = sisa, **D-E** = hombro, **B** = cintura.
Desde **D**, escuadrar aplicando el Largo de Manga, ejemplo: 60 cm. = **F**.
Desde **F**, escuadrar colocando el Ancho de Puño, ejemplo: 20 cm. = **G**.
Unir **G-A**. Medir dicha distancia.
Desde **A**, ubicar hacia **G**, la medida **A-C =H**.
Desde **H**, aplicar hacia **G**, la distancia **C-D**, más 3 cm. o a gusto = **I**.

DELANTERA: **1-2-3** = costado, **3-4** = sisa, **4-5** = hombro, **2** = cintura.
Desde **4**, escuadrar aplicando el Largo de Manga, ejemplo: 60 cm. = **6**.
Desde **6**, escuadrar colocando la medida **F-G** de la trasera = **7**. Unir **7-1**.
Medir la distancia **7-1** y compararla con la medida **G-A** de la trasera. En
éste caso, es más corta y deberá proceder de la siguiente manera: Dar un
corte desde la linea **7-1**, hasta **4**, indicado con una flechita.
Separar dicho corte, hasta igualar la medida **A-G**.
Unir **7-1**. Fig. A.
Desde **1**, aplicar hacia **7**, las distancias **A-H** y **H- I** = **8** y **9**.
IMPORTANTE: Los espacios entre **H-I** y **8-9**, se dejarán libres al coser
la prenda, a los efectos de poder pasar la mano.

RAINCOAT

UTILIZAR LOS TRAZADOS DE UN ABRIGO DE MANGA RAGLAN
(SE REALIZA COMO LOS TRAZADOS DE LAS PÁGINAS 124-125)

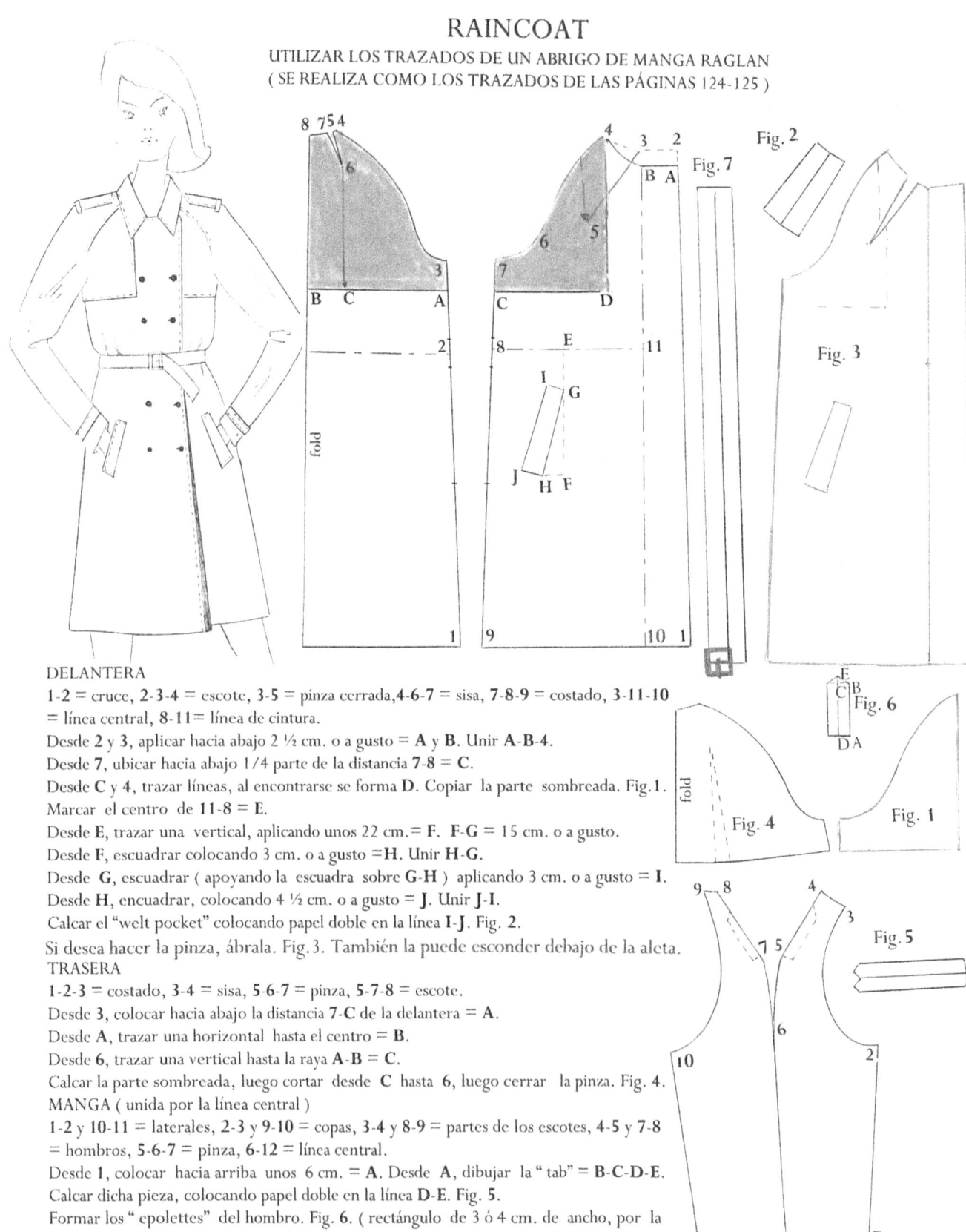

DELANTERA

1-2 = cruce, 2-3-4 = escote, 3-5 = pinza cerrada, 4-6-7 = sisa, 7-8-9 = costado, 3-11-10 = línea central, 8-11= línea de cintura.

Desde **2** y **3**, aplicar hacia abajo 2 ½ cm. o a gusto = **A** y **B**. Unir **A-B-4**.

Desde **7**, ubicar hacia abajo 1/4 parte de la distancia **7-8** = **C**.

Desde **C** y **4**, trazar líneas, al encontrarse se forma **D**. Copiar la parte sombreada. Fig.1. Marcar el centro de **11-8** = **E**.

Desde **E**, trazar una vertical, aplicando unos 22 cm.= **F**. **F-G** = 15 cm. o a gusto.

Desde **F**, escuadrar colocando 3 cm. o a gusto =**H**. Unir **H-G**.

Desde **G**, escuadrar (apoyando la escuadra sobre **G-H**) aplicando 3 cm. o a gusto = **I**.

Desde **H**, encuadrar, colocando 4 ½ cm. o a gusto = **J**. Unir **J-I**.

Calcar el "welt pocket" colocando papel doble en la línea **I-J**. Fig. 2.

Si desea hacer la pinza, ábrala. Fig.3. También la puede esconder debajo de la aleta.

TRASERA

1-2-3 = costado, 3-4 = sisa, 5-6-7 = pinza, 5-7-8 = escote.

Desde **3**, colocar hacia abajo la distancia **7-C** de la delantera = **A**.

Desde **A**, trazar una horizontal hasta el centro = **B**.

Desde **6**, trazar una vertical hasta la raya **A-B** = **C**.

Calcar la parte sombreada, luego cortar desde **C** hasta **6**, luego cerrar la pinza. Fig.4.

MANGA (unida por la línea central)

1-2 y 10-11 = laterales, 2-3 y 9-10 = copas, 3-4 y 8-9 = partes de los escotes, 4-5 y 7-8 = hombros, 5-6-7 = pinza, 6-12 = línea central.

Desde **1**, colocar hacia arriba unos 6 cm. = **A**. Desde **A**, dibujar la "tab" = **B-C-D-E**. Calcar dicha pieza, colocando papel doble en la línea **D-E**. Fig. 5.

Formar los "epolettes" del hombro. Fig. 6. (rectángulo de 3 ó 4 cm. de ancho, por la medida del hombro menos 4 cm. o a gusto = **A-B-C-D**, a continuación desde **C**, prolongar la línea aplicando unos 2 cm. = **E**. Unir **E-B**, luego, doblar el papel por la línea **D-C-E**, y calcar el lado opuesto.

CINTURON: rectángulo de 8 x 80 cm., luego dóblelo por el medio. Fig. 7.

El cuello, es desbocado.

ABRIGO CON SISA EN LA DELANTERA Y VARIACION JAPONESA EN LA TRASERA

UTILIZAR LOS TRAZADOS SIMPLES DE UN TAPADO, CON SU RESPECTIVA MANGA PARTE DELANTERA

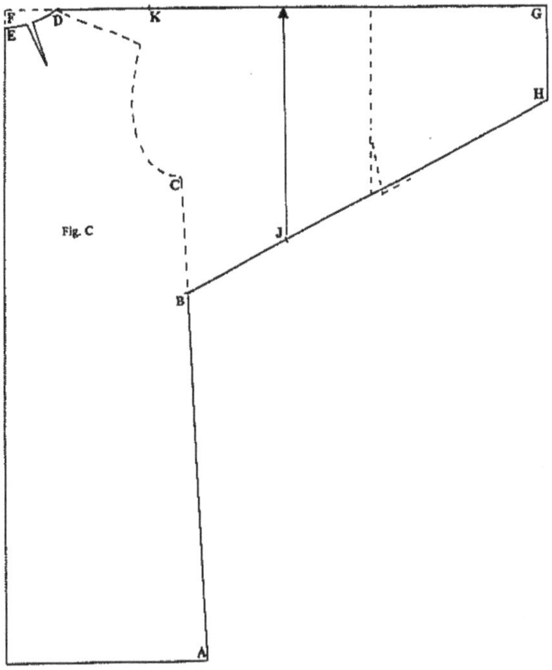

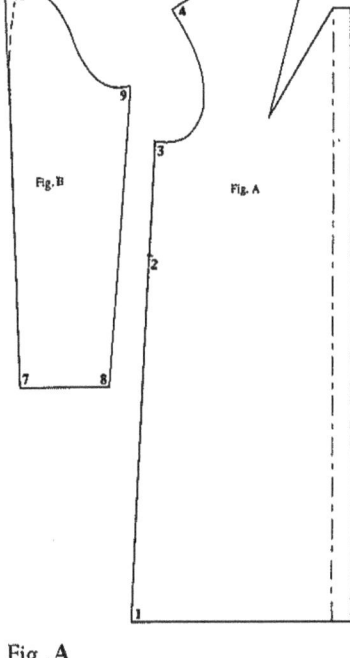

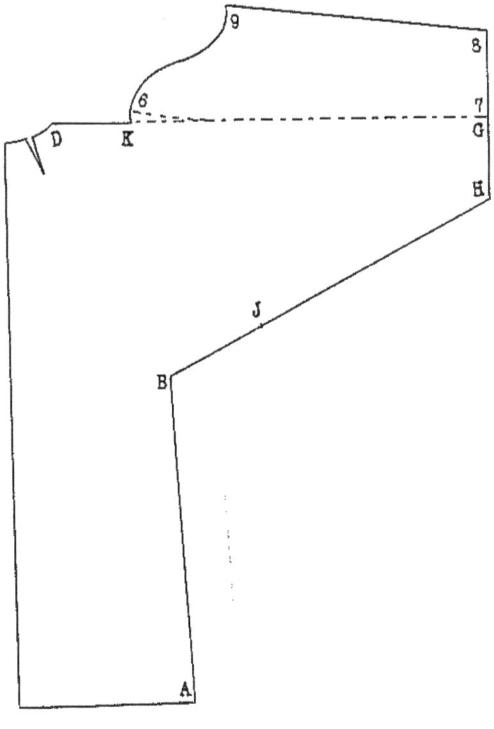

DELANTERA Fig .A

1-2-3 = costado, 2 = altura de cintura, 4-5 = hombro.

MANGA Fig. **B**

6-7 = sobre manga, 8-9 =bajo manga.

TRASERA Fig. **C**.

A-B-C= costado, **B**= altura de cintura, **D-E** = escote, **D-F** = horizontal del escote.

Desde **D**, prolongar la raya, aplicando la distancia del hombro, más el Largo de Manga=**G**.

Desde **G**, escuadrar, colocando la distancia **7-8** de la manga delantera =**H**. Unir **H-B**.

B-J=B-C.

Desde **J**, colocar hacia o pasando **H** , la distancia **8-9** de la manga delantera, que en éste caso coincide con **H**. IMPORTANTE: Si la distancia entre **J-H**, fuere superior a la medida **9-8**, del bajo manga delantero, se hará una pinza a la altura del codo, como lo indican las líneas discontinuas, pero si fuere inferior, entonces deberá dar un corte en la línea indicada con una flechita, separando dicho corte hasta alcanzar la distancia **9-8**.(Usted se puede preguntar desde donde sale ésa línea? Sale desde el punto **J**).

D̄-**K** = **5-4** del hombro delantero.

Unir la manga delantera a la trasera, como lo indica el trazado.

IMPORTANTE: Usar una hombrera cuya altura tenga la mitad de la distancia entre el hombro y el punto k de la trasera.

ABRIGO CON DOBLE CUELLO
UTILIZAR LOS MOLDES SIMPLES DE UN TAPADO, CON CUELLO SMOKING ESCOTADO

MEDIDAS NECESARIAS

CONTORNO DE BUSTO..............46 CM.

CONTORNO DE SOBRE BRAZOS... 55 "

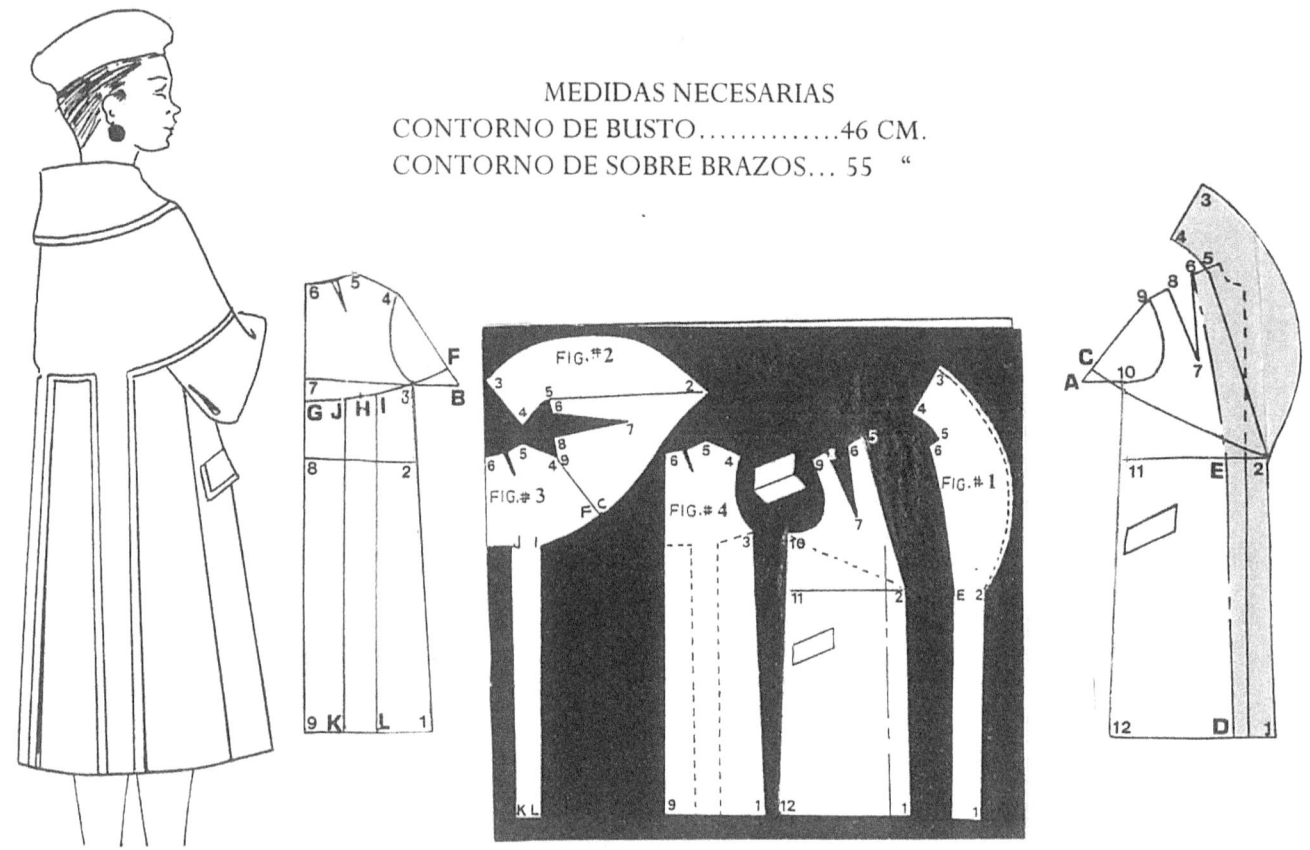

DELANTERA: 1-2 = cruce, 2-3 = cuello, 4-5 = línea del escote, 2-5 = quiebre, 5-6-8-9 = hombro, 6-7-8 = pinza (que se ubica en el hombro, para que quede escondida), 9-10 = sisa, 10-11-12 = costado.

TRASERA: 1-2-3 = costado, 3-4 = sisa, 4-5 = hombro, 5-6 = escote, 6-7-8-9 = centro parte trasera.

Desde 10 (delantera) y 3 (trasera), trazar horizontales, aplicando la mitad de la diferencia entre los contornos de Busto y Sobre Brazos, más 5 cm. o a gusto, ejemplo: 9 ½ cm. = A y B.

Unir A-9 (delantera) y B-4 (trasera).

9-C (delantera)= 20 cm. o a gusto. Unir C-2.

1-D y 2-E (delantera) = 6 cm. o a gusto. Unir D-E-6, luego calcar la parte sombreada. Fig.#1. Agrandar el cuello unos 2 ml. . como lo indica el trazado. Fig.1.

4-F (trasera)= 9-C.

7-G(trasera) = unos 5 cm. o a gusto. Unir G-F, con forma. H = mitad de 7-3. H-I y H-J = 6 cm. .

9-K = G-J.

K-L = J-I. Unir K-J y L-I.

Calcar la parte delantera indicada con: 2-3-4-5-6-7-8-9-C-2. Fig.2 y la parte sombreada de la parte trasera. Juntar las líneas 4 con 9 y F con C. Fig.#3.

IMPORTANTE: Colocar tela doble en el centro de la parte trasera. Fig.4, aunque aquí no figura.

La delantera queda formada por: 1-2-5-6, etc..

Las Fig.3 y 2, deben cortarse dobles; Pero la que va por debajo" vista" hasta la línea 5-2, quedando eliminada la parte del cuello.

NOTA: Las mangas son rectas. Las tapitas de los bolsillos, están ubicadas a 8 cm. de la cintura y su largo y ancho son de 15 x 5 cm..

TAPADO AMPLIO
EMPLEAR LOS MOLDES SIMPLES DE UN TAPADO

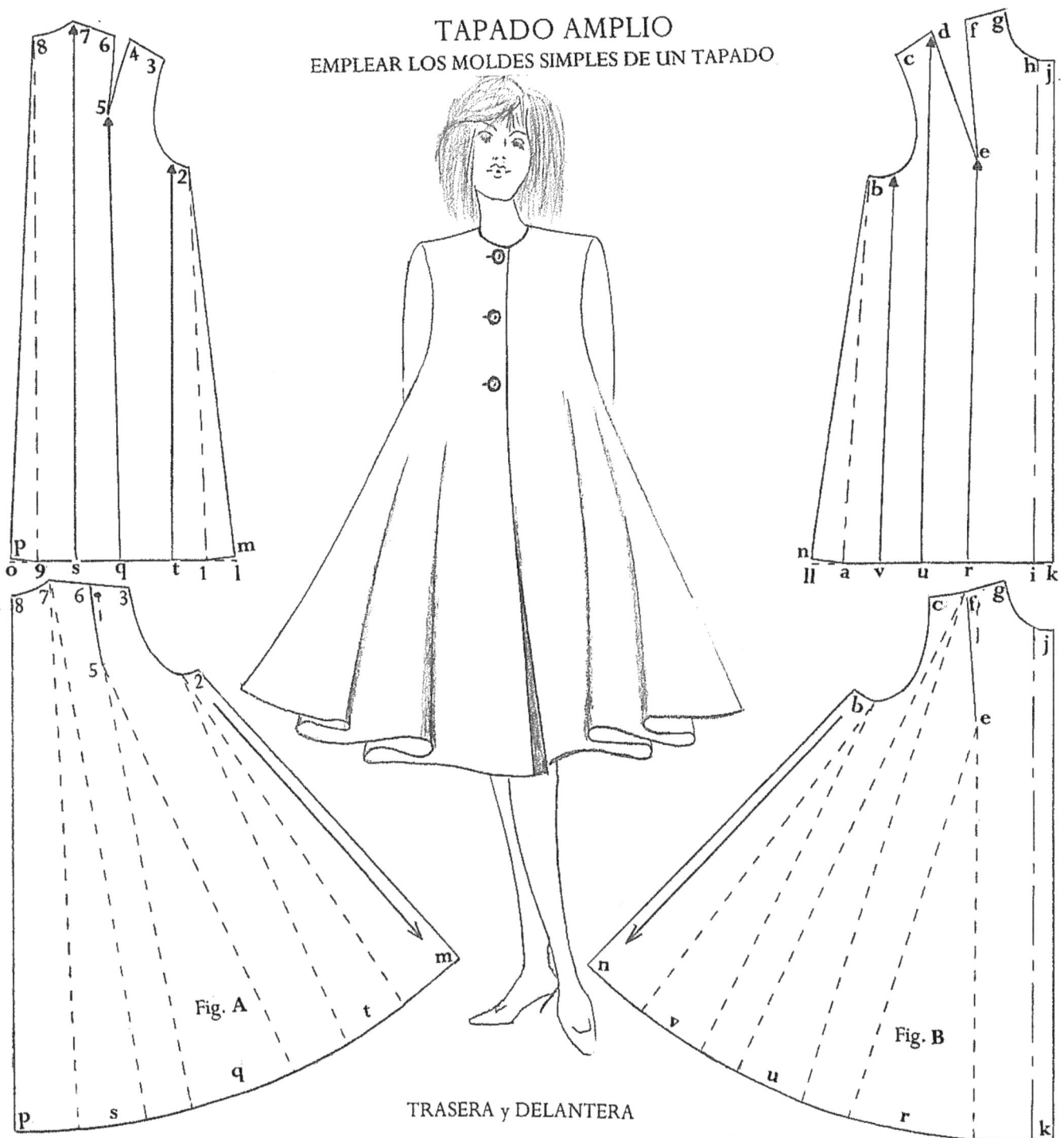

TRASERA y DELANTERA

Fig. A

Fig. B

1-2 y a-b = costados, 2-3 y b-c = sisas, 3-4-6-7 y c-d -f -g = hombros, 4-5-6 y d-e -f = pinzas, 7-8 y g-h = escotes,

8-9 y h-i =centros, j-k = cruce parte delantera.

Desde 1 y a, prolongar las líneas, aplicando 6 cm. o a gusto = l y ll. Unir 1-2 y ll-b.

2-m y b-n = 1-2. Unir m-1 y n-a, con ligera forma.

9-o (trasera) = 1-l. Unir o-8.

8-p = 8-9. Unir p-9, con ligera forma.

Desde 5 y e, trazar perpendiculares hasta el ruedo = q y r.

Dividir en dos las distancias q-9 y q-1 = s y t (trasera).

Desde s y t, escuadrar hasta arriba como lo indican las flechitas, luego cortar por dichas líneas, Cortar desde q hasta5.

Separar los cortes a gusto. La línea q-5, se abre sola, pero si no fuere suficiente abra hasta arriba. Fig. A.

Dividir en tres partes la distancia r-a (delantera) = u-v.

Desde u y v, escuadrar hasta arriba, como lo indican las flechitas, luego cortar por las mismas.

Separar los cortes a gusto. r, se abre solo. Fig. B

ABRIGO TIPO CAPA
UTILIZAR LOS MOLDES SIMPLES DE UN TAPADO

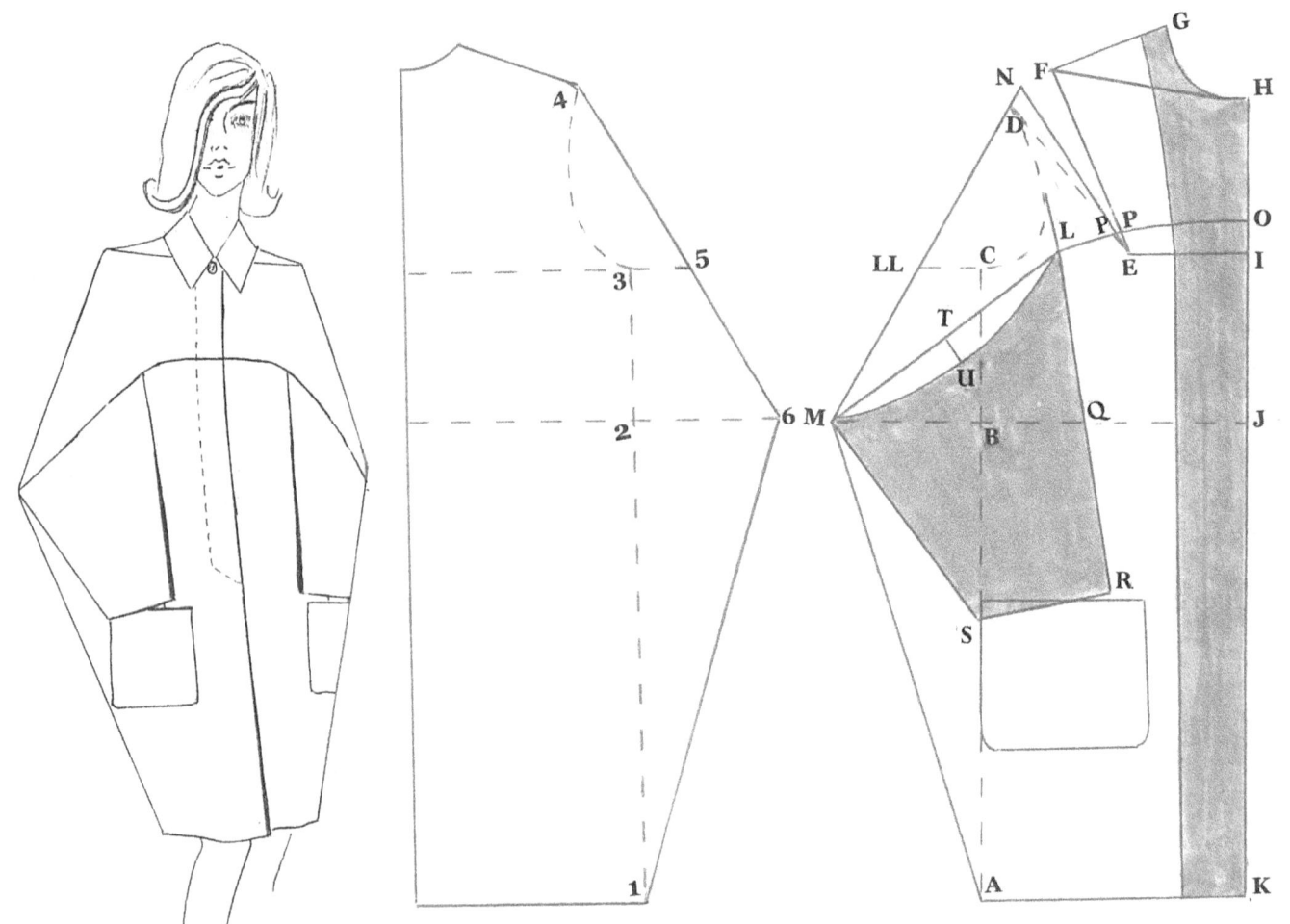

MEDIDAS NECESARIAS

CONTORNO DE BUSTO.........................46 CM.
CONTORNO DE SOBRE BRAZOS..............55 "
LARGO MANGA.................................60 "
ANCHO DE PUÑO.............................32 "

TRASERA: **1-2-3** =costado, **3-4** = sisa, **2** = cintura, **3** = altura de axila.

Desde **3**, prolongar la raya, colocando la mitad de la diferencia entre Busto y Sobre Brazos, más 2 cm. o a gusto, ejemplo: 6 ½ cm.= **5**. Unir **5-4**.

Desde **2** y **5**, prolongar las rayas, hasta que se junten = **6**.Unir **6-1**.

DELANTERA:**A-B-C** = costado, **C-D** = sisa, **D-E-F** = pinza, **F-G** = hombro, **G-H** = escote más cruce, **H-I-J-K** = cruce, **L** = ancho pecho, **I-E** = altura de busto, **J-B** = línea de cintura.

C-LL = **3-5** de la trasera.

B-M = **2-6** de la trasera. Unir **M-A** y **M-LL-D**.

Controlar las distancias **6-4** de la trasera y **M-D** de la delantera. La parte trasera, es más larga que la parte delantera.

En éste caso, proceder de la siguiente manera: Desde **M**, aplicar pasando por **D**, la medida **6-4** de la trasera = **N**. Unir **N-E**. Controlar que las distancias **N-E**, sea igual a **E-F**. Unir **F-H**.

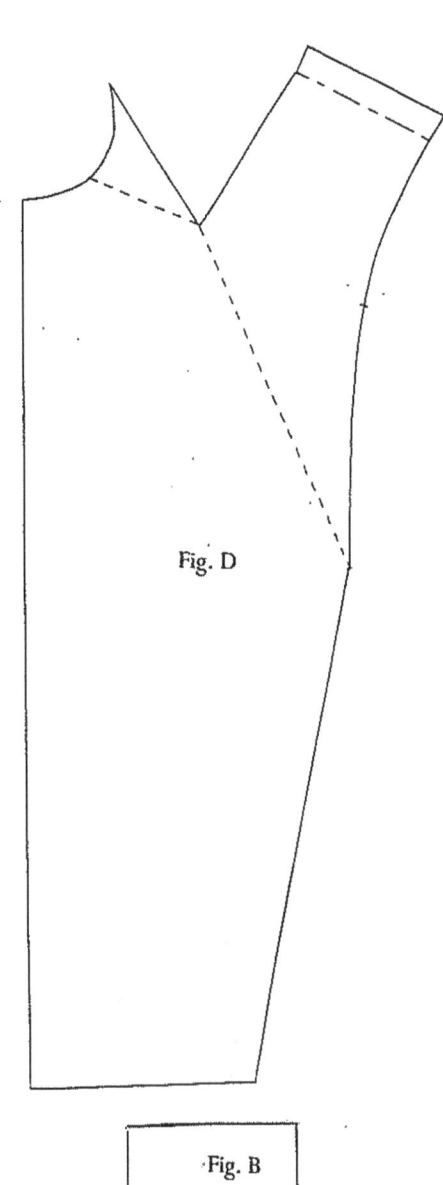

Fig. A

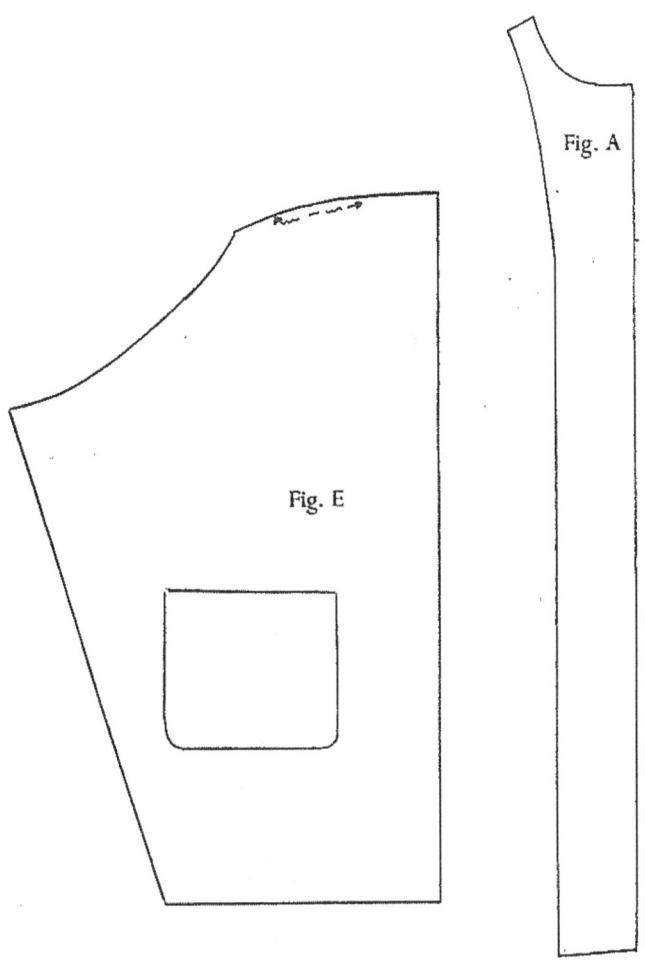

Fig. E

Fig. D

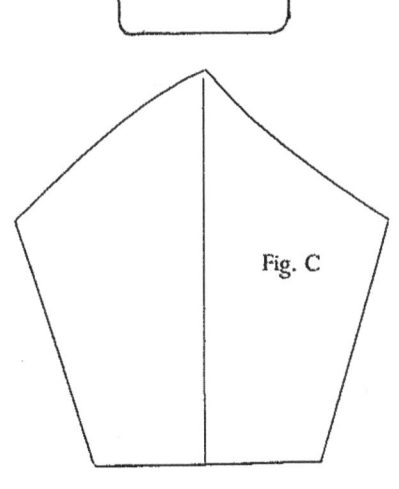

Fig. B

Fig. C

Unir **M-L** (previamente deberá cerrar la pinza), luego prolongar la raya con ligera forma hasta el cruce = **O. P**, se forma al cruzarse las líneas. Abra la pinza.

J-Q = **O-L**, menos 3 cm.. Unir **Q-L**.

Desde **N**, aplicar pasando por **Q** la medida Largo Manga, ejemplo: 60 cm. =**R**.

Desde **R**, escuadrar aplicando la mitad del Ancho de Puño, ejemplo: 16 cm. = **S**. Unir **S-M**.

Marcar el centro de **M-L** =**T**. **T-U** = 2 ½ cm.,o a gusto.

Unir **M-U -L**.

Dibujar la vista (parte sombreada), luego el bolsillo.

Copiar la vista. Fig. **A**. Copiar también el bolsillo. Fig. **B**.

Copiar la parte indicada con: **L-Q-R-S-M-T-L**, después, doblar el papel por la raya **L-R** y calcar la parte sombreada. Fig. **C**.

Cerrar la pinza **E-P-F-N**.

Cortar desde **M** hasta **O**.

Si fuere necesario, suavice la via en el punto **P**.

Juntar **6-M** y **4- N/F** y los hombros. Fig. **D**.

El espacio entre los puntos **P**, Fig. **E**, deberá embeberse.

CAPA SIMETRICA CON " MANGUITAS"
EMPLEAR LOS MOLDES SIMPLES DE LA CAPA

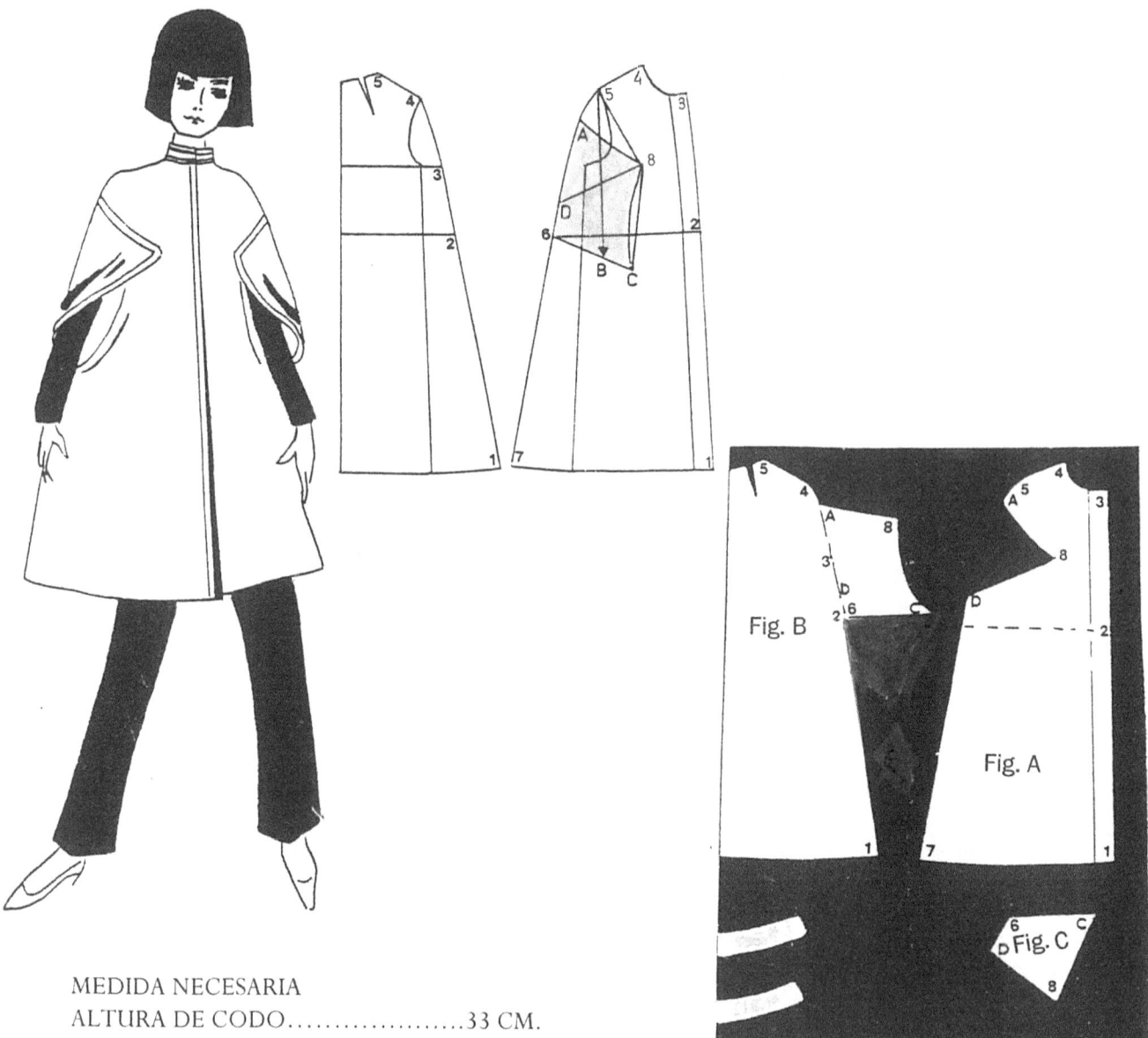

MEDIDA NECESARIA
ALTURA DE CODO....................33 CM.

DELANTERA: **1-2-3** = cruce, **3-4** = escote, **4-5** = hombro, **5-6-7** = costado, **5-8** = pinza cerrada.

TRASERA: **1-2-3-4** = costado, **4-5** = hombro.

DELANTERA: **5-A** = **a** unos 8 cm.. Unir **A-8**, con ligera forma.

Desde **5**, trazar una vertical, colocando la medida Altura de Codo, más 10 cm. o a gusto, ejemplo: 43 cm.= **B**.

Unir **6-B**, luego desde **B**, prolongar la línea aplicando unos 10 cm. =**C**. Unir **C-8**, con línea recta, después volver a unir **C-8** con forma.

6-D = a unos 8 cm.. Unir **D-8** con línea recta.

Calcar la parte sombreada. Calcar la parte indicada con:**8-D-6-C-8** = Fig. **C**.

Cortar desde **A** hasta **8** y de **8** hasta **D**, separando. Fig. **A**.

Ubicación de los moldes sobre la tela: Colocar tela doble en el centro de la trasera. Fig. **B**.

Juntar la línea **6-D-A**, con **2-3** etc..(trasera).El cuello, es chino.

TAPADO CON RECORTES TIPO HOMBROS CAIDOS

UTILIZAR UN ABRIGO CON MANGA JAPONESA CON SU RESPECTIVO ROMBO

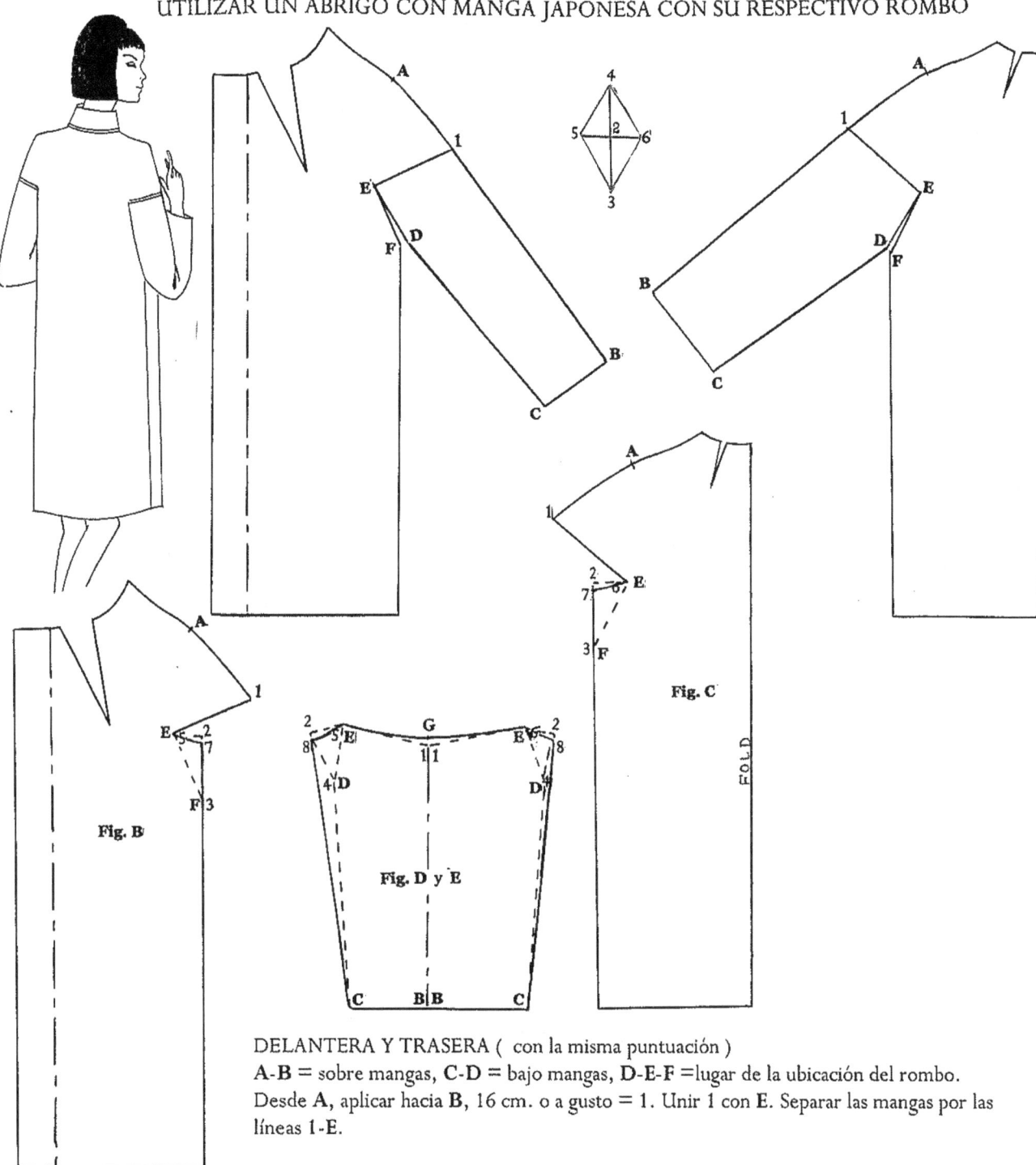

DELANTERA Y TRASERA (con la misma puntuación)

A-B = sobre mangas, **C-D** = bajo mangas, **D-E-F** =lugar de la ubicación del rombo.

Desde A, aplicar hacia B, 16 cm. o a gusto = 1. Unir 1 con E. Separar las mangas por las líneas 1-E.

Dividir el rombo en 4 partes. La parte indicada con **5-3**, unirla a la Delantera, uniendo 5 con **E** y 3 con **F**. Fig. **B**.

Juntar **6** con **E** y 3 con **F**. fig. **C**.

Desde los puntos **2**, aplicar hacia abajo 1 cm. = **7**. Unir **7** con **E** con forma.

Juntar los sobre mangas uniendo los puntos **1** y los puntos **B**. Fig. **D** y **E**.

Colocar las otras partes del rombo, uniendo **5-E** y **4-D** a la manga delantera y **6-E** y **4-D** a la manga trasera.

Desde los puntos **2**, aplicar hacia abajo 1 cm. = **8**. Unir **8** con los puntos **C**.

Desde los puntos **1**, colocar hacia arriba 1 ½ cm. = **G**.

Unir **6/E-G-5/E**, con ligera forma.

PANTALON PARA PERSONAS DE CADERA NORMAL

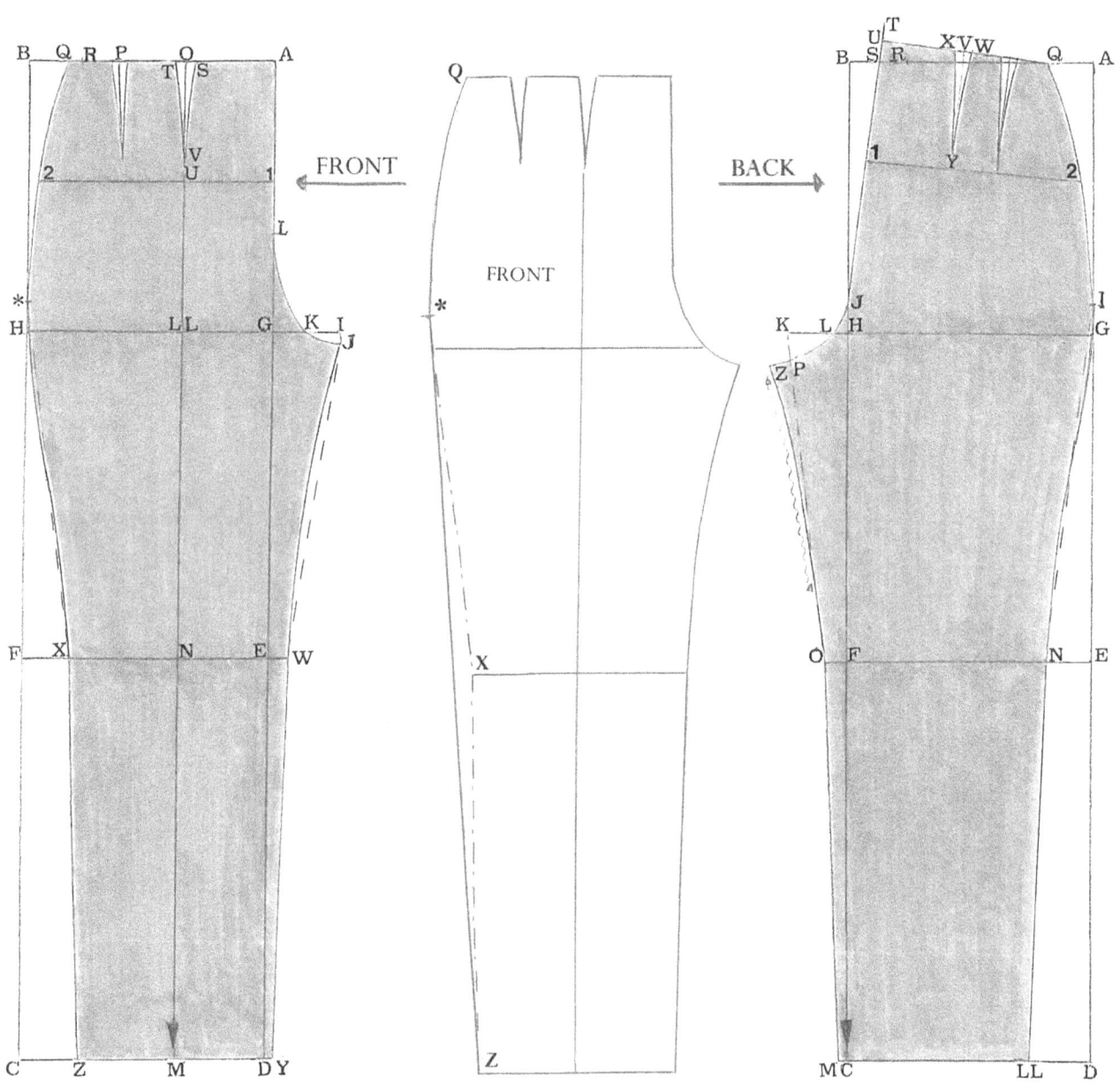

MEDIDAS NECESARIAS

CONTORNO DE CADERA	50	CM.
LARGO PANTALON	100	"
ALTURA DE RODILLA	60	"
ALTURA DE ENTREPIERNAS	27	"
ALTURA DE CADERA	24	"
CONTORNO DE CINTURA	32	"
CONTORNO DE RODILLA	38	"
ANCHO DE BOTA	40	"
LARGO DE TIRO	70	"
ALTURA DE VIENTRE	12	"
CONTORNO DE VIENTRE	46	"
ANCHO DE PIERNA	58	"

PASO A PASO CON LA REALIZACION DE LOS TRAZADOS

PARTE DELANTERA

Hacer un rectángulo con la mitad de Cadera, ejemplo: 25 cm. por el Largo del Pantalón, ejemplo: 100 cm. = **A-B-C-D**.

Desde **A** y **B**, colocar hacia abajo la Altura de Rodilla, ejemplo: 60 cm. = **E** y **F**. Unir dichos puntos con línea recta.

Desde **A** y **B**, aplicar hacia abajo, la Altura de Entrepiernas, ejemplop: 27 cm. = **G-H**. Unir **G-H**, con línea recta.

B- * = Altura de Cadera, ejemplo: 24 cm..

Desde **G**, prolongar la raya 1/7 parte de la Cadera, ejemplo: apenitas superior a 7 cm. = **I**. (NOTA: Si la persona tuviere el pie inclinado hacia el costado, entonces deberá de aplicar 1/8) parte en vez de 1/7 parte. **I-J** = 1 cm..

Marcar el centro de **G-I** = **K**.

G-L = **G-I**, más 3 cm..

Marcar el centro de **H-I** = **LL**.

C-M, F-N, B-O, = **H-LL**. Unir **O-LL-N-M**.

Desde **A**, colocar hacia dentro, la mitad de la Cintura, ejemplo: 16 cm. = **P**. Marcar el centro de **P-B** = **Q**. NOTA: De acuerdo a la cadera (si tuviere poca forma), pudiere aplicar 1/3 parte.

Q-R= 1/3 parte de **Q-P**.

Desde **O**, aplicar hacia ambos lados 1 /4 parte de la distancia **P-R**= **S-T**.

O-U = mitad de la Altura de Cadera, ejemplo: 12 cm.. IMPORTANTE: Cuando la distancia entre **S-T**, es inferior a 2 cm., es conveniente acortar la pinza unos 2 cm. = **V**. Unir **V-S** y **V-T**, con ligera forma.

Marcar el centro de **T-Q** , después desde dicho punto, formar una pinza igual al anterior.

N-W y **N-X** = 1 /4 parte de la Rodilla, más 1 ½ cm. o a gusto. Unir **W-J** y **X -***, con líneas rectas discontinuas.

M-Y y **M-Z** = 1/4 parte del Ancho de Bota, ejemplo: 10 cm..

Unir **Y-W-J-K-L** y **Z-X-*-Q**, como lo indica el trazado.

Desde **A** y **Q**, aplicar hacia abajo la Altura de Vientre, ejemplop: 12 cm. = **1** y **2**. Unir dichos puntos.

Medir la distancia entre **1-2**, ejemplo: 24 cm., y la distancia entre **A-L-K-J**, ejemplo: 32 cm..

NOTA: Si en las medidas de la persona hubiere diferencia entre la Altura Escote de Adelante y la Altura Escote de Adelante Pasando, entonces, deberá de aplicar dicha diferencia en el molde.

PARTE TRASERA

Formar un rectángulo igual al de la delantera hasta los puntos **G-H**.

Desde **A** y **B**, aplicar hacia abajo la Altura de Cadera, ejemplo: 24 cm. = **I** y **J**.

Desde **H**, prolongar la raya, colocando la distancia **G-I** de la delantera = **K**.

H-L = 1/4 parte de **H-K**. Si deseare que se note aún más la" cola " aplique 1/3 parte de dicha distancia.

D-LL = **C-Z** de la delantera. **LL-M** = **Y-Z** de la delantera.

E-N = **F-X** de la delantera. **N-O** = **X-W** de la delantera

O-P = **W-J** de la delantera, menos 2 cm..

A-Q = **B-Q** de la delantera. Unir **Q-I**, según la forma de la cadera.

Desde **Q**, aplicar hacia **B**, la mitad de la Cintura, menos la distancia **Q-R** de la delantera, ejemplo: 14 ½ cm. = **R**. Marcar el centro **B-R** = **S**.

Unir **P-L-J-S**.

Desde, **P** aplicar hacia o pasando **S**, la medida Largo del Tiro, menos la distancia **A-J**, de la delantera ejemplo: 38cm. = **T**.

IMPORTANTE: La distancia **S-T**, no puede superar los 2 cm. (a menos que la persona tuviere **mucha cola**) lo que sobrare, se aplicará pasando el punto **P**, luego éste nuevo punto, se unirá con el punto **O**.

S-U = 2 cm.. Unir **U-Q**, después marcar el centro = **V**.

Desde **V**, poner hacia ambos lados 1/4 parte de la distancia **R-S** = **W-X**.

Desde **V**, escuadrar colocando la mitad de la Altura de Cadera, ejemplo: 12 cm. = **Y**.

Unir **Y-W** y **Y-X**, con ligera forma.

Marcar el centro de **Q-W**, y desde dicho punto, formar una pinza igual a la anterior.

P-Z = **U-T**. Unir **Z-O**, con forma.

Desde **U** y **Q**, aplicar hacia abajo la Altura de Vientre, ejemplo: 12 cm. = **1** y **2**. Unir dichos puntos. Medir dicha distancia.

Sumar las distancias entre los puntos **1-2** de la delantera y los de la trasera, ejemplo: 46 cm.. Si la suma de dichas medidas, fuere inferior a la medida del Vientre, entonces deberá agregar mitad para cada lado de los puntos **2**; Si en cambio fuere superior, deberá prolongar las pinzas, hasta hacer coincidirlos con el Contorno del Vientre.

IMPORTANTE: Antes de coser las entrepiernas, deberá cambrar la distancia **O-Z**, 2 cm..

Revisar que los moldes sean más grandes que el Ancho de la Pierna.

IMPORTANTE: Si llegare a gustarle el pantalón en forma recta en los costados, en ése caso, deberá unir **I-LL** con línea recta como también **I-Z** de la delantera.

PANTALON PARA PERSONAS DE POCA CADERA

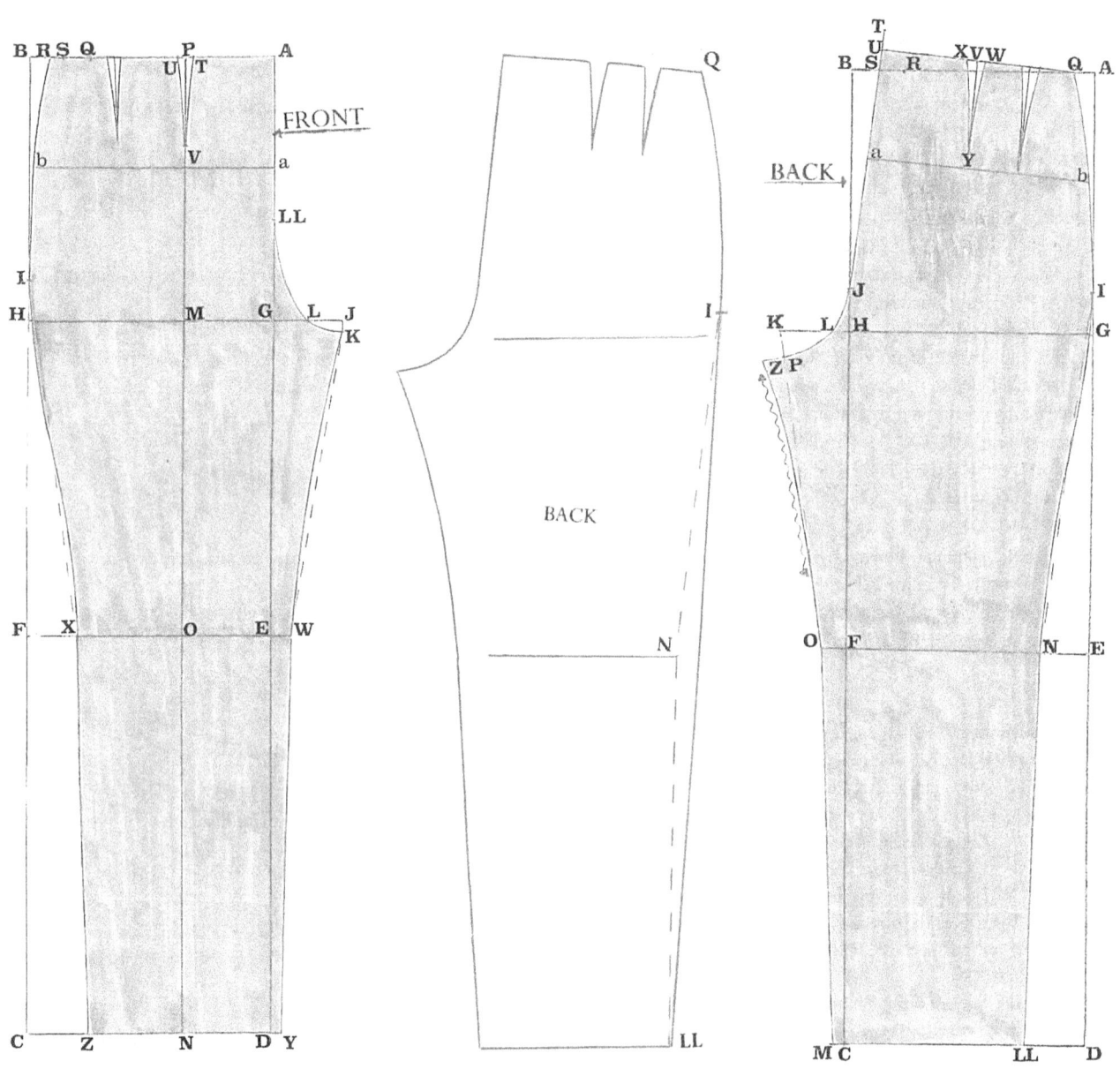

MEDIDAS NECESARIAS

CONTORNO DE CADERA................. 50 CM.
LARGO PANTALON........................ 98   "
ALTURA DE RODILLA.................... 58   "
ALTURA DE ENTREPIERNAS.............. 26   "
ALTURA DE CADERA...................... 22   "
CONTORNO DE CINTURA.............. 38   "
CONTORNO DE RODILLA............... 38   "
ANCHO DE BOTA......................... 40   "
LARGO DE TIRO........................... 68   "
ALTURA DE VIENTRE.................... 11   "
CONTORNO DE VIENTRE.............. 48   "

PASO A PASO CON LA REALIZACION DE LOS TRAZADOS
DELANTERA

Hacer un rectángulo con la mitad de la Cadera, ejemplo: 25 cm. por el Largo Pantalón, ejemplo: 98 cm.= **A-B-C-D**.

Desde **A** y **B**, colocar hacia hacia abajo, la Altura de Rodilla, ejemplo: 58 cm. = **E** y **F**. Unir dichos puntos con recta.

Dessde **A** y **B**, aplicar hacia abajo, la Altura de Entrepiernas, ejemplo 26 cm. = **G** y **H**. Unir dichos puntos con recta.

B-I = Altura de Cadera, ejemplo: 22 cm..

Desde **G**, prolongar la raya, 1/7 parte de la Cadera, ejemplo: Un poquito superior a 7 cm. = **J**. (NOTA:Si la persona tuviere el pie inclinado hacia el costado, entonces deberá de aplicar 1/8 parte en vez de 1/7parte. **J-K** = 1 cm..

G-LL = **G-J**, más 3 cm..

Marcar el centro de **J-H** = **M**.

C-N, **F-O**, **B-P** = **H-M**. Unir **P-M-O-N**.

Desde **A**, aplicar hacia dentro la mitad de la cintura, ejemplo: 19 cm. = **Q**.

B-R =1/3 parte de **B-Q**. Unir **R-I**, según la forma de la cadera.

R-S = 1/3 parte de **B-Q**.

Desde **P**, aplicar hacia ambos lados 1/ 4 parte de la distancia **S-Q** = **T** y **U**.

Desde **P**, aplicar hacia abajo la mitad de la altura de Cadera, ejemplo: 11 cm. , pero como la distancia entre **T-U**, es inferior a 2 cm., es conveniente acortar la pinza en unos 2 cm. = **V**. Unir **V-T** y **V-U**, con ligera forma.

Marcar el centro de **R-U**, luego desde dicho punto, formar una pinza igual a la anterior.

Desde **O**, colocar hacia ambos lados 1 /4 parte de la Rodilla más 1 ½ cm. o a gusto, ejemplo: 11 cm. = **W** y **X**.

N-Y y **N-Z** = 1/4 parte de la Bota, ejemplo: 10 cm..Unir **Y-W-K-L-LL** y **Z-X-I**, como lo indica el trazado.

Dasde **A** y **B**, aplicar hacia abajo la Altura de Vientre, ejemplo: 11 cm. = **a** y **b**. Unir dichos puntos.

Medir la distancia entre **a-b**. Medir la distancia entre **A-K** = 31 cm..

NOTA:Si en las medidas de la persona, huviere diferencia entre la Altura Escote de Adelante y la Altura Escote de Adelante Pasando, entonces deberá de aplicar ésa diferencia , desde **A**, hacia abajo.

TRASERA

Formar un rectángulo igual al de la delantera, hasta los puntos **G-H**.

Desde **A** y **B**, colocar hacia abajo la Altura de Cadera, ejemplo: 22 cm. = **I** y **J**.

Desde **H**, prolongar la raya, colocando igual medida de **G-J** de la delantera= **K**.

H-L = 1 /4 parte de **H-K**. Si deseare que se note la "cola", coloque 1/3 parte en vez de 1 /4 parte.

D-LL = **C-Z** de la delantera. **LL-M** = **Y-Z** de la delantera.

E-N = **F-X** de la delantera. **N-O** = **X-W** de la delantera. Unir **N-I** y **O-K**, con líneas discontinuas.

Desde **O**, colocar hacia **K**, la distancia **W-K** de la delantera, menos 1 ½ cm. = **P**.

A-Q = **B-R** de la delantera. Unir **Q-I-N-LL**, como lo indica el trazado.

Desde **Q**, aplicar hacia dentro la mitad de la Cintura, menos la distancia **R-S** de la delantera, ejemplo: 17 cm. = **R**.

Marcar el centro de **R-B** = **S**.

Unir **P-L-J-S**.

Desde **P**, aplicar hacia o pasando **S**, el Largo de Tiro, menos la distancia **A-K** de la delantera, ejemplo: 37 cm. = **T**.

NOTA: La distancia **T-S**, no puede ser superior a 2 cm. por lo tanto lo sobrante se aplicará prolongando la línea **P**.

S-U = 2 cm. . Unir **U-Q**, luego marcar el centro de dichos puntos = **V**. **V-W** y **V-X** = 1 /4 parte de **R-S**.

Desde **W**, escuadrar, colocando la mitad de la Altura de Cadera, ejemplo: 11 cm., pero como la distancia **W-X**, es inferior de 2 cm., la pinza se debe acortar unos 2 cm. = **Y**. Unir **Y-W** y **Y-X**, con ligera forma.

Marcar el centro de **W-Q**, y desde dicho punto formar una pinza igual a la anterior.

P-Z = **U-T**. Unir **Z-O** con forma. Unir **O-M**.

Desde **U** y **Q**, poner la Altura de Vientre, ejemplo: 11 cm.= **a** y **b**. Medir dicha distancia.

Sumar las distancias **a-b** de la delantera y trasera, ejemplo: 48 cm.. NOTA: Si dicha medida fuere inferior al Contorno de Vientre, deberá agregar la mitad para cada lado de los puntos **b**, y luego formar la nueva Cadera; Si en cambio fuere mayor, se deberán prolongar las pinzas, hasta hacerlos coincidir con el Contorno de Vientre.

Antes de coser las entrepiernas, deberá cambrar (estirar) la distancia **O-Z** , 1 ½ cm..

IMPORTANTE: Si llegare a gustarle el pantalón en forma recta en los costados, en ése caso, deberá unir **I-LL** con línea recta como también **I-Z** de la delantera.

MOLDES BASES PARA LA REALIZACION DEL JEANS

MEDIDAS NECESARIAS

CONTORNO DE CADERA	50 CM.	
LARGO DE JEANS	104	"
ALTURA DE RODILLA	60	"
ALTURA DE ENTREPIERNAS	27	"
ALTURA DE CADERA	24	"
ANCHO DE PIERNA	58	"
ALTURA ESCOTE DE ADELANTE	36 ½	"
ALTURA ESCOTE DE ADELANTE PASANDO	37 ½	"
CONTORNO DE CINTURA	35	"
ALTURA DE VIENTRE	12	"
ANCHO DE BOTA	34	"
CONTORNO DE RODILLA	36	"
CONTORNO DE VIENTRE	46	"
LARGO DE TIRO	68	"

PASO A PASO CON LA REALIZACION DE LOS TRAZADOS

PARTE DELANTERA

Formar un rectángulo con la mitad de Cadera, ejemplo 25 cm., por el Largo del jeans, ejemplo: 104 cm. = **A-B-C-D**.

Desde **A** y **B**, aplicar hacia abajo la Altura de rodilla, ejemplo: 60 cm. = **E-F**. Unir dichos puntos con línea recta.

Desde **A** y **B**, colocar hacia abajo la Altura de entrepiernas, ejemplo: 27 cm. = **G** y **H**. Unir dichos puntos, con recta.

B-I = Altura de Cadera, ejemplo: 24 cm..

Desde **H**, aplicar pasando por **G**, la mitad del Ancho de Pierna, más 2 cm. o a gusto, ejemplo:31 cm. =**J**. **J-K**=1cm.

Marcar el centro de **G-J** =**L**.

Desde **G**, colocar hacia arriba la distancia **G-J**, más 3 cm. = **LL**.

A-M = 1 cm.. Unir **M-LL-L-K**, como lo demuestra el trazado. Medir la distancia **M-K** = 31 ¾ cm. aproximadamente.

M-N = diferencia entre la Altura Escote de Adelante y la Altura Escote de Adelante Pasando, ejemplo: 1 cm..

Desde **M**, aplicar hacia dentro la mitad de la Cintura, ejemplo: 17 ½ cm. = **O**.

B-P = 1/3 parte de **B-O**. NOTA: Si la persona, tuviere mucha forma de cadera, entonces se deberá de aplicar la mitad de **B-O**, para encontrar el punto **P**. Unir **P-N**, con ligera forma. Unir **P-I**, según la forma de la cadera.

Marcar el centro de **O-P**=**Q**. Si la persona tuviere **cola parada** entonces se ubicará desde **P** a **Q** 1/3 parte de la distancia **O-P**.

Marcar el centro de **J-H** = **R**. **C-S**, **F-T**, **B-U** = **H-R**. Unir **U-R-T-S**.

Desde **M** y **P**, aplicar hacia abajo la Altura de Vientre, ejemplo: 12 cm. = **V** y **W**. **X**, se forma al cruzarse las líneas.

Desde **U**, poner para cada lado la mitad de **O-Q** = **Y** y **Z**. Unir **Z-X** y **Y-X**, con ligera forma. NOTA: Si la distancia **O-Q** fuere superior a 2 ½ cm., entonces se harán dos pinzas, y, si fuere inferior de 2 cm., se acortará la pinza.

S-a y **S-b** = 1/4 parte del Ancho de Bota, ejemplo: 8½ cm..

T-c y **T-d** = 1/4 parte del Contorno de Rodilla, más 1 ½ cm. o a gusto, ejemplo: 10 ½cm.. Unir **c-K** y **d-I**, con líneas rectas discontinuas. Unir **a-c-K** y **b-d-I**, con la forma como lo indica el trazado.

IMPORTANTE: De desearlo, puede cambiar la pinza de sitio, indicado con líneas discontinuas.

PARTE TRASERA

Formar un rectángulo igual al de la delantera, hasta los puntos **G-H**.

Desde **A** y **B**, colocar hacia abajo la Altura de Cadera, ejemplo: 24 cm. = **I** y **J**.

Desde **A**, aplicar hacia dentro, la distancia **B-P** de la delantera = **K**. Unir **K-I**, según la forma de la Cadera.

E-L = **F-d** de la delantera. Unir **L-I**, con línea recta discontinua.

D-LL = **C-b** de la delantera. Unir **LL-L-I**, con la forma, como lo indica el grabado.

LL-M y **L-N** = **b-a** y **d-c** de la parte delantera. Unir **N-M**.

Desde **G**, aplicar pasando por **H**, la mitad del Ancho Pierna más 4 cm., ejemplo: 33 cm. = **O**. Unir **O-N**, con forma y con raya discontinua, puesto que por el momento no es una línea definitiva luego, si no hay cambios, en la línea de cintura, los podrá unir.

Desde **N**, colocar hacia **O**, la distancia **c-K** de la delantera, menos 2 cm.= **P**.

H-Q = 1/4 parte de la distancia **H-O**.

J-R = 2 cm..

Desde **K**, aplicar hacia dentro, la mitad de la Cintura, menos la distancia **Q-P** de la delantera = **S**.

B-T = 2/3 partes de la distancia entre **B-S**. NOTA: Si el espacio **S-T**, superase los 2 ½ cm., entonces, se harán dos pinzas. Unir **P-Q-R-T**, como lo indica el trazado.

Desde **P**, colocar hacia o pasando **T**, la medida que falta para completar el Tiro, ejemplo: 36 ¾ cm.= **U**. NOTA: Si la distancia entre **T-U**, superase los 4 cm., la diferencia, se aplicará prolongando la línea **P**, luego el nuevo punto se unirá con el punto **N**.

Unir **U-K**, después marcar el centro de dichos puntos = **V**.

Desde **V**, aplicar hacia ambos lados la mitad de la distancia entre **S-T** = **W** y **X**.

Desde **V**, escuadrar hacia abajo, ubicando la mitad de la Altura de Cadera = **Y**. Unir **Y-W** y **Y-X**, con ligera forma.

K-Z y **U-a** = Altura de Vientre, ejemplo: 12 cm.. Sumar las distancias entre **Z-a** y **V-W** de la delantera. Las sumas de éstas medidas coinciden con el Contorno del Vientre. IMPORTANTE: Si resultare inferior, deberá agregar desde **Z** y **W**, la mitad para cada lado, si en cambo resultare superior, deberá colocar desde **Y** 1/4 parte de lo que sobrare, agrandando la (o las) pinza-s.

IMPORTANTE: Antes de coser las entrepiernas, deberá cambiar la línea **N-P** 2 cm..

NOTA: Si la distancia entre **B-T**, resultare grande, entonces marcará el centro de **S-B**. para encontrar **T**, y, se harán dos pinzas.

Marcar el centro de **LL-M** y **L-N** = **b-y c**. Unir **b-c**, luego prolongar la línea hasta arriba = **d. e**, se forma al cruzarse las líneas.

JEANS
PASO A PASO CON LA REALIZACION DE LOS TRAZADOS

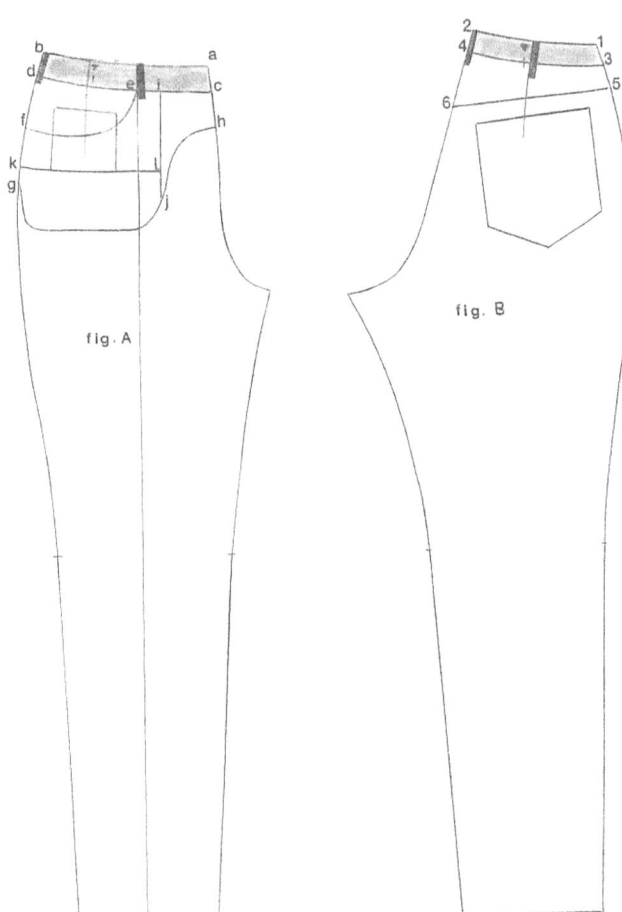

fig. A

fig. B

DELANTERA Y TRASERA

Fig. **A** y **B** con pinzas cerradas

La delantera con la pinza trasladada de sitio.

a-b y **1-2**, indican las líneas de cintura.

Desde **a-b** y **1-2**, aplique hacia abajo 4 cm. o a gusto = **c-d** y **3-4**. Una dichos puntos (partes sombreadas).

Marque los pasa cintos en los sitios indicados (partes sombreadas oscuras), después separe las " cinturas ".

Desde **c** (delantera), coloque hacia dentro 9 cm. o a gusto = **e**.

Desde **d**, aplique hacia abajo 6 cm. o a gusto = **f**.

Una **f-e**, formando la línea del bolsillo.

f-g = 8 cm. o a gusto.

c-h = a unos 6 cm..

Una **h-g**, formando el fondo del bolsillo.

e-i = a unos 3 cm..

Desde **i**, trace una vertical hasta el fondo del bolsillo = **j**.

f-k = 6 cm. o a gusto.

Desde **k**, trace una raya hasta la vertical **i-j** = **l**.

Dibuje la forma del bolsillito, luego cálquelo. Fig. **1**.

Calque la vista (parte sombreada). Fig. **2** y el fondo del bolsillo = **c-i-e-d-f-k-g-j-h-c**. Fig. **3**.

Corte de **e** hasta **f**, a continuación , abra la pincita.

Copie dos partes delanteras. Fig. **4** y **5**.

Termine de copiar la otra parte del bolsillo, indicada con : **i-e-f-g** (fondo bolsillo) **j-i**. Fig. **6**.

Desde **c** lado derecho e izquierdo de los moldes Fig. **4** y Fig. **5**, aplique hacia abajo 17 cm. o a gusto = **ll**.

Desde **c**, Fig. **4**, coloque hacia dentro 3 cm. = **m**. Una **m-ll**, con puntitos, luego doble el papel por **c-ll** y calque dicha parte. Si desea hacer el "**fly**" con costura, separe dicha pieza, pero debe colocarla al revés. Fig. **7**; Si en cambio deseare hacer la bragueta " a la antigua " (con ojales), entonces copie el molde colocando papel doble en la línea **c-ll**. Fig. **7**.

Desde **c** y **ll** (Fig. **5**), coloque hacia fuera ½ cm. (¼ de inch) = **n** y **o**. Una dichos puntos.

TRASERA Fig. **B**

3-5 = 3 cm. o a gusto.

4-6 = 6 cm. o a gusto. Una **6-5** , luego corte por dicha línea, de ese modo, se obtiene el Caderín (yoke) . Fig. **8**.

Dibuje el bolsillo, luego cópielo . Fig. **9**.

IMPORTANTE: La pinza, debe quedar cerrada, claro que al colocar el molde sobre la tela, lo estirará al máximo. Formación de la cintura en forma recta. Fig. **10**: Forme un rectángulo con el doble del ancho de la cintura deseada, por la suma de las distancias **c-d** y **3-4**, más 3 ½ cm. (que incluye los espacios entre **c-m** y **c-n**) para cruce. Si deseare usar la cintura con forma Fig. **11**, utilice dos veces las piezas sombreadas, unidas en los costados, luego desde **a** y **c**, (lado izquierdo, si es que desea hacer la abertura tipo hombre), caso contrario use el lado derecho. Prolongue las líneas, colocando 3 ½ cm. para extensión . NOTA: Es necesario cortar dos partes de cada cintura y las dos partes deben armarse.

JEANS

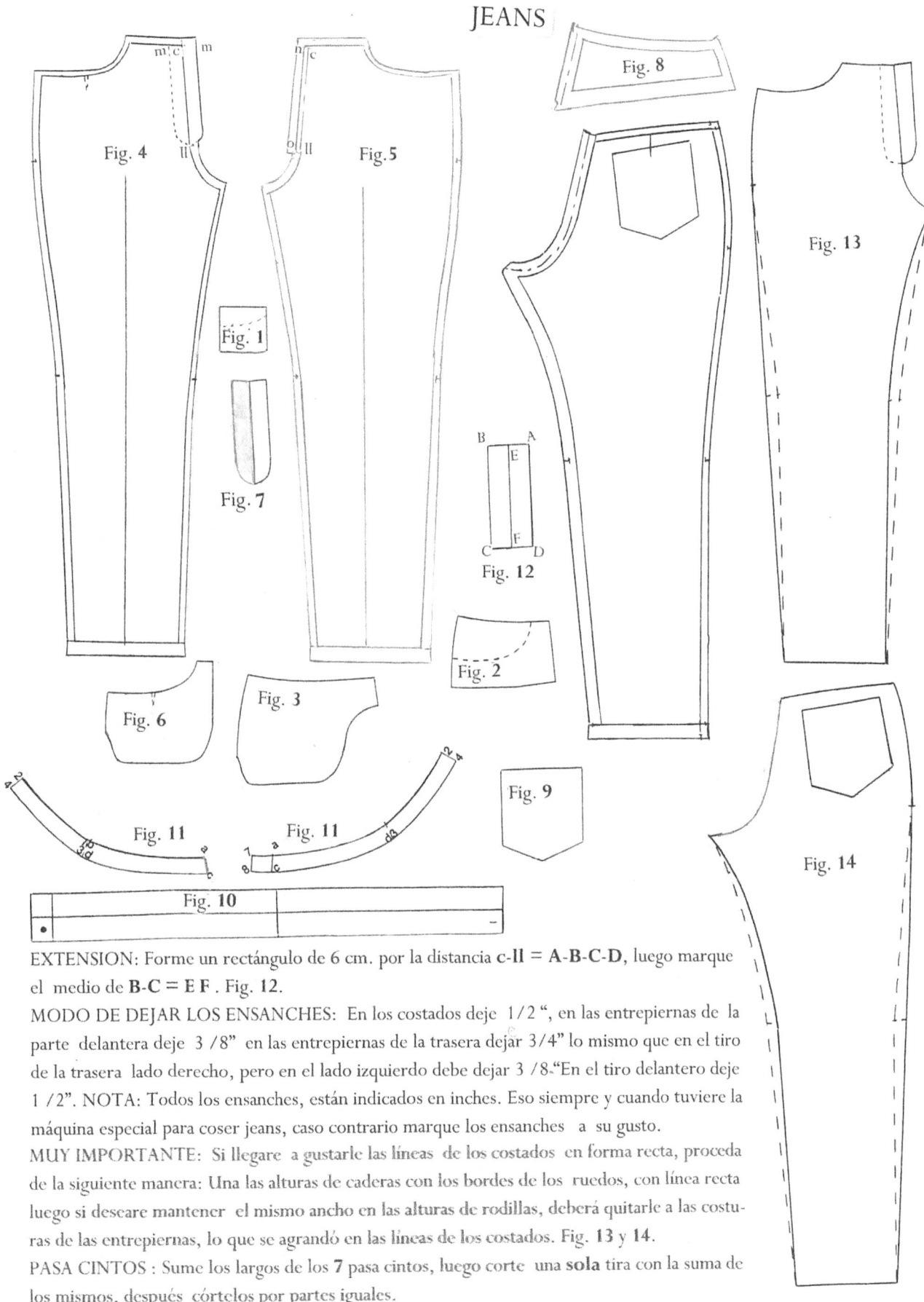

Fig. 4

Fig. 5

Fig. 8

Fig. 13

Fig. 1

Fig. 7

Fig. 12

Fig. 2

Fig. 6

Fig. 3

Fig. 9

Fig. 11

Fig. 11

Fig. 14

Fig. 10

EXTENSION: Forme un rectángulo de 6 cm. por la distancia **c-ll = A-B-C-D**, luego marque el medio de **B-C = E F**. Fig. 12.

MODO DE DEJAR LOS ENSANCHES: En los costados deje 1/2 ", en las entrepiernas de la parte delantera deje 3 /8" en las entrepiernas de la trasera dejar 3/4" lo mismo que en el tiro de la trasera lado derecho, pero en el lado izquierdo debe dejar 3 /8."En el tiro delantero deje 1 /2". NOTA: Todos los ensanches, están indicados en inches. Eso siempre y cuando tuviere la máquina especial para coser jeans, caso contrario marque los ensanches a su gusto.

MUY IMPORTANTE: Si llegare a gustarle las líneas de los costados en forma recta, proceda de la siguiente manera: Una las alturas de caderas con los bordes de los ruedos, con línea recta luego si deseare mantener el mismo ancho en las alturas de rodillas, deberá quitarle a las costuras de las entrepiernas, lo que se agrandó en las líneas de los costados. Fig. **13** y **14**.

PASA CINTOS : Sume los largos de los **7** pasa cintos, luego corte una **sola** tira con la suma de los mismos, después córtelos por partes iguales.

PANTALON CLÁSICO CON UN PLIEGUE

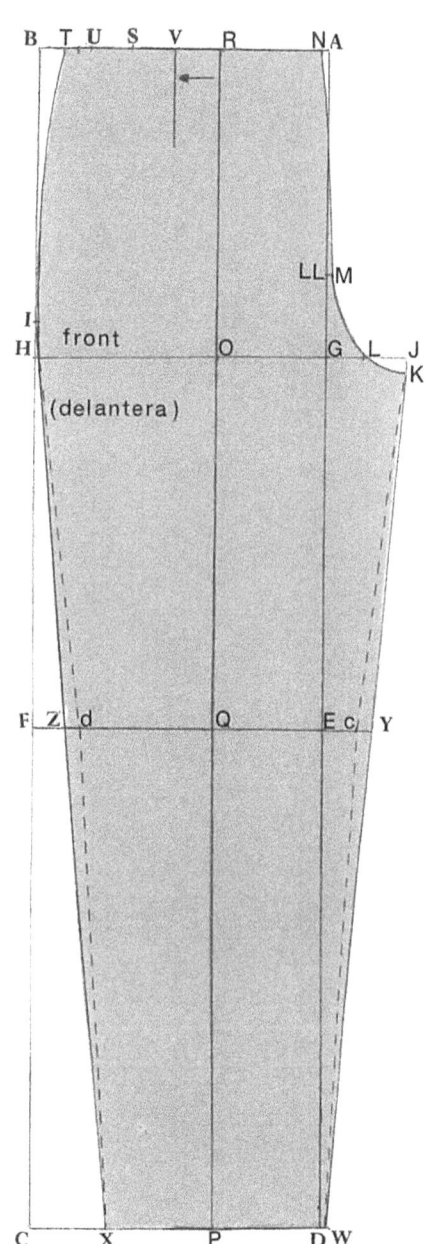

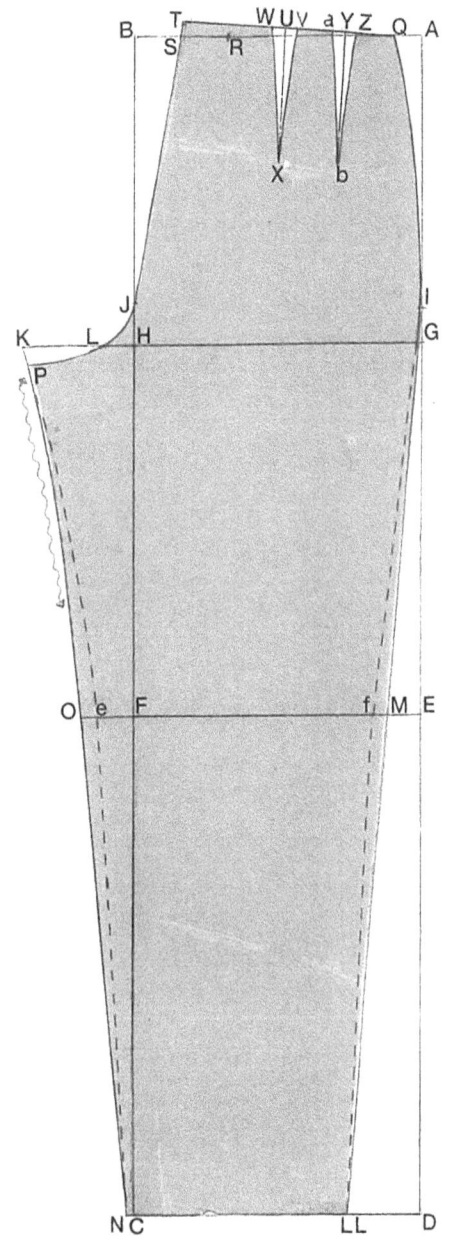

MEDIDAS NECESARIAS
CONTORNO DE CADERA..........50 CM.
LARGO PANTALON................104 "
ALTURA DE RODILLA...............60 "
ALTURA DE ENTREPIERNAS.......27 "
ALTURA DE CADERA...............24 "
CONTORNO DE CINTURA........34 "
ANCHO DE BOTA...................40 "
LARGO DE TIRO....................70 "

PASO A PASO CON LA REALIZACION DE LOS TRAZADOS

PARTE DELANTERA

Hacer un rectángulo con la mitad de la Cadera más 1 cm o a gusto, ejemplo: 26 cm. por el Largo Pantalón ejemplo: 104 cm.= **A-B-C-D.**

Desde **A** y **B**, primero aplicar la Altura de Rodilla, ejemplo: 60 cm. = **E** y **F**, luego colocar la Altura de Entrepiernas, ejemplo: 27 cm. = **G** y **H**. Unir **E-F** y **G** y **H**, con líneas rectas.

Desde **B**, colocar hacia abajo la Altura de Cadera, ejemplo: 24 cm. = **I.**

Desde **G**, prolongar la raya 1/6 parte de la Cadera, ejemplo: un poco superior a 8 cm. =**J**. **J-K** = 1 cm..

Marcar el centro de **G-J** = **L.**

Desde **G**, aplicar hacia arriba, la distancia **G-L** = **LL**. **LL-M** = ½ cm..

Desde **A**, ubicar hacia dentro, ½ cm. = **N**. Unir **N-M-L-K**, con la forma como lo indica el grabado.

Marcar el centro de **H-J** = **O.**

C-P, F-Q, B-R = **O-H**. Unir **R-O-Q-P**, con línea recta.

Desde **N**, aplicar hacia dentro la mitad de la medida de Cintura, ejemplo: 17 cm. = **S.**

Desde **B**, colocar hacia dentro 1/4 parte de la distancia **B-S** = **T**. Unir **T-I**, según la forma de la cadera.

S-U = 5 cm. para el pliegue. **NOTA: Se aplican 5 cm. para el pliegue, por considerarlo una medida ideal.**

R-V = 5 cm. (que forma el pliegue). Desde **V**, escuadrar hacia abajo unos 10 cm..

Y, se forma al prolongar la línea. **Z**, se forma al cruzarse las rayas.

Medir la distancia entre **N** y **K** = ligeramente superior a los 32 ½ cm..

NOTA: Si Usted deseare que el pliegue mire hacia adelante, traslade el punto **V**, desde **R** hacia **N.**

PARTE TRASERA

Formar un rectángulo igual al de la delantera hasta los puntos **G-H.**

Desde **A** y **B**, colocar hacia abajo la Altura de Cadera, ejemplo: 24 cm. = **I** y **J.**

Desde **H**, prolongar la línea aplicando la distancia **G-J** de la parte delantera, más 4 cm. o a gusto = **K.**

H-L =1/4 parte de **H-K**. Si quiere que se note un poco la " **cola**", coloque 1/3 parte de dicha distancia.

D-LL = **C-X** de la parte delantera. Unir **LL-I**, con línea recta. **M**, se forma al cruzarse las líneas.

LL-N = **X-W** de la parte delantera.

M-O = **Z-Y** de la parte delantera. Unir **O-N**, con raya recta. Unir **O-K**, con ligera forma.

Desde **O**, aplicar hacia **K**, la distancia **Y-K** de la parte delantera, menos 2 cm. = **P.**

A-Q = **B-T** de la parte delantera. Unir **Q-I**, según la forma de la Cadera. Suavizar la línea en el punto **I.**

Desde **Q**, colocar hacia dentro, la mitad de la de Cintura, menos la distancia **U-T** de la delantera = **R.**

Marcar el centro de **R-B** = **S**. El espacio **R-S**, se utilizará para hacer dos pinzas iguales.

Unir **P-L-J-S**, con la forma como lo indica el grabado.

Desde **P**, aplicar hacia o pasando **S** la medida que falta para completar el Largo de Tiro más 2 cm., ejemplo: 39 cm. = **T.**

IMPORTANTE: Si el punto **T**, coincidiese con **S**, entonces acorte un poco la distancia entre **H-K** y suba el punto **T** como mínimo 1 cm., Si en cambio superase los 2 cm., lo que sobrare, se agregará prolongando la línea del punto **P**, luego el nuevo punto, se unirá con **O**. Unir **T-Q**, después marcar el centro de **T-Q** =**U.** IMPORTANTE: Si la persona tuviere " **mucha cola**" (**sin llegar a la exageración**) y la distancia **S-T** llegase hasta 3 cm., podría aceptarse.

Desde **U**, aplicar hacia ambos lados 1/4 parte de la distancia **R-S** = **V** y **W.**

Desde **U**, escuadrar hacia abajo, colocando la mitad de la Altura de Cadera, ejemplo: 12 cm. = **X.**

Unir **X-V** y **X-W**, con ligera forma.

Marcar el centro de **V-Q** = **Y.**

Desde **Y**, formar una pinza igual a la anterior = **Z-a-b.**

IMPORTANTE: Si no deseare hacer la prenda en **forma tan recta** (sobre todo si la persona es bajita) desde los puntos **Y-Z** (delantera) y **M-O** (trasera), colocar hacia dentro, lo que crea necesario, ejemplo: 1 ½ cm. = **c-d** y **e-f.**

Unir **W-c-K** y **X-d-I** (delantera). Unir **LL-f-I** y **N-e-P** (trasera), indicados con líneas discontinuas.

IMPORTANTE: Antes de juntar las Entrepiernas, deberá cambiar la línea **O-P**, 2 cm..

IMPORTANTE : Si lo cree conveniente, podría utilizar solamente las líneas de las entrepiernas y dejar en forma recta las líneas de los costados

IMPORTANTE: Se cambra la línea de la Entrepierna, para **evitar las arrugas** comunes que tanto se ven.

Si deseare evitar que la costura se vea un poquito hacia atrás a la altura de la cintura, agrande el pliegue.

PANTALON CLÁSICO CON DOS PLIEGUES

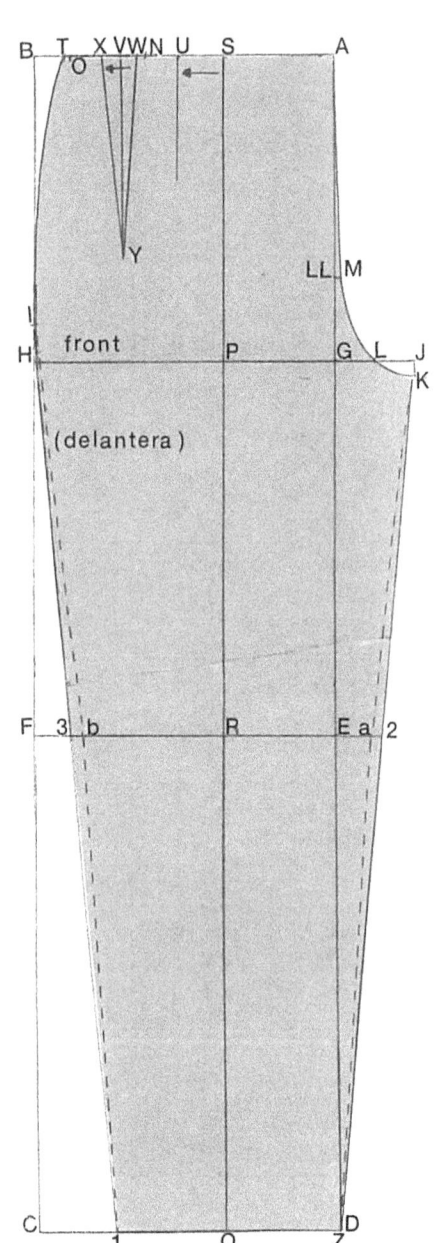

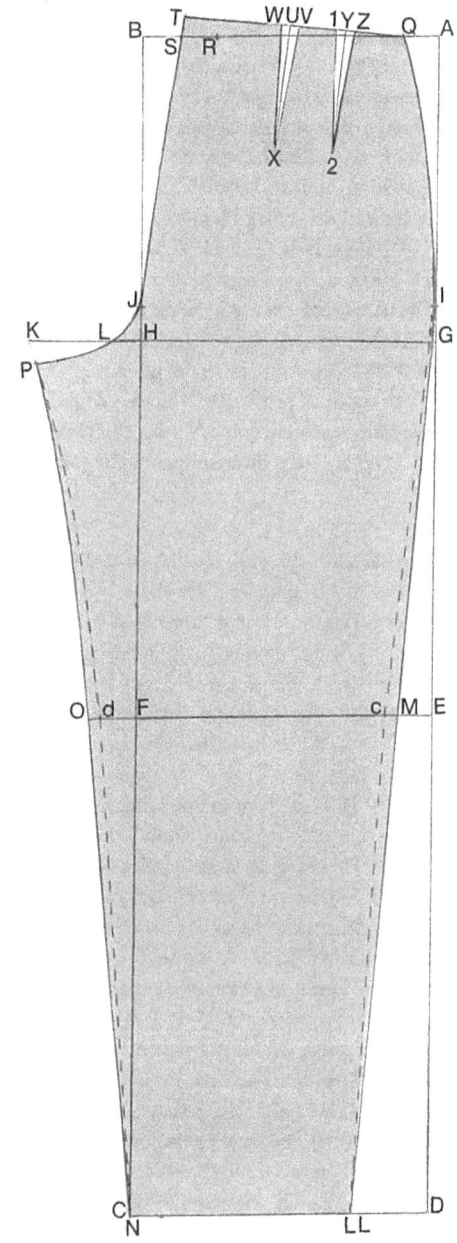

MEDIDAS NECESARIAS
CONTORNO DE CADERA...........................50 CM.
LARGO PANTALON................................104   "
ALTURA DE RODILLA.............................60   "
ALTURA DE ENTREPIERNAS.......................27   "
ALTURA DE CADERA..............................24   "
CONTORNO DE CINTURA..........................34   "
ANCHO DE BOTA.................................40   "
LARGO DE TIRO.................................70   "

PARTE DELATERA

Formar un rectángulo con la mitad de Cadera, más 2 cm. o a gusto, ejemplo: 27 cm., por el Largo del Pantalón, ejemplo: 104 cm. = A-B-C-D.

Desde A y B, aplicar hacia abajo la Altura de Rodilla, ejemplo: 60 cm. = E y F. Unir dichos puntos.

Desde A y B, colocar hacia abajo la Altura de Entrepiernas, ejemplo: 27 cm. = G y H. Unir G y H.

Desde B, ubicar hacia abajo, la Altura de Cadera, ejemplo: 24 cm. = I.

Desde G, prolongar la línea, ubicando 1/6 parte de Cadera, ejemplo: levemente superior a los 8 cm. = J.   J-K = 1cm..

Marcar el centro de los puntos G-J = L.

Desde G, colocar hacia arriba la distancia G-J = LL. LL-M = ½ cm..

Unir K-L-M-A, como lo muestra el trazado.

Desde A, aplicar hacia dentro la mitad de la medida de Cintura, ejemplo: 17 cm. = N.

B-O = 1/3 parte de B-N.

Marcar el centro de H-J = P.

C-Q, F-R, B-S = H-P. Unir S-P-R-Q, con línea recta.

Desde N, ubicar hacia B, 7 cm. para pliegues (o a gusto) que se utilizarán: 4 cm. para el pliegue central y 3 cm. para el otro pliegue = T. NOTA: En caso que el punto T, no sobrepasare O, agrande los pliegues. Unir T-I, según la forma de cadera.

S-U = 4 cm.. (primer pliegue).

Desde U, trazar una vertical de unos 10 cm..

Marcar el centro de U-T = V. V-W y V-X = 1 ½ cm..

Desde V, escuadrar aplicando la Altura de Cadera, menos 4 cm = Y. Unir Y-W y Y-X (segundo pliegue).

Desde Q, ubica r hacia ambos lados 1/4 parte del Ancho de Bota, ejemplo: 10 cm. = Z y 1. Unir Z-K y 1-I, con líneas rectas.

El punto 2, se forma al prolongar la línea E. 3, se forma al cruzarse las líneas.

Medir la distancia entre los puntos K-L-M-A.

PARTE TRASEERA

Trazar un rectángulo con la mitad de la Cadera, más 2 cm. o a gusto, ejemplo: 27 cm. por el Largo del Pantalón, ejemplo 104 cm. = A-B-C-D.

Desde A y B, colocar hacia abajo la Altura de Rodilla, ejemplo: 60 cm. = E y F. Unir dichos puntos.

Desde A y B, aplicar hacia abajo la Altura de Entrepiernas, ejemplo: 27 cm. = G y H. Unir G-H, con línea recta.

Desde A y B, ubicar hacia abajo la Altura de Cadera, ejemplo: 24 cm. = I y J.

Desde H, prolongar la raya, colocando la medida G-J de la delantera más 4 cm. o a gusto = K.

H-L = 1/4 parte de la distancia H-K.

D-LL = C-1 de la delantera.

Unir LL-I. M, se forma al cruzarse las líneas.

LL-N = Z-1 de la delantera.

Desde M, aplicar la distancia 2-3 de la parte delantera = O.

Unir N-O- K, como lo indica el trazado.

Desde O, ubicar hacia arriba la medida 2-K de la delantera, menos 2 cm. = P.

A-Q = B-O de la delantera. Unir Q-I, según la forma de la cadera. Suavizar la línea en el punto I.

Desde Q, aplicar hacia dentro la mitad de la medida de Cintura, ejemplo: 17 cm. = R. Marcar el centro de R-B = S.

Unir P-L-J-S, como lo demuestra el grabado.

Desde P, colocar hacia o pasando S, lo que falta para completar el Largo de Tiro, más 2 cm., ejemplo: 39 cm. = T.

IMPORTANTE: Si el punto T, coincidiese con S, entonces acorte un poco la distancia H-K, y suba el punto T, como mínimo 1 cm. ; Si en cambio superase los 2 cm. , lo que sobrase, se agregará prolongando la línea del punto P, luego el nuevo punto, se unirá con O. Unir Q-T. Marcar el centro de T-Q = U. IMPORTANTE: Si la persona tuviere " mucha cola ", (sin llegar a la exageración) y la distancia S-T, llegare hasta los 3 cm. , podría aceptarse.

Desde U, aplicar hacia ambos lados 1/4 parte de la distancia R-S = V y W.

Desde U, escuadrar hacia abajo, colocando la mitad de la Altura de Cadera, ejemplo: 12 cm. = X. Unir X-V y X-W con ligera forma.

Marcar el centro de V-Q = Y, y desde Y, formar una pinza igual a la anterior = Z-1 y 2.

IMPORTANTE: Si no deseare la prenda tan recta, proceda de la siguiente manera: Desde 2 y 3 (delantera) y M-O (trasera) ubicar hacia dentro la medida deseada, ejemplo: 1 cm. = a-b y c-d.

Unir Z-a-K y 1-b-I (delantera) y LL-c-I y N-d-P, indicados con líneas discontinuas.

IMPORTANTE: Antes de juntar las líneas de las entrepiernas, deberá cambiar la línea O-P, 2 cm..

PANTALON TIPO HAREM
EMPLEAR LOS MOLDES DOBLES DE UN PANTALON DELANTERA Y TRASERA

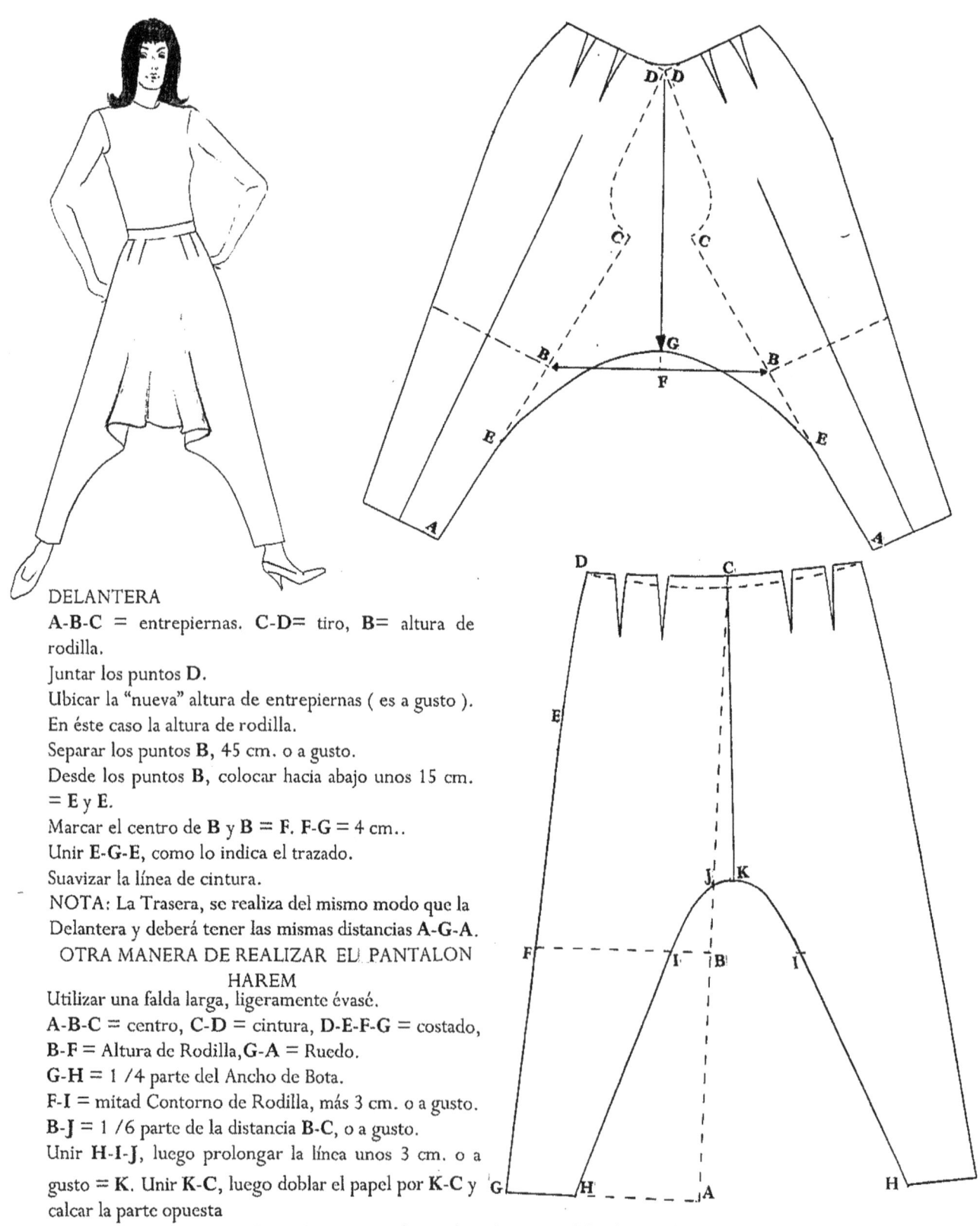

DELANTERA

A-B-C = entrepiernas. C-D= tiro, B= altura de rodilla.

Juntar los puntos **D**.

Ubicar la "nueva" altura de entrepiernas (es a gusto).

En éste caso la altura de rodilla.

Separar los puntos **B**, 45 cm. o a gusto.

Desde los puntos **B**, colocar hacia abajo unos 15 cm. = **E y E**.

Marcar el centro de **B** y **B** = **F**. **F-G** = 4 cm..

Unir **E-G-E**, como lo indica el trazado.

Suavizar la línea de cintura.

NOTA: La Trasera, se realiza del mismo modo que la Delantera y deberá tener las mismas distancias **A-G-A**.

OTRA MANERA DE REALIZAR EL PANTALON HAREM

Utilizar una falda larga, ligeramente évasé.

A-B-C = centro, C-D = cintura, D-E-F-G = costado,

B-F = Altura de Rodilla, G-A = Ruedo.

G-H = 1 /4 parte del Ancho de Bota.

F-I = mitad Contorno de Rodilla, más 3 cm. o a gusto.

B-J = 1 /6 parte de la distancia B-C, o a gusto.

Unir **H-I-J**, luego prolongar la línea unos 3 cm. o a

gusto = **K**. Unir **K-C**, luego doblar el papel por **K-C** y calcar la parte opuesta

NOTA: La Trasera, se realiza del mismo modo que la Delantera y deberá tener la misma distancia que **H-I-K-I-H**.

NOTA: Es posible que tenga que bajar un poco la línea de cintura (en la parte delantera), indicado con línea discontinua.

PANTALON TIPO OXFORD
UTILIZAR EL MOLDE DE UN PANTALON PARTE DELANTERA

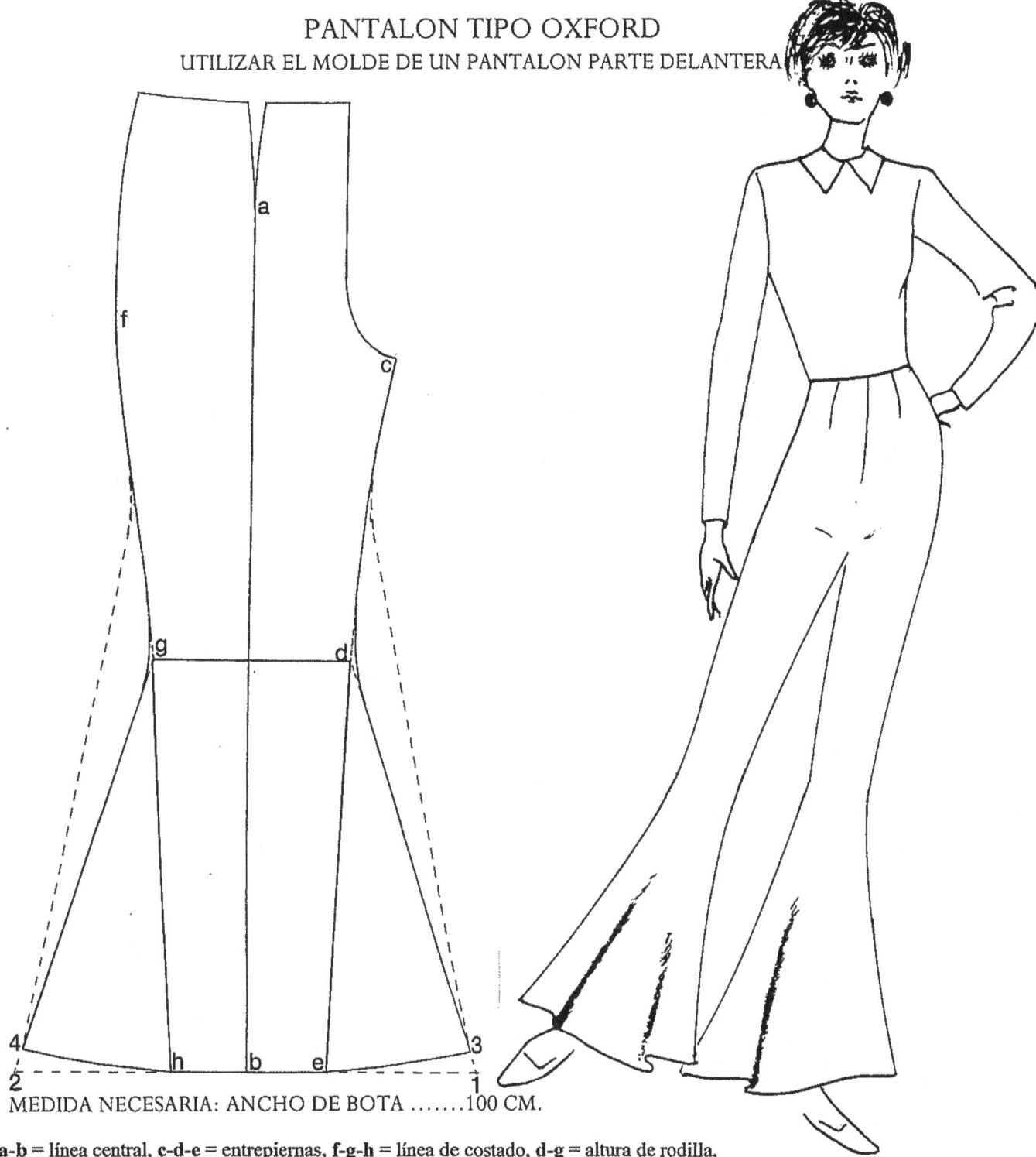

MEDIDA NECESARIA: ANCHO DE BOTA ....100 CM.

a-b = línea central, c-d-e = entrepiernas, f-g-h = línea de costado, d-g = altura de rodilla,

b-1 y b-2 = 1/4 parte del Ancho de Bota deseado, ejemplo: 25 cm. . Unir 1-d y 2-g.

d-3 y g-4 = d-e. Unir 3-e y 4-h, con ligera forma.

IMPORTANTE: La altura, o comienzo de la amplitud la elige Usted, así como puede empezar desde la Altura de la Rodilla, puede hacerlo desde más arriba como de más abajo. Es a gusto.

Suavizar los ángulos de los sitios indicados con d y g.

IMPORTANTE: Si deseare tener menos amplitud en las entrepiernas, puede quitar parte de la distancia entre e-3 y agregarla al costado, luego deberá unir el Nuevo punto con g.

La Trasera, se realiza del mismo modo que la delantera.

PANTALÓN TIPO OXFORD # 2
PANTALÓN TIPO PISANO
(REALIZADO EN 1966 PARA LA MAS IMPORTANTE IMPRESA DE JEANS EN ARGENTINA)

UTILIZAR LOS MOLDES SIMPLES DE UN JEANS O DE UN PANTALON

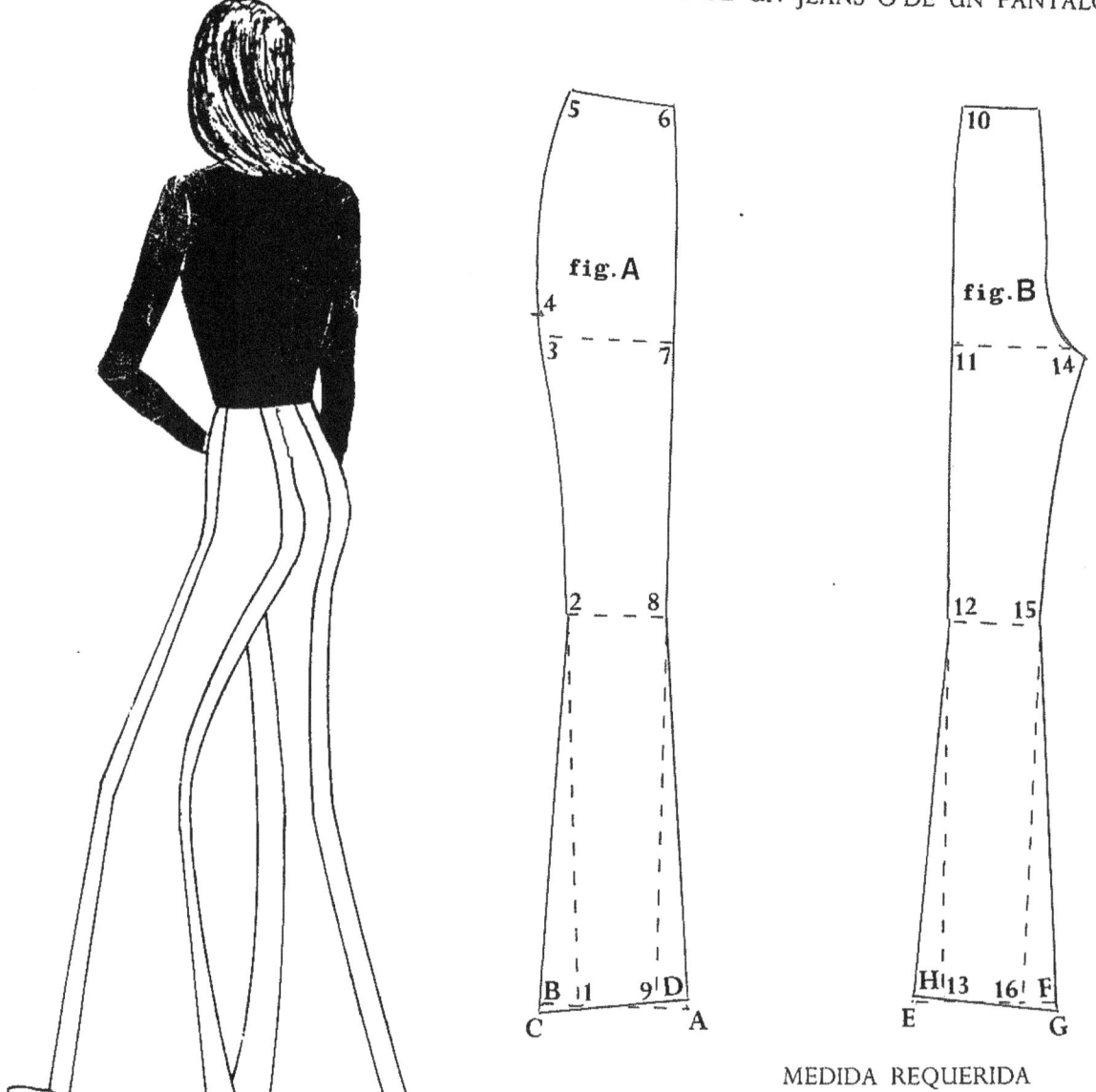

MEDIDA REQUERIDA
ALTURA DE BAJO COLA...34 CM.

DELANTERA: (Separar el molde por la línea central)

Fig. **A**: 1-2-3-4-5 = costado, 6-7-8-9 = línea central.

Desde **9** y **1**, aplicar 4 cm. o a gusto = **A** y **B**. Unir **A-8** y **B-2**.

B-C = 1 cm. o a gusto.

A-D = ½ cm. o a gusto. Unir **D-C**.

Fig. **B**: 10-11-12-13 = línea central, 14-15-16 = entrepiernas.

Desde **13** y **16**, aplicar igual medida de **9-A** = **E** y **F**. Unir **F-15** y **E-12**.

F-G = **B-C**.

E-H = **A-D**. Unir **H-G**.

Fig. **C** TRASERA

1-2-3-4-5- = costado, 5-6 = cintura, (la pinza queda abierta), 7-8-9 = entrepiernas, 10-11-12 = línea central.

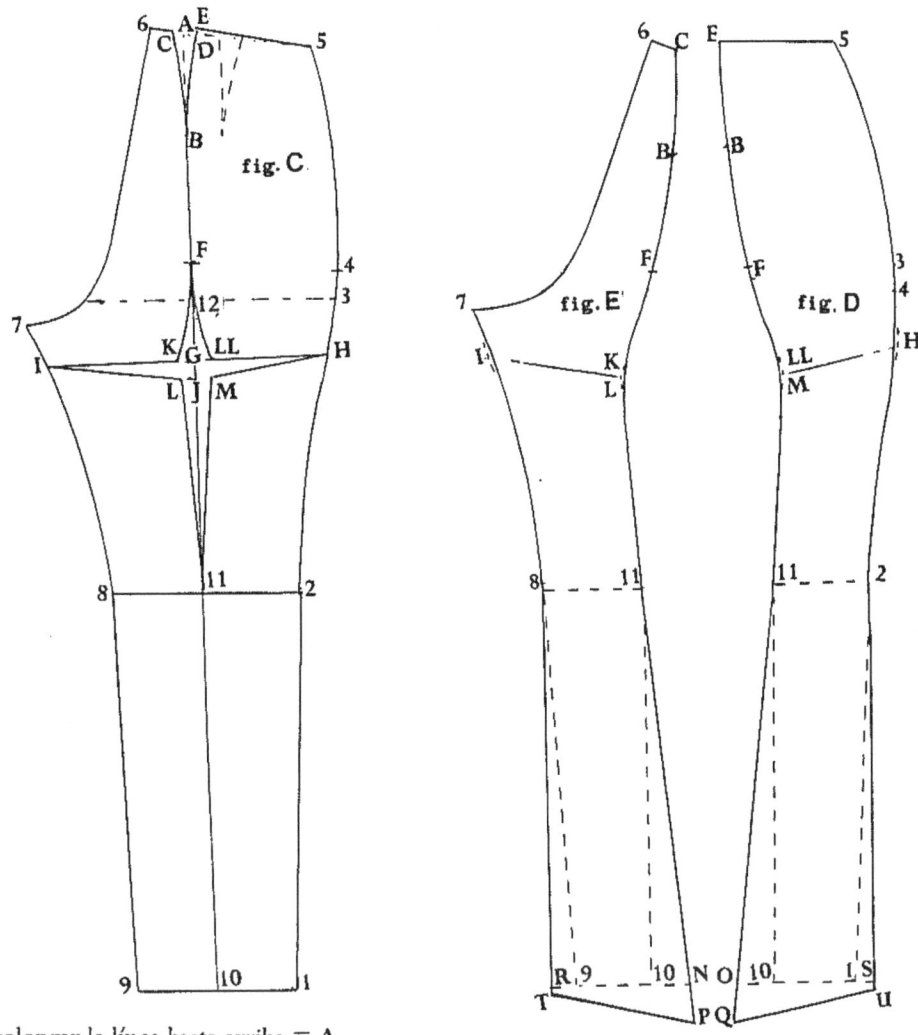

Desde **12**, prolongar la línea hasta arriba = **A**.

Desde **A**, colocar hacia abajo la altura de la pinza = **B**.

Desde **A**, aplicar hacia ambos lados la mitad de la pinza (o pinzas), si es que el molde tuviere dos pinzas = **C** y **D**.

NOTA: Si el espacio de las dos pinzas, fuere exagerado, entonces elimine solamente una pinza (y la otra queda). Unir **B-C** y **B-D**, con forma.

Desde **B**, aplicar pasando **D**, la distancia **B-C** = **E**. Unir **E-5**.

Desde **A**, ubicar hacia abajo la distancia **5-4** (altura de cadera) = **F**.

Desde **A**, colocar hacia abajo la altura de Bajo Cola, ejemplo: 34 cm. = **G**.

Desde **G**, escuadrar hacia ambos lados hasta las dos orillas = **H** e **I**.

Desde **G**, aplicar hacia abajo 1 cm. (o de acuerdo a la cola) = **J**.

Desde **G** y **J**, colocar hacia dentro 1 ½ cm. o a gusto = **K, L, LL, M**.

Unir **K-F** y **LL-F**, con forma según la cola. Unir **L-11** y **M-11** con rectas, o bien ligeramente curvadas hacia dentro.

Separar el molde por la línea central. Vaciar la pinza.

Cerrar las "pinzas" **K-L-I** y **LL-M-H**. = Fig. **E** y Fig. **D**.

Desde los puntos **10**, aplicar hacia fuera 5 cm. (ligeramente superior a **9-D** de la delantera) = **N** y **O**. Unir **N-11** y **O-11**.

Desde **N** y **O**, prolongar las líneas, colocando 5 cm. o a gusto = **P** y **Q**.

Desde **9** y **1**, seguir las rayas aplicando 4 cm. = **16-F** de la delantera = **R** y **S**. Unir **R-8** y **S-2**.

R-T y **S-U** = **B-C** de la delantera. Unir **T-P** y **Q-U**.

Suavizar las líneas **11-L/K-f, 11-M/LL-F**, línea en el punto **H**, y la línea en el punto **I**.

PIJAMA

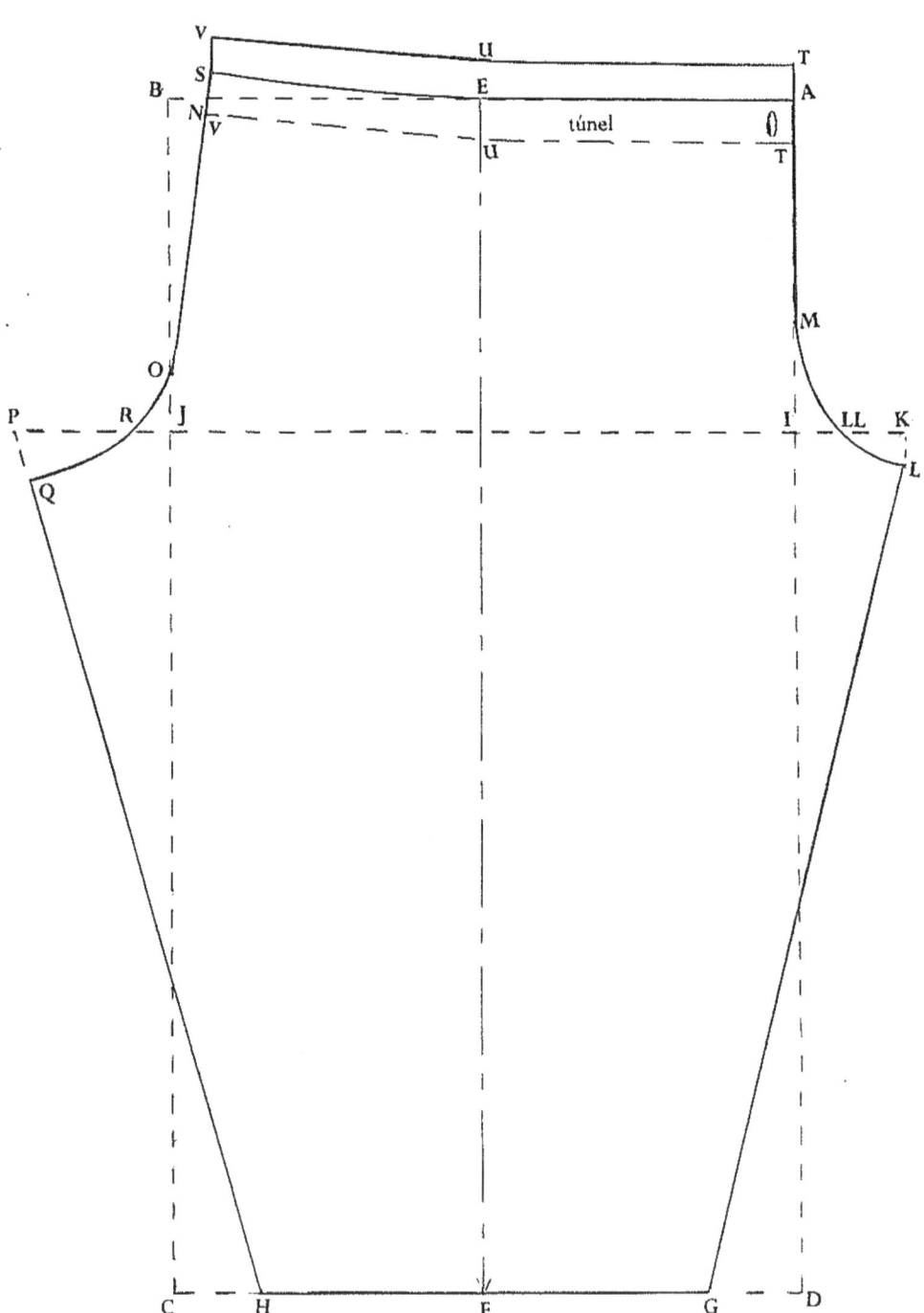

MEDIDAS NECESARIAS

CONTORNO DE CADERA.........................50 CM.
LARGO DEL PIJAMA............................104 "
ANCHO DE BOTA...............................40 "
ALTURA DE ENTREPIERNAS......................27 "
ALTURA DE CADERA............................24 "

PASO A PASO CON LA REALIZACION DEL TRAZADO

Formar un rectángulo con la medida de Cadera más 6 cm. o a gusto, ejemplo: 56 cm. por el Largo Pijama, ejemplo: 104 cm. = **A-B-C-D**.

Marcar el centro de **A-B** y **C-D** = **E** y **F**. Unir dichos puntos.

Desde **F**, aplicar hacia ambos lados la mitad del Ancho de Bota, ejemplo: 20 cm. = **G** y **H**.

Desde **A** y **B**, Colocar hacia abajo la Altura de Entrepiernas más 2 cm. o a gusto, ejemplo: 29 cm. = **I** y **J**. Unir **I-J**.

Desde **I**, prolongar la línea colocando 1/5 parte de la Cadera, ejemplo: 10 cm. = **K**. **K-L** = 3 cm..

I-LL = 1/3 parte de **I-K**.

Desde **I**, colocar hacia **A**, la distancia **I-K** = **M**.

Unir **G-L-LL-M**, como lo indica el trazado.

Desde **B**, colocar hacia dentro 4 cm. = **N**.

Desde **B**, aplicar hacia abajo la Altura de Cadera, ejemplo: 24 cm. = **O**.

Desde **J**, prolongar la línea colocando la distancia **I-K** más 3 cm. = **P**. Unir **P-H**.

Desde **H**, aplicar hacia **P**, la distancia **G-L** = **Q**.

J-R = 1/4 parte de **J-P**.

Unir **Q-R-O-N**, luego prolongar la línea aplicando 1 ½ cm. = **S**. Unir **S-E**.

Desde **A-E** y **S**, colocar hacia abajo la línea del túnel , ejemplo: 3 cm. = **T-U-V**; Después doblar el papel por la línea **A-E-S** y calcar la vista.

A unos 2 cm. entre **A** y **T**, formar un ojal.

Al coser las entrepiernas, deberá usar un tear away a los efectos que no se estire la costura. Una vez cosida la costura de la Entrepiernas, revisar si la línea del tiro, es armónica, caso contrario, suavícela.

Cabe señalar que la parte delantera corresponde a la línea **T-A-M-LL-L**.

DETALLES DE COSTURA

DEFECTO MUY COMUN

Esta prenda no tiene aplomo ¿ Porqué ? porqué el cruce se inclina hacia el costado. Eso es debido a que el escote es muy cerrado, por lo tanto, deberá agrandarlo y lo que quita en el escote, debe agregarlo en el hombro Fig. **A**, (como lo indica el grabado), después corregir la sisa.

En algunos casos, se comprobó que el Largo Talle de Adelante ,era corto en ése caso, fue necesario subir la línea del escote-hombro. Fig. **B**.

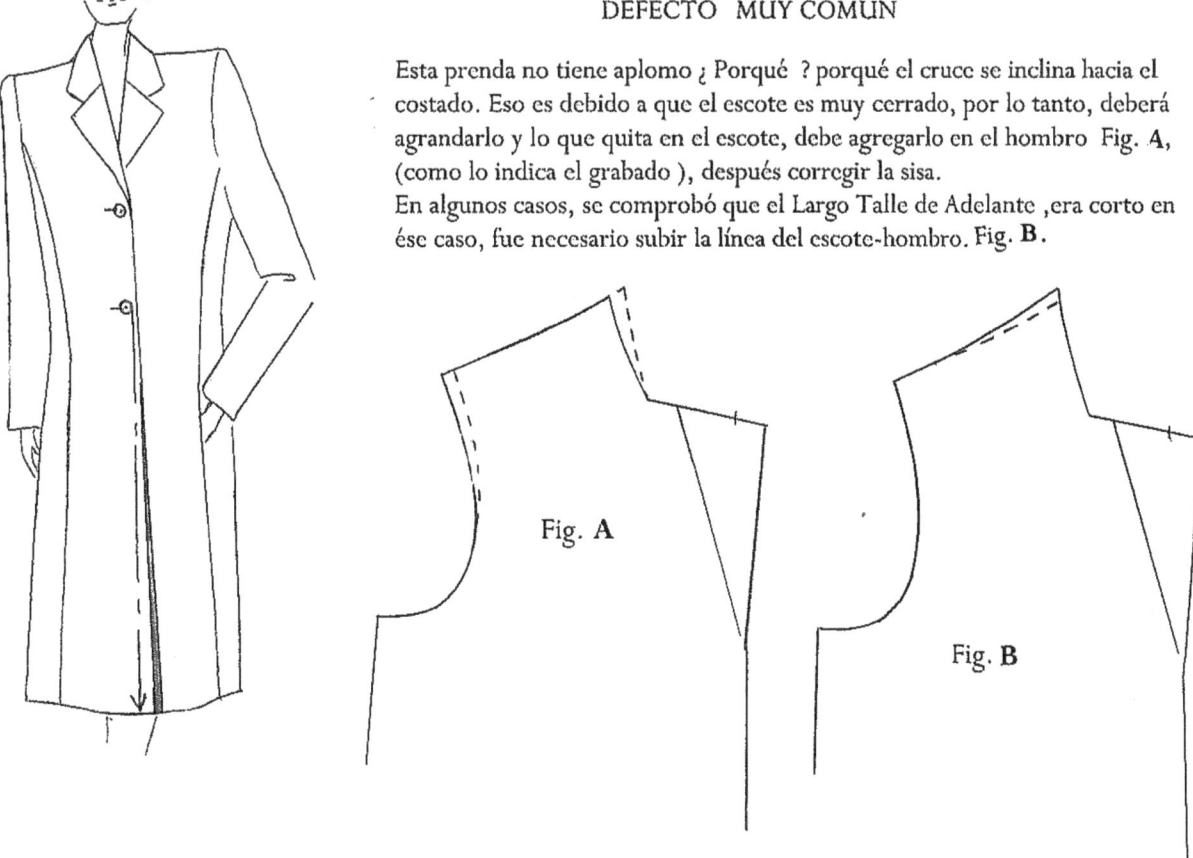

Fig. **A**

Fig. **B**

PANTALON TIPO BAGGY

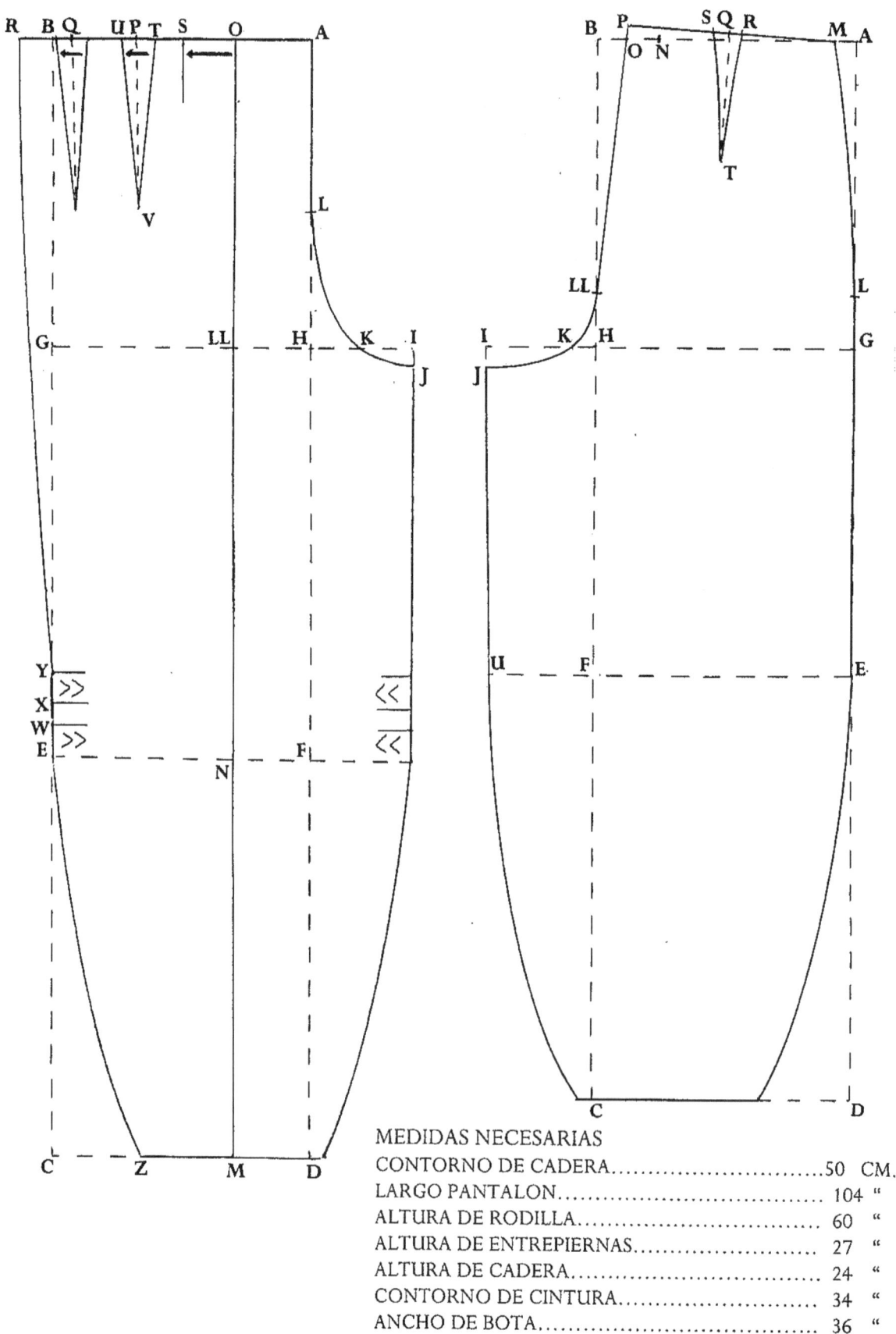

MEDIDAS NECESARIAS
CONTORNO DE CADERA..............................50 CM.
LARGO PANTALON.................................... 104 "
ALTURA DE RODILLA................................. 60   "
ALTURA DE ENTREPIERNAS...................... 27   "
ALTURA DE CADERA................................ 24   "
CONTORNO DE CINTURA.......................... 34   "
ANCHO DE BOTA.................................... 36   "

PASO A PASO CON LA REALIZACION DE LOS TRAZADOS

PARTE DELANTERA

Formar un rectángulo con la mitad del Contorno de Cadera, ejemplo: 25 cm., por el Largo Pantalón más 6 cm. (esos 6 cm. son para pliegues), ejemplo: 110 cm. = **A-B-C-D**.

Desde **A** y **B**, colocar hacia abajo la Altura de Rodilla, más 8 cm. (esos 8 cm. son: 6 cm. para pliegues y 2 cm. para espacio= **F-E**. Unir dichos puntos.

Desde **B** y **A**, colocar hacia abajo la Altura de Entrepiernas más 2 cm., ejemplo: 29 cm.= **G** y **H**. Unir dichos puntos.

Desde **H**, prolongar la línea, aplicando 1/5 parte de la Cadera, ejemplo: 10 cm. = **I**. **I-J** = 1 ½ cm..

Marcar el centro de **I-H** = **K**.

Desde **H**, ubicar hacia arriba la distancia **H-I** más 3 cm. = **L**.

Marcar el centro de **I-G** = **LL**.

C-M, E-N, B-O = **G-LL**. Unir **O-LL-N-M**.

Desde **A**, aplicar hacia dentro la mitad de la cintura, ejemplo: 17 cm. = **P**.

Desde **B**, ubicar hacia dentro 1/4 de la distancia **B-P** = **Q**.

Desde **P**, colocar hacia o pasando **B**, 11 cm. para pliegues. De esos 11 cm., 5 cm. son para el primer pliegue, 3 cm. son para el segundo y el tercer pliegue = **R**.

O-S = 5 cm.. Desde **O**, escuadrar hacia abajo unos 10 cm.. **O-S** = primer pliegue.

Desde **P**, aplicar hacia ambos lados 1 ½ cm. (mitad de 3 cm.) = **T** y **U**.

Desde **P**, escuadrar hacia abajo, aplicando 2/3 partes de la Altura de Entrepiernas, ejemplo: 18 cm. = **V**. Unir **V-T** y **V-U**, con líneas rectas.

Marcar el centro de **U-R** y desde dicho punto formar un pliegue igual al anterior.

E-W = 3 cm.= pliegue, **W-X** = 2 cm. = espacio, **X-Y** = 3 cm. = pliegue.

Desde **M**, aplicar hacia **C**, 1/4 parte del Ancho de Bota, ejemplo: 9 cm. = **Z**. Unir **Z-E** con forma.

Doblar el papel de molde por la línea central y calcar la parte indicada con: **G-Y-X-W-E-Z**.

MUY IMPORTANTE: Si no deseare hacer los pliegues a la altura de la rodilla, puede reemplazarlos por frunces.

PARTE TRASERA

Hacer un rectángulo con la mitad de Cadera, ejemplo: 25 cm. por el Largo Pantalón, ejemplo: 104 cm. = **A-B-C-D**.

Desde **A** y **B**, aplicar hacia abajo la Altura de Rodilla, ejemplo: 60 cm. = **E** y **F**. Unir dichos puntos.

Desde **A** y **B**, ubicar hacia abajo la Altura de Entrepiernas, más 2 cm, ejemplo: 29 cm. = **G-H**. Unir **G-H**.

Desde **H**, prolongar la línea colocando la distancia **H-I** de la parte delantera, ejemplo: 10 cm. = **I**. **I-J** = 1 ½ cm..

H-K = 1/4 parte de la distancia **H-I**.

Desde **A** y **B**, colocar hacia abajo la Altura de Cadera, ejemplo: 24 cm. = **L-LL**.

Desde **A**, aplicar hacia dentro la distancia **B-Q** de la delantera =**M**. Unir **M-L**, dando la forma de la Cadera.

Desde **M**, colocar hacia dentro la mitad de la Cintura, ejemplo: 17 cm. = **N**.

Marcar el centro de **N-B** = **O**. El espacio **N-O**, ejemplo: 3 cm., se puede utilizar tanto para hacer dos pinzas, como para hacer una pinza, como en éste caso.

Unir **J-K-LL-O**, luego prolongar la línea 1 ½ cm. = **P**. Unir **P-M**, después marcar el centro de **P-M** = **Q**.

Desde **Q**, aplicar hacia ambos lados la mitad de la distancia **N-O** = **R** y **S**.

Desde **Q**, escuadrar hacia abajo la mitad de la Altura de Cadera, ejemplo: 12 cm. = **T**. Unir **T-R** y **T-S** con ligera forma.

IMPORTANTE: Unir las líneas **E-C**, de la delantera con **E-D** de la trasera y calcar la parte indicada con **E-Z**, luego marcar también la parte de la entrepierna, obteniéndose de ese modo el punto **U**. Unir **U-J**.

SHORT
(MAS VALE AJUSTADO)

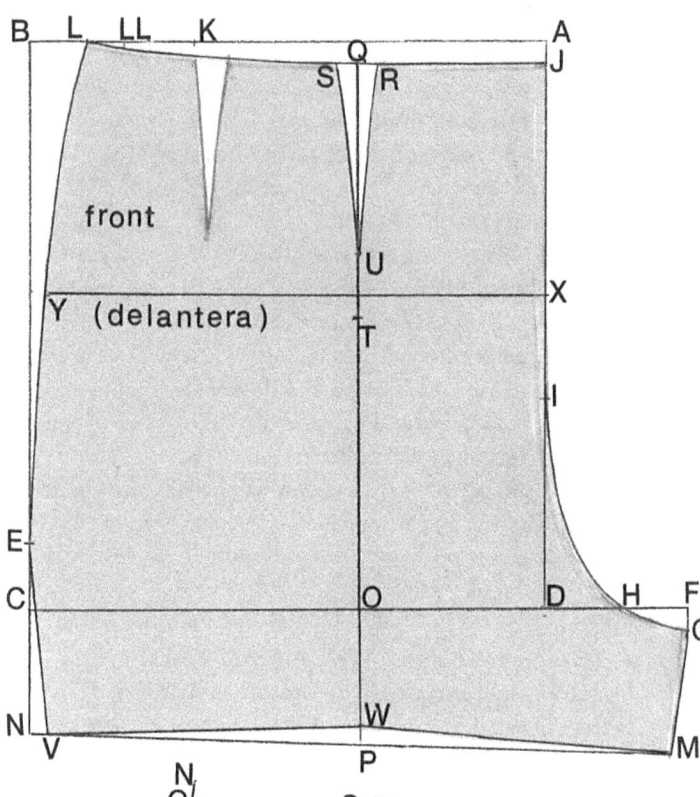

front

(delantera)

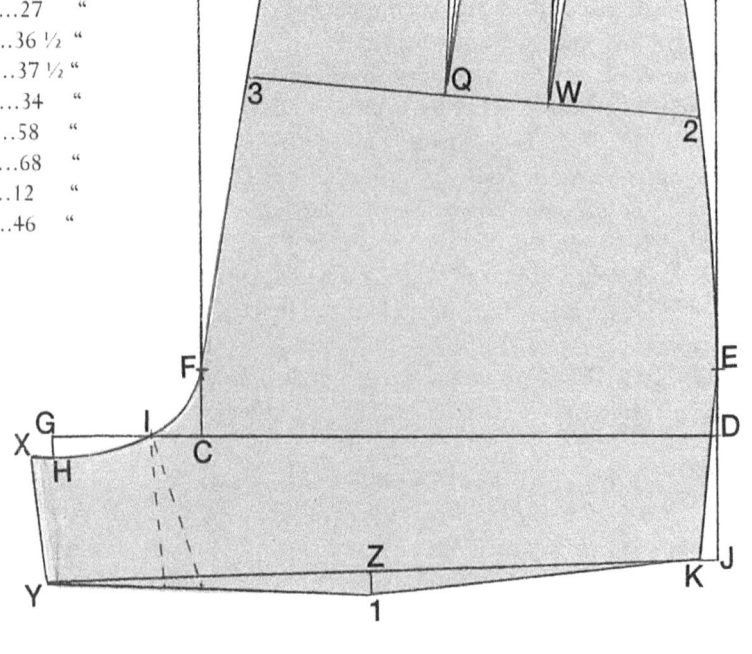

MEDIDAS NECESARIAS
CONTORNO DE CADERA...........................50 CM.
ALTURA DE CADERA................................24   "
ALTURA DE ENTREPIERNAS......................27   "
ALTURA ESCOTE DE ADELANTE................36 ½ "
ALTURA ESCOTE DE ADELANTE PASANDO.....37 ½ "
CONTORNO DE CINTURA........................34   "
ANCHO DE PIERNA...............................58   "
LARGO DE TIRO...................................68   "
ALTURA DE VIENTRE.............................12   "
CONTORNO DE VIENTRE........................46   "

PASO A PASO CON LA RELIZACION DE LOS TRAZADOS

PARTE DELANTERA

Formar un rectángulo con la mitad de Cadera, ejemplo:25 cm. por la Altura de Entrepiernas, ejemplo: 27 cm. = A-B-C-D.

Desde B, aplicar hacia abajo, la Altura de Cadera, ejemplo: 24 cm. = E.

Desde D. prolongar la línea, aplicando 1/7 parte de la Cadera, ejemplo: levemente superior a 7 cm.= F. F-G = 1cm..

Marcar el centro de F-D = H.

Desde D, colocar hacia arriba la distancia D-F, más 3 cm. = I.

Desde A, aplicar hacia dentro la mitad de la medida de Cintura, ejemplo: 17 cm. = K.

B-L = 1/3 parte de la distancia B-K. Unir L-J, con ligera forma.

Unir L-E, según la forma de la cadera. NOTA: Si la persona tuviere mucha forma de Cadera, entonces deberá de aplicar la mitad de B-K, para encontrar el punto L.

Desde L, aplicar hacia K, 1/3 parte de dicha distancia = LL.

Desde G, escuadrar (apoyando la escuadra sobre G-D), aplicando 6 cm. o a gusto = M.

Desde C, prolongar la raya, 6 cm. o a gusto = N. Unir N-M.

Marcar el centro de F-C = O.

N-P, B-Q = C-O. Unir P-O-Q.

Desde Q, colocar hacia ambos lados 1/4 parte de K-LL = R-S.

Desde Q, aplicar hacia abajo la mitad de la Altura de Cadera, ejemplo: 12 cm. = T.

T-U = de 2 a 3 cm.. NOTA: Se acorta la pinza, cuando la distancia entre R-S, es inferior a los 2 cm.. Unir U-R y U-S, con ligera forma.

Marcar el centro de L-S, y, desde dicho punto, formar una pinza igual a la anterior.

P-V = P-M. Unir V-E, con ligera forma, casi recta.

Desde A y L, aplicar hacia abajo, la Altura de Vientre, ejemplo: 12 cm.= X-Y. Medir dicha distancia, ejemplo: 24 ½ cm..

Medir la distancia entre A-G = 32 cm..(no olvidar que se debe medir con el centímetro de canto).

.PARTE TRASERA

Formar un rectángulo igual al de la delantera hasta los puntos C-D.

Desde A y B, colocar hacia abajo, la Altura de Cadera, ejemplo; 24 cm. = E y F.

Desde C, prolongar la raya, aplicando la distancia D-F de la delantera = G. G-H = 1 cm..

C-I = 1/4 parte de la distancia C-G. Si deseare que se note la" cola," coloque 1/3 parte de dichas medidas.

Desde D, prolongar la línea, colocando la distancia C –N de la delantera = J. J-K = N-V de la delantera.

A-L = B-L de la delantera. Unir L-E-K, como lo indica el trazado.

Desde L, colocar la mitad de la Cintura, menos la distancia L-LL de la delantera= LL. Marcar el centro de LL-B = M.

Unir H-I-F-M, como lo indica el trazado.

Desde H, aplicar hacia o pasando M la medida que falta para completar el Tiro, ejemplo: 36 cm. = N. (NOTA: La distancia entre M-N, no puede superar los 2 cm., siempre y cuando la persona no tuviere mucha cola, la diferencia, se usará prolongando el punto H.

M-O = 2 cm.. Unir O-L. Marcar el centro = P.

Desde P, aplicar hacia ambos lados 1/4 parte de LL-M = R y S.

Desde P, escuadrar poniendo la mitad de la Altura de Cadera, ejemplo: 12 cm.= Q. Unir Q-R y Q-S, con ligera forma.

Marcar el centro de R-L = T. Desde T, formar una pinza igual a la anterior = U-V-W.

Desde H, prolongar la línea, aplicando la distancia O-N = X.

Desde X, escuadrar (apoyando la escuadra sobre X-C), aplicando la distancia X-Y de la delantera = Y. Unir Y-K.

Marcar el centro de Y-K = Z. Z-1 = 1 cm..

Unir K-1-Y.

Desde L y O, aplicar hacia abajo la Altura de Vientre, ejemplo: 12 cm.= 2 y 3. Unir dichos puntos.

Sumar las distancias X-Y (delantera)y 2-3 (trasera)= 46 cm. que coincide con el Contorno de Vientre. Si la suma de dichas medidas fuere inferior al trazado, agregar desde Y y 2, mitad para cada lado, si en cambio fuere superior, prolongar las pinzas hasta que queden iguales a la medida del Vientre.

Medir las distancias entre M-V (delantera) y K-Y (trasera). Si el ancho es el deseado, se mantendrán las formas; Si el Ancho de Pierna, fuere mucho más chica, entonces se deberá hacer una pinza, como lo indican las líneas discontinuas luego se deberá cerrar dicha pinza, y, luego, si fuere necesario suavizar las líneas.

Si lo deseare más ancho, los puntos V y K (delantera y trasera) quedarán nulos, de modo que las líneas quedarán formadas por: J-E-L y N-E-L, en ése caso, deberá agrandar también las líneas M y Y (delantera y trasera).

SHORT SUELTO

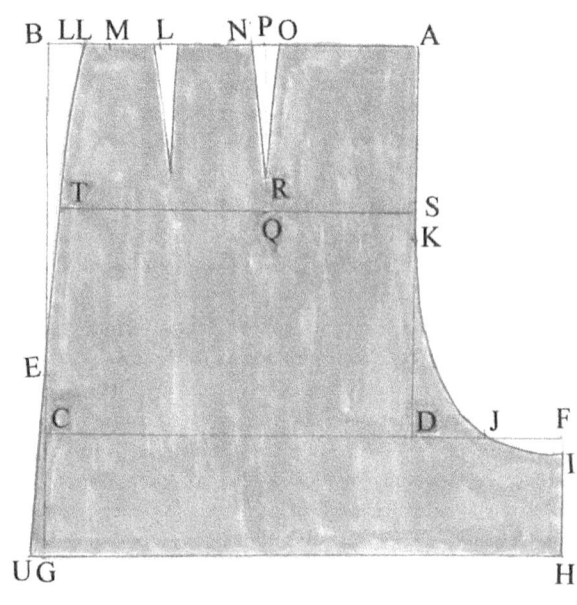

MEDIDAS NECESARIAS

CONTORNO DE CADERA.................50 CM.

ALTURA DE ENTREPIERNAS..............26 "

ALTURA DE CADERA......................22 "

CONTORNO DE CINTURA...............35 "

ALTURA DE VIENTRE...................... 11 "

CONTORNO DE VIENTRE.................47 "

LARGO DE TIRO...........................69 "

ANCHO DE PIERNA.......................58 "

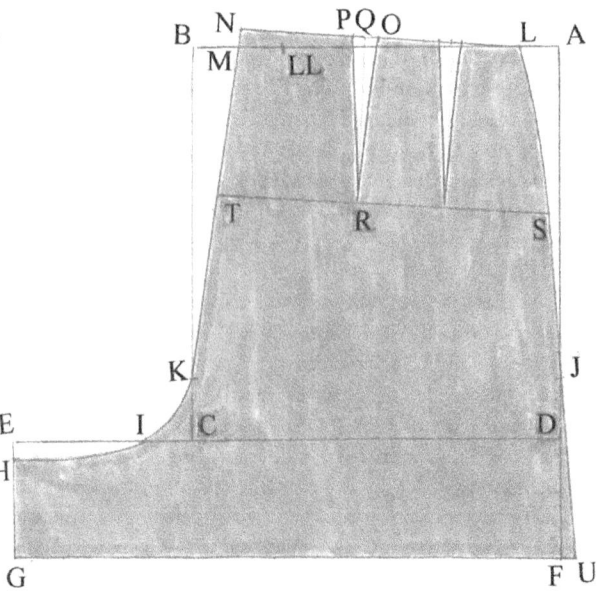

PASO A PASO CON LA REALIZACION DE LOS TRAZADOS

PARTE DELANTERA:

Hacer un rectángulo con la mitad de la Cadera, ejemplo: 25 cm. por la Altura de Entrepiernas, ejemplo: 26 cm.= **A-B-C-D**.

Desde **B**, ubicar hacia abajo la Altura de Cadera, ejemplo: 22 cm. = **E**.

Desde **D**, seguir la horizontal, colocando 1/5 parte de la Cadera, ejemplo: 10 cm. = **F**.

Desde **C**, prolongar y desde **F**, escuadrar aplicando 8 cm. o a gusto = **G** y **H**. Unir dichos puntos.

F-I = 1 cm..

Marcar el centro de **F-D** = **J**.

D-K = **D-F** más 3 cm..

Unir **I-J-K**, como lo indica el trazado.

Desde **A**, colocar hacia dentro la mitad de la Cintura, ejemplo: 17 ½ cm. = **L**.

B-LL = 1/3 parte de **B-L**. NOTA: Si la persona tuviere mucha forma de cadera, entonces se aplicará la mitad de **B-L**, para encontrar el punto **LL**.

Unir **E-LL**, según la forma de la cadera.

LL-M= 1/3 parte de **LL-L**. El espacio **M-LL**, se utilizará para hacer dos pinzas, siempre y cuando supere los 2 ½ cm., caso contrario se hará una sola pinza. IMPORTANTE: Si la persona tuviere "mucha cola" entonces se marcará la mitad de **L-LL** para encontrar el punto **M**.

Marcar el centro de **A-LL** = **N**. **N-O** = mitad de **L-M**. **P** = mitad de **O-N**.

Desde **P**, escuadrar colocando la mitad de la Altura de Cadera, ejemplo: 11 cm = **Q**. IMPORTANTE: Cuando el espacio **N-O**, es inferior a 2 cm., deberá acortar la pinza unos 2 cm = **R**. Unir **R-O** y **R-N**, con ligera forma.

Marcar el centro de **N-LL**y desde dicho punto, formar una pinza igual a la anterior.

A-S y **LL-T**= Altura de Vientre, ejemplo: 11 cm.. Unir dichos puntos. Medir dicha distancia, ejemplo: 24 ½ cm..

Medir la distancia entre **A- I**, ejemplo: 33 cm. .

Desde **E**, prolongar la línea de cadera en forma armónica colocando la distancia **E-G**= **U**. Unir **U-G**.

PARTE TRASERA

Trazar un rectángulo igual al anterior hasta los puntos **A-B-C-D**.

Desde **C**, prolongar la horizontal colocando la distancia **D-F** de la delantera más 2 cm. o a gusto = **E**.

Desde **D** seguir la línea y desde **E**, escuadrar colocando la distancia **F-H** de la delantera = **F-G**. Unir dichos puntos.

E-H= **F-I** de la delantera.

C-I = 1/4 parte de la distancia **C-E**.

Desde **A** y **B**, aplicar hacia abajo la Altura de Cadera, ejemplo: 22 cm. = **J-K**.

A-L = **B-LL** de la delantera. Unir **L-J**, según la forma del cuerpo de la persona.

Desde **L**, colocar hacia dentro la mitad de la Cintura, menos la distancia **M-LL** de la delantera = **LL**.

Marcar el centro de **LL-B** = **M**. El espacio **LL-M**, se utilizará para hacer dos pinzas.

Unir **H-I-K-M**.

Desde **H**, poner hacia o pasando **M**, la medida que falta para completar el Largo de Tiro más 2 cm. (que equivalen a los 2 cm. que se aplicaron entre la distancia **C-E**),ejemplo: 38 cm.= **N**. NOTA: La distancia entre **M-N**, no puede superar los 2 cm., si así fuere lo que sobrare, se agregará prolongando la línea **H**. Unir **N-L**.

Marcar el centro de **L-N** = **O**. **O-P** = mitad de **LL-M**. **Q**= mitad de **O-P**.

Desde **Q**, escuadrar aplicando la mitad de la altura de Cadera, ejemplo: 11 cm. = **R**. Unir **R-O** y **R-P**, con ligera forma.

Marcar el centro de **O-L**, y desde dicho punto, realizar una pinza igual a la anterior.

L-S y **N-T**= Altura de Vientre, ejemplo: 11 cm.. Unir dichos puntos. Medir dicha distancia y agregarle los espacios que ocuparen las pinzas si éstas se cruzaran con dicha línea, ejemplo: 22 ½ cm.

Sumar las distancias entre **S-T** de la delantera y **S-T** de la trasera, ejemplo: 47 cm., que coincide con la medida del Vientre. IMPORTANTE: Si la suma de dichos espacios superare la medida del Contorno del Vientre, deberá prolongar todas las pinzas hasta hacerlos coincidir; Si en cambio fuere inferior, deberá agregar mitad para cada lado de los puntos **S** y **T**.

Desde **F**, ubicar hacia fuera la diferencia **G-U** de la delantera= **U**. Unir **U-J**.

COMO ELIMINAR LAS ARRUGAS EN EL TIRO DELANTERO DEL PANTALON

ÉSTE TIPO DE DEFECTO, SE ENCUENTRA EN TODAS AQUELLAS PERSONAS QUE TIENEN EL MUSLO SOBRESALIENTE (O PIERNAS ANCHAS); O QUE AL COSER SE HAYA ESTIRADO EL TIRO Y SOBRE TODO POR UN MAL PLANCHADO.

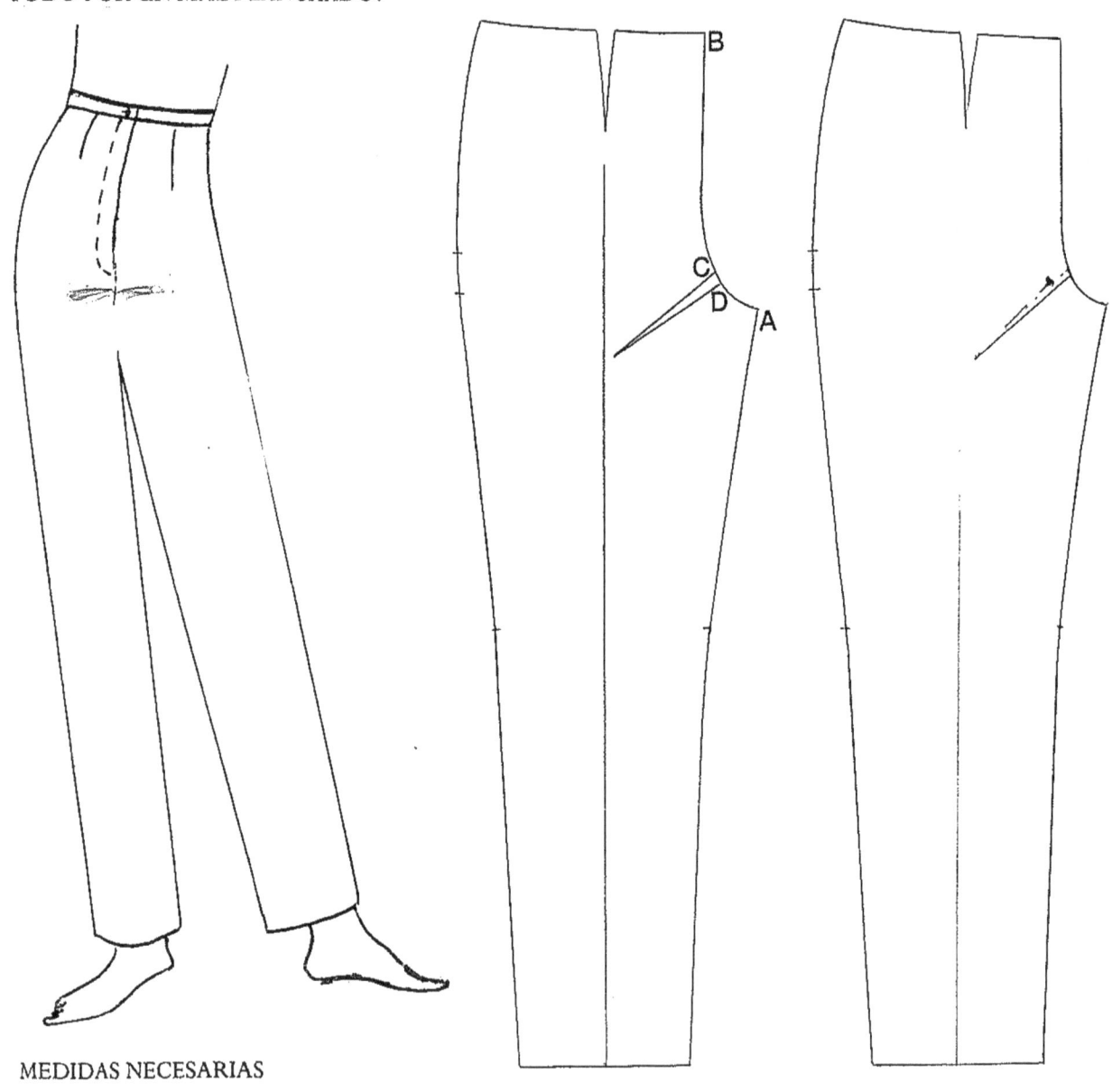

MEDIDAS NECESARIAS

CONTORNO DE CADERA............................50 CM.

CONTORNO DE MUSLO.............................52   "

MODO DE ELIMINAR LA ARRUGA

A-B = Largo de Tiro delantero.

C-D = pinza equivalente a la diferencia entre Cadera y Muslo.

Cerrar la pinza y al colocar el molde sobre la tela, tratar de aplanarlo.

¿Qué sucede si la persona no tiene muslo y hace el mismo defecto ? Eso quiere decir que se estiró la costura al coser y, también que se planchó muy mal la misma. Entonces? Entonces, es conveniente hacer igualmente la pinza para evitar problemas (de que ancho ? aproximadamente de 3/8" = alrededor de 1 cm.).

COMO HACER LAS BOTAMANGAS
UTILIZAR LOS MOLDES SIMPLES DE UN PANTALON

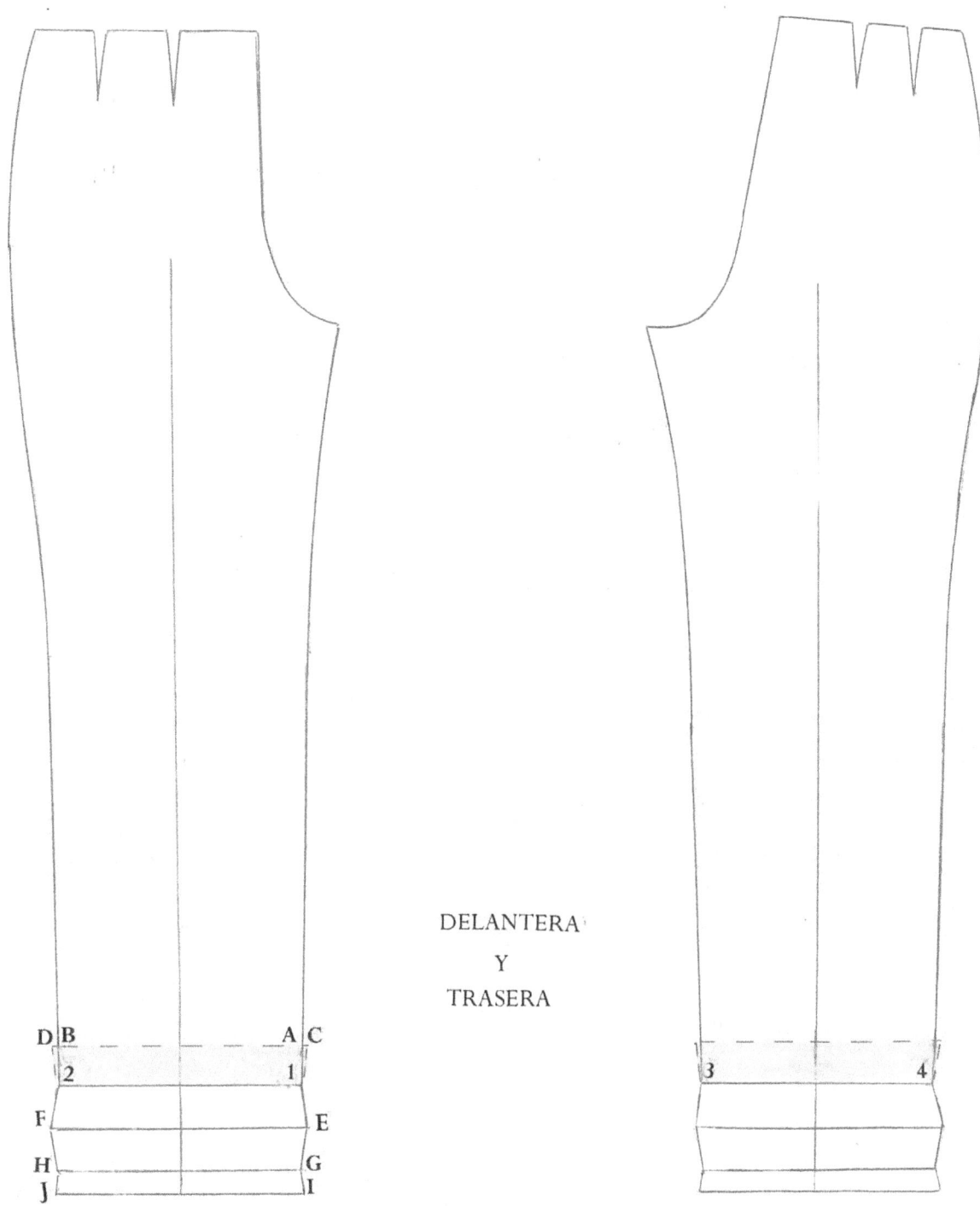

DELANTERA

Y

TRASERA

Con los puntos **1-2** y **3-4**, marcar los bordes de los ruedos.

Desde **1** y **2**, aplicar hacia arriba el ancho de la Botamanga, ejemplo: 5 cm. = **A** y **B**. Unir dichos puntos.

A-C y **B-D** = 1/4 de cm. (o según el grosor de la tela). Unir **C-1** y **D-2**.

Desde **1** y **2**, doblar el papel hacia arriba y copiar el ancho de la Botamanga (parte sombreada) = **E** y **F**, después desde **E** y **F**, doblar el papel hacia abajo y calcar de nuevo la Botamanga = **G** y **H**, a continuación desde **G** y **H**, doblar el papel hacia arriba y marcar la mitad de la distancia **G-E** = **I** y **J**.

La parte trasera, se realiza de la misma manera.

MODO DE REALIZAR EL FORRO EN EL PANTALON
UTILIZAR LOS MOLDES SIMPLES DE UN PANTALON

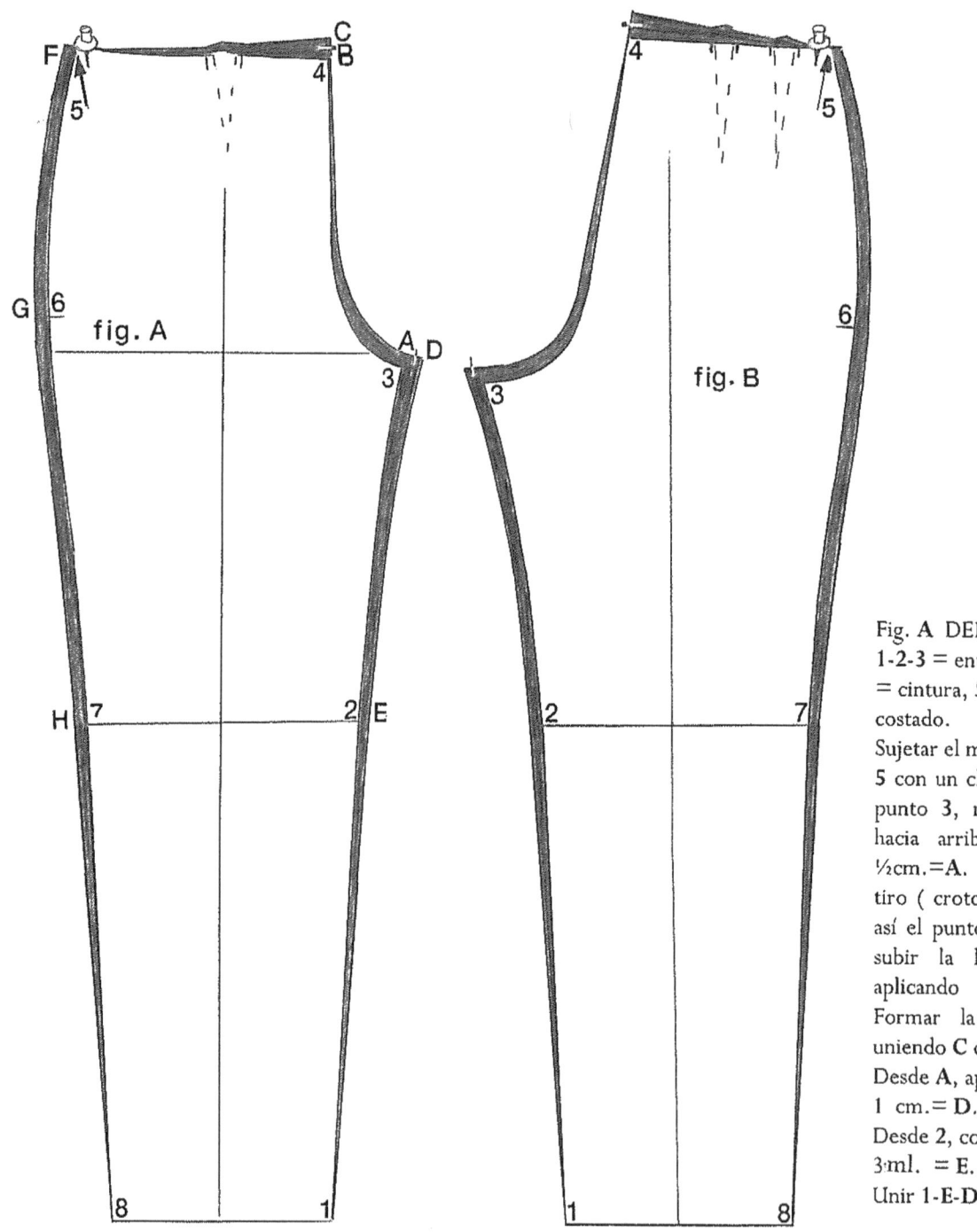

Fig. **A** DELANTERA.
1-2-3 = entrepiernas, 4-5 = cintura, 5-6-7-8 = costado.

Sujetar el molde en el punto **5** con un chinche. Desde el punto **3**, mover el molde hacia arriba, aplicando 1 ½cm.=**A**. Marcar el nuevo tiro (crotch), formándose así el punto **B**, y desde **B**, subir la línea aun más, aplicando 3 ml.   **C**. Formar la nueva cintura uniendo **C** con **5**.

Desde **A**, aplicar hacia fuera 1 cm.= **D**.

Desde **2**, colocar hacia fuera 3 ml. = **E**.

Unir **1-E-D**.

Desde **5**, aplicar hacia fuera, 3 ml. = **F**. Haga lo mismo con **6-G** y **7-H**.

Unir **8-H-G-F**.

El espacio **5-F**, se puede reducir agrandando la (o las) pinza-s, que en realidad, se convertirán en pliegues, que también podría ser uno solo, con la suma de las dos pinzas.

Fig. **B** TRASERA.

Se realiza del mismo modo que la delantera.

IMPORTANTE: Al lado derecho, deberá descontarle la cartera (si es que va abierto adelante y con cartera tipo hombre), así como también agregarle en el lado izquierdo (fly).

PANTALON FRUNCIDO EN LA CINTURA
EMPLEAR LOS MOLDES SIMPLES DE UN PANTALON AJUSTADO EN LA BOTA

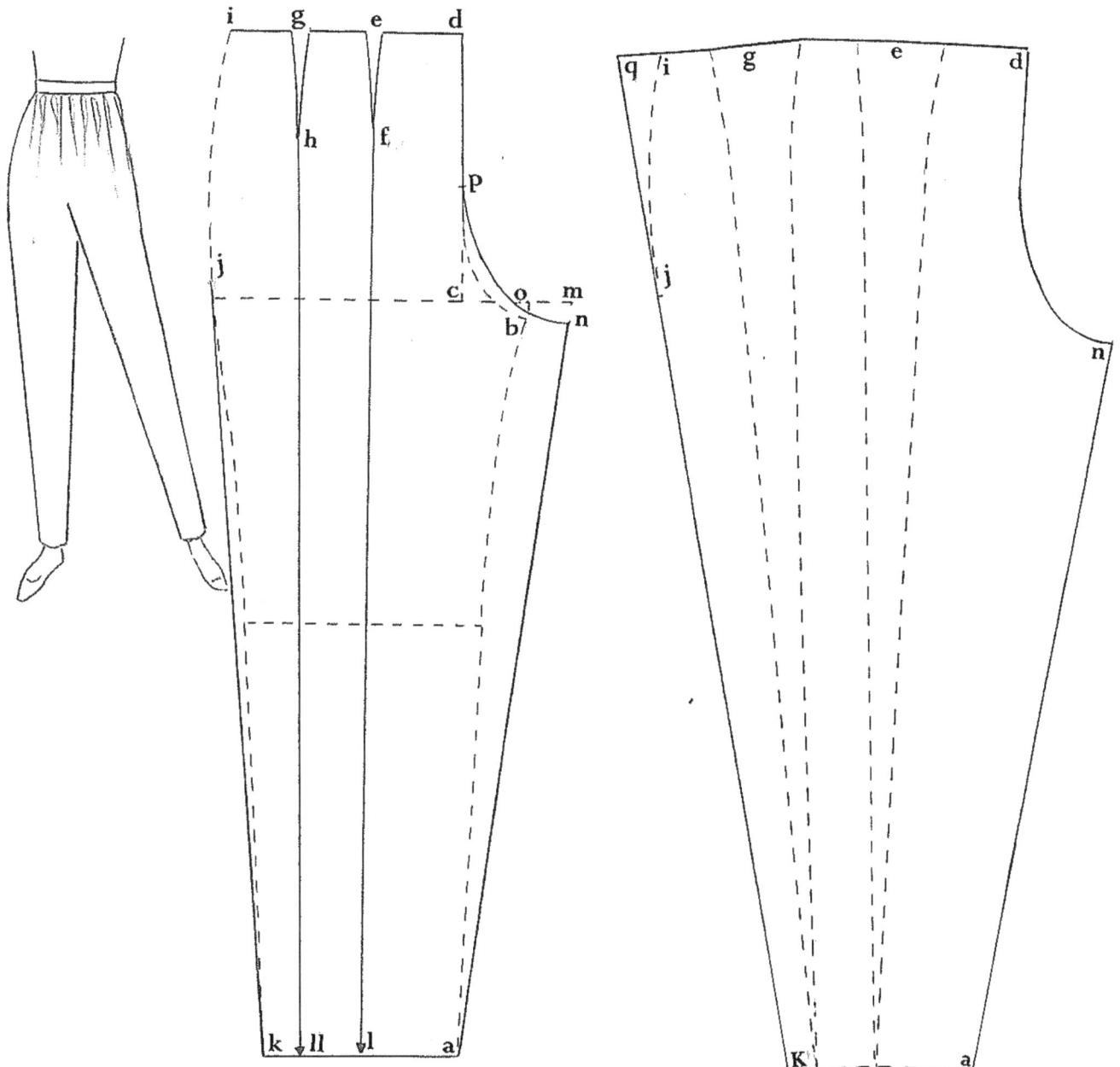

MEDIDA NECESARIA = CONTORNO DE CADERA, EJEMPLO: 50 CM.

DELANTERA: a-b = entrepiernas, c = altura de entrepiernas, d-e-g-i = cintura, e-f y g-h = pinzas, i-j-k = costado, j = altura de cadera, f-l = línea central.

Desde h, trazar una línea hasta el ruedo = ll.

Desde c, prolongar la línea de entrepiernas, aplicando 1/5 parte de la Cadera, ejemplo: 10 cm. = m.

m-n = 2 cm. . Unir n-a, con línea recta.

Marcar el centro de c-m = o.

c-p = c-m. Unir p-o-n, con forma.

Cortar desde f y h hasta l y ll, después abrir los cortes a gusto.

Unir k-j, a continuación desde j e i, prolongar las líneas, al juntarse, se forma q.

La trasera, se realiza de la misma manera.

JODPHURS
USAR LOS MOLDES SIMPLES DE UN PANTALON

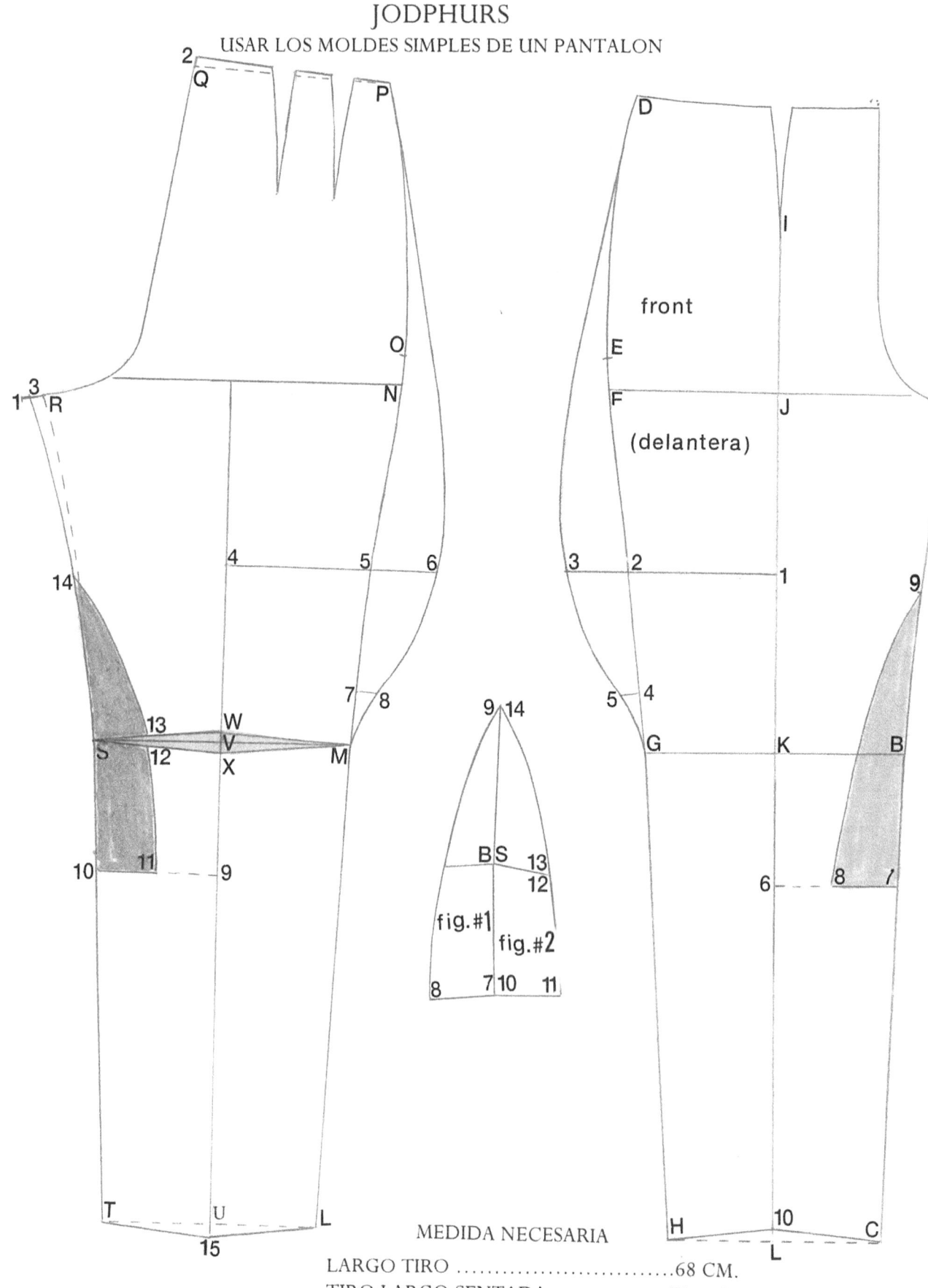

front

(delantera)

fig.#1

fig.#2

MEDIDA NECESARIA

LARGO TIRO ....68 CM.

TIRO LARGO SENTADA................70   "

PASO A PASO CON LA REALIZACION DE LOS TRAZADOS

PARTE DELANTERA

A-B-C = entrepierna, D-E-F-G-H = costado, I-J-K-L = línea central, E= altura de cadera, F = altura de entrepierna, B-G = altura de rodilla.

Marcar el centro de J-K = 1.

Desde 1, escuadrar hasta la línea del costado = 2 y desde 2, prolongar la raya 6 cm. o a gusto = 3.

Desde G, aplicar hacia arriba 1/3 parte de G-2 = 4.

Desde 4, escuadrar aplicando 2 cm. o a gusto = 5.

Unir G-5-3-D.

Desde K, colocar hacia abajo 12 cm. o a gusto = 6.

Desde 6, escuadrar hasta la entrepiernas = 7.

Marcar el centro de 6-7 = 8.

Desde B, colocar hacia arriba, 15 cm. o a gusto = 9.

Unir 8-9, luego calcar la parte sombreada. Fig.#1.

Desde L, colocar hacia arriba 1 cm. = 10.

Unir C-10-H.

PARTE TRASERA

LL-M-N-O-P = costado, R-S-T = entrepierna, O = altura de cadera, N = altura de entrepierna, M-S = altura de rodilla, Q-R = largo de tiro.

Marcar el centro LL-T = U.

Marcar el centro de M-S = V.

Unir U-V, después prolongar la raya hasta la altura de la entrepiernas.

Desde V, aplicar hacia ambos lados de ½ a ¾ de cm. = W y X.

Unir M-W-S y M-X-S.

R-1 = diferencia entre el Largo de Tiro y el Tiro Largo Sentada, ejemplo: 2 cm..

Desde Q, prolongar la línea, aplicando 1/3 parte de la distancia R-1 = 2.Unir 2-P, luego termine las pinzas.

Se hace dicha operación si la persona tuviere " cola " parada, de lo contrario no.

R-3 = 2/3 partes de R-1. Unir 3-S.

Desde V, aplicar hacia arriba la medida de los puntos K-1 de la delantera = 4.

Desde 4, escuadrar hasta el costado = 5, siguiendo con la línea, prolongar la raya 6 cm. o a gusto =6.

Desde M, aplicar hacia arriba igual medida de los puntos G-4 de la delantera = 7.

Desde 7, escuadrar, aplicando igual medida de los puntos 4-5 de la delantera = 8.

Unir M-8-6-P, o sea, tiene que darle la misma forma del costado de la delantera.

Desde V, aplicar hacia abajo la distancia K-6 de la delantera = 9.

Desde 9, escuadrar hasta el lado opuesto = 10.

Marcar el centro de los puntos 9-10 = 11.

S-12 y S-13 = 10-11.

Desde S, colocar hacia arriba la medida de los puntos B-9 de la delantera = 14.

Unir 11-12-13-14 = parte sombreada oscura (calcar dicha parte), después cerrar la pinza 12-S-13. Fig.#2.

U-15 = 1 cm..

Unir LL-15-T.

Juntar las Fig.#1 y #2.Dicha parte (refuerzo) en general va en cuero y va pespunteado.

IMPORTANTE: El espacio sombreado M-W-S-X-M corresponde a una pinza; Si Usted lo desea, puede separar el molde por dichas líneas.

BREECH
PARTE DELANTERA

MEDIDAS NECESARIAS

CONTORNO DE CADERA............................50 CM.
ALTURA DE RODILLA............................... 60   "
ALTURA DE CADERA................................. 24   "
ALTURA DE ENTREPIERNAS........................ 27   "
ALTURA ESCOTE DE ADELANTE.................. 36 ½ "
ALTURA ESCOTE DE ADELANTE PASANDO...... 37 ½ "
CONTORNO DE CINTURA......................... 34   "
CONTORNO DE RODILLA.......................... 36   "
ALTURA DE PANTORRILLA........................ 72   "
CONTORNO DE PANTORRILLA................... 36   "
LARGO TIRO SENTADO............................. 70   "

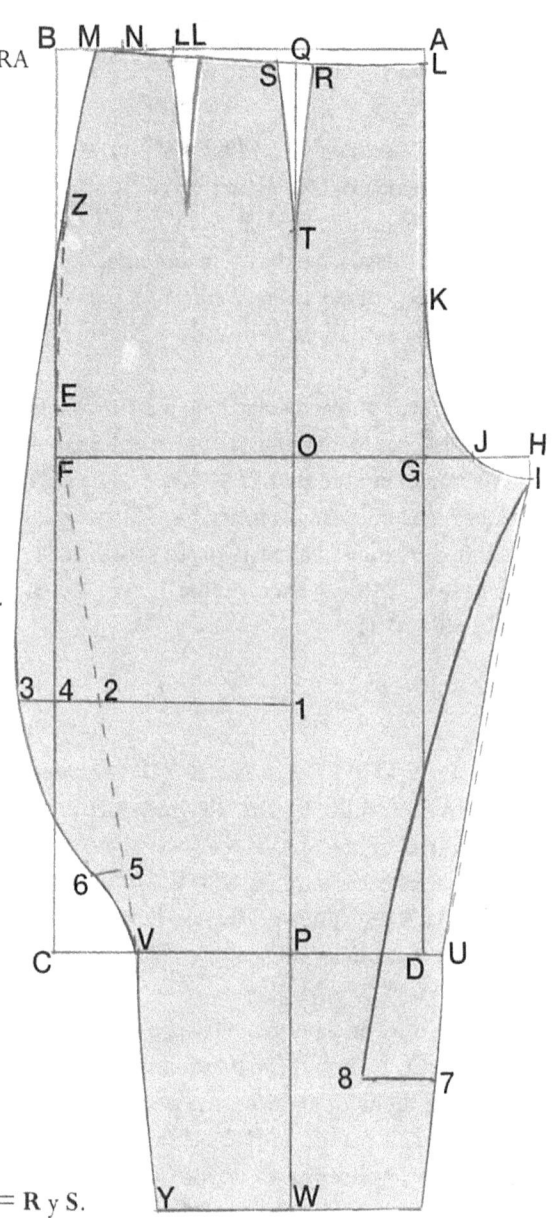

Hacer un rectángulo con la mitad de la Cadera, ejemplo: 25 cm. por la Altura de Rodilla, ejemplo: 60 cm. = **A-B-C-D**.

Desde **B**, poner hacia abajo la Altura de Cadera, ejemplo: 24cm.=**E**.

Desde **B** y **A**, ubicar hacia abajo la Altura de Entrepiernas, ejemplo: 27 cm. = **F-G**. Unir dichos puntos.

Desde **G**, prolongar la línea, usando 1/7 parte de Cadera, ejemplo: levemente superior a 7 cm. = **H. H-I** = 1cm..

Marcar el centro de **H-G = J**.

G-K = G-H, más 3 cm.. Unir **K-J-I**, con la forma como lo indica el grabado.

A-L = diferencia entre la Altura Escote de Adelante y la Altura Escote de Adelante Pasando, ejemplo: 1 cm..

Desde **A**, aplicar hacia dentro la mitad de Cintura, ejemplo: 17 cm. = **LL**.

B-M = 1/3 parte de **B-LL**. Unir **M-L** con ligera forma. Unir **M-E**, según la forma de la cadera.

M-N=1/3 parte de **M-LL**.

Marcar el centro de **H-F = O**.

Desde **C** y **B**, colocar hacia dentro la distancia **F-O = P** y **Q**. Unir **Q-O-P**.

Desde **Q**, colocar hacia ambos lados 1/4 parte de la distancia **N-LL = R** y **S**.

Desde **Q**, aplicar hacia abajo la mitad de la Altura de Cadera, ejemplo: 12 cm. = **T**. Unir **T-R** y **T-S**, con ligera forma. Marcar el centro de **M-S**, y desde ése nuevo punto, formar una pinza igual a la anterior.

Desde **P**, colocar hacia ambos lados 1/4 parte del Contorno de Rodilla, más 1 ¼ cm. o a gusto, ejemplo: 10 ¼ cm. = **U** y **V**. Unir **U-I** y **V-E** con líneas discontinuas.

Desde **Q**, aplicar hacia abajo, la Altura de Pantorrilla, más 4 cm, o a gusto, ejemplo: 76 cm. = **W**.

Desde **W**, escuadrar hacia ambos lados, aplicando 1/4 parte del Contorno de Pantorrilla, ejemplo: 9 cm. = **X** y **Y**. Marcar el centro de **B-E = Z**.

Marcar el centro de **O-P = 1**.

Desde **1**, escuadrar hasta la línea discontinua = **2**, a continuación seguir con la raya, aplicando 6 cm. o a gusto = **3. 4**, se forma al cruzarse las líneas.

Desde **V**, aplicar hacia arriba 1/3 parte de **V-2 = 5**. Desde **5**, escuadrar colocando 2 cm. o a gusto = **6**.

Unir **Y-V-6-3-Z** y **X-U-I**, como lo indica el grabado.

Marcar el centro de **X-U = 7**, y desde **7**, aplicar la mitad de **U-P = 8**. Unir **8-I**.

Calcar la parte indicada con: **7-U-I-8-7**. Éste será el refuerzo, aunque podría cambiar su aspecto de desearlo.

Medir la distancia entre **A-I**, ejemplo: 32 cm..

BREECH

BACK PART

Hacer un rectangulo con la mitad de Cadera, ejemplo: 25 cm.porla Altura de Rodilla, ejemplo: 60 cm. = **A-B-C-D**.

Desde **A** y **B**. aplicar hacia abajo la Altura de Cadera, ejemplo:24 cm. = **E** y **F**.

Desde **A** y **B**, ubicar hacia abajo, la Altura de Entrepiernas,Ejemplo: 27 cm. = **G** y **H**. Unir **G-H**.

Desde **H**, prolongar la via, aplicando la medida de los puntos**G-H** de la parte delantera, mas 2 cm. = **I**.

H-J = 1/4 parte de la distancia **H-I**.

A-K = medida **B-M** de la delantera. Unir **K-E**, como lo indica el trazado.

Marcar el centro de los puntos **K-E** = **L**.

Marcar el centro de los puntos **G-D** = **LL**.

Desde **LL**, escuadrar colocando la distancia **4-3** de la delantera = **M**.

Desde   **D**, colocar hacia dentro la distancia **C-V** de la delantera = **N**. Unir **N-E**.

Desde **N**, aplicar hacia arriba la medida **V-5** de la delantera = **O**.

Desde   **O**, escuadrar colocando la distancia **5-6** de la delantera = **P**.

Desde N, colocar hacia dentro la mitad del Contorno de Rodilla mas 2 cm. cm. o a gusto, ejemplo: 20 cm. **Q**.

Unir **Q-I**, con forma y con linea discontinua.

Desde **Q**, ubicar hacia **I**, la distancia **U-I** de la delantera, menos 1 ½ cm. = **R**.

Desde **K**, aplicar hacia dentro la mitad de la Cintura, menos la medida **M-N** de la delantera =**S**.

Marcar el centro de los puntos **S-B** = **T**. NOTA: La distancia **S-T**, se utilizara para hacer dos pinzas.

Unir **R-J-F-T**, como lo indica el trazado.

Desde **R**, aplicar hacia o pasando **T**, la medida que falta para completer el Largo de Tiro,ejemplo: 38 cm. = **U**. Medir la distancia entre **T-U**.

IMPORTANTE: Para evitar inconvenientes, es necesario que la distancia Entre **T-U**, no supere los dos cm.,. a menos que la persona tuviere mucha cola..En este caso, se superan, la diferencia se aplicara, prolongando la linea **R** de la Entrepierna.

Desde **T**, aplicar hacia arriba, 2 cm. = **V**. Unir **V-K**, luego, marcar la mitad De dichos puntos = **W**.

Desde **W**, colocar hacia ambos lados 1/4 parte de la distancia **S-T** = **X** y **Y**.

Desde **W**, escuadrar hacia abajo, aplicando la mitad de **A-E** = **Z**. Unir **Z- X** y **Z-Y**, con ligera forma.

Marcar el centro de **X-K,** y desde el nuevo punto, forma una pinza igual a la anterior.

Marcar el centro de **N-Q** = **1**.

Desde **1**, aplicar hacia ambos lados ¾ de cm. = **2** y **3**.

Unir **N-2-Q** y **N-3-Q**, con ligera forma.

Desde **1**, escuadrar hacia abajo, aplicando la distancia **P-W** de la dentera = **4**.

Desde **4**, escuadrar hacia ambos lados, aplicando 1/4 parte del Contorno de Pantorrilla, ejemplo: 10 cm. = **5** y **6**.

Desde **R**, prolongar la via. colocando la distancia **V-U** = **7**.

Unir **5-N-P-M-L-K** y **6-Q-7**,formando la definitiva linea de entrepierna.

Marcar el centro de **Q-6** = **8**.

Desde **8**. Trazarar una horizontal, aplicando la mitad de la distancia **Q-1** = **9**.

Desde **Q**, ubicar hacia dentro y hacia ambos lados la distancia **8-9** = **10** y **11**. Unir **9-10-11-J**.

Calcar la parte indicada con:**8-9-10-11-J-R-7-Q-8**. Cerrar la " pinza" **10-Q-11**. Este, sera el refuerzo, y porsupuesto, puede cambiar de forma de desearlo.

Antes de juntar las entrepiernas, debera cambrar la linea **Q-7**, 1 ½ cm..

MUY IMPORTANTE: Dejar una abertura (en la linea **6-Q**) para poder colocar un zipper.

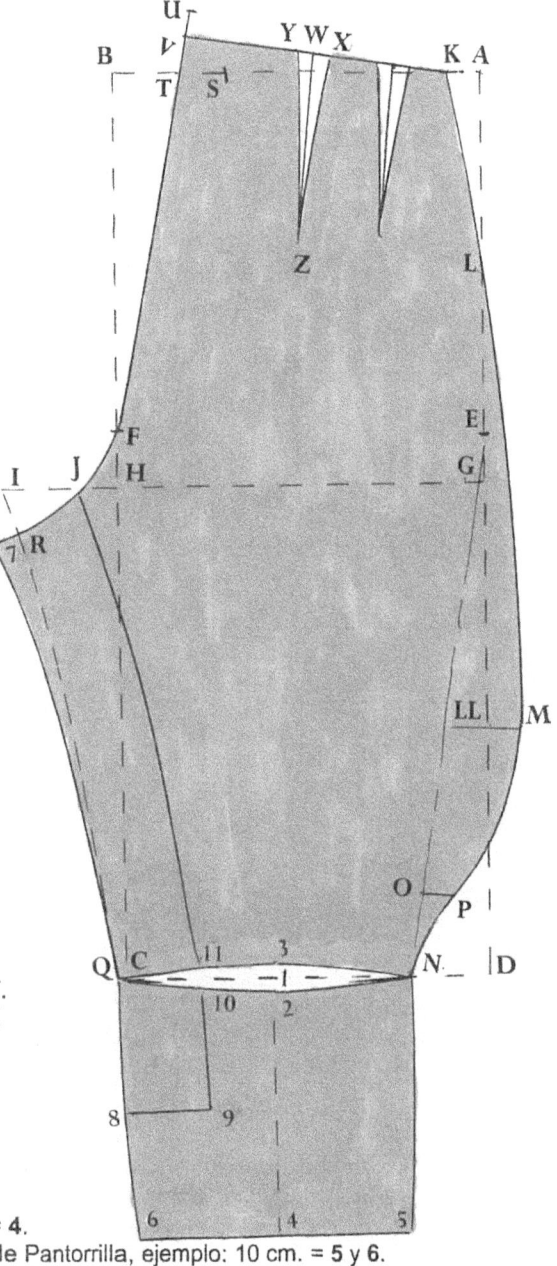

PANTALON PARA CABALGAR A LO PISANO
UTILIZAR LOS MOLDES SIMPLES DE UN PANTALON O DE UN JEANS

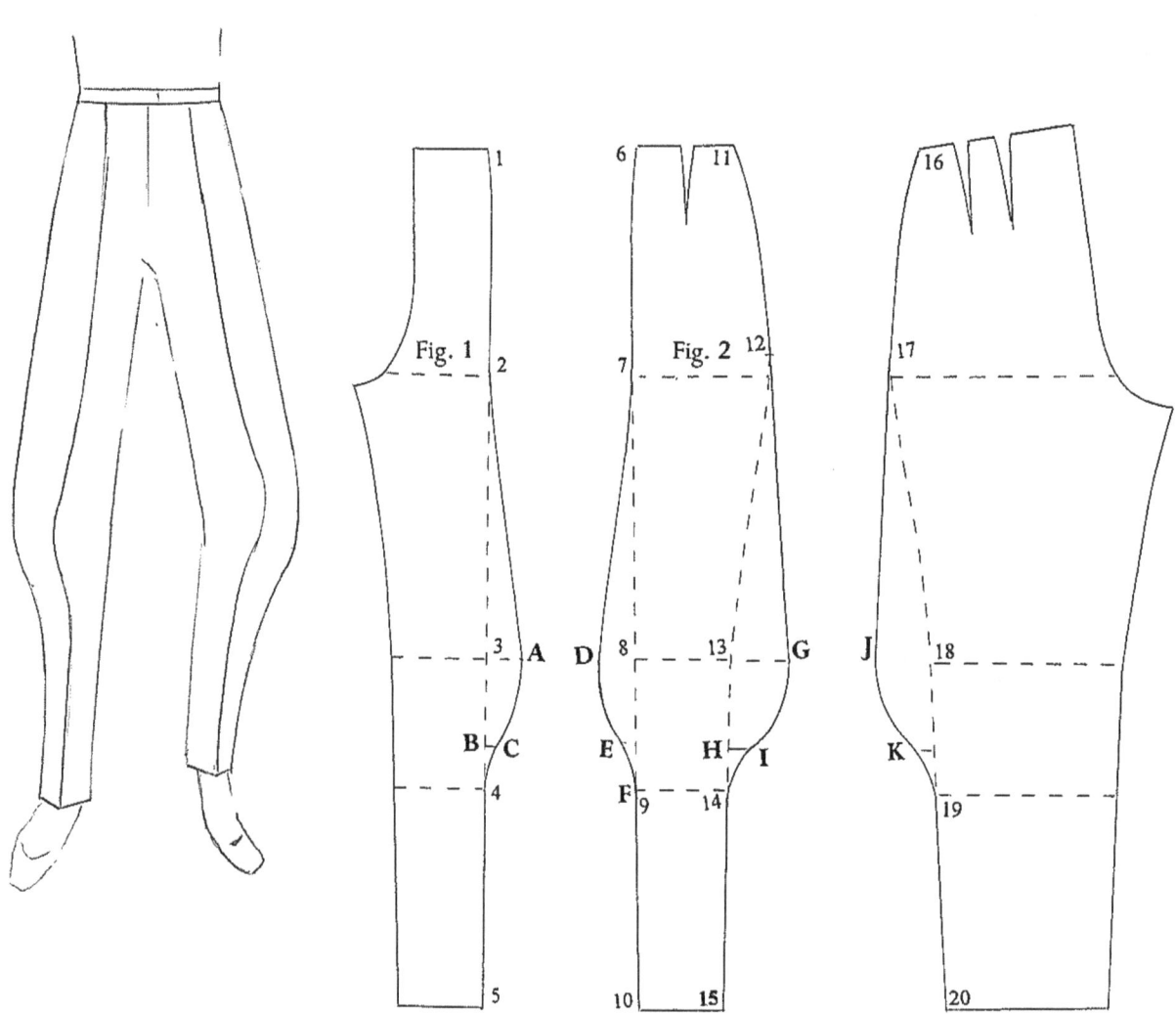

DELANTERA separado por la línea central Fig. 1 y 2

1-2-3-4-5y 6-7-8-9-10= líneas centrales, 2-7 = altura de entrepiernas, 3-8 = altura de rodilla, 4-9 = altura de pantorrilla, 11-12-13-14-15 = costado, 12 = altura de cadera, 13-8 = altura de rodilla,14-9 = altura de pantorrilla.

Desde 3,prolongar la línea hacia fuera, aplicando 4 cm. o a gusto = **A**.

Desde 4, colocar hacia arriba1/3 parte de la distancia 4-3 = **B**.

Desde **B**, escuadrar poniendo 1 cm. o a gusto =**C**.

Unir **4-C-A-2**, como lo indica el trazado, luego encimar la Fig.1 sobre la Fig.2 y calcar la nueva línea = **D-E-F**.

Desde13, prolongar la línea, aplicando 5 cm. o a gusto = **G**.

14-**H** = 1/3 parte de 14-13. **H-I** = 2 cm..

Unir **14-I-G-12**, con forma.

TRASERA

16-17-18-19-20 = costado, 17 = altura de cadera, 18 = altura de rodilla, 19 = altura de pantorrilla .

Encimar los costados de la delantera sobre la trasera y, copiar la forma lateral, obteniéndose de ese modo **J-K**.

PANTALON TIPO ZUAVA
UTILIZAR LOS MOLDES SIMPLES DE UN PANTALON HASTA LA RODILLA

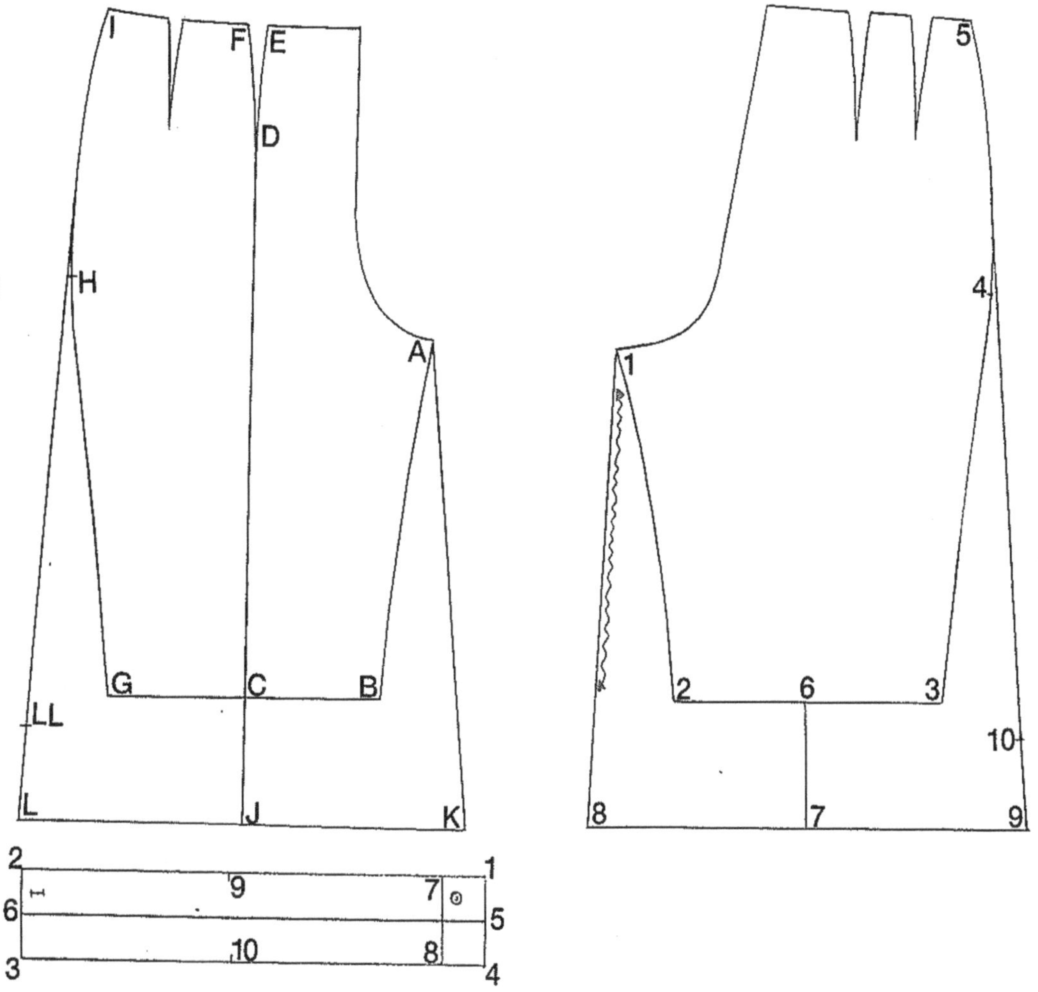

MEDIDAS NECESARIAS

CONTORNO DE PANTORRILLA......37 CM.

ALTURA DE PANTORRILLA............72 "

DELANTERA: **A-B** =entrepiernas, **C-D** = línea central, **D-E-F** = pinza central, **G-H-I** = costado.

Desde E, aplicar hacia abajo la Altura de Pantorrilla, ejemplo: 72 cm. = **J**.

Desde J, escuadrar hacia ambos lados, aplicando 20 cm. (NOTA: Debe ser mayor a la medida de la Pantorrilla, en varios cm.)= **K** y **L**. Unir **K-A** y **L**, con la línea de cadera.

L-LL = unos 8 cm. para abertura.

TRASERA: **1-2** = entrepierna, **3-4-5** = costado, **4** = altura de cadera.

Marcar el centro de **2-3 = 6**.

Desde 6, escuadrar hacia abajo, aplicando la medida de los puntos **C-J**, de la delantera = **7**.

Desde 7, escuadrar hacia ambos lados, aplicando la distancia **J-K** de la delantera= **8** y **9**. Unir 8-1 y 9 con la cadera.

9-10 = L-LL de la delantera.

TIRA: Rectángulo Contorno de Pantorrilla, más 4 cm. para cruce por el doble del alto de la tira, ejemplo: 7 cm. = **1-2-3-4**.

Marcar el centro de **1-4** y **2-3 = 5** y **6**.

1-7 y **4-8 = cruce**.

Marcar los centros de **2-7** y **3-8 = 9** y **10**.

IMPORTANTE: Reducir los espacios **L-J-K** y **8-7-9** de la delantera y trasera, a la medida de la tira.

NOTA: De desearlo, puede usar un pantalón largo en vez de uno hasta la pantorrilla.

PANTALON CON CAMBIO DE COSTURAS HACIA ADELANTE
UTILIZAR CUALQUIER MOLDE SIMPLE DE PANTALON

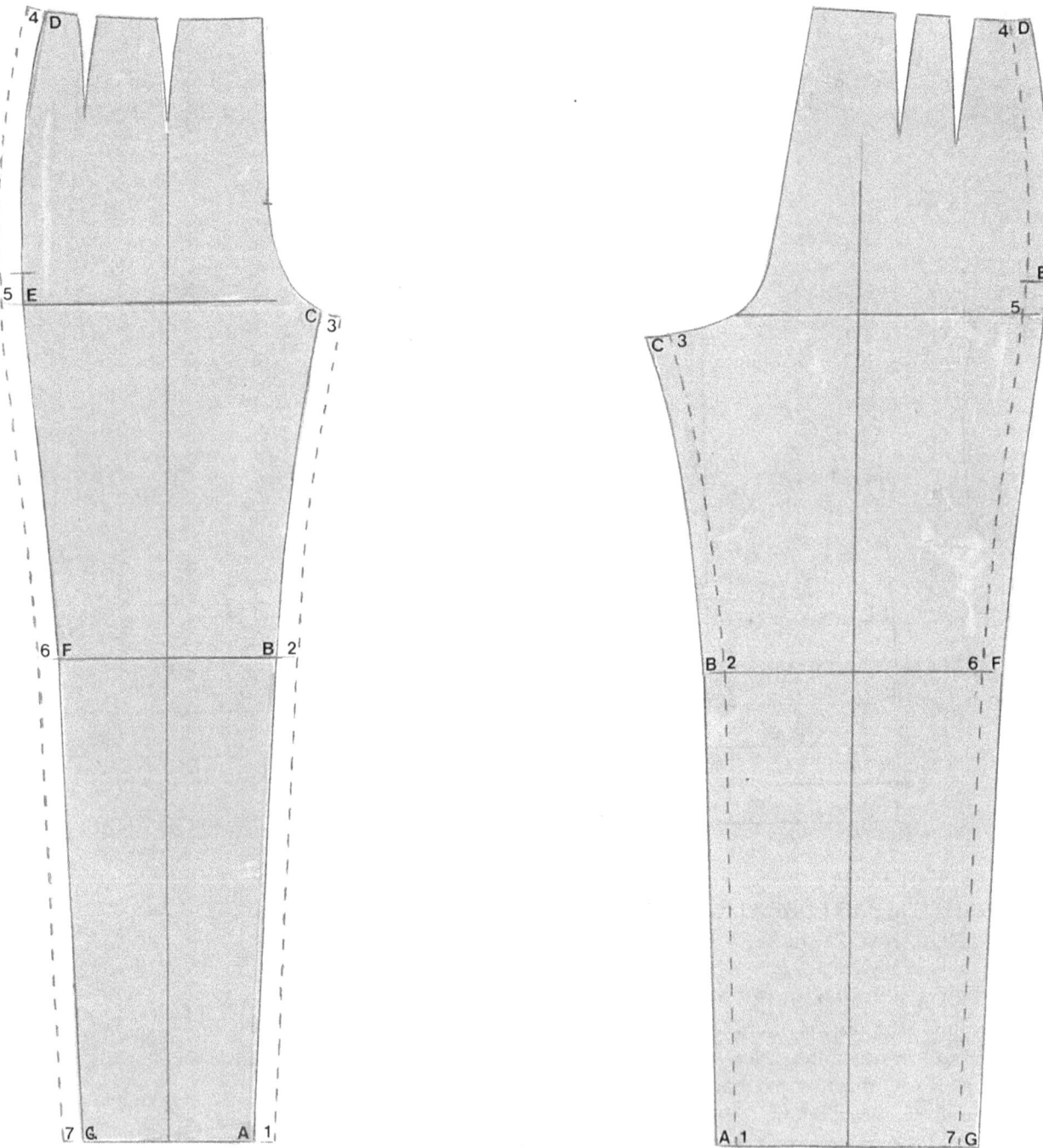

DELANTERA Y TRASERA (misma puntuación)

1-2-3 = líneas de entrepiernas, 4-5-6-7 = costados.

DELANTERA

Desde 1-2-3, aplicar hacia dentro, 2 cm. o a gusto = **A**-**B**-**C**. Unir dichos puntos; Cortar por dicha línea.

Desde 4-5-6-7, colocar hacia dentro 2 cm. (lo mismo que la entrepierna) = **D**-**E**-**F**-**G**. Unir dichos puntos; Luego cortar por dicha línea.

Juntar las" tiras" a la trasera, uniendo **3** con **C**, **2** con **B** etc.. NOTA: Es posible que tenga que darles algunos pellizcos, así como también hacerles algunos tajitos para que las tiras sigan con las formas de los moldes. Lo importante es que al final tengan las mismas distancias.

IMPORTANTE: Si al pantalón, no le piensa marcar la raya al plancharlo, entonces podría mover solamente la línea del costado.

PANTALON ENTERIZO
EMPLEAR LOS MOLDES SIMPLES DE LOS COPIÑOS Y LOS DE UN PANTALON.

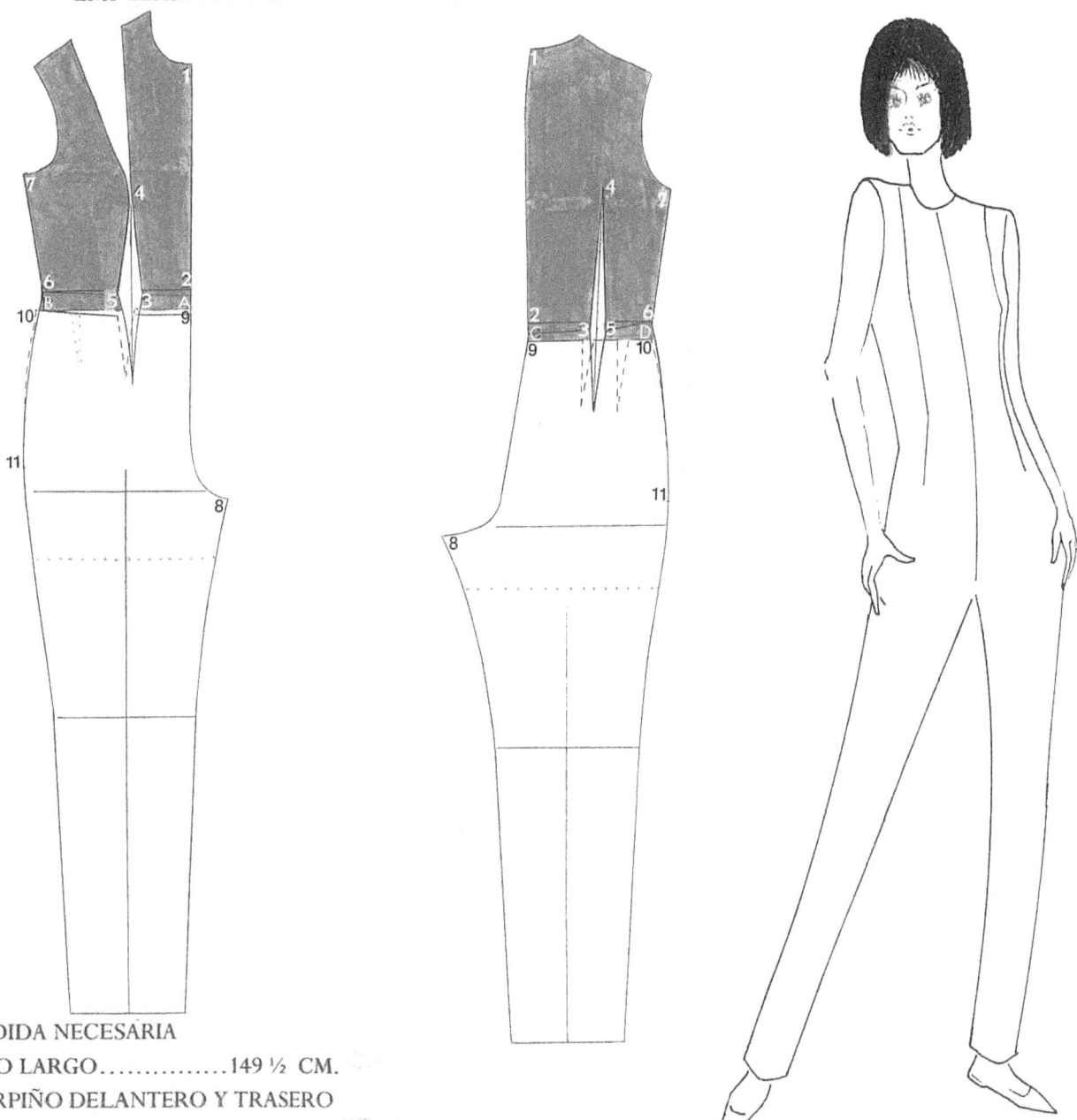

MEDIDA NECESARIA

TIRO LARGO............149 ½ CM.

CORPIÑO DELANTERO Y TRASERO

1-2, indican los centros, 3-4-5, indican las pinzas, 2-6 = líneas horizontales de cintura, 6-7 = costados.

PANTALON DELANTERO Y TRASERO

8-9 = tiro, 9-10 = líneas horizontales de cintura, 11 = altura de caderas.

IMPORTANTE: Medir las distancias entre los puntos 1-2 de los corpiños y las distancias entre 8-9 del pantalón . La

diferencia entre el Tiro Largo y la suma de los moldes, es de 5 cm., por lo tanto desde los puntos 2 y 6, aplicar hacia

abajo la mitad de los 5 cm., ejemplo: 2 ½ cm. = A-B y C-D.

Apoyar las líneas horizontales de cintura del pantalón , con las líneas A-B y C-D, ejemplo: 9-A y C-9.

Unir los puntos 6-11, formando las nuevas líneas de cadera.

Prolongar las pinzas de los corpiños, para luego formar las nuevas pinzas.

Si de casualidad al unir los moldes resultare uno más ancho que el otro, lo que le quita a uno, lo agrega al otro, para

emparejar las partes.

Si deseare hacer un tipo short, desde los puntos 8 y 11, aplicar hacia abajo la medida deseada (indicada con puntitos).

MAMELUCO

UTILIZAR LOS MOLDES DEL PANTALON ENTERIZO. SI LO DESEA, PUEDE AGRANDARLOS.
NOTA: SE NECESITAN DOS HEBILLAS IGUALES AL ANCHO DE LOS BRETELES

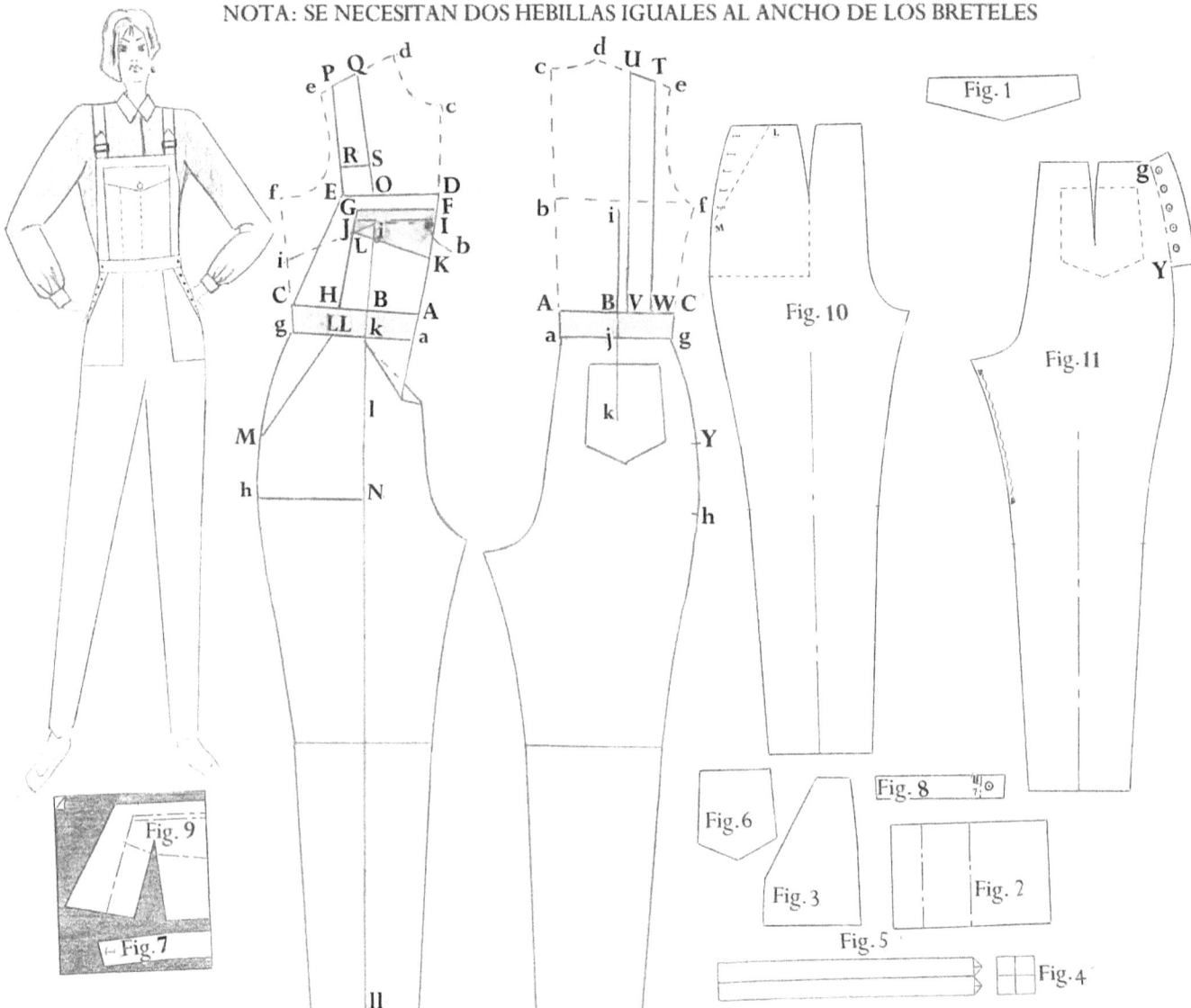

Fig. 1
Fig. 10
Fig. 11
Fig. 9
Fig. 7
Fig. 6
Fig. 3
Fig. 8
Fig. 2
Fig. 5
Fig. 4

DELANTERA Y TRASERA: **a-b-c** = centros, **d-e** = hombros, **f-g-h** = partes de los costados, **i-j-k-l** y **i-j-k** = pinzas cerradas, **l-ll** = línea

Central, **b-j** = altura de busto, **h** = alturas de caderas, **a-k-g** y **a-j-g** = líneas de cinturas.

Desde **a-k-g** y **a-j-g**, colocar hacia arriba 4 cm. o a gusto = **A-B-C**. Unir **A-B-C**, en forma paralela a la línea de cintura.

Desde **b** (delantera) aplicar hacia arriba 6 cm. o a gusto = **D**.

Desde **D**, escuadrar aplicando el ancho de pecho menos 1 cm. o a gusto = **E**. Unir **E-C**.

D-F = 2 cm., luego desde **F**, trazar una paralela a **D-E**, colocando la mitad del ancho del bolsillo, ejemplo: 12 cm.=**G**.

Desde **A**, colocar hacia dentro la distancia **F-G** = **H**. Unir **H-G**.

Desde **F** y **G**, aplicar hacia abajo 2 cm. = **I** y **J**. Unir dichos puntos.

Marcar la tapita: **I-K** = 6 cm., **G-L** = 4 cm. . Calcar la tapita y el bolsillo, colocando papel doble en las líneas **F-A** e **I-K**. Fig. **1** y **2**.

k-LL=5 cm., **g-M**=15 cm. o a gusto. Unir **M-LL**. **k-N** = **g-h**. Unir **h-N**, después calcar el bolsillo. Fig. **3**.

E-O = 4 cm., o a gusto. .Desde **E** y **O**, trazar líneas verticales hasta el hombro = **P** y **Q**.

E-R y **O-S** = 4 cm. o a gusto. Unir **R-S**, luego calcar la parte indicada con: **E-R-S-O**, colocando papel doble en la línea **S-O** y **S-R** = " support " hebilla. Fig. **4**.

TRASERA: **e-T** y **T-U** = **e-P** y **P-Q** de la delantera, a continuación desde **U** y **T**, trazar perpendiculares hasta la línea **A-B-C** = **V** y **W**. Medir la distancia entre **U-V** y **Q-S**, luego formar un rectángulo con la suma de dichas medidas más unos 10 cm. por el doble de la distancia **R-S**, después formar los picos. Fig.**5**. Dibujar el bolsillo, luego cópielo. Fig. **6**. Desde **g**, aplicar hacia abajo la distancia **g-M** de la delantera = **Y**. Separar las cinturas y la pechera. Fig**7**, Fig. **8**, Fig.**9**, Fig. **10**, Fig.**11**. Desde **g** e **Y**, Fig.**11** colocar el cruce, ejemplo: 4 cm. .

DETALLE IMPORTANTE CON RESPECTO AL PANTALON
UTILIZAR LOS MOLDES SIMPLES DE QUALQUIER PANTALON

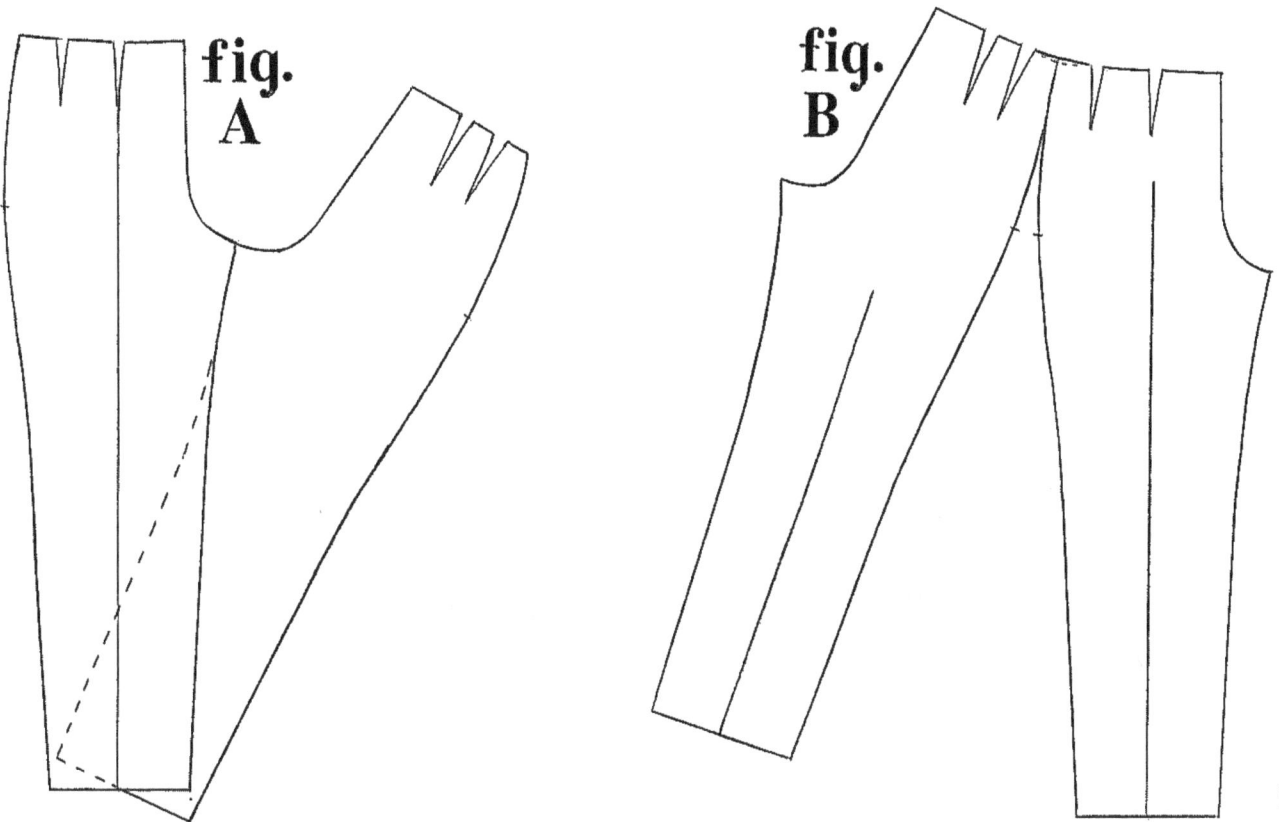

Fig. **A**
Juntar las líneas de las entrepiernas, luego cerciorarse que la línea del tiro, sea bien definida, caso contrario, suavícela.

Fig. **B**
Juntar los costados por la línea de la cintura (si lo cree conveniente puede cerrar las pinzas), después fíjese bien que la línea de cintura tenga continuidad, caso contrario armonícela.

DETALLES DE COSTURA

PUNTO CADENA

Se comienza desde la derecha, hacia la izquierda, sacando la aguja de adentro hacia fuera. Se avanza ½ cm. o a gusto. Se vuelve a introducir la aguja en el mismo sitio de donde salió y se hace pasar el hilo por debajo de la aguja, luego tire el hilo y así tendrá la primera puntada, a continuación repita la misma puntada y así continuamente.

PANTALON CON BOLSILLOS DESBOCADOS Y CON CAMBIO EN LAS LINEAS DE COSTURAS

UTILIZAR LOS MOLDES SIMPLES DE UN PANTALON O JEANS HASTA LA ALTURA DE LA PANTORRILLA

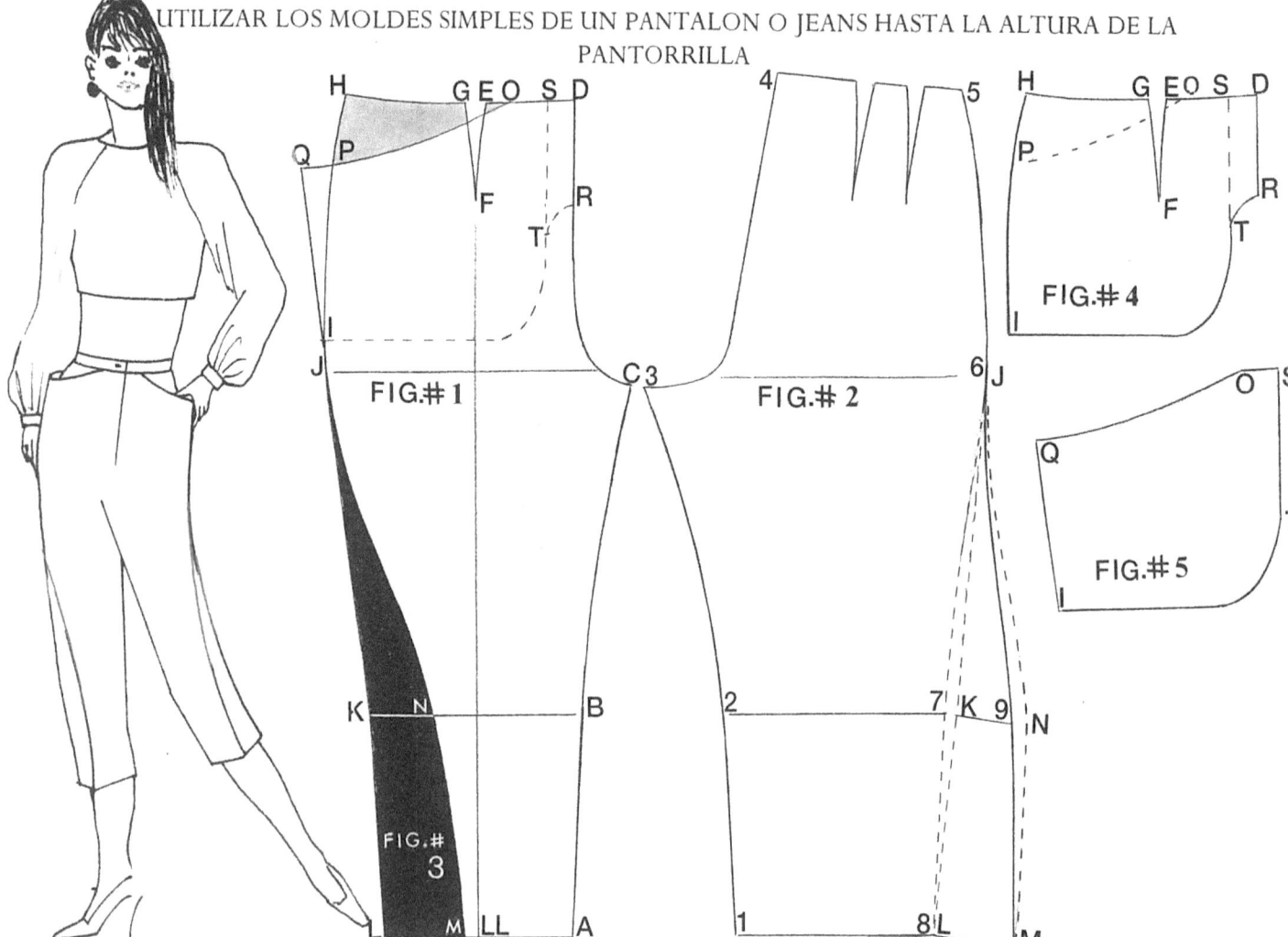

IMPORTANTE: La o las pinzas no se cierran.

DELANTERA Fig.#1.

A-B-C = entrepierna, C-D = tiro, D-E-G-H = cintura, E-F-G = pinza, H-I-J-K-L = lateral, F-LL = línea central.

LL-M = 2 cm. o a gusto. Unir M-J, con forma como lo indica el trazado. N, se forma al juntarse las rayas.

Cortar por M-N-J (parte sombreada), separando. Fig.#3.

E-O = 2 cm. o a gusto (o según el ancho del molde).

H-P = 7 cm. o a gusto.

Unir O-P, luego prolongar la línea, unos 5 cm. o a gusto = Q. Unir Q-J.

Desde D, aplicar hacia abajo, 10 cm. = R. Unir R-I, formando el fondo del bolsillo.

O-S = 4 cm., y desde S, trazar una vertical hasta la raya del fondo bolsillo = T.

Calcar los fondos del bolsillo, indicados con: R-D-S-O-pinza-H-P-I-T-R y por S-O-P-Q-I-T-S = Fig. #4 y #5.

Quitar la parte sombreada.

TRASERA

1-2-3 = entrepiernas, 3-4 = tiro, 5-6-7-8 = lateral (o costado).

Juntar la parte sombreada (oscura), a la trasera, uniendo J con 6 y L con 8.

N-9 = 7-K.

Unir M-9-J.IMPORTANTE: Lo que se quita a la Fig.#3, es el espacio que sobra en la unión con la trasera.

NOTA: La trasera, queda formada por:M-9-J/6-5-4-3-2-1-8/L-M. Fig. #2.

Si la parte delantera, tuviere dos pinzas, se realizaría del mismo modo que con una sola pinza.

PANTALON CON CADERIN (YOKE) QUE ELIMINA LAS PINZAS
USAR UN MOLDE SIMPLE PARTE DELANTERA CON LAS PINZAS CERRADAS

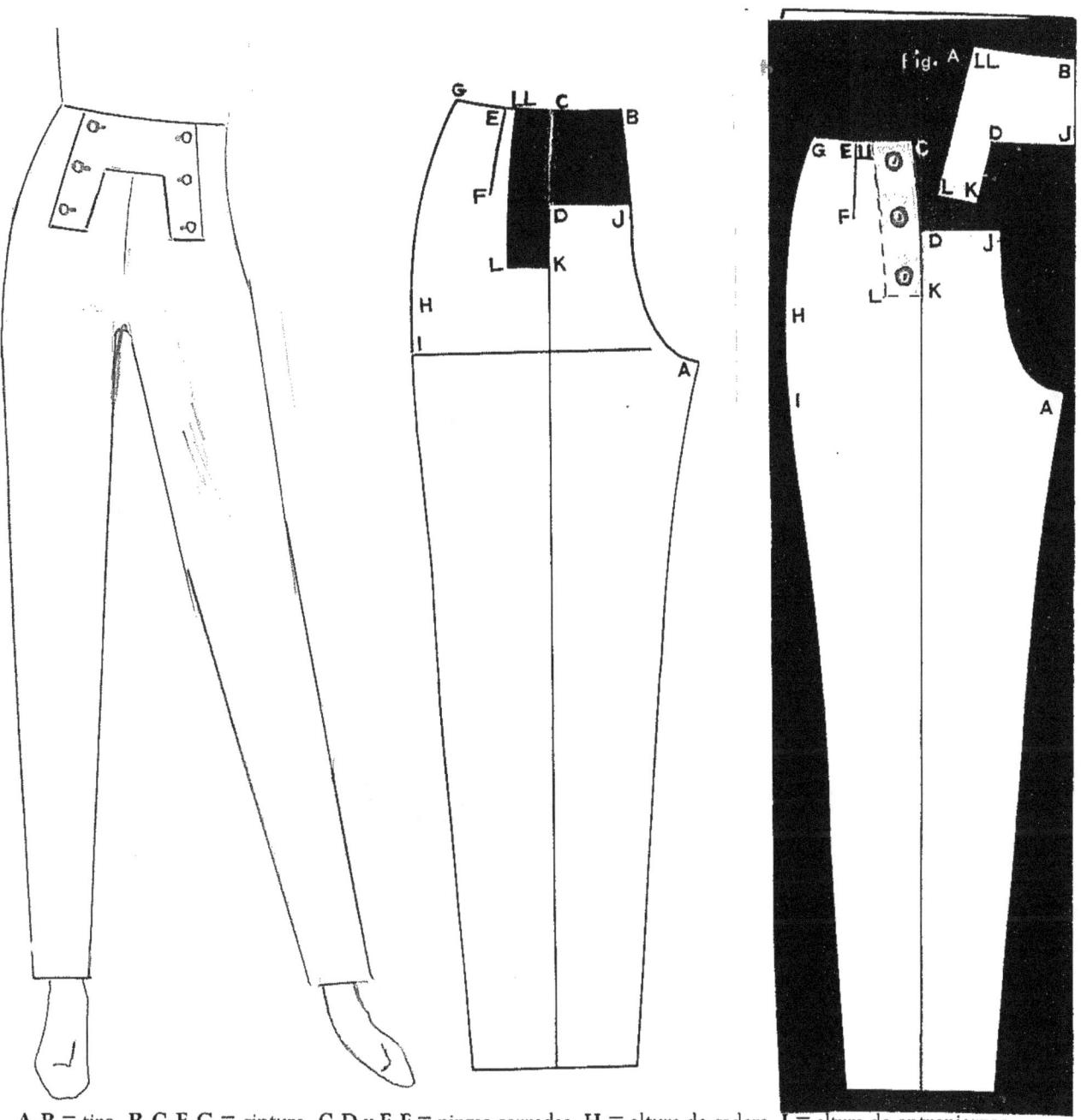

A-B = tiro, **B-C-E-G** = cintura, **C-D** y **E-F** = pinzas cerradas, **H** = altura de cadera, **I** = altura de entrepiernas.

B-J = **C-D**. Unir **J-D**.

C-K = 16 cm. = 2/3 partes de **G-I**.

K-L y **C-LL** = 4 ½ cm.. Unir **L-LL**.

Calcar la parte sombreada, luego cortar por: **B-J-D-C**, separando.

Colocar tela doble en la raya **B-J**. Fig. **A**.

Mantener cerrada la pinza **E-F**, estirando al máximo el molde.

La Trasera, no tiene variantes.

NOTA: Al cortar, no olvidar de dejar ensanches, para costura, ya que éstos no están incluidos en los moldes.

PANTALON DE CINTURA ALTA
UTILIZAR LOS MOLDES SIMPLES DE UN PANTALON Y LOS DE UN CORPIÑO

front
(delantera)

DELANTERA: **A-B-C-D** = línea horizontal de cintura.

Juntar el Corpiño al pantalón, haciendo que coincidan las líneas de los costados.

Desde **A** y **D**, aplicar hacia arriba, 6 cm. o a gusto, = **E** y **F**. Unir dichos puntos.

Desde **B** y **C**, escuadrar (apoyando la escuadra sobre la horizontal) hasta la línea **E-F** = **G-H**.

NOTA: Si el pantalón tuviere dos pinzas hacer lo mismo con la otra pinza.

TRASERA: **a-b-c-d-e-f** = línea horizontal de cintura.

Juntar los moldes por las líneas horizontales de cintura, haciendo coincidir los centros de atrás y los costados.

Desde **a** y **f**, aplicar hacia arriba, igual medida de **D-F** de la delantera, = **g-h**. Unir dichos puntos.

Desde **e-d-c-b**, escuadrar hasta la línea **g-h** = **i-j-k-l**.

Enderezar las pinzas..

PANTALON DE TIRO BAJO
EMPLEAR LOS MOLDES SIMPLES DE UN PANTALON

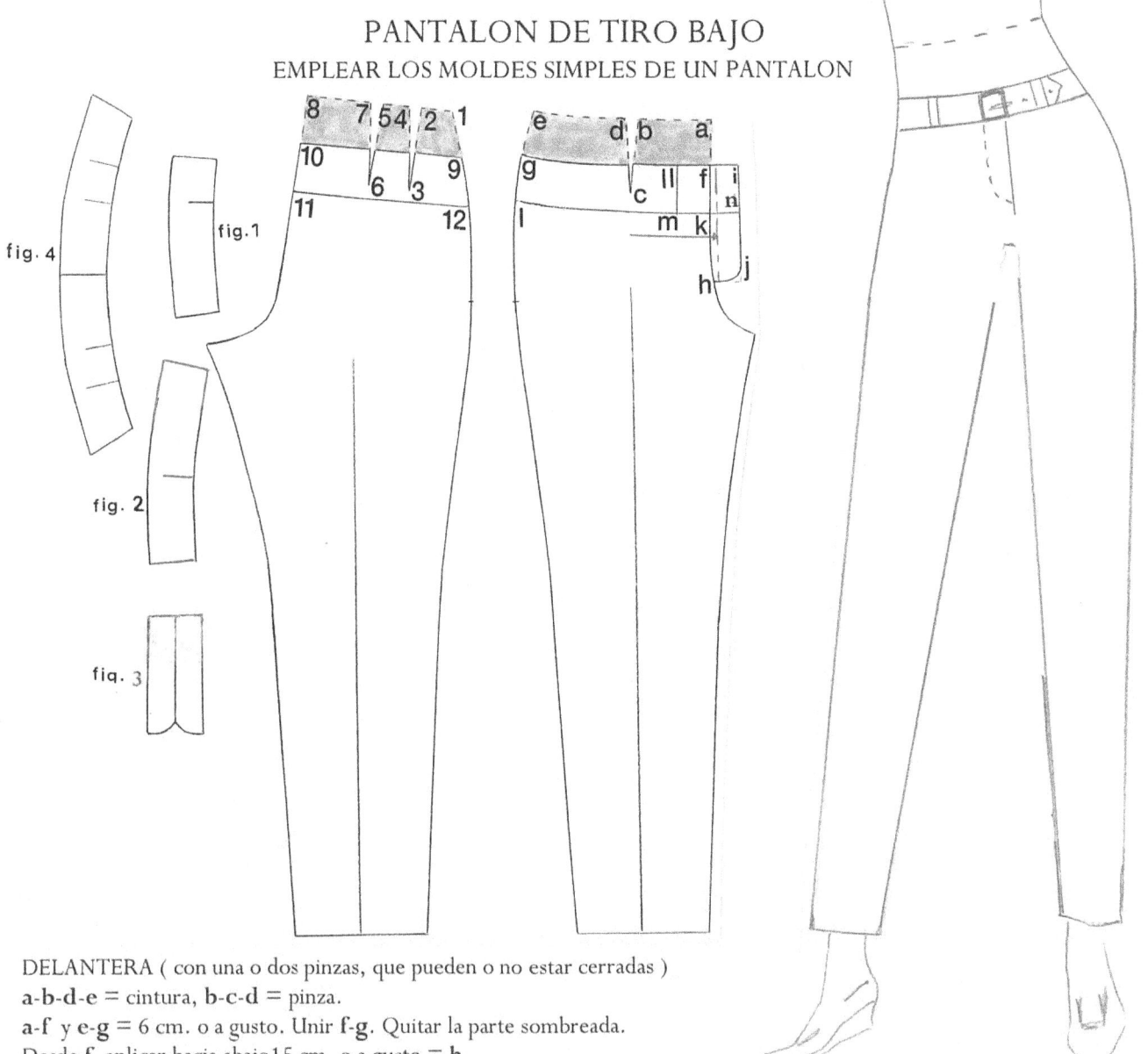

DELANTERA (con una o dos pinzas, que pueden o no estar cerradas)

a-b-d-e = cintura, **b-c-d** = pinza.

a-f y **e-g** = 6 cm. o a gusto. Unir **f-g**. Quitar la parte sombreada.

Desde **f**, aplicar hacia abajo 15 cm. o a gusto = **h**.

Desde **f** y **h**, aplicar 1/4 de inch (igual al equivalente de más de 1/2 cm.) para el lado izquierdo, indicado con línea discontinua, luego prolongar las líneas aplicando 4 cm. = **i-j**. Redondear el ángulo del punto **j**.

Formación de la vista: **f-k** y **g-l** = 6 cm.. Unir **k-l**, en forma paralela a la línea **f-g**..

f-ll y **k-m**= **f-i**.

Desde **k**, prolongar la línea = **n**.

IMPORTANTE: Calcar las vistas. La del lado derecho, copiarla por los puntos: **ll-g-l-m-ll**; La del lado izquierdo copiarla por: línea discontinua y por **f-g-l-k**, línea discontinua, luego cerrar las pinzas y darlas vuelta. Fig.**1** y **2**.

Es necesario cortar otra extensión con tela doble en la línea **i-j**, y por la línea discontinua. Fig.**3**.

TRASERA: **1-2-4-5-7-8** = cintura, **2-3-4** y **5-6-7** = pinzas.

1-9 y **8-10** = 6 cm.. Unir **9-10**. Quitar la parte sombreada.

10-11 y **9-12** = 6 cm.. Colocar papel doble en la linea **10-11**, luego copiar por las líneas **10-9** y **11-12**. Cerrar las pinzas. Fig. **4**.

IMPORTANTE: Si el ancho de las pinzas, son poco profundas (y la tela lo permite), éstas se podrían eliminar reduciendo la nueva línea de cintura con dos bastillas, luego planchar y así quedarán perfectos, caso contrario puede colocar el molde sobre la tela con las pinzas cerradas y estirar al máximo el molde.

PANTALON AMPLIO
UTILIZAR LOS MOLDES SIMPLES DE UN PANTALON

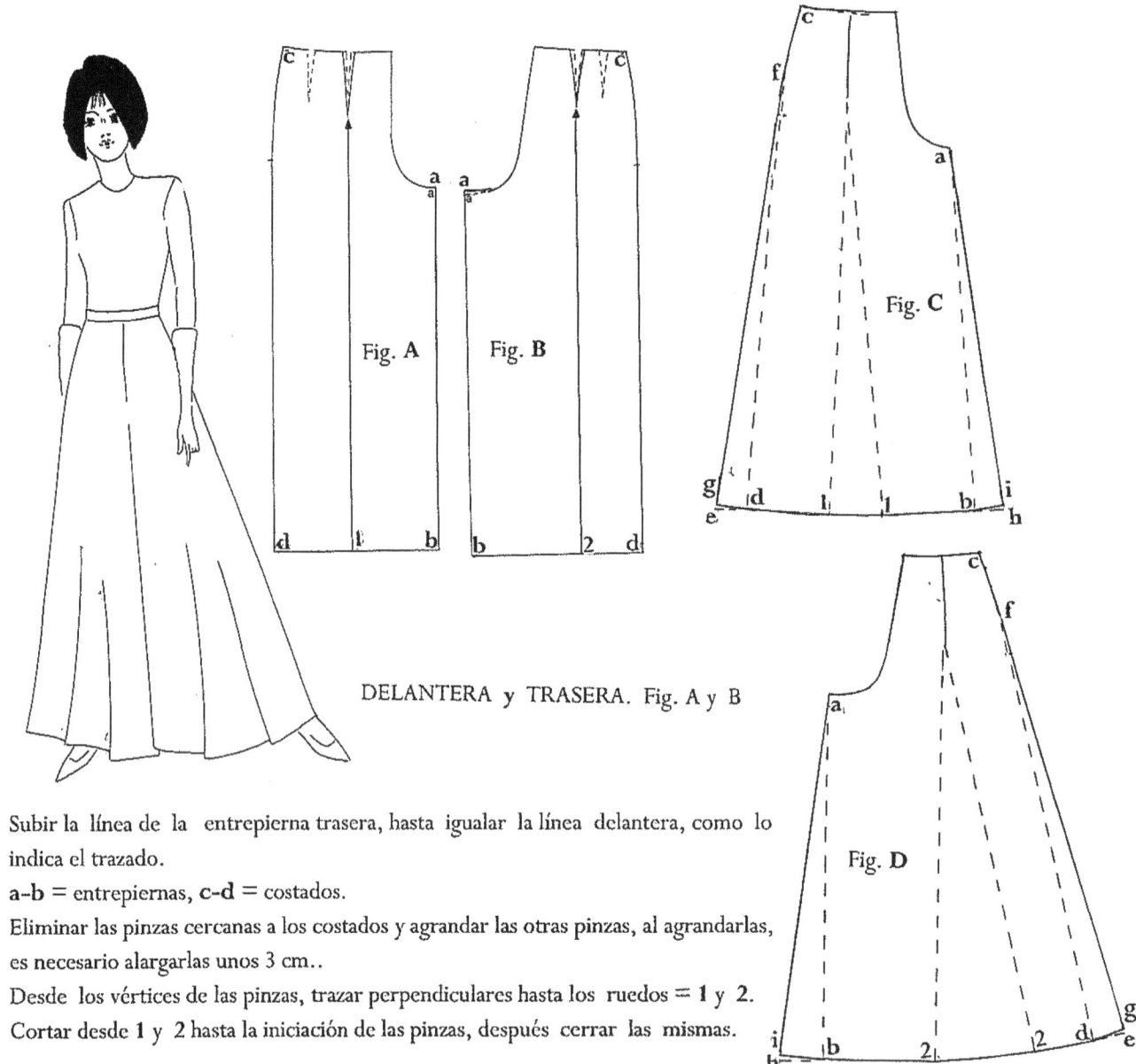

Fig. A

Fig. B

Fig. C

DELANTERA y TRASERA. Fig. A y B

Fig. D

Subir la línea de la entrepierna trasera, hasta igualar la línea delantera, como lo indica el trazado.

a–b = entrepiernas, c–d = costados.

Eliminar las pinzas cercanas a los costados y agrandar las otras pinzas, al agrandarlas, es necesario alargarlas unos 3 cm..

Desde los vértices de las pinzas, trazar perpendiculares hasta los ruedos = 1 y 2.

Cortar desde 1 y 2 hasta la iniciación de las pinzas, después cerrar las mismas.

Fig. C y Fig. D. Desde los puntos d, prolongar las líneas, aplicando la mitad de las aberturas = e. Unir los puntos e con las líneas de las caderas, formándose de ese modo los puntos f. Medir la distancia f-d.

Desde los puntos f, aplicar hacia e, la distancia f-d = g. Unir g-d.

Desde b, prolongar las líneas, colocando igual medida de los puntos d-e = h. Unir h-a.

Desde los puntos a, colocar hacia h, la distancia a-b = i. Unir i-b, con ligera forma.

NOTA: El hilo de la tela, puede aplicarse como lo indican las flechas, en ése caso, le da un efecto de bies en los centros de adelante y de atrás . Suavizar las líneas de cintura.

PANTALON CON BUCHES

UTILIZAR LOS MOLDES SIMPLES DE UN PANTALON

Páginas 436-437, 438-439, etc.

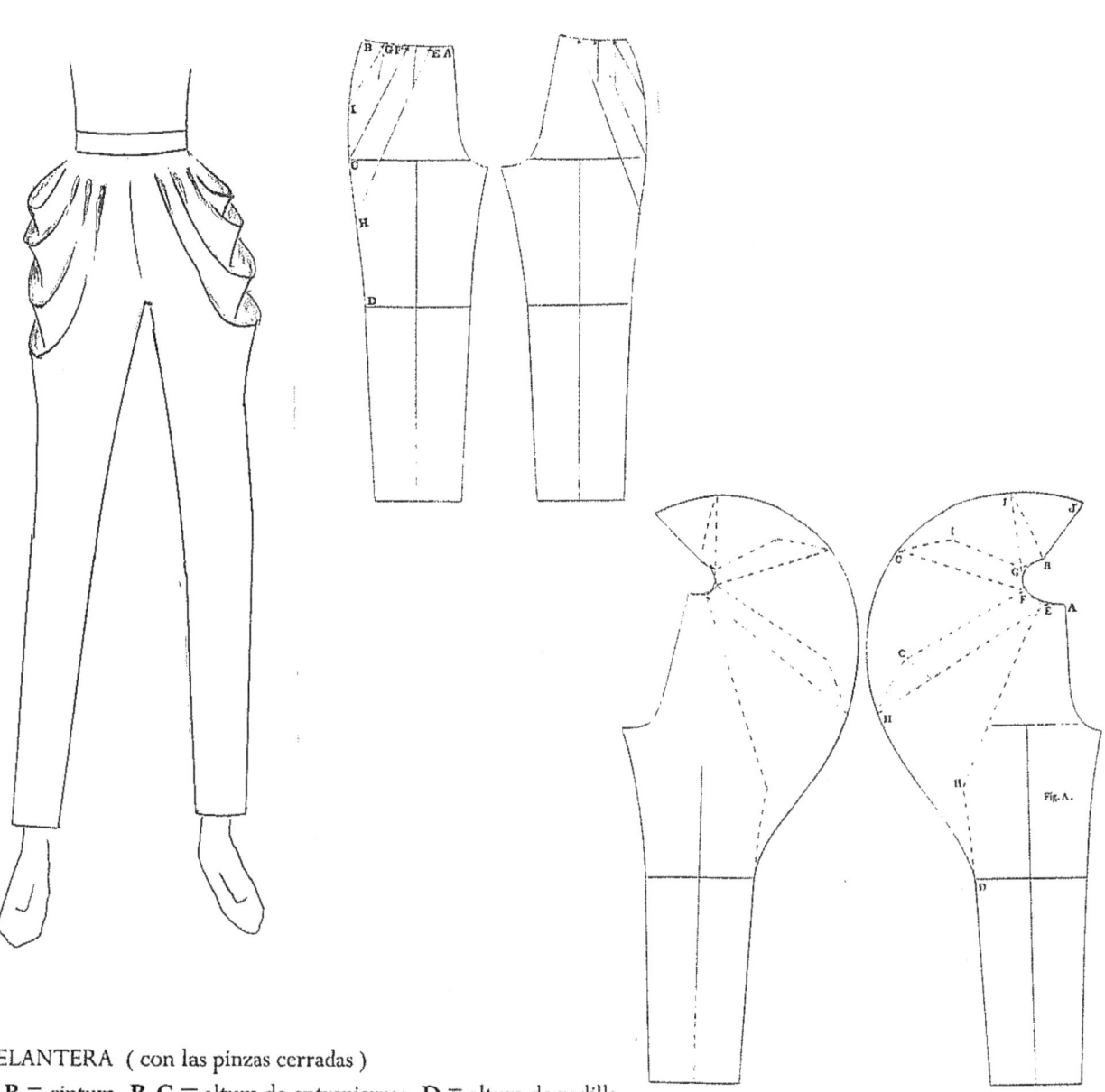

DELANTERA (con las pinzas cerradas)

A-B = cintura, B-C = altura de entrepiernas, D = altura de rodilla.

A-E = ¼ parte de A-B, o a gusto, E-F y F-G = E-A.

D-H = 1/3 parte de D-B. Unir H-E. Unir C-F.

C-I = C-H. Unir I-G.

Cortar desde H,C,I hasta E,F,G, sin separar, luego abrir los cortes H y C unos 18 cm., abrir I unos 12 cm. o a gusto.

Unir D-H-C-I, después prolongar la línea , aplicando la distancia I-B = J. Fig. A.

Cerciórese que la distancia I-J, sea igual a J-B.

Suavizar la línea de cintura.

La Trasera. se debe realizar del mismo modo que la delantera.

Muy importante: Si Usted deseare que los buches salieren de los pliegues, deberá abrir E,F,G, unos 5 cm..

PANTALON A LO PISANO (realizado en 1963)

SIN COSTURAS TRADICIONALES, ES DECIR NI EN LOS COSTADOS Y, NI EN LAS ENTREPIERNAS

UTILIZAR LOS MOLDES SIMPLES DE UN JEANS, SEPARADOS POR LAS LINEAS CENTRALES Y CON LAS MISMAS PUNTUACIONES.
FIG. A, FIG. B, FIG. C, FIG. D.

También puede usar los moldes de cualquier pantalón, solamente que deberá marcar la línea central en la parte trasera

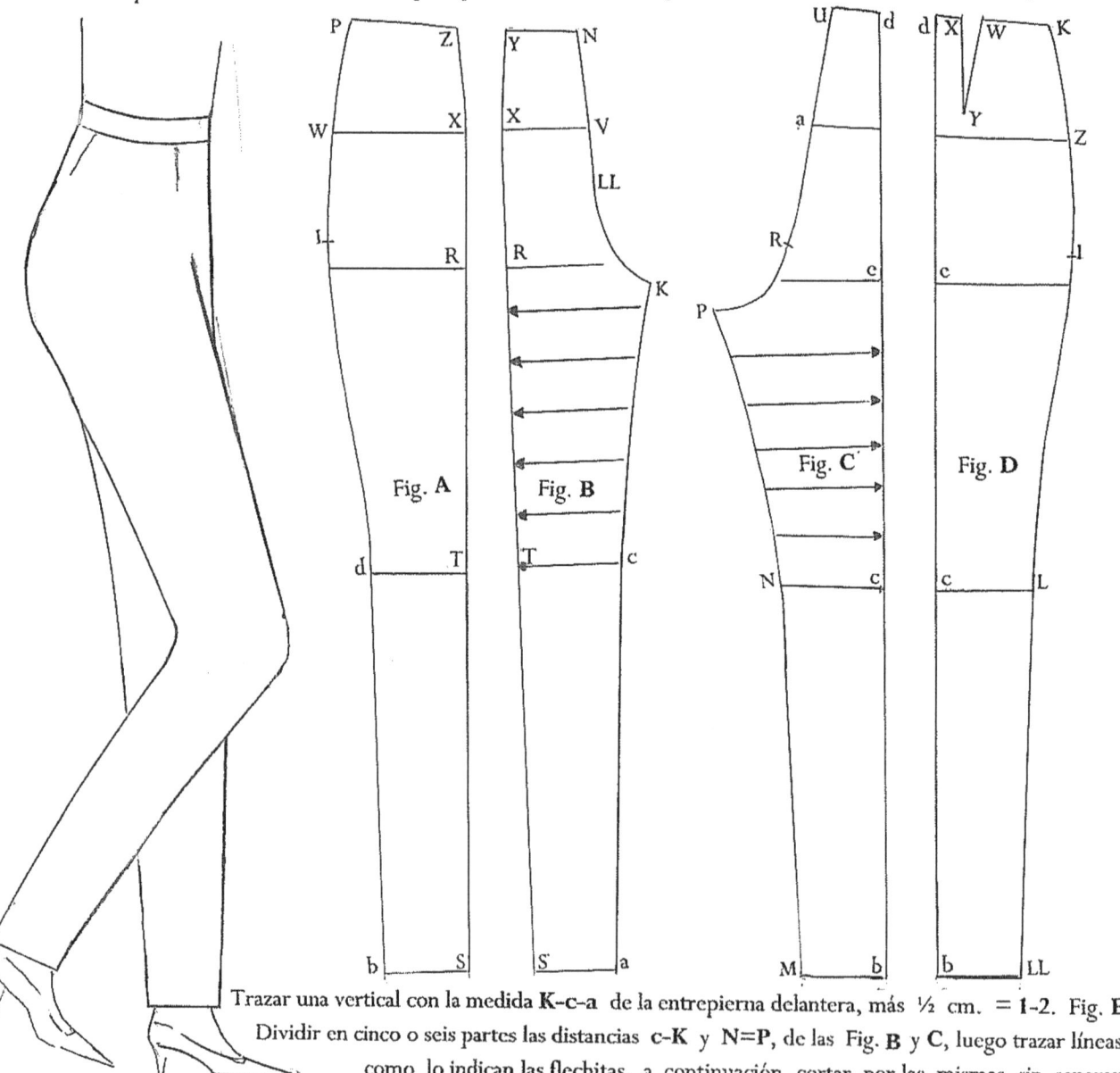

Fig. A   Fig. B   Fig. C   Fig. D

Trazar una vertical con la medida **K-c-a** de la entrepierna delantera, más ½ cm. = 1-2. Fig. E.
Dividir en cinco o seis partes las distancias **c-K** y **N=P**, de las Fig. **B** y C, luego trazar líneas
como lo indican las flechitas, a continuación, cortar por las mismas, sin separar.

Juntar **a** con **M**, **c** con **N** y **K** con **P**, sobre la vertical 1-2.

Formar el "nuevo" tiro, uniendo **LL-1-R**, como lo indica el trazado. IMPORTANTE: Es de hacer notar que el tiro se
agrando, por lo tanto si lo desea lo puede dejar como está, caso contrario, corríjalo. **Optamos por corregirlo.**
Desde **1**, colocar pasando por **LL** hacia **N** y desde **1**, aplicar pasando por **R** hacia **V**, las medidas anteriores = **3** y **4**. Unir
3-Y y **4-d**. Unir también **S-b**.

COSTADOS   Fig. **F**

Trazar una vertical con el largo del pantalón, ejemplo: 104 cm. = 1-2.

Desde **1**, y desde los puntos **Z** y **d** de los laterales aplicar hacia abajo la altura de cadera = **3, 4 y 5**.

Juntar los puntos **b-LL** e **I-I**, con **2** y **3**, luego reducir la altura de cadera del costado delantero, haciendo plieguecitos
hasta llegar a dejar el punto **P**, a 2 ó 3 cm. de la vertical. Con esos 2 ó 3 cm., se hará una, o dos pinza-s.

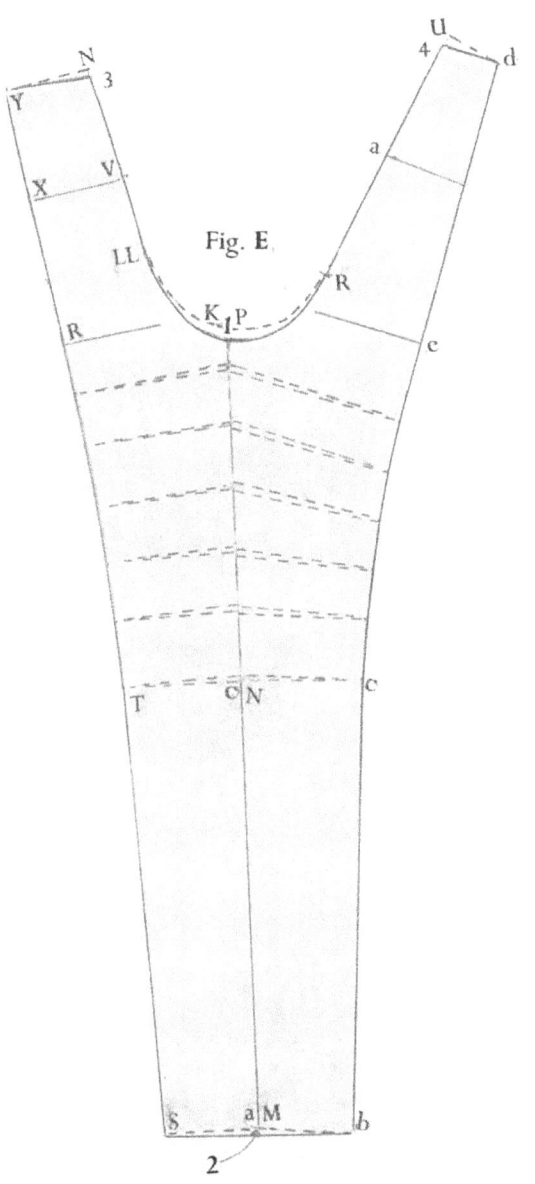

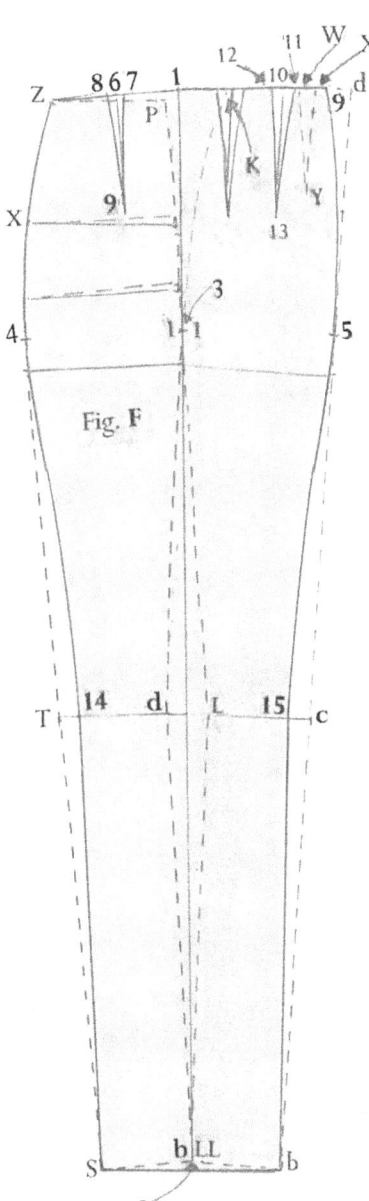

Unir **1-Z**, luego marcar el centro de dichos puntos = **6**.

Desde **6**, aplicar hacia ambos lados la mitad de esos 2 cm. destinados para hacer la pinza = **7** y **8**.

Desde **6**, escuadrar hacia abajo, aplicando la mitad de la altura de cadera, ejemplo: 12 cm. = **9**. Unir **9-7** y **9-8**, con ligera forma.

Juntar el lateral trasero uniendo **LL-** (**2**)-**b** y **I-** (**3**)-**1**.

Desde **d**, colocar hacia dentro, el ancho de la pinza **W-X** (**eliminándola**) = **9**. Unir **9-5**, con forma. Unir **9-1**.

Marcar el centro de **9-1** = **10**, y, desde **10**, aplicar hacia ambos lados 1/4 parte de la distancia **K-1** = **11** y **12**.

Desde **10**, escuadrar hacia abajo, colocando la mitad de la altura de cadera, ejemplo: 12 cm. = **13**.

Unir **13-11** y **13-12**, con ligera forma.

Marcar el centro de **11-1**, y desde ese nuevo punto formar una pinza igual a la anterior.

Desde **T** y **c** (altura de rodilla), colocar hacia dentro, la mitad de la distancia **d-L** = **14** y **15**.

Unir **S-14- 4** y **b-15-5**, como lo demuestra el grabado. Unir también **S-b**.

IMPORTANTE: Controlar el contorno de vientre. Si fuere superior prolongar las pinzas, hasta hacerlos coincidir, si fuere inferior agregarle desde **X** y el lado opuesto.

PANTALON CON FRUNCES EN LAS PIERNAS

UTILIZAR LOS MOLDES SIMPLES DE UN PANTALON

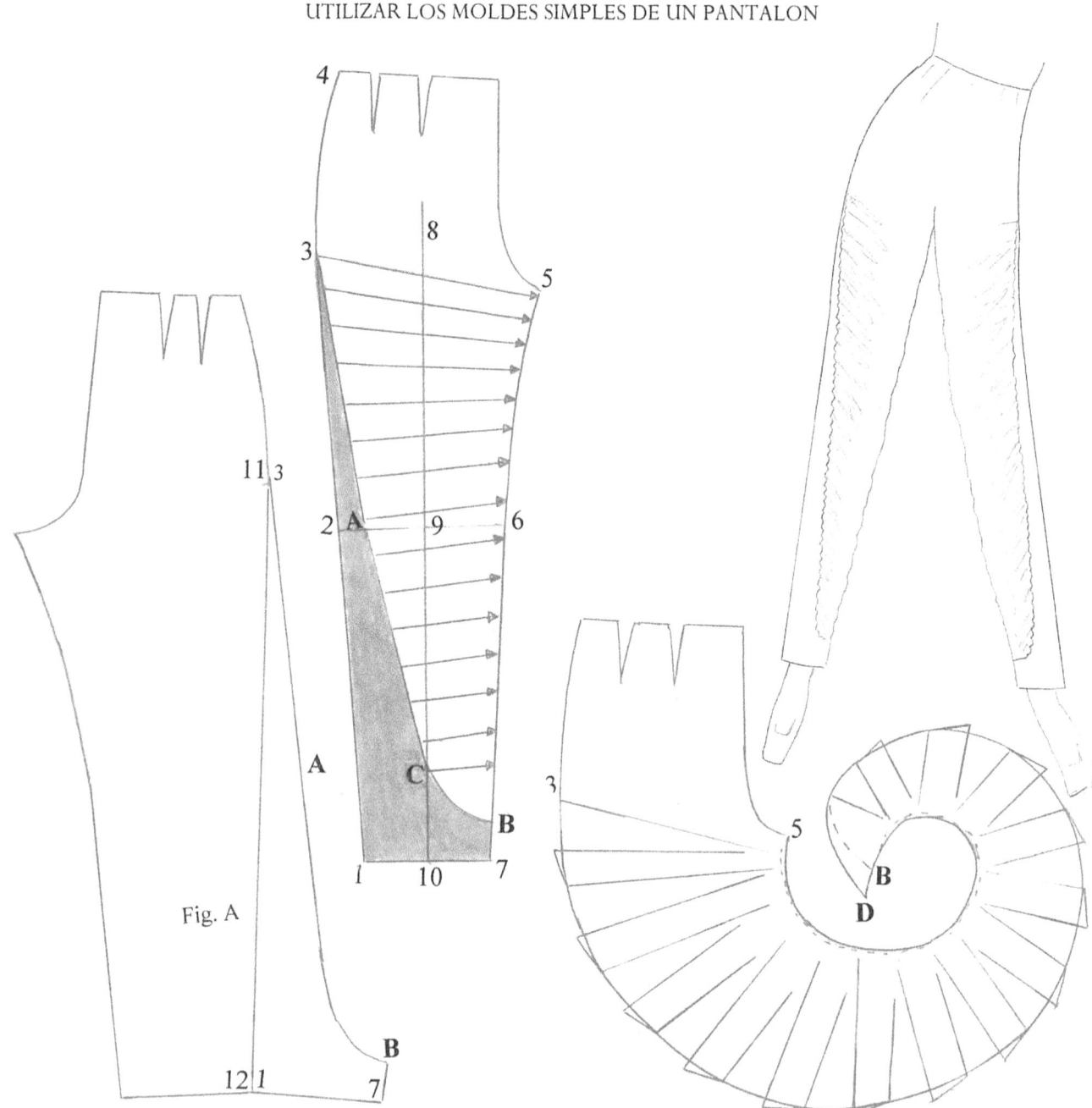

Fig. A

DELANTERA: 1-2-3-4 = costado, 5-6-7 = entrepierna,8- 9-10= línea central, 2-6 = altura de rodilla, 3 = altura de cadera. 2-A = 1/3 parte de 2-9.

7-B = 5 cm. o a gusto. Unir B-A-3. C, se forma al cruzarse las líneas. Separar la parte sombreada.

Dividir en 15 partes (es una manera de decir, puede ser un poco menos, un poco más)la distancia C-3. NOTA: No es importante si las distancias difieren un poco entre si; Luego trazar líneas como lo indican las flechitas, después cortar por las mismas sin separar.

Separar los cortes a gusto.

Unir los puntos 3-B, como lo indica el grabado.

Suavizar la línea de la entrepierna. Controlar dicha distancia. En éste caso se redujo, debido a los cortes.

Desde 5, colocar pasando por B, la distancia que tenia antes de realizar los cortes = D. Unir D con la línea arqueada.

TRASERA: 11-12 = parte del costado, 11 = altura de cadera.

Juntar la parte sombreada al costado de la trasera, uniendo 3 con 11 y 1 con 12. Fig. A.

PANTALON FRUNCIDO EN LA CINTURA Y CON CAIDAS IMITANDO BUCHES

UTILIZAR LOS MOLDES DE UN PANTALON DELANTERA Y TRASERA

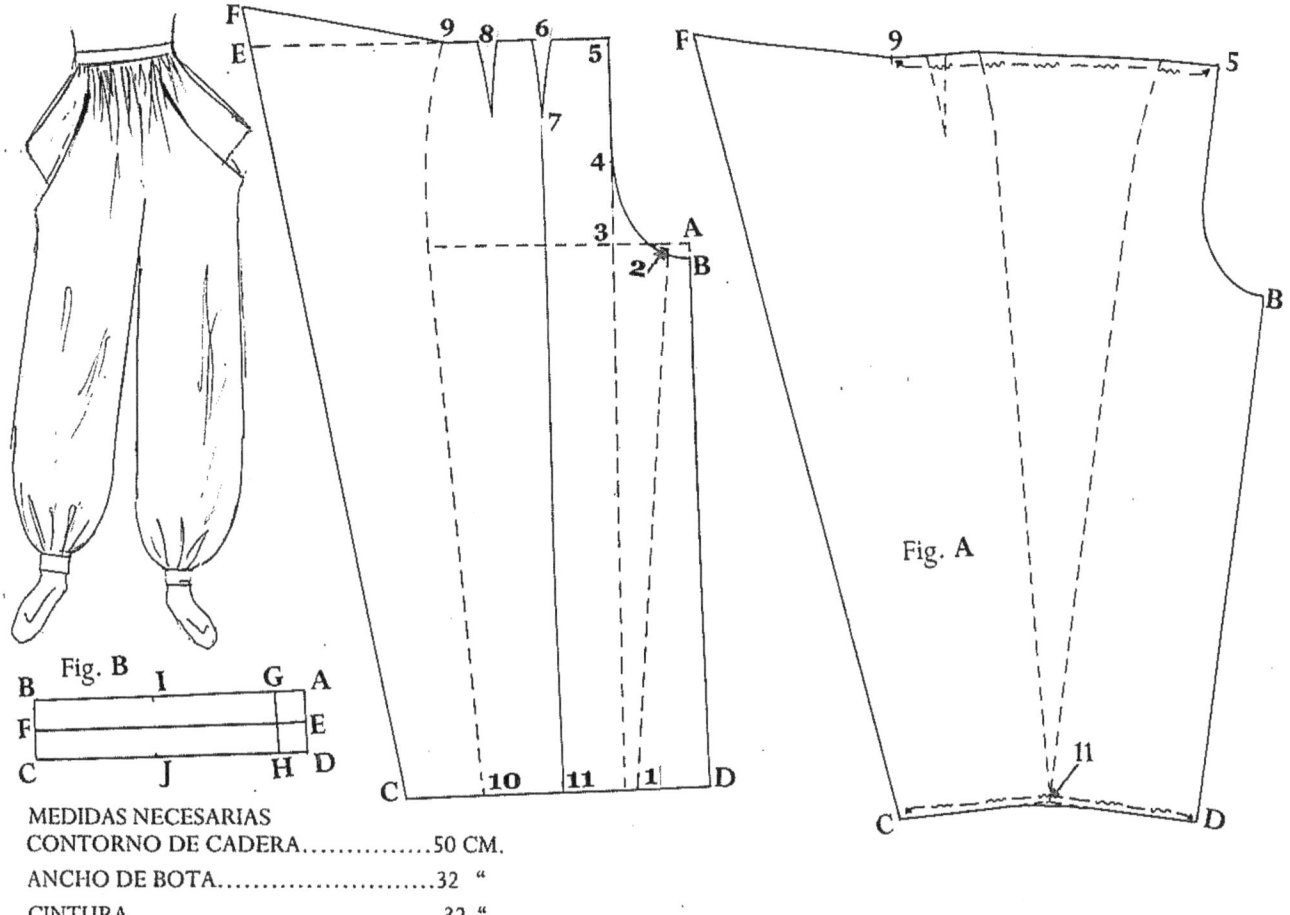

MEDIDAS NECESARIAS
CONTORNO DE CADERA...............50 CM.
ANCHO DE BOTA........................32 "
CINTURA....................................32 "

1-2= entrepiernas, 3 = altura de entrepiernas, 2-4-5 = centro de adelante, 5-6-8-9 = cintura, 6-7 y 8 = pinzas, 9-10 = costado, 7-11 = línea central.

Desde 3, prolongar la línea horizontal, aplicando 1/5 parte del Contorno de Cadera, ejemplo: 10 cm. = A.

A-B = 2 cm. .Unir B-4, como lo indica el trazado.

Desde 11, colocar hacia ambos lados 1/4 parte del Ancho de Bota, más 12 cm., o a gusto, ejemplo: 21 cm.= C y D. Unir D-B.

Desde 9, prolongar la línea, aplicando unos 25 cm. o a gusto = E.

Unir C-E, a continuación prolongar la raya, colocando 5 cm. o a gusto = F. Unir F-9.

Desde 6, cortar hasta 11, sin separar.

Separar el punto 6, unos 27 cm. o a gusto.

Suavizar la línea en el punto 11. Fig. A.

La parte trasera, se realiza de la misma manera que la delantera.

TIRA DE LA BOTA.

Fig. B. Formar un rectángulo con la medida de la Bota, más 4 cm. para cruce, ejemplo: 36 cm. por el doble del ancho de la tira, ejemplo: 8 cm. = A-B-C-D. Marcar el centro de A-D y B-C = E y F. Unir E-F.

A-G y D-H = cruce, ejemplo: 4 cm.. Unir G-H. Marcar los centros de G-B y H-C = I y J.

Las partes de abajo, deberá reducirlas a la medida de la Tira, así como también la línea de cintura a la medida de cintura.

TRAJE DE BAÑO CLÁSICO # 1
UTILIZAR LOS MOLDES DE UN VESTIDO ADHERIDO HASTA LA ALTURA DE LA CADERA PAGINA 214.

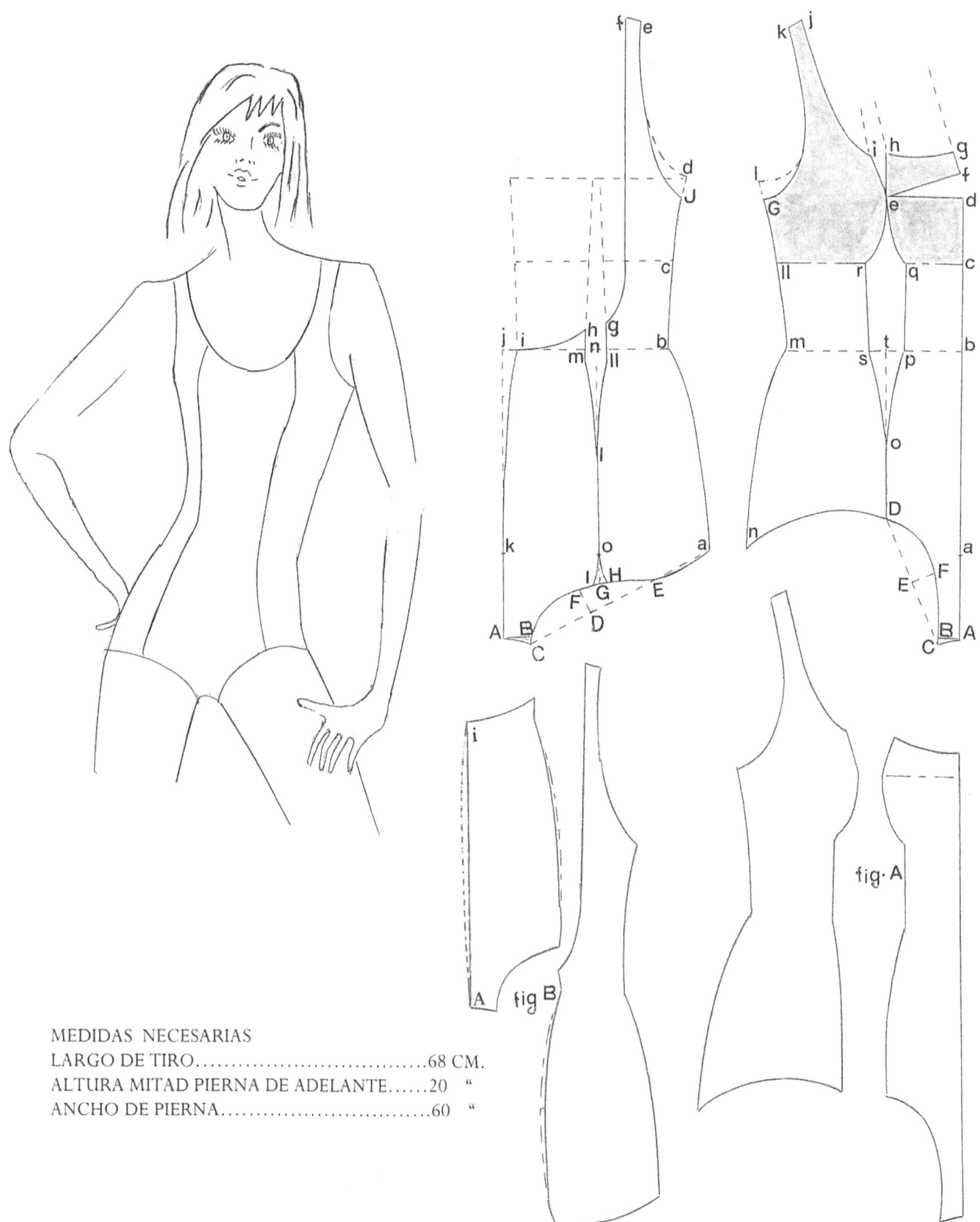

MEDIDAS NECESARIAS
LARGO DE TIRO...............................68 CM.
ALTURA MITAD PIERNA DE ADELANTE......20　　"
ANCHO DE PIERNA...........................60　　"

PASO A PASO CON LA REALIZACION DE LOS TRAZADOS

PARTE DELANTERA

a-b-c-d-f-g = centro de adelante, **d-e-f** = pinza, **g-h-i-j** = escote, **h-e-i** = pinza del sobre busto, **k-l** = sisa, **l-ll-m-n** = costado, **o-p-q-e-r-s** = pinza, **t** = centro de la pinza, **c-q-r-ll** = línea del bajo busto.

Desde b, aplicar hacia abajo la mitad de la medida Largo de Tiro, ejemplo: 34 cm. = **A.**

Desde **A**, escuadrar colocando 3 cm. o a gusto = **B.**

B-C = ½ cm.. Unir **C-A** con forma.

Desde **t**, ubicar hacia abajo la medida Altura Mitad Pierna Adelante, ejemplo: 20 cm.= **D**. Unir **D-C.**

Marcar el centro de **D-C** = **E.**

Desde **E**, escuadrar ubicando 3 cm. o a gusto =**F.**

Unir **C-F-D-n**, como lo indica el trazado.

Desde **l**, aplicar hacia abajo 3 cm.= **G**. Unir **G**, con la sisa.

PARTE TRASERA

a-b-c-d = costado, **d-e** = sisa, **f-g-h-i** = escote, **i-k** (**j-k**)= parte del centro trasero, **g-ll-l-m-h** = pinza, **n** = centro de la pinza, **n-o** = altura de cadera, **c** = línea del bajo busto, **d** = altura de axila.

Desde **j**, aplicar hacia abajo la mitad del Largo de Tiro, ejemplo: 34 cm. = **A.**

Desde **A**, escuadrar aplicando 3 cm. = **B.**

B-C = ½ cm.. Unir **C-A**, con forma.

Unir **C-a**, con línea discontinua, luego dividir en tres partes dicha distancia = **D** y **E.**

D-F = 3 cm. o a gusto.

Unir **C-F-E-a**, con forma.

Desde **l**, prolongar la línea hasta abajo = **G.**

Medir las distancias entre **C-n** (delantera) ejemplo: 36 cm. y la distancia entre **a-C** (trasera) ejemplo: 26 cm.. La suma de dichas distancias, son superiores en 2 cm. al Ancho de la Pierna. En éste caso, se deberá proceder de la siguiente manera: Desde **G**, aplicar hacia ambos lados la mitad de los 2 cm. = **H** e **I**. Unir **H**-o y **I**-o, con forma. NOTA: si la diferencia fuere más grande, se podrán quitar las distancias entre **B-C.**

Desde **d**, aplicar hacia abajo 3 cm. = **J** (igual a la distancia **l-G** de la delantera). Unir **J** con la sisa.

En caso que fuere necesario, puede colocar un elástico en la línea de la pierna parte trasera, así como también en la línea del escote (tal vez en parte) trasera.

Separar el molde delantero por la línea **h-i-e-q-p o-D**, luego cierre la pinza **d-e-f.** como lo indica la Fig. **A.** Suavice las líneas en el punto **e.** Fig. **A.**

Si deseare armar la parte del busto, calque la parte sombreada.

Si Usted deseare hacer sin costura el centro de la parte trasera, una **i-A** con línea recta. NOTA: El espacio que le quita al molde, lo debe agregar como lo indican las líneas discontinuas. Fig. **B.**

MUY IMPORTANTE: Si la tela que Usted use fuere elástica, deberá angostar los moldes de acuerdo al porcentaje que se estire la misma.

IMPORTANTE: Si lo desea, puede cambiar las líneas de los escotes.

TRAJE DE BAÑO CLASICO # 2
UTILIZAR EL MOLDE DEL TRAJE DE BAÑO # 1 CON LA MISMA PUNTUACION

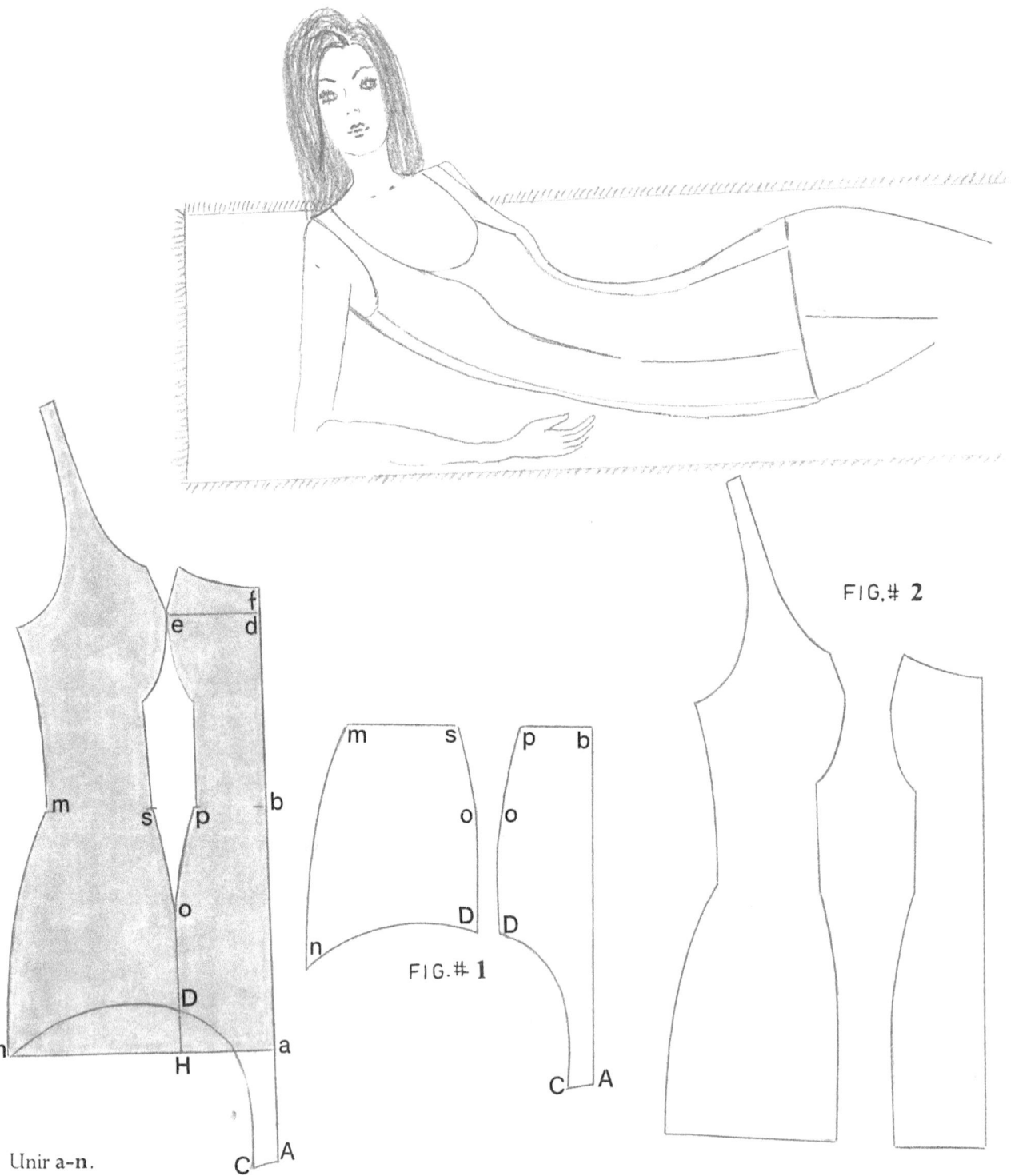

FIG.# 2

FIG.# 1

Unir **a-n**.

Desde **D**, prolongar la línea hasta el ruedo = **H**.

Calcar la parte indicada con: **A-a-b-p-o- s-m-n-D-C-A**. Separar el molde por la línea **o-D**. Fig.#1.

Separar el molde por: **H-D-o-p-e** y la pinza. Fig. #2.

IMPORTANTE: Si la tela fuere elástica , deberá achicar los moldes de acuerdo a como se estire la tela.

Usar la Trasera del traje de baño # 1.

BIKINI # 1
PARTE DE ARRIBA

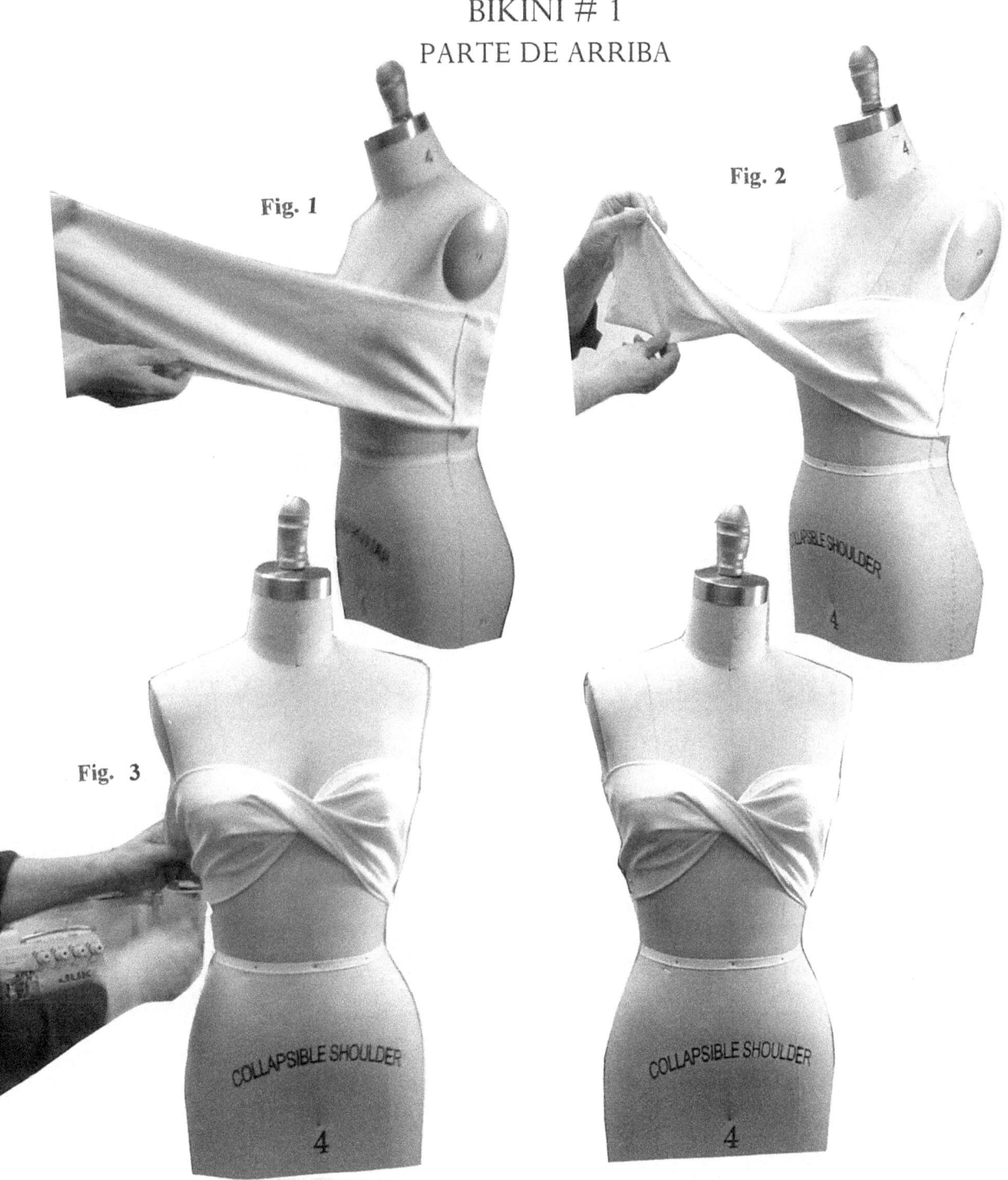

Fig. 1

Fig. 2

Fig. 3

MUY IMPORTANTE: Para interpretar éste modelo, no se necesitan moldes bases. Su realización, es mucho más fácil usando un maniquí e interpretarlo sobre el mismo.

Usar un trozo de tela con el doble de la distancia entre la medida de Costado y la 1ra. Separación de Busto, ejemplo: 48 cm. por la distancia entre la Altura del Sobre Busto y el Bajo Busto, ejemplo: 13 cm..

Sujetar la tela con alfileres en el costado. Fig. 1, luego girar la tela, es decir darla vuelta. Fig. 2; Después sujetar la tela en el otro costado y voilá .

Si lo desea, puede achicar las partes de los costados.

Para continuar la trasera, puede hacerlo de mayor a menor.

IMPORTANTE: Sujetar con puntadas invisibles los pliegues en el centro de la parte delantera.

BIKINI # 2

ESTE ES UN MODELO QUE SE PUEDE REALIZAR DE VARIAS MANERAS
AQUÍ LE PRESENTAMOS UNA.NOTA: TANTO SE PUEDE REALIZAR SOBRE EL MANIQUÍ COMO EN FORMA PLANA CON LA MISMA REPIDEZ Y EFECTIVIDAD

Recuerde que si usa una tela que se estira, entonces deberá reducir los moldes de acuerdo al porcentaje que se estire la misma.

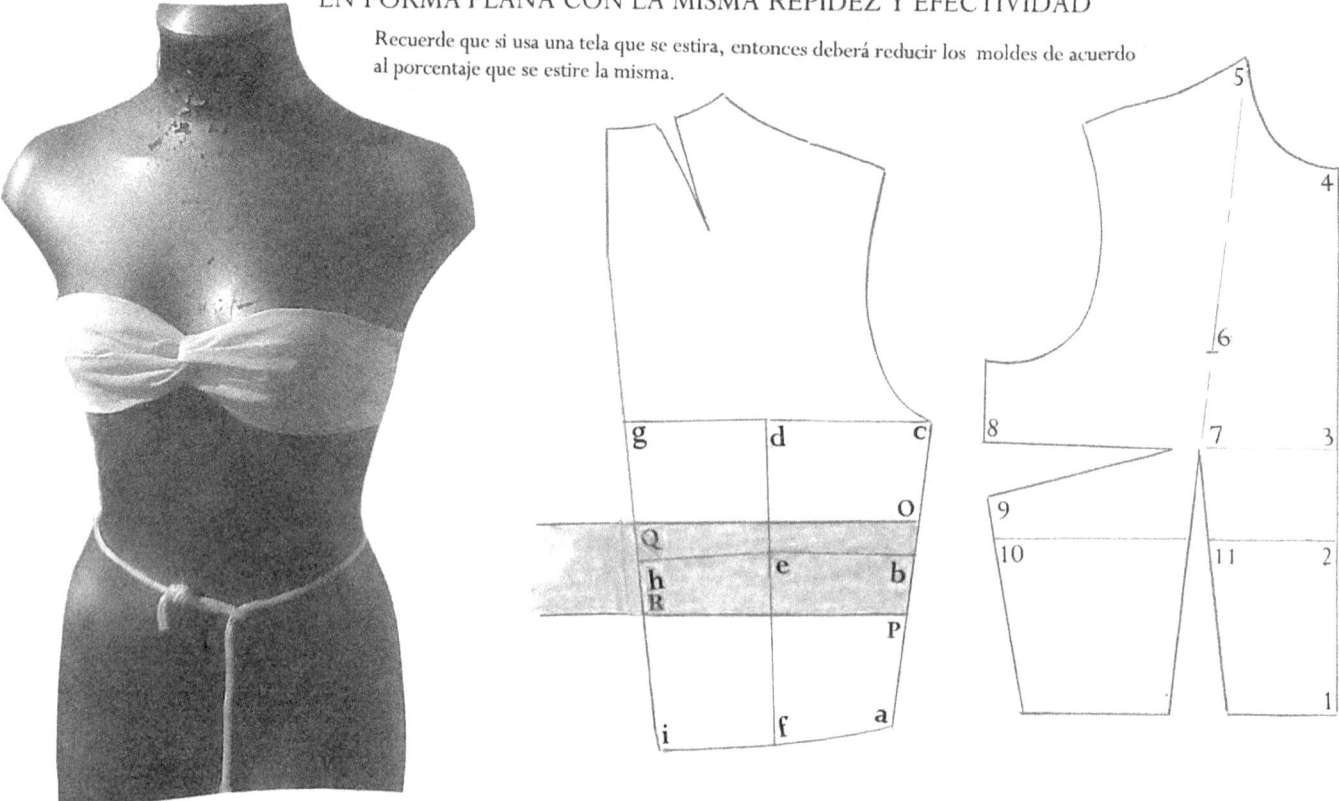

UTILIZAR LOS TRAZADOS DE UN CORPIÑO

DELANTERO: **1-2-3-4** = centro, **3-7** = altura de busto, **5-6** = altura de la hendidura de busto, **8-9** = pinza, **2-11-10** = altura de bajo busto.

TRASERA: **a-b-c** = costado, **d-e-f** = pinza cerrada,**b-e -h** = continuación de la línea del bajo busto,**g-h-i** =parte del centro.

PASO A PASO CON LA REALIZACION DEL MODELO

Formar un rectángulo con la suma de las medidas de costado y la 1ra. Separación de Busto, ejemplo:24 cm. por la diferencia entre la Altura de Busto y la Altura de la Hendidura del Sobre Busto,puntos **6** y **7**ejemplo:5 cm. = **A-B-C-D**.

D-E = Separación de Busto, ejemplo: 9 cm..

C-F = mitad de la distancia del ancho de la pinza **9-8** del corpiño, ejemplo: 2 cm. = **F**. Unir **F-E**.

Desde **A**, prolongar la horizontal colocando la distancia **A-B** = **G**.

Desde **G** y **A**, ubicar hacia abajo la diferencia entre las Alturas de Busto y del Bajo Busto, puntos **7-11**, ejemplo: 6 cm. = **H** e **I**. Unir **H-I**.

I-J = **D-E**.

Desde **H**, colocar hacia arriba la distancia **C-F** = **K**. Unir **K-J-E**.

I-L y **I-LL**= 3 ½ cm., que se usarán para abertura (para introducir la parte opuesta).

Calcar la parte sombreada, luego juntar los puntos **F-K** y **E-J**.

Desde **F**, prolongar la línea hasta abajo = **M**.

Desde **G**, aplicar hacia **A**, la diferencia entre **G-M** = **N**.

Doblar el papel por la línea **B-A-N** y calcar la parte indicada con: **F-E-L-LL-J-K-N**.

Cortar dos paños.

TRASERA: Desde **b**, colocar hacia arriba la distancia **B-F** = **O**. **b-P** = **G-K**. Desde **h**, ubicar hacia arriba y hacia abajo las distancias **b-O** y **b-P** = **Q** y **R**. Unir **Q-O** y **R-P**.

Desde **Q** y **R**, prolongar las líneas unos 40 cm., si es que lo desea anudar atrás , caso contrario, coloque ganchitos.

Utilice la parte de debajo de la bikini página 489.

Al coser la parte de arriba de la bikini, deberá juntar **F-E-L** con **K-J-LL** (parte sombreada), dejando libre la parte **LL-J**, para introducir la parte opuesta.

BIKINI # 3

UTILIZAR EL MOLDE DELANTERO DEL CORPIÑO ADHERIDO PÁGINA 24

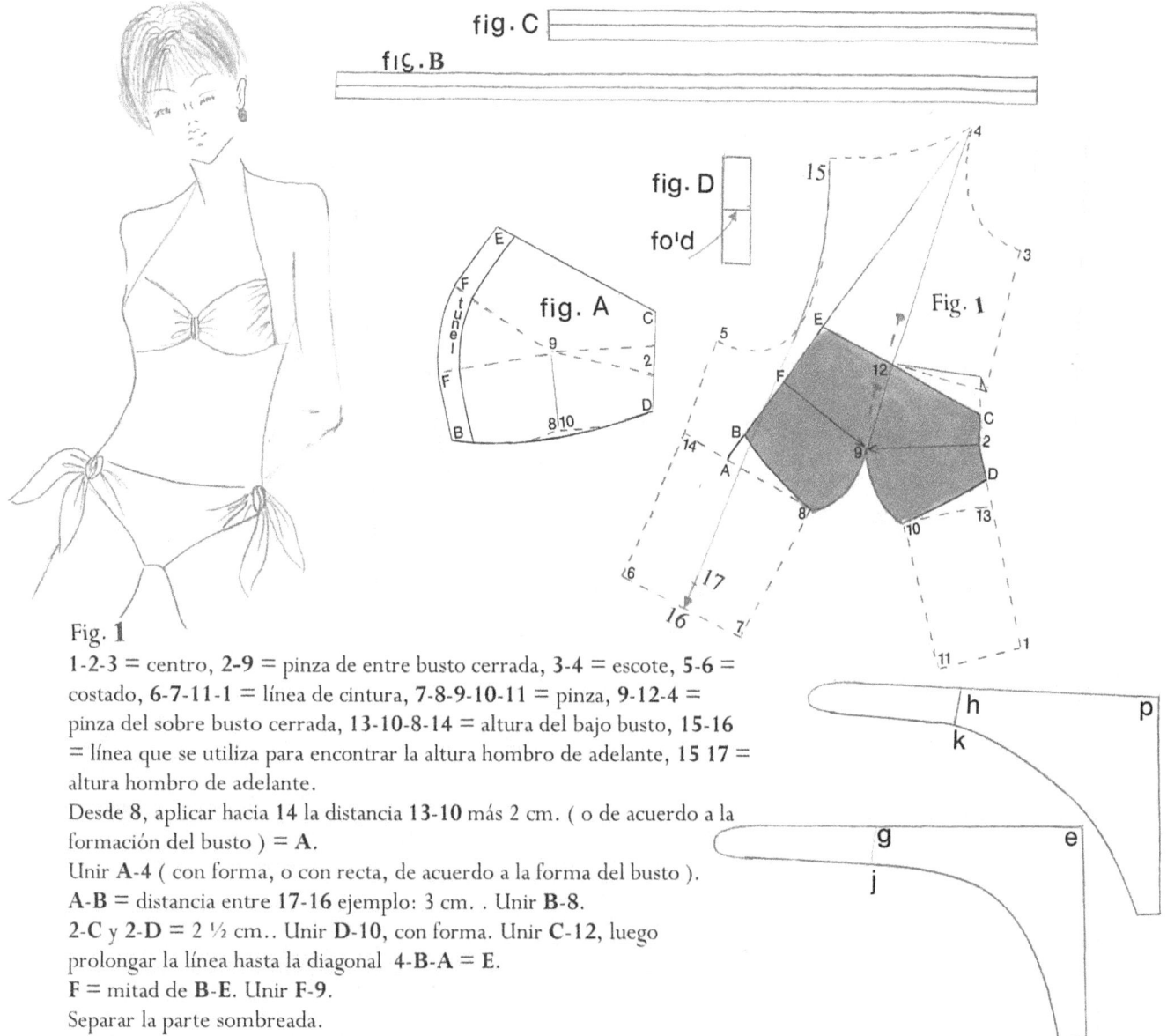

fig. C

fig. B

fig. D

fo'd

fig. A

Fig. 1

Fig. 1

1-2-3 = centro, 2-9 = pinza de entre busto cerrada, 3-4 = escote, 5-6 =
costado, 6-7-11-1 = línea de cintura, 7-8-9-10-11 = pinza, 9-12-4 =
pinza del sobre busto cerrada, 13-10-8-14 = altura del bajo busto, 15-16
= línea que se utiliza para encontrar la altura hombro de adelante, 15 17 =
altura hombro de adelante.

Desde 8, aplicar hacia 14 la distancia 13-10 más 2 cm. (o de acuerdo a la
formación del busto) = A.

Unir A-4 (con forma, o con recta, de acuerdo a la forma del busto).

A-B = distancia entre 17-16 ejemplo: 3 cm. . Unir B-8.

2-C y 2-D = 2 ½ cm.. Unir D-10, con forma. Unir C-12, luego
prolongar la línea hasta la diagonal 4-B-A = E.

F = mitad de B-E. Unir F-9.

Separar la parte sombreada.

Cortar desde F hasta 9, y desde 2 hasta 9, sin separar, luego cerrar la pinza 8-9-10 en forma recta (no afecta en nada).

Separar los espacios F y 2 a gusto. Fig. A. Unir D-C y B-F-F-E.

Al cortar, es necesario cortar cuatro partes de la Fig. A (que podrían ser de dos colores diferentes), de modo que con
una prenda, viene a tener dos.

BRETEL Fig. B.

Forme una tira con el doble de la medida del escote, más dos veces la distancia 4-B, como largo, y por ancho 2 cm..

TIRA DEL BAJO BUSTO Fig. C.

Corte dos tiras con la medida Contorno de Bajo Busto, como largo, por 2 cm. de ancho. Si desea anudarlo, prolongar las
líneas a gusto.

NUDO: Fig. D.

Corte una tira dos veces la distancia C-2-D (del corpiño), por 2 cm. de ancho.

PARTE BAJA

Utilizar las partes de la bikini # 4. Desde g-j y h-k, prolongar las líneas y su forma, es a gusto.

BIKINI # 4 CON HEBILLA EN EL CENTRO DEL BUSTO
EMPLEAR LOS MOLDES SIMPLES DEL CORPIÑO ADHERIDO PÁGINA 24.
UTILIZAR UNA HEBILLA DE ACUERDO AL BUSTO.

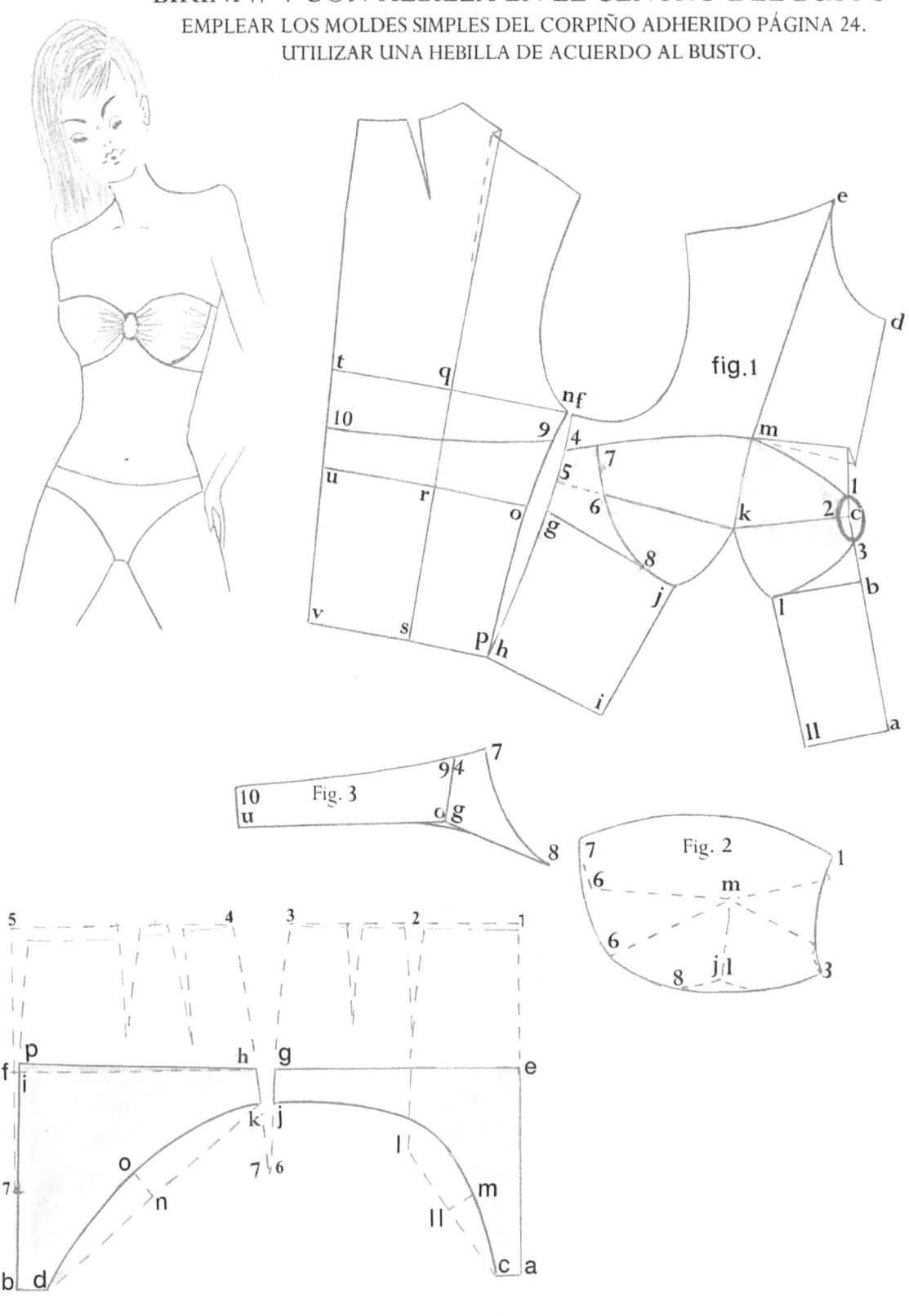

MEDIDAS NECESARIAS
LARGO DE TIRO.............................68 CM.
ALTURA MITAD PIERNA ADELANTE......20   "

DELANTERA Fig. 1

a-b-c-d = centro de adelante, **c** = altura de busto, **d-e** = escote, **f-g-h** = costado, **h-i-ll-a** = línea de cintura, **i-j-k -l-ll** = pinza, **k-m-e** = pinza del sobre busto cerrada, **c-k** = pinza de entre busto cerrada, **b-l-j-g** = línea del bajo busto.

TRASERA

n-o-p = costado, **q-r-s** = pinza cerrada, **t-u-v** = parte centro trasera, **o-r-u** = continuación de la línea del bajo busto.

DELANTERA

Colocar la hebilla en la altura del busto, formándose de ese modo los puntos **1-2-3**.

Desde **f**, aplicar hacia abajo 2 ½ cm. o a gusto = **4**. Unir **4-m-1**, como lo indica el trazado.

Marcar el centro de **4-g** = **5**. Unir **5-k**.

Desde **k**, ubicar hacia **5**, la distancia **c-k**, más 1 cm. o según la forma del busto = **6**.

Unir **j-6**, luego prolongar la raya hasta la línea **4-m-1** = **7**.

TRASERA

Desde **n**, aplicar hacia abajo la distancia **f-4** de la delantera = **9**.

Desde **u**, ubicar hacia arriba 3 cm. o a gusto = **10**. Unir **10-9** con forma.

Separar las partes sombreadas.

DELANTERA

Cortar desde **j** hasta **7**.

Cortar desde **2** y **6** hasta **k** sin separar.

Cerrar la pinza **j-k-l** (en forma recta), luego suavizar la línea **3-1-j-8**. Fig. 2.

Juntar los costados uniendo **4-9** y **g-o**. Fig. 3. Suavizar la línea en los puntos **o-g**.

NOTA: En la línea **10-u**, debe dejar cruce. Fig. 3.

Cortar cuatro partes de la Fig.2, luego al coserlos, deberá reducir las distancias **1-3** y **7-8** a las medidas anteriores.

PARTE DE ABAJO

Utilizar el molde de una falda hasta la Altura de Cadera (puede achicarla un poquito en los costados).

Los puntos **1-2-3-4-5**, indican la línea de cintura, **6** y **7** = la altura de cadera.

Desde **1** y **5**, aplicar hacia abajo, la mitad del Largo de Tiro, ejemplo: 34 cm. = **a y b**.

Desde **a** y **b**, escuadrar hacia dentro, aplicando 3 cm. o a gusto = **c y d**.

Desde **1** y **5**, colocar hacia abajo 14 cm. o a gusto = **e y f**. Unir **e-f**. **g-h-i**, se forman al cruzarse las líneas. Unir **i-b**.

g-j y **h-k** = 3 cm. o a gusto.

Desde **2**, poner hacia abajo, la medida Altura Mitad Pierna de Adelante, ejemplo: 20 cm. = **l**. Unir **l-c**.

Marcar el centro de **l-c** = **ll**. **ll-m** = 3 cm. o a gusto.

Unir **c-m-j**, como lo indica el trazado.

Unir **k-d**, después marcar el centro de dichos puntos = **n**.

n-o = 3 cm. o a gusto.

Unir **d-o-k**, con forma. NOTA: La línea que también se puede utilizar es **k-n-d**, de desearlo.

Desde **i**, aplicar hacia arriba 2 cm. o a gusto = **p**. Unir **p-h**.

Al cortar, es necesario cortar dichas partes también en percalina, o bien en diferentes colores.

En las líneas **e-g** y **h-p**, es necesario hacer un túnel y colocar un elástico por dentro.

Al cortar, deberá colocar tela doble en las líneas **a-e** y **b-p**.

MINI BIKINI (TANGA)
EMPLEAR EL MOLDE SIMPLE DELANTERO DEL CORPIÑO ADHERIDO PÁGINA 24

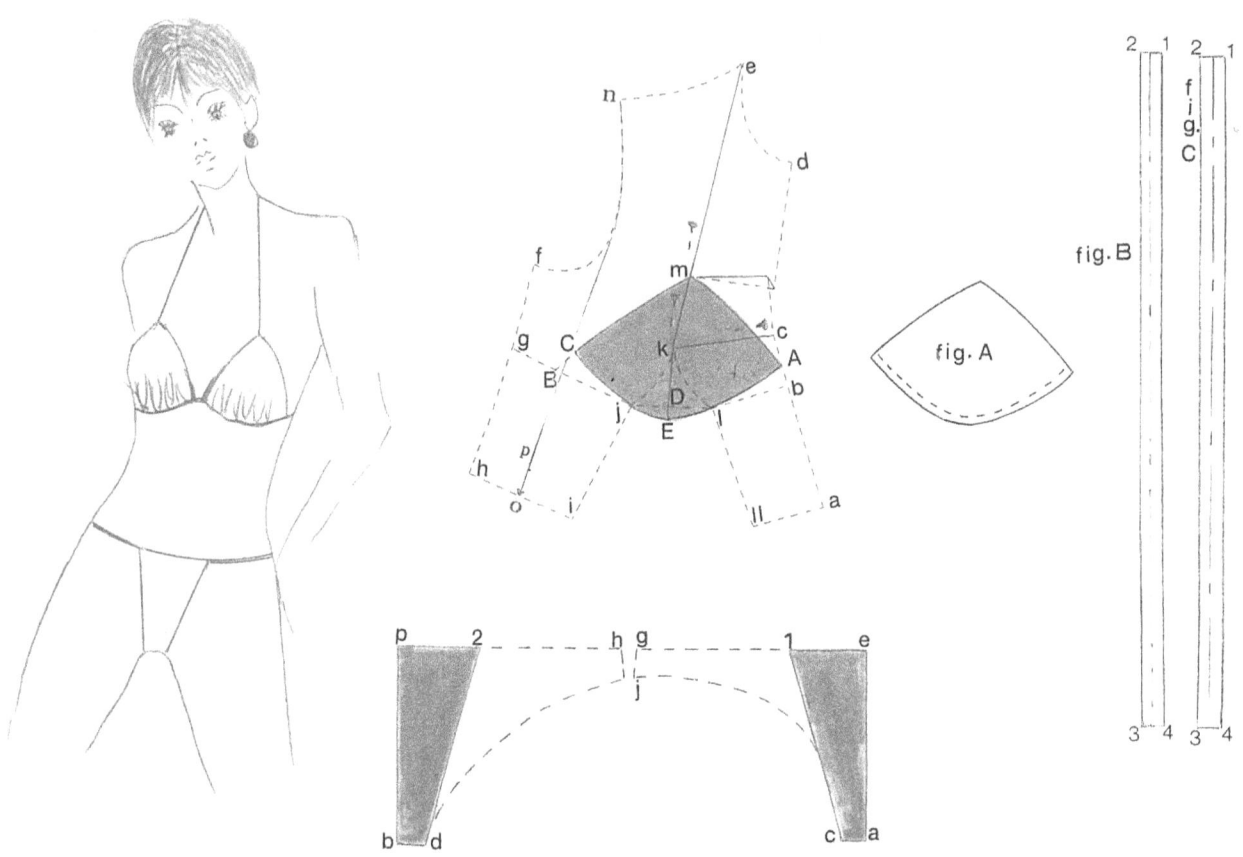

a-b-c-d = centro, c-k = pinza de entre busto cerrada, d-e = escote, f-g-h = costado, i-j-k-l-ll= pinza, b-l-j-g = altura de bajo busto, k-m-e = pinza del sobre busto cerrada, n-p-o = línea de la altura hombro delantero, n-p = altura hombro de adelante.

Desde b, aplicar hacia arriba 2 ½ cm. (o según la forma del busto). = A. Unir A-m, con forma.

Desde j, colocar hacia g, la distancia b-l = B. Unir B-m, con forma.

Desde B, poner hacia m, la distancia p-o, ejemplo: 3 cm. = C.

Unir j-l. Marcar el centro de dichos puntos = D. Unir D-k.

Desde k, aplicar pasando por D, la distancia k-j =E. Juntar C-j-E-l-A.

Separar la parte sombreada. Fig. A.

Al cortar, es necesario cortar cuatro partes de la Fig. A. Dos pueden ser de diferente color.

En la línea A-E-C, forme un túnel   (para que pueda pasar la tira del bajo busto).

BRETEL= Fig. B.

1-2-3-4 = medida m-e, más unos 40 cm. , ejemplo: 75 x 2 cm. (si es que lo anuda). Cortar dos tiras.

TIRA DEL BAJO BUSTO Fig. C.

1-2-3-4 = medida del bajo busto más unos 40 cm. , ejemplo: 79 x 2 cm. (si es que lo anuda atrás).

PARTE BAJA

Usar la parte baja de la bikini #3, con la misma puntuación .

DELANTERA

E-1 = a gusto, ejemplo: 8 cm.. Unir 1-c. Separar la parte indicada con línea discontinua.

TRASERA

p-2 = a gusto, ejemplo: 9 cm.. Unir 2-d. Separar la parte indicada con línea discontinua.

Para sujetar la parte baja al cuerpo, haga un túnel en las líneas e-1 y 2-p, luego introduzca una tira.

Al cortar, es necesario colocar tela doble en las líneas a-e y p-b.

LA LINGERIE DE
LA MARIÉE

UTILIZAR UNA FALDA LARGA ÈVASÉ UNIDA EN LOS COSTADOS Y CON LA MITAD DE LAS
PINZAS CERRADAS Y ABIERTAS EN EL RUEDO PARA DARLE AMPLITUD

1-2 = centro de adelante, 3-4, pinza cerrada, 2-3-5 =
línea de cintura, 5-8-6-7 = costados, 8-9-11 = cintura,
9-10 = pinza cerrada, 11-12 = centro parte trasera.
Dividir en siete partes (o a gusto, dependiendo de la
cantidad de volados deseados) la distancia 8-7 y 11-12 =
a-b-c-d-e-f y g-h-i-j-k-l-ll.
Unir a-g, b-h, c-i, d-j, e-k, f-l, 7-ll.
En dichas líneas, debe colocar tiras hechas en crinolina,
capricho, o tul, etc..
Dichas tiras deben ser tres veces la distancia de cada
línea, y por verticales una vez y media la distancia a-b.
Fig. A. Las tiras, pueden ser simples o dobles, luego
deberá reducirlos con frunces o tablas.

Fig. A.

Fig. B.

Fig,B

Utilizar los mismos trazados (delantera y trasera, con la misma puntuación).
Emplear una tira de capricho o crinolina de nylon.
El largo tres veces la distancia a-7 .El ancho de arriba y de abajo tres veces la distancia a-g y 7-11.

Marcar las distancias de las líneas de los frunces (tres veces la distancia a-b).
Fruncir las líneas, reduciéndolas a las medidas correspondientes, luego, colóquelos en los
sitios indicados.

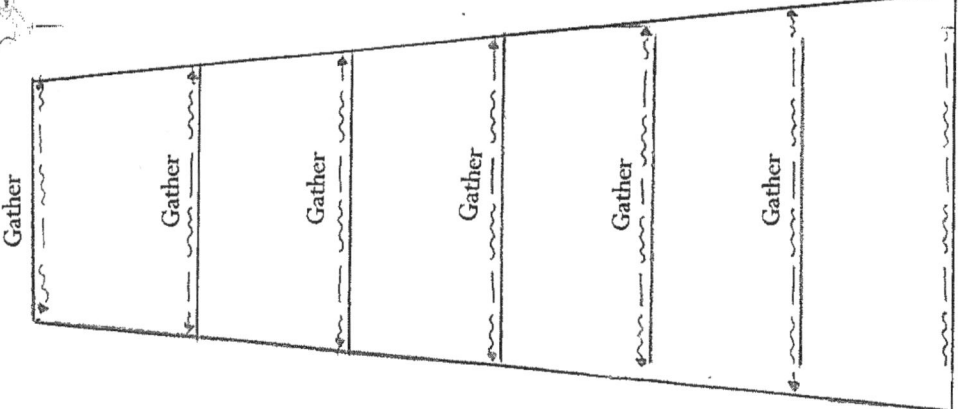

CORSET
prenda intima muy sexy

Utilizar los trazados de los moldes del vestido adherido y muy escotado desde la Altura del Sobre Busto hasta la Altura de Cadera ligeramente angostados en los costados, y con todas las pinzas cerradas. Página 214.

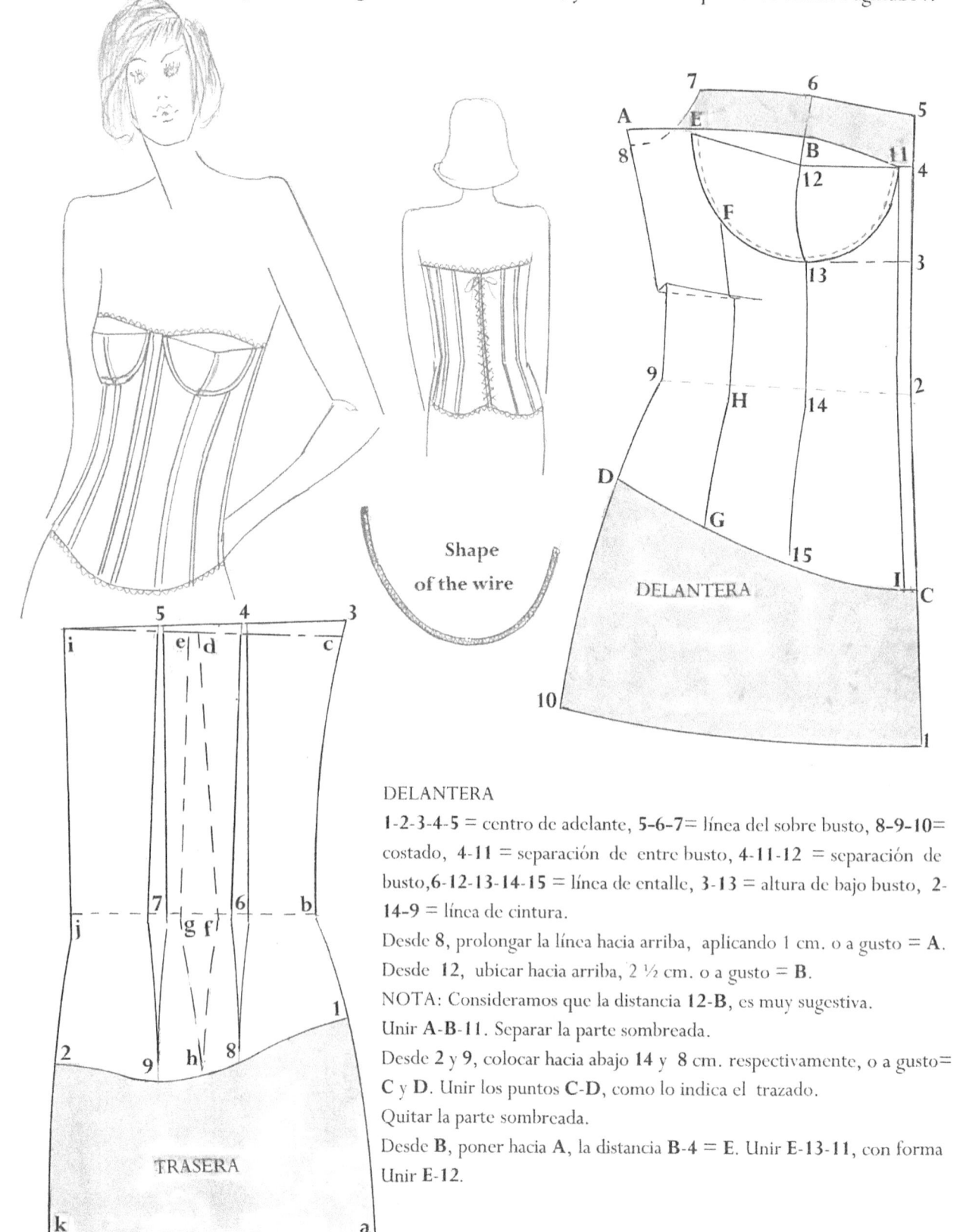

Shape
of the wire

DELANTERA

DELANTERA

1-2-3-4-5 = centro de adelante, **5-6-7**= línea del sobre busto, **8-9-10**= costado, **4-11** = separación de entre busto, **4-11-12** = separación de busto,**6-12-13-14-15** = línea de entalle, **3-13** = altura de bajo busto, **2-14-9** = línea de cintura.

Desde **8**, prolongar la línea hacia arriba, aplicando 1 cm. o a gusto = **A**.

Desde **12**, ubicar hacia arriba, 2 ½ cm. o a gusto = **B**.

NOTA: Consideramos que la distancia **12-B**, es muy sugestiva.

Unir **A-B-11**. Separar la parte sombreada.

Desde **2** y **9**, colocar hacia abajo 14 y 8 cm. respectivamente, o a gusto= **C** y **D**. Unir los puntos **C-D**, como lo indica el trazado.

Quitar la parte sombreada.

Desde **B**, poner hacia **A**, la distancia **B-4 = E**. Unir **E-13-11**, con forma
Unir **E-12**.

Marcar la mitad de la distancia E-13 = F.

Desde F, trazar una paralela al costado hasta el ruedo = G. H, se forma al cruzase con la línea de cintura.

C-I = 4-11. Unir I-11.

Cortar desde E hasta 11, pasando por F y 13, cortar de E hasta 11 pasando por 12, cortar desde F hasta G, cortar de 12 hasta 15, y de 11 a I. Fig. A, B, C, D, E, F, G.

TRASERA

a-b-c = costado, d-e-f-g-h = pinza abierta, i-j-k = centro.

Desde b y j colocar hacia abajo 8 y 11 cm. respectivamente, o a gusto = 1 y 2. Unir dichos puntos, como lo indica el grabado. Quitar la parte sombreada.

Desde c, prolongar la línea hacia arriba, aplicando la distancia 8-A de la delantera = 3. Unir 3-i.

Dividir en tres partes las distancias 3-i, b-j, 1-2 = 4-5, 6-7, 8-9, y, desde dichos puntos formar dos pinzas con el espacio de la pinza (indicada con líneas discontinuas),a continuación cortar vaciando las pinzas =Fig. H, I, J. IMPORTANTE: En todas las costuras verticales, traseras como delanteras, deberá formar un túnel, o dos, uno al lado del otro, para luego poder introducir las ballenas.

Marque un túnel también en la línea que define el busto (del ancho de 0,75 cm., ó 3/8 de inch)puntos E-F-13-11, luego tome la distancia entre E y 11,a continuación forme una tira de 1 ½ cm. Fig. 1. que deberá doblar por el medio, después de colocar la tira podrá introducir el " wire". NOTA: Se coloca dicha pieza para hacerlo aún más sexy. En los orillos de arriba y de abajo coloque puntillas, y, en los bordes centros de atrás aplique **eyelet**, para luego juntar las partes pasando un cordoncillo.

NOTA: Deberá armar ésta prenda con crinolina además del forro (que se cortan con los mismos moldes).

Si Usted cree que puede llegar a molestarle el cordoncillo, corte una tira doble de 3cm.de ancho por el largo de la Fig. **J**.= Fig. **K**.

Si deseare entallar las Figuras E y D en los puntos H, agregue un poco de entalle en los puntos **10**, y, lo que agrega en dichos puntos, los saca desde los puntos **H**, indicados con líneas discontinuas.

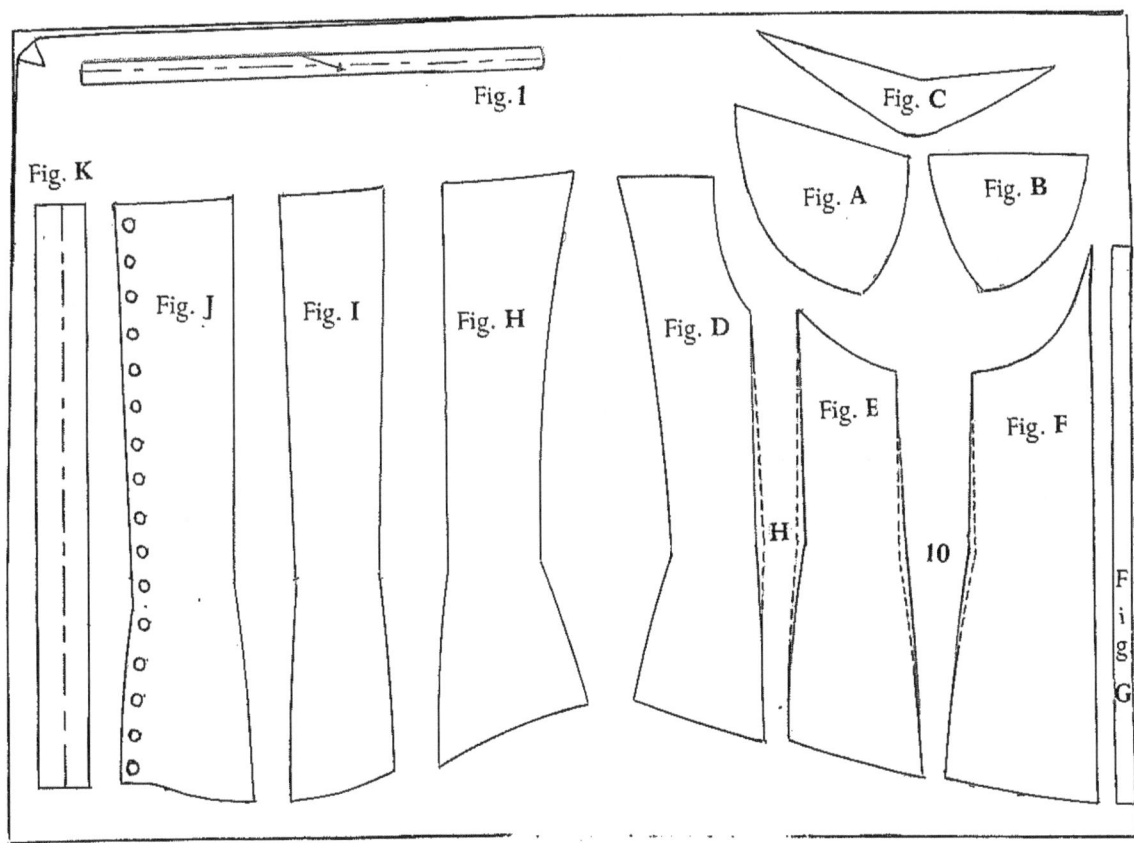

VESTIDO DE NOVIA

UTILIZAR LOS MOLDES SIMPLES DE UN VESTIDO LARGO Y LOS TRAZADOS DE UNA FALDA ENTUBADA
CORTA

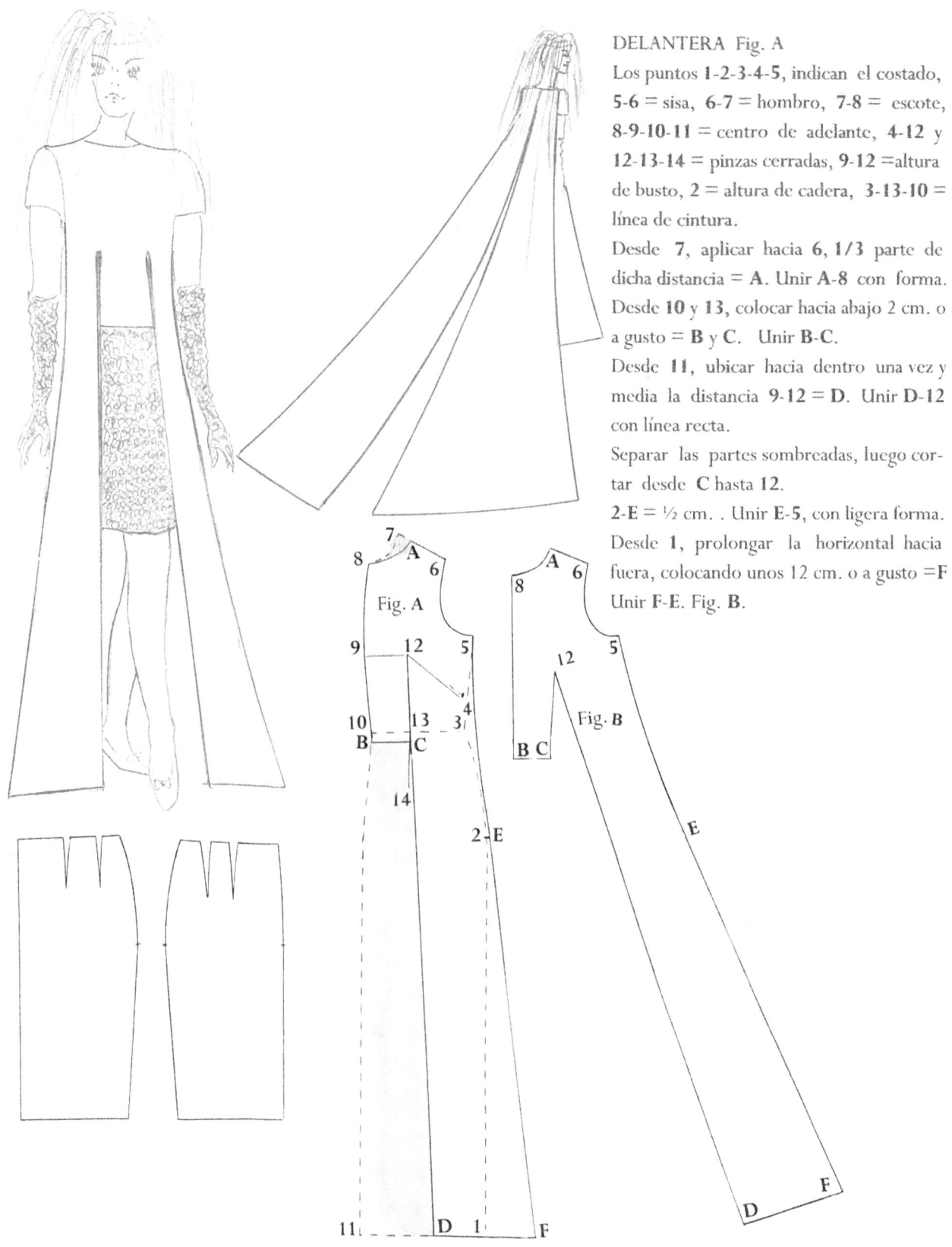

DELANTERA Fig. A

Los puntos **1-2-3-4-5**, indican el costado, **5-6** = sisa, **6-7** = hombro, **7-8** = escote, **8-9-10-11** = centro de adelante, **4-12** y **12-13-14** = pinzas cerradas, **9-12** =altura de busto, **2** = altura de cadera, **3-13-10** = línea de cintura.

Desde **7**, aplicar hacia **6**, **1/3** parte de dicha distancia = **A**. Unir **A-8** con forma. Desde **10** y **13**, colocar hacia abajo 2 cm. o a gusto = **B** y **C**. Unir **B-C**.

Desde **11**, ubicar hacia dentro una vez y media la distancia **9-12** = **D**. Unir **D-12** con línea recta.

Separar las partes sombreadas, luego cortar desde **C** hasta **12**.

2-E = ½ cm. . Unir **E-5**, con ligera forma. Desde **1**, prolongar la horizontal hacia fuera, colocando unos 12 cm. o a gusto =**F** Unir **F-E**. Fig. **B**.

TRASERA Fig. C

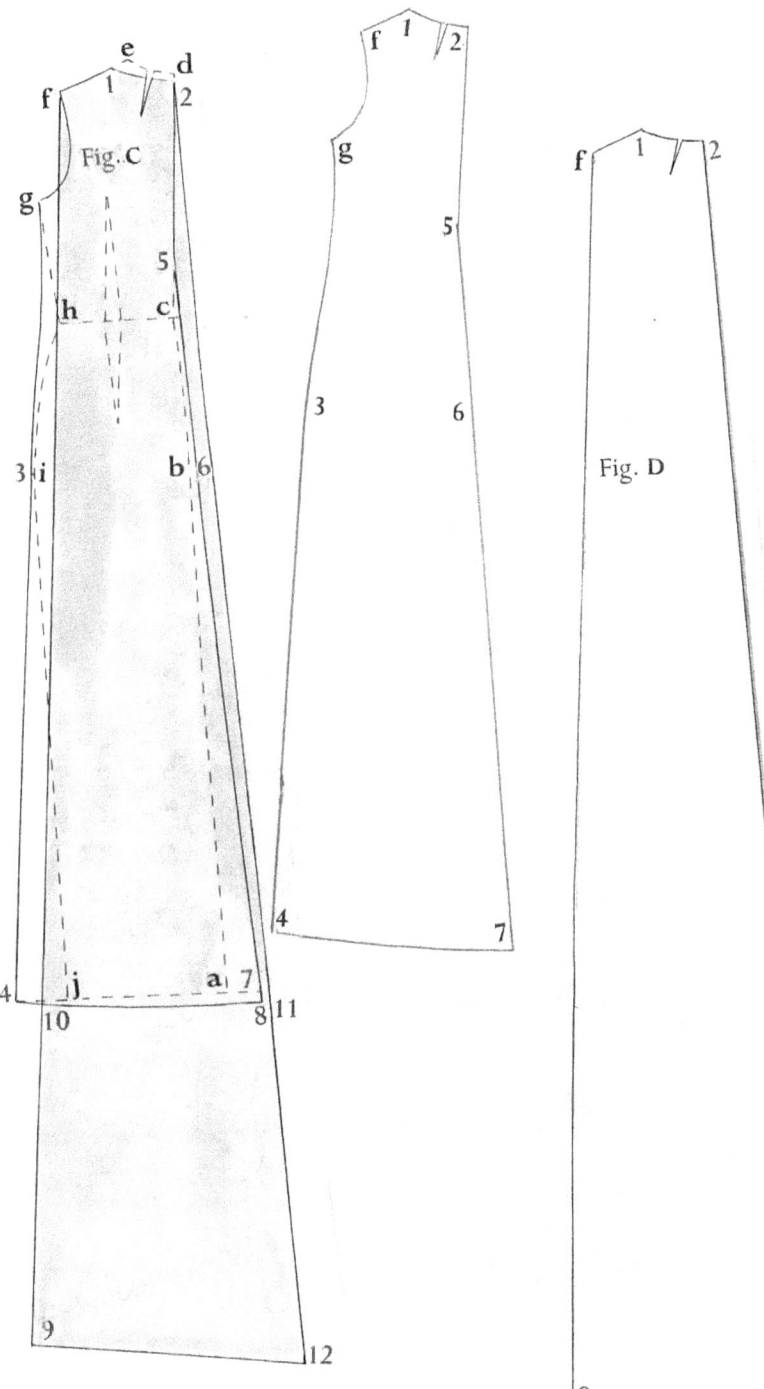

a-b-c-d = centro parte trasera, **d-e** = escote, **e-f** = hombro, **f-g** = sisa, **g-h-i-j** = costado, **b-i** = altura de cadera, **c-h** = línea de cintura.

Desde **e**, colocar hacia **f**, la distancia **7-A** de la delantera = **1**.

d-2 = mitad de **e-1**. Unir 2-1 con ligera forma.

i-3 = **2-E** de la delantera. Unir 3-g, con ligera forma.

j-4 = **1-F** de la delantera. Unir 4-3.

Desde **c**, aplicar hacia arriba la mitad de **g-h** = **5**.

b-6 = 1 cm. o a gusto. Unir 6-5.

Desde **a**, prolongar la horizontal hacia fuera, colocando la mitad de **j-4** = **7**. Unir 7-6.

7-8 = 2 cm. o a gusto. Unir 8-4, con ligera forma.

NOTA: Juntar las líneas de los costados, para cerciorarse si la forma del ruedo tiene garbo, **caso contrario suavícela**.

Desde **f**, trazar una paralela a la raya recta del costado, pasando la línea del ruedo.

podrían ser varios metros = **9**. **10**, se forma al cruzarse las líneas.

8-11 a gusto. Unir 11-2.

Desde **11**, prolongar la línea, aplicando la distancia **10-9** más algunos cm. = **12**. Unir 12-9.

Calcar la parte sombreada. Fig. D.

La trasera, se debe cortar por: **7-6-5-2-1-f-g-3-4-7-**

NOTA: Al cortar, deberá colocar tela doble en la línea **8-B** de la delantera.

IMPORTANTE: Según la tela que use deberá armar el vestido con crinolina, o tal vez con percalina, o capricho de nylon, o tal vez con organza, **además del forro**.

La falda, va bordada, como también se podrían bordar los bordes de la delantera y el ruedo.

Las mangas son cortas, para que se luzcan los guantes que también van **bordados**.

LA MODA, A TRAVES DEL TIEMPO.

SIGLO V antes de J.C.

siglo v. IV antes ae J.C.

siglo 15

SIGLO 15

1340

1500

SIGLO 16

1400

1581

SIGLO 16

1798

1500

1787

1814

1835

1911

1913

1932

1932

1933

1936

1951

ALGUNAS CREACIONES PISANO

TAPADO CAPA ATRÁS
Y RAGLAN ADELANTE
1962

TAILLEUR
MANTEAU
1961

SOIRÉE 1963

BEST DRESSD
IN U.S.A. 1992

INDICE

PÁGINAS

LA MODA A TRAVEZ DEL TIEMPO………………………………………………………………………… 2-3
TOOLS TO USE (ELEMENTOS NECESARIOS)……………………………………………………… 6
UN POCO DE HISTORIA………………………………………………………………………………… 7
INTRODUCCIÓN…………………………………………………………………………………………… 8
PARA TENER MUY EN CUENTA………………………………………………………………………… 9
MEDIDAS REQUERIDAS: EXPLICACIÓN DETALLADA SOBRE EL MODO DE TOMAR LAS MEDIDAS………………… 10 AL 13
CONSEJOS ÚTILES………………………………………………………………………………………… 14-15
CORPIÑO BASE # 1 PARTE TRASERA………………………………………………………………… 16-17
CORPIÑO BASE # 1 PARTE TRASERA CON PINZAS ELIMINADAS…………………………………… 16-17
CORPIÑO BASE # 1 PARTE DELANTERA CON UNA Y CON DOS PINZAS……………………………… 18-19
CORPIÑO BASE # 2 CON PINZA EN EL HOMBRO PARTE TRASERA………………………………… 20-21
CORPIÑO BASE # 2 CON BUSTO BAJO PARTE DELANTERA………………………………………… 22-23
CORPIÑO ADHERIDO ESPALDA Y DELANTERA……………………………………………………… 24-25
TRANSFORMACIONES DE PINZAS……………………………………………………………………… 26
CORPIÑO CON PINZA QUE SALE DESDE EL COSTADO……………………………………………… 27
CORPIÑO CON PINZA EN M DESDE LA CINTURA…………………………………………………… 27
CORPIÑO CON COSTURA DESDE EL HOMBRO……………………………………………………… 28
CORPIÑO CON PINZAS EN M DESDE EL COSTADO………………………………………………… 28
CORPIÑO CON RECORTE DESDE LA SISA…………………………………………………………… 29
CORPIÑO CON COSTURAS ARQUEADAS……………………………………………………………… 29
CORPIÑO CON PINZA EN EL CENTRO DE ADELANTE……………………………………………… 30
CORPIÑO CON PINZA DESDE EL COSTADO DE LA CINTURA……………………………………… 30
CORPIÑO CON PINZA DESDE EL HOMBRO…………………………………………………………… 31
CORPIÑO CON PINZA SALIENDO DESDE LA INICIACIÓN DE LA SISA……………………………… 31
CORPIÑO CON RECORTE LATERAL…………………………………………………………………… 32
CORPIÑO CON RECORTES EN V………………………………………………………………………… 32
CORPIÑO CON RECORTE ROMBOIDAL………………………………………………………………… 33
CORPIÑO CON RECORTE EN V Y PLIEGUES………………………………………………………… 33
CORPIÑO CON COSTURA DESDE LA INICIACIÓN DE LA SISA HASTA EL CENTRO DE ADELANTE………………… 34
CORPIÑO CON PINZAS EN DIAGONALES …………………………………………………………… 34
CORPIÑO CON RECORTE EN U………………………………………………………………………… 35
CORPIÑO CON RECORTES TIPO VOLADITOS CON FORMA………………………………………… 36
VARIANTE SOBRE LA PINZA EN M…………………………………………………………………… 37
CORPIÑO CON FRUNCES QUE SALEN DESDE LA PINZA…………………………………………… 38
NECK LESS………………………………………………………………………………………………… 39
CORPIÑO CON RECORTES EN DIAGONALES Y ESCOTE EN V……………………………………… 40
CORPIÑO CON COSTURAS EN L INVERTIDAS……………………………………………………… 41
CORPIÑO CON ESCOTE EN V CON PLIEGUES Y SISADO…………………………………………… 42
CORPIÑO CON GRANDES PLIEGUES SALIENDO DESDE LOS HOMBROS………………………… 43
CORPIÑO CON RECORTE OVALADO…………………………………………………………………… 43
CORPIÑO CON ESCOTE EN V Y RECORTES EN M TIPO PLIEGUES Y FRUNCES………………… 44
DETALLES DE COSTURA: COMO SE EMBEBE………………………………………………………… 44
CORPIÑO CON DETALLES DE DOBLECES…………………………………………………………… 45
DETALLES DE COSTURA: PUNTO YERBA…………………………………………………………… 45
CORPIÑO CON TIRAS CRUZADAS……………………………………………………………………… 46
CORPIÑO CON TIRAS QUE SE ANUDAN ATRÁS……………………………………………………… 47
CORPIÑO CON CORTE EN V Y HOMBROS CAIDOS, O MANGUITAS……………………………… 48
CORPIÑO CON TIRA QUE ANUDA……………………………………………………………………… 49
CORPIÑO CON TIRA BORDEANDO EL ESCOTE Y FRUNCE………………………………………… 50
DETALLES DE COSTURA: PRESILLA AL RAS………………………………………………………… 50
CORPIÑO CON PEQUEÑAS PINCITAS………………………………………………………………… 51

INDICE

PÁGINAS

CORPIÑO ASIMÉTRICO CON PLIEGUES.. 52- 53
DETALLES DE COSTURA: PUNTO CRUZADO.. 53
CORPIÑO CON PLIEGUES DESDE EL ESCOTE... 54
CORPIÑO ESCOTADO Y CON VOLADO.. 55
CORPIÑO ASIMÉTRICO CON " DRAPEADO".. 56-57
CORPIÑO CON PLIEGUES, DRAPEADO Y BRETELES RETORCIDOS.............................. 58-59
CORPIÑO SIMÉTRICO CON RECORTES QUE RESALTAN AL BUSTO.............................. 60-61
CORPIÑO CON MULTIPLES RECORTES.. 62
TOP... 63
PEQUEÑA CAPITA CON FRUNCES EN LA COPA... 64
COWL (BUCHE DE PAVO).. 65
ESCOTE DESBOCADO BATEAU... 66
CUELLO ALTO, U HOMBROS SUBIDOS.. 67
CUELLO CORBATA.. 68
CUELLO MARINERO # 1... 69
CUELLO MARINERO # 2... 70
CUELLO SOLAPA ENTERIZO.. 71
CUELLO BABY PLANO... 72
CUELLO PARA GUARDAPOLVO DE COLEGIO...72
CUELLO BABY... 73
CORPIÑO SIMÉTRICO CON SOLAPA-CUELLO... 74
CORPIÑO SIMÉTRICO CON CUELLLOS Y SOLAPAS CRUZADOS................................. 75
CORPIÑO CON CUELLO TIPO CONO... 76
CUELLO SOLAPA DESDE EL VERTICE DE LA PINZA.. 77
CUELLO ENTERIZO DESDE EL BUSTO.. 78-79
DETALLES DE COSTURA: COMO SE REALIZA LA MOSCA COMÚN............................... 79
INTRODUCCIÓN PARA LA FORMACIÓN DE LA MANGA.. 80
MANGA RECTA... 80-81
MANGA RECTA CON PINZA EN EL CODO.. 80-81
MANGA CON PINZA EN LA COPA.. 80-81
MANGA CON PINZA DESDE EL PUÑO... 81-82
MANGA CORTA... 82
DETALLE IMPORTANTE PARA PERSONAS CUYO BRAZO ES INCLINADO HACIA ADELANTE........... 82
MODO DE SABER SI LA COPA DE LA MANGA ESTÁ BIEN REALIZADA......................... 83
MANGA GLOBO... 84
DETALLES DE COSTURA: MOSCA A LO PISANO.. 84
MANGA ACAMPANADA CORTA.. 85
DETALLES DE COSTURA: PUNTO HILVÁN... 85
MANGA CORTA CON DETALLE DE DOBLES PLIEGUES.. 86
DETALLES DE COSTURA: SURFILADO.. 86
MANGA CORTA ABUCHONADA.. 87
DETALLES DE COSTURA: PUNTO FESTÓN... 87
MANGA CORTA CON DETALLE EN V, PERO A LA INVERSA................................... 88
MANGA CORTA AGLOBADA Y CON COSTURA.. 89
MANGA CON LA COPA INCLINADA HACIA ARRIBA.. 90
MANGA LARGA ACAMPANADA.. 91
MANGA LARGA TIPO JAMÓN # 1.. 92
MANGA LARGA TIPO JAMÓN # 2.. 93
MANGA LARGA CON PINZAS EN LA COPA... 94
MANGA LARGA CON RECORTE EN LA COPA..95
MANGA LARGA FORMANDO UNA HERRADURA Y FRUNCES EN LA COPA........................... 96
MANGA LARGA CON DETALLE DE HERRADURA.. 97

INDICE

PÁGINAS

MANGA CON BUCHE DE PAVO (COWL)...98
MANGA CON DETALLE SOBREPUESTO Y EN DIFERENTE COLOR.............................99
MANGA CON VOLADO EN EL PUÑO...100
MANGA CON FRUNCE EN EL PUÑO...101
MANGA CON PUÑO RECTO...102
MANGA CON PUÑO INCLINADO...103
MANGA CON FONDO ESTILO CAJA...104-105
DETALLES DE COSTURA: COMO SE DEBE ARMAR UNA PRENDA CON ORGANZA O PERCALINA.......................105
MANGA MUY AGLOBADA..106
MANGA CON MEDIO PUÑO...107
DETALLES DE COSTURA: PI PING..107
MANGA CON PUÑO REDONDEADO...108
MANGA CON VOLADO EN LA COPA..109
MANGA CON PLIEGUE EN LA PARTE TRASERA..110
MANGA CORTA ESTILO JAPONESA SIN ROMBO...111
MANGA TIPO RAGLAN CON UNA COSTURA...112
MANGA ESTILO PISANO...113
MANGA CORTA ESTILO JAPONESA CON ROMBO...114
VARIACIÓN DE LA MANGA JAPONESA CORTA..115
ESTUDIO DERIVADO DE LA MANGA JAPONESA CORTA No. 1...................................116
ESTUDIO DERIVADO DE LA MANGA JAPONESA CORTA No. 2...................................117
DETALLES DE COSTURA: PUNTO ESPEJO...117
HOMBROS PROLONGADOS FORMANDO PEQUEÑAS MANGUITAS............................118
MANGA CON PLIEGUE ENCONTRADO A LA ALTURA DEL HOMBRO.......................119
MANGA SEMI RAGLAN..120-121
DETALLES DE COSTURA: PUNTO GUANTE VISIBLE..121
MANGA LARGA TIPO JAPONESA CON ROMBO...122-123
MANGA RAGLAN RECTA..124-125
MANGA RAGLAN ADELANTE Y SISA ATRÁS..126
MANGA RAGLAN ATRÁS Y SISA ADELANTE...127
MANGA MITAD JAPONESA Y MITAD SISA PARTE TRASERA.....................................128
MANGA MITAD JAPONESA MITAD SISA PARTE DELANTERA....................................129
MANGA MITAD JAPONESA MITAD SISA CON CANESÚ..130-131
MANGA JAPONESA EN LA DELANTERA Y SISA EN LA TRASERA...............................132
MANGA JAPONESA ATRÁS Y SISA EN LA DELANTERA..133
MANGA MITAD JAPONESA MITAD SISA EN LA DELANTERA Y JAPONESA EN LA TRASERA........................134
MANGA JAPONESA ADELANTE Y MITAD JAPONESA MITAD SISA ATRÁS..................135
MANGA JAPONESA EN LA DELANTERA Y RAGLAN EN LA TRASERA........................136
MANGA JAPONESA EN LA TRASERA Y RAGLAN EN LA DELANTERA........................137
FALDA CLÁSICA CORTA Y FALDA LARGA PARA PERSONAS DE CADERA NORMAL.....138-139
FALDA CLÁSICA PARA PERSONA DE POCA CADERA...140-141
FALDA CLÁSICA PARA PERSONAS CON POCA " COLA"..142-143
FALDA CLÁSICA PARA PERSONAS CUYA CINTURA ES MÁS ALTA ATRÁS QUE DE ADELANTE.....144-145
COMO DEJAR LOS ENSANCHES EN UNA FALDA...146
COMO HACER EL FORRO DE UNA FALDA, EN ÉSTE CASO CON TABLA........................147
FALDA CAMPANA...148
FALDA CON RUEDO DESIGUAL...148
FALDA DOBLE CAMPANA O PLATO SIN COSTURAS Y FALDA CORTA DE ADELANTE Y LARGA ATRÁS 149
CRINOLINE CORTA A DOCE GAJOS..150
MIRIÑAQUE LARGO TIPO CAGE...150
FALDA A GAJOS (6 GAJOS)...151

INDICE

PÁGINAS

FALDA A GAJOS CON GODETS (6 GAJOS)..152
FALDA LIGERAMENTE ÉVASÉ..153
FALDA DE TALLE ALTO...154
FALDA DE CINTURA BAJA, O TALLE BAJO...155
FALDA CON TRES PAÑOS FRUNCIDOS EN DEGRADÉ..156
FALDA AGLOBADA...157
FALDA AMPLIA CON 8 PLIEGUES ENCONTRADOS..158
FALDA PLISADA SOLEIL..159
FALDA CRUZADA CON PLIEGUES...160
FALDA PANTALÓN..161
FALDA CLÁSICA TOMADA EN LA COLA...162
FALDA SIMÉTRICA FRUNCIDA..163
FALDA ASIMÉTRICA CON DETALLES DE BUCHES Y PLIEGUES...164-165
DETALLES DE COSTURA: COMO SE DEBEN COSER LAS PINZAS Y COMO PLANCHARLAS...............165
FALDA CON PLIEGUES Y SIN COSTURAS EN LOS COSTADOS..166
FALDA ACAMPANADA CON RUEDO DESFLECADO...167
FALDA ÉVASÉ # 1 Y # 2...168-169
FALDA SIMÉTRICA CON PLIEGUES Y AGLOBADA EN EL RUEDO..170
FALDA SIMÉTRICA CON CINCO TABLAS Y PLIEGUES...171
FALDA ASIMÉTRICA CON PLIEGUES CRUZADOS EN DIAGONALES...172
FALDA CON CADERÍN (YOKE) Y TABLÓN ENCONTRADO..173
FALDA CRUZADA..174
FALDA ADHERIDA EN LA PARTE TRASERA Y AMPLIA EN EL RUEDO..175
FALDA CON "JABOT" Y PLIEGUES...176
FALDA CON " BUCHES "..177
DETALLES DE COSTURA: COMO COLOCAR UN CIERRE SIN QUE HAYA COSTURA..........................177
FALDA PANTALÓN CON TABLA QUE DISIMULA..178
FALDA SIMÉTRICA CON TRES TABLAS...179
FALDA CON BOLSILLOS DESBOCADOS..180
FALDA CON TRES VOLADOS EN DEGRADÉ..181
FALDA TABLEADA..182
FALDA TIPO A GAJOS CON NERVADURAS..183
FALDA TIPO ESCOCESA...184
FALDA ASIMÉTRICA CON COSTURAS EN DIAGONALES Y SIN PINZAS..185
FALDA DE CINTURA BAJA, CON VOLADOS Y DETALLE DE PASAMANERIA...................................186
FALDA CON PAÑOS FRUNCIDOS..187
FALDA SIMÉTRICA CON VOLADOS # 1..188-189
FALDA LARGA SIMÉTRICA TOMADA EN LA COLA Y CON VOLADOS..190-191
FALDA PANTALÓN O PANTALÓN FALDA...192
FALDA TIPO " AGLOBADA " EN EL RUEDO...193
DETALLES DE COSTURA: HILVÁN DE CONTENCIÓN..193
VESTIDO RECTO ESPALDA Y DELANTERA...194
VESTIDO ENTALLADO No. 1 DELANTERO Y TRASERO..195
VESTIDO RECTO ENTALLADO No. 2 PARTE TRASERA...196-197
VESTIDO RECTO ENTALLADO No. 2 PARTE DELANTERA..198-199
VESTIDO ENTALLADO RECTO No. 3 PARTE TRASERA..200-201
VESTIDO ENTALLADO RECTO No. 3 PARTE DELANTERA...202-203
VESTIDO ENTALLADO PARA PERSONAS CUYO BUSTO ES SUPERIOR A LA CADERA PARTE TRASERA..................204-205
VESTIDO ENTALLADO PARA PERSONAS CUYO BUSTO ES SUPERIOR A LA CADERA PARTE DELANTERA..............206-207
VESTIDO SEMI ENTALLADO DELANTERA Y TRASERA..208
VESTIDO ÉVASÉ...209

INDICE

PÁGINAS

VESTIDO CON RECORTES HORIZONTALES Y VOLADO.. 210
COMO SE DEBEN COLOCAR LOS MOLDES SOBRE LA TELA.. 211
VESTIDO CON MANGA TIPO JAPONESA CON ROMBO DELANTERA Y TRASERA.................................. 212-213
VESTIDO ADHERIDO Y BIEN ESCOTADO DELANTERA Y TRASERA... 214-215
MANGA TIPO CHAUVE SOURIS DELANTERA Y TRASERA... 216
VESTIDO CON CUELLO SOLAPA IMITANDO BOLERO... 216
VESTIDO CRUZADO CON SOLAPA Y TABLÓN.. 217
VESTIDO CAPA DELANTERA Y TRASERA.. 218
VESTIDO SIMÉTRICO CON PECHERA CRUZADA.. 219
COMO ENTUBAR UNA PRENDA HACIENDO QUE RESALTE LA "COLA ".. 220
LA SOUPLESSE DU DEVANTE (COWL).. 221
BUCHE DE PAVO EN LA TRASERA... 222
VESTIDO CON ESPALDA ABIERTA Y RECORTES EN V EN LA DELANTERA... 223
VESTIDO ASIMÉTRICO CON CAPITA EN EL LADO DERECHO Y PLIEGUES... 224
VESTIDO IDEAL PARA PERSONAS DE POCO BUSTO... 225
VESTIDO CON COSTURAS EN V... 226
COMO CORTAR UN VESTIDO AL BIES EN TELA A CUADROS.. 227
MODO DE CORTAR UN VESTIDO AL BIES CON TELA A RAYAS... 228
VESTIDO CON MANGAS TIPO MURCIELAGO.. 229
VESTIDO ENTALLADO SIN COSTURAS NI PINZAS EN TELA COMUN, **NO ELASTICA** PARTE TRASERA............. 230-231
VESTIDO SIMÉTRICO CON " MANGUITAS " IMITANDO RAGLAN.. 232
VESTIDO SIMÉTRICO CON ESCOTE OVALADO... 233
VESTIDO CRUZADO SISA BAJA IDEAL PARA ROBE DE CHAMBRE.. 234-235
VESTIDO SIMÉTICO ESCOTADO Y AMPLIO EN EL RUEDO... 236
VESTIDO IDEAL PARA COCKTAIL.. 237
VESTIDO CON APLICACIONES BORDADAS Y VOLADOS EN LAS MANGAS.. 238-239
VESTIDO CON TALLE LIGERAMENTE ALTO.. 240-241
VESTIDO SIMÉTRICO CON VOLADO EN EL ESCOTE... 242-243
VESTIDO CON DOBLES BRETELES EN LA DELANTERA.. 244-245
VESTIDO ASIMÉTRICO CON " DRAPEADO "... 246-247
VESTIDO SIMÉTRICO CON CANESÚ Y SOBRE FALDA CON PLIEGUES... 248-249
VESTIDO CON CINTURA ENCRUSTADA Y MANGAS EN L.. 250-251
VESTIDO ASIMÉTRICO DRAPEADO... 252
VESTIDO ASIMÉTRICO CON PLIEGUES, IDEAL PARA LA NOCHE.. 253
VESTIDO SIMÉTRICO CON COSTURA ARQUEADA Y FRUNCE.. 254
VESTIDO CON PLIEGUES QUE REMATA CON MEDIO MOÑO Y CON TABLÓN.. 255
VESTIDO SIMÉTRICO CON CANESÚ Y VOLADOS... 256-257
VESTIDO ASIMÉTRICO CON MANGA TIPO KIMONO.. 258-259
CHEMISIER CON MANGAS JAPONESAS Y CON ELIMINACIÓN DEL ROMBO.. 260
VESTIDO SIMÉTRICO CON MANGAS TIPO CAPA... 261
CAPA ESTÍLO PISANO.. 262
VESTIDO ASIMÉTRICO CON CAPA EN EL LADO DERECHO... 263
VESTIDO SIMÉTRICO CAPA ATRÁS Y RAGLAN ADELANTE.. 264
VESTIDO SIMÉTRICO CON DETALLE DE HERRADURA-PLIEGUE... 265
VESTIDO ASIMÉTRICO EN LA PARTE TRASERA CON CUELLO DESBOCADO....................................... 266-267
DETALLES DE COSTURA: OJAL MILITAR... 268-269
VESTIDO CON PLIEGUES CRUZADOS Y TABLÓN... 269
VESTIDO CON BUCHE DE PAVO EN LA TRASERA (COWL).. 270
VESTIDO CORTO CON RECORTES A LA ALTURA DEL BUSTO... 271
VESTIDO IDEAL PARA FIESTAS.. 272-273
VESTIDO ESCOTADO IDEAL PARA PERSONAS DE BUSTO SEPARADO.. 274-275
DETALLES DE COSTURA: PUNTO ATRÁS (PESPUNTE)... 276-277
                                                                                                   277

INDICE

PÁGINAS

VESTIDO DE GRANDE GALA..278-279
VESTIDO ASIMÉTRICO ABLUSADO EN UN COSTADO Y PLIEGUES................................ 280
VESTIDO FRUNCIDO 281
COMO REALIZAR UNA PRENDA ENTALLADA SIN COSTURAS NI PINZAS (TIPO HAUTE COUTURE)................. 282-283
CAMISA (BLUSA) TRASERA Y DELANTERA...284-285
CAMISA (BLUSA) PARTE TRASERA...286-287
DETALLES DE COSTURA: COSTURA TIPO FRANCESA..287
MANGA CAMISA (LARGA)..288-289
MANGA CAMISA (CORTA)..288-289
PUÑO # 1 Y # 2..288-289
CUELLOS DE CAMISA: STAND FIG. # 1, CUELLO # 2, CUELLO # 3, CUELLO A LO PISANO.................... 290-291
BLUSA CON TABLAS.. 292
TOP ASIMÉTRICO CON BORDE EN EL ESCOTE Y PLIEGUES..293
CHALECO DERECHO.. 294
JABOT.. 295
SACO RECTO PARTE TRASERA...296-297
PARTE TRASERA CON CACHÉ..296-297
SACO RECTO PARTE DELANTERA...298-299
SACO RECTO CON PINZA EN EL HOMBRO..300-301
SACO RECTO CON PINZA EN EL ESCOTE PARTE TRASERA..302-303
DETALLES DE COSTURA: PUNTO ZIG ZAG..303
SACO RECTO PARTE DELANTERA...304-305
SACO SEMI ENTALLADO PARTE TRASERA..306-307
SACO SEMI ENTALLADO PARTE DELANTERA...308-309
SACO SEMI ENTALLADO # 2 PARTE TRASERA..310-311
SACO SEMI ENTALLADO # 2 PARTE DELANTERA...312-313
TAILLEUR CLASSIQUE # 1 PARTE TRASERA..314-315
TAILLEUR CLASSIQUE # 1 PARTE DELANTERA...316-317
TAILLEUR CLASSIQUE # 2 PARTE TRASERA..318-319
TAILLEUR CLASSIQUE # 2 PARTE DELANTERA...320-321
SACO CLÁSICO DE MUJER TIPO HOMBRE..322-323
MANGA CUADRADA DELANTERA Y TRASERA..324-325
SACO MANGA JAPONESA CON ROMBO..326-327
MANGA SASTRE...328-329
MANGA SASTRE CON COSTURA CENTRAL...328-329
DEFECTOS MUY COMUNES EN LAS MANGAS...329
MANGA CON COPA LEVANTADA...329
SACO MANGA RAGLAN TIPO SASTRE...330-331
ENTALLE QUE NACE MÁS ARRIBA DE LA CINTURA..332
ENTALLE LIGERAMENTE SUELTO..332
COMO PROCEDER CON LA MANGA DE UNA PRENDA CUANDO EL BRAZO DE LA PERSONA ES MUY INCLINADO
HACIA ADELANTE 333
SACO CON COSTURA DEL HOMBRO INCLINADA HACIA ADELANTE......................................334
SACO CON COSTURA DEL HOMBRO INCLINADA HACIA ATRÁS..334
COMO HACER UNA PINZA MENOS PROFUNDA..335
DETALLES DE COSTURA: CÓMO CORTAR LA ENTRETELA DE UN TAILLEUR CLASSIQUE 335
COMO SE ELIMINA LA PINZA EN UN SACO O ABRIGO RECTO..336
DETALLES DE COSTURA: MANGA SASTRE TIPO HOMBRE..336
COMO DEJAR LOS ENSANCHES PARA LA CONFECCIÓN...337
DETALLES DE COSTURA: COMO SE CAMBRA..337
COMO FORMAR LOS PUNTOS DE APOYO (NOTCHES) EN LA SISA DELANTERA Y TRASERA Y EN LA MANGA...... 338

INDICE

PÁGINAS

COMO HALLAR EL BIES... 339
COMO MARCAR LOS OJALES.. 339
COMO CORTAR LA ENTRETELA EN SACOS O ABRIGOS (QUE SE DESEAN LIVIANOS)............................... 340
COMO REALIZAR LA TAPA DE CUELLO Y LA VISTA-SOLAPA.......................................341
COMO HACER LOS MOLDES DE LOS FORROS EN UN SACO............................... 342-343
COMO PREPARAR UNA PRENDA PARA QUE LLEVE HOMBRERAS........................ 344
MODO DE HACER COINCIDIR LAS MANGA EN TELAS A CUADROS...................... 345
MODO DE HACER COINCIDIR LAS LINEAS EN FORMA VERTICAL Y HORIZONTAL EN LAS MANGAS.................... 345
SACO CON MANGAS TIPO RAGLAN CON PLIEGUES Y CON ELIMINACIÓN DE ROMBRO................................. 346-347
SACO CON RECOTE EN M QUE ANUDA, MANGAS CON PLIEGUES Y EN LA TRASERA CON ELIMINACIÓN DE ROMBO 348-349
DETALLES DE COSTURA: PUNTO ATRÁS INVISIBLE... 349
SACO: IMITANDO CUELLO Y SOLAPA , PERO AL REVÉZ.. 350
SACO SIMÉTRICO CON RECORTES QUE HACEN RESALTAR EL BUSTO...........................351
SACO CON COSTURAS EN DIAGONALES.. 352
SACO SIMÉTRICO CON MANGAS JAPONESAS, CON PLIEGUES Y ELIMINACIÓN DE ROMBO PARTE TRASERA........... 353
SACO CON HOMBROS PROLONGADOS Y BOLSILLOS DESBOCADOS 354 355
SACO IMITANDO MANGAS JAPONESAS CON CANESÚ.. 356-357
DETALLES DE COSTURA: PUNTO FLOJO... 357
SACO IDEAL PARA PERSONAS DE POCO BUSTO.. 358
SACO CON MANGAS JAPONESAS CON RECORTES Y CON ELIMINACIÓN DEL ROMBO 359
SACO CON HOMBROS PROLONGADOS Y MANGAS FORMANDO L................................. 360
SACO CON CUELLO ALARGADO Y SOLAPA BAJA... 361
SACO CON FRUNCES EN LAS DELANTERAS Y EN LAS MANGAS................................... 362
CUELLO SUBIDO, U HOMBROS PROLONGADOS HACIA ARRIBA.................................. 363
CUELLO SOLAPA A LO PISANO···364
CUELLO "ALTO" Y DESBOCADO.. 365
CUELLO CON STAND... 366
CUELLO QUE NACE DEBAJO DE LAS SOLAPAS... 367
CUELLO DESBOCADO # 1 368
CUELLO DESBOCADO # 2... 369
CUELLO TIPO CHINO...370
DETALLES DE COSTURA: COMO HACER OJALILLOS EN TELA..................................... 370
SACO CON CUELLO TIPO " JABOT"... 371
CUELLO AMPLIO ESCOTADO Y DESBOCADO CON PLIEGUES...................................... 372
CUELLO PLANO.. 373
SACO CON SOLAPA Y CUELLO QUE NACEN DESDE LA PINZA...................................... 374-375
DETALLES DE COSTURA: COMO SE PICA.. 375
CUELLO TIPO CAPA.. 376-377
DETALLES DE COSTURA: COMO SE COSE UN BOTÓN.. 377
CUELLO A LO PISANO.. 378-379
DETALLES DE COSTURA: COMO DEBE HACERSE EL ROULOTE.................................... 379
CUELLO TIPO BABY ESCOTADO Y DESBOCADO.. 380
CUELLO ENTERIZO SINGLE BREAST... 381
CUELLO SOLAPA TIPO PENTÁGONO... 382
CUELLO SOLAPA ALARGADO SIN CRUCE.. 383
CUELLO ALARGADO.. 384
CUELLO SOLAPA CRUZADO ESTILO MARINO... 385
CUELLO SOLAPA TIPO NAPOLEÓN... 386-387
SOLAPAS Y CUELLOS TIPO SASTRE.. 388-389
CUELLO CON STAND.. 388-389
CUELLO SOLAPA ESTILO INGLÉS... 388-389

INDICE

PÁGINAS

CUELLO SOPAPA ESTILO INGLÉS CRUZADO……………………………………………………… 390
CUELLO SMOKING (SHAWL) DERECHO………………………………………………………… 391
CUELLO SMOKING (SHAWL) CRUZADO………………………………………………………… 392-393
CUELLO "SMOKING" # 2…………………………………………………………………………… 394
CUELLO SOLAPA DESBOCADOS…………………………………………………………………… 395
TAPADO (ABRIGO) RECTO PARTE TRASERA………………………………………………… 396-397
TAPADO (ABRIGO) RECTO PARTE DELANTERA……………………………………………… 398-399
TAPADO (ABRIGO) RECTO # 2 CON PINZA EN EL HOMBRO PARTE TRASERA………… 400-401
TAPADO (ABRIGO) RECTO # 2 PARTE DELANTERA………………………………………… 402-403
TAPADO CON CACHÉ PARTE TRASERA………………………………………………………… 404
QUE SON LE SCAPOLE……………………………………………………………………………… 404
ABRIGO ENTALLADO RECTO……………………………………………………………………… 405
TAPADO ENTALLADO CON VUELO………………………………………………………………… 406-407
DETALLES DE COSTURA: COMO COLOCAR TELA DOBLE EN UN MOLDE QUE NO ES RECTO……………………407
KIMONO PARTE TRASERA Y DELANTERA………………………………………………………… 408-409
CAPUCHÓN # 1……………………………………………………………………………………… 410
CAPUCHÓN # 2 Y VARIANTE SOBRE EL MISMO……………………………………………… 411
CAPUCHÓN # 3……………………………………………………………………………………… 412
CAPUCHA……………………………………………………………………………………………… 413
INTRODUCCIÓN A LA MANGA JAPONESA #1………………………………………………… 414-415
TAPADO (ABRIGO) MANGA JAPONESA CON ROMBO………………………………………… 416-417
MANGA JAPONESA # 3……………………………………………………………………………… 418-419
DETALLES DE COSTURA: OJAL BORDADO……………………………………………………… 419
ABRIGO CAPA………………………………………………………………………………………… 420
DETALLES DE COSTURA:DEFECTOS MUY COMUNES Y COMO ARREGLARLOS……………… 421
CAPA CORTA # 1 …………………………………………………………………………………… 422
DETALLES DE COSTURA: COMO COSER UN ZIPPER DE CREMALLERA COMÚN Y CON UNA PESTAÑA…………… 422
CAPA CORTA # 2 CON MENOS AMPLITUD……………………………………………………… 423
DETALLES DE COSTURA: HOMBRO REDONDEADO…………………………………………… 423
CAPA TIPO RUEDA…………………………………………………………………………………… 424
TAPADO CON MANGAS CAPAS ATRÁS Y SISAS EN LAS DELANTERAS …………………… 425
ABRIGO CON RECORTE ARQUEADO Y CON ELIMINACIÓN DEL ROMBO……………………… 426
ABRIGO CON MANGAS A LO PISANO……………………………………………………………… 427
RAINCOAT……………………………………………………………………………………………… 428
ABRIGO CON SISA EN LA DELANTERA Y VARIACIÓN JAPONESA EN LA TRASERA………… 429
ABRIGO CON DOBLE CUELLO……………………………………………………………………… 430
TAPADO AMPLIO……………………………………………………………………………………… 431
ABRIGO TIPO CAPA………………………………………………………………………………… 432-433
CAPA SIMÉTRICA CON " MANGUITAS "………………………………………………………… 434
TAPADO CON RECORTES TIPO HOMBROS CAIDOS…………………………………………… 435
PANTALÓN PARA PERSONAS DE CADERA NORMAL DELANTERA Y TRASERA…………… 436-437
PANTALÓN PARA PERSONAS DE POCA CADERA DELANTERA Y TRASERA………………… 438-439
MOLDES BASES PARA LA REALIZACIÓN DEL JEANS…………………………………………… 440-441
JEANS…………………………………………………………………………………………………… 442-443
JEANS DERECHO EN LAS LÍNEAS DE LOS COSTADOS………………………………………… 443
PANTALÓN CLÁSICO CON UN PLIEGUE DELANTERA Y TRASERA………………………… 444-445
PANTALÓN CLÁSICO CON DOS PLIEGUES DELANTERA Y TRASERA……………………… 446-447
PANTALÓN TIPO HAREM…………………………………………………………………………… 448
OTRA MANERA DE REALIZAR EL PANTALÓN HAREM………………………………………… 448
PANTALÓN TIPO EXFORD…………………………………………………………………………… 449
PANTALÓN TIPO OXFORD # 2 PANTALÓN TIPO PISANO……………………………………… 450-451
PIJAMA………………………………………………………………………………………………… 452-453

CPSIA information can be obtained
at www.ICGtesting.com
Printed in the USA
BVHW061731191120
593717BV00010B/430